il mini di
TEDESCO

DIZIONARIO

TEDESCO ITALIANO
ITALIANO TEDESCO
a cura di Edigeo

ZANICHELLI

© 2007 Zanichelli editore s.p.a., Bologna
[4434]

I diritti di elaborazione in qualsiasi forma e in qualsiasi opera,
di memorizzazione anche digitale e su supporti di qualsiasi tipo
(inclusi i supporti magnetici e ottici), di riproduzione
e di adattamento totale o parziale con qualsiasi mezzo
(compresi i microfilm e le copie fotostatiche)
sono riservati per tutti i Paesi

Ideazione e realizzazione editoriale:
  Edigeo s.r.l., via del Lauro 3, 20121 Milano
  e-mail: redazione@edigeo.it
  sito web: www.edigeo.it

In redazione Zanichelli: Alessandra Stefanelli

Progetto grafico della collana: Anna Maria Zamboni

Copertina: Exegi s.n.c., Bologna

Coordinamento di montaggi, stampa e confezione:
  Stefano Bulzoni, Massimo Rangoni

Prima edizione: febbraio 2007

Ristampe:
6   5   4   2007   2008   2009   2010   2011

Per segnalazioni o suggerimenti relativi a quest'opera,
l'indirizzo a cui scrivere è:
  Zanichelli editore S.p.A. - Redazioni Lessicografiche
  via Irnerio 34, 40126 Bologna
  fax 051 249782 (from abroad: +39 051 249782)
  e-mail: lineacinque@zanichelli.it
  sito web: www.zanichelli.it

Stampa: Legoprint s.p.a., Lavis (Trento)

Guida pratica — praktische Hinweise

abbagliàre *vt* blenden — *lemma italiano con accento tonico / italienisches Stichwort mit Akzent*

abbaiàre *vi* bellen

abbandonàre *vt* (*lasciare*) verlassen ◇ (*rinunciare a*) aufgeben

abbàttere *vt* (*far cadere*) niederschlagen, fällen — *traducenti – Übersetzungen*

(*alberi*) (*bestie al macello*) schlachten ◇ (*fig*) — *accezioni – Bedeutungen*

(*prostrare*) niederschlagen ◇ (*fig*) stürzen ◇ (*aer*) abschießen

abbracciàre *vt* umarmen ◇ (*fig*) umfassen ◆ *vpr* sich umarmen — *cambio di categoria grammaticale / Wechsel der grammatischen Kategorie*

adagiàre *vt* legen, betten

adàgio (1) *avv* (*lentamente*) langsam — *categorie grammaticali / grammatikalische Kategorien*

(*con cautela*) behutsam ◆ *sm* (*mus*) Adagio *n*

àncora (1) *sf* (*naut*) Anker *m* — *omografi – Homographe*

ancóra (2) *avv* noch ◇ (*un'altra volta*) noch einmal ◆ *non a*. noch nicht

Abführmittel (-s, -) *sn* (*med*) Laxativo *m*, purgante *m* — *registro linguistico e materie – Sprachregister und Bereiche*

abgeneigt *a* (*fig*) sfavorevole, contrario

Abgeordnete (-n, -n) *sm* deputato *m* — *accento nel lemma tedesco / Akzent des deutschen Stichwortes*

abgesehen *avv* (**a. von** + *dat*) a prescindere da, tranne

Abgott (-es, Abgötter) *sm* idolo *m* — *informazioni grammaticali / grammatikalische Informationen*

abkommen (→ **kommen**) *vi* (*aus sein, von* + *dat*) allontanarsi (da) ◇ (*fig*) divagare ◆ **vom Kurs a.** (*aer, naut*) uscire di rotta; **von seiner Rede a.** perdere il filo del discorso — *fraseologia – Phraseologie*

Ablauf (-[e]s, Abläufe) *sm* scarico *m*, deflusso *m* ◇ scadenza *f*, termine *m* — *genere dei traducenti / Genus der Übersetzung*

als *cong* come, in qualità di (ES. **er ist größer als du** è più grande di te) — *esempi – Beispiele*

(*dopo un comparativo*) di

also *cong* dunque, allora, quindi

Amboss, **Amboß*** (-es, -e) *sm* incudine *f* — *nell'ordinamento alfabetico, la lettera ß corrisponde a una doppia s / vecchia ortografia – alte Rechtschreibung*

beschießen → **schießen**

Abbreviazioni — Abkürzungen

aggettivo	*a*	Adjektiv
aggettivo possessivo	*a.poss*	possessives Adjektiv
aggettivo relativo	*a.rel*	relativadjektiv
abbigliamento	*abb*	Bekleidungsindustrie
accusativo	*acc*	Akkusativ
aeronautica	*aer*	Luftfahrt
agricoltura	*agr*	Landwirtschaft
anatomia	*anat*	Anatomie
architettura	*arch*	Architektur
archeologia	*archeol*	Archäologie
articolo	*art*	Artikel
astronomia	*astr*	Astronomie
automobilismo	*aut*	Kraftfahrzeug
avverbio	*avv*	Adverb
biologia	*biol*	Biologie
botanica	*bot*	Botanik
chimica	*chim*	Chemie
cinema	*cin*	Kino
commercio	*comm*	Handel
comparativo	*comp*	Komparativ
complemento	*compl*	Ergänzung
congiunzione	*cong*	Konjunktion
cucina	*cuc*	Gastronomie
dativo	*dat*	Dativ
diritto	*dir*	Recht
economia	*econ*	Wirtschaft
edilizia	*edil*	Bauwesen
elettricità	*el*	Elektrizität
femminile	*f*	Femininum
familiare	*fam*	umgangssprachlich
ferrovia	*ferr*	Eisenbahn
figurato	*fig*	übertragen
finanza	*fin*	Finanzwesen
fisica	*fis*	Physik
fotografia	*fot*	Fotografie

Abbreviazioni   Abkürzungen

genitivo	***gen***	Genitiv
geografia	***geogr***	Geographie
geologia	***geol***	Geologie
geometria	***geom***	Geometrie
grammatica	***gramm***	Grammatik
intransitivo	***i***	intransitiv
infinito	***inf***	Infinitiv
informatica	***inform***	Informatik
interiezione	***inter***	Interjektion
letterario	***lett***	gehoben
linguistica	***ling***	Sprachwissenschaft
locuzione	***loc***	Wendung
locuzione avverbiale	***loc.avv***	adverbiale Wendung
locuzione prepositiva	***loc.prep***	präpositionale Wendung
maschile	***m***	Maskulinum
matematica	***mat***	Mathematik
meccanica	***mecc***	Mechanik
medicina	***med***	Medizin
meteorologia	***meteor***	Meteorologie
militare	***mil***	militärisch
mineralogia	***min***	Mineralogie
musica	***mus***	Musik
neutro	***n***	Neutrum
nautica	***naut***	Schifffahrtskunde
nominativo	***nom***	Nominativ
plurale	***pl***	Plural
politica	***pol***	Politik
popolare	***pop***	salopp
participio passato	***pp***	Partizip Perfekt
pronome, pronominale	***pr***	Pronomen, pronominal
pronome personale	***pr.pers***	Personalpronomen
pronome possessivo	***pr.poss***	Possessivpronomen
pronome relativo	***pr.rel***	Relativpronomen
preposizione	***prep***	Präposition
preposizione articolata	***prep.art***	artikulierte Präposition

Abbreviazioni — Abkürzungen

psicologia	*psic*	Psychologie
qualcosa	*qc*	etwas
qualcuno	*qn*	jemand
relativo	*rel*	relativ
religione	*relig*	Religion
riflessivo	*rif*	reflexiv
sostantivo	*s*	Substantiv
sostantivo femminile	*sf*	weibliches Substantiv
singolare	*sing*	Singular
sostantivo maschile	*sm*	männliches Substantiv
sostantivo neutro	*sn*	sächliches Substantiv
spregiativo	*spreg*	verächtlich
storia	*stor*	Geschichte
superlativo	*sup*	Superlativ
transitivo	*t*	transitiv
teatro	*teat*	Theater
tecnologia	*tecn*	Technologie
telefonia	*tel*	Telefonie
televisione	*TV*	Fernsehen
verbo intransitivo	*vi*	intransitives Verb
verbo impersonale	*vimp*	unpersönliches Verb
volgare	*volg*	derb
verbo pronominale	*vpr*	Pronominalverb
verbo transitivo	*vt*	transitives Verb
zoologia	*zool*	Zoologie

Nota: i sostantivi tedeschi sono seguiti (tra parentesi) dalla desinenza del genitivo singolare e da quella del nominativo plurale; i verbi irregolari sono seguiti dalla 3ª persona singolare del presente, dalla 1ª persona singolare del preterito e dal participio passato.

Anmerkung: bei deutschen Substantiven werden in Klammern die Endungen des Genitivs Singular und des Nominativs Plural angegeben; bei unregelmäßigen Verben werden die 3. Person Singular des Präsens, die 1. Person Singular des Präteritums und das Partizip Perfekt angegeben.

DEUTSCH-ITALIENISCH
TEDESCO-ITALIANO

A

Aal (-[e]s, -e) *sm* (*zool*) anguilla *f*
sich aalen *vpr* crogiolarsi • *sich in der Sonne a.* crogiolarsi al sole

ab *prep* (+ *dat*) a partire da ◊ franco, detratto (ES: **ab Lager** franco magazzino; **ab Spesen** detratte le spese) ♦ *avv* staccato ◊ giù

abändern *vt* cambiare, modificare

abarbeiten *vt* portare a termine, completare

Abart (-, -en) *sf* (*biol*) varietà *f*

abartig *a* anomalo, anormale

Abbau (-[e]s) *sm* smontaggio *m* ◊ riduzione *f*, diminuzione *f* ◊ soppressione *f* ◊ (*min*) estrazione *f* ◊ (*chim*) decomposizione *f*

abbauen *vt* smontare ◊ sopprimere, abolire ◊ ridurre, diminuire ◊ (*min*) estrarre

abbiegen (→ **biegen**) *vt* curvare, piegare ♦ *vi* (*aus haben*) svoltare

Abbiegung (-, -en) *sf* deviazione *f*

abbilden *vt* ritrarre, rappresentare

Abbildung (-, -en) *sf* illustrazione *f* • *mit Abbildungen* illustrato

abbinden (→ **binden**) *vt* slegare ♦ *vi* (*aus haben*) far presa

abblenden *vt* schermare, oscurare ♦ *vi* (*aus haben*) (*aut*) abbassare i fari abbaglianti

Abblendlicht (-[e]s, -er) *sn* (faro *m*) anabbagliante *m*

abbrechen (→ **brechen**) *vt* spezzare, rompere ◊ (*fig*) interrompere, troncare

abbringen (→ **bringen**) *vt* portar via, sgomberare ◊ (*fig*) dissuadere, distogliere

Abbruch (-[e]s, Abbrüche) *sm* demolizione *f* ◊ (*fig*) interruzione *f*

abdanken *vi* (*aus haben*) dimettersi, abdicare

abdecken *vt* scoprire ◊ sparecchiare (*la tavola*) ◊ (*fin*) estinguere

Abdeckung (-, -en) *sf* copertura *f*, rivestimento *m*

abdichten *vt* tappare, sigillare

Abdichtung (-, -en) *sf* chiusura *f* ermetica ◊ guarnizione *f*

Abdruck (1) (-[e]s, Abdrücke) *sm* impronta *f* ◊ calco *m*, riproduzione *f*

Abdruck (2) (-[e]s, -e) *sm* pubblicazione *f*, stampa *f*

Abend (-s, -e) *sm* sera *f*, serata *f* • *am A.* di sera; *gestern A.* ieri sera; *guten A.!* buonasera! *heute A.* questa sera; *morgen A.* domani sera

Abendessen (-s, -) *sn* cena *f*

abends *avv* di sera

Abenteuer (-s, -) *sn* avventura *f*

Abenteurer (-s, -) *sm* avventuriero *m*

aber *cong* ma, però

Aberglaube (-ns, -n) *sm* superstizione *f*

abergläubisch *a* superstizioso

abfahren (→ **fahren**) *vi* (*aus sein*) partire ♦ *vt* portare via ◊ consumare ◊ percorrere

Abfahrt (-, -en) *sf* partenza *f* ◊ (*sport*) discesa *f*

Abfahrtsläufer (-s, -) *sm* (*sport*) discesista *m*

Abfall (-[e]s, **Abfälle**) *sm* calo *m*, diminuzione *f* ◊ abbandono *m* ◊ scarto *m*, rifiuti *m pl* ● *radioaktive Abfälle* scorie radioattive

abfallen (→ **fallen**) *vi* (*aus sein*) staccarsi, cadere ◊ diminuire ◊ (*fig*) rinnegare, abbandonare

abfallend *a* in pendenza

abfärben *vi* (*aus haben*) stingere

abfassen *vt* redigere, compilare

Abfassung (-, -en) *sf* redazione *f*, stesura *f*

abfertigen *vt* spedire ◊ ispezionare

Abfertigung (-, -en) *sf* spedizione *f* ◊ controllo *m* doganale

Abfindung (-, -en) *sf* trattamento *m* di fine rapporto

abfliegen (→ **fliegen**) *vi* (*aus sein*) volar via, prendere il volo ◊ (*aer*) decollare

abfließen (→ **fließen**) *vi* (*aus sein*) defluire ◊ (*fig*) trascorrere, passare

Abfluss, Abfluß* (-es, **Abflüsse**) *sm* scarico *m*, scolo *m* ◊ (*fin*) fuga *f* (*di capitali*)

Abfuhr (-, -en) *sf* rimozione *f*, sgombero *m* ◊ rimprovero *m*

abführen *vt* portare via ◊ (*fig*) allontanare, sviare

Abführmittel (-s, -) *sn* (*med*) lassativo *m*, purgante *m*

Abgabe (-, -n) *sf* consegna *f* ◊ vendita *f* ◊ (*pl*) tasse *f pl*, imposte *f pl*

Abgang (-[e]s, **Abgänge**) *sm* partenza *f* ◊ abbandono *m*, ritiro *m*

abgeben (→ **geben**) *vt* consegnare ◊ dimettersi (da) ◊ depositare

abgehen (→ **gehen**) *vi* (*aus sein*) andarsene ◊ abbandonare ◊ cambiare, mutare

abgelegen *a* appartato, isolato, fuori mano

abgeneigt *a* (*fig*) sfavorevole, contrario ● *jemandem a. sein* avere in antipatia qn

Abgeordnete (-n, -n) *sm* deputato *m*

abgeschmackt *a* insipido ◊ (*fig*) insulso

abgesehen *avv* (**a. von** + *dat*) a prescindere da, tranne

abgespannt *a* spossato, esaurito

abgewöhnen *vt* disabituare ● *jemandem etwas a.* disabituare qn da qc; *sich das Rauchen a.* smettere di fumare

Abgott (-es, **Abgötter**) *sm* idolo *m*

Abgrund (-[e]s, **Abgründe**) *sm* abisso *m*, burrone *m*, voragine *f*

abhalten (→ **halten**) *vt* tenere lontano, scacciare ◊ distogliere, distrarre ◇ fare, tenere (ES: **Unterricht a.** fare lezione)

Abhang (-[e]s, Abhänge) *sm* pendio *m*

abhängen (1) *vt* staccare, togliere

abhängen (2) (→ **hängen**) *vi* (*aus haben/sein, von* + *dat*) dipendere (da)

abhängig *a* dipendente, soggetto

abheben (→ **heben**) *vt* togliere, strappare ◇ (*fin*) prelevare ♦ *vi* decollare ♦ *vpr* (**sich a.**) (*von* + *dat*) spiccare (su) ◇ (*fig*) distinguersi (da)

Abhebung (-, -en) *sf* (*fin*) prelievo *m*

abhelfen (→ **helfen**) *vi* (*aus haben*, + *dat*) rimediare (a)

Abhilfe (-, -n) *sf* rimedio *m*

abholen *vt* andare a prendere, ritirare

Abitur (-s, -e) *sn* (diploma *m* di) maturità *f*

Abiturient (-en, -en; *f* -in) *sm* maturando *m*

abkommen (→ **kommen**) *vi* (*aus sein, von* + *dat*) allontanarsi (da) ◇ (*fig*) divagare ● *vom Kurs a.* (aer, naut) uscire di rotta; *von seiner Rede a.* perdere il filo del discorso

Abkommen (-s, -) *sn* accordo *m*, convenzione *f*

abkratzen *vt* grattar via, scrostare

abkühlen *vt* raffreddare ♦ *vpr* (**sich a.**) raffreddarsi, rinfrescarsi

Abkühlung (-, -en) *sf* raffreddamento *m*

abkürzen *vt* abbreviare

Abkürzung (-, -en) *sf* abbreviazione *f* ◇ scorciatoia *f*

abladen (→ **laden**) *vt* scaricare

Abladeplatz (-es, Abladeplätze) *sm* posto *m* di scarico ◇ (*ferr*) scalo *m* merci

Ablage (-, -n) *sf* archiviazione *f* ◇ archivio *m* ◇ deposito *m*, magazzino *m*

ablassen (→ **lassen**) *vt* svuotare ♦ *vi* (*aus haben, von* + *dat*) desistere (da)

Ablauf (-[e]s, Abläufe) *sm* scarico *m*, deflusso *m* ◇ scadenza *f*, termine *m*

ablaufen (→ **laufen**) *vi* (*aus sein*) defluire ◇ trascorrere, passare ◇ svolgersi ◇ scadere

ablegen *vt* posare, deporre ● *eine Probe a.* sostenere una prova; *eine Prüfung a.* dare un esame

ablehnen *vt* respingere, rifiutare

Ablehnung (-, -en) *sf* rifiuto *m*

ableiten *vt* deviare ◇ (*fig*) distogliere, sviare ◇ dedurre

Ableitung (-, -en) *sf* deviazione *f* ◇ deduzione *f* ◇ (*mat*) derivata *f*

ablösbar *a* separabile

ablösen *vt* scollare, staccare ◇ (*dir*) riscattare

Ablösung (-, -en) *sf* separazione *f*, distacco *m* ◇ cambio *m*, turno *m* ◇ (*dir*) riscatto *m*

abmagern *vi* (*aus sein*) dimagrire

Abmagerungskur (-, -en) *sf* cura *f* dimagrante

abmelden *vt* disdire ♦ *vpr* (**sich a.**) notificare il cambio di residenza ◇ (*mil*) congedarsi

Abnahme (-, -n) *sf* asportazione *f*, rimozione *f* ◇ diminuzione *f*, calo *m* (di peso) ◇ collaudo *m*

abnehmbar *a* smontabile

abnehmen (→ **nehmen**) *vt* togliere, staccare ◇ collaudare ◇ acquistare ♦ *vi* (*aus haben*) diminuire

Abnehmer (-s, -) *sm* acquirente *m*

Abneigung (-, -en) *sf* avversione *f*, antipatia *f*

abnötigen *vt* estorcere

abnutzen *vt* logorare, consumare ♦ *vpr* (**sich a.**) logorarsi

Abnutzung (-, -en) *sf* consumo *m*, usura *f*

Abonnement (-s, -s) *sn* abbonamento *m*

Abonnent (-en, -en; *f*-in) *sm* abbonato *m*

abonnieren *vt/i* (*aus sein, auf + acc*) abbonarsi a

Abordnung (-, -en) *sf* delegazione *f*

Abort (1) (-s, -e) *sm* gabinetto *m*

Abort (2) (-s, -e) *sm* (*med*) aborto *m*

abräumen *vt* sparecchiare, sgomberare

abrechnen *vt* detrarre, dedurre

Abrechnung (-, -en) *sf* deduzione *f*, detrazione *f* ◇ regolamento *m* dei conti

Abreise (-, -n) *sf* partenza *f*

abreisen *vi* (*aus sein*) partire

abreißen (→ **reißen**) *vt* staccare, strappare ◇ demolire, (*Bäume*) abbattere

abrichten *vt* ammaestrare, addestrare

Abriss, Abriß* (-es, -e) *sm* demolizione *f* ◇ abbozzo *m*, schizzo *m*

Abruf (-[e]s, -e) *sm* richiamo *m*

abrufen (→ **rufen**) *vt* richiamare

abrunden *vt* arrotondare

Abrüstung (-, -en) *sf* disarmo *m*

Absage (-, -n) *sf* risposta *f* negativa ◇ revoca *f*, disdetta *f*

absagen *vt* disdire

Absatz (-es, Absätze) *sm* interruzione *f* ◇ capoverso *m* ◇ tacco *m*

abschaffen *vt* abolire, abrogare

abschätzen *vt* stimare, valutare

Abschätzung (-, -en) *sf* valutazione *f*, perizia *f*

abscheiden (→ **scheiden**) *vt* dividere, separare

Abscheu (-[e]s) *sm* disgusto *m*, ribrezzo *m*

abscheulich *a* mostruoso, ripugnante

Abschied (-[e]s, -e) *sm* separazione *f*, distacco *m* ◇ licenziamento *m* ◇ (*mil*) congedo *m*

abschirmen *vt* schermare

abschleppen *vt* rimorchiare

Abschleppen (-s, -) *sn* traino *m*

Abschleppwagen (-s, -) *sm* autogrù *f*

abschließen (→ **schließen**) *vt* chiudere a chiave ◇ terminare, concludere ♦ *vi (aus haben)* finire, concludersi

Abschluss, Abschluß* **(-es, Abschlüsse)** *sm* chiusura *f* ◊ termine *m*, conclusione *f*

abschneiden (→ **schneiden**) *vt* recidere, troncare

Abschnitt (-[e]s, -e) *sm* tagliando *m* ◊ sezione *f* ◊ capitolo *m* ◊ *(geom)* segmento *m*

abschrauben *vt* svitare

abschreiben (→ **schreiben**) *vt* copiare, trascrivere ◊ *(fin)* dedurre, detrarre

Abschreibung (-, -en) *sf (fin)* ammortamento *m*

Abschrift (-, -en) *sf* trascrizione *f*, copia *f* ● *beglaubigte A.* copia autenticata

Abschürfung (-, -en) *sf* escoriazione *f*

Abschuss, Abschuß* **(-es, Abschüsse)** *sm* sparo *m*

abschweifen *vi (aus sein) (von + dat)* allontanarsi (da) ◊ *(fig)* divagare

Abschweifung (-, -en) *sf* divagazione *f*, digressione *f*

absehen (→ **sehen**) *vi (aus haben, von + dat)* desistere (da) ◊ prescindere (da), rinunciare (a) ● *es auf jemanden a.* (fam) prendersela con qn

absenden (→ **senden**) *vt* inviare, spedire

Absender (-s, -) *sm* mittente *m*

Absendung (-, -en) *sf* spedizione *f*

absetzbar *a (fin)* deducibile

absetzten *vt* deporre, togliersi ◊ *(fin)* dedurre ◊ eliminare, togliere

Absetzung (-, -en) *sf* destituzione *f* ◊ annullamento *m*

Absicht (-, -en) *sf* intenzione *f*, proposito *m* ● *das war nicht meine A.* non l'ho fatto apposta (fam); *in böser A.* in malafede; *mit A.* di proposito; *ohne A.* involontariamente

absichtlich *a* intenzionale ♦ *avv* deliberatamente

absolut *a* assoluto

Absolution (-, -en) *sf* assoluzione *f*

Absolutismus (-) *sm* assolutismo *m*

absondern *vt* isolare ◊ *(biol)* secernere

Absonderung (-, -en) *sf* segregazione *f* ◊ *(biol)* secrezione *f*

absperren *vt* sbarrare

abstammen *vi (aus sein, von + dat)* derivare (da), discendere (da)

Abstammung (-, -en) *sf* derivazione *f*, discendenza *f*

Abstand (-[e]s, **Abstände)** *sm* distanza *f* ◊ differenza *f*

abstauben *vt* spolverare

absteigen (→ **steigen**) *vi (aus sein)* scendere ◊ *(sport)* retrocedere

abstellen *vt* deporre, posare ◊ spegnere, fermare ◊ *(fig)* eliminare, sopprimere

Abstellgleis (-es, -e) *sn (ferr)* binario *m* morto

Abstellraum (-[e]s, **Abstellräume)** *sm* ripostiglio *m*

Abstieg

Abstieg (-[e]s, -e) *sm* discesa *f* ◊ (*fig*) decadenza *f* ◊ (*sport*) retrocessione *f*

abstillen *vt* svezzare

abstimmen *vt* (*mus*) accordare ◊ (*fig*) accordare, conciliare ♦ *vi* (*aus haben*) votare

Abstimmung (-, -en) *sf* votazione *f* ◊ (*mus*) accordatura *f* ◊ (*fig*) accomodamento *m*

abstinent *a* astemio

Abstinenz (-) *sf* astinenza *f*

abstrakt *a* astratto

abstufen *vt* terrazzare ◊ sfumare ◊ graduare

Abstufung (-, -en) *sf* terrazzamento *m* ◊ gradazione *f*, sfumatura *f* ◊ graduazione *f*

Absturz (-es, Abstürze) *sm* caduta *f* ◊ dirupo *m*

abstürzen *vi* (*aus sein*) precipitare, cadere

absuchen *vt* esaminare, perlustrare

absurd *a* assurdo

Absurdität (-, -en) *sf* assurdità *f*

Abszess, Abszeß* (-es, -e) *sm* (*med*) accesso *m*

Abt (-[e]s, Äbte; *f* **Äbtissin**) *sm* abate *m*

abtasten *vt* (*inform*) scannerizzare

abtauen *vi* (*aus sein*) sgelarsi, sciogliersi ♦ *vt* sbrinare

Abtei (-, -en) *sf* abbazia *f*

Abteil (-[e]s, -e) *sn* (*ferr*) scompartimento *m*

abteilen *vt* separare, dividere

Abteilung (-, -en) *sf* divisione *f*, separazione *f* ◊ reparto *m* ◊ (*a scuola*) sezione *f*

abtreiben (→ **treiben**) *vt* far deviare ◊ espellere ♦ *vi* (*aus haben*) (*naut*) andare alla deriva ◊ (*med*) abortire

abtrocknen *vt* asciugare ♦ *vi* (*aus haben/sein*) asciugarsi

Abtropfbrett (-[e]s, -er) *sn* scolapiatti *m*

abtropfen *vi* (*aus sein*) sgocciolare

Abwasch (-[e]s) *sm* stoviglie *fpl* sporche

abwaschen (→ **waschen**) *vt* rigovernare

Abwasser (-s, -) *sn* acqua *f* di scarico

abwechseln *vi* (*aus haben*) alternare, variare

Abwechselung, Abwechslung (-, -en) *sf* diversivo *m*

Abwehr (-) *sf* (*mil, sport*) difesa *f* ◊ resistenza *f*, rifiuto *m*

abweichen (→ **weichen**) *vi* (*aus sein*) (*aer, naut*) deviare ◊ (*von + dat*) differire (da)

Abweichung (-, -en) *sf* deviazione *f* ◊ digressione *f*, allontanamento *m*

abweisen (→ **weisen**) *vt* rifiutare, respingere

abwenden (→ **wenden**) *vt* distogliere ◊ evitare, impedire

Abwendung (-, -en) *sf* deviazione *f* ◊ impedimento *m*

abwesend *a* assente

Abwesenheit (-) *sf* assenza *f* ◊ (*dir*) contumacia *f*

abwiegen (→ **wiegen**) *vt* pesare

abzahlen vt finire di pagare, liquidare
abzählen vt contare ◊ (mat) sottrarre
Abzahlung (-, -en) sf saldo m ● *etwas auf A. kaufen* comprare qc a rate
Abzeichen (-s, -) sn distintivo m
abzeichnen vt ritrarre ♦ vpr (sich a.) delinearsi
abziehen (→ **ziehen**) vt togliere, levare ◊ (fin, mat) dedurre, detrarre ◊ imbottigliare ♦ vi (aus sein) fuoriuscire ◊ allontanarsi ◊ (mil) ritirarsi
Abzug (-[e]s, **Abzüge**) sm partenza f ◊ detrazione f, sconto m ◊ sfiato m, sfogo m
Abzugskanal (-s, **Abzugskanäle**) sm fogna f
abzweigen vi (aus sein) biforcarsi ♦ vt separare
Abzweigung (-, -en) sf bivio m, diramazione f ◊ separazione f
Achse (-, -n) sf asse m ● *auf A. sein* (fam) essere in giro
Achsel (-, -n) sf (anat) spalla f ● *die Achseln zucken* alzare le spalle
Achselhöhle (-, -n) sf (anat) ascella f
acht a otto
achte a ottavo
achteckig a ottagonale
achten vt rispettare, stimare ♦ vi (aus haben, auf + acc) badare (a), prendersi cura (di)
achthundert a ottocento
achtlos a sbadato

Achtlosigkeit (-) sf sbadataggine f
Achtung (-, -en) sf rispetto m, stima f ● *A.!* attenzione!; *aus A. vor jemandem/etwas* per rispetto verso qn/qc
achtungsvoll a rispettoso
achtzehn a diciotto
achtzig a ottanta
ächzen vi (aus haben) gemere
Addition (-, -en) sf addizione f
Adel (-s) sm aristocrazia f, nobiltà f
adeln vt nobilitare
Ader (-, -n) sf (anat, min, fig) vena f
Adjektiv (-s, -e) sn (gramm) aggettivo m
Adler (-s, -) sm (zool) aquila f
Adlige (-n, -n) sm/f nobile m/f
Admiral (-s, -e/**Admiräle**) sm ammiraglio m
adoptieren vt adottare
Adoption (-, -en) sf adozione f
Adresse (-, -n) sf indirizzo m
Advent (-[e]s, -e) sm Avvento m
Adverb (-s, -ien) sn (gramm) avverbio m
Advokat (-en, -en) sm avvocato m
Affe (-n, -n; f **Äffin**) sm (zool) scimmia f
Affinität (-, -en) sf affinità f
Afrikaner (-s, -) sm africano m
afrikanisch a africano
After (-s, -) sm (anat) ano m
Agent (-en, -en; f **-in**) sm agente m/f
Agentur (-, -en) sf agenzia f
aggressiv a aggressivo

Aggressivität (-, -en) *sf* aggressività *f*

Ahn (-s/-en, -en, *f* -e) *sm* antenato *m*

ähneln *vi* (*aus haben*, + *dat*) assomigliare (a)

ahnen *vt* intuire, immaginare, sospettare

ähnlich *a* rassomigliante, simile

Ähnlichkeit (-, -en) *sf* somiglianza *f*, analogia *f*

Ahnung (-, -en) *sf* presentimento *m*

ahnungslos *a* ignaro

Ahorn (-s, -e) *sm* (*bot*) acero *m*

Ähre (-, -n) *sf* (*bot*) spiga *f*

Akademie (-, -n) *sf* accademia *f*

Akademiker (-s, -) *sm* laureato *m*

Akkumulator (-s, -en) *sm* accumulatore *m* ◇ (*tel*) (*Akku*) batteria *f*

Akrobat (-en, -en; *f* -in) *sm* acrobata *m/f*

akrobatisch *a* acrobatico ● *akrobatische Übung* acrobazia *f*

Akt (-[e]s, -e) *sm* atto *m*, azione *f* ◇ (*arte*) nudo *m*

Akte (-, -n) *sf* atto *m*, pratica *f*

Aktentasche (-, -n) *sf* cartella *f*

Aktie (-, -n) *sf* (*fin*) azione *f*

Aktion (-, -en) *sf* azione *f*

aktiv *a* attivo ◇ militante

Aktivität (-, -en) *sf* attività *f*

Aktualität (-, -en) *sf* attualità *f*

aktuell *a* attuale

Akupunktur (-) *sf* (*med*) agopuntura *f*

Akustik (-) *sf* acustica *f*

akustisch *a* acustico

Akzent (-[e]s, -e) *sm* accento *m*

Alabaster (-s, -) *sm* (*min*) alabastro *m*

Alarm (-[e]s, -e) *sm* allarme *m*

Albaner (-s, -) *sm* albanese *m*

albanisch *a* albanese

albern *a* sciocco, ridicolo

Alge (-, -n) *sf* alga *f*

Alkohol (-s, -e) *sm* alcol *m*

alkoholfrei *a* analcolico

Alkoholiker (-s, -) *sm* alcolizzato *m*

alkoholisch *a* alcolico

Alkoholismus (-) *sm* (*med*) alcolismo *m*

all *a* tutto

All (-s) *sn* universo *m*

alle *pr* tutti

Allee (-, -n) *sf* viale *m*

Allegorie (-, -n) *sf* allegoria *f*

allein *a* solo, da solo, solitario ● *avv* soltanto, solamente ● *von a.* da solo

Alleinhandel (-s, -) *sm* monopolio *m*

Alleinherrschaft (-, -en) *sf* dittatura *f*

Alleinsein (-s) *sn* solitudine *f*

allerdings *avv* peraltro, tuttavia

Allergie (-, -n) *sf* (*med*) allergia *f*

alles *pr* tutto

Alleskleber (-s, -) *sm* attaccatutto *m*

Allesschneider (-s, -) *sm* tritatutto *m*

allgegenwärtig *a* onnipresente

allgemein *a* generale, universale ◆ *avv* generalmente, comunemente ● *a. verständlich* divulgativo, popolare

Allgemeinheit (-) sf comunità f ◇ (pl) luoghi m pl comuni • *der A. zugänglich* aperto al pubblico

allgemeinverständlich* → **allgemein**

Allheilmittel (-s, -) sn toccasana m

sich alliieren vpr allearsi

Alliierte (-n, -n) sm/f alleato m

Allmacht (-, -en) sf onnipotenza f

allmächtig a onnipotente

allmählich a graduale ♦ avv gradualmente, a poco a poco

Allradantrieb (-[e]s, -e) sm (aut) trazione f integrale

Alltag (-[e]s, -e) sm giorno m feriale ◇ (fig) vita f quotidiana

alltäglich a giornaliero, quotidiano ◇ comune, ordinario

alltags avv nei giorni feriali

Almosen (-s, -) sn carità f, elemosina f

Alpenrose (-, -n) sf (bot) rododendro m

Alphabet (-[e]s, -e) sn alfabeto m

alpin a alpino

Alpinist (-en, -en; f -in) sm alpinista m/f

als cong come, in qualità di ◇ quando ◇ dopo che ◇ (dopo un comp) di (ES: *er ist größer als du* è più grande di te)

also cong dunque, allora, quindi

alt (comp **älter**, sup **älteste**) a vecchio, anziano ◇ antico • *a. machen* (far) invecchiare; *a. werden* invecchiare; *wie a. sind Sie?* quanti anni ha?

Altägypter (-s, -) sm egizio m

Altar (-[e]s, **Altäre**) sm altare m

altbacken a raffermo

Alte (-n, -n) sm/f vecchio m

Altenheim (-[e]s, -e) sn ospizio m (per anziani)

älter (comp di → **alt**) a maggiore, più anziano

Alter (-s, -) sn età f ◇ vecchiaia f • *er ist in meinem A.* ha la mia età; *im A. von* all'età di

altern vi (aus sein) invecchiare

Alternative (-, -n) sf alternativa f

Altersgenosse (-n, -n) sm coetaneo m

Altertum (-s) sn antichità f

Altertümer sn pl oggetti m pl antichi

altertümlich a arcaico, antiquato

Altstadt (-) sf centro m storico

Altwarenhändler (-s, -) sm rigattiere m

am → **an** ♦ avv (davanti al sup assoluto) *das ist am Besten* è la cosa migliore

Amateur (-s, -e; f -in) sm dilettante m/f

Amboss, Amboß* (-es, -e) sm incudine f

Ameise (-, -n) sf (zool) formica f

Ameisenhaufen (-s, -) sm formicaio m

Amerikaner (-s, -) sm americano m

amerikanisch a americano

Amethyst

Amethyst (-[e]s, -e) *sm* (*min*) ametista *f*

Aminosäure (-, -n) *sf* (*chim*) amminoacido *m*

Amme (-, -n) *sf* balia *f*

Ammoniak (-[e]s) *sn* (*chim*) ammoniaca *f*

Amnesie (-, -n) *sf* amnesia *f*

Amnestie (-, -n) *sf* amnistia *f*

Amortisation (-, -en) *sf* ammortamento *m*

amortisieren *vt* ammortizzare

Ampel (-, -n) *sf* semaforo *m*

Amphibie (-, -n) *sf* (*zool*) anfibio *m*

Amputation (-, -en) *sf* amputazione *f*

amputieren *vt* amputare

Amsel (-, -n) *sf* (*zool*) merlo *m*

Amt (-[e]s, Ämter) *sn* ufficio *m* ◊ carica *f*, mansione *f*

amtlich *a* ufficiale

Amtlichkeit (-) *sf* ufficialità *f*

Amtsdiener (-s, -) *sm* usciere *m*

Amtsrichter (-s, -) *sm* pretore *m*

Amulett (-[e]s, -e) *sn* amuleto *m*

amüsant *a* divertente

amüsieren *vt* divertire ♦ *vpr* (sich a.) divertirsi

an *prep* (+ *dem* = **am**, + *das* = **ans**) (+ *dat/acc*) (*stato in luogo e moto a luogo*) a, su, vicino a (ES: **am Tisch sitzen** sedere a tavola; **ans Fenster treten**, affacciarsi alla finestra) ◊ (+ *dat*) (*tempo*), a, di (ES: **am Montag** di lunedì) ◊ (+ *acc*) per (ES: **ein Brief an jemanden** una lettera per qn) ◊ (+ *acc*) circa, pressappoco (ES: **es waren an hundert Personen** c'erano circa cento persone)

anachronistisch *a* anacronistico

analog *a* analogo

Analogie (-, -n) *sf* analogia *f*

Analphabet (-en, -en; *f* -in) *sm* analfabeta *m/f*

Analphabetentum (-s) *sn* analfabetismo *m*

Analyse (-, -n) *sf* analisi *f*

analysieren *vt* analizzare

Analytiker (-s, -) *sm* analista *m*

Ananas (-, -/-se) *sf* (*bot*) ananas *m*

Anarchie (-, -n) *sf* anarchia *f*

Anarchist (-en, -en; *f* -in) *sm* anarchico *m*

Anatomie (-) *sf* anatomia *f*

Anbau (1) (-[e]s, -ten) *sm* (*edil*) fabbricato *m* aggiunto, ala *f*

Anbau (2) (-[e]s) *sm* coltura *f*, coltivazione *f*

anbauen *vt* coltivare ◊ (*edil*) aggiungere

anbeißen (→ **beißen**) *vt* morsicare

anbeten *vt* adorare

anbieten (→ **bieten**) *vt* offrire ♦ *vpr* (sich a.) presentarsi ◊ offrirsi

anbinden (→ **binden**) *vt* legare ◊ (*naut*) ormeggiare

Anblick (-[e]s, -e) *sm* sguardo *m*, vista *f* ♦ **beim ersten A.** a prima vista

anbrechen (→ **brechen**) *vt* rompere, spezzare ◊ (*fig*) cominciare a usare ♦ *vi* (*aus sein*) cominciare, avere inizio ◊ spuntare

anbringen (→ **bringen**) vt applicare, fissare, attaccare
Anbruch (-[e]s, **Anbrüche**) sm inizio m, principio m
Andacht (-, -en) sf devozione f
Andenken (-s, -) sn ricordo m, memoria f ◊ ricordo m, souvenir m ● *zum A. an* in memoria di
andere a/pr altro ◊ diverso, differente ● *unter anderem* tra l'altro
anderenfalls avv altrimenti, in caso contrario
ändern vt cambiare, variare ◆ vpr (**sich a.**) cambiare, modificarsi
anders avv diversamente ● *a. Denkende* dissidente; *jemand a.* qualcun altro; *wer a.?* chi altro?
Andersdenkende → **anders**
Änderung (-, -en) sf cambiamento m, modifica f
andeuten vt accennare
Andeutung (-, -en) sf allusione f, cenno m
Andrang (-[e]s) sm affluenza f, affollamento m, ressa f
sich aneignen vpr appropriarsi (di), impadronirsi (di)
Anekdote (-, -n) sf aneddoto m
anekeln vt disgustare, nauseare
anerkennen (→ **kennen**) vt (dir) riconoscere, legittimare
Anerkennung (-, -en) sf riconoscimento m ◊ approvazione f ● *A. finden* essere apprezzato
Anfang (-[e]s, **Anfänge**) sm inizio m, principio m ● *am A.* all'inizio, da principio

anfangen (→ **fangen**) vt/i (aus haben) cominciare, iniziare
Anfänger (-s, -) sm principiante m
anfänglich a iniziale, primordiale ◆ avv dapprima
anfangs avv inizialmente, dapprima
Anfangsgründe s pl rudimenti m pl
anfechten (→ **fechten**) vt (dir) contestare, impugnare ◊ (relig) tentare
anfeuchten vt inumidire
Anfrage (-, -n) sf richiesta f, domanda f ◊ interpellanza f (parlamentare)
anfüllen vt riempire
Angabe (-, -n) sf indicazione f, affermazione f ◊ dato m ◊ (sport) battuta f ◊ (fam) vanteria f
angeben (→ **geben**) vt indicare ◊ dichiarare ◆ vi (fam) vantarsi, darsi arie
Angeber (-s, -) sm delatore m ◊ sbruffone m, millantatore m
angeboren a innato
Angebot (-[e]s, -e) sn offerta f ● *A. und Nachfrage* la domanda e l'offerta
angebracht a opportuno
angehen (→ **gehen**) vt assalire, affrontare ◊ riguardare, concernere ◆ vi (aus sein) incominciare ● *was mich angeht* per quanto mi riguarda
Angeklagte (-n, -n) sm/f imputato m

Angel (-, -n) *sf* canna *f* da pesca ◊ cardine *m*

Angelegenheit (-, -en) *sf* affare *m*, faccenda *f*, questione *f*

Angelhaken (-s, -) *sm* amo *m*

angeln *vt* pescare

Angelrute (-, -n) *sf* canna *f* da pesca

Angelsachse (-n, -n; *f* **Angelsächsin**) *sm* anglosassone *m/f*

angelsächsisch *a* anglosassone

Angelschein (-[e]s, -e) *sm* licenza *f* di pesca

Angelschnur (-, **Angelschnüre**) *sf* lenza *f*

angemessen *a* adeguato, proporzionale

Angemessenheit (-, -en) *sf* convenienza *f*, conformità *f*

angenehm *a* piacevole, gradevole • *sehr a.!* piacere!

angesehen *a* stimato, autorevole, prestigioso

Angestellte (-n, -n) *sm/f* dipendente *m/f*, impiegato *m*

Angler (-s, -) *sm* pescatore *m*

Anglikaner (-s, -) *sm* anglicano *m*

anglikanisch *a* anglicano

Anglizismus (-, **Anglizismen**) *sm* anglicismo *m*, inglesismo *m*

Angorawolle (-, -n) *sf* (lana *f* d') angora *f*

angreifen (→ **greifen**) *vt* attaccare, assalire ◊ indebolire, affaticare ◊ (*chim*) corrodere

Angreifer (-s, -) *sm* aggressore *m*

angrenzen *vi* (*aus haben*, *an* + *acc*) confinare (con)

Angriff (-[e]s, -e) *sm* (*mil*, *sport*, *fig*) attacco *m* ♦ aggressione *f* • *zum A. übergehen* passare all'attacco

Angst (-, **Ängste**) *sf* paura *f* ◊ ansia *f*, angoscia *f* • *A. vor etwas haben* avere paura di qc

ängstigen *vt* spaventare ♦ *vpr* (**sich a.**) (*vor* + *dat*) avere paura (di)

ängstlich *a* timoroso, apprensivo, ansioso

anhalten (→ **halten**) *vt* fermare ◊ sollecitare ♦ *vi* (*aus haben*) bloccarsi ◊ perdurare • *den Atem a.* trattenere il respiro

Anhalter (-s, -) *sm* autostoppista *m* • *per A. fahren* fare l'autostop

Anhang (-[e]s, **Anhänge**) *sm* appendice *f*, allegato *m*

anhängen *vt* appendere ◊ (*fam*) aggiungere

Anhänger (-s, -) *sm* adepto *m*, discepolo *m* ◊ rimorchio *m* ◊ ciondolo *m*

anhänglich *a* affezionato, fedele • *jemandem a. sein* essere affezionato a qn

anheften *vt* fissare, attaccare

Animateur (-s, -e; *f* -**in**) *sm* animatore *m*

Animation (-, -en) *sf* animazione *f*

Anis (-es, -e) *sm* (*bot*) anice *m*

Ankauf (-es, **Ankäufe**) *sm* acquisto *m*

ankaufen vt acquistare, comperare

Anker (-s, -) sm (naut) ancora f • *den A. lichten* levare l'ancora, salpare; *vor A. liegen* essere ancorato

ankern vi (aus haben) ancorarsi

anketten vt incatenare

Anklage (-, -n) sf accusa f ◊ *unter A. stehen* (dir) essere in stato d'accusa

anklagen vt accusare, incriminare

Ankläger (-s, -) sm accusatore m

Anklang (-[e]s, Anklänge) sm approvazione f, consenso m • *A. finden* incontrare il favore

anklickbar a (inform) cliccabile

Anklopfton (-[e]s, Anklopftöne) sm (tel) avviso m di chiamata

ankommen (→ **kommen**) vi (aus sein) arrivare, giungere ◊ incontrare favore ♦ vimp (auf + acc) dipendere (da) (ES: **es kommt auf das Wetter an** dipende dal tempo)

Ankündigung (-, -en) sf annuncio m, avviso m

Ankunft (-, Ankünfte) sf arrivo m • *bei der A.* all'arrivo

Anlage (-, -n) sf impianto m ◊ stabilimento m ◊ impostazione f, piano m ◊ (fin) investimento m ◊ talento m, disposizione f

Anlass, Anlaß* (-es, Anlässe) sm causa f, motivo m ◊ *aus A.* (+ gen) in occasione di

Anlassen (-s) sn (aut) avviamento m, messa f in moto

Anlauf (-[e]s, Anläufe) sm rincorsa f ◊ tentativo m ◊ inizio m • *im ersten A.* al primo tentativo

anlaufen (→ **laufen**) vi (aus sein) accorrere ◊ (sport) prendere la rincorsa ◊ iniziare • *einen Hafen a.* (naut) toccare un porto

anlegen vt mettere, applicare ◊ indossare ◊ appoggiare, accostare ◊ fondare, erigere ◊ (fin) investire ♦ vi (aus haben) (naut) attraccare ♦ vpr (sich a.) (gegen + acc) appoggiarsi (a)

Anleger (-s, -) sm (fin) investitore m

anlehnen vt appoggiare ◊ accostare, socchiudere ♦ vpr (sich a.) appoggiarsi

anleiten vt istruire

Anleitung (-, -en) sf istruzione f, guida f

Anliegen (-s, -) sn desiderio m, richiesta f

anliegend a annesso, adiacente ◊ allegato ◊ (abb) attillato

Anlieger (-s, -) sm vicino m, confinante m

anmachen vt attaccare, applicare ◊ accendere ◊ condire (l'insalata)

anmelden vt annunciare ◊ iscrivere ♦ vpr (sich a.) iscriversi • *einen Konkurs a.* dichiarare fallimento

Anmeldung (-, -en) sf annuncio m ◊ iscrizione f ◊ prenotazione f ◊ notifica f

anmerken vt notare, osservare •

sich nichts a. lassen far finta di nulla

Anmerkung (-, -en) *sf* annotazione *f*, postilla *f*

Anmut (-) *sf* grazia *f*, leggiadria *f*

anmutig *a* grazioso, leggiadro

annähern *vt* avvicinare, accostare

annähernd *a* approssimativo

Annäherung (-, -en) *sf* avvicinamento *m*

Annahme (-, -n) *sf* accettazione *f*, approvazione *f* ◇ ipotesi *f*, congettura *f* ● *in der A., dass...* supponendo che...

Annahmestelle (-, -n) *sf* ufficio *m* accettazione, ricevitoria *f*

annehmbar *a* ammissibile, plausibile ◇ passabile, accettabile

annehmen (→ **nehmen**) *vt* accettare, accogliere ◇ supporre, presumere

annullieren *vt* annullare

anomal *a* anomalo

Anomalie (-, -n) *sf* anomalia *f*

anordnen *vt* ordinare, disporre ◇ (*med*) prescrivere

Anordnung (-, -en) *sf* disposizione *f*, ordine *m* ◇ (*med*) prescrizione *f*

anorganisch *a* inorganico

anormal *a* anormale

anpassen *vt* adattare ◆ *vpr* (*sich a.*) (+ *dat*) adattarsi (a), adeguarsi (a) ● *wieder a.* riadattare

anregen *vt* stimolare, eccitare ◇ (*fig*) proporre ◇ suscitare, destare

Anreger (-s, -) *sm* ispiratore *m*

Anregung (-, -en) *sf* impulso *m*, stimolo *m* ◇ eccitazione *f*

Anreiz (-es, -e) *sm* stimolo *m*, incentivo *m*

anreizen *vt* eccitare, stimolare

Anruf (-[e]s, -e) *sm* telefonata *f*

Anrufbeantworter (-s, -) *sm* segreteria *f* telefonica

anrufen (→ **rufen**) *vt* chiamare, telefonare ◇ invocare, implorare

Anrufweiterschaltung (-, -en) *sf* (*tel*) trasferimento *m* di chiamata

Ansage (-, -n) *sf* annuncio *m*

ansagen *vt* annunciare ● *jemandem den Kampf a.* dichiarare guerra a qn

Ansager (-s, -) *sm* presentatore *m*

Ansatz (-es, Ansätze) *sm* applicazione *f*, attaccatura *f* ◇ (*fig*) principio *m*, accenno *m* ◇ (*tecn*) prolunga *f*, aggiunta *f*

Anschauung (-, -en) *sf* idea *f*, opinione *f*, concezione *f*

Anschein (-[e]s, -e) *sm* apparenza *f*, parvenza *f* ● *dem A. nach* a quanto pare

Anschlag (-[e]s, Anschläge) *sm* rintocco *m* ◇ affissione *f*, avviso *m*, manifesto *m* ◇ complotto *m*, macchinazione *f*

anschlagen (→ **schlagen**) *vt* suonare ◇ affiggere ◇ iniziare ◇ (*sport*) battere ◆ *vi* (*aus haben*) infrangersi ◇ (*med*) fare effetto, giovare

anschließen (→ **schließen**) *vt*

anstoßerregend

(*tecn*) collegare, allacciare ◆ *vpr* (**sich a.**) associarsi

Anschluss, Anschluß* (**-es, Anschlüsse**) *sm* collegamento *m*, allacciamento *m* ◇ (*ferr*) coincidenza *f* ◇ annessione *f*

Anschrift (**-, -en**) *sf* recapito *m*

anschwellen (→ **schwellen**) *vi* (*aus sein*) (*med*) gonfiarsi

ansehen (→ **sehen**) *vt* guardare, contemplare ◇ ritenere, reputare

Ansehen (**-s**) *sn* prestigio *m*, considerazione *f*, stima *f*

ansehnlich *a* prestante ◇ cospicuo

ansetzen *vt* accostare ◇ aggiungere ◇ preparare, impostare ◇ fissare, stabilire

Ansicht (**-, -en**) *sf* opinione *f*, parere *m* ● *der A. sein, dass...* essere dell'avviso che...; *meiner A. nach* secondo me

Ansichtskarte (**-, -n**) *sf* cartolina *f*

anspannen *vt* tendere

anspielen *vi* (*aus haben*) dare inizio al gioco ◇ (*auf + acc*) alludere (a)

ansprechen (→ **sprechen**) *vt* rivolgere la parola (a) ◇ piacere (a), essere gradito (a)

Anspruch (**-[e]s, Ansprüche**) *sm* esigenza *f*, pretesa *f* ◇ diritto *m* ● *A. auf etwas erheben* rivendicare un diritto su qc; *in A. nehmen* richiedere

anspruchslos *a* senza pretese, modesto

anspruchsvoll *a* esigente

Anstalt (**-, -en**) *sf* istituto *m*, ente *m* ◇ (*pl*) preparativi *m pl* ● *Anstalten machen zu...* accingersi a...

anständig *a* decente, dignitoso

Anständigkeit (**-, -en**) *sf* onestà *f* ◇ decenza *f*, decoro *m*

anstatt *cong* piuttosto che, invece di ◆ *prep* (+ *gen*) al posto di, in vece di

anstecken *vt* fermare, appuntare ◇ (*med*) contagiare

Ansteckung (**-, -en**) *sf* (*med*) contagio *m*

anstellen *vt* avviare, mettere in moto ◇ impiegare, assumere ◆ *vpr* (**sich a.**) comportarsi ◇ fare la coda (*fam*)

Anstellung (**-, -en**) *sf* impiego *m*, posto *m* di lavoro

Anstieg (**-[e]s, -e**) *sm* salita *f* ◇ (*fig*) aumento *m*

Anstoß (**-es, Anstöße**) *sm* scandalo *m* ◇ impulso *m*, stimolo *m* ◇ (*sport*) calcio *m* d'inizio ● *bei jemandem A. erregen* scandalizzare qn; *A. erregend* scandaloso; *an etwas A. nehmen* scandalizzarsi di qc

anstoßen (→ **stoßen**) *vi* (*aus sein, an + acc*) urtare (contro) ◇ (*aus haben, bei + dat*) scandalizzare ◇ (*aus haben*) brindare ◇ (*aus haben, an + acc*) confinare (con), essere attiguo (a) ◆ *vt* urtare ◇ (*fig*) stimolare, incitare ◇ (*sport*) battere il calcio d'inizio

anstoßerregend* → **Anstoß**

anstößig *a* indecente, spinto (*fam*)
anstreben *vt* aspirare (a)
anstreichen (→ **streichen**) *vt* pitturare, tinteggiare, verniciare
Anstreicher (**-s, -**) *sm* imbianchino *m*
anstrengen *vt* affaticare ♦ *vpr* (**sich a.**) affaticarsi ◊ impegnarsi, applicarsi ● *einen Prozess gegen jemanden a.* (*dir*) intentare un processo contro qn
anstrengend *a* faticoso
Anstrengung (**-, -en**) *sf* sforzo *m*, fatica *f*
Anstrich (**-[e]s, -e**) *sm* vernice *f*, tinta *f* ◊ (*fig*) apparenza *f*
Ansturm (**-[e]s, Anstürme**) *sm* ressa *f* ◊ impeto *m*, assalto *m*
antarktisch *a* antartico
Anteil (**-[e]s, -e**) *sm* parte *f*, quota *f* ◊ interesse *m*
Antenne (**-, -n**) *sf* antenna *f* ● *integrierte A.* (*tel*) antenna integrata
Anthologie (**-, -n**) *sf* antologia *f*
Anthropologe (**-n, -n**; *f* **Anthropologin**) *sm* antropologo *m*
Anthropologie (**-**) *sf* antropologia *f*
antiallergenisch *a* (*med*) ipoallergenico
antiallergisch *a* (*med*) antiallergico
antik *a* antico
Antike (**-**) *sf* (*stor*) antichità *f*
Antilope (**-, -n**) *sf* (*zool*) antilope *f*

Antiquität (**-e, -en**) *sf* antichità *f*, oggetto *m* antico
Antiquitätenhändler (**-s, -**) *sm* antiquario *m*
Antrag (**-[e]s, Anträge**) *sm* istanza *f*, mozione *f* ♦ proposta *f*
antreiben (→ **treiben**) *vt* incitare, indurre
Antrieb (**-[e]s, -e**) *sm* forza *f* motrice *f* ◊ (*fig*) impulso *m*, stimolo *m* ● *aus eigenem A.* di propria iniziativa
Antriebswelle (**-, -n**) *sf* (*mecc*) albero *m* di trasmissione
Antwort (**-, -en**) *sf* risposta *f*
antworten *vi* (*aus haben*) rispondere, dare una risposta ● *auf eine Frage a.* rispondere a una domanda
anvertrauen *vt* affidare ◊ confidare
Anwalt (**-[e]s, Anwälte**; *f* **Anwältin**) *sm* (*dir*) avvocato *m*
anweisen (→ **weisen**) *vt* ordinare, comandare ◊ istruire
Anweisung (**-, -en**) *sf* disposizione *f*, ordine *m* ◊ vaglia *f* (*postale*) ◊ istruzione *f*
anwenden (→ **wenden**) *vt* utilizzare, adoperare
Anwendung (**-, -en**) *sf* impiego *m*, uso *m*
anwesend *a* presente
Anwesenheit (**-**) *sf* presenza *f* ● *in A. von* alla presenza di
Anzahl (**-, -en**) *sf* quantità *f*, numero *m*
anzahlen *vt* versare un acconto (di)
Anzahlung (**-, -en**) *sf* acconto *m*

Anzeichen (-s, -) *sn* indizio *m*
Anzeige (-, -n) *sf* annuncio *m*, avviso *m* ◇ inserzione *f* ◇ indicazione *f* ◇ (*dir*) denuncia *f*
anzeigen *vt* indicare ◇ comunicare ◇ (*dir*) denunciare
anziehen (→ **ziehen**) *vt* tirare, tendere ◇ calzare, indossare ◇ (*fis*) attirare ♦ *vpr* (**sich a.**) vestirsi
Anziehung (-, -en) *sf* attrazione *f*
Anzug (-[e]s, **Anzüge**) *sm* vestito *m* (*da uomo*) ● *im A. sein* avvicinarsi, essere imminente
anzünden *vt* incendiare ◇ accendere, avviare
Aperitif (-s, -s/-e) *sm* aperitivo *m*
Apfel (-s, **Äpfel**) *sm* (*bot*) mela *f*
Apfelsine (-, -n) *sf* (*bot*) arancia *f*
Apostel (-s, -) *sm* apostolo *m*
Apostroph (-s, -e) *sm* apostrofo *m*
Apotheke (-, -n) *sf* farmacia *f*
Apotheker (-s, -) *sm* farmacista *m*
Appetit (-[e]s) *sm* appetito *m*
appetitlich *a* appetitoso
applaudieren *vt* applaudire
Applaus (-es) *sm* applauso *m*
Aprikose (-, -n) *sf* (*bot*) albicocca *f*
April (-[s], -e) *sm* aprile *m*
Aquarell (-s, -e) *sm* acquerello *m*
Aquarium (-s, **Aquarien**) *sn* acquario *m*
Äquator (-s) *sm* (*geogr*) equatore *m*
äquatorial *a* equatoriale

Äquinoktium (-s, **Äquinoktien**) *sn* equinozio *m*
Araber (-s, -) *sm* arabo *m*
Arabeske (-, -n) *sf* arabesco *m*
arabisch *a* arabo
Arbeit (-, -en) *sf* lavoro *m*
arbeiten *vi* (*aus haben*) lavorare
Arbeiter (-s, -) *sm* lavoratore *m* ◇ operaio *m*
Arbeiterschaft (-) *sf* lavoratori *m pl*, classe *f* operaia
Arbeitgeber (-s, -) *sm* datore *m* di lavoro
Arbeitsamt (-[e]s, **Arbeitsämter**) *sn* ufficio *m* del lavoro
Arbeitskraft (-[e]s, **Arbeitskräfte**) *sf* manodopera *f*
Arbeitslose (-n, -n) *sm/f* disoccupato *m*
Arbeitslosigkeit (-) *sf* disoccupazione *f*
Arbeitsplatz (-es, **Arbeitsplätze**) *sm* posto *m* di lavoro, impiego *m*
Arbeitsunfähigkeit (-, -en) *sf* inabilità *f* al lavoro
Arbeitszeit (-, -en) *sf* orario *m* di lavoro
Archäologe (-n, -n; *f* **Archäologin**) *sm* archeologo *m*
Archäologie (-) *sf* archeologia *f*
Arche (-, -n) *sf* arca *f*
Architekt (-en, -en; *f* -in) *sm* architetto *m*
Architektur (-, -en) *sf* architettura *f*
Archiv (-s, -e) *sn* archivio *m*
Archivar (-s, -e; *f* -in) *sm* archivista *m/f*
archivieren *vt* archiviare

arg (*comp* **ärger**, *sup* **ärgste**) *a* grave ◇ cattivo ◆ *avv* molto

Ärger (-s) *sm* dispiacere *m* ◇ rabbia *f*, irritazione *f* ◆ *vor Ä. dalla rabbia*

ärgerlich *a* arrabbiato

ärgern *vt* irritare ◆ *vpr* (**sich a.**) arrabbiarsi ◆ *sich ä. über etwas/jemanden* arrabbiarsi per qc/con qn

Ärgernis (-ses, -se) *sn* contrarietà *f* ◇ scandalo *m*

Argwohn (-[e]s) *sm* sospetto *m*, diffidenza *f*

argwöhnisch *a* sospettoso, diffidente

Aristokrat (-en, -en; *f* -in) *sm* aristocratico *m*

Aristokratie (-, -n) *sf* aristocrazia *f*

Arithmetik (-) *sf* aritmetica *f*

Arkade (-, -n) *sf* (*arch*) portico *m*, arcata *f*

arktisch *a* artico

arm (*comp* **ärmer**, *sup* **ärmste**) *a* povero

Arm (-[e]s, -e) *sm* braccio *m* ◆ *jemanden auf den A. nehmen* prendere in braccio qn

Armatur (-, -en) *sf* armatura *f*

Armaturenbrett (-[e]s, -er) *sn* (*aut*) cruscotto *m*

Armband (-[e]s, **Armbänder**) *sn* braccialetto *m*

Armbanduhr (-, -en) *sf* orologio *m* da polso

Arme (-n, -n) *sm/f* povero *m*

Armee (-, -n) *sf* esercito *m*

Ärmel (-s, -) *sm* manica *f*

Armut (-) *sf* povertà *f* ◇ scarsità *f*

Aromatherapie (-, -n) *sf* aromaterapia *f*

Arsch (-[e]s, **Ärsche**) *sm* (*volg*) culo *m*

Arschloch (-[e]s, **Arschlöcher**) *sn* (*volg*) buco *m* del culo ◇ (*volg*) (*als Schimpfwort*) stronzo *m*

Arsenal (-s, -e) *sn* (*mil*) arsenale *m*

Art (-, -en) *sf* modo *m*, maniera *f* ◇ natura *f*, carattere *m* ◇ (*bot*, *zool*) specie *f*

Arterie (-, -n) *sf* (*anat*) arteria *f*

Arterienverkalkung (-) *sf* (*med*) arteriosclerosi *f*

Arthritis (-) *sf* (*med*) artrite *f*

Artikel (-s, -) *sm* articolo *m*

Artillerie (-, -n) *sf* (*mil*) artiglieria *f*

Artischocke (-, -n) *sf* (*bot*) carciofo *m*

Arzneimittel (-s, -) *sn* medicinale *m*, farmaco *m* ◆ *rezeptfreies A.* medicinale da banco

Arzt (-[e]s, **Ärzte**; *f* **Ärztin**) *sm* medico *m* ◆ *praktischer A.* medico generico

ärztlich *a* medico

As* → **Ass**

Asbest (-[e]s, -e) *sm* (*min*) amianto *m*

Asche (-, -n) *sf* cenere *f*

Aschenbecher (-s, -) *sm* portacenere *m*

Asiate (-n, -n; *f* **Asiatin**) *sm* asiatico *m*

asiatisch *a* asiatico

Askese (-, -n) *sf* ascetismo *m*

Askẹt (-en, -en; *f* -in) *sm* asceta *m/f*
Asphạlt (-[e]s, -e) *sm* asfalto *m*
asphaltieren *vt* asfaltare
Ass, As* (-ses, -se) *sn* asso *m*
Assistẹnt (-en, -en; *f* -in) *sm* assistente *m/f*
Ast (-[e]s, Äste) *sm* ramo *m*
Ästhetik (-, -en) *sf* estetica *f*
ästhetisch *a* estetico
Asthma (-s) *sn* (*med*) asma *f*
Asthmatiker (-s, -) *sm* asmatico *m*
astigmatisch *a* astigmatico
Astrologe (-n, -n; *f* **Astrologin**) *sm* astrologo *m*
Astrologie (-) *sf* astrologia *f*
Astronaut (-en, -en; *f* -in) *sm* astronauta *m/f*
astronautisch *a* astronautico
Astronọm (-en, -en; *f* -in) *sm* astronomo *m*
Astronomie (-) *sf* astronomia *f*
Asyl (-s, -e) *sn* asilo *m* ● *jemandem A. gewähren* offrire asilo a qn; *um A. bitten* chiedere asilo
Asylạnt (-en, -en; *f* -in) *sm* persona *f* che chiede l'asilo politico
Asymmetrie (-, -n) *sf* asimmetria *f*
Ạtem (-s) *sm* respiro *m*, fiato *m* ◊ respirazione *f* ● *jemanden in A. halten* (*fig*) tenere qn col fiato sospeso
atembar *a* respirabile
Ạtemwege *s pl* (*anat*) vie *f pl* respiratorie
Atheịsmus (-) *sm* ateismo *m*
Atheịst (-en, -en; *f* -in) *sm* ateo *m*
ätherisch *a* etereo
Athlẹt (-en, -en; *f* -in) *sm* atleta *m/f*
Athlẹtik (-) *sf* atletica *f*
Ạtlas (-/-ses, -se/**Atlanten**) *sm* atlante *m*
ạtmen *vt/i* (*aus haben*) respirare
Atmosphäre (-, -n) *sf* atmosfera *f*
atmosphärisch *a* atmosferico
Ạtmung (-) *sf* respirazione *f*
Ạtmungsgerät (-[e]s, -e) *sn* respiratore *m*
Atọll (-s, -e) *sn* atollo *m*
Atọm (-s, -e) *sn* atomo *m*
atomạr *a* atomico ● *atomares Wettrüsten* corsa agli armamenti nucleari
Atọmbombe (-, -n) *sf* bomba *f* atomica
atọmbombensicher *a* antiatomico
Atọmkraftwerk (-[e]s, -e) *sn* centrale *f* nucleare
Atọmmüll (-[e]s) *sm* scorie *f pl* radioattive
Atọmwaffen *s pl* armi *f pl* nucleari
Attentạt (-[e]s, -e) *sn* attentato *m*
Attentäter (-s, -) *sm* attentatore *m*
"at"-Zeichen (-s, -) *sn* (*inform*) chiocciola *f*
ätzen *vt* (*chim*) corrodere
ätzend *a* corrosivo, caustico
Aubergine (-, -n) *sf* (*bot*) melanzana *f*
auch *cong* anche, pure ◊ persino
Audiẹnz (-, -en) *sf* udienza *f*

Audioführer (-s, -) *sm* audioguida *f*

audiovisuell *a* audiovisivo

auf *prep* (+ *das* = **aufs**) (+ *dat/acc, stato in luogo e moto a luogo*) a, su, sopra (ES: **das Buch ist auf dem Tisch** il libro è sul tavolo; **er stellte den Pack auf den Boden** posò il pacco sul pavimento) ◊ (+ *acc, tempo*) di (ES: **auf einen Sonntag fallen** cadere di domenica) ◊ (+ *dat*) durante (ES: **auf der Reise** durante il viaggio) • **auf dem Land** in campagna; **auf der Straße** in strada; **auf Deutsch** in tedesco; **auf einmal** improvvisamente; **es geht auf vier Uhr** sono quasi le quattro

Aufbau (-[e]s, Aufbauten) *sm* costruzione *f*, struttura *f*, intelaiatura *f* ◊ montaggio *m*

aufbauen *vt* costruire, montare ◊ strutturare ◊ (*fig*) fondare, basare • *wieder a.* ricostruire

aufbewahren *vt* conservare, custodire • *bitte kühl a.!* conservare in luogo fresco!

Aufbewahrung (-, -en) *sf* custodia *f* ◊ deposito *m*

aufbleiben (→ **bleiben**) *vi* (*aus sein*) rimanere alzato, vegliare

aufblühen *vi* (*aus sein*) sbocciare, fiorire ◊ (*fig*) prosperare

aufbrechen (→ **brechen**) *vt* aprire con forza, scassinare ◊ *vi* (*aus sein*) aprirsi ◊ (*von Blumen*) schiudersi, sbocciare ◊ mettersi in cammino

aufbringen (→ **bringen**) *vt* procurare ◊ diffondere ◊ irritare

sich aufdrängen *vpr* (+ *dat*) essere invadente (con) ◊ imporsi (su)

aufdringlich *a* insistente, invadente

Aufenthalt (-[e]s, -e) *sm* soggiorno *m* ◊ fermata *f* • *A. unbekannt* recapito sconosciuto

Aufenthaltsgenehmigung (-, -en) *sf* permesso *m* di soggiorno

auffahren (→ **fahren**) *vi* (*aus sein*) sobbalzare ◊ (*auf* + *acc*) urtare, tamponare ◊ (*relig*) ascendere

Auffahrt (-, -en) *sf* salita *f* ◊ rampa *f*, raccordo *m* (*autostradale*) ◊ (*relig*) ascensione *f*

Auffahrunfall (-[e]s, Auffahrunfälle) *sm* tamponamento *m* (*stradale*)

auffallen (→ **fallen**) *vi* (*aus sein*) dare nell'occhio, farsi notare

auffällig *a* eclatante, vistoso

auffindbar *a* reperibile

auffinden (→ **finden**) *vt* trovare

Auffindung (-) *sf* ritrovamento *m*

auffordern *vt* pregare, esortare, sollecitare ◊ ordinare, intimare

aufforsten *vt* rimboschire

auffressen (→ **fressen**) *vt* divorare

aufführen *vt* (*teat*) rappresentare ◊ (*mus*) eseguire • *vpr* (*sich a.*) comportarsi

Aufführung (-, -en) *sf* (*teat*) rappresentazione *f* ◊ (*mus*) esecu-

aufnehmen

zione f ◊ comportamento m, condotta f

Aufgabe (-, -n) sf compito m

Aufgang (-[e]s, Aufgänge) sm salita f ◊ (astr) sorgere m, levata f

aufgeben (→ **geben**) vt spedire, inviare ◊ rinunciare (a), abbandonare

aufgehen (→ **gehen**) vi (aus sein) salire ◊ (astr) sorgere, levarsi ◊ aprirsi, schiudersi

Aufguss, Aufguß* (-es, Aufgüsse) sm infusione f, tisana f

aufhalten (→ **halten**) vt fermare, arrestare ♦ vpr (sich a.) fermarsi, soggiornare

aufhängen (→ **hängen**) vt appendere, stendere

aufheben (→ **heben**) vt raccogliere, conservare ◊ revocare, abrogare, rescindere

Aufhebung (-, -en) sf soppressione f, revoca f, annullamento m

aufheitern vt rallegrare

Aufheiterung (-, -en) sf (meteor, fig) schiarita f

aufhellen vt schiarire ◊ (fig) illuminare, far luce su

aufholen vt recuperare

Aufholen (-s, -) sn (sport) rimonta f

aufhören vi (aus haben) smettere, finire • **mit etwas a.** finire qc

aufklären vt chiarire ◊ informare ◊ (mil) esplorare

Aufklärung (-, -en) sf spiegazione f, informazione f ◊ (stor) illuminismo m ◊ (mil) ricognizione f

aufkleben vt applicare, incollare

Aufkleber (-s, -) sm etichetta f autoadesiva

aufknöpfen vt slacciare, sbottonare

aufkommen (→ **kommen**) vi (aus sein) sorgere ◊ diffondersi, diventare di moda ◊ rimettersi, ristabilirsi • **für etwas a.** rispondere di qc

Aufladegerät (-[e]s, -e) sn (tel) caricabatterie m

Auflage (-, -n) sf edizione f, tiratura f ◊ rivestimento m, strato m

Auflauf (-[e]s, Aufläufe) sm affollamento m ◊ (cuc) sformato m

auflegen vt mettere ◊ stampare, emettere ♦ vpr (sich a.) appoggiarsi

auflesen (→ **lesen**) vt raccogliere

auflösen vt sciogliere, disfare ◊ risolvere ♦ vpr (sich a.) fondersi, liquefarsi

aufmachen vt aprire ◊ disfare

aufmerken vi (aus haben, auf + acc) fare attenzione (a)

aufmerksam a attento ◊ premuroso, gentile

Aufmerksamkeit (-, -en) sf attenzione f

Aufnahme (-, -n) sf accoglienza f, accettazione f ◊ (cin) ripresa f ◊ fotografia f ◊ incisione f, registrazione f

aufnehmen (→ **nehmen**) vt ac-

Aufprall 30

cogliere, ospitare ◇ (*cin*) riprendere ◇ fotografare ◇ incidere, registrare ● *wieder a.* riprendere; riammettere

Aufprall (-[e]s, -e) *sm* urto *m*, impatto *m*

aufprallen *vi* (*aus sein*) urtare

Aufputschmittel *sn* eccitante *m*

Aufpreis (-es, -e) *sm* supplemento *m*, sovrapprezzo *m*

aufräumen *vt* rassettare, riordinare

aufrecht *a* eretto

aufregen *vt* esaltare, eccitare ◆ *vpr* (**sich a.**) agitarsi, eccitarsi

Aufregung (-, -en) *sf* agitazione *f* ● *in A. versetzen* mettere in agitazione

aufreizen *vt* eccitare, aizzare

Aufreizung (-, -en) *sf* provocazione *f*

aufrichten *vt* sollevare, rialzare ◇ (*fig*) confortare, rincuorare

aufrichtig *a* sincero

Aufrichtigkeit (-, -en) *sf* lealtà *f*, onestà *f*

Aufruhr (-[e]s, -e) *sm* sommossa *f*, tumulto *m*

aufrühren *vt* rimestare ◇ agitare

Aufrührer (-s, -) *sm* agitatore *m*, ribelle *m*

aufrunden *vt* (*mat*) arrotondare (per eccesso)

Aufrüstung (-, -en) *sf* riarmo *m*

Aufsatz (-es, **Aufsätze**) *sm* tema *m*, componimento *m* ◇ saggio *m*

aufschieben (→ **schieben**) *vt* spingere per aprire ◇ rimandare, posticipare

Aufschlag (-[e]s, **Aufschläge**) *sm* urto *m*, colpo *m*, impatto *m* ◇ (*sport*) battuta *f* ◇ (*abb*) risvolto *m* ◇ (*comm*) rincaro *m*

Aufschrift (-, -en) *sf* scritta *f*, iscrizione *f*

Aufschub (-[e]s, **Aufschübe**) *sm* proroga *f* ◇ ritardo *m*, indugio *m*

Aufsehen (-s) *sn* scalpore *m*, sensazione *f* ● *A. erregend* clamoroso

aufsehenerregend* → **Aufsehen**

Aufseher (-s, -) *sm* guardiano *m*

aufsetzen *vt* mettere, applicare ◇ redigere

Aufsicht (-, -en) *sf* sorveglianza *f*, controllo *m* ◇ vista, veduta *f* (dall'alto)

aufspringen (→ **springen**) *vi* (*aus sein*) aprirsi di scatto

Aufstand (-[e]s, **Aufstände**) *sm* insurrezione *f*

Aufständische (-n, -n) *sm/f* ribelle *m/f*, insorto *m*

aufstehen (→ **stehen**) *vi* (*aus sein*) alzarsi

aufsteigen (→ **steigen**) *vi* (*aus sein*) montare, salire ◇ sorgere, nascere

aufstellen *vt* erigere, innalzare ◇ disporre, installare ◆ *vpr* (**sich a.**) porsi, collocarsi

Aufstellung (-, -en) *sf* montaggio *m*, installazione *f* ◇ (*sport*) formazione *f* ◇ formulazione *f*, compilazione *f*

Aufstieg (-[e]s, -e) *sm* salita *f*, ascensione *f* ◇ promozione *f*, avanzamento *m*

auftauchen *vi* (*aus sein*) emer-

ausbauen

gere ◊ comparire (all'improvviso), sbucare
auftauen vt scongelare
aufteilen vt suddividere, spartire
Auftrag (-[e]s, **Aufträge**) sm commissione f, ordine m ◊ compito m, incarico m
Auftraggeber (-s, -) sm committente m
Auftragnehmer (-s, -) sm appaltatore m
auftreten (→ **treten**) vi (aus sein) presentarsi ◊ (teat) esibirsi ◊ comportarsi, agire
aufwachen vi (aus sein) svegliarsi
Aufwand (-[e]s) sm spesa f, costi m pl
aufwecken vt svegliare
aufwerten vt (fin) rivalutare
Aufwertung (-, -en) sf (fin) rivalutazione f
aufzählen vt elencare, catalogare
aufzeichnen vt annotare, segnare ◊ (tel) registrare
Aufzeichnung (-, -en) sf annotazione f ◊ (tel) registrazione f, trasmissione f in differita
aufziehen (→ **ziehen**) vt tirare su, alzare ◊ allevare, educare
Aufzug (-[e]s, **Aufzüge**) sm ascensore m ◊ corteo m, sfilata f
Auge (-s, -n) sn (anat) occhio m ● *ein A. zudrücken* chiudere un occhio; *unter vier Augen* a quattr'occhi
Augenarzt (-es, **Augenärzte**) sm oculista m

Augenblick (-[e]s, -e) sm istante m, momento m
augenblicklich a attuale ◊ momentaneo ♦ avv al momento ◊ istantaneamente
Augenbraue (-, -n) sf sopracciglio m
augenfällig a evidente
Augenheilkunde (-) sf oculistica f
Augenhöhle (-, -n) sf (anat) orbita f
Augenlid (-[e]s, **Augenlider**) sn palpebra f
Augenschein (-[e]s, -e) sm apparenza f, aspetto m ◊ (dir) sopralluogo m
Augentropfen s pl collirio m sing
Augenzeuge (-n, -n) sm (dir) testimone m oculare
August (-[e]s, -/-e) sm agosto m
Aula (-, **Aulen/-s**) sf aula f
aus prep (+ dat) (moto da luogo) da (ES: *ich komme aus Deutschland* vengo dalla Germania) ◊ (tempo) di (ES: *ein Werk aus dem 18. Jahrhundert* un'opera del XVIII secolo) ◊ (materia) di (ES: *eine Bluse aus Baumwolle* una camicetta di cotone) ◊ per, a causa di (ES: *aus Furcht* per timore) ♦ avv finito ◊ (sport) fuori ● *aus dem Gebrauch* fuori servizio; *aus der Mode* fuori moda
ausatmen vt espirare
ausbauen vt ampliare ◊ potenziare

Ausbeute

Ausbeute (-, -n) *sf* rendimento *m*

ausbeuten *vt* sfruttare

Ausbeutung (-) *sf* sfruttamento *m*

ausbilden *vt* addestrare, istruire

Ausbilder (-s, -) *sm* istruttore *m*

Ausbildung (-, -en) *sf* addestramento *m*, formazione *f* professionale ◊ istruzione *f*

Ausblick (-[e]s, -e) *sm* panorama *m*, visuale *f*

ausbrechen (→ **brechen**) *vi* (*aus sein*) scoppiare, erompere ◊ evadere ◊ staccarsi, rompersi ◊ (*aut*) scartare, derapare

ausbreiten *vt* stendere, spiegare ◊ ampliare, espandere ♦ *vpr* (**sich a.**) allargarsi, distendersi ◊ diffondersi

Ausbreitung (-) *sf* allargamento *m* ◊ (*fis*) propagazione *f*

Ausbruch (-[e]s, Ausbrüche) *sm* insorgenza *f*, comparsa *f* ◊ eruzione *f* ◊ evasione *f* ◊ (*fig*) sfogo *m*

Ausdauer (-, -n) *sf* perseveranza *f*

ausdauern *vi* (*aus haben*) perseverare

ausdehnen *vt* dilatare, estendere ♦ *vpr* (**sich a.**) dilatarsi ◊ ingrandirsi, espandersi

Ausdehnung (-, -en) *sf* dilatazione *f* ◊ espansione *f*, allargamento *m* ◊ prolungamento *m*

ausdenken (→ **denken**) *vt* ideare, escogitare

Ausdruck (-[e]s, Ausdrücke) *sm* espressione *f*

ausdrücken *vt* spremere ◊ (*fig*) esprimere ♦ *vpr* (**sich a.**) esprimersi

ausdrücklich *a* esplicito

ausdruckslos *a* inespressivo

ausdrucksvoll *a* espressivo

auseinander *avv* lontani l'uno dall'altro, separatamente ● *a. gehen* (*aus sein*) separarsi, staccarsi; divergere; *a. setzen* spiegare, chiarire; *sich a. setzen* (*mit + dat*) occuparsi (di)

auseinandergehen* → **auseinander**

auseinandersetzen* → **auseinander**

Auseinandersetzung (-, -en) *sf* analisi *f* ◊ discussione *f*, contrasto *m*

auserlesen *a* scelto

ausfahren (→ **fahren**) *vi* (*aus sein*) uscire (*in auto*)

Ausfahrt (-, -en) *sf* partenza *f* ◊ uscita *f* (*autostradale*), svincolo *m*

Ausfall (-[e]s, Ausfälle) *sm* caduta *f* ◊ soppressione *f* ◊ insulto *m*

ausfallen (→ **fallen**) *vi* (*aus sein*) cadere ◊ essere soppresso ◊ essere assente ● *gut/schlecht a.* andare bene/male; *heute fällt die Schule aus* oggi non c'è scuola

Ausflug (-[e]s, Ausflüge) *sm* escursione *f*, gita *f*

Ausflügler (-s, -) *sm* escursionista *m*

Ausfuhr (-, -en) *sf* esportazione *f*

ausführen *vt* portar fuori, far

uscire ◇ compiere, effettuare ◇ esportare

ausführlich *a* dettagliato, esauriente

Ausführung (-, -en) *sf* esecuzione *f*, realizzazione *f* ◇ esportazione *f*

ausfüllen *vt* riempire, compilare (un modulo)

Ausgabe (-, -n) *sf* distribuzione *f* ◇ spesa *f*, esborso *m* ◇ edizione *f*

Ausgang (-[e]s, Ausgänge) *sm* uscita *f* ◇ (*fig*) esito *m*, risultato *m*

Ausgangssperre (-, -n) *sf* coprifuoco *m*

ausgeben (→ **geben**) *vt* distribuire ◇ spendere ◇ emettere ♦ *vpr* (**sich a.**) (*als/für* + *acc*) spacciarsi (per)

ausgehen (→ **gehen**) *vi* (*aus sein*) uscire ◇ partire ◇ provenire ◇ finire, esaurirsi, venir meno

ausgenommen *prep* (+ *acc*) eccetto ♦ *cong* a meno che, salvo che

ausgewählt *a* scelto

ausgezeichnet *a* eccellente, ottimo ♦ *avv* ottimamente, perfettamente ♦ *inter* bravo! • **mir geht's a.** sto benissimo

Ausgleich (-[e]s, -e) *sm* accomodamento *m* ◇ conguaglio *m* ◇ indennizzo *m*, compensazione *f* ◇ (*sport*) pareggio *m*

ausgleichen (→ **gleichen**) *vt* livellare, appianare ◇ compensare ◇ saldare ♦ *vi* (*aus haben*) (*sport*) pareggiare ♦ *vpr* (**sich a.**) attenuarsi

Ausguck (-[e]s, -e) *sm* vedetta *f*

aushalten (→ **halten**) *vt* sopportare ◇ mantenere

Auskehlung (-, -en) *sf* scanalatura *f*

sich auskennen (→ **kennen**) *vpr* conoscere bene un posto ◇ (*in/mit* + *dat*) intendersi (di)

Auskunft (-, Auskünfte) *sf* informazione *f*, ragguaglio *m*

auslachen *vt* deridere

ausladen (→ **laden**) *vt* scaricare

Ausland (-[e]s) *sn* estero *m* • **ins A. fahren** andare all'estero

Ausländer (-s, -) *sm* straniero *m*, forestiero *m*

ausländisch *a* estero

auslassen (→ **lassen**) *vt* scaricare ◇ omettere, tralasciare

Auslassungspunkte *s pl* puntini *m pl* di sospensione

Auslassungszeichen (-s, -) *sn* apostrofo *m*

Auslauf (-[e]s, Ausläufe) *sm* scolo *m*, scarico *m*

auslaufen (→ **laufen**) *vi* (*aus sein*) scolare, fuoriuscire ◇ (*fig*) fermarsi, terminare

ausleeren *vt* svuotare

auslegen *vt* esporre ◇ interpretare, spiegare ◇ (*fin*) anticipare

Auslese (-, -n) *sf* scelta *f*, selezione *f*

ausliefern *vt* consegnare, distribuire ◇ (*dir*) estradare

Auslieferung (-, -en) *sf* consegna *f*, distribuzione *f* ◇ (*dir*) estradizione *f*

auslöschen

auslöschen *vt* spegnere ◊ cancellare (*con la gomma*)
auslosen *vt* sorteggiare
Auslöser (-s, -) *sm* (dispositivo *m* di) scatto *m*
ausmachen *vt* cavare, togliere ◊ spegnere ◊ formare, costituire
ausmalen *vt* pitturare, dipingere
Ausnahme (-, -n) *sf* eccezione *f* ● **mit A. von** a eccezione di
ausnahmsweise *avv* eccezionalmente
auspressen *vt* spremere
Auspuff (-[e]s, -e) *sm* (*aut*) scappamento *m*
ausquartieren *vt* sfrattare
ausradieren *vt* cancellare (*con la gomma*)
ausrauben *vt* saccheggiare
ausräumen *vt* rimuovere, sgomberare
Ausrede (-, -n) *sf* scusa *f*, pretesto *m* ● **nie um eine A. verlegen sein** avere sempre una scusa pronta (*fam*)
ausreden *vt* dissuadere ♦ *vi* (*aus haben*) finire di parlare
ausreifen (→ **reifen**) *vi* (*aus sein*) giungere a maturazione
Ausrenkung (-, -en) *sf* (*med*) lussazione *f*, slogatura *f*
ausrichten *vt* allineare ◊ allestire
Ausrichtung (-, -en) *sf* (*mecc*) regolazione *f* ◊ allestimento *m* ◊ (*fig*) orientamento *m*
Ausruf (-[e]s, -e) *sm* grido *m*, esclamazione *f*

ausrufen (→ **rufen**) *vt* proclamare, annunciare ♦ *vi* (*aus haben*) esclamare
Ausrufung (-, -en) *sf* proclamazione *f*
ausruhen *vt* riposare ♦ *vpr* (**sich a.**) riposarsi
ausrüsten *vt* equipaggiare, munire ● **mit etwas a.** munire di qc
Ausrüstung (-, -en) *sf* dotazione *f*, equipaggiamento *m*
Aussaat (-, -en) *sf* (*agr*) semina *f*
Aussage (-, -n) *sf* dichiarazione *f*, affermazione *f* ◊ (*dir*) deposizione *f*, testimonianza *f*
aussagen *vt* affermare, esprimere ◊ (*dir*) testimoniare, deporre
ausschalten *vt* spegnere ◊ eliminare
Ausschank (-[e]s, **Ausschänke**) *sm* mescita *f*, spaccio *m*
ausscheiden (→ **scheiden**) *vt* eliminare, escludere ◊ separare ◊ (*med*) secernere
Ausscheidung (-, -en) *sf* eliminazione *f* ◊ (*med*) secrezione *f*
Ausschlag (-[e]s, **Ausschläge**) *sm* (*med*) eruzione *f* cutanea ◊ (*fig*) tracollo *m*
ausschlagen (→ **schlagen**) *vt* rompere ◊ respingere, rifiutare ◊ foderare
ausschließen (→ **schließen**) *vt* escludere, espellere
ausschließlich *avv* esclusivamente
Ausschluss, Ausschluß* (-es, **Ausschlüsse**) *sm* esclusione *f*, espulsione *f*

Ausschnitt (-[e]s, -e) *sm* ritaglio *m*, frammento *m* ◊ (*abb*) scollatura *f*

ausschreiben (→ **schreiben**) *vt* copiare, trascrivere ◊ indire, bandire ◊ scrivere in lettere (*un numero*)

Ausschreibung (-, -en) *sf* trascrizione *f* ◊ bando *m*, concorso *m*

Ausschuss, Ausschuß* (-es, **Ausschüsse**) *sm* commissione *f*, comitato *m*

aussehen (→ **sehen**) *vi* (*aus haben*) avere l'aspetto (di), parere

Aussehen (-s, -) *sn* aspetto *m*, parvenza *f*

außen *avv* fuori, esternamente

aussenden (→ **senden**) *vt* spedire

Außenminister (-s, -) *sm* ministro *m* degli esteri

Außenpolitik (-, -en) *sf* politica *f* estera

Außenspiegel (-s, -) *sm* (*aut*) specchietto *m* retrovisore esterno

außer *prep* (+ *dat*) eccetto, all'infuori di ◆ *cong* a meno che ● *a. Dienst* fuori servizio

außerdem *avv* inoltre

äußere *a* esteriore

außereuropäisch *a* extraeuropeo

außerhalb *prep* (+ *gen*) fuori di

außerirdisch *a* extraterrestre

äußerlich *a* esteriore, apparente ◆ *avv* esternamente

äußern *vt* manifestare

außerordentlich *a* eccezionale, sorprendente, straordinario

außerparlamentarisch *a* extraparlamentare

äußerst *a* estremo

Äußerung (-, -en) *sf* dichiarazione *f*

aussetzen *vt* abbandonare ◊ esporre ◊ criticare

Aussetzung (-, -en) *sf* abbandono *m* ◊ istituzione *f* ◊ critica *f*

Aussicht (-, -en) *sf* panorama *m* ◊ probabilità *f*, prospettiva *f*

Aussiedler (-s, -) *sm* evacuato *m*

Aussiedlung (-, -en) *sf* evacuazione *f*

Aussperrung (-, -en) *sf* serrata *f*

Aussprache (-, -n) *sf* pronuncia *f*, accento *m* ◊ spiegazione *f*

aussprechen (→ **sprechen**) *vt* esprimere, manifestare ◊ pronunciare, articolare ◆ *vpr* (**sich a.**) pronunciarsi, esprimersi

Ausspruch (-[e]s, **Aussprüche**) *sm* detto *m*, massima *f*

ausstatten *vt* fornire, dotare ◊ arredare ◊ corredare

Ausstattung (-, -en) *sf* attrezzatura *f*, dotazione *f* ◊ corredo *m*

ausstehen (→ **stehen**) *vt* sopportare

aussteigen (→ **steigen**) *vi* (*aus sein*) scendere (*da un mezzo*)

ausstellen *vt* esporre ◊ emettere

Ausstellung (-, -en) *sf* esposizione *f*, mostra *f*, rassegna *f* ◊ rilascio *m*

ausstopfen *vt* riempire, imbottire ◊ imbalsamare

ausstrahlen *vt* irradiare, emanare
ausströmen *vt* fuoriuscire, sgorgare, esalare
Austausch (-[e]s, -e) *sm* scambio *m*
austauschen *vt* scambiare
Auster (-, -n) *sf* (*zool*) ostrica *f*
austesten *vt* testare, verificare
Australier (-s, -) *sm* australiano *m*
australisch *a* australiano
austreiben (→ **treiben**) *vt* espellere, esorcizzare ◊ condurre al pascolo
austreten (→ **treten**) *vi* (*aus sein*) uscire, ritirarsi, lasciare
Austritt (-[e]s, -e) *sm* ritiro *m*, dimissioni *fpl* ◊ fuoriuscita *f*
Ausverkauf (-[e]s, Ausverkäufe) *sm* svendita *f*
Auswahl (-, -en) *sf* selezione *f* scelta *f*, assortimento *m*
auswählen *vt* scegliere, selezionare
auswählend *a* selettivo
Auswanderer (-s, -) *sm* emigrante *m*
auswandern *vi* (*aus sein*) emigrare, espatriare
auswärts *avv* fuori
Auswärtsspiel (-[e]s, -e) *sm* (*sport*) trasferta *f*
auswechseln *vt* cambiare, sostituire
Auswechselspieler (-s, -) *sm* (*sport*) riserva *f*
Ausweg (-[e]s, -e) *sm* ripiego *m*, scappatoia *f*, via *f* d'uscita

Ausweis (-es, -e) *sm* documento *m*, carta *f* d'identità
ausweisen (→ **weisen**) *vt* cacciare, espellere
ausweiten *vt* allargare, estendere
auswendig *a* a. **können/lernen** sapere/imparare a memoria
sich auswirken *vpr* (*auf + dat*) ripercuotersi (su), influire (su)
Auswirkung (-, -en) *sf* conseguenza *f*, effetto *m*
auszeichnen *vt* contrassegnare, marcare ◊ onorare
Auszeichnung (-, -en) *sf* contrassegno *m* ◊ onorificenza *f*
ausziehen (→ **ziehen**) *vt* tirar fuori, cavare ♦ *vpr* (**sich a.**) svestirsi
Auszubildende (-en, -en) *sm/f* apprendista *m/f*
Auszug (-[e]s, Auszüge) *sm* estratto *m*, brano *m* ◊ partenza *f* ◊ trasloco *m* ◊ emigrazione *f*
authentisch *a* autentico
Authentizität (-) *sf* autenticità *f*
Auto (-s, -s) *sn* automobile *f*
Autobahn (-, -en) *sf* autostrada *f*
Autobahnrestaurant (-s, -s) *sn* autogrill *m*
Autobahnzubringer (-s, -) *sm* raccordo *m* autostradale
Autobiographie, Autobiografie (-, -n) *sf* autobiografia *f*
Autobus (-ses, -se) *sm* autobus *m*, pullman *m*
Autodidakt (-en, -en; *f* -in) *sm* autodidatta *m/f*
Autoelektriker (-s, -) *sm* elettrauto *m*

Autofahrer (-s, -) *sm* automobilista *m*
Autogramm (-s, -e) *sn* autografo *m*
Autohändler (-s, -) *sm* concessionario *m* di automobili
Automat (-en, -en) *sm* distributore *m* automatico
automatisch *a* automatico
Autonummer (-, -n) *sf* numero *m* di targa
Autoparkwächter (-s, -) *sm* posteggiatore *m*
Autor (-s, -en) *sm* autore *m*
Autoreifen (-s, -) *sm* copertone *m*
Autorennbahn (-, -en) *sf* autodromo *m*
Autoschlosser (-s, -) *sm* carrozziere *m*
Avantgarde (-, -n) *sf* avanguardia *f*
Avocado (-, -s) *sf* (*bot*) avocado *m*
Axt (-, Äxte) *sf* ascia *f*

B

Baby (-s, -s) *sn* neonato *m*
Bach (-[e]s, Bäche) *sm* ruscello *m*, torrente *m*
Backe (-, -n) *sf* guancia *f*
backen (bäckt/backt, backte, gebacken) *vt* cuocere (*al forno*) ◊ friggere
Backenzahn (-[e]s, Backenzähne) *sm* (*anat*) molare *m*
Bäcker (-s, -) *sm* fornaio *m*
Bäckerei (-, -en) *sf* panetteria *f*
Backform (-, -en) *sf* teglia *f*
Backofen (-s, Backöfen) *sm* forno *m*
Bad (-[e]s, Bäder) *sn* bagno *m* ◊ stazione *f* termale
Badeanzug (-[e]s, Badeanzüge) *sm* costume *m* da bagno
Bademantel (-s, -) *sm* accappatoio *m*
Bademeister (-s, -) *sm* bagnino *m*
baden *vt* fare il bagno (a) ◆ *vi* (*aus haben*) fare il bagno
Badende (-n, -n) *sm/f* bagnante *m/f*
Badeofen (-s, Badeöfen) *sm* scaldabagno *m*
Badeschaum (-[e]s, Badeschäume) *sm* bagnoschiuma *m*
Badewanne (-, -n) *sf* vasca *f* da bagno
Badezimmer (-s, -) *sn* stanza *f* da bagno, bagno *m*
Bagger (-s, -) *sm* escavatrice *f*, ruspa *f*
Bahn (-, -en) *sf* via *f*, strada *f* ◊ ferrovia *f* ◊ (*astr*) orbita *f* ◊ traiettoria *f* ◊ tram *m* ◊ (*sport*) pista *f*

Bahnbrecher (-s, -) *sm* iniziatore *m*, pioniere *m*

bahnen *vt* aprire, spianare ● *sich einen Weg b.* farsi strada

Bahnhof (-[e]s, Bahnhöfe) *sm* stazione *f* ferroviaria

Bahnhofsvorsteher (-s, -) *sm* capostazione *m*

Bahnsteigdach (-[e]s, Bahnsteigdächer) *sn* pensilina *f*

Bahnübergang (-[e]s, Bahnübergänge) *sm* passaggio *m* a livello ● *bewachter/unbewachter B.* passaggio a livello custodito/incustodito

Bahre (-, -n) *sf* barella *f* ◊ bara *f*

Bakterie (-, -n) *sf* (*biol*) batterio *m*

bakteriell *a* batterico

bakteriologisch *a* batteriologico

bald *avv* presto, tra poco ◊ (*fam*) quasi

baldig *a* prossimo, imminente

Baldrian (-s, -e) *sm* (*bot*) valeriana *f*

Balken (-s, -) *sm* trave *f*

Balkon (-s, -s/-e) *sm* balcone *m* ◊ (*teat*) balconata *f*

Balkontür (-, -en) *sf* portafinestra *f*

Ball (1) (-[e]s, Bälle) *sm* palla *f*

Ball (2) (-[e]s, Bälle) *sm* ballo *m* ● *auf dem B.* al ballo

Ballast (-[e]s, -e) *sm* zavorra *f*

Ballett (-[e]s, -e) *sn* balletto *m*

Ballon (-s, -s) *sm* pallone *m* aerostatico ◊ damigiana *f*

Ballung (-, -en) *sf* addensamento *m*, agglomerato *m*

Balsam (-s, -e) *sm* balsamo *m*

Balustrade (-, -n) *sf* balaustra *f*

Bambus (-/-ses, -se) *sm* (*bot*) bambù *m*

Bambusrohr (-[e]s, -e) *sn* (*bot*) canna *f* di bambù

banal *a* banale

Banalität (-, -en) *sf* banalità *f*

Banane (-, -n) *sf* (*bot*) banana *f*

Band (1) (-[e]s, Bänder) *sn* fascia *f*, cinturino *m* ◊ nastro *m* ◊ (*anat*) tendine *m*

Band (2) (-[e]s, -e) *sn* legame *m*, vincolo *m*

Band (3) (-[e]s, Bände) *sm* volume *m*, tomo *m*

Bande (1) (-, -n) *sf* banda *f*, compagnia *f*

Bande (2) (-, -n) *sf* margine *m* ◊ sponda *f*, barriera *f*

Bandnudeln *s pl* tagliatelle *f pl*

bange (*comp* **banger/bänger**, *sup* **bangste/bängste**) *a* pauroso ◊ preoccupato

Bank (1) (-, -en) *sf* banca *f*

Bank (2) (-, Bänke) *sf* banco *m* ◊ panca *f*

Bankett (-[e]s, -e) *sn* banchetto *m* ◊ (*Randstreifen*) banchina *f*

Bankfach (-[e]s, Bankfächer) *sn* cassetta *f* di sicurezza

Bankier (-s, -) *sm* banchiere *m*

Banknote (-, -n) *sf* banconota *f*

Bankrott (-[e]s, -e) *sm* bancarotta *f*

Bann (-[e]s, -e) *sm* bando *m*, esilio *m* ◊ (*relig*) scomunica *f* ◊ incantesimo *m* ● *in den B. tun* (*relig*) scomunicare

bannen *vt* bandire, esiliare ◊ esorcizzare

bar *a* (*fin*) in contanti

Bar (-, -s) *sf* bar *m* ◊ night-club *m*

Bär (-en, -en; *f* -in) *sm* (*zool*) orso *m*

Baracke (-, -n) *sf* baracca *f*

barbarisch *a* barbaro

Barchent (-s, -e) *sm* fustagno *m*

Bardame (-, -n) *sf* barista *f*

Barfrau (-, -en) *sf* barista *f*

barfuß *avv* a piedi nudi

barfüßig *a* scalzo

Bargeld (-[e]s, **Bargelder**) *sn* denaro *m* contante

Barkauf (-es, **Barkäufe**) *sm* acquisto *m* in contanti

Barmann (-[e]s, **Barmänner**) *sm* barista *m*

barmherzig *a* misericordioso

Barock (-s) *sn* barocco *m*

Barometer (-s, -) *sn* barometro *m*

Barriere (-, -n) *sf* barriera *f*

Barrikade (-, -n) *sf* barricata *f*

Barsch (-[e]s, -e) *sm* (*zool*) pesce *m* persico

Barscheck (-s, -s) *sm* assegno *m* circolare

Bart (-[e]s, **Bärte**) *sm* barba *f* ● *sich einen B. wachsen lassen* farsi crescere la barba

bärtig *a* barbuto

Barzahlung (-, -en) *sf* pagamento *m* in contanti

Basilika (-, **Basiliken**) *sf* basilica *f*

Basilikum (-s) *sn* (*bot*) basilico *m*

Basis (-, **Basen**) *sf* base *f*

Basketball (-[e]s) *sm* (*sport*) pallacanestro *f*

Batterie (-, -n) *sf* batteria *f*

Bau *sm* (-[e]s) costruzione *f* ◊ struttura *f* ◊ corporatura *f* ◊ cantiere *m* ♦ *sm* (-[e]s, -ten) edificio *m*, fabbricato *m* ♦ *sm* (-[e]s, -e) tana *f* ● *im B.* in costruzione

Bauarbeiten *s pl* lavori *m pl* edili ● *Achtung B.!* attenzione, lavori in corso!

Bauch (-[e]s, **Bäuche**) *sm* (*anat*) addome *m*, pancia *f*

bauen *vt* costruire, fabbricare ◊ coltivare

Bauer (1) (-n, -n; *f* **Bäuerin**) *sm* costruttore *m* ◊ agricoltore *m*, contadino *m* ◊ fante *m* (*nei giochi di carte*)

Bauer (2) (-s, -) *sn/m* gabbia *f*

Bauernhof (-[e]s, **Bauernhöfe**) *sm* fattoria *f*

baufällig *a* cadente, diroccato, pericolante

Baugerüst (-[e]s, -e) *sn* impalcatura *f*

baulich *a* architettonico

Baum (-[e]s, **Bäume**) *sm* albero *m* ◊ (*naut*) boma *m*

baumeln *vi* (*aus haben*) penzolare

Baumstamm (-[e]s, **Baumstämme**) *sm* tronco *m*

Baumwolle (-, -n) *sf* cotone *m*

Bauplatz (-es, **Bauplätze**) *sm* area *f* fabbricabile ◊ cantiere *m* edile

Bausch (-[e]s, -e/**Bäusche**) *sm* batuffolo *m*

Baustelle (-, -n) sf cantiere m edile ◇ lavori m pl in corso

beabsichtigen vt proporsi, avere l'intenzione (di)

beachten vt badare (a), fare attenzione (a)

Beamte (-n, -n; f **Beamtin**) sm funzionario m

beängstigen vt inquietare

beanspruchen vt rivendicare, reclamare

beanstanden vt criticare, biasimare

beantworten vt rispondere

bearbeiten vt lavorare (a), elaborare ◇ rivedere, rielaborare

Bearbeitung (-, -en) sf lavorazione f ◇ redazione f ◇ revisione f

Beatmung (-, -en) sf künstliche B. respirazione f artificiale

beaufsichtigen vt supervisionare, sorvegliare ◇ vigilare, controllare

beauftragen (→ **tragen**) vt incaricare ◇ delegare

Beauftragte (-n, -n) sm/f incaricato m

beben vi (aus haben) tremare

Beben (-s, -) sn tremito m ◇ terremoto m

bebildern vt illustrare

Becher (-s, -) sm calice m, coppa f ◇ tazza f ◇ vasetto m

Becken (-s, -) sn catino m ◇ (geogr) bacino m ◇ lavandino m ◇ (anat) bacino m ◇ (pl) (mus) piatti m pl

sich bedanken vpr ringraziare ● sich bei jemandem für etwas b. ringraziare qn per qc

Bedarf (-[e]s) sm fabbisogno m, necessario m ● *B. haben an etwas* avere bisogno di qc; *bei B.* in caso di necessità; *nach B.* a seconda del fabbisogno

Bedarfsfall sm *im B.* in caso di necessità, all'occorrenza

Bedarfshaltestelle (-, -n) sf fermata f facoltativa

bedauern vt commiserare, compiangere ◇ essere spiacente (di), dispiacersi (per)

Bedauern (-s) sn compassione f ◇ rammarico m

bedauernswert a deplorevole

bedecken vt coprire ◇ nascondere ♦ vpr (**sich b.**) coprirsi

bedeckt a (meteor) coperto

Bedeckung (-, -en) sf copertura f

bedenken (→ **denken**) vt riflettere (su), pensare (a)

Bedenken (-s, -) sn riflessione f ◇ scrupolo m ● *B. haben* esitare; *ohne B.* senza esitazione

bedenklich a preoccupante, serio, grave

bedeuten vt significare, voler dire ◇ preannunciare, comportare ● *das bedeutet mir nichts* non mi importa niente

Bedeutung (-, -en) sf significato m ◇ importanza f, valore m

bedeutungsvoll a significativo

bedienen vt servire ♦ vi (aus haben) servire, essere utile ♦ vpr (**sich b.**) (+ dat) servirsi (di)

Bedienung (-, -en) sf servizio m

● **B. inbegriffen** servizio compreso
Bedienungsanleitung (-, -en) *sf* istruzioni *f pl* per l'uso
Bedienungsanweisung (-, -en) *sf* istruzioni *f pl* per l'uso
bedingen *vt* causare, avere come conseguenza
bedingt *a* condizionato ♦ *avv* con riserva
Bedingung (-, -en) *sf* condizione *f* ◊ circostanza *f*, modalità *f* ● *unter der B., dass...* a condizione che...; *unter diesen Bedingungen* a queste condizioni
bedingungslos *a* incondizionato
bedrängen *vt* assillare, incalzare
Bedrängnis (-, -se) *sf* assillo *m*, situazione *f* penosa
bedrohen *vt* minacciare
Bedrohung (-, -en) *sf* minaccia *f*
bedrücken *vt* opprimere, soffocare
bedürfen (→ **dürfen**) *vi* (*aus haben*, + *gen*) avere bisogno (di), richiedere, esigere
Bedürfnis (-ses, -se) *sn* bisogno *m*, esigenza *f*
bedürftig *a* indigente
sich beeilen *vpr* affrettarsi
beeindrucken *vt* impressionare
● *sich b. lassen* lasciarsi impressionare
beeinflussen *vt* influire (su), influenzare
beenden *vt* finire, concludere
beerdigen *vt* seppellire

Beerdigung (-, -en) *sf* sepoltura *f*
Beere (-, -n) *sf* (*bot*) bacca *f* ◊ acino *m*, chicco *m*
Beet (-[e]s, -e) *sn* aiuola *f*
befahrbar (-, -e) *a* carrozzabile, percorribile
befahren (→ **fahren**) *vt* percorrere
Befehl (-[e]s, -e) *sm* ordine *m*, comando *m* ● *auf B.* per ordine
befehlen (**befiehlt, befahl, befohlen**) *vt* comandare, ordinare ♦ *vi* (*aus haben*, *über* + *acc*) comandare, avere il comando (di)
befestigen *vt* attaccare, fissare ◊ (*fig*) rafforzare ◊ (*mil*) fortificare
befeuchten *vt* umidificare
befinden (→ **finden**) *vt* stimare, giudicare ♦ *vpr* (*sich b.*) trovarsi, essere situato
beflecken *vt* macchiare
Beförderer (-s, -) *sm* spedizioniere *m*
befördern *vt* trasportare ◊ spedire ◊ promuovere
befragen *vt* interrogare, consultare
Befragung (-, -en) *sf* interrogazione *f* ◊ consultazione *f* ◊ sondaggio *m* ◊ (*dir*) interrogatorio *m*
befreien *vt* liberare ◊ esonerare ♦ *vpr* (*sich b.*) (*aus/von* + *dat*) liberarsi (da)
Befreiung (-, -en) *sf* liberazione *f* ◊ emancipazione *f* ◊ esenzione *f*

befriedigen vt soddisfare, appagare

Befriedigung (-) sf soddisfazione f

Befriedung (-, -en) sf pacificazione f

befruchten vt fecondare

befühlen vt tastare, palpare

Befund (-[e]s, -e) sm stato m, condizione f ◊ risultato m ◊ (med) reperto m

Begabung (-, -en) sf talento m, disposizione f

sich begeben (→ **geben**) vpr andare, recarsi ◊ **sich in Gefahr b.** incorrere in un pericolo

Begebenheit (-, -en) sf evento m

begegnen vi (aus sein, + dat) incontrare ◊ capitare ◊ prevenire

Begegnung (-, -en) sf (anche sport) incontro m

begehen (→ **gehen**) vt percorrere ◊ compiere, commettere

begeistern vt entusiasmare ♦ vpr (**sich b.**) (für + acc) entusiasmarsi (per)

Begeisterung (-, -en) sf entusiasmo m

begierig a avido, desideroso

Beginn (-[e]s) sm inizio m, principio m ● **bei B.** all'inizio; **gleich zu B.** fin dal principio

beginnen (**begann, begonnen**) vt/i (aus haben) cominciare, iniziare

beglaubigen vt convalidare, autenticare ◊ **beglaubigte Abschrift** copia autenticata

begleiten vt accompagnare, condurre

Begleitung (-, -en) sf compagnia f, seguito m ◊ (mus) accompagnamento m

begnadigen vt graziare

Begnadigung (-, -en) sf grazia f, condono m

sich begnügen vpr (mit + dat) accontentarsi (di)

begraben (→ **graben**) vt seppellire

Begräbnis (-ses, -se) sn funerale m, sepoltura f

begreifen (→ **greifen**) vt comprendere, capire

begreiflich a concepibile

begrenzen vt delimitare, circoscrivere

Begrenzung (-, -en) sf delimitazione f, demarcazione f ◊ limitazione f, restrizione f

Begriff (-[e]s, -e) sm concetto m, idea f ● **im B. zu...** in procinto di..., sul punto di...

Begriffszeichen (-s, -) sn ideogramma m

begründen vt fondare, creare ◊ motivare

begrüßen vt salutare

begünstigen vt favorire, privilegiare

behalten (→ **halten**) vt tenere ◊ mantenere, conservare

Behälter (-s, -) sm contenitore m

behandeln vt trattare ◊ medicare, curare ◊ **behandelnder Arzt** medico curante; **schlecht b.** maltrattare

Behandlung (-, -en) sf trattamento m, cura f

beharren vi (aus haben, auf +

dat) perseverare (in), insistere (su)

behaupten *vt* affermare ● *wieder b.* riaffermare

Behauptung (-, -en) *sf* affermazione *f*

Behelf (-[e]s, -e) *sm* rimedio *m*, espediente *m*

sich behelfen *vpr* arrangiarsi

beherrschen *vt* dominare ♦ *vpr* (**sich b.**) dominarsi, moderarsi

Beherrscher (-s, -) *sm* dominatore *m*, signore *m*

Beherrschung (-) *sf* dominio *m*, autocontrollo *m* ◊ padronanza *f*, conoscenza *f* perfetta

behindern *vt* ostacolare

Behinderte (-n, -n) *sm/f* disabile *m/f*

Behinderung (-, -en) *sf* impedimento *m* ◊ menomazione *f*

Behörde (-, -n) *sf* autorità *f*

bei *prep* (+ *dat*; + *dem* = **beim**) presso, vicino a (ES: **bei Paris** vicino a Parigi) ◊ da, a casa di (ES: **bei jemandem** da qualcuno, a casa di qualcuno) ◊ durante, al momento di (ES: **beim Mittagessen** durante il pranzo) ◊ in, con (ES: **bei deiner Erkältung** con il tuo raffreddore) ◊ malgrado, nonostante (ES: **bei aller Vorsicht** nonostante tutte le precauzioni) ● *bei alledem* nonostante tutto; *bei gutem/ schlechtem Wetter* in caso di bel/cattivo tempo; *bei guter/ schlechter Laune* di buon/cattivo umore; *etwas bei sich haben* avere qc con sé

beibringen (→ **bringen**) *vt* fornire, presentare ◊ insegnare

Beichte (-, -n) *sf* confessione *f*

Beichtstuhl (-[e]s, **Beichtstühle**) *sm* confessionale *m*

beide *a/pr* entrambi, tutti e due

Beifall (-[e]s, **Beifälle**) *sm* applauso *m*

beifügen *vt* allegare, includere

Beihilfe (-, -n) *sf* assistenza *f*, sussidio *m*

Beil (-[e]s, -e) *sn* scure *f*

Beilage (-, -n) *sf* allegato *m* ◊ (*cuc*) contorno *m*

beiläufig *avv* incidentalmente

beilegen *vt* allegare

Beileid (-[e]s) *sn* condoglianze *f pl*

beiliegen (→ **liegen**) *vi* (*aus haben*, + *dat*) essere accluso (a), essere allegato (a)

beim = **bei** + **dem**

Bein (-[e]s, -e) *sn* gamba *f*

beinahe *avv* pressoché, quasi

Beischlaf (-[e]s, -e) *sm* amplesso *m*

Beispiel (-[e]s, -e) *sn* esempio *m*

beispielhaft *a* illustrativo ◊ esemplare

beißen (**biss**, **gebissen**) *vt* mordere

Beistand (-[e]s, **Beistände**) *sm* assistenza *f* ◊ (*dir*) consulente *m/f* legale

beistehen (→ **stehen**) *vi* (*aus haben*, + *dat*) assistere, soccorrere

Beistrich (-[e]s, -e) *sm* virgola *f*

Beitrag (-[e]s, **Beiträge**) *sm* contributo *m*, quota *f*

beitragen (→ **tragen**) *vi* (*aus haben, zu + dat*) contribuire (a)
beitreten (→ **treten**) *vi* (*aus sein, + dat*) aderire (a)
Beitritt (-[e]s, -e) *sm* adesione *f* ● *seinen B. erklären* comunicare la propria adesione
beiwohnen *vi* (*aus haben, + dat*) presenziare (a), assistere (a)
bekämpfen *vt* combattere, osteggiare
Bekämpfung (-, -en) *sf* lotta *f*
bekannt *a* noto ● *b. machen* comunicare; divulgare
Bekannte (-n, -n) *sm/f* conoscente *m/f*
bekanntlich *avv* come è noto
bekanntmachen* → **bekannt**
Bekanntmachung (-, -en) *sf* pubblicazione *f* ◊ proclamazione *f*, avvertenza *f*, avviso *m*
Bekanntschaft (-, -en) *sf* conoscenza *f*
bekehren *vt* convertire
Bekehrung (-, -en) *sf* (*relig*) conversione *f*
bekennen (→ **kennen**) *vt* confessare, ammettere ◆ *vpr* (*sich b.*) (*zu + dat*) professare
Bekenntnis (-ses, -se) *sn* confessione *f*
beklagen *vt* deplorare ◆ *vpr* (*sich b.*) (*über + acc*) lamentarsi
Bekleidung (-, -en) *sf* vestiario *m*, abbigliamento *m*
bekommen (→ **kommen**) *vt* ricevere, ottenere ◊ trovare ◊ *einen Bauch b.* metter su pancia (*fam*); *ein Kind b.* aspettare un bambino; *ich bekomme Kopfschmerzen/Hunger* mi viene mal di testa/fame; *wie viel b. Sie?* quanto le devo?
bekräftigen *vt* ribadire, confermare
bekümmern *vt* inquietare, preoccupare ◆ *vpr* (*sich b.*) (*um + acc*) aver cura (di) ◊ (*über + acc*) essere in ansia (per)
Belag (-[e]s, Beläge) *sm* rivestimento *m* ◊ patina *f*, strato *m* ◊ (*med*) placca *f*
Belagerung (-, -en) *sf* assedio *m*
Belang (-[e]s, -e) *sm* importanza *f* ◊ (*pl*) interessi *m pl*
belasten *vt* gravare, opprimere ◊ (*dir*) accusare, incriminare ◊ (*fin*) addebitare
belästigen *vt* importunare, infastidire
Belästigung (-, -en) *sf* seccatura *f*, fastidio *m* ● *sexuelle B.* molestie sessuali
Belastung (-, -en) *sf* carico *m*, peso *m* ◊ (*dir*) incriminazione *f* ◊ (*fin*) addebito *m*
beleben *vt* animare ◊ (*fig*) stimolare ● *wieder b.* (*med*) rianimare; (*fig*) far rinascere
Beleg (-[e]s, -e) *sm* documento *m*, prova *f* ◊ ricevuta *f*
belegen *vt* coprire, rivestire ◊ (*fig*) documentare
belegt *a* coperto ◊ riservato, occupato ● *belegtes Brot* panino imbottito
Belegung (-, -en) *sf* prenotazione *f* ◊ iscrizione *f*
beleidigen *vt* ingiuriare, insultare

Beleidigung (-, -en) *sf* offesa *f*, insulto *m*
beleuchten *vt* illuminare
Belgier (-s, -) *sm* belga *m*
belgisch *a* belga
Belichtung (-, -en) *sf* (*fot*) esposizione *f*, posa *f*
Belieben (-s, -) *sn* gradimento *m* ● *nach B.* a piacimento
beliebt *a* popolare, benvoluto
Beliebtheit (-) *sf* popolarità *f*
belohnen *vt* ricompensare, retribuire ◊ ricambiare, contraccambiare
Belohnung (-, -en) *sf* ricompensa *f*
sich bemächtigen *vpr* (+ *gen*) impadronirsi (di), impossessarsi (di)
bemerken *vt* notare, accorgersi (di), osservare
bemerkenswert *a* notevole
Bemerkung (-, -en) *sf* osservazione *f*
bemühen *vt* incomodare, disturbare ● *vpr* (*sich b.*) (*um* + *acc*) sforzarsi (di), adoperarsi (per) ◊ scomodarsi, incomodarsi
benachrichtigen *vt* informare, avvisare
benachteiligen *vt* danneggiare, svantaggiare
sich benehmen (→ **nehmen**) *vpr* comportarsi
Benehmen (-s, -) *sn* comportamento *m*, condotta *f*
benennen (→ **nennen**) *vt* denominare, intitolare
Bengel (-s, -) *sm* (*fam*) monello *m*, fannullone *m*

benommen *a* frastornato, intontito
Benommenheit (-) *sf* torpore *m*, stordimento *m*
benutzen *vt* utilizzare, usufruire ◊ approfittare (di)
Benutzer (-s, -) *sm* utilizzatore *m*, utente *m*
Benutzung (-, -en) *sf* uso *m*, impiego *m*
Benzin (-s, -e) *sn* benzina *f*
beobachten *vt* osservare
Beobachter (-s, -) *sm* osservatore *m*
Beobachtung (-, -en) *sf* osservazione *f*
bequem *a* comodo, confortevole
Bequemlichkeit (-, -en) *sf* comodità *f*
beraten (→ **raten**) *vt* consigliare ◊ discutere ● *vi* (*aus haben*, *über* + *acc*) discutere (su), deliberare (su) ● *vpr* (*sich b.*) consigliarsi, consultarsi
beratend *a* consulente ◊ consultivo
Berater (-s, -) *sm* consigliere *m*, consulente *m*
Beratung (-, -en) *sf* discussione *f*, dibattito *m* ◊ (*med*) consultazione *f*
Beratungsstelle (-, -n) *sf* ufficio *m* di consulenza ◊ (*med*) consultorio *m*
berechnen *vt* calcolare, determinare
Berechnung (-, -en) *sf* conteggio *m*, calcolo *m*
Bereich (-[e]s, -e) *sm* ambito *m*,

sfera f, settore m ◇ territorio m, zona f

bereit a pronto, disposto ● *sich zu etwas b. finden* essere pronto a qc

bereiten vt preparare

Berg (-[e]s, -e) sm montagna f ● *im B. arbeiten* lavorare in miniera

Bergarbeiter (-s, -) sm minatore m

Bergführer (-s, -) sm guida f alpina

Berghütte (-, -n) sf baita f

bergig a montuoso

Bergkette (-, -n) sf catena f montuosa

Bergrücken (-s, -) sm dorsale m

Bergschuh (-[e]s, -e) sm scarpone m

Bergspitze (-, -n) sf picco m, vetta f

bergsteigen vt scalare

Bergsteigen (-s) sn alpinismo m

Bergsteiger (-s, -) sm alpinista m, scalatore m

Bergwacht (-, -en) sf servizio m di soccorso alpino

Bergwerk (-[e]s, -e) sn miniera f

Bericht (-[e]s, -e) sm rapporto m, relazione f ● *über etwas B. erstatten* fare una relazione su qc

berichten vt narrare, riferire ● vi (*von/über* + dat) fare il resoconto (di), fare una relazione (su)

Berichterstatter (-s, -) sm corrispondente m, inviato m ◇ radiocronista m

Berichterstattung (-, -en) sf rapporto m, relazione f ◇ radiocronaca f

Berliner (-s, -) sm berlinese m/f

Bernstein (-[e]s, -e) sm ambra f

berüchtigt a famigerato

Beruf (-[e]s, -e) sm mestiere m, professione f ● *was sind Sie von B.?* che mestiere fa?

berufen (→ **rufen**) vt chiamare, far venire ◇ nominare, designare

beruflich a professionale

Berufsschule (-, -n) sf scuola f professionale

Berufung (-, -en) sf vocazione f ◇ nomina f ◇ (dir) ricorso m

Berufungsgericht (-[e]s, -e) sn (dir) corte f d'appello

beruhen vi (aus haben, auf + dat) fondarsi (su), essere basato (su)

beruhigen vt calmare, placare ◇ rassicurare ◆ vpr (**sich b.**) calmarsi

Beruhigung (-) sf rilassamento m, distensione f ◇ consolazione f, conforto m

Beruhigungsmittel (-s, -) sn (med) tranquillante m

berühmt a famoso, celebre

Berühmtheit (-, -en) sf celebrità f, notorietà f

berühren vt toccare ◇ riguardare, concernere

Berührung (-, -en) sf contatto m

Besatzung (-, -en) sf (aer, naut) equipaggio m ◇ (mil) guarnigione f

beschädigen vt danneggiare, guastare

Beschädigung (-, -en) *sf* danneggiamento *m*, danno *m*
beschaffen (1) *vt* procurare, fornire
beschaffen (2) *a* **gut/schlecht b.** in buone/cattive condizioni
beschäftigen *vt* dar lavoro (a), occupare ♦ *vpr* (**sich b.**) (*mit + dat*) occuparsi (di)
Beschäftigung (-, -en) *sf* impiego *m*, occupazione *f*
beschämen *vt* mortificare
Beschämung (-, -en) *sf* umiliazione *f*, vergogna *f*
Bescheid (-[e]s, -e) *sm* informazione *f*, avviso *m*, comunicazione *f* ● **B. wissen** essere informato
bescheiden (1) (→ **scheiden**) *vt* convocare ◊ informare ♦ *vpr* (**sich b.**) (*mit + dat*) accontentarsi (di), limitarsi (a)
bescheiden (2) *a* frugale, modesto
bescheinigen *vt* certificare
Bescheinigung (-, -en) *sf* certificato *m*
beschießen (→ **schießen**) *vt* bombardare
Beschlag (-[e]s, **Beschläge**) *sm* patina *f* ◊ guarnizione *f* ● **mit. B. belegen** (*dir*) confiscare
beschlagen (1) (→ **schlagen**) *vt* guarnire ♦ *vi* (*aus haben*) appannarsi
beschlagen (2) *a* guarnito ◊ esperto, ferrato ◊ appannato ● *in etwas b. sein* essere versato in qc

Beschlagnahme (-, -n) *sf* (*dir*) sequestro *m*, confisca *f*
beschlagnahmen *vt* requisire
beschließen (→ **schließen**) *vt* concludere, terminare ◊ deliberare
Beschluss, Beschluß* (-es, **Beschlüsse**) *sm* decisione *f*, risoluzione *f*
beschmutzen *vt* sporcare, macchiare
beschneiden (→ **schneiden**) *vt* tagliare ◊ (*bot*) potare ◊ tosare ◊ (*relig*) circoncidere
Beschneidung (-, -en) *sf* taglio *m* ◊ (*bot*) potatura *f* ◊ tosatura *f* ◊ (*relig*) circoncisione *f* ◊ (*fig*) riduzione *f*
beschränken *vt* limitare
Beschränkung (-, -en) *sf* limitazione *f*
beschreiben (→ **schreiben**) *vt* descrivere, delineare
Beschreibung (-, -en) *sf* descrizione *f*
beschuldigen *vt* incolpare
Beschuldiger (-s, -) *sm* accusatore *m*
Beschuldigte (-n, -n) *sm/f* accusato *m*
Beschuldigung (-, -en) *sf* accusa *f*, imputazione *f*
beschützen *vt* proteggere
Beschützer (-s, -) *sm* protettore *m*
Beschwerde (-, -n) *sf* fatica *f* ◊ lagnanza *f*, protesta *f*, reclamo *m* ● *über etwas B. führen* reclamare contro qc; *B. einlegen* inoltrare reclamo

beschweren *vt* appesantire, gravare ♦ *vpr* (**sich b.**) lamentarsi, reclamare

beschwerlich *a* faticoso

beschwören (→ **schwören**) *vt* (*dir*) giurare ◊ esorcizzare ◊ supplicare, implorare

Beschwörer (**-s**, **-**) *sm* esorcista *m*

Beschwörung (**-**, **-en**) *sf* scaramanzia *f*, scongiuro *m*

beseitigen *vt* eliminare, rimuovere, sopprimere

Beseitigung (**-**, **-en**) *sf* rimozione *f*, eliminazione *f*

Besen (**-s**, **-**) *sm* scopa *f*

besessen *a* invasato

Besessenheit (**-**) *sf* ossessione *f*

besetzen *vt* occupare ◊ fornire ◊ assegnare, distribuire ◊ (*mil*) occupare

Besetzung (**-**, **-en**) *sf* occupazione *f* (*anche mil*) ◊ conferimento *m* ◊ (*anche sport*) formazione *f*

besichtigen *vt* visitare ◊ ispezionare, controllare

Besichtiger (**-s**, **-**) *sm* visitatore *m*

Besichtigung (**-**, **-en**) *sf* visita *f* ◊ ispezione *f*

besiedeln *vt* colonizzare

Besiedelung (**-**, **-en**) *sf* colonizzazione *f*

besiegen *vt* sconfiggere

Besitz (**-es**) *sm* possesso *m* ◊ patrimonio *m*

besitzen (→ **sitzen**) *vt* possedere

Besitzer (**-s**, **-**) *sm* proprietario *m*

Besitzung (**-**, **-en**) *sf* possesso *m*, possedimento *m*

besonder *a* particolare, singolare, speciale ● *im Besonderen* in particolare

Besonderheit (**-**, **-en**) *sf* particolarità *f*, caratteristica *f*

besonders *avv* particolarmente ◊ a parte

besorgen *vt* procacciare, sbrigare ◊ aver cura (di), occuparsi (di)

Besorgnis (**-**, **-se**) *sf* preoccupazione *f*, inquietudine *f*

besorgt *a* preoccupato, pensieroso

Besorgung (**-**, **-en**) *sf* commissione *f* ◊ manutenzione *f*, cura *f* ● *Besorgungen machen* fare la spesa

besprechen (→ **sprechen**) *vt* discutere (di), parlare (di) ◊ commentare ◊ recensire

Besprechung (**-**, **-en**) *sf* conversazione *f* ◊ conferenza *f* ◊ recensione *f*

besser (*comp di* → **gut**) *a* migliore ♦ *avv* meglio ● *b. werden* migliorare

bessern *vt* migliorare

Besserung (**-**, **-en**) *sf* miglioramento *m*

best (*sup di* → **gut**) *a* migliore ◊ ottimo

Bestand (**-[e]s**, **Bestände**) *sm* stabilità *f* ◊ consistenza *f* ◊ durata *f* ● *den B. aufnehmen* fare l'inventario

beständig *a* costante, durevole ◊ resistente, stabile

Beständigkeit (**-**) *sf* costanza *f*

Bestandsaufnahme (-, -n) sf inventario m
Bestandteil -[e]s, -e) sm componente m
bestätigen vt confermare, convalidare ◊ certificare
Bestätigung (-, -en) sf conferma f, convalida f ◊ certificato m
Beste -[e]s, -e) sn meglio m
bestechen (→ stechen) vt corrompere
Bestechung (-, -en) sf corruzione f
Besteck (-[e]s, -e) sn posate f pl
bestehen (→ stehen) vt sostenere, superare ♦ vi (aus haben) esistere ● **auf etwas b.** insistere su qc; **aus etwas b.** constare di; **in etwas b.** consistere in qc; **nicht bestehend** inesistente
Bestehen (-s, -) sn esistenza f
bestellen vt ordinare, commissionare ◊ prenotare
Besteller (-s, -) sm committente m
Bestellung (-, -en) sf ordinazione f ◊ consegna f, recapito m
bestenfalls avv nel migliore dei casi
besteuern vt tassare
Besteuerung (-, -en) sf tassazione f
bestimmen vt decidere, decretare, definire ◊ nominare, designare
bestimmt a fissato, stabilito ◊ indubbio, esatto ♦ avv certamente, senz'altro
Bestimmung (-, -en) sf fine m, scopo m ◊ disposizione f, norma f ◊ determinazione f, modalità f ◊ designazione f
Bestimmungsort (-[e]s, -e) sm (luogo m di) destinazione f
Bestleistung (-, -en) sf (sport) primato m
bestrafen vt punire
Bestrafung (-, -en) sf punizione f
Besuch (-[e]s, -e) sm visita f ◊ frequenza f (scuola)
besuchen vt visitare ◊ frequentare
Besucher (-s, -) sm visitatore m, ospite m
Besuchskarte (-, -n) sf biglietto m da visita
betäuben vt assordare, stordire ◊ (med) anestetizzare
Betäubung (-, -en) sf stordimento m ◊ (med) anestesia f
beteiligen vt associare, far partecipare ◊ vpr (**sich b.**) (an + dat) partecipare (a), prendere parte (a)
Beteiligung (-, -en) sf partecipazione f ◊ cooperazione f
beten vi (zu + dat) pregare
Beton (-s, -s) sm cemento m
betonen vt accentare ◊ (fig) accentuare
Betonung (-, -en) sf accentazione f ◊ (fig) accento m, rilievo m
Betracht (-[e]s) sm considerazione f ● **außer B. bleiben** non essere preso in considerazione
betrachten vt osservare, contemplare ◊ considerare
Betrachter (-s, -) sm osservatore m

beträchtlich *a* cospicuo, considerevole

Betrachtung (-, -en) *sf* osservazione *f*, esame *m* ◊ considerazione *f*, riflessione *f*

Betrag (-[e]s, Beträge) *sm* importo *m*

betragen (→ **tragen**) *vi* (*aus haben*) ammontare ♦ *vpr* (**sich b.**) comportarsi

Betreff (-[e]s, -e) *sm* oggetto *m* ● *in B.* (+ *gen*) per quanto concerne

betreffen (→ **treffen**) *vt* riguardare, interessare

betroffen *a* colpito, turbato

Betreiber (-s, -) *sm* (*tel*) gestore *m*

Betreuung (-, -en) *sf* cura *f*, assistenza *f*

Betrieb (-[e]s, -e) *sm* azienda *f*, stabilimento *m* ◊ attività *f* ● *in B.* in funzione

Betriebsleiter (-s, -) *sm* dirigente *m* d'azienda

sich betrinken (→ **trinken**) *vpr* ubriacarsi

Betrug (-[e]s) *sm* frode *f*, imbroglio *m*

betrügen (→ **trügen**) *vt* imbrogliare, truffare

Betrunkenheit (-) *sf* ubriachezza *f*

Bett (-[e]s, -en) *sn* letto *m*

Bettbezug (-[e]s, Bettbezüge) *sm* copripiumone *m*

Bettelei (-, -en) *sf* accattonaggio *m*

betteln *vi* (*aus haben*) mendicare

Betthimmel (-s, -) *sm* baldacchino *m*

Bettlägerige (-n, -n) *sm/f* degente *m/f*

Bettler (-s, -) *sm* mendicante *m*

Betttuch, Bett-Tuch, Bett-uch* (-[e]s, Betttücher) *sn* lenzuolo *m*

Bettüberzug (-[e]s, Bettüberzüge) *sm* copriletto *m*

Bettvorleger (-s, -) *sm* scendiletto *m*

Bettwärmer (-s, -) *sm* scaldaletto *m*

beugen *vt* piegare, curvare ♦ *vpr* (**sich b.**) piegarsi, chinarsi (*anche fig*)

Beule (-, -n) *sf* gonfiore *m* ◊ ammaccatura *f*

beurteilen *vt* giudicare ◊ recensire

Beurteilung (-, -en) *sf* giudizio *m* ◊ recensione *f*

Beute (-) *sf* preda *f*, bottino *m*

Beutel (-s, -) *sm* sacchetto *m*, sacca *f* ◊ (*zool*) marsupio *m*

Beuteltier (-[e]s, -e) *sn* (*zool*) marsupiale *m*

bevölkern *vt* popolare

Bevölkerung (-, -en) *sf* popolazione *f*

bevor *cong* prima che, prima di

bevorstehen (→ **stehen**) *vi* (*aus haben*) essere imminente

bevorzugen *vt* prediligere

Bevorzugung (-, -en) *sf* preferenza *f* ◊ favoritismo *m*

bewaffnen *vt* armare

bewässern *vt* irrigare

Bewässerung (-, -en) *sf* irrigazione *f*
bewegbar *a* mobile
bewegen *vt* muovere, spostare ◊ commuovere ◊ indurre ♦ *vpr* (**sich b.**) muoversi
Beweggrund (-[e]s, Beweggründe) *sm* (*dir*) movente *m*
beweglich *a* mobile
Beweglichkeit (-) *sf* mobilità *f*
bewegt *a* agitato ◊ commosso
Bewegtheit (-, -en) *sf* commozione *f*
Bewegung (-, -en) *sf* moto *m*, movimento *m*
Bewegungslehre (-) *sf* (*fis*) cinetica *f*
bewegungslos *a* immobile
Beweis (-es, -e) *sm* dimostrazione *f*, prova *f*
beweisen (→ **weisen**) *vt* dimostrare, documentare
Beweisstück (-[e]s, -e) *sn* (*dir*) corpo *m* del reato
sich bewerben (→ **werben**) *vpr* (*um* + *acc*) concorrere (a), aspirare (a)
Bewerber (-s, -) *sm* concorrente *m*, candidato *m*
Bewerbung (-, -en) *sf* aspirazione *f* ◊ domanda *f*
bewohnen *vt* abitare, popolare
Bewohner (-s, -) *sm* abitante *m* ◊ inquilino *m*
sich bewölken *vpr* rannuvolarsi
Bewölkung (-) *sf* nuvolosità *f*
Bewunderer (-s, -) *sm* ammiratore *m*
bewundern *vt* ammirare

Bewunderung (-) *sf* ammirazione *f*
bewusst, bewußt* *a* consapevole, cosciente
Bewusstlosigkeit, Bewußtlosigkeit* (-) *sf* incoscienza *f*
Bewusstsein, Bewußtsein* (-[e]s) *sn* coscienza *f*
bezahlen *vt* pagare, retribuire
Bezahlung (-, -en) *sf* pagamento *m*, retribuzione *f*
bezeichnen *vt* contrassegnare ◊ denominare
Bezeichnung (-, -en) *sf* contrassegno *m* ◊ qualifica *f*
beziehen (→ **ziehen**) *vt* ricoprire, rivestire ◊ andare ad abitare ◊ percepire, ricevere
Bezieher (-s, -) *sm* acquirente *m* ◊ abbonato *m*
Beziehung (-, -en) *sf* relazione *f*, rapporto *m* ◊ nesso *m*
Bezirk (-[e]s, -e) *sm* zona *f*, quartiere *m* ◊ dipartimento *m*
Bezug (-[e]s, Bezüge) *sm* rivestimento *m* ◊ acquisto *m* ◊ entrate *f pl*, guadagni *m pl*
bezüglich *prep* (+ *gen*) circa, per quanto riguarda ♦ *a* inerente
Bibel (-, -n) *sf* Bibbia *f*
Biber (-s, -) *sm* (*zool*) castoro *m*
Bibliographie, Bibliografie (-, -n) *sf* bibliografia *f*
Bibliothek (-, -en) *sf* biblioteca *f*
Bibliothekar (-s, -e; *f* -in) *sm* bibliotecario *m*
biblisch *a* biblico
bieder *a* onesto, probo
Biedermann (-[e]s, Bieder-

männer/ Biederleute) sm galantuomo m

biegen (**bog, gebogen**) vt piegare, flettere

biegsam a pieghevole

Biegung (-, -en) sf ripiegamento m ◊ svolta f, curva f

Biene (-, -n) sf (zool) ape f

Bienenkorb (-[e]s, **Bienenkörbe**) sm alveare m

Bienenzucht (-) sf apicoltura f

Bier (-[e]s, -e/-) sn birra f

Bierstube (-, -n) sf birreria f

bieten (**bot, geboten**) vt presentare, offrire

Bigamie (-, -n) sf bigamia f

Bigamist (-en, -en; f -in) sm bigamo m

Bilanz (-, -en) sf bilancio m

Bild (-[e]s, **Bilder**) sn quadro m, immagine f, ritratto m ◊ idea f

Bildausschnitt (-, -[e]s, -e) sm inquadratura f

bilden vt formare, modellare ◆ comporre ◆ vpr (**sich b.**) istruirsi

Bilderbuch (-[e]s, **Bilderbücher**) sn libro m illustrato

Bilderrätsel (-s, -) sn rebus m

Bilderschrift (-, -en) sf geroglifico m

Bilderstürmerei sf iconoclastia f

Bildhauer (-s, -) sm scultore m

Bildhauerei (-) sf scultura f

bildlich a figurato ◊ metaforico

Bildner (-s, -) sm scultore m

Bildnis (-ses, -se) sn effigie f, ritratto m

Bildschirm (-[e]s, -e) sm video m, schermo m

Bildstreifen (-s, -) sm (cin) pellicola f

Bildung (-, -en) sf formazione f ◊ istruzione f, cultura f

Bildungswesen (-s) sn istruzione f

Bildwerfer (-s, -) sm proiettore m

Billard (-s, -e) sn biliardo m

Billet (-[e]s, -s/-e) sn biglietto m

billig a economico, a buon mercato

billigen vt approvare

Billigkeit (-) sf economicità f

Billigung (-) sf approvazione f

Binde (-, -n) sf benda f ◊ assorbente m igienico

Bindehaut (-, **Bindehäute**) sf (anat) congiuntiva f

binden (**band, gebunden**) vt annodare, legare

Bindestrich (-[e]s, -e) sm trattino m d'unione

Bindewort (-[e]s, **Bindewörter**) sn (gramm) congiunzione f

Bindung (-, -en) sf legame m, vincolo m ◊ attacchi m pl (degli sci) ◊ (chim) legame m

Binse (-, -n) sf giunco m

Biograph, Biografi (-en, -en; f -in) sm biografo m

Biographie, Biografie (-, -n) sf biografia f

Biologie (-) sf biologia f

biologisch a biologico ● **b. abbaubar** biodegradabile

Biotechnologie (-, -n) sf (biol) biotecnologia f

Birke (-, -n) *sf* (*bot*) betulla *f*
Birnbaum (-[e]s, **Birnbäume**) *sm* pero *m*
Birne (-, -n) *sf* (*bot*) pera *f* ◊ (*el*) lampadina *f* ◊ (*fig*) testa *f*, capoccia *f*
bis *prep* (+ *acc*) fino a ♦ *cong* finché ● *bis auf* fino a; eccetto; *bis bald!* a presto!; *bis gleich!* a più tardi; *bis jetzt* finora
Bischof (-s, **Bischöfe**) *sm* vescovo *m*
bischöflich *a* episcopale
Bischofsamt (-[e]s, **Bischofsämter**) *sn* episcopato *m*
bisher *avv* finora
Bison (-s, -s) *sm* (*zool*) bisonte *m*
Biss, Biß* (-es, -e) *sm* morso *m*
bisschen, bißchen* *a* poco ● *ein b.* un po'
Bissen (-s, -) *sm* boccone *m*
bissig *a* chi morde ◊ (*fig*) mordace, tagliente
Bistum (-s, **Bistümer**) *sn* diocesi *f*
Bit (-[s], -[s]) *sn* (*inform*) bit *m*
bitte *inter* per favore ◊ prego
Bitte (-, -n) *sf* preghiera *f*, domanda *f*, richiesta *f*
bitten (**bat, gebeten**) *vt* chiedere (per avere) ◊ pregare ● *jemanden um etwas b.* chiedere qc a qn
bitter *a* amaro
Bitterkeit (-) *sf* gusto *m* amaro ◊ (*fig*) amarezza *f*
Blase (-, -n) *sf* bolla *f* ● fumetto *m* ◊ (*anat*) vescica *f*
blasen (**bläst, blies, geblasen**) *vt* soffiare ● *es bläst* tira vento

Blasinstrument (-[e]s, -e) *sn* (*mus*) strumento *m* a fiato
blass, blaß* *a* pallido ● *b. werden* impallidire
Blässe (-) *sf* pallore *m*
Blatt (-[e]s, **Blätter**) *sn* (*bot*) foglia *f* ◊ pagina *f*, foglio *m* ◊ lamina *f* ● *loses B.* foglio sciolto
Blätterteig (-[e]s, -e) *sm* (pasta *f*) sfoglia *f*
Blattgrün (-[s]) *sn* (*bot*) clorofilla *f*
blau *a* azzurro, blu ◊ livido ● *b. machen* marinare la scuola; assentarsi dal lavoro
Blech (-[e]s, -e) *sn* lamiera *f*, latta *f*
blechern *a* di latta
Blechinstrumente *s pl* (*mus*) ottoni *m pl*
Blei (-[e]s, -e) *sn* (*min*) piombo *m*
bleiben (**blieb, geblieben**) *vi* (*aus sein*) rimanere, trattenersi
bleich *a* pallido
bleichen *vt* candeggiare ◊ ossigenare
Bleichen (-s, -) *sn* candeggio *m*
Bleistift (-[e]s, -e) *sm* matita *f*
Bleistiftspitzer (-s, -) *sm* temperamatite *m*
blenden *vt* accecare, abbagliare ◊ (*fig*) affascinare
blendfrei *a* antiriflesso
Blendung (-, -en) *sf* abbagliamento *m*
Blick (-[e]s, -e) *sm* sguardo *m*, occhiata *f* ● *auf den ersten B.* a prima vista
blind *a* cieco ◊ opaco, appannato

Blinddarmentzündung (-, -en) *sf (med)* appendicite *f*
Blinde (-n, -n) *sm/f* cieco *m*
Blindenhund (-[e]s, -e) *sm* cane *m* per ciechi
Blindheit (-) *sf* cecità *f*
blinken *vi (aus haben)* scintillare, luccicare
Blinker (-s, -) *sm (aut)* lampeggiatore *m*, freccia *f*
Blinklicht (-[e]s, -er) *sn (aut)* indicatore *m* di direzione, freccia *f*
Blitz (-es, -e) *sm* lampo *m*, fulmine *m*
Blitzableiter (-s, -) *sm* parafulmine *m*
blitzen *vi (aus haben)* lampeggiare ◇ luccicare
blitzend *a* fulminante
Blitzlicht (-[e]s, -er) *sn* flash *m*
Blitzschlag (-[e]s, Blitzschläge) *sm* folgorazione *f*
Block (1) (-[e]s, Blöcke) *sm* blocco *m*
Block (2) (-[e]s, -) *sm* taccuino *m*, block-notes *m*
blockieren *vt* bloccare ♦ *vi (aus haben)* incepparsi
Blockschrift (-, -en) *sf* stampatello *m*
blöde *a* deficiente, imbecille
Blödsinn (-[e]s, -e) *sm* cretinata *f*
blöken *vi (aus haben)* belare ◇ muggire
blond *a* biondo
bloß *a* nudo ◇ semplice, solo ♦ *avv* soltanto ● *mit bloßem Auge* a occhio nudo
Blöße (-, -n) *sf* nudità *f* ◇ *(fig)* punto *m* debole

blühen *vi (aus haben)* fiorire, prosperare
blühend *a* fiorito, fiorente
Blume (-, -n) *sf* fiore *m*
Blumenblatt (-[e]s, Blumenblätter) *sn (bot)* petalo *m*
Blumenhändler (-s, -) *sm* fioraio *m*
Blumenkasten (-s, -) *sm* fioriera *f*
Blumenkohl (-[e]s, -e) *sm (bot)* cavolfiore *m*
Blumenkrone (-, -n) *sf (bot)* corolla *f*
Blumenzucht (-) *sf* floricoltura *f*
Bluse (-, -n) *sf* camicetta *f*
Blut (-[e]s) *sn* sangue *m*
Blutarmut (-) *sf (med)* anemia *f*
Blutbad (-[e]s, Blutbäder) *sn* eccidio *m*
Blutdruck (-[e]s) *sm (med)* pressione *f* sanguigna
Blüte (-, -n) *sf* fioritura *f* ◇ *(fig)* periodo *m* aureo
Blutegel (-s, -) *sm (zool)* sanguisuga *f*
bluten *vi (aus haben)* sanguinare
Blütenstaub (-[e]s, -e/Blütenstäube) *sm* polline *m*
Blutentnahme (-, -n) *sf (med)* prelievo *m* di sangue
Bluterguss, Bluterguß* (-es, Blutergüsse) *sm (med)* ematoma *m*
Bluterkrankheit (-) *sf (med)* emofilia *f*
Blütezeit (-, -en) *sf* apogeo *m*
Blutgefäß (-[e]s, -e) *sn (anat)* vaso *m* sanguigno

Blutgruppe (-, -n) *sf* gruppo *m* sanguigno

blutig *a* insanguinato ◊ sanguinoso

Blutmangel (-s) *sm* (*med*) anemia *f*

Blutsauger (-s, -) *sm* vampiro *m*

Blutschande (-, -n) *sf* incesto *m*

Blutschuld (-, -e) *sf* omicidio *m*

blutstillend *a* emostatico

blutsverwandt *a* consanguineo

Blutübertragung (-, -en) *sf* (*med*) trasfusione *f*

Blutung (-, -en) *sf* (*med*) emorragia *f*

Blutuntersuchung (-, -en) *sf* (*med*) analisi *f* del sangue

Blutwurst (-, -en) *sf* (*cuc*) sanguinaccio *m*

Blutzucker (-s) *sm* (*med*) glicemia *f*

Bö (-, -en) *sf* raffica *f* (*di vento*)

Bock (-[e]s, Böcke) *sm* caprone *m*, becco *m* ◊ cavalletto *m* (*da pittore*) ● **einen B. schießen** (*fig*) prendere una cantonata

bockig *a* testardo, cocciuto

Böcklein (-s, -) *sn* capretto *m*

Boden (-s, Böden) *sm* terreno *m*, suolo *m* ◊ pavimento *m* ◊ fondo *m* (*fig*) base *f* ● **an B. gewinnen/verlieren** guadagnare/perdere terreno; **auf festem B.** sulla terraferma

Bodenkammer (-, -n) *sf* mansarda *f*

bodenlos *a* senza fondo

Bogen (-s, -/Bögen) *sm* arco *m*

bogenförmig *a* ad arco

Bogengang (-[e]s, Bogengänge) *sm* (*arch*) portico *m*

Bohne (-, -n) *sf* (*bot*) fagiolo *m* ◊ chicco *m*

Bohner (-s, -) *sm* spazzolone *m*

Bohnermaschine (-, -n) *sf* lucidatrice *f*

bohnern *vt* lucidare (*pavimenti*)

bohren *vt* perforare, trapanare

Bohrer (-s, -) *sm* trapano *m*

Bohrung (-, -en) *sf* perforazione *f*, trivellazione *f*

Boiler (-s, -) *sm* scaldabagno *m*

Boje (-, -n) *sf* (*naut*) boa *f*, gavitello *m*

Bolzen (-s, -) *sm* bullone *m*

bombardieren *vt* bombardare

Bombardierung (-, -en) *sf* bombardamento *m*

Bombe (-, -n) *sf* bomba *f*

Bonbon (-s, -s) *sn* caramella *f*, confetto *m*

Bonbonniere, Bonboniere (-, -n) *sf* bomboniera *f*

Boot (-[e]s, -e) *sn* barca *f*, imbarcazione *f*

Bord (-[e]s, -e) *sn* (*aer, naut*) bordo *m* ● **an B. bringen** imbarcare; **an B. gehen** imbarcarsi; **über B. gehen** cadere in mare

Bordell (-s, -e) *sn* postribolo *m*

Bordkarte (-, -n) *sf* carta *f* d'imbarco

Borg (-[e]s) *sm* **auf B.** a credito

borgen *vt* prestare ◊ farsi prestare

Borke (-, -n) *sf* corteccia *f*

Börse (-, -n) *sf* (*fin*) borsa valori *f* ◊ borsellino *m*

Börsenmakler (-s, -) *sm* (*fin*) agente *m* di borsa
Borste (-, -n) *sf* setola *f*
Böschung (-, -en) *sf* scarpata *f*
böse *a* cattivo
Böse (-s, -n) *sn* male *m*
boshaft *a* maligno, perfido
Bosheit (-, -en) *sf* cattiveria *f* ♦ **aus reiner B.** per pura malignità
böswillig *a* perfido, malintenzionato ◊ (*dir*) doloso
Botanik (-) *sf* botanica *f*
Botaniker (-s, -) *sm* botanico *m*
Bote (-n, -n; *f* **Botin**) *sm* messaggero *m* ◊ fattorino *m*, corriere *m*
Botschaft (-, -en) *sf* ambasciata *f*
Botschafter (-s, -) *sm* ambasciatore *m*
Bottich (-[e]s, -e) *sm* tino *m*
boxen *vi* (*aus haben*) praticare il pugilato
Boxen (-s) *sn* (*sport*) pugilato *m*
Boxer (-s, -) *sm* pugile *m*
Boykott (-[e]s, -s/-e) *sm* boicottaggio *m*
boykottieren *vt* boicottare
Brand (-[e]s, **Brände**) *sm* incendio *m* ◊ arsura *f* ◊ (*med*) cancrena *f*
brandig *a* arso, bruciato ◊ (*med*) cancrenoso
Brandstifter (-s, -) *sm* piromane *m*
Brandstiftung (-, -en) *sf* incendio *m* doloso
Brandung (-, -en) *sf* frangente *m*
Brandwunde (-, -n) *sf* ustione *f*
Branntwein (-[e]s, -e) *sm* acquavite *f*

Branntweinbrennerei (-, -en) *sf* distilleria *f*
braten (**brät, briet, gebraten**) *vt* arrostire ◊ friggere
Braten (-s, -) *sm* (*cuc*) arrosto *m*
Bratenwender (-s, -) *sm* girarrosto *m*
Bratsche (-, -n) *sf* (*mus*) viola *f*
Brauch (-[e]s, **Bräuche**) *sm* uso *m* ◊ usanza *f*, tradizione *f*
brauchbar *a* utile, utilizzabile ◊ praticabile
brauchen *vt* impiegare, adoperare ◊ avere bisogno (di)
Brauchtum (-s, **Brauchtümer**) *sn* usanze *f pl*
Braue (-, -n) *sf* sopracciglio *m*
Brauer (-s, -) *sm* birraio *m*
Brauerei (-, -en) *sf* birreria *f* (*fabbrica*)
braun *a* castano
Bräune (-) *sf* abbronzatura *f*
Bräunungsmittel (-s, -) *sn* abbronzante *m*
Brause (-, -n) *sf* (*fam*) gassosa *f*
brausen *vi* (*aus haben*) rumoreggiare ◊ scrosciare
Braut (-, **Bräute**) *sf* sposa *f*
Bräutigam (-s, -e) *sm* sposo *m*
Brautkleid (-[e]s, -er) *sn* abito *m* da sposa
brav *a* bravo
brechen (**bricht, brach, gebrochen**) *vt* rompere, spezzare ◊ (*fig*) violare, infrangere ◊ vomitare ♦ *vi/pr* (*aus haben*; **sich b.**) rompersi, spezzarsi, infrangersi
Brechen (-s, -) *sn* rottura *f* ◊ (*fam*) vomito *m*

Brecher (-s, -) *sm* frangente *m*, ondata *f*

Brechreiz (-es, -e) *sm* conato *m* di vomito

Brechung (-, -en) *sf* rottura *f* ◊ (*fis*) rifrazione *f*

Brei (-[e]s, -e) *sm* poltiglia *f*

breit *a* largo ◊ spazioso, vasto ♦ *avv* diffusamente ● *zwei Meter b. liegen* essere largo due metri

Breite (-, -n) *sf* larghezza *f* ◊ (*geogr*) latitudine *f*

Bremse (1) (-, -n) *sf* freno *m*

Bremse (2) (-, -n) *sf* (*zool*) tafano *m*

bremsen *vt* frenare

brennbar *a* infiammabile

brennen (**brannte, gebrannt**) *vt* bruciare ◊ (*inform*) masterizzare ◊ distillare (acquavite) ◊ *vi* (*aus haben*) bruciare, ardere ◊ scottare

Brennen (-s) *sn* (*inform*) masterizzazione *f* ◊ distillazione *f* (di acquavite)

Brenner (-s, -) *sm* bruciatore *m* ◊ (*inform*) masterizzatore *m*

Brennerei (-, -en) *sf* distillazione *f* ◊ distilleria *f*

Brennholz (-es, **Brennhölzer**) *sn* legna *f* (da ardere)

Brennofen (-s, -) *sm* fornace *f*

Brennstoff (-[e]s, -e) *sm* combustibile *m*

Brennwert (-[e]s) *sm* valore *m* calorico

Brett (-[e]s, **Bretter**) *sn* asse *f*, mensola *f* ◊ palcoscenico *m* ◊ scacchiera *f*

Brief (-[e]s, -e) *sm* lettera *f*

Briefeinwurf (-[e]s, **Briefeinwürfe**) *sm* buca *f* delle lettere

Brieffach (-[e]s, **Brieffächer**) *sn* casella *f* postale

Briefkasten (-s, -) *sm* cassetta *f* delle lettere

brieflich *a* per lettera

Briefmarke (-, -n) *sf* francobollo *m*

Briefmarkenkunde (-) *sf* filatelia *f*

Briefpapier (-s, -e) *sn* carta *f* da lettere

Briefschaften *s pl* corrispondenza *f*

Briefsteller (-s, -) *sm* epistolario *m*

Brieftasche (-, -n) *sf* portafoglio *m*

Briefträger (-s, -) *sm* postino *m*

Briefwechsel (-s, -) *sm* carteggio *m*

Brille (-, -n) *sf* occhiali *m pl*

Brillenglas (-es, **Brillengläser**) *sn* lente *f*

Brillenverkäufer (-s, -) *sm* ottico *m*

bringen (**brachte, gebracht**) *vt* portare ◊ andare a prendere ◊ fruttare, rendere ● *etwas an sich b.* impadronirsi di qc; *in Gang b.* mettere in moto

Brite (-n, -n; *f* **Britin**) *sm* britannico *m*

britisch *a* britannico

Brombeere (-, -n) *sf* (*bot*) mora *f*

Brombeerstrauch (-[e]s, **Brombeersträuche**) *sm* rovo *m*

Bronchien *s pl* (*anat*) bronchi *m pl*

Bronze (-, -n) *sf* bronzo *m*
Brosche (-, -n) *sf* spilla *f*
Broschüre (-, -n) *sf* opuscolo *m*, brochure *f*
Brot (-[e]s, -e) *sn* pane *m* ● *belegtes B.* panino imbottito
Brötchen (-s, -) *sn* panino *m*
Brotkrume (-, -n) *sf* mollica *f*
Brotröster (-s, -) *sm* tostapane *m*
Bruch (-[e]s, Brüche) *sm* rottura *f*, frattura *f* ◊ frammento *m* ◊ *(med)* frattura *f* ◊ *(med)* ernia *f* ◊ *(mat)* frazione *f* ● *zu B. gehen* andare in pezzi
bruchfest *a* infrangibile
brüchig *a* friabile
Bruchstück (-[e]s, -e) *sn* frammento *m*
Bruchzahl (-, -en) *sf* (*mat*) frazione *f*
Brücke (-, -n) *sf* ponte *m*
Bruder (-s, Brüder) *sm* fratello *m*
brüderlich *a* fraterno
Brühe (-, -n) *sf* brodo *m*
brummen *vi* (*aus haben*) brontolare
Brunnen (-s, -) *sm* pozzo *m* ◊ fontana *f* ◊ sorgente *f*
Brust (-, Brüste) *sf* petto *m*, torace *m*
Brustbein (-[e]s, -e) *sn* (*anat*) sterno *m*
Brustfell (-[e]s, -e) *sn* (*anat*) pleura *f*
Brustschwimmen (-s) *sn* nuoto *m* a rana
Brüstung (-, -en) *sf* balaustra *f*
Brustwarze (-, -n) *sf* capezzolo *m*

Brut (-, -en) *sf* nidiata *f*
brutal *a* brutale
brüten *vt/i* (*aus haben*) covare
Brutkasten (-s, -) *sm* incubatrice *f*
brutto *a* lordo
Buch (-[e]s, Bücher) *sn* libro *m*
Buchbinder (-s, -) *sm* rilegatore *m*
Buchbinderei (-, -en) *sf* legatoria *f*
Buchdruckerei (-, -en) *sf* tipografia *f*
Buche (-, -n) *sf* (*bot*) faggio *m*
buchen *vt* registrare ◊ prenotare
Bücherei (-, -en) *sf* biblioteca *f*
Bücherfreund (-[e]s, -e) *sm* bibliofilo *m*
Buchhalter (-s, -) *sm* contabile *m*, ragioniere *m*
Buchhaltung (-, -en) *sf* contabilità *f*
Buchhandlung (-, -en) *sf* libreria *f*
Buchmacher (-s, -) *sm* allibratore *m*
Büchse (-, -n) *sf* barattolo *m*
Buchstabe (-ns/-n, -n) *sm* lettera *f*, carattere *m*
buchstabieren *vt* compitare, sillabare
buchstäblich *a* letterale
Bucht (-, -en) *sf* baia *f*, insenatura *f*
Buchung (-, -en) *sf* registrazione *f* ◊ prenotazione *f*
Buchzeichen (-s, -) *sn* segnalibro *m*
Buckel (-s, -) *sm* gobba *f*

Buckelige (-n, -n) sm/f gobbo m
Büffel (-s, -) sm (zool) bufalo m
Bug (-[e]s, Büge) sm (naut) prua f
Bügel (-s, -) sm gruccia f (per abiti) ◊ staffa f
Bügeleisen (-s, -) sn ferro m da stiro
bügeln vt stirare
Büglerei (-, -en) sf stireria f
Bühne (-, -n) sf palcoscenico m ◊ pulpito m
Bühnenbild (-[e]s, -er) sn scenografia f
Bühnenbildner (-s, -) sm scenografo m
Bühnendichter (-s, -) sm drammaturgo m
Bulgare (-n, -n; f **Bulgarin**) sm bulgaro m
bulgarisch a bulgaro
Bulimie (-) sf (med) bulimia f
Bullauge (-s, -n) sn oblò m
bummeln vi (aus sein) bighellonare
Bummler (-s, -) sm fannullone m
Bund (-[e]s, Bünde) sm confederazione f, lega f, unione f
Bündel (-s, -) sn fascio m, mazzo m ◊ fagotto m, pacco m
bündig a conciso
Bündnis (-ses, -se) sn coalizione f, alleanza f
bunt a variopinto, multicolore
Buntstift (-[e]s, -e) sm pastello m
Bürde (-, -n) sf onere m
Burg (-, -en) sf castello m, rocca f
Bürge (-n, -n) sm garante m
bürgen vi (aus haben; für + acc) garantire, assicurare

Bürger (-s, -) sm cittadino m
Bürgerkrieg (-[e]s, -e) sm guerra f civile
Bürgerkunde (-, -n) sf educazione f civica
bürgerlich a borghese, civile
Bürgermeister (-s, -) sm sindaco m
Bürgerschaft (-, -en) sf cittadinanza f
Bürgersteig (-[e]s, -e) sm marciapiede m
Bürgertum (-s) sn borghesia f
Büro (-s, -s) sn ufficio m
Bürokrat (-en, -en) sm burocrate m
Bürokratie (-, -n) sf burocrazia f
Bursche (-n, -n) sm ragazzo m ◊ fattorino m ◊ apprendista m
Bürste (-, -n) sf spazzola f
bürsten vt spazzolare
Bus (-ses, -se) sm bus m
Busch (-[e]s, Büsche) sm cespuglio m
Büschel (-s, -) sn ciuffo m
Buschwerk (-[e]s) sn boscaglia f
Busen (-s, -) sm seno m
Buße (-, -n) sf penitenza f
büßen vt espiare
Büßer (-s, -) sm penitente m
Büste (-, -n) sf petto m ◊ (arte) busto m
Büstenhalter (-s, -) sm reggiseno m
Butter (-) sf burro m
Byte (-[s], -[s]) sn (inform) byte m

C

Camping (-s) *sn* campeggio *m*
Cape (-s, -s) *sn* mantella *f*
CD *sf* (*Compactdisc*) CD *m*
CD-Brenner (-s, -) *sm* (*inform*) masterizzatore *m* per CD
CD-Player (-s, -) *sm* lettore *m* CD
CD-Rom *sf* CD Rom *m*
Cello (-s, -s/**Celli**) *sn* (*mus*) violoncello *m*
Cembalo (-s, -s/**Cembali**) *sn* (*mus*) clavicembalo *m*
Chance (-, -n) *sf* possibilità *f*, chance *f*
Chaos (-) *sn* caos *m*
chaotisch *a* caotico
Charakter (-s, -e) *sm* carattere *m*
charakteristisch *a* caratteristico
Charme (-s) *sm* fascino *m*
Chat (-s, -s) *sm* (*inform*) chat *f*
Chatraum (-s, **Chaträume**) *sm* (*inform*) chat room *f*
chatten *vi* (*aus haben*) (*inform*) chattare
Chef (-s, -s; *f* -in) *sm* capo *m*
Chefarzt (-es, **Chefärzte**) *sm* (*medico m*) primario *m*
Chemie (-) *sf* chimica *f*
Chemiker (-s, -) *sm* chimico *m*
Chiffre (-, -n) *sf* cifra *f*
chiffriert *a* cifrato
Chinese (-n, -n; *f* **Chinesin**) *sm* cinese *m/f*
chinesisch *a* cinese
Chip (-s, -s) *sm* (*el*) chip *m*
Chips *s pl* patatine *pl*, chips *pl*

Chiropraktik (-) *sf* (*med*) chiropratica *f*
Chirurg (-en, -en; *f* -in) *sm* chirurgo *m*
Chirurgie (-, -n) *sf* chirurgia *f*
Chlor (-s) *sn* (*chim*) cloro *m*
Chlorophyll (-s) *sn* (*bot*) clorofilla *f*
Cholesterin (-s) *sn* (*med*) colesterolo *m*
Chor (-[e]s, **Chöre**) *sm* coro *m*
Choreograph, Choreograf (-en, -en, *f* -in) *sm* coreografo *m*
Choreographie, Choreografie (-, -n) *sf* coreografia *f*
Chorsänger (-s, -) *sm* corista *m*
Christ (-en, -en; *f* -in) *sm* cristiano *m*
Christentum (-s) *sn* cristianesimo *m*
christlich *a* cristiano
Chromosom (-s, -en) *sn* (*biol*) cromosoma *m*
Chronik (-, -en) *sf* cronaca *f*
chronisch *a* cronico
Chronist (-en, -en; *f* -in) *sm* cronista *m*
chronologisch *a* cronologico
Chronometer (-s, -) *sn* cronometro *m*
Comics *s pl* fumetti *m pl*
Computer (-s, -) *sm* computer *m*
Couch (-, -es) *sf* divano *m*
Coupon, Kupon (-s, -s) *sm* tagliando *m*, cedola *f*
Creme, Krem (-, -s) *sf* crema *f*

D

da *avv* là, qua, qui ◊ allora, in quel tempo ◆ *cong* poiché, perché ● **da bin ich!** eccomi!; **wer ist da?** chi c'è?
Dach (-[e]s, **Dächer**) *sn* tetto *m*
Dachboden (-s, **Dachböden**) *sm* soffitta *f*
Dachfenster (-s, -) *sn* abbaino *m*, lucernario *m*
Dachfläche (-, -n) *sf* spiovente *m*
Dachgeschoss, Dachgeschoß* (-es, -e) *sn* soffitta *f*
Dachraum (-[e]s, **Dachräume**) *sm* solaio *m*
Dachrinne (-, -n) *sf* grondaia *f*
Dachs (-es, -e) *sm* (*zool*) tasso *m*
Dachshund (-[e]s, -e) *sm* (*zool*) bassotto *m*
Dachstube (-, -n) *sf* mansarda *f*
Dachwohnung (-, -en) *sf* attico *m*
Dachziegel (-s, -) *sm* tegola *f*
dagegen *avv* contro ◊ in confronto ◊ in cambio ◆ *cong* al contrario, invece
daher *avv* da lì, da quella parte ◊ da ciò ◆ *cong* perciò, quindi
damals *avv* allora
Dame (-, -n) *sf* signora *f*
Damespiel (-[e]s, -e) *sn* (gioco *m* della) dama *f*
Damestein (-[e]s, -e) *sm* pedina *f*
Damhirsch (-[e]s, -e) *sm* (*zool*) daino *m*

Damm (-[e]s, **Dämme**) *sm* argine *m*, diga *f*
dämmen *vt* arginare
Dämmerung (-, -en) *sf* crepuscolo *m*
Dämon (-s, -en) *sm* demone *m*
dämonisch *a* demoniaco
Dampf (-[e]s, **Dämpfe**) *sm* vapore *m*
dampfen *vi* (*aus haben*) esalare vapori, fumare
dämpfen *vt* cuocere a vapore ◊ stirare a vapore ◊ (*mecc*) ammortizzare
Dampfer (-s, -) *sm* battello *m* a vapore
Dämpfer (-s, -) *sm* (*mecc*) ammortizzatore *m*
Dampfkochtopf (-[e]s, **Dampfkochtöpfe**) *sm* pentola *f* a pressione
Däne (-n, -n; *f* **Dänin**) *sm* danese *m/f*
daneben *avv* accanto, vicino ◊ inoltre
dänisch *a* danese
dank *prep* (+ *dat*) grazie a
Dank (-[e]s) *sm* ringraziamento *m*
dankbar *a* grato, riconoscente
Dankbarkeit (-) *sf* riconoscenza *f*
danke *inter* grazie! ● **d. schön!** grazie tanto!
danken *vi* (*aus haben*, + *dat*) ringraziare

dann *avv* poi, quindi ● **d. und wann** di quando in quando

Darlehen (**-s, -**) *sn* prestito *m*

Darm (**-[e]s, Därme**) *sm* (*anat*) intestino *m*

darstellen *vt* rappresentare, descrivere ◇ (*teat*) interpretare

Darsteller (**-s, -**) *sm* (*teat*) interprete *m*

Darstellung (**-, -en**) *sf* rappresentazione *f* ◇ (*teat*) recitazione *f*, interpretazione *f* ◇ descrizione *f*

das (1) (*gen* **des**, *dat* **dem**, *acc* **das**; *pl nom/acc* **die**, *gen* **der**, *dat* **den**) *art* il *m*, lo *m*, la *f* ● questo ● ***das heißt*** cioè

das (2) (*gen* **dessen**, *dat* **dem**, *acc* **das**; *pl nom/acc* **die**, *gen* **deren**, *dat* **denen**) *pr.rel* che, il quale ● *pr* questo, ciò

dasein* → **sein**

Dasein (**-s, -**) *sn* vita *f*, esistenza *f*

dass, daß* *cong* che

Datei (**-, -en**) *sf* (*inform*) file *m*

Datenautobahn (**-, -en**) *sf* (*inform*) autostrada *f* informatica

Datenbank (**-, -en**) *sf* (*inform*) banca *f* dati

Datenschutzgesetz (**-[e]s, -e**) *sn* legge *f* sulla privacy

datieren *vt/i* (*aus haben*) datare

Dativ (**-s, -e**) *sm* (*gramm*) dativo *m*

Dattel (**-, -n**) *sf* (*bot*) dattero *m*

Datum (**-s, Daten**) *sn* data *f* ● *welches D. haben wir heute?* quanti ne abbiamo oggi?

Dauer (**-**) *sf* durata *f* ● *auf die D.* a lungo andare

Dauergesprächszeit (**-**) *sf* (*tel*) autonomia *f* di conversazione

dauerhaft *a* duraturo

dauern *vi* (*aus haben*) durare

dauernd *a* continuo, duraturo, perenne ● *avv* continuamente

Dauerwelle (**-, -n**) *sf* permanente *f* ● *sich D. machen lassen* farsi fare la permanente

Daumen (**-s, -**) *sm* pollice *m*

Daune (**-, -n**) *sf* piuma *f*

Daunenbett (**-[e]s, -en**) *sn* piumino *m*

dazunehmen (→ **nehmen**) *vt* aggiungere

Debatte (**-, -n**) *sf* dibattito *m*

Debüt (**-s, -s**) *sn* debutto *m*

debütieren *vi* (*aus haben*) debuttare

Deck (**-[e]s, -s/-e**) *sn* (*naut*) ponte *m*, coperta *f*

Decke (**-, -n**) *sf* coperta *f* ◇ tovaglia *f* ◇ soffitto *m* ◇ rivestimento *m*

Deckel (**-s, -**) *sm* coperchio *m*

decken *vt* coprire ● *den Tisch d.* apparecchiare la tavola

Deckname (**-ns, -n**) *sm* pseudonimo *m*

Deckung (**-, -en**) *sf* copertura *f*, riparo *m* ◇ (*sport*) difesa *f*

defekt *a* difettoso

Defekt (**-[e]s, -e**) *sm* difetto *m*

definieren *vt* definire

Definition (**-, -en**) *sf* definizione *f*

definitiv *a* definitivo

Defizit (**-s, -e**) *sn* deficit *m*

defizitär *a* deficitario
Degen (-s, -) *sm* spada *f*
Degeneration (-, -en) *sf* degenerazione *f*
dehnbar *a* duttile, elastico
dehnen *vt* tendere, dilatare
Dehnung (-, -en) *sf* dilatazione *f*, allungamento *m*
Deich (-[e]s, -e) *sm* diga *f*, argine *m*
dein (*f* **deine**, *n* **dein**; *pl* **deine**) *a/pr.poss* tuo (*f* tua; *pl m* tuoi, *f* tue)
Dekade (-, -n) *sf* decade *f*
Dekadenz (-) *sf* decadenza *f*
Dekan (-s, -e) *sm* decano *m*
deklamieren *vt* declamare
Deklaration (-, -en) *sf* dichiarazione *f*
deklarieren *vt* dichiarare
Deklination (-, -en) *sf* declinazione *f*
deklinieren *vt* declinare
Dekorateur (-s, -e; *f* -in) *sm* decoratore *m*
Dekoration (-, -en) *sf* decorazione *f*
dekorativ *a* decorativo
dekorieren *vt* decorare
Dekret (-[e]s, -e) *sn* decreto *m* ◆ *ein D. erlassen* emanare un decreto
Delegation (-, -en) *sf* delegazione *f*
delegieren *vt* delegare
Delegierte (-n, -n) *sm/f* delegato *m*
Delfin → **Delphin**
delikat *a* delicato
Delikatesse (-, -n) *sf* leccornia *f* ◇ (*fig*) delicatezza *f*, tatto *m*

Delikt (-[e]s, -e) *sn* reato *m*
Delphin, Delfin (-s, -e) *sm* (*zool*) delfino *m*
dem → **der**, → **das**
Demagoge (-n, -n; *f* **Demagogin**) *sm* demagogo *m*
Demagogie (-, -n) *sf* demagogia *f*
Dementi (-s, -s) *sn* smentita *f*
dementieren *vt* smentire
demnächst *avv* prossimamente
Demokrat (-en, -en; *f* -in) *sm* democratico *m*
Demokratie (-, -n) *sf* democrazia *f*
Demonstrant (-en, -en; *f* -in) *sm* dimostrante *m/f*, manifestante *m/f*
Demonstration (-, -en) *sf* dimostrazione *f* ◇ manifestazione *f* (*di protesta*)
demonstrativ *a* dimostrativo
demonstrieren *vt* dimostrare ● *vi* (*aus haben*) manifestare
Demontage (-, -n) *sf* smontaggio *m*
demontieren *vt* smontare
Demut (-) *sf* umiltà *f*
demütig *a* umile
demütigen *vt* mortificare, umiliare
Demütigung (-, -en) *sf* mortificazione *f*, umiliazione *f*
den → **der** (1,2), → **die** (1), → **das** (1)
denkbar *a* pensabile, possibile
denken (**dachte, gedacht**) *vt/i* (*aus haben*) pensare, ragionare ◇ ritenere, credere ● *bei sich d.* pensare fra sé e sé

Denken (-s) sn pensiero m, ragionamento m

Denker (-s, -) sm pensatore m

Denkmal (-[e]s, Denkmäler) sn monumento m

Denkweise (-, -n) sf mentalità f

denkwürdig a memorabile

denn cong perché, poiché

dennoch avv tuttavia

Dentist (-en, -en; f **-in)** sm dentista m/f

Deodorant (-s, -e/-s) sn deodorante m

Deportation (-, -en) sf deportazione f

deportieren vt deportare

Deportierte (-n, -n) sm/f deportato m

Depot (-s, -s) sn rimessa f

Depression (-, -en) sf depressione f

deprimieren vt deprimere

deputieren vt deputare

Deputierte (-n, -n) sm/f deputato m

der (1) (gen **des**, dat **dem**, acc **den**; nom/acc **die**, gen **der**, dat **den**) art il, lo (pl i, gli) ◆ a questo, quello

der (2) (gen **dessen**, dat **dem**, acc **den**; nom/acc **die**, gen **deren**, dat **denen**) pr.rel che, il quale ◆ pr questo, quello, questi, costui

derart avv così, talmente ● **d., dass...** di modo che...

derb a robusto, vigoroso ◊ rozzo

derjenige (f **diejenige**, n **dasjenige**) a quello ◆ pr colui (f colei), quello

Dermatologe (-n, -n; f **Dermatologin)** sm dermatologo m

Dermatologie (-) sf (med) dermatologia f

derselbe (f **dieselbe**, n **dasselbe**) a/pr stesso, medesimo

Deserteur (-s, -e; f **-in)** sm disertore m

desertieren vi (aus haben/sein) disertare

Desertion (-, -en) sf (mil) diserzione f

deshalb cong perciò, pertanto

Desinfektion (-, -en) sf (med) disinfezione f

Desinfektionsmittel (-s, -) sn disinfettante m

desinfizieren vt disinfettare

Desktop (-s, -s) sm (inform) (Tischcomputer) desktop m

Desorganisation (-, -en) sf disorganizzazione f

Despot (-en, -en; f **-in)** sm despota m

Despotismus (-) sm dispotismo m

Dessert (-s, -s) sn dessert m

Destillat (-[e]s, -e) sn distillato m

destillieren vt distillare

desto avv tanto ● **d. besser** tanto meglio; **je mehr..., d. besser** quanto più..., tanto più...

Detail (-s, -s) sn dettaglio m, particolare m ● **im D.** al minuto, al dettaglio

deuten vt interpretare, spiegare
◆ vi (aus haben, auf + acc) indicare, accennare (a) ◊ far presagire

deutlich *a* chiaro, distinto
Deutlichkeit (-, -en) *sf* chiarezza *f*
deutsch *a* tedesco
Deutsch *sn* (*ling*) tedesco *m*
Deutsche (-n, -n) *sm/f* tedesco *m*
Deutung (-, -en) *sf* interpretazione *f*, spiegazione *f*
Devise (-, -n) *sf* insegna *f*, motto *m* ◊ (*pl*) (*fin*) valuta *f*
Dezember (-[s], -) *sm* dicembre *m*
dezimal *a* decimale
dezimieren *vt* decimare
Diadem (-s, -e) *sn* diadema *m*
Diagnose (-, -n) *sf* diagnosi *f*
diagnostisch *a* diagnostico
diagnostizieren *vt* diagnosticare
diagonal *a* diagonale
Diagonale (-, -n) *sf* (*geom*) diagonale *f*
Dialekt (-[e]s, -e) *sm* dialetto *m*
dialektal *a* dialettale
Dialog (-[e]s, -e) *sm* dialogo *m*
Diamant (-en, -en) *sm* diamante *m*
Diapositiv (-s, -e) *sn* diapositiva *f*
Diät (-, -en) *sf* dieta *f*
Diätetiker (-s, -) *sm* dietologo *m*
dich (*acc di* → **du**) *pr.pers* te, ti
dicht *a* denso, folto ♦ *avv* molto vicino
Dichte (-, -n) *sf* densità *f* ◊ impermeabilità *f*
dichten *vi* (*aus haben*) comporre versi, verseggiare
Dichter (-s, -) *sm* poeta *m*
dichterisch *a* poetico

Dichtung (-, -en) *sf* poesia *f*
dick *a* grasso, grosso ◊ spesso ◊ denso ● ***d. werden*** ingrassare
Dickdarm (-[e]s, **Dickdärme**) *sm* (*anat*) colon *m*
Dicke (-, -n) *sf* grassezza *f* ◊ spessore *m*
Dickflüssigkeit (-, -en) *sf* densità *f*
Dickkopf (-[e]s, **Dickköpfe**) *sm* testardo *m*
Didaktik (-) *sf* didattica *f*
die (1) (*gen/dat* **der**, *acc* **die**; *nom/acc* **die**, *gen* **der**, *dat* **den**) *art* la (*pl* **le**) ♦ *a* questa, quella
die (2) (*gen* **deren**, *dat* **der**, *acc* **die**; *nom/acc* **die**, *gen* **deren**, *dat* **denen**) *pr.rel* che, la quale ♦ *pr* questa, quella, costei
Dieb (-[e]s, -e) *sm* ladro *m*
Diebesbeute (-, -n) *sf* refurtiva *f*
diebisch *a* furtivo
Diebstahl (-[e]s, **Diebstähle**) *sm* furto *m*
Diebstahlsicherung (-, -en) *sf* antifurto *m*
dienen *vi* (*aus haben*, + *dat*) servire
Diener (-s, -) *sm* servo *m* ◊ maggiordomo *m*
Dienerschaft (-, -en) *sf* servitù *f*
Dienst (-[e]s, -e) *sm* servizio *m* ● *außer D.* fuori servizio; *D. haben* essere di servizio
Dienstag (-[e]s, -e) *sm* martedì *m*
dienstlich *a* di servizio
Dienstmädchen (-s, -) *sn* collaboratrice *f* domestica

Dienstmann (-[e]s, Dienstmänner/ Dienstleute) *sm* fattorino *m*
Dieselöl (-[e]s, -e) *sn* gasolio *m*, nafta *f*
dieser (*f* diese, *n* dieses) *a/pr* questo, codesto
diesmal *avv* questa volta
Differential → **Differenzial**
Differenz (-, -en) *sf* differenza *f*
Differenzial, Differential (-s, -e) *sn* (*aut, mat*) differenziale *m*
Digitalkamera (-, -s) *sf* fotocamera *f* digitale
Diktator (-s, -en; *f* -in) *sm* dittatore *m*
Diktatur (-, -en) *sf* dittatura *f*
Dilettant (-en, -en; *f* -in) *sm* dilettante *m/f*
dilettantisch *a* dilettantesco
Dimension (-, -en) *sf* dimensione *f*
Ding (-[e]s, -e/-er) *sn* (*pl* -e) cosa *f* ◊ affare *m*, faccenda *f* ◊ (*pl* -er) ragazza *f*
Diphthong (-s, -e) *sm* (*gramm*) dittongo *m*
Diplom (-[e]s, -e) *sn* diploma *m*, diploma *m* di laurea
Diplomarbeit (-, -en) *sf* tesi *f* di laurea
Diplomat (-en, -en; *f* -in) *sm* diplomatico *m*
Diplomatie (-) *sf* diplomazia *f*
Diplomkaufmann (-[e]s, Diplomkaufmänner/Diplomkaufleute) *sm* commercialista *m*
dir (*dat di* → **du**) *pr.pers* a te, ti
direkt *a* diretto, immediato
Direktion (-, -en) *sf* direzione *f*

Direktor (-s, -en; *f* -in) *sm* direttore *m*
Dirigent (-en, -en; *f* -in) *sm* direttore *m* d'orchestra
Dirigentenpult (-[e]s, -e) *sn* podio *m*
dirigieren *vt* dirigere
Dirne (-, -n) *sf* prostituta *f*
Discountgeschäft (-[e]s, -e) *sn* discount *m*
Diskothek (-, -en) *sf* discoteca *f*
diskret *a* discreto
Diskussion (-, -en) *sf* discussione *f*, disputa *f*
Diskuswurf (-[e]s, -würfe) *sm* (*sport*) lancio *m* del disco
diskutieren *vt/i* (*aus haben*; *über* + *acc*) discutere
Dissident (-en, -en; *f* -in) *sm* dissidente *m/f*
Disziplin (-, -en) *sf* disciplina *f*
dividieren *vt* (*mat*) dividere
Division (-, -en) *sf* (*mat*) divisione *f*
doch *cong* però, tuttavia ◊ (*in risposta affermativa a una domanda negativa*) sì, certo (ES: **hast du das nicht gewusst? – D.!** non lo sapevi? – Certo!) ◊ (*rafforzativo, spesso non tradotto*) (ES: **das ist d. die Höhe!** questo è il colmo!)
Docht (-[e]s, -e) *sm* stoppino *m*
Dock (-s, -s/-e) *sn* (*naut*) bacino *m* di carenaggio
Dogma (-s, Dogmen) *sn* dogma *m*
Dogmatismus (-) *sm* dogmatismo *m*
Doktor (-s, -en; *f* -in) *sm* dottore *m*

m, medico *m* ◇ dottore *m* di ricerca ● *D. der Medizin* dottore in medicina

Doktorarbeit (-, -en) *sf* tesi *f* di dottorato

Doktortitel (-s, -) *sm* titolo *m* di dottore

Dokument (-[e]s, -e) *sn* documento *m*

Dokumentarfilm (-[e]s, -e) *sn* documentario *m*

dokumentieren *vt* documentare

Dolch (-[e]s, -e) *sm* pugnale *m*

Dollar (-[s], -e) *sm* dollaro *m*

dolmetschen *vt* tradurre ◆ *vi* (*aus haben*) fare da interprete

Dolmetscher (-s, -) *sm* interprete *m*

Dom (-[e]s, -e) *sm* duomo *m*

Domizil (-s, -e) *sm* domicilio *m*

Donner (-s, -) *sm* tuono *m*

donnern *vi* (*aus haben*) tuonare ◇ inveire, imprecare

Donnerstag (-[e]s, -e) *sm* giovedì *m*

dopen *vt* (*sport*) dopare

Dopingmittel (-s, -) *sn* (*sport*) sostanza *f* dopante

Doppelgänger (-s, -) *sm* sosia *m*

doppelt *a* doppio

Doppelzentner (-s, -) *sm* quintale *m*

Doppelzimmer (-s, -) *sn* camera *f* doppia

Dorf (-[e]s, Dörfer) *sn* paese *m*, villaggio *m*, borgo *m*

Dörfler (-s, -) *sm* paesano *m*

Dorn (-[e]s, -en) *sm* spina *f*, aculeo *m*

Dornbusch (-es, Dornbüsche) *sm* (*bot*) pruno *m*, rovo *m*

dörren *vt* seccare ◆ *vi* (*aus sein*) seccarsi

Dörrobst (-[e]s) *sn* frutta *f* secca

Dorsch (-[e]s, -e) *sm* (*zool*) merluzzo *m*

dort *avv* là, lì

Dose (-, -n) *sf* lattina *f*, scatola *f*, barattolo *m* ◇ (*el*) presa *f* (*della corrente*)

Dosenöffner (-s, -) *sm* apriscatole *m*

dosieren *vt* dosare

Dosierung (-, -en) *sf* dosaggio *m*, posologia *f*

Dosis (-, Dosen) *sf* dose *f*

Dotter (-s, -) *sm/n* tuorlo *m*

Double (-s, -s) *sn* (*cin*) controfigura *f*

Dozent (-en, -en; *f* -in) *sm* docente *m*

Dozentur (-, -en) *sf* docenza *f*

Drache (-n, -n) *sm* drago *m*

Drachen (-s, -) *sm* aquilone *m*

Dragee, Dragée (-s, -s) *sn* confetto *m*

Draht (-[e]s, Drähte) *sm* fil *m* di ferro ◇ (*fam*) telegrafo *m*

drahten *vt* telegrafare

Drama (-s, Dramen) *sn* dramma *m*

Dramatiker (-s, -) *sm* drammaturgo *m*

Dramaturgie (-, -n) *sf* drammaturgia *f*

Drang (-[e]s, Dränge) *sm* impulso *m*, spinta *f*

drängen *vt* spingere, incitare,

sollecitare ♦ *vimp* essere urgente (ES: **es drängt** c'è fretta)

draußen *avv* fuori

Drechselbank (-, **Drechselbänke**) *sf* tornio *m*

drechseln *vt* tornire

Drechsler (-s, -) *sm* tornitore *m*

Dreck (-[e]s, *sm* (*pop*) sporcizia *f*

Dreh (-[e]s, -s/-e) *sm* rotazione *f* ◊ trucco *m*, accorgimento *m*

Drehbank (-, **Drehbänke**) *sf* tornio *m*

Drehbuch (-[e]s, **Drehbücher**) *sn* sceneggiatura *f*

Drehbuchautor (-s, -en; *f* -in) *sm* sceneggiatore *m*

drehen *vt* girare ♦ *vpr* (**sich d.**) girarsi, voltarsi ● **sich um etwas d.** vertere su qc

Drehpunkt (-[e]s, -e) *sm* fulcro *m*

Drehung (-, -en) *sf* giravolta *f* ◊ torsione *f*

Drehzahlmesser (-s, -) *sm* contagiri *m*

drei *a* tre

Dreieck (-[e]s, -e) *sn* (*geom*) triangolo *m*

dreieckig *a* triangolare

Dreifaltigkeit (-) *sf* (*relig*) Trinità *f*

dreifarbig *a* tricolore

dreihundert *a* trecento

Dreikönigsfest (-[e]s) *sn* (*relig*) Epifania *f*

dreimonatig *a* trimestrale

Dreirad (-[e]s, **Dreiräder**) *sn* triciclo *m*

dreißig *a* trenta

dreizehn *a* tredici

dressieren *vt* ammaestrare, addestrare

dringen (**drang, gedrungen**) *vi* (*aus sein*) penetrare, entrare ◊ (*aus haben*, **in** + *acc*) far pressione (su), sollecitare ● *auf Bezahlung d.* sollecitare un pagamento

dringend *a* urgente

Dringlichkeit (-, -en) *sf* urgenza *f*

drinnen *avv* dentro

dritte *a* terzo

Droge (-, -n) *sf* droga *f*

Drogerie (-, -n) *sf* drogheria *f*

Drogist (-en, -en; *f* -in) *sm* droghiere *m*

drohen *vi* (*aus haben*, + *dat*) minacciare

Drohne (-, -n) *sf* (*zool*) fuco *m*

dröhnen *vi* (*aus haben*) rimbombare, risuonare

Drohung (-, -en) *sf* minaccia *f*

Drossel (-, -n) *sf* (*zool*) tordo *m*

Druck (1) (-[e]s, **Drücke**) *sm* pressione *f* ◊ (*fig*) oppressione *f*

Druck (2) (-[e]s, -e) *sm* edizione *f*, stampa *f*

drucken *vt* stampare

drücken *vt* premere, schiacciare ◊ (*fig*) opprimere ◊ *vi* (*aus haben*, **auf** + *acc*) pesare (su), gravare (su)

Drucker (-s, -) *sm* tipografo *m* ◊ (*inform*) stampante *f*

Drücker (-s, -) *sm* pulsante *m*, bottone *m* ◊ grilletto *m*

Druckerei (-, -en) *sf* tipografia *f*

Druckfehler (-s, -) *sm* errore *m* di stampa, refuso *m*

Druckknopf (-[e]s, -e) *sm* pulsante *m* ◇ (*abb*) automatico *m* (*bottone*)
Druckluft (-, -en) *sf* aria *f* compressa
Drüse (-, -n) *sf* (*anat*) ghiandola *f*
Dschungel (-s, -) *sm* giungla *f*
du (*dat* **dir**, *acc* **dich**) *pr.pers* tu
Dualismus (-) *sm* dualismo *m*
Dübel (-s, -) *sm* tassello *m*
Duell (-s, -e) *sn* duello *m*
Duellant (-en, -en; *f* -in) *sm* duellante *m/f*
Duft (-[e]s, Düfte) *sm* profumo *m*
duften *vi* (*aus haben*) profumare
duftig *a* vaporoso
dulden *vt* tollerare
Duldsamkeit (-) *sf* pazienza *f*, tolleranza *f*
dumm *a* sciocco, deficiente, balordo
Dummheit (-, -en) *sf* stupidità *f* ◇ fesseria *f*, sciocchezza *f*
Dummkopf (-[e]s, Dummköpfe) *sm* (*fam*) sciocco *m*
Düne (-, -n) *sf* duna *f*
Dung (-[e]s) *sm* letame *m*
Düngemittel (-s, -) *sn* concime *m*, fertilizzante *m*
düngen *vt* concimare
dunkel *a* buio, scuro ◇ (*fig*) confuso, indistinto ● **d. machen** scurire
Dunkel (-s) *sm* oscurità *f*
Dunkelheit (-, -en) *sf* buio *m*, oscurità *f*
dünn *a* fine, tenue, sottile
Dünndarm (-[e]s, Dündärme) *sm* (*anat*) intestino *m* tenue

Dunst (-[e]s, Dünste) *sm* caligine *f*, foschia *f*
dunstig *a* nebbioso, caliginoso
Duplikat (-[e]s, -e) *sn* doppione *m*, duplicato *m*
durch *prep* (+ *acc*) (*luogo*) attraverso ◇ (*tempo*) durante ◇ mediante, per mezzo di
durchaus *avv* assolutamente ◇ interamente, del tutto
durchbrechen (→ **brechen**) *vt* sfondare
Durchbruch (-[e]s, Durchbrüche) *sm* apertura *f*, breccia *f*
durcheinander *avv* disordinatamente, sottosopra
Durcheinander (-s) *sn* groviglio *m*, confusione *f*
durchfahren (**durchfährt, durchfuhr, durchfahren**) *vt* percorrere, attraversare
Durchfahrt (-, -en) *sf* transito *m* ● **keine D.** divieto di transito
Durchfall (-[e]s, Durchfälle) *sm* (*med*) diarrea *f* ◇ (*fig*) insuccesso *m*
durchfallen (→ **fallen**) *vi* (*aus sein*) essere bocciato (*a un esame*) ◇ fare fiasco
sich durchfinden (→ **finden**) *vpr* orientarsi
durchführen *vt* guidare, condurre ◇ portare a termine
Durchführung (-, -en) *sf* realizzazione *f*, compimento *m*
Durchgang (-[e]s, Durchgänge) *sm* passaggio *m*, transito *m*, varco *m*
durchgehen (→ **gehen**) *vt* esaminare, rivedere ♦ *vi* (*aus sein*)

percorrere, attraversare ◊ essere approvato, passare
durchlassen (→ **lassen**) *vt* lasciare passare
Durchmesser (-s, -) *sm* diametro *m*
durchschlagen (→ **schlagen**) *vt* sfondare, spaccare ♦ *vi* (*aus sein*) passare, sfondare ♦ *vpr* (**sich d.**) (*fam*) cavarsi d'impaccio
Durchschnitt (-[e]s, -e) *sm* taglio *m*, intersezione *f* ◊ media *f*
durchschnittlich *avv* mediamente
durchsehen (→ **sehen**) *vt* intravedere ◊ verificare, controllare
durchsetzen *vt* imporre ♦ *vpr* (**sich d.**) imporsi, affermarsi
Durchsicht (-, -en) *sf* esame *m*, verifica *f*
durchsichtig *a* trasparente
durchsuchen *vt* perquisire
Durchsuchung (-, -en) *sf* perquisizione *f*, perlustrazione *f*
Durchwahl (-, -e) *sf* teleselezione *f*
dürfen (**darf, durfte, gedurft**) *vi*

(*aus haben*) potere, essere autorizzato ◊ essere permesso
dürr *a* arido
Dürre (-, -n) *sf* siccità *f*
Durst (-[e]s) *sm* sete *f*
durstig *a* assetato
Dusche (-, -n) *sf* doccia *f*
duschen *vi* (*aus haben*) farsi la doccia
Duschgel (-s, -e) *sn* docciaschiuma *m*
Duschkabine (-, -n) *sf* box *m* doccia
Dusel (-s, -) *sm* (*fam*) fortuna *f*
duselig *a* (*fam*) intontito
Dutzend (-s, -e) *sn* dozzina *f*
duzen *vt* dare del tu (a)
DVD *sf* DVD *m*
DVD-Brenner (-s, -) *sm* (*inform*) masterizzatore *m* per DVD
DVD-Player (-s, -) *sm* lettore *m* DVD
Dynamik (-) *sf* (*fis*) dinamica *f*
dynamisch *a* dinamico
Dynamit (-s) *sn* dinamite *f*
Dynamo (-s, -s) *sm* dinamo *f*
Dynastie (-, -n) *sf* dinastia *f*

E

Ebbe (-, -n) *sf* bassa marea *f* ● *es ist E.* c'è bassa marea
eben *a* piano, piatto ♦ *avv* esattamente, proprio ◊ appena
Ebene (-, -n) *sf* pianura *f* ◊ (*mat*) piano *m* ◊ (*fig*) livello *m*
ebenfalls *avv* altrettanto
Ebenholz (-es) *sn* ebano *m*
ebenso *avv* altrettanto, ugualmente ● *e. viel* altrettanto
ebensoviel* → **ebenso**
ebnen *vt* livellare, spianare

Echo (-s, -s) *sn* eco *f/m*
Echse (-, -n) *sf* (*zool*) sauro *m* ◇ lucertola *f*
echt *a* vero, autentico, puro
Echtheit (-) *sf* autenticità *f*, genuinità *f*
Eckball (-[e]s, **Eckbälle**) *sm* (*sport*) calcio *m* d'angolo
Ecke (-, -n) *sf* angolo *m*
eckig *a* angolare ● *eckige Klammern* parentesi quadra
Eckzahn (-[e]s, **Eckzähne**) *sm* (*anat*) canino *m*
edel *a* nobile, prezioso ◇ (*fig*) distinto
Edelmann (-es, **Edelleute**) *sm* gentiluomo *m*
Edelstein (-[e]s, -e) *sm* gemma *f*
Edelweiß (-[es], -[e]) *sn* (*bot*) stella *f* alpina
Efeu (-s) *sm* edera *f*
egal *a* uguale ● *das ist e.* (*fam*) è lo stesso; *das ist mir ganz e.* (*fam*) non me ne importa nulla
Egel (-s, -) *sm* (*zool*) sanguisuga *f*
Egoismus (-) *sm* egoismo *m*
Ehe (-, -n) *sf* matrimonio *m*
Ehebett (-[e]s, -en) *sn* letto *m* matrimoniale
ehebrechen (→ **brechen**) *vi* (*solo all'inf*) commettere adulterio
Ehebrecher (-s, -) *sm* adultero *m*
Ehebruch (-[e]s, **Ehebrüche**) *sm* adulterio *m*
Ehefrau (-, -en) *sf* moglie *f*
Ehegatten *s pl* coniugi *m pl*
ehelich *a* matrimoniale
Ehemann (-[e]s, **Eheleute**) *sm* marito *m* ◇ (*pl*) coniugi *m pl*

Ehepaar (-[e]s, -e) *sn* coppia *f* (*di sposi*), coniugi *m pl*
eher *avv* prima ◇ piuttosto
ehrbar *a* stimato, rispettabile
Ehrbarkeit (-) *sf* rispettabilità *f*
Ehre (-, -n) *sf* onore *m* ● *es ist mir eine E.* è un onore per me; *jemandem zu Ehren* in onore di qn
ehren *vt* onorare
ehrenhaft *a* onesto, rispettabile
Ehrenrechte *s pl* diritti *m pl* civili
Ehrgeiz (-es, -e) *sm* ambizione *f*
ehrlich *a* onesto, sincero ◆ *avv* onestamente, francamente
Ehrlichkeit (-) *sf* onestà *f*, sincerità *f*
ehrwürdig *a* reverendo, venerabile
Ei (-[e]s, -er) *sn* uovo *m* ◇ (*biol*) ovulo *m* ● *Eier legen* fare le uova; *einander wie ein E. dem anderen gleichen* somigliarsi come due gocce d'acqua; *hartes/rohes/weiches E.* uovo sodo/crudo/à la coque
Eibe (-, -n) *sf* (*bot*) tasso *m*
Eiche (-, -n) *sf* (*bot*) quercia *f*
Eichel (-, -n) *sf* (*bot*) ghianda *f*
Eichhörnchen (-s, -) *sn* (*zool*) scoiattolo *m*
Eid (-[e]s, -e) *sm* giuramento *m* ● *einen E. ablegen* prestare giuramento
Eidechse (-, -n) *sf* (*zool*) lucertola *f*
Eierkuchen (-s, -) *sm* (*cuc*) frittata *f*

Eierschale (-, -n) *sf* guscio *m* d'uovo
Eierstock (-[e]s, **Eierstöcke**) *sm* (*anat*) ovaia *f*
Eifer (-s) *sm* zelo *m*, fervore *m*, entusiasmo *m*
Eifersucht (-, -en) *sf* gelosia *f*
eifersüchtig *a* geloso
eiförmig *a* ovale
eifrig *a* volenteroso
Eigelb (-[s], -) *sn* tuorlo *m*
eigen *a* proprio, privato ◊ singolare, strano ◊ separato
Eigenart (-, -en) *sf* particolarità *f*, caratteristica *f* ◊ stranezza *f*
Eigenheit (-, -en) *sf* peculiarità *f*
Eigenliebe (-, -n) *sf* amor *m* proprio
eigens *avv* appositamente
Eigenschaft (-, -en) *sf* qualità *f*, caratteristica *f* ◊ (*mat*) proprietà *f* ◊ (*biol*) carattere *m*
Eigenschaftswort (-[e]s, **Eigenschaftswörter**) *sn* (*gramm*) aggettivo *m*
Eigensinn (-[e]s, -e) *sm* puntiglio *m*, ostinazione *f*
eigensinnig *a* ostinato
eigentlich *a* vero, reale ♦ *avv* propriamente ◊ in realtà, per la verità
Eigentor (-[e]s, -e) *sn* (*sport*) autogol *m*
Eigentum (-s) *sn* proprietà *f*
eigentümlich *a* tipico, caratteristico, proprio
sich eignen *vpr* (*zu* + *datlfür* + *acc*) adattarsi (a), essere adatto (a)
Eile (-) *sf* fretta *f* ◊ urgenza *f*

sich eilen *vpr* affrettarsi
eilig *a* frettoloso ◊ urgente
Eimer (-s, -) *sm* secchio *m* ● *im E. sein* (*fam*) essere rovinato
ein *art* un, uno ♦ *a* un, uno
einander *pr* l'un l'altro, a vicenda
sich einarbeiten *vpr* (*in* + *acc*) far pratica (in), impratichirsi (in)
einatmen *vt* inspirare ◊ inalare
Einbahnstraße (-, -n) *sf* strada *f* a senso unico
Einband (-[e]s, **Einbände**) *sm* rilegatura *f*
Einbau (-[e]s, -ten) *sm* montaggio *m*
einbauen *vt* installare, montare
einbegreifen (→ **greifen**) *vt* includere, comprendere
einbegriffen *a* incluso
einberufen *vt* convocare ◊ (*mil*) chiamare alle armi, reclutare
einbeziehen *vt* introdurre
einbiegen (→ **biegen**) *vi* (*aus sein*) svoltare, curvare
sich einbilden *vpr* immaginarsi, figurarsi ◊ credere, presumere
einbinden (→ **binden**) *vt* rilegare
einbrechen (→ **brechen**) *vt* sfondare ♦ *vi* (*aus sein*) crollare, sprofondare ◊ irrompere
Einbrecher (-s, -) *sm* scassinatore *m*
Einbruch (-[e]s, **Einbrüche**) *sm* scasso *m* ◊ irruzione *f*
einbürgern *vt* naturalizzare ♦ *vpr* (**sich e.**) naturalizzarsi
eindeutig *a* univoco

Eingebung

eindringen (→ **dringen**) *vi* (*aus sein*) penetrare, infiltrarsi, introdursi
Eindringling (-s, -e) *sm* intruso *m* ◇ invasore *m*
Eindruck (-[e]s, **Eindrücke**) *sm* impressione *f* ◇ impronta *f* ● *guten/schlechten E. machen* fare buona/cattiva impressione
eindrücken *vt* imprimere
eindrucksvoll *a* impressionante ◇ imponente ◇ suggestivo ◇ convincente
einer (*f* **eine**, *n* **ein(e)s**) *pr* uno, un tale, qualcuno
Einerlei (-s) *sn* monotonia *f*
einfach *a* semplice, elementare ◇ modesto, austero ◆ *avv* semplicemente
Einfachheit (-) *sf* semplicità *f*
einfahren (→ **fahren**) *vt* mettere al coperto ◇ (*aut*) rodare
Einfahren (-s, -) *sn* rodaggio *m*
Einfahrt (-, -en) *sf* entrata *f*, ingresso *m* ● *E. freihalten!* passo carrabile, lasciare libero il passaggio; *E. verboten!* divieto d'accesso!
Einfall (-[e]s, **Einfälle**) *sm* idea *f* ◇ (*mil*) invasione *f*
einfallen (→ **fallen**) *vi* (*aus sein*) venire in mente ◇ irrompere ◇ (*mil*) invadere ◇ crollare, cadere
einfarbig *a* a tinta unita, monocromatico
einfassen *vt* circondare, cingere
Einfassung (-, -en) *sf* recinto *m* ◇ bordo *m*, cornice *f* ◇ montatura *f*
einflößen *vt* instillare, infondere ◇ ispirare ◇ (*med*) somministrare a gocce
Einfluss, Einfluß* (-es, **Einflüsse**) *sm* influsso *m*, influenza *f*
Einflussbereich, Einflußbereich* (-[e]s, -e) *sm* sfera *f* d'influenza, orbita *f*
einflussreich, einflußreich* *a* influente
einflüstern *vt* suggerire
einförmig *a* uniforme, monotono
einfrieren (→ **frieren**) *vt/i* (*aus sein*) congelare
einfügen *vt* inserire ◆ *vpr* (*sich e.*) inserirsi, adattarsi
sich einfühlen *vpr* immedesimarsi
Einfuhr (-, -en) *sf* importazione *f*
einführen *vt* immettere, introdurre ◇ presentare ◇ importare
Einführung (-, -en) *sf* introduzione *f* ◇ presentazione *f* ◇ avviamento *m*
Eingabe (-, -n) *sf* (*inform*) input *m*
Eingang (-[e]s, **Eingänge**) *sm* entrata *f*, ingresso *m*
eingeben (→ **geben**) *vt* (*inform*) inserire, digitare
eingebildet *a* immaginario ◇ presuntuoso
eingeboren *a* autoctono, indigeno ◇ congenito, innato
Eingeborene *sm/f* indigeno *m*
Eingebung (-, -en) *sf* suggerimento *m*, ispirazione *f*

eingefroren *a* ghiacciato
eingehen (→ **gehen**) *vt* concludere ◊ contrarre ♦ *vi* (*aus sein*) arrivare, entrare ◊ restringersi ◊ morire
Eingeladene (**-n, -n**) *sm/f* invitato *m*
Eingeweide (**-s, -**) *sn* viscere *f pl*
Eingeweihte (**-n, -n**) *sm/f* iniziato *m*
eingewöhnen *vt* ambientare ♦ *vpr* (**sich e.**) ambientarsi
eingraben (→ **graben**) *vt* sotterrare ◊ scolpire
eingreifen (→ **greifen**) *vi* (*aus haben*) ingranare, innestare ◊ (*fig*) intervenire
Eingriff (**-[e]s, -e**) *sm* intervento *m* ◊ (*med*) operazione *f*
Einhalt (**-[e]s, -e**) *sm* **einer Sache E. gebieten** porre termine a qc
einhalten (→ **halten**) *vt* mantenere ◊ osservare, rispettare
einheimisch *a* indigeno, locale
Einheit (**-, -en**) *sf* unità *f*
einheitlich *a* uniforme, omogeneo
Einheitlichkeit (**-**) *sf* uniformità *f*, omogeneità *f*
Einheitswährung (**-, -en**) *sf* moneta *f* unica
einhundert *a* cento
einige *a/pr* qualche ◊ (*pl*) alcuni
einigen *vt* unire, unificare ♦ *vpr* (**sich e.**) accordarsi
Einigkeit (**-**) *sf* unità *f*, unione *f* ◊ unanimità *f*, concordia *f*
Einigung (**-, -en**) *sf* unificazione *f*

einkassieren *vt* incassare, riscuotere
Einkauf (**-es, Einkäufe**) *sm* spesa *f*, acquisto *m*
einkaufen *vt* comperare, acquistare
Einkäufer (**-s, -**) *sm* acquirente *m*
Einkaufszentrum (**-s, Einkaufszentren**) *sn* centro *m* commerciale
Einkommen (**-s, -**) *sn* reddito *m*
Einkünfte *s pl* entrate *f pl*, redditi *m pl*
einladen (→ **laden**) *vt* invitare
Einladung (**-, -en**) *sf* invito *m*
Einlage (**-, -n**) *sf* allegato *m* ◊ supporto *m*, rinforzo *m* ◊ (*teat*) intermezzo *m* ◊ (*fin*) deposito *m*
einlagern *vt* immagazzinare
einlegen *vt* inserire ◊ (*arte*) intarsiare ◊ (*fin*) depositare, versare
einleiten *vt* introdurre ◊ cominciare, avviare
Einleitung (**-, -en**) *sf* introduzione *f*
einleuchtend *a* evidente, lampante
einliefern *vt* consegnare ◊ (*med*) ricoverare
einmischen *vt* mescolare ♦ *vpr* (**sich e.**) immischiarsi, impicciarsi, intromettersi
Einmischung (**-, -en**) *sf* ingerenza *f*, intrusione *f*
Einnahme (**-, -n**) *sf* incasso *m* ◊ (*mil*) occupazione *f*, conquista *f*
einnehmen (→ **nehmen**) *vt* incassare ◊ (*mil*) occupare

einnicken vi (aus sein) (fam) appisolarsi
sich einnisten vpr annidarsi ◊ (fig) stabilirsi
einpacken vt imballare
einrahmen vt incorniciare
einreichen vt inoltrare
Einreiseerlaubnis (-) sf permesso m d'entrata
einreißen (**reißen**) vt strappare ◊ demolire, abbattere
einrichten vt installare ◊ fondare, istituire ◊ preparare, allestire ◊ arredare ♦ vpr (**sich e.**) (auf + acc) prepararsi (a) ◊ metter su casa, sistemarsi ◊ (nach + dat) adattarsi (a), conformarsi (a)
Einrichtung (-, -en) sf allestimento m, disposizione f ◊ arredamento m ◊ istituzione f, ente m
eins a uno
einsam a solo, solitario ◊ isolato, disabitato
Einsamkeit (-) sf solitudine f, isolamento m
Einsatz (-es, **Einsätze**) sm aggiunta f, inserto m ◊ parte f intercambiabile
Einsatzstück (-[e]s, -e) sn tassello m
einsäumen vt orlare
einschalten vt inserire ◊ accendere ◊ (mecc) avviare
einschärfen vt inculcare
einschicken vt spedire, inviare ◊ inoltrare
einschieben (→ **schieben**) vt inserire, innestare
einschiffen vt imbarcare

einschlafen (→ **schlafen**) vi (aus sein) addormentarsi
sich einschleichen (→ **schleichen**) vpr infiltrarsi, insinuarsi, introdursi
einschließen (→ **schließen**) vt rinchiudere ◊ circondare ◊ includere, comprendere
einschließlich avv incluso, compreso
einschneiden (**schneiden**) vt incidere, intagliare
Einschnitt (-[e]s, -e) sm incisione f
einschränken vt limitare, localizzare ♦ vpr (**sich e.**) limitarsi
einschränkend a riduttivo, restrittivo
Einschränkung (-, -en) sf limitazione f, riduzione f ◊ riserva f
Einschreibebrief (-[e]s, -e) sm raccomandata f
einschreiben (→ **schreiben**) vt iscrivere, registrare
Einschreibung (-, -en) sf iscrizione f, immatricolazione f
einschüchtern vt impaurire, scoraggiare
einsehen (→ **sehen**) vt prendere visione (di) ◊ capire, comprendere
Einsehen (-s) sn comprensione f
• *ein E. haben mit* essere comprensivo con
einseifen vt insaponare
einsenden (→ **senden**) vt spedire, inviare
Einsendung (-, -en) sf invio m
einsetzen vt insediare, designare

Einsetzung (-, -en) *sf* inserimento *m*, introduzione *f* ◊ insediamento *m*
Einsiedelei (-, -en) *sf* eremo *m*
Einsiedler (-s, -) *sm* eremita *m*
einsilbig *a* (*gramm*) monosillabico ◊ (*fig*) laconico
einsitzig *a* monoposto
einsparen *vt* risparmiare
einsperren *vt* imprigionare
einspritzen *vt* spruzzare ◊ iniettare
Einspritzmotor (-s, -en) *sm* motore *m* a iniezione
Einspritzung (-, -en) *sf* iniezione *f*
Einspruch (-[e]s, Einsprüche) *sm* obiezione *f*, contestazione *f* ◊ (*dir*) ricorso *m* ◊ veto *m*
einstecken *vt* introdurre ◊ intascare
einstehen (→ **stehen**) *vi* (*aus sein/haben, für + acc*) garantire (per)
einsteigen (→ **steigen**) *vi* (*aus sein*) salire (*su un automezzo*)
einstellen *vt* mettere a posto, regolare ◊ terminare, sospendere ◊ assumere ♦ *vpr* (**sich e.**) comparire, presentarsi
Einstellung (-, -en) *sf* regolazione *f* ◊ assunzione *f*, impiego *m* ◊ cessazione *f*, sospensione *f* ◊ attitudine *f*, modo *m* di vedere
einstimmig *a* unanime
Einsturz (-es, Einstürze) *sm* crollo *m*
einstürzen (→ **stürzen**) *vi* (*aus sein*) crollare

Eintausch (-[e]s, -e) *sm* cambio *m*, permuta *f*
eintauschen *vt* cambiare, barattare
eintönig *a* monotono
Eintrag (-[e]s, Einträge) *sm* registrazione *f*, iscrizione *f*
eintragen (→ **tragen**) *vt* registrare, iscrivere, schedare
einträglich *a* redditizio
eintreffen (→ **treffen**) *vi* (*aus sein*) giungere, arrivare ◊ accadere, avvenire
eintreten (→ **treten**) *vi* (*aus sein*) entrare ◊ subentrare ◊ adempiersi, verificarsi
Eintritt (-[e]s, -e) *sm* entrata *f*, ingresso *m* ● **E. frei** entrata libera; **E. verboten** vietato l'ingresso
einverstanden *a* d'accordo ● **mit etwas/jemandem e. sein** essere d'accordo su qc/con qn; **nicht e. sein** dissentire
Einwand (-[e]s, Einwände) *sm* obiezione *f*
Einwanderer (-s, -) *sm* immigrato *m*
einwandern *vi* (*aus sein*) immigrare
Einwanderung (-, -en) *sf* immigrazione *f*
einwandfrei *a* impeccabile, ineccepibile
einweichen *vt* mettere a bagno ◊ inzuppare
einweihen *vt* inaugurare ◊ (*relig*) consacrare
Einweihung (-, -en) *sf* inaugurazione *f* ◊ iniziazione *f*

einwenden (→ **wenden**) *vt* obiettare

einwerfen (→ **werfen**) *vt* imbucare (*una lettera*) ◇ frantumare

einwickeln *vt* avvolgere, incartare

Einwohner (-s, -) *sm* abitante *m*

Einzahl (-, -e) *sf* (*gramm*) singolare *m*

einzahlen *vt* pagare, versare

Einzahlung (-, -en) *sf* versamento *m*

Einzelheit (-, -en) *sf* particolare *m*, dettaglio *m*

einzeln *a* singolo, unico ◇ isolato ◇ particolare, speciale ♦ *avv* individualmente, separatamente

Einzelzimmer (-s, -) *sn* camera *f* singola

einziehbar *a* retrattile

einziehen (→ **ziehen**) *vt* introdurre ◇ riscuotere, incassare ◇ confiscare

einzig *a* unico

Einzimmerwohnung (-, -en) *sf* monolocale *m*

Einzug (-[e]s, **Einzüge**) *sm* ingresso *m*

Eis (-es) *sn* ghiaccio *m* ◇ gelato *m* ● *E. laufen* (*aus sein*) pattinare (*su ghiaccio*)

Eisbahn (-, -en) *sf* pista *f* di pattinaggio

Eisen (-s, -) *sn* ferro *m*

Eisenbahn (-, -en) *sf* ferrovia *f*

Eisenbahner (-s, -) *sm* ferroviere *m*

Eisenbahnwagen (-s, -) *sm* (*ferr*) carrozza *f*

Eisenindustrie (-) *sf* siderurgia *f*

Eisenwarenhandlung (-, -en) *sf* ferramenta *f*

eisern *a* di ferro

eisig *a* gelido

eiskalt *a* freddissimo, gelato

eislaufen* → **Eis**

Eislaufen (-s) *sn* pattinaggio *m* (*su ghiaccio*)

Eisscholle (-, -en) *sf* lastra *f* di ghiaccio

Eisverkäufer (-s, -) *sm* gelataio *m*

Eiswürfel (-s, -) *sm* cubetto *m* di ghiaccio

Eiszerkleinerer (-s, -) *sm* tritaghiaccio *m*

eitel *a* presuntuoso ◇ vanitoso

Eitelkeit (-, -en) *sf* presunzione *f* ◇ vanità *f*

Eiter (-s, -) *sm* pus *m*

eiterig *a* purulento

Eiweiß (-es, -e) *sn* albume *m* ◇ proteina *f*

Ekel (-s) *sm* disgusto *m*, nausea *f*

ekelhaft *a* disgustoso, nauseabondo

ekeln *vt/i* (*aus haben*) nauseare ● *mir/mich ekelt es vor etwas* ho nausea di qc

eklektisch *a* eclettico

Eklipse (-, -n) *sf* eclissi *f*

ekliptisch *a* eclittico

Ekstase (-, -n) *sf* estasi *f*

Ekzem (-s, -e) *sn* (*med*) eczema *m*

elastisch *a* elastico

Elastizität (-) *sf* elasticità *f*

Elch (-[e]s, -e) *sm* (*zool*) alce *m*

Elefant 78

Elefạnt (-en, -en; f -in) sm (zool) elefante m
elegạnt a elegante
Elegạnz (-) sf eleganza f
Elẹktriker (-s, -) sm elettricista m
elẹktrisch a elettrico
Elektrizitạ̈t (-) sf elettricità f
Elẹktroauto (-s, -s) sn (E-Auto) auto f elettrica
Elẹktrohaushaltsgerät (-[e]s, -e) sn elettrodomestico m
Elẹktron (-s, -en) sn (fis) elettrone m
elẹktronisch a elettronico
Elẹktrorasierer (-s, -) sm rasoio m elettrico
Elẹktrotechniker (-s, -) sm elettrotecnico m
Elemẹnt (-[e]s, -e) sn elemento m
elementạ̈r a elementare, rudimentale, basilare
elẹnd a miserabile, misero
Ẹlend (-[e]s) sn miseria f, squallore m
ẹlf a undici
Ẹlfenbein (-[e]s, -e) sn avorio m
ẹlfte a undicesimo
Ẹlle (-, -n) sf (anat) ulna f
Ẹllenbogen (-s, -/Ellenbögen) sm gomito m
ẹllenlang a (fam) lunghissimo, interminabile
Ẹlster (-, -n) sf (zool) gazza f
Ẹltern s pl genitori m pl
E-Mail (-, -s) sf e-mail f
Emạil (-s, -s) sn smalto m
emailljeren vt smaltare

Emailljerung (-, -en) sf smaltatura f
E-Mail-Postfach (-[e]s, E-Mail-Postfächer) sn casella f e-mail
Emanzipatiọn (-, -en) sf emancipazione f
emanzipjeren vt emancipare
emblemạtisch a emblematico
Ẹmbryo (-s, -nen) sm (biol) embrione m
Emigrạnt (-en, -en; f -in) sm emigrante m/f
Emigratiọn (-, -en) sf emigrazione f
Emirạt (-[e]s, -e) sn emirato m
Emissiọn (-, -en) sf emissione f
Emotiọn (-, -en) sf emozione f
emotionạl a emotivo
Empfạng (-[e]s, Empfänge) sm ricevimento m ◊ banco m di accettazione, reception f ◊ ricevimento m, rinfresco m ◊ (fis) ricezione f
empfạngen (empfängt, empfing, empfangen) vt ricevere, accogliere ◊ percepire ◊ (biol) concepire
Empfạ̈nger (-s, -) sm destinatario m, beneficiario m ◊ ricevitore m
empfạ̈nglich a sensibile
Empfạ̈ngnis (-, -se) sf (biol) concepimento m
empfẹhlen (empfiehlt, empfahl, empfohlen) vt consigliare, raccomandare ◆ vpr (sich e.) raccomandarsi ◊ prendere commiato, congedarsi

empfehlenswert *a* consigliabile

Empfehlung (-, -en) *sf* raccomandazione *f*, consiglio *m* ◇ referenze *f pl* ◆ ossequi *m pl*, saluti *m pl* ● *eine E. haben* essere raccomandato

empfinden (**empfand, empfunden**) *vt/i* (*aus haben*) sentire, percepire

empfindlich *a* emotivo, permaloso, sensibile

Empfindlichkeit (-) *sf* sensibilità *f*, delicatezza *f*

Empfindung (-, -en) *sf* sensazione *f* ◇ sentimento *m*

empfohlen *pp di* → **empfehlen** ◆ *a* raccomandato

emphatisch *a* enfatico

sich empören *vpr* indignarsi, arrabbiarsi

Ende (-s, -n) *sn* fine *f* ◇ estremità *f* ◆ esito *m* ● *am E. der Welt* (*fam*) in capo al mondo; *zu E. gehen* scadere

endemisch *a* (*med*) endemico

enden *vi* (*aus haben*) finire

endgültig *a* definitivo

Endkampf (-[e]s, **Endkämpfe**) *sm* (*sport*) finale *f*

endlich *avv* infine, finalmente

endlos *a* interminabile

Endstation (-, -en) *sf* capolinea *m*

Endung (-, -en) *sf* (*gramm*) desinenza *f*

Energie (-, -n) *sf* energia *f*

energisch *a* energico

eng *a* stretto ◇ (*abb*) attillato, aderente ◇ (*fig*) intimo, stretto

Enge (-, -n) *sf* strettezza *f* ◇ ristrettezza *f*

Engel (-s, -) *sm* angelo *m*

engelhaft *a* angelico

Engländer (-s, -) *sm* inglese *m*

englisch *a* inglese

Engpass, Engpaß* (**-es, Engpässe**) *sm* strettoia *f* ◇ (*fig*) difficoltà *f*

Enkel (-s, -; *f* **-in**) *sm* nipote *m/f* (*di nonni*)

enorm *a* enorme

entarten *vi* (*aus sein*) degenerare

entbinden (→ **binden**) *vt* liberare, sciogliere ◇ (*med*) far partorire

Entbindung (-, -en) *sf* esenzione *f* ◇ (*med*) parto *m*

entblocken *vt* sbloccare

entblößen *vt* scoprire, mettere a nudo

entdecken *vt* scoprire ● *wieder e.* riscoprire

Entdecker (-s, -) *sm* esploratore *m*

Entdeckung (-, -en) *sf* scoperta *f*

Ente (-, -n) *sf* (*zool*) anatra *f*

enteignen *vt* (*dir*) espropriare

entfalten *vt* dispiegare, distendere ◇ sviluppare ◆ *vpr* (**sich e.**) schiudersi, sbocciare

Entfaltung (-) *sf* (di)spiegamento *m* ◇ sviluppo *m*

entfärben *vt* decolorare, stingere

entfernen *vt* allontanare ◇ asportare ◆ *vpr* (**sich e.**) allontanarsi, assentarsi

entfernt *a* distante ● *e. sein* distare
Entfernung (-, -en) *sf* distanza *f* ◊ rimozione *f*, asportazione *f*
entfetten *vt* sgrassare
entflammen *vt* incendiare ◊ (*fig*) fomentare
entflecken *vt* smacchiare
entfliehen *vi* (*aus sein*) evadere
entfremden *vt* alienare
entfrosten *vt* sbrinare
entführen *vt* rapire, sequestrare
Entführung (-, -en) *sf* rapimento *m*, sequestro *m*
entgegen *prep* (+ *dat*, *può essere posposta al s*) verso, incontro ◊ contro, contrariamente a
entgegensetzen *vt* contrapporre
entgegenstellen *vt* opporre
entgehen (→ **gehen**) *vi* (*aus sein*, + *dat*) sfuggire
Entgelt (-[e]s, -e) *sn* retribuzione *f*, compenso *m*
Entgiftung (-, -en) *sf* disintossicazione *f*
Entgleisung (-, -en) *sf* deragliamento *m*
Enthaarung (-, -en) *sf* depilazione *f*
enthalten (→ **halten**) *vt* contenere, racchiudere ♦ *vpr* (**sich e.**) astenersi
Enthaltsamkeit (-) *sf* astinenza *f*
enthaupten *vt* decapitare
enthüllen *vt* scoprire
Enthüllung (-, -en) *sf* lo scoprire ◊ (*fig*) rivelazione *f*

entkommen (→ **kommen**) *vi* (*aus sein*) scappare ◊ scampare
entkräften *vt* debilitare ◊ (*dir*) invalidare
entkräftend *a* spossante
entladen (→ **laden**) *vt* scaricare
Entladung (-, -en) *sf* scaricamento *m* ◊ esplosione *f* ◊ (*el*) scarica *f*
entlang *prep* (+ *acc*, *posposta al s*) lungo (ES: **sie wandert den Fluss e.** passeggia lungo il fiume)
entlarven *vt* smascherare
entlassen (→ **lassen**) *vt* liberare, sciogliere ◊ licenziare
Entlassung (-, -en) *sf* (*mil*) congedo *m* ◊ licenziamento *m* ◊ dimissioni *f pl*
entlasten *vt* scaricare ◊ decongestionare ◊ (*fig*) scagionare
entleeren *vt* svuotare
entmutigen *vt* demoralizzare, scoraggiare
Entnahme (-, -n) *sf* prelievo *m*
entnehmen (→ **nehmen**) *vt* prelevare ◊ (*fig*) desumere
entrahmen *vt* scremare
entschädigen *vt* risarcire
Entschädigung (-, -en) *sf* compenso *m*, risarcimento *m*
entscheiden (→ **scheiden**) *vt/i* (*aus haben*) decidere ♦ *vpr* (**sich e.**) decidersi ◊ **sich e. für** optare per
entscheidend *a* decisivo
Entscheidung (-, -en) *sf* decisione *f*
entschuldigen *vt* giustificare, scusare ♦ *vpr* (**sich e.**) scusarsi

- *entschuldigen Sie bitte* mi scusi, per favore
- **Entschuldigung** (-, -en) *sf* scusa *f*, giustificazione *f* ◇ perdono *m*
- *E.!* mi scusi!
- **entsetzen** *vt* spaventare ◇ indignare ♦ *vpr* (**sich e.**) inorridire, spaventarsi
- **entsetzlich** *a* atroce, orrendo
- **Entsorgung** (-, -en) *sf* smaltimento *m* (dei rifiuti)
- **entspannen** *vt* allentare, distendere ♦ *vpr* (**sich e.**) rilassarsi, distendersi
- **Entspannung** (-, -en) *sf* distensione *f*, rilassamento *m*
- **entspiegelt** *a* antiriflesso
- **entsprechen** (→ **sprechen**) *vi* (*aus haben*, + *dat*) corrispondere (a) ◇ accondiscendere (a)
- **entsprechend** *a* corrispondente, relativo, corrispettivo
- **entstellen** *vt* deturpare ◇ travisare, alterare
- **enttäuschen** *vt* deludere
- **Enttäuschung** (-, -en) *sf* delusione *f*, frustrazione *f*
- **entwaffnen** *vt* disarmare
- **entwalden** *vt* disboscare
- **entweder** *cong* **entweder... oder...** o... o...
- **entweichen** (→ **weichen**) *vi* (*aus sein*) fuggire, scappare ◇ fuoriuscire ◇ evadere
- **entweihen** *vt* sconsacrare ◇ profanare
- **entwenden** (→ **wenden**) *vt* trafugare, sottrarre
- **entwerfen** (→ **werfen**) *vt* progettare, abbozzare
- **Entwerfer** (-s, -) *sm* progettista *m*
- **entwerten** *vt* annullare ◇ (*fin*) svalutare
- **entwickeln** *vt* sviluppare
- **Entwicklung** (-, -en) *sf* evoluzione *f*, sviluppo *m*
- **entwirren** *vt* sbrogliare, sciogliere
- **entwöhnen** *vt* disabituare ◇ svezzare
- **entwürdigen** *vt* umiliare, avvilire
- **Entwurf** (-[e]s, -e) *sm* bozzetto *m* ◇ progetto *m*
- **entwurzeln** *vt* estirpare
- **entziehen** (→ **ziehen**) *vt* togliere, levare ♦ *vpr* (**sich e.**) sottrarsi
- **entziffern** *vt* decifrare
- **entzücken** *vt* incantare
- **Entzücken** (-s) *sn* delizia *f*
- **entzückend** *a* delizioso, incantevole
- **Entzug** *sm* disintossicazione *f*
- **entzünden** *vt* incendiare
- **entzündlich** *a* infiammabile
- **Entzündung** (-, -en) *sf* accensione *f* ◇ (*med*) infiammazione *f*, irritazione *f*
- **Enzyklopädie** (-, -n) *sf* enciclopedia *f*
- **Epidemie** (-, -n) *sf* epidemia *f*
- **Epik** (-) *sf* epica *f*
- **Epiker** (-s, -) *sm* poeta *m* epico
- **Epiliergerät** (-[e]s, -e) *sn* epilatore *m*
- **Epizentrum** (-s, **Epizentren**) *sn* epicentro *m*
- **Epoche** (-, -n) *sf* epoca *f*

Equalizer

Equalizer (-s, -) *sm* equalizzatore *m*

er (*dat* ihm, *acc* ihn) *pr.pers* egli, lui

Erbe (1) (-n, -n; *f* **Erbin**) *sm* erede *m/f*

Erbe (2) (-s) *sn* eredità *f*

erben *vt* ereditare

sich erbjeten (→ **bieten**) *vpr* offrirsi

erbittern *vt* esasperare

Erbkrankheit (-, -en) *sf* malattia *f* ereditaria

erblassen *vi* (*aus sein*) impallidire

erblich *a* ereditario

erbrechen (→ **brechen**) *vt* aprire a forza, scassinare ◊ vomitare

Erbrechen (-s, -) *sn* vomito *m*

Erbschaft (-, -en) *sf* eredità *f*

Erbse (-, -n) *sf* (*bot*) pisello *m*

Erbsünde (-) *sf* peccato *m* originale

Erdbeben (-s, -) *sn* terremoto *m*

erdbebensicher *a* antisismico

Erdbeere (-, -n) *sf* (*bot*) fragola *f*

Erddamm (-[e]s, **Erddämme**) *sm* terrapieno *m*

Erde (-) *sf* terra *f*, suolo *m* ◊ Terra *f*

Erdgas (-es, -e) *sn* metano *m*, gas *m* naturale

Erdgeschoss, Erdgeschoß* (-es, -e) *sn* pianoterra *m*

Erdhügel (-s, -) *sm* tumulo *m*

Erdnuss, Erdnuß* (-, **Erdnüsse**) *sf* (*bot*) arachide *f*

Erdöl (-[e]s, -e) *sn* petrolio *m*

Erdrutsch (-es, -e) *sm* frana *f*, smottamento *m*

Erdteil (-[e]s, -e) *sm* continente *m*

Erdwall (-[e]s, **Erdwälle**) *sm* terrapieno *m*

Ereignis (-ses, -se) *sn* avvenimento *m*, evento *m*

Eremit (-en, -en; *f* -in) *sm* eremita *m/f*

erfahren (1) (→ **fahren**) *vt* apprendere, venire a sapere ◊ sperimentare

erfahren (2) *a* esperto

Erfahrung (-, -en) *sf* esperienza *f*

erfinden (→ **finden**) *vt* inventare, ideare

Erfindung (-, -en) *sf* invenzione *f*

Erfindungsgabe (-) *sf* inventiva *f*

Erfolg (-[e]s, -e) *sm* successo *m*, riuscita *f* ● **viel E.!** buona fortuna!

erfolgen *vi* (*aus sein*) risultare ◊ avere luogo

erfordern *vt* esigere

Erfordernis (-ses, -se) *sn* esigenza *f* ◊ requisito *m*

erforschen *vt* ricercare, indagare ◊ esplorare

Erforschung (-, -en) *sf* ricerca *f*, studio *m* ◊ esplorazione *f*

erfreuen *vt* rallegrare ♦ *vpr* (**sich e.**) rallegrarsi, essere contento

erfrischen *vt* rinfrescare

Erfrischung (-, -en) *sf* refrigerio *m*

erfüllen *vt* riempire, colmare ◊

esaudire, soddisfare ♦ *vpr* (**sich e.**) compiersi, avverarsi
Erfüllung (-, -en) *sf* realizzazione *f*, compimento *m* ◊ soddisfazione *f*
ergänzen *vt* completare
ergänzend *a* complementare, integrante
Ergänzung (-, -en) *sf* supplemento *m* ◊ (*gramm*) complemento *m*
Ergebnis (-ses, -se) *sn* risultato *m* ◊ ricavato *m*
ergießen (→ **gießen**) *vt* riversare
ergreifen (→ **greifen**) *vt* afferrare, prendere ◊ impugnare
erhaben *a* elevato, imponente ◊ (*fig*) elevato, solenne
erhalten (→ **halten**) *vt* conservare, mantenere ◊ ottenere, ricevere ♦ *vpr* (**sich e.**) mantenersi
erhaltend *a* conservatore
sich erhängen *vpr* impiccarsi
erheben (→ **heben**) *vt* elevare, innalzare ♦ *vpr* (**sich e.**) levarsi, alzarsi ◊ insorgere
Erhebung (-, -en) *sf* insurrezione *f* ◊ (*geogr*) rilievo *m* ◊ indagine *f*, inchiesta *f*
erhöhen *vt* aumentare, elevare
Erhöhung (-, -en) *sf* aumento *m*, rialzo *m*
sich erholen *vpr* riposarsi ◊ rimettersi, ristabilirsi
Erholung (-, -en) *sf* ristabilimento *m*, ripresa *f* ◊ rilassamento *m*, riposo *m*
erinnern *vt* ricordare ♦ *vpr* (**sich e.**) ricordare, ricordarsi ● **jemanden an etwas e.** ricordare qc a qn
Erinnerung (-, -en) *sf* ricordo *m*, memoria *f*
sich erkälten *vpr* raffreddarsi
Erkältung (-, -en) *sf* raffreddore *m*
erkennen (→ **kennen**) *vt* riconoscere, individuare
Erkenntnis (-, -se) *sf* conoscenza *f* ◊ riconoscimento *m*
Erkennung (-) *sf* riconoscimento *m*, identificazione *f*
Erkennungsdienst (-[e]s, -e) *sm* scientifica *f*, polizia *f* scientifica
erklären *vt* chiarire, spiegare ◊ dichiarare, proclamare
Erklärung (-, -en) *sf* spiegazione *f*, chiarimento *m*
erkranken *vi* (*aus sein*) ammalarsi
Erkrankung (-, -en) *sf* malattia *f*
sich erkundigen *vpr* informarsi ● **sich bei jemandem nach etwas e.** informarsi di qc presso qn
Erkundigung (-, -en) *sf* informazione *f*
Erkundung (-, -en) *sf* perlustrazione *f*, esplorazione *f*
erlangen *vt* ottenere
erlassen (→ **lassen**) *vt* emanare, promulgare ◊ condonare, esonerare
erlauben *vt* permettere, autorizzare
Erlaubnis (-) *sf* autorizzazione *f*, permesso *m*

erleben vt vivere, sperimentare, provare

Erlebnis (-ses, -se) sn esperienza f

erledigen vt portare a termine, sbrigare ◊ eseguire, espletare

erleichtern vt alleggerire ◊ facilitare

Erleichterung (-, -en) sf agevolazione f, facilitazione f ◊ sollievo m

erleiden (→ **leiden**) vt patire, subire

Erlös (-es, -e) sm realizzo m, ricavo m

erlöschen (erlischt, erlosch, erloschen) vi (aus sein) spegnersi ◊ estinguersi

erlösen vt liberare ◊ (relig) redimere

Erlöser (-s, -) sm (relig) redentore m

Erlösung (-, -en) sf liberazione f ◊ (relig) redenzione f

Ermäßigung (-, -en) sf riduzione f

ermorden vt assassinare

Ermordung (-, -en) sf assassinio m

ermüden vt stancare, affaticare

ermutigen vt incoraggiare

ernähren vt nutrire ♦ vpr (sich e.) nutrirsi

Ernährung (-, -en) sf nutrimento m

ernennen (→ **nennen**) vt designare

Erneuerer (-s, -) sm innovatore m, riformatore m

erneuern vt rinnovare ◊ cambiare, sostituire

Erneuerung (-, -en) sf rinnovo m

ernst a serio, grave

Ernst (-[e]s) sm serietà f

Ērnte (-, -n) sf raccolto m

ernüchtern vt far smaltire la sbornia ◊ disilludere

erobern vt conquistare

Eroberung (-, -en) sf conquista f

eröffnen vt aprire, iniziare

Eröffnung (-, -en) sf apertura f

Erosion (-, -en) sf erosione f

Erotik (-) sf erotismo m

erpressen vt estorcere, ricattare

Erpressung (-, -en) sf ricatto m, estorsione f

erraten (→ **raten**) vt indovinare, risolvere

erregbar a impressionabile ◊ eccitabile ◊ irritabile

erregen vt eccitare ◊ irritare ◊ provocare, causare

Erregung (-, -en) sf eccitazione f, agitazione f

erreichbar a raggiungibile ◊ reperibile

erreichen vt raggiungere ◊ ottenere, conseguire

errichten vt edificare, erigere ◊ instaurare

Ersatz (-es) sm sostituzione f ◊ sostituto m, supplente m

Ersatzmittel (-s, -) sn surrogato m

erschaffen (→ **schaffen**) vt creare

Erschaffung (-, -en) sf creazione f

erscheinen (→ **scheinen**) *vi* (*aus sein*) apparire
Erscheinung (-, -en) *sf* visione *f*
erschöpfen *vt* esaurire ♦ *vpr* (**sich e.**) esaurirsi
erschöpft *a* esausto, fiacco
erschrecken *vt* spaventare ♦ *vpr* (**sich e.**) spaventarsi
erschüttern *vt* scuotere ◊ impressionare
Erschütterung (-, -en) *sf* scossa *f*, vibrazione *f* ◊ (*fig*) sconvolgimento *m*
ersetzen *vt* sostituire, rimpiazzare ◊ risarcire
Ersetzung (-, -en) *sf* sostituzione *f* ◊ rimborso *m*
Ersparnis (-, -se) *sf* risparmio *m*
erst *avv* prima, in primo luogo
erstatten *vt* rimborsare
Erstattung (-, -en) *sf* rimborso *m*, indennizzo *m*
erstaunen *vt* stupire
Erstaunen (-s) *sn* stupore *m*
erste *a* primo
erstechen (→ **stechen**) *vt* pugnalare
Erstgeborene (-n, -n) *sm/f* primogenito *m*
ersticken *vt/i* (*aus sein*) soffocare
sich erstrecken *vpr* estendersi
ersuchen *vt* chiedere ● *jemanden um etwas e.* chiedere qc a qn
Ersuchen (-s) *sn* richiesta *f*, domanda *f*
erteilen *vt* assegnare
Ertrag (-[e]s, **Erträge**) *sm* ricavo *m*, rendita *f*

ertragen (→ **tragen**) *vt* sopportare, tollerare
erträglich *a* sopportabile
Ertragsfähigkeit (-, -en) *sf* redditività *f*
ertränken *vt* annegare, affogare
ertrinken (→ **trinken**) *vi* (*aus sein*) annegare, affogare
Eruption (-, -en) *sf* eruzione *f*
Erwachsene (-n, -n) *sm/f* adulto *m*
erwägen (**erwog**, **erwogen**) *vt* ponderare, esaminare attentamente
Erwägung (-, -en) *sf* riflessione *f*, considerazione *f*
erwähnen *vt* citare, nominare ● *oben erwähnt* summenzionato, suddetto
Erwähnung (-, -en) *sf* citazione *f*
erwarten *vt* attendere
Erwartung (-, -en) *sf* attesa *f*
erwecken *vt* svegliare ◊ (*fig*) destare
erweisen (→ **weisen**) *vt* dimostrare ♦ *vpr* (**sich e.**) mostrarsi, rivelarsi ◊ risultare
erweitern *vt* allargare, espandere ♦ *vpr* (**sich e.**) espandersi
Erwerb (-[e]s, -e) *sm* acquisto *m* ◊ guadagno *m*, profitto *m* ◊ ricompensa *f*
erwerben (→ **werben**) *vt* acquistare ◊ acquisire ◊ guadagnare
Erwerber (-s, -) *sm* acquirente *m*
Erwerbung (-, -en) *sf* acquisto *m* ◊ acquisizione *f*
erwidern *vt* contraccambiare, rendere ◊ replicare

Erwiderung (-, -en) *sf* replica *f* ◊ contraccambio *m*

erwünscht *a* auspicato, desiderato

erwürgen *vt* strangolare

erzählen *vt* narrare, raccontare

Erzähler (-s, -) *sm* narratore *m*

Erzählung (-, -en) *sf* narrazione *f*, racconto *m*

Erzbischof (-s, **Erzbischöfe**) *sm* arcivescovo *m*

Erzengel (-s, -) *sm* arcangelo *m*

erzeugen *vt* produrre ◊ generare

Erzeuger (-s, -) *sm* (*biol*) genitore *m* ◊ produttore *m*

Erzeugnis (-ses, -se) *sn* prodotto *m*

Erzeugung (-, -en) *sf* produzione *f*

erziehen (→ **ziehen**) *vt* allevare, educare

Erzieher (-s, -) *sm* educatore *m*

Erziehung (-, -en) *sf* educazione *f*

Erziehungsanstalt (-, -en) *sf* riformatorio *m*

es (*dat* **ihm**, *acc* **es**) *pr.pers* esso

Esche (-, -n) *sf* (*bot*) frassino *m*

Esel (-s, -; *f*-**in**) *sm* (*zool*) asino *m*, somaro *m*

Eselei (-, -en) *sf* idiozia *f*

Eskimo (-s, -s) *sm* eschimese *m*

Essay (-s, -s) *sm/n* saggio *m*

Essayist (-en, -en; *f*-**in**) *sm* saggista *m/f*

essbar, eßbar* *a* commestibile

essen (**isst, aß, gegessen**) *vt* mangiare

Essenz (-, -en) *sf* essenza *f*

Essig (-s, -e) *sm* aceto *m* ● **in E.** sottaceto

Essiggemüse (-s, -) *sn* sottaceti *m pl*

Esswaren, Eßwaren* *s pl* alimentari *m pl*

Esszimmer, Eßzimmer* (-s, -) *sn* sala *f* da pranzo

Etage (-, -n) *sf* piano *m*

Ethik (-, -en) *sf* etica *f*

ethnisch *a* etnico

Ethnologie (-, -n) *sf* etnologia *f*

etliche *a* qualche, alcuno ◊ parecchio ♦ *pr* qualcuno ◊ parecchi

Etui (-s, -s) *sn* astuccio *m*

etwa *avv* circa, più o meno

etwas *pr* qualcosa ♦ *avv* un po'

Etymologie (-, -n) *sf* etimologia *f*

euch *pr.pers* (*dat di* → **ihr**) a voi, vi ◊ (*acc di* → **ihr**) voi, vi

euer (*f* **eure**, *n* **euer**; *pl* **eure**) *a/pr.poss* vostro (*f* vostra; *pl m* vostri, *f* vostre)

EU-Kommissar (-s, -e) *sm* commissario *m* europeo

Eule (-, -n) *sf* (*zool*) gufo *m*

Euro (-[s], -[s]) *sm* euro *m*

Eurocent (-[s], -[s]) *sm* eurocent *m*

Eurocheque (-s, -s) *sm* eurocheque *m*

Europaabgeordnete (-n, -n) *sm/f* eurodeputato *m*

Europäer (-s, -) *sm* europeo *m*

Europaführerschein (-[e]s, -e) *sm* patente *f* europea

europäisch *a* europeo ● *Euro-*

päische Union (*EU*) Unione Europea
Europaparlament (-[e]s, -e) *sn* europarlamento *m*
Euter (-s, -) *sn* (*zool*) mammella *f*
Euthanasie (-, -n) *sf* eutanasia *f*
evangelisch *a* evangelico
Evangelium (-s, **Evangelien**) *sn* vangelo *m*
eventuell *a* eventuale ♦ *avv* eventualmente
ewig *a* eterno, perenne
Ewigkeit (-, -en) *sf* eternità *f*
exakt *a* preciso
Examen (-s, **Examina**) *sn* esame *m*
Exempel (-s, -) *sn* esempio *m*
Exemplar (-s, -e) *sn* esemplare *m*
Exil (-s, -e) *sn* esilio *m*
existent *a* esistente
Existenz (-, -en) *sf* esistenza *f*
existieren *vi* (*aus haben*) esistere

exklusiv *a* esclusivo
exotisch *a* esotico
Experiment (-[e]s, -e) *sn* esperimento *m*
experimentieren *vt* sperimentare
explodieren *vi* (*aus sein*) esplodere
Explosion (-, -en) *sf* esplosione *f*
explosiv *a* esplosivo
Export (-[e]s, -e) *sm* esportazione *f*
exportieren *vt* esportare
extra *avv* straordinario, extra
extravertiert *a* estroverso
extrem *a* estremo
Extrem (-s, -e) *sn* estremo *m*
Extremist (-en, -en; *f* -in) *sm* estremista *m/f*
Extremitäten *s pl* estremità *f*
exzentrisch *a* eccentrico
Exzess, Exzeß* (-es, -e) *sm* eccesso *m*, sregolatezza *f*
exzessiv *a* eccessivo

F

Fabel (-, -n) *sf* favola *f*
Fabrik (-, -en) *sf* fabbrica *f*
Fabrikat (-[e]s, -e) *sn* prodotto *m* industriale
Fach (-[e]s, **Fächer**) *sn* scomparto *m* ◊ disciplina *f*, materia *f* di studio
Fächer (-s, -) *sm* ventaglio *m*
fachkundig *a* competente
Fachmann (-[e]s, **Fachmänner**/ **Fachleute**) *sm* specialista *m*, esperto *m*
Fachschule (-, -n) *sf* scuola *f* professionale
Fachsprache (-, -n) *sf* linguaggio *m* tecnico
Fackel (-, -n) *sf* fiaccola *f*, torcia *f*
fad *a* insipido ◊ (*fig*) insulso
Faden (-s, **Fäden**) *sm* filo *m*

fadenförmig *a* filiforme
fähig *a* dotato ◊ capace ● *f. zu* capace di
Fähigkeit (-, -en) *sf* capacità *f*, facoltà *f* ◊ talento *m*
fahl *a* sbiadito, pallido
Fahne (-, -n) *sf* bandiera *f*, vessillo *m*
Fahrbahn (-, -en) *sf* carreggiata *f*, corsia *f*
Fähre (-, -n) *sf* traghetto *m*
fahren (**fährt, fuhr, gefahren**) *vi* (*aus sein*) andare (*con un mezzo*), partire ● *vt* guidare, condurre ● *über/durch etwas f.* transitare per
Fahrer (-s, -) *sm* autista *m*, guidatore *m*
Fahrgast (-es, Fahrgäste) *sm* passeggero *m*
Fahrkarte (-, -n) *sf* biglietto *m*
Fahrkartenautomat (-en, -en) *sm* distributore *m* automatico di biglietti
Fahrplan (-[e]s, Fahrpläne) *sm* orario *m*
Fahrpreisanzeiger (-s, -) *sm* tassametro *m*
Fahrrad (-[e]s, Fahrräder) *sn* bicicletta *f*
Fahrschule (-, -n) *sf* autoscuola *f*
Fahrstuhl (-[e]s, Fahrstühle) *sm* ascensore *m* ◊ sedia *f* a rotelle, carrozzella *f*
Fahrt (-, -en) *sf* percorso *m* ◊ gita *f*, viaggio *m* ● *auf der F.* in viaggio; *gute F.!* buon viaggio!
Fahrverbot (-[e]s, -e) *sn* blocco *m* della circolazione

Fahrvorschrift (-, -en) *sf* codice *m* stradale
Fahrweg (-[e]s, -e) *sm* strada *f*, carrozzabile *f*
Fahrzeug (-[e]s, -e) *sn* veicolo *m*
Fakultät (-, -en) *sf* facoltà *f* (*universitaria*)
fakultativ *a* facoltativo, opzionale
Falke (-n, -n) *sm* (*zool*) falco *m*
Fall (-[e]s, Fälle) *sm* caduta *f* ◊ decadenza *f*, rovina *f* ◊ caso *m*, eventualità *f* ● *auf jeden F.* in ogni caso; *für den F., dass...* nel caso in cui...
fällbar *a* ceduo
Falle (-, -n) *sf* tranello *m*, trappola *f*
fallen (**fällt, fiel, gefallen**) *vi* (*aus sein*) cadere, cascare ● *über etwas f.* inciampare in qc; *auf einen Sonntag f.* cadere di domenica; *jemandem ins Wort f.* interrompere qn
fällen *vt* abbattere
fällig *avv* in scadenza, scaduto ● *f. sein/werden* scadere
falls *cong* qualora
Fallschirm (-[e]s, -e) *sm* paracadute *m*
Fallschirmspringen (-s) *sn* paracadutismo *m*
Fallschirmspringer (-s, -) *sm* paracadutista *m*
Falltür (-, -en) *sf* botola *f* ◊ (*fig*) trabocchetto *m*
falsch *a* falso, fittizio ◊ sbagliato ◊ artificiale, posticcio ● *etwas f. machen* sbagliare qc; *f.*

singen/spielen (mus) steccare, stonare cantando/suonando
fälschen vt falsificare, contraffare
Fälscher (-s, -) sm falsario m
Fälschung (-, -en) sf falsificazione f, contraffazione f
Falte (-, -n) sf piega f ◊ ruga f
faltig avv a pieghe ◊ rugoso
Familie (-, -n) sf famiglia f
Familienkunde (-n, -n) sf genealogia f
Familienname (-ns, -n) sm cognome m
Familienoberhaupt (-[e]s, Familienoberhäupter) sn capofamiglia m
Familienstand (-[e]s) sm stato m civile
Fan (-s, -s) sm tifoso m
Fanatiker (-s, -) sm fanatico m
Fang (-[e]s, Fänge) sm presa f ◊ cattura f
fangen (fängt, fing, gefangen) vt prendere ◊ catturare ♦ vpr (sich f.) (fig) riprendersi, riaversi
Fantasie (-, -n) sf (mus) fantasia ◊ → **Phantasie**
Fantast → **Phantast**
fantastisch → **phantastisch**
Farbaufnahme (-, -n) sf fotografia f a colori
Farbe (-, -n) sf colore m ◊ tinta f
Färbemittel (-s, -) sn colorante m
färben vt colorare, tingere ♦ vpr (sich f.) tingersi, truccarsi
Farbenblindheit (-) sf (med) daltonismo m
Färberei (-, -en) sf tintoria f

farbig a colorato
Farbige (-n, -n) sm/f uomo m (donna f) di colore
farblos a incolore
Farbstoff (-[e]s, -e) sm colorante m
Farbton (-[e]s, Farbtöne) sm tonalità f
Farn (-[e]s, -e) sm (bot) felce f
Fasan (-[e]s, -e/-en) sm (zool) fagiano m
Fasching (-s, -e/-s) sm carnevale m
Faschismus (-) sm fascismo m
Faschist (-en, -en; f. -in) sm fascista m/f
faseln vi (aus haben) delirare
Faser (-, -n) sf fibra f
fasern vi (aus sein) sfilacciarsi
Fass, **Faß*** (-es, Fässer) sn botte f, barile m
Fassade (-, -n) sf (edil) facciata f
Fassbier, **Faßbier*** (-[e]s, -e) sn birra f alla spina
fassen vt prendere, afferrare ◊ contenere ◊ comprendere, capire ◊ incastonare ♦ vpr (sich f.) calmarsi
Fassung (-, -en) sf calma f, padronanza f di sé ◊ stesura f, versione f ◊ montatura f, cornice f ● **die F. bewahren/verlieren** mantenere/perdere la calma; **jemanden aus der F. bringen** far perdere la calma a qn
Fassungsvermögen (-s, -) sn capienza f, ricettività f
fast avv pressoché, quasi
fasten vi (aus haben) digiunare
Fasten (-s, -) sn digiuno m

Fastenzeit (-, -en) *sf* (*relig*) quaresima *f*

Fastnacht (-) *sf* martedì *m* di carnevale

faszinieren *vt* affascinare

Fatalismus (-) *sm* fatalismo *m*

faul *a* pigro, ozioso ◇ marcio

Fäule (-) *sf* marciume *m*

faulenzen *vi* (*aus haben*) oziare

Faulheit (-) *sf* negligenza *f*, pigrizia *f*

Fäulnis (-) *sf* putrefazione *f*

Faust (-, Fäuste) *sf* pugno *m* ● *auf eigene F.* di propria iniziativa

Fauxpas *sm* gaffe *f*

Fax (-, -[e]) *sn* fax *m* ● *per F.* via fax

faxen *vt* faxare

Februar (-/-s, -e) *sm* febbraio *m*

fechten (**ficht, focht, gefochten**) *vi* (*aus haben*) tirare di scherma, combattere

Fechten (-s) *sn* (*sport*) scherma *f*

Feder (-, -n) *sf* piuma *f*, penna *f* ◇ (*tecn*) molla *f*

Federball (-[e]s, Federbälle) *sm* volano *m*

Federbett (-[e]s, -en) *sn* piumino *m*

Federung (-, -en) *sf* (*aut*) sospensioni *f pl*

Federvieh (-[e]s) *sn* pollame *m*

Fee (-, -n) *sf* fata *f*

Fegefeuer (-s, -) *sn* purgatorio *m*

fegen *vt* scopare, spazzare

fehlen *vi* (*aus haben*) mancare, difettare ◇ essere assente ● *an etwas f.* mancare di qc

Fehler (-s, -) *sm* errore *m* ◇ difetto *m* ● *einen F. machen/begehen* sbagliare

fehlerhaft *a* difettoso

Fehlgeburt (-, -en) *sf* aborto *m*

Fehlleitung (-, -en) *sf* disguido *m*

Feier (-, -n) *sf* festa *f* ◇ celebrazione *f*, cerimonia *f*

feierlich *a* festivo ◇ solenne

feiern *vt* festeggiare ◇ celebrare, onorare

Feiertag (-[e]s, -e) *sm* giorno *m* di festa

feig *a* vigliacco

Feige (-, -n) *sf* (*bot*) fico *m*

Feile (-, -n) *sf* lima *f*

feilen *vt* limare

fein *a* sottile, fine ◇ delicato ◇ raffinato, pregiato

Feinbearbeitung (-, -en) *sf* rifinitura *f*

Feind (-[e]s, -e; *f* -in) *sm* nemico *m* ● *jemanden zum F. haben* avere qn come nemico

feindlich *a* ostile

Feindschaft (-, -en) *sf* inimicizia *f*, ostilità *f*

Feindseligkeit (-, -en) *sf* ostilità *f*

Feingebäck (-[e]s, -e) *sn* pasticcino *m*

Feinheit (-, -en) *sf* raffinatezza *f*

Feinkostgeschäft (-[e]s, -e) *sn* negozio *m* di specialità gastronomiche

Feinschmecker (-s, -) *sm* buongustaio *m*

Feld (-[e]s, -er) *sn* campo *m* ●

auf freiem F. in aperta campagna

Feldlager (-s, -) *sn* (*mil*) accampamento *m*

Feldweg (-[e]s, -e) *sm* viottolo *m*

Felge (-, -n) *sf* cerchione *m*

Fell (-[e]s, -e) *sn* pelo *m* ◊ pelle *f*, pelliccia *f*

Fels (-en, -en) *sm* rupe *f*, roccia *f*

Felsblock (-[e]s, Felsblöcke) *sm* macigno *m*, masso *m*

Felsen (-s, -) *sm* roccia *f* ◊ scoglio *m*

felsenfest *a* incrollabile ◊ (*fig*) irrevocabile

Felsenriff (-[e]s, -e) *sn* scogliera *f*

felsig *a* roccioso, rupestre

Fenchel (-s) *sm* (*bot*) finocchio *m*

Fenster (-s, -) *sn* finestra *f* ◊ (*aut*) finestrino *m* ◊ vetrina *f*

Fensterbrett (-[e]s, -er) *sn* davanzale *m*

Fensterheber (-s, -) *sm* (*aut*) alzacristallo *m*

Fensterladen (-s, Fensterläden) *sm* imposta *f*, persiana *f*

Fensterrose (-, -n) *sf* (*arch*) rosone *m*

Ferien *s pl* vacanze *f pl*, villeggiatura *f sing* • *in die F. fahren* andare in vacanza

Ferkel (-s, -) *sn* porcellino *m*

fern *a* lontano

Ferne (-, -n) *sf* lontananza *f*

Fernglas (-es, Ferngläser) *sn* binocolo *m*

Fernlicht (-[e]s, -er) *sn* (*aut*) abbagliante *m*

Fernzug

Fernmeldetechnik (-, -en) *sf* telecomunicazioni *f pl*

Fernrohr (-[e]s, -e) *sn* cannocchiale *m*, telescopio *m*

Fernsehapparat (-[e]s, -e) *sm* televisore *m*

Fernsehbericht (-[e]s, -e) *sm* telecronaca *f*

fernsehen (→ **sehen**) *vi* (*aus haben*) guardare la televisione

Fernsehen (-s, -) *sn* televisione *f* • *was kommt im F.?* cosa c'è in televisione?

Fernseher (-s, -) *sm* (*fam*) televisore *m* ◊ telespettatore *m*

Fernsehfilm (-s, -e) *sm* sceneggiato *m*

Fernsehkamera (-, -s) *sf* telecamera *f*

Fernsehnetz (-es, -e) *sn* rete *f* televisiva

Fernsehreporter (-s, -) *sm* telecronista *m*

Fernsehschirm (-[e]s, -e) *sm* teleschermo *m*

fernsprechen (→ **sprechen**) *vi* (*aus haben*) telefonare

Fernsprecher (-s, -) *sm* telefono *m*

Fernsprechwesen (-s, -) *sn* (*tel*) telefonia *f*

Fernsprechzelle (-, -n) *sf* cabina *f* telefonica

fernsteuern *vt* telecomandare, teleguidare

Fernsteuerung (-, -en) *sf* telecomando *m*

Fernstraße (-, -n) *sf* strada *f* di grande comunicazione

Fernzug (-[e]s, Fernzüge) *sm*

(*ferr*) treno *m* a lunga percorrenza

Ferse (-, -n) *sf* (*anat*) calcagno *m*, tallone *m*

fertig *a* finito, terminato ⋄ pronto, preparato ⋄ (*fam*) sfinito, stanco ♦ *avv* fino alla fine, completamente ● *etwas f. machen* finire qc; *f. sein* aver finito/essere pronto; *f. zu* pronto per; *mit etwas f. sein* aver terminato qc; (*pop*) *mit jemandem f. sein* aver definitivamente rotto con qn

Fertigbau (-[e]s, -ten) *sm* costruzione *f* prefabbricata

Fertigkeit (-, -en) *sf* abilità *f*, capacità *f*

Fessel (1) (-, -n) *sf* (*anat*) caviglia *f*

Fessel (2) (-, -n) *sf* catena *f* ⋄ (*pl*) manette *f pl*

fesseln *vt* incatenare, ammanettare ⋄ (*fig*) avvincere

fesselnd *a* avvincente

fest *a* fisso, saldo, tenace ⋄ solido, compatto ● *f. werden* consolidarsi

Fest (-[e]s, -e) *sn* festa *f* ● *frohes F.!* buone feste!

Festessen (-s, -) *sn* banchetto *m*

sich festfressen (→ **fressen**) *vpr* (*mecc*) gripparsi

festhalten (→ **halten**) *vt* immobilizzare, tenere stretto ⋄ registrare, annotare ♦ *vi* (*aus haben*, *an* + *dat*) restare fedele (a), perseverare (in) ♦ *vpr* (*sich f.*, *an* + *dat*) reggersi (a), appoggiarsi (a)

festigen *vt* consolidare, fortificare ♦ *vpr* (*sich f.*) consolidarsi, rafforzarsi

Festigkeit (-) *sf* solidità *f*, stabilità *f*

Festland (-[e]s) *sn* terraferma *f*

festlegen *vt* fissare, stabilire ⋄ (*fin*) vincolare

festlich *a* festivo ⋄ solenne ♦ *avv* a festa

festmachen *vt* fissare, assicurare ♦ *vi* (*aus haben*) (*naut*) ormeggiare

Festmahl (-[e]s, -e) *sn* banchetto *m*

Festnahme (-, -n) *sf* cattura *f*, arresto *m*

festnehmen (→ **nehmen**) *vt* catturare, arrestare

Feston (-s, -s) *sn* festone *m*

Festplatte (-, -n) *sf* (*inform*) disco *m* rigido

festschrauben *vt* avvitare

festsetzen *vt* arrestare ⋄ stabilire, fissare ♦ *vpr* (*sich f.*) stabilirsi

Festsetzung (-, -en) *sf* arresto *m* ⋄ determinazione *f*

festsitzen (→ **sitzen**) *vi* (*aus sein*) essere bloccato

Festspiel (-[e]s, -e) *sn* festival *m*

feststehen (→ **stehen**) *vi* (*aus sein*) essere fermo, fisso ⋄ essere stabilito, fissato ● *es steht fest, dass...* è certo che...

feststellbar *a* verificabile

feststellen *vt* (*tecn*) bloccare ⋄ (*fig*) constatare, verificare ● *jemandes Personalien f.* accertare le generalità di qn

Festtag (-[e]s, -e) *sm* festività *f*, solennità *f*
Festung (-, -en) *sf* fortezza *f*
Fetisch (-es, -e) *sm* feticcio *m*
Fett (-[e]s, -e) *sn* grasso *m*, unto *m*
fetten *vt* ungere ◊ ingrassare, lubrificare
Fettgehalt (-[e]s, -e) *sm* contenuto *m* di grassi
fettig *a* untuoso ◊ grasso
fettleibig *a* obeso, grasso
Fettleibigkeit (-) *sf* obesità *f*
feucht *a* umido ● **f. werden** inumidirsi
Feuchtigkeitscreme (-, -s) *sf* crema *f* idratante
feudal *a* feudale
Feuer (-s, -) *sn* fuoco *m* ◊ incendio *m* ◊ (*fig*) ardore *m* ● **F. fangen** prendere fuoco, (*fig*) entusiasmarsi; **F. hemmend** ignifugo; **F. machen** accendere il fuoco
feuergefährlich *a* infiammabile
feuerhemmend* → **Feuer**
Feuerlöscher (-s, -) *sm* estintore *m*
feuern *vi* (*aus haben*) accendere il fuoco ◊ sparare ♦ *vt* accendere ◊ (*pop*) buttare, scaraventare ◊ (*pop*) licenziare ● *mit etwas f.* bruciare qc
Feuerwehr (-, -en) *sf* corpo *m* dei vigili del fuoco
Feuerwehrmann (-[e]s, Feuerwehrmänner/Feuerwehrleute) *sm* pompiere *m*

Feuerwerk (-[e]s, -e) *sn* fuoco *m* d'artificio
Feuerzeug (-[e]s, -e) *sn* accendino *m*
feurig *a* infuocato, ardente ◊ (*fig*) focoso, appassionato
Fiale (-, -n) *sf* (*arch*) guglia *f*, pinnacolo *m*
Fiber (-, -n) *sf* fibra *f*
Fichte (-, -n) *sf* (*bot*) abete *m* rosso
Fieber (-s, -) *sn* febbre *f*
fieberhaft *a* febbrile
fiebern *vi* (*aus haben*) avere la febbre ◊ (*nach + dat*) (*fig*) bramare, agognare
Figur (-, -en) *sf* figura *f* ● **keine/eine gute F. machen** fare una brutta/bella figura
Filigran (-s, -e) *sn* filigrana *f*
Film (-[e]s, -e) *sm* pellicola *f* fotografica ◊ (*cin*) film *m*, pellicola *f* cinematografica ◊ strato *m* sottile ● **einen F. drehen** girare un film; **einen F. vorführen** proiettare un film
Filmamateur (-s, -e) *sm* cineamatore *m*
Filmapparat (-[e]s, -e) *sm* cinepresa *f*
Filmarchiv (-s, -e) *sn* cineteca *f*
Filmaufnahme (-, -n) *sf* ripresa *f* cinematografica
filmen *vt* filmare ♦ *vi* girare un film
Filmvorführgerät (-[e]s, -e) *sn* proiettore *m*
Filmvorführung (-, -en) *sf* proiezione *f* cinematografica
Filter (-s, -) *sm* filtro *m*

filtern *vt* filtrare
Filz (-es, -e) *sm* feltro *m*
Finale (-s, -) *sn* (*mus*) finale *m* ◊ (*sport*) finale *f*
Finanz (-, -en) *sf* finanza *f*
Finanzamt (-[e]s, **Finanzämter**) *sn* intendenza *f* di finanza
finanziell *a* finanziario
finanzieren *vt* finanziare
Finanzierung (-, -en) *sf* finanziamento *m*
finden (**fand, gefunden**) *vt* trovare, rintracciare, scoprire ◊ ritenere, pensare ● *das wird sich schon f.* la cosa si aggiusterà; *ich finde nichts dabei* non ci trovo nulla di male; *nicht zu f. sein* essere irreperibile
Finger (-s, -) *sm* dito *m* ● *die F. von etwas/jemandem lassen* (*fam*) lasciar stare qc/qn; *Finger weg!* (*fam*) via le mani!; *kleiner F.* mignolo
Fingerabdruck (-[e]s, -e) *sm* impronta *f* digitale
Fingerbeere (-, -n) *sf* polpastrello *m*
Fingerhut (-[e]s, **Fingerhüte**) *sm* ditale *m*
Fingerkuppe (-, -n) *sf* punta *f* del dito
Fingernagel (-s, **Fingernägel**) *sm* unghia *f*
Fingerspitzengefühl (-[e]s, -e) *sn* sensibilità *f* raffinata, tatto *m*
fingieren *vt* fingere, simulare
Finne (-n, -n; *f* **Finnin**) *sm* finlandese *m/f*
finnisch *a* finlandese

finster *a* buio, oscuro, cupo ◊ (*fig*) losco, sinistro
Finsternis (-, -se) *sf* oscurità *f*
Finte (-, -n) *sf* finzione *f*
Firma (-, **Firmen**) *sf* azienda *f*
Firmament (-[e]s, -e) *sn* firmamento *m*
Firmenzeichen (-s, -) *sn* marchio *m* di fabbrica
Fisch (-[e]s, -e) *sm* pesce *m* ◊ (*pl*) (*astr*) Pesci *m pl* ● *gebratener/gesottener F.* pesce arrosto/lesso
fischen *vt* pescare
Fischer (-s, -) *sm* pescatore *m*
Fischerboot (-[e]s, -e) *sn* peschereccio *m*
Fischerei (-) *sf* pesca *f*
Fischgericht (-[e]s, -e) *sn* piatto *m* di pesce ● *F. vom Grill* grigliata *f* di pesce
Fischgeschäft (-[e]s, -e) *sn* pescheria *f*
Fischgräte (-, -n) *sf* lisca *f*
Fischhandlung (-, -en) *sf* pescheria *f*
Fischkunde (-, -n) *sf* ittiologia *f*
fischreich *a* pescoso
Fischteich (-[e]s, -e) *sm* vivaio *m*
Fischzucht (-, -en) *sf* piscicoltura *f*
fix *a* fisso, stabile ◊ (*fam*) svelto ● *f.!* presto!; *f. und fertig* (*fam*) bell'e pronto
fixieren *vt* fissare, stabilire ◊ fissare, guardare
Fjord (-[e]s, -en) *sm* fiordo *m*
flach *a* pianeggiante, piatto ◊

basso, poco profondo ◊ *(fig)* superficiale

Fläche (-, -n) *sf* pianura *f*, distesa *f* ◊ *(geom)* superficie *f*

Flachland (-[e]s, Flachländer) *sn* pianura *f*

Flachrelief (-s, -s) *sn (arte)* bassorilievo *m*

flackern *vi* tremolare, vacillare

Fladen (-s, -) *sm* focaccia *f*

Flagge (-, -n) *sf* bandiera *f* ● *die F. streichen* ammainare la bandiera

Flame (-n, -n; *f* Flamin/Flämin) *sm* fiammingo *m*

flämisch *a* fiammingo

Flamme (-, -n) *sf* fiamma *f*

Flanell (-s, -e) *sm* flanella *f*

Flanke (-, -n) *sf (anat)* fianco *m* ◊ *(sport)* cross *m*

Flasche (-, -n) *sf* bottiglia *f*, bombola *f* ◊ *(pop)* schiappa *f (pop)*, buono a nulla *m* ● *in F. abfüllen* imbottigliare; *zur F. greifen* darsi al bere

Flaschenöffner (-s, -) *sm* apribottiglie *m*

flatterhaft *a* volubile

flattern *vi (aus sein)* svolazzare ◊ sventolare

flau *a* molle, fiacco, debole ● *mir wird f.* mi sento male

Flauheit (-) *sf* debolezza *f*

Flaum (-[e]s) *sm* piume *f pl* ◊ peluria *f*

flaumig *a* morbido, soffice

Flausen *s pl (fam)* fandonie *f pl*, stupidaggini *f pl*

Flechte (-, -n) *sf (med)* eczema *m* ◊ *(bot)* lichene *m* ◊ treccia *f*

flechten (flicht, flocht, geflochten) *vt* intrecciare

Fleck (-[e]s, -e) *sm* macchia *f* ◊ pezza *f*, toppa *f* ◊ punto *m*, luogo *m* ◊ *(fig)* difetto *m*, pecca *f* ● *am falschen F.* fuori luogo: *blauer F.* livido; *vom F. kommen* avanzare, procedere

flecken *vt* macchiare

Fleckenentferner (-s, -) *sm* smacchiatore *m*

fleckig *a* macchiato ◊ maculato

Fledermaus (-, Fledermäuse) *sf (zool)* pipistrello *m*

Flegel (-s, -) *sm* villano *m*, maleducato *m*

Flegeljahre *sn pl* pubertà *f*

flehen *vi (aus haben)* supplicare, implorare ● *zu jemandem um etwas f.* supplicare qn per qc

Fleisch (-[e]s) *sn* carne *f* ● *F. fressend* carnivoro

Fleischbrühe (-, -n) *sf* brodo *m* di carne

Fleischerei (-, -en) *sf* macelleria *f*

fleischfressend* → Fleisch

fleischig *a* carnoso

Fleischwolf (-[e]s, Fleischwölfe) *sm* tritacarne *m*

Fleischwurst (-, Fleischwürste) *sf* salsiccia *f*

Fleiß (-es) *sm* zelo *m*, diligenza *f*

fleißig *a* diligente, zelante

flexibel *a* flessibile

flicken *vt* rammendare

Flieder (-s, -) *sm (bot)* lillà *m*

fliederblau *a* lilla

Fliege (-, -n) *sf (zool)* mosca *f*

fliegen (fliegt, flog, geflogen) *vi*

(*aus sein*) volare ◊ prendere l'aereo ◊ (*fam*) essere licenziato ♦ *vt* pilotare ● *auf etwas/jemanden f.* essere attratto da qn/qc; *in die Luft f.* saltare in aria, esplodere
Fliegengewicht (-[e]s, -e) *sn* (*sport*) peso *m* mosca
Flieger (-s, -) *sm* aviatore *m*, pilota *m*
fliehen (flieht, floh, geflohen) *vi* (*aus sein*) fuggire, scappare ● *aus/von etwas/jemandem f.* fuggire da qc/qn; *von zu Hause f.* scappare di casa; *vor etwas f.* scampare da qc
Fliese (-, -n) *sf* mattonella *f*, piastrella *f*
Fliesenleger (-s, -) *sm* piastrellista *m*
Fließband (-[e]s, Fließbänder) *sn* nastro *m* trasportatore
fließen (fließt, floss, geflossen) *vi* (*aus sein*) scorrere
fließend *a* scorrente, fluido ● *f. Deutsch sprechen* parlare tedesco correntemente
flimmern *vi* (*aus haben*) scintillare, brillare ◊ tremolare
flink *a* svelto, abile
Flitterwochen *s pl* luna *f sing* di miele
Flocke (-, -n) *sf* fiocco *m*
Floh (-[e]s, Flöhe) *sm* (*zool*) pulce *f*
Flohmarkt *sm* mercato *m* delle pulci
florieren *vi* (*aus haben*) fiorire, prosperare
Floß (-es, Flöße) *sn* zattera *f*

Flosse (-, -n) *sf* pinna *f*
Flöte (-, -n) *sf* flauto *m*
flöten *vi* (*aus haben*) suonare il flauto
Flötenbläser (-s, -) *sm* flautista *m*
flott *a* svelto ◊ carino ◊ allegro, spensierato ◊ (*naut*) galleggiante
Flotte (-, -n) *sf* flotta *f*
Fluch (-[e]s, Flüche) *sm* imprecazione *f*, maledizione *f*, bestemmia *f*
fluchen *vi* (*aus haben*, *auf* + *acc*) bestemmiare (contro), imprecare (contro)
Flucht (-, -en) *sf* evasione *f*, fuga *f* ● *auf der F. sein* essere in fuga; *die F. ergreifen* prendere la fuga
flüchten *vi* (*aus sein*) fuggire ♦ *vpr* (**sich f.**) rifugiarsi ● *vor etwas/jemandem f.* fuggire davanti a qc/qn
flüchtig *a* latitante, fuggitivo ◊ superficiale ◊ effimero ♦ *avv* di sfuggita
Flüchtige (-n, -n) *sm/f* latitante *m/f*
Flüchtigkeit (-) *sf* fugacità *f* ◊ superficialità *f*
Flüchtling (-s, -e) *sm* profugo *m*
Flug (-[e]s, Flüge) *sm* volo *m*
Flugblatt (-[e]s, Flugblätter) *sn* volantino *m*
Flugdrachen (-s, -) *sm* deltaplano *m*
Flügel (-s, -) *sm* ala *f* ◊ (*mus*) pianoforte *m* a coda ◊ battente *m*, imposta *f*

flügellos *a* senza ali
Fluggeschwindigkeit (-, -en) *sf* velocità *f* di crociera
Fluggesellschaft (-, -en) *sf* compagnia *f* aerea
Flughafen (-s, Flughäfen) *sm* aeroporto *m* ● **zum F. fahren** andare all'aeroporto
Fluglinie (-, -n) *sf* linea *f* aerea
Fluglotse (-n, -n) *sm* controllore *m* di volo
Flugplan (-[e]s, Flugpläne) *sm* orario *m* aereo
Flugschein (-[e]s, -e) *sm* brevetto *m* di pilota ◇ biglietto *m* aereo
Flugzeug (-[e]s, -e) *sn* aereo *m*
Flugzeugentführung (-, -en) *sf* (*aer*) dirottamento *m*
Flugzeughalle (-, -n) *sf* hangar *m*
Flugzeugträger (-s, -) *sm* portaerei *f*
Fluor (-s) *sn* (*chim*) fluoro *m*
Flur (-[e]s, -e) *sm* ingresso *m*, corridoio *m*
Fluss, Fluß* (-es, Flüsse) *sm* fiume *m* ● **den F. aufwärts** contro corrente; **im F. sein** (*fig*) essere in corso; **in F. bringen** (*fig*) mettere in movimento
Flussbarsch, Flußbarsch* (-es, -e) *sm* (*zool*) pesce *m* persico
flüssig *a* fluido, liquido
Flüssigkeit (-, -en) *sf* liquido *m*, fluido *m* ◇ liquidità *f*
Flusspferd, Flußpferd* (-[e]s, -e) *sn* (*zool*) ippopotamo *m*

flüstern *vt* bisbigliare, mormorare, sussurrare
Flut (-, -en) *sf* alta marea *f* ● **es ist F.** c'è l'alta marea
Fohlen (-s, -) *sn* puledro *m*
Föhn, Fön* (-[e]s, -e) *sm* asciugacapelli *m*
Folge (-, -n) *sf* seguito *m*, conseguenza *f* ◇ puntata *f* (di romanzo) ◇ sequenza *f*, serie *f* ● **in der F.** in seguito
folgen *vi* (*aus sein*; + *dat*) seguire, andare dietro ◇ seguire, venire dopo, succedere (a) ◇ assecondare, ubbidire (a) ● **auf etwas/jemanden f.** venire dopo qc/qn; **daraus folgt...** da ciò segue...
folgerichtig *a* coerente, logico
Folgerung (-, -en) *sf* conclusione *f*, deduzione *f*
folgsam *a* ubbidiente, docile
Folie (-, -n) *sf* lamina *f*
Folter (-, -n) *sf* tortura *f* ◇ (*fig*) supplizio *m*, tormento *m*
Fön → **Föhn**
Förderer (-s, -) *sm* promotore *m*
fordern *vt* richiedere ● esigere, pretendere ◇ sfidare ● **jemanden vor Gericht f.** citare qn in tribunale; **jemanden zum Duell f.** sfidare qn a duello
fördern *vt* favorire, promuovere ◇ (*min*) estrarre
Forderung (-, -en) *sf* richiesta *f*, domanda *f* ◇ pretesa *f* ◇ sfida *f* ● **F. nach etwas** richiesta di qc; **F. auf etwas** pretesa di qc
Forelle (-, -n) *sf* (*zool*) trota *f*
Form (-, -en) *sf* forma *f* ◇ (*tecn*)

stampo *m*, modello *m* ● *aus der F. bringen* sformare; *in F. sein* (fig) essere in forma; *in F. von...* sotto forma di...

formal *a* formale

Formalität (-, -en) *sf* formalità *f* ● *die Formalitäten erledigen* sbrigare le formalità

Format (-[e]s, -e) *sn* formato *m* ◇ (fig) levatura *f*, rilievo *m*

formatieren *vt* (inform) formattare

formbar *a* plasmabile, plastico

Formbarkeit (-) *sf* plasticità *f*, malleabilità *f*

Formel (-, -n) *sf* formula *f*

formell *a* formale

formen *vt* modellare, plasmare ♦ *vpr* (**sich f.**) formarsi

Formfehler (-s, -) *sm* vizio *m* di forma

förmlich *a* ufficiale ◇ formale ♦ *avv* formalmente ◇ (pop) addirittura, proprio ◇ (pop) in piena regola

Förmlichkeit (-, -en) *sf* formalità *f*

formlos *a* informe ◇ informale

Formular (-s, -e) *sn* modulo *m*, stampato *m* ● *ein F. ausfüllen* riempire un modulo

formulieren *vt* formulare, esprimere

formvollendet *a* di forma perfetta

forsch *a* audace, risoluto ◇ energico

forschen *vi* (aus haben) ricercare, indagare ● *nach etwas/jemandem f.* ricercare qc/qn

Forscher (-s, -) *sm* ricercatore *m*, scienziato *m* ◇ esploratore *m*

Forschung (-, -en) *sf* ricerca *f* ◇ indagine *f*

Forst (-[e]s, -e[n]) *sm* foresta *f*

Förster (-s, -) *sm* guardaboschi *m*

fort *avv* via ♦ *a* lontano ◇ (pop) perduto ● *in einem f.* ininterrottamente; *und so f.* e così via

Fort (-s, -s) *sn* fortino *m*

fortbestehen (→ **stehen**) *vi* (aus haben) continuare a sussistere, durare

fortbewegen *vt* spostare, muovere ♦ *vpr* (**sich f.**) muoversi

Fortbewegung (-, -en) *sf* avanzamento *m*

fortbilden *vt* perfezionare ♦ *vpr* (**sich f.**) perfezionarsi

Fortbildung (-, -en) *sf* perfezionamento *m*, aggiornamento *m*

fortfahren (→ **fahren**) *vi* (aus sein) partire, andarsene ◇ (aus haben) proseguire, continuare ♦ *vt* portar via, rimuovere, sgomberare ● *mit etwas f.* continuare qc

fortführen *vt* condurre via ◇ continuare, proseguire

Fortgang (-[e]s, Fortgänge) *sm* partenza *f* ◇ sviluppo *m*

fortgehen (→ **gehen**) *vi* (aus sein) andare via, allontanarsi ◇ continuare, durare

fortgeschritten *a* progredito, avanzato

fortkommen (→ **kommen**) *vi* (aus sein) andar via ◇ avanzare, progredire ◇ andare smarrito

Fortpflanzung (-, -en) *sf* (biol) riproduzione *f*
forträumen *vt* rimuovere
fortschreiten (→ **schreiten**) *vi* (aus sein) procedere, progredire ◇ passare, trascorrere
Fortschritt (-[e]s, -e) *sm* progresso *m*
fortschrittlich *a* progressista
fortsetzen *vt* spostare ◇ proseguire
Fortsetzung (-, -en) *sf* prosecuzione *f* ● *F. folgt* continua
fortwährend *a* ininterrotto
Foto, Photo (-s, -s) *sn* foto *f*
Fotoapparat, Photoapparat (-[e]s, -e) *sm* macchina *f* fotografica
Fotograf, Photograph (-en, -en; *f* -in) *sm* fotografo *m*
Fotografie, Photographie (-, -n) *sf* fotografia *f*
fotografieren, photographieren *vt* fotografare ◆ *vi* (aus haben) fare fotografie ◆ *sich f. lassen* farsi fotografare
Fotokopie, Photokopie (-, -n) *sf* fotocopia *f*
fotokopieren, photokopieren *vt* fotocopiare
Fracht (-, -en) *sf* carico *m*
Frachtkosten *s pl* spese *f pl* di trasporto
Frachtstück (-[e]s, -e) *sn* (ferr) collo *m*
Frage (-, -n) *sf* domanda *f* ● *ohne F.* senza dubbio
Fragebogen (-s, -/Fragebögen) *sm* questionario *m*
fragen *vt* domandare, chiedere (*per sapere*) ◆ *vpr* (**sich f.**) chiedersi, domandarsi ● *jemanden nach etwas f.* chiedere qc a qn
Fragezeichen (-s, -) *sn* punto *m* interrogativo
fraglich *a* dubbio, incerto, discutibile
fraglos *avv* indubbiamente
Fragment (-[e]s, -e) *sn* frammento *m*
fragwürdig *a* problematico, incerto
Fraktion (-, -en) *sf* gruppo *m* politico
frankieren *vt* affrancare
Franse (-, -n) *sf* frangia *f*
Franzose (-n, -n; *f* **Französin**) *sm* francese *m/f*
französisch *a* francese
Frau (-, -en) *sf* donna *f* ◇ signora *f* ◇ moglie *f*
Frauenarzt (-es, **Frauenärzte**) *sm* ginecologo *m*
Frauenbewegung (-, -en) *sf* movimento *m* femminista
Fräulein (-s, -) *sn* signorina *f*
fraulich *a* femminile, da donna
Frechheit (-, -en) *sf* sfacciataggine *f*
frei *a* libero ◇ esente ◇ gratuito ◇ aperto ◆ *avv* liberamente ● *f. von etwas sein* essere esente da; *im Freien* all'aperto
Freibad (-[e]s, **Freibäder**) *sn* piscina *f* all'aperto
Freiberufler (-s, -) *sm* libero professionista *m*
freigeben (→ **geben**) *vt* liberare, rimettere in libertà
freigebig *a* liberale, generoso

Freigebigkeit (-, -en) *sf* generosità *f*

freihalten (→ **halten**) *vt* lasciare libero, tenere libero ♦ *vpr* (**sich f.**) tenersi libero ● *sich von etwas f.* tenersi libero da qc

Freiheit (-, -en) *sf* libertà *f*

Freiheitskrieg (-[e]s, -e) *sm* guerra *f* d'indipendenza

Freikarte (-, -n) *sf* biglietto *m* gratuito

Freikörperkultur (-) *sf* naturismo *m*

freilassen (→ **lassen**) *vt* liberare, rimettere in libertà ● *jemanden aus etwas f.* liberare qn da qc

Freilassung (-, -en) *sf* liberazione *f*, rilascio *m*

freilegen *vt* mettere allo scoperto

freilich *avv* certo, naturalmente

freimachen *vt* affrancare ◊ (*fam*) prendere vacanze

Freimaurerei (-) *sf* massoneria *f*

freimütig *a* sincero, franco

Freischaltung (-, -en) *sf* (*tel*) attivazione *f*

Freisprechanlage (-, -n) *sf* (*tel*) vivavoce *m*

freisprechen (→ **sprechen**) *vt* (*dir*) assolvere ● *jemanden von etwas f.* assolvere qn da qc

Freispruch (-[e]s, Freisprüche) *sm* (*dir*) assoluzione *f*

Freitag *sm* venerdì *m*

freitags *avv* di venerdì

Freitod (-[e]s, -e) *sm* suicidio *m*

Freitreppe (-, -n) *sf* scalone *m* (esterno)

freiwillig *a* volontario, spontaneo

Freizeit (-) *sf* tempo *m* libero

freizügig *a* girovago ◊ liberale ◊ generoso ◊ osé

fremd *a* forestiero, straniero ◊ strano, singolare ◊ estraneo ◊ altrui ● *sich f. fühlen* sentirsi estraneo

fremdenfeindlich *a* xenofobo

fremdenfreundlich *a* xenofilo

Fremdenführer (-s, -) *sm* guida *f* turistica, cicerone *m*

Fremdenverkehr (-s, -e) *sm* turismo *m*

Fremdenverkehrsamt (-[e]s, Fremdenverkehrsämter) *sn* ufficio *m* turistico

fremdländisch *a* straniero

Fremdling (-s, -e) *sm* straniero *m*

Fremdsprache (-, -n) *sf* lingua *f* straniera

Frequenz (-, -en) *sf* frequenza *f*

Fresko (-s, Fresken) *sn* (*arte*) affresco *m*

fressen (**frisst, fraß, gefressen**) *vt* mangiare (*di animali*) ♦ *vi* (*aus haben, an + dat*) corrodere, intaccare

Freude (-, -n) *sf* gioia *f*, piacere *m* ● *F. an etwas haben* provare piacere in qc

freuen *vt* rallegrare ♦ *vpr* (**sich f.,** *über + acc*) gioire (di), essere contenti (di), rallegrarsi (di) ● *sich auf etwas f.* pregustarsi qc

Freund -[e]s, -e; *f* **Freundin** *sm* amico *m*

freundlich *a* gentile, cortese, amichevole

Freundlichkeit (-, -en) *sf* cortesia *f*, gentilezza *f*
Freundschaft (-, -en) *sf* amicizia *f*
freundschaftlich *a* amichevole
Frieden (-s, -) *sm* pace *f* ● *F. schließen* fare la pace
Friedhof (-[e]s, Friedhöfe) *sm* cimitero *m*
friedlich *a* pacifico ◊ calmo, tranquillo
frieren (fror, gefroren) *vi* (*aus haben*) gelare ◊ avere freddo ♦ *vimp* gelare ◊ avere freddo ● *es friert mich an...* ho freddo a...; *mich friert an...* ho freddo a...
Fries (-es, -e) *sm* (*arch*) fregio *m*
Frikadelle (-, -n) *sf* polpetta *f*
frisch *a* fresco ◊ vivace, allegro ◊ nuovo ● *f. gestrichen* vernice fresca
Frische (-) *sf* freschezza *f*
Friseur (-s, -e; *f* Friseuse) *sm* barbiere *m* ◊ parrucchiere *m*
Frist (-, -en) *sf* termine *m*, scadenza *f*
Frisur (-, -en) *sf* acconciatura *f*
froh *a* contento, felice, lieto ● *frohe Ostern!* buona Pasqua!; *ich bin f., dass...* sono lieto che...
fröhlich *a* allegro, lieto
fromm (*comp* frömmer, *sup* frömmste) *a* devoto, religioso, pio
Front (-, -en) *sf* (*arch*) facciata *f* ◊ (*mil*) fronte *m*
Frosch (-[e]s, Frösche) *sm* rana *f*, ranocchio *m*
Frost (-[e]s, Fröste) *sm* gelo *m*

frösteln *vi* (*aus haben*) avere freddo, gelare ♦ *vimp* fare freddo ◊ avere freddo, rabbrividire
frostig *a* gelido
Frostschutzmittel (-s, -) *sn* antigelo *m*
Frucht (-, Früchte) *sf* frutto *m* ● *Früchte tragen* (*fig*) fruttare
fruchtbar *a* fecondo, fertile
fruchtlos *a* sterile, infecondo
Fruchtsaft (-[e]s, Fruchtsäfte) *sm* spremuta *f*, succo *m* di frutta
früh *a* presto, primo ♦ *avv* presto, di buon'ora ● *morgen f.* domani mattina
frühchristlich *a* paleocristiano
früher *avv* prima
Frühling (-s, -e) *sm* primavera *f*
Frühobst (-[e]s) *sn* primizia *f*
frühreif *a* precoce
Frühstück (-[e]s, -e) *sn* prima colazione *f*
Fuchs (-es, Füchse; *f* Füchsin) *sm* (*zool*) volpe *f*
fühlen *vt* tastare, palpare ◊ sentire, provare ● *sich wohl f.* sentirsi bene
führen *vt* guidare, condurre ◊ gestire ◊ portare ♦ *vi* (*aus haben*) condurre, essere in testa ♦ *vpr* (*sich f.*) comportarsi
Führer (-s, -) *sm* capo *m*, condottiero *m* ◊ guida *f*
Führerschein (-[e]s, -e) *sm* patente *f*
Führung (-, -en) *sf* guida *f*, gestione *f* ◊ visita *f* guidata
füllen *vt* riempire ◊ farcire ◊ (*med*) otturare ● *in Flaschen f.* imbottigliare

Füllfederhalter (-s, -) *sm* stilografica *f*

Füllung (-, -en) *sf* riempimento *m* ◊ ripieno *m* ◊ (*med*) otturazione *f*

Fundbüro (-s, -s) *sn* ufficio *m* oggetti smarriti

Fundstück (-[e]s, -e) *sn* (*archeol*) reperto *m*

fünf *a* cinque

fünfhundert *a* cinquecento

fünfte *a* quinto

fünfzehn *a* quindici

fünfzig *a* cinquanta

Funk (-s) *sm* radio *f*

Funkbereich (-[e]s, -e) *sm* (*tel*) campo *m*, copertura *f*

Funke (-ns, -n) *sm* scintilla *f*

funkeln *vi* (*aus haben*) brillare, scintillare

Funkloch (-[e]s, **Funklöcher**) *sn* (*tel*) zona *f* senza copertura

Funktaxi (-[s], -[s]) *sn* radiotaxi *m*

Funktion (-, -en) *sf* funzione *f* ● *etwas außer F. setzen* mettere fuori uso qc; *in F. treten* entrare in funzione

funktionieren *vi* (*aus haben*) funzionare

für *prep* (+ *acc*; *das* = **fürs**) per, a favore di (ES: *etwas für jemanden tun* fare qc per qn) ◊ per, al posto di (ES: *ich kann für dich aufs Postamt gehen* posso andare io in posta per te) ◊ per, quanto a (ES: *für mich ist alles klar* per me è tutto chiaro) ◊ per, in rapporto a (ES: *für sein Alter ist er noch rüstig* per la sua età è ancora arzillo) ◊ per, contro (ES: **Pillen für Kopfschmerzen** pillole per il mal di testa) ◊ (*tempo*) per (ES: **eine Versammlung für morgen festsetzen** fissare una riunione per l'indomani) ● *an und für sich* di per sé; *ich für meine Person...* quanto a me...; *Tag für Tag* giorno per giorno; *was für ein Glück!* che fortuna!

Furche (-, -n) *sf* solco *m*

Furcht (-) *sf* paura *f*, timore *m* ● *aus F. vor...* per paura di...; *jemandem F. einflößen* mettere paura a qn

furchtbar *a* terribile, tremendo

fürchten *vt* temere ♦ *vi* (*aus haben*, *für* + *acc*) essere in apprensione ♦ *vpr* (**sich f.**) avere paura, spaventarsi ● *vor etwas/jemandem f.* aver paura di qc/qn

furchtlos *a* impavido, intrepido

furchtsam *a* apprensivo, timoroso

fürs → **für**

Fürsorge (-, -n) *sf* cura *f*, assistenza *f* ◊ previdenza *f* sociale

Fürst (-en, -en; *f* -in) *sm* principe *m*

Fürstentum (-s, **Fürstentümer**) *sn* principato *m*

Fürwort (-[e]s, **Fürwörter**) *sn* (*gramm*) pronome *m*

Fusion (-, -en) *sf* fusione *f*

Fuß (-es, **Füße**) *sm* piede *m* ◊ zampa *f* ◊ base *f* ● *F. fassen* prendere piede; *zu F.* a piedi

Fußabtreter (-s, -) *sm* zerbino *m*

Fußball (-[e]s, **Fußbälle**) *sn* (*sport*) calcio *m* ◊ pallone *m*
Fußballspiel (-[e]s, -e) *sn* partita *f* di calcio
Fußballspieler (-s, -) *sm* calciatore *m*
Fußboden (-s, **Fußböden**) *sn* pavimento *m*
Fußbrett (-[e]s, -er) *sn* pedana *f*
Fußgänger (-s, -) *sm* pedone *m*, passante *m*
Fußgängerüberweg (-[e]s, -e) *sm* passaggio *m* pedonale
Fußgängerzone (-, -n) *sf* zona *f* pedonale
Fußmatte (-, -n) *sf* zerbino *m*
Fußpflege (-, -n) *sf* pedicure *m*
Fußsohle (-, -n) *sf* pianta *f* del piede
Fußspur (-, -en) *sf* orma *f*
Fußtritt (-[e]s, -e) *sm* calcio *m*, pedata *f*
Futter (1) (-s) *sn* cibo *m* (*per animali*)
Futter (2) (-s, -) *sn* fodera *f*, rivestimento *m*
Futteral (-s, -e) *sn* custodia *f*, astuccio *m*
füttern (1) *vt* imboccare ◊ dare da mangiare (*ad animali*)
füttern (2) *vt* foderare
Futur (-s, -e) *sn* futuro *m*

G

Gabe (-, -n) *sf* regalo *m* ◊ dote *f*, talento *m* ◊ offerta *f*, elemosina *f*
Gabel (-, -n) *sf* forchetta *f*
sich gabeln *vpr* biforcarsi
gähnen *vi* (*aus haben*) sbadigliare
galant *a* galante
Galerie (-, -n) *sf* galleria *f* ◊ (*teat*) galleria *f*, loggione *m* ◊ (*arte*) galleria *f*, esposizione *f*
Galgen (-s, -) *sm* forca *f*
galoppieren *vi* (*aus sein*) galoppare
Gämsbock, Gemsbock* (-[e]s, **Gämsböcke**) *sm* (*zool*) camoscio *m*
Gämse, Gemse* (-, -n) *sf* (*zool*) camoscio *m* femmina
Gang (-[e]s, **Gänge**) *sm* andatura *f* ◊ passaggio *m*, percorso *m* ◊ (*cuc*) portata *f* ◊ (*aut*) marcia *f* ● *auf dem Gange zu...* andando a...; *im G. sein* essere in moto, funzionare; *in G. setzen* mettere in moto
Gangschaltung (-, -en) *sf* (*aut*) cambio *m*
Gangway (-, -s) *sf* (*aer, naut*) scaletta *f*, passerella *f*
Gans (-, **Gänse**) *sf* (*zool*) oca *f*
Gänsefeder (-, -n) *sf* piuma *f* d'oca
Gänsehaut (-) *sf* (*pop*) pelle *f*

Gänsemarsch d'oca (*pop*) • *eine G. haben/bekommen* avere la pelle d'oca

Gänsemarsch (-[e]s, Gänsemärsche) *sm* fila *f* indiana • *im G. gehen* andare in fila indiana

ganz *a* intero, tutto ◇ intatto, integro ◇ (*pop*) soltanto ♦ *avv* tutto, interamente ◇ molto, assai ◇ abbastanza, discretamente • *etwas g. anderes* tutt'altra cosa; *ganz und gar* del tutto, assolutamente

Gạnze (-n) *sn* tutto *m* ◇ (*mat*) intero *m* • *aufs G. gehen* giocare il tutto per tutto

gar (1) *a* cotto, pronto

gar (2) *avv* addirittura, perfino • *g. nicht* niente affatto

Garantie (-, -n) *sf* garanzia *f* • *G. geben/leisten* garantire

garantieren *vt* garantire ♦ *vi* (*aus haben, für + acc*) garantire (per)

Garderọbe (-, -n) *sf* guardaroba *m* ◇ (*teatro*) camerino *m*

Garderobeständer (-s, -) *sm* attaccapanni *m*

Gardine (-, -n) *sf* tendina *f*

gären (gor/gärte, gegoren/gegärt) *vi* (*aus haben*) fermentare

Garn (-[e]s, -e) *sn* filo *m* • rete *f* • *ins G. gehen* cadere in trappola

Garnẹle (-, -n) *sf* (*zool*) gamberetto *m*

Garnitụr (-, -en) *sf* guarnizione *f* ◇ (*abb*) completo *m*, parure *f* ◇ servizio *m*

Gạrten (-s, Gärten) *sm* giardino *m*, parco *m*

Gạrtenbank (-, Gạrtenbänke) *sf* panchina *f*

Gạrtenbau (-[e]s) *sm* giardinaggio *m*, orticoltura *f*

Gạrtenkunst (-) *sf* giardinaggio *m*

Gärtner (-s, -) *sm* giardiniere *m*

Gärung (-, -en) *sf* fermentazione *f*

Gas (-es, -e) *sn* gas *m*

Gạsflasche (-, -n) *sf* bombola *f* del gas

Gạspedal (-s, -e) *sn* (*aut*) acceleratore *m*

Gạsse (-, -n) *sf* viuzza *f*, vicolo *m*

Gast (-es, Gäste) *sm* ospite *m*, invitato *m* ◇ cliente *m* • *beim Gast jemandem zu G. sein* essere ospite di qn

Gästehaus (-es, Gästehäuser) *sn* foresteria *f*

gastfreundlich *a* ospitale

Gastfreundschaft (-, -en) *sf* ospitalità *f*

Gạstgeber (-s, -) *sm* ospite *m* (*chi ospita*)

Gạsthaus (-es, Gạsthäuser) *sn* locanda *f*

Gạsthof (-[e]s, Gạsthöfe) *sm* albergo *m*

Gạststätte (-, -n) *sf* trattoria *f*

Gạstwirt (-[e]s, -e; *f* -in) *sm* oste *m*

Gạszähler (-s, -) *sm* contatore *m* del gas

Gạtte (-n, -n; *f* **Gạttin**) *sm* marito *m*, coniuge *m/f*

Gạttenmörder (-s, -) *sm* uxoricida *m*

Gattung (-, -en) *sf* genere *m*, categoria *f*
Gaukler (-s, -) *sm* giullare *m*, saltimbanco *m*
Gaumen (-s, -) *sm* (*anat*) palato *m*
Gebäck (-[e]s, -e) *sn* biscotto *m*
Gebärde (-, -n) *sf* gesto *m*
gebären (gebiert, gebar, geboren) *vt* partorire
Gebärmutter (-, Gebärmütter) *sf* (*anat*) utero *m*
Gebäude (-s, -) *sn* edificio *m*, palazzo *m*
geben (gibt, gab, gegeben) *vt* dare ♦ *vimp* (*aus haben*) esserci ♦ *vpr* (**sich g.**) comportarsi ● *es gibt* c'è/ci sono
Gebet (-[e]s, -e) *sn* preghiera *f*
Gebiet (-[e]s, -e) *sn* territorio *m*, zona *f* ◇ (*fig*) settore *m*, branca *f*
gebieten (gebot, geboten) *vt* comandare, ordinare ♦ *vi* (*aus haben*) comandare, avere il comando ◇ (*über + acc*) dominare (su), comandare (su)
gebildet *a* colto, letterato
Gebildete (-n, -n) *sm/f* erudito *m*
Gebirge (-s, -) *sn* montagna *f*
gebirgig *a* montuoso
Gebirgskamm (-[e]s, Gebirgskämme) *sm* crinale *m*
Gebiss, Gebiß* (-es, -e) *sn* dentatura *f* ◆ dentiera *f*
geboren *pp di* → **gebären** ♦ *a* nato ● *für etwas g. sein* (*fig*) essere nato per qc; *geborener Deutscher* tedesco di nascita
Gebot (-[e]s, -e) *sn* ordine *m*, comando *m* ◇ (*relig*) comandamento *m*
gebraten *a* arrosto
Gebrauch (-[e]s, Gebräuche) *sm* uso *m* ● *außer G.* fuori uso; *vor G. schütteln* agitare prima dell'uso
gebrauchen *vt* usare, adoperare
Gebrauchsanweisung (-, -en) *sf* istruzioni *fpl* per l'uso
Gebrüll (-[e]s) *sn* muggito *m* ◇ ruggito *m* ◇ grida *fpl*
Gebühr (-, -en) *sf* dovere *m* ◇ tassa *f*, tariffa *f*, canone *m*
Geburt (-, -en) *sf* parto *m*, nascita *f*
Geburtenzahl (-) *sf* natalità *f*
gebürtig *a* oriundo, nativo
Geburtshelfer (-s, -) *sm* ostetrico *m*
Geburtstag (-[e]s, -e) *sm* compleanno *m* ● *zum G.* per il compleanno
Geburtsurkunde (-, -n) *sf* certificato *m* di nascita
Gebüsch (-[e]s, -e) *sn* cespuglio *m*
Gedächtnis (-ses, -se) *sn* memoria *f* ◇ ricordo *m*
Gedächtnisschwund (-[e]s) *sm* amnesia *f*
Gedanke (-ns, -n) *sm* pensiero *m* ● *in Gedanken* col pensiero
gedankenvoll *a* pensoso
Gedeck (-[e]s, -e) *sn* coperto *m*
gedeihen (gedieh, gediehen) *vi* (*aus sein*) prosperare, crescere ◇ (*fig*) progredire, avanzare
gedenken *vi* (*aus haben*) (+ *gen*)

Gedenkfeier 106

ricordarsi (di), commemorare ◇ avere l'intenzione, contare

Gedenkfeier (-, -n) *sf* commemorazione *f*

Gedenktag (-[e]s, -e) *sm* ricorrenza *f*

Gedicht (-[e]s, -e) *sn* poesia *f*, poema *m*

Gedränge (-s) *sn* mischia *f*, ressa *f*

Geduld (-) *sf* pazienza *f* ● *G. haben* pazientare

geduldig *a* paziente

geeignet *a* appropriato, adatto ● *für etwas g. sein* essere adatto a qc

Gefahr (-, -en) *sf* pericolo *m*, rischio *m* ◇ *auf eigene G.* a proprio rischio; *bei G.* in caso di pericolo

gefährden *vt* compromettere, mettere in pericolo

gefährlich *a* pericoloso, rischioso

Gefährte (-n, -n; *f* **Gefährtin**) *sm* compagno *m*

gefallen (**gefällt**, **gefiel**, **gefallen**) *vi* (*aus haben*, + *dat*) piacere (a) ● *vpr* (*sich g., in* + *dat*) compiacersi (di) ◇ *gut g.!* piacere!

Gefallen (-s, -) *sm* favore *m*, piacere *m* ◇ diletto *m*, godimento *m* ● *an etwas G. finden* trovare diletto in qc

Gefallene (-n, -n) *sm* caduto *m*

gefällig *a* piacevole, gradito ◇ cortese

gefangen *a* carcerato ● *g. nehmen* catturare

Gefangene (-n, -n) *sm/f* carcerato *m*, detenuto *m*

gefangennehmen* → **gefangen**

Gefangenschaft (-) *sf* prigionia *f*

Gefängnis (-ses, -se) *sn* carcere *m*, prigione *f*

Gefängniswärter (-s, -) *sm* carceriere *m*

Gefäß (-es, -e) *sn* recipiente *m*, vaso *m* ◇ (*anat*) vaso *m*

gefasst, gefaßt* *a* calmo ◇ pronto, preparato ● *auf etwas g. sein* essere pronto a qc

Gefecht (-[e]s, -e) *sn* combattimento *m*, scontro *m*

Geflecht (-[e]s, -e) *sn* intreccio *m*

gefleckt *a* macchiato

Geflügel (-s) *sn* pollame *m*

Geflüster (-s) *sn* sussurro *m*

Gefolge (-s, -) *sn* scorta *f*

Gefolgschaft (-, -en) *sf* seguito *m* ◇ seguaci *m pl*

gefräßig *a* ingordo, vorace

gefrieren (→ **frieren**) *vi* (*aus sein*) gelare, ghiacciare

gefroren (-s, -) *a* gelato, congelato

gefügig *a* docile ● *jemanden g. machen* (*fig*) plagiare qn

Gefühl (-[e]s, -e) *sn* senso *m* ◇ sentimento *m*, sensazione *f*

gefühllos *a* insensibile

gefühlsmäßig *a* emotivo

Gefunkel (-s) *sn* scintillio *m*

gegen *prep* (+ *acc*) contro (ES: **g. den Feind kämpfen** combattere contro il nemico) ◇ verso, circa (ES: **g. 11 Uhr kommen** arrivare verso le 11; **es gab g. hundert Besucher** c'erano circa 100 visitatori ◇ (in) confronto a (ES: **g. ihn bin ich ein Anfänger** confronto a lui sono un dilettante) ◇ per, contro (ES: **Pillen g. Kopfschmerzen** pastiglie per il mal di testa) ● **g. das Licht** controluce; **g. den Ström** controcorrente; **g. den Uhrzeigersinn** antiorario; **g. die Tür schlagen** picchiare alla porta; **g. etwas sein** essere contro qc; **g. Quittung** dietro ricevuta

Gegenanzeige (-, -n) *sf* controindicazione *f*

Gegenbefehl (-[e]s, -e) *sm* contrordine *m*

Gegend (-, -en) *sf* paesaggio *m*, regione *f* ◇ dintorni *m*, *pl*

Gegenleistung (-, -en) *sf* corrispettivo *m*, contropartita *f*

Gegenreformation (-) *sf* (*stor*) controriforma *f*

Gegensatz (-es, Gegensätze) *sm* contrario *m*, opposto *m* ◇ (*fig*) contrasto *m*, dissidio *m* ● *im G. zu...* contrariamente a...

gegensätzlich *a* contrario, opposto

Gegenschlag (-[e]s, Gegenschläge) *sm* contraccolpo *m*

gegenseitig *a* reciproco

Gegenspieler (-s, -) *sm* avversario *m*

Gegenspionage (-, -n) *sf* controspionaggio *m*

Gegenstand (-[e]s, Gegenstände) *sm* oggetto *m* ◇ tema *m*, argomento *m*

Gegenteil (-[e]s, -e) *sn* contrario *m*, opposto *m* ● *im G.* al contrario

gegenüber *prep* (+ *dat*, può essere posposta al *s*) dinanzi, di fronte (**g. der Post** di fronte alla posta) ◇ rispetto a, nei confronti di (**dir g. ist sie immer freundlich** è sempre gentile nei tuoi confronti) ♦ *avv* di fronte

gegenüberstellen *vt* confrontare

Gegenüberstellung (-, -en) *sf* confronto *m*, paragone *m*

Gegenwart (-) *sf* presente *m*

gegenwärtig *a* presente, attuale ♦ *avv* attualmente ● *etwas g. haben* aver presente qc; *sich etwas g. halten* tener presente qc

Gegenwert (-[e]s, -e) *sm* controvalore *m*

Gegner (-s, -) *sm* antagonista *m*, avversario *m*

Gehalt (1) (-[e]s, Gehälter) *sn* stipendio *m*

Gehalt (2) (-[e]s, -e) *sm* contenuto *m*

Gehänge (-s, -) *sn* ciondolo *m*

Gehäuse (-s, -) *sn* guscio *m* ◇ custodia *f*, astuccio *m*

geheim *a* segreto

Geheimnis (-ses, -se) *sn* segreto *m* ◇ mistero *m*

geheimnisvoll *a* arcano, misterioso

gehen (ging, gegangen) *vi* (*aus sein*) andare (*a piedi*), camminare ◇ partire ◇ andare, funzionare ♦ *vimp* stare, andare (**wie geht es dir?** come stai?/come va?; *mir geht es gut* sto bene/va bene) ● *das Fenster geht nach Süden* la finestra dà a Sud; *es geht auf Mittag* è quasi mezzogiorno; *es geht um...* si tratta di...; *geht das?* è possibile? *spazieren g.* andare a passeggio

Gehen (-s) *sn* (*sport*) podismo *m*, marcia *f*

Geheul (-[e]s) *sn* gemito *m*, lamento *m* ◊ ululato *m*

Gehilfe (-n, -n; *f* Gehilfin) *sm* assistente *m/f*, aiutante *m/f*

Gehirn (-[e]s, -e) *sn* (*anat*) cervello *m*

gehoben *pp di* → **heben** ♦ *a* elevato, alto ◊ (*fig*) aulico

Gehölz (-es, -e) *sn* boschetto *m*

Gehör (-[e]s) *sn* udito *m*

gehorchen *vi* (*aus haben*) ubbidire, essere ubbidiente

gehören *vi* (*aus haben*) (+ *dat*) appartenere (a), essere (di) ◊ (*zu + dat*) far parte (di) ◊ (*an + dat, in + acc*) essere messo, dover stare (**um 9 Uhr gehören die Kinder ins Bett** alle 9 i bambini devono essere a letto) ♦ *vimp* essere necessario, richiedersi ◊ (*zu + dat*) essere adatto (a)

gehörig *a* appartenente, di proprietà ◊ spettante

gehorsam *a* ubbidiente

Geige (-, -n) *sf* (*mus*) violino *m*

geigen *vi* (*aus haben*) suonare il violino

geil *a* rigoglioso ◊ lascivo ◊ (*pop*) figo, forte

Geisel (-s, -; *f* -, -n) *sm* ostaggio *m*

geißeln *vt* flagellare

Geißelung, Geißlung (-, -en) *sf* flagellazione *f*

Geist (-[e]s, -er/-e) *sm* spirito *m*, anima *f* ◊ ingegno *m*, mente *f* ◊ spirito *m*, spettro *m*, fantasma *m* ◊ alcol *m*

Geistesgestörte (-n, -n) *sm/f* disturbato *m* mentale

Geisteshaltung (-, -en) *sf* mentalità *f*

Geistesklarheit (-) *sf* lucidità *f* mentale

geisteskrank *a* malato di mente, pazzo

geistig *a* spirituale ◊ mentale, intellettuale ◊ alcolico

geistlich *a* religioso, sacro ◊ ecclesiastico, clericale

Geistliche (-n, -n) *sm* prete *m*, pastore *m*

Geistlichkeit (-) *sf* clero *m*

geistreich *a* spiritoso, arguto

Geiz (-es) *sm* avarizia *f*

geizig *a* avaro, taccagno ● *g. mit etwas* taccagno di qc

gekocht *a* cotto, lesso

Gekritzel (-s, -) *sn* scarabocchio *m*

gekünstelt *a* innaturale, affettato

Gelächter (-s, -) *sn* risa *f pl*, risata *f* ● *in G. ausbrechen* scoppiare in una risata

Gelähmte (-n, -n) *sm/f* paralitico *m*

Gelände (-s, -) *sn* terreno *m*, zona *f*

Geländer (-s, -) *sn* ringhiera *f*, parapetto *m*

Geländewagen (-s, -) *sm* fuoristrada *m*

gelangen *vi* (*aus sein*) arrivare, giungere ◊ giungere, pervenire

gelassen *a* calmo, flemmatico, imperturbabile

geläufig *a* comune, corrente ♦ *avv* correntemente ● **g. Deutsch sprechen** parlare correntemente tedesco

gelaunt *a* **gut g.** di buon umore; **übel g.** di cattivo umore

gelb *a* giallo

Geld (-[e]s, -er) *sn* denaro *m*

Geldautomat (-en, -en) *sm* bancomat *m*

Geldbeutel (-s, -) *sm* borsellino *m*

Geldschein (-[e]s, -e) *sm* banconota *f*

Geldschrank (-[e]s, Geldschränke) *sm* cassaforte *f*

Geldschuld (-, -en) *sf* debito *m*

Geldstrafe (-, -n) *sf* multa *f*, ammenda *f*

Geldtasche (-, -n) *sf* portafoglio *m*

Geldüberweisung (-, -en) *sf* bonifico *m*

Geldwechsel (-s, -) *sm* cambio *m*

gelegen *pp di* → **liegen** ♦ *a* situato, posto ◊ (*fig*) opportuno, provvidenziale ● **mir ist viel daran g.** mi sta molto a cuore; **zu gelegener Zeit** a tempo debito

Gelegenheit (-, -en) *sf* occasione *f*, opportunità *f* ● **bei G.** al momento opportuno

gelegentlich *a* occasionale, saltuario

Gelehrte (-n, -n) *sm/f* sapiente *m/f* ◊ scienziato *m*, studioso *m*

geleiten *vt* scortare

Gelenk (-[e]s, -e) *sn* (*anat*) articolazione *f* ◊ (*tecn*) giunto *m*, snodo *m*

gelenkig *a* snodabile, articolato

geliebt *a* amato, caro

Geliebte (-n, -n) *sm/f* amante *m/f*, amato *m*

gelingen (**gelang, gelungen**) *vi* (*aus sein*) riuscire

gelten (**gilt, galt, gegolten**) *vi* (*aus haben*) valere, avere valore ◊ valere, essere valido ◊ (*für + acc, als + acc*) essere considerato ◊ (*von + dat*) valere (per), dirsi (di) ♦ *vimp* essere necessario ● **das gilt nicht!** non vale!; **es gilt!** d'accordo!; **etwas g. lassen** ammettere qc

Geltung (-) *sf* validità *f* ◊ considerazione *f* ◊ evidenza *f*, risalto *m*

Gemahl (-[e]s, -e; *f* -in) *sm* consorte *m/f*

Gemälde (-s, -) *sn* quadro *m*

gemäß *prep* (+ *dat*, può essere posposto al *s*) secondo, in conformità a

gemäßigt *a* temperato, moderato

gemein *a* comune, ordinario ◊ volgare, indecente ◊ cattivo, malvagio ● **das gemeine Volk** la gente comune; **etwas mit jemandem g. haben** avere qc in comune con qn

Gemeinde (-, -n) *sf* comune *m*, municipio *m* ◇ comunità *f*

Gemeinderat (-[e]s, **Gemeinderäte**) *sm* consiglio *m* comunale ◇ consigliere *m* comunale

Gemeinheit (-, -en) *sf* cattiveria *f*, malvagità *f*

gemeinsam *a* comune, collettivo

Gemeinschaft (-, -en) *sf* comunità *f*, collettività *f*

gemeinschaftlich *a* collettivo, comune ◇ (*EU*) comunitario, dell'UE

Gemeinsinn (-[e]s) *sm* solidarietà *f*

gemessen *a* moderato, compassato ● *in gemessenen Worten* con parole misurate

Gemetzel (-s, -) *sn* strage *f*, massacro *m*

Gemisch (-[e]s, -e) *sn* impasto *m* ◇ miscela *f*

gemischt *a* misto ● *es war g.* (*fam*) è stato così così

Gemsbock → **Gämsbock**

Gemse → **Gämse**

Gemüse (-s, -) *sn* ortaggio *m*, verdura *f*

Gemüt (-[e]s, -er) *sn* animo *m* ◇ indole *f*, temperamento *m* ● *sich etwas zu Gemüte führen* (*fam*) mangiare (o bere) qc con gusto

gemütlich *a* accogliente, piacevole, intimo ◇ affabile, gioviale, alla buona ● *es ist g. machen* mettersi a proprio agio

Gemütlichkeit (-) *sf* comodità *f*, comfort *m* ◇ quiete *f*, tranquillità *f*, intimità *f* ◇ cordialità *f*, affabilità *f*

genau *a* giusto, preciso ● *avv* esattamente, proprio

Genauigkeit (-) *sf* precisione *f*, esattezza *f*, meticolosità *f*

genauso *avv* altrettanto

genehm *a* gradito ● *wenn es Ihnen g. ist* se Le fa comodo

genehmigen *vt* approvare, autorizzare, acconsentire (a)

geneigt *a* inclinato ◇ (*fig*) disposto, propenso ● *zu etwas g. sein* essere disposto a qc

Geneigtheit (-) *sf* inclinazione *f* ◇ (*fig*) buona volontà *f*

General (-s, -e/**Generäle**) *sm* (*mil*) generale *m*

Generalstab (-[e]s) *sm* (*mil*) stato *m* maggiore

Generalstreik (-[e]s, -s) *sm* sciopero *m* generale

Generation (-, -en) *sf* generazione *f*

Generator (-s, -en) *sm* generatore *m*

generell *a* generale, generico ● *avv* generalmente

genesen *vi* (*aus sein, von + dat*) guarire (da)

Genesende (-n, -n) *sm/f* convalescente *m/f*

Genesung (-) *sf* guarigione *f* ● *auf dem Wege der G. sein* essere in via di guarigione

Genetik (-) *sf* genetica *f*

genial *a* geniale

Genialität (-) *sf* genialità *f*

Genick (-[e]s, -e) *sn* (*anat*) nuca *f*

Genie (-s, -s) *sn* genio *m* • *verkanntes G.* genio incompreso

sich genieren *vpr* essere imbarazzato, vergognarsi

genießen (genoss, genossen) *vt* gustare ◇ godere (di) • *nicht zu g.* (fam) immangiabile, (fig) insopportabile; *nicht mehr zu g. sein* essere andato a male (fam)

Genießer (-s, -) *sm* gaudente *m* ◇ buongustaio *m*

Genitalien *s pl* (anat) organi *m pl* genitali

Genitiv (-s, -e) *sm* genitivo *m*

Genosse (-n, -n; *f* Genossin) *sm* compagno *m*

Genossenschaft (-, -en) *sf* consorzio *m*, cooperativa *f*

genug *avv* abbastanza • *von etwas g. haben* averne abbastanza di;

Genüge *sf* zur G. a sufficienza

genügen *vi* (aus haben) bastare • *das genügt!* basti!

Genugtuung (-, -en) *sf* soddisfazione *f*

Genuss, Genuß* (-es, Genüsse) *sm* ingestione *f*, consumo *m* ◇ godimento *m*, piacere *m*, diletto *m*

Geograph, Geograf (-en, -en; *f* -in) *sm* geografo *m*

Geographie, Geografie (-) *sf* geografia *f*

Geologe (-n, -n; *f* Geologin) *sm* geologo *m*

Geologie (-) *sf* geologia *f*

Geometrie (-, -n) *sf* geometria *f*

Gepäck (-[e]s, -e) *sn* bagaglio *m*

Gepäckaufbewahrung (-, -en) *sf* deposito *m* bagagli

Gepäckträger (-s, -) *sm* facchino *m* ◇ portapacchi *m*

gepfeffert *a* pepato

gepflastert *a* lastricato

gepflegt *a* curato, ben tenuto ◇ raffinato, sofisticato

gerade *a* diritto, eretto ◇ leale, schietto ♦ *avv* proprio, precisamente ◇ appena

Gerade (-n, -n) *sf* rettilineo *m* ◇ (geom) retta *f*

geradeaus *avv* dritto

geradezu *avv* addirittura ◇ chiaramente, francamente

Geradheit (-) *sf* rettitudine *f*

geradlinig *a* (geom) rettilineo

Gerät (-[e]s, -e) *sn* attrezzo *m*, strumento *m*, apparecchiatura *f*

geraten (geriet, geriet, geraten) *vi* (aus sein) riuscire, venire bene ◇ (in + acc) finire (a, in), capitare (a, in) ◇ (an + acc) incappare (in), incontrare • *in Angst g.* essere colto dalla paura; *in Gefahr g.* trovarsi in pericolo; *nach jemandem g.* assomigliare a qn

geräuchert *a* affumicato

geräumig *a* spazioso

Geräusch (-[e]s, -e) *sn* rumore *m*

geräuschvoll *a* rumoroso

gerben *vt* conciare

Gerberei (-, -en) *sf* conceria *f*

gerecht *a* giusto, onesto • *einer Aufgabe g. werden* assolvere un compito; *einer Sache g. werden* essere all'altezza di qc

Gerechtigkeit 112

jemandem g. werden rendere giustizia a qn
Gerechtigkeit (-) *sf* giustizia *f*
Gerede (-s) *sn* diceria *f*, chiacchiere *f pl* ● *ins G. kommen* dar luogo a pettegolezzi
gereizt *a* irritato
Gericht (1) (-[e]s, -e) *sn* piatto *m*, portata *f*
Gericht (2) (-[e]s, -e) *sn* tribunale *m*
gerichtlich *a* forense, giurisdizionale
Gerichtsstand (-[e]s) *sm* (*dir*) foro *m*
Gerichtsverhandlung (-, -en) *sf* udienza *f*
gering *a* esiguo, irrisorio ◊ scadente ● *von jemandem g. denken* pensar male di qn; *kein Geringerer als* nientemeno che; *nicht im Geringsten* per niente
Gerinnsel (-s, -) *sn* grumo *m*
Gerinnung (-) *sf* coagulazione *f*
Gerippe (-s, -) *sn* scheletro *m*, ossatura *f*
Germanistik (-) *sf* germanistica *f*
gern (*comp* **lieber**, *sup* **am liebsten**) *avv* volentieri ● *ich hätte g...* desidererei...; *jemanden g. haben* voler bene a qn
Geröll (-[e]s, -e) *sn* detriti *m pl*
Gerste (-) *sf* (*bot*) orzo *m*
Gerte (-, -n) *sf* frusta *f*
Geruch (-[e]s, **Gerüche**) *sm* odore *m* ◊ (*fig*) fama *f*
Geruchssinn (-[e]s) *sm* olfatto *m*
Gerücht (-[e]s, -e) *sn* diceria *f*,

voce *f* ● *ein G. verbreiten* spargere una voce; *es geht das G., dass...* corre voce che...
geruhen *vi* (*aus* **haben**, *zu* + *dat*) degnarsi (di), compiacersi (di)
gerührt *a* sbattuto ◊ (*fig*) commosso
Gerüst (-[e]s, -e) *sn* struttura *f*, intelaiatura *f* ◊ (*edil*) impalcatura *f*, ponteggio *m*
gesalzen *pp di* → **salzen** ◆ *a* salato (*fam*) ◊ (*fam*) piccante, spinto ◊ (*fam*) caro, salato (*fam*)
gesamt *a* globale, totale
Gesamtausgabe (-, -n) *sf* edizione *f* completa
Gesamtheit (-) *sf* totalità *f*, complesso *m*
Gesandte (-n, -n; *f* **Gesandtin**) *sm/f* inviato *m* ◊ ambasciatore *m*
Gesang (-[e]s, **Gesänge**) *sm* canto *m*
Gesäß (-es, -e) *sn* sedere *m*, culo *m* (*volg*)
Gesäßmuskel (-s, -n) *sm* gluteo *m*
gesättigt *a* sazio ◊ saturo
Geschäft (-[e]s, -e) *sn* affare *m* ◊ negozio *m* ◊ (*fam*) ufficio *m*, lavoro *m* ● *sein G. verstehen* sapere il fatto proprio
geschäftig *a* attivo, operoso
Geschäftsmann (-[e]s, **Geschäftmänner/Geschäftleute**) *sm* uomo *m* d'affari
geschält *a* sbucciato
geschehen (**geschieht**, **geschah**, **geschehen**) *vi* (*aus* **sein**) accadere, succedere ● *es kann g., dass...* può darsi che...; *gern*

g.! non c'è di che!; *das geschieht ihm recht* (*pop*) ben gli sta

gescheit *a* intelligente, ragionevole

Geschenk (-[e]s, -e) *sn* dono *m*, regalo *m* ● *jemandem etwas zum G. machen* regalare qc a qn

Geschichte (-, -n) *sf* storia *f* ● *Alte/Mittlere/Neuere/Neueste G.* storia antica/medievale/moderna/contemporanea; *keine Geschichten!* niente storie!

Geschick (-[e]s, -e) *sn* destino *m*, sorte *f*

Geschicklichkeit (-) *sf* perizia *f*, abilità *f*

geschickt *a* abile, capace

geschieden *pp di* → **scheiden** ♦ *a* divorziato

Geschirr (-[e]s, -e) *sn* stoviglie *f pl*

Geschirrspülmaschine (-, -n) *sf* lavastoviglie *f*

Geschlecht (-[e]s, -er) *sn* (*biol*) sesso *m* ◇ (*ling*) genere *m* ◇ casato *m*, stirpe *f*

Geschlechtsteile *s pl* (*anat*) (organi *m pl*) genitali *m pl*

geschlossen *pp di* → **schließen** ♦ *a* chiuso ◇ compatto ● *g. für etwas sein/stimmen* essere favorevole a qc, votare all'unanimità per qc

Geschmack (-[e]s, Geschmäcke) *sm* gusto *m*, sapore *m* ● *an etwas G. finden* trovare gusto in qc

geschmacklos *a* insapore ◇ (*fig*) di cattivo gusto

geschmeidig *a* duttile, malleabile ◇ (*fig*) morbido, flessuoso

Geschoss, Geschoß* (-es, -e) *sn* proiettile *m*

Geschrei (-s) *sn* schiamazzo *m*, grida *f pl*

Geschwätz (-es) *sn* chiacchiere *f pl*

geschwätzig *a* chiacchierone, pettegolo

Geschwindigkeit (-, -en) *sf* velocità *f*, rapidità *f*

Geschwister (-s, -) *sn* fratelli *m pl*, fratelli *m pl* e sorelle *f pl*

geschwollen *pp di* → **schwellen** ♦ *a* gonfio

Geschworene *s pl* giuria *f sing*

Geschwulst (-, Geschwülste) *sf* (*med*) tumore *m*

gesegnet *a* benedetto

Geselle (-n, -n) *sm* garzone *m*, compagno *m*

gesellig *a* socievole

Gesellschaft (-, -en) *sf* società *f*, compagnia *f*

gesellschaftlich *a* sociale ◇ mondano ● *gesellschaftliche Stellung* posizione sociale

Gesetz (-es, -e) *sn* legge *f* ● *nach dem Gesetz* secondo la legge

Gesetzbuch (-[e]s, Gesetzbücher) *sn* (*dir*) codice *m*

gesetzgebend *a* legislativo

Gesetzgebung (-) *sf* legislazione *f*

gesetzlich *a* legale ◇ legittimo

gesetzlos *a* fuori legge

gesetzmäßig *a* legittimo, conforme alla legge

gesetzt *a* posto, collocato ◊ *(fig)* posato, composto, calmo ● **g. den Fall, dass...** posto il caso che...

Gesicht (-[e]s, -er) *sn* faccia *f*, viso *m*, volto *m* ● **das G. verlieren/wahren** perdere/salvare la faccia

Gesichtspunkt (-[e]s, -e) *sm* punto *m* di vista, aspetto *m*

Gesichtszüge *s pl* lineamenti *m pl*

gesinnt *a* intenzionato, disposto ● **wohl/übel g.** bene/male intenzionato

Gesinnung (-, -en) *sf* animo *m*, disposizione *f* ◊ opinione *f*, modo *m* di pensare

gesittet *a* educato

gespannt *a* teso ◊ *(fig)* curioso

Gespenst (-[e]s, -er) *sn* fantasma *m*, spettro *m* ● **Gespenster sehen** *(fig, fam)* avere timori infondati

gesperrt *a* chiuso

Gespräch (-[e]s, -e) *sn* colloquio *m*, conversazione *f*, dialogo *m* ● **das G. auf etwas bringen** far cadere il discorso su qc; **mit jemandem ein G. führen** avere un colloquio con qn

Gespür (-s) *sn* fiuto *m*

Gestalt (-, -en) *sf* forma *f*, figura *f* ◊ personaggio *m* ● **G. annehmen** prendere forma; **in G. von** in forma di, in veste di

gestalten *vt* plasmare, modellare

Gestaltung (-, -en) *sf* forma *f*, modello *m*

Geständnis (-ses, -se) *sn* confessione *f*, ammissione *f*

Gestank (-[e]s) *sm* puzza *f*

gestatten *vt* permettere, accordare

Geste (-, -n) *sf* gesto *m*

gestehen (→ **stehen**) *vt* confessare, ammettere

Gestell (-[e]s, -e) *sn* supporto *m* ◊ cavalletto *m* (*da pittore*)

gestern *avv* ieri ● **g. vor drei Tagen** quattro giorni fa; **nicht von g. sein** *(fig, fam)* non essere nato ieri

Gestirn (-[e]s, -e) *sn* astro *m*

gestreift *a* a strisce

gesucht *a* ricercato

gesund (*comp* **gesünder**, *sup* **gesündeste**) *a* sano, salutare ● **g. bleiben** stare bene; **g. werden** guarire; **sich g. fühlen** sentirsi bene

Gesundheit (-) *sf* salute *f* ● **auf jemandes G. trinken** bere alla salute di qn; **bei bester G. sein** essere in ottima salute; **G.!** salute!; **öffentliche G.** sanità pubblica

gesundheitlich *a* sanitario, di salute ● **aus gesundheitlichen Gründen** per ragioni di salute

Gesundheitspflege (-, -n) *sf* igiene *f*

gesundheitsschädlich *a* nocivo alla salute

Getränk (-[e]s, -e) *sn* bibita *f*

Getreide (-s, -) *sn* cereali *m pl*

getrennt *a* diviso, separato, isolato ● *g. werden* dividersi

Getriebe (-s, -) *sn* meccanismo *m*, ingranaggio *m*

getrübt *a* torbido

Getto, Ghetto (-s, -s) *sn* ghetto *m*

geübt *a* esercitato, capace, esperto

Gewächs (-es, -e) *sn* (*bot*) pianta *f* ◊ (*med*) tumore *m*

gewachsen *a* cresciuto ◊ pari, uguale ● *jemandem g. sein* essere pari a qn

Gewächshaus (-es, Gewächshäuser) *sn* serra *f*

gewagt *a* arrischiato, pericoloso

Gewähr (-) *sf* garanzia *f* ● *für etwas G. leisten* garantire per qc; *für etwas G. übernehmen* prendere la responsabilità di qc

gewähren *vt* concedere, dare, accordare

Gewährfrist (-, -en) *sf* periodo *m* di garanzia

Gewährung (-, -en) *sf* concessione *f*

Gewalt (-, -en) *sf* violenza *f*, forza *f* ◊ potere *m*, autorità *f* ● *absolute G.* potere assoluto; *elterliche G.* patria potestà; *gesetzgebende/richterliche/vollziehende G.* potere legislativo/giudiziario/esecutivo; *mit aller G.* (*fig*) ad ogni costo; *sich in der G. haben* controllarsi

gewaltig *a* poderoso, monumentale

gewaltsam *a* violento

gewalttätig *a* dispotico, violento

gewalzt *a* (*tecn*) laminato

gewandt *pp di* → **wenden** ♦ *a* abile, agile

Gewandtheit (-) *sf* scioltezza *f*, agilità *f*

Gewebe (-s, -) *sn* stoffa *f*, tessuto *m*

Gewehr (-[e]s, -e) *sn* fucile *m*

Geweih (-[e]s, -e) *sn* corna *f pl*

geweiht *a* benedetto

gewellt *a* ondulato

Gewerbe (-s, -) *sn* mestiere *m*, professione *f*, attività *f*

Gewerkschaft (-, -en) *sf* sindacato *m*

Gewerkschafter, Gewerkschaftler (-s, -) *sm* sindacalista *m*

Gewerkschaftsbund (-[e]s) *sm* confederazione *f* del lavoro

Gewerkschaftsvertreter (-s, -) *sm* delegato *m* sindacale

Gewicht (-[e]s, -e) *sn* peso *m* ◊ (*fig*) importanza *f* ● *einer Sache kein G. geben* non dar peso a qc; *ins G. fallen* avere importanza; *nach G.* a peso

Gewinn (-[e]s, -e) *sm* profitto *m*, lucro *m*, guadagno *m* ◊ vincita *f*, premio *m* ● *G. bringen* rendere

gewinnen (gewann, gewonnen) *vt* vincere ◊ ricavare, guadagnare ◊ (*min*) estrarre

Gewinner (-s, -) *sm* vincitore *m*

Gewinsel (-s) *sn* guaito *m*

Gewirr (-[e]s) *sn* groviglio *m*, intrico *m* ◊ confusione *f*

gewiss, gewiß* *a* certo, sicuro ♦ sicuramente, davvero

Gewissen (-s) *sn* coscienza *f* ● *etwas/jemanden auf dem G. haben* avere qc/qn sulla coscienza

gewissenhaft *a* scrupoloso

gewissenlos *a* senza scrupoli

Gewissensbiss, Gewissensbiß* (-es, -e) *sm* rimorso *m*

Gewissensfreiheit (-) *sf* libertà *f* di coscienza

Gewitter (-s, -) *sn* temporale *m*

gewittern *vimp* (*aus haben*) esserci un temporale

gewöhnen *vt* abituare ♦ *vpr* (**sich g.**) (*an + acc*) abituarsi (a) ● *wieder g.* riabituare

Gewohnheit (-, -en) *sf* abitudine *f*, consuetudine *f* ● *aus G.* per abitudine; *zur G. werden* divenire abituale

gewöhnlich *a* solito, usuale ♦ *avv* abitualmente, comunemente, in genere

gewohnt *a* usuale

gewöhnt *a* abituato, avvezzo

Gewöhnung (-) *sf* assuefazione *f*

Gewölbe (-s, -) *sn* (*arch*) volta *f*

Gewühl (-[e]s) *sn* trambusto *m*, confusione *f*

gewunden *pp di* → **winden** ♦ *a* tortuoso, contorto

Gewürze *s pl* spezie *f pl*

gezähmt *a* addomesticato

Gezeiten *s pl* marea *f sing*

geziert *a* lezioso, vezzoso

Geziertheit (-) *sf* preziosismo *m*

gezuckert *a* zuccherato

Gezwitscher (-s) *sn* cinguettio *m*

gezwungen *pp di* → **zwingen** ♦ *a* costretto, obbligato, forzato ♦ *avv* forzatamente

Ghetto → **Getto**

Giebel (-s, -) *sm* (*arch*) cuspide *f*, frontone *m*

Gier (-) *sf* cupidigia *f*, brama *f* ● *G. nach etwas* brama di qc

gierig *a* avido, bramoso ◊ goloso, ingordo

gießen (goss, gegossen) *vt* versare ◊ (*fam*) annaffiare ♦ *vimp* (*aus haben*) diluviare

Gift (-[e]s, -e) *sn* veleno *m* ● *durch/an G. sterben* morire avvelenato; *tödliches G.* veleno mortale

giftig *a* tossico, velenoso

Ginster (-s, -) *sm* (*bot*) ginestra *f*

Gipfel (-s, -) *sm* cima *f*, sommità *f* ● *das ist der G.!* (*pop*) questo è il colmo!

gipfeln *vi* (*aus haben*) culminare

Gipfeltreffen (-s, -) *sn* riunione *f* al vertice

Gips (-es, -e) *sm* gesso *m* ● *in G. liegen* essere ingessato

gipsen *vt* (*med*) ingessare

Giraffe (-, -n) *sf* (*zool*) giraffa *f*

Gitarre (-, -n) *sf* (*mus*) chitarra *f*

Gitarrist (-en, -en; *f* -in) *sm* chitarrista *m/f*

Gitter (-s, -) *sn* cancellata *f*, inferriata *f* ◊ grata *f*, griglia *f* ● *hinter Gittern* in prigione

Gittermast (-[e]s, -en/-e) *sm* traliccio *m*

Glanz (-es) *sm* lustro *m*, splendore *m* ● *mit G.* (*pop*) brillantemente

glänzen *vt* lucidare ♦ *vi* (*aus haben*) brillare, splendere ◊ (*fig*) brillare, distinguersi, eccellere

Glanznummer (-, -n) *sf* attrazione *f* principale

Glanzpapier (-s, -e) *sn* carta *f* satinata

Glanzzeit (-, -en) *sf* periodo *m* di massimo splendore, apogeo *m*

Glas (-es, Gläser) *sn* vetro *m* ◊ bicchiere *m* ◊ lente *f* ◊ (*pl*) occhiali *m pl* ● *aus G.* di vetro; *ein G. Wein* un bicchiere di vino; *zu tief ins G. gucken* (*pop*) alzare il gomito (*fam*)

Gläser (-s, -) *sm* vetraio *m*

Glaserei (-, -en) *sf* vetreria *f*

Glasfenster (-s, -) *sn* vetrata *f*

glasieren *vt* smaltare ◊ (*cuc*) glassare

Glasschrank (-[e]s, Glasschränke) *sm* vetrina *f*

Glastür (-, -en) *sf* vetrata *f*

Glasur (-, -en) *sf* smaltatura *f* ◊ (*cuc*) glassa *f*

Glaswaren *s pl* vetrerie *f pl*

Glaswolle (-, -n) *sf* lana *f* di vetro

glatt (*comp* glatter/glätter, *sup* glattest/glättest) *a* piano, liscio ◊ scorrevole, scivoloso ◊ (*fig*) semplice, facile, piano ♦ *avv* senza difficoltà ◊ completamente, del tutto ● *das kostet g. 10 Euro* costa 10 euro tondi tondi

Glätte (-, -n) *sf* levigatezza *f* ◊ (*fig*) scorrevolezza *f*, fluidità *f*

glätten *vt* levigare, lisciare ♦ *vpr* (**sich g.**) spianarsi ◊ calmarsi

Glätten (-s, -) *sn* satinatura *f*

Glatze (-, -n) *sf* testa *f* calva, pelata *f* (*pop*) ● *eine G. bekommen* diventare calvo

Glaube (-ns) *sm* fede *f*, confessione *f* religiosa ◊ fede *f*, fiducia *f* ◊ credenza *f*, opinione *f* ● *im Glauben, dass...* credendo che...; *in gutem Glauben* in buona fede

glauben *vt* credere (a), prestar fede (a) ◊ credere, ritenere, pensare ♦ *vi* (*aus haben, an + acc*) credere (a/in) ● *jemandem aufs Wort g.* credere a qn sulla parola; *kaum zu g.!* da non credere!

Glaubensbekenntnis (-ses, -se) *sn* professione *f* di fede, credo *m*

Glaubensgemeinschaft (-, -en) *sf* comunità *f* religiosa

Gläubige (-n, -n) *sm/f* credente *m/f*

Gläubiger (-s, -) *sm* creditore *m*

glaubwürdig *a* credibile

Glaubwürdigkeit (-) *sf* attendibilità *f*

gleich *a* pari, uguale, identico ◊ stesso, medesimo ◊ (*pop*) indifferente, uguale ♦ *avv* allo stesso modo ◊ subito, immediatamente ◊ nello stesso tempo ● *bis g.!* a presto!; *es läuft aufs Gleiche hinaus* fa lo stesso; *es ist mir g.* per me è lo stesso; *es muss nicht g. sein* non c'è fretta

Gleichalterige, **Gleichaltrige** (-n, -n) *sm/f* coetaneo *m*

gleichartig *a* affine, omogeneo
Gleichberechtigung (-) *sf* parità *f*, uguaglianza *f* di diritti
gleichen (**glich, geglichen**) *vi* (*aus haben,* + *dat*) assomigliare (a) ♦ *vpr* (**sich g.**) assomigliarsi
gleichfalls *avv* altrettanto ● *danke, g.* grazie, altrettanto
gleichförmig *a* uniforme, regolare ♦ monotono
Gleichgewicht (-[e]s, -e) *sn* equilibrio *m* ● *aus dem G. bringen* far perdere l'equilibrio
gleichgültig *a* indifferente ●*gegen etwas g. sein* essere indifferente verso qc
Gleichgültigkeit (-) *sf* indifferenza *f*, menefreghismo *m* (*pop*)
Gleichheit (-) *sf* parità *f*, uguaglianza *f*
gleichmachen *vt* uniformare
gleichmütig *a* imperturbabile
gleichnamig *a* omonimo
Gleichnis (-ses, -se) *sn* parabola *f* ◊ similitudine *f*
gleichsam *avv* in certo qual modo, per così dire
Gleichstrom (-[e]s) *sm* (*el*) corrente *f* continua
gleichwertig *a* equivalente
gleichzeitig *a* contemporaneo ◊ sincrono ♦ *avv* contemporaneamente
Gleichzeitigkeit (-) *sf* simultaneità *f* ◊ sincronia *f*
Gleis (-es, -e) *sn* binario *m*
gleiten (**glitt, geglitten**) *vi* (*aus sein*) scivolare, slittare
Gleitflug (-[e]s, **Gleitflüge**) *sm* planata *f*

Gletscher (-s, -) *sm* ghiacciaio *m*
Glied (-[e]s, -er) *sn* elemento *m*, parte *f* ◊ membro *m*
Globalisierung (-, -en) *sf* (*econ*) globalizzazione *f*
Globus (-/ses, -se/Globen) *sm* mappamondo *m*
Glocke (-, -n) *sf* campana *f*
Glockenturm (-[e]s, **Glockentürme**) *sm* campanile *m*
Glossar (-s, -e) *sn* glossario *m*
glotzen *vi* (*aus haben*) (*pop*) guardare con gli occhi spalancati
Glück (-[e]s) *sn* fortuna *f* ◊ felicità *f* ● *auf gut G.* alla ventura; *viel G.!* buona fortuna!; *zum G.* fortunatamente
glücklich *a* felice ◊ fortunato ♦ *avv* felicemente ● *über etwas g. sein* essere felice di/per qc
Glücksbringer (-s, -) *sm* portafortuna *m*
Glücksfall (-[e]s, **Glücksfälle**) *sm* colpo *m* di fortuna ● *im G.* se tutto va bene
Glückwunsch (-[e]s, **Glückwünsche**) *sm* augurio *m* ◊ (*pl*) congratulazioni *fpl*, felicitazioni *fpl*
Glühbirne (-, -n) *sf* lampadina *f*
glühen *vi* (*aus haben*) essere incandescente ◊ essere molto caldo, scottare ♦ arroventare
glühend *a* incandescente, rovente, infuocato ◊ (*fig*) ardente, entusiasta
Glut (-, -en) *sf* brace *f*
Glyzinie (-, -n) *sf* (*bot*) glicine *m*
Gnade (-, -n) *sf* grazia *f*, perdono

m ◇ misericordia *f*, clemenza *f* • **bei jemandem G. erlangen** entrare nelle buone grazie di qn; **jemandem G. gewähren** concedere la grazia a qn; **jemandes G. verlieren** cadere in disgrazia presso qn; **ohne G.** senza pietà

Gold (-[e]s) *sn* oro *m* • **flüssiges G.** petrolio; **schwarzes G.** carbone

Goldbrasse (-, -n) *sf* (*zool*) orata *f*

golden *a* d'oro, dorato ◇ (*fig*) splendido, aureo

Goldfisch (-[e]s, -e) *sm* pesce *m* rosso

Goldschmied (-[e]s, -; *f* -in) *sm* orafo *m*

Golf (1) (-[e]s, -e) *sm* golfo *m*

Golf (2) (-s) *sn* (*sport*) golf *m*

gönnen *vt* concedere, lasciare • **sich etwas g.** concedersi qc

Gönner (-s, -) *sm* benefattore *m*, protettore *m*

gotisch *a* (*arte*) gotico

Gott (-[e]s, **Götter**) *sm* (*relig*) Dio *m* • divinità *f* • **leider Gottes** (*pop*) purtroppo; **um Gottes willen!** per l'amor di Dio!

Gottesdienst (-[e]s, -e) *sm* funzione *f*, messa *f*, rito *m*

Gotteshaus (-es, **Gotteshäuser**) *sn* tempio *m*, chiesa *f*

Gottheit (-, -en) *sf* divinità *f*

Göttin (-, -nen) *sf* dea *f*

göttlich *a* divino

GPS-Navigationsgerät (-[e]s, -e) *sn* navigatore *m* GPS

Grab (-[e]s, **Gräber**) *sn* fossa *f* ◇ sepolcro *m*, tomba *f*

Grabdenkmal (-s, **Grabdenkmäler**) *sn* mausoleo *m*

graben (**gräbt**, **grub**, **gegraben**) *vt* scavare ◇ estrarre (*scavando*)

Graben (-s, **Gräben**) *sm* fossato *m*, scavo *m* ◇ (*mil*) trincea *f*

Grabinschrift (-, -en) *sf* epitaffio *m*

Grabstein (-[e]s, -e) *sm* lapide *f*

Grad (-[e]s, -e) *sm* grado *m* • **in gewissem G.** in certo qual modo

Graf (-en, -en) *sm* conte *m*

Grafik, Graphik (-, -en) *sf* grafica *f*

Grafiker, Graphiker (-s, -) *sm* grafico *m*

Gräfin (-, -nen) *sf* contessa *f*

Grafschaft (-, -en) *sf* contea *f*

Gramm (-s, -e) *sn* grammo *m*

Grammatik (-, -en) *sf* grammatica *f*

Granit (-[e]s, -e) *sm* (*min*) granito *m*

Graphik → **Grafik**

Graphiker → **Grafiker**

Gras (-[e]s, **Gräser**) *sn* erba *f* • **darüber ist längst G. gewachsen** (*fam*) è acqua passata (*fam*); **über etwas G. wachsen lassen** (*fig*, *fam*) mettere una pietra sopra qc

grasen *vi* (*aus haben*) pascolare, brucare

Grat (-[e]s, -e) *sm* spigolo *m* ◇ cresta *f* (*di monte*)

Gräte (-, -n) *sf* lisca *f*

Gratifikation (-, -en) *sf* gratificazione *f*

gratinieren *vt* gratinare

gratis *avv* gratuito

gratulieren vi (aus haben, + dat) congratularsi (con), felicitarsi (con)

grau a grigio ◇ (fig) grigio, triste, monotono

grauen (1) vi (aus haben) diventare grigio

grauen (2) vimp (aus haben, vor + dat) avere paura (di), inorridire (per)

Grauen (-s) sn terrore m, paura f ◇ evento m orribile

grausam a crudele, feroce

Grausen (-s) sn orrore m

grausig a orribile, pauroso

Graveur (-s, -e) sm incisore m

Gravierung (-, -en) sf incisione f

greifen (griff, gegriffen) vi (aus haben) (zu + dat) prendere (an + acc) toccare ◇ (auf + dat) fare presa • vt prendere, afferrare, pigliare • *jemandem ans Herz g.* commuovere qn

greis a vecchio

Greisenalter (-s, -) sn vecchiaia f

grell a acuto ◇ abbagliante, sgargiante

Grenze (-, -n) sf confine m, frontiera f ◇ (fig) limite m • *alles hat seine Grenzen* tutto ha un limite; *an der G.* alla frontiera; *die G. überschreiten* passare i limiti; *seine Grenzen kennen* conoscere i propri limiti

grenzen vi (aus haben, an + dat) confinare (con) ◇ (fig) avvicinarsi (a), rasentare • *ans Wunderbare g.* avere del miracoloso

Grenzübergang (-[e]s, Grenzübergänge) sm valico m di frontiera

Grieche (-n, -n; f Griechin) sm greco m

griechisch a greco

Grieß (-es, -e) sm (cuc) semolino m

Griff (-[e]s, -e) sm presa f ◇ manico m ◇ maniglia f

Grill (-s, -s) sm griglia f • *vom G.* alla griglia

Grille (-, -n) sf (zool) grillo m

Grimasse (-, -n) sf smorfia f • *G. schneiden* fare le boccacce

Grippe (-, -n) sf influenza f

grob (comp gröber, sup gröbst) a grossolano, villano ◇ rude, brutale, sgarbato • *g. geschätzt* valutato approssimativamente

Groll (-[e]s) sm rancore m, risentimento m • *einen G. auf jemanden haben* avere del rancore contro qn

grollen vi (aus haben, + dat/mit + dat) serbare rancore (verso), provare rancore (per)

groß (comp größer, sup größt) a alto, grande ◇ grosso, cospicuo ◇ importante, insigne, famoso • *g. schreiben* scrivere maiuscolo; *große Stücke auf jemanden halten* avere un'alta opinione di qn; *wie g. bist du?* quanto sei alto?

großartig a formidabile, grandioso, sensazionale

Großbildschirm (-[e]s, -e) sm maxischermo m

Größe (-, -n) sf grandezza f, estensione f ◇ altezza f, statura *f* ◊ *taglia f* • *der G. nach* secondo la grandezza; *in jeder G.* di ogni grandezza; *unbekannte G. (mat)* incognita

größenwahnsinnig *a* megalomane

größer (→ **groß**) *a* maggiore • *g. werden* crescere

Großgrundbesitzer (-s, -) *sm* latifondista *m*

Großhändler (-s, -) *sm* commerciante *m* all'ingrosso, grossista *m*

Großhandlung (-, -en) *sf* negozio *m* all'ingrosso

großherzig *a* generoso

Großmutter (-, Großmütter) *sf* nonna *f*

größt (→ **groß**) *a* massimo

Großvater (-s, Großväter) *sm* nonno *m*

großzügig *a* in grande stile, grandioso ◊ generoso

grotesk *a* grottesco

Grotte (-, -n) *sf* grotta *f*

Grube (-, -n) *sf* fossa *f* ◊ miniera *f*

Grübelei (-, -en) *sf* fantasticheria *f*

grübeln *vi* (*aus haben, über* + *acc*) fantasticare (su)

Gruft (-, Grüfte) *sf* tomba *f* ◊ (*arch*) cripta *f*

grün *a* verde, verdeggiante ◊ verde, ecologista • *am grünen Tisch* (fig) a tavolino; *jemandem nicht g. sein* non poter sopportare qn; *über die grüne Grenze gehen* passare il confine clandestinamente

Grund (-[e]s, Gründe) *sm* terreno *m*, suolo *m* ◊ (*fig*) fondamento *m* ◊ motivo *m*, causa *f* • *auf G. von* in base a; *G. haben zu...* aver motivo di...; *im Grunde* in fin dei conti; *triftiger G.* motivo plausibile

gründen *vt* fondare, istituire, erigere ◊ (*fig*) basare ♦ *vi* (*aus sein, in/auf* + *dat*) basarsi (su), poggiare (su)

Gründer (-s, -) *sm* fondatore *m*

Grundlage (-, -n) *sf* fondamento *m*, base *f* ◊ (*fig*) presupposto *m*

gründlich *a* approfondito ◊ accurato, preciso, esatto

Grundsatz (-es, Grundsätze) *sm* principio *m*, regola *f* ◊ (*relig*) dogma *m*

Grundschule (-, -n) *sf* scuola *f* elementare

Grundstoff (-[e]s, -e) *sm* materia *f* prima ◊ (*chim*) elemento *m*

Gründung (-, -en) *sf* fondazione *f*, istituzione *f*

Grüne (-, -n) *sm/f* appartenente *m/f* al movimento dei verdi, verde *m/f*

Gruppe (-, -n) *sf* gruppo *m*

Gruß (-[e]s, Grüße) *sm* saluto *m* • *mit freundlichen Grüßen* distinti saluti; *viele Grüße* tanti saluti

grüßen *vt* salutare • *grüß Gott!* salve!; *g. Sie ihn von mir* gli porti i miei saluti; *jemanden g. lassen* mandare i saluti a qn

Guillotine (-, -n) *sf* ghigliottina *f*

Gulasch (-[e]s, -e/-s) *sm* gulasch *m*, spezzatino *m*

Gully (-s, -s) *sm/n* tombino *m*
gültig *a* valido
Gültigkeit (-) *sf* validità *f*
Gültigkeitserklärung (-, -en) *sf* convalida *f*
Gummi (-s, -[s]) *sm/n* gomma *f*
Gummiband (-[e]s, **Gummibänder**) *sn* elastico *m*
Gummiknüppel (-s, -) *sm* manganello *m*
Gunst (-) *sf* favore *m*, benevolenza *f*
günstig *a* conveniente, favorevole
Günstling (-s, -e) *sm* favorito *m*, protetto *m*
Günstlingswirtschaft (-, -en) *sf* clientelismo *m* ◇ protezionismo *m*
gurgeln *vi* (*aus haben*) fare i gargarismi ◇ gorgogliare
Gurke (-, -n) *sf* cetriolo *m*
Gurt (-[e]s, -e) *sm* cintura *f* (di sicurezza)
Gürtel (-s, -) *sm* (*abb*) cintura *f*
Guss, Guß* (-es, **Güsse**) *sm* getto *m*, colata *f*
gut (*comp* **besser**, *sup* **beste**) *a* buono, probo ◇ giusto, corretto ◇ in buono stato ♦ *avv* bene ◇ correttamente ● *es g. haben* star bene; *es ist g., dass...* meno male che...; *g. tun zu...* far bene a...; *g. und gern* per lo meno; *mit jemandem wieder g. sein* andare di nuovo d'accordo con qn; *mir ist nicht g.* non sto bene; *mit jemandem g. stehen* essere in buoni rapporti con qn; *seien Sie so g. und...* sia così cortese da...; *so g. wie möglich* nel miglior modo possibile
Gut (-[e]s, **Güter**) *sn* bene *m*, proprietà *f*
Gutachter (-s, -) *sm* perito *m*
Güte (-) *sf* bontà *f* ◇ qualità *f* ● *in aller G.* (*fam*) con le buone
Güterbahnhof (-[e]s) *sm* (*ferr*) scalo *m* merci
Güterwagen (-s, -) *sm* (*ferr*) vagone *m* merci
Gütezeichen (-s, -) *sn* marchio *m* di qualità
gutgelaunt* → **gelaunt**
gütig *a* buono, gentile
gütlich *a* amichevole
gutmachen *vt* riparare ◇ risarcire ● *wieder g.* riparare; risarcire, rifondere
Gutschein (-[e]s, -e) *sm* buono *m*
Gymnasium (-s, **Gymnasien**) *sn* ginnasio *m*, liceo *m*
Gymnastik (-) *sf* ginnastica *f*
Gynäkologe (-n, -n; *f* **Gynäkologin**) *sm* ginecologo *m*
Gynäkologie (-) *sf* ginecologia *f*

H

Haar (-[e]s, -e) *sn* capello *m* ◇ pelo *m* • *immer ein H. in der Suppe finden* (fig) trovare sempre da ridire; *um ein H.* (fig) per un pelo; *Haaren spalten* sottilizzare

haarig *a* peloso

haarsträubend *a* orripilante

Haartrockner (-s, -) *sm* asciugacapelli *m*

Habe (-) *sf* averi *m pl*, beni *m pl*

haben (hat, hatte, gehabt) *vt* avere • *es gut h.* stare bene; *ich hab's!* ho capito!; *ich hätte gern...* vorrei...; *lieber haben* preferire

Hacke (-, -n) *sf* zappa *f*

hacken *vt* zappare ◇ spaccare, tagliare ◇ tritare

Hackfleisch (-[e]s) *sn* carne *f* tritata

Hackmaschine (-, -n) *sf* sarchiatrice *f*

Hafen (-s, Häfen) *sm* porto *m*

Hafenamt (-[e]s, Hafenämter) *sn* capitaneria *f* di porto

Hafer (-s) *sm* (*bot*) avena *f*

Haft (-) *sf* arresto *m* ◇ (*dir*) detenzione *f*

Haftanstalt (-, -en) *sf* prigione *f*, penitenziario *m*

haften (1) *vi* (*aus haben*, *für + acc*) garantire (per), rispondere (di)

haften (2) *vi* (*aus haben*, *an + dat*) aderire (a), rimanere attaccato (a)

Häftling (-s, -e) *sm* carcerato *m*, detenuto *m*

Haftung (-, -en) *sf* responsabilità *f* ◇ garanzia *f*

Hagel (-s) *sm* grandine *f*

hageln *vi* (*aus haben*) grandinare

Hagelschlag (-[e]s, Hagelschläge) *sm* grandinata *f*

hager *a* magro, scarno

Hahn (-[e]s, Hähne) *sm* (*zool*) gallo *m* ◇ rubinetto *m*

Hahnenfuß (-es, Hahnenfüße) *sm* (*bot*) ranuncolo *m*

Haifisch (-[e]s, -e) *sm* (*zool*) squalo *m*

Häkchen (-s) *sn* uncinetto *m* ◇ (*gramm*) apostrofo *m*

häkeln *vi* (*aus haben*) lavorare all'uncinetto

Haken (-s) *sm* gancio *m*, rampino *m* ◇ attaccapanni *m* ◇ amo *m*

Hakenkreuz (-es, -e) *sn* croce *f* uncinata, svastica *f*

halb *a* mezzo, metà ◇ (*fig*) mezzo, incompleto, insufficiente • *halbe Stunde* mezz'ora; *um h. drei* alle due e mezza; *halbehalbe machen* fare a metà

Halbdunkel (-) *sn* semioscurità *f*, penombra *f*

halbfertig *a* semilavorato

halbieren *vt* dividere a metà

Halbinsel (-, -n) *sf* penisola *f*

Halbjahr (-[e]s, -e) *sn* semestre *m*

halbjährig

halbjährig *a* semestrale
Halbkugel (-, -n) *sf* emisfero *m*
halbleise *a* (detto) sottovoce
Halbleiter (-s, -) *sm* (*el*) semiconduttore *m*
Halbmond (-[e]s, -e) *sm* (*astr*) mezzaluna *f*
Halbpension (-, -en) *sf* mezza pensione *f*
halbrund *a* semicircolare
Halbschatten (-s, -) *sm* penombra *f*
Halbstiefel (-s, -) *sm* stivaletto *m*
halbtags *avv* per mezza giornata
Hälfte (-, -n) *sf* metà *f* ♦ *zur H.* a metà
Halle (-, -n) *sf* atrio *m*, hall *f* ◇ (*sport*) palestra *f* ◇ (*di fiere*) padiglione *m*
Hallenbad (-[e]s, **Hallenbäder**) *sn* piscina *f* coperta
Halluzination (-, -en) *sf* (*psic*) allucinazione *f*
Hals (-es, **Hälse**) *sm* collo *m* ◇ gola *f* ♦ *aus vollem H.* a squarciagola; *bis zum H.* fino al collo, (*fig*) fin sopra i capelli; *sich den H. brechen* rompersi l'osso del collo; *steifer H.* torcicollo
Halskette (-, -n) *sf* collana *f*
Hals-Nasen-Ohren-Arzt (-es, **Ärzte**) *sm* otorinolaringoiatra *m*
Halstuch (-[e]s, **Halstücher**) *sn* sciarpa *f* ◇ foulard *m*
halt *inter* alt, fermo ♦ *h.! wer da?* (*mil*) alt! chi va là?
Halt (-[e]s, -e) *sm* sosta *f*, pausa *f* ◇ arresto *m*, fermata *f* ◇ sostegno *m*, appiglio *m* ♦ *den H. ver-*

lieren perdere il controllo; *ohne H.* senza sosta
haltbar *a* non deperibile, che si conserva ◇ durevole, resistente ♦ *mindestens h. bis* consumarsi preferibilmente entro
halten (**hält, hielt, gehalten**) *vt* tenere ◇ trattenere, fermare ◇ mantenere ◇ ritenere, credere ♦ *vi* (*aus haben*) fermarsi, sostare ◇ durare, essere resistente ♦ *vpr* reggersi, sostenersi ◇ conservarsi ◇ (*an + acc*) attenersi (a) ♦ *an sich h.* controllarsi; *auf sich h.* tenere alla propria persona; *sich für etwas/jemanden h.* considerarsi, credersi qc/qn; *zu jemandem h.* stare dalla parte di qn
halterlos *a* (*abb*) autoreggente
Haltestelle (-, -n) *sf* fermata *f*, stazione *f*
Halteverbot (-[e]s, -e) *sn* divieto *m* di sosta
Haltung (-, -en) *sf* posizione *f*, atteggiamento *m* ◇ comportamento *m*, condotta *f*
Hämatologe (-n, -n; *f* **Hämatologin**) *sm* ematologo *m*
hämisch *a* falso, ipocrita
Hammel (-es, -/**Hämmel**) *sm* (*zool*) montone *m*
Hammer (-s, **Hämmer**) *sm* martello *m* ◇ (*pop*) cannonata *f* ♦ *unter den H. kommen* essere messo all'asta
hämmern *vt* martellare ♦ *vi* (*aus haben*) martellare ◇ battere, pulsare

Hammerwerfen (-s) *sn* (*sport*) lancio *m* del martello

Hampelmann (-[e]s, **Hampelmänner**) *sm* burattino *m*

Hand (-, **Hände**) *sf* mano *f* ◊ manciata *f* ◊ (*fig*) mano *f*, stile *m* ● *aus erster/zweiter H.* di prima/seconda mano; *H. an sich legen* suicidarsi; *Hände hoch!* mani in alto!; *Hände weg!* giù le mani!; *jemandem an die H. gehen* dare una mano a qn; *jemanden an/bei der H. nehmen* prendere qn per mano; *von H. zu H.* di mano in mano; *zu Händen von...* all'attenzione di...

Handarbeit (-, -en) *sf* lavorazione *f* a mano ◊ manufatto *m*

Handball (-[e]s) *sm* (*sport*) pallamano *f*

Handbreit *sf* palmo *m*, spanna *f*

Handbremse (-, -n) *sf* freno *m* a mano

Handbuch (-[e]s, **Handbücher**) *sn* manuale *m*

Händedruck (-[e]s, -e) *sm* stretta *f* di mano

Handel (-s) *sm* commercio *m* ◊ affare *m*, traffico *m* ● *elektronischer H.* (*E-Commerce*) commercio elettronico; *H. en gros* commercio all'ingrosso; *im H. sein* essere in commercio; *mit etwas H. treiben* commerciare in qc; *seinen H. verstehen* sapere il fatto proprio

handeln *vi* (*aus haben*) operare, agire ◊ (*mit + dat*) trafficare (in/con) ◊ (*über + acc, von + dat*) trattare, avere per argomento ● *es handelt sich um...* si tratta di...

Handfertigkeit (-) *sf* abilità *f*

Handfesseln *s pl* manette *f pl*

handfest *a* robusto, forte, resistente ◊ (*fig*) ovvio, palese, evidente

Handfläche (-, -n) *sf* palmo *m* della mano

Handgelenk (-[e]s, -e) *sn* polso *m*

Handgriff (-[e]s, -e) *sm* manico *m*, impugnatura *f*

handhaben *vt* maneggiare, adoperare ◊ azionare, manovrare

Handikap (-s, -s) *sn* handicap *m*

Händler (-s, -) *sm* commerciante *m*, negoziante *m*

handlich *a* maneggevole, pratico

Handlung (-, -en) *sf* azione *f* ◊ argomento *m*, trama *f* ◊ negozio *m*

Handpflege (-, -n) *sf* manicure *f*

Handschreiben (-s, -) *sn* autografo *m*

Handschrift (-, -en) *sf* scrittura *f*, calligrafia *f*

handschriftlich *a* manoscritto

Handschuh (-[e]s, -e) *sm* guanto *m*

Handtasche (-, -n) *sf* borsetta *f*

Handtuch (-[e]s, **Handtücher**) *sn* asciugamano *m*

Handvoll *sf* manciata *f*

Handwahrsager (-s, -) *sm* chiromante *m*

Handwerk (-[e]s, -e) *sn* artigianato *m* ◊ mestiere *m*

Handwerker (-s, -) *sm* artigiano *m*

handwerksmäßig *a* artigianale

Handy (-s, -s) *sn* (*tel*) cellulare *m*

Hanf (-[e]s) *sm* (*bot*) canapa *f*

Hang (-[e]s, Hänge) *sm* pendio *m*, versante *m* ◇ pendenza *f* ◇ (*fig*) inclinazione *f*, propensione *f*

Hängematte (-, -n) *sf* amaca *f*

hängen (1) (**hing, gehangen**) *vi* (*aus haben*) (*an + dat*) essere appeso (a), pendere (da) ◇ pendere, essere inclinato ◇ (*an + dat*) (*fig*) essere affezionato (a)

hängen (2) *vt* appendere, attaccare ◆ *vpr* (**sich h.**) impiccarsi

hängend *a* pendente, pensile

Harfe (-, -n) *sf* arpa *f*

Harke (-, -n) *sf* rastrello *m*

harken *vt* rastrellare

Harm (-[e]s) *sm* affanno *m*, afflizione *f*

sich härmen *vpr* affannarsi, affliggersi

harmlos *a* innocuo, inoffensivo ◇ innocente, ingenuo

harmonisch *a* (*mus*) armonico ◇ (*fig*) armonioso

Harn (-[e]s, -e) *sm* urina *f*

Harnröhre (-, -n) *sf* (*anat*) uretra *f*

harntreibend *a* diuretico

hart (*comp* **härter**, *sup* **härteste**) *a* duro ◇ pesante, gravoso, faticoso ◇ severo, rigido ◇ difficile, duro ◆ *avv* duramente ◇ a fatica, difficilmente ◇ **h. an...** vicino a...; **harte Droge** droga pesante

Härte (-, -n) *sf* durezza *f* ◇ (*fig*) gravità *f*, rigore *m* ◇ (*fig*) crudeltà *f*, violenza *f*

hartherzig *a* insensibile, spietato, inumano

hartnäckig *a* ostinato ● **h. auf etwas bestehen** ostinarsi in qc

Hartnäckigkeit (-) *sf* ostinazione *f*

Harz (-es, -e) *sn* resina *f*

Hase (-n, -n) *sm* (*zool*) lepre *f* ● **da liegt der H. in Pfeffer** (*fam*) qui casca l'asino; **mein Name ist H.** (*fam*) non so niente di niente

Haselnuss, **Haselnuß*** (-, Haselnüsse) *sf* (*bot*) nocciola *f*

Hass, **Haß*** (-es) *sm* odio *m* ◇ (*fam*) collera *f* ● **einen H. auf jemanden haben** essere in collera con qn

hassen *vt* odiare ◆ *vpr* (**sich h.**) odiarsi, detestarsi

hässlich, **häßlich*** *a* brutto, ripugnante ◇ cattivo, malvagio

hätscheln *vt* vezzeggiare, coccolare (*fam*)

Haube (-, -n) *sf* cuffia *f*

Hauch (-[e]s, -e) *sm* soffio *m*, alito *m* ◇ velo *m*, strato *m* ◇ (*fig*) parvenza *f*, sfumatura *f*

hauchen *vi* (*aus haben*) alitare

hauen (**hieb, gehauen**) *vt* spaccare ◇ scavare ◇ piantare, conficcare ◇ (*fam*) picchiare

Hauer (-s, -) *sm* zanna *f*

häufen *vt* ammucchiare ◆ *vpr* (**sich h.**) accumularsi

Haufen (-s, -) *sm* cumulo *m*,

mucchio *m* ♦ *über den H. werfen* mandare all'aria *(fam)*

häufig *a* frequente ♦ *avv* spesso

Haupt (-[e]s, Häupter) *sn* capo *m*, testa *f* ♦ *erhobenen Hauptes* a testa alta; *gesenkten Hauptes* a capo chino

Hauptbahnhof (-[e]s, Hauptbahnhöfe) *sm* stazione *f* centrale

Hauptdarsteller (-s, -) *sm* protagonista *m*

Hauptgericht (-[e]s, -e) *sn* piatto *m* principale

Hauptgeschäftszeit (-) *sf* ora *f* di punta

Hauptmann (-[e]s, Hauptleute) *sm* capitano *m*

hauptsächlich *a* principale, primario ♦ *avv* principalmente, specialmente

Hauptsatz (-es, Hauptsätze) *sm* (*gramm*) proposizione *f* principale

Hauptschule (-, -n) *sf* scuola *f* secondaria inferiore

Hauptstadt (-, Hauptstädte) *sf* capitale *f*

Hauptwort (-[e]s, Hauptwörter) *sn* (*gramm*) sostantivo *m*

Haus (-es, Häuser) *sn* casa *f* ◊ edificio *m* ♦ *nach Hause gehen* andare a casa; *von H. zu H.* di casa in casa; *wo sind Sie zu Hause?* dove sta di casa?; *zu Hause sein* essere a casa

Hausarbeit (-, -en) *sf* faccende *f pl* domestiche

Hausaufgabe (-, -n) *sf* compito *m* (*a casa*)

Häuserblock (-[e]s, -e) *sm* caseggiato *m*, isolato *m*

Hausflur (-[e]s, -e) *sm* corridoio *m*, ingresso *m*

Hausfrau (-, -en) *sf* casalinga *f*, massaia *f*

Haushalt (-[e]s, -e) *sm* faccende *f pl* di casa

Haushälterin (-, -nen) *sf* governante *f*

Haushaltshilfe (-, -n) *sf* domestica *f*, colf *f*

haushoch *a* altissimo ◊ enorme ♦ *avv* di gran lunga, di molto ● *h. gewinnen* vincere brillantemente; *h. verlieren* perdere in modo clamoroso

hausieren *vi* (*aus haben, mit + dat*) vendere porta a porta ● *H. verboten* vietato l'ingresso ai venditori ambulanti

häuslich *a* casalingo, domestico

Hausmeister (-s, -) *sm* portinaio *m*, custode *m* ◊ (*einer Schule*) bidello *m*

Hausrat (-[e]s) *sm* suppellettili *f pl*

Hausschuhe *s pl* pantofole *f pl*

Haut (-, Häute) *sf* (*anat*) pelle *f* ◊ (*bot*) buccia *f* ◊ pellicola *f*, velo *m* ● *ich möchte nicht in seiner H. stecken* non vorrei essere nei suoi panni; *jemandem die H. abziehen* imbrogliare qn; *mit H. und Haaren* (*fam*) del tutto

Hautabschürfung (-, -en) *sf* (*med*) abrasione *f*, escoriazione *f*

Hautarzt (-es, Hautärzte) *sm* dermatologo *m*

Hautrötung (-, -en) *sf* (*med*) eritema *m*

hautschützend *a* (*med*) dermoprotettivo

Havarie (-, -n) *sf* avaria *f*

Hebel (-s, -) *sm* leva *f*

heben (hob, gehoben) *vt* sollevare, alzare

Hebräer (-s, -) *sm* ebreo *m*

hebräisch *a* ebraico

Hebräisch (-) *sn* (*ling*) ebraico *m*

Heck (-[e]s, -e/-s) *sn* (*naut*) poppa *f*

Hecke (-, -n) *sf* siepe *f*

Heckscheibe (-, -n) *sf* (*aut*) lunotto *m*

Heer (-[e]s, -e) *sn* esercito *m*

Heerführer (-s, -) *sm* condottiero *m*

Hefe (-, -n) *sf* lievito *m*

Heft (-[e]s, -e) *sn* quaderno *m* ◇ opuscolo *m*, stampato *m*

heften *vt* attaccare, fissare ◇ imbastire ◇ rilegare

heftig *a* forte, violento, intenso ● **h. werden** adirarsi

Heftigkeit (-, -en) *sf* violenza *f*

hegen *vt* conservare

Heide (-, -n) *sf* brughiera *f*

Heidekraut (-[e]s, **Heidekräuter**) *sn* (*bot*) erica *f*

Heidelbeere (-, -n) *sf* (*bot*) mirtillo *m*

Heidenlärm (-[e]s) *sm* baccano *m*

Heidentum (-[e]s) *sn* paganesimo *m*

heikel *a* delicato, scabroso ◇ schizzinoso

Heil (-[e]s) *sn* salvezza *f* ● **H. dem König!** viva il re!

heilbar *a* curabile, guaribile

heilen *vt* guarire ● **jemanden von etwas h.** guarire qn da qc

heilig *a* santo, sacro ● **heiliger Antonius** sant'Antonio

Heilige (-n, -n) *sm/f* santo *m*

Heiligenschein (-[e]s, -e) *sm* aureola *f*

Heiligkeit (-) *sf* santità *f*, sacralità *f*

Heiligtum (-[e]s, **Heiligtümer**) *sn* santuario *m*

heilkräftig *a* medicinale, curativo

Heilmittel (-s, -) *sn* medicina *f*, farmaco *m*

Heilpraktiker (-s, -) *sm* naturopata *m*

heilsam *a* salubre, salutare

Heilsamkeit (-) *sf* giovamento *m*

Heilung (-, -en) *sf* guarigione *f*

Heimat (-, -en) *sf* patria *f*

Heimatvertriebene *sm/f* profugo *m*

Heimcomputer (-s, -) *sm* personal computer *m*

heimisch *a* nostrano

Heimkehr (-) *sf* rimpatrio *m*

heimkehren *vi* (*aus sein*) rimpatriare

heimkommen (→ **kommen**) *vi* (*aus sein*) rientrare (*a casa*)

heimlich *a* segreto, nascosto ● **etwas Heimliches vor jemandem haben** avere qc da nascondere a qn

heimsuchen vt colpire, affliggere

Heimtrainer (-s, -) sm cyclette f

heimtückisch a insidioso, perfido

Heimweh (-s) sn nostalgia f ● *H. nach etwas* nostalgia di qc

Heirat (-, -en) sf matrimonio m

heiraten vt sposare ◆ vi (aus haben) sposarsi

heiser a rauco

Heiserkeit (-) sf raucedine f

heiß a caldo, bollente ◇ (fig) fervido, acceso

heißen (hieß, geheißen) vi (aus haben) chiamarsi, avere nome ◇ significare, voler dire ◆ vt nominare, dare il nome ● *das heißt...* cioè...; *wie h. Sie?* come si chiama?; *wie heißt das auf Italienisch?* come si dice in italiano?

Heißluftballon (-s, -s/-e) sm mongolfiera f

heiter a sereno, lieto, giocoso

Heiterkeit (-) sf serenità f, allegria f

heizen vt riscaldare

Heizkörper (-s, -) sm calorifero m, radiatore m

Heizung (-, -en) sf riscaldamento m

Hektar (-s, -e/-) sn ettaro m

Held (-en, -en; f -in) sm eroe m

heldenhaft a eroico

helfen (hilft, half, geholfen) vi (aus haben, + dat) aiutare, soccorrere ◇ giovare (a), essere utile (a) ● *es hilft nichts* non c'è niente da fare; *jemandem bei der Arbeit h.* aiutare qn nel lavoro; *jemandem in den Mantel h.* aiutare qn a mettersi il cappotto; *sich zu h. wissen* sapersi arrangiare

Helfer (-s, -) sm consulente m ◇ soccorritore m

hell a chiaro, luminoso ◇ sveglio

hellblau a azzurro

hellenisch a ellenico

hellenjstisch a ellenistico

Heller (-s, -) sm quattrino m

Helligkeit (-) sf luminosità f

Helm (-[e]s, -e) sm elmo m ◇ casco m

Hemd (-[e]s, -en) sn camicia f

hemmen vt arrestare, bloccare ◇ (fig) ritardare, ostacolare

Hemmnis (-ses, -se) sn ostacolo m

Hemmung (-, -en) sf rallentamento m, impedimento m ◇ (psic) inibizione f

Henkel (-s, -) sm manico m

Henker (-s, -) sm carnefice m, boia m

her avv qua, qui ● *um... h.* attorno a...; *von... h.* da; *h. damit!* (fam) qua! qua!

herab avv quaggiù, in basso

herabsetzen vt ridurre, moderare ◇ (fig) sminuire, declassare

heran avv vicino, avanti ● *immer h.!* avanti!

herauf avv quassù

heraus avv qua fuori ● *das ist noch nicht h.* non è ancora sicuro

herausfordern *vt* sfidare, provocare

Herausforderung (-, -en) *sf* provocazione *f*, sfida *f*

Herausgabe (-, -n) *sf* pubblicazione *f*

herausgeben (→ **geben**) *vt* porgere, consegnare ◇ emettere ◇ pubblicare

herausziehbar *a* estraibile

herausziehen (→ **ziehen**) *vt* estrarre

herb *a* aspro, acerbo

Herberge (-, -n) *sf* ostello *m*

Herbst (-[e]s, -e) *sm* autunno *m*

herbstlich *a* autunnale

Herd (-[e]s, -e) *sm* fornello *m* ◇ focolare *m*

Herde (-, -n) *sf* gregge *m*

herein *avv* dentro ◇ avanti!

Hering (-s, -e) *sm* (*zool*) aringa *f*

herkommen (→ **kommen**) *vi* (*aus sein*) derivare, provenire

Herkunft (-, Herkünfte) *sf* origine *f*, nascita *f*, provenienza *f*

Hernie (-, -n) *sf* (*med*) ernia *f*

Herr (-n, -en) *sm* signore *m* ◇ padrone *m* • *einer Sache H. werden* riuscire a dominare qc; *meine Damen und Herren!* Signore e Signori!

herrenlos *a* abbandonato, randagio

herrlich *a* splendido, stupendo
♦ *avv* magnificamente

Herrschaft (-, -en) *sf* padronanza *f*, autorità *f* ◇ dominazione *f* ◇ regime *m*, signoria *f*

herrschen *vi* (*aus haben*, *über + acc*) dominare (su)

herrschend *a* dominante, regnante

Herrscher (-s, -) *sm* dominatore *m*, regnante *m*, sovrano *m*

herstellen *vt* produrre, fabbricare

Hersteller (-s, -) *sm* fabbricante *m*, produttore *m*

Herstellung (-, -en) *sf* manifattura *f*, produzione *f*

herum *avv* intorno ◇ circa

herumschnüffeln *vi* (*aus haben*) (*fam*) curiosare

Herumtreiber (-, -) *sm* vagabondo *m*

herumziehen (→ **ziehen**) *vi* (*aus sein*, *um + acc*) girare attorno (a) ◇ girovagare

herunter *avv* disotto, giù

herunterkommen (→ **kommen**) *vi* (*aus sein*) scendere

herunterladbar *a* (*inform*) scaricabile

herunterlassen (→ **lassen**) *vt* abbassare, calare

hervor *avv* fuori

hervorheben (→ **heben**) *vt* esaltare, dare rilievo

hervorholen *vt* tirare fuori, sfoderare

hervorkehren *vt* ostentare, far risaltare

hervorragen *vi* (*aus haben*) sporgere ◇ (*aus + dat*) (*fig*) eccellere (su), emergere (fra)

hervorragend *a* sporgente ◇ eminente, illustre

hervortretend *a* spiccato

Herz (-ens, -en) *sn* (*anat*) cuore *m* ◇ animo *m* • *am H. liegen* stare

hinaufgehen

a cuore; *schweren Herzens* a malincuore; *von Herzen gern* molto volentieri

Herzklopfen (-s) *sn* (*med*) palpitazione *f*, batticuore *m*

herzkrank *a* cardiopatico

Herzkranzgefäß (-es, -e) *sn* (*anat*) coronaria *f*

herzlich *a* cordiale, caloroso ♦ *avv* affettuosamente, calorosamente ● *herzliche Grüße* cordiali saluti

Herzlichkeit (-) *sf* cordialità *f*

Herzog (-[e]s, Herzöge; *f* -in) *sm* duca *m*

Herzogtum (-[e]s, Herzogtümer) *sn* ducato *m*

Herzschlag (-[e]s, Herzschläge) *sm* battito *m* del cuore

heterosexuell *a* eterosessuale

Hetze (-, -n) *sf* fretta *f*

hetzen *vt* inseguire, perseguitare ◊ fare fretta (a), sollecitare ♦ *vi* (*aus haben*) correre, affrettarsi

Heu (-[e]s) *sn* fieno *m*

Heuchelei (-) *sf* ipocrisia *f*

Heuchler (-s, -) *sm* ipocrita *m*

heulen *vi* (*aus haben*) ululare ◊ piangere, frignare (*fam*)

Heuschnupfen (-s) *sm* raffreddore *m* da fieno

Heuschuppen (-s, -) *sm* fienile *m*

heute *avv* oggi ● *h. Abend* stasera; *h. Morgen* stamattina; *h. Nacht* stanotte

heutig *a* odierno ◊ attuale

heutzutage *avv* oggigiorno

Hexe (-, -n) *sf* strega *f*

Hexenmeister (-s, -) *sm* stregone *m*

Hexerei (-, -en) *sf* stregoneria *f*

hier *avv* qua, qui

hiesig *a* locale, nostrano

Hi-Fi-Anlage (-, -n) *sf* (*mus*) impianto *m* hi-fi

Hilfe (-, -n) *sf* aiuto *m*, soccorso *m* ● *Erste H.* pronto soccorso

Hilfsarbeiter (-s, -) *sm* manovale *m*

hilfsbereit *a* servizievole, disponibile

Hilfslehrer (-s, -) *sm* supplente *m*

Hilfsmittel (-s, -) *sn* aiuto *m*, sussidio *m*

Hilfsquelle (-, -n) *sf* risorsa *f*

Himbeere (-, -n) *sf* (*bot*) lampone *m*

Himmel (-s, -) *sm* cielo *m* ◊ (*relig*) paradiso *m*

Himmelbett (-[e]s, -en) *sn* letto *m* a baldacchino

himmlisch *a* celeste, del cielo ◊ divino ◊ (*fig*) meraviglioso

hin *avv* là, verso quel luogo ◊ (*fam*) rotto, finito ● *ganz h. sein* essere completamente rovinato; *H. und Her* viavai; *h. und wieder* di quando in quando; *h. und zurück* andata e ritorno

hinab *avv* giù, dabbasso ● *den Strom h.* secondo corrente

hinan *avv* in su, in alto

hinauf *avv* su, in alto

hinaufgehen (→ *gehen*) *vi* (*aus sein*) salire

hinaufklettern vi (aus sein) arrampicarsi

hinaufsteigen (→ **steigen**) vi salire ● **wieder h.** risalire

hinaus avv fuori

hinausgehen (→ **gehen**) vi (aus sein) andare fuori, uscire ◊ (fig) superare, andare oltre

hindern vt impedire, ostacolare

Hindernis (-ses, -se) sn impaccio m, ostacolo m, impedimento m

hindurch avv attraverso ♦ prep (+ acc, postposta al s) durante, per ● **Jahre h.** per anni

hinein avv dentro

sich hineinleben vpr adattarsi, familiarizzare (con)

hineinziehen (→ **ziehen**) vt trascinare, coinvolgere

hinfallen (→ **fallen**) vi (aus sein) cadere ● **wieder h.** ricadere

Hingabe (-, -n) sf fervore m, passione f, dedizione f

hingeben (→ **geben**) vt dare, porgere ◊ sacrificare ♦ vpr (**sich h.**) (+ dat) dedicarsi (a)

hinken vi (aus haben) zoppicare

hinlegen vt mettere, posare ♦ vpr (**sich h.**) distendersi, sdraiarsi

sich hinneigen vpr piegarsi, inclinarsi

Hinreise (-, -n) sf viaggio m di andata

hinreißend a affascinante

hinrichten vt (dir) giustiziare

hinschleppen vt trascinare ◊ tirare per le lunghe (fam) ♦ vpr (**sich h.**) trascinarsi

Hinspiel (-[e]s, -e) sn (sport) partita f di andata

hinten avv dietro ◊ in fondo, alla fine

hinter prep (+dat/acc, stato in luogo e moto a luogo) dietro (ES: **h. dem Haus sein** essere dietro la casa; **h. das Haus gehen** andare dietro la casa) ◊ (+ dat, in una successione) dopo ● **einer h. dem andern** uno dopo l'altro; **etwas h. sich haben** aver superato qc; **etwas h. sich kommen** scoprire qc; **etwas h. sich haben** aver superato qc

Hinterbacke (-, -n) sf (anat) natica f

Hinterbliebene (-n, -n) sm/f superstite m/f

Hinterbühne (-, -n) sf (teat) retroscena m

hintere a posteriore ◊ ultimo, finale

Hintergedanke (-ns, -n) sm sottinteso m

hintergehen (→ **gehen**) vt aggirare, raggirare

Hintergrund (-[e]s, **Hintergründe**) sm fondo m ◊ (arte) sfondo m ◊ (teat) retroscena m ● **in den H. treten** perdere di importanza

Hinterhalt (-[e]s, -e) sm imboscata f

Hinterland (-[e]s) sn entroterra m, hinterland m

hinterlegen vt depositare

Hinterlist (-, -en) sf malafede f

Hintern (-s, -) sm (fam) sedere m

Hinterschiff (-[e]s, -e) sn (naut) poppa f

hinunter avv giù
hinuntergehen (→ **gehen**) vi (aus sein) scendere
Hinweis (-es, -e) sm indicazione f ◊ avvertenza f, consiglio m
hinweisen (→ **weisen**) vt indicare, avvertire
hinzufügen vt aggiungere
hinzukommen (→ **kommen**) vi (aus sein) aggiungere ◊ sopraggiungere
Hirn (-[e]s, -e) sn (anat) cervello m
Hirsch (-[e]s, -e) sm (zool) cervo m
Hirse (-, -n) sf (bot) miglio m
Hirt (-en, -en) sm pastore m
Hirtenflöte (-, -n) sf zufolo m
hispanisch a ispanico
Historiker (-s, -) sm storico m
Hitze (-) sf caldo m, calura f
Hitzewelle (-, -n) sf vampata f
hitzig a caloroso ◊ (fig) violento, forte ◊ (fig) focoso
Hobel (-s, -) sm pialla f
hoch (comp **höher**, sup **höchst**) a alto ● **Hände h.** mani in alto; **Kopf h.!** coraggio!
hochachtungsvoll avv distinti saluti
Hochburg (-, -en) sf roccaforte f
Hochdruckgebiet (-, -[e]s, -e) sn (meteor) anticiclone m
Hochebene (-, -n) sf altopiano m
Hochhaus (-es, **Hochhäuser**) sn grattacielo m
hochheben (→ **heben**) vt alzare
hochherzig a magnanimo
Hochmut (-[e]s) sm superbia f

hochmütig a superbo, presuntuoso
hochrot a vermiglio
Hochschulabschluss, Hochschulabschluß* (-es, **Hochschulabschlüsse**) sm laurea f
Hochschule (-, -n) sf università f
höchst (→ **hoch**) a massimo ● **es ist h. Zeit** è ora
höchstens avv tutt'al più
Hochtechnologie (-) sf alta tecnologia f
Hochwasser (-s, -) sn piena f ◊ alta marea f
hochwürdig a reverendo
Hochzeit (-, -en) sf nozze f pl
Hocker (-s, -) sm sgabello m
Hode (-, -n) sf (anat) testicolo m
Hof (-[e]s, **Höfe**) sm corte f, cortile m
hoffen vi (aus haben, auf + accl zu + dat) sperare (in), confidare (in) ♦ vt sperare, attendersi ● **nicht h.** sperare di no; **wollen wir h.!** speriamo!
Hoffnung (-, -en) sf speranza f
Hoffnungslosigkeit (-) sf disperazione f
höfisch a cavalleresco, cortese
höflich a gentile, educato, garbato
Höflichkeit (-, -en) sf cortesia f, gentilezza f
Höhe (-, -n) sf altezza f ◊ altitudine f
Höhenunterschied (-[e]s, -e) sm dislivello m
höher (→ **hoch**) a superiore
hohl a cavo, vuoto

Höhle (-, -n) *sf* caverna *f*, grotta *f* ◇ (*zool*) tana *f*
Höhlenforscher (-s, -) *sm* speleologo *m*
Höhlenkunde (-) *sf* speleologia *f*
Hohn (-[e]s) *sm* scherno *m*
höhnisch *a* beffardo ● *h. lachen* sghignazzare
holen *vt* andare a prendere, pigliare ● *hol dich der Teufel!* vai al diavolo!
Holländer (-s, -) *sm* olandese *m*
holländisch *a* olandese
Hölle (-, -n) *sf* inferno *m*
höllisch *a* infernale
Holz (-es, Hölzer) *sn* legno *m*
Holzfäller (-s, -) *sm* boscaiolo *m*
holzig *a* ligneo
Holzschuh (-[e]s, -e) *sm* zoccolo *m*
Holzwurm (-[e]s, Holzwürmer) *sm* tarlo *m*
Homöopathie (-) *sf* omeopatia *f*
homosexuell *a* omossessuale
Honig (-s, -e) *sm* miele *m*
honigsüß *a* mellifluo
Honorar (-s, -e) *sn* parcella *f*
Hopfen (-s) *sm* (*bot*) luppolo *m*
hörbar *a* udibile
Horde (-, -n) *sf* orda *f*
hören *vt* sentire, udire ● *auf jemanden h.* dare retta a qn; *von jemandem h.* ricevere notizie da qn
Horizont (-[e]s, -e) *sm* orizzonte *m*
horizontal *a* orizzontale
Hormon (-s, -e) *sn* ormone *m*
Horn (-[e]s, Hörner) *sn* corno *m*

Hornhaut (-, Hornhäute) *sf* (*anat*) cornea *f*
Hornisse (-, -n) *sf* (*zool*) calabrone *m*
Horoskop (-s, -e) *sn* oroscopo *m*
Hörsaal (-[e]s, Hörsäle) *sm* sala *f* per audizioni ◇ aula *f* (*universitaria*)
Hose (-, -n) *sf* calzoni *m pl*, pantaloni *m pl*
Hotel (-s, -s) *sn* albergo *m*
Hubraum (-[e]s) *sm* (*aut*) cilindrata *f*
hübsch *a* carino, grazioso
Hubschrauber (-s, -) *sm* elicottero *m*
Huf (-[e]s, -e) *sm* (*zool*) zoccolo *m*
Hüfte (-, -n) *sf* (*anat*) anca *f*, fianco *m*
Hüfthalter (-s, -) *sm* reggicalze *m*
Hüftweh (-s) *sn* (*med*) sciatica *f*
Hügel (-s, -) *sm* colle *m*, collina *f*
hügelig *a* collinoso
Huhn (-[e]s, Hühner) *sn* (*zool*) gallina *f*, pollo *m*
Hühnerauge (-s, -n) *sn* callo *m*
Hühneraugenpflaster (-s, -) *sn* callifugo *m*
Hühnerstall (-[e]s, Hühnerställe) *sm* pollaio *m*
Hülle (-, -n) *sf* involucro *m* ◇ guscio *m*
Hülse (-, -n) *sf* guscio *m*
Hülsenfrucht (-, Hülsenfrüchte) *sf* (*bot*) legume *m*
Humanist (-en, -en; *f* -in) *sm* umanista *m/f*

Hummer (-s, -) *sm* (*zool*) gambero *m*
Humor (-s, -e) *sm* umorismo *m*, buonumore *m*
Humorist (-en, -en; *f* -in) *sm* umorista *m/f*
Humpen (-s, -) *sm* boccale *m*
Hund (-[e]s, -e) *sm* cane *m*
Hundefreund (-[e]s, -e) *sm* cinofilo *m*
Hundehütte (-, -n) *sf* canile *m*
Hundelager (-s, -) *sn* cuccia *f*
hundert *a* cento
Hundertjahrfeier (-, -n) *sf* centenario *m*
hundertjährig *a* centenario, secolare
hundertste *a* centesimo ● *vom Hundertsten ins Tausendste kommen* saltare di palo in frasca (*fam*)
hündisch *a* (*spreg*) servile
Hunger (-s) *sm* fame *f*
hungrig *a* affamato
Hupe (-, -n) *sf* (*aut*) clacson *m*

hüpfen *vi* (*aus sein*) saltellare
Hürdenlauf (-[e]s) *sm* (*sport*) corsa *f* a ostacoli
Hure (-, -n) *sf* prostituta *f*
husten *vi* (*aus haben*) tossire
Hut (-[e]s, Hüte) *sm* cappello *m* ● *das ist ein alter H.* (*fig, fam*) non è nulla di nuovo; *vor jemandem den H. abnehmen* levarsi tanto di cappello di fronte a qn
Hütte (-, -n) *sf* capanna *f*, rifugio *m*
hybrid *a* ibrido
Hydrant (-en, -en) *sm* idrante *m*
Hydraulik (-) *sf* idraulica *f*
hygienisch *a* igienico
Hymne (-, -n) *sf* inno *m*
Hyperbel (-, -n) *sf* (*geom*) iperbole *f*
Hypertonie (-) *sf* (*med*) ipertensione *f*
Hypnose (-, -n) *sf* ipnosi *f*
Hypothek (-, -en) *sf* ipoteca *f*
Hysterie (-, -n) *sf* (*psic*) isterismo *m*

I

iahen *vi* (*aus haben*) ragliare
ich (*dat* **mir**, *acc* **mich**) *pr,pers* io ● *hier bin i.!* eccomi!; *i. bin es sono io*; *i. für meine Person...* quanto a me...
ideal *a* ideale ♦ *avv* idealmente
idealisieren *vt* idealizzare
Idealist (-en, -en; *f* -in) *sm* idealista *m/f*

Idee (-, -n) *sf* idea *f* ● *wie kommst du auf die I.?* come ti è venuta quest'idea?
identifizieren *vt* identificare ♦ *vpr* (**sich i.**) identificarsi
Identifizierung (-, -en) *sf* identificazione *f*
identisch *a* identico ● *mit etwas i. sein* essere identico a qc

Identität (-, -en) *sf* identità *f*
Ideogramm (-[e]s, -e) *sn* ideogramma *m*
Ideologe (-n, -n; *f* **Ideologin**) *sm* ideologo *m*
Ideologie (-, -n) *sf* ideologia *f*
Idiom (-s, -e) *sn* idioma *m*
Idiot (-en, -en; *f* **-in**) *sm* idiota *m/f*
Idol (-s, -e) *sn* idolo *m*
Idyll (-s, -e) *sn* idillio *m*
Igel (-s, -) *sm* (*zool*) riccio *m*
ihm (*dat di* → **er**, → **es**) *pr.pers* a lui, gli
ihn (*acc di* → **er**, → **es**) *pr.pers* lui, lo
ihnen (*dat di* → **sie** *pl*) *pr.pers* a loro, loro, gli (*fam*)
Ihnen (*dat di* → **Sie**) *pr.pers* (*sing*) (*forma di cortesia*) a Lei, Le ◊ (*pl*) (*forma di cortesia*) a Voi, Vi
ihr (1) (*dat/acc* **euch**) *pr.pers* voi
ihr (2) (*dat di* → **sie** *sing*) *pr.pers* a lei, le
ihr (3) (*f* **ihre**, *n* **ihr**; *pl* **ihre**) *a/pr.poss* (*sing*) suo (*f* sua; *pl m* suoi, *f* sue) ◊ (*pl*) loro
Ihr (*f* **Ihre**, *n* **Ihr**; *pl* **Ihre**) *a/pr.poss* (*sing*) (*forma di cortesia*) Suo, di Lei ◊ (*pl*) (*forma di cortesia*) Vostro
Ikone (-, -n) *sf* icona *f*
Ikonographie (-) *sf* iconografia *f*
illegal *a* illegale
Illegalität (-, -en) *sf* illegalità *f*
Illumination (-, -en) *sf* illuminazione *f*
illuminieren *vt* illuminare
Illusion (-, -en) *sf* illusione *f* ● *sich Illusionen über etwas machen* farsi illusioni su qc
Illusionist (-en, -en) *sm* illuso *m* ◊ illusionista *m*, prestigiatore *m*
Illustration (-, -en) *sf* illustrazione *f*
illustrieren *vt* illustrare
Iltis (-ses, -se) *sm* (*zool*) puzzola *f*
im → **in**
Imbiss, Imbiß* (-es, -e) *sm* spuntino *m*, merenda *f*, snack *m*
Imbissstube, Imbiss-Stube, Imbißstube* (-, -n) *sf* tavola *f* calda
Imitation (-, -en) *sf* imitazione *f*
imitieren *vt* imitare
immer *avv* sempre ● *auf/für i.* per sempre; *i. besser* sempre meglio; *i. noch* ancora, sempre; *i. schlechter* sempre peggio; *i. wenn* ogni volta che
immergrün *a* sempreverde
immerhin *avv* comunque
Immigrant (-en, -en; *f* **-in**) *sm* immigrato *m*
immigrieren *vi* (*aus sein*) immigrare
immunisieren *vt* immunizzare
Immunität (-) *sf* immunità *f*
Imperativ (-s, -e) *sm* (*gramm*) imperativo *m*
Imperfekt (-s, -e) *sn* (*gramm*) imperfetto *m*
Imperialismus (-) *sm* imperialismo *m*
impfen *vt* (*med*) vaccinare ◊ (*bot*) innestare
Impfstoff (-[e]s, -e) *sm* vaccino *m*

Impfung (-, -en) *sf* vaccinazione *f* ◊ (*bot*) innesto *m*
imponieren *vi* (*aus haben*, + *dat*) impressionare, fare impressione (su)
Import (-[e]s, -e) *sm* importazione *f*
importieren *vt* importare
imposant *a* imponente ◊ (*fig*) spettacolare
impotent *a* impotente
Impotenz (-) *sf* impotenza *f*
Improvisation (-, -en) *sf* improvvisazione *f*
improvisieren *vt/i* improvvisare
Impuls (-es, -e) *sm* impulso *m*
impulsiv *a* impulsivo
in *prep* (+ *dem* = **im**, + *das* = **ins**) (+ *dat/acc*, *stato in luogo e moto a luogo*) in, dentro, a (ES: **in dem Zimmer sein** essere nella stanza; **in die Stadt gehen** andare in città) ◊ (+ *dat*, *tempo*) in (**im Frühling** in primavera) (+ *dat*) fra (**in zehn Jahren** fra dieci anni) ● *im Allgemeinen* generalmente; *im Alter von...* all'età di...; *im Augenblick* momentaneamente; *im Durchschnitt* mediamente; *im Gegensatz zu* contrariamente a; *im Gegenteil* anzi; *im Geiste* con il pensiero; *im Großen* all'ingrosso; *im Wesentlichen* essenzialmente; *in der Nähe* vicino a, presso
Inbegriff (-[e]s, -e) *sm* modello *m*, incarnazione *f* ● *der I. der Dummheit* la stupidità in persona
inbegriffen *a* compreso, incluso ◊ implicito
indem *cong* mentre
Inder (-s, -) *sm* indiano *m*
Indikativ (-s, -e) *sm* (*gramm*) indicativo *m*
indirekt *a* indiretto
indisch *a* indiano
indiskret *a* indiscreto
Indiskretion (-, -en) *sf* indiscrezione *f*
Individualität (-, -en) *sf* individualità *f*
individuell *a* individuale
indoeuropäisch *a* indoeuropeo
Industrialisierung (-, -en) *sf* industrializzazione *f*
Industrie (-, -n) *sf* industria *f*
Industriegebiet (-[e]s, -e) *sn* zona *f* industriale
industriell *a* industriale
ineinander *avv* l'uno nell'altro
Infanterie (-, -n) *sf* fanteria *f*
Infarkt (-[e]s, -e) *sm* infarto *m*
Infektion (-, -en) *sf* infezione *f*
Infektionskrankheit (-, -en) *sf* malattia *f* infettiva
Infinitiv (-s, -e) *sm* (*gramm*) infinito *m*
infizieren *vt* (*med*) contagiare, infettare
Inflation (-, -en) *sf* inflazione *f*
infolge *prep* (+ *gen*) in seguito a
Informatik (-) *sf* informatica *f*
Informatiker (-s, -) *sm* informatico *m*
Information (-, -en) *sf* informazione *f*
informell *a* informale
informieren *vt* informare ♦ *vpr*

infrage kommen (sich i.) informarsi, documentarsi ● *jemanden über etwas i.* informare qn di qc

infrage kommen, in Frage kommen *vi* essere preso in considerazione

infrage stellen, in Frage stellen *vt* mettere in dubbio

infrarot *a* infrarosso

Ingenieur (-s, -e; *f* -in) *sm* ingegnere *m*

Ingenieurwissenschaften *s pl* ingegneria *f sing*

Ingwer (-s) *sm* (bot) zenzero *m*

Inhaber (-s, -) *sm* proprietario *m*, titolare *m*

Inhalt (-[e]s, -e) *sm* contenuto *m* ◇ (geom) volume *m* ● *zum I. haben* avere per soggetto

inhaltsreich *a* sostanziale, significativo

Inhaltsverzeichnis (-ses, -se) *sn* indice *m*

Initiative (-, -n) *sf* iniziativa *f* ● *aus eigener I.* di propria iniziativa; *die I. ergreifen* prendere l'iniziativa

Injektion (-, -en) *sf* iniezione *f*

inkonsequent *a* incoerente

Inkraftsetzung (-) *sf* messa *f* in vigore

In-Kraft-Treten, Inkrafttreten* (-s) *sn* entrata *f* in vigore

Inländer (-s, -) *sm* indigeno *m*

inliegend *a* accluso

inmitten *prep* (+ gen) in mezzo a

innen *avv* internamente, dentro ● *nach i.* verso l'interno; *von i.* dall'interno

Inneneinrichtung (-, -en) *sf* arredamento *m*

Innenhof (-[e]s, **Innenhöfer**) *sm* cortile *m* interno, patio *m*

Innenleben (-s, -) *sn* vita *f* interiore

Innenminister (-s, -) *sm* ministro *m* degli interni

Innenpolitik (-, -en) *sf* politica *f* interna

Innenseite (-, -n) *sf* parte *f* interna, interno *m*

innere *a* interiore, interno

Innereien *s pl* frattaglie *f pl*

innerhalb *prep* (+ gen) entro

innerlich *a* interno, interiore ● *avv* internamente, interiormente

innerste *a* intimo

innig *a* interno ◇ cordiale, affettuoso

Innigkeit (-) *sf* affettuosità *f*, cordialità *f*

ins → **in**

insbesondere *avv* particolarmente

Inschrift (-, -e) *sf* iscrizione *f*

Insekt (-[e]s, -en) *sn* insetto *m*

Insektenvertilgungsmittel (-s, -) *sn* insetticida *m*

Insel (-, -n) *sf* isola *f*

Inselgruppe (-, -n) *sf* arcipelago *m*

Inserat (-[e]s, -e) *sn* inserzione *f*

Inspektion (-, -en) *sf* ispezione *f*, controllo *m*

Inspektor (-s, -en) *sm* ispettore *m*

Inspiration (-, -en) *sf* ispirazione *f*

inspirieren *vt* ispirare

Installation (-, -en) *sf* installazione *f*

installieren *vt* installare

instand, in Stand *a* in ordine, a posto ● *etwas i. halten* tenere qc in buono stato *i. setzen* riparare

Instandhaltung (-, -en) *sf* manutenzione *f*

inständig *a* pressante, insistente

instandsetzen* → **instand**

Instandsetzung (-, -en) *sf* riparazione *f*

Instinkt (-[e]s, -e) *sm* istinto *m*

instinktiv *a* istintivo

Institut (-[e]s, -e) *sn* istituto *m*

instruieren *vt* istruire

Instruktion (-, -en) *sf* istruzione *f*

Instrument (-[e]s, -e) *sn* strumento *m*

instrumental *a* strumentale

insular *a* insulare, isolano

inszenieren *vt* mettere in scena, allestire

Inszenierung (-, -en) *sf* messinscena *f*

integrieren *vt* integrare

intellektuell *a* intellettuale

intelligent *a* intelligente

Intelligenz (-, -en) *sf* intelligenza *f*

Intensität (-) *sf* intensità *f*

intensiv *a* intenso

interessant *a* interessante

Interesse (-s, -n) *sn* interesse *m*, interessamento *m* ● *an/für etwas I. haben* essere interessato a qc; *in jemandes I. liegen* essere nell'interesse di qn; *jemandes Interessen vertreten* difendere gli interessi di qn

Interesselosigkeit (-) *sf* disinteresse *m*

interessieren *vt/i* interessare ◆ *vpr* **(sich i.)** (*für + acc*) interessarsi (di)

Interferenz (-, -en) *sf* interferenza *f*

Interjektion (-, -en) *sf* interiezione *f*

interkontinental *a* intercontinentale

intermodal *a* intermodale

intern *a* interno

Internat (-[e]s, -e) *sn* collegio *m*

international *a* internazionale

Internet (-s, -s) *sn* (*inform*) Internet *m* ● *I. Café* Internet café

Internetanschluss (-es, Internetanschlüsse) *sm* connessione *f* a Internet

Internetverbindung (-, -en) *sf* connessione *f* a Internet

Internierungslager (-s, -) *sn* campo *m* di internamento

Interpret (-en, -en; *f* -in) *sm* interprete *m/f*

Interpretation (-, -en) *sf* interpretazione *f*

interpretieren *vt* interpretare

interrogativ *a* (*gramm*) interrogativo

Interview (-s, -s) *sn* intervista *f*

interviewen *vt* intervistare

Intimität (-, -en) *sf* intimità *f*

intolerant *a* intollerante

Intoleranz (-, -en) *sf* intolleranza *f*

Intrige (-, -n) *sf* macchinazione f, intrigo *m*
introvertiert *a* introverso
Intuition (-, -en) *sf* intuizione *f*
intuitiv *a* intuitivo
Invalide (-n, -n; *f* **Invalidin**) *sm* invalido *m*
Invalidität (-) *sf* invalidità *f*
Invasion (-, -en) *sf* invasione *f*
Invasor (-en, -en) *sm* invasore *m*
investieren *vt* investire
Investierung (-, -en) *sf* investimento *m*
inzwischen *avv* intanto
ionisch *a* ionico
irdisch *a* terreno ◊ *(fis)* terrestre
Ire (-n, -n; *f* **Irin**) *sm* irlandese *m/f*
irgend *avv* in qualche modo, solo
irgendein *a* qualsiasi
irgendetwas, irgend etwas* *pr* qualcosa
irgendjemand, irgend jemand* *pr* qualcuno
irgendwie *avv* in qualche modo
irgendwo *avv* da qualche parte
irisch *a* irlandese
Ironie (-, -n) *sf* ironia *f*
ironisch *a* ironico
irre *a* folle, pazzo, demente
irreführen (→ **führen**) *vt* trarre in inganno, imbrogliare
irren *vi* vagare, errare senza meta ♦ *vpr* (**sich i.**) *(in + dat)* sbagliarsi (in, sul conto di), equivocare (su) • *wenn ich mich nicht irre* se non erro

Irrenhaus (-es, **Irrenhäuser**) *sn* manicomio *m*
irrereden *vi* *(aus haben)* delirare
irrewerden, irrwerden, irre werden* *vi* • *an jemandem i.* perdere la fiducia di qualcuno
Irrfahrt (-, -en) *sf* peregrinazione *f*
Irrgarten (-s, **Irrgärten**) *sm* labirinto *m*
irrig *a* erroneo
Irrlehre (-, -n) *sf (relig)* eresia *f*
Irrsinn (-[e]s, -e) *sm* pazzia *f*
irrsinnig *a* pazzo, folle
Irrtum (-s, **Irrtümer**) *sm* errore *m*, sbaglio *m* ◊ equivoco *m* • *das war ein I.* c'è stato un malinteso
irrwerden → **irrewerden**
islamisch *a* islamico
Islamismus (-) *sm* islamismo *m*
Isländer (-s, -) *sm* islandese *m*
isländisch *a* islandese
Isolierband (-[e]s, **Isolierbänder**) *sn* nastro *m* isolante
isolieren *vt* isolare, separare ♦ *vpr* (**sich i.**) isolarsi
Isoliermittel (-s, -) *sn* materiale *m* isolante, isolante *m*
Isolierung (-, -en) *sf* isolamento *m*
ist → **sein**
Isthmus (-, -) *sm* istmo *m*
Italianist (-en, -en; *f* -**in**) *sm* italianista *m/f*
Italiener (-s, -) *sm* italiano *m*
italienisch *a* italiano
Italienisch (-) *sn (ling)* italiano *m*

J

ja *avv* sì ♦ *glaube ja nicht, dass...* non credere che...; *zu etwas Ja (ja) sagen* acconsentire a qc

Jacke (-, -n) *sf* giacca *f*

Jagd (-, -en) *sf* caccia *f* ♦ *auf die J. gehen* andare a caccia; *auf etwas J. machen* dare la caccia a qc

Jagdaufseher (-s, -) *sm* guardacaccia *m*

Jagdhund (-[e]s, -e) *sm* cane *m* da caccia

Jagdrevier (-s, -) *sn* riserva *f* di caccia

Jagdschein (-[e]s, -e) *sm* licenza *f* di caccia

jagen *vt* cacciare ◇ *(fig)* inseguire ♦ *vi (aus haben)* andare a caccia ♦ *nach etwas j.* correr dietro a qc

Jäger (-s, -) *sm* cacciatore *m*

Jahr (-[e]s, -e) *sn* anno *m* ♦ *in die Jahre kommen* cominciare a invecchiare; *letztes J.* l'anno scorso; *nächstes J.* l'anno prossimo; *vor einem J.* un anno fa

Jahrbuch (-[e]s, **Jahrbücher**) *sn* annuario *m*

Jahrestag (-[e]s, -e) *sm* anniversario *m*

Jahreszeit (-, -en) *sf* stagione *f*

Jahrgang (-[e]s, **Jahrgänge**) *sm* generazione *f*, classe *f* ◇ annata *f*

Jahrhundert (-s, -e) *sn* secolo *m*

jährlich *a* annualmente

Jahrtausend (-s, -e) *sn* millennio *m*

Jahrzehnt (-[e]s, -e) *sn* decennio *m*

Jammer (-s) *sm* miseria *f*, povertà *f* ♦ *es ist ein J., dass...* è un peccato che...

jämmerlich *a* misero

jammern *vi (aus haben, über + acc)* lagnarsi (di), lamentarsi (di)

Januar (-[s], -e) *sm* gennaio *m*

Japaner (-s, -) *sm* giapponese *m*

japanisch *a* giapponese

Jargon (-s, -s) *sm* gergo *m*

Jasmin (-s, -e) *sm* (*bot*) gelsomino *m*

jauchzen *vi (aus haben)* esultare

jawohl *avv* sì certo, sissignore

Jazz *sm* jazz *m*

Jazzmusiker (-s, -) *sm* jazzista *m*

je (1) *avv* mai ◇ per volta ◇ (per) ciascuno ♦ *seit eh und j.* da sempre

je (2) *cong* je..., desto/umso... tanto... quanto...

jedenfalls *avv* comunque

jeder *a* ciascuno, ogni ♦ *pr* ciascuno, ognuno

jedermann *pr* ognuno

jedoch *cong* eppure, invece, però

jemals *avv* mai

jemand *pr* qualcuno

jener *a/pr* quello

jenseits *prep* (+ *gen*) dall'altra

parte, oltre ● *j. der Alpen* oltralpe; *j. des Meeres* oltremare
jetzt *avv* adesso, ora ● *bis j.* finora; *erst j.* solo ora; *von j. an* d'ora in poi
jeweils *avv* ogni volta, per volta
Joggen *vi* (*aus haben*) fare jogging
Joghurt, Jogurt (-[s], -[s]) *sm/n* yogurt *m*
Johannisbeere (-, -n) *sf* (*bot*) ribes *m*
Joint (-s, -s) *sm* (*pop*) canna *f*, spinello *m*
Jongleur (-s, -e) *sm* giocoliere *m*
Journal (-s, -e) *sn* giornale *m*
Journalismus (-) *sm* giornalismo *m*
Journalist (-en, -en; *f* -in) *sm* giornalista *m/f*
Jubel (-s) *sm* gioia *f*, giubilo *m*
jubeln *vi* (*aus haben*) esultare, trionfare
Jubiläum (-s, Jubiläen) *sn* giubileo *m*
jucken *vt* prudere (a) ◆ *vi* (*aus haben*, + *dat*) prudere (a) ◆ *vimp* avere prurito (ES: **es juckt mich am Rücken** mi prude la schiena)
Jucken (-s, -) *sn* prurito *m*
Jude (-n, -n; *f* Judin) *sm* ebreo *m*
jüdisch *a* ebraico
Jugend (-) *sf* adolescenza *f*, gioventù *f*

jugendlich *a* giovanile
Jugendliche (-n, -n) *sm/f* adolescente *m/f*
Jugendstil (-[e]s) *sm* liberty *m*
Jugendzeit (-) *sf* adolescenza *f*
Juli (-[s], -s) *sm* luglio *m*
jung (*comp* jünger, *sup* jüngste) *a* giovane ● *von jung auf* fin da giovane
Junge (-n, -n) *sm* ragazzo *m*
jünger (*comp di* → **jung**) *a* più giovane, minore
Jungfer (-, -n) *sf* (*pop*) zitella *f*
Jungfrau (-, -en) *sf* vergine *f* ◊ (*astr*) Vergine *f*
Jungfräulichkeit (-) *sf* verginità *f*
Junggeselle (-n, -n; *f* Junggesellin) *sm* scapolo *m*
jüngste (*sup di* → **jung**) *a* (il/la) più giovane, ultimo ● *das J. Gericht* il giudizio universale
Juni (-[s], -s) *sm* giugno *m*
Jurist (-en, -en; *f* -in) *sm* giurista *m/f* ◊ studente *m/f* in giurisprudenza
juristisch *a* giuridico ◆ *avv* giuridicamente ● *juristische Fakultät* facoltà di legge
Jury (-, -s) *sf* giuria *f*
Justiz (-) *sf* (*dir*) giustizia *f*
Juwel (-s, -en) *sn* gioiello *m*
Juwelier (-s, -e) *sm* orefice *m*

K

Kabale (-, -n) *sf* cabala *f* ◊ (*fig*) intrigo *m*

Kabel (-s, -) *sn* cavo *m* ◊ (*naut*) cima *f*

Kabeljau (-s, -e/-s) *sm* (*zool*) merluzzo *m*

Kabine (-, -n) *sf* cabina *f*

Kabinenbahn (-, -en) *sf* cabinovia *f*

Kabinett (-s, -e) *sn* gabinetto *m*, ministero *m*

Kachel (-, -n) *sf* piastrella *f*

kacheln *vt* piastrellare

Kaffee (-s, -s/-) *sm* caffè *m* ● *das ist kalter K.!* (*fam*, *fig*) è vecchia!; *jemanden zum K. einladen* invitare qn a prendere un caffè; *K. kochen* fare il caffè

Kaffeekanne (-, -n) *sf* caffettiera *f*

Kaffeemühle (-, -n) *sf* macinacaffè *m*

Käfig (-s, -e) *sm* gabbia *f*

kahl *a* calvo, pelato

kahlköpfig *a* calvo

Kahn (-[e]s, **Kähne**) *sm* barca *f*, chiatta *f*

Kai (-s, -e/-s) *sm* banchina *f*, molo *m*

Kaiser (-s, -) *sm* imperatore *m*

kaiserlich *a* imperiale

Kakao (-s) *sm* cacao *m* ● *jemanden durch den K. ziehen* (*fam*) prendere in giro qn

Kakerlak (-s/-en, -en) *sm* (*pop*) scarafaggio *m*

Kalb (-[e]s, **Kälber**) *sn* vitello *m*

Kalbshaxe (-, -n) *sf* stinco *m* di vitello

Kalbsroulade (-, -n) *sf* involtino *m* di vitello

Kaldaunen *s pl* trippa *f sing*

Kalender (-s, -) *sm* calendario *m*

Kaliber (-s, -) *sn* calibro *m*

Kalk (-[e]s, -e) *sm* calce *f*

kalkhaltig *a* calcareo

kalkulieren *vt* calcolare

Kalorie (-, -n) *sf* caloria *f*

kalorienarm *a* ipocalorico

kalorienreich *a* ipercalorico

kalt (*comp* **kälter**, *sup* **kältest**) *a* freddo ◊ (*fig*) freddo, insensibile ♦ *avv* freddo ◊ (*fig*) a freddo, freddamente ● *es ist k.* fa freddo; *K. werden* (*meteor*) fare freddo; *mir ist k.* ho freddo

kaltblütig *a* (*zool*) a sangue freddo ◊ (*fig*) freddo, a sangue freddo

Kälte (-) *sf* freddo *m* ◊ (*fig*) freddezza *f*, indifferenza *f*

kältebeständig *a* resistente al freddo

Kälteschutzmittel (-s, -) *sn* antigelo *m*

Kalvinismus (-) *sm* calvinismo *m*

kalvinistisch *a* calvinista

Kamee (-, -n) *sf* cammeo *m*

Kamel (-[e]s, -e) *sn* cammello *m*

Kamelie (-, -n) *sf* (*bot*) camelia *f*

Kamera (-, -s) *sf* macchina *f* fotografica ◊ videocamera *f*, cinepresa *f*

Kamerad (-en, -en; f -in) sm compagno m ◇ (mil) commilitone m

kameradschaftlich a cameratesco

Kamille (-, -n) sf (bot) camomilla sf

Kamin (-s, -e) sm camino m

Kamm (-[e]s, Kämme) sm pettine m ◇ (zool) cresta f

kämmen vt pettinare ◆ vpr (**sich k.**) pettinarsi

Kammer (-, -n) sf camera f

Kampf (-[e]s, Kämpfe) sm lotta f ◇ battaglia f, combattimento m ● **der K. ums Dasein** lotta per l'esistenza; **K. auf Leben und Tod** lotta all'ultimo sangue

kämpfen vi (aus haben, für/um + acc) lottare (per), combattere (per)

kampfunfähig a (sport) fuori combattimento ● **jemanden k. machen/schlagen** mettere qn fuori combattimento

Kanadier (-s, -) sm canadese m

kanadisch a canadese

Kanal (-s, Kanäle) sm canale m

Kanalisation (-, -en) sf canalizzazione f ◇ fognatura f

kanalisieren vt incanalare

Kandelaber (-s, -) sm candelabro m

Kandidat (-en, -en; f -in) sm candidato m

Kandidatur (-, -en) sf candidatura f

kandieren vt candire

Känguru, Känguruh* (-s, -s) sn (zool) canguro m

Kaninchen (-s, -) sn (zool) coniglio m

Kanister (-s, -) sm latta f, bidone m, tanica f

Kanne (-, -n) sf brocca f, bricco m

Kanone (-, -n) sf cannone m

kanonisch a canonico

Kante (-, -n) sf spigolo m, bordo m

Kantine (-, -n) sf mensa f

Kanton (-s, -e) sm cantone m (della Svizzera)

kantonal a cantonale

Kanu (-s, -s) sn canoa f

Kanzlei (-, -en) sf cancelleria f

Kanzler (-s, -) sm cancelliere m

Kap (-s, -s) sn (geogr) capo m

Kapazität (-, -en) sf capacità f

Kapelle (-, -n) sf (relig) cappella f ◇ (mus) banda f

kapillar a capillare

Kapital (-s, -e/-ien) sn (fin) capitale m

Kapitalismus (-) sm capitalismo m

Kapitalist (-en, -en; f -in) sm capitalista m/f

Kapitän (-s, -e) sm (naut, sport) capitano m ◇ (aer) comandante m

Kapitel (-s, -) sn capitolo m

Kapitell (-s, -e) sn capitello m

Kapitulation (-, -en) sf resa f, capitolazione f

kapitulieren vi (aus haben) capitolare, arrendersi

Kappe (-, -n) sf berretto m, cuffia f ◇ coperchio m ● **etwas auf sei-**

ne K. nehmen assumersi la responsabilità di qc
Kapsel (-, -n) *sf* capsula *f*
kaputt *a* (*fam*) guasto, rotto
kaputtgehen (→ **gehen**) *vi* (*aus sein*) (*fam*) rompersi
kaputtmachen *vt* (*fam*) rompere
Kapuze (-, -n) *sf* cappuccio *m*
Kapuziner (-s, -) *sm* (*relig*) (frate) cappuccino *m*
Karaffe (-, -n) *sf* caraffa *f*
Karawane (-, -n) *sf* carovana *f*
Kardinal (-s, **Kardinäle**) *sm* cardinale *m*
karg (*comp* **karger/kärger**, *sup* **kargste/kärgste**) *a* scarso ◊ povero, misero ◊ avaro ● *mit etwas k. sein* essere avaro di qc
karjert *a* quadrettato, a quadretti
Karies (-) *sf* (*med*) carie *f*
Karikatur (-, -en) *sf* caricatura *f*, vignetta *f*
Karikaturjst (-en, -en; *f* -in) *sm* vignettista *m/f*
Karneval (-s, -e/-s) *sm* carnevale *m*
Karo (-s, -s) *sn* quadrato *m* ◊ (seme *m* di) quadri ● *K.-Sieben* settebello
Karosserie (-, -n) *sf* carrozzeria *f*
Karotte (-, -n) *sf* carota *f*
Karpfen (-s, -) *sm* (*zool*) carpa *f*
Karre (-, -n) *sf* carretto *m*, carro *m*
Karriere (-, -n) *sf* carriera *f*
Karte (-, -n) *sf* carta *f* ◊ biglietto *m* ◊ menù *m* ● *ein Spiel Karten*

un mazzo di carte; *wiederaufladbare K.* (*tel*) scheda ricaricabile; *Karten spielen* giocare a carte; *grüne K.* carta verde
Kartei (-, -en) *sf* schedario *m*
Karteikarte (-, -n) *sf* scheda *f*
Kartenleger (-s, -) *sm* cartomante *m*
Kartoffel (-, -n) *sf* patata *f*
Kartoffelbrei (-) *sm* purè *m*
Karton (-s, -s/-e) *sm* cartone *m*
Karussell (-s, -s/-e) *sn* giostra *f*
Karwoche (-) *sf* settimana *f* santa
Käse (-s, -) *sm* formaggio *m*
Käserei (-, -en) *sf* caseificio *m*
Kaserne (-, -n) *sf* caserma *f*
Kasse (-, -n) *sf* cassa *f*
Kassenarzt (-es, **Kassenärzte**) *sm* medico *m* della mutua
Kassenzettel (-s, -) *sm* scontrino *m* fiscale
Kassette (-, -n) *sf* cassetta *f*
kassieren *vt* incassare
Kassierer (-s, -) *sm* cassiere *m*
Kastanie (-, -n) *sf* (*bot*) castagno *m* ◊ castagna *f*
Kastell (-s, -e) *sn* castello *m*, fortificazione *f*
Kasten (-s, **Kästen/-**) *sm* cassa *f*, cassone *m*
kastrieren *vt* castrare
Kasus (-, -) (*gramm*) caso *m*
Katalog (-[e]s, -e) *sm* catalogo *m*
katalogisieren *vt* catalogare
Katalysator (-s, -en) *sm* (*aut*) marmitta *f* catalitica
Katamaran (-s, -e) *sn/m* (*naut*) catamarano *m*

Katarrh, Katarr (-s, -e) *sm* catarro *m*

katastrophal *a* catastrofico, disastroso

Katastrophe (-, -n) *sf* catastrofe *f*, disastro *m*

Katastrophenschutz (-es) *sm* protezione *f* civile

Katechismus (-) *sm* catechismo *m*

Kategorie (-, -n) *sf* categoria *f*

kategorisch *a* categorico

Kathedrale (-, -n) *sf* cattedrale *f*

Katholik (-en, -en; *f* -in) *sm* cattolico *m*

katholisch *a* cattolico

Katholizismus (-) *sm* cattolicesimo *m*

Katze (-, -n) *sf* gatto *m*, gatta *f* ◇ *das ist für die K.* (fam) è fatica sprecata

Katzenauge (-s, -n) *sn* catarifrangente *m*

kauen *vt* masticare

Kauf (-[e]s, **Käufe**) *sm* acquisto *m* • *etwas in K. nehmen* rassegnarsi ad accettare qc

kaufen *vt* comprare • *etwas von jemandem k.* comprare qc da qn

Käufer (-s, -) *sm* acquirente *m*, compratore *m*

Kaufhaus (-es, **Kaufhäuser**) *sn* grande magazzino *m*, emporio *m*

käuflich *a* in vendita ◇ venale

Kaufmann (-[e]s, **Kaufleute**) *sm* negoziante *m*

Kaufvertrag (-[e]s, **Kaufverträge**) *sm* contratto *m* di compravendita

Kaufzwang (-[e]s, **Kaufzwänge**) *sm* obbligo *m* d'acquisto • *kein K.* ingresso libero

Kaugummi (-s, -s) *sn/m* gomma *f* da masticare

kaum *avv* appena ◇ difficilmente, a mala pena • *ich glaube k.* non credo; *wohl k.* sarà difficile

kausal *a* causale

Kaution (-, -en) *sf* cauzione *f* • *gegen K.* dietro cauzione

Kauz (-es, **Käuze**) *sm* (zool) civetta *f*

Kavalierstart, Kavaliersstart (-[e]s, -s) *sm* (fam) spacconata *f*

Kavallerie (-, -n) *sf* cavalleria *f*

Kaviar (-s, -e) *sm* caviale *m*

Kegel (-s, -) *sm* (geom) cono *m* ◇ birillo *m*

kegelförmig *a* conico

Kehle (-, -n) *sf* (anat) gola *f* ◇ (arch) scanalatura *f*

Kehlkopf (-[e]s, **Kehlköpfe**) *sm* (anat) laringe *f*

kehren (1) *vt* scopare, spazzare

kehren (2) *vt/i* (aux haben) voltare, girare ◆ *vpr* (**sich k.**) voltarsi, girarsi ◇ (*an* + *acc*) occuparsi di

Kehrreim (-[e]s, -e) *sm* ritornello *m*

Kehrseite (-, -n) *sf* rovescio *m*, risvolto *m*

Kehrtwendung (-, -en) *sf* (aut) inversione *f* di marcia ◇ (mil) dietro-front *m* ◇ (fig) voltafaccia *m*

Keil (-[e]s, -e) *sm* (tecn) zeppa *f*

Keiler (-s, -) *sm* (*zool*) cinghiale *m*

keilförmig *a* cuneiforme

Keim (-[e]s, -e) *sm* germe *m*, germoglio *m*

keimen *vi* (*aus haben*) germogliare

kein *a* non, nessuno (ES: **ich habe kein Geld mehr** non ho più un soldo) ● **k. bisschen** neanche un po'; **k. zwei Euro** neanche due euro

keiner(*f* **keine**, *n* **kein(e)s**) *pr* nessuno

Keks (-[es], -[e]) *sm* biscotto *m*

Kelch (-[e]s, -e) *sm* calice *m*

Kelle (-, -n) *sf* mestolo *m* ◇ (*edil*) cazzuola *f*

Keller (-s, -) *sm* cantina *f*

Kellergeschoss, **Kellergeschoß*** (-es, -e) *sn* scantinato *m*, seminterrato *m*

Kellner (-s, -) *sm* cameriere *m*

keltisch *a* celtico

kennen (**kannte**, **gekannt**) *vt* conoscere, sapere ◆ *vpr* (**sich k.**) conoscersi ● **k. lernen** conoscere, fare la conoscenza (di)

kennenlernen* → **kennen**

Kenner (-s, -) *sm* conoscitore *m*, intenditore *m*

kenntlich *a* riconoscibile

Kenntnis (-, -se) *sf* conoscenza *f*

Kennzeichen (-s, -) *sn* caratteristica *f*, segno *m* particolare ◇ contrassegno *m*, distintivo *m*

kennzeichnen *vt* contraddistinguere, caratterizzare

Keramik (-, -en) *sf* ceramica *f*

Kerbe (-, -n) *sf* tacca *f*

Kerl (-[e]s, -e/-s) *sm* (*fam*) uomo *m*, tipo *m*

Kern (-[e]s, -e) *sm* nocciolo *m* ◇ (*fis*) nucleo *m* (*dell'atomo*) ◇ (*fig*) sostanza *f*, essenza *f*

Kernenergie (-) *sf* energia *f* nucleare

Kerngehäuse (-s, -) *sn* torsolo *m*

Kernkraft (-) *sf* energia *f* atomica

Kernkraftwerk (-[e]s, -e) *sn* centrale *f* nucleare

Kernwaffen *s pl* armi *f pl* nucleari

Kerze (-, -n) *sf* candela *f*, cero *m* ◇ (*aut*) candela *f*

Kessel (-s, -) *sm* paiolo *m*, bollitore *m* ◇ caldaia *f*

Ketschup, **Ketchup** (-[s], -s) *sm/n* (*cuc*) ketchup *m*

Kette (-, -n) *sf* catena *f* ◇ collana *f* ◇ (*fig*) serie *f*

ketten *vt* incatenare, legare ● **sich an jemanden/etwas k.** legarsi a qn/qc

Ketzer (-s, -) *sm* eretico *m*

Ketzerei (-, -en) *sf* eresia *f*

keuchen *vi* (*aus haben*) ansimare

Keule (-, -n) *sf* clava *f*

Keuschheit (-) *sf* castità *f*

Kiefer (1) (-s, -) *sm* (*anat*) mascella *f*

Kiefer (2) (-, -n) *sf* (*bot*) pino *m* silvestre

Kiel (-[e]s, -e) *sm* (*aer*, *naut*) carena *f*

Kielraum (-[e]s, **Kielräume**) *sm* stiva *f*

Kielwasser (-s, -) *sn* scia *f*

Kies (-es, -e) sm ghiaia f
Kiesel (-s, -) sm (min) selce f
Kieselstein (-[e]s, -e) sm ciottolo m
Kilobyte (-[s], -[s]) sn (inform) kilobyte m
Kilogramm (-s, -e) sn chilogrammo m
Kilometer (-s, -) sm chilometro m
Kilometerzähler (-s, -) sm contachilometri m
Kind (-[e]s, -er) sn bambino m ◊ figlio m • *von K. auf* fin da piccolo
Kinderarzt (-es, Kinderärzte) sm pediatra m
Kinderbetreuung (-, -en) sf baby-sitting m
Kinderei (-, -en) sf bambinata f
Kinderfertignahrung (-, -en) sf omogeneizzato m
Kindergarten (-s, Kindergärten) sm scuola f materna
Kinderkrippe (-, -n) sf asilo m nido
kinderlos a senza figli
Kindersitz (-es, -e) sm seggiolino m (per bambini)
Kinderstuhl (-[e]s, Kinderstühle) sm seggiolone m
Kindertagesheim (-[e]s, -e) sn scuola f materna (a tempo pieno)
Kinderwagen (-s, -) sm carrozzina f, passeggino m
Kindheit (-) sf infanzia f
kindisch a infantile, puerile
kindlich a infantile
kinetisch a cinetico

Kinn (-[e]s, -e) sn mento m
Kino (-s, -s) sn cinema m
Kiosk (-[e]s, -e) sm chiosco m ◊ edicola f
Kirche (-, -n) sf chiesa f
Kirchenbann (-[e]s, -e) sm (relig) scomunica f
Kirchenschiff (-[e]s, -e) sn (arch) navata f
kirchlich a ecclesiastico
Kirchplatz (-es, Kirchplätze) sm sagrato m
Kirschbaum (-[e]s, Kirschbäume) sm (bot) ciliegio m
Kirsche (-, -n) sf ciliegia f
Kissen (-s, -) sn cuscino m
Kiste (-, -n) sf cassa f, cassetta f
Kitt (-[e]s, -e) sm mastice m, stucco m
Kittel (-s, -) sm camice m
Kitzel (-s) sm prurito m, solletico m ◊ (fig) voglia f, desiderio m
kitzeln vt fare il solletico (a)
Klage (-, -n) sf lamento m, lamentela f ◊ (dir) querela f • *gegen jemanden K. erheben* querelare qn
klagen vi (aus haben, über + acc) lagnarsi (di), lamentarsi (di)
kläglich a meschino, miserabile
Klammer (-, -n) sf molletta f ◊ fermaglio m, graffetta f ◊ (tecn) morsetto m, graffa f
Klammeraffe (-n, -n) sm (inform) chiocciola f
Klang (-[e]s, Klänge) sm rumore m, suono m
klangvoll a sonoro
klappbar a pieghevole

Klappe (-, -n) *sf* coperchio *m* (*ribaltabile*) ◇ (*pop*) becco *m* ◇ (*tecn*) valvola *f*
klappen *vt* ribaltare ♦ *vi* (*aus haben*) sbattere ◇ (*fam*) andare bene, funzionare
Klappmesser (-s, -) *sn* coltello *m* a serramanico
klar *a* chiaro, limpido ◇ pronto ● **k. und deutlich** chiaro e tondo
klären *vt* purificare, depurare ◇ chiarire
Klarheit (-, -en) *sf* limpidezza *f*
Klarinette (-, -n) *sf* (*mus*) clarinetto *m*
Klärung (-, -en) *sf* purificazione *f* ◇ chiarimento *m*
Klasse (-, -n) *sf* aula *f*, classe *f* ◇ categoria *f* ● (*das ist*) **K.!** magnifico!; **erster K. fahren** viaggiare in prima classe
Klassenarbeit (-, -en) *sf* compito *m* in classe
Klassenbuch (-[e]s, **Klassenbücher**) *sn* registro *m* di classe
klassifizieren *vt* classificare
Klassik (-) *sf* epoca *f* classica ◇ classicismo *m* ◇ classicità *f*
klassisch *a* classico
Klassizismus (-) *sm* classicismo *m*
klatschen *vi* (*aus haben*) battere le mani, applaudire ◇ (*fam*) spettegolare
Klatscherei (-, -en) *sf* pettegolezzo *m*
Klatschmaul (-[e]s, **Klatschmäuler**) *sn* pettegolo *m*
Klaue (-, -n) *sf* artiglio *m*
Klause (-, -n) *sf* eremo *m*

Klausel (-, -n) *sf* clausola *f*
Klausur (-) *sf* clausura *f*
Klavier (-s, -e) *sn* pianoforte *m* ● **K. spielen** suonare il pianoforte
kleben *vt* incollare ♦ *vi* (*aus haben*) stare attaccato ◇ appiccicarsi
Klebestreifen (-s, -) *sm* nastro *m* adesivo
klebrig *a* appiccicoso
Klebstoff (-[e]s, -e) *sm* adesivo *m*, colla *f*
Klee (-s) *sm* trifoglio *m*
Kleid (-[e]s, -er) *sn* vestito *m*
kleiden *vt* vestire ♦ *vpr* (**sich k.**) vestirsi
Kleiderschrank (-[e]s, **Kleiderschränke**) *sm* guardaroba *m*, armadio *m* ● **begehbarer K.** cabina armadio
Kleidung (-, -en) *sf* abbigliamento *m*
Kleidungsstück (-[e]s, -e) *sn* indumento *m*
Kleie (-, -n) *sf* crusca *f*
klein *a* piccolo, minuto ◇ piccolo, basso ◇ (*fig*) insignificante, modesto ● **ein k. wenig** un pochino
Kleingeld (-[e]s, -er) *sn* moneta *f*
Kleingolf (-s, -s) *sm* minigolf *m*
Kleinhirn (-[e]s, -e) *sn* (*anat*) cervelletto *m*
Kleinigkeit (-, -en) *sf* inezia *f*, nonnulla *m*
Kleinkram (-[e]s) *sm* chincaglieria *f*
Kleinkrieg (-[e]s, -e) *sm* guerriglia *f*

kleinlich *a* gretto, meschino ◇ pignolo, meticoloso

Kleinlichkeit (-, -en) *sf* piccolezza *f*, inezia *f* ● *eine K. essen* mangiare un boccone

Kleinwagen (-s, -) *sm* utilitaria *f*

Klemme (-, -n) *sf* molletta *f* ◇ fermaglio *m* ◇ (*tecn*) morsetto *m* ◇ (*fig*) guaio *m*, impiccio *m*

klemmen *vt* stringere, serrare ◆ *vi* (*aus haben*) incepparsi, bloccarsi

Kleptomanie (-) *sf* cleptomania *f*

klerikal *a* clericale

Klerus (-) *sm* clero *m*

klettern *vi* (*aus haben*) (*auf + acc*) arrampicarsi (su), scalare ◇ (*über + acc*) scavalcare

Kletterpartie (-, -n) *sf* scalata *f*, ascensione *f*

Kletterpflanze (-, -n) *sf* (pianta *f*) rampicante *m*

Klettverschluss, Klettverschluß* (-es, Klettverschlüsse) *sm* chiusura *f* con velcro

Klima (-s, -s/-te) *sn* clima *m*

Klimaanlage (-, -n) *sf* impianto *m* di aria condizionata

klimatisiert *a* climatizzato

Klinge (-, -n) *sf* lama *f*

Klingel (-, -n) *sf* campanello *m* ◇ (*tel*) suoneria *f*

klingeln *vi* (*aus haben*) suonare, squillare

klingen (**klang, geklungen**) *vi* (*aus haben*) suonare, mandare un suono ● *mir k. die Ohren* mi fischiano le orecchie

Klinik (-, -en) *sf* clinica *f*

klinisch *a* clinico

Klinke (-, -n) *sf* maniglia *f*

Klippe (-, -n) *sf* scoglio *m* ◇ scogliera *f*

Klo (-s, -s) *sn* (*fam*) gabinetto *m*

Kloake (-, -n) *sf* fogna *f*

klopfen *vt* battere ◆ *vi* (*aus haben*) battere ◇ (*an + acc*) bussare (a), picchiare (a) ● *es klopft!* bussano!

Kloß (-es, Klöße) *sm* gnocco *m* ◇ polpetta *f*

Kloster (-s, Klöster) *sn* convento *m*, monastero *m*

klug (*comp* klüger, *sup* klügste) *a* intelligente ◇ ragionevole, sensato

Klugheit (-) *sf* intelligenza *f*, saggezza *f*

knabbern *vt* sgranocchiare

Knabe (-n, -n) *sm* ragazzo *m*

Knall (-[e]s, -e) *sm* scoppio *m*, colpo *m*

knallen *vi* (*aus haben*) scoppiare

Knallerbse (-, -n) *sf* petardo *m*

knapp *a* scarso, limitato ◇ sintetico, conciso

Knappheit (-) *sf* scarsità *f*, penuria *f* ◇ concisione *f*

Knäuel (-s, -) *sm* gomitolo *m*

Knauser (-s, -) *sm* (*fam*) tirchio *m*

knausern *vi* (*aus haben, mit + dat*) lesinare (su)

Knecht (-[e]s, -e) *sm* (*stor*) servo *m*

kneifen (**kniff, gekniffen**) *vt* pizzicare

kneten *vt* impastare

Knie (-s, -) *sn* (*anat*) ginocchio *m* ● *auf den Knien* in ginocchio;

in die K. gehen cadere in ginocchio, *(fig)* cedere
knien *vi (aus haben)* stare in ginocchio ♦ *vpr* inginocchiarsi
Kniescheibe (-, -n) *sf (anat)* rotula *f*
Kniestrumpf (-[e]s, Kniestrümpfe) *sm* calzettone *m*, gambaletto *m*
Kniff (-[e]s, -e) *sm* pizzicotto *m*, pizzico *m* ◊ trucco *m*
Knoblauch (-[e]s) *sm (bot)* aglio *m*
Knochen (-s, -) *sm* osso *m*
Knolle (-, -n) *sf (bot)* bulbo *m*
Knopf (-[e]s, Knöpfe) *sm* bottone *m* ◊ pulsante *m* • **auf den K. drücken** premere il pulsante
Knopfloch (-[e]s, Knopflöcher) *sn* occhiello *m*, asola *f*
Knorpel (-s, -) *sm (anat)* cartilagine *f*
knoten *vt* annodare, fare un nodo (a)
Knoten (-s, -) *sm* nodo *m*
knotig *a* nodoso
knüpfen *vt* annodare, intrecciare
Knüppel (-s, -) *sm* randello *m*, bastone *m*
knurren *vi (aus haben)* ringhiare ◊ *(der Magen)* brontolare
knusprig *a* croccante
Koch (-[e]s, Köche; *f* -**in**) *sm* cuoco *m*
kochen *vt* cuocere, cucinare ◊ bollire, lessare
Kochen (-s) *sn* cottura *f*
Kochfleisch (-[e]s) *sn* lesso *m*
Kochkunst (-) *sf* arte *f* culinaria

Kochnische (-, -n) *sf* angolo *m* cottura
Kode (-s, -s) *sm* codice *m*
Köder (-s, -) *sm* esca *f*
ködern *vt* adescare
Koeffizient (-en, -en) *sm* coefficiente *m*
Koffein (-s) *sn* caffeina *f*
koffeinfrei *a* decaffeinato
Koffer (-s, -) *sm* valigia *f* • **seine K. packen** fare le valigie, *(fig)* andarsene
Kofferraum (-[e]s, Kofferräume) *sm (aut)* bagagliaio *m*
Kohl (-[e]s, -e) *sm (bot)* cavolo *m*
Kohle (-, -n) *sf (min)* carbone *m*
Kohlenhydrat (-en, -en) *sn (chim)* carboidrato *m*
Kohlenwasserstoff (-[e]s, -e) *sm (chim)* idrocarburo *m*
Kokosnuss, Kokosnuß* (-, Kokosnüsse) *sf* noce *f* di cocco *m*
koksen *vt (fam)* sniffare cocaina
Kolben (-s, -) *sm (mecc)* pistone *m* ◊ *(bot)* pannocchia *f*
Kolik (-, -en) *sf (med)* colica *f*
Kollaps (-es, -e) *sm (med)* collasso *m*
Kollege (-n, -n; *f* **Kollegin**) *sm* collega *m/f*
Kollektion (-, -en) *sf* collezione *f*
Kölnischwasser (-s, -) *sn* (acqua *f* di) colonia *f (profumo)*
Kolonialist (-en, -en; *f* -**in**) *sm* colonialista *m/f*
Kolonie (-, -n) *sf* colonia *f*
Kolonisation (-, -en) *sf* colonizzazione *f*
kolonisieren *vt* colonizzare

Kolonist (-en, -en; *f* -in) *sm* colonizzatore *m*

Kolonne (-, -n) *sf* colonna *f*

kolossal *a* mastodontico

Koma (-s, -s/-ta) *sn* (*med*) coma *m*

Kombination (1) (-, -en) *sf* combinazione *f*

Kombination (2) (-, -en) *sf* (*abb*) tuta *f* (*da lavoro*)

Komet (-en, -en) *sm* (*astr*) cometa *f*

Komfort (-s) *sm* comfort *m*, comodità *f*

komfortabel *a* confortevole

Komik (-) *sf* comicità *f*

Komiker (-s, -) *sm* comico *m*

komisch *a* strano ◊ buffo, comico

Komitee (-s, -s) *sn* comitato *m*

Komma (-s, -s/-ta) *sn* virgola *f*

Kommandant (-en, -en; *f* -in) *sm* comandante *m/f*

kommen (kam, gekommen) *vi* (*aus sein*) venire, arrivare, giungere ◊ (*aus + dat*) venire (da), provenire (da) ◊ (*von + dat*) derivare (da) ● *komm, komm!* (*fam*) andiamoci piano!

kommend *a* prossimo, futuro

Kommentar (-s, -e) *sm* commento *m*

Kommentator (-s, -en) *sm* commentatore *m*

kommentieren *vt* commentare

Kommissar (-s, -e) *sm* commissario *m*

Kommissariat (-[e]s, -e) *sn* commissariato *m*

Kommunikation (-, -en) *sf* comunicazione *f*

Kommunion (-, -en) *sf* (*relig*) comunione *f*

Kommunismus (-) *sm* comunismo *m*

Kommunist (-en, -en; *f* -in) *sm* comunista *m/f*

Komödiant (-en, -en; *f* -in) *sm* commediante *m/f*, istrione *m*

Komödie (-, -n) *sf* commedia *f*

kompakt *a* compatto

Komparativ (-s, -e) *sm* (*gramm*) comparativo *m*

Komparse (-n, -n) *sm* comparsa *f*

Kompass, Kompaß* (-es, -e) *sm* bussola *f*

kompetent *a* competente

Kompetenz (-, -en) *sf* competenza *f*

komplett *a* completo

Komplex (-es, -e) *sm* (*psic*) complesso *m*

Kompliment (-[e]s, -e) *sn* complimento *m* ● *mein K.!* complimenti!; *jemandem wegen etwas Komplimente machen* fare i complimenti a qn per qc

komplizieren *vt* complicare

Komplott (-[e]s, -e) *sn* complotto *m*

komponieren *vt* comporre

Komponist (-en, -en; *f* -in) *sm* compositore *m*

Komposition (-, -en) *sf* composizione *f*

Kompostierung (-, -en) *sf* compostaggio *m*

Kompressor (-s, -en) *sm* compressore *m*

Kompromiss, Kompromiß* (-es, -e) *sm* compromesso *m* ●
einen K. schließen scendere a un compromesso

kondensiert *a* condensato

Kondensmilch (-) *sf* latte *m* condensato

Kondition (-, -en) *sf* condizione *f*

Konditor (-s, -en) *sm* pasticciere *m*

Konditorei (-, -en) *sf* pasticceria *f*

Kondom (-s, -e/-s) *sn* preservativo *m*

Konfekt (-[e]s, -e) *sn* cioccolatino *m*

Konfektion (-, -en) *sf* (*abb*) confezione *f*

Konferenz (-, -en) *sf* conferenza *f*

Konfession (-, -en) *sf* confessione *f*

Konfirmation (-, -en) *sf* (*relig*) cresima *f*

Konfitüre (-, -en) *sf* confettura *f*, marmellata *f*

Konflikt (-[e]s, -e) *sm* conflitto *m*

konform *a* conforme

Konformismus (-) *sm* conformismo *m*

Kongress, Kongreß* (-es, -e) *sm* congresso *m*

König (-[e]s, -e; *f* -in) *sm* re *m*

Konjugation (-, -en) *sf* (*gramm*) coniugazione *f*

konjugieren *vt* (*gramm*) coniugare

Konjunktion (-, -en) *sf* (*gramm*) congiunzione *f*

Konjunktiv (-s, -e) *sm* (*gramm*) congiuntivo *m*

konkret *a* concreto

Konkretheit (-) *sf* concretezza *f*

Konkurrent (-en, -en; *f* -in) *sm* concorrente *m/f*, rivale *m/f*

Konkurrenz (-, -en) *sf* concorrenza *f*

konkurrenzfähig *a* competitivo

Konkurs (-es, -e) *sm* (*dir*) fallimento *m*, bancarotta *f*

können (kann, konnte, gekonnt) *vt* sapere, conoscere ◆ *vi* (*aus haben*) potere, essere in grado di ◇ potere, essere possibile, avere la possibilità ●
Deutsch k. sapere il tedesco; *nicht anders k. als...*, non poter fare a meno di...

konsequent *a* coerente

Konsequenz (-, -en) *sf* coerenza *f* ◇ conseguenza *f*

konservativ *a* tradizionalista, conservatore

Konservatorium (-s, Konservatorien) *sn* (*mus*) conservatorio *m*

Konserve (-, -n) *sf* conserva *f*

konservieren *vt* conservare

Konservierungsmittel (-s, -) *sn* conservante *m*

Konsole (-, -n) *sf* mensola *f*

Konsonant (-en, -en) *sm* (*gramm*) consonante *f*

Konstitution (-, -en) *sf* costituzione *f*

konstitutionell *a* costituzionale

Konstrukteur (-s, -e; *f* -in) *sm* progettista *m/f*

Konstruktion (-, -en) *sf* costruzione *f*

Konsul (-s, -n; *f* -in) *sm* console *m/f*

Konsulat (-[e]s, -e) *sn* consolato *m*

Konsum (-s) *sm* consumo *m*

Konsumgüter *s pl* beni *m pl* di consumo

Kontakt (-[e]s, -e) *sm* contatto *m*

Kontinent (-[e]s, -e) *sm* continente *m*

kontinental *a* continentale

Konto (-s, Konten) *sn* (*fin*) conto *m*

Kontoinhaber (-s, -) *sm* (*fin*) correntista *m*

Kontrakt (-[e]s, -e) *sm* contratto *m*

Kontraktion (-, -en) *sf* contrazione *f*

konträr *a* contrario

Kontrolle (-, -n) *sf* controllo *m*

Kontrolleur (-s, -e; *f* -in) *sm* controllore *m*

kontrollieren *vt* controllare, verificare

Konvektion (-, -en) *sf* convezione *f*

Konvention (-, -en) *sf* convenzione *f*

konventionell *a* convenzionale

Konversation (-, -en) *sf* conversazione *f*

konvex *a* convesso

Konzentration (-, -en) *sf* concentrazione *f*

◆ **konzentrieren** *vt* concentrare ♦ *vpr* (**sich k.**) concentrarsi

konzentrisch *a* concentrico

Konzept (-[e]s, -e) *sn* bozza *f*, progetto *m* ◇ concetto *m*, idea *f*

Konzert (-[e]s, -e) *sn* concerto *m*

Konzession (-, -en) *sf* concessione *f*

Konzessionär (-s, -e) *sm* concessionario *m*

Konzil (-s, -e/-ien) *sn* concilio *m*

Koordination (-, -en) *sf* coordinamento *m*

koordinieren *vt* coordinare

Kopf (-[e]s, Köpfe) *sm* capo *m*, testa *f* ◇ mente *f* ◇ cima *f*, estremità *f* ● *aus dem K.* a memoria; *K. an K.* stretti stretti; *pro K.* a testa

köpfen *vt* decapitare ◇ (*sport*) colpire di testa

Kopfhörer (-s, -) *sm* cuffia *f*, auricolare *m*

Kopfkissenbezug (-[e]s, **Kopfkissenbezüge**) *sm* federa *f*

kopflos *a* sbadato

Kopfschmerzen *s pl* (*med*) mal *m sing* di testa, cefalea *f sing*

Kopfstütze (-, -n) *sf* poggiatesta *m*

Kopie (-, -n) *sf* copia *f*

kopieren *vt* copiare

koppeln *vt* accoppiare, abbinare

Koppelung, Kopplung (-, -en) *sf* accoppiamento *m* ◇ (*tecn*) collegamento *m*

Korb (-[e]s, **Körbe**) *sm* canestro *m*, cestino *m* ◇ (*sport*) canestro *m* ● *einen K. bekommen* (*fam*) ricevere un rifiuto

Korbflasche (-, -n) *sf* fiasco *m*

Korken (-s, -) *sm* turacciolo *m*, tappo *m* di sughero

Korkenzieher (-s, -) *sm* cavatappi *m*
Korn (-[e]s, **Körner**) *sn* chicco *m*, granello *m* ◊ cereali *m pl*
körnig *a* granuloso
Kornkammer (-, -n) *sf* granaio *m*
Körper (-s, -) *sm* corpo *m*
Körperbau (-[e]s, -ten) *sm* corporatura *f*
körperlich *a* fisico, corporale
Körperschaft (-, -en) *sf* corporazione *f*
Korps *sn* (*mil*) corpo *m* ● *diplomatisches K.* corpo diplomatico
korrekt *a* corretto
korrigieren *vt* correggere
Korruption (-, -en) *sf* corruzione *f*
Korsętt (-[e]s, -e/-s) *sn* busto *m*
Kosmętik *sf* cosmetica *f*
Kosmętiker (-s, -) *sm* estetista *m*
Kosmętikkoffer (-s, -) *sm* beauty case *m*
kosmisch *a* cosmico
kosmopolitisch *a* cosmopolita
Kost (-) *sf* cibo *m*, alimentazione *f*
kostbar *a* prezioso
kosten (1) *vt/i* (*aus haben*) assaggiare, degustare
kosten (2) *vi* (*aus haben*) costare
Kosten *s pl* costo *m sing*
kostenlos *avv* gratis
köstlich *a* prelibato, squisito
Kostprobe (-, -n) *sf* assaggio *m*, degustazione *f*
Kostüm (-s, -e) *sn* tailleur *m* ◊ (*teat*) costume *m*

Kot (-[e]s) *sm* feci *f pl*, escrementi *m pl*
Kotelętt (-s, -s/-e) *sn* costoletta *f*
Kotelętten *s pl* basette *f pl*
Kotflügel (-s, -) *sm* parafango *m*
kotzen *vt/i* (*aus haben*) (*volg*) vomitare
Krabbe (-, -n) *sf* (*zool*) granchio *m*
Krach (-[e]s, -e/**Kräche**) *sm* scoppio *m*, esplosione *f* ◊ baccano *m* ◊ (*fam*) litigio *f*, lite *f*
Kraft (-, **Kräfte**) *sf* forza *f* ◊ potere *m* ● *aus eigener K.* con le proprie forze; *außer K. setzen* annullare; *bei Kräften sein* essere in forze; *in K. sein/treten* (*dir*) essere/entrare in vigore; *nach Kräften* facendo tutto il possibile
Kraftfahrzeug (-[e]s, -e) *sn* autoveicolo *m*
Kraftfahrzeugschein (-[e]s, -e) *sm* libretto *m* di circolazione
kräftig *a* robusto, forte, vigoroso ◆ *avv* fortemente ● *k. schütteln* agitare bene
kräftigen *vt* rinforzare, rinvigorire
Kräftigungsmittel (-s, -) *sn* ricostituente *m*
Kraftwerk (-[e]s, -e) *sn* centrale *f* elettrica
Kragen (-s, **Krägen**) *sm* colletto *m*
Krähe (-, -n) *sf* (*zool*) cornacchia *f*
Krake (-n, -n) *sm* (*zool*) polpo *m*
Kralle (-, -n) *sf* artiglio *m*
Kram (-[e]s) *sm* (*fam*) roba *f*

Krampf (-[e]s, Krämpfe) *sm* crampo *m* ◊ convulsione *f*

Kran (-[e]s, -e/Kräne) *sm* (*mecc*) gru *f*

krank *a* ammalato, infermo ● **k. werden** ammalarsi

Kranke (-n, -n) *sm/f* ammalato *m*, infermo *m*

kranken *vi* (*aus haben*, *an + dat*) essere malato (di), soffrire (di)

Krankengymnastik (-) *sf* (*med*) fisioterapia *f*

Krankenhaus (-es, Krankenhäuser) *sn* ospedale *m*

Krankenpfleger (-s, -) *sm* infermiere *m*

Krankenschwester (-, -n) *sf* infermiera *f*

Krankenversicherung (-, -en) *sf* assicurazione *f* sanitaria, mutua *f*

Krankenwagen (-s, -) *sm* ambulanza *f*

Krankenwärter (-s, -) *sm* infermiere *m*

krankhaft *a* patologico, morboso

Krankheit (-, -en) *sf* malattia *f* ● **eine K. bekommen** ammalarsi

kränklich *a* cagionevole

Kränkung (-, -en) *sf* offesa *f*

Kranz (-es, Kränze) *sm* ghirlanda *f*

krass, kraß* *a* esagerato, inaudito

Krater (-s, -) *sm* cratere *m*

kratzen *vt* grattare, graffiare ◊ (*fig*, *fam*) irritare, dare fastidio ● *vpr* (**sich k.**) grattarsi

Kratzer (-s, -) *sm* graffio *m*

kraus *a* riccio ◊ corrucciato

Kraut (-[e]s, Kräuter) *sn* erba *f* ◊ cavolo *m*, crauti *m pl* ● **mit Kräutern** alle erbe

Kräutertee (-s, -s) *sm* tisana *f*

Krawatte (-, -n) *sf* cravatta *f*

Krebs (-es, -e) *sm* (*zool*) gambero *m* ◊ (*med*) cancro *m* ◊ (*astr*) Cancro *m* ● **K. erregend** cancerogeno; **K. hemmend** anticancerogeno

krebserregend → **Krebs**

krebshemmend → **Krebs**

Kredit (-s, -s) *sm* (*fin*) credito *m*

Kreide (-, -n) *sf* gesso *m* (*per lavagna*)

Kreis (-es, -e) *sm* (*geom*) cerchio *m* ◊ (*el*) circuito *m* ◊ (*fig*) ambito *m*, sfera *f*

kreischen *vi* (*aus haben*) schiamazzare

Kreisel (-s, -) *sm* trottola *f*

kreisen *vi* (*aus sein/haben*) girare, ruotare

Kreisumfang (-[e]s, Kreisumfänge) *sm* (*geom*) circonferenza *f*

Kreisverkehr (-s, -e) *sm* rotatoria *f*

Krem → **Creme**

Kren (-[e]s) *sm* (*bot*) rafano *m*

Kreuz (-es, -e) *sn* croce *f*, crocifisso *m* ◊ (*fig*) tormento *m*, dolore *m* ◊ (*nei giochi di carte*) fiori *m pl* ◊ (*mus*) diesis *m* ◊ (*anat*) regione *f* sacrale

kreuzen *vt* incrociare ● *vpr* (**sich k.**) incrociarsi

Kreuzfahrt (-, -en) *sf* crociera *f*

Kreuzgewölbe (-s, -) *sn* (*arch*) crociera *f*

Kreuzigung (-, -en) *sf* crocifissione *f*
Kreuzung (-, -en) *sf* incrocio *m*
Kreuzweg (-[e]s, -e) *sm* crocevia *m* ◊ (*relig*) Via *f* Crucis
Kreuzworträtsel (-s, -) *sn* cruciverba *m*
Kreuzzug (-[e]s, **Kreuzzüge**) *sm* (*stor*) crociata *f*
kriechen (**kroch, gekrochen**) *vi* (*aus sein*) strisciare
Kriechtier (-[e]s, -e) *sn* (*zool*) rettile *m*
Krieg (-[e]s, -e) *sm* guerra *f*, conflitto *m*
kriegen *vt* (*fam*) ricevere, ottenere
Krieger (-s, -) *sm* guerriero *m*
kriegerisch *a* marziale
Kriegsdienstverweigerer (-s, -) *sm* obiettore *m* di coscienza
Krimi (-s, -s) *sm* (*fam*) giallo *m*, poliziesco *m*
Kriminalität (-) *sf* criminalità *f*
kriminell *a* criminale
Krimskrams (-[es]) *sm* cianfrusaglia *f*
Kringel (-s, -) *sm* ghirigoro *m* ◊ ciambella *f*
Krise (-, -n) *sf* crisi *f*
Kristall (-s, -e) *sm* cristallo *m*
kristallisieren *vi* (*aus haben*) cristallizzare
kristallklar *a* cristallino
Kristallware (-, -n) *sf* cristalleria *f*
Kriterium (-s, **Kriterien**) *sn* criterio *m*
Kritik (-, -en) *sf* critica *f*
Kritiker (-s, -) *sm* critico *m*
kritisieren *vt* criticare
kritzeln *vt* scarabocchiare
Krokodil (-s, -e) *sn* (*zool*) coccodrillo *m*
Krone (-, -n) *sf* corona *f*
krönen *vt* incoronare
Krönung (-, -en) *sf* incoronazione *f*
Kröte (-, -n) *sf* (*zool*) rospo *m*
Krug (-[e]s, **Krüge**) *sm* boccale *m*, brocca *f*
Krume (-, -n) *sf* briciola *f*
Krümel (-s, -) *sm* briciola *f*
krumm *a* storto, contorto ● *k. biegen* incurvare; *k. werden* incurvarsi
krümmen *vt* incurvare, piegare ♦ *vpr* (*sich k.*) contorcersi
krummlinig *a* curvilineo
Krümmung (-, -en) *sf* curvatura *f*
Kruste (-, -n) *sf* crosta *f*
kubisch *a* cubico
Küche (-, -n) *sf* cucina *f* ● *gutbürgerliche K.* cucina casalinga; *kalte K.* piatti freddi
Kuchen (-s, -) *sm* dolce *m*, torta *f*
Kuchenform (-, -en) *sf* tortiera *f*
Küchenpapier (-s) *sn* carta *f* da cucina
Kugel (-, -n) *sf* palla *f*, boccia *f*, biglia *f* ◊ (*geom*) sfera *f* ◊ proiettile *m* ◊ (*sport*) peso *m*
kugeln *vi* (*aus sein*) rotolare
Kugelschreiber (-s, -) *sm* penna *f* a sfera
Kugelstoßen (-s) *sn* (*sport*) lancio *m* del peso
Kuh (-, **Kühe**) *sf* (*zool*) mucca *f*
kühl *a* fresco, freddo

Kühle (-) *sf* fresco *m* ◇ *(fig)* freddezza *f*
kühlen *vt* raffreddare
Kühler (-s, -) *sm* *(aut)* radiatore *m*
Kühlschrank (-[e]s, **Kühlschränke**) *sm* frigorifero *m*
Küken (-s, -) *sn* pulcino *m*
Kulisse (-, -n) *sf* *(teat)* quinta *f*
Kult (-[e]s, -e) *sm* culto *m*
kultivieren *vt* coltivare
kultiviert *a* colto, istruito
Kultur (-, -en) *sf* civiltà *f*, cultura *f*
kulturell *a* culturale
Kultusminister (-s, -) *sm* ministro *m* della pubblica istruzione
Kummer (-s, -) *sm* dispiacere *m*, pena *f*, preoccupazione *f* ● *hast du K.?* sei preoccupato?; *jemandem K. bereiten* dare dei dispiaceri a qn
kümmern *vpr* (**sich k.**) (*um* + *acc*) prendersi cura (di), preoccuparsi (di)
Kunde (-, -n; *f* **Kundin**) *sm* cliente *m/f*
kundig *a* informato ◇ esperto
kündigen *vt* disdire, rifiutare ◆ *vi* (*aus haben, + dat*) licenziare ◇ sfrattare ● *ihm ist gekündigt worden* è stato licenziato
Kündigung (-, -en) *sf* licenziamento *m* ◇ sfratto *m*
Kundschaft (-) *sf* clientela *f*
Kunst (-, **Künste**) *sf* arte *f* ◇ abilità *f*, destrezza *f* ● *die Schwarze K.* la magia nera
Künstler (-s, -) *sm* artista *m*
künstlerisch *a* artistico
künstlich *a* artificiale, sintetico
Kupfer (-s) *sn* rame *m*

Kupon → **Coupon**
Kuppel (-, -n) *sf* *(arch)* cupola *f*
kuppeln *vt* accoppiare, abbinare
◆ *vi* *(aut)* innestare la frizione
Kupplung (-, -en) *sf* *(tecn)* accoppiamento *m*, collegamento *m* ◇ *(aut)* frizione *f*
Kurbel (-, -n) *sf* manovella *f*
Kürbis (-ses, -se) *sm* *(bot)* zucca *f*
Kurie (-, -n) *sf* curia *f*
Kurier (-s, -e) *sm* corriere *m*
Kurs (-es, -e) *sm* *(aer, naut)* rotta *f* ◇ *(fin)* quotazione *f*
Kurve (-, -n) *sf* curva *f*
kurz *a* breve, corto
Kürze (-, -n) *sf* brevità *f* ● *in aller K.* brevemente; *in K.* tra breve
kürzen *vt* accorciare, ridurre
Kurzmitteilung (-, -en) *sf* *(fam)* sms *m*, messaggio *m*
Kurznachricht (-, -en) *sf* *(fam)* sms *m*, messaggio *m*
Kurzschluss, Kurzschluß* (-es, **Kurzschlüsse**) *sm* (*el*) cortocircuito *m*
kurzsichtig *a* miope
Kurzstreckenläufer (-s, -) *sm* velocista *m*
Kurzwarenhandlung (-, -en) *sn* merceria *f*
Kuss, Kuß* (-es, **Küsse**) *sm* bacio *m*
küssen *vt* baciare ◆ *vpr* (**sich k.**) baciarsi
Küste (-, -n) *sf* costa *f*, litorale *m*
Küster (-s, -) *sm* sagrestano *m*
Kutsche (-, -n) *sf* carrozza *f*, vettura *f*
Kutte (-, -n) *sf* saio *m*, tonaca *f*
Kutteln *s pl* trippa *f sing*

L

Lab (-[e]s, -e) *sn* caglio *m*
laben *vt* ristorare ♦ *vpr* (**sich l.**) (*an* + *dat*) ristorarsi (con)
Laborant (-en, -en; *f* -in) *sm* assistente *m/f* di laboratorio
Laboratorium (-s, **Laboratorien**) *sn* laboratorio *m*
Labung (-, -en) *sf* ristoro *m*
Labyrinth (-[e]s, -e) *sn* labirinto *m*
Lache (-, -n) *sf* (*fam*) risata *f*
lächeln *vi* (*aus haben*) sorridere
Lächeln (-s, -) *sn* sorriso *m*
lachen *vi* (*aus haben*) ridere ◊ (*über* + *acc*) ridere (di), deridere ● **nichts zu l. haben** aver poco da ridere; **sich ins Fäustchen l.** ridere sotto i baffi (*fam*)
Lachen (-s) *sn* riso *m*
lächerlich *a* ridicolo ● **sich l. machen** rendersi ridicolo
Lachs (-es, -e) *sm* (*zool*) salmone *m*
Lack (-[e]s, -e) *sm* lacca *f*, vernice *f*
lackieren *vt* verniciare
Lackierung (-, -en) *sf* verniciatura *f*
Ladegerät (-[e]s, -e) *sn* (*tel*) caricabatterie *m*
laden (**lädt, lud, geladen**) *vt* caricare ◊ invitare ◊ (*dir*) citare ● **wieder l.** ricaricare
Laden (-s, **Läden**) *sm* negozio *m*, bottega *f*
Ladenschluss, Ladenschluß* (-es) *sm* ora *f* di chiusura dei negozi
Ladung (-, -en) *sf* carico *m* ◊ (*dir*) citazione *f*
Lage (-, -n) *sf* posizione *f*, ubicazione *f* ◊ situazione *f*, condizione *f*
Lageplan (-[e]s, **Lagepläne**) *sm* planimetria *f*
Lager (-s, -) *sn* campo *m*, accampamento *m* ◊ magazzino *m*, deposito *m* ● **ab L.** franco magazzino
Lagerist (-en, -en; *f* -in) *sm* magazziniere *m*
lagern *vi* (*aus haben*) essere accampato ◊ essere depositato ◊ stagionare ♦ *vt* posare ◊ immagazzinare ♦ *vpr* (**sich l.**) sdraiarsi ◊ accamparsi
Lagern (-s) *sn* stagionatura *f* ◊ deposito *m*
lahm *a* paralitico ◊ zoppo
lähmen *vi* (*aus haben*) zoppicare
lähmen *vt* paralizzare
Lähmung (-, -en) *sf* (*med*) paralisi *f*
Laie (-n, -n) *sm* profano *m* ◊ (*relig*) laico *m*
Laken (-s, -) *sn* lenzuolo *m*
lakonisch *a* laconico
Lakritze (-, -n) *sf* liquirizia *f*
Lamm (-[e]s, **Lämmer**) *sn* agnello *m*
Lampe (-, -n) *sf* lampada *f*, lume *m*
Land (-[e]s, **Länder**) *sn* terra *f*

landen 160

paese *m*, regione *f* ◆ campagna *f* ● *auf dem L.* in campagna; *zu Lande und zu Wasser* per terra e per mare

landen *vi (aus sein) (naut)* approdare, sbarcare ◇ *(aer)* atterrare

Länderkunde (-) *sf* geografia *f*

Landgut (-[e]s, **Landgüter**) *sn* podere *m*

Landkarte (-, -n) *sf* carta *f* geografica

ländlich *a* contadino, rustico

Landschaft (-, -en) *sf* paesaggio *m*

landschaftlich *a* paesaggistico

Landschaftsmaler (-s, -) *sm* paesaggista *m*

Landschaftsschutzgebiet (-[e]s, -e) *sn* zona *f* protetta

Landsmann (-[e]s, **Landsleute**) *sm* compaesano *m*, connazionale *m*

Landstreicher (-s, -) *sm* vagabondo *m*, girovago *m*, barbone *m (pop)*

Landung (-, -en) *sf (aer)* atterraggio *m* ◇ *(naut)* sbarco *m*

Landungsbrücke (-, -n) *sf* pontile *m*

Landungssteg (-[e]s, -e) *sm* imbarcadero *m*

Landwirt (-[e]s, -e; *f* -in) *sm* agricoltore *m*

Landwirtschaft (-, -en) *sf* agricoltura *f*

landwirtschaftlich *a* agricolo, rurale

Landzunge (-, -n) *sf* lingua *f* di terra

lang (*comp* **länger**, *sup* **längste**) *a* lungo ◆ *avv* lungamente ◆ *prep* (+ *acc*) lungo ● *vor langer Zeit* tanto tempo fa; *zehn Jahre l.* per dieci anni

lange (*comp* **länger**, *sup* **am längsten**) *avv* a lungo, lungamente, per molto tempo

Länge (-, -n) *sf* lunghezza *f* ◇ *(geogr)* longitudine *f*

Langeweile (-/**Langenweile**) *sf* noia *f* ● *vor L. sterben* morire di noia; *L. haben* annoiarsi

langlebig *a* longevo, duraturo

länglich *a* oblungo

langsam *avv* adagio, piano, lentamente ◆ *a* lento

Langsamkeit (-) *sf* lentezza *f*

Langschläfer (-s, -) *sm* dormiglione *m*

Langstreckenläufer (-s, -) *sm (sport)* fondista *m*

Languste (-, -n) *sf (zool)* aragosta *f*

langweilen *vt* annoiare ◆ *vpr* (**sich l.**) annoiarsi

langweilig *a* noioso

Lanze (-, -n) *sf* lancia *f*

Lappen (-s, -) *sm* straccio *m*

Lapsus *sm* lapsus *m*, errore *m*

Laptop (-s, -s) *sm (inform)* computer *m* portatile

Lärche (-, -n) *sf (bot)* larice *m*

Lärm (-[e]s) *sm* rumore *m*, fracasso *m*

Lärmbelastung (-, -en) *sf* inquinamento *m* acustico

Larve (-, -n) *sf (zool)* larva *f*

Laserdrucker (-s, -) *sm (inform)* stampante *f* laser

lassen (**lässt**, **ließ**, **gelassen**) *vt*

lasciare, permettere ◊ abbandonare, rinunciare • *etwas nicht l. können* non poter fare a meno di qc
lässig *a* indolente
Last (-, -en) *sf* carico *m*, peso *m* ◊ (*fin*) imposta *f* • *zu L. von...* → **zulasten**
lasten *vi* (*aus haben, auf + dat*) gravare (su), pesare (su)
Lastenaufzug (-[e]s, Lastenaufzüge) *sm* montacarichi *m*
Laster (-s, -) *sn* vizio *m*
lasterhaft *a* vizioso
lästerlich *a* blasfemo, empio
lästern *vt* bestemmiare ◊ sparlare
lästig *a* fastidioso, molesto
Lastkraftwagen (-s, -) *sm* autocarro *m*
Lastwagen (-s, -) *sm* camion *m*
Lastwagenfahrer (-s, -) *sm* camionista *m*
Lastzug (-[e]s, Lastzüge) *sm* autotreno *m*
Latein (-s) *sn* (*ling*) latino *m* • *mit seinem L. am Ende sein* non saper più come andare avanti
latent *a* latente
Laterne (-, -n) *sf* lanterna *f*
Latinismus (-) *sm* latinismo *m*
latschen *vi* (*aus sein*) strascicare i piedi
Latschen (-s, -) *sm* ciabatta *f*
Latte (-, -n) *sf* assicella *f* ◊ (*sport*) traversa *f*
Lattich (-[e]s, -e) *sm* (*bot*) lattuga *f*
Lätzchen (-s, -) *sn* bavaglino *m*
Latzhose (-, -n) *sf* (*abb*) salopette *f*
Laub (-[e]s) *sn* fogliame *m*
Laube (-, -n) *sf* pergolato *m* ◊ (*arch*) portico *m*
Lauch (-[e]s, -e) *sm* (*bot*) porro *m*
Lauf (-[e]s, Läufe) *sm* corsa *f* ◊ corso *m*, flusso *m* ◊ (*tecn*) funzionamento *m*
Laufbahn (-, -en) *sf* carriera *f* ◊ (*sport*) pista *f*
Laufbursche (-n, -n) *sm* garzone *m*
laufen (läuft, lief, gelaufen) *vi* (*aus sein*) correre ◊ funzionare, essere in funzione ◊ (*fig*) essere in corso, svolgersi
laufend *a* corrente ♦ *avv* continuamente • *auf dem Laufenden bleiben* essere aggiornato
Läufer (-s, -) *sm* corridore *m*
Laufgitter (-s, -) *sm* box *m* per bambini
Laufmasche (-, -n) *sf* smagliatura *f*
Laufstuhl (-[e]s, Laufstühle) *sm* girello *m*
Laune (-, -n) *sf* umore *m* • *gute/schlechte L. haben* essere di buon/cattivo umore
launenhaft *a* lunatico, capriccioso
launisch *a* capriccioso
Laus (-, Läuse) *sf* (*zool*) pidocchio *m*
laut *a* forte, intenso, alto ◊ rumoroso ♦ *avv* chiaramente, distintamente ◊ ad alta voce • *l. werden* diventare noto

Laut (-[e]s, -e) *sm* suono *m*, rumore *m*

läuten *vi* (*aus haben*) suonare, squillare

Lautsprecher (-s, -) *sm* altoparlante *m*

Lautstärke (-, -n) *sf* volume *m*

lauwarm *a* tiepido

Lavendel (-s, -) *sm* (*bot*) lavanda *f*

Lawine (-, -n) *sf* valanga *f*

leben *vt/i* (*aus haben*) vivere

Leben (-s, -) *sn* vita *f* ◊ vivacità *f*

lebend *a* vivo, vivente

lebendig *a* vivace, dinamico

Lebendigkeit (-) *sf* vitalità *f*

Lebensbedingungen *s pl* condizioni *f pl* di vita

Lebensgefahr (-, -en) *sf* pericolo *m* di morte

lebenslänglich *a* perpetuo, vitalizio

Lebenslauf (-[e]s, **Lebensläufe**) *sm* curriculum *m*

Lebensmittel *s pl* viveri *m pl*

Lebensmittelallergie (-, -n) *sf* allergia *f* alimentare

Lebensmittelunverträglichkeit (-, -en) *sf* intolleranza *f* alimentare

lebensrettend *a* salvavita

Lebensunterhalt (-[e]s, -e) *sm* sostentamento *m*

Leber (-, -n) *sf* (*anat*) fegato *m*

Leberfleck (-[e]s, -e) *sm* (*med*) neo *m*

Lebewesen (-s, -) *sn* organismo *m*, essere *m* vivente

lebhaft *a* vivace ◆ *avv* vivamente

Lebzeiten *s pl* zu L. von... ai tempi di...

lecken (1) *vt/i* (*aus haben*, *an + dat*) leccare

lecken (2) *vi* (*aus haben*) perdere ◊ (*naut*) imbarcare acqua

lecker *a* appetitoso, saporito

Leckerbissen (-s, -) *sm* leccornia *f*, manicaretto *m*

Leckerei (-, -en) *sf* golosità *f*, leccornia *f*

Leder (-s, -) *sn* pelle *f*, cuoio *m*

ledern *a* di pelle, di cuoio ◊ duro, coriaceo

Lederwarengeschäft (-[e]s, -e) *sn* pelletteria *f*, valigeria *f*

ledig *a* celibe (*per l'uomo*), nubile (*per la donna*)

leer *a* vuoto • **l. machen** svuotare; **l. laufen** (*mecc*) girare a vuoto, (*aut*) essere in folle

Leere (-) *sf* vuoto *m*

leeren *vt* vuotare, svuotare

legal *a* legale

legalisieren *vt* legalizzare

Legalität (-) *sf* legalità *f*

legen *vt* collocare, mettere ◆ *vpr* (**sich l.**) coricarsi ◊ calmarsi

Legende (-, -n) *sf* leggenda *f* ◊ didascalia *f*

Legion (-, -en) *sf* legione *f*

legislativ *a* legislativo

Lehen (-s, -) *sn* (*stor*) feudo *m*

lehnen *vt* appoggiare ◆ *vi* (*aus sein*, *an + dat*) poggiare (su) ◆ *vpr* (**sich l.**) appoggiarsi • **sich aus dem Fenster l.** sporgersi dalla finestra

Lehnsessel (-s, -) *sm* poltrona *f*

Lehre (-, -n) *sf* insegnamento *m*

◊ lezione *f*, monito *m* ◊ scienza *f*, dottrina *f* ◊ tirocinio *m*

lehren *vt/i (aus haben)* insegnare

Lehrer (**-s**, **-**) *sm* insegnante *m*, maestro *m*, professore *m*

Lehrling (**-s**, **-e**) *sm* apprendista *m*

lehrreich *a* istruttivo

Lehrsatz (**-es**, **Lehrsätze**) *sm* teorema *m*

Lehrstuhl (**-[e]s**, **Lehrstühle**) *sm* cattedra *f*

Leib (**-[e]s**, **-er**) *sm* corpo *m* ◊ ventre *m* • *mit L. und Seele* anima e corpo

leiblich *a* fisico, corporale

Leibrente (**-**, **-n**) *sf* vitalizio *m*

Leibwache (**-**, **-n**) *sf* guardia *f* del corpo

Leiche (**-**, **-n**) *sf* cadavere *m*

Leichenhalle (**-**, **-n**) *sf* obitorio *m*

Leichentuch (**-[e]s**, **Leichentücher**) *sn* lenzuolo *m* funebre ◊ *(relig)* sindone *f*

Leichenverbrennung (**-**, **-en**) *sf* cremazione *f*

Leichenwagen (**-s**, **-**) *sm* carro *m* funebre

leicht *a* leggero, lieve ◊ facile

Leichtathletik (**-**) *sf (sport)* atletica *f* leggera

leichtfertig *a* avventato

Leichtigkeit (**-**) *sf* leggerezza *f*

leichtsinnig *a* sventato, sconsiderato ◊ spensierato ♦ *avv* alla leggera ◊ spensieratamente

leichtverderblich *a* deperibile

Leid (**-[e]s**) *sn* dolore *m*, sofferenza *f*, dispiacere *m* • *es tut mir L.* mi dispiace; *L. tun* dispiacere

leiden (**litt**, **gelitten**) *vt* patire ♦ *vi (aus haben)* soffrire

Leidenschaft (**-**, **-en**) *sf* passione *f*

leidenschaftlich *a* appassionato, passionale

leider *avv* purtroppo

leihen (**lieh**, **geliehen**) *vt* prestare ♦ *vpr* (**sich l.**) prendere a prestito

Leihgebühr (**-**, **-en**) *sf* noleggio *m*

Leim (**-[e]s**, **-e**) *sm* colla *f* • *aus dem L. gehen* scollarsi

leimen *vt* incollare

Lein (**-[e]s**, **-e**) *sm* lino *m*

Leine (**-**, **-n**) *sf* corda *f*, fune *f* ◊ guinzaglio *m* • *an der L. führen* tenere al guinzaglio; *L. ziehen* *(fam)* tagliare la corda *(fam)*

Leinen (1) (**-s**, **-**) *sn* tela *f*

Leinen (2) *s pl (naut)* ormeggio *m sing*

leise *a* basso, sommesso ◊ delicato, leggero ♦ *avv* piano, a voce bassa ◊ delicatamente

leisten *vt* fare, compiere ♦ *vpr* (**sich l.**) concedersi, permettersi • *das kann ich mir nicht l.* questo non me lo posso permettere

Leistung (**-**, **-en**) *sf* rendimento *m*, prestazione *f*

Leistungsfähigkeit (**-**) *sf* efficienza *f*

Leitartikel (**-s**, **-**) *sm* editoriale *m*

leiten *vt* condurre, guidare ◊ dirigere, gestire ◊ *(el)* condurre

Leiter (1) (**-s**, **-**) *sm* capo *m*, guida

f ◇ direttore m ◇ (el) conduttore m

Leiter (2) (-, -n) sf scala f

Leitplanke (-, -n) sf guardrail m

Leitung (-, -en) sf direzione f ◇ (tel) linea f ◇ conduttura f

Lektion (-, -en) sf lezione f

Lende (-, -n) sf lombo m

lenken vt condurre, guidare ◇ volgere ♦ vi (aus haben) portare, andare

Lenker (-s, -) sm manubrio m, volante m

Lenkrad (-[e]s, Lenkräder) sn volante m

Lenkradschloss, Lenkradschloß* (-es, Lenkradschlösser) sn bloccasterzo m

Lenkstange (-, -n) sf manubrio m

Lenkung (-, -en) sf guida f ◇ sterzo m

Leopard (-en, -en) sm (zool) leopardo m

Lepra (-) sf (med) lebbra f

Lerche (-, -n) sf (zool) allodola f

lernen vt imparare, apprendere, studiare ● *auswendig l.* imparare a memoria

Lernen (-s, -) sn studio m

lesbar a leggibile

lesen (liest, las, gelesen) vt leggere

Lesepult (-[e]s, -e) sn leggio m

Leser (-s, -) sm lettore m

leserlich a leggibile

Lesezeichen (-s, -) sn segnalibro m

Lesung (-, -en) sf lettura f

letal a letale

letzt a ultimo, finale ◇ ultimo, recente ● *bis aufs Letzte* fino in fondo; *letzte Woche* la settimana scorsa; *letzten Endes* in fin dei conti

letztlich avv ultimamente

Leuchte (-, -n) sf lume m

leuchten vi (aus haben) illuminare, far luce ◇ brillare, splendere

leuchtend a luminoso, brillante

Leuchter (-s, -) sm lampadario m

Leuchtturm (-[e]s, Leuchttürme) sm faro m

leugnen vt negare ● *es kann nicht geleugnet werden, dass ...* non si può negare che...

Leukämie (-) sf (med) leucemia f

Leute s pl gente f sing ● *junge/alte L.* i giovani/i vecchi; *meine L.* (fam) i miei (genitori) (fam)

Lexikon (-s, Lexika/Lexiken) sn lessico m

liberal a liberale

liberalisieren vt liberalizzare

Liberalisierung (-, -en) sf liberalizzazione f

Licht (-[e]s, -er) sn luce f ● *bei L.* alla luce; *gegen das L.* controluce

lichten vt sfoltire, diradare ♦ vpr (sich l.) schiarirsi

Lichtstärke (-) sf luminosità f

Lichtung (-, -en) sf radura f

Lid (-[e]s, -er) sn (anat) palpebra f

Lidschatten (-s, -) sm ombretto m

lieb a caro, diletto ◇ gentile, buono

liebäugeln vi (aus haben, mit + dat) fare l'occhiolino (a)
Liebe (-, -n) sf amore m ● *aus L. zu* per amore di
lieben vt amare
liebend a affettuoso
liebenswürdig a garbato, gentile
lieber (→ **gern**) avv piuttosto, preferibilmente ● *l. haben* preferire; *l. nicht* è meglio di no
liebevoll a affettuoso ◆ avv affettuosamente, con cura
Liebhaber (-s, -) sm amante m ◇ appassionato m ◇ cultore m
Liebkosung (-, -en) sf carezza f
lieblich a leggiadro, grazioso
Liebling (-s, -e) sm prediletto m
Lied (-[e]s, -er) sn canzone f, canto m
liederlich a disordinato ◇ dissoluto
Liedermacher (-s, -) sm cantautore m
Lieferant (-en, -en; f -in) sm fornitore m
liefern vt consegnare, fornire ● *ins Haus l.* consegnare a domicilio
Lieferschein (-[e]s, -e) sm bolla f di consegna
Lieferung (-, -en) sf fornitura f, consegna f ● *zahlbar bei L.* pagamento alla consegna
Lieferwagen (-s, -) sm camioncino m, furgone m
liegen (**lag**, **gelegen**) vi (aus haben, sein) essere disteso, giacere ◇ trovarsi, esserci ◇ (an + dat) dipendere (da)

Liegeplatz (-es, -plätze) sm (ferr) cuccetta f
Liegestuhl (-[e]s, Liegestühle) sm sdraio f
Likör (-s, -e) sm liquore m
lila a lilla
Lilie (-, -n) sf (bot) giglio m
Limonade (-, -n) sf limonata f
Limousine (-, -n) sf berlina f
lind a mite
Linde (-, -n) sf (bot) tiglio m
lindern vt mitigare, alleviare, lenire
Linderung (-, -en) sf sollievo m, alleviamento m ● *jemandem L. verschaffen* dare sollievo a qn
linear a lineare
Linie (-, -n) sf linea f ● *in erster/zweiter L.* in primo/secondo luogo
Linienrichter (-s, -) sm segnalinee m
link a sinistro ◇ (abb) rovescio, interno
Linke (-n, -n) sf (mano f) sinistra f ● *zur Linken* a sinistra
links avv a sinistra ● *etwas mit l. machen* (fam) fare qc a occhi chiusi (fam); *l. sein* essere di sinistra; *l. von mir* alla mia sinistra; *nach/von l.* a/da sinistra
Linkshänder (-s, -) sm mancino m
Linse (-, -n) sf lente f ◇ (bot) lenticchia f
Lippe (-, -n) sf labbro m
Lippenstift (-[e]s, -e) sm rossetto m
List (-, -en) sf furbizia f, astuzia f
Liste (-, -n) sf lista f, elenco m

Liter (-s, -) sm/n litro m
literarisch a letterario
Literatur (-, -en) sf letteratura f
Liturgie (-, -n) sf (relig) liturgia f
liturgisch a liturgico
Livree (-, -n) sf livrea f
Lizenz (-, -en) sf licenza f
Lob (-[e]s) sn elogio m, lode f ● **zu jemandes L.** in lode di qn
loben vt lodare, elogiare
lobenswürdig a encomiabile
Lobrede (-, -n) sf panegirico m
Loch (-[e]s, Löcher) sn buca f, foro m
Locke (-, -n) sf ricciolo m
Lockenwickler (-s, -) sm bigodino m
locker a lento, allentato ◇ **soffice** ◇ rilassato
lockerlassen (→ **lassen**) vi (aus haben) (fam) demordere, mollare
Löffel (-s, -) sm cucchiaio m
Löffelvoll sm cucchiaiata f
Loge (-, -n) sf (teat) palco m
logisch a logico ♦ avv logicamente, coerentemente
Lohn (-[e]s, Löhne) sm paga f, salario m
lohnen vt ricompensare, ripagare ♦ vpr (sich l.) valere la pena, meritare
Lokal (-[e]s, -e) sn locale m
Lokalität (-, -en) sf località f
Lokalpatriotismus (-) sm campanilismo m
Lokomotive (-, -n) sf (ferr) locomotiva f
Lokomotivführer (-s, -) sm (ferr) macchinista m

Londoner (-s, -) sm londinese m
Lorbeer (-s, -en) sm (bot) lauro m
los a sciolto, staccato ◇ libero ● **l. haben** (pop) essere capace; **l. sein** (pop) capitare, succedere; **was ist mit dir l.?** cos'hai? cosa ti è capitato?
Los (-es, -e) sn sorte f, destino m ◇ biglietto m della lotteria
losbar a risolvibile
losbinden (→ **binden**) vt slegare
löschen (1) vt spegnere ◇ cancellare, estinguere
löschen (2) vt (naut) scaricare, sbarcare
Löschmannschaft (-, -en) sf squadra f antincendio
Löschpapier (-s, -e) sn carta f assorbente
Löschung (1) (-, -en) sf spegnimento m ◇ cancellazione f
Löschung (2) (-, -en) sf (naut) scarico m, sbarco m
lose a allentato, sciolto
losen vi (aus haben, um + acc) tirare a sorte, sorteggiare
lösen vt sciogliere, slegare ◇ risolvere ♦ vpr (sich l.) (chim) sciogliersi ◇ slegarsi, distaccarsi
losgehen (→ **gehen**) vi (aus sein) mettersi in cammino
Loskauf (-[e]s, Loskäufe) sm riscatto m
loskaufen vt riscattare
loskommen (→ **kommen**) vi (aus sein) staccarsi, liberarsi
loslassen (→ **lassen**) vt mollare, lasciare andare
löslich a solubile

losmachen vt distaccare, slegare

Losung (-, -en) sf sorteggio m

Lösung (-, -en) sf (chim, mat) soluzione f ◊ scioglimento m

Lösungsmittel (-s, -) sn (chim) solvente m

loswerden (→ **werden**) vt disfarsi (di)

löten vt saldare

Lotion (-, -en) sf lozione f

Lötkolben (-s, -) sm saldatore m

Lötstelle (-, -n) sf saldatura f

Lotterie (-, -n) sf lotteria f

Lotung (-, -en) sf (naut) scandaglio m

Löwe (-n, -n; f **Löwin**) sm leone m

Luchs (-es, -e) sm (zool) lince f

Lücke (-, -n) sf falla f, vuoto m ◊ (fig) lacuna f, carenza f

lückenhaft a lacunoso, incompleto

Luft (-, **Lüfte**) sf aria f ◊ fiato m, respiro m ● an der L. liegen (fig) essere nell'aria; an die L. gehen andare all'aria aperta; L. holen prendere fiato

Luftaufnahme (-, -n) sf aerofotografia f

Luftdruck (-[e]s) sm (meteor) pressione f atmosferica

lüften vt arieggiare, ventilare

Luftfahrt (-, -en) sf aviazione f, aeronautica f

luftig a arioso

Luftkrankheit (-) sf mal m d'aria

luftleer a sgonfio ● luftleerer Raum (fis) vuoto

Luftpost (-) sf posta f aerea

Luftröhre (-, -n) sf (anat) trachea f

Luftschlange (-, -n) sf stella f filante

Luftströmung (-, -en) sf corrente f d'aria

Lüftung (-, -en) sf aerazione f

Luftverschmutzung (-) sf inquinamento m atmosferico

Luftwaffe (-, -n) sf aviazione f

Luftzug (-[e]s, **Luftzüge**) sm spiffero m, corrente f d'aria

Lüge (-, -n) sf bugia f, menzogna f

lügen (**log**, **gelogen**) vi (aus haben) mentire

Lügner (-s, -) sm bugiardo m

lügnerisch a bugiardo

Lümmel (-s, -) sm villano m

Lumpen (-s, -) sm straccio m

Lunge (-, -n) sf (anat) polmone m

Lust (-, **Lüste**) sf gioia f, piacere m ◊ voglia f, desiderio m

lüstern a avido, desideroso ◊ peccaminoso, lascivo

Lüsternheit (-) sf libidine f

lustig a allegro, gioioso ● sich über jemanden l. machen prendersi gioco di qn

Lustigkeit (-, -en) sf allegria f

Lüstling (-s, -e) sm libertino m

lustlos a svogliato

Lustspiel (-[e]s, -e) sn commedia f

Lustspieldichter (-s, -) sm commediografo m

Luthertum (-) sn luteranesimo m

lutschen vt/i (aus haben, an + dat) (pop) succhiare

Lutscher (-s, -) *sm* (*pop*) lecca-lecca *m* (*pop*)
Luxation (-, -en) *sf* (*med*) lussazione *f*
luxuriös *a* lussuoso
Luxus (-) *sm* lusso *m*
Lyrik (-) *sf* lirica *f*

M

Mache (-) *sf* messinscena *f*
machen *vt* fare, produrre, fabbricare ● *das macht nichts* non fa niente; *etwas m. lassen* far fare qc; *mach's gut!* (*fam*) ciao, stammi bene! (*fam*)
Macht (-, **Mächte**) *sf* potenza *f*, forza *f* ◊ potere *m*
mächtig *a* potente
machtlos *a* impotente
Mädchen (-s, -) *sn* ragazza *f*
Made (-, -n) *sf* verme *m*
Magazin (-s, -e) *sn* magazzino *m*
Magd (-, **Mägde**) *sf* ancella *f*, serva *f*
Magen (-s, **Mägen/-**) *sm* (*anat*) stomaco *m* ● *auf nüchternen M.* a stomaco vuoto, a digiuno; *das liegt mir schwer im M.* (*fam, fig*) mi sta sullo stomaco (*fam*)
Magenbitter (-s, -) *sm* amaro *m* digestivo
Magenverstimmung (-, -en) *sf* indigestione *f*
mager *a* magro ◊ (*fig*) scarso ● *m. werden* dimagrire
Magermilch (-) *sf* latte *m* scremato
Magersucht (-) *sf* (*med*) anoressia *f*
Magie (-) *sf* magia *f*
Magier (-s, -) *sm* mago *m*
Magnet (-[e]s/-en, -e/-en) *sm* calamita *f*, magnete *m*
Magnetismus (-) *sm* (*fis*) magnetismo *m*
Magnolie (-, -n) *sf* (*bot*) magnolia *f*
Mahd (-, -en) *sf* mietitura *f*
mähen *vt* mietere
Mähen (-s, -) *sn* mietitura *f*
mahlen (**gemahlen**) *vt* macinare
Mahlzahn (-[e]s, **Mahlzähne**) *sm* (*anat*) molare *m*
Mahlzeit (-, -en) *sf* pasto *m* ● (*gesegnete*) *M.!* buon appetito!
Mähne (-, -n) *sf* criniera *f*
Mai (-[e]s/-, -e) *sm* maggio *m*
Maiglöckchen (-s, -) *sn* (*bot*) mughetto *m*
Mailbox (-, -en) *sf* (*inform*) casella *f* e-mail, mailbox *f*
Mais (-es, -e) *sm* granoturco *m*
Majestät (-, -en) *sf* maestà *f*
Majonäse, Mayonnaise (-, -n) *sf* maionese *f*
Majorität (-, -en) *sf* maggioranza *f*

makaber *a* macabro
Makel (-s, -) *sm* macchia *f*, difetto *m*
Makler (-s, -) *sm* mediatore *m*
mal (1) *avv* (*pop*) una volta, un po' ● *schau m.!* guarda!
mal (2) *avv* (*mat*) per
Mal (-[e]s, -e) *sn* volta *f* ● *ein für alle Male* una volta per tutte; *mit einem M.* ad un tratto; *zum ersten/letzten M.* per la prima/l'ultima volta
malen *vt* dipingere, pitturare ◆ *sich m. lassen* farsi fare un ritratto
Maler (-s, -) *sm* pittore *m* ◊ imbianchino *m*
Malerei (-, -en) *sf* pittura *f*
malerisch *a* pittorico ◊ pittoresco
Malve (-, -n) *sf* (*bot*) malva *f*
Malz (-es) *sn* malto *m*
Mama (-, -s) *sf* (*fam*) mamma *f* (*fam*)
mancher *a* qualche, alcuni ◆ *pr* qualcuno, alcuni
manchmal *avv* talvolta
Mandarine (-, -n) *sf* (*bot*) mandarino *m*
Mandat (-[e]s, -e) *sn* mandato *m* ● *sein M. niederlegen* rinunciare al proprio mandato
Mandel (-, -n) *sf* (*bot*) mandorla *f* ◊ (*anat*) tonsilla *f*
Mangel (-s, Mängel) *sm* mancanza *f*, scarsità *f* ◊ imperfezione *f* ● *aus M. an Beweisen* (*dir*) per insufficienza di prove; *M. haben an etwas* mancare di qc
mangeln *vi* (*aus haben*) mancare ◆ *vimp* (*an + dat*) mancare (di)
mangelnd *a* carente
Mangold (*sm*) (*bot*) bietola *f*
Manie (-, -n) *sf* mania *f*
Manipulation (-, -en) *sf* manipolazione *f*
Mann (-[e]s, Männer) *sm* uomo *m* ◊ marito *m* ● *pro M.* a testa
männlich *a* virile, maschile ◊ (*gramm*) maschile ● *männliches Glied* (*anat*) pene
Männlichkeit (-) *sf* virilità *f*
Mannschaft (-, -en) *sf* (*sport*) squadra *f* ◊ (*aer*, *naut*) equipaggio *m*
Mansarde (-, -n) *sf* mansarda *f*
Manschette (-, -n) *sf* polsino *m*
Mantel (-s, Mäntel) *sm* (*abb*) cappotto *m* ◊ (*aut*) copertone *m*
Mappe (-, -n) *sf* cartella *f*, borsa *f* ◊ raccoglitore *m*
Marathonlauf (-[e]s, Marathonläufe) *sm* (*sport*) maratona *f*
Märchen (-s, -) *sn* fiaba *f*
märchenhaft *a* fiabesco, fantastico
Margarine (-, -n) *sf* margarina *f*
Margerite (-, -n) *sf* (*bot*) margherita *f*
marianisch *a* mariano
Marine (-, -n) *sf* marina *f*
Marionette (-, -n) *sf* burattino *m*, marionetta *f*
Mark (-[e]s) *sn* (*anat*) midollo *m*
Marke (-, -n) *sf* marca *f*, marchio *m*
markieren *vt* marcare
Markierung (-, -en) *sf* contrassegno *m*, marcatura *f*

Markt (-[e]s, Märkte) *sm* mercato *m* ● *auf dem M.* al mercato; *schwarzer M.* mercato nero
Marmelade (-, -n) *sf* marmellata *f*
Marmor (-s, -e) *sm* marmo *m*
Mars (-) *sm* (*astr*) Marte *m*
Marsbewohner (-s, -) *sm* marziano *m*
Marsch (-[e]s, Märsche) *sm* marcia *f*
marschieren *vi* (*aus sein*) marciare
Marter (-, -n) *sf* martirio *m*
martern *vt* torturare, tormentare
Märtyrer (-s, -) *sm* martire *m*
Marxismus (-) *sm* marxismo *m*
Marxist (-en, -en; *f* -in) *sm* marxista *m/f*
März (-[en], -e) *sm* marzo *m*
Marzipan (-s, -e) *sm/n* marzapane *m*
Maschine (-, -n) *sf* macchina *f*
maschinengeschrieben *a* dattiloscritto
Maschinenpistole (-, -n) *sf* mitra *m*
Masern *s pl* (*med*) morbillo *m sing*
Maserung (-, -en) *sf* venatura *f* (*del legno*)
Maske (-, -n) *sf* maschera *f*
maskieren *vt* mascherare
Maskottchen (-s, -) *sn* mascotte *f*
Masochismus (-) *sm* (*psic*) masochismo *m*
Maß (-es, -e) *sn* misura *f* ● *etwas nach M. machen lassen* far fare qc su misura

Massage (-, -n) *sf* massaggio *m*
Masse (-, -n) *sf* massa *f*
Maßeinheit (-, -en) *sf* unità *f* di misura
Masseur (-s, -e; *f* -in) *sm* massaggiatore *m*
massieren *vt* massaggiare
mäßig *a* moderato, modico ◊ sobrio
mäßigen *vt* moderare, mitigare
  ♦ *vpr* (*sich m.*) moderarsi
mäßigend *a* moderatore
Mäßigkeit (-) *sf* moderazione *f*, sobrietà *f*
Mäßigung (-) *sf* moderazione *f*
massiv *a* massiccio
maßlos *a* smisurato
Maßnahme (-, -n) *sf* provvedimento *m*
Maßstab (-[e]s, Maßstäbe) *sm* scala *f* ◊ (*fig*) parametro *m*, criterio *m*
Mast (-[e]s, -en/-e) *sm* (*naut*) albero *m* ◊ pilone *m*, traliccio *m*
mästen *vt* rimpinguare
Material (-s, -ien) *sn* materiale *m*
Materialismus (-) *sm* materialismo *m*
Materie (-, -n) *sm* materia *f*
materiell *a* materiale
Mathematik (-) *sf* matematica *f*
mathematisch *a* matematico
Matratze (-, -n) *sf* materasso *m*
matriarchalisch *a* matriarcale
Matrikel (-, -n) *sf* matricola *f*
Matrize (-, -n) *sf* matrice *f*
Matrose (-n, -n) *sm* marinaio *m*
matt *a* opaco ◊ fioco, sbiadito ◊ (*fig*) fiacco, stanco

Matte (-, -n) *sf* stuoia *f*, zerbino *m*
Mauer (-, -n) *sf* muro *m*
mauern *vt* murare
Maul (-[e]s, Mäuler) *sn* muso *m*
Maulbeerbaum (-[e]s, Maulbeerbäume) *sm* (bot) gelso *m*
Maulesel (-s, -) *sm* (zool) mulo *m*
Maulkorb (-[e]s, Maulkörbe) *sm* museruola *f*
Maultrommel (-, -n) *sf* (mus) scacciapensieri *m*
Maulwurf (-[e]s, Maulwürfe) *sm* (zool) talpa *f*
Maurer (-s, -) *sm* muratore *m*
Maus (-, Mäuse) *sf* (zool) topo *m* ◊ (inform) mouse *m*
Mauspad (-s, -s) *sn* (inform) tappetino *m* per il mouse
Mautgebühr (-, -en) *sf* pedaggio *m*
Mautstelle (-, -n) *sf* casello *m*
Mayonnaise → **Majonäse**
Mäzen (-s, -e; *f* -in) *sm* mecenate *m/f*
Mechanik (-, -en) *sf* meccanica *f*
Mechaniker (-s, -) *sm* meccanico *m*
Mechanisierung (-, -en) *sf* meccanizzazione *f*
Mechanismus (-, Mechanismen) *sm* meccanismo *m*, congegno *m*
Medaille (-, -n) *sf* medaglia *f*
Medaillon (-s, -s) *sn* medaglione *m*
Meditation (-, -en) *sf* meditazione *f*
Medizin (-, -en) *sf* medicina *f*
Meer (-[e]s, -e) *sn* mare *m*
Meerenge (-, -n) *sf* stretto *m*
Meeresfrüchte *s pl* frutti *m pl* di mare
Meereshöhe (-) *sf* livello *m* del mare
Meereskunde (-) *sf* oceanografia *f*
Meerrettich (-s, -e) *sm* (bot) rafano *m*
Meerschweinchen (-s, -) *sn* cavia *f*
Megabyte (-[s], -[s]) *sn* (inform) megabyte *m*
Megafon, Megaphon (-s, -e) *sn* megafono *m*
megalithisch *a* megalitico
Mehl (-[e]s, -e) *sn* farina *f*
mehlartig *a* farinaceo
mehr (→ **viel**) *avv* più ● *m.... als...* più... che...; *nicht m. und nicht weniger* né più né meno
mehrere *pr* parecchi
mehrfach *a* molteplice, multiplo
Mehrheit (-, -en) *sf* maggioranza *f*
mehrjährig *a* pluriennale
mehrsprachig *a* poliglotta
mehrstimmig *a* polifonico
Mehrwert (-[e]s, -e) *sm* (fin) plusvalore *m*
mehrwertig *a* polivalente
Mehrwertsteuer (-s) *sf* imposta *f* sul valore aggiunto (IVA)
Mehrzahl (-, -en) *sf* pluralità *f*
Meile (-, -n) *sf* miglio *m*
mein (*f* meine, *n* mein; *pl* meine)

a/pr.poss mio (f mia; pl m miei, f mie)

meinen vt/i (aus haben) pensare, credere ◊ volere dire, intendere ◊ riferirsi a, parlare di ● *das will ich m.!* (fam) lo credo bene!; *etwas ernst m.* dire qc sul serio; *wie Sie m.!* come Le pare!

Meinung (-, -en) sf opinione f, parere m ● *anderer M. sein* essere di diverso parere; *einer M. sein mit jemandem* condividere il parere di qn; *meiner M. nach* a mio parere

Meißel (-s, -) sm scalpello m

meist a la maggior parte di

meistens avv perlopiù

Meister (-s, -) sm maestro m ◊ (sport) campione m

Meisterschaft (-, -en) sf maestria f ◊ (sport) campionato m

Meistertitel (-s, -) sm (sport) scudetto m

Meisterwerk (-[e]s, -e) sn capolavoro m

Meldeamt (-[e]s) sn anagrafe f

melden vt annunciare ◊ iscrivere ◊ informare, comunicare ♦ vpr (sich m.) annunciarsi, presentarsi ◊ rispondere al telefono ◊ iscriversi ● *es meldet sich niemand* non risponde nessuno; *jemandem etwas m.* informare qn di qc; *sich bei jemandem m.* presentarsi a qn; *wen darf ich m.?* chi devo annunciare?

Meldung (-, -en) sf annuncio m ◊ comunicazione f, notizia f

melken (melkte/molk, gemolken/gemelkt) vt mungere

melodisch a melodioso

Melone (-, -n) sf (bot) melone m

Membran (-, -en) sf membrana f

Menge (-, -n) sf quantità f ◊ moltitudine f, massa f ◊ (mat) insieme m

mengen vt mescolare ♦ vpr (sich m.) mescolarsi ◊ (in + acc) (fam) immischiarsi (in), impicciarsi (di)

Meniskus (-, Menisken) sm (anat) menisco m

Menopause (-, -n) sf menopausa f

Mensch (-en, -en) sm essere m umano, persona f, uomo m

menschenähnlich a antropomorfo

Menschenfeind (-[e]s, -e) sm misantropo m

Menschenfreund (-[e]s, -e) sm filantropo m

menschenfreundlich a umanitario

menschenleer a disabitato

Menschenraub (-[e]s) sm sequestro m di persona

Menschenrechtserklärung (-, -en) sf dichiarazione f dei diritti dell'uomo

Menschheit (-) sf umanità f

menschlich a umano

Mentalität (-, -en) sf mentalità f

Menü (-s, -s) sn menù m

Meringe (-, -n) sf meringa f

merken vt notare, accorgersi di ♦ vi (aus haben, auf + acc) badare (a), fare attenzione (a) ♦

vpr (**sich m.**) ricordare, tenere a mente ♦ *jemandem etwas m. lassen* far capire qc a qn

merkwürdig *a* strano, singolare ◊ notevole, rilevante

Merkwürdigkeit (-, -en) *sf* stranezza *f*, singolarità *f*

Merkzettel (-s, -) *sm* promemoria *m*

messbar, meßbar* *a* misurabile

Messbecher, Meßbecher* (-s, -) *sm* misurino *m*

Messbuch, Meßbuch* (-[e]s, Meßbücher) *sn* (*relig*) messale *m*

Messe (1) (-, -n) *sf* fiera *f* ♦ *auf der M.* alla fiera

Messe (2) (-, -n) *sf* (*relig*) messa *f* ♦ *die M. lesen* celebrare la messa; *in die/zur M. gehen* andare a messa; *stille M.* messa bassa

messen (**misst, maß, gemessen**) *vt/i* misurare ♦ *vpr* (**sich m.**) misurarsi, cimentarsi

Messer (-s, -) *sn* coltello *m* ♦ lama *f* ◊ (*pop*) rasoio *m* ♦ *auf des Messers Schneide stehen* essere sul filo del rasoio

Messgerät, Meßgerät* (-[e]s, -e) *sn* misuratore *m*

Messing (-s) *sn* ottone *m*

Messung (-, -en) *sf* misurazione *f*, rilevamento *m*

Metall (-s, -e) *sn* metallo *m*

metallisch *a* metallico

Metamorphose (-, -n) *sf* metamorfosi *f*

Metapher (-, -n) *sf* metafora *f*

metaphorisch *a* metaforico

Metaphysik (-) *sf* metafisica *f*

Meteor (-s, -e) *sm* meteora *f*

Meteorologe (-n, -n) *sm* meteorologo *m*

Meteorologie (-) *sf* meteorologia *f*

Meter (-s, -) *sn/m* metro *m*

Methode (-, -n) *sf* metodo *m*

methodisch *a* metodico

Methodist (-en, -en; *f* -in) *sm* metodista *m/f*

methodologisch *a* metodologico

Metropolit (-en, -en) *sm* (*relig*) metropolita *m*

Metzger (-s, -) *sm* macellaio *m*

Metzgerei (-, -en) *sf* macelleria *f*

Mexikaner (-s, -) *sm* messicano *m*

mexikanisch *a* messicano

miauen *vi* (*aus haben*) miagolare

mich (*acc di* → **ich**) *pr.pers* me, mi

Miesmuschel (-, -n) *sf* (*zool*) mitilo *m*

Miete (-, -n) *sf* affitto *m* ♦ noleggio *m* ♦ *zur M. wohnen* essere in affitto

mieten *vt* affittare, prendere in affitto ◊ noleggiare

Mieter (-s, -) *sm* inquilino *m* ◊ noleggiatore *m*

Migräne (-, -n) *sf* (*med*) emicrania *f*

Mikrobe (-, -n) *sf* microbo *m*

Mikrochip (-s, -s) *sm* (*tecn*) microchip *m*

Mikrofaser (-, -n) *sf* microfibra *f*

Mikrofilm (-[e]s, -e) *sm* microfilm *m*

Mikrofon, Mikrophon (-s, -e) *sn* microfono *m*

Mikrokosmos (-) *sm* microcosmo *m*

Mikroorganismus (-, Mikroorganismen) *sm* microrganismo *m*

Mikrophon → **Mikrofon**

Mikroprozessor (-s, Mikroprozessoren) *sm* microprocessore *m*

Mikroskop (-s, -e) *sn* microscopio *m*

Mikrowellengerät (-[e]s, -e) *sn* forno *m* a microonde

Mikrowellenherd (-[e]s, -e) *sm* forno *m* a microonde

Milch (-) *sf* latte *m*

Milchflasche (-s, -n) *sf* biberon *m*

Milchkaffee (-s, -s) *sm* caffellatte *m*

Milchstraße (-, -n) *sf* (*astr*) Via Lattea *f*

mild *a* mite, dolce ◇ benevolo, caritatevole

Milde (-) *sf* mitezza *f*, dolcezza *f* ◇ benevolenza *f*

mildern *vt* mitigare, lenire • *mildernde Umstände* (*dir*) attenuanti

Militär (-s) *sn* forze *f pl* armate

Militärdienst (-[e]s, -e) *sm* servizio *m* militare

militärisch *a* militaresco

Milliardär (-s, -e; *f* -in) *sm* miliardario *m*

Milliarde (-, -n) *sf* miliardo *m*

Millimeter (-s, -) *sm/n* millimetro *m*

Million (-, -en) *sf* milione *m*

Millionär (-s, -e; *f* -in) *sm* milionario *m*

Milz (-, -en) *sf* (*anat*) milza *f*

Mime (-n, -n) *sm* (*teat*) mimo *m*

mimetisch *a* mimetico

Mimose (-, -n) *sf* (*bot*) mimosa *f*

Minarett (-[e]s, -e) *sn* minareto *m*

minder *a* minore, inferiore ♦ *avv* meno • *mehr oder m.* più o meno

Minderheit (-, -en) *sf* minoranza *f*

Minderjährige (-n, -n) *sm/f* minorenne *m/f*

Minderung (-, -en) *sf* diminuzione *f*, attenuazione *f*

minderwertig *a* scadente

Minderwertigkeit (-, -en) *sf* inferiorità *f* ◇ qualità *f* scadente

mindeste *a* minimo • *nicht im Mindesten* (*mindesten*) per niente; *zum Mindesten* (*mindesten*) per lo meno

mindestens *avv* almeno

Mine (-, -n) *sf* mina *f*

Mineral (-s, -e/Mineralien) *sn* minerale *m*

Mineralogie (-) *sf* mineralogia *f*

Miniatur (-, -en) *sf* miniatura *f*

Miniaturmaler (-s, -) *sm* miniaturista *m*

Minirock (-[e]s, **Miniröcke**) *sm* minigonna *f*

Minister (-s, -) *sm* ministro *m*

ministeriell *a* ministeriale

Ministerium (-s, **Ministerien**) sn ministero m

minus avv (mat) meno

Minute (-, -n) sf minuto m ● **auf die letzte M.** all'ultimo momento

Minze (-, -n) sf menta f

mir (dat di → **ich**) pr.pers a me, mi ● **von mir aus** secondo me

mischen vt mescolare ◆ vpr (**sich m.**) mescolarsi, confondersi ◇ immischiarsi

Mischer (-s, -) sm miscelatore m

Mischmasch (-[e]s, -e) sm guazzabuglio m

Mischung (-, -en) sf mescolanza f, miscela f

Misogynie (-) sf misoginia f

Mispel (-, -n) sf (bot) nespola f ◇ (bot) nespolo m

Missbildung, Mißbildung* (-, -en) sf malformazione f

missbilligen, mißbilligen* vt disapprovare

Missbrauch, Mißbrauch* (-[e]s, **Missbräuche**) sm abuso m

missbrauchen, mißbrauchen* vt abusare (di)

Misserfolg, Mißerfolg* (-[e]s, -e) sm fallimento m, insuccesso m

Missetat (-, -en) sf misfatto m

Missgeschick, Mißgeschick* (-[e]s, -e) sn avversità f, disavventura f

missgestaltet, mißgestaltet* a malfatto

Missgestaltung, Mißgestaltung* (-, -en) sf difformità f

misshandeln, mißhandeln* vt maltrattare

Misshandlung, Mißhandlung* (-, -en) sf maltrattamento m

Mission (-, -en) sf missione f

Missionar (-s, -e; f -in) sm missionario m

missklingend, mißklingend* a dissonante

Misskredit, Mißkredit* (-[e]s, -e) sm discredito m

misstrauen, mißtrauen* vi (aus haben, + dat) diffidare (di)

Misstrauen, Mißtrauen* (-s) sn diffidenza f, sfiducia f

Missverhältnis, Mißverhältnis* (-ses, -se) sn sproporzione f

Missverständnis, Mißverständnis* (-ses, -se) sn equivoco m, malinteso m

missverstehen, mißverstehen* vt fraintendere

Mist (-[e]s) sm letame m

Mistel (-, -n) sf (bot) vischio m

mit prep (+ dat) con, assieme a ◇ con, per mezzo di ● **mit blauen Augen** dagli occhi blu; **mit dem Auto** in automobile; **mit Recht** a ragione; **mit zehn Jahren** all'età di dieci anni; **was ist mit dir los?** (fam) cosa ti è successo? (fam)

Mitarbeit (-, -en) sf collaborazione f

mitarbeiten vi (aus haben) collaborare

Mitbesitzer (-s, -) sm comproprietario m

Mitbesitzerhaus (-es, -häuser) *sn* condominio *m*
mitbringen *vt* portare
Mitbürger (-s, -) *sm* concittadino *m*
miteinander *avv* l'uno con l'altro, insieme
Mitglied (-[e]s, -er) *sn* membro *m*, socio *m*
Mitleid (-[e]s) *sn* misericordia *f*, pietà *f*, compassione *f*
mitnehmen *vt* portare
mitreißend *a* travolgente
Mittag (-[e]s, -e) *sm* mezzogiorno *m*
Mittagessen (-s, -) *sn* pranzo *m*
mittags *avv* a mezzogiorno
Mittagsruhe (-, -n) *sf* siesta *f*
Mittäter (-s, -) *sm* complice *m*
Mitte (-, -n) *sf* metà *f*, mezzo *m*
mitteilen *vt* comunicare, riferire
Mitteilung (-, -en) *sf* comunicazione *f*
Mittel (-s, -) *sn* mezzo *m*, risorsa *f*
Mittelalter (-s) *sn* (*stor*) medioevo *m*
mittelalterlich *a* medievale
mitteleuropäisch *a* mitteleuropeo
Mittelfeld (-[e]s, -er) *sn* (*sport*) centrocampo *m*
mittelländisch *a* mediterraneo
mittelmäßig *a* mediocre
Mittelstand (-[e]s, Mittelstände) *sm* classe *f* media
Mittelstreifen (-s, -) *sm* spartitraffico *m*
Mittelstürmer (-s, -) *sm* (*sport*) centravanti *m*

Mittelwelle (-, -n) *sf* onde *f pl* medie
mitten *avv* a metà, in mezzo
Mitternacht (-) *sf* mezzanotte *f*
mittlere *a* centrale ◊ *a* medio, intermedio
mittlerweile *avv* frattanto, intanto
Mittwoch (-[e]s, -e) *sm* mercoledì *m*
Mitverfasser (-s, -) *sm* coautore *m*
mixen *vt* mescolare
Mixgetränk (-[e]s, -e) *sn* frullato *m*
Möbel (-s, -) *sn* mobile *m*
Möbelstück (-, -) *sn* mobile *m*
mobil *a* mobile
Mobilfunkbereich (-[e]s, -e) *sm* (*tel*) campo *m*, copertura *f*
Mobilmachung (-) *sf* mobilitazione *f*
Mobiltelefon (-s, -e) *sn* telefono *m* cellulare, cellulare *m*
Mobiltelefonie (-) *sf* (*tel*) telefonia *f* mobile
möblieren *vt* ammobiliare, arredare
mochte → **mögen**
Mode (-, -n) *sf* moda *f* ● *mit der M. gehen* seguire la moda; *M. sein* essere di moda
Modell (-s, -e) *sn* modello *m*, modella *f* ● *M. stehen* posare
Modellbau (-[e]s) *sm* modellismo *m*
modern *a* moderno
modernisieren *vt* modernizzare
Modernisierung (-) *sf* modernizzazione *f*

Modernität (-, -en) *sf* modernità *f*
Modeschau (-, -en) *sf* sfilata *f*
Modeschmuck (-[e]s, -e) *sm* bigiotteria *f*
mögen (**mag, mochte, gemocht**) *vi (aus haben)* volere ◊ potere ♦ *vt* piacere ● *lieber m.* preferire
möglich *a* possibile ● *so bald wie m.* il più presto possibile
möglicherweise *avv* possibilmente
Möglichkeit (-, -en) *sf* possibilità *f*
Mohammedaner (-s, -) *sm* musulmano *m*
mohammedanisch *a* musulmano
Mohn (-[e]s, -e) *sm* (*bot*) papavero *m*
Mole (-, -n) *sf* molo *m*
Molekül (-s, -e) *sn* molecola *f*
Moment (-[e]s, -e) *sm* momento *m*, istante *m* ● *im letzten M.* all'ultimo minuto; *im M.* al momento; *M. mal!* un momento!
momentan *a* momentaneo ◊ attuale ♦ *avv* al momento, momentaneamente
Monarch (-en, -en; *f* -in) *sm* monarca *m/f*
Monarchie (-, -n) *sf* monarchia *f*
Monat (-[e]s, -e) *sm* mese *m*
monatlich *a* mensile ♦ *avv* mensilmente
Monatsblutung (-, -en) *sf* mestruazione *f*
Mönch (-[e]s, -e) *sm* frate *m*, monaco *m*
Mond (-[e]s, -e) *sm* luna *f* ● *abnehmender/zunehmender M.* luna calante/crescente
Mondschein (-[e]s, -e) *sm* chiaro *m* di luna
Monitor (-s, Monitoren) *sm* monitor *m*
Monogamie (-) *sf* monogamia *f*
Monografie, Monographie (-, -n) *sf* monografia *f*
monolithisch *a* monolitico
Monolog (-s, -e) *sm* monologo *m*
Monopol (-s, -e) *sn* monopolio *m*
Monotheismus (-) *sm* monoteismo *m*
monoton *a* monotono
Monotonie (-) *sf* monotonia *f*
Monstranz (-, -en) *sf* (*relig*) ostensorio *m*
Monsun (-s, -e) *sm* monsone *m*
Montag (-[e]s, -e) *sm* lunedì *m*
Montage (-, -n) *sf* montaggio *m*
Monument (-[e]s, -e) *sn* monumento *m*
monumental *a* monumentale
Moor (-[e]s, -e) *sn* palude *f*
moorig *a* paludoso
Moos (-es, -e) *sn* muschio *m*
Moped (-s, -s) *sn* ciclomotore *m*, motorino *m*
Moral (-, -en) *sf* morale *f*
moralisch *a* morale
Morast (-[e]s, -e/Moräste) *sm* pantano *m*
Mord (-[e]s, -e) *sm* omicidio *m* ● *einen M. begehen* commettere un omicidio
morden *vt* assassinare
Mörder (-s, -) *sm* assassino *m*, omicida *m*

morgen *avv* domani
Morgen (-s, -) *sm* mattino *m*, mattina *f* ● **am M.** di mattina; **guten M.!** buongiorno!
morgendlich *a* mattutino
Morgenland (-[e]s) *sn* oriente *m*
Morgenrock (-[e]s, **Morgenröcke**) *sm* vestaglia *f*
Morgenröte (-, -n) *sf* aurora *f*
morgens *avv* di mattina
Morphologie (-) *sf* morfologia *f*
Mörser (-s, -) *sm* mortaio *m*
Mörtel (-s, -) *sm* malta *f*
Mosaik (-s, -e/-en) *sn* mosaico *m*
Moschee (-, -n) *sf* moschea *f*
Moskito (-s, -s) *sm* (*zool*) zanzara *f*
Moskitonetz (-es, -e) *sn* zanzariera *f*
Moslem (-s, -s; *f* **Moslime**) *sm* musulmano *m*
moslemisch *a* musulmano
Motor (-s, -en) *sm* motore *m*
Motorboot (-[e]s, -e) *sn* motoscafo *m*
Motorhaube (-, -n) *sf* cofano *m*
Motorrad (-[e]s, **Motorräder**) *sn* motocicletta *f*
Motorradfahrer (-s, -) *sm* motociclista *m*
Motorschlitten (-s, -) *sm* motoslitta *f*
Motte (-, -n) *sf* tarma *f*
Mountainbike (-s, -s) *sn* (*sport*) mountain bike *f*
Möwe (-, -n) *sf* (*zool*) gabbiano *m*
Mücke (-, -n) *sf* (*zool*) zanzara *f*
Mucken *s pl* capricci *m pl*
müde *a* stanco, affaticato ● **einer Sache m. sein** essere stufo di qc; **m. werden** affaticarsi
Müdigkeit (-) *sf* stanchezza *f*
Mühe (-, -n) *sf* fatica *f* ● **der M. wert sein** valer la pena; **mit M. und Not** a malapena
muhen *vi* (*aus haben*) muggire
Muhen (-s, -) *sn* muggito *m*
mühevoll *a* oneroso
Mühle (-, -n) *sf* macina *f*, mulino *m*
mühsam *a* faticoso
Müll (-[e]s) *sm* immondizia *f*, spazzatura *f* ● **M. abladen verboten** divieto di scarico; **radioaktiver M.** scorie radioattive
Müllabfuhr (-, -en) *sf* nettezza *f* urbana
Mülldeponie (-, -n) *sf* discarica *f*
Mülleimer (-s, -) *sm* pattumiera *f*
Müller (-s, -) *sm* mugnaio *m*
Mülltonne (-, -n) *sf* bidone *m* dell'immondizia
multikulturell *a* multiculturale
multimedial *a* multimediale
Multiplikation (-, -en) *sf* moltiplicazione *f*
multiplizieren *vt* moltiplicare
Mumie (-, -n) *sf* mummia *f*
Mumps (-) *sm* (*med*) orecchioni *m pl*, parotite *f*
Mund (-[e]s, **Münder**) *sm* bocca *f*
Mundart (-, -en) *sf* idioma *m*, parlata *f*
münden *vi* (*aus haben*) sfociare
mündig *a* maggiorenne
Mündigkeit (-) *sf* (*dir*) maggiore età *f*

mündlich *a* orale
Mundstück (-[e]s, -e) *sn* bocchino *m*
Mündung (-, -en) *sf* foce *f* ◇ imboccatura *f*, sbocco *m*
Mundwasser (-s, -) *sn* (*med*) collutorio *m*
Munition (-, -en) *sf* munizione *f*
Münster (-s, -) *sn* cattedrale *f*
munter *a* vivace
Münze (-, -n) *sf* moneta *f*
Münzkunde (-) *sf* numismatica *f*
Münzprägestelle (-, -n) *sf* zecca *f*
Münzprägung (-, -en) *sf* coniatura *f* di monete
Muräne (-, -n) *sf* (*zool*) murena *f*
mürbe *a* tenero ◇ friabile
Mürbeteig (-[e]s) *sm* pasta *f* frolla
murmeln *vt/i* (*aus haben*) borbottare, mormorare
Murmeltier (-[e]s, -e) *sn* (*zool*) marmotta *f*
mürrisch *a* scorbutico, scontroso
Muschel (-, -n) *sf* conchiglia *f* ◇ mollusco *m* ◇ ricevitore *m* (*del telefono*)
Muse (-, -n) *sf* musa *f*
Museum (-s, Museen) *sn* museo *m*
Musik (-, -en) *sf* musica *f*
musikalisch *a* musicale
Musikant (-en, -en; *f* -in) *sm* suonatore *m*
Musiker (-s, -) *sm* musicista *m*

Muskel (-, -n) *sm* muscolo *m*
muskulös *a* muscoloso
Muße (-, -n) *sf* tempo *m* libero
müssen (**muss, musste, gemusst**) *vi* (*aus haben*) dovere
müßig *a* ozioso
Müßiggang (-[e]s, Müßiggänge) *sm* ozio *m*
Muster (-s, -) *sn* modello *m*, campione *m* ● **als M. dienen** servire da modello; ***etwas zum M. nehmen*** prendere qc a modello
musterhaft *a* esemplare
Musterkatalog (-[e]s, -e) *sm* campionario *m*
Mut (-[e]s) *sm* coraggio *m*
Mutation (-, -en) *sf* mutazione *f*
mutig *a* coraggioso, valoroso
mutlos *a* avvilito, scoraggiato
Mutter (-, Mütter) *sf* madre *f*
Muttergottes (-) *sf* (*relig*) Madonna *f*
mütterlich *a* materno
Muttermal (-[e]s, -e) *sn* (*med*) voglia *f*
Mutterschaft (-) *sf* maternità *f*
Muttersprache (-) *sf* lingua *f* materna
Mütze (-, -n) *sf* berretto *m*, cuffia *f*
Myrte (-, -n) *sf* (*bot*) mirto *m*
mystisch *a* mistico
mythisch *a* mitico
Mythologie (-, -n) *sf* mitologia *f*
mythologisch *a* mitologico
Mythos (-, Mythen) *sm* mito *m*

N

na *inter* insomma!

Nabel (**-s, -**) *sm* (*anat*) ombelico *m*

Nabelschnur (**-, Nabelschnüre**) *sf* (*anat*) cordone *m* ombelicale

nach *prep* (*+ dat*) verso, a (ES: **im Sommer fahre ich n. Spanien** in estate vado in Spagna; **n. Hause gehen** andare a casa) ◊ dopo (ES: **n. Ostern** dopo Pasqua) ◊ secondo, in conformità a (ES: **n. Geschmack** secondo i gusti) ● *der Zug n. Paris* il treno per Parigi; *es ist Viertel n. fünf* sono le cinque e un quarto; *meiner Meinung n.* secondo me; *n. französischer Art* alla francese; *n. und n.* a poco a poco

nachahmen *vt* imitare

Nachahmung (**-, -en**) *sf* imitazione *f* ◊ contraffazione *f*

Nacharbeit (**-, -**) *sf* rifinitura *f*

Nachbar (**-n, -n**; *f* **-in**) *sm* vicino *m*

Nachbarschaft (**-**) *sf* vicinato *m*

nachbilden *vt* modellare

Nachbildung (**-, -en**) *sf* imitazione *f*

nachdatieren *vt* postdatare

nachdem *cong* dopo

nachdenken (→ **denken**) *vi* (*aus haben, über + acc*) meditare (su), riflettere (su)

nachdenklich *a* pensieroso

Nachdruck (**-[e]s, -e**) *sm* enfasi *f*, rilievo *m* ◊ forza *f*, vigore *m*

nachdrucken *vt* ristampare

nachdrücklich *a* enfatico ◊ energico

nacheifern *vi* (*aus haben, + dat*) emulare

nacheinander *avv* l'uno dopo l'altro

Nachfolge (**-, -n**) *sf* successione *f*

nachfolgen *vi* (*aus sein, + dat*) seguire l'esempio (di) ◊ succedere (a), venire dopo

Nachfolger (**-s, -**) *sm* successore *m*

nachforschen *vi* (*aus haben, + dat*) ricercare, indagare

Nachforschung (**-, -en**) *sf* ricerca *f*, indagine *f*

Nachfrage (**-, -n**) *sf* domanda *f*, richiesta *f*

nachfragen *vi* (*aus haben, nach + dat*) informarsi (su/di)

nachfüllen *vt* ricaricare

nachgeben (→ **geben**) *vi* (*aus haben*) cedere, venire meno

nachgeboren *a* nato dopo, postumo

Nachgebühr (**-, -en**) *sf* soprattassa *f*

nachgehen (→ **gehen**) *vi* (*aus sein, + dat*) andare dietro (a), seguire ◊ dedicarsi (a) ● *meine Uhr geht fünf Minuten nach* il mio orologio è indietro di cinque minuti

nachgiebig *a* elastico, flessibile ◊ accondiscendente

nachher *avv* successivamente, dopo ● *bis n.!* a più tardi
Nachhilfestunde (-, -n) *sf* ripetizione *f*, lezione *f* privata
Nachkomme (-n, -n) *sm* discendente *m*
nachkommen (→ **kommen**) *vi* (*aus sein*, + *dat*) venire dopo, seguire ◊ obbedire (a)
Nachkommenschaft (-) *sf* discendenza *f*
Nachkriegszeit (-) *sf* dopoguerra *m*
Nachlass, Nachlaß* (-es, -e/**Nachlässe**) *sm* riduzione *f*, sconto *m* ◊ eredità *f*
nachlassen (→ **lassen**) *vt* allentare ◊ ridurre, abbassare ● *vi* (*aus haben*) diminuire, placarsi
nachlässig *a* trasandato
Nachlässigkeit (-, -en) *sf* incuria *f*, negligenza *f*
nachmachen *vt* imitare, copiare ◊ contraffare, falsificare
Nachmittag (-[e]s, -e) *sm* pomeriggio *m*
nachmittags *avv* nel pomeriggio
Nachnahme (-, -n) *sf* contrassegno *m* ● *als/mit N. schicken* spedire contrassegno; *Zahlung gegen N.* pagamento contrassegno
nachprüfen *vt* verificare, controllare
Nachricht (-, -en) *sf* notizia *f*, informazione *f* ◊ (*pl*) notiziario *m* ◊ (*tel*) messaggio *m* ● *eine N. hinterlassen* lasciare un messaggio
Nachruf (-[e]s, -e) *sm* necrologio *m*
nachschlagen (→ **schlagen**) *vi* (*aus haben*, + *dat*) assomigliare (a) ● *vt* (*in* + *dat*) consultare
Nachschrift (-, -en) *sf* appunto *m*
nachsehen (→ **sehen**) *vi* (*aus haben*) (+ *dat*) seguire con lo sguardo ◊ (*in* + *dat*) consultare ● *vt* verificare, controllare
nachsetzen *vt* posporre
Nachspiel (-[e]s, -e) *sn* (*teat*) epilogo *m* ◊ (*fig*) strascico *m*
nachsprechen (→ **sprechen**) *vt* ripetere
nächst *a* prossimo, più vicino
Nacht (-, **Nächte**) *sf* notte *f* ● *bei N.* di notte; *gute N.!* buonanotte!; *heute N.* stanotte; *über N.* durante la notte; (*fig*) improvvisamente; *über N. bleiben* pernottare
Nachteil (-[e]s, -e) *sm* svantaggio *m* ● *die Vor- und Nachteile abwägen* valutare i pro e i contro; *zum N. von* a svantaggio di
nachteilig *a* svantaggioso, sfavorevole
Nachtigall (-, -en) *sf* (*zool*) usignolo *m*
Nachtisch (-[e]s, -e) *sm* dessert *m*
nächtlich *a* notturno
Nachtrag (-[e]s, **Nachträge**) *sm* supplemento *m*, aggiunta *f*
nachtragen (→ **tragen**) *vt* aggiungere ● *jemandem etwas n.* serbare rancore a qn per qc

nachträglich *a* supplementare, ulteriore

nachts *avv* di notte

Nachttisch (-[e]s, -e) *sm* comodino *m*

Nachtwache (-, -n) *sf* veglia *f*

Nachtwächter (-s, -) *sm* guardiano *m* notturno, metronotte *m*

nachweinen *vi* (*aus haben*, + *dat*) rimpiangere

Nachweis (-es, -e) *sm* prova *f*, dimostrazione *f* • *zum N. von* a sostegno di

Nachwort (-[e]s, **Nachworte**) *sn* epilogo *m*, conclusione *f*

Nachwuchs (-es, -) *sm* (nuova) generazione *f*

nachzahlen *vt/i* (*aus haben*) pagare successivamente ◊ pagare un supplemento

Nachzahlung (-, -en) *sf* pagamento *m* supplementare

Nachzügler (-s, -) *sm* ritardatario *m*

Nacken (-s, -) *sm* (*anat*) nuca *f*

nackt *a* nudo

Nacktheit (-) *sf* nudità *f*

Nadel (-, -n) *sf* ago *m*

Nagel (-s, **Nägel**) *sm* chiodo *m* ◊ (*anat*) unghia *f*

Nagelfeile (-, -n) *sf* limetta *f* per le unghie

Nagellack (-[e]s, -e) *sm* smalto *m* per le unghie

nageln *vt* inchiodare

nagen *vi* (*aus haben*, *an* + *dat*) corrodere

Nagetier (-[e]s, -e) *sn* (*zool*) roditore *m*

nahe (*comp* **näher**, *sup* **nächste**) *a* vicino ◊ prossimo • *n. bei* in prossimità di; *näher kommen* (*aus sein*) avvicinarsi

Nähe (-) *sf* prossimità *f*, vicinanza *f* ◊ vicinanze *f pl*, dintorni *m pl*

nahen *vi* (*aus sein*) avvicinarsi

nähen *vt* cucire

näherkommen* → **nahe**

nähern *vt* avvicinare ♦ *vpr* (**sich n.**) avvicinarsi, approssimarsi

nahęzu *avv* quasi

nähren *vt* nutrire ♦ *vi* (*aus haben*) essere nutriente ♦ *vpr* (**sich n.**) nutrirsi

nahrhaft *a* nutriente, sostanzioso

Nährmittel *s pl* cereali *m pl*

Nahrung (-) *sf* alimentazione *f*

Nährwert (-[e]s, -e) *sm* valore *m* nutritivo

Naht (-, **Nähte**) *sf* cucitura *f* ◊ (*med*) sutura *f*

naiv *a* ingenuo, naïf

Naivität (-) *sf* ingenuità *f*

Name (-ns, -n) *sm* nome *m* • *auf den Namen eintragen* intestare; *im Namen von* a nome di, per conto di

Namenkunde (-) *sf* onomastica *f*

namens *avv* di nome, chiamato

Namenstag (-[e]s, -e) *sm* onomastico *m* • *jemandem zum N. gratulieren* fare gli auguri a qn per il suo onomastico

Namensvetter (-s, -) *sm* omonimo *m*

namhaft *a* conosciuto, prestigioso

nämlich *cong* poiché, siccome ◇ cioè
Napf (-[e]s, **Näpfe**) *sm* scodella *f*
Narbe (-, -n) *sf* cicatrice *f*
Narkose (-, -n) *sf* (*med*) anestesia *f*
Narr (-en, -en: *f* **Närrin**) *sm* pazzo *m*, folle *m/f* ◇ pagliaccio *m*, buffone *m*
narren *vt* ingannare, prendersi gioco (di)
Narrenstreich (-[e]s, -e) *sm* buffonata *f*
Narrheit (-, -en) *sf* pazzia *f*, follia *f*
närrisch *a* folle, pazzo ◇ buffo ● *die närrischen Tage* i giorni di carnevale
Narzisst, Narzißt* (-en, -en; *f* -in) *sm* narcisista *m/f*
nasal *a* nasale
naschhaft *a* goloso
Naschkatze (-, -n) *sf* goloso *m*
Nase (-, -n) *sf* naso *m* ◇ odorato *m*
Nasenloch (-[e]s, **Nasenlöcher**) *sn* (*anat*) narice *f*
Nasenscheidewand (-) *sf* setto *m* nasale
Nashorn (-[e]s, -e) *sn* (*zool*) rinoceronte *m*
nass, naß* (*comp* **nasser/nässer**, *sup* **nasseste/nässeste**) *a* bagnato ● *n. bis auf die Haut* bagnato fino alle ossa; *n. machen* bagnare; *n. werden* bagnarsi
Nässe (-) *sf* umidità *f* ● *vor N. schützen!* teme l'umidità!
Nation (-, -en) *sf* nazione *f*
national *a* nazionale

Nationalismus (-) *sm* nazionalismo *m*
Nationalität (-, -en) *sf* nazionalità *f*
Nationalsozialismus (-) *sm* nazismo *m*
Natrium (-s) *sn* (*chim*) sodio *m*
Natur (-, -en) *sf* natura *f* ◇ indole *f*, carattere *m*
naturalisieren *vt* naturalizzare
naturalistisch *a* naturalistico
Naturerscheinung (-, -en) *sf* fenomeno *m* naturale
Naturforscher (-s, -) *sm* naturalista *m*
Naturheiler (-[e]s, -; *f* -in) *sm* (*med*) naturopata *m/f*
Naturheilkunde (-) *sf* (*med*) naturopatia *f*
Naturist (-en, -en; *f* -in) *sm* naturista *m/f*
natürlich *a* naturale ◇ genuino ◆ *avv* naturalmente
Naturschutzgebiet (-[e]s, -e) *sn* zona *f* protetta, riserva *f* naturale
Nautik (-) *sf* nautica *f*
nautisch *a* nautico
Nazi (-s, -s; *f* -, -s) *sm* nazista *m/f*
Nazismus (-) *sm* nazismo *m*
Nebel (-s, -) *sm* nebbia *f*
Nebelfleck (-[e]s, -e) *sm* (*astr*) nebulosa *f*
nebelhaft *a* nebuloso
neben *prep* (+ *dat/acc*, stato in luogo e moto a luogo) accanto a, vicino a (ES: *er saß n. dem Minister* sedeva accanto al ministro; *er setzte sich n. den Minister* si sedette accanto al mi-

nistro) ◊ (+ dat) oltre a (ES: **n. seinen Romanen schrieb er Gedichte** oltre ai romanzi scrisse poesie) ● **n. anderen Dingen** fra le altre cose

nebenan avv accanto, vicino

nebenbei avv in aggiunta, inoltre ◊ incidentalmente ◊ contemporaneamente

nebeneinander avv uno accanto all'altro

Nebeneinanderstellung (-, -en) sf giustapposizione f

Nebenfluss, Nebenfluß* (-es, Nebenflüsse) sm affluente m

Nebenhöhlenentzündung (-, -en) sf (med) sinusite f

Nebenprodukt (-[e]s, -e) sn sottoprodotto m

nebensächlich a secondario

Nebensatz (-es, Nebensätze) sm (gramm) proposizione f secondaria

neblig a nebbioso

Neffe (-n, -n) sm nipote m (di zio)

Negation (-, -en) sf negazione f

negativ a negativo

nehmen (**nimmt, nahm, genommen**) vt prendere ● **etwas an sich n.** prendere in custodia qc; **überhand n.** (aus haben) prendere il sopravvento; **wie man es nimmt!** (fam) dipende!

Neid (-[e]s) sm invidia f ● **aus N.** per invidia

neiden vt invidiare

neidisch a invidioso

Neige (-, -n) sf declino m

neigen vt inclinare, abbassare ♦ vi (aus haben, zu + dat) propendere (per), avere disposizione (per) ♦ vpr (**sich n.**) piegarsi, inclinarsi

Neigung (-, -en) sf inclinazione f ◊ tendenza f, propensione f, vocazione f

nein avv no ● **N. (n.) sagen** dire di no

Neinstimme (-, -n) sf voto m contrario

Nektar (-s) sm nettare m

Nektarine (-, -n) sf (bot) pesca f noce

Nelke (-, -n) sf (bot) garofano m

nennen (**nannte, genannt**) vt chiamare, denominare ♦ vpr (**sich n.**) chiamarsi, avere nome

Nepotismus (-) sm nepotismo m

Nerv (-s, -en) sm nervo m ● **jemandem auf di Nerven gehen** dare ai nervi a qn

nervös a nervoso ● **jemanden n. machen** innervosire qn; **n. werden** innervosirsi

Nervosität (-) sf nervosismo m

Nerz (-es, -e) sm visone m

Nessel (-, -n) sf (bot) ortica f

Nesselsucht (-) sf (med) orticaria f

Nest (-[e]s, -er) sn nido m

nett a gentile, simpatico ◊ carino, grazioso ● **das ist n. von Ihnen** è gentile da parte sua

netto avv (fin) (al) netto

Netz (-es, -e) sn rete f

Netzgerät (-[e]s, -e) sn (el) alimentatore m

Netzhaut (-) sf (anat) retina f

neu a nuovo ◊ recente ● **aufs**

Neue di nuovo; *das ist mir n.* questa mi giunge nuova; *von neuem* un'altra volta, da capo
Neuausgabe (-, -n) *sf* riedizione *f*
Neudruck (-[e]s, -e) *sm* ristampa *f*
neuerdings *avv* recentemente
Neuerung (-, -en) *sf* innovazione *f*
Neugeborene (-n, -n) *sm* neonato *m*
Neugierde (-) *sf* curiosità *f* ● *aus N.* per curiosità
neugierig *a* curioso ● *auf etwas n. sein* essere curioso di qc
Neuheit (-, -en) *sf* novità *f*
Neujahr (-[e]s, -e) *sn* capodanno *m*
neulich *avv* recentemente, ultimamente
neun *a* nove
neunhundert *a* novecento
neunte *a* nono
neunzehn *a* diciannove
neunzig *a* novanta
Neuordnung (-, -en) *sf* riordinamento *m*
Neuralgie (-, -n) *sf (med)* nevralgia *f*
Neurose (-, -n) *sf (med)* nevrosi *f*
Neurotiker (-s, -) *sm* nevrotico *m*
neutral *a* neutrale
neutralisieren *vt* neutralizzare
Neutralität (-) *sf* neutralità *f*
Neutrum (-s, **Neutra/Neutren**) *sn* neutro *m*
nicht *avv* non ◊ no ● *n. einmal* neppure, nemmeno

Nichte (-, -n) *sf* nipote *f (di zio)*
Nichterfüllung (-, -en) *sf* inadempienza *f*
nichtig *a* nullo ◊ futile, insignificante
nichts *pr* niente ● *das ist n. zu machen* non c'è niente da fare; *das macht n.* non fa niente; *mir n., dir n.* come se niente fosse; *n. weniger als...* nientemeno che...
Nichts (-) *sn* nulla *m*
Nickerchen (-s, -) *sn* pisolino *m*
nie *avv* mai
Niedergang (-[e]s, **Niedergänge**) *sm* decadenza *f*
niedergeschlagen *a* depresso, avvilito
Niedergeschlagenheit (-) *sf* depressione *f*, abbattimento *m*
niederknien *vi (aus sein)* inginocchiarsi ● *vpr (sich n.)* inginocchiarsi
Niederlage (-, -n) *sf* disfatta *f*, sconfitta *f*
Niederländer (-s, -) *sm* olandese *m*
niederländisch *a* olandese
sich niederlassen (→ **lassen**) *vpr* posarsi ◊ stabilirsi
Niederlassung (-, -en) *sf* filiale *f*, succursale *f*
niederlegen *vt* posare, deporre ● *schriftlich n.* registrare
Niederlegung (-, -en) *sf* deposizione *f* ◊ rinuncia *f*
Niederschlag (-[e]s, **Niederschläge**) *sm (meteor)* precipitazione *f* ◊ *(fig)* ripercussione *f*
niederschlagen (→ **schlagen**)

vt abbattere ♦ *vpr* (**sich n.**) depositarsi ◊ riflettersi, ripercuotersi

niederschreiben (→ **schreiben**) *vt* mettere per iscritto

Niederschrift (-, -en) *sf* stesura *f* ◊ verbale *m*

niedersetzen *vt* posare

niederwerfen (→ **werfen**) *vt* gettare a terra ◊ reprimere

niedrig *a* basso ◊ umile

niemals *avv* mai

niemand *pr* nessuno ● *es ist n. da* non c'è nessuno

Niere (-, -n) *sf* (*anat*) rene *m*

nieseln *vimp* (*aus haben*) piovigginare

niesen *vi* (*aus haben*) starnutire

Niesen (-s) *sn* starnuto *m*

Nihilismus (-) *sm* nichilismo *m*

Nikotin (-s) *sn* nicotina *f*

Nische (-, -n) *sf* nicchia *f*

nisten *vi* (*aus haben*) nidificare

Niveau (-s, -s) *sn* livello *m*

nobel *a* nobile

noch *avv* ancora ♦ *cong* **weder... noch...**, né... né... ● *n. einmal* da capo; *n. heute* oggi stesso

Nomade (-n, -n; *f* **Nomadin**) *sm* nomade *m/f*

Nominativ (-s, -e) *sm* (*gramm*) nominativo *m*

Nonkonformist (-en, -en; *f* -in) *sm* anticonformista *m/f*

Nonne (-, -n) *sf* (*relig*) suora *f*

Nordamerikaner (-s, -) *sm* nordamericano *m*

nordamerikanisch *a* nordamericano

Norden (-s) *sm* nord *m* ● *im N.* *von* a nord di; *nach N.* verso nord

nordisch *a* nordico

Nordländer (-s, -) *sm* nordico *m*

nördlich *a* settentrionale

Norm (-, -en) *sf* norma *f*

normal *a* normale

normalerweise *avv* normalmente

Normalität (-, -en) *sf* normalità *f*

Normanne (-n, -n) *sm* normanno *m*

normannisch *a* normanno

normativ *a* normativo

Norweger (-s, -) *sm* norvegese *m*

norwegisch *a* norvegese

Not (-, **Nöte**) *sf* bisogno *m*, necessità *f* ◊ penuria *f*, mancanza *f* ◊ difficoltà *f* ● *mit knapper N.* a malapena

Notar (-s, -e; *f* -in) *sm* notaio *m*

Notausgang (-[e]s, **Notausgänge**) *sm* uscita *f* di sicurezza

Notbehelf (-[e]s, -e) *sm* espediente *m*, ripiego *m*, mezzo *m* di fortuna

Notbremse (-, -n) *sf* freno *m* di emergenza

Note (-, -n) *sf* (*mus*) nota *f* ◊ voto *m* ◊ (*fig*) nota *f*, caratteristica *f* ◊ banconota *f*

Notfall (-[e]s, **Notfälle**) *sm* (caso di) emergenza *f*

notfalls *avv* in caso di necessità

notieren *vt* annotare ◊ (*fin*) quotare

Notierung (-, -en) *sf* (*fin*) quotazione *f*

nötig *a* necessario ● *jemanden/*

etwas n. haben aver bisogno di qn/qc
Notiz (-, -en) *sf* appunto *m*, nota *f* ◊ notizia *f* ♦ *sich Notizen machen* prendere appunti
Notizblock (-[e]s, **Notizblöcke**) *sm* bloc-notes *m*
Notizbuch (-[e]s, **Notizbücher**) *sn* taccuino *m*
Notruf (-[e]s, -e) *sm* chiamata *f* di emergenza
Notsitz (-es, -e) *sm* strapuntino *m*, seggiolino *m* di emergenza
Notwehr (-) *sf (dir)* legittima difesa *f*
notwendig *a* necessario
Notwendige (-n) *sn* occorrente *m*
notwendigerweise *avv* necessariamente
Notwendigkeit (-, -en) *sf* bisogno *m*, necessità *f*
Novelle (-, -n) *sf* novella *f*
November (-s, -) *sm* novembre *m*
Nuance (-, -n) *sf* sfumatura *f*
nüchtern *a* sobrio ◊ digiuno
Nudel (-, -n) *sf* pasta *f*
Nudist (-en, -en; *f* -in) *sm* nudista *m/f*
null *a* zero
numerisch *a* numerico

Nummer (-, -n) *sf* numero *m*
nummerieren, numerieren* *vt* numerare
Nummerierung, Numerierung* (-, -en) *sf* numerazione *f*
Nummernschild (-[e]s, -er) *sn* *(aut)* targa *f*
nun *avv* adesso, ora ♦ *n. gut!* va bene!
nur *avv* solo, soltanto
Nuss, Nuß* (-, **Nüsse**) *sf* *(bot)* noce *f*
Nussbaum, Nußbaum* (-[e]s, **Nussbäume**) *sm* *(bot)* noce *m* fesa *f*
Nussknacker, Nußknacker* (-s, -) *sm* schiaccianoci *m*
nutzbar *a* utilizzabile
nutzen, nü.tzen *vi (aus haben)* essere utile, giovare ♦ *vt* utilizzare, sfruttare
Nutzen (-s, -) *sm* giovamento *m*, utilità *f*
nützlich *a* proficuo, utile
Nützlichkeit (-) *sf* utilità *f*
nutzlos *a* inutile, vano
Nutzlosigkeit (-) *sf* inutilità *f*
Nutznießer (-s, -) *sm* usufruttuario *m*
Nutznießung (-) *sf* usufrutto *m*
Nutzung (-, -en) *sf* uso *m* ◊ sfruttamento *m*
Nymphe (-, -n) *sf* ninfa *f*

O

Oase (-, -n) *sf* oasi *f*

ob *cong* se ● **als ob** come se; **ob er kommt oder nicht** che venga o no; **so tun, als ob...** far finta di...; **und ob!** eccome!

Obdach (-[e]s, Obdächer) *sn* asilo *m*, rifugio *m*

Obdachlose (-n, -n) *sm/f* senzatetto *m*

Obduktion (-, -en) *sf* (*med*) autopsia *f*

obduzieren *vt* fare l'autopsia (di)

oben *avv* sopra, di sopra ◊ in alto ● **ganz o.** in cima; **o. erwähnt** summenzionato, suddetto

obenan *avv* in cima, al primo posto

obenauf *avv* sopra, in superficie ● **wieder o. sein** (*fam*) essersi ristabilito

obenerwähnt* → **oben**

Ober (-s, -) *sm* cameriere *m*

Oberarmknochen (-[e]s, -e) *sm* (*anat*) omero *m*

obere *a* superiore

Oberfläche (-, -n) *sf* superficie *f*

oberflächlich *a* superficiale ◊ (*fig*) frivolo

Oberflächlichkeit (-, -en) *sf* superficialità *f*

Oberlicht (-[e]s, -er) *sn* lucernario *m*

Oberschenkel (-s, -) *sm* (*anat*) coscia *f*

Oberschenkelknochen (-s, -) *sm* (*anat*) femore *m*

Oberstufe (-, -n) *sf* corso *m* superiore

Objekt (-[e]s, -e) *sn* oggetto *m*

objektiv *a* oggettivo, obiettivo

Objektiv (-s, -e) *sn* obiettivo *m*

Obligation (-, -en) *sf* obbligazione *f*

obligatorisch *a* obbligatorio

Obmann (-[e]s, Obmänner/Obleute; *f* Obmännin) *sm* direttore *m* ◊ (*sport*) arbitro *m*

obskur *a* oscuro

Obst (-[e]s) *sn* frutta *f*

Obstgarten (-s, Obstgärten) *sm* frutteto *m*

Obsthändler (-s, -) *sm* fruttivendolo *m*

Obstsaft (-[e]s, Obstsäfte) *sm* succo *m* di frutta

Obstsalat (-[e]s, -e) *sm* macedonia *f*

Obstwein (-[e]s, -e) *sm* sidro *m*

obwohl *cong* benché, sebbene

Ochse (-n, -n) *sm* (*zool*) bue *m*

Ocker (-s, -) *sm/n* ocra *f*

öde *a* deserto, incolto ◊ (*fig*) monotono, triste

Öde (-, -n) *sf* desolazione *f*, solitudine *f* ◊ squallore *m*, monotonia *f*

oder *cong* oppure ● **entweder... o....** o..., o...

Ofen (-s, Öfen) *sm* stufa *f* ◊ forno *m*

offen *a* aperto ◊ scoperto ◊ (*fig*)

franco, leale ♦ *avv* francamente ● *o. gesagt* a dire il vero; *offener Wein* vino sfuso

offenherzig *avv* manifestamente

offenbaren *vt* rivelare, manifestare ♦ *vpr* (**sich o.**) manifestarsi

Offenbarung (-, -en) *sf* rivelazione *f*, manifestazione *f*

Offenheit (-, -en) *sf* franchezza *f*, sincerità *f* ● *in aller O.* con tutta franchezza

offenherzig *a* schietto, sincero

offenkundig *a* manifesto, eclatante

offensichtlich *a* evidente, lampante

offensiv *a* offensivo

Offensive (-, -n) *sf* offensiva *f*

öffentlich *a* pubblico ♦ *avv* apertamente, in pubblico ● *die öffentliche Meinung* l'opinione pubblica

Öffentlichkeit (-) *sf* pubblico *m*

offiziell *a* ufficiale

Offizier (-s, -e) *sm* ufficiale *m*

öffnen *vt* aprire ● *hier ö.!* lato da aprire

Öffner (-s, -) *sm* apriscatole *m*

Öffnung (-, -en) *sf* apertura *f*

Öffnungszeit (-, -en) *sf* orario *m* di apertura

oft (*comp* **öfter**, *sup* **am öftesten**) *avv* spesso, frequentemente

ohne *prep* (+ *acc*) senza ♦ *cong* senza, senza che

Ohnmacht (-, -en) *sf* (*med*) svenimento *m* ◇ debolezza *f*, impotenza *f* ● *in O. fallen* svenire

ohnmächtig *a* svenuto ◇ impotente

Ohr (-[e]s, -en) *sn* (*anat*) orecchio *m*

Ohrenentzündung (-) *sf* (*med*) otite *f*

Ohrfeige (-, -n) *sf* schiaffo *m*

ohrfeigen *vt* schiaffeggiare

Ohrhörer (-s, -) *sm* auricolare *m*

Ohrring (-[e]s, -e) *sm* orecchino *m*

Ökologie (-) *sf* ecologia *f*

ökologisch *a* ecologico

Ökonom (-en, -en; -*f*-in) *sm* economo *m*

Ökonomie (-, -n) *sf* economia *f*

Ökosystem (-s, -e) *sn* ecosistema *m*

Ökotourismus (-) *sm* ecoturismo *m*

Oktober (-s, -) *sm* ottobre *m*

ökumenisch *a* ecumenico

Okzident (-s) *sm* occidente *m*

Öl (-[e]s, -e) *sn* olio *m* ◆ petrolio *m*

Ölbaum (-[e]s, **Ölbäume**) *sm* (*bot*) ulivo *m*

Ölbild (-[e]s, -er) *sn* dipinto *m* a olio

ölen *vt* lubrificare

Ölfarbe (-, -n) *sf* colore *m* a olio

Ölförderung (-, -en) *sf* estrazione *f* petrolifera

ölig *a* oleoso

Olive (-, -n) *sf* (*bot*) oliva *f*

Olivenbaum (-[e]s, **Olivenbäume**) *sm* (*bot*) ulivo *m*

Olivenöl (-[e]s, -e) *sn* olio *m* d'oliva

Ölleitung (-, -en) *sf* oleodotto *m*

Ölpresse (-, -n) *sf* frantoio *m*

Ölquelle (-, -n) *sf* pozzo *m* petrolifero

Ölung (-, -en) *sf* (*relig*) unzione *f* ● *die Letzte Ö.* (*relig*) l'estrema unzione

Ölwechsel (-s, -) *sm* cambio *m* dell'olio

Olympiade (-, -n) *sf* (*sport*) olimpiade *f*

olympisch *a* olimpico ● *die Olympischen Spiele* le olimpiadi

Oma (-, -s) *sf* nonna *f*

Omelett (-[e]s, -s/-e) *sn* frittata *f*

Onkel (-s, -) *sm* zio *m*

Onyx (-[es], -e) *sm* onice *f*

Opa (-s, -s) *sm* nonno *m*

Opal (-s, -e) *sm* opale *m/f*

opalisierend *a* opalescente

Oper (-, -n) *sf* (*mus*) opera *f*

Operateur (-s, -e; *f* -in) *sm* operatore *m*

Operation (-, -en) *sf* operazione *f*

operativ *a* operativo

Operator (-s, -[s]) *sm* (*tel*) operatore *m*

operieren *vt* (*med*) operare ♦ *vi* (*aus haben*) operare, agire ● *sich o. lassen* (*med*) sottoporsi a un intervento chirurgico

Opfer (-s, -) *sn* sacrificio *m* ◇ vittima *f* sacrificale

opfern *vt* sacrificare ♦ *vpr* (*sich o.*) sacrificarsi

opportun *a* opportuno

Opportunist (-en, -en; *f* -in) *sm* opportunista *m/f*

Opposition (-, -en) *sf* opposizione *f*

Optik (-) *sf* ottica *f*

Optiker (-s, -) *sm* ottico *m*

Optimismus (-) *sm* ottimismo *m*

Optimist (-en, -en; *f* -in) *sm* ottimista *m/f*

optisch *a* ottico

Orakel (-s, -) *sn* oracolo *m*

orange *a* arancione

Orangeade (-, -n) *sf* aranciata *f*

Orangensaft (-[e]s, **Orangensäfter**) *sm* succo *m* d'arancia

Orchester (-s, -) *sn* orchestra *f*

Orchidee (-, -n) *sf* (*bot*) orchidea *f*

Orden (-s, -) *sm* (*relig*) ordine *m* ◇ onorificenza *f*

ordentlich *a* ordinato, in ordine ◇ ordinario, effettivo ◇ (*fam*) buono, conveniente

Order (-, -s/-n) *sf* ordine *m* ◇ ordinazione *f*, commissione *f*

ordinär *a* ordinario, dozzinale

ordnen *vt* ordinare, mettere in ordine

Ordnung (-, -en) *sf* ordine *m*, ordinamento *m* ◇ regolamento *m* ● *in O.* a posto

Organ (-s, -e) *sn* (*mus*) organo *m*

Organisation (-, -en) *sf* organizzazione *f*

Organisator (-s, -en; *f* -in) *sm* organizzatore *m*

organisatorisch *a* organizzativo

organisch *a* organico

organisieren *vt* organizzare

Organismus (-, **Organismen**) *sm* organismo *m* ● *gentechnisch veränderter O.* organismo geneticamente modificato

Organist (-en, -en; f -in) sm (mus) organista m/f
Orgel (-, -n) sf (mus) organo m
orgeln vi (aus haben) suonare l'organo
Orgie (-, -n) sf orgia f
Orient (-s) sm oriente m
orientalisch a orientale
orientieren vt orientare ♦ vpr (sich o.) orientarsi
Orientierung (-) sf orientamento m
original a originale
Original (-s, -e) sn originale m
Originalität (-, -en) sf originalità f
Orkan (-[e]s, -e) sm (meteor) uragano m
Ort (-[e]s, -e) sm luogo m ◇ paese m, località f
orthodox a ortodosso
Orthodoxie (-) sf ortodossia f
Orthographie, Orthografie (-, -n) sf ortografia f
Orthopäde (-n, -n) sm (med) ortopedico m
orthopädisch a ortopedico
örtlich a locale
Ortsgespräch (-[e]s, -e) sn telefonata f urbana
Ortsname (-ns, -n) sm toponimo m
Ortsvorwahl (-, -en) sf (tel) indicativo m della località
Osten (-s) sm est m, levante m ● *im O. von* a est di; *nach O.* verso est
österlich a pasquale
Ostermontag (-[e]s) sm (relig) lunedì m dell'Angelo
Ostern (-) sn (relig) Pasqua f
Österreicher (-s, -) sm austriaco m
österreichisch a austriaco
östlich a orientale
oval a ovale
Overall (-s, -s) sm (abb) tuta f
Overheadprojektor (-s, -en) sm lavagna f luminosa
Oxyd (-[e]s, -e) sn (chim) ossido m
Oxydation (-, -en) sf (chim) ossidazione f
oxydieren vt (chim) ossidare ♦ vi (aus haben) ossidarsi
Ozean (-s, -s) sm oceano m
ozeanisch a oceanico
Ozon (-s) sn (chim) ozono m

P

Paar (-[e]s, -e) *sn* paio *m*, coppia *f* ● *ein P.* un paio di
paaren *vt* appaiare, accoppiare
paarmal *avv* **ein p.** un paio di volte
Pächter (-s, -) *sm* locatario *m*, affittuario *m*
Pack (-[e]s, Päcke) *sm* pacco *m*
Päckchen (-s, -) *sn* pacchetto *m*
Packeis (-es) *sn* banchisa *f*
packen *vt* afferrare ◊ impacchettare ◊ (*fig*) avvincere ♦ *vi* (*aus haben*) fare le valigie
Packung (-, -en) *sf* pacchetto *m* ◊ (*med*) impacco *m*
Pädagoge (-n, -n; *f* **Pädagogin**) *sm* pedagogo *m*
Pädagogik (-) *sf* pedagogia *f*
Paddel (-s, -) *sn* pagaia *f*
Paddelboot (-[e]s, -e) *sn* canoa *f*
Pädophilie (-) *sf* (*psic*) pedofilia *f*
Pagode (-, -n) *sf* pagoda *f*
Paket (-[e]s, -e) *sn* pacco *m*
Pakt (-[e]s, -e) *sm* patto *m*
Palast (-[e]s, Paläste) *sm* palazzo *m*, reggia *f*
Palette (-, -n) *sf* tavolozza *f*
Palisade (-, -n) *sf* palizzata *f*
Palme (-, -n) *sf* (*bot*) palma *f*
Pampelmuse (-, -n) *sf* (*bot*) pompelmo *m*
Paneel (-s, -e) *sn* pannello *m*
panieren *vt* impanare
Panik (-, -en) *sf* panico *m*
Panne (-, -n) *sf* guasto *m*
Pannendienst (-[e]s, -e) *sm* soccorso *m* stradale
Panter → **Panther**
Pantheismus (-) *sm* panteismo *m*
Panther, Panter (-s, -) *sm* (*zool*) pantera *f*
Pantoffel (-s, -n) *sm* pantofola *f*
Pantomime (-, -n) *sf* pantomima *f*
Panzer (-s, -) *sm* corazza *f* ◊ carro *m* armato
panzern *vt* blindare, corazzare
Papa (-s, -s) *sm* (*fam*) papà *m*, babbo *m*
Papagei (-en/-s, -en) *sm* (*zool*) pappagallo *m*
Papier (-s, -e) *sn* carta *f*
Papierkorb (-[e]s, Papierkörbe) *sm* cestino *m* (*per la carta*)
Papierkram (-[e]s) *sm* scartoffia *f*
Papierwaren *s pl* articoli *m pl* di cancelleria
Pappe (-, -n) *sf* cartone *m*
Pappel (-, -n) *sf* (*bot*) pioppo *m*
päppeln *vt* (*fam*) imboccare
Pappmaché, Pappmaschee (-s, -s) *sn* cartapesta *f*
Paprika (-s, -[s]) *sm* (*bot*) peperone *m* ◊ paprica *f*
Paprikaschote (-, -n) *sf* peperone *m*
Papst (-[e]s, Päpste) *sm* papa *m*, pontefice *m*
päpstlich *a* pontificio
Papsttum (-s) *sn* papato *m*

Parabel (-, -n) *sf* parabola *f*
Parabolantenne (-, -n) *sf* antenna *f* parabolica
Parade (-, -n) *sf* (*mil*) parata *f*
Paradies (-es, -e) *sn* paradiso *m*
Paradox (-es, -e) *sn* paradosso *m*
Paragliding (-s) *sn* parapendio *m*
Paragraph, Paragraf (-en, -en) *sm* paragrafo *m*
parallel *a* parallelo
Parallele (-, -n) *sf* (*geom*) parallela *f* ◊ (*fig*) parallelo *m*, paragone *m*
paranormal *a* paranormale
Parapsychologie (-) *sf* parapsicologia *f*
Parasit (-en, -en) *sm* parassita *m*
Parfüm (-s, -e/-s) *sn* profumo *m*
Parfümerie (-, -n) *sf* profumeria *f*
parfümieren *vt* profumare ♦ *vpr* (**sich p.**) profumarsi
Pariser (-s, -) *sm* parigino *m*
Park (-s, -s) *sm* parco *m*
parken *vt/i* (*aus haben*) parcheggiare, posteggiare
Parkplatz (-es, **Parkplätze**) *sm* parcheggio *m*, posteggio *m*
Parkscheibe (-, -n) *sf* disco *m* orario
Parkuhr (-, -en) *sf* parchimetro *m*
Parkverbot (-[e]s, -e) *sn* divieto *m* di parcheggio
Parkwächter (-s, -) *sm* parcheggiatore *m*
Parlament (-[e]s, -e) *sn* parlamento *m*
Parlamentarier (-s, -) *sm* parlamentare *m*
Parodie (-, -n) *sf* parodia *f*
parodieren *vt* parodiare
Parole (-, -n) *sf* (*mil*) parola *f* d'ordine ◊ motto *m*
Partei (-, -en) *sf* partito *m* ● **für etwas/jemanden P. nehmen** parteggiare per qc/qn, schierarsi per qc/con qn
parteiisch *a* tendenzioso
parteilos *a* apartitico ◊ indipendente
Partie (-, -n) *sf* parte *f* ◊ (*sport*) partita *f*
Partitur (-, -en) *sf* (*mus*) spartito *m*
Partizip (-s, -ien) *sn* (*gramm*) participio *m*
Partner (-s, -) *sm* partner *m*, compagno *m*
Parzelle (-, -n) *sf* lotto *m*
parzellieren *vt* lottizzare
Pass, Paß* (-es, -e, **Pässe**) *sm* passaporto *m* ◊ valico *m* ◊ (*sport*) passaggio *m*
Passagier (-s, -e) *sm* passeggero *m* ● **blinder P.** clandestino *m*
Passatwind (-[e]s, -e) *sm* (*meteor*) aliseo *m*
passen *vi* (*aus haben*) andare bene, stare bene ◊ (*zu* + *dat*) essere adatto (a), addirsi (a) ◊ piacere, essere gradito (a) ◊ (*sport*) passare ● **da muss ich p.** non so rispondere; ***das Bild passt nicht ins Zimmer*** il quadro non si adatta alla stanza; ***das könnte dir so p.!*** ti piacerebbe!; ***das***

passt mir nicht questo non mi va

passend *a* adatto ◇ opportuno

passieren *vt* passare, attraversare ♦ *vi (aus sein)* accadere, capitare ● **was ist passiert?** cos'è successo?

Passierschein (-[e]s, -e) *sm* lasciapassare *m*

Passion (-, -en) *sf* passione *f*

Passiv (-s, -e) *sn (gramm)* passivo *m*

Passwort (-[e]s, Passwörter) *sn* password *f*

Pastete (-, -n) *sf (cuc)* pasticcio *m*, paté *m*

Pastille (-, -n) *sf* pastiglia *f*

Pate (-n, -n; *f* **Patin**) *sm* padrino *m*

Patent (-[e]s, -e) *sn* brevetto *m*

patentieren *vt* brevettare

pathetisch *a* patetico

Pathologie (-) *sf (med)* patologia *f*

Patient (-en, -en; *f* -in) *sm* paziente *m/f*

Patriarch (-en, -en) *sm* patriarca *m*

patriarchalisch *a* patriarcale

Patriot (-en, -en; *f* -in) *sm* patriota *m/f*

Patriotismus (-) *sm* patriottismo *m*

Patrizier (-s, -) *sm (stor)* patrizio *m*

Patron (-s, -e; *f* -in) *sm (relig)* patrono *m*

Patrone (-, -n) *sf* cartuccia *f*

Patrouille (-, -n) *sf* pattuglia *f* ● *auf P. gehen* pattugliare

Patsche (-, -n) *sf (fam)* pasticcio *m*, guaio *m*

Pauke (-, -n) *sf (mus)* timpano *m*

pauken *vi (aus haben)* suonare il timpano

Paukenhöhle (-, -n) *sf (anat)* timpano *m*

Pause (1) (-, -n) *sf* intervallo *m*, pausa *f*

Pause (2) (-, -n) *sf* copia *f*, calco *m*, lucido *m*

Pavillon (-s, -s) *sm* padiglione *m*

Pazifismus (-) *sm* pacifismo *m*

Pazifist (-en, -en; *f* -in) *sm* pacifista *m/f*

Pech (-s, -e) *sn* pece *f* ◇ *(fig)* sfortuna *f*, scalogna *f* ● **so ein P.!** che sfortuna!

Pedal (-s, -e) *sn* pedale *m*

Pedant (-en, -en; *f* -in) *sm* pedante *m/f*, pignolo *m*

Pedanterie (-, -n) *sf* pedanteria *f*, pignoleria *f*

Pein (-) *sf* pena *f*, tormento *m*

peinlich *a* spiacevole, penoso, imbarazzante ◇ meticoloso, scrupoloso

Peitsche (-, -n) *sf* frusta *f*

Pelle (-, -n) *sf* buccia *f*, pelle *f*

pellen *vt* sbucciare

Pelz (-es, -e) *sm* pelliccia *f*

Pelzwarenhandlung (-, -en) *sf* pellicceria *f*

Pendel (-s, -) *sn* pendolo *m*

pendeln *vi (aus haben)* oscillare ◇ *(aus sein)* fare il pendolare

Pendler (-s, -) *sm* pendolare *m*

Penis (-, -se/**Penes**) *sm (anat)* pene *m*

Penner (-s, -) *sm* vagabondo *m*, barbone *m* (*pop*)
Pension (-, -en) *sf* pensione *f*
Pensionär (-s, -e; *f* -in) *sm* pensionato *m*
pensionieren *vt* mandare in pensione ♦ *sich p. lassen* andare in pensione
Pensionierung (-, -en) *sf* pensionamento *m*
perfekt *a* perfetto ♦ *avv* perfettamente, alla perfezione
Perfekt (-[e]s, -e) *sn* (*gramm*) perfetto *m*, passato *m*
Perfektion (-, -en) *sf* perfezione *f*
Perfektionist (-en, -en; *f* -in) *sm* perfezionista *m/f*
Perforation (-, -en) *sf* perforazione *f*
Pergament (-[e]s, -e) *sn* pergamena *f*
Periode (-, -n) *sf* periodo *m* ◊ mestruazione *f*
periodisch *a* periodico
Perle (-, -n) *sf* perla *f*
perlfarben *a* perlaceo
Perlmutter (-) *sf* madreperla *f*
Person (-, -en) *sf* persona *f* ◊ (*lett, teat*) personaggio *m* ● *in P. erscheinen* presentarsi di persona
personal *a* personale
Personalangaben *s pl* generalità *f pl*
Personalausweis (-es, -e) *sm* carta *f* d'identità
personell *a* personale
Personensuchanlage (-, -n) *sf* (*tel*) cercapersone *m*

persönlich *a* personale ♦ *avv* personalmente, di persona
Persönlichkeit (-, -en) *sf* personalità *f*
Perspektive (-, -n) *sf* prospettiva *f*
perspektivisch *a* prospettico
Perücke (-, -n) *sf* parrucca *f*
pervers *a* perverso
Perversion (-, -en) *sf* perversione *f*
Pessimist (-en, -en; *f* -in) *sm* pessimista *m/f*
Petersilie (-, -n) *sf* (*bot*) prezzemolo *m*
Pfad (-[e]s, -e) *sm* sentiero *m*
Pfahl (-[e]s, **Pfähle**) *sm* palo *m*, pilone *m*
Pfahlbau (-[e]s, -ten) *sm* palafitta *f*
Pfahlzaun (-[e]s, **Pfahlzäune**) *sm* palizzata *f*
Pfand (-[e]s, **Pfänder**) *sn* pegno *m* ● *zum P. geben* dare in pegno
pfänden *vt* pignorare, sequestrare
Pfanne (-, -n) *sf* padella *f*, tegame *m*
Pfarre (-, -n) *sf* parrocchia *f*
Pfarrei (-, -en) *sf* parrocchia *f*
Pfarrer (-s, -) *sm* parroco *m*
Pfarrhaus (-es, **Pfarrhäuser**) *sn* canonica *f*
Pfau (-[e]s, -en) *sm* (*zool*) pavone *m*
Pfeffer (-s, -) *sm* pepe *m*
Pfeffermühle (-, -n) *sf* macinapepe *m*
pfeffern *vt* pepare
Pfeife (-, -n) *sf* piffero *m* ◊ pipa *f*

pfeifen (pfiff, gepfiffen) *vt/i (aus haben)* fischiare, fischiettare ◆ *auf etwas/jemanden p.* (pop) infischiarsene di qc/qn
Pfeil (-[e]s, -e) *sm* freccia *f*
Pfeiler (-s, -) *sm* pilastro *m*
Pferch (-[e]s, -e) *sm* recinto *m*
Pferd (-[e]s, -e) *sn* (zool) cavallo *m* ◆ *zu P.* a cavallo
Pferderennbahn (-, -en) *sf* ippodromo *m*
Pferderennen (-s, -) *sn* corsa *f* di cavalli
Pferdestall (-[e]s, Pferdeställe) *sm* scuderia *f*
Pferdestärke (-, -n) *sf* (fis) cavallo vapore *m*
Pfiff (-[e]s, -e) *sm* fischio *m*
pfiffig *a* furbo
Pfingsten (-s, -) *sn* (relig) Pentecoste *f*
Pfirsich (-s, -e) *sm* (bot) pesca *f*
Pflanze (-, -n) *sf* pianta *f*
pflanzen *vt* piantare
Pflanzenfresser (-s, -) *sm* erbivoro *m*
Pflanzenkunde (-) *sf* botanica *f*
Pflanzensaft (-[e]s, Pflanzensäfte) *sm* linfa *f*
Pflanzenwelt (-, -) *sf* flora *f*
pflanzlich *a* vegetale ◆ *pflanzliche Kost* alimentazione vegetariana
Pflanzung (-, -en) *sf* piantagione *f*
Pflaster (-s, -) *sn* cerotto *m* ◊ selciato *m*
Pflaume (-, -n) *sf* (bot) susina *f*, prugna *f*
Pflege (-, -n) *sf* cura *f*
pflegen *vt* curare ◆ *vpr* (sich p.) curarsi
Pflicht (-, -en) *sf* dovere *m*, obbligo *m*
Pflock (-[e]s, Pflöcke) *sm* paletto *m*
pflücken *vt* cogliere
Pflug (-[e]s, Pflüge) *sm* (agr) aratro *m*
pflügen *vt* arare
Pforte (-, -n) *sf* porta *f*
Pförtner (-s, -) *sm* portinaio *m*
Pförtnerstube (-, -n) *sf* portineria *f*
Pfosten (-s, -) *sm* stipite *m*
Pfote (-, -n) *sf* zampa *f*
Pfund (-[e]s, -e) *sn* mezzo chilo *m* ◊ (fin) sterlina *f*
Pfuscher (-s, -; *f* -in) *sm* pasticcione *m*
Pfütze (-, -n) *sf* pozzanghera *f*
Phalanx (-, Phalangen) *sf* falange *f*
Phänomen (-s, -e) *sn* fenomeno *m*
phänomenal *a* fenomenale
Phantasie, Fantasie (-, -n) *sf* fantasia *f*
Phantast, Fantast (-en, -en; *f* -in) *sm* visionario *m*, sognatore *m*
phantastisch, fantastisch *a* fantastico
Phase (-, -n) *sf* fase *f*
Philanthrop (-en, -en; *f* -in) *sm* filantropo *m*
Philanthropie (-) *sf* filantropia *f*
Philatelie (-) *sf* filatelia *f*
Philharmonie (-, -n) *sf* (mus) filarmonica *f*

Philologie (-, -n) *sf* filologia *f*
Philosoph (-en, -en; *f* -in) *sm* filosofo *m*
Philosophie (-, -n) *sf* filosofia *f*
Phobie (-, -n) *sf* (*psic*) fobia *f*
Phonetik (-) *sf* fonetica *f*
phonetisch *a* fonetico
Photo → **Foto**
Photoapparat → **Fotoapparat**
Photograph → **Fotograf**
Photographie → **Fotografie**
photographieren → **fotografieren**
Photokopie → **Fotokopie**
photokopieren → **fotokopieren**
Phrase (-, -n) *sf* frase *f*
Physik (-) *sf* fisica *f*
physikalisch *a* fisico
Physiker (-s, -) *sm* fisico *m*
Physiognomie (-, -n) *sf* fisionomia *f*
Physiologie (-) *sf* fisiologia *f*
physisch *a* fisico
Pianist (-en, -en; *f* -in) *sm* (*mus*) pianista *m/f*
Picke (-, -n) *sf* piccone *m*
Piepser (-s, -) *sm* (*tel*) cercapersone *m*
Pier (-s, -e/-s) *sm* molo *m*, banchina *f*
Pigmentation (-, -en) *sf* pigmentazione *f*
Pik (-s, -s) *sn* (seme *m* di) picche *f pl*
pikant *a* piccante
Pilger (-s, -) *sm* pellegrino *m*
Pilgerfahrt (-, -en) *sf* pellegrinaggio *m*
pilgern *vi* (*aus sein*) andare in pellegrinaggio

Pille (-, -n) *sf* pastiglia *f*, pillola *f*
Pilot (-en, -en; *f* -in) *sm* pilota *m/f*
Pilz (-es, -e) *sm* fungo *m*
Pinguin (-s, -e) *sm* (*zool*) pinguino *m*
Pinie (-, -n) *sf* (*bot*) pino *m*
Pinienkern (-[e]s, -e) *sm* pinolo *m*
Pinsel (-s, -) *sm* pennello *m*
Pinselstrich (-[e]s, -e) *sm* pennellata *f*
Pinzette (-, -n) *sf* pinzetta *f*
Pionier (-s, -e) *sm* pioniere *m*
Pipi (-s) *sn* (*fam*) pipì *f* (*fam*)
Pirat (-en, -en) *sm* pirata *m*
Piraterie (-) *sf* pirateria *f*
pissen *vi* (*aus haben*) (*pop*) pisciare
Pistazie (-, -n) *sf* pistacchio *m*
Piste (-, -n) *sf* pista *f*
Pistole (-, -n) *sf* pistola *f*
Plage (-, -n) *sf* tormento *m*
Plagegeist (-en, -en; *f* -in) *sm* rompiscatole *m/f*, scocciatore *m*
plagen *vt* tormentare
Plagiat (-[e]s, -e) *sn* plagio *m*
plagiieren *vt* plagiare
Plakat (-[e]s, -e) *sn* cartellone *m*, manifesto *m*
Plan (-[e]s, Pläne) *sm* progetto *m*, piano *m* ◊ (*arch*) pianta *f* ◊ orario *m*
Plane (-, -n) *sf* telone *m*
planen *vt* pianificare, progettare
Planet (-en, -en) *sm* (*astr*) pianeta *m*
planieren *vt* livellare
planmäßig *a* regolare ◊ puntuale, preciso

Planung

Planung (-, -en) *sf* progettazione *f* ◇ *(fin)* pianificazione *f*
plastifizieren *vt* plastificare
Plastik (-, -en) *sf* plastica *f*
plastisch *a* plastico
Platane (-, -n) *sf (bot)* platano *m*
Platin (-s) *sn* platino *m*
platonisch *a* platonico
platt *a* piatto
Platte (-, -n) *sf* lastra *f*, piastra *f* ◇ disco *m* ◇ piatto *m*
Plattform (-, -en) *sf* piattaforma *f*
Platz (-es, **Plätze**) *sm* posto *m* ◇ piazza *f* ◇ *(sport)* campo *m* ◇ *(sport)* piazzamento *m* ● *P. nehmen* accomodarsi
platzen *vi (aus sein)* scoppiare ◇ *(fam)* andare a monte, fallire
Placierung* → **Platzierung**
Platzierung, Placierung* (-, -en) *sf (sport)* piazzamento *m*
Platzregen (-s, -) *sm (meteor)* acquazzone *m*
plaudern *vi (aus haben)* chiacchierare
plötzlich *a* improvviso
plump *a* goffo ◇ grossolano, sgarbato
Plünderei (-, -en) *sf* saccheggio *m*
plündern *vt* saccheggiare, svaligiare
Plünderung (-, -en) *sf* saccheggio *m*
Plural (-s, -e) *sm (gramm)* plurale *m*
Pluralismus (-) *sm* pluralismo *m*
plus *avv (mat)* più
Plüsch (-[e]s, -e) *sm* felpa *f*

Plusquamperfekt (-[e]s, -e) *sn (gramm)* piucheperfetto *m*, trapassato *m* prossimo
Pöbel (-s) *sm* plebe *f*
pochen *vi (aus haben)* battere, pulsare ◇ bussare
Podest (-[e]s, -e) *sn* podio *m*
Podium (-s, **Podien**) *sn* podio *m*
poetisch *a* poetico
Pol (-s, -e) *sm* polo *m*
polar *a* polare
Polarstern (-[e]s, -e) *sm* stella *f* polare
Pole (-n, -n; *f* **Polin**) *sm* polacco *m*
Polemik (-, -en) *sf* polemica *f*
polemisch *a* polemico
Police (-, -n) *sf* polizza *f*
polieren *vt* lucidare
Politik (-, -en) *sf* politica *f*
Politiker (-s, -) *sm* politico *m*
politisch *a* politico ● *p. korrekt* politicamente corretto
Polizei (-, -en) *sf* polizia *f*
Polizeirevier (-s, -e) *sn* distretto *m* di polizia
Polizeiwache (-, -n) *sf* posto *m* di polizia
Polizist (-en, -en; *f* -in) *sm* poliziotto *m*
Pollen (-s, -) *sm (bot)* polline *m*
Poller (-s, -) *sm (naut)* bitta *f*
polnisch *a* polacco
Polster (-s, -) *sn* imbottitura *f* ◇ cuscino *m*
polstern *vt* imbottire
Polsterung (-, -en) *sf* imbottitura *f*
Polygamie (-) *sf* poligamia *f*

Polyglotte (-n, -n) *sm/f* poliglotta *m/f*

Polygon (-s, -e) *sn* (*geom*) poligono *m*

Polynom *sn* (*mat*) polinomio *m*

Polyp (-en, -en) *sn* (*zool*) polipo *m*

Polytechnikum (-s, **Polytechnika/Polytechniken**) *sn* politecnico *m*

Polytheismus (-) *sm* politeismo *m*

Pontifikat (-[e]s, -e) *sn* pontificato *m*

populär *a* popolare

Popularität (-) *sf* popolarità *f*

Pore (-, -n) *sf* (*anat*) poro *m*

Pornographie, Pornografie (-) *sf* pornografia *f*

Portal (-s, -e) *sn* (*inform*) portale *m*

Portier (-s, -s) *sm* custode *m*, portiere *m*

Portion (-, -en) *sf* porzione *f*, razione *f*

Porto (-s, -s/Porti) *sn* affrancatura *f*

Porträt (-s, -s) *sn* ritratto *m*

Portugiese (-n, -n; *f* **Portugiesin**) *sm* portoghese *m/f*

portugiesisch *a* portoghese

Porzellan (-s, -e) *sn* porcellana *f*

Posaune (-, -n) *sf* (*mus*) trombone *m*

posaunen *vi* (*aus haben*) suonare il trombone

Position (-, -en) *sf* posizione *f*

positiv *a* positivo

Posse (-, -n) *sf* (*teat*) farsa *f*

possessiv *a* possessivo

Post (-, -en) *sf* posta *f* ● *elektronische P.* posta elettronica; *etwas mit der P. schicken* spedire qc per posta

postalisch *a* postale

Postament (-[e]s, -e) *sn* piedistallo *m*

Postamt (-[e]s, **Postämter**) *sn* ufficio *m* postale, posta *f*

Postbeamte (-n, -n) *sm* impiegato *m* postale

Posten (-s, -) *sm* posto *m*, impiego *m* ◊ sentinella *f*, guardia *f*

Postfach (-[e]s, **Briefächer**) *sn* casella *f* postale

Postkarte (-, -n) *sf* cartolina *f*

postlagernd *avv* fermo posta

Postleitzahl (-, -en) *sf* codice *m* di avviamento postale

Poststempel (-s, -) *sm* timbro *m* postale

Postulat (-[e]s, -e) *sn* postulato *m*

postulieren *vt* postulare

Postwertzeichen (-s, -) *sn* francobollo *m*

potentiell → **potenziell**

Potenz (-, -en) *sf* potenza *f*

potenziell, potentiell *a* potenziale

Pracht (-, -en/**Prächte**) *sf* lusso *m*, fasto *m*

prächtig *a* fastoso, sontuoso

Präfekt (-en, -en) *sm* prefetto *m*

Präfektur (-, -en) *sf* prefettura *f*

prägen *vt* coniare ◊ plasmare ◊ influenzare

pragmatisch *a* pragmatico

prägnant *a* pregnante

Prägung (-, -en) *sf* coniazione *f* ◇ tipo *m*

prahlen *vt* ostentare, vantarsi ● *mit etwas p.* vantarsi di qc

Prahlen (-s, -) *sn* ostentazione *f*

praktisch *a* pratico, funzionale ♦ *avv* praticamente

praktizieren *vi* (*aus haben*) praticare

Prälat (-en, -en) *sm* prelato *m*

Prämie (-, -n) *sf* premio *m*

Pranke (-, -n) *sf* zampa *f* ◇ (*fig*) manona *f*, manaccia *f*

Präposition (-, -en) *sf* (*gramm*) preposizione *f*

Prärie (-, -n) *sf* prateria *f*

Präsens (-, **Präsentia/Präsentien**) *sn* (*gramm*) presente *m*

Präsentation (-, -en) *sf* presentazione *f*

Präservativ (-s, -e) *sn* preservativo *m*

Präsident (-en, -en; *f* -in) *sm* presidente *m/f*

Präsidentenamt (-[e]s, **Präsidentenämter**) *sn* presidenza *f*

Präsidentschaft (-, -en) *sf* presidenza *f*

prasseln *vi* (*aus haben/sein*) battere ◇ scrosciare ◇ crepitare

prassen *vi* (*aus haben*) gozzovigliare

Präteritum (-s, **Präterita**) *sn* (*gramm*) preterito *m*, passato *m*

Praxis (-, **Praxen**) *sf* esperienza *f*, pratica *f* ◇ (*med*) ambulatorio *m*

predigen *vt/i* (*aus haben*) predicare

Prediger (-s, -) *sm* predicatore *m*

Predigt (-, -en) *sf* predica *f*, sermone *m*

Preis (-es, -e) *sm* prezzo *m*, costo *m* ● premio *m* ● *um jeden/keinen P.* a ogni/nessun costo; *zum halben P.* a metà prezzo; *zum P. von...* al prezzo di...

Preisbindung (-, -en) *sf* imposizione *f* del prezzo

Preiselbeere (-, -n) *sf* (*bot*) mirtillo *m* rosso

preisen (**pries, gepriesen**) *vt* lodare, elogiare

Preisgericht (-[e]s, -e) *sn* giuria *f*

Preislage (-, -n) *sf* livello *m*, fascia *f* (*di prezzo*)

Preisliste (-, -n) *sf* listino *m*

Preisnachlass, Preisnachlaß* (-es, **Preisnachlässe**) *sm* sconto *m*, ribasso *m*

Preisverteilung (-, -en) *sf* premiazione *f*

Prellstein (-[e]s, -e) *sm* paracarro *m*

Prellung (-, -en) *sf* (*med*) contusione *f*

Prepaid-Karte (-, -n) *sf* (*tel*) scheda *f* prepagata

Presse (-, -n) *sf* stampa *f*

pressen *vt* pressare ◇ spremere ◇ pigiare

Presseschau (-, -en) *sf* rassegna *f* stampa

Prestige (-s) *sn* prestigio *m*

prickeln *vi* frizzare

prickelnd *a* frizzante

Priester (-s, -) *sm* prete *m*, sacerdote *m*

Priestertum (-s) *sn* sacerdozio *m*
prima *a* eccellente, ottimo
Primel (-, -n) *sf* (*bot*) primula *f*
primitiv *a* primitivo, rudimentale
Prinz (-en, -en) *sm* principe *m*
Prinzessin (-, -en) *sf* principessa *f*
Prinzip (-s, -ien) *sn* principio *m* ● *aus P.* per principio; *im P.* in linea di massima
Prior (-s, -en; *f*-in) *sm* priore *m*
Priorität (-, -en) *sf* priorità *f*
Prise (-, -n) *sf* pizzico *m*
Prisma (-s, Prismen) *sn* (*geom*) prisma *m*
privat *a* privato
Probe (-, -n) *sf* prova *f* ● campione *m* ● *auf P.* in prova; *jemanden/etwas auf die P. stellen* mettere alla prova qn/qc
probieren *vt* provare ◊ assaggiare
Problem (-s, -e) *sn* problema *m*
Problematik (-) *sf* problematica *f*
Produkt (-[e]s, -e) *sn* prodotto *m*
Produktion (-, -en) *sf* produzione *f*
produktiv *a* produttivo
Produktivität (-) *sf* produttività *f*
produzieren *vt* produrre, fabbricare
profan *a* profano
Professional (-s, -e) *sm* professionista *m*
Professor (-s, -en; *f*-in) *sm* professore *m*

Profi (-s, -s) *sm* (*fam*) professionista *m*
Profil (-s, -e) *sn* profilo *m*
Prognose (-, -n) *sf* (*med*) prognosi *f* ◊ pronostico *m*
Programm (-s, -e) *sn* programma *m* ● *auf dem P. stehen* essere in programma
programmieren *vt* programmare
Programmierer (-s, -) *sm* (*inform*) programmatore *m*
Programmierung (-, -en) *sf* programmazione *f*
progressiv *a* progressivo
Projekt (-[e]s, -e) *sn* progetto *m*
Projektion (-, -en) *sf* proiezione *f*
Projektor (-s, -en) *sm* proiettore *m*
Proletariat (-s, -e) *sn* proletariato *m*
Proletarier (-s, -) *sm* proletario *m*
Promenade (-, -n) *sf* passeggiata *f*
Prominenz (-, -en) *sf* notabili *m pl*
Promotion (-, -en) *sf* dottorato *m*
promovieren *vt* conferire il titolo di dottorato ♦ *vi* (*aus haben*) diventare dottore
Pronomen (-s, Pronomina) *sn* (*gramm*) pronome *m*
Propaganda (-) *sf* propaganda *f*
Prophet (-en, -en; *f*-in) *sm* profeta *m*
prophetisch *a* profetico
Prophezeiung (-, -en) *sf* profezia *f*

Prosa 202

Prosa (-) *sf* prosa *f*
sich prostituieren *vpr* prostituirsi
Prostituierte (-n, -n) *sf* prostituta *f*
Prostitution (-) *sf* prostituzione *f*
Protein (-s, -e) *sn* (*chim*) proteina *f*
Protektion (-, -en) *sf* protezione *f*
Protest (-[e]s, -e) *sm* protesta *f*
Protestant (-en, -en; *f* -in) *sm* protestante *m/f*
protestantisch *a* protestante
Protestantismus (-) *sm* (*relig*) protestantesimo *m*
protestieren *vt/i* (*aus haben, gegen + acc*) protestare
Prothese (-, -n) *sf* (*med*) protesi *f*
Protokoll (-s, -e) *sn* verbale *m* ◊ protocollo *m*
Provinz (-, -en) *sf* provincia *f*
Provinzhauptstadt (-, Provinzhauptstädte) *sf* capoluogo *m* di provincia
provisorisch *a* provvisorio
Prozent (-[e]s, -e) *sn* percento *m*
Prozentsatz (-es, Prozentsätze) *sm* percentuale *f* ◊ (*fin*) tasso *m* percentuale
Prozess, Prozeß* (-es, -e) *sm* processo *m*
prozessieren *vt* processare
Prozessor (-s, Prozessoren) *sm* (*inform*) processore *m*
prüfen *vt* provare, collaudare ◊ esaminare, interrogare
Prüfer (-s, -) *sm* esaminatore *m*

Prüfling (-s, -e) *sm* candidato *m*, esaminando *m*
Prüfung (-, -en) *sf* esame *m* ◊ prova *f*, collaudo *m* ● *eine P. bestehen* superare un esame; *schriftliche/mündliche P.* esame scritto/orale
Prügel (-s, -) *sm* bastone *m*
prügeln *vt* bastonare
Prunk (-[e]s) *sm* sfarzo *m*
prunkvoll *a* fastoso, lussuoso
Psalm (-s, -en) *sm* salmo *m*
Psyche (-, -n) *sf* psiche *f*
Psychiater (-s, -) *sm* psichiatra *m*
Psychiatrie (-) *sf* psichiatria *f*
psychisch *a* psichico
Psychoanalyse (-) *sf* psicoanalisi *f*
Psychologe (-n, -n; *f* **Psychologin**) *sm* psicologo *m*
Psychologie (-) *sf* psicologia *f*
psychologisch *a* psicologico
Psychopharmakon (-s, Psychopharmaka) *sn* psicofarmaco *m*
Psychose (-, -n) *sf* (*med*) psicosi *f*
Pubertät (-) *sf* pubertà *f*
publik *a* pubblico
Publikation (-, -en) *sf* pubblicazione *f*
Publikum (-s) *sn* pubblico *m*
Pudding (-s, -e/-s) *sm* budino *m*
Puder (-s, -) *sm* talco *m* ◊ cipria *f*
Puffer (-s, -) *sm* (*ferr*) respingente *m* ◊ (*mecc*) ammortizzatore *m*
Pullover (-s, -) *sm* pullover *m*
Puls (-es, -e) *sm* (*anat*) polso *m* ●

quatschen

jemandem den P. fühlen tastare il polso a qn
pulsieren *vi* (*aus haben*) pulsare
Pulsschlag (-[e]s, **Pulsschläge**) *sm* pulsazione *f*
Pult (-[e]s, -e) *sn* cattedra *f* ◊ leggio *m*
Pulver (-s, -) *sn* polvere *f*
Pumpe (-, -n) *sf* pompa *f*
pumpen *vt* pompare
Punkt (-[e]s, -e) *sm* punto *m* ● *P. 12 Uhr* mezzogiorno in punto
punktieren *vt* punteggiare
pünktlich *a* puntuale
Pünktlichkeit (-) *sf* puntualità *f*
Pupille (-, -n) *sf* (*anat*) pupilla *f*
Puppe (-, -n) *sf* pupazzo *m*, bambola *f* ◊ (*fig*) marionetta *f*, burattino *m*
Puppenspieler (-s, -) *sm* burattinaio *m*
Puritanismus (-) *sm* (*relig*) puritanesimo *m*
Purpur (-) *sm* porpora *f*
Pute (-s, -) *sm* (*zool*) tacchino *m*
Putte (-, -n) *sf* (*arte*) putto *m*
Putz (-es) *sm* intonaco *m*
putzen *vt* pulire
Putzfrau (-, -en) *sf* donna *f* delle pulizie
Putztuch (-[e]s, **Putztücher**) *sn* straccio *m*, strofinaccio *m*
pyramidal *a* piramidale
Pyramide (-, -n) *sf* piramide *f*
Pyromane (-n, -n; *f* **Pyromanin**) *sm* piromane *m/f*
Pyromanie (-) *sf* piromania *f*
Python (-s, -s/**Pythonen**) *sm* (*zool*) pitone *m*

Q

Quadrat (-[e]s, -e) *sn* quadrato *m* ● *eine Zahl ins Q. erheben* (*mat*) elevare un numero al quadrato; *fünf zum Q.* (*mat*) cinque al quadrato
Quäker (-s, -) *sm* (*relig*) quacchero *m*
Qual (-, -en) *sf* tormento *m*, pena *f*
quälen *vt* tormentare, straziare ◆ *vpr* (*sich q.*) tormentarsi
Qualität (-, -en) *sf* qualità *f*
Qualle (-, -n) *sf* (*zool*) medusa *f*
Quantität (-, -en) *sf* quantità *f*
Quarantäne (-, -n) *sf* quarantena *f* ● *unter Q. stellen* mettere in quarantena
Quark (2) (-s) *sm* quark *m* (*formaggio tipo ricotta*)
Quartett (-[e]s, -e) *sn* (*mus*) quartetto *m*
Quarz (-es, -e) *sm* (*min*) quarzo *m*
Quaterne (-, -n) *sf* quaterna *f*
Quatsch (-[e]s) *sm* (*fam*) sciocchezze *f pl*
quatschen *vi* (*aus haben*) (*fam*) chiacchierare

Quecksilber (-s) *sn* (*chim*) mercurio *m*
Quelle (-, -n) *sf* fonte *f*, sorgente *f* ◊ (*fig*) fonte *f*
quellen (quillt, quoll, gequollen) *vi* (*aus sein*) sgorgare
quer *a* trasversale, obliquo ♦ *avv* trasversalmente, di traverso
Querbalken (-s, -) *sm* (*edil*) traversa *f*
Querruder (-s, -) *sn* (*aer*) alettone *m*
Querschiff (-[e]s, -e) *sn* (*arch*) transetto *m*
quetschen *vt* schiacciare, pigiare
Quetschfleck (-[e]s, -e) *sm* livido *m* ◊ ammaccatura *f*
Quetschung (-, -en) *sf* (*med*) contusione *f*
quietschen *vi* (*aus haben*) cigolare, stridere
Quietschen (-s, -) *sn* cigolio *m*
Quintett (-[e]s, -e) *sn* (*mus*) quintetto *m*
quirlen *vt* frullare
Quitte (-, -n) *sf* (melo *m*) cotogno *m* ◊ (mela *f*) cotogna *f*
Quittung (-, -en) *sf* ricevuta *f*, quietanza *f* ● **gegen Q.** dietro ricevuta
Quote (-, -n) *sf* quota *f* ◊ percentuale *f*
Quotient (-en, -en) *sm* quoziente *m*

R

Rabatt (-[e]s, -e) *sm* riduzione *f*, sconto *m*
Rabbiner (-s, -) *sm* rabbino *m*
Rabe (-n, -n) *sm* (*zool*) corvo *m*
Rache (-) *sf* vendetta *f* ● *an jemandem für etwas R. nehmen* vendicarsi di qn su qc; *aus R.* per vendetta
rächen *vt* vendicare ♦ *vpr* (*sich r.*) vendicarsi ● *sich an jemandem für etwas r.* vendicarsi su qn per qc
Rachen (-s, -) *sm* (*anat*) faringe *f*
rachitisch *a* rachitico
Rad (-[e]s, Räder) *sn* ruota *f* ◊ bicicletta *f* ● **R. fahren** (*aus sein*) andare in bicicletta
Rädchen (-s, -/Räderchen) *sn* rotella *f*
radfahren* → **Rad**
Radfahrer (-s, -) *sm* ciclista *m/f*
Radfahrweg (-[e]s, -e) *sm* pista *f* ciclabile
radikal *a* radicale
radikalisieren *vt* radicalizzare
Radio (-s, -s) *sn* radio *f*
radioaktiv *a* radioattivo
Radioaktivität (-) *sf* radioattività *f*
Radioamateur (-s, -e) *sm* radioamatore *m*

Radiologe (-n, -n; *f* **Radiologin**) *sm* (*med*) radiologo *m*
Radiologie (-) *sf* (*med*) radiologia *f*
Radiowecker (-s, -) *sm* radiosveglia *f*
Radium (-s) *sn* (*chim*) radio *m*
Radius (-, **Radien**) *sm* (*geom*) raggio *m*
Radrennbahn (-, -en) *sf* velodromo *m*
Radsport (-[e]s) *sm* ciclismo *m*
raffen *vt* arraffare, accumulare
Raffinerie (-, -n) *sf* raffineria *f*
raffiniert *a* raffinato
Rage (-) *sf* rabbia *f* ● *in R. kommen* andare in bestia (*fam*)
rahmen *vt* incorniciare
Rahmen (-s, -) *sm* cornice *f*
Rakete (-, -n) *sf* missile *m*, razzo *m*
rammen *vt* (*aut*) tamponare ◇ (*naut*) speronare
Rampe (-, -n) *sf* rampa *f* ◇ (*teat*) ribalta *f*
Rand (-[e]s, **Ränder**) *sm* bordo *m* ◇ margine *m* ● *am Rande bemerken* accennare di sfuggita
Randgebiet (-[e]s, -e) *sn* periferia *f*
Randstreifen (-s, -) *sm* corsia *f* d'emergenza
Rang (-[e]s, **Ränge**) *sm* rango *m* ◇ (*teat*) balconata *f*
Rangliste (-, -n) *sf* classifica *f*
Rangordnung (-, -en) *sf* gerarchia *f*, graduatoria *f* ◇ (*sport*) classifica *f*
ranzig *a* rancido
rar *a* raro ◇ prezioso ● *r. werden* scarseggiare; *sich r. machen* farsi vedere di rado
Rarität (-, -en) *sf* rarità *f*
rasch *a* veloce, spedito ● *avv* presto, velocemente
rasen *vi* (*aus haben/sein*) infuriare, imperversare ◇ fremere, essere fuori di sé ◇ (*fig*) sfrecciare, volare
Rasen (-, -) *sm* prato *m*
rasend *a* frenetico ● *avv* (*fam*) molto, da matti (*fam*)
Raserei (-) *sf* corsa *f* sfrenata
Rasierapparat (-[e]s, -e) *sm* rasoio *m*
rasieren *vt* radere ● *vpr* (**sich r.**) radersi
Rasierklinge (-, -n) *sf* lametta *f* (*da barba*)
Rasierpinsel (-s, -) *sm* pennello *m* da barba
Rasierschaum (-[e]s, **Rasierschäume**) *sm* schiuma *f* da barba
Rasierwasser (-s, -) *sn* dopobarba *m*
Rasse (-, -n) *sf* razza *f*
Rassismus (-) *sm* razzismo *m*
Rassist (-en, -en; *f* **-in**) *sm* razzista *m/f*
Rast (-, -en) *sf* sosta *f*
rasten *vi* (*aus haben*) fermarsi, sostare
rastlos *a* incessante, continuo ◇ instancabile
Rastplatz (-es, **Rastplätze**) *sm* piazzola *f* di sosta
Raststätte (-, -n) *sf* autogrill *m*
Rasur (-) *sf* rasatura *f*
Rat (1) (-[e]s) *sm* consiglio *m*, suggerimento *m*

Rat (2) (-[e]s, Räte) *sm* consiglio *m* ◊ consigliere *m* • **den R. einberufen** convocare il consiglio

Rate (-, -n) *sf* rata *f* • **auf Raten kaufen** comperare a rate

raten (**rät, riet, geraten**) *vt* consigliare ◊ indoviniare ♦ *vi* (*aus haben*) consigliare ◊ (*an + dat*) cercare di indovinare • **jemandem zu etwas r.** consigliare qn per qc

Ratgeber (-s, -) *sm* consigliere *m*

Rathaus (-es, **Rathäuser**) *sn* municipio *m*

ratifizieren *vt* ratificare

Ration (-, -en) *sf* razione *f*

rational *a* razionale

Rationalismus (-) *sm* razionalismo *m*

ratlos *a* perplesso, confuso

ratsam *a* raccomandabile, opportuno

Rätsel (-s, -) *sn* enigma *m*, indovinello *m*

rätselhaft *a* enigmatico

Rätselkunde (-) *sf* enigmistica *f*

Ratte (-, -n) *sf* (*zool*) ratto *m*

Rattenbekämpfung (-, -en) *sf* derattizzazione *f*

rau, rauh* *a* ruvido ◊ screpolato ◊ rauco ◊ (*fig*) rude, rozzo

Raub (-[e]s) *sm* rapimento *m* ◊ rapina *f* ◊ bottino *m*, preda *f*

rauben *vt* rapinare, rubare

Räuber (-s, -) *sm* bandito *m*, rapinatore *m*

räuberisch *a* predatore, rapace

Raubtier (-[e]s, -e) *sn* animale *m* feroce, belva *f*

Raubüberfall (-[e]s, **Raubüberfälle**) *sm* rapina *f* • **bewaffneter R.** rapina a mano armata

Raubvogel (-s, **Raubvögel**) *sm* (*zool*) rapace *m*

Rauch (-[e]s) *sm* fumo *m*

rauchen *vt/i* (*aus haben*) fumare

Raucher (-s, -) *sm* fumatore *m*

Raucherabteil (-[e]s, -e) *sn* scompartimento *m* per fumatori

räuchern *vt* affumicare

Räucherspirale (-, -n) *sf* zampirone *m*

Rauchwaren *s pl* articoli *m pl* per fumatori

sich raufen *vpr* azzuffarsi

Rauferei (-, -en) *sf* rissa *f*

rauflustig *a* rissoso

rauh* → **rau**

Rauheit (-, -en) *sf* ruvidezza *f* ◊ raucedine *f* ◊ (*fig*) asprezza *f*, durezza *f*

Raum (-[e]s, **Räume**) *sm* spazio *m* ◊ area *f* ◊ locale *m*, stanza *f*

räumen *vt* sgombrare, vuotare ◊ evacuare ◊ mettere in ordine, pulire

Raumfahrer (-s, -) *sm* astronauta *m*

räumlich *a* spaziale ◊ tridimensionale

Raumschiff (-[e]s, -e) *sn* astronave *f*

Räumung (-, -en) *sf* sgombero *m*, sfratto *m* ◊ evacuazione *f* ◊ svendita *f*, liquidazione *f*

Raupe (-, -n) *sf* (*zool*) bruco *m*

raus → **heraus**, → **hinaus**

Rausch (-[e]s, **Räusche**) *sm* ebbrezza *f*, sbornia *f*

Rauschen (-s, -) *sn* fruscio *m* ◇ scroscio *m*

Rauschgift (-[e]s, -e) *sn* droga *f*

Rauschgiftsucht (-) *sf* tossicodipendenza *f*

Rauschgiftsüchtige (-n, -n) *sm/f* drogato *m*, tossicodipendente *m/f*

Rausschmeißer (-s, -) *sm* buttafuori *m*

Raute (-, -n) *sf* (*bot*) ruta *f* ◇ (*geom*) rombo *m*

rautenförmig *a* romboidale

Reaktion (-, -en) *sf* reazione *f*

reaktionär *a* reazionario

Reaktionsfähigkeit (-, -en) *sf* reattività *f*

Reaktionsmittel (-s, -) *sn* (*chim*) reagente *m*

Reaktor (-s, -en) *sm* reattore *m* (*nucleare*)

real *a* reale

realisieren *vt* realizzare

Realisierung (-, -en) *sf* realizzazione *f*

Realismus (-) *sm* realismo *m*

Realist (-en, -en; *f* -in) *sm* realista *m/f*

Rebhuhn (-[e]s, Rebhühner) *sn* (*zool*) pernice *f*

Rechen (-s, -) *sm* rastrello *m*

Rechenmaschine (-, -en) *sf* calcolatrice *f*

rechnen *vt* calcolare ♦ *vi* (*aus haben*) calcolare ◇ (*auf + acc/ mit + dat*) contare (su), fare affidamento (su) ◇ (*mit + dat*) aspettarsi, prevedere

Rechner (-s, -) *sm* calcolatore *m*, computer *m*

Rechnung (-, -en) *sf* calcolo *m*, conto *m* ◇ fattura *f*

recht *a* destro ◇ giusto, retto, onesto ♦ *avv* giusto, bene

Recht (-[e]s, -e) *sn* (*dir*) diritto *m* ◇ ragione, *f* ● *alle Rechte vorbehalten* tutti i diritti riservati; *mit R.* a ragione; *R. haben* avere ragione

Rechte (-n, -n) *sf* destra *f*

Rechteck (-[e]s, -e) *sn* (*geom*) rettangolo *m*

rechtfertigen *vt* giustificare ♦ *vpr* (*sich r.*) giustificarsi

Rechtfertigung (-, -en) *sf* giustificazione *f*

rechthaberisch *a* prepotente

rechtmäßig *a* legittimo, legale

rechts *avv* a destra ● *nach/von r.* a/da destra

Rechtsanwalt (-[e]s, Rechtsanwälte) *sm* avvocato *m*

Rechtschreibung (-, -en) *sf* ortografia *f*

Rechtsverkehr (-s) *sm* circolazione *f* a destra

rechtswidrig *a* illegale

Rechtswissenschaft (-) *sf* giurisprudenza *f*

rechtwinkelig *a* ortogonale

rechtzeitig *a* puntuale, tempestivo ♦ *avv* in tempo

Rechtzeitigkeit (-) *sf* tempestività *f*

recyclebar *a* riciclabile

Redakteur (-s, -e; *f* -in) *sm* redattore *m*

Redaktion (-, -en) *sf* redazione *f* (*ufficio*)

Rede (-, -n) *sf* discorso *m*

reden vt/i (aus haben, über + acc/von + dat) dire, parlare
redlich a onesto, probo
Redlichkeit (-) sf onestà f, lealtà f
Redner (-s, -) sm oratore m
redselig a loquace
Referat (-[e]s, -e) sn relazione f ◇ (Fachabteilung) reparto m
Referent (-en, -en; f -in) sm relatore m
Referenz (-, -en) sf referenza f
Reflex (-es, -e) sm riflesso m
Reform (-, -en) sf riforma f
Reformator (-s, -en) sm riformatore m
Reformhaus (-es, Reformhäuser) sn erboristeria f
reformieren vt riformare
Refrain (-s, -s) sm ritornello m
Regal (-s, -e) sn scaffale m
Regalbrett (-[e]s, -er) sn ripiano m
Regel (-, -n) sf regola f ◇ abitudine f ◇ mestruazione f
regelmäßig a regolare
regeln vt regolare
Regelung (-, -en) sf regolazione f
regen vt muovere
Regen (-s, -) sm pioggia f ● **bei R.** con la pioggia
Regenbogen (-s, -) sm arcobaleno m
Regenmantel (-s, **Regenmäntel**) sm impermeabile m
Regenschirm (-[e]s, -e) sm ombrello m
Regent (-en, -en; f -in) sm reggente m/f

Regie (-, -n) sf regia f
regieren vt governare
Regierende (-n, -n) sm/f regnante m/f
Regierung (-, -en) sf governo m ◇ regno m ● **unter der R. von** sotto il regno di
Regime (-s, -/-s) sn regime m
Region (-, -en) sf regione f
regional a regionale
Regisseur (-s, -e; f -in) sm regista m/f
Register (-s, -) sn registro m
registrieren vt registrare
Registrierung (-, -en) sf registrazione f
regnen vimp (aus haben) piovere
regnerisch a piovoso
Regung (-, -en) sf moto m ◇ sentimento m, impulso m
regungslos a immobile
Reh (-[e]s, -e) sn (zool) capriolo m
Rehabilitation (-, -en) sf riabilitazione f
Reibe (-, -n) sf grattugia f
reiben (**rieb, gerieben**) vt sfregare ◇ grattugiare ◇ frizionare, massaggiare
Reibung (-, -en) sf sfregamento m ◇ (fis) attrito m
reich a ricco ● **r. werden** arricchirsi
Reich (-[e]s, -e) sn impero m, regno m
reichen vt porgere, dare ♦ vi (aus haben) arrivare, giungere ◇ bastare, essere sufficiente ● *mir reicht's!* (fam) ne ho abbastanza!

reichlich *a* abbondante
Reichtum (**-s, Reichtümer**) *sm* ricchezza *f*
reif *a* maturo
Reif (**-[e]s**) *sm* brina *f*
Reife (**-**) *sf* maturazione *f* ◇ maturità *f*
reifen *vi* (*aus sein*) maturare
Reifen (**-s, -**) *sm* pneumatico *m*
Reifendienst (**-[e]s, -e**) *sm* gommista *m*
Reifenpanne (**-, -n**) *sf* foratura *f*
Reifeprüfung (**-, -en**) *sf* esame *m* di maturità
Reifezeugnis (**-ses, -se**) *sn* diploma *m* di maturità
Reihe (**-, -n**) *sf* fila *f* ◇ serie *f*, successione *f* ◇ collana (editoriale) ● *arithmetische/geometrische R.* progressione aritmetica/geometrica; *der R. nach* l'uno dopo l'altro
reihen *vt* mettere in fila
Reihenfolge (**-, -n**) *sf* sequenza *f*
Reihenhaus (**-es, Reihenhäuser**) *sn* villetta *f* a schiera
reihenweise *avv* in fila *f* (*inform*) seriale
Reiher (**-s, -**) *sm* (*zool*) airone *m*
Reim (**-[e]s, -e**) *sm* rima *f*
rein *a* puro, genuino ◇ pulito, nitido ♦ *avv* assolutamente
Reinheit (**-**) *sf* purezza *f* ◇ pulizia *f*
reinigen *vt* pulire ◇ (*fig*) purificare
reinigend *a* detergente
Reiniger (**-s, -**) *sm* detersivo *m*
Reinigung (**-, -en**) *sf* pulitura *f* ◇ lavaggio *m* ◇ lavanderia *f*, tintoria *f*
Reis (**-es, -e**) *sm* (*bot*) riso *m*
Reise (**-, -n**) *sf* viaggio *m*
Reisebüro (**-s, -s**) *sn* agenzia *f* di viaggi
Reiseführer (**-s, -**) *sm* guida *f* turistica
Reisegesellschaft (**-, -en**) *sf* comitiva *f*
reisen *vi* (*aus sein*) viaggiare
Reisende (**-, -n**) *sm/f* viaggiatore *m*, passeggero *m*
Reiseroute (**-, -n**) *sf* itinerario *m*
Reisescheck (**-s, -s**) *sm* traveller's cheque *m*
Reiseveranstalter (**-s, -; *f* -in**) *sm* tour operator *m*
Reisfeld (**-[e]s, -er**) *sn* risaia *f*
reißen (**riss, gerissen**) *vt* strappare ♦ *vpr* (*sich r.*) strapparsi
Reißverschluss (**-es, Reißverschlüsse**) *sm* (*abb*) zip *m/f*, chiusura *f* lampo
Reitbahn (**-, -en**) *sf* galoppatoio *m*, maneggio *m*
reiten (**ritt, geritten**) *vt/i* (*aus sein*) cavalcare
Reiten (**-s**) *sn* (*sport*) equitazione *f*
Reiter (**-s, -**) *sm* cavaliere *m*
Reitsport (**-[e]s**) *sm* ippica *f*
Reiz (**-es, -e**) *sm* attrattiva *f*, fascino *m* ◇ stimolo *m*
reizbar *a* irascibile, irritabile
reizen *vt* eccitare ◇ provocare ◇ (*med*) irritare
reizend *a* attraente, grazioso
Reizung (**-, -en**) *sf* eccitamento *m* ◇ (*med*) irritazione *f*

Reklame (-, -n) *sf* pubblicità *f*

Reklamestreifen (-s, -) *sm* striscione *m*

Rekord (-[e]s, -e) *sm* primato *m* ● *einen R. aufstellen/brechen/halten* stabilire/battere/detenere un primato

Rekrut (-en, -en; *f* -in) *sm* recluta *f*

rekrutieren *vt* reclutare

Rektor (-s, -en; *f* -in) *sm* direttore *m*

relativ *a* relativo

Relativität (-) *sf* relatività *f*

Relief (-s, -s/-e) *sn* rilievo *m*

Religion (-, -en) *sf* religione *f*

religiös *a* religioso

Reliquie (-, -n) *sf* reliquia *f*

Ren (-s, -s/-e) *sn* (*zool*) renna *f*

Renaissance (-, -n) *sf* (*stor*) rinascimento *m* ◇ rinascita *f*

Rennbahn (-, -en) *sf* pista *f*

rennen (**rannte, gerannt**) *vi* (*aus sein*) correre ◇ (*sport*) correre, gareggiare

Rennen (-s, -) *sn* corsa *f*

Rennfahrer (-s, -) *sm* corridore *m*

renovieren *vt* rinnovare, restaurare

Renovierung (-, -en) *sf* restauro *m*

rentabel *a* redditizio

Rentabilität (-, -en) *sf* redditività *f*

Rente (-, -n) *sf* pensione *f* ◇ rendita *f*

Rentier (-[e]s, -e) *sn* (*zool*) renna *f*

Rentner (-s, -) *sm* pensionato *m*

Reparatur (-, -en) *sf* riparazione *f*

reparieren *vt* aggiustare, riparare

Repertoire (-s, -s) *sn* repertorio *m*

Repressalie (-, -n) *sf* rappresaglia *f*

Reproduktion (-, -en) *sf* (*biol*) riproduzione *f*

reproduzieren *vt* riprodurre

Republik (-, -en) *sf* repubblica *f*

Republikaner (-s, -) *sm* repubblicano *m*

Reserve (-, -n) *sf* riserva *f* ◇ riserbo *m*, riservatezza *f*

reservieren *vt* prenotare, riservare

Reservierung (-, -en) *sf* prenotazione *f*

Resonanz (-, -en) *sf* risonanza *f*

Respekt (-[e]s) *sm* rispetto *m* ◇ soggezione *f*

respektieren *vt* rispettare

respektlos *a* irrispettoso, irriverente

respektvoll *a* rispettoso

Rest (-[e]s, -e) *sm* resto *m* ◇ saldo *m*, rimanenza *f*

Restaurant (-s, -s) *sn* ristorante *m*

Restaurator (-s, -en; *f* -in) *sm* restauratore *m*

restaurieren *vt* restaurare

Restposten (-s, -) *sm* (*comm*) rimanenze *f pl*, giacenze *f pl*

retten *vt* salvare ◆ *vpr* (**sich r.**) salvarsi, scampare ● *rette sich, wer kann!* si salvi chi può!

Retter (-s, -) *sm* salvatore *m*

Rettich (-s, -e) *sm* (*bot*) rafano *m*
Rettung (-, -en) *sf* salvezza *f*, salvataggio *m*
Rettungsring (-[e]s, -e) *sm* salvagente *m*
Reue (-) *sf* pentimento *m*, rimorso *m* ● **über etwas R. empfinden** provare rimorso per qc
reuen *vimp* pentirsi (ES: **es reut mich** mi pento)
Revanche (-, -n) *sf* rivincita *f*
Revier (-s, -e) *sn* distretto *m* ◊ settore *m*
Revision (-, -en) *sf* revisione *f* ◊ (*dir*) ricorso *m*
Revisor (-s, -en; *f* -in) *sm* revisore *m*
Revolution (-, -en) *sf* rivoluzione *f*
Revolutionär (-s, -e; *f* -in) *sm* rivoluzionario *m*
Rezensent (-en, -en; *f* -in) *sm* recensore *m*
rezensieren *vt* recensire
Rezension (-, -en) *sf* recensione *f*
Rezept (-[e]s, -e) *sn* ricetta *f*
Rhabarber (-s) *sm* (*bot*) rabarbaro *m*
Rhetorik (-) *sf* retorica *f*
Rheumamittel (-s, -) *sn* (*med*) antireumatico *m*
Rhombus (-, **Rhomben**) *sm* (*geom*) rombo *m*
rhythmisch *a* ritmico
Rhythmus (-, **Rhytmen**) *sm* ritmo *m*
richten *vt* indirizzare, dirigere ◊ raddrizzare, riparare ◊ mettere in ordine ● *vi* (*aus haben*) (*dir*) giudicare ● *vpr* (**sich r.**) (*nach* + *dat*) orientarsi (su), seguire
Richter (-s, -) *sm* giudice *m*, magistrato *m*
richterlich *a* giudiziario
richtig *a* giusto, vero, corretto ● *avv* correttamente ◊ effettivamente
Richtigkeit (-) *sf* giustezza *f*, veridicità *f*
Richtlinie (-, -n) *sf* direttiva *f*
Richtung (-, -en) *sf* direzione *f*, senso *m*
riechen (**roch, gerochen**) *vi* (*aus haben*) (*nach* + *dat*) odorare (di) ◊ (*an* + *dat*) annusare ● *vt* annusare, fiutare
Riemen (-s, -) *sm* cinghia *f*
Riese (-n, -n; *f* **Riesin**) *sm* gigante *m*
riesengroß *a* colossale, gigantesco
riesenhaft *a* gigantesco, ciclopico
Riesenslalom (-s, -s) *sm* (*sport*) slalom *m* gigante
Riesenstadt (-, **Riesenstädte**) *sf* megalopoli *f*
Riesenwuchs (-es, -e) *sm* (*med*) gigantismo *m*
riesig *a* gigantesco, enorme, monumentale
Riff (-[e]s, -e) *sn* scogliera *f*
Rind (-[e]s, -er) *sn* (*zool*, *cuc*) manzo *m*
Rinde (-, -n) *sf* corteccia *f* ◊ crosta *f*, scorza *f*
Ring (-[e]s, -e) *sm* anello *m*
Ringfinger (-s, -) *sm* anulare *m*
rings *avv* intorno

Rinne (-, -n) *sf* canale *m* ◇ grondaia *f*

rinnen (**rann, geronnen**) *vi* (*aus sein*) scorrere ◇ perdere

Rippe (-, -n) *sf* (*anat*) costola *f*

Risiko (-s, -s/**Risiken**) *sn* rischio *m*

riskieren *vt* rischiare

Rispe (-, -n) *sf* (*bot*) pannocchia *f*

Riss, Riß* (-es, -e) *sm* strappo *m* ◇ crepa *f* ◇ screpolatura *f* ◇ lacerazione *f*

rissig *a* screpolato ◇ incrinato

Ritt (-[e]s, -e) *sm* cavalcata *f*

Ritter (-s, -) *sm* cavaliere *m*

ritterlich *a* cavalleresco

Rittertum (-s) *sn* cavalleria *f*

Ritual (-s, -e/**Ritualien**) *sn* rituale *m*

Ritus (-, **Riten**) *sm* rito *m*

Rivale (-n, -n; *f* **Rivalin**) *sm* rivale *m/f*

Rivalität (-, -en) *sf* rivalità *f*

Robbe (-, -n) *sf* (*zool*) foca *f*

Robe (-, -n) *sf* abito *m* da sera ◇ abito *m* talare

Rock (-[e]s, **Röcke**) *sm* gonna *f*

rodeln *vi* (*aus haben/sein*) andare in slitta

Rodelschlitten (-s, -) *sm* slitta *f*

Roggen (-s) *sm* (*bot*) segale *f*

roh *a* crudo ◇ grezzo ◇ (*fig*) rozzo, brutale

Rohr (-[e]s, -e) *sn* (*bot*) canna *f* ◇ tubo *m*

Röhre (-, -n) *sf* tubo *m*

Röhricht (-[e]s, -e) *sn* canneto *m*

Rolladen* → **Rollladen**

Rollbrett (-[e]s, -er) *sn* skateboard *m*

Rolle (-, -n) *sf* rotolo *m* ◇ rullo *m* ◇ carrucola *f* ◇ ruolo *m*

rollen *vt* (far) rotolare ◇ arrotolare, avvolgere ♦ *vi* (*aus sein*) rotolare ◇ scorrere

Rollerskate (-s, -s) *sm* (*sport*) pattino *m* a rotelle

Rollladen, Rolladen* (-s, **Rollläden**) *sm* saracinesca *f* ◇ tapparella *f*

Rollschuh (-[e]s, -e) *sm* pattino *m*, schettino *m* ● *R. laufen* pattinare, schettinare

Rollstuhl (-[e]s, **Rollstühle**) *sm* sedia *f* a rotelle

Rolltreppe (-, -n) *sf* scala *f* mobile

Roman (-s, -e) *sm* romanzo *m*

romanisch *a* romanico

Romantik (-) *sf* romanticismo *m*

romantisch *a* romantico

Römer (-s, -) *sm* romano *m*

römisch *a* romano

röntgen *vt* (*med*) fare una radiografia (di)

Röntgenaufnahme (-, -n) *sf* (*med*) radiografia *f*

Röntgenologie (-) *sf* (*med*) radiologia *f*

rosa *a* rosa

Rose (-, -n) *sf* (*bot*) rosa *f*

Rosmarin (-s) *sm* (*bot*) rosmarino *m*

Rost (1) (-[e]s, -e) *sm* griglia *f* ● *auf dem R. braten* cuocere ai ferri, alla griglia; *vom R.* ai ferri

Rost (2) (-[e]s) *sm* ruggine *f*

rosten *vi* (*aus haben/sein*) arrugginire

rösten *vt* arrostire, abbrustolire

rostfrei *a* inossidabile

rostig *a* arrugginito

rot (*comp* **roter/röter**, *sup* **roteste/röteste**) *a* rosso ♦ *r. werden* arrossire

Rotation (-, -en) *sf* rotazione *f*

Rotationsmaschine (-, -n) *sf* rotativa *f*

Röteln *s pl* (*med*) rosolia *f sing*

röten *vt* tingere di rosso ♦ *vpr* (**sich r.**) arrossire ◊ (*med*) arrossarsi

Rötung (-, -en) *sf* arrossamento *m*

Rotwein (-[e]s, -e) *sm* vino *m* rosso

Roulade (-, -n) *sf* involtino *m*

Route (-, -n) *sf* percorso *m*

Rowdy (-s, -s/**Rowdies**) *sm* teppista *m*

Royalist (-en, -en; *f* -in) *sm* realista *m/f*, monarchico *m*

Rübe (-, -n) *sf* (*bot*) rapa *f* ♦ *gelbe R.* carota; *rote R.* barbabietola

Rubin (-s, -e) *sm* rubino *m*

Rückblick (-[e]s, -e) *sm* retrospettiva *f*

rücken *vt* muovere, spostare ◊ spingere ♦ *vi* (*aus sein*) spostarsi

Rücken (-s, -) *sm* schiena *f*, dorso *m* ◊ groppa *f* ◊ dosso *m*, dorsale *f*

Rückenlehne (-, -n) *sf* schienale *m*, spalliera *f*

Rückenmark (-[e]s, -) *sn* (*anat*) midollo *m* spinale

Rückfahrkarte (-, -n) *sf* biglietto *m* di andata e ritorno

Rückfahrt (-, -en) *sf* viaggio *m* di ritorno

Rückfall (-[e]s, **Rückfälle**) *sm* recidiva *f*, ricaduta *f*

Rückfenster (-s, -) *sn* (*aut*) lunotto *m*

Rückgabe (-, -n) *sf* resa *f*, restituzione *f*

Rückgang (-[e]s, **Rückgänge**) *sm* calo *m*, rallentamento *m*, regresso *m*

Rückgrat (-[e]s, -e) *sn* (*anat*) spina *f* dorsale

Rückkehr (-) *sf* ritorno *m*, rientro *m*

Rücksack (-[e]s, **Rucksäcke**) *sm* zaino *m*

Rückschlag (-[e]s, **Rückschläge**) *sm* contraccolpo *m*

Rückseite (-, -n) *sf* retro *m*

rückseitig *a* posteriore

Rücksendung (-, -en) *sf* rinvio *m*

Rücksicht (-, -en) *sf* riguardo *m*, rispetto *m* ♦ *auf jemanden R. nehmen* avere riguardo per qn

rücksichtslos *a* senza rispetto ◊ spietato

Rückstand (-[e]s, **Rückstände**) *sm* resto *m*, rimanente *m* ◊ (*sport*) ritardo *m*

Rückstrahler (-s, -) *sm* catarifrangente *m*

Rücktritt (-[e]s, -e) *sm* dimissioni *f pl*, ritiro *m*

rückwärts *avv* all'indietro

Rückwärtsgang (-[e]s) *sm* retromarcia *f*

Rückzahlung (-, -en) *sf* rimborso *m*

Rückzug (-[e]s, **Rückzüge**) *sm* ritirata *f*

Ruder (-s, -) *sn* (*naut*) remo *m*, timone *m*

Ruderer (-s, -) *sm* rematore *m*, vogatore *m*

rudern *vi* (*aus haben/sein*) remare, vogare

Rudersport (-[e]s) *sm* (*sport*) canottaggio *m*

Ruf (-[e]s, -e) *sm* grido *m* ◊ chiamata *f*, invito *m* ◊ fama *f*, reputazione *f*

rufen (**rief, gerufen**) *vt* chiamare

Rufumleitung (-, -en) *sf* (*tel*) trasferimento *m* di chiamata

Ruhe (-) *sf* calma *f*, quiete *f*, riposo *m*, tranquillità *f*

ruhen *vi* (*aus haben*) riposare ◊ (*auf + dat*) poggiare (su), gravare (su) ◊ essere fermo, essere sospeso

Ruhepause (-, -n) *sf* pausa *f*

ruhig *a* calmo, placido, quieto ● *r. werden* calmarsi, tranquillizzarsi

Ruhm (-[e]s) *sm* celebrità *f*, fama *f*

rühmen *vt* esaltare, celebrare ♦ *vpr* (**sich r.**) (+ *gen*) vantarsi (di), gloriarsi (di)

rühmlich *a* lodevole

ruhmvoll *a* glorioso

rühren *vt* muovere, agitare, mescolare ◊ commuovere

rührend *a* commovente, toccante

Rührung (-) *sf* commozione *f*

Ruin (-s, -e) *sm* rovina *f*, disfacimento *m*

Ruine (-, -n) *sf* rovina *f*, rudere *m*

Rumäne (-n, -n; *f* **Rumänin**) *sm* rumeno *m*

rumänisch *a* rumeno

Rummel (-s) *sm* trambusto *m*, baccano *m* ◊ parco *m* dei divertimenti, luna park *m*

Rumpelkammer (-, -n) *sf* (*fam*) ripostiglio *m*

Rumpf (-[e]s, **Rümpfe**) *sm* (*anat*) tronco *m* ◊ (*naut*) scafo *m* ◊ (*aer*) fusoliera *f*

Rumpsteak (-s, -s) *sn* costata *f*

rund *a* rotondo ♦ *avv* all'incirca

Rundbau (-[e]s, -ten) *sm* rotonda *f*

Runde (-, -n) *sf* giro *m* ◊ circolo *m*, cerchia *f*

Rundfunk (-s) *sm* radio *f*

Rundfunkbericht (-[e]s, -e) *sm* radiocronaca *f*

Rundfunkreportage (-, -n) *sf* radiocronaca *f*

Rundfunkreporter (-s, -) *sm* radiocronista *m*

Rundfunksendung (-, -en) *sf* radiotrasmissione *f*

Rundstrecke (-, -n) *sf* (*sport*) circuito *m*

Rundung (-, -en) *sf* arrotondamento *m*, rotondità *f*

Runzel (-, -n) *sf* ruga *f*

runzelig *a* grinzoso

rupfen *vt* strappare, tirare ◊ spennare (*fig*)

Ruß (-es) *sm* fuliggine *f*

Russe (-n, -n; *f* **Russin**) *sm* russo *m*

Rüssel (-s, -) *sm* proboscide *f*

russisch *a* russo

Rüster (-, -n) *sf* (*bot*) olmo *m*
rüstig *a* arzillo
Rüstung (-, -en) *sf* armamento *m* ◊ (*stor*) armatura *f*
Rutsch (-[e]s, -e) *sm* scivolone *m* ◊ frana *f*, smottamento *m*
Rutschbahn (-, -en) *sf* scivolo *m*
rutschen *vi* (*aus sein*) scivolare, slittare ◊ franare
rutschfest *a* antiscivolo
rutschig *a* scivoloso, sdrucciolevole
rutschsicher *a* antiscivolo
rütteln *vt* scuotere, agitare

S

Saal (-[e]s, Säle) *sm* sala *f*
Saat (-, -en) *sf* semina *f* ◊ semenza *f*
Säbel (-s, -) *sm* sciabola *f*
Sabotage (-, -n) *sf* sabotaggio *m* ● *eine S. üben* fare un sabotaggio
Saboteur (-s, -e; *f* -in) *sm* sabotatore *m*
sabotieren *vt* sabotare
Saccharose (-) *sf* (*chim*) saccarosio *m*
Sacharin (-s) *sn* (*chim*) saccarina *f*
sachdienlich *a* utile
Sache (-, -n) *sf* cosa *f* ● *das tut nichts zur S.* non c'entra; *seiner S. sicher sein* essere sicuro del fatto proprio
sachlich *a* concreto, reale, oggettivo
Sachregister (-s, -) *sn* indice *m* analitico
Sachverständige (-n, -n) *sm* esperto *m*, perito *m*
Sack (-[e]s, Säcke) *sm* sacca *f*, sacco *m*

Sackpfeife (-, -n) *sf* (*mus*) zampogna *f*
Sadismus (-) *sm* (*psic*) sadismo *m*
säen *vt* seminare
Safran (-s, -e) *sm* zafferano *m*
Saft (-[e]s, Säfte) *sm* succo *m*
Sage (-, -n) *sf* leggenda *f*, saga *f*
Säge (-, -n) *sf* sega *f*
Sägemehl (-[e]s, -e) *sn* segatura *f*
sagen *vt* dire
sägen *vt* segare
sagenhaft *a* leggendario
Sägewerk (-[e]s, -e) *sn* segheria *f*
Sahne (-) *sf* panna *f*
Saite (-, -n) *sf* corda *f* (*di strumento musicale*)
Sakrament (-[e]s, -e) *sn* sacramento *m*
Sakrileg (-s, -e) *sn* sacrilegio *m*
Sakristei (-, -en) *sf* sacrestia *f*
Salat (-[e]s, -e) *sm* insalata *f*
Salbe (-, -n) *sf* pomata *f*, unguento *m*
Salbei (-) *sm* (*bot*) salvia *f*

Salm (-[e]s, -e) *sm* (*zool*) salmone *m*

Salmiakgeist (-[e]s) *sm* (*chim*) ammoniaca *f*

Salon (-s, -s) *sm* salone *m*

Salz (-es, -e) *sn* sale *m*

salzarm *a* iposodico

salzen (**gesalzen**) *vt* salare

Salzgebäck (-[e]s, -e) *sn* (*cuc*) salatino *m*

salzig *a* salato

Salzigkeit (-) *sf* salsedine *f*, salinità *f*

Salzlake (-) *sf* salamoia *f*

Salzstreuer (-s, -) *sm* saliera *f*

Samen (-s, -) *sm* seme *m*

sammeln *vt* raccogliere ◊ collezionare ♦ *vpr* (**sich s.**) raccogliersi, radunarsi ◊ concentrarsi

Sammler (-s, -) *sm* collezionista *m*

Sammlung (-, -en) *sf* collezione *f*

Samstag (-[e]s, -e) *sm* sabato *m*

samstags *avv* di sabato

Samt (-[e]s, -e) *sm* velluto *m*

Sand (-[e]s, -e) *sm* sabbia *f*

Sandale (-, -n) *sf* sandalo *m*

Sandbad (-[e]s, **Sandbäder**) *sn* sabbiatura *f*

Sandeimer (-s, -) *sm* secchiello *m*

Sandelholz (-[e]s) *sn* (legno *m* di) sandalo *m*

sandreich *a* sabbioso

Sandschaufel (-, -n) *sf* paletta *f*

Sandstrand (-[e]s, **Sandstränd e**) *sm* spiaggia *f* di sabbia, arenile *m*

Sanduhr (-, -e) *sf* clessidra *f*

sanft *a* dolce, mite, tranquillo

Sänger (-s, -) *sm* cantante *m*

Sankt *a* santo, san

Sanktion (-, -en) *sf* sanzione *f*

Saphir (-s, -e) *sm* zaffiro *m*

Sarde (-n, -n; *f* **Sardin**) *sm* sardo *m*

Sardelle (-, -n) *sf* (*zool*) acciuga *f*, alice *f*

Sardine (-, -n) *sf* (*zool*) sardina *f*

sardinisch *a* sardo

sardisch *a* sardo

Sarkasmus (-, **Sarkasmen**) *sm* sarcasmo *m*

Satellit (-en, -en) *sm* (*astr*) satellite *m*

Satelliten-Navigationsgerät (-[e]s, -e) *sn* (*aut*) navigatore *m* satellitare

Satin (-s, -s) *sm* raso *m*

satinieren *vt* satinare

Satire (-, -n) *sf* satira *f*

satirisch *a* satirico

satt *a* sazio ◊ (*fig*) stufo

Sattel (-s, **Sättel**) *sm* sella *f*

satteln *vt* sellare

Sattheit (-) *sf* sazietà *f*

sättigen *vt* saziare ◊ (*fig*) appagare, soddisfare ◊ (*chim*) saturare

Satz (-es, **Sätze**) *sm* (*gramm*) frase *f* ◊ (*mat*) teorema *m* ◊ serie *f*

Satzung (-, -en) *sf* ordinamento *m*, regolamento *m* ◊ statuto *m*

Satzzeichen (-s, -) *sn* (*gramm*) segno *m* d'interpunzione

Sau (-, **Säue**) *sf* (*zool*) scrofa *f*

sauber *a* pulito, lindo ◊ (*fig*) accurato • **s. machen** pulire

Säuberkeit (-) *sf* pulizia *f* ◊ (*fig*) accuratezza *f*
säubermachen* → **sauber**
säubern *vt* ripulire, pulire
Säuberung (-, -en) *sf* pulizia *f* ◊ (*stor*) epurazione *f*
Saubohne (-, -n) *sf* (*bot*) fava *f*
sauer *a* acido ◊ aspro, acerbo ◊ (*fig*) duro, faticoso
Sauerkirsche (-, -n) *sf* (*bot*) amarena *f*
säuerlich *a* acidulo
Sauerstoff (-[e]s, -e) *sm* (*chim*) ossigeno *m*
saufen (säuft, soff, gesoffen) *vt* bere (*di animali*)
saugen (sog/saugte, gesogen/gesaugt) *vt* succhiare
säugen *vt* allattare
saugend *a* lattante
Sauger (-s, -) *sm* succhiotto *m*, ciuccio *m* (*fam*) ◊ tettarella *f* ◊ aspiratore *m*
Säugetier (-[e]s, -e) *sn* (*zool*) mammifero *m*
Säugling (-s, -e) *sm* lattante *m*
Säuglingspflege (-) *sf* puericultura *f*
Saugnapf (-[e]s, Saugnäpfe) *sm* ventosa *f*
Säule (-, -n) *sf* (*arch*) colonna *f*
Säulenhalle (-, -n) *sf* porticato *m*
Saum (-[e]s, Säume) *sm* bordo *m*, orlo *m*
Sumpfpfad (-[e]s, -e) *sm* mulattiera *f*
Säure (-, -n) *sf* (*chim*) acido *m* ◊ acidità *f*
Savanne (-, -n) *sf* savana *f*

Saxophon, Saxofon (-[e]s, -e) *sn* (*mus*) sassofono *m*
scannen *vt* (*inform*) scannerizzare
Schabe (-, -n) *sf* (*zool*) scarafaggio *m*
schaben *vt* raschiare ◊ grattugiare
Schach (-s, -s) *sn* (*gioco m* degli) scacchi *m pl*
Schachbrett (-[e]s, -er) *sn* scacchiera *f*
schachmatt *a* scacco matto
Schacht (-[e]s, Schächte) *sm* pozzo *m*
Schachtel (-, -n) *sf* scatola *f*
schade *avv* (un) peccato
Schädel (-s, -) *sm* (*anat*) cranio *m*, teschio *m*
Schädelbruch (-[e]s, -e) *sm* (*med*) trauma *m* cranico
schaden *vi* (*aus haben*, + *dat*) nuocere (a)
Schaden (-s, Schäden) *sm* danno *m* ◊ guasto *m*, avaria *f*
Schadenersatz (-es, Schadenersätze) *sm* indennizzo *m*, risarcimento *m* danni
Schadenfall (-[e]s, Schadenfälle) *sm* danno *m*, sinistro *m* (*assicurazioni*)
schädigen *vt* nuocere (a), danneggiare
schädlich *a* nocivo, deleterio
schadlos *a* indenne ● *sich s. halten* rifarsi dei danni subiti
Schaf (-[e]s, -e) *sn* (*zool*) pecora *f*
Schafbock (-[e]s, Schafböcke) *sm* (*zool*) montone *m*

schaffen (1) *vt* fare, portare a termine

schaffen (2) (**schuf, geschaffen**) *vt* (*relig*) creare ◊ creare, produrre ◊ fondare

Schaffenskraft (-) *sf* creatività *f*

Schaffner (-s, -) *sm* bigliettaio *m*, controllore *m*

Schafkäse (-s, -) *sm* (formaggio *m*) pecorino *m*

Schafott (-[e]s, -e) *sn* patibolo *m*

Schafstall (-[e]s, **Schafställe**) *sm* ovile *m*

Schaft (-[e]s, **Schäfte**) *sm* asta *f* ◊ gambo *m* ◊ (*bot*) fusto *m*

Schafzucht (-) *sf* pastorizia *f*

schal *a* insulso, vuoto, insipido

Schal (-s, -s) *sm* scialle *m*

Schale (1) (-, -n) *sf* buccia *f*, scorza *f* ◊ guscio *m*

Schale (2) (-, -n) *sf* ciotola *f*, scodella *f*

schälen *vt* pelare, sbucciare

Schall (-[e]s, -e/**Schälle**) *sm* suono *m*

schallen *vi* risuonare

schallend *a* squillante

Schallplatte (-, -n) *sf* disco *m*

schalten *vt* regolare ◊ (*tecn*) inserire, innestare ♦ *vi* (*aus haben, mit + dat*) disporre (di)

Schalter (-s, -) *sm* sportello *m* ◊ (*el*) interruttore *m*

Schaltjahr (-[e]s, -e) *sn* anno *m* bisestile

Schalttafel (-, -n) *sf* quadro *m* elettrico

Schaluppe (-, -n) *sf* (*naut*) scialuppa *f*

Scham (-) *sf* vergogna *f*, pudore *m*

sich schämen *vpr* (+ *gen*/**für** + *acc*/**vor** + *dat*) vergognarsi (di)

Schamgegend (-, -en) *sf* (*anat*) pube *m*

Schande (-) *sf* vergogna *f*, infamia *f*

schänden *vt* disonorare, profanare

schändlich *a* vergognoso

Schändung (-, -en) *sf* disonore *m* ◊ profanazione *f*

Scharade (-, -n) *sf* sciarada *f*

scharf (*comp* **schärfer**, *sup* **schärfste**) *a* tagliente, affilato ◊ penetrante, acuto ◊ nitido, marcato ◊ (*cuc*) piccante

Schärfe (-, -n) *sf* taglio *m* ◊ nitidezza *f* ◊ (*fig*) acume *m*, sottigliezza *f* ◊ sapore *m* piccante

Scharfsinn (-[e]s, -e) *sm* acume *m*, perspicacia *f*

scharfsinnig *a* acuto

Scharlach (-s) *sm* (*med*) scarlattina *f*

scharlachrot *a* scarlatto

Scharlatan (-s, -e) *sm* ciarlatano *m*

Scharmützel (-s, -) *sn* scaramuccia *f*

scharren *vt*/*i* (*aus haben*) raschiare, raspare

Schatten (-s, -) *sm* ombra *f*

schattig *a* ombreggiato

Schatz (-[e]s, **Schätze**) *sm* tesoro *m*

schätzen *vt* valutare, stimare ◊ stimare, apprezzare; ♦ *vi* (*aus* *haben*) ritenere, reputare ● *wieder s.* rivalutare

Schätzer (-s, -) *sm* estimatore *m*

Schätzung (-, -en) *sf* valutazione *f*

Schau (-, -en) *sf* punto *m* di vista ◊ mostra *f*, esposizione *f*

Schauder (-s, -) *sm* brivido *m*

schaudern *vi* (*aus haben*) rabbrividire, avere i brividi ◆ *vimp* rabbrividire, inorridire (ES: **mir/mich schaudert vor...** inorridisco al pensiero di...)

Schaufel (-, -n) *sf* pala *f*

Schaufenster (-s, -) *sn* vetrina *f*

schaukeln *vi* (*aus haben*) dondolarsi, ondeggiare ◆ *vt* dondolare, cullare

Schaum (-[e]s, **Schäume**) *sm* schiuma *f*

Schaumbad (-[e]s, **Schaumbäder**) *sn* bagnoschiuma *m*

Schaumgummi (-s) *sm* gommapiuma *f*

schaumig *a* schiumoso

Schauspiel (-[e]s, -e) *sn* spettacolo *m* (*teatrale*)

Schauspieler (-s, -e/-s) *sm* attore *m*

Scheck (-s, -s) *sm* assegno *m*

Scheckheft (-[e]s, -e) *sn* libretto *m* degli assegni

Scheibe (-, -n) *sf* fetta *f* ◊ lastra *f* di vetro ◊ (*tecn*) rondella *f* ● *in Scheiben schneiden* affettare

Scheibenwischer (-s, -) *sm* (*aut*) tergicristallo *m*

Scheich (-s, -e/-s) *sm* sceicco *m*

Scheide (-, -n) *sf* guaina *f*, fodero *m* ◊ (*anat*) vagina *f*

scheiden (**schied, geschieden**) *vt* separare, dividere ● *sich s. lassen* divorziare

Scheidenentzündung (-, -en) *sf* (*med*) vaginite *f*

Scheidewand (-, **Scheidewände**) *sf* (*edil*) muro *m* divisorio ◊ (*anat*) setto *m*

Scheidung (-, -en) *sf* separazione *f* ◊ (*dir*) divorzio *m* ● *die S. einreichen* chiedere il divorzio

Schein (1) (-[e]s, -e) *sm* tagliando *m*, cedola *f* ◊ attestato *m*, certificato *m* ◊ permesso *m*

Schein (2) (-s) *sm* splendore *m*, luce *f* ◊ apparenza *f*

scheinbar *a* apparente

scheinen (**schien, geschienen**) *vi* (*aus haben*) splendere, brillare ◊ sembrare, parere ● *es scheint, dass...* sembra che...

Scheinwerfer (-s, -) *sm* (*aut*) faro *m* ◊ proiettore *m*

Scheiße (-, -n) *sf* (*volg*) merda *f*

Scheitel (-s, -) *sm* scriminatura *f*, riga *f* ● *vom S. zur Sohle* da capo a piedi, da cima a fondo

Scheiterhaufen (-s, -) *sm* rogo *m*

scheitern *vi* (*aus sein, an + dat*) fallire (per), essere sconfitto (da)

Scheitern (-s) *sn* fallimento *m*

Schelle (-, -n) *sf* sonaglio *m*

schelten (**schilt, schalt, gescholten**) *vt* sgridare, rimproverare

Schema (-s, -s/**Schemata/Schemen**) *sn* schema *m*

schematisch *a* schematico

Schenkel (-s, -) *sm* (*anat*) coscia *f* ◇ (*geom*) lato *m*

schenken *vt* donare, regalare

Schere (-, -n) *sf* forbici *f pl* ◇ (*zool*) chela *f*, pinza *f*

scheren (1) (**schor, geschoren**) *vt* tagliare ◇ rasare, tosare ◇ (*bot*) potare

scheren (2) *vt* (*pop*) interessare, importare (**was schert mich das?**) che mi importa?) ♦ *vpr* (**sich s.**) (*um* + *acc*) occuparsi (di), curarsi (di) ◇ (*pop*) andarsene

Schererei (-, -en) *sf* (*pop*) grana *f*, scocciatura *f*

Scherz (-es, -e) *sm* scherzo *m* ● *aus/im/zum S.* per scherzo

scherzen *vi* (*aus haben*) scherzare

scherzhaft *a* burlesco

scheu *a* timido, schivo, pauroso

Scheu (-) *sf* timidezza *f*

scheuen *vt* temere, avere paura (di) ◇ evitare, scansare ♦ *vi* (*aus haben*) adombrarsi ♦ *vpr* (**sich s.**) (*vor* + *dat*) aver paura (di) ◇ esitare (di fronte a) ◇ evitare, rifuggire

Scheusal (-s, -e) *sn* mostro *m*

scheußlich *a* orrendo

Schi (-s, -er) *sm* sci *m*

Schicht (-, -en) *sf* strato *m*, patina *f*, rivestimento *m* ◇ turno *m* (*di lavoro*) ● *S. arbeiten* fare i turni

schicken *vt* mandare, spedire

Schicksal (-s, -e) *sn* destino *m*, sorte *f*

schicksalhaft *a* fatale, fatidico

Schicksalhaftigkeit (-) *sf* fatalità *f*

schieben (**schob, geschoben**) *vt* spingere, spostare

Schiedsrichter (-s, -) *sm* (*sport*) arbitro *m*

schief *a* obliquo, inclinato, pendente

schielen (-s) *sn* (*med*) strabismo *m*

schielend *a* strabico

Schienbein (-[e]s, -e) *sn* (*anat*) tibia *f*

Schienbeinschützer (-s, -) *sm* (*sport*) parastinchi *m*

Schiene (-, -n) *sf* guida *f* ◇ (*ferr*) rotaia *f*

schießen (**schoss, geschossen**) *vt/i* (*aus haben/sein*) sparare ◇ scagliare, tirare ◇ *ein Tor s.* (*sport*) segnare un goal

Schießplatz (-es, **Schießplätze**) *sm* (*mil*) poligono *m* di tiro

Schiff (-[e]s, -e) *sn* nave *f* ◇ (*arch*) navata *f*

Schiffahrt* → **Schifffahrt**

schiffbar *a* navigabile

Schiffbruch (-[e]s, -e) *sm* naufragio *m* ● *S. erleiden* naufragare

Schiffchen (-s, -) *sn* navetta *f*

Schiffer (-s, -) *sm* navigatore *m*

Schifffahrt, Schiffahrt* (-, -en) *sf* navigazione *f*

Schiffsrumpf (-[e]s, **Schiffsrümpfe**) *sm* scafo *m*

Schiffsverkehr (-[e]s) *sm* traffico *m* marittimo

Schild (-[e]s, -e) *sm* scudo *m* ◇ (*zool*) guscio *m*

Schild (-[e]s, -er) *sn* cartello *m*, insegna *f* ◊ etichetta *f*, cartellino *m* del prezzo

Schilddrüse (-) *sf* (*anat*) tiroide *f*

Schildkröte (-, -n) *sf* (*zool*) tartaruga *f*

Schimäre (-, -n) *sf* chimera *f*

Schimmel (-s) *sm* muffa *f*

Schimmer (-s) *sm* bagliore *m*, luccichio *m*

Schimpanse (-n, -n) *sm* (*zool*) scimpanzé *m*

schimpfen *vi* (*aus haben*) (*auf/über + acc*) imprecare (contro), inveire (contro) ◊ (*mit + dat*) sgridare ♦ *vt* sgridare

Schimpfname (-ns, -n) *sm* epiteto *m*, insulto *m*

Schimpfwort (-[e]s, -e/**Schimpfwörter**) *sn* ingiuria *f*, insulto *m*

schinden (**schund, geschunden**) *vt* tormentare, angariare ◊ sfruttare ◊ non pagare, scroccare

Schinken (-s, -) *sm* prosciutto *m*

Schirm (-[e]s, -e) *sm* ombrello *m* ◊ schermo *m*

Schirmständer (-s, -) *sm* portaombrelli *m*

Schizophrenie (-) *sf* (*psic*) schizofrenia *f*

Schlacht (-, -en) *sf* battaglia *f*

schlachten *vt* macellare

Schlachthaus (-es, **Schlachthäuser**) *sn* mattatoio *m*

Schlacke (-, -n) *sf* scoria *f*

Schlaf (-[e]s) *sm* sonno *m*

Schlafanzug (-[e]s, **Schlafanzüge**) *sm* pigiama *m*

Schläfchen (-s, -) *sn* pisolino *m*

Schläfe (-, -n) *sf* (*anat*) tempia *f*

schlafen (**schläft, schlief, geschlafen**) *vi* (*aus haben*) dormire ● *s. gehen* andare a dormire

schlaff *a* lento, allentato ◊ molle, flaccido

Schlaffheit (-) *sf* lentezza *f* ◊ mollezza *f*

Schlaflosigkeit (-) *sf* insonnia *f*

Schlafmittel (-s, -) *sn* sonnifero *m*

Schlafmütze (-, -n) *sf* berretto *m* da notte ◊ (*fam*) dormiglione *m* (*fam*)

schläfrig *a* assonnato

Schläfrigkeit (-) *sf* sonnolenza *f*

Schlafsaal (-[e]s, **Schlafsäle**) *sm* camerata *f*, dormitorio *m*

Schlafsack (-[e]s, **Schlafsäcke**) *sm* sacco *m* a pelo

Schlafwagen (-s, -) *sm* (*ferr*) vagone *m* letto

Schlafwandeln (-s) *sn* sonnambulismo *m*

Schlafwandler (-s, -) *sm* sonnambulo *m*

Schlafzimmer (-s, -) *sn* camera *f* da letto

Schlag (-[e]s, **Schläge**) *sm* colpo *m*, percossa *f* ◊ (*med*) battito *m*, pulsazione *f* ◊ (*el*) scossa *f* ● *auf einen S.* d'un sol colpo; *ein S. ins Wasser* (*fam*) un buco nell'acqua *m*; *mit einem S.* (*fam*) di colpo (*fam*); *S. 7 Uhr* alle sette in punto

schlagen (**schlägt, schlug, geschlagen**) *vt/i* (*aus haben*) battere, colpire, picchiare ◊ vincere, sconfiggere ● *es hat 12 Uhr ge-*

schlagen è suonato mezzogiorno

Schlager (-s, -) *sm* canzone *f* di successo ◊ libro *m* di successo, best seller *m*

Schläger (1) (-s, -) *sm* (*sport*) mazza *f*, racchetta *f*

Schläger (2) (-s, -) *sm* battitore *m*

Schlägerei (-, -en) *sf* rissa *f*

Schlagsahne (-) *sf* panna *f* montata

Schlagstock (-[e]s, **Schlagstöcke**) *sm* manganello *m*

Schlagzeug (-[e]s, -e) *sn* (*mus*) batteria *f*

Schlamm (-[e]s, -e/**Schlämme**) *sm* fango *m*, melma *f*

schlammig *a* limaccioso, melmoso

Schlamperei (-, -en) *sf* trascurataggine *f*, pressappochismo *m*

schlampig *a* (*pop*) malmesso, trasandato

Schlange (-, -n) *sf* (*zool*) serpente *m* ◊ coda *f*, fila *f* ◆ **S. stehen** fare la fila

schlank *a* magro, snello, longilineo

schlapp *a* (*pop*) stanco, spossato

Schlappe (-, -n) *sf* (*fam*) sconfitta *f*, batosta *f*

schlau *a* furbo, astuto

Schlauch (-[e]s, **Schläuche**) *sm* pompa *f* (*dell'acqua*), tubo *m* flessibile ◊ camera *f* d'aria

Schlauchboot (-[e]s, -e) *sn* (*naut*) gommone *m*

Schlauheit (-) *sf* astuzia *f*, furbizia *f*

schlecht *a* cattivo ◊ brutto, cattivo ◊ scadente ◆ *avv* male ● **es geht mir s.** sto male; **immer schlechter** di male in peggio; **s. gelaunt sein** essere di cattivo umore; **s. und recht** alla meno peggio (*fam*); **schlechter werden** peggiorare, deteriorarsi; **schlechtes Wetter** maltempo

schlechtgelaunt* → **schlecht**

Schlechtigkeit (-, -en) *sf* cattiveria *f* ◊ qualità *f* scadente

schleichen (**schlich, geschlichen**) *vi* (*aus sein*) strisciare

Schleier (-s, -) *sm* velo *m*

Schleife (-, -n) *sf* fiocco *m* ◊ nodo *m* ◊ curva *f*, svolta *f*

schleifen (1) (**schliff, geschliffen**) *vt* affilare ◊ levigare

schleifen (2) *vt* trascinare, strascicare ◊ *vi* (*aus haben*) scivolare, strisciare

Schleim (-[e]s, -e) *sm* muco *m* ◊ catarro *m*

Schleimhaut (-, -en) *sf* (*anat*) mucosa *f*

schlemmen *vi* (*aus haben*) banchettare, gozzovigliare

schlendern *vi* (*aus sein*) bighellonare, gironzolare

schleppen *vt* trainare, trascinare

Schlepper (-s, -) *sm* trattore *m* ◊ (*naut*) rimorchiatore *m*

Schleuder (-, -n) *sf* fionda *f* ◊ (*mecc*) centrifuga *f*

Schleudergefahr *sf* strada *f* sdrucciolevole

schleudern *vt* scagliare, lanciare ◊ centrifugare ◆ *vi* (*aus sein*) sbandare

Schleudern (-s) *sn* lancio *m* ◊ sbandamento *m*

schleunig *a* pronto, rapido, sbrigativo

Schleuse (-, -n) *sf* chiusa *f*

Schließe (-, -n) *sf* chiusura *f* ◊ fibbia *f*, fermaglio *m*

schließen (schloss, geschlossen) *vt* chiudere ◊ terminare, concludere ◊ contrarre, stabilire ◊ desumere, dedurre ♦ *vi* (*aus haben*) chiudere ◊ concludersi, terminare

Schließfach (-[e]s, **Schließfächer**) *sn* cassetta *f* di sicurezza ◊ casella *f* postale

schließlich *avv* infine ◊ in fin dei conti (*fam*)

schlimm *a* brutto, cattivo ♦ *avv* male

schlimmstenfalls *avv* nel peggiore dei casi, alla peggio

Schlinge (-, -n) *sf* cappio *m*, laccio *m*

Schlingern (-s) *sn* (*naut*) rollio *m*

Schlips (-es, -e) *sm* cravatta *f*

Schlitten (-s, -) *sm* slitta *f* ● *S. fahren* andare in slitta

Schlittschuh (-[e]s, -e) *sm* pattino *m* (*per ghiaccio*) ● *S. laufen* pattinare

Schlittschuhlaufen (-s, -) *sn* pattinaggio *m* (*su ghiaccio*)

Schlitz (-es, -e) *sm* fessura *f* ◊ (*abb*) spacco *m*

Schloss, Schloß* (-es, **Schlösser**) *sn* serratura *f* ◊ chiusura *f* ◊ castello *m* ● *die Tür fällt ins S.* la porta si chiude da sé

Schlosser (-s, -) *sm* fabbro *m*

Schlot (-[e]s, -e/**Schlöte**) *sm* camino *m*, ciminiera *f*

Schlucht (-, -en) *sf* gola *f*, baratro *m*

Schluck (-[e]s, -e/**Schlücke**) *sm* sorso *m*

Schluckauf (-s) *sm* singhiozzo *m*

schlucken *vt/i* (*aus haben*) deglutire, inghiottire

Schlund (-[e]s, **Schlünde**) *sm* (*anat*) faringe *f*, gola *f*

schlüpfen *vi* (*aus sein*) scivolare, sguisciare

Schlüpfer (-s, -) *sm* slip *m*, mutandine *f pl*

schlüpfrig *a* sdrucciolevole, viscido

Schlupfwinkel (-s, -) *sm* nascondiglio *m*

schlürfen *vt* sorseggiare

Schluss, Schluß* (-es, **Schlüsse**) *sm* fine *f*, termine *m*, conclusione *f* ● *S.!* basta!; *S. machen* smettere; *zum S.* alla fine, da ultimo

Schlüssel (-s, -) *sm* chiave *f*

Schlüsselbein (-[e]s, -e) *sn* (*anat*) clavicola *f*

Schlüsselloch (-[e]s, **Schlüssellöcher**) *sn* toppa *f*

Schlüsselring (-[e]s, -e) *sm* portachiavi *m*

Schlussfolgerung, Schlußfolgerung* (-, -en) *sf* conclusione *f* ◊ illazione *f*

Schlusslicht, Schlußlicht* (-[e]s, -er) *sn* (*aut*) luce *f* posteriore ◊ (*fig*) fanalino *m* di coda

Schlussverkauf, Schlußver-

Schmach 224

kauf* (-[e]s, **Schlussverkäufe**) sm saldi m pl di fine stagione, svendita f

Schmach (-) sf infamia f, oltraggio m

schmachtend a languido

schmächtig a gracile

schmachvoll a vergognoso, infame

schmackhaft a sapido, gustoso

Schmalz (-es, -e) sn strutto m

Schmarotzer (-s, -) sm parassita m, scroccone m

Schmarre (-, -n) sf sfregio m, graffio m ◊ cicatrice f

schmecken vt gustare ♦ vi (aus haben, nach + dat) avere sapore (di), sapere (di) ◊ piacere (di cibi)

Schmeichelei (-, -en) sf lusinga f, complimento m

Schmeichler (-s, -) sm adulatore m

schmelzbar a fusibile

Schmelze (-, -n) sf (fis) fusione f ◊ scioglimento m

schmelzen (**schmilzt, schmolz, geschmolzen**) vt fondere, liquefare, sciogliere ♦ vi (aus sein) sciogliersi

Schmerz (-es, -en) sm dolore m

schmerzen vi (aus haben) dolere, fare male

schmerzhaft a dolorante

schmerzlich a doloroso, penoso

schmerzstillend a calmante, lenitivo ● *schmerzstillendes Mittel* (med) antidolorifico

Schmetterling (-s, -e) sm (zool) farfalla f

Schmied (-[e]s, -e) sm fabbro m

schmieden vt forgiare

Schmiere (-, -n) sf grasso m, lubrificante m ◊ pomata f, unguento m

schmieren vt oliare, lubrificare, ungere ◊ spalmare

Schmierfett (-[e]s, -e) sn lubrificante m

Schmiergeld (-[e]s, -er) sn tangente f, bustarella f

schmierig a unto, grasso

Schmierpumpe (-, -n) sf (aut) pompa f dell'olio

Schminke (-, -n) sf trucco m, cosmetico m

schminken vt truccare ♦ vpr (**sich s.**) truccarsi

Schminkmeister (-s, -) sm truccatore m

schmollen vi (aus haben, mit + dat) tenere il broncio (a) (fam)

Schmollmund (-[e]s, **Schmollmünder**) sm broncio m

Schmorbraten (-s, -) sm (cuc) stufato m, stracotto m

schmoren vi (cuc) cuocere a fuoco lento

Schmuck (-[e]s, -e) sm gioiello m, ornamento m

schmücken vt decorare, ornare

schmückend a decorativo, ornamentale

Schmuckstück (-[e]s, -e) sn gioiello m

Schmuggel (-s) sm contrabbando m

schmuggeln vi (aus haben) fare contrabbando, contrabbandare

Schmutz (-es) sm sporco m, sporcizia f

schmutzig a sporco, lurido

Schnabel (-s, Schnäbel) sm becco m

Schnalle (-, -n) sf fibbia f

Schnaps (-es, Schnäpse) sm grappa f

schnarchen vi (aus haben) russare

Schnauze (-, -n) sf muso m, grugno m

Schnecke (-, -n) sf (zool) lumaca f ◊ (anat) chiocciola f

Schnee (-s) sm neve f

Schneefall (-[e]s, Schneefälle) sm nevicata f

Schneegestöber (-s) sn bufera f di neve

Schneekette (-, -n) sf (aut) catena f da neve

Schneepflug (-[e]s, Schneepflüge) sm spazzaneve m

Schneesturm (-[e]s, Schneestürme) sm tormenta f

Schneewehe (-, -n) sf nevaio m

Schneide (-, -n) sf filo m, taglio m ◊ lama f

Schneidebrett (-[e]s, -er) sn tagliere m

schneiden (schnitt, geschnitten) vt tagliare ◆ vi (aus haben) tagliare, essere tagliente ◆ vpr (sich s.) tagliarsi

Schneider (-s, -) sm sarto m

Schneiderei (-, -en) sf sartoria f

Schneidezahn (-[e]s, Schneidezähne) sm (anat) (dente m) incisivo m

schneien vimp (aus haben) nevicare

schnell a rapido, veloce ◆ avv velocemente, prontamente ● *so s. wie möglich* il più presto possibile

Schnelle (-, -n) sf rapidità f ◊ rapida f (di un fiume)

Schnellimbiss (-es, -e) sm (cuc) fast food m

Schnellkochtopf (-[e]s, Schnellkochtöpfe) sm pentola f a pressione

Schnellstraße (-, -n) sf superstrada f

Schnitt (-[e]s, -e) sm taglio m ◊ (abb) taglio m, foggia f

Schnittpunkt (-[e]s, -e) sm (geom) intersezione f

Schnitzel (-s, -) sn (cuc) scaloppina f, cotoletta f

schnitzen vt intagliare

Schnitzer (-s, -) sm (fam) sbaglio m, cantonata f (fam) ◊ intagliatore m

Schnörkel (-s, -) sm fronzolo m, ghirigoro m

Schnüffler (-s, -) sm ficcanaso m

schnuppern vt sniffare

Schnupfen (-s, -) sm raffreddore m

Schnur (-, Schnüre) sf corda f, spago m ◊ (el) filo m

Schnürband (-[e]s, Schnürbände) sn legaccio m, stringa f

schnüren vt allacciare, legare

Schokolade (-, -n) sf cioccolata f

Scholle (-, -n) *sf* zolla *f*
schon *avv* ormai, già ◊ solo, già ◊ pure, proprio
schön *a* bello ♦ *avv* bene ♦ *inter* bene, d'accordo ● *bitte s.!* prego!; *danke s.!* mille grazie!; *es ist s.* (*meteor*) fa bello; *schöne Grüße!* cordiali saluti!
Schönheit (-, -en) *sf* bellezza *f*
Schönheitsfarm (-, -en) *sf* beauty farm *f*
Schönheitsmittel (-s, -) *sn* cosmetico *m*
Schopf (-[e]s, Schöpfe) *sm* ciuffo *m* ◊ ciocca *f*
schöpfen *vt* attingere ◊ ricavare, trarre
schöpferisch *a* creativo, produttivo
Schöpfung (-, -en) *sf* creazione *f*
Schöpfungsgeschichte (-, -n) *sf* (*relig*) genesi *f*
Schornstein (-[e]s, -e) *sm* ciminiera *f*, comignolo *m*
Schoß (-es, Schöße) *sm* grembo *m*
Schotte (-n, -n; *f* Schottin) *sm* scozzese *m/f*
Schotter (-s, -) *sm* ghiaia *f*, pietrisco *m*
Schotterung (-, -en) *sf* massicciata *f*
schottisch *a* scozzese
Schraffierung (-, -en) *sf* tratteggio *m*
schräg *a* diagonale, obliquo
Schramme (-, -n) *sf* scalfittura *f*
Schrank (-[e]s, Schränke) *sm* armadio *m*

Schranke (-, -n) *sf* sbarra *f*, transenna *f*
Schraube (-, -n) *sf* vite *f* ◊ (*aer, naut*) elica *f*
schrauben *vt* avvitare
Schraubenzieher (-s, -) *sm* cacciavite *m*
Schraubstock (-[e]s, Schraubstöcke) *sm* morsa *f*
schrecken *vt* spaventare
schrecklich *a* orribile, spaventoso, terribile
Schrei (-[e]s, -e) *sm* grido *m*, urlo *m*
schreiben (schrieb, geschrieben) *vt* scrivere ● *wieder s.* riscrivere; *in Druckschrift s.* scrivere in stampatello
Schreiber (-s, -) *sm* scrivano *m*
Schreibmaschine (-, -n) *sf* macchina *f* per scrivere
Schreibtisch (-[e]s, -e) *sm* scrivania *f*, scrittoio *m*
Schreibung (-, -en) *sf* grafia *f*
Schreibwarenhandlung (-, -en) *sf* cartoleria *f*
Schreibweise (-, -n) *sf* scrittura *f*, grafia *f*
schreien (schrie, geschrien) *vi* (*aus haben*) gridare, urlare
Schreihals (-es, Schreihälse) *sm* strillone *m*
Schrein (-[e]s, -e) *sm* scrigno *m*
Schreiner (-s, -) *sm* falegname *m*
Schreinerei (-, -en) *sf* falegnameria *f*
schreiten (schritt, geschritten) *vi* (*aus sein*) (*lett*) camminare, andare

Schrift (-, -en) *sf* scrittura *f* ◊ calligrafia *f* ◊ scritto *m*, opera *f* ● *die Heilige S.* la Sacra Scrittura

schriftlich *a* scritto ♦ *avv* per iscritto

Schriftsteller (-s, -) *sm* scrittore *m*

Schritt (-[e]s, -e) *sm* passo *m*

schroff *a* ripido, scosceso ◊ (*fig*) brusco

Schrott (-[e]s, -e) *sm* rottame *m*

schrubben *vt* strofinare

Schrubber (-s, -) *sm* spazzolone *m*

Schub (-[e]s, Schübe) *sm* spinta *f*

Schublade (-, -n) *sf* cassetto *m*

schüchtern *a* timido

Schuh (-[e]s, -e) *sm* scarpa *f*

Schuhlöffel (-s, -) *sm* calzascarpe *m*

Schuhmacher (-s, -) *sm* calzolaio *m*

Schuhschrank (-[e]s, Schuhschränke) *sm* scarpiera *f*

Schuld (-, -en) *sf* colpa *f* ◊ debito *m* ● *die S. auf sich nehmen* assumersi la responsabilità; *durch meine S.* per colpa mia; *jemandem die S. an etwas geben* dare a qn la colpa di qc; *Schulden machen* indebitarsi

schuldig *a* colpevole ◊ debitore

schuldlos *a* innocente

Schuldner (-s, -) *sm* debitore *m*

Schule (-, -n) *sf* scuola *f* ● *S. haben* avere lezione; *zur S. gehen* andare a scuola

Schüler (-s, -) *sm* allievo *m*, scolaro *m*, alunno *m*

Schülerschaft (-, -en) *sf* scolaresca *f*

schulisch *a* scolastico

Schulleiter (-s, -) *sm* preside *m*

Schulmeisterei (-) *sf* pedanteria *f*

Schulter (-, -n) *sf* (*anat*) spalla *f*

Schulung (-, -en) *sf* istruzione *f*, addestramento *m*

Schulzeugnis (-ses, -se) *sn* pagella *f*

Schuppe (-, -n) *sf* (*zool*) scaglia *f*, squama *f* ◊ (*pl*) forfora *f*

Schuppen (-s, -) *sm* capannone *m*

Schur (-, -en) *sf* tosatura *f* ◊ (*bot*) potatura *f*

schüren *vt* attizzare ◊ fomentare

Schürfkübel (-s, -) *sm* ruspa *f*

Schurke (-n, -n; *f* Schurkin) *sm* mascalzone *m*

Schurwolle (-) *sf* lana *f* tosata

Schürze (-, -n) *sf* grembiule *m*

Schuss, **Schuß*** (-es, Schüsse) *sm* colpo *m*, sparo *m*, tiro *m* ◊ goccio *m*, tantino *m*

Schüssel (-, -n) *sf* scodella *f*

Schuster (-s, -) *sm* calzolaio *m*

Schutt (-[e]s) *sm* macerie *f pl* ● *S. abladen verboten!* divieto di scarico rifiuti!

schütteln *vt* agitare, scuotere ● *vor Gebrauch s.* agitare prima dell'uso

Schutz (-es) *sm* protezione *f*, riparo *m*

Schutzdach (-[e]s, Schutzdächer) *sn* pensilina *f*

Schütze (-n, -n; *f* Schützin) *sm* tiratore *m* ◊ (*astr*) Sagittario *m*

schützen *vt* proteggere, difendere, riparare ♦ *vpr* (**sich s.**) difendersi, cautelarsi, premunirsi

Schutzherr (-n/-en, -en) *sm* protettore *m*

Schutzimpfung (-, -en) *sf* (*med*) vaccinazione *f*

Schutzmann (-[e]s, Schutzmänner/Schutzleute) *sm* (*fam*) poliziotto *m*

Schutzzollsystem (-s, -e) *sn* protezionismo *m* doganale

schwach *a* debole ● **s. werden** indebolirsi

Schwäche (-, -n) *sf* debolezza *f*

schwächen *vt* indebolire

Schwager (-s, Schwäger) *sm* cognato *m*

Schwägerin (-, -nen) *sf* cognata *f*

Schwalbe (-, -n) *sf* (*zool*) rondine *f*

Schwall (-[e]s, -e) *sm* ondata *f*, cavallone *m*

Schwamm (-[e]s, Schwämme) *sm* spugna *f*

Schwan (-[e]s, Schwäne) *sm* (*zool*) cigno *m*

schwanger *a* incinta ● **s. werden** rimanere incinta

Schwangerschaft (-, -en) *sf* gestazione *f*, gravidanza *f*

Schwank (-[e]s, Schwänke) *sm* farsa *f*

schwanken *vi* (*aus haben*) oscillare

schwankend *a* fluttuante, malfermo

Schwanz (-es, Schwänze) *sm* (*zool*) coda *f* ◊ (*volg*) cazzo *m*

schwänzeln *vi* (*aus haben*) scodinzolare

Schwarm (-[e]s, Schwärme) *sm* sciame *m*, stormo *m*

schwärmen *vi* (*aus haben*) (*zool*) sciamare ◊ (*fig*) (**für** + *acc*) essere infatuato (di), spasimare (per)

Schwärmer (-s, -) *sm* sognatore *m* ◊ fanatico *m*, entusiasta *m*

schwärmerisch *a* entusiastico, fanatico

schwarz (*comp* **schwärzer**, *sup* **schwärzeste**) *a* nero ◊ scuro ◊ illegale ● **s. verkaufen** vendere in nero; **s. fahren** viaggiare senza biglietto

schwärzen *vt* tingere di nero, annerire

Schwarzhandel (-s, -) *sm* commercio *m* clandestino

Schwarzmarkt (-[e]s, -e) *sm* mercato *m* nero

schwätzen *vi* (*aus haben*) chiacchierare

Schwätzer (-s, -) *sm* chiacchierone *m*

Schwebe (-) *sf* **in der S.** in equilibrio; (*fig*) in sospeso

Schwebebahn (-, -en) *sf* teleferica *f*

schweben *vi* (*aus haben*) essere sospeso ◊ (*fig*) essere indeciso

schwebend *a* sospeso, pendente ◊ fluttuante, incerto

Schwede (-n, -n; *f* Schwedin) *sm* svedese *m/f*

schwedisch *a* svedese

Schwefel (-s) *sm* (*chim*) zolfo *m*

schweigen (**schwieg, geschwiegen**) *vi* (*aus haben*) tacere ◇ cessare

Schweigen (-s, -) *sn* silenzio *m*

schweigsam *a* taciturno

Schwein (-[e]s, -e) *sn* (*zool*) maiale *m* ● *S.* **haben** (*fam*) avere fortuna; *armes S.* povero diavolo

Schweinerei (-, -en) *sf* porcheria *f*, schifezza *f*

Schweinestall (-[e]s, Schweineställe) *sm* porcile *m*

Schweinsfuß (-[e]s, Schweinefüße) *sm* (*cuc*) zampone *m*

Schweiß (-es) *sm* sudore *m*

schweißen *vt* saldare ◆ *vi* sudare

Schweißmaschine (-, -n) *sf* saldatrice *f*

Schweißung (-, -en) *sf* saldatura *f*

Schweizer (-s, -) *sm* svizzero *m*

schweizerisch *a* svizzero

Schwelle (-, -n) *sf* soglia *f*

schwellen (**schwillt, schwoll, geschwollen**) *vi* (*aus sein*) gonfiarsi

Schwellung (-, -en) *sf* gonfiore *m*, rigonfiamento *m*

schwer *a* pesante ◇ grave ◇ difficile, faticoso ◆ *avv* molto ◇ gravemente ◇ difficilmente ● *es s. haben* essere in difficoltà; *wie s. sind Sie?* quanto pesa?

Schwere (-) *sf* peso *m* ◇ (*fis*) gravità *f* ◇ (*fig*) difficoltà *f*

Schwergewicht (-[e]s, -e) *sn* (*sport*) peso *m* massimo ◇ (*fig*) maggiore importanza *f* ● *das S. auf etwas legen* dare maggiore importanza a qc

Schwerkraft (-) *sf* (*fis*) (forza *f* di) gravità *f*

schwerlich *avv* difficilmente

Schwermut (-) *sf* malinconia *f*

Schwert (-[e]s, -er) *sn* spada *f*

Schwertfisch (-[e]s, -e) *sm* (*zool*) pesce *m* spada

Schwester (-, -n) *sf* sorella *f* ◇ infermiera *f* ◇ suora *f*

Schwiegereltern *s pl* suoceri *m pl*

Schwiegermutter (-, Schwiegermütter) *sf* suocera *f*

Schwiegersohn (-[e]s, Schwiegersöhne) *sm* genero *m*

Schwiegertochter (-, Schwiegertöchter) *sf* nuora *f*

Schwiegervater (-s, Schwiegerväter) *sm* suocero *m*

schwierig *a* difficile, gravoso, ostico

Schwierigkeit (-, -en) *sf* difficoltà *f*, complessità *f*

Schwimmbad (-[e]s, Schwimmbäder) *sn* piscina *f*

schwimmen (**schwamm, geschwommen**) *vi* (*aus sein*) nuotare ◇ galleggiare

Schwimmen (-s, -) *sn* nuoto *m* ◇ nuotata *f*

Schwimmsport (-[e]s, -e) *sm* (*sport*) nuoto *m*

Schwimmweste (-, -n) *sf* giubbotto *m* di salvataggio
Schwindel (-s) *sm* (*med*) vertigini *f pl*, capogiro *m* ◊ raggiro *m*, truffa *f*
schwinden (schwand, geschwunden) *vi* (*aus sein*) diminuire, attenuarsi
Schwindler (-s, -) *sm* impostore *m*, imbroglione *m*
schwingen (schwang, geschwungen) *vt* agitare, sventolare ♦ *vi* (*aus haben*) oscillare
Schwingung (-, -en) *sf* oscillazione *f*
schwitzen *vi* (*aus haben*) sudare
Schwitzen (-s) *sn* sudata *f* ◊ traspirazione *f*
schwören (schwor, geschworen) *vt/i* (*aus haben*) giurare
schwül *a* afoso
Schwule (-n, -n) *sm/f* (*pop*) omosessuale *m/f*
Schwüle (-) *sf* afa *f*
Schwung (-[e]s, Schwünge) *sm* slancio *m*, spinta *f* ◊ (*fig*) slancio *m*, entusiasmo *m*
Schwur (-[e]s, Schwüre) *sm* giuramento *m*
Schwurgericht (-[e]s) *sn* (*dir*) corte *f* d'assise
sechs *a* sei
sechseckig *a* esagonale
sechshundert *a* seicento
sechste *a* sesto
sechzehn *a* sedici
sechzig *a* sessanta
See (1) (-s, -n) *sm* lago *m*
See (2) (-, -n) *sf* mare *m* ● *an der S.* al mare; *auf hoher/offner S.* al largo; *in S. gehen/stechen* salpare
Seebarbe (-, -n) *sf* (*zool*) triglia *f*
Seebarsch (-[e]s, -e) *sm* (*zool*) branzino *m*, spigola *f*
Seebeben (-s, -) *sn* maremoto *m*
Seefahrer (-s, -) *sm* navigatore *m*
Seefahrt (-, -en) *sf* navigazione *f* marittima
Seehecht (-[e]s, -e) *sm* (*zool*) nasello *m*
Seehund (-[e]s, -e) *sm* (*zool*) foca *f*
Seeigel (-s, -) *sm* (*zool*) riccio *m* di mare
Seekrankheit (-) *sf* mal *m* di mare
Seele (-, -n) *sf* anima *f*
Seemann (-[e]s, Seemänner/Seeleute) *sm* marinaio *m*
Seepferdchen (-s, -) *sn* (*zool*) ippocampo *m*, cavalluccio *m* marino
Seeräuber (-s, -) *sm* pirata *m*
Seerose (-, -n) *sf* (*bot*) ninfea *f*
Seestern (-[e]s, -e) *sm* (*zool*) stella *f* marina
Seezunge (-, -n) *sf* (*zool*) sogliola *f*
Segel (-s, -) *sn* vela *f*
Segelflieger (-s, -) *sm* volovelista *m*
Segelflugzeug (-[e]s, -e) *sn* aliante *m*
segeln *vi* (*aus haben/sein*) navigare a vela, veleggiare
Segelschiff (-[e]s, -e) *sn* veliero *m*

Segen (-s, -) sm benedizione f
Segler (-s, -) sm veliero m ◇ velista m
Segment (-s, -e) sn (geom) segmento m
segnen vt benedire
sehen (sieht, sah, gesehen) vt vedere ♦ vi (aus haben) vederci ◇ (auf + acc/nach + dat) guardare (su), dare (su) ♦ vpr (sich s.) vedersi, incontrarsi ● auf etwas s. badare a qc; **gut/schlecht s.** vederci bene/male; **jemanden vom S. kennen** conoscere qn di vista; **nach jemandem/etwas s.** occuparsi di qn/qc; **sich s. lassen** farsi vivo (fam); **wieder s.** rivedere
Seher (-s, -) sm visionario m
Sehne (-, -n) sf (anat) tendine m
sich sehnen vpr (nach + dat) desiderare, bramare ◇ avere nostalgia (di)
Sehnsucht (-) sf nostalgia f
sehnsüchtig a nostalgico
sehr avv molto, tanto ● **s. bald** tra poco; **s. gut** ottimo; **s. schlecht** pessimo; **zu s.** troppo
Seide (-, -n) sf seta f
Seife (-, -n) sf sapone m
Seifenoper (-, -n) sf soap opera f, telenovela f
Seifenschale (-, -n) sf portasapone m
Seil (-[e]s, -e) sn fune f
Seilbahn (-, -en) sf funivia f
Seilschaft (-, -en) sf cordata f
Seiltänzer (-s, -) sm funambolo m
sein (1) (ist, war, gewesen) vi (aus sein) essere ◇ esistere, vivere ● **da s.** esistere, esserci
sein (2) (f **seine**, n **sein**; pl **seine**) a.poss suo (f sua; pl m suoi, f sue)
seismisch a sismico
Seismologe (-n, -n; f **Seismologin**) sm sismologo m
seit prep (+ dat) da, a partire da ♦ **cong** da quando
seitdem avv da allora ♦ **cong** da quando
Seite (-, -n) sf lato m, fianco m ◇ pagina f ◇ (mus) corda f
Seitensprung (-, -en) sm scappatella f (fam)
Seitenstreifen (-s, -) sm corsia f di emergenza
Seitenwand (-, **Seitenwände**) sf fiancata f
seitlich a laterale ♦ prep (+ gen) a fianco di, a lato di
Sekret (-[e]s, -e) sn secrezione f
Sekretär (-s, -e; f **-in**) sm segretario m
Sekt (-[e]s, -e) sm spumante m
Sekte (-, -n) sf setta f
Sektierer (-s, -) sm settario m
Sekunde (-, -n) sf secondo m
selb a stesso, medesimo
selbst pr stesso ♦ avv perfino ● **s. gemacht** fatto in casa
selbständig → **selbstständig**
Selbständigkeit → **Selbstständigkeit**
Selbstaufladung (-, -en) sf (tel) autoricarica f
Selbstauslöser (-s, -) sm autoscatto m
Selbstbedienung (-, -en) sf self-service m

Selbstbildnis (-ses, -se) *sn* autoritratto *m*

selbstgemacht* → **selbst**

Selbstgespräch (-[e]s, -e) *sn* monologo *m*

selbsthaftend *a* autoadesivo

selbstinstallierend *a* (*inform*) autoinstallante

selbstlos *a* disinteressato

Selbstlosigkeit (-) *sf* altruismo *m*

Selbstmord (-[e]s, -e) *sm* suicidio *m*

selbstständig, selbständig *a* autonomo

Selbstständigkeit, Selbständigkeit (-) *sf* autonomia *f*, indipendenza *f*

Selbstsucht (-) *sf* egoismo *m*

selbstsüchtig *a* egoista

selbstverständlich *a* ovvio

Selbstverteidigung (-) *sf* autodifesa *f*

selig *a* (*relig*) beato ◊ felice

Sellerie (-s, -/-s) *sm* (*bot*) sedano *m*

selten *a* raro ◊ straordinario ♦ *avv* raramente, di rado

Seltenheit (-, -en) *sf* rarità *f*

seltsam *a* singolare, strano

Semikolon (-s, -s/Semikola) *sn* punto *m* e virgola

Seminar (-s, -e) *sn* seminario *m*

Seminarist (-en, -en; *f* -in) *sm* (*relig*) seminarista *m/f*

Semmel (-, -n) *sf* panino *m*, michetta *f*

Senat (-[e]s, -e) *sm* senato *m*

Senator (-s, -en) *sm* senatore *m*

Sendeempfänger (-s, -) *sm* ricetrasmittente *f*

senden (**sendete/sandte, gesendet/gesandt**) *vt* inviare, mandare, spedire ◊ (*tel*) trasmettere, mandare in onda

Sender (-s, -) *sm* radiotrasmittente *f* ◊ stazione *f* televisiva

Sendung (-, -en) *sf* spedizione *f*, invio *m* ◊ (*tel*) trasmissione *f*

Senf (-[e]s, -e) *sm* senape *f*, mostarda *f*

Senior (-s, -en) *sm* anziano *m*, decano *m*

senken *vt* abbassare, chinare ◊ ridurre, diminuire

senkrecht *a* perpendicolare ◊ verticale ♦ *avv* verticalmente

Senkung (-, -en) *sf* abbassamento *m*, riduzione *f* ◊ (*geol*) depressione *f*, avvallamento *m*

Sensation (-, -en) *sf* sensazione *f*, scalpore *m* ◊ fatto *m* sensazionale

Sensor (-s, -en) *sm* sensore *m*

sentimental *a* sentimentale

September (-[s], -) *sm* settembre *m*

Serpentine (-, -n) *sf* serpentina *f*

Serum (-s, Sera/Seren) *sn* siero *m*

Servierbrett (-[e]s, -er) *sn* vassoio *m*

Serviette (-, -n) *sf* tovagliolo *m*, salvietta *f*

Servolenkung (-, -en) *sf* (*aut*) servosterzo *m*

Sessel (-s, -) *sm* poltrona *f*

Sessellift (-[e]s, -e/-s) *sm* seggiovia *f*

Session (-, -en) *sf* sessione *f*
setzen *vt* porre, collocare ◊ stabilire, fissare ◊ fare sedere, mettere a sedere ◆ *vpr* (**sich s.**) sedersi, mettersi seduto ◊ posarsi, depositarsi
Seuche (-, -n) *sf* epidemia *f* ◊ *(fig)* peste *f*, flagello *m*
seufzen *vi (aus haben)* sospirare
Seufzer (-s, -) *sm* sospiro *m*
Sex (-[es]) *sm* sesso *m*
Sexologie (-) *sf* sessuologia *f*
Sextant (-en, -en) *sm (astr)* sestante *m*
Sexualforschung (-) *sf* sessuologia *f*
Sexualität (-) *sf* sessualità *f*
Sexualwissenschaft (-) *sf* sessuologia *f*
sexuell *a* sessuale
Sezession (-, -en) *sf* secessione *f*
Sezessionist (-en, -en; *f* -in) *sm* secessionista *m/f*
sich *pr.pers* (*acc di* → **er/sie/es/Sie**) si, sé ◊ (*dat di* → **er/sie/es/Sie**) si, a sé
Sichel (-, -n) *sf* falce *f*
sicher *a* certo, sicuro, indubbio ◆ *avv* certamente, sicuramente
Sicherheit (-, -en) *sf* certezza *f*, sicurezza *f*
Sicherheitsnadel (-, -n) *sf* spilla *f* di sicurezza
sicherlich *avv* certamente
sichern *vt* proteggere, salvaguardare ◊ garantire, assicurare
Sicherung (-, -en) *sf* assicurazione *f*, sicurezza *f*

Sicht (-) *sf* vista *f*, visuale *f* ◊ visibilità *f* ● *auf kurze/lange S.* a breve/lunga scadenza; *bei S. (fin)* a vista
sichtbar *a* visibile ● *s. werden* manifestarsi
sichten *vt* avvistare, scorgere ◊
sichtlich *a* visibile ◊ evidente
sie (1) (*dat sing* **ihr**/*dat pl* **ihnen**, *acc* **sie**) *pr.pers* (*sing*) ella, lei ◊ *(nom)* essi, loro
sie (2) *pr.pers*, *acc di* → **sie** (1) *(sing)* lei, la ◊ *(pl)* loro, li (*f* loro, le)
Sie (1) (*dat sing* **Ihnen**, *acc* **Sie**) *pr.pers* (*sing*) Lei *(forma di cortesia)* ◊ *(pl)* Loro *(forma di cortesia)*
Sie (2) *pr.pers*, *acc di* → **Sie** (1) *(sing)* La *(forma di cortesia)* ◊ *(pl)* Li (*f* Le)
Sieb (-[e]s, -e) *sn* setaccio *m* ◊ colino *m*
sieben *a* sette
siebenhundert *a* settecento
siebte *a* settimo
siebzehn *a* diciassette
siebzig *a* settanta
sieden (*sott*/**siedete**, **gesotten/gesiedet**) *vi* bollire ◆ *vt* lessare, bollire
Siedler (-s, -) *sm* colono *m*
Siedlung (-, -en) *sf* colonizzazione *f* ◊ agglomerato *m* ◊ centro *m* residenziale
Sieg (-[e]s, -e) *sm* trionfo *m*, vittoria *f*
Siegel (-s, -) *sn* sigillo *m*
siegen *vi (aus haben, über + acc)* vincere, sconfiggere
Sieger (-s, -) *sm* vincitore *m*

siegreich *a* vincente, vittorioso
Signal (-s, -e) *sn* segnale *m*
signalisieren *vt* segnalare
Signalisierung (-, -en) *sf* segnalazione *f* ◇ segnaletica *f*
Silbe (-, -n) *sf* (*gramm*) sillaba *f*
Silber (-s) *sn* argento *m* ◇ argenteria *f* ● *aus S.* d'argento
Silbergeschirr (-[e]s, -e) *sn* argenteria *f*
Sims (-es, -e) *sm* (*arch*) cornice *f*, cornicione *m* ◇ davanzale *m*
Sinfonie, Symphonie (-, -n) *sf* (*mus*) sinfonia *f*
singen (sang, gesungen) *vt/i* (*aus haben*) cantare
Singular (-s, -e) *sm* (*gramm*) singolare *m*
sinken (sank, gesunken) *vi* (*aus sein*) affondare, inabissarsi ◇ calare, abbassarsi, sprofondare ◇ (*fig*) diminuire
Sinn (-[e]s, -e) *sm* senso *m* ◇ senso *m*, significato *m* ◇ sensibilità *f* ◇ senso *m*, scopo *m*
Sinnbild (-[e]s, -er) *sn* simbolo *m*
sinnbildlich *a* emblematico
sinnlich *a* sensuale
sinnlos *a* assurdo, privo di senso
sinnvoll *a* razionale, sensato
Siphon (-s, -e) *sm* sifone *m*
Sippe (-, -n) *sf* stirpe *f* ◇ (*zool*) specie *f*
Sirup (-s, -e) *sm* sciroppo *m*
Site (-, -s) *sf* (*inform*) sito *m*
Sitte (-, -n) *sf* costume *m*, usanza *f*
sittenlos *a* immorale
sittlich *a* morale

sittsam *a* educato ◇ pudico
Sitz (-es, -e) *sm* sedile *m* ◇ posto *m* a sedere ◇ seggio *m* ◇ sede *f*
sitzen (saß, gesessen) *vi* (*aus haben*) sedere, essere seduto ◇ stare, trovarsi ◇ avere sede, risiedere
sitzend *a* seduto ◇ sedentario
Sitzung (-, -en) *sf* seduta *f* ◇ (*dir*) udienza *f*
Skalpell (-s, -e) *sn* (*med*) bisturi *m*
Skandal (-s, -e) *sm* scandalo *m*
Skelett (-[e]s, -e) *sn* (*anat*) scheletro *m*
Skepsis (-) *sf* scetticismo *m*
Skeptiker (-s, -) *sm* scettico *m*
Ski (-s, -er) *sm* sci *m* ● *S. fahren/laufen* sciare
Skiläufer (-s, -) *sm* sciatore *m*
Skilift (-[e]s, -e/-s) *sm* sciovia *f*
Skiträger (-s, -) *sm* portasci *m*
Skiwachs (-es, -e) *sn* sciolina *f*
Skizze (-, -n) *sf* bozzetto *m*
Sklave (-n, -n; *f* Sklavin) *sm* schiavo *m*
sklavisch *a* servile, da schiavo
Skorpion (-s, -e) *sm* (*zool*) scorpione *m* ◇ (*astr*) Scorpione *m*
Skrupel (-s, -) *sm* scrupolo *m*
Skulptur (-, -en) *sf* scultura *f*
Slawe (-n, -n; *f* Slawin) *sm* slavo *m*
slawisch *a* slavo
Smaragd (-[e]s, -e) *sm* (*min*) smeraldo *m*
Smaragdeidechse (-, -n) *sf* (*zool*) ramarro *m*
so *cong* così, perciò ♦ *avv* così ♦ *a* tale, siffatto

sobald *cong* (non) appena
Socke (-, -n) *sf* calzino *m*
Sockel (-s, -) *sm* zoccolo *m*, base *f*, piedistallo *m*
Sofa (-s, -s) *sn* sofà *m*
sofort *avv* immediatamente, subito, istantaneamente
sofortig *a* immediato, istantaneo
sogar *avv* perfino
Sohle (-, -n) *sf* suola *f*
Sohn (-[e]s, **Söhne**) *sm* figlio *m*
Soja (-, **Sojen**) *sf* (*bot*) soia *f*
solang *cong* finché
solcher *a* tale, siffatto ♦ *pr* tale ● *es gibt solche und solche* (*fam*) non sono tutti uguali
Soldat (-en, -en) *sm* militare *m*, soldato *m*
soldatisch *a* militaresco
Söldner (-s, -) *sm* mercenario *m*
solid *a* solido
Solidarität (-) *sf* solidarietà *f*
Solist (-en, -en; *f* -in) *sm* (*mus*) solista *m/f*
Soll (-[s], -[s]) *sn* (*fin*) debito *m*, dare *m* ● *S. und Haben* (*fin*) dare e avere
sollen *vi* (*aus haben*) dovere ◊ potere, essere lecito ◊ si dice, pare (ES: **er soll sehr reich sein** dicono che sia molto ricco)
Sommer (-s, -) *sm* estate *f* ● *den S. über* durante l'estate; *es wird S.* arriva l'estate; *im S.* d'estate; *mitten im S.* in piena estate
sommerlich *a* estivo
Sommersprosse (-, -n) *sf* lentiggine *f*

Sonderangebot (-[e]s, -e) *sn* offerta *f* speciale
sonderbar *a* insolito, bizzarro
Sonderfall (-[e]s, **Sonderfälle**) *sm* caso *m* particolare
sonderlich *a* particolare
Sonderling (-s, -e) *sm* persona *f* stravagante, persona *f* originale
Sondermittel (-s, -) *sn* rimedio *m* specifico
sondern *cong* ma, bensì ● *nicht nur..., s. auch...* non solo... ma anche...
Sonne (-, -n) *sf* sole *m* ● *in der S.* al sole
sich sonnen *vpr* prendere il sole
Sonnenaufgang (-[e]s) *sm* sorgere *m* del sole, alba *f*
Sonnenbräune (-) *sf* abbronzatura *f*, tintarella *f* (*fam*)
Sonnenfinsternis (-, -se) *sf* eclissi *f* solare
Sonnenöl (-[e]s, -e) *sn* olio *m* solare
Sonnenschirm (-[e]s, -e) *sm* ombrellone *m*
Sonnenstich (-[e]s, -e) *sm* insolazione *f*
Sonnenuhr (-, -en) *sf* meridiana *f*
Sonnenuntergang (-[e]s, **Sonnenuntergänge**) *sm* tramonto *m*
sonnig *a* soleggiato
Sonntag (-[e]s, -e) *sm* domenica *f*
sonst *cong* altrimenti ◊ inoltre ◊ di solito
Sorbett (-[e]s, -e) *sm/n* sorbetto *m*

Sorge (-, -n) *sf* preoccupazione *f* ● *sich S. machen* preoccuparsi
sorgen *vi* (*aus haben, für + acc*) provvedere (a) ◇ preoccuparsi (di) provvedere (a) (*für + acc*) occuparsi (di), badare (a) ♦ *vpr* (**sich s.**) (*um + acc*) preoccuparsi (di/per), essere in pensiero (per)
sorgenfrei *a* spensierato
sorgfältig *a* scrupoloso
sorglos *a* senza preoccupazioni, spensierato
Sorglosigkeit (-) *sf* noncuranza *f*
sorgsam *a* accurato
Sorte (-, -n) *sf* specie *f*, tipo *m*
sortieren *vt* assortire ◇ smistare
Sortierung (-, -en) *sf* assortimento *m* ◇ smistamento *m*
Soße (-, -n) *sf* salsa *f*, sugo *m*
Soßenschüssel (-, -n) *sf* salsiera *f*
Souffleur (-s, -e; *f* **Souffleuse**) *sm* (*teat*) suggeritore *m*
soviel *cong* per quanto ♦ *avv* → **viel**
soweit *avv* fin qui ♦ *cong* fin dove
sowie *cong* (non) appena ◇ nonché
sowieso *avv* comunque, in ogni caso
sowohl *cong* sia **sowohl... als auch** sia... sia...
sozial *a* sociale
Sozialdemokratie (-) *sf* socialdemocrazia *f*
Sozialismus (-) *sm* socialismo *m*

Sozialist (**-en, -en;** *f* **-in**) *sm* socialista *m/f*
Soziologe (-n, -n; *f* **Soziologin**) *sm* sociologo *m*
Soziologie (-) *sf* sociologia *f*
Spachtel (-, -n) *sf* spatola *f*
Spalt (-[e]s, -e) *sm* fessura *f*, crepa *f* ◇ fenditura *f*
Spalte (-, -n) *sf* crepa *f*
spalten (**gespalten/gespaltet**) *vt* spaccare ◇ (*fig*) scindere
Spaltung (-, -en) *sf* fenditura *f* ◇ (*fis*) scissione *f*
Spanier (-s, -) *sm* spagnolo *m*
spanisch *a* spagnolo
Spanne (-, -n) *sf* spanna *f* ◇ (*fig*) divario *m*, differenza *f* ◇ (*fig*) lasso *m* di tempo
spannend *a* appassionante, emozionante
Spannung (-, -en) *sf* tensione *f*, eccitazione *f* ◇ (*el*) voltaggio *m*
Sparbüchse (-, -n) *sf* salvadanaio *m*
sparen *vt/i* (*aus haben*) risparmiare, economizzare
Sparer (-s, -) *sm* risparmiatore *m*
Spargel (-s, -) *sm* (*bot*) asparago *m*
Spargelkohl (-[e]s, -e) *sm* (*bot*) broccolo *m*
sparsam *a* parsimonioso
Spaß (-es, **Späße**) *sm* piacere *m*, divertimento *m* ◇ scherzo *m*
spaßen *vi* (*aus haben*) scherzare
spaßhaft *a* burlesco, spassoso
spät *a* tardo ♦ *avv* tardi ● *wie s. ist es?* che ore sono?; *zu s. kommen* arrivare in ritardo
Spatel (-s, -) *sm* spatola *f*

Spaten (-s, -) *sm* vanga *f*
später *avv* dopo, più tardi
Spatz (-en/-es, -en) *sm* (*zool*) passero *m*
spazierengehen* → **gehen**
Spaziergang (-[e]s, **Spaziergänge**) *sm* passeggiata *f*, camminata *f*
Specht (-[e]s, -e) *sm* (*zool*) picchio *m*
Speck (-[e]s, -e) *sm* lardo *m*
Spediteur (-s, -e; *f* -in) *sm* spedizioniere *m*
Spedition (-, -en) *sf* spedizione *f* ◊ impresa *f* di spedizioni
Speer (-[e]s, -e) *sm* giavellotto *m*
Speerwerfen (-s) *sn* (*sport*) lancio *m* del giavellotto
Speiche (-, -n) *sf* raggio *m* ◊ (*anat*) radio *m*
Speichel (-s) *sm* saliva *f*
Speicher (-s, -) *sm* magazzino *m* ◊ serbatoio *m*
speichern *vt* immagazzinare ◊ (*inform*) salvare
Speicherung (-, -en) *sf* (*inform*) salvataggio *m*
speien (**spie, gespien**) *vt/i* (*aus haben*) sputare
Speise (-, -n) *sf* cibo *m*, vivanda *f*
Speisekarte (-, -n) *sf* menù *m*
Speiseröhre (-) *sf* (*anat*) esofago *m*
Speisesaal (-[e]s, **Speisesäle**) *sm* sala *f* da pranzo ◊ refettorio *m*
Speisewagen (-s, -) *sm* (*ferr*) vagone *m* ristorante

Speisung (-, -en) *sf* alimentazione *f* (*anche tecn*)
Spekulant (-en, -en; *f* -in) *sm* speculatore *m*
Spekulation (-, -en) *sf* speculazione *f*
spekulieren *vi* (*aus haben*) speculare • *an der Börse s.* speculare in borsa
Spende (-, -n) *sf* elargizione *f*, dono *m*, donazione *f*
spenden *vt* offrire, donare, dare
Spender (-s, -) *sm* donatore *m*
Sperling (-s, -e) *sm* (*zool*) passero *m*
Sperre (-, -n) *sf* barriera *f*, transenna *f* ◊ (*fig*) divieto *m*, interdizione *f*
sperren *vt* bloccare ◊ proibire
sperrig *a* ingombrante
Sperrung (-, -en) *sf* sbarramento *m* ◊ proibizione *f*
sich spezialisieren *vpr* (*auf* + *dat*) specializzarsi (in)
Spezialist (-en, -en; *f* -in) *sm* specialista *m/f*
Spezialität (-, -en) *sf* specialità *f*
Sphäre (-, -n) *sf* (*geom*) sfera *f* ◊ (*fig*) sfera *f*, ambiente *m*
sphärisch *a* sferico
Sphinx (-, -[e]) *sf* sfinge *f*
Spiegel (-s, -) *sm* specchio *m* ◊ (*mil*) mostrina *f*
spiegeln *vt* riflettere, rispecchiare • *vpr* (**sich s.**) specchiarsi ♦ *vi* (*aus haben*) splendere
Spiegelung (-, -en) *sf* riflesso *m*
Spiel (-[e]s, -e) *sn* gioco *m* ◊ partita *f* ◊ (*teat*) rappresentazione *f* • *aufs S. setzen* (*fig*) mettere in

Spielball 238

gioco; *im S. sein* (fig) essere in gioco; *leichtes S. haben* (fig) avere buon gioco

Spielball (-[e]s, Spielbälle) *sm* pallone *m*

spielen *vt/i* (aus haben) giocare ◇ recitare ◇ suonare ◇ svolgersi ● *um Geld s.* giocare a soldi; *was spielt im Kino?* cosa danno al cinema?

Spieler (-s, -) *sm* giocatore *m* ◇ musicista *m*, interprete *m*

spielerisch *a* gioioso, scherzoso

Spielplatz (-es, Spielplätze) *sm* parco *m* giochi

Spielraum (-[e]s, Spielräume) *sm* (tecn) gioco *m*, spazio *m* ◇ (fig) libertà *f* d'azione

Spielstein (-[e]s, -e) *sm* pedina *f*

Spielzeug (-[e]s, -e) *sn* giocattolo *m*

Spieß (-es, -e) *sm* lancia *f* ◇ spiedo *m*

Spießchen (-s, -) *sn* spiedino *m*

Spinat (-[e]s, -e) *sm* (bot) spinacio *m*

Spindel (-, -n) *sf* fuso *m* ◇ (tecn) mandrino *m*

Spinne (-, -n) *sf* (zool) ragno *m*

spinnen (spann, gesponnen) *vi* (aus haben) filare ◇ fare le fusa ◇ (pop) dire stupidaggini

Spinngewebe (-s, -) *sn* ragnatela *f*

Spion (-s, -e) *sm* spia *f*

Spionage (-) *sf* spionaggio *m*

Spionageabwehr (-) *sf* controspionaggio *m*

spionieren *vi* (aus haben) fare la spia

Spirale (-, -n) *sf* spirale *f*

spitz *a* a punta, aguzzo

Spitzbogen (-s, -/Spitzbögen) *sm* (arch) arco *m* a sesto acuto

Spitze (-, -n) *sf* punta *f* ◇ cima *f*, sommità *f* ◇ trina *f*, pizzo *m* ● *an der S. stehen* essere in testa; *sich an die S. einer Sache setzen* mettersi alla testa di qc

spitzen *vt* temperare, fare la punta

Spitzer (-s, -) *sm* temperamatite *m*

Spitzfindigkeit (-, -en) *sf* cavillo *m*

Spitzhacke (-, -n) *sf* piccone *m*

Spitzname (-ns, -n) *sm* nomignolo *m*, soprannome *m*

Splitter (-s, -) *sm* scaglia *f*, scheggia *f*

spontan *a* spontaneo

Sporn (-[e]s, Sporen) *sm* sperone *m*

Sportbegeisterung (-) *sf* tifo *m*

sportlich *a* sportivo

Sportplatz (-es, Sportplätze) *sm* campo *m* sportivo

Spott (-[e]s) *sm* derisione *f*, sarcasmo *m*, scherno *m*

Spottbild (-[e]s, -er) *sn* caricatura *f*

spotten *vi* (aus haben, über + acc) schernire, beffarsi (di)

spöttisch *a* beffardo

Sprachbox (-, -en) *sf* (tel) casella *f* vocale

Sprache (-, -n) *sf* lingua *f*, linguaggio *m*

Spracherkennung (-, -en) *sf* riconoscimento *m* vocale
Sprachlehre (-, -n) *sf* grammatica *f*
sprachlich *a* linguistico
Sprachwissenschaft (-) *sf* glottologia *f*
Sprechanlage (-, -n) *sf* citofono *m*
Sprechblase (-, -n) *sf* fumetto *m*
sprechen (**spricht, sprach, gesprochen**) *vi* (*aus haben*) parlare ◆ *vt* parlare ◇ dire, pronunciare ● *Deutsch s.* parlare tedesco; *kann ich Herrn Braun s.?* posso parlare col signor Braun?
Sprecher (-s, -) *sm* oratore *m* ◇ portavoce *m* ◇ (*tel*) annunciatore *m*
Sprechweise (-, -n) *sf* parlata *f*
Sprechzimmer (-s, -) *sn* (*med*) ambulatorio *m*
sprengen *vt* far saltare in aria ◇ forzare, scassinare
Sprengstoff (-[e]s, -e) *sm* esplosivo *m*
Sprichwort (-[e]s, **Sprichwörter**) *sn* detto *m*, proverbio *m*
sprießen (**spross, gesprossen**) *vi* (*aus sein*) germogliare
springen (**sprang, gesprungen**) *vt/i* (*aus sein*) saltare ◇ tuffarsi ◇ zampillare
Springer (-s, -) *sm* saltatore *m*
Spritze (-, -n) *sf* siringa *f* ◇ iniezione *f* ● *jemandem eine S. geben* fare un'iniezione a qn
spritzen *vt* spruzzare ◇ (*med*) fare un'iniezione, iniettare ◇

annaffiare ◆ *vi* (*aus sein/haben*) sprizzare, schizzare
Spritzer (-s, -) *sm* spruzzo *m*
spritzig *a* frizzante ◇ (*fig*) vivace
Spross, Sproß* (-es, -e) *sm* germoglio *m*
sprossen *vi* (*aus sein*) germogliare
Sprössling, Sprößling* (-s, -e) *sm* germoglio *m* ◇ (*fig*) rampollo *m*
Spruch (-[e]s, **Sprüche**) *sm* detto *m*, proverbio *m* ◇ (*dir*) sentenza *f*
Sprudel (-s, -) *sm* acqua *f* minerale gassata
sprudeln *vi* (*aus sein/haben*) sgorgare
sprudelnd *a* effervescente
sprühen *vi* (*aus haben*) schizzare ◇ (*fig*) essere brioso
Sprung (-[e]s, **Sprünge**) *sm* salto *m* ◇ tuffo *m* ◇ crepa *f*, screpolatura *f*
Sprungbrett (-[e]s, -er) *sn* trampolino *m*, pedana *f*
sprunghaft *a* a salti ◇ sconnesso, discontinuo ◇ improvviso
Spucke (-) *sf* saliva *f* ◇ sputo *m*
spucken *vt* sputare
Spule (-, -n) *sf* rocchetto *m*, spola *f* ◇ (*cin, el*) bobina *f*
Spüle (-, -n) *sf* acquaio *m*, lavello *m*
spulen *vt* avvolgere
spülen *vt* lavare ◇ sciacquare
Spülmaschine (-, -n) *sf* lavastoviglie *f*

Spur (-, -en) *sf* forma *f*, impronta *f* ◇ scia *f* ◇ solco *m*

spüren *vt* sentire, provare

Spurweite (-, -n) *sf* carreggiata *f* ◇ (*ferr*) scartamento *m*

Staat (-[e]s, -en) *sm* stato *m* ● *mit etwas S. machen* fare gran sfoggio di qc

staatlich *a* statale

Staatsangehörige (-n, -n) *sm/f* cittadino *m*

Staatsangehörigkeit (-, -en) *sf* cittadinanza *f*, nazionalità *f*

Staatsmann (-[e]s, Staatsmänner/Staatsleute) *sm* statista *m*

Staatsstreich (-[e]s, -e) *sm* colpo *m* di stato

Stab (-[e]s, Stäbe) *sm* asta *f*, barra *f*, stecca *f*

Stachel (-s, -n) *sm* (*bot*) spina *f* ◇ aculeo *m*, pungiglione *m*

Stachelschwein (-[e]s, -e) *sn* (*zool*) porcospino *m*

Stadion (-s, Stadien) *sn* stadio *m*

Stadt (-, Städte) *sf* città *f*

Städter (-s, -) *sm* cittadino *m*

städtisch *a* cittadino

Stadtplanung (-) *sf* urbanistica *f*

Stadtrand (-[e]s, Stadtränder) *sm* periferia *f*

Stadtviertel (-s, -) *sn* quartiere *m*, rione *m*

Staffel (-, -n) *sf* gradino *m* ◇ (*sport*) staffetta *f* ◇ (*aer*) pattuglia *f*

Staffelei (-, -en) *sf* cavalletto *m*

Staffellauf (-[e]s, Staffläufe) *sm* (*sport*) staffetta *f*

Stahl (-[e]s, Stähle/-e) *sm* acciaio *m*

Stahlbeton (-s, -s) *sm* cemento *m* armato

Stalagmit (-s/-en, -e/-en) *sm* (*geol*) stalagmite *f*

Stalaktit (-s/-en, -e/-en) *sm* (*geol*) stalattite *f*

Stall (-[e]s, Ställe) *sm* stalla *f*

Stamm (-[e]s, Stämme) *sm* (*bot*) tronco *m*, fusto *m* ◇ (*ling*) radice *f* ◇ stirpe *f*

stammen *vi* (*aus sein*) (*aus + dat*) provenire (da) ◇ (*von + dat*) derivare (da)

stammend *a* originario, oriundo

Stammgast (-es, Stammgäste) *sm* cliente *m* abituale

Stammvater (-s, Stammväter) *sm* capostipite *m*, progenitore *m*

stampfen *vt* calpestare

Stand (-[e]s, Stände) *sm* posizione *f* eretta ◇ livello *m*, rango *m* ◇ bancarella *f*

standardisieren *vt* standardizzare

Standbild (-[e]s, -er) *sn* statua *f*

Ständer (-s, -) *sm* supporto *m*, sostegno *m* ◇ attaccapanni *m* ◇ (*edil*) pilastro *m*, montante *m*

standhalten (→ **halten**) *sn haben*) resistere (a), tenere testa (a)

ständig *a* stabile, fisso ◇ (*fig*) assiduo, continuo, permanente

Standlicht (-[e]s, -er) *sn* (*aut*) luce *f* di posizione

Standort (-[e]s, -e) *sm* ubicazione *f*

Stange (-, -n) *sf* stanga *f*, barra *f*

Stängel, Stengel* (-s, -) *sm* (*bot*) gambo *m*, stelo *m*

Stapel (-s, -) *sm* pila *f*, mucchio *m*

stark (*comp* **stärker**, *sup* **stärkste**) *a* forte, robusto ◊ grande ◊ impetuoso ♦ *avv* fortemente ◊ molto

Stärke (-, -n) *sf* forza *f*, vigore *m* ◊ intensità *f* ◊ amido *m*

Stärkemehl (-[e]s, -e) *sn* fecola *f*

stärken *vt* rinforzare, rinvigorire ◊ inamidare ♦ *vpr* (**sich s.**) rinforzarsi ◊ rifocillarsi

Stärkung (-, -en) *sf* rafforzamento *m*

Stärkungsmittel (-s, -) *sn* (*med*) ricostituente *m*

starr *a* rigido

starren *vi* (*aus haben, auf* + *acc*) fissare, guardare fisso

Starrheit (-) *sf* rigidità *f* ◊ (*fig*) ostinatezza *f*

Starrkopf (-[e]s, **Starrköpfe**) *sm* testardo *m*

Start (-[e]s, -s/-e) *sm* (*sport*) partenza *f* ◊ (*aer*) decollo *m* ◊ inizio *m*

starten *vi* (*aus sein*) partire ◊ (*aer*) decollare ♦ *vt* far partire, avviare

Station (-, -en) *sf* stazione *f* ◊ fermata *f*, sosta *f* ◊ reparto *m* ospedaliero

stationär *a* stazionario ◊ ospedaliero

Statistik (-) *sf* statistica *f*

statt *prep* (+ *gen*) invece di, al posto di

stattfinden (→ **finden**) *vi* (*aus haben*) aver luogo, effettuarsi

stattlich *a* prestante

Statue (-, -n) *sf* statua *f*

Stau (-[e]s, -s/-e) *sm* ristagno ◊ (*aut*) ingorgo *m*, coda *f*

Staub (-[e]s, -e/**Stäube**) *sm* polvere *f* ♦ *S.* **saugen** passare l'aspirapolvere; ***S.* wischen** spolverare; **wieder zu *S.* werden** ritornare (in) polvere

stauben *a* polveroso

Staubsauger (-s, -) *sm* aspirapolvere *m*

Staude (-, -n) *sf* (*bot*) pianta *f* perenne ◊ arbusto *m*

stauen *vt* fermare, bloccare, arrestare ♦ *vpr* (**sich s.**) ristagnare, ingorgarsi ◊ ammassarsi

staunen *vi* (*aus haben*, *über* + *acc*) meravigliarsi (di), stupirsi (di)

Stauung (-, -en) *sf* ristagno *m*, arresto *m* ◊ ingorgo *m* (*per il traffico*)

Steak (-s, -s) *sn* bistecca *f*

stechen (**sticht, stach, gestochen**) *vt* pungere, pizzicare

stechend *a* lancinante

Stecher (-s, -) *sm* incisore *m*

Stechmücke (-, -n) *sf* (*zool*) zanzara *f*

Stechpalme (-, -n) *sf* (*bot*) agrifoglio *m*

Steckdose (-, -n) *sf* presa *f* di corrente

stecken *vt* inserire, introdurre

Stecker (-s, -) *sm* spina *f* (*elettrica*)

Stecknadel (-, -n) *sf* spillo *m*

stehen (stand, gestanden) *vi* (*aus sein/haben*) stare (*in piedi*) ◊ essere, trovarsi • *s. bleiben* (*aus sein*) fermarsi, rimanere

stehenbleiben* → **stehen**

stehend *a* in piedi, ritto, verticale

Stehkragenpullover (-s, -) *sm* (*abb*) lupetto *m*

stehlen (stiehlt, stahl, gestohlen) *vt/i* (*aus haben*) rubare

steif *a* rigido ◊ compassato

Steifheit (-) *sf* rigidità *f* ◊ formalismo *m*

steigen (stieg, gestiegen) *vi* (*aus sein*) salire, montare ◊ aumentare, crescere

steigern *vt* aumentare, incrementare ♦ *vpr* (**sich s.**) crescere ◊ migliorare

Steigerung (-, -en) *sf* aumento *m*, incremento *m* ◊ miglioramento *m*

steil *a* ripido, scosceso

Steilwand (-, -e) *sf* parete *f* ripida

Stein (-[e]s, -e) *sm* pietra *f*, sasso *m*

Steinbock (-[e]s, Steinböcke) *sm* (*zool*) stambecco *m* ◊ (*astr*) Capricorno *m*

Steinbruch (-[e]s, Steinbrüche) *sm* cava *f*

Steinhagel (-s) *sm* sassaiola *f*

steinig *a* sassoso

steinigen *vt* lapidare

Steinkohle (-, -n) *sf* carbon *m* fossile

Steinmetz (-en, -en) *sm* scalpellino *m*

Steinpilz (-es, -e) *sm* (*bot*) porcino *m*

Steinsarg (-[e]s, Steinsärge) *sm* sarcofago *m*

Steinzeit (-, -en) *sf* età *f* della pietra

Steiß (-es, -e) *sm* (*anat*) coccige *m* ◊ (*fam*) sedere *m*

Stelle (-, -n) *sf* posto *m*, luogo *m*

stellen *vt* mettere, porre, collocare ♦ *vpr* (**sich s.**) mettersi, porsi ◊ presentarsi ◊ costituirsi • *etwas infrage s.* mettere in dubbio qc; *sich krank s.* fingersi malato

Stellenvermittlung (-, -en) *sf* ufficio *m* di collocamento

Stellung (-, -en) *sf* posizione *f* ◊ posto *m*, impiego *m* ◊ (*mil*) postazione *f*, schieramento *m*

stellunglos *a* disoccupato

Stellungsuchende (-n, -n) *sm/f* persona *f* in cerca di occupazione

Stellvertreter (-s, -) *sm* sostituto *m*, supplente *m*

Stellvertretung (-, -en) *sf* supplenza *f*

Stelze (-, -n) *sf* trampolo *m*

Stempel (-s, -) *sm* bollo *m*, timbro *m*

stempeln *vt* timbrare, bollare

Stengel* → **Stängel**

Steppdecke (-, -n) *sf* trapunta *f*

Steppe (-, -n) *sf* steppa *f*

Sterbehilfe (-, -n) *sf* eutanasia *f*

sterben (stirbt, starb, gestorben) *vi* (*aus sein*) morire

Sterben (-) *sn* il morire *m*, morte *f*

Sterbende (-n, -n) *sm/f* moribondo *m*
sterblich *a* mortale
Sterblichkeit (-) *sf* mortalità *f*
Sterilisation (-, -en) *sf* sterilizzazione *f*
sterilisieren *vt* sterilizzare
Sterilität (-, -en) *sf* sterilità *f*
Stern (-[e]s, -e) *sm* (*astr*) stella *f*
Sternbild (-[e]s, -er) *sn* (*astr*) costellazione *f*
Sternkunde (-, -n) *sf* astronomia *f*
Sternwarte (-, -n) *sf* (*astr*) osservatorio *m*
Steuer (1) (-s, -) *sn* (*aer*, *naut*) timone *m* ◊ (*aut*) volante *m*
Steuer (2) (-, -n) *sf* tassa *f*, imposta *f*
Steuerberater (-s, -) *sm* commercialista *m*
Steuerflucht (-, -en) *sf* fuga *f* di capitali all'estero ◊ (*trasferimento della sede fiscale*) esterovestizione *f*
Steuerhinterziehung (-, -en) *sf* evasione *f* fiscale
Steuermarke (-, -n) *sf* marca *f* da bollo
steuern *vt* manovrare, pilotare
steuerpflichtig *a* tassabile
Steuerung (-, -en) *sf* (*aut*) guida *f*, sterzo *m*
Stewardess, Stewardeß* (-, -en) *sf* hostess *f*
Stich (-[e]s, -e) *sm* puntura *f* ◊ punto *m* (*di cucito*)
Stichflamme (-, -n) *sf* vampata *f*, fiammata *f*
stichhaltig *a* plausibile

Stichwort (-[e]s, Stichwörter) *sn* (*ling*) lemma *m* ◊ appunto *m*, nota *f*
Stickerei (-, -en) *sf* ricamo *m*
stickig *a* soffocante
Stickstoff (-[e]s, -e) *sm* (*chim*) azoto *m*
Stiefbruder (-s, Stiefbrüder) *sm* fratellastro *m*
Stiefel (-s, -) *sm* stivale *m*
Stiefkind (-[e]s, Stiefkinder) *sn* figliastro *m*
Stiefmutter (-, Stiefmütter) *sf* matrigna *f*
Stiefschwester (-, -n) *sf* sorellastra *f*
Stiefvater (-s, Stiefväter) *sm* patrigno *m*
Stiel (-[e]s, -e) *sm* (*bot*) gambo *m*, picciolo *m*
Stier (-[e]s, -e) *sm* (*zool*) toro *m* ◊ (*astr*) Toro *m*
Stierkampf (-[e]s, Stierkämpfe) *sm* corrida *f*
Stierkämpfer (-s, -) *sm* torero *m*
Stift (1) (-[e]s, -e) *sm* perno *m* ◊ matita *f*
Stift (2) (-[e]s, -e) *sn* fondazione *f* ◊ convento *m*
stiften *vt* fondare, istituire ◊ offrire, donare
Stifter (-s, -) *sm* fondatore *m* ◊ donatore *m*
Stiftung (-, -en) *sf* fondazione *f*, istituzione *f*
Stil (-[e]s, -e) *sm* stile *m*
still *a* silenzioso, zitto, tranquillo ◊ fermo, immobile
Stille (-) *sf* silenzio *m* ◊ tranquillità *f*, quiete *f*

stillen *vt* spegnere, calmare, placare ◊ allattare
Stillstand (-[e]s, Stillstände) *sm* arresto *m*, interruzione *f*
stillstehend *a* fermo, stagnante
Stimmbänder *s pl* (*anat*) corde *f pl* vocali
stimmberechtigt *a* avente diritto di voto
Stimme (-, -n) *sf* voce *f* ◊ voto *m* ● *sich der S. enthalten* astenersi dal voto
stimmen *vt* (*mus*) accordare ◆ *vi* (*aus haben*) essere giusto ◊ votare ◊ (*zu* + *dat*) intonarsi (a)
Stimmung (-, -en) *sf* disposizione *f* di spirito, umore *m* ◊ atmosfera *f*, clima *m* ◊ tendenza *f* ◊ opinione *f* pubblica ◊ (*mus*) accordatura *f*
Stimmzähler (-s, -) *sm* scrutatore *m*
stinken (stank, gestunken) *vi* (*aus haben*, *nach* + *dat*) puzzare (di)
Stipendium (-s, Stipendien) *sn* borsa *f* di studio
Stirn (-, -en) *sf* (*anat*) fronte *f*
stöbern *vi* (*aus haben*) frugare
Stock (-[e]s, Stöcke) *sm* bastone *m* ● *am S. gehen* camminare col bastone
stocken *vi* (*aus haben/sein*) arrestarsi, fermarsi ◊ ristagnare, ingorgarsi
Stockfisch (-[e]s, -e) *sm* (*cuc*) stoccafisso *m*
Stockung (-, -en) *sf* ristagno *m* ◊ arresto *m* ◊ ingorgo *m* (*del traffico*)

Stockwerk (-[e]s, -e) *sn* (*edil*) piano *m*
Stoff (-[e]s, -e) *sm* materia *f*, sostanza *f* ◊ stoffa *f*, tessuto *m* ◊ (*fig*) tema *m*, motivo *m*
Stoffrest (-[e]s, -e) *sm* scampolo *m*
Stollen (-s, -) *sm* cunicolo *m*
stolpern *vi* (*aus sein*, *über* + *acc*) inciampare (su)
stolz *a* orgoglioso, superbo
Stolz (-es) *sm* orgoglio *m*
stopfen *vt* tappare, otturare ◊ riempire, imbottire ◊ rammendare
Stopfstelle (-, -n) *sf* rammendo *m*
Stoppuhr (-, -en) *sf* (*sport*) cronometro *m*
Storch (-[e]s, Störche) *sm* (*zool*) cicogna *f*
stören *vt* disturbare
störend *a* molesto
störrisch *a* testardo, ostinato
Störung (-, -en) *sf* disturbo *m* ◊ perturbazione *f* ◊ guasto *m*
Stoß (-es, Stöße) *sm* colpo *m*, urto *m* ◊ (*fig*) scossa *f*, choc *m* ◊ (*fis*) impulso *m*
Stoßdämpfer (-s, -) *sm* (*aut*) ammortizzatore *m*
stoßen (stößt, stieß, gestoßen) *vt* urtare ◆ *vi* (*aus sein*) (*auf* + *acc*) imbattersi (in), incontrare ◊ (*an* + *acc*) confinare (con)
Stoßstange (-, -n) *sf* (*aut*) paraurti *m*
Stoßzahn (-[e]s, Stoßzähne) *sm* (*zool*) zanna *f*
Stoßzeit (-, -en) *sf* ora *f* di punta

Stotterer sm balbuziente m

stottern vi (aus haben) balbettare, tartagliare

Strafanzeige (-, -n) sf denuncia f

Strafe (-, -n) sf punizione f, castigo m ◇ multa f ◇ (dir) pena f

strafen vt punire ◇ multare

straffrei a impunito ♦ avv impunemente

Sträfling (-s, -e) sm recluso m, detenuto m

strafrechtlich a penale

Strahl (-[e]s, -en) sm raggio m ◇ getto m, zampillo m

strahlen vi (aus haben) risplendere ◇ (fig) essere raggiante

Strahlung (-, -en) sf (fis) radiazione f

Strand (-[e]s, Strände) sm lido m, spiaggia f

Strandanzug (-[e]s, Strandanzüge) sm prendisole m

Strandlinie (-) sf bagnasciuga m, battigia f

Strandpromenade (-, -n) sf lungomare m

Strang (-[e]s, Stränge) sm corda f ◇ matassa f

Straße (-, -n) sf strada f, via f ● *auf der S.* in strada; *S. gesperrt!* strada senza uscita!

Straßenbahn (-, -en) sf tram m

Straßenkehrer (-s, -) sm netturbino m

Straßenlampe (-, -n) sf lampione m

Straßenpflaster (-s, -) sn selciato m

Straßenreinigung (-) sf nettezza f urbana

Straßenzustand (-[e]s) sm viabilità f

Stratege (-n, -n; f **Strategin**) sm stratega m/f

Strauch (-[e]s, Sträucher) sm arbusto m

straucheln vi (aus sein, über + acc) inciampare (su)

Strauß (1) (-es, Sträuße) sm mazzo (di fiori)

Strauß (2) (-es, -e) sm (zool) struzzo m

streben vi (aus haben, nach + dat) tendere (a), aspirare (a)

streckbar a duttile, estensibile

Strecke (-, -n) sf percorso m, tragitto m

strecken vt tendere, stendere, allungare

Streckung (-, -en) sf stiramento m, allungamento m

Streich (-[e]s, -e) sm scherzo m, tiro m, dispetto m

streicheln vt accarezzare

streichen (strich, gestrichen) vt passare la mano (su), lisciare, accarezzare ◇ spalmare ◇ verniciare ◇ annullare, cancellare ♦ vi (aus sein) girare, vagare, aggirarsi

Streichholz (-es, Streichhölzer) sn fiammifero m

Streife (-, -n) sf pattuglia f, ronda f

streifen vi (aus sein) girare, vagare, vagabondare

Streifen (-s, -) sm striscia f, riga f

streifend a radente

Streik (-[e]s, -s) *sm* sciopero *m*
streiken *vi* (*aus haben*) scioperare
Streit (-[e]s, -e) *sm* conflitto *m*, contesa *f*, lite *f*
streiten (**stritt, gestritten**) *vi* (*aus haben*) litigare, bisticciare
Streitigkeit (-, -en) *sf* controversia *f*, litigio *m*
streitsüchtig *a* litigioso
streng *a* austero, rigoroso, severo • *sich s. an etwas halten* attenersi scrupolosamente a qc
Strenge (-, -n) *sf* severità *f* ◊ asprezza *f*, rigore *m*
Strenggläubige (-n, -n) *sm/f* (*relig*) osservante *m/f*
Stress, Streß* (-es, -e) *sm* stress *m* • *im S. sein* essere sotto stress
streuen *vt* spargere
Strick (-[e]s, -e) *sm* corda *f*, fune *f*
stricken *vt/i* (*aus haben*) lavorare a maglia
Stroh (-[e]s) *sn* paglia *f*
Strohhalm (-[e]s, -e) *sm* cannuccia *f*
Strohhaufen (-s, -) *sm* pagliaio *m*
Strom (-[e]s, Ströme) *sm* fiume *m*, corrente *f* ◊ (*el*) corrente *f*
strömen *vi* (*aus sein*) scorrere, fluire
strömend *a* torrenziale
Strömung (-, -en) *sf* corrente *f*
Strophe (-, -n) *sf* (*lett*) strofa *f*
Strudel (-s, -) *sm* gorgo *m*, vortice *m* ◊ (*cuc*) strudel *m*
Struktur (-, -en) *sf* struttura *f*

Strumpf (-[e]s, **Strümpfe**) *sm* calza *f*
Strumpfgürtel (-s, -) *sm* reggicalze *m*
Strumpfhose (-, -n) *sf* collant *m*, calzamaglia *f*
Stube (-, -n) *sf* (*mil*) camerata *f* ◊ stanza *f*
Stuck (-[e]s) *sm* stucco *m*
Stück (-[e]s, -e) *sn* pezzo *m*, fetta *f* • *ein S. Käse* un pezzo di formaggio
Student (-en, -en; *f* **Studentin**) *sm* studente *m*
studieren *vt* studiare
Studium (-s, **Studien**) *sn* studio *m*
Stufe (-, -n) *sf* gradino *m* ◊ grado *m*, livello *m*
stufenweise *avv* gradualmente, progressivamente
Stuhl (-[e]s, **Stühle**) *sm* sedia *f*
stumm *a* muto
Stummel (-s, -) *sm* (*med*) moncone *m* ◊ (*pop*) mozzicone *m*
stumpf *a* non affilato ◊ insensibile, ottuso
Stumpf (-[e]s, **Stümpfe**) *sm* tronco *m* ◊ moncherino *m*
Stunde (-, -n) *sf* ora *f* • *eine halbe S.* mezz'ora
stunden *vt* dilazionare
Stundenplan (-[e]s, **Stundenpläne**) *sm* orario *m*
Sturm (-[e]s, **Stürme**) *sm* bufera *f*, burrasca *f*, tempesta *f*
Stürmer (-s, -) *sm* (*sport*) attaccante *m*
Sturmflut (-, -en) *sf* mareggiata *f*
stürmisch *a* tempestoso

Sturz (-es, **Stürze**) *sm* caduta *f*, crollo *m*

stürzen *vt* far cadere, gettare, buttare ♦ *vi* (*aus sein*) cadere ♦ *vpr* (**sich s.**) lanciarsi, precipitare, tuffarsi

Sturzwelle (-, -n) *sf* ondata *f*

Stütze (-, -n) *sf* appoggio *m*, sostegno *m* ◊ (*edil*) pilastro *m*

stützen *vt* puntellare ◊ sostenere ♦ *vpr* (**sich s.**) (*auf* + *acc*) appoggiarsi (a), basarsi (su)

Subjekt (-[e]s, -e) *sn* argomento *m* ◊ (*gramm*) soggetto *m*

subjektiv *a* soggettivo

Subskription (-, -en) *sf* sottoscrizione *f*

Substantiv (-s, -e) *sn* (*gramm*) sostantivo *m*

Substanz (-, -en) *sf* materia *f*, sostanza *f*

Suche (-, -n) *sf* ricerca *f*

suchen *vt* cercare, ricercare

Suchfunktion (-, -en) *sf* (*inform*) ricerca *f*

Sucht (-, **Süchte**) *sf* dipendenza *f* ◊ brama *f* ◊ (*med*) mania *f*

süchtig *a* dipendente ◊ tossicodipendente ◊ avido

Süden (-s) *sm* meridione *m*, sud *m* • *im S. von* a sud di; *nach S.* verso sud

südlich *a* meridionale

Sulfat (-[e]s, -e) *sn* (*chim*) solfato *m*

Sultan (-s, -e) *sm* sultano *m*

Sümmchen (-s, -) *sn* gruzzolo *m*

Summe (-, -n) *sf* somma *f*

Summer (-s, -) *sm* (*el*) cicalino *m*

Sumpf (-[e]s, **Sümpfe**) *sm* palude *f*, acquitrino *m*

Sumpfgas (-es) *sn* (*chim*) metano *m*

sumpfig *a* paludoso

Sünde (-, -n) *sf* peccato *m*

sündig *a* peccaminoso

sündigen *vi* (*aus haben*) peccare

Superlativ (-s, -e) *sm* (*gramm*) superlativo *m*

Supermarkt (-[e]s, -e) *sm* supermercato *m*

Suppe (-, -n) *sf* minestra *f*, zuppa *f*

Suppenschüssel (-, -n) *sf* zuppiera *f*

Suppenwürfel (-s, -) *sm* (*cuc*) dado *m*

surfen *vi* (*inform*) navigare

Surfer (-s, -) *sm* (*inform*) navigatore *m*

Surrealismus (-) *sm* (*arte*) surrealismo *m*

süß *a* dolce • *träume s.!* sogni d'oro!

süßen *vt* addolcire, zuccherare

süßlich *a* dolciastro

süß-sauer, **süßsauer** *a* agrodolce

Süßstoff (-[e]s, -e) *sn* dolcificante *m*

Süßwaren *s pl* dolciumi *m pl*

Sutur (-, -en) *sf* sutura *f*

Symbiose (-, -n) *sf* simbiosi *f*

Symbol (-s, -e) *sn* simbolo *m*

symbolisch *a* simbolico

Symbolist (-en, -en; *f* -in) *sm* simbolista *m/f*

Symmetrie (-, -n) *sf* simmetria *f*

symmetrisch *a* simmetrico

Sympathie (-, -n) *sf* simpatia *f*
sympathisch *a* simpatico
sympathisieren *vi* simpatizzare
Symphonie → **Sinfonie**
Symptom (-s, -e) *sn* sintomo *m*
symptomatisch *a* sintomatico
Synagoge (-, -n) *sf* (*relig*) sinagoga *f*
Synchronisation (-, -en) *sf* sincronizzazione *f* ◊ (*cin*) doppiaggio *m* ◊ ambiente *m*

Synchronsprecher (-s, -) *sm* doppiatore *m*
Synonym (-s, -e) *sn* sinonimo *m*
Syntax (-, -en) *sf* (*gramm*) sintassi *f*
Synthese (-, -n) *sf* sintesi *f*
synthetisch *a* sintetico
System (-s, -e) *sn* sistema *m*
systematisch *a* sistematico
Szene (-, -n) *sf* (*teat*) scena *f* ◊ (*fig*) scenata *f*
szenisch *a* scenico

T

Tabak (-s, -e) *sm* tabacco *m*
Tabakhandlung (-, -en) *sf* tabaccheria *f*
Tabakwarenverkäufer (-s, -) *sm* tabaccaio *m*
Tabelle (-, -n) *sf* tabella *f*, tabulato *m*
Tabernakel (-s, -) *sn* (*relig*) tabernacolo *m*
Tablett (-[e]s, -s/-e) *sn* vassoio *m*
Tablette (-, -n) *sf* compressa *f*, pillola *f*
Tachometer (-s, -) *sm* contachilometri *m*, tachimetro *m*
Tadel (-s, -) *sm* biasimo *m*
tadellos *a* impeccabile, perfetto
tadeln *vt* biasimare, rimproverare
tadelnswert *a* criticabile, riprovevole, deprecabile
Tafel (-, -n) *sf* tavola *f* ◊ lavagna *f* ◊ insegna *f*

täfeln *vt* rivestire con pannelli
Tafelrunde (-, -n) *sf* tavolata *f*
Tag (-[e]s, -e) *sm* giornata *f*, giorno *m* • *bei T.* di giorno; *den ganzen T.* tutto il giorno; *guten T.!* buongiorno!; *in den T. hinein leben* vivere alla giornata; *von T. zu T.* di giorno in giorno
Tagebuch (-[e]s, **Tagebücher**) *sn* diario *m*
Tagelöhner (-s, -) *sm* bracciante *m*
Tagesdosis (-, **Tagesdosen**) *sf* dose *f* giornaliera • *empfohlene T.* dose giornaliera raccomandata
Tageshotel (-s, -s) *sn* (albergo *m*) diurno *m*
Tagesklinik (-, -) *sf* day hospital *m*
Tagesordnung (-, -en) *sf* ordine *m* del giorno • *an der T. sein* essere all'ordine del giorno;

zur T. übergehen passare all'ordine del giorno

Tagesschau (-, -en) *sf* telegiornale *m*

Tageszeitung (-, -en) *sf* quotidiano *m*

täglich *a* quotidiano, giornaliero ♦ *avv* quotidianamente

tagtäglich *avv* quotidianamente

Tagundnachtgleiche (-, -n) *sf (astr)* equinozio *m*

Tagung (-, -en) *sf* seduta *f*, convegno *m*

Taifun (-s, -e) *sm (meteor)* tifone *m*

Taille (-, -n) *sf (abb, anat)* vita *f*

Takt (-[e]s) *sm* tatto *m*, discrezione *f* ◊ *(mus)* tempo *m*, ritmo *m*

Taktik (-, -en) *sf* tattica *f*

taktlos *a* indiscreto

Tal (-[e]s, Täler) *sn* valle *f*

Talebene (-, -n) *sf* vallata *f*

Talent (-[e]s, -e) *sn* talento *m*

Talisman (-s, -e) *sm* portafortuna *m*, talismano *m*

Talkpuder (-s, -) *sm* talco *m*

Talsohle (-, -n) *sf* fondovalle *m*

Talsperre (-, -n) *sf* diga *f*

Tampon (-s, -s) *sm* tampone *m*

tändeln *vi (aus haben)* gingillarsi

Tank (-s, -s/-e) *sm* cisterna *f*, serbatoio *m*

tanken *vi (aus haben)* fare benzina

Tankstelle (-, -n) *sf* distributore *m (di benzina)*

Tankwagen (-s, -) *sm* autobotte *f*

Tankwart (-[e]s, -e) *sm* benzinaio *m*

Tanne (-, -n) *sf (bot)* abete *m*

Tannenbaum (-[e]s, Tannenbäume) *sm* abete *m* ◊ albero *m* di Natale

Tante (-, -n) *sf* zia *f*

Tanz (-es, Tänze) *sm* ballo *m*, danza *f*

tanzen *vt/i (aus haben/sein)* ballare, danzare

Tänzer (-s, -) *sm* ballerino *m*, danzatore *m* • *Go-go-T.* cubista

Tanzfläche (-, -n) *sf* pista *f* da ballo

Tapete (-, -n) *sf* tappezzeria *f*

tapezieren *vt* tappezzare

tapfer *a* valoroso

Tapferkeit (-) *sf* valore *m*, prodezza *f*

Tarif (-s, -e) *sm* tariffa *f*

Tarifzeit (-, -en) *sf (tel)* fascia *f* oraria

tarnen *vt* mimetizzare, mascherare ♦ *vpr (sich t.)* mimetizzarsi

Tarnung (-, -en) *sf* camuffamento *m*

Tarock (-s, -s) *sm/n* tarocco *m*

Tasche (-, -n) *sf* tasca *f* ◊ borsa *f*, cartella *f*

Taschenbuch (-[e]s, Taschenbücher) *sn (libro m)* tascabile *m*

Taschendieb (-[e]s, -e) *sm* borseggiatore *m*

Taschenlampe (-, -n) *sf* pila *f*, torcia *f*

Taschenmesser (-s, -) *sn* temperino *m*

Taschenspiegel (-s, -) *sm* specchietto *m*

Taschenspieler (-s, -) *sm* prestigiatore *m*

Taschentuch (-[e]s, Taschentücher) *sn* fazzoletto *m*

Taschenwörterbuch (-[e]s, Taschenwörterbücher) *sn* dizionario *m* tascabile

Täschlein (-s, -) *sn* taschino *m*

Tässchen, Täßchen* (-s, -) *sn* tazzina *f*

Tasse (-, -n) *sf* tazza *f*

Tastatur (-, -en) *sf* (*mus*) tastiera *f*

Taste (-, -n) *sf* tasto *m*

tasten *vt* tastare, palpare

Taster (-s, -) *sm* tastierista *m*

Tastsinn (-[e]s) *sm* tatto *m*

Tat (-, -en) *sf* azione *f*, fatto *m*, impresa *f* ◆ *in der T.* infatti

Tatbestandsaufnahme (-, -n) *sf* sopralluogo *m*

Täter (-s, -) *sm* autore *m* ◇ colpevole *m*

tätig *a* attivo

Tätigkeit (-, -en) *sf* attività *f*, lavoro *m*

Tätigkeitswort (-[e]s, Tätigkeitswörter) *sn* (*gramm*) verbo *m*

Tatkraft (-, -en) *sf* energia *f*, dinamismo *m*

tätowieren *vt* tatuare

Tätowierung (-, -en) *sf* tatuaggio *m*

Tatsache (-, -n) *sf* fatto *m*

tatsächlich *a* effettivo ◆ *avv* effettivamente, infatti, realmente

Tau (-[e]s) *sm* (*meteor*) rugiada *f*

taub *a* sordo ● *auf einem Ohr t. sein* essere sordo da un orecchio; *sich t. stellen* fare orecchie da mercante (*fam*)

Taube (-, -n) *sf* (*zool*) colomba *f*, piccione *m*

Taubheit (-) *sf* sordità *f*

Taubstumme (-n, -n) *sm/f* sordomuto *m*

tauchen *vt* immergere, tuffare ◆ *vi* (*aus haben*) immergersi

Tauchen (-s, -) *sn* immersione *f*, tuffo *m*

Taucher (-s, -) *sm* sommozzatore *m* ◇ (*sport*) subacqueo *m*

Taucheranzug (-[e]s, Taucheranzüge) *sm* muta *f*

Taufbecken (-s, -) *sn* fonte *m* battesimale

Taufe (-, -n) *sf* battesimo *m*

taufen *vt* battezzare

Taufkapelle (-, -n) *sf* battistero *m*

Täufling (-s, -e) *sm* battezzando *m*

Taufpate (-n, -n; *f* **Taufpatin**) *sm* padrino *m*

Taufschein (-[e]s, -e) *sm* certificato *m* di battesimo

taugen *vi* (*aus haben*) valere ◇ (*zu* + *dat*) essere utile (a), servire (a)

tauglich *a* idoneo

Taumel (-s, -) *sm* vertigine *f*, capogiro *m* ◇ ebbrezza *f*

taumeln *vi* (*aus sein*) vacillare, barcollare

Tausch (-es, -e) *sm* scambio *m*

tauschen *vt* cambiare, scambiare, barattare

täuschen *vt* illudere, ingannare

◆ *vpr* (**sich t.**) illudersi, ingannarsi
täuschend *a* ingannevole
Täuschung (-, -en) *sf* illusione *f*
tausend *a* mille
tausendjährig *a* millenario
tausendste *a* millesimo
Tauwetter (-s) *sn* disgelo *m*
Taverne (-, -n) *sf* taverna *f*
Technik (-, -en) *sf* tecnica *f*
Techniker (-s, -) *sm* tecnico *m*
technisch *a* tecnico ◆ *avv* tecnicamente
Technologie (-, -n) *sf* tecnologia *f*
technologisch *a* tecnologico
Tee (-s, -s) *sm* tè *m* ◇ tisana *f*, infuso *m*
Teebeutel (-s, -) *sm* bustina *f* di tè
Teekanne (-, -n) *sf* teiera *f*
Teelöffel (-s, -) *sm* cucchiaino *m* da té
Teer (-[e]s, -e) *sm* catrame *m*
Teich (-[e]s, -e) *sm* stagno *m*
Teig (-[e]s, -e) *sm* pasta *f*, impasto *m*
teigig *a* pastoso
Teil (-[e]s, -e) *sm* parte *f* ● *zu gleichen Teilen* in parti uguali; *zum T.* in parte
teilbar *a* divisibile
Teilchen (-s, -) *sn* (*fis*) particella *f*
teilen *vt* dividere ◇ condividere ◆ *vpr* (**sich t.**) dividersi, spartirsi, frazionarsi
teilhaben (→ haben) *vi* (*aus haben, an + dat*) partecipare (a)
Teilhaber (-s, -) *sm* socio *m*

Teilnahme (-) *sf* partecipazione *f* ◇ interessamento *m* ◇ condoglianze *f pl*
teilnehmen (→ nehmen) *vi* (*aus haben, an + dat*) partecipare (a), concorrere (a)
teils *avv* in parte ● *teils..., teils...* in parte..., in parte...
Teilung (-, -en) *sf* divisione *f*, partizione *f*
Teilzeitarbeit (-, -en) *sf* lavoro *m* part-time
Telebank (-, -en) *sf* (*inform*) banca *f* telematica
Telefon, Telephon* (-s, -e) *sn* telefono *m*
Telefonbuch, Telephonbuch* (-[e]s, Telefonbücher) *sn* elenco *m* del telefono
Telefonie (-) *sf* (*tel*) telefonia *f*
telefonieren, telephonieren* *vi* (*aus haben, mit + dat*) telefonare (a)
Telefonist, Telephonist* (-en, -en; *f* -in) *sm* centralinista *m/f*
Telefonnummer, Telephonnummer* (-, -n) *sf* numero *m* di telefono
Telefonrechnung (-, -en) *sf* bolletta *f* telefonica ● *detaillierte T.* bolletta trasparente
Telefonverkehr (-s) *sm* traffico *m* telefonico
Telegraf, Telegraph (-en, -en) *sm* telegrafo *m*
telegrafieren, telegraphieren *vt/i* (*aus haben*) telegrafare
telegrafisch, telegraphisch *a* telegrafico

Telegramm (-s, -e) *sn* telegramma *m*

Telematik (-) *sf* telematica *f*

Telepathie (-) *sf* telepatia *f*

Teleskop (-s, -e) *sn* (*astr*) telescopio *m*

Teller (-s, -) *sm* piatto *m* ◊ disco *m* • *flacher/tiefer T.* piatto piano/fondo; *fliegender T.* disco volante

Tempel (-s, -) *sm* tempio *m*

Temperament (-[e]s, -e) *sn* temperamento *m*

Temperatur (-, -en) *sf* temperatura *f* ◊ febbre *f* • *T. haben* avere un po' di febbre

Templer (-s, -) *sm* (*stor*) templare *m*

Tendenz (-, -en) *sf* tendenza *f*

tendenziös *a* tendenzioso

Tenne (-, -n) *sf* aia *f*

Tennis (-) *sn* (*sport*) tennis *m*

Tennisplatz (-es, Tennisplätze) *sm* campo *m* da tennis

Tennisspiel (-[e]s, -e) *sn* incontro *m* di tennis ◊ gioco *m* del tennis

Teppich (-s, -e) *sm* tappeto *m*

Teppichboden (-s, -) *sm* moquette *f*

Termin (-s, -e) *sm* data *f*, scadenza *f* ◊ appuntamento *m*

Terminkalender (-s, -) *sm* agenda *f*

Terminologie (-, -n) *sf* terminologia *f*

Termite (-, -n) *sf* (*zool*) termite *f*

Terrasse (-, -n) *sf* terrazza *f*

Terrassierung (-, -en) *sf* terrazzamento *m*

Terrorismus (-) *sm* terrorismo *m*

Terrorist (-en, -en; *f* -in) *sm* terrorista *m/f*

Terzett (-[e]s, -e) *sn* (*mus*) terzetto *m*

Test (-[e]s, -s/-e) *sm* test *m*, controllo *m*

Testament (-s, -e) *sn* testamento *m*

testen *vt* collaudare, provare, testare

Testikel (-s, -) *sm* (*anat*) testicolo *m*

teuer *a* caro, costoso ◊ caro, amato

Teuerung (-, -en) *sf* rincaro *m*

Teufel (-s, -) *sm* diavolo *m*, demonio *m* • *jemanden zum T. jagen* mandare qn al diavolo (*fam*)

teuflisch *a* diabolico

Text (-[e]s, -e) *sm* testo *m*

Theater (-s, -) *sn* teatro *m*

Theateraufführung (-, -en) *sf* rappresentazione *f* teatrale

theatralisch *a* teatrale

Thema (-s, Themen/Themata) *sn* argomento *m*, soggetto *m*, tema *m*

Theologe (-n, -n; *f* Theologin) *sm* teologo *m*

Theologie (-, -n) *sf* teologia *f*

Theorem (-s, -e) *sm* (*mat*) teorema *m*

theoretisch *a* teorico

Theorie (-, -n) *sf* teoria *f*

Therapeut (-en, -en; *f* -in) *sm* terapeuta *m/f*

Therapie (-, -n) *sf* terapia *f*

Thermalbad (-[e]s, **Thermalbäder**) *sn* bagno *m* termale
Thermen *s pl* terme *f pl*
thermisch *a* termico
Thermodynamik (-) *sf* (*fis*) termodinamica *f*
Thermometer (-s, -) *sn* termometro *m*
Thermostat (-[e]s/-en, -e[n]) *sn* termostato *m*
Thrombose (-, -n) *sf* (*med*) trombosi *f*
Thron (-[e]s, -e) *sm* trono *m*
Thunfisch, Tunfisch (-[e]s, -e) *sm* (*zool*) tonno *m*
Thymian (-s, -e) *sm* (*bot*) timo *m*
tief *a* profondo ◆ *avv* in basso, in profondità ◇ molto, profondamente
Tiefdruck (-[e]s) *sm* (*meteor*) bassa pressione *f*
Tiefe (-, -n) *sf* profondità *f*
Tiefebene (-n, -n) *sf* (*geogr*) bassopiano *m*
Tiefenmesser (-s, -) *sm* profondimetro *m*
tiefgefroren *a* surgelato
tiefgekühlt *a* surgelato
tiefkühlen *vt* surgelare
Tiefkühlfach (-[e]s, **Tiefkühlfächer**) *sn* congelatore *m*
Tiegel (-s, -) *sm* padella *f*, tegame *m*
Tier (-[e]s, -e) *sn* animale *m*
Tierarzt (-es, **Tierärzte**) *sm* veterinario *m*
Tierbändiger (-s, -) *sm* domatore *m*
Tiergarten (-s, **Tiergärten**) *sm* zoo *m*

tierisch *a* animale, animalesco
Tierkind (-[e]s, -er) *sn* cucciolo *m*
Tierkreis (-es, -e) *sm* zodiaco *m*
Tierkunde (-) *sf* zoologia *f*
Tierwelt (-) *sf* fauna *f*
Tiger (-s, -) *sm* (*zool*) tigre *f*
Timbale (-, -n) *sf* (*cuc*) timballo *m*
Tinte (-, -n) *sf* inchiostro *m*
Tintenfisch (-[e]s, -e) *sm* (*zool*) seppia *f*
Tintenstrahldrucker (-s, -) *sm* (*inform*) stampante *f* a getto d'inchiostro
Tipp, Tip* (-s, -s) *sm* suggerimento *m*
tippeln *vi* (*aus sein*) (*pop*) camminare, correre
tippen *vi* (*aus haben, an/auf acc*) toccare, dare un colpetto (a) ◆ *vt* (*fam*) battere a macchina
Tippzettel (-s, -) *sm* schedina *f* (*del totocalcio*)
Tisch (-[e]s, -e) *sm* tavolo *m* ● *bei T.* a tavola; *den T. decken* apparecchiare la tavola
Tischcomputer (-s, -) *sm* (*inform*) computer *m*
Tischgesellschaft (-, -en) *sf* tavolata *f*
Tischkarte (-, -n) *sf* segnaposto *m*
Tischlein (-s, -) *sn* tavolino *m*
Tischler (-s, -) *sm* falegname *m*
Tischtennis (-) *sn* (*sport*) ping pong *m*
Tischtuch (-[e]s, **Tischtücher**) *sn* tovaglia *f*
Titel (-s, -) *sm* qualifica *f*, titolo *m*

Titelseite (-, -n) *sf* frontespizio *m*

Toast (-[e]s, -e/-s) *sm* toast *m* ◊ brindisi *m*

Toaster (-s, -) *sm* tostapane *m*

toben *vi* (*aus haben*) imperversare, infuriare ◊ essere furioso

Tochter (-, **Töchter**) *sf* figlia *f*

Tod (-[e]s, -e) *sm* morte *f*

Todesanzeige (-, -n) *sf* necrologio *m*

Todesstrafe (-, -n) *sf* pena *f* capitale

tödlich *a* letale, mortale

Toilette (-, -n) *sf* gabinetto *m*

Toilettenpapier (-s, -e) *sn* carta *f* igienica

tolerant *a* tollerante

Toleranz (-, -en) *sf* tolleranza *f*

toll *a* folle, assurdo ◊ (*fam*) formidabile, fantastico

Tomate (-, -n) *sf* (*bot*) pomodoro *m*

Ton (1) (-[e]s, -e) *sm* argilla *f*

Ton (2) (-[e]s, **Töne**) *sm* tono *m* ◊ accento *m* ◊ (*tecn*) audio *m*

Tonaufnahme (-, -n) *sf* registrazione *f* (*sonora*)

Tonbandgerät (-[e]s, -e) *sn* registratore *m*

Tonfall (-[e]s, **Tonfälle**) *sm* (*ling*) cadenza *f*

Tonikum (-s, **Tonika**) *sn* tonico *m*

Tonne (-, -n) *sf* tonnellata *f*

Tontaubenschießen (-s) *sn* (*sport*) tiro *m* al piattello

Topas (-es, -e) *sm* (*min*) topazio *m*

Topf (-[e]s, **Töpfe**) *sm* pentola *f* ◊ vaso *m*

Topflappen (-s, -) *sm* presina *f*

Tor (-[e]s, -e) *sn* portone *m*, cancello *m* ◊ (*sport*) rete *f*, goal *m* ● *automatisches T.* cancello automatico

Torf (-[e]s) *sm* torba *f*

torkeln *vi* (*aus sein*) vacillare, barcollare

Torte (-, -n) *sf* torta *f*

Tortur (-, -en) *sf* tortura *f*

Torwart (-[e]s, -e) *sm* (*sport*) portiere *m*

tot *a* morto

total *a* totale

Totalität (-) *sf* totalità *f*

Tote (-n, -n) *sm/f* morto *m*

töten *vt* ammazzare, uccidere

Totengräber (-s, -) *sm* becchino *m*

Totenstadt (-, **städte**) *sf* (*archeol*) necropoli *f*

Totschlag (-[e]s, **Totschläge**) *sm* (*dir*) omicidio *m* volontario

Tötung (-, -en) *sf* uccisione *f*, omicidio *m*

Tour (-, -en) *sf* giro *m* ● *auf Touren kommen* (*fam*) andare su di giri (*fam*)

Tourenzähler (-s, -) *sm* contagiri *m*

Tourismus (-) *sm* turismo *m*

Tourist (-en, -en; *f*-in) *sm* turista *m/f*

Toxin (-s, -e) *sn* (*biol*) tossina *f*

Trab (-[e]s) *sm* trotto *m* ● *im T.* al trotto

Trabant (-en, -en) *sm* (*astr*) satellite *m*

traben vi (aus sein/haben) trottare

Tracht (-, -en) sf costume m (tipico)

Tradition (-, -en) sf tradizione f

traditionell a tradizionale

tragbar a portabile, trasportabile

träge a indolente, svogliato

tragen (**trägt, trug, getragen**) vt portare, trasportare ◇ reggere, sostenere ♦ vi (aus haben) dare frutti, produrre

tragend a portante

Träger (-s, -) sm facchino m, detentore m ◇ (edil) trave f ◇ (abb) spallina f, bretella f

Traggurt (-[e]s, -e) sm tracolla f

Trägheit (-) sf pigrizia f ◇ (fis) inerzia f

Tragik (-) sf tragicità f

Tragiker (-s, -) sm tragediografo m

tragikomisch a tragicomico

tragisch a tragico

Tragödie (-, -n) sf tragedia f

Trainer (-s, -) sm (sport) allenatore m

trainieren vi (aus haben) allenarsi ♦ vt allenare ● *sich auf etwas t.* allenarsi per qc

Training (-s, -s) sn allenamento m ● *autogenes T.* training autogeno

Trainingsanzug (-[e]s, Trainingsanzüge) sm tuta f

trällern vt/i (aus haben) canticchiare

trampen vi (aus sein) fare l'autostop

Tramper (-s, -) sm autostoppista m

Träne (-, -n) sf lacrima f ● *mit Tränen in den Augen* con le lacrime agli occhi

tränen vi (aus haben) lacrimare

Transformator (-s, -en) sm (el) trasformatore m

transgen a transgenico

Transit (-s, -e) sm transito m

transitiv a (gramm) transitivo

transparent a trasparente

Transparenz (-) sf trasparenza f

Transpiration (-) sf traspirazione f

Transplantation (-, -en) sf (bot) innesto m ◇ (med) trapianto m

Transport (-[e]s, -e) sm trasporto m

transportieren vt trasportare

Transsexuelle (-n, -n) sm/f transessuale m/f

Transvestit (-en, -en) sm travestito m

Trapez (-es, -e) sn trapezio m

Trapezkünstler (-s, -) sm trapezista m

Traube (-, -n) sf grappolo m

Trauben spl uva f sing

Trauer (-) sf dolore m, tristezza f ◇ lutto m

trauern vi (aus haben) essere afflitto ◇ (um + acc) essere in lutto (per) ● *um etwas t.* deplorare la perdita di qc

Traum (-[e]s, Träume) sm sogno m ● *einen T. haben* fare un sogno

Traumatologie (-) sf (med) traumatologia f

Traumdeutung (-, -en) *sf* interpretazione *f* dei sogni

Träumer (-s, -) *sm* sognatore *m*

traumhaft *a* fantastico

traurig *a* triste, afflitto ◇ triste, doloroso ● **t. werden** rattristarsi

Traurigkeit (-) *sf* tristezza *f*

Trauring (-[e]s, -e) *sm* fede *f*, vera *f*

Trauung (-, -en) *sf* matrimonio *m*

treffen (**trifft, traf, getroffen**) *vt* colpire ◇ incontrare ◆ *vi* (*aus haben, auf + acc*) incontrare, imbattersi (in) ◆ *vpr* (**sich t.**) incontrarsi

Treffen (-s, -) *sn* riunione *f*, incontro *m*

Treffpunkt (-[e]s, -e) *sm* ritrovo *m*

treiben (**trieb, getrieben**) *vt* spingere, condurre ◇ muovere ◇ (*fig*) spingere, indurre ◇ lavorare a sbalzo ◆ *vi* (*aus sein*) galleggiare, andare alla deriva ◇ (*aus haben*) (*bot*) germogliare

Treibriemen (-s, -) *sm* cinghia *f* di trasmissione

Treibstoff (-[e]s, -e) *sm* carburante *m*

trennen *vt* dividere, separare ◆ *vpr* (**sich t.**) dividersi, lasciarsi

Trennung (-, -en) *sf* distacco *m*, divisione *f*, separazione *f*

Treppchen (-s, -) *sn* scaletta *f*

Treppe (-, -n) *sf* scala *f* ● **die T. benutzen** fare le scale; **die T. hinaufgehen/hinuntergehen** salire/scendere le scale

Treppenabsatz (-es, **Treppenabsätze**) *sm* pianerottolo *m*

Treppenhaus (-es, **Treppenhäuser**) *sn* tromba *f* delle scale

Treppenstufe (-, -n) *sf* gradino *m*

Tretboot (-[e]s, -e) *sn* pedalò *m* (*fam*)

treten (**tritt, trat, getreten**) *vt* calpestare, schiacciare ◇ dare una pedata (a) ◆ *vi* (*aus sein*) andare

treu *a* fedele

Treue (-) *sf* fede *f*, fedeltà *f* ● **auf Treu und Glauben** in buona fede

treulos *a* infedele

Triangel (-s, -) *sm* (*geom, mus*) triangolo *m*

Tribüne (-, -n) *sf* tribuna *f*

Trichter (-s, -) *sm* imbuto *m*

Trick (-s, -s/-e) *sm* trucco *m*, astuzia *f*

Trieb (-[e]s, -e) *sm* (*biol*) istinto *m* ◇ impulso *m*, tendenza *f* ◇ (*bot*) germoglio *m*

triebhaft *a* istintivo, impulsivo

Triebtäter (-s, -) *sm* maniaco *m* sessuale

triftig *a* plausibile

trillern *vi* (*aus haben*) gorgheggiare

Trilogie (-, -n) *sf* trilogia *f*

Trimm-dich-Pfad (-[e]s, -e) *sm* percorso *m* vita

trinkbar *a* bevibile, potabile

trinken (**trank, getrunken**) *vt/i* bere

Trinkgeld (-[e]s, -er) *sn* mancia *f*

Trinkhalm (-[e]s, -e) *sm* cannuccia *f*
Trinkspruch (-[e]s, **Trinksprüche**) *sm* brindisi *m*
Tritt (-[e]s, -e) *sm* passo *m* ◊ pedata *f*
Trittbrett (-[e]s, -er) *sn* predellino *m*, pedana *f*
Triumph (-[e]s, -e) *sm* trionfo *m*
triumphal *a* trionfale
triumphieren *vi* (*aus haben*) trionfare
trocken *a* arido, asciutto, secco
Trockenautomat (-en, -en) *sm* asciugatrice *f*
Trockengestell (-[e]s, -e) *sn* stendibiancheria *m*
Trockenheit (-) *sf* aridità *f* ◊ siccità *f*
Trockenobst (-[e]s) *sn* frutta *f* secca
Trockenreinigung (-, -en) *sf* lavaggio *m* a secco
trocknen *vt* asciugare ◊ essiccare ♦ *vi* (*aus sein*) asciugarsi ◊ seccare
trödeln *vi* (*aus haben*) gingillarsi
Trommel (-, -n) *sf* (*mus*) tamburo *m*
trommeln *vi* (*aus haben*) suonare il tamburo
Trommelwirbel (-s, -) *sm* rullo *m* di tamburo
Trompete (-, -n) *sf* (*mus*) tromba *f*
trompeten *vi* (*aus haben*) suonare la tromba
Trompeter (-s, -) *sm* trombettista *m*
Tropen *s pl* (*geogr*) tropici *m pl*
tröpfeln *vi* (*aus haben/sein*) sgocciolare
tropfen *vi* (*aus haben/sein*) gocciolare
Tropfen (-s, -) *sm* goccia *f*
Tropfenfänger (-s, -) *sm* salvagocce *m*
Tropfenzähler (-s, -) *sm* contagocce *m*
Tropfplatte (-, -n) *sf* sgocciolatoio *m*
Trophäe (-, -n) *sf* trofeo *m*
tropisch *a* tropicale
Trost (-es) *sm* consolazione *f*, conforto *m*
trösten *vt* consolare ♦ *vpr* (**sich t.**) consolarsi
tröstlich *a* consolante
trostlos *a* desolato, disperato
trotz *prep* (+ *gen/dat*) malgrado, nonostante
trotzdem *cong* sebbene ♦ *avv* ciononostante, tuttavia
trüb *a* opaco, torbido, fosco ◊ (*fig*) tetro, afflitto
Trubel (-s) *sm* confusione *f*, trambusto *m*
trüben *vt* intorbidare, offuscare ♦ *vpr* (**sich t.**) offuscarsi, rannuvolarsi
Trüffel (-, -n) *sf* (*bot*) tartufo *m*
Trug (-[e]s) *sm* inganno *m*
trügen (**trog, getrogen**) *vt/i* (*aus haben*) illudere, ingannare
trügerisch *a* ingannevole
Truhe (-, -n) *sf* cassapanca *f*
Trümmer *s pl* macerie *f pl*, rovine *f pl* ◊ (*fig*) sfacelo *m sing* ● *in T. gehen* andare in rovina ●

Trunksucht (-) *sf* alcolismo *m*
trunksüchtig *a* alcolizzato
Truthahn (-[e]s, **Truthähne**) *sm* (*zool*) tacchino *m*
Tscheche (-n, -n; *f* **Tschechin**) *sm* ceco *m*
tschechisch *a* ceco
tschüs, tschüss *inter* ciao
T-Shirt (-s, -s) *sn* T-shirt *f*
Tube (-, -n) *sf* tubetto *m*
Tuch (-[e]s, -e/**Tücher**) *sn* tessuto *m*, telo *m* ◊ fazzoletto *m*, foulard *m*
tüchtig *a* bravo, efficiente
Tüchtigkeit (-) *sf* capacità *f*, efficienza *f*
Tuff (-s, -e) *sm* (*geol*) tufo *m*
Tüftelei (-, -en) *sf* pignoleria *f*, meticolosità *f*
Tugend (-, -en) *sf* virtù *f*
tugendhaft *a* virtuoso
Tulpe (-, -n) *sf* (*bot*) tulipano *m*
Tumult (-[e]s, -e) *sm* tumulto *m*
tun (**tat, getan**) *vt* fare ● *es tut mir Leid!* mi spiace!
Tunfisch → **Thunfisch**
Tunnel (-s, -/-s) *sm* traforo *m*, tunnel *m*
Tür (-, -en) *sf* porta *f*, uscio *m*

Turban (-s, -e) *sm* turbante *m*
Turbine (-, -n) *sf* (*tecn*) turbina *f*
Türke (-n, -n; *f* **Türkin**) *sm* turco *m*
Türkis (-es, -e) *sm* (*min*) turchese *m*
türkisch *a* turco
Turm (-[e]s, **Türme**) *sm* torre *f* ◊ campanile *m*
turnen *vi* (*aus haben*) fare ginnastica
Turnen (-s, -) *sn* ginnastica *f*
Turner (-s, -) *sm* ginnasta *m*
Turngerät (-[e]s, -e) *sn* attrezzo *m* ginnico
Turnhalle (-, -n) *sf* palestra *f*
Turnschuhe *s pl* scarpe *f pl* da ginnastica
Tüte (-, -n) *sf* sacchetto *m*, busta *f*
Typ (-s, -en) *sm* tipo *m*
typisch *a* tipico
typographisch, typografisch *a* tipografico
Typologie (-, -n) *sf* tipologia *f*
Tyrann (-en, -en; **Tyrannin**) *sm* tiranno *m*
Tyrannei (-, -en) *sf* tirannia *f*
tyrannisch *a* tirannico

U

U-Bahn (-, -en) *sf* metropolitana *f*
übel *a* cattivo ◊ brutto, sgradevole ◆ *avv* male, malamente ● *ü. gelaunt* di cattivo umore; *ü.*
gesinnt malintenzionato; *ü. nehmen* prendersela a male; *jemandem etwas ü. nehmen* prendersela con qn per qc; *ü. riechend* maleodorante

Übel (-s, -) *sn* male *m* ◇ disgrazia *f*

übelgelaunt* → **übel**

übelgesinnt* → **übel**

Übelkeit (-) *sf* nausea *f*

übelnehmen* → **übel**

übelnehmerisch *a* permaloso

übelriechend* → **übel**

Übelstand (-[e]s, Übelstände) *sm* inconveniente *m*

Übeltat (-, -en) *sf* misfatto *m*, delitto *m*

Übeltäter (-s, -) *sm* malfattore *m*, delinquente *m*

üben *vt* esercitare ◆ *vpr* (**sich** ü.) esercitarsi, impratichirsi

über *prep* (+ *dem* = **überm**, + *den* = **übern**, + *das* = **übers**) ● (+ *dat/acc*, *stato in luogo e moto a luogo*) sopra, su (ES: **die Flasche ist ü. dem Tisch** la bottiglia è sopra il tavolo; **das Flugzeug fliegt ü. die Berge** l'aeroplano vola sopra le montagne) ◇ (+ *acc*) oltre, al di là (ES: **das Postamt ist ü. der Straße** l'ufficio postale è dall'altra parte della strada; **ü. die Grenze flüchten** fuggire oltre il confine) ◇ (+ *acc*) attraverso, passando per (ES: **ich bin nach Frankfurt ü. München gefahren** sono andato a Francoforte passando per Monaco) ◇ (+ *acc*) durante, per (ES: **ü. Nacht** durante la notte) ◇ (+ *acc*) oltre, più di (ES: **es ist schon ü. ein Jahr, dass ich ihm nicht gesehen habe** è da più di un anno che non lo vedo) ● *ü. alles* più di tutto; *ü. die Straße gehen* attraversare la strada

überall *avv* dovunque, ovunque

überarbeiten *vt* rielaborare

überaus *avv* oltremodo, estremamente

Überbau (-[e]s, -ten) *sm* sovrastruttura *f*

überbauen *vt* costruire sopra

überbelegt *a* sovraffollato

überbelichten *vt* (*fot*) sovraesporre

überbezahlt *a* superpagato

überbieten (→ **bieten**) *vt* offrire di più ◇ superare ● *einen Rekord ü.* battere un primato; *jemanden an etwas ü.* superare qn in qc

Überbieten (-s, -) *sn* rilancio *m*

überbleiben (→ **bleiben**) *vi* (*aus sein*) avanzare, rimanere

Überblick (-[e]s, -e) *sm* panorama *m*

überdauern *vt* sopravvivere (a)

Überdosis (-, Dosen) *sf* dose *f* eccessiva ◇ overdose *f* (*di droga*)

überdurchschnittlich *a* superiore alla media

übereinander *avv* uno sopra l'altro ● *ü. legen* sovrapporre

übereinanderlegen* → **übereinander**

übereinstimmen *vi* (*aus haben*) concordare, convenire ● *mit jemandem in etwas ü.* essere d'accordo con qn su qc

Übereinstimmung (-, -en) *sf* congruenza *f*, concordanza *f* ◇ armonia *f*, accordo *m*

überessen 260

sich überessen (→ **essen**) *vpr* (*an + dat*) fare indigestione (di)
überfahren (→ **fahren**) *vt* investire
Überfahrt (-, -en) *sf* traversata *f*
Überfall (-[e]s, Überfälle) *sm* assalto *m*, aggressione *f*
überfallen (überfällt, überfiel, überfallen) *vt* aggredire, assalire ◊ sorprendere
überfliegen (→ **fliegen**) *vt* sorvolare, trasvolare
überfließen (→ **fließen**) *vi* (*aus sein*) traboccare, straripare
Überflug (-[e]s, Überflüge) *sm* trasvolata *f*
Überfluss, Überfluß* (-es) *sm* abbondanza *f* ● *im Ü. leben* vivere nell'abbondanza; *Ü. an etwas haben* abbondare di qc
überflüssig *a* superfluo
überführen (→ **führen**) *vt* trasportare, trasferire
Überführung (-, -en) *sf* trasporto *m*, trasferimento *m* ◊ sopraelevata *f*, viadotto *m*
überfüllt *a* pieno, sovraffollato
Überfüllung (-, -en) *sf* sovraffollamento *m* ● *wegen Ü. geschlossen* chiuso perché al completo
Übergabe (-, -n) *sf* consegna *f* ◊ (*mil*) resa *f*
Übergang (-[e]s, Übergänge) *sm* passaggio *m* ◊ valico *m*
Übergangsmantel (-s, -) *sm* (*abb*) soprabito *m*
übergehen (→ **gehen**) *vt* passare ◊ trasformarsi ● *ineinander ü.* confondersi

Übergewicht (-[e]s, -e) *sn* sovrappeso *m* ◊ (*fig*) predominio *m*, prevalenza *f*
überhaben (→ **haben**) *vt* (*fam*) averne abbastanza (di) (*fam*)
überhandnehmen* → **nehmen**
überhaupt *avv* generalmente, comunemente ◊ assolutamente, affatto ● *ü. nicht* assolutamente no
überheblich *a* prepotente
überheizen *vt* surriscaldare
Überheizung (-) *sf* surriscaldamento *m*
überhöhen *vt* sopraelevare
überholen *vt* sorpassare, superare
Überholspur (-, -en) *sf* corsia *f* di sorpasso
Überholverbot (-[e]s) *sn* divieto *m* di sorpasso
überladen (1) (→ **laden**) *vt* sovraccaricare
überladen (2) *a* oberato, sovraccarico
überlassen (→ **lassen**) *vt* lasciare ◊ cedere, affidare
überlaufen (1) (→ **laufen**) *vi* (*aus sein*) traboccare ◊ (*mil*) disertare
überlaufen (2) (überläuft, überlief, überlaufen) *vt* affollare, gremire ◊ assalire
Überläufer (-s, -) *sm* (*mil*) disertore *m*
überleben *vt* sopravvivere a
Überlebende (-n, -n) *sm/f* superstite *m/f*
überlegen *vt/i* (*aus haben*) pen-

sare, riflettere (su), meditare (su)
Überlegenheit (-) *sf* superiorità *f*
Überlegung (-, -en) *sf* riflessione *f*, meditazione *f* ◇ ponderatezza *f*
überliefern *vt* tramandare, trasmettere
Überlieferung (-, -en) *sf* tradizione *f*
überm → **über**
Übermaß (-[e]s, -e) *sn* dismisura *f*, eccesso *m*
übermäßig *a* esorbitante, esuberante
Übermensch (-en, -en) *sm* superuomo *m*
übermitteln *vt* inoltrare, comunicare, trasmettere
übermorgen *avv* dopodomani
übern → **über**
übernachten *vi* (*aus haben*) pernottare
Übernachtung (-, -en) *sf* pernottamento *m* ● *Ü. mit Frühstück* pernottamento e prima colazione
Übernahme (-, -n) *sf* assunzione *f* ◇ presa *f* in consegna, rilevamento *m*
übernatürlich *a* soprannaturale
übernehmen (→ **nehmen**) *vt* assumere, prendere su di sé, incaricarsi (di)
überprüfen *vt* verificare ◇ ispezionare
Überprüfer (-s, -) *sm* revisore *m*
Überprüfung (-, -en) *sf* revisione *f* ◇ ispezione *f*

überqueren *vt* attraversare
Überquerung (-, -en) *sf* attraversamento *m*, traversata *f*
überraschen *vt* sorprendere
Überraschung (-, -en) *sf* sorpresa *f*
überreden *vt* persuadere ● *sich ü. lassen* lasciarsi convincere
übers → **über**
übersäen *vt* disseminare
überschatten *vt* ombreggiare
Überschlag (-[e]s, **Überschläge**) *sm* preventivo *m* ◇ volteggio *m*, salto *m* mortale
überschlagen (→ **schlagen**) *vt* saltare, tralasciare ◇ calcolare approssimativamente ● *vpr* (**sich ü.**) cappottarsi, capovolgersi ◇ farsi in quattro
überschreiben (→ **schreiben**) *vt* intitolare ◇ (*dir*) intestare
überschreiten (→ **schreiten**) *vt* passare, oltrepassare, valicare ◇ (*fig*) superare, eccedere ◇ (*fig*) trasgredire
Überschrift (-, -en) *sf* titolo *m*, intestazione *f*
Überschuss, **Überschuß*** (-es, **Überschüsse**) *sm* avanzo *m*, eccedenza *f*
überschwänglich, **überschwenglich*** *a* esuberante, entusiastico
Überschwänglichkeit, **Überschwenglichkeit*** (-, -en) *sf* entusiasmo *m*, esaltazione *f*
überschwemmen *vt* inondare
Überschwemmung (-, -en) *sf* inondazione *f*, alluvione *f*

überschwenglich* → **überschwänglich**

Überschwenglichkeit* → **Überschwänglichkeit**

Überseedampfer (-s, -) *sm* (*naut*) transatlantico *m*

übersetzen *vt* tradurre ● *aus dem... ins... ü.* tradurre dal... in...; *etwas frei/sinngemäß/wörtlich ü.* tradurre qc liberamente/a senso/alla lettera

Übersetzer (-s, -) *sm* traduttore *m*

Übersetzung (-, -en) *sf* traduzione *f*

Übersicht (-, -en) *sf* visione *f* d'insieme, quadro *m* ◊ sintesi *f*

übersiedeln *vi* (*aus sein*) trasferirsi, traslocare

überspannt *a* molto teso ◊ stravagante

überspringen (→ **springen**) *vt* saltare, scavalcare ◊ (*fig*) passare, saltare

überstehen (→ **stehen**) *vt* vincere, superare ◊ sopravvivere (a)

übersteigen (**überstieg, überstiegen**) *vt* superare, passare ◊ valicare

Überstunde (-, -n) *sf* straordinario *m* ● *drei Überstunden machen* fare tre ore di straordinario

übertragen (→ **tragen**) *vt* delegare, affidare ◊ trascrivere ◊ tradurre ◊ (*tel*) trasmettere, mandare in onda

Übertragung (-, -en) *sf* (*med*) contagio *m* ◊ trascrizione *f* ◊ traduzione *f* ◊ trasmissione *f*

übertreiben (→ **treiben**) *vt/i* (*aus haben*) esagerare (con), eccedere (in)

übertreten (1) (→ **treten**) *vi* (*aus sein*) straripare ◊ (*über + acc*) oltrepassare ◊ (*zu + dat*) passare (a), convertirsi (a)

übertreten (2) (**übertritt, übertrat, übertreten**) *vt* infrangere, violare

Übertretung (-, -en) *sf* contravvenzione *f*, trasgressione *f*

übertrieben *a* eccessivo

überwachen *vt* sorvegliare, vigilare

Überwachung (-, -en) *sf* sorveglianza *f*, vigilanza *f*

überwältigen *vt* sopraffare

überwältigend *a* travolgente

überweisen (**überwies, überwiesen**) *vt* mandare, trasferire

Überweisung (-, -en) *sf* trasferimento *m*

Überweisungsschein (-[e]s, -e) *sm* impegnativa *f*

überwiegen (→ **wiegen**) *vi* (*aus haben*) prevalere, predominare

überwiegend *a* preponderante ♦ *avv* in prevalenza

überwintern *vi* (*aus haben*) svernare

überzeugen *vt* convincere, persuadere ♦ *vpr* (**sich ü.**) convincersi

überzeugend *a* persuasivo, convincente

Überzeugung (-, -en) *sf* convinzione *f*, persuasione *f* ● *aus Ü.*

per convinzione; *der Ü. sein, dass...* essere convinto che...

überziehen (überzog, überziehen) *vt* ricoprire, rivestire ◆ *vpr* (**sich ü.**) coprirsi • *ein Bett ü.* cambiare le lenzuola

üblich *a* consueto, ordinario, solito • *wie ü.* come al solito

U-Boot (-[e]s, -e) *sn* (*naut*) sommergibile *m*

übrig *a* rimanente, restante • *ü. sein* rimanere

übrigens *avv* del resto, d'altronde

Übung (-, -en) *sf* esercizio *m*

Ufer (-s, -) *sn* riva *f*, sponda *f* • *am U.* sulla riva

Uhr (-, -en) *sf* orologio *m* ◊ *ora f* • *die U. nach-/vorstellen* mettere l'orologio indietro/avanti; *meine U. geht nach/vor* il mio orologio è indietro/avanti; *wie viel U. ist es?* che ore sono

Uhrmacher (-s, -) *sm* orologiaio *m*

Uhrzeit (-, -en) *sf* ora *f*

Uhu (-s, -s) *sm* (*zool*) gufo *m*

Ulme (-, -n) *sf* (*bot*) olmo *m*

ultrarot *a* infrarosso

Ultraschall (-[e]s, -e) *sm* ultrasuono *m*

ultraviolett *a* ultravioletto

um (+ *das* = **ums**) *prep* (+ *acc*) (*luogo*) intorno a (ES: **die Gäste saßen um den Tisch** gli ospiti si sedettero attorno al tavolo) ◊ (*tempo*) a (ES: **um acht Uhr** alle otto) ◊ circa (ES: **die Tasche hat um 150 Euro gekostet** la borsetta è costata circa 150 euro) ◊

per (ES: **nicht um alles in der Welt würde ich...** per niente al mondo vorrei...) ◆ *cong* um zu (+ *inf*) per, affinché, modificare ◆ *um Geld spielen* giocare a soldi

umarbeiten *vt* rielaborare, rimaneggiare, modificare

umarmen *vt* abbracciare

Umarmung (-, -en) *sf* abbraccio *m*

Umbau (-s, -e/-ten) *sm* ricostruzione *f*, restauro *m* • *wegen Umbaus geschlossen* chiuso per restauro

umbauen *vt* ristrutturare

umbrechen (→ **brechen**) *vt* abbattere ◊ dissodare ◆ *vi* (*aus sein*) spezzarsi, rompersi

umbringen (→ **bringen**) *vt* uccidere, ammazzare ◆ *vpr* (**sich u.**) ammazzarsi

umdrehen *vt* rivoltare, girare

Umfang (-[e]s) *sm* estensione *f*, mole *f* ◊ dimensioni *f pl* ◊ (*geom*) circonferenza *f*, perimetro *m*

umfangreich *a* voluminoso

umfassen *vt* avvolgere ◊ circondare, recintare ◊ comprendere, essere composto (di)

umfassend *a* esteso

Umformer (-s, -) *sm* (*el*) trasformatore *m*

Umformung (-, -en) *sf* trasformazione *f*

Umfrage (-, -en) *sf* inchiesta *f*, sondaggio *m*

umfüllen *vt* travasare

Umgang (-[e]s, Umgänge) *sm*

Umgangssprache relazione f, rapporti m pl, compagnia f

Umgangssprache (-) sf lingua f corrente

umgangssprachlich a colloquiale

umgeben (→ **geben**) vt cingere, circondare

Umgebung (-) sf dintorni m pl ◊ (anche inform) ambiente m

Umgehungsstraße (-, -n) sf circonvallazione f, tangenziale f

umgekehrt a inverso, opposto ♦ avv viceversa, al contrario

umgraben (→ **graben**) vt vangare

umher avv in giro, intorno

umhergehen (→ **gehen**) vi (aus sein) girovagare

umherziehen (→ **ziehen**) vi (aus sein) girare

umherziehend a girovago

Umkehr (-) sf ritorno m ◊ inversione f

umkehrbar a reversibile

umkehren vt invertire ♦ vi (aus sein) ritornare

umkippen vt ribaltare ♦ vi (aus sein) ribaltarsi, rovesciarsi

sich umkleiden vpr cambiarsi (di vestito)

Umkreis (-es, -e) sm raggio m, giro m, vicinanze f pl ◊ cerchia f

umladen (→ **laden**) vt trasbordare

Umladung (-, -en) sf trasbordo m

Umlauf (-[e]s) sm circolazione f ◊ (astr) rivoluzione f • **aus dem U. ziehen** ritirare dalla circolazione

Umlaufbahn (-, -en) sf (astr) orbita f

umlaufen (→ **laufen**) vi (aus sein) ruotare, girare

umlaufend a circolante

Umleitung (-, -en) sf deviazione f

umliegend a circostante

umranden vt orlare, contornare

umreißen (→ **reißen**) vt delineare, abbozzare

Umriss, Umriß* (-es, -e) sm contorno m, profilo m

umrühren vt rimescolare

ums → **um**

Umschlag (-[e]s, Umschläge) sm busta f ◊ copertina f ◊ mutamento m

umschlagen (→ **schlagen**) vt rovesciare, rivoltare ◊ abbattere ♦ vi (aus sein) capovolgersi, ribaltarsi ◊ cambiare improvvisamente

Umschlagplatz (-es, Umschlagplätze) sm interporto m

umschreiben (1) (→ **schreiben**) vt trascrivere, ricopiare

umschreiben (2) (umschrieb, umschrieben) vt delimitare, definire ◊ (geom) circoscrivere ◊ parafrasare

Umschreibung (1) (-, -en) sf trascrizione f ◊ rifacimento m

Umschreibung (2) (-, -en) sf delimitazione f ◊ perifrasi f

Umsicht (-) sf circospezione f, prudenza f

umsichtig a prudente

umsonst *avv* gratis, gratuitamente ◇ inutilmente, invano

Umstand (-[e]s, **Umstände**) *sm* circostanza *f* ◇ caso *m*, evenienza *f* ◇ condizione *f*

umsteigen (→ **steigen**) *vi* cambiare (*mezzo di trasporto*)

umstellen *vt* cambiare, spostare ◇ trasformare, adattare ♦ *vpr* (**sich u.**) (*auf* + *acc*) adattarsi (a), uniformarsi (a)

Umstellung (-, -en) *sf* spostamento *m* ◇ adattamento *m*, trasformazione *f*

Umsturz (-es, **Umstürze**) *sm* ribaltamento *m* ◇ sovvertimento *m*

umstürzen *vt* travolgere, sovvertire

Umstürzler (-s, -) *sm* sovversivo *m*

Umtausch (-[e]s, -e) *sm* cambio *m*, permuta *f*

umtauschen *vt* cambiare, convertire

Umwelt (-, -en) *sf* ambiente *m*

umweltbedingt *a* ambientale

umweltkompatibel *a* ecocompatibile

Umweltschutz (-es) *sm* protezione *f* ambientale, ecologia *f*

Umweltschutzpapier (-s, -) *sn* carta *f* riciclata

umweltverträglich *a* ecocompatibile

Umweltzeichen (-s, -) *sn* ecolabel *f*

umwenden (→ **wenden**) *vt* voltare, girare ♦ *vpr* (**sich u.**) voltarsi, girarsi

umwickeln *vt* bendare

umziehen (→ **ziehen**) *vi* (*aus sein*) traslocare, trasferirsi ♦ *vpr* (**sich u.**) cambiarsi (*vestito*)

Umzug (-[e]s, **Umzüge**) *sm* trasferimento *m*, trasloco *m* ◇ (*relig*) processione *f* ◇ corteo *m*

unabhängig *a* indipendente ♦ *avv* indipendentemente

unabsichtlich *a* involontario

unähnlich *a* dissimile

unangebracht *a* inopportuno

unangemessen *a* inadeguato

unangenehm *a* fastidioso, spiacevole ● **es ist mir sehr u.** mi dispiace molto; **u. werden** diventare sgradevole

unannehmbar *a* inaccettabile

Unannehmlichkeit (-, -en) *sf* inconveniente *m*, fastidio *m*

unanständig *a* indecente, osceno

Unart (-, -en) *sf* maleducazione *f*

unartig *a* maleducato

unauffindbar *a* introvabile

unaufhaltbar *a* incontenibile

unaufhaltsam *a* inarrestabile

unaufmerksam *a* disattento

unaufschiebbar *a* improrogabile, urgente

unausbleiblich *a* immancabile

unauslöschlich *a* indelebile

unbearbeitet *a* grezzo

unbedeutend *a* irrilevante, insignificante

unbedingt *a* assoluto ♦ *avv* assolutamente, in ogni caso

unbefangen *a* disinvolto ◇ imparziale

unbefugt *a* non autorizzato ◇

abusivo ● *Unbefugten ist der Zutritt verboten* vietato l'accesso ai non addetti
unbegrenzt *a* illimitato
unbegründet *a* infondato
unbeholfen *a* goffo
unbekannt *a* ignoto, sconosciuto ◊ *(mat)* incognito
unbekümmert *a* incurante
unbeladen *a* scarico
unbelebt *a* inanimato
unbeliebt *a* impopolare, malvisto
unbequem *a* scomodo, disagevole
unberührt *a* intatto
Unbescheidenheit (-, -en) *sf* presunzione *f*
unbeseelt *a* senz'anima
unbesetzt *a* vacante
unbesiegbar *a* imbattibile, invincibile
unbesorgt *a* spensierato
unbeständig *a* incostante, instabile, variabile
unbestechlich *a* incorruttibile
unbestimmt *a* impreciso, indeterminato ● *auf unbestimmte Zeit* a tempo indeterminato
Unbestimmtheit (-, -en) *sf* indeterminatezza *f* ◊ incertezza *f*
unbestreitbar *a* indiscutibile
unbestritten *a* indiscusso ◊ sicuro, certo ● *es ist u., dass...* è certo che...
unbetont *a* atono
unbeträchtlich *a* trascurabile
unbeugsam *a* inflessibile
unbewacht *a* incustodito
unbeweglich *a* immobile
unbewohnbar *a* inabitabile
unbewohnt *a* disabitato
unbewusst, unbewußt* *a* inconsapevole, inconscio ● *das ist mir u.* non me ne sono reso conto
Unbewusstheit, Unbewußtheit* (-) *sf* inconsapevolezza *f* ◊ *(psic)* inconscio *m*
Unbildung (-) *sf* mancanza *f* di cultura
und *cong* e ◊ *(mat)* più ● *u. ob* eccome!; *u. so weiter* eccetera
undankbar *a* ingrato
undenkbar *a* impensabile
undenklich *a* immemorabile
undeutlich *a* indistinto, offuscato
undurchsichtig *a* opaco
unecht *a* falso, posticcio
unehelich *a* illegittimo
unehrlich *a* disonesto
Uneinigkeit (-, -en) *sf* disaccordo *m*, discordia *f*
uneinnehmbar *a* inespugnabile
Unempfindlichkeit (-, -en) *sf* insensibilità *f*, indifferenza *f*
unendlich *a* immenso, infinito ● *u. klein* infinitesimale
Unendliche (-n) *sn* infinito *m*
unentbehrlich *a* indispensabile
Unentschieden (-s, -) *sn* (sport) pareggio *m*
unentschlossen *a* perplesso
unentschuldigt *a* ingiustificato
unentzifferbar *a* indecifrabile
unerfahren *a* incompetente, inesperto
Unerfahrenheit (-) *sf* inesperienza *f*, imperizia *f*

unerforscht *a* inesplorato
unerfreulich *a* spiacevole
unergreifbar *a* inafferrabile
unergründlich *a* impenetrabile
unerheblich *a* irrisorio
unerhört *a* inascoltato, inaudito
unerklärlich *a* inspiegabile
unerlaubt *a* illecito
unermesslich, unermeßlich* *a* incalcolabile, smisurato
unermüdlich *a* instancabile
unerreichbar *a* irraggiungibile, inaccessibile ◊ ineguagliabile
unersättlich *a* insaziabile, incontentabile
unerschöpflich *a* inesauribile
unerschütterlich *a* impassibile, imperturbabile
unersetzlich *a* insostituibile
unerträglich *a* insopportabile
unerwünscht *a* sgradito, indesiderato
unfähig *a* incapace, incompetente ◊ inabile
Unfall (-[e]s, **Unfälle**) *sm* incidente *m*, infortunio *m*
unfehlbar *a* infallibile
unförmig *a* deforme
unfrei *a* non libero ◊ impacciato ◊ non affrancato
unfreiwillig *a* involontario
unfreundlich *a* scortese, sgarbato ♦ *avv* freddamente
Unfruchtbarkeit (-, -en) *sf* sterilità *f*
unfühlbar *a* impalpabile
Ungar (-n, -n; *f* -in) *sm* ungherese *m/f*
ungarisch *a* ungherese
ungastlich *a* inospitale
Ungebildete (-n, -n) *sm/f* illetterato *m* ◊ maleducato *m*
ungeboren *a* nascituro
ungebräuchlich *a* obsoleto
ungedeckt *a* scoperto (*anche fin*) ◊ (*anche sport*) smarcato
Ungeduld (-) *sf* impazienza *f*
ungeeignet *a* improprio, inadatto
ungefähr *a* approssimativo ♦ *avv* circa, pressappoco
ungefährlich *a* inoffensivo
ungehemmt *a* libero ◊ (*fig*) disinibito
ungeheuer *a* immane, ingente
Ungeheuer (-s, -) *sn* mostro *m*
ungeheuerlich *a* mostruoso
ungehörig *a* sconveniente, disdicevole
ungehorsam *a* disubbidiente
ungelegen *a* inopportuno ♦ *komme ich u.?* disturbo?
ungenau *a* impreciso
Ungenauigkeit (-, -en) *sf* inesattezza *f*
ungenießbar *a* immangiabile
ungenügend *a* insufficiente
ungepflegt *a* malmesso, trasandato
ungerade *a* dispari
ungerecht *a* ingiusto
ungerechtfertigt *a* ingiustificato
Ungerechtigkeit (-, -en) *sf* ingiustizia *f*
ungern *avv* controvoglia, malvolentieri
ungeschickt *a* maldestro
ungeschlacht *a* rozzo, grossolano

ungesellig *a* scostante
ungesetzlich *a* illegale
ungestört *a* indisturbato
ungestraft *a* impunito ♦ *avv* impunemente
ungestüm *a* irruente, impetuoso
ungesund *a* malsano
ungewiss, ungewiß* *a* dubbio, incerto
ungewöhnlich *a* insolito
ungewohnt *a* inconsueto
Ungeziefer (-s) *sn* parassiti *m pl*
ungezogen *a* maleducato, incivile, villano
Ungezogenheit (-, -en) *sf* inciviltà *f*, maleducazione *f*
ungezwungen *a* volontario, spontaneo
Unglaube (-ns, -n) *sm* incredulità *f* ◊ (*relig*) miscredenza *f*
unglaubhaft *a* incredibile
Ungläubige (-n, -n) *sm/f* miscredente *m/f*
unglaublich *a* incredibile
unglaubwürdig *a* inattendibile
ungleich *a* differente, diverso
Ungleichung (-, -en) *sf* (*mat*) disequazione *f*
Unglück (-[e]s, -e) *sn* disgrazia *f* ◊ sventura *f* ◊ sfortuna *f*
unglücklich *a* infelice, sfortunato
unglücklicherweise *avv* disgraziatamente
ungültig *a* non valido, scaduto ● *u. werden* scadere
ungünstig *a* sfavorevole, svantaggioso
unhaltbar *a* insostenibile

unharmonisch *a* disarmonico
Unheil (-[e]s, -e) *sn* calamità *f*, disgrazia *f*, malanno *m*
unheilbar *a* incurabile, inguaribile
unheilvoll *a* nefasto
unheimlich *a* inquietante, sinistro
unhöflich *a* sgarbato, scortese
Uniform (-, -en) *sf* divisa *f*
universal *a* universale
Universität (-, -en) *sf* università *f*
Universum (-s) *sn* universo *m*
unkenntlich *a* irriconoscibile
Unkenntnis (-, -se) *sf* ignoranza *f*
unkeusch *a* lussurioso
unklar *a* poco chiaro, nebuloso
unkorrekt *a* scorretto
Unkorrektheit (-, -en) *sf* scorrettezza *f*
Unkraut (-[e]s, **Unkräuter**) *sn* erbaccia *f*
unkundig *a* inesperto
unleugbar *a* innegabile
unlösbar *a* insolubile
Unlust (-) *sf* svogliatezza *f* ● *mit U.* di malavoglia
Unmenge (-, -n) *sf* infinità *f*, miriade *f*
unmenschlich *a* disumano
unmerklich *a* impercettibile
unmöglich *a* impossibile
Unmöglichkeit (-) *sf* impossibilità *f*
unnachgiebig *a* intransigente
unnahbar *a* inavvicinabile
unnatürlich *a* innaturale
unnötig *a* inutile, superfluo

unnütz *a* inutile
unordentlich *a* disordinato
Unordnung (-) *sf* disordine *m*, confusione *f* ● *etwas in U. bringen* mettere qc in disordine
unpaarig *a* dispari
Unparteilichkeit (-) *sf* imparzialità *f*, obiettività *f*
unpassend *a* improprio, inopportuno
unpersönlich *a* impersonale
unrecht *a* sbagliato
Unrecht (-[e]s, -e) *sn* torto *m*
unrechtmäßig *a* illecito
unregelmäßig *a* irregolare ● *avv* saltuariamente
Unregelmäßigkeit (-, -en) *sf* irregolarità *f*
unreif *a* acerbo ◇ *(fig)* immaturo
unrein *a* sudicio, sporco ◇ *(fig)* impuro
Unruhe (-, -n) *sf* inquietudine *f*, agitazione *f*, ansia *f*
unruhig *a* agitato, inquieto
uns (*dat e acc di* → **wir**) (*dat*) a noi, ci ◇ (*acc*) noi, ci
unschädlich *a* innocuo
unscharf *a* indistinto, impreciso ◇ sfocato
unschätzbar *a* inestimabile
unschlüssig *a* perplesso, indeciso
Unschlüssigkeit (-, -en) *sf* perplessità *f*, indecisione *f*
Unschuld (-) *sf* innocenza *f* ◇ candore *m*, ingenuità *f*
unschuldig *a* innocente
unser (*f* uns(e)re, *n* unser; *pl* uns(e)re) *a/pr.poss* nostro (*f* nostra; *pl m* nostri, *f* nostre)

unsicher *a* incerto, malfermo
Unsicherheit (-) *sf* incertezza *f*, insicurezza *f*
unsichtbar *a* invisibile
Unsinn (-[e]s, -e) *sm* assurdità *f* ◇ sciocchezze *f pl*
unsinnig *a* assurdo, insensato ◇ sciocco
unsittlich *a* immorale
unsterblich *a* immortale
Unsterblichkeit (-) *sf* immortalità *f*
unstimmig *a* discorde ◇ (*mus*) dissonante
unsympathisch *a* antipatico
Untat (-, -en) *sf* misfatto *m*, delitto *m*
untätig *a* inattivo, passivo
unteilbar *a* indivisibile
unten *avv* in basso, sotto, giù ● *er ist bei mir u. durch* (*fam*) non ho più stima di lui; *siehe u.!* vedi sotto
unter *prep* (+ *dem* = **unterm**, + *den* = **untern**, + *das* = **unters**) (+ *dat/acc*, stato in luogo e moto a luogo*)* sotto (ES: **die Schlange kroch u. den Baum** il serpente strisciò sotto la pianta; **die Katze ist u. dem Tisch** il gatto è sotto il tavolo) ◇ (+ *dat*) al di sotto di (ES: **ich kann nur eine Miete u. 600 Euro bezahlen** posso pagare soltanto un affitto al di sotto di 600 euro) ◇ (+ *dat*) fra, tra, in mezzo a (ES: **u. uns gesagt** detto tra noi) ● *nicht einer u. hundert* non uno su cento; *u. anderem* tra l'altro

Unterarm (-[e]s, -e) *sm* (*anat*) avambraccio *m*

Unterbau (-[e]s, -ten) *sm* (*edil*) fondamenta *f pl* ◇ (*fig*) fondamento *m*

Unterbewusstsein, Unterbewußtsein* (-s) *sn* (*psic*) subconscio *m*

unterbrechen (→ **brechen**) *vt* interrompere, sospendere ♦ *vpr* (**sich u.**) interrompersi

Unterbrechung (-, -en) *sf* sospensione *f*, interruzione *f*

unterbrochen *a* sospeso

Unterdruck (-[e]s, **Unterdrücke**) *sm* (*fis*) depressione *f* ◇ (*meteor*) bassa pressione *f*

unterdrücken *vt* reprimere, stroncare

Unterdrückung (-, -en) *sf* oppressione *f*, repressione *f*

untere *a* inferiore

unterentwickelt *a* sottosviluppato

Unterentwicklung (-) *sf* sottosviluppo *m*, arretratezza *f*

unterernährt *a* denutrito

Unterernährung (-, -en) *sf* denutrizione *f*

Unterführung (-, -en) *sf* sottopassaggio *m*

Untergang (-[e]s, **Untergänge**) *sm* tramonto *m* ◇ (*fig*) tramonto *m*, declino *m* ◇ (*naut*) naufragio *m*

untergehen (→ **gehen**) *vi* (*aus sein*) tramontare ◇ (*fig*) declinare ◇ (*naut*) affondare

Untergeschoss, Untergeschoß* (-es, -e) *sn* sotterraneo *m*

Untergrund (-[e]s, **Untergründe**) *sm* fondo *m* ◇ (*geol*) sottosuolo *m* ◇ (*arch*) base *f*, fondamento *m*

Untergrundbahn (-, -en) *sf* metropolitana *f* sotterranea

Unterhalt (-[e]s, -e) *sm* mantenimento *m*, sostentamento *m*

unterhalten (→ **halten**) *vt* mantenere, sostentare ◇ intrattenere, divertire ♦ *vpr* (**sich u.**) conversare, intrattenersi ◇ divertirsi

Unterhaltung (-, -en) *sf* conversazione *f* ◇ divertimento *m*, passatempo *m* ◇ manutenzione *f* ◇ mantenimento *m* ● *gute U.!* buon divertimento!

Unterholz (-es) *sn* sottobosco *m*

Unterhose (-, -n) *sf* mutande *f pl*

Unterkiefer (-s, -) *sm* (*anat*) mandibola *f*

Unterkunft (-, **Unterkünfte**) *sf* alloggio *m*

Unterlage (-, -n) *sf* supporto *m*, sostegno *m* ◇ (*pl*) documentazione *f*, documenti *m pl*

unterlassen (→ **lassen**) *vt* tralasciare, omettere ◇ trascurare ◇ smettere ● *es u. zu..* astenersi da..

Unterlassung (-, -en) *sf* omissione *f*

Unterlegenheit (-) *sf* inferiorità *f*

Unterleib (-[e]s, -er) *sm* (*anat*) addome *m*

unterm → **unter**

untern → **unter**
unternehmen (→ **nehmen**) *vt* intraprendere ● *es u. zu...* prendersi l'incarico di...
Unternehmen (-s, -) *sn* impresa *f* ◊ azienda *f* ◊ (*mil*) operazione *f*
Unternehmer (-s, -) *sm* imprenditore *m*
Unterricht (-[e]s, -e) *sm* lezione *f*
unterrichten *vt* insegnare
unters → **unter**
untersagen *vt* proibire, vietare
Untersagung (-, -en) *sf* divieto *m*, proibizione *f*
Untersatz (-es, **Untersätze**) *sm* base *f*, supporto *m* ◊ piattino *m*, sottobicchiere *m*
unterscheiden (**unterschied, unterschieden**) *vt* distinguere
Unterscheidung (-, -en) *sf* distinzione *f*
Unterschied (-[e]s, -e) *sm* differenza *f*, distinzione *f* ● *einen U. machen* distinguere; *im U. zu* a differenza di
unterschlagen (→ **schlagen**) *vt* sottrarre ◊ nascondere, celare
Unterschlupf (-[e]s, -e/**Unterschlüpfe**) *sm* riparo *m*, nascondiglio *m*
unterschreiben (→ **schreiben**) *vt* firmare
Unterschrift (-, -en) *sf* firma *f*
Unterseeboot (-[e]s, -e) *sn* (*naut*) sottomarino *m*
unterstützen *vt* sovvenzionare, fiancheggiare ◊ aiutare, assistere
Unterstützung (-, -en) *sf* sostegno *m*, appoggio *m* ◊ sussidio *m*
untersuchen *vt* indagare, investigare ◊ esaminare, analizzare ◊ (*med*) visitare
Untersuchung (-, -en) *sf* analisi *f*, esame *m*, indagine *f* ◊ verifica *f*, controllo *m* ◊ (*med*) visita *f*
Untertan (-s/-en, -en; *f* -in) *sm* suddito *m*
untertauchen *vi* (*aus sein*) immergersi ◊ sparire
unterteilen *vt* frazionare, suddividere
Untertitel (-s, -) *sm* sottotitolo *m*
untertiteln *vt* sottotitolare
untertreiben (**untertrieb, untertrieben**) *vt* sminuire, minimizzare
untervermieten *vt* subaffittare
Unterwäsche (-, -n) *sf* biancheria *f* intima
Unterwelt (-) *sf* inferi *m pl*, inferno *m* ◊ bassifondi *m pl*, malavita *f*
unterwerfen (→ **werfen**) *vt* sottomettere, assoggettare ♦ *vpr* (**sich u.**) sottomettersi
unterzeichnen *vt* firmare, sottoscrivere
Unterzeichner (-s, -) *sm* firmatario *m*
Unterzeichnete (-n, -n) *sm/f* sottoscritto *m*
Unterzeichnung (-, -en) *sf* sottoscrizione *f*
untrennbar *a* inseparabile
untreu *a* infedele
Untreue (-, -n) *sf* infedeltà *f*

unüberlegt *a* impulsivo, precipitoso
unübersetzbar *a* intraducibile
unumgänglich *a* indispensabile
unumschränkt *a* illimitato, assoluto • *unumschränkte Gewalt* potere assoluto
ununterbrochen *a* incessante, ininterrotto
ununterschieden *a* indifferenziato
unveränderlich *a* immutabile, inalterabile
unverändert *a* immutato, stazionario
unverantwortlich *a* irresponsabile, incosciente
unveräußerlich *a* inalienabile
unverdächtig *a* insospettabile
unverdaulich *a* indigesto
unverdaut *a* non digerito
unverderblich *a* incorruttibile
unvergesslich, unvergeßlich* *a* indimenticabile
unvergleichbar *a* incomparabile
unvergleichlich *a* impareggiabile, inimitabile
unverhältnismäßig *a* sproporzionato ♦ *avv* eccessivamente
unverhofft *a* insperato, inatteso
unverkäuflich *a* invendibile
unverkennbar *a* inconfondibile
unverletzt *a* illeso
unvermeidbar *a* ineluttabile
unvermeidlich *a* immancabile, inevitabile ♦ *avv* immancabilmente
Unvermögen (**-s, -**) *sn* incapacità *f*

unvermutet *a* imprevisto
Unvernunft (**-, -en**) *sf* insensatezza *f*
unvernünftig *a* irragionevole, insensato
unveröffentlicht *a* inedito
unverschämt *a* sfacciato, impertinente, impudente
Unverschämtheit (**-, -en**) *sf* insolenza *f*, sfacciataggine *f*
unversöhnlich *a* inconciliabile ◊ implacabile
unverständlich *a* incomprensibile
unverwechselbar *a* inconfondibile
unverwendbar *a* inservibile, inutilizzabile
unverwundbar *a* invulnerabile
unverzeihlich *a* imperdonabile
unvollendet *a* incompiuto
unvollständig *a* incompleto
unvorbereitet *a* impreparato
unvorhergesehen *a* imprevisto
unvorhersehbar *a* imprevedibile
unvorsichtig *a* imprudente
Unvorsichtigkeit (**-, -en**) *sf* imprudenza *f*
unvorstellbar *a* inconcepibile, inimmaginabile
unvorteilhaft *a* sfavorevole
Unwahrheit (**-, -en**) *sf* menzogna *f*, falsità *f*
unwahrscheinlich *a* improbabile, inverosimile
unwesentlich *a* irrilevante
Unwetter (**-s, -**) *sn* temporale *m*, intemperie *f pl*
unwiderstehlich *a* irresistibile

unwiederholbar *a* irripetibile
Unwille (-ns) *sm* irritazione *f*, sdegno *m* • *mit Unwillen* di malavoglia
unwillig *a* irritato, risentito
unwirklich *a* immaginario, irreale
Unwirklichkeit (-) *sf* irrealtà *f*
unwissend *a* ignaro
Unwissenheit (-) *sf* ignoranza *f*
unwohl *a* indisposto • *sich u. fühlen* non sentirsi a proprio agio
Unwohlsein (-s) *sn* indisposizione *f*
unwürdig *a* immeritevole, indegno
Unzahl (-, -en) *sf* miriade *f*, moltitudine *f*
unzählig *a* innumerevole
Unze (-, -n) *sf* oncia *f*
unzerstörbar *a* indistruttibile
unzertrennlich *a* indivisibile
Unzucht (-, -en) *sf* lussuria *f* ◊ atto *m* osceno
unzufrieden *a* insoddisfatto, scontento • *mit etwas u. sein* essere insoddisfatto di qc
unzugänglich *a* inaccessibile
unzulässig *a* inammissibile, illecito
unzurechnungsfähig *a* (*dir*) incapace di intendere e volere
unzuverlässig *a* inaffidabile
üppig *a* rigoglioso, folto, prosperoso
Üppigkeit (-) *sf* opulenza *f*, abbondanza *f*
uralt *a* stravecchio
Uran (-s) *sn* (*chim*) uranio *m*

Uraufführung (-, -en) *sf* (*teat*) prima *f*
urbar *a* coltivabile • *u. machen* dissodare, bonificare
Urbarmachung (-, -en) *sf* bonifica *f*
Urbild (-[e]s, -er) *sn* archetipo *m*
Ureinwohner (-s, -) *sm* aborigeno *m*
Urgeschichte (-, -n) *sf* preistoria *f*
Urgroßeltern *s pl* bisnonni *m pl*
Urgroßmutter (-, **Urgroßmütter**) *sf* bisnonna *f*
Urgroßvater (-s, **Urgroßväter**) *sm* bisnonno *m*
Urheber (-s, -) *sm* autore *m*, creatore *m*
Urheberrecht (-[e]s, -e) *sn* (*dir*) diritto *m* d'autore
Urin (-s, -e) *sm* (*biol*) urina *f*
Urkunde (-, -n) *sf* documento *m*, atto *m*
Urlaub (-[e]s, -e) *sm* vacanza *f*, ferie *f pl* ◊ (*mil*) licenza *f*
Urlauber (-s, -) *sm* villeggiante *m*
Urmensch (-en, -en) *sm* uomo *m* preistorico
Urne (-, -n) *sf* urna *f*
Urologe (-n, -n; *f* **Urologin**) *sm* urologo *m*
Ursache (-, -n) *sf* origine *f*, causa *f*
ursächlich *a* causale • *in ursächlichem Zusammenhang stehen* essere in rapporto causale
Ursprung (-[e]s, **Ursprünge**) *sm* origine *f*, provenienza *f*

ursprünglich *a* originario, iniziale ◊ originale, naturale

Urteil (-s, -e) *sn* (*dir*) giudizio *m*, sentenza *f*, verdetto *m* ◊ opinione *f*, giudizio *m* • *ein U. fällen* pronunciare una sentenza; *sich ein U. über etwas bilden* farsi un'idea di qc

urteilen *vi* (*aus haben*) giudicare

Urteilsspruch (-[e]s, -e) *sm* sentenza *f*, verdetto *m*

Urvater (-s, **Urväter**) *sm* progenitore *m*

Urwald (-[e]s, **Urwälder**) *sm* foresta *f* vergine

Utopie (-, -n) *sf* utopia *f*

utopisch *a* utopistico

V

Vagabund (-en, -en; *f*-in) *sm* vagabondo *m*

vakuumverpackt *a* confezionato sottovuoto

Vanille (-) *sf* vaniglia *f*

Vase (-, -n) *sf* vaso *m*

Vaseline (-) *sf* vaselina *f*

Vater (-s, **Väter**) *sm* padre *m*

Vaterland (-[e]s) *sn* madrepatria *f*

Vaterlandsliebe (-, -n) *sf* patriottismo *m*

väterlich *a* paterno

Vatermord (-[e]s, -e) *sm* parricidio *m*

Vatermörder (-s, -) *sm* parricida *m*

Vaterschaft (-) *sf* paternità *f*

Vati (-s, -s) *sm* (*fam*) papà *m* (*fam*)

Vegetarier (-s, -) *sm* vegetariano *m*

Vegetation (-, -en) *sf* vegetazione *f*

Vehikel (-s, -) *sn* catorcio *m*, macinino *m* ◊ (*fig*) veicolo *m*

Veilchen (-s, -) *sn* (*bot*) viola *f*

Vektor (-s, -en) *sm* (*fis*) vettore *m*

Vene (-, -n) *sf* (*anat*) vena *f*

Ventil (-s, -e) *sn* (*tecn*) valvola *f*

Ventilation (-, -en) *sf* ventilazione *f*

Ventilator (-s, -en) *sm* ventilatore *m*

ventilieren *vt* ventilare

Venusmuschel (-, -n) *sf* (*zool*) vongola *f*

verabreden *vt* stabilire, concordare ◊ *vpr* (*sich v.*) darsi appuntamento • *mit jemandem verabredet sein* avere un appuntamento con qn

Verabredung (-, -en) *sf* appuntamento *m* • *eine V. absagen* disdire un appuntamento

verabscheuen *vt* detestare

verabschieden *vt* congedare ◊ (*dir*) varare

verachten *vt* disprezzare

verächtlich *a* sprezzante, spregevole

Verbindung

Verachtung (-, -en) *sf* disprezzo *m*

verallgemeinern *vt* generalizzare

veraltet *a* antiquato, fuori moda

veränderbar *a* modificabile

veränderlich *a* mutevole, volubile

verändern *vt* modificare, cambiare ♦ *vpr* (**sich v.**) modificarsi

Veränderung (-, -en) *sf* modifica *f*, mutamento *m* ● **klimatische Veränderungen** mutamenti climatici

verankern *vt* ancorare, ormeggiare

veranlassen *vt* spingere, indurre ◊ predisporre, ordinare ● *ich werde v., dass...* faccio in modo che...

Veranlassung (-, -en) *sf* motivo *m*, ragione *f* ◊ ordine *m*, disposizione *f*

veranstalten *vt* disporre, preparare, organizzare

Veranstalter (-s, -) *sm* organizzatore *m*

Veranstaltung (-, -en) *sf* manifestazione *f*

verantworten *vt* rispondere (di), assumersi la responsabilità (di) ♦ *vpr* (**sich v.**) giustificarsi

verantwortlich *a* responsabile ● *für etwas v. sein* essere responsabile di qc

Verantwortung (-, -en) *sf* responsabilità *f*

verantwortungslos *a* irresponsabile

Verb (-s, -en) *sn* (*gramm*) verbo *m*

Verband (-[e]s, Verbände) *sm* (*med*) fasciatura *f*, medicazione *f* ◊ lega *f*, associazione *f*, federazione *f*

Verbandsmull (-[e]s, -e) *sm* garza *f*

Verbandswatte (-, -n) *sf* cotone *m* idrofilo

Verbannte (-n, -n) *sm/f* esule *m/f*

Verbannung (-, -en) *sf* esilio *m*

verbergen (**verbirgt, verbarg, verborgen**) *vt* nascondere, occultare, mascherare ♦ *vpr* (**sich v.**) nascondersi

verbessern *vt* migliorare, ottimizzare, perfezionare ◊ correggere

Verbesserung, Verbeßrung (-, -en) *sf* miglioramento *m*, perfezionamento *m*, ritocco *m* ◊ correzione *f*

sich verbeugen *vpr* inchinarsi, fare un inchino

Verbeugung (-, -en) *sf* inchino *m*, riverenza *f*

verbieten (**verbot, verboten**) *vt* proibire, vietare ● *ein Buch v.* mettere un libro all'indice

verbinden (**verband, verbunden**) *vt* bendare, fasciare ◊ collegare ♦ *vpr* (**sich v.**) unirsi

verbindlich *a* gentile ◊ vincolante, obbligatorio

Verbindlichkeit (-, -en) *sf* gentilezza *f* ◊ obbligo *m* ◊ (*pl*) debiti *m pl*

Verbindung (-, -en) *sf* congiungimento *m*, raccordo *m* ◊ nesso *m*, relazione *f* ◊ unione *f* ● *mit jemandem in V. stehen* essere

verbittern

in relazione con qn; *sich in V. setzen mit jemandem* mettersi in contatto con qn

verbittern *vt* amareggiare, inasprire ♦ *vi (aus haben)* essere amareggiato ◊ inasprirsi

verblassen *vi (aus sein)* stingere ◊ impallidire

verblenden *vt* rivestire ◊ abbagliare

Verblendung (-, -en) *sf* rivestimento *m* ◊ abbaglio *m*

verblüffen *vt* sbalordire, stupire

verblühen *vi (aus sein)* sfiorire

verbluten *vi (aus sein)* dissanguarsi

verborgen *a* latente, nascosto

Verbot (-[e]s, -e) *sn* divieto *m*, proibizione *f*

verboten *a* vietato

verbrannt *a* bruciato ◊ scottato, ustionato

Verbrauch (-[e]s, Verbräuche) *sm* consumo *m*

verbrauchen *vt* consumare ◊ logorare, esaurire ♦ *vpr* (**sich v.**) esaurirsi

Verbraucher (-s, -) *sm* consumatore *m*

Verbrechen (-s, -) *sn* delitto *m*, reato *m*

Verbrecher (-s, -) *sm* criminale *m*, delinquente *m*

verbreiten *vt* diffondere, divulgare ◊ disseminare, spargere ♦ *vpr* (**sich v.**) dilungarsi

Verbreitung (-, -en) *sf* diffusione *f*

verbrennen (**verbrannte, verbrannt**) *vt* bruciare, scottare ♦ *vi (aus sein)* bruciare, ardere ♦ *vpr* (**sich v.**) scottarsi, ustionarsi

Verbrennung (-, -en) *sf* scottatura *f* ◊ (*chim*) combustione *f* ◊ cremazione *f (di un cadavere)*

verbringen (**verbrachte, verbracht**) *vt* trascorrere, passare

Verbund (-[e]s, -e) *sm* unione *f* ◊ (*tecn*) aderenza *f*

verbunden *a* collegato, connesso

sich verbünden *vpr* allearsi

Verbündete (-n, -n) *sm/f* alleato *m*

Verchromung (-, -en) *sf* (*tecn*) cromatura *f*

Verdacht (-[e]s) *sm* sospetto *m* ● *den V. haben, dass...* avere il sospetto che...; *etwas auf V. tun* (*fam*) fare qc a casaccio; *jemanden in V. haben* sospettare di qn; *über jeden V. erhaben sein* essere al di sopra di ogni sospetto; *V. erregen* destare sospetto

verdächtig *a* sospetto

verdächtigen *vt* sospettare (di)

verdammt *a* maledetto ♦ *avv* (*fam*) terribilmente, maledettamente ♦ *inter* accidenti!

verdampfen *vi (aus sein)* evaporare

Verdampfer (-s, -) *sm* vaporizzatore *m*

verdauen *vt/i (aus haben)* digerire

verdaulich *a* digeribile ● *schwer v.* pesante, indigesto

Verdauung (-, -en) *sf* digestione *f*

Verdauungsschnaps (-es, Verdauungsschnäpse) *sm* digestivo *m*

verdecken *vt* coprire ◇ nascondere, mascherare

verderben (verdirbt, verdarb, verdorben) *vt* rovinare, guastare ◇ corrompere • *vi* (*aus sein*) deperire, andare a male (*fam*) • *es mit jemandem v.* perdere il favore di qn

verderblich *a* deteriorabile, deperibile ◇ nocivo, pernicioso

verdichten *vt* (*fis*) comprimere ◇ (*chim*) condensare

Verdichtung (-, -en) *sf* (*fis*) compressione *f* ◇ (*chim*) condensazione *f* ◇ (*fig*) concentrazione *f*

Verdickung (-, -en) *sf* ingrossamento *m*

verdienen *vt* guadagnare ◇ meritare

Verdienst (1) (-[e]s, -e) *sm* guadagno *m*, profitto *m*

Verdienst (2) (-[e]s, -e) *sn* merito *m*

verdoppeln *vt* raddoppiare

verdrängen *vt* allontanare ◇ (*psic*) rimuovere ◇ soppiantare, sostituire

Verdrängung (-, -en) *sf* spostamento *m* ◇ (*psic*) rimozione *f* ◇ sostituzione *f*

verdrehen *vt* torcere, contorcere ◇ storcere ◇ travisare, distorcere

verdreht *a* contorto ◇ (*fam*, *fig*) strambo, bizzarro

Verdrehung (-, -en) *sf* contorcimento *m*

verdunkeln *vt* offuscare ◇ (*fig*) nascondere

Verdunkelung (-) *sf* oscuramento *m* ◇ (*dir*) occultamento *m*

verdunsten *vi* (*aus sein*) evaporare

veredeln *vt* nobilitare ◇ (*bot*) innestare ◇ raffinare

verehren *vt* adorare, venerare • *sehr verehrter Herr...* egregio signor...

Verehrer (-s, -) *sm* ammiratore *m*, estimatore *m* ◇ corteggiatore *m*

Verein (-[e]s, -e) *sm* ente *m*, associazione *f*

vereinbar *a* compatibile

vereinbaren *vt* concordare, pattuire

Vereinbarung (-, -en) *sf* patto *m*, accordo *m* • *nach vorheriger V.* previo appuntamento

vereinen *vt* unire • *die Vereinten Nationen* le Nazioni Unite

vereinfachen *vt* semplificare

vereinigen *vt* raggruppare, riunire ◇ *vpr* (sich v.) unirsi, allearsi • *wieder v.* riunificare

Vereinigung (-, -en) *sf* unione *f*, riunione *f* ◇ associazione *f* ◇ confluenza *f*

vereisen *vi* (*aus sein*) ghiacciare

vereiteln *vt* sventare, vanificare

verengern *vt* restringere

vererben *vt* lasciare in eredità

Vererbung (-, -en) *sf* (*biol*) ereditarietà *f*

verewigen *vt* immortalare

Verfahren (-s, -) *sn* procedimento *m*, procedura *f*

Verfall (-[e]s, **Verfälle**) *sm* rovina *f* ◇ (*fig*) decadenza *f* ◇ scadenza *f*

verfallen (1) (**verfällt, verfiel, verfallen**) *vi* (*aus sein*) andare in rovina ◇ decadere ◇ scadere ◇ (+ *dat*) essere schiavo (di)

verfallen (2) *a* diroccato ◇ (*fig*) decaduto ◇ scaduto ◇ succube ● **dem Alkohol v. sein** essere schiavo dell'alcol

Verfallsdatum (-s, **Verfallsdaten**) *sn* (data *f* di) scadenza *f*

verfälschen *vt* falsificare ◇ manipolare

verfangen (**verfängt, verfing, verfangen**) *vi* (*aus haben*) servire, giovare ◆ *vpr* (**sich v.**) impigliarsi

verfassen *vt* comporre, redigere

Verfasser (-s, -) *sm* autore *m*

Verfassung (-, -en) *sf* stato *m*, condizioni *f pl* ◇ costituzione *f* ● **körperliche V.** condizioni fisiche; **nicht in der V. sein etwas zu tun** non essere nella condizione di fare qc

verfassungsmäßig *a* costituzionale

verfassungswidrig *a* anticostituzionale

verfaulen *vi* (*aus sein*) imputridire, marcire

verfehlen *vt* perdere ◇ fallire, sbagliare ● **es nicht v. zu...** non mancare di...

Verfehlung (-, -en) *sf* colpa *f* ◇ (*dir*) violazione *f*, infrazione *f*

verfeinern *vt* raffinare ◇ (*fig*) migliorare

verfluchen *vt* maledire

verfolgen *vt* inseguire ◇ perseguire ◇ perseguitare ◇ (*dir*) procedere contro

Verfolgung (-, -en) *sf* inseguimento *m* ◇ persecuzione *f* ● **jemandes V. aufnehmen** lanciarsi all'inseguimento di qn

verformen *vt* deformare ◆ *vpr* (**sich v.**) deformarsi

verfügbar *a* disponibile

verfügen *vi* (*aus haben*, **über** + *acc*) disporre (di) ◆ *vt* disporre, ordinare

Verfügung (-, -en) *sf* disposizione *f*, provvedimento *m*

verführen *vt* allettare, sedurre

Verführer (-s, -) *sm* seduttore *m*

verführerisch *a* seducente

Verführung (-, -en) *sf* seduzione *f* ● **V. Minderjähriger** corruzione di minorenni

vergangen *a* scorso, passato

Vergangenheit (-) *sf* passato *m*

vergänglich *a* effimero

Vergaser (-s, -) *sm* (*aut*) carburatore *m*

vergeben (**vergibt, vergab, vergeben**) *vt* assegnare, conferire ◇ perdonare

vergeblich *a* inutilmente, invano

Vergebung (-) *sf* perdono *m*

vergehen (**verging, vergangen**) *vi* (*aus sein*) passare, trascorrere ◇ svanire ◇ (**vor** + *dat*) struggersi (per), consumarsi (per) ♦ *vpr* (**sich v.**) trasgredire, violare ◊ violentare • *vor Hunger/Angst v.* (*fam*) morire di fame/paura

vergelten (**vergilt, vergalt, vergolten**) *vt* ricambiare, contraccambiare

Vergeltung (-, -en) *sf* ritorsione *f*, vendetta *f*

vergessen (**vergisst, vergaß, vergessen**) *vt* dimenticare, scordare

Vergessenheit (-, -en) *sf* dimenticanza *f*

vergewaltigen *vt* violentare

Vergewaltiger (-s, -) *sm* stupratore *m*

Vergewaltigung (-, -en) *sf* stupro *m*

vergiften *vt* avvelenare

Vergiftung (-, -en) *sf* avvelenamento *m*, intossicazione *f*

Vergleich (-[e]s, -e) *sm* paragone *m*, parallelo *m*, confronto *m* • *das ist doch kein V.!* non c'è paragone!; *den V. aushalten* reggere il confronto; *im V. zu* in confronto a

vergleichbar *a* comparabile, paragonabile

vergleichen *vt* paragonare, confrontare ♦ *vpr* (**sich v.**) confrontarsi • *vergleiche Seite 5* confronta pagina 5

sich vergnügen *vpr* divertirsi

Vergnügen (-s, -) *sn* divertimento *m*, piacere *m* • *viel V.!* volentieri!; *viel V.!* buon divertimento!; *zum V.* per divertimento

Vergnügung (-, -en) *sf* divertimento *m*, svago *m*

Vergnügungspark (-s, -s) *sm* luna park *m*

vergoldet *a* dorato

Vergötterung (-, -en) *sf* idolatria *f*

vergrößern *vt* ingrandire, ampliare ♦ *vpr* (**sich v.**) ingrandirsi, espandersi

Vergrößerung (-, -en) *sf* ingrandimento *m*

vergüten *vt* pagare, risarcire ◊ (*tecn*) bonificare

Vergütung (-, -en) *sf* compenso *m*, retribuzione *f* ◊ risarcimento *m*, indennizzo *m*

verhaften *vt* arrestare

Verhaftung (-, -en) *sf* arresto *m*

verhalten (**verhält, verhielt, verhalten**) *vt* trattenere, reprimere ♦ *vpr* (**sich v.**) comportarsi • *die Sache verhält sich so* le cose stanno così

Verhalten (-s) *sn* comportamento *m*, condotta *f*

Verhältnis (-ses, -se) *sn* legame *m*, rapporto *m*, relazione *f* ◊ (*mat*) proporzione *f* ◊ (*pl*) stato *m*, condizioni *f pl*

verhältnismäßig *a* proporzionale ♦ *avv* relativamente

Verhältniswort (-[e]s, **Verhältniswörter**) *sn* (*gramm*) preposizione *f*

verhandeln *vt* trattare, discutere, contrattare ◊ (*dir*) dibattere

Verhandlung (-, -en) *sf* negoziato *m*, trattativa *f*

Verhängnis (-ses, -se) *sn* fatalità *f*, destino *m*

verharren *vi* (*aus* haben/sein) persistere, rimanere

sich verhaspeln *vpr* ingarbugliarsi ◇ impapinarsi

verheeren *vt* devastare, distruggere

verhehlen *vt* dissimulare

verheiraten *vt* sposare ♦ *vpr* (**sich v.**) sposarsi • **wieder v.** risposare; risposarsi

verherrlichen *vt* esaltare, glorificare

verhindern *vt* impedire

Verhinderung (-, -en) *sf* impedimento *m*, preclusione *f*

Verhör (-[e]s, -e) *sn* interrogatorio *m*

verhören *vt* interrogare

verhüten *vt* prevenire

Verhütung (-) *sf* prevenzione *f* ◇ contraccezione *f*

Verhütungsmittel (-s, -) *sn* anticoncezionale *m*

sich verirren *vpr* smarrirsi, perdersi

verjüngen *vt* ringiovanire ♦ *vpr* (**sich v.**) ringiovanire

verkabeln *vt* (*tecn*) cablare

Verkauf (-es, Verkäufe) *sm* vendita *f* • **An- und V.** compravendita

verkaufen *vt* vendere

Verkäufer (-s, -) *sm* commesso *m*, rivenditore *m*

verkäuflich *a* vendibile

Verkaufsausstellung (-, -en) *sf* mostra-mercato *f*

Verkaufsstelle (-, -n) *sf* rivendita *f*

Verkehr (-s) *sm* traffico *m*, circolazione *f* ◇ relazione *f*, rapporto *m* • **aus dem V. ziehen** ritirare dalla circolazione; **für den V. gesperrt** chiuso al traffico; **öffentlicher V.** mezzi pubblici

verkehren *vt* volgere, trasformare ♦ *vi* (*aus* haben/sein) circolare ◇ (*in/an + dat*) frequentare

Verkehrsinsel (-, -n) *sf* isola *f* spartitraffico

Verkehrsmittel (-s, -) *sn* mezzo *m* di trasporto

Verkehrsordnung (-, -en) *sf* codice *m* stradale

Verkehrspolizei (-) *sf* polizia *f* stradale

Verkehrsstopp (-s, -s) *sm* blocco *m* della circolazione

Verkehrsverein (-[e]s, -e) *sm* ente *m* per il turismo

Verkehrszeichen (-s, -) *sn* segnale *m* stradale

Verkettung (-, -en) *sf* concatenazione *f*

verklagen *vt* (*dir*) querelare

verkleiden *vt* rivestire, travestire ♦ *vpr* (**sich v.**) mascherarsi

Verkleidung (-, -en) *sf* rivestimento *m* ◇ travestimento *m*

verkleinern *vt* rimpicciolire, ridurre

Verkleinerungsform (-, -en) *sf* (*gramm*) diminutivo *m*

verklemmen *vt* incastrare ♦ *vpr* (**sich v.**) incepparsi

verknọten *vt* annodare • *wieder v.* riannodare

verkọchen *vt* scuocere

verkọhlen *vi* (*aus sein*) carbonizzarsi

verkọmmen (**verkam, verkommen**) *vi* (*aus sein*) rovinarsi, guastarsi ◊ (*fig*) degenerare

Verkọmmenheit (-) *sf* depravazione *f*

verkọ̈rpern *vt* impersonare, incarnare

Verkrụstung (-, -en) *sf* incrostazione *f*

verkụ̈nden *vt* annunciare, dichiarare

Verkụ̈ndigung (-, -en) *sf* annuncio *m* ◊ (*relig*) Annunciazione *f*

verkụ̈rzen *vt* accorciare, abbreviare ◊ ridurre, diminuire

Verlạg (-[e]s, -e) *sm* casa *f* editrice

verlạngen *vt* esigere, pretendere, desiderare • *wieder v.* richiedere

Verlạngen (-s) *sn* richiesta *f*, domanda *f* ◊ voglia *f*, brama *f*

verlạ̈ngern *vt* allungare ◊ prolungare ◊ prorogare, rinnovare ◊ diluire • *vpr* (**sich v.**) allungarsi ◊ prolungarsi

Verlạ̈ngerung (-, -en) *sf* prolungamento *m* ◊ proroga *f*, rinnovo *m* ◊ (*sport*) tempo *m* supplementare

verlạngsamen *vt* rallentare

verlạssen (**verlässt, verließ, verlassen**) *vt* abbandonare, lasciare • *vpr* (**sich v.**) (*auf + acc*) fare affidamento (su), contare (su)

Verlauf (-[e]s, **Verläufe**) *sm* corso *m*, andamento *m* ◊ percorso *m*, tracciato *m* ◊ ciclo *m*, procedimento *m*

verlaufen (**verläuft, verlief, verlaufen**) *vi* (*aus sein*) svolgersi, procedere ◊ svilupparsi • *vpr* (**sich v.**) smarrirsi, perdersi

verlegen (1) *vt* spostare, trasferire ◊ rinviare, rimandare ◊ pubblicare ◊ posare, installare

verlegen (2) *a* imbarazzato

Verleger (-s, -) *sm* editore *m*

Verlegung (-, -en) *sf* spostamento *m*, trasferimento *m* ◊ rinvio *m* ◊ pubblicazione *f* ◊ posa *f*, installazione *f*

Verleih (-[e]s, -e) *sm* prestito *m* ◊ noleggio *m*

verleihen *vt* prestare, noleggiare

Verleihung (-, -en) *sf* prestito *m* ◊ noleggio *m* ◊ conferimento *m*

verlẹtzbar *a* vulnerabile

verlẹtzen *vt* ferire ◊ violare • *vpr* (**sich v.**) ferirsi • *seine Pflicht v.* venir meno al proprio dovere

Verlẹtzte (-n, -n) *sm/f* ferito *m*

verlẹugnen *vt* rinnegare

verlẹumden *vt* denigrare, calunniare

Verlẹumdung (-, -en) *sf* calunnia *f*, diffamazione *f*

sich verliẹben *vpr* innamorarsi

verliẹbt *a* innamorato

verliẹren (**verlor, verloren**) *vt* perdere, smarrire • *vpr* (**sich v.**)

perdersi ◇ disperdersi, svanire ● *etwas aus den Augen v.* perdere di vista qc

Verlierer (-s, -) *sm* perdente *m*, vinto *m*

Verlies (-es, -e) *sn* segreta *f*

sich verloben *vpr* fidanzarsi

Verlobte (-n, -n) *sm/f* fidanzato *m*

Verlobung (-, -en) *sf* fidanzamento *m*

verlockend *a* seducente, invitante

verloren *pp di* → **verlieren** ● smarrito ◇ perduto ● *sich v. geben* darsi per vinto

Verlust (-[e]s, -e) *sm* perdita *f*, smarrimento *m* ◇ perdita *f*

vermehren *vt* moltiplicare

Vermehrung (-, -en) *sf* moltiplicazione *f*

vermeiden (**vermied, vermieden**) *vt* evitare ● *um Missverständnisse zu v.* a scanso di equivoci

vermengen *vt* mescolare, mischiare

Vermerk (-[e]s, -e) *sm* annotazione *f*

vermerken *vt* annotare, registrare ● *etwas übel v.* prendersela a male per qc

vermessen (**vermisst, vermaß, vermessen**) *vt* misurare

Vermessung (-, -en) *sf* misurazione *f*

Vermessungstechniker (-s, -) *sm* geometra *m*

vermieten *vt* dare in affitto ◇ noleggiare ● *Zimmer zu v.* affittasi camere

Vermieter (-s, -) *sm* locatore *m* ◇ noleggiatore *m*

Vermietung (-, -en) *sf* affitto *m* ◇ noleggio *m*

vermindern *vt* diminuire, ridurre ◇ attenuare ◆ *vpr* (**sich v.**) diminuire, ridursi ◇ attenuarsi

vermischen *vt* mescolare, mischiare

vermissen *vt* non trovare ◇ sentire la mancanza (di), rimpiangere

vermisst, vermißt* *a* smarrito, disperso ● *als v. gemeldet sein* essere dato per disperso

vermitteln *vt* procurare ◇ trasmettere, comunicare ◇ dare, offrire ● *ein Gespräch v.* passare una comunicazione telefonica

Vermittler (-s, -) *sm* mediatore *m*

Vermittlung (-, -en) *sf* mediazione *f* ◇ centralino *m*

Vermögen (-s, -) *sn* facoltà *f*, capacità *f* ◇ patrimonio *m* ● *bewegliches/unbewegliches V.* beni mobili/immobili

vermuten *vt* presumere, presupporre ● *es ist zu v., dass...* è probabile che...

vermutlich *a* probabile ◆ *avv* probabilmente

Vermutung (-, -en) *sf* ipotesi *f*, congettura *f*

verneinen *vt* negare, dire di no

Verneinung (-, -en) *sf* risposta *f*

negativa, rifiuto *m* ◊ *(gramm)* negazione *f*
vernichten *vt* distruggere ◊ sterminare
vernichtend *a* distruttivo
Vernichtung (-, -en) *sf* distruzione *f* ◊ sterminio *m*
Vernunft (-) *sf* ragione *f*
vernunftgemäß *a* logico, razionale
vernünftig *a* ragionevole, sensato
veröffentlichen *vt* pubblicare, stampare
Veröffentlichung (-, -en) *sf* pubblicazione *f*
verordnen *vt* ordinare, decretare ◊ *(med)* prescrivere
verpacken *vt* impacchettare, imballare
Verpackung (-, -en) *sf* confezione *f*, imballaggio *m*
verpfänden *vt* impegnare, dare in pegno *(un oggetto)* ◊ pignorare
Verpflegung (-) *sf* vitto *m* ◊ *(mil)* vettovagliamento *m*
verpflichten *vt* obbligare ♦ *vpr* (**sich v.**) impegnarsi ● *jemanden zu etwas v.* obbligare qn a fare qc; *sich jemandem verpflichtet fühlen* sentirsi obbligato verso qn
Verpflichtung (-, -en) *sf* impegno *m*, vincolo *m*, obbligo *m*
Verrat (-[e]s) *sm* tradimento *m*
verraten *vt* tradire
Verräter (-s, -) *sm* traditore *m*
verrenken *vt* slogare ♦ *vpr* (**sich v.**) slogarsi, lussarsi

Verrenkung (-, -en) *sf* distorsione *f*, slogatura *f*
verrichten *vt* eseguire, fare
verrosten *vi* (*aus sein*) arrugginire
verrückt *a* folle, matto ◊ pazzesco ● *auf etwas v. sein* (*fam*) andare matto per qc (*fam*)
verrufen *a* malfamato
Vers (-es, -e) *sm* (*lett*) verso *m*
versagen *vt* rifiutare, negare ◊ *vi* fallire, non riuscire ● *sich etwas nicht v. können* non poter fare a meno di qc
Versager (-s, -) *sm* fallito *m*, incapace *m*
versammeln *vt* raggruppare, riunire
Versammlung (-, -en) *sf* riunione *f* ◊ assemblea *f*, raduno *m*
Versand (-[e]s) *sm* spedizione *f*
Versandhandel (-s) *sm* vendita *f* per corrispondenza
versauern *vi* (*aus sein*) inacidire
versäumen *vt* perdere, mancare (a)
Versäumnis (-ses, -se) *sn* dimenticanza *f*
verschaffen *vt* procurare
verschärfen *vt* esacerbare, acuire ◊ aumentare, intensificare ◊ aggravare, inasprire
verscheuchen *vt* scacciare
verschieben (**verschob**, **verschoben**) *vt* spostare, rinviare
Verschiebung (-, -en) *sf* rinvio *m*
verschieden *a* diverso ◊ vario ● *das ist v.* dipende dai casi; *Verschiedenes* varie (*nelle lis-*

verschiedenartig 284

te), varie ed eventuali (*in un ordine del giorno*)
verschiedenartig *a* vario, disparato
Verschiedenheit (-, -en) *sf* differenza *f*, diversità *f*
verschiffen *vt* trasportare per nave
verschimmelt *a* ammuffito
verschlechtern *vt* peggiorare
Verschlechterung (-, -en) *sf* peggioramento *m*
verschleppen *vt* deportare ◊ protrarre
verschließen (verschloss, verschlossen) *vt* chiudere ◊ (*med*) occludere
verschlimmern *vt* aggravare, esacerbare
Verschlimmerung (-, -en) *sf* peggioramento *m*
verschlingen (verschlang, verschlungen) *vt* intrecciare ◊ divorare ♦ *vpr* (sich v.) intrecciarsi
verschlossen *a* chiuso ◊ riservato, scostante
Verschlossenheit (-, -en) *sf* carattere *m* chiuso, riservatezza *f*
verschlucken *vt* ingoiare ● *ich habe mich verschluckt* mi è andato di traverso
Verschluss, Verschluß* (-es, Verschlüsse) *sm* chiusura *f* ◊ serratura *f* ◊ occlusione *f* ◊ otturatore *m*
verschmitzt *a* malizioso
verschmutzen *vt* sporcare
Verschmutzung (-, -en) *sf* sporco *m*, sudiciume *m*

verschönern *vt* abbellire, ornare
verschreiben (verschrieb, verschrieben) *vt* (*med*) prescrivere ♦ *vpr* (sich v.) sbagliare scrivendo ◊ dedicarsi, votarsi ● *sich dem Teufel v.* vendere l'anima al diavolo
Verschreibungspflicht (-, -en) *sf* obbligo *m* di ricetta medica
verschroben *a* stravagante
Verschrottung (-, -en) *sf* rottamazione *f*
verschütten *vt* versare
sich verschwägern *vpr* imparentarsi
verschweigen (verschwieg, verschwiegen) *vt* tacere, passare sotto silenzio
verschwenden *vt* sprecare
Verschwender (-s, -) *sm* scialacquatore *m*
Verschwendung (-, -en) *sf* spreco *m*, sperpero *m*
verschwinden (→ schwinden) *vi* (*aus sein*) scomparire, dileguarsi
verschwitzt *a* sudato
sich verschwören (→ schwören) *vpr* congiurare, cospirare
Verschwörer (-s, -) *sm* cospiratore *m*
Verschwörung (-, -en) *sf* congiura *f*
verschwunden *a* scomparso
versehen (versieht, versah, versehen) *vt* esercitare, compiere ◊ fornire ♦ *vpr* (sich v.) sbagliarsi ◊ rifornirsi
Versehen (-s, -) *sn* disguido *m* ◊

svista f • *aus V.* inavvertitamente
versehentlich avv inavvertitamente
versenken vt affondare ♦ vpr (**sich v.**) immergersi
Versenkung (-, -en) sf affondamento m ◊ (fig) l'immergersi m, lo sprofondarsi m
versetzen vt trasferire, spostare ◊ promuovere ◊ mescolare ◊ (bot) trapiantare
Versetzung (-, -en) sf spostamento m, trasferimento m ◊ promozione f ◊ miscuglio m
verseuchen vt infettare, contaminare
Verseuchung (-, -en) sf infezione f, contaminazione f
Versicherer (-s, -) sm assicuratore m
versichern vt assicurare ♦ vpr (**sich v.**) assicurarsi
Versicherung (-, -en) sf assicurazione f
versilbert a argentato
versinken (**versank, versunken**) vi (aus sein) inabissarsi, affondare
Version (-, -en) sf versione f
Verslein (-s, -) sn versetto m
versöhnen vt conciliare, rappacificare ♦ vpr (**sich v.**) riconciliarsi ● *sich wieder v.* riconciliarsi
Versöhnung (-, -en) sf pacificazione f
versorgen vt accudire, assistere ◊ rifornire

Versorgung (-, -en) sf cura f ◊ rifornimento m
sich verspäten vpr ritardare
Verspätung (-, -en) sf ritardo m ● *V. haben* essere in ritardo
versperren vt ostruire
verspotten vt canzonare, deridere
versprechen (**verspricht, versprach, versprochen**) vt promettere ♦ vpr (**sich v.**) (+ acc) impaperarsi, fare una papera (+ dat) aspettarsi
Versprechen (-s, -) sn promessa f
verstaatlichen vt nazionalizzare
Verstand (-[e]s) sm intelletto m, mente f, ragione f ◊ ingegno m, buon senso m
verstandesmäßig a razionale
verständlich a comprensibile, chiaro ● *allgemein v.* divulgativo, popolare
Verständnis (-ses) sn comprensione f ◊ sensibilità f
verständnisvoll a comprensivo
verstärken vt rinforzare ◊ intensificare ◊ potenziare
Verstärker (-s, -) sm (el) amplificatore m
Verstärkung (-, -en) sf rinforzo m ◊ rafforzamento m ◊ (el) amplificazione f
Versteck (-[e]s, -e) sn nascondiglio m ● *V. spielen* giocare a nascondino
verstecken vt nascondere ◊ (fig) dissimulare ♦ vpr (**sich v.**) nascondersi

verstehen (verstand, verstanden) *vt* capire, comprendere ♦ *vpr* (sich v.) capirsi, andare d'accordo

versteifen *vt* irrigidire ◇ rinforzare, consolidare ♦ *vpr* (sich v.) fissarsi, irrigidirsi

versteigern *vt* vendere all'asta

Versteigerung (-, -en) *sf* asta *f* (vendita)

versteinern *vi* (aus sein) pietrificarsi, fossilizzarsi

Versteinerung (-, -en) *sf* pietrificazione *f* ◇ fossile *m*

verstellbar *a* regolabile

verstellen *vt* spostare ◇ (tecn) regolare

Verstellung (-, -en) *sf* (tecn) regolazione *f* ◇ (fig) simulazione *f*

verstimmen *vt* (mus) scordare ◇ (fig) irritare

verstopfen *vt* intasare, ostruire ◇ tamponare ♦ *vpr* (sich v.) intasarsi

Verstopfung (-, -en) *sf* occlusione *f*, intasamento *m* ◇ (med) costipazione *f*, stitichezza *f*

verstorben *a* defunto

Verstoß (-es, Verstöße) *sm* mancanza *f* ◇ infrazione *f*

verstreuen *vt* disseminare

verstümmeln *vt* mutilare

Verstümmelung (-, -en) *sf* mutilazione *f*

Versuch (-[e]s, -e) *sm* prova *f*, tentativo *m*, esperimento *m*

versuchen *vt/i* (aus haben) provare, tentare ● *wieder v.* riprovare

versuchsweise *avv* in via sperimentale

Versuchung (-, -en) *sf* tentazione *f* ● *der V. nachgeben/widerstehen* cedere/resistere alla tentazione; *jemanden in V. führen* indurre qn in tentazione

versumpfen *vi* (aus sein) impantanarsi

verteidigen *vt* difendere

Verteidiger (-s, -) *sm* difensore *m* ◇ (sport) terzino *m*

Verteidigung (-, -en) *sf* difesa *f*

verteilen *vt* distribuire, smistare

Verteiler (-s, -) *sm* distributore *m*

Verteilung (-, -en) *sf* ripartizione *f*, smistamento *m*

vertiefen *vt* approfondire ♦ *vpr* (sich v.) diventare più profondo ◇ rafforzarsi ◇ immergersi

Vertiefung (-, -en) *sf* rientranza *f*, cavità *f* ◇ (fig) approfondimento *m*

vertikal *a* verticale

Vertrag (-[e]s, Verträge) *sm* contratto *m* ◇ trattato *m* ● *einen V. abschließen/brechen* stipulare/rescindere un contratto

vertragen (verträgt, vertrug, vertragen) *vt* sopportare, tollerare ♦ *vpr* (sich v.) andare d'accordo

vertrauen *vi* (aus haben, auf + acc) fidarsi (di), confidare (in)

Vertrauen (-s) *sn* fede *f*, fiducia *f* ● *im V.* in confidenza; *jemanden ins V. ziehen* confidarsi con qn; *V. erwecken* ispirare fidu-

verwerfen

cia; *V. zu jemandem/etwas haben* avere fiducia in qn/qc
vertrauensvoll *a* fiducioso
vertrauenswürdig *a* degno di fiducia
vertraulich *a* confidenziale
Vertraulichkeit (-, -en) *sf* riservatezza *f* ◊ confidenza *f*
vertraut *a* intimo, familiare • *mit jemandem v. sein* essere in confidenza con qn
vertreiben (vertrieb, vertrieben) *vt* scacciare, far passare, togliere ◊ vendere, distribuire
Vertreibung (-, -en) *sf* cacciata *f*, allontanamento *m* ◊ vendita *f*
vertreten (vertritt, vertrat, vertreten) *vt* rappresentare ◊ sostituire, rimpiazzare ◊ difendere, sostenere • *sich v.* (fam) slogarsi
Vertreter (-s, -) *sm* rappresentante *m* ◊ sostituto *m*, supplente *m* ◊ sostenitore *m*
Vertretung (-, -en) *sf* rappresentanza *f* ◊ supplenza *f* ◊ agenzia *f*
Vertrieb (-[e]s, -e) *sm* (*comm*) distribuzione *f*
verunglücken *vi* (*aus sein*) infortunarsi
verunstalten *vt* deturpare, sfigurare
verursachen *vt* causare, provocare, suscitare
verurteilen *vt* condannare • *jemanden zum Tode v.* condannare a morte qn
Verurteilte (-n, -n) *sm/f* condannato *m*

Verurteilung (-, -en) *sf* condanna *f*
verwachsen *a* deforme, malfatto
verwaist *a* orfano
verwalten *vt* amministrare, gestire
Verwalter (-s, -) *sm* amministratore *m*
Verwaltung (-, -en) *sf* amministrazione *f*
verwandeln *vt* trasformare
Verwandlung (-, -en) *sf* trasformazione *f*, metamorfosi *f*
Verwandte (-n, -n) *sm/f* parente *m/f*
Verwandtschaft (-, -en) *sf* parentado *m*, parentela *f*
verwarnen *vt* avvertire, avvisare ◊ (*sport*) ammonire
verwässern *vt* annacquare, diluire
verwechseln *vt* confondere, scambiare
verweigern *vt* rifiutare
Verweigerung (-, -en) *sf* negazione *f*
Verweis (-es, -e) *sm* biasimo *m*, rimprovero *m* ◊ rinvio *m*, rimando *m*
verweisen (verwies, verwiesen) *vt* biasimare ◊ rinviare
verwenden *vt* utilizzare ♦ *vpr* (sich v.) (*für + acc*) adoperarsi (per)
Verwendung (-, -en) *sf* uso *m*, utilizzo *m*
verwerfen (→ werfen) *vt* respingere, rifiutare ◊ (*dir*) rigettare

verwerflich *a* deprecabile, ignobile

verwerten *vt* utilizzare • *wieder v.* riutilizzare, riciclare

verwesen *vi* (*aus sein*) decomporsi, putrefarsi, marcire

Verwesung (-) *sf* putrefazione *f*

verwickeln *vt* aggrovigliare ◊ coinvolgere

verwickelt *a* complesso, macchinoso

Verwickelung, Verwicklung (-, -en) *sf* implicazione *f* ◊ intrico *m*, groviglio *m* ◊ (*lett*) intreccio *m*, trama *f*

Verwilderung (-) *sf* imbarbarimento *m*

verwirklichen *vt* effettuare, realizzare

verwirren *vt* ingarbugliare ◊ (*fig*) scompigliare, confondere, sconcertare

verwirrt *a* disorientato, confuso

Verwirrung (-, -en) *sf* disorientamento *m*, scompiglio *m*

verwöhnen *vt* viziare

verwundbar *a* vulnerabile

verwunden *vt* ferire

verwundern *vt* meravigliare

Verwunderung (-) *sf* meraviglia *f* • *zu meiner V.* con mia meraviglia

verwüsten *vt* devastare

verzaubern *vt* incantare

Verzauberung (-, -en) *sf* incantesimo *m*, malia *f*

Verzehr (-[e]s) *sm* consumazione *f*

verzehren *vt* consumare, mangiare

verzeichnen *vt* elencare, registrare

Verzeichnis (-ses, -se) *sn* elenco *m*, lista *f* ◊ indice *m*

verzeihen (**verzieh, verziehen**) *vt* perdonare • *v. Sie!* scusi!

verzeihlich *a* perdonabile

Verzeihung (-) *sf* perdono *m*

verzerren *vt* distorcere, deformare

Verzicht (-[e]s, -e) *sm* rinuncia *f*

verzichten *vi* (*aus haben, auf + acc*) privarsi (di), rinunciare (a)

verziehen (**verzog, verzogen**) *vt* storcere, contrarre ◊ viziare • *vpr* (*sich v.*) deformarsi, imbarcarsi (*legno*) ◊ disperdersi, dileguarsi

verzieren *vt* guarnire, ornare

Verzierung (-, -en) *sf* fregio *m*, ornamento *m*, decorazione *f*

verzögern *vt* tardare, differire ◊ rallentare

Verzögerung (-, -en) *sf* ritardo *m* ◊ rallentamento *m*

verzollen *vt* sdoganare • *haben Sie etwas zu v.?* ha qc da dichiarare?

Verzug (-[e]s, **Verzüge**) *sm* ritardo *m* ◊ morosità *f* • *ohne V.* senza indugio

verzweifeln *vi* (*aus sein, an + dat*) disperare (di)

Verzweiflung (-) *sf* disperazione *f* • *aus V.* per disperazione

Vesper (-, -n) *sf* vespro *m*

Veterinär (-s, -e; *f* -in) *sm* veterinario *m*

Vetter (-s, -n) *sm* cugino *m*

Vetternwirtschaft (-) *sf* (*stor*) nepotismo *m*
Vibration (-, -en) *sf* vibrazione *f*
vibrieren *vt* vibrare
Videokamera (-, -s) *sf* videocamera *f*
Videokassette (-, -n) *sf* videocassetta *f*
Videokonferenz (-s, -s) *sf* videoconferenza *f*
Videorecorder (-s, -) *sm* videoregistratore *m*
Videospiel (-[e]s, -e) *sn* videogame *m*, videogioco *m*
Videothek (-, -en) *sf* videoteca *f*
Videoverleih (-[e]s, -e) *sm* videonoleggio *m*
Vieh (-[e]s) *sn* bestiame *m*
Viehbestand (-[e]s, -e) *sm* patrimonio *m* zootecnico
viel (*comp* **mehr**, *sup* **meiste**) *a/pr* tanto, molto ♦ *avv* molto ● *ebenso v.* altrettanto; *so v.* tanto; *so v. wie/als* tanto quanto; *vielen Dank!* tante grazie!; *v. Glück!* buona fortuna!; *v. Vergnügen!* buon divertimento!; *wie v.* quanto; *zu v.* troppo
Vieleck (-[e]s, -e) *sn* (*geom*) poligono *m*
vielfach *a* multiplo
Vielfalt (-) *sf* varietà *f*, molteplicità *f*
vielfältig *a* molteplice, poliedrico
vielfarbig *a* multicolore, policromatico
vielförmig *a* multiforme
vielgestaltig *a* multiforme
Vielgötterei (-) *sf* (*relig*) politeismo *m*
vielleicht *avv* forse
vielseitig *a* multiforme, poliedrico
vier *a* quattro
viereckig *a* quadrangolare
Vierergruppe (-, -n) *sf* quaterna *f*
vierfüßig *a* quadrupede
vierhundert *a* quattrocento
vierjährig *a* quadriennale
viermonatig *a* quadrimestrale
viertausend *a* quattromila
vierte *a* quarto
Viertel (-s, -) *sn* quarto *m* ◇ quartiere *m*
vierteljährlich *a* trimestrale
vierzehn *a* quattordici
vierzehntägig *a* quindicinale
vierzig *a* quaranta
Vikar (-s, -e) *sm* vicario *m*
violett *a* violetto ◇ paonazzo (*viso*)
Violine (-, -n) *sf* (*mus*) violino *m*
Viper (-, -n) *sf* (*zool*) vipera *f*
Virus (-, **Viren**) *sn/m* virus *m*
Visier (-s, -e) *sn* visiera *f* ◇ mirino *m* ● *jemanden ins V. nehmen* prendere di mira qn
Vision (-, -en) *sf* visione *f*
visionär *a* visionario
Visite (-, -n) *sf* (*med*) visita *f*
Visitenkarte (-, -n) *sf* biglietto *m* da visita
Visum (-s, **Visa/Visen**) *sn* visto *m*
Vitamin (-s, -e) *sn* vitamina *f*
Vivisektion (-) *sf* vivisezione *f*
Vizepräsident (-en, -en) *sm* vicepresidente *m*

Vogel (-s, Vögel) *sm* (*zool*) uccello *m*

Vogelhaus (-es, Vogelhäuser) *sn* voliera *f*

Vogelkunde (-) *sf* ornitologia *f*

Vogelscheuche (-, -n) *sf* spaventapasseri *m*

Vogelwelt (-) *sf* avifauna *f*

Vokabel (-, -n) *sf* (*ling*) vocabolo *m*

Vokal (-s, -e) *sm* (*ling*) vocale *f*

vokalisch *a* vocalico

Vokalise (-, -n) *sf* vocalizzo *m*

Volk (-[e]s, Völker) *sn* popolo *m*

Völkerkunde (-) *sf* etnologia *f*

Völkermord (-[e]s, -e) *sm* genocidio *m*

Volksabstimmung (-, -en) *sf* referendum *m*

Volkskunde (-) *sf* folclore *m*

Volksstamm (-[e]s, Volksstämme) *sm* tribù *f*

volkstümlich *a* popolare ◇ divulgativo

Volkswirtschaftler (-s, -) *sm* economista *m*

Volkszählung (-, -en) *sf* censimento *m*

voll *a* pieno ◇ affollato ● *in voller Größe* a grandezza naturale; *mit vollem Mund* a bocca piena; *volle zwei Jahre* due anni interi

vollbringen (vollbrachte, vollbracht) *vt* completare ◇ compiere

vollenden *vt* terminare, concludere ◇ compiere

Vollendung (-) *sf* conclusione *f* ◇ compimento *m* ◇ perfezione *f*

Volleyball (-[e]s) *sm* (*sport*) pallavolo *f*

völlig *avv* interamente, del tutto

Volljährige (-n, -n) *sm/f* maggiorenne *m/f*

vollkommen *a* perfetto

Vollmacht (-, -en) *sf* delega *f* ● *V. haben* essere autorizzato

Vollmilch (-[e]s) *sf* latte *m* intero

vollständig *a* completo, totale, integrale ◆ *avv* integralmente

Volumen (-s, -/Volumina) *sn* (*geom*) volume *m*

vom → **von**

von *prep* (+ *dat*; + *dem* = **vom**) di (ES: *der Bahnhof von Köln* la stazione di Colonia; *eine Komödie von Goldoni* una commedia di Goldoni) ◇ da (ES: **von Rom nach Mailand** da Roma a Milano) ◇ da, a partire da (ES: *von heute ab* a partire da oggi) ◇ da parte di (ES: *grüßen Sie ihn von mir* lo saluti da parte mia) ◇ (*nella forma passiva*) da (ES: *das wird von ihm gemacht* questo è stato fatto da lui) ● *von anderen* altrui; *von neuem* nuovamente; *von selbst* da solo; *von vorn* daccapo; *von weitem* da lontano

vor *prep* (+ *dat/acc*, *stato in luogo e moto a luogo*) davanti a (ES: *der Wagen ist vor dem Haus* l'automobile è davanti alla casa; *vor das Haus gehen* andare davanti alla casa) ◇ (+ *dat*, *tempo*) prima di (ES: **vor dem Winter** prima dell'inverno) ◇ (+ *dat*) per, a causa di (ES: *Angst*

vor etwas haben avere paura a causa di qc ◆ *avv* avanti, prima ● *fünf Minuten vor zehn* le dieci meno cinque; *vor allem* principalmente, soprattutto; *vor und zurück* avanti e indietro

Vorabend (-s, -e) *sm* vigilia *f*

vorahnen *vt* presagire

Vorahnung (-, -en) *sf* presentimento *m*

voran *avv* avanti, davanti, in testa

vorangehen (→ **gehen**) *vi* (*aus sein*) andare avanti, procedere ◊ essere in testa ● *gehen Sie v.!* dopo di lei!

Vorankündigung (-, -en) *sf* preavviso *m*

Voranschlag (-[e]s, **Voranschläge**) *sm* preventivo *m*

Voraufführung (-) *sf* anteprima *f*

voraus *avv* avanti, dinnanzi ● *im V.* in anticipo

vorausbestimmen *vt* predeterminare

vorausgehen (→ **gehen**) *vt/i* (*aus sein*) precedere ◊ andare via prima

vorausgesetzt *a* premesso ● *v., dass...* premesso che...

Voraussage (-, -n) *sf* pronostico *m*

voraussehen (→ **sehen**) *vt* prevedere

voraussetzen *vt* premettere, presupporre

Voraussetzung (-, -en) *sf* premessa *f*, presupposto *m*

Voraussicht (-, -en) *sf* previsione *f*

voraussichtlich *a* prevedibile

vorbei *avv* (*tempo*) passato ◊ (*spazio*) davanti a ◊ finito, terminato ● *an dem Haus v.!* davanti alla casa; *die Ferien sind v.* le vacanze sono finite; *lassen Sie mich v.!* mi lasci passare!; *v. ist v.* quello che è stato è stato

vorbeigehen (→ **gehen**) *vi* (*aus sein*) passare ◊ finire

Vorbemerkung (-, -en) *sf* avvertenza *f*

vorbereiten *vt* preparare, disporre, predisporre ◆ *vpr* (**sich v.**) prepararsi, predisporsi

Vorbereitung (-, -en) *sf* preparazione *f* ● *Vorbereitungen treffen* fare preparativi

Vorbestrafte (-n, -n) *sm/f* pregiudicato *m*

Vorbild (-[e]s, -er) *sn* modello *m*, esempio *m*

Vordruck (-[e]s, -e) *sm* modulo *m* prestampato

vorehelich *a* prematrimoniale

Vorfahr (-en, -en) *sm* antenato *m*

vorfahren (→ **fahren**) *vi* (*aus sein*) andare avanti, procedere (*con un veicolo*)

Vorfahrt (-) *sf* precedenza *f*

Vorfall (-[e]s, **Vorfälle**) *sm* episodio *m*, avvenimento *m*

vorfallen (→ **fallen**) *vi* (*aus sein*) capitare, succedere, verificarsi

vorführen *vt* presentare, mostrare ◊ produrre, allegare ◊ (*cin*) proiettare

Vorführung (-, -en) *sf* presenta-

zione *f* ◊ dimostrazione *f* ◊ (*cin*) proiezione *f*
Vorgang (-[e]s, Vorgänge) *sm* avvenimento *m* ◊ (*tecn*) processo *m* • *schildern Sie uns den V.* ci racconti come si sono svolti i fatti
Vorgänger (-s, -) *sm* predecessore *m*
Vorgebirge (-s, -) *sn* promontorio *m*
vorgedruckt *a* prestampato
Vorgefühl (-[e]s, -e) *sn* presentimento *m*
vorgehen (→ **gehen**) *vi* (*aus sein*) avanzare • *meine Uhr geht vor* il mio orologio è avanti
vorgekocht *a* (*cuc*) precotto
vorgenannt *a* predetto, suddetto
Vorgeschichte (-) *sf* preistoria *f*
Vorgeschmack (-[e]s, Vorgeschmäcke) *sm* assaggio *m*
vorgeschrieben *a* prescritto, obbligatorio
Vorgesetzte (-n, -n) *sm/f* superiore *m*
vorgestern *avv* ieri l'altro
vorhaben (→ **haben**) *vt* avere in mente, avere in programma
Vorhaben (-s, -) *sn* progetto *m*, proposito *m*
Vorhalle (-, -n) *sf* atrio *m*, vestibolo *m*
vorhalten (→ **halten**) *vt* rinfacciare, rimproverare
Vorhang (-[e]s, Vorhänge) *sm* tenda *f* ◊ (*teat*) sipario *m*
Vorhängeschloss, **Vorhängeschloß*** (-es, Vorhängeschlösser) *sn* lucchetto *m*
vorher *avv* prima, precedentemente
vorherbestehend *a* preesistente
vorhergehend *a* precedente
vorherig *a* precedente ◊ previo • *nach vorheriger Vereinbarung* previo accordo
Vorherrschaft (-, -en) *sf* egemonia *f*, predominio *m*
vorherrschen *vi* (*aus haben*) predominare, prevalere
Vorhersage (-, -n) *sf* previsione *f*
vorhersagen *vt* prevedere
Vorhut (-, -en) *sf* (*mil*) avanguardia *f*
vorig *a* scorso
Vorkehrung (-, -en) *sf* misura *f* preventiva
vorkommen (→ **kommen**) *vi* (*aus sein*) venire avanti ◊ succedere, capitare
vorladen *vt* (*dir*) citare in giudizio
Vorlage (-, -n) *sf* presentazione *f* ◊ modello *m*
Vorläufer (-s, -) *sm* precursore *m*
vorläufig *a* provvisorio, temporaneo
Vorläufigkeit (-, -en) *sf* precarietà *f*
Vorlesung (-, -en) *sf* lezione *f* (*universitaria*)
vorletzt *a* penultimo
Vorliebe (-, -n) *sf* preferenza *f*
vorliegen *vi* (*aus haben*) esserci, esistere

Vormacht (-, -en) *sf* supremazia *f*, predominio *m*

Vormittag (-[e]s, -e) *sm* mattinata *f*

vorn *avv* davanti

Vorname (-ns, -n) *sm* nome *m* (di battesimo)

Vorort (-[e]s, -e) *sm* periferia *f*, sobborgo *m*

Vorposten (-s, -) *sm* (*mil*) avamposto *m*

Vorrang (-[e]s, **Vorränge**) *sm* priorità *f*

Vorrat (-[e]s) *sm* provvista *f*, riserva *f*, scorta *f* • *solange der V. reicht* fino a esaurimento delle scorte

Vorraum (-[e]s, **Vorräume**) *sm* anticamera *f*

Vorrecht (-[e]s, -e) *sn* prerogativa *f*, privilegio *m*

Vorrede (-, -n) *sf* preambolo *m* ◊ (*teat*) prologo *m*

Vorrichtung (-, -en) *sf* congegno *m*

Vorrunde (-, -n) *sf* (*sport*) eliminatorie *f pl*

Vorsatz (-es, **Vorsätze**) *sm* intenzione *f*

vorsätzlich *a* intenzionale ◊ (*dir*) premeditato • *nicht v. preterintenzionale*

Vorschau (-, -e) *sf* (*tel*) presentazione *f* dei programmi

Vorschlag (-[e]s, **Vorschläge**) *sm* proposta *f*

vorschlagen (→ *schlagen*) *vt* proporre

vorschreiben (→ *schreiben*) *vt* mostrare come si scrive ◊ prescrivere

Vorschrift (-, -en) *sf* norma *f*, disposizione *f* ◊ regolamento *m*

Vorschuss, Vorschuß* (-es, **Vorschüsse**) *sm* anticipo *m*

vorsehen (→ *sehen*) *vt* prevedere

Vorsehung (-) *sf* (*relig*) provvidenza *f*

Vorsicht (-, -en) *sf* cautela *f*, prudenza *f* • *V.!* attenzione!

vorsichtig *a* cauto, prudente

Vorsichtsmaßnahme (-, -n) *sf* precauzione *f*

Vorsilbe (-, -n) *sf* (*ling*) prefisso *m*

Vorsitz (-es, -e) *sm* presidenza *f*

vorsitzen *vt* presiedere

Vorsitzende (-n, -n) *sm/f* presidente *m/f*

Vorsorge (-, -n) *sf* previdenza *f*, precauzione *f*

vorsorglich *a* previdente

Vorspeise (-, -n) *sf* antipasto *m*

Vorspiegelung (-, -en) *sf* simulazione *f*

Vorspiel (-[e]s, -e) *sn* (*mus*) preludio *m* ◊ (*teat*) prologo *m*

Vorsprung (-[e]s, -e) *sm* (*edil*) aggetto *m*, sporgenza *f* ◊ (*fig*) vantaggio *m*

Vorstadt (-, **Vorstädte**) *sf* sobborgo *m*

Vorstand (-[e]s, **Vorstände**) *sm* presidenza *f*, consiglio *m* di amministrazione

vorstehen (→ *stehen*) *vi* (*aus haben*) sporgere ◊ presiedere

Vorsteher (-s, -) *sm* direttore *m* ◊ *(ferr)* capostazione *m*
Vorsteherdrüse (-) *sf* *(anat)* prostata *f*
vorstellbar *a* immaginabile, concepibile
vorstellen *vt* mettere davanti, spostare in avanti ◊ presentare ◊ rappresentare, significare ♦ *vpr* (**sich v.**) (+ *acc*) presentarsi ◊ (+ *dat*) immaginarsi, figurarsi
Vorstellung (-, -en) *sf* presentazione *f* ◊ *(teat)* rappresentazione *f*, recita *f* ◊ immaginazione *f*, idea *f*
vorstrecken *vt* protendere, allungare ◊ *(fin)* anticipare
Vortag (-[e]s, -e) *sm* vigilia *f*
vortäuschen *vt* dissimulare, fingere
Vortäuschung (-, -en) *sf* finzione *f*
Vorteil (-[e]s, -e) *sm* vantaggio *m*, convenienza *f* ● **die Vor- und Nachteile** i pro e i contro
vorteilhaft *a* vantaggioso, conveniente
Vortrag (-[e]s, **Vorträge**) *sm* conferenza *f* ◊ recitazione *f*
vortragen (→ **tragen**) *vt* declamare, recitare, esporre
vortrefflich *a* eccelso, eminente, sublime
Vortritt (-[e]s, -e) *sm* precedenza *f*
vorüber *avv* davanti ◊ passato
vorübergehen (→ **gehen**) *vi* *(aus sein)* passare, cessare, finire

vorübergehend *a* passeggero, transitorio
Vorurteil (-[e]s, -e) *sn* pregiudizio *m*
Vorväter *s pl* antenati *m pl*
Vorvergangenheit (-, -en) *sf* *(gramm)* piuccheperfetto *m*, trapassato *m*
Vorverkauf (-es, **Vorverkäufe**) *sm* prevendita *f*
Vorverkaufsstelle (-, -n) *sf* botteghino *m*
vorverlegen (→ **legen**) *vt* anticipare
Vorwahlnummer (-, -n) *sf* prefisso *m*
Vorwand (-[e]s, **Vorwände**) *sm* pretesto *m* ● **etwas zum V. nehmen** prendere qc a pretesto
Vorwarnung (-, -en) *sf* preallarme *m*
vorwärts *avv* avanti
vorweg *avv* avanti ◊ in anticipo
vorwegnehmen (→ **nehmen**) *vt* prevenire, anticipare
vorwerfen (→ **werfen**) *vt* rimproverare
vorwiegend *a* predominante
Vorwort (-[e]s, -e) *sn* introduzione *f*, prefazione *f*
Vorwurf (-[e]s, **Vorwürfe**) *sm* rimprovero *m*
vorzeigen *vt* esibire
vorzeitig *a* prematuro
vorziehen (→ **ziehen**) *vt* anticipare ◊ preferire
Vorzimmer (-s, -) *sn* anticamera *f*
Vorzug (-[e]s, **Vorzüge**) *sm* preferenza *f* ◊ pregio *m*, merito *m*

vorzugsweise *avv* preferibilmente
votiv *a* votivo
Votum (-s; Voten/Vota) *sn* voto *m*
Vulkan (-s, -e) *sm* vulcano *m*
Vulkanausbruch (-[e]s, Vulkanausbrüche) *sm* eruzione *f* vulcanica
vulkanisch *a* vulcanico
Vulkanologe (-n, -n; *f* Vulkanologin) *sm* vulcanologo *m*

W

Waage (-, -n) *sf* bilancia *f* ◊ (*astr*) Bilancia *f*
waagrecht *a* orizzontale
wach *a* sveglio ● *w. liegen* non riuscire a prendere sonno
Wache (-, -n) *sf* guardia *f* ◊ posto *m* di polizia ◊ veglia *f*
wachen *vi* (*aus haben*) essere sveglio ◊ vegliare ◊ (*mil*) fare la guardia ◊ sorvegliare
Wacholderschnaps (-es) *sm* gin *m*
Wachs (-es, -e) *sn* cera *f*
wachsam *a* vigile
wachsen (wächst, wuchs, gewachsen) *vi* (*aus sein*) crescere ◊ aumentare ◊ svilupparsi
Wachstube (-, -n) *sf* guardiola *f*
Wachstum (-s) *sn* crescita *f*
Wachtel (-, -n) *sf* (*zool*) quaglia *f*
Wächter (-s, -) *sm* guardiano *m*, sorvegliante *m*
Wachtturm (-[e]s, Wachttürme) *sm* torrione *m*
Wade (-, -n) *sf* (*anat*) polpaccio *m*
Wadenbein (-[e]s, -e) *sn* (*anat*) perone *m*

Waffe (-, -n) *sf* arma *f*
Waffenstillstand (-[e]s, Waffenstillstände) *sm* armistizio *m*, tregua *f*
Wagehals (-es, Wagehälse) *sm* spericolato *m*
wagen *vt/i* (*aus haben*) osare, rischiare
Wagen (-s, -) *sm* automobile *f* ◊ carro *m* ◊ (*ferr*) vagone *m*
Wagenheber (-s, -) *sm* cric *m*
Wahl (-, -en) *sf* scelta *f* ◊ elezione *f*
Wahlberechtigte (-n, -n) *sm/f* votante *m/f*
wählen *vt* scegliere ◊ votare ● *wieder w.* rieleggere
Wähler (-s, -) *sm* elettore *m*, votante *m*
wahlfrei *a* facoltativo, opzionale
Wahlgang (-[e]s, Wahlgänge) *sm* votazione *f*
Wahn (-[e]s) *sm* illusione *f* ◊ (*med*) delirio *m*, mania *f*
Wahnsinn (-[e]s, -e) *sm* follia *f*, pazzia *f*

wahnsinnig *a* folle, pazzo ♦ *avv* follemente

wahr *a* vero ● **w. werden** realizzarsi

wahren *vt* custodire ◊ tutelare

während *prep* (+ *gen*) durante ♦ *cong* mentre, invece

Wahrheit (-, -en) *sf* verità *f* ● **um die W. zu sagen** a dire il vero

wahrnehmbar *a* osservabile

wahrnehmen (→ **nehmen**) *vt* percepire

Wahrnehmung (-, -en) *sf* percezione *f* ◊ tutela *f*

wahrsagen *vt/i* (*aus haben*) predire, profetizzare

Wahrsager (-s, -) *sm* veggente *m*

Wahrsagung (-, -en) *sf* profezia *f*

wahrscheinlich *a* probabile, verosimile ♦ *avv* probabilmente

Wahrung (-) *sf* tutela *f*

Währung (-, -en) *sf* (*fin*) valuta *f*

Waise (-, -n) *sf* orfano *m*

Wal (-[e]s, -e) *sm* (*zool*) balena *f*

Wald (-[e]s, **Wälder**) *sm* bosco *m*, foresta *f*

waldig *a* boscoso, boschivo

Waldung (-, -en) *sf* zona *f* boscosa

Walfangschiff (-[e]s, -e) *sn* baleniera *f*

Wall (-[e]s, **Wälle**) *sm* terrapieno *m*

Walze (-, -n) *sf* rullo *m*

walzenförmig *a* cilindrico

Wand (-, **Wände**) *sf* muro *m*, parete *f*

296

Wandale (-n, -n; *f* **Wandalin**) *sm* vandalo *m*

wandalisch *a* vandalico

Wandel (-s) *sm* mutamento *m*, trasformazione *f*

wandeln *vt* cambiare, mutare ♦ *vi* (*aus sein*) passeggiare

Wanderer (-s, -) *sm* viandante *m*

wandern *vi* (*aus sein*) vagabondare, passeggiare

Wandern (-s) *sn* escursionismo *m*

wandernd *a* migratorio ◊ nomade

Wanderung (-, -en) *sf* escursione *f* ◊ (*zool*) migrazione *f*

Wandlung (-, -en) *sf* cambiamento *m*, trasformazione *f* ◊ (*relig*) transustanziazione *f*

Wandschirm (-[e]s, -e) *sm* paravento *m*

Wandspiegel (-s, -) *sm* specchiera *f*

Wandteppich (-s, -e) *sm* arazzo *m*

Wange (-, -n) *sf* (*anat*) guancia *f*

wankelmütig *a* mutevole, volubile

wann *avv* quando

Wanne (-, -n) *sf* vasca *f* ◊ bacinella *f*

Wanze (-, -n) *sf* (*zool*) cimice *f*

Wappen (-s, -) *sn* stemma *m*

Ware (-, -n) *sf* merce *f*

Warenhaus (-es, **Warenhäuser**) *sn* grande magazzino *m*

Warenzeichen (-s, -) *sn* marchio *m* di fabbrica

warm (*comp* **wärmer**, *sup* **wärmste**) *a* caldo ◊ (*fig*) cordi-

ale, caloroso • *mir ist w.* ho caldo
warmblütig *a* (*zool*) a sangue caldo
Wärme (-, -n) *sf* caldo *m* ◊ (*fis*) calore *m*
wärmen *vt* scaldare ♦ *vpr* (**sich w.**) scaldarsi
Warmhaltekanne (-, -n) *sf* thermos *m*
Warmhalteplatte (-, -n) *sf* scaldavivande *m*
Warndreieck (-[e]s, -e) *sn* (*aut*) triangolo *m*
warnen *vt* avvisare, avvertire • *vor etwas w.* mettere in guardia contro qc
warnend *a* premonitore
Warnung (-, -en) *sf* avviso *m*, avvertimento *m* ◊ consiglio *m*, ammonimento *m*
warten *vt* accudire (a), badare (a), assistere ♦ *vi* (*aus haben, auf + acc*) aspettare, attendere
Warten (-s) *sn* attesa *f*
Wärter (-s, -) *sm* custode *m*, guardiano *m*
Warteraum (-[e]s, **Warteräume**) *sm* sala *f* d'aspetto
Wartesaal (-[e]s, **Wartesäle**) *sm* sala *f* d'aspetto
Wartung (-, -en) *sf* manutenzione *f*
warum *avv* perché
Warze (-, -n) *sf* verruca *f* ◊ (*anat*) capezzolo *m*
was *pr* che, che cosa ♦ *pr.rel* quanto, ciò che • *was für ein* quale, che
waschbar *a* lavabile

Waschbär (-en, -en) *sm* (*zool*) procione *m*
Waschbecken (-s, -) *sn* lavandino *m*
Waschbottich (-[e]s, -e) *sm* tinozza *f*
Wäsche (-, -n) *sf* biancheria *f* ◊ bucato *m* ◊ lavaggio *m*
waschen (wäscht, wusch, gewaschen) *vt* lavare ♦ *vpr* (**sich w.**) lavarsi
Waschen (-s, -) *sn* lavaggio *m*
Wäscherei (-, -en) *sf* lavanderia *f*
Wäscheständer (-s, -) *sm* stendibiancheria *m*
Waschmaschine (-, -n) *sf* lavatrice *f*
Waschmittel (-s, -) *sn* detersivo *m*
Wasch- und Trockenautomat (-en, -en) *sm* lavasciugatrice *f*, lavasciuga *f*
Wasser (-s, -) *sn* acqua *f* • *ins W. fallen* andare a monte
Wasserbad *sn* **im W. kochen** cuocere a bagnomaria
Wasserball (-[e]s) *sm* (*sport*) pallanuoto *f*
wasserdicht *a* impermeabile
wasserdurchlässig *a* permeabile
Wasserentzug (-[e]s) *sm* disidratazione *f*
Wasserfall (-[e]s, **Wasserfälle**) *sm* cascata *f*
Wasserfarbe (-, -n) *sf* acquerello *m*
Wasserflugzeug (-[e]s, -e) *sn* (*aer*) idrovolante *m*

Wassergymnastik (-) *sf* (*sport*) aquagym *f*

Wasserhahn (-[e]s, **Wasserhähne**) *sm* rubinetto *m*

wässerig *a* acquoso

Wasserklosett (-s, -e/-s) *sn* gabinetto *m*

Wasserlandung (-, -en) *sf* ammaraggio *m*

Wasserleitung (-, -en) *sf* acquedotto *m*

Wassermelone (-, -n) *sf* cocomero *m*

Wasserpark (-s, -s) *sm* parco *m* acquatico

wasserreich *a* ricco d'acqua

Wasserscheide (-, -n) *sf* spartiacque *m*

Wasserscheu (-) *sf* (*zool*) idrofobia *f*

Wasserski (-s) *sm* sci *m* nautico

Wasserspülung (-, -en) *sf* sciacquone *m*

Wasserstoff (-[e]s, -e) *sm* (*chim*) idrogeno *m*

Wasserstrahl (-[e]s, -en) *sm* zampillo *m*

Wassertiefe (-, -n) *sf* fondale *m*

Wasserung (-, -en) *sf* ammaraggio *m*

Wasserverunreinigung (-) *sf* inquinamento *m* delle acque

Wasserwelle (-, -n) *sf* messa *f* in piega

Watte (-, -n) *sf* ovatta *f*, cotone *m*

weben *vt/i* (*aus haben*) tessere

Weber (-s, -) *sm* tessitore *m*

Weberei (-, -en) *sf* tessitura *f* ◊ stabilimento *m* tessile

Webpelz (-es, -e) *sm* pelliccia *f* ecologica

Webstuhl (-[e]s, **Webstühle**) *sm* telaio *m*

Wechsel (-s, -) *sm* cambiamento *m* ◊ (*fin*) cambio *m* ◊ (*fin*) cambiale *f*

Wechselbeziehung (-, -en) *sf* correlazione *f*

wechseln *vt/i* (*aus haben*) cambiare, mutare

wechselnd *a* mutevole ◊ variabile

Wechselstrom (-[e]s) *sm* (*el*) corrente *f* alternata

Wechselwirkung (-, -en) *sf* interazione *f*

wecken *vt* svegliare ◊ (*fig*) destare, suscitare

Wecker (-s, -) *sm* sveglia *f*

Wedel (-s, -) *sm* ventola *f*

weder *cong* weder... noch... né... né... ● *w. das eine noch das andere* né l'uno né l'altro

weg *avv* via

Weg (-[e]s, -e) *sm* via *f*, strada *f*, sentiero *m* ◊ itinerario *m*, tragitto *m* ◊ modo *m*, metodo *m* ● *sich auf den W. machen* incamminarsi

Wegegeld (-[e]s, -er) *sn* pedaggio *m*

wegen *prep* (+ *gen*) per, a causa di

wegfahren (→ **fahren**) *vi* (*aus sein*) partire (*con un mezzo*)

weggehen (→ **gehen**) *vi* (*aus sein*) partire, andarsene

wegkommen (→ **kommen**) *vi*

(*aus sein*) andarsene ◇ andare perduto

weglassen (→ **lassen**) *vt* omettere

weglaufen *vi* (*aus sein*) scappare

wegnehmen (→ **nehmen**) *vt* levare, togliere

wegräumen *vt* rimuovere

wegreißen (→ **reißen**) *vt* strappare

wegrücken *vt* scostare, spostare

wegwerfen (→ **werfen**) *vt* buttare, gettare

weh *a* dolorante, che fa male ♦ *inter* ahimè

Weh (-[e]s, -e) *sn* dolore *m*

Wehe (-, -n) *sf* doglie *f pl*

Wehr (-, -en) *sf* difesa *f*

Wehrdienst (-[e]s, -e) *sm* servizio *m* militare • **W. ableisten** fare il servizio militare

Wehrdienstverweigerer (-s, -) *sm* obiettore *m* di coscienza

wehren *vi* opporsi ♦ *vpr* (**sich w.**) difendersi ◇ opporsi

Wehrmacht (-, -en) *sf* forze *f pl* armate

sich wehtun *vpr* farsi male • *wo tut es dir w.?* dove ti fa male?

Weib (-[e]s, -er) *sn* (*fam*) donna *f*

Weiberfeind (-[e]s, -e) *sm* misogino *m*

weibisch *a* effeminato

weiblich *a* femminile

weich *a* morbido, soffice, tenero • *etwas w. machen* ammorbidire qc; *jemanden w. machen* commuovere qn

weichen (**wich, gewichen**) *vi* (*aus sein*) indietreggiare ◇ (*von + dat*) allontanarsi (da) ◇ (*fig*) (*+ dat*) cedere (a)

Weichtier (-[e]s, -e) *sn* (*zool*) mollusco *m*

Weide (1) (-, -n) *sf* (*bot*) salice *m*

Weide (2) (-, -n) *sf* pascolo *m*

weiden *vt/i* (*aus haben*) pascolare ♦ *vpr* (**sich w.**) (*an + dat*) (*fig*) pascersi (di), deliziarsi (di)

Weihe (-, -n) *sf* (*relig*) consacrazione *f*

weihen *vt* (*relig*) consacrare

Weihnachten (-s, -) *sn* Natale *m* • **fröhliche W.!** buon Natale!

Weihnachtsbaum (-[e]s, **Weihnachtsbäume**) *sm* albero *m* di Natale

Weihnachtskrippe (-, -n) *sf* presepe *m*

Weihrauch (-[e]s) *sm* incenso *m*

Weihwasser (-s) *sn* acquasanta *f*

weil *cong* perché, poiché

Wein (-[e]s, -e) *sm* vino *m* ◇ vite *f* ◇ uva *f*

Weinbar (-, -s) *sf* wine bar *m*

Weinbauer (-s, -) *sm* viticoltore *m*

Weinberg (-[e]s, -e) *sm* vigneto *m*

weinen *vt/i* (*aus haben*) piangere

Weinen (-s, -) *sn* pianto *m*

Weinlese (-, -n) *sf* vendemmia *f* • **W. halten** vendemmiare

Weinrebe (-, -n) *sf* (*bot*) vite *f*

Weinstock (-[e]s, **Weinstöcke**) *sm* vitigno *m*

Weintraube (-, -n) *sf* grappolo *m* d'uva

weise *a* saggio

Weise (1) (-n, -n) *sm/f* sapiente *m/f*

Weise (2) (-, -n) *sf* modo *m*, maniera *f*

weisen (wies, gewiesen) *vt* mostrare, indicare ◊ *jemanden vom Platz w.* (*sport*) espellere qn dal campo

Weisheit (-, -en) *sf* saggezza *f*, sapienza *f* ◊ sentenza *f*, massima *f*

weiß (1) *a* bianco

weiß (2) → **wissen**

Weißkohl (-[e]s, -e) *sm* (*bot*) cavolo *m* bianco

Weißwein (-[e]s, -e) *sm* vino *m* bianco

weit *a* ampio, largo, vasto ◊ distante, lontano ♦ *avv* ampiamente, per esteso ◊ lontano ◊ *so w. gehen zu...* arrivare al punto di...; *w. blickend* lungimirante

weitblickend* → **weit**

Weite (-, -n) *sf* ampiezza *f*, distesa *f* ◊ lontananza *f*, distanza *f*

weiter *a* ulteriore, altro ♦ *avv* inoltre ◊ *nichts w.* nient'altro; *ohne weiteres* senz'altro; *und so w.* e così via

weiterbestehen *vi* (*aus haben*) persistere, durare

weiterbilden *vt* aggiornare ♦ *vpr* (*sich w.*) aggiornarsi, tenersi informato

Weiterbildung (-, -en) *sf* aggiornamento *m*

weitergehen (→ **gehen**) *vi* (*aus sein*) continuare, proseguire

weitermachen *vt/i* (*aus haben*) continuare

weitläufig *a* vasto, spazioso, ampio ◊ dettagliato

Weitläufigkeit (-) *sf* vastità *f* ◊ lungaggine *f*

weitschweifig *a* prolisso

Weitsichtige (-n, -n) *sm/f* presbite *m/f*

Weitwinkelobjektiv (-s, -e) *sn* grandangolo *m*

Weizen (-s, -) *sm* frumento *m*

welcher (*f* **welche**, *n* **welches**) *a/pr* quale ◊ (*pl*) qualcuno, alcuni ♦ *a/pr.rel* che, il quale ◊ *w. auch immer* chiunque; *welches auch immer* qualunque cosa

Welle (-, -n) *sf* onda *f* ◊ (*mecc*) albero *m* ◊ *Wellen schlagen* (*fig*) destare scalpore

Wellenbewegung (-, -en) *sf* ondulazione *f*

wellig *a* ondulato

Welpe (-n, -n) *sm* cucciolo *m*

Welt (-, -en) *sf* mondo *m* ◊ *auf der W.* al mondo; *zur W. bringen* mettere al mondo; *zur W. kommen* venire al mondo

Weltall (-s) *sn* cosmo *m*, universo *m*

Weltanschauung (-, -en) *sf* concezione *f* del mondo

weltberühmt *a* celeberrimo

Weltbestzeit (-, -en) *sf* (*sport*) primato *m* mondiale

Weltkrieg (-[e]s, -e) *sm* guerra *f* mondiale

Weltkulturerbe (-, -n) *sn* patrimonio *m* dell'umanità

weltlich *a* terreno ◊ profano

Weltmeer (-[e]s, -e) *sn* oceano *m*

Weltreisende (-n, -n) *sm/f* giramondo *m/f*

weltweit *a* mondiale

Wendekreis (-es, -e) *sm* (*geogr*) tropico *m*

wenden (**wendete/wandte, gewendet/gewandt**) *vt* voltare, girare ◆ *vpr* (**sich w.**) girarsi, voltarsi ◊ dirigersi, indirizzarsi

wendig *a* maneggevole ◊ agile, snello

Wendung (-, -en) *sf* svolta *f* ◊ (*naut*) virata *f*

Wenfall (-[e]s, **Wenfälle**) *sm* (*gramm*) accusativo *m*

wenig *avv/a/pr* poco ◆ *ein w.* un po'

weniger *avv* meno ◆ *nicht w. als* non meno di; *nichts w. als* tutt'altro che; *um so w.* tanto meno; *w. denn je* meno che mai

wenigstens *avv* almeno, perlomeno

wenn *cong* se, qualora ◊ quando

wer (*gen* **wessen**, *dat* **wem**, *acc* **wen**) *pr* chi ◆ *pr.rel* chi, chiunque ◆ *wer da?* (*mil*) chi va là?; *wer es auch immer sei* chiunque sia; *wer ist da?* chi c'è?

werben (**wirbt, warb, geworben**) *vi* (*aus haben*) fare pubblicità ◊ cercare di conquistare

Werber (-s, -) *sm* pubblicitario *m*

Werbespot (-s, -s) *sm* spot *m* pubblicitario

Werbung (-, -en) *sf* pubblicità *f* ◊ (*mil*) arruolamento *m*

werden (**wird, wurde, geworden**) *vi* (*aus sein*) diventare

werfen (**wirft, warf, geworfen**) *vt* lanciare, gettare ◆ *vpr* (**sich w.**) gettarsi, lanciarsi

Werft (-, -en) *sf* (*naut*) cantiere *m*

Werk (-[e]s, -e) *sn* opera *f*, lavoro *m* ◊ stabilimento *m*, fabbrica *f*

Werkhalle (-, -n) *sf* capannone *m*

Werkstatt (-, **Werkstätten**) *sf* laboratorio *m*, officina *f*

Werktag (-[e]s, -e) *sm* giorno *m* feriale

Werkzeug (-[e]s, -e) *sn* attrezzo *m*, arnese *m*

wert *a* meritevole

Wert (-[e]s, -e) *sm* valore *m*, importanza *f* ◊ prezzo *m* ◆ *im W. von* del valore di

werten *vt* valutare ◊ giudicare ◊ (*sport*) contare ◆ *ein Tor nicht w.* (*sport*) annullare una rete

Wertung (-, -en) *sf* valutazione *f* ◊ (*sport*) punteggio *m*

wertvoll *a* pregevole, prezioso, impagabile

Wesen (-s, -) *sn* essere *m*, creatura *f* ◊ essenza *f*, sostanza *f* ◆ *seinem W. nach* per natura

wesentlich *a* essenziale, fondamentale ◆ *avv* essenzialmente

Wespe (-, -n) *sf* (*zool*) vespa *f*

Westen (-s) *sm* ovest *m* ◆ *der wilde W.* il Far West

westlich *a* occidentale
wett *a* **w. sein** essere pari
Wettbewerb (-[e]s, -e) *sm* concorso *m* ◇ (*sport*) gara *f* ◇ concorrenza *f*
Wettbewerber (-s, -) *sm* concorrente *m*
Wette (-, -n) *sf* scommessa *f*
Wetteiferer (-s, -) *sm* concorrente *m*
wetteifern *vi* (*aus haben*) gareggiare
wetten *vt* scommettere, puntare
Wettende (-n, -n) *sm/f* scommettitore *m*
Wetter (-s, -) *sn* (*meteor*) tempo *m* • **bei diesem W.** con questo tempo; **wie ist das W.?** che tempo fa?
Wetteraussichten *s pl* (*meteor*) previsioni *f pl* del tempo
Wetterbericht (-[e]s, -e) *sm* (*meteor*) bollettino *m* meteorologico, meteo *m*
Wetterfahne (-, -n) *sf* girandola *f*
Wetterkunde (-) *sf* meteorologia *f*
wetterkundlich *a* meteorologico
Wettervorhersage (-, -n) *sf* (*meteor*) previsioni *f pl* del tempo
Wettkampf (-[e]s, Wettkämpfe) *sm* gara *f*, competizione *f* • **an einem W. teilnehmen** gareggiare
Wettkämpfer (-s, -) *sm* concorrente *m*

Wettlauf (-[e]s, Wettläufe) *sm* gara *f*
Wettläufer (-s, -) *sm* corridore *m*, concorrente *m*
Wettrüsten (-s) *sn* corsa *f* agli armamenti
Wettsegeln (-s, -) *sn* (*naut*) regata *f*
Wicht (-[e]s, -e) *sm* folletto *m*
wichtig *a* importante
Wichtigkeit (-) *sf* importanza *f*
Wickel (-s, -) *sm* gomitolo *m* ◇ (*med*) impacco *m*
wickeln *vt* avvolgere ◇ fasciare
Widder (-s, -) *sm* (*zool*) montone *m* ◇ (*astr*) Ariete *m*
wider *prep* (+ *acc*) contro • **das Für und das W.** il pro e il contro
Widerhall *sm* eco *m/f*, risonanza *f*
widerhallen *vi* (*aus haben*) echeggiare
widerlegen *vt* confutare, controbattere
widerlich *a* disgustoso, ributtante
Widerrede (-, -n) *sf* obiezione *f*
Widerruf (-[e]s, -e) *sm* revoca *f*, smentita *f*
widerrufen (widerrief, widerrufen) *vt* revocare, ritirare
Widerschein (-[e]s, -e) *sm* riflesso *m*, riverbero *m*
sich widersetzen *vpr* opporsi
Widersinn (-[e]s, -e) *sm* controsenso *m*
widersinnig *a* assurdo, paradossale
widerspenstig *a* recalcitrante
widersprechen (widerspricht,

widersprach, widersprochen) *vt/i (aus haben)* contraddire ♦ *vpr (sich w.)* contraddirsi

Widerspruch (-[e]s, Widersprüche) *sm* contraddizione *f* ◊ obiezione *f*

widersprüchlich *a* contraddittorio

Widerstand (-[e]s, Widerstände) *sm* resistenza *f* ● *auf W. stoßen* incontrare resistenza

widerstandsfähig *a* resistente, robusto

Widerstandskämpfer (-s, -) *sm (stor)* partigiano *m*

widerstehen *vi (aus haben)* resistere

Widerwille (-ns, -n) *sm* avversione *f*, antipatia *f* ◊ repulsione *f*

widerwillig *avv* a malincuore

widmen *vt* dedicare ♦ *vpr (sich w.)* dedicarsi

Widmung (-, -en) *sf* dedica *f* ◊ donazione *f*

widrig *a* avverso, sfavorevole

Widrigkeit (-, -en) *sf* contrarietà *f*, avversità *f*

wie *avv* come, in quale modo ◊ quanto ● *cong* come, quanto ● *w. auch immer* comunque; *w. viel* quanto

wieder *avv* nuovamente, di nuovo, ancora ● *ich bin gleich w. da* torno subito; *nie w.* mai più; *schon w.* ancora

wiederanpassen* → **anpassen**

wiederaufbauen* → **aufbauen**

wiederaufladbar *a (tel)* ricaricabile

Wiederaufnahme (-, -n) *sf* ripresa *f* ◊ riapertura *f* ◊ riammissione *f*

wiederaufnehmen* → **aufnehmen**

Wiederaufrüstung (-, -en) *sf* riarmo *m*

wiederbehaupten* → **behaupten**

wiederbeleben* → **beleben**

Wiederbelebung (-, -en) *sf (med)* rianimazione *f* ◊ *(fig)* rinascita *f* ◊ *(fin)* ripresa *f*

Wiedereinführung (-, -en) *sf* ripristino *m*

wiederentdecken* → **entdecken**

Wiedergabe (-, -n) *sf* descrizione *f* ◊ riproduzione *f*

wiedergeben *vt* rendere, restituire ◊ riprodurre

Wiedergeburt (-, -en) *sf* rinascita *f* ◊ *(relig)* reincarnazione *f*

wiedergewöhnen* → **gewöhnen**

wiedergutmachen* → **gutmachen**

Wiedergutmachung (-, -en) *sf* risarcimento *m* ◊ *(stor)* riparazione *f* di guerra

Wiederherstellung (-, -en) *sf* rifacimento *m*, ripristino *m*, restauro *m*

wiederhinaufsteigen* → **hinaufsteigen**

wiederhinfallen* → **hinfallen**

wiederholen *vt* ripetere ◊ replicare

Wiederholung (-, -en) *sf* ripetizione *f*

Wiederkäuer (-s, -) *sm* (*zool*) ruminante *m*

Wiederkehr (-) *sf* ritorno *m* ◊ ricorrenza *f*

wiederkehren *vi* (*aus sein*) ritornare (*a casa*) ◊ ricorrere

wiederladen* → **laden**

Wiederladung (-, -en) *sf* ricarica *f*

wiederschätzen* → **schätzen**

wiederschreiben* → **schreiben**

wiedersehen* → **sehen**

Wiedersehen (-s, -) *sn* auf W.! arrivederci!

wiedervereinigen* → **vereinigen**

Wiedervereinigung (-, -en) *sf* ricongiunzione *f*, riunificazione *f*

wiederverheiraten* → **verheiraten**

Wiederverkäufer (-s, -) *sm* rivenditore *m*

wiederverknoten* → **verknoten**

wiederverlangen* → **verlangen**

sich wiederversöhnen* → **versöhnen**

Wiederversöhnung (-, -en) *sf* riconciliazione *f*

wiederversuchen* → **versuchen**

wiederverwertbar *a* riciclabile

wiederverwerten* → **verwerten**

Wiederwahl (-, -e) *sf* rielezione *f*

wiederwählen* → **wählen**

wiederwerfen (→ **werfen**) *vt* rilanciare

Wiederwerfen (-s, -) *sn* rilancio *m*

wiederzulassen* → **zulassen**

Wiederzulassung (-, -en) *sf* riammissione *f*

Wiege (-, -n) *sf* culla *f*

wiegen (1) (**wog, gewogen**) *vt/i* (*aus haben*) pesare ♦ *vpr* (**sich w.**) pesarsi

wiegen (2) *vt* cullare ♦ *vpr* (**sich w.**) (*fig*) cullarsi

Wiegenlied (-[e]s, -er) *sn* ninnananna *f*

wiehern *vi* (*aus haben*) nitrire

Wiese (-, -n) *sf* prato *m*

Wiesel (-s, -) *sn* (*zool*) donnola *f*

wieso *avv* (*pop*) perché, come mai

wieviel* → **wie**

wild *a* selvatico ◊ feroce

Wild (-[e]s) *sn* selvaggina *f*

Wilddieb (-[e]s, -e) *sm* bracconiere *m*

Wilde (-n, -n) *sm/f* selvaggio *m*

Wilderer (-s, -) *sm* bracconiere *m*

Wildleder (-s, -) *sn* pelle *f* scamosciata

Wildschwein (-[e]s, -e) *sn* (*zool*) cinghiale *m*

Wildwasserfahren (-s) *sn* (*sport*) rafting *m*

will → **wollen**

Wille (-ns, -n) *sm* volontà *f* • *aus freiem Willen* di spontanea volontà; *beim besten Willen* con

tutta la buona volontà; *wider Willen* controvoglia
willig *a* volenteroso
willkommen *a* gradito, benvenuto ● *jemanden w. heißen* dare il benvenuto a qn
Willkommen (-s, -) *sn* benvenuto *m*
Willkür (-) *sf* arbitrio *m*
willkürlich *a* arbitrario
wimmern *vi* (*aus haben*) piagnucolare
Wimpel (-s, -) *sm* gagliardetto *m*
Wimperntusche (-, -n) *sf* rimmel *m*
Wind (-[e]s, -e) *sm* vento *m*
Windel (-, -n) *sf* pannolino *m*
winden (**wand, gewunden**) *vt* attorcigliare, intrecciare ◆ *vpr* (**sich w.**) contorcersi
Windfahne (-, -n) *sf* banderuola *f*
Windhose (-, -n) *sf* tromba d'aria
Windhund (-[e]s, -e) *sm* (*zool*) levriero *m*
windig *a* ventoso
Windjacke (-, -n) *sf* (*abb*) giacca *f* a vento
Windpocken *s pl* (*med*) varicella *f sing*
Windrädchen (-s, -) *sn* girandola *f*
Windschutzscheibe (-, -n) *sf* (*aut*) parabrezza *m*
Windstoß (-es, **Windstösse**) *sm* raffica *f*
Windung (-, -en) *sf* tortuosità *f* ◇ meandro *m*, ansa *f* ◇ curva *f*, serpentina *f*

Wink (-[e]s, -e) *sm* cenno *m* ◇ avvertimento *m*, suggerimento *m*
Winkel (-s, -) *sm* angolo *m*
winken *vi* (*aus haben*) fare un cenno ◇ salutare
winseln *vi* (*aus haben*) guaire
Winter (-s, -) *sm* inverno *m* ● *es wird W.* arriva l'inverno
winterlich *a* invernale
Winterschlaf (-[e]s) *sm* letargo *m*
winzig *a* minuscolo, piccino
Wippe (-, -n) *sf* altalena *f*
wir (*dat/acc* **uns**) *pr.pers* noi
Wirbel (-s, -) *sm* vortice *m*, gorgo *m* ◇ (*anat*) vertebra *f*
wirbellos *a* invertebrato
Wirbelsäule (-) *sf* (*anat*) colonna *f* vertebrale
Wirbelsturm (-[e]s, **Wirbelstürme**) *sm* (*meteor*) tornado *m*
Wirbeltiere *s pl* vertebrati *m pl*
wirken *vt* produrre, operare ◆ *vi* (*aus haben*) fare effetto, agire ◇ sembrare, dare l'impressione di
wirklich *a* vero, effettivo, reale ◆ *avv* veramente, realmente
Wirklichkeit (-) *sf* realtà *f*
wirksam *a* efficace
Wirkung (-, -en) *sf* effetto *m* ◇ efficacia *f*
wirkungsvoll *a* efficace
Wirt (-[e]s, -e; *f -in*) *sm* oste *m*
Wirtschaft (-, -en) *sf* economia *f* ◇ osteria *f*
wirtschaftlich *a* economico
Wirtshaus (-es, **Wirtshäuser**) *sn* osteria *f*

Wisent (-s, -e) *sm* (*zool*) bisonte *m*

wispern *vt/i* (*aus haben*) sussurrare

wissen (**weiß, wusste, gewusst**) *vt* sapere, conoscere ● **man kann nie w.** non si sa mai

Wissen (-s, -) *sn* sapere *m*, conoscenza *f* ● **meines Wissens** per quanto ne so

Wissenschaft (-, -en) *sf* scienza *f*

Wissenschaftler (-s, -) *sm* scienziato *m*, studioso *m*

wissenschaftlich *a* scientifico

wittern *vt* fiutare

Witterung (-) *sf* tempo *m* (*atmosferico*) ◇ fiuto *m* ● **bei günstiger W.** tempo permettendo

Witwe (-, -n) *sf* vedova *f*

Witwer (-s, -) *sm* vedovo *m*

Witz (-es, -e) *sm* barzelletta *f* ◇ spirito *m*

witzig *a* spiritoso, umoristico

Witzzeichnung (-, -en) *sf* vignetta *f*

wo *avv* (*interrogativo*) dove ◇ (*relativo*) dove, in cui, nel quale ● **wo auch immer** dovunque

woanders *avv* altrove

Woche (-, -n) *sf* settimana *f* ● **die W. über** in settimana

Wochenblatt (-[e]s, **Wochenblätter**) *sn* settimanale *m*

Wochenende (-s, -n) *sn* week-end *m*

wöchentlich *a* settimanale

Wochenzeitung (-, -en) *sf* settimanale *m*

wogen *vi* (*aus haben*) fluttuare, ondeggiare

woher *avv* da dove (*moto da luogo*)

wohin *avv* dove (*moto a luogo*)

wohl *a* bene ● **w. oder übel** volente o nolente

Wohl (-[e]s) *sn* benessere *m* ◇ salute *f* ● **zum W.!** alla salute!

wohlbekannt *a* familiare

Wohlfahrt (-, -en) *sf* prosperità *f*, benessere *m* ◇ assistenza *f* pubblica

Wohlgefallen (-s, -) *sn* gradimento *m*, soddisfazione *f*

wohlhabend *a* agiato, facoltoso

Wohlklang (-[e]s, **Wohlklänge**) *sm* melodia *f*, sonorità *f*

wohlklingend *a* melodioso

wohlriechend *a* odoroso

wohlschmeckend *a* gustoso, saporito

Wohlstand (-[e]s) *sm* benessere *m*, agiatezza *f*

Wohltat (-, -en) *sf* opera *f* buona

Wohltätigkeit (-) *sf* beneficenza *f*, carità *f*

wohnen *vi* (*aus haben*) abitare, alloggiare

wohnend *a* abitante

Wohnküche (-, -n) *sf* cucina *f* abitabile

Wohnort (-[e]s, -e) *sm* residenza *f*, domicilio *m*

Wohnsitz (-es, -e) *sm* dimora *f*, residenza *f*

Wohnung (-, -en) *sf* appartamento *m*

Wohnwagen (-s, -) *sm* roulotte *f*

Wohnzimmer (-s, -) *sn* salotto *m*, soggiorno *m*
Wolf (-[e]s, **Wölfe**) *sm* (*zool*) lupo *m* ◇ tritacarne *m*
Wolke (-, -n) *sf* nuvola *f*
Wolkenbruch (-[e]s, **Wolkenbrüche**) *sm* diluvio *m*, nubifragio *m*
Wolkenkratzer (-s, -) *sm* grattacielo *m*
wolkig *a* nuvoloso
Wolle (-, -n) *sf* lana *f*
wollen (**will, wollte, gewollt**) *vt/i* volere ◇ avere l'intenzione di
Wolljacke (-, -n) *sf* (*abb*) pullover *m*
Wollust (-, -en) *sf* voluttà *f*
wollüstig *a* voluttuoso
Wonne (-, -n) *sf* delizia *f*
Wort (-[e]s, **Wörter/-e**) *sn* parola *f*, vocabolo *m*
Wörterbuch (-[e]s, **Wörterbücher**) *sn* dizionario *m*, vocabolario *m*
Wortführer (-s, -) *sm* portavoce *m*
wortkarg *a* taciturno
wörtlich *a* letterale
wortlos *a* muto ♦ *avv* in silenzio
Wortstreit (-[e]s, -e) *sm* disputa *f*, diverbio *m*
Wrack (-[e]s, -s/-e) *sn* relitto *m*, rottame *m*
Wucher (-s) *sm* usura *f*
Wucherer (-s, -) *sm* usuraio *m*
wuchern *vi* (*aus haben/sein*) (*bot*) crescere rigogliosamente ◇ (*biol*) proliferare
Wuchs (-es) *sm* crescita *f* ◇ corporatura *f*

Wucht (-) *sf* irruenza *f*
wühlen *vi* (*aus haben*) scavare ◇ (*fam*) rovistare ◇ sobillare
Wulst (-[e]s, **Wülste**) *sm* rigonfiamento *m* ◇ (*arch*) toro *m*
wund *a* escoriato ● *den wunden Punkt berühren* (*fig*) mettere il dito nella piaga; *wunder Punkt* (*fig*) punto dolente
Wunde (-, -n) *sf* ferita *f*, piaga *f*
Wunder (-s, -) *sn* meraviglia *f*, portento *m* ◇ (*relig*) miracolo *m*
wunderbar *a* magnifico, meraviglioso
wunderlich *a* strano, bizzarro
wundern *vt* meravigliare ♦ *vpr* (**sich w.**) meravigliarsi
Wunsch (-[e]s, **Wünsche**) *sm* desiderio *m* ◇ augurio *m*
wünschen *vt* desiderare ◇ augurare
wünschenswert *a* auspicabile
Würde (-, -n) *sf* dignità *f* ◇ grado *m*, titolo *m*
würdevoll *a* dignitoso
würdig *a* dignitoso, meritevole
würdigen *vt* apprezzare ◇ degnare
Würdigung (-, -en) *sf* riconoscimento *m*
Wurf (-[e]s, **Würfe**) *sm* getto *m*, lancio *m*
Würfel (-s, -) *sm* cubo *m* ◇ dado *m*
Wurm (-[e]s, **Würmer**) *sm* (*zool*) verme *m*
wurmstichig *a* bacato
Wurst (-, **Würste**) *sf* salsiccia *f*
Würstchen (-s, -) *sn* würstel *m*
Wurstwaren *s pl* salumi *m pl*

Würze (-, -n) *sf* condimento *m*, spezie *f pl*
Wurzel (-, -n) *sf* radice *f*
würzen *vt* condire
würzig *a* saporito, aromatico ◊ (*fig*) piccante
wüst *a* deserto ◊ dissoluto, dissipato
Wüste (-, -n) *sf* deserto *m*

wüstenhaft *a* desertico
Wut (-) *sf* collera *f*, furia *f* • *in W. geraten* infuriarsi
wüten *vi* (*aus haben*) essere furente ◊ infuriare, imperversare
wütend *a* arrabbiato, furente • *w. werden* arrabbiarsi, imbestialirsi, infuriarsi

Z

Zacke (-, -n) *sf* punta *f*, dente *m*
zackig *a* dentellato
zäh *a* tenace, duro
Zahl (-, -en) *sf* numero *m* • *gerade/ungerade Z.* numero pari/dispari
zahlen *vt/i* (*aus haben*) pagare • *bar/in Raten z.* pagare in contanti/a rate
zählen *vt* contare ♦ *vi* (*aus haben*) contare, avere importanza
Zahlenlotto (-s, -s) *sn* lotto *m*
zahlenmäßig *avv* numericamente
Zähler (-s, -) *sm* contatore *m*
zahlreich *a* numeroso
Zahlung (-, -en) *sf* pagamento *m*
Zählung (-, -en) *sf* conteggio *m*, computo *m* ◊ censimento *m*
zahm *a* mansueto, docile
zähmen *vt* addomesticare
Zahn (-[e]s, **Zähne**) *sm* (*anat*) dente *m* ◊ (*zool*) zanna *f*
Zahnarzt (-es, **Zahnärzte**) *sm* dentista *m*

Zahnbürste (-, -n) *sf* spazzolino *m* da denti
Zahnfleisch (-[e]s) *sn* (*anat*) gengiva *f*
Zahnpasta (-, **Zahnpasten**) *sf* dentifricio *m*
Zahnschmerzen *s pl* mal *m sing* di denti
Zahnseide (-, -n) *sf* filo *m* interdentale
Zahnstocher (-s, -) *sm* stecchino *m*, stuzzicadenti *m*
zahntechnisch *a* odontotecnico
Zange (-, -n) *sf* pinza *f*, tenaglia *f* • *jemanden in die Z. nehmen* mettere qn alle strette
Zank (-[e]s) *sm* lite *f*, diverbio *m*
zanken *vi* (*aus haben*) litigare, bisticciare
zänkisch *a* litigioso
Zäpfchen (-s, -) *sn* (*anat*) ugola *f* ◊ supposta *f*
zapfen *vt* spillare

Zapfen (-s, -) *sm* (*bot*) pigna *f* ◊ (*tecn*) perno *m*
zart *a* morbido, tenero ◊ (*fig*) delicato
Zartheit (-) *sf* morbidezza *f* ◊ (*fig*) tenerezza *f*
zärtlich *a* tenero, affettuoso
Zärtlichkeit (-, -en) *sf* tenerezza *f*
Zauber (-s, -) *sm* incantesimo *m* ◊ fascino *m*
Zauberei (-, -en) *sf* magia *f*, sortilegio *m* ◊ gioco *m* di prestigio
Zauberer (-s; *f* **Zauberin**) *sm* mago *m*, stregone *m*
zauberhaft *a* magico
Zauberkünstler (-s, -) *sm* prestigiatore *m*
Zauberstab (-[e]s, **Zauberstäbe**) *sm* bacchetta *f* magica
zaudern *vi* (*aus haben*) esitare
Zaum (-[e]s, **Zäume**) *sm* briglia *f*
Zaun (-[e]s, **Zäune**) *sm* recinto *m*
Zeche (-, -n) *sf* conto *m*
Zecke (-, -n) (*zool*) zecca *f*
Zeder (-, -n) *sf* (*bot*) cedro *m* (*albero*)
Zehe (-, -n) *sf* dito *m* del piede ● *kleine* **Z.** dito mignolo (del piede)
zehn *a* dieci
zehnte *a* decimo
Zeichen (-s, -) *sn* segno *m*, segnale *m* ◊ marchio *m*
zeichnen *vt* disegnare ◊ marcare, contrassegnare ◊ firmare, sottoscrivere
Zeichner (-s, -) *sm* disegnatore *m*

Zeichnung (-, -en) *sf* disegno *m* ◊ sottoscrizione *f*
Zeigefinger (-s, -) *sm* (*anat*) (dito *m*) indice *m*
zeigen *vt* indicare, mostrare ♦ *vi* (*aus haben*) segnare ◊ (*auf* + *dat*) indicare, mostrare ♦ *vpr* (**sich z.**) mostrarsi, manifestarsi
Zeiger (-s, -) *sm* indice *m*, indicatore *m* ◊ ago *m*, lancetta *f*
Zeile (-, -n) *sf* riga *f*, fila *f*
Zeit (-, -en) *sf* tempo *m* ◊ periodo *m* ◊ ora *f* ● *auf* **Z.** a termine; *in alten Zeiten* anticamente; *zur* **Z.** *von* ai tempi di
Zeitabstand (-[e]s, **Zeitabstände**) *sm* intervallo *m* di tempo
Zeitalter (-s, -) *sn* era *f*, età *f*
zeitgenössisch *a* contemporaneo
Zeitgeschichte (-) *sf* storia *f* contemporanea
Zeitkarte (-, -n) *sf* abbonamento *m*
zeitlich *a* temporale, cronologico, -a
Zeitlupe (-, -n) *sf* rallentatore *m* ● *in* **Z.** al rallentatore
Zeitplan (-[e]s, **Zeitpläne**) *sm* orario *m*
Zeitpunkt (-[e]s, -e) *sm* momento *m*, istante *m*
Zeitraum (-[e]s, **Zeiträume**) *sm* periodo *m*
Zeitschrift (-, -en) *sf* periodico *m*, rivista *f*
Zeitung (-, -en) *sf* giornale *m*
Zeitvertreib (-[e]s, -e) *sm* svago *m*, passatempo *m*
zeitweilig *a* temporaneo

Zeitwort (-[e]s, Zeitwörter) *sn* (*gramm*) verbo *m*
zelebrieren *vt* celebrare, officiare
Zelle (-, -n) *sf* cella *f* ◊ (*biol*) cellula *f*
Zelt (-[e]s, -e) *sn* tenda *f* (*da campeggio*) ● **das Z. aufschlagen** accamparsi
Zeltdach (-[e]s, Zeltdächer) *sn* tendone *m*
zelten *vi* (*aus haben*) campeggiare ● **z. gehen** andare in campeggio
Zelten (-s, -) *sn* campeggio *m*
Zelter (-s, -) *sm* campeggiatore *m*
zensieren *vt* censurare
Zensur (-, -en) *sf* censura *f*
Zentimeter (-s, -) *sn* centimetro *m*
Zentner (-s, -) *sm* mezzo quintale *m*
zentral *a* centrale, principale
zentralisieren *vt* centralizzare
Zentralverriegelung (-, -en) *sf* chiusura *f* centralizzata
zentrifugal *a* centrifugo
Zentrifuge (-, -n) *sf* centrifuga *f*
zentripetal *a* centripeto
Zentrum (-s, Zentren) *sn* centro *m*
Zepter (-s, -) *sn* scettro *m*
zerbrechen (zerbricht, zerbrach, zerbrochen) *vt* rompere, mandare in frantumi
zerbrechlich *a* fragile
zerbröckeln *vt* sbriciolare ♦ *vi* (*aus sein*) sgretolarsi
Zeremonie (-, -n) *sf* cerimonia *f*
zeremoniell *a* cerimoniale
Zerfall (-[e]s, Zerfälle) *sm* rovina *f*, crollo *m* ◊ (*fig*) degrado *m*
zerfallen (zerfällt, zerfiel, zerfallen) *vi* (*aus sein*) cadere a pezzi, crollare, disintegrarsi
zerfressen (zerfrisst, zerfraß, zerfressen) *vt* corrodere
zerkleinern *vt* tritare
zerklüftet *a* frastagliato
zerknittert *a* raggrinzito
zerlegbar *a* scomponibile, smontabile
zerlegen *vt* scomporre, smontare
zerlumpt *a* cencioso
zerreißen (zerriss, zerrissen) *vt* strappare, lacerare ◊ sbranare
Zerreißung (-, -en) *sf* lacerazione *f*
zerren *vt* tirare, trascinare ◊ (*med*) stirare, strappare
zerrissen *a* cencioso, lacero
Zerrung (-, -en) *sf* (*med*) stiramento *m*
zerrütten *vt* rovinare, dissestare
zerschlagen (zerschlägt, zerschlug, zerschlagen) *vt* rompere, spaccare, frantumare ◊ mandare a monte
zersetzen *vt* decomporre ◊ disgregare, scomporre ♦ *vpr* (**sich z.**) decomporsi
Zersetzung (-) *sf* decomposizione *f* ◊ corruzione *f*
Zersplitterung (-) *sf* frantumazione *f*
zerstäuben *vt* polverizzare
zerstören *vt* distruggere, devastare

Zerstörung (-, -en) *sf* distruzione *f*, rovina *f*

zerstoßen (**zerstößt, zerstieß, zerstoßen**) *vt* pestare

zerstreuen *vt* disperdere, spargliare ◇ distrarre ◆ *vpr* (**sich z.**) disperdersi ◇ divertirsi, distrarsi

Zerstreutheit (-) *sf* distrazione *f*, sbadataggine *f*

Zerstreuung (-, -en) *sf* dispersione *f* ◇ distrazione *f*

zertreten (**zertritt, zertrat, zertreten**) *vt* calpestare, schiacciare

zervikal *a* cervicale

zerzausen *vt* scompigliare

Zettel (-s, -) *sm* foglietto *m* ◇ cartellino *m* ◇ volantino *m* ● *Z. ankleben verboten!* divieto di affissione

Zeug (-[e]s) *sn* (*fam*) cose *f pl*, roba *f* (*fam*)

Zeuge (-n, -n; *f* **Zeugin**) *sm* testimone *m/f*

zeugen (1) *vt* generare, procreare

zeugen (2) *vi* (*aus haben*) testimoniare ● *von etwas z.* testimoniare su qc

Zeugnis (-ses, -se) *sn* certificato *m* ◇ (*dir*) testimonianza *f*, deposizione *f* ◇ pagella *f*

Zeugung (-, -en) *sf* procreazione *f*

Ziege (-, -n) *sf* (*zool*) capra *f*

Ziegelei (-, -en) *sf* fornace *f*

Ziegelstein (-[e]s, -e) *sm* mattone *m*

ziehen (**zog, gezogen**) *vt* tirare ◇ (*min*) estrarre, ricavare ◇ allevare ◆ *vi* (*aus haben/sein*) andarsene, partire ◇ migrare ◇ trasferirsi, traslocare ◇ far male, dolere ◆ *vpr* (**sich z.**) allungarsi, tendersi ◇ estendersi

Ziehen (-s, -) *sn* trazione *f*, traino *m* ◇ (*min*) estrazione *f* ◇ allevamento *m*

Zieher (-s, -) *sm* tiratore *m* ◇ cavatappi *m*

Ziehung (-, -en) *sf* estrazione *f*

Ziel (-[e]s, -e) *sn* meta *f*, scopo *m*, traguardo *m* ◇ destinazione *f*

zielen *vi* (*aus haben, auf + acc*) mirare, prendere di mira, puntare (su)

Zielen (-s) *sn* mira *f*

Zielkugel (-, -n) *sf* boccino *m*

Zielscheibe (-, -n) *sf* bersaglio *m*

Zielsetzung (-, -en) *sf* obiettivo *m*, finalità *f*

ziemlich *a* considerevole ◆ *avv* abbastanza, piuttosto ● *so z.* pressappoco; *z. gut* discretamente; *z. viel* parecchio

Zierde (-, -n) *sf* ornamento *m*, decorazione *f* ◇ vanto *m*

zieren *vt* ornare, decorare

zierlich *a* vezzoso

Ziffer (-, -n) *sf* cifra *f*, numero *m*

Zifferblatt (-[e]s, **Zifferblätter**) *sn* quadrante *m*

Zigarette (-, -n) *sf* sigaretta *f*

Zigarettenspitze (-, -n) *sf* bocchino *m*

Zigarre (-, -n) *sf* sigaro *m*

Zigeuner (-s, -) *sm* zingaro *m*

zigeunerhaft *a* zingaresco

zigeunerisch *a* zingaresco
Zikade (-, -n) *sf* (*zool*) cicala *f*
Zimmer (-s, -) *sn* camera *f*, stanza *f*
Zimmervermieter (-s, -) *sm* affittacamere *m*
Zimt (-[e]s, -e) *sm* (*bot*) cannella *f*
Zink (-[e]s) *sn* (*min*) zinco *m*
Zinn (-[e]s) *sn* (*min*) stagno *m*
Zinne (-, -n) *sf* (*arch*) merlo *m*
Zins (-es, -en) *sm* (*fin*) interesse *m* ● **Geld auf Zinsen leihen** prestare denaro a interesse
Zionismus (-) *sm* sionismo *m*
Zionist (-en, -en; *f* -in) *sm/f* sionista *m/f*
Zipfel (-s, -) *sm* lembo *m*
Zirkel (-s, -) *sm* cerchio *m* ◊ compasso *m*
Zirkonium (-s) *sn* (*chim*) zirconio *m*
Zirkus (-, -se) *sm* circo *m*
zischen *vi* sibilare ◊ bisbigliare
ziselieren *vt* cesellare
Zitadelle (-, -n) *sf* cittadella *f*
Zitat (-[e]s, -e) *sn* citazione *f*
Zither (-, -n) *sf* (*mus*) cetra *f*
zitieren *vt* citare
Zitronatzitrone (-, -n) *sf* (*bot*) cedro *m* (*frutto*)
Zitrone (-, -n) *sf* (*bot*) limone *m*
Zitronenpresse (-, -n) *sf* spremiagrumi *m*
Zitronensäure (-) *sf* (*chim*) acido *m* citrico
Zitrusfrüchte *s pl* (*bot*) agrumi *m pl*
zittern *vi* (*aus haben*) tremare ◊ trepidare, essere in ansia

Zittern (-s, -) *sn* tremito *m*, tremore *m*
zivil *a* civile
Zivilisation (-, -en) *sf* civilizzazione *f*
zivilisieren *vt* civilizzare
Zivilschutz (-es, -e) *sm* protezione *f* civile
Zobel (-s, -) *sm* (*zool*) zibellino *m*
zögern *vi* (*aus haben*) esitare, indugiare
Zögern (-s) *sn* indugio *m*
Zoll (-[e]s, Zölle) *sm* dazio *m* ◊ dogana *f*
Zollschranken *s pl* barriere *f pl* doganali ● **Abbau der Z.** soppressione delle barriere doganali
Zone (-, -n) *sf* zona *f* ● **blaue Z.** (*aut*) zona disco
Zoom (-s) *sn* (*fot*) zoom *m*
Zopf (-[e]s, Zöpfe) *sm* treccia *f*
Zorn (-[e]s) *sm* ira *f*, rabbia *f* ● **in Z. geraten** esasperarsi
zornig *a* arrabbiato, furibondo
zu *prep* (+ *dat*; + *dem* = **zum**, + *der* = **zur**) a, da (ES: **zur Schule gehen** andare a scuola; **zum Arzt gehen** andare dal medico; **zu Tisch sitzen** sedere a tavola) ◊ verso, nei riguardi di (ES: **nett zu jemandem sein** essere gentile verso qn) ◊ per, al fine di (ES: **Zeit zum Reisen haben** avere il tempo di viaggiare) ◊ da (ES: **ein Eis zu zwei Euro** un gelato da due euro) ◊ per, in occasione di (ES: **zu Weihnachten/Ostern** per Natale/Pasqua; **zu meinem Geburtstag** per il mio com-

pleanno; ◇ (*sport*) a (ES: **das Spiel endete zwei zu eins** la partita finì due a uno) ♦ *avv* troppo ◇ chiuso ♦ *cong* da, di (ES: **keine Zeit haben, etwas zu tun** non avere il tempo di fare qc; **nichts zu sagen haben** non avere niente da dire) ◇ **um... zu** per (ES: **ich bin gekommen, um dir zu helfen** sono venuto per aiutarti) ● *ohne zu* senza; *zu Anfang* in principio; *zu Bett gehen/liegen* andare/essere a letto; *zu Boden fallen* cadere in terra; *zu Ende sein/kommen* essere/arrivare alla fine; *zu Fuß* a piedi; *zu Gast sein* essere ospite; *zu Haus* a casa; *zu Hilfe kommen* venire in aiuto; *zu Mittagessen* per pranzo; *zum Beispiel* per esempio; *zum ersten Mal* per la prima volta; *zur Probe* in prova

Zubehör (-[e]s, -e) *sn* accessorio *m*

zubereiten *vt* preparare

zubinden (→ **binden**) *vt* allacciare, legare

zubringen (→ **bringen**) *vt* passare, trascorrere

Zubringer (-s, -) *sm* svincolo *m*, raccordo *m*

Zucht (-, -en) *sf* (*bot*) coltivazione *f* ◇ (*zool*) allevamento *m*

Zuchtbetrieb (-[e]s, -e) *sn* allevamento *m*

züchten *vt* (*bot*) coltivare ◇ (*zool*) allevare ◇ (*fig*) alimentare

Züchter (-s, -) *sm* coltivatore *m* ◇ allevatore *m*

Zucker (-s, -) *sm* zucchero *m*

Zuckerdose (-, -n) *sf* zuccheriera *f*

Zuckerguss, Zuckerguß* (-es, Zuckergüsse) *sm* glassa *f* da zucchero

zuckerkrank *a* (*med*) diabetico

Zuckermelone (-, -n) *sf* (*bot*) melone *m*

zuckern *vt* zuccherare

Zuckerrohr (-[e]s, -e) *sn* (*bot*) canna *f* da zucchero

Zuckerrübe (-, -n) *sf* (*bot*) barbabietola *f* da zucchero

Zuckerwatte (-, -n) *sf* zucchero *m* filato

zuerst *avv* per primo ◇ dapprima, in principio

Zufall (-[e]s, Zufälle) *sm* caso *m*, coincidenza *f* ● *durch Z.* per caso

zufallen (→ **fallen**) *vi* (*aus sein*) chiudersi ◇ (+ *dat*) toccare (a)

zufällig *a* casuale, fortuito ◇ incidentale, occasionale

Zufluss, Zufluß* (-es, Zuflüsse) *sm* immissario *m*

zufrieden *a* contento, soddisfatto ● *sich z. geben* (*mit* + *dat*) accontentarsi (di) *z. stellen* accontentare

sich zufriedengeben* → **zufrieden**

Zufriedenheit (-) *sf* soddisfazione *f*

zufriedenstellen* → **zufrieden**

Zug (-[e]s, Züge) *sm* tiro *m*, tirata *f* ◇ (*mecc*) trazione *f* ◇ (*ferr*) treno *m* ◇ (*mil*) spedizione *f* ◇

Zugabe

branco *m*, mandria *f* ◇ sorsata *f* ◇ *(fig)* tendenza *f*, inclinazione *f* ◇ corteo *m*, colonna *f* ● *sein Glas in einem Z. leeren* vuotare il bicchiere d'un fiato; *wer ist am Z.?* a chi tocca?

Zugabe (-, -n) *sf* aggiunta *f*, supplemento *m* ◇ *(mus, teat)* bis *m* ● *eine Z. geben* concedere il bis

Zugang (-[e]s, Zugänge) *sm* accesso *m* ◇ entrata *f* ◇ nuvo arrivo *m* ● *Z. verboten!* divieto d'accesso

zugeben (→ **geben**) *vt* aggiungere ◇ ammettere, confessare

zugehörig *a* appartenente ◇ relativo

Zügel (-s, -) *sm* briglia *f*

zügellos *a* libertino, licenzioso

zugestehen (→ **stehen**) *vt* concedere, accordare ◇ ammettere

zugute *avv* z. kommen tornare utile

Zugführer (-s, -) *sm* (*ferr*) capotreno *m*

Zugverbindung (-, -en) *sf* collegamento *m* ferroviario ◇ *(ferr)* coincidenza *f*

zuhalten (→ **halten**) *vt* tenere chiuso

zuhören *vi* (*aus haben*, + *dat*) ascoltare, prestare ascolto (a)

Zuhörer (-s, -) *sm* ascoltatore *m*

Zukunft (-) *sf* futuro *m*

zukünftig *a* futuro

Zulage (-, -n) *sf* supplemento *m*, aggiunta *f*

zulassen (→ **lassen**) *vt* ammettere, tollerare ◇ autorizzare ◇ *(aut)* omologare ◇ *(fam)* lasciare chiuso ● *wieder z.* riammettere

Zulassung (-, -en) *sf* autorizzazione *f*, permesso *m* ◇ *(aut)* immatricolazione *f*

Zulassungspapiere *s pl* (*aut*) libretto *m* di circolazione

zulasten, zu Lasten *loc.avv* z. von... a carico di...

zuletzt *avv* per ultimo ◇ infine

zum → **zu**

zumachen *vt* chiudere

zumuten *vt* pretendere, aspettarsi

Zumutung (-, -en) *sf* pretesa *f*

zunächst *avv* innanzitutto, in primo luogo

zunähen *vt* ricucire

Zunahme (-, -n) *sf* incremento *m*, accrescimento *m*

Zuname (-ns, -n) *sm* cognome *m*

zünden *vi* (*aus haben*) accendersi ◇ *(fig)* suscitare entusiasmo, infiammare

Zunder (-s, -) *sm* esca *f*

Zündschnur (-, **Zündschnüre**) *sf* miccia *f*

Zündstoff (-[e]s, -e) *sm* materiale *m* infiammabile

Zündung (-, -en) *sf* accensione *f*

Zündverteiler (-s, -) *sm* (*aut*) spinterogeno *m*

zunehmen (→ **nehmen**) *vi* (*aus haben*) aumentare, crescere ◇ ingrassare ◇ *(fig)* aumentare, intensificarsi

Zuneigung (-) *sf* affetto *m*, simpatia *f*

Zunge (-, -n) *sf* (*anat*) lingua *f* ◇ *(tecn)* linguetta *f*

Zungenbrecher (-s, -) *sm* scioglilingua *m*

zunjchte *avv* **z. machen** annientare ◇ far fallire

zur → **zu**

Zurechnungsfähigkeit (-, -en) *sf* sanità *f* mentale ● *beschränkte Z.* seminfermità mentale

sich zurechtfinden (→ **finden**) *vpr* orientarsi

zurechtkommen (→ **kommen**) *vi* (*aus sein*) arrivare in tempo ◇ cavarsela ◇ (*mit + dat*) risolvere, venire a capo (di) ● *mit jemandem z.* andare d'accordo con qn

zurechtmachen *vt* (*fam*) preparare ◇ ordinare, sistemare

zurechtrichten *vt* preparare, apprestare

zürnen *vi* (*aus haben*, + *dat*) adirarsi (con)

zurück *avv* indietro ◇ di ritorno ● *hin und z.* andata e ritorno

zurückbegleiten *vt* riaccompagnare

zurückbekommen (→ **kommen**) *vt* riavere, riottenere

zurückbleiben (→ **blejben**) *vi* (*aus sein*) rimanere indietro ◇ rimanere, restare

zurückbringen (→ **bringen**) *vt* riportare

zurückdrängen *vt* respingere

zurückfahren (→ **fahren**) *vt* riportare, ricondurre ◆ *vi* (*aus sein*) tornare indietro

zurückführen *vt* riportare, ricondurre

zurückgeben (→ **geben**) *vt* restituire, ridare

zurückgehen (→ **gehen**) *vi* (*aus sein*) ritornare ◇ indietreggiare, retrocedere ◇ diminuire

zurückhalten (→ **halten**) *vt* trattenere, fermare ◆ *vi* (*aus haben*, *mit + dat*) tenere per sé ● *mit seiner Meinung z.* astenersi dall'esprimere la propria opinione

zurückhaltend *a* riservato, discreto

zurückkehren *vi* (*aus sein*) ritornare

zurückkommen (→ **kommen**) *vi* (*aus sein*) ritornare

zurücklegbar *a* percorribile

zurücklegen *vt* riporre, mettere a posto ◇ percorrere

Zurücknahme (-, -n) *sf* ritiro *m* ◇ annullamento *m*, revoca *f*

zurücknehmen (→ **nehmen**) *vt* riprendere ◇ annullare, revocare

zurückrufen (→ **rufen**) *vt* richiamare

zurückschicken *vt* rinviare, rispedire

zurückschlagen (→ **schlagen**) *vt* respingere, ribattere

zurücksetzen *vt* rimettere a posto ◇ trascurare ◇ indietreggiare

Zurückstrahlung (-, -en) *sf* riverbero *m*

zurücktreten (→ **treten**) *vi* (*aus sein*) indietreggiare ◇ diminuire ◇ dimettersi

zurückweichen (→ **weichen**) *vi*

(*aus sein*) indietreggiare, retrocedere

zurückzahlen *vt* rimborsare ● *das werde ich ihm z.!* (*fam*) gliela farò pagare!

zurückziehen (→ **ziehen**) *vt* tirare indietro ◇ ritirare ◆ *vpr* (**sich z.**) ritirarsi

Zuruf (-[e]s, -e) *sm* richiamo *m*, chiamata *f* ● *durch Z.* per acclamazione

Zusage (-, -n) *sf* accettazione *f* ◇ promessa *f*

zusagen *vt* promettere ◆ *vi* (*aus haben*) accettare, acconsentire (a) ◇ piacere, andare a genio (*fam*)

zusammen *avv* insieme, con ◇ contemporaneamente ◇ complessivamente, in totale

zusammenarbeiten *vi* (*aus haben*) collaborare

Zusammenballung (-, -en) *sf* conglomerato *m*, concentrazione *f*

zusammenbrechen (→ **brechen**) *vi* (*aus sein*) crollare

Zusammenbruch (-[e]s, **Zusammenbrüche**) *sm* crollo *m* ◇ (*med*) esaurimento *m* nervoso

zusammendrücken *vt* comprimere, schiacciare

zusammenfassen *vt* riunire ◇ riassumere

Zusammenfassung (-, -en) *sf* riunificazione *f* ◇ compendio *m*, riassunto *m*, riepilogo *m*

zusammenflicken *vt* rattoppare

zusammenfließen (→ **fließen**) *vi* (*aus sein*) confluire

Zusammenfluss, Zusammenfluß* (-es, **Zusammenflüsse**) *sm* confluenza *f*

Zusammenhang (-[e]s, **Zusammenhänge**) *sm* nesso *m*, relazione *f* ● *in Z. bringen* mettere in relazione

zusammenhängen (→ **hängen**) *vi* (*aus haben*) essere unito ◇ essere in relazione ● *das hängt damit zusammen, dass...* dipende dal fatto che...

Zusammenklang (-[e]s, **Zusammenklänge**) *sm* (*mus*) accordo *m* ◇ (*fig*) armonia *f*

zusammenkommen (→ **kommen**) *vi* (*aus sein*) riunirsi, radunarsi ◇ coincidere

Zusammenkunft (-, **Zusammenkünfte**) *sf* riunione *f*, raduno *m*

zusammenlaufen (→ **laufen**) *vi* (*aus sein*) accorrere, affluire ◇ confluire ◇ convergere

zusammenleben *vi* (*aus haben*) convivere

Zusammenlebende (-n, -n) *sm/f* convivente *m/f*

zusammennehmen (→ **nehmen**) *vt* raccogliere ◆ *vpr* (**sich z.**) dominarsi, trattenersi

zusammenpassen *vi* (*aus haben*) combaciare, combinarsi

zusammensetzen *vt* mettere insieme, montare ◆ *vpr* (**sich z.**) riunirsi ◇ (*aus + dat*) comporsi (di)

zusammenstellen *vt* mettere insieme, combinare

Zusammenstoß (-[e]s, Zusammenstösse) *sm* scontro *m*
zusammenstoßen (→ **stoßen**) *vi* (*aus sein*) scontrarsi
zusammentreffen (→ **treffen**) *vi* (*aus sein*) incontrarsi ◇ coincidere
Zusammenwohnen (-s, -) *sn* coabitazione *f*
zusammenzählen *vt* sommare
zusammenziehen (→ **ziehen**) *vt* restringere ◇ contrarre ♦ *vi* (*aus sein*) andare ad abitare insieme ♦ *vpr* (**sich z.**) restringersi
Zusammenziehung (-, -en) *sf* contrazione *f* ◇ (*mat*) addizione *f*
Zusatz (-es, Zusätze) *sm* aggiunta *f* ◇ (*chim*) additivo *m*
zusätzlich *a* supplementare
Zuschauer (-s, -) *sm* spettatore *m*
Zuschlag (-[e]s, Zuschläge) *sm* maggiorazione *f* ◇ soprattassa *f* ◇ (*ferr*) supplemento *m*
zuschlagen (→ **schlagen**) *vt* chiudere ◇ appaltare ◇ aggiungere
zuschnappen *vi* (*aus sein/haben*) chiudersi di scatto ◇ afferrare
zuschreibbar *a* attribuibile
zuschreiben (→ **schreiben**) *vt* attribuire, imputare
Zuschuss, Zuschuß* (-es, Zuschüsse) *sm* sussidio m., sovvenzione *f*
zusprechen (→ **sprechen**) *vt* dare, conferire ♦ *vi* (*aus haben*, + *dat*) esortare, incoraggiare
Zuspruch (-[e]s, Zusprüche) *sm* esortazione *f* ◇ consolazione *f*, conforto *m*
Zustand (-[e]s, Zustände) *sm* stato *m*, situazione *f*, condizione *f*
zuständig *a* competente ◇ autorizzato
zustellen *vt* chiudere, ostruire ◇ recapitare, consegnare
Zustellung (-, -en) *sf* consegna *f*, recapito *m*
zustimmen *vi* (*aus haben*, + *dat*) essere d'accordo (con), acconsentire (a), approvare
Zutat (-, -en) *sf* ingrediente *m* ◇ accessorio *m*
zuteilen *vt* assegnare
Zuteilung (-, -en) *sf* assegnazione *f* ◇ parte *f*, razione *f*
Zutritt (-[e]s, -e) *sm* accesso *m* ● *kein Z.!* vietato l'accesso
zuverlässig *a* affidabile
Zuversicht (-) *sf* fiducia *f*
zuviel* → **viel**
zuvor *avv* prima
zuvorkommen (→ **kommen**) *vi* (*aus sein*, + *dat*) precorrere, prevenire
zuvorkommend *a* premuroso
Zwang (-[e]s, Zwänge) *sm* costrizione *f*, obbligo *m*
zwanzig *a* venti
Zweck (-[e]s, -e) *sm* scopo *m*, finalità *f* ● *zu diesem Z.* a questo scopo; *zu welchem Z.?* a che scopo?
zweckmäßig *a* appropriato, opportuno ♦ *avv* opportunamente
zwei *a* due
zweideutig *a* ambiguo, equivoco

zweifach *avv* doppio, duplice
Zweifamilienhaus (-es, Zweifamilienhäuser) *sn* casa *f* bifamiliare
zweifarbig *a* bicolore
Zweifel (-s, -) *sm* dubbio *m*
zweifeln *vi (aus haben, an + dat)* dubitare (di)
Zweifler (-s, -) *sm* scettico *m*
Zweig (-[e]s, -e) *sm* ramo *m*
zweigeschlechtig *a* ermafrodito
zweijährig *a* biennale
Zweikampf (-[e]s, Zweikämpfe) *sm* duello *m*
zweimonatig *a* bimestrale
Zweireiher (-s, -) *sm (abb)* doppiopetto *m*
zweisprachig *a* bilingue
zweite *a* secondo
zweitens *avv* secondariamente
Zweitgeborene (-n, -n) *sm/f* secondogenito *m*
Zwerg (-[e]s, -e; *f* -in) *sm* gnomo *m*, nano *m*
Zwetsche (-, -n) *sf (bot)* susina *f*
zwicken *vt* pizzicare
Zwicken (-s, -) *sn* pizzicotto *m*
Zwieback (-[e]s, Zwiebäcke/-e) *sm* fetta *f* biscottata
Zwiebel (-, -n) *sf (bot)* bulbo *m* ◊ cipolla *f*
Zwietracht (-) *sf* discordia *f*, zizzania *f*
Zwilling (-s, -e) *sm* gemello *m* ◊ *(astr)* Gemelli *m pl*
Zwinge (-, -n) *sf* puntale *m*
zwingen (zwang, gezwungen) *vt* costringere, obbligare

zwischen *prep* (+ *dat/acc, stato in luogo e moto a luogo*) fra (ES: **Florence ist z. Bologna und Rom** Firenze è tra Bologna e Roma; **er nahm das Buch zwischen seine Hände** prese il libro fra le mani) ◊ (+ *dat*) fra, in mezzo a (ES: **z. Leben und Tod** tra la vita e la morte)
Zwischenfall (-[e]s, Zwischenfälle) *sm* contrattempo *m*
Zwischengeschoss, Zwischengeschoß* (-es, -e) *sn* ammezzato *m*
Zwischenmahlzeit (-, -en) *sf* merenda *f*, spuntino *m*
Zwischenraum (-[e]s, Zwischenräume) *sm* intercapedine *f*, interstizio *m* ◊ intervallo *m*
Zwischenrunde (-, -n) *sf (sport)* semifinale *f*
Zwischenspiel (-[e]s, -e) *sn (mus, teat)* intermezzo *m*
Zwischenwand (-[e]s, Zwischenwände) *sf* muro *m* divisorio
Zwischenzeit (-, -en) *sf* intervallo *m* ◊ *(sport)* tempo *m* intermedio ● *in der Z.* nel frattempo
zwölf *a* dodici
zwölfte *a* dodicesimo
Zyklame (-s, -) *sn (bot)* ciclamino *m*
Zyklus (-s, Zyklen) *sm* ciclo *m*
Zylinder (-s, -) *sm* cilindro *m*
Zyniker (-s, -) *sm* cinico *m*
Zynismus (-) *sm* cinismo *m*
Zypresse (-, -n) *sf (bot)* cipresso *m*

ITALIANO-TEDESCO
ITALIENISCH-DEUTSCH

A

a *prep* (*stato in luogo*) in (+ *dat*), auf (+ *dat*) ◇ (*moto a luogo*) in (+ *acc*), auf (+ *acc*), nach (+ *dat*) (*con nomi di città e nazione*) ◇ (*tempo*) in (+ *dat*), zu (+ *dat*) (*compl di termine*) *si traduce col dativo* ● *alle 8* um acht Uhr; *andare al mare/al mercato* ans Meer/auf den Markt gehen; *essere al mare/al mercato* am Meer/auf dem Markt sein; *a pagina 5* auf Seite 5; *a Pasqua* zu Ostern; *a piedi* zu Fuß; *a uno a uno* einzeln; *a vent'anni* mit zwanzig Jahren; *andare a casa* nach Hause gehen; *essere a casa/a scuola* zu Hause/in der Schule sein

abate *sm* Abt *m*

abat-jour *sm* (*paralume*) Lampenschirm *m* ◆ Tischlampe *f*

abbagliante *a* blendend ◆ *sm* (*aut*) Fernlicht *n*

abbagliare *vt* blenden

abbaiare *vi* bellen

abbandonare *vt* (*lasciare*) verlassen ◇ (*rinunciare a*) aufgeben

abbandono *sm* (*l'abbandonare*) Verlassen *n* ◇ (*trascuratezza*) Vernachlässigung *f* ◇ (*rinuncia*) Aufgabe *f*

abbassamento *sm* Senken *n* ◇ (*di prezzi*) Senkung *f* ◇ (*di temperatura*) Sinken *n*

abbassare *vt* herunterlassen ◇ (*di prezzi*) senken ◇ (*il volume*) leiser stellen ◆ *vpr* (*chinarsi*) sich bücken ◇ (*calare*) sinken, fallen

abbastanza *a/avv* genug

abbattere *vt* (*far cadere*) niederschlagen, fällen (*alberi*) ◇ (*bestie al macello*) schlachten ◇ (*fig*) prostrare) niederschlagen ◇ (*fig*) stürzen ◇ (*aer*) abschießen

abbattimento *sm* Niederschlagen *n*, Fällen *n*, Abreißen *n* (*di alberi*), Niederreißen *n* (*di costruzioni*) ◇ (*di bestie al macello*) Schlachten *n* ◇ (*fig*) (*prostrazione*) Niedergeschlagenheit *f* ◇ (*fig*) Abschuss *m*

abbazia *sf* Abtei *f*

abbellimento *sm* (*l'abbellire*) Verschönerung *f* ◇ (*ornamento*) Verzierung *f*

abbellire *vt* verschönern, verzieren

abbigliamento *sm* (Be)kleidung *f* ◇ (*indumenti*) Kleidungsstücke *pl*

abbinare *vt* kombinieren, verbinden

abbonamento *sm* (*a rivista e sim*) Abonnement *n* ◇ (*ferr*) Dauerkarte *f*, Zeitkarte *f* ● *fare l'a. a qc* etwas abonnieren

abbonarsi *vpr* abonnieren ● *a. a un giornale* eine Zeitung abonnieren

abbonato *a* abonniert ◆ *sm* Abonnent *m* ● *essere a. a un*

abbondante

giornale eine Zeitung abonniert haben
abbondànte *a* reichlich, üppig
abbondànza *sf* Überfluss *m*
abbondàre *vi* (*esserci in grande quantità*) im Überfluss vorhanden sein ◊ (*eccedere*) übertreiben (*mit + dat*)
abbottonàre *vt* zuknöpfen
abbracciàre *vt* umarmen ◊ (*fig*) umfassen ◆ *vpr* sich umarmen
abbràccio *sm* Umarmung *f*
abbreviàre *vt* (ab)kürzen
abbreviazióne *sf* Abkürzung *f*
abbronzànte *sm* Bräunungsmittel *n*
abbronzàre *vt* bräunen ◆ *vpr* braun werden
abbronzatùra *sf* Sonnenbräune *f*
abbrustolìre *vt* rösten
abdicazióne *sf* Abdankung *f*
abéte *sm* (*bot*) Tanne *f*
àbile *a* fähig, gewandt
abilità *sf* Fähigkeit *f*
abilitàre *vt* befähigen
abilitazióne *sf* Befähigung *f*
abissàle *a* (*fig*) abgrundtief
abìsso *sm* Abgrund *m*
abitàcolo *sm* (*aut*) Kabine *f* ◊ (*aer*) Kanzel *f*
abitànte *a* wohnend ◆ *sm* Einwohner *m*
abitàre *vt* bewohnen ◆ *vi* wohnen
abitazióne *sf* Wohnung *f*
àbito *sm* Anzug *m* (*da uomo*), Kleid *n* (*da donna*)
abituàle *a* gewohnt, üblich ● *cliente a.* Stammkunde *m*

abituàre *vt* gewöhnen ◆ *vpr* sich gewöhnen (*an + acc*)
abitùdine *sf* Gewohnheit *f*
abolìre *vt* abschaffen
abolizióne *sf* Abschaffung *f*
abortìre *vi* (*med*) eine Fehlgeburt haben, abtreiben (*volontariamente*) ◊ (*fig*) misslingen
abòrto *sm* (*med*) Fehlgeburt *f* (*spontaneo*), Abtreibung *f* (*procurato*)
abrasióne *sf* Hautabschürfung *f*
abrogàre *vt* abschaffen
àbside *sf* Apsis *f*
abusàre *vi* missbrauchen (+ *acc*)
abusìvo *a* missbräuchlich, rechtswidrig
abùso *sm* Missbrauch *m*
accadèmia *sf* Akademie *f*
accadèmico *a* akademisch ◆ *sm* Akademiker *m*
accadére *vi* geschehen, passieren ● *che accade?* was ist los?
accadùto *sm* Vorfall *m*
accalappiacàni *sm* Hundefänger *m*
accampaménto *sm* (*mil*) Feldlager *n* ◊ (*campo*) Lager *n*
accampàrsi *vpr* (sich) lagern
accànto *avv* daneben, nebenan ● *a. a.* neben (+ *dat*)
accappatóio *sm* Bademantel *m*
accarezzàre *vt* streicheln
accattóne *sm* Bettler *m*
acceleràre *vt* beschleunigen ◆ *vi* schneller fahren
acceleratóre *sm* (*aut*) Gaspedal *n*

accelerazióne sf Beschleunigung f
accèndere vt (fuoco) anzünden ◇ (mettere in funzione) einschalten ◇ (fig) entzünden
accendigàs sm Gasanzünder m
accendíno sm Feuerzeug n
accennàre vt andeuten ♦ vi (alludere) anspielen (auf + acc)
accénno sm (cenno) Wink m ◇ (allusione) Anspielung f
accensióne sf (l') Anzünden n ◇ (tecn) Einschaltung f, Zündung f (di motore)
accentàre vt betonen
accènto sm Akzent m, Betonung f
accentràre vt zentralisieren
accentuàre vt akzentuieren, betonen ◇ (fig) hervorheben ♦ vpr sich verstärken
accentuazióne sf (messa in rilievo) Betonung f ◇ (recrudescenza) Steigerung f
accertaménto sm (dir) Ermittlung f
accertàre vt ermitteln ♦ vpr sich vergewissern (+ gen)
accessìbile a (raggiungibile) erreichbar ◇ (modico) annehmbar
accèsso sm Zugang m, Zutritt m, Zufahrt f (di veicoli) ● *divieto di a. Eintritt verboten; è vietato l'a. ai non addetti ai lavori* Unbefugten ist der Zutritt untersagt
accessòrio sm Zubehör n
accètta sf Beil n
accettàre vt annehmen

accettazióne sf Annahme f ◇ (ufficio) Empfang m
acciaierìa sf Stahlwerk n
acciàio sm Stahl m
accidentàle a zufällig
accidènte sm Vorfall m
accìngersi vpr sich anschicken
acciottolàto sm Kopfsteinpflaster n
acciùga sf (zool) Sardelle f
acclamàre vt applaudieren
acclamazióne sf Zuruf m, Akklamation f ● *per a.* durch Zuruf
acclùdere vt beilegen
accogliènte a gemütlich
accogliènza sf Aufnahme f, Empfang m
accògliere vt empfangen, aufnehmen
accomodàrsi vpr eintreten ◇ (sedersi) Platz nehmen
accompagnàre vt begleiten
accompagnatóre sm Begleiter m
acconciatùra sf Frisur f
accontentàrsi vpr sich begnügen
accónto sm Anzahlung f
accoppiaménto sm (accostamento) Zusammenstellung f ◇ (biol) (tra animali) Paarung f
accoppiàrsi vpr (di animali) sich paaren
accorciaménto sm Kürzung f
accorciàre vt verkürzen, abkürzen ◇ (abb) kürzen
accordàre vt (concedere) zugestehen ◇ (mus) stimmen ♦ vpr sich einigen
accòrdo sm (concordia) Einig-

accorgersi keit *f*, Einklang *m* ◊ *(intesa)* Einverständnis *n* ◊ *(patto)* Abkommen *n* ◊ *(mus)* Akkord *m* ● **andare d'a.** sich vertragen; **d'a.!** einverstanden!

accòrgersi *vpr* merken, bemerken (+ *acc*)

accostaménto *sm* Trick *m*

accostàre *vt* anlehnen ♦ *vi* anlegen ♦ *vpr (avvicinarsi)* sich nähern (*anche fig*) ◊ *(aderire)* beitreten (+ *dat*)

accreditaménto *sm (fin)* Gutschrift *f*

accreditàre *vt (avvalorare)* glaubhaft machen ◊ *(fin)* gutschreiben

accrédito *sm (fin)* Gutschrift *f*

accresciménto *sm* Vermehrung *f*

accumulàre *vt* (an)häufen ♦ *vpr* sich häufen

accumulatóre *sm (el)* Akkumulator *m*

accumulazióne *sf* Anhäufung *f*

accùmulo *sm* Anhäufung *f*

accùsa *sf* Anschuldigung *f* ◊ *(dir)* Anklage *f*

accusàre *vt* beschuldigen ◊ *(dir)* anklagen ● **a. qn di qc** jemanden einer Sache beschuldigen

accusatóre *sm* (An)kläger *m*

acèrbo *a* unreif

acéto *sm* Essig *m*

àcido *a* sauer ♦ *sm (chim)* Säure *f*

acìdulo *a* säuerlich

àcino *sm* Weinbeere *f*, Weintraube *f*

àcqua *sf* Wasser *n* ● **a. minerale** Mineralwasser *n*; **a. potabile** Trinkwasser *n*

acquamarìna *sf* Aquamarin *m*

acquaràgia *sf* Terpentin *m*

acquàrio *sm* Aquarium *n* ◊ *(astr)* Wassermann *m*

acquasànta *sf* Weihwasser *n*

acquàtico *a* Wasser-

acquavìte *sf* Branntwein *m*, Schnaps *m*

acquazzóne *sm* Platzregen *m*

acquedótto *sm* Wasserleitung *f*

acquerèllo *sm (arte) (tecnica)* Aquarellmalerei *f* ◊ *(quadro)* Aquarell *n*

acquirènte *sm* Käufer *m*

acquistàre *vt (comperare)* erwerben, kaufen ◊ *(fig)* erwerben

acquìsto *sm* Kauf *m*, Erwerb *m*

acquitrino *sm* Sumpf *m*

àcre *a* herb, beißend *(fumo)*

acrìlico *a* Acryl-

acròbata *sm* Akrobat *m*

acrobazìa *sf* akrobatische Übung *f*

acùleo *sm (zool)* Stachel *m* ◊ *(bot)* Dorn *m*

acùme *sm* Scharfsinn *m*

acùstica *sf* Akustik *f*

acùstico *a (fis)* akustisch ◊ *(anat)* Gehör-, Hör-

acùto *a* spitz ◊ *(fig) (perspicace)* scharfsinnig, scharf *(vista)*, schrill *(suono)*

adagiàre *vt* legen, betten

adàgio *avv (lentamente)* lang-

sam ◊ (*con cautela*) behutsam ◆ *sm* (*mus*) Adagio *n*
adattaménto *sm* Anpassung *f* ◊ (*di un'opera*) Bearbeitung *f*
adattàre *vt* (*conformare*) anpassen ◊ (*opera*) bearbeiten ◆ *vpr* (*essere adatto*) passen (*zu* + *dat*), geeignet sein (*für* + *acc*) ◊ (*adeguarsi*) sich anpassen (+ *dat*)
adàtto *a* passend, geeignet
addebitaménto *sm* Belastung *f*
addebitàre *vt* (*fin*) belasten ◊ (*una colpa*) zur Last legen
addèbito *sm* Belastung *f*, Lastschrift *f*
addensaménto *sm* Verdichtung *f*
addensàrsi *vpr* sich verdichten, sich zusammenballen (*nubi*)
addentàre *vt* mit den Zähnen packen
addestraménto *sm* (*di persone*) Ausbildung *f* ◊ (*di animali*) Dressur *f*, Abrichtung *f* (*di cani*)
addestràre *vt* (*persone*) ausbilden ◊ (*animali*) dressieren, abrichten (*cani*)
addétto *sm* Sachbearbeiter *m*
addìo *inter* auf Wiedersehen! ◆ *sm* Abschied *m*
addirittùra *avv* sogar, geradezu
additìvo *sm* Zusatz *m*, Zusatzstoff *m*
addizióne *sf* (*mat*) Addition *f*
addòbbo *sm* (*azione*) Schmücken *n* ◊ (*ornamento*) Schmuck *m*
addolciménto *sm* Süßen *n* ◊ (*fig*) Milderung *f*

addolcìre *vt* süßen ◊ (*fig*) mildern
addòme *sm* (*anat*) Unterleib *m*, Bauch *m*
addomesticàre *vt* zähmen
addomìnale *a* Unterleib-, Bauch-
addormentàre *vt* (*far dormire*) zum Schlafen bringen ◊ (*provocare il sonno*) einschläfern ◆ *vpr* einschlafen
addòsso *avv* am Leib ◆ *a. a* neben (*stato in luogo* + *dat*; *moto a luogo* + *acc*); **dare a. a qn** auf jemanden losgehen
adeguaménto *sm* Angleichung *f*
adeguàre *vt* angleichen ◆ *vpr* sich anpassen (*an* + *acc*)
adémpiere *vt* erfüllen
adèpto *sm* Anhänger *m*
aderènte *a* haftend, eng anliegend (*vestito*) ◆ *sm* Anhänger *m*
aderìre *vi* (*essere a contatto*) haften, kleben, anliegen (*vestito*) ◊ (*appoggiare*) zustimmen ◊ (*fig*) (*entrare a far parte*) beitreten
adescaménto *sm* Anlockung *f*, Ködern *n* ◊ (*dir*) Verführung *f*
adescàre *vt* ködern, anlocken ◊ (*dir*) verführen
adesióne *sf* (*consenso*) Zustimmung *f* ◊ (*a un gruppo*) Beitritt *m*
adesìvo *a* klebend ◆ *sm* Klebstoff *m* ◊ **nastro a.** Klebeband *n*
adèsso *avv* jetzt, nun
adiacènte *a* angrenzend, anliegend

adiacènze sf pl Umgebung f
adiacènte a zürnen ● *a. con qn* jemandem zürnen
adiráto a erzürnt
adolescènte sm/f Jugendliche m/f
adolescènza sf Jugend f
adoperàre vt gebrauchen
adoràre vt verehren, anbeten
adorazióne sf Anbetung f, Verehrung f
adottàre vt (*un figlio*) adoptieren ◇ (*un metodo*) anwenden ◇ (*un provvedimento e sim*) ergreifen
adottìvo a Adoptiv-
adozióne sf (*di un figlio*) Adoption f ◇ (*di un metodo*) Anwendung f ◇ (*di un provvedimento e sim*) Ergreifen n
adulàre vt schmeicheln (+ dat)
adulatóre sm Schmeichler m
adulazióne sf Schmeichelei f
adultèrio sm Ehebruch m
adùlto a (*persona*) erwachsen ◇ (*animale*) ausgewachsen ● sm Erwachsene m/f
adunàre vt versammeln
adunàta sf Versammlung f ◇ (*mil*) Appell m
adùnco a krumm, hakenförmig ● *naso a.* Hakennase f
aeràre vt lüften
aerazióne sf Lüftung f
aèreo a (*di*) Luft- ● sm (*fam*) Flugzeug n ● *compagnia aerea* (*aer*) Fluggesellschaft f; *linea aerea* (*aer*) Fluglinie f
aeròbico a Aerobic- ● *ginnastica aerobica* Aerobic n

aerodinàmica sf Aerodynamik f
aerodinàmico a aerodynamisch
aeronàutica sf Luftfahrt f ● *a. militare* Luftwaffe f
aeronàutico a Luftfahrt-
aeroplàno sm Flugzeug n
aeropòrto sm Flughafen m ● *andare all'a.* zum Flughafen fahren
aerosòl sm Aerosol n
àfa sf Schwüle f
affacciàrsi vpr sich zeigen
affamàto a hungrig
affannàrsi vpr sich abmühen
affannàto a atemlos
affànno sm (*difficoltà di respiro*) Atemnot f ◇ (*preoccupazione*) Sorge f
affàre sm (*comm*) Geschäft n ◇ (*faccenda*) Angelegenheit f, Sache f
affascinàre vt faszinieren, bezaubern
affaticaménto sm Ermüdung f
affaticàrsi vpr sich anstrengen, sich bemühen
affàtto avv gänzlich ● *niente a.* überhaupt nicht
affermàre vt (*dire di sì*) bejahen ◇ (*sostenere*) behaupten
affermatìvo a bejahend, zustimmend
affermazióne sf Bejahung f ◇ (*successo*) Erfolg m, Bestätigung f ◇ (*asserzione*) Behauptung f
afferràre vt ergreifen

affettàre vt in Scheiben schneiden
affettìvo a affektiv, Gefühls-
affètto sm Zuneigung f
affettuóso a liebevoll
affezionàrsi vpr Zuneigung fassen (zu + dat)
affezionàto a anhänglich, zugetan
affidàbile a zuverlässig
affidaménto sm (l'affidare) Anvertrauen n ◊ (fiducia) Vertrauen n ● **fare a. su** sich verlassen auf (+ acc)
affidàre vt (dare in custodia) anvertrauen ◊ (assegnare) betrauen ◆ vpr sich verlassen (auf + acc)
affìggere vt anschlagen
affilàre vt schleifen, schärfen
affilàto a scharf
affinché cong damit
affìne a ähnlich, gleichartig
affinità sf (somiglianza) Ähnlichkeit f, Affinität f, Gleichartigkeit f
affissióne sf Anschlagen n ● **divieto di a.** Plakatierverbot n
affittacàmere sm Zimmervermieter m
affittàre vt (prendere in affitto) mieten ◊ (dare in affitto) vermieten
affìtto sm Miete f
affluènte sm Nebenfluss m
affluènza sf Zufluss m ◊ (fig) (di persone) Andrang m, Zulauf m ● **a. alle urne** Wahlbeteiligung f
affluìre vi zufließen ◊ (fig) (persone) zusammenströmen
afflùsso sm Zufluss m ◊ (fig) (di persone) Zulauf m, Zustrom m
affogàre vt ertränken ◆ vi ertrinken
affollaménto sm Andrang m
affollàre vt drängen, füllen
affollàto a gedrängt, voll
affondaménto sm (andare a fondo) Versinken n ◊ (far affondare) Versenken n
affondàre vt versenken ◆ vpr untergehen, (ver)sinken
affrancàre vt (posta) frankieren ◊ (liberare) befreien ◆ vpr sich befreien
affrancatùra sf (azione) Frankierung f ◊ (posta) Frankieren n ◊ (tassa) Porto n
affrésco sm Fresko n
affrettàre vt beschleunigen ◆ vpr sich beeilen
affrontàre vt (andare contro) entgegentreten (+ dat) ◊ (intraprendere) antreten ● **a. un problema** ein Problem in Angriff nehmen
affumicàto a (cuc) geräuchert
aforìsma sm Aphorismus m
afóso a schwül
africàno a afrikanisch ◆ sm Afrikaner m
afrodisìaco a aphrodisisch ◆ sm Aphrodisiakum n
agènda sf Notizbuch n, Terminkalender m
agènte sm (comm) Vertreter m ◊ (guardia) Polizist m
agenzìa sf Agentur f ● **a. di viaggi** Reisebüro n; **a. immobiliare**

agevolare 328

Immobilienagentur *f*; *a. di cambio* Wechselstube *f*
agevolàre *vt* erleichtern
agevolazióne *sf* Erleichterung *f*
agévole *a* leicht
agganciàre *vt* anhängen
aggàncio *sm* Kopplung *f*
aggettivo *sm* (*gramm*) Adjektiv *n*, Eigenschaftswort *n*
aggiornaménto *sm* Fortbildung *f* ◊ (*rinvio*) Vertagung *f*
aggiornàre *vt* auf den letzten Stand bringen ◊ (*rinviare*) vertagen ♦ *vpr* sich auf dem Laufenden halten
aggiràre *vt* umgehen ◊ (*fig*) (*ingannare*) hintergehen ♦ *vpr* sich herumtreiben
aggiùngere *vt* hinzufügen ♦ *vpr* hinzukommen
aggiùnta *sf* Zusatz *m*, Zugabe *f*
aggiustaménto *sm* Reparatur *f* ◊ (*fig*) (*accomodamento*) Vergleich *m*
aggiustàre *vt* reparieren
agglomeràto *sm* Siedlung *f*
aggrappàrsi *vpr* sich klammern (*an + acc*)
aggredìre *vt* überfallen, angreifen
aggressióne *sf* Überfall *m*
aggressività *sf* Aggressivität *f*
aggressivo *a* aggressiv
aggressóre *sm* Angreifer *m*
agguàto *sm* Hinterhalt *m*
agiàto *a* wohlhabend
agibilità *sf* Benutzbarkeit *f*
àgile *a* behände, gewandt
agilità *sf* Behändigkeit *f*
àgio *sm* Bequemlichkeit *f* ◊ (*pl*)

(*comodità*) Annehmlichkeit *f* ♦ *sentirsi a proprio a.* sich wohl fühlen
agìre *vi* handeln ◊ (*med*) (*fare effetto*) wirken
agitàre *vt* schütteln ◊ (*fig*) erregen ♦ *vpr* sich bewegen ◊ (*fig*) sich aufregen
agitàto *a* unruhig, bewegt ◊ (*fig*) aufgeregt
agitatóre *sm* Agitator *m*
agitazióne *sf* Aufregung *f* ◊ (*sommossa*) Aufruhr *m*
àglio *sm* (*bot*) Knoblauch *m*
agnèllo *sm* Lamm *n*
agnòstico *a* agnostisch ♦ *sm* Agnostiker *m*
àgo *sm* Nadel *f* ◊ (*di bilancia*) Zeiger *m*
agonìa *sf* Agonie *f*
agonìsmo *sm* Wetteifer *m*
agonìstico *a* wettkämpferisch
agonizzàre *vi* im Sterben liegen
agopuntùra *sf* (*med*) Akupunktur *f*
agósto *sm* August *m*
agrària *sf* Agrarwissenschaft *f*
agràrio *a* landwirtschaftlich
agrèste *a* ländlich
agrìcolo *a* landwirtschaftlich, Land-
agricoltóre *sm* Bauer *m*, Landwirt *m*
agricoltùra *sf* Landwirtschaft *f*
agriturìsmo *sm* Agritourismus *m*
agrodólce *a* süß-sauer, süßsauer
agronomìa *sf* Agronomie *f*
agrònomo *sm* Agronom *m*

agrùmi *sm pl* Zitrusfrüchte *pl*
aguzzàre *vt* spitzen, zuspitzen ◇ *(fig)* schärfen
aguzzo *a* spitz ◆ *(fig)* scharf
àia *sf* Tenne *f* ● *nell'a.* (*stato in luogo*) auf der Tenne
AIDS *sm* (*med*) AIDS *n*
airóne *sm* (*zool*) Reiher *m*
aiuòla *sf* Beet *n*
aiutànte *sm* Gehilfe *m*, Helfer *m*
aiutàre *vt* helfen (+ *dat*)
aiùto *sm* Hilfe *f* ◇ (*pl*) Hilfsgüter *pl*
àla *sf* (*zool*) Flügel *m* ◇ (*aer*) Tragfläche *f* ◇ (*sport*) Außenstürmer *m*
alabàstro *sm* Alabaster *m*
alambìcco *sm* Destillierkolben *m*
alàre *a* Flügel- ● *apertura a.* Spannweite *f*
àlba *sf* Morgendämmerung *f* ● *spunta l'a.* es dämmert
albanése *a* albanisch ◆ *sm* Albaner *m*
àlbatros *sm* Albatros *m*
albeggiàre *vi* dämmern, tagen
alberàto *a* mit Bäumen bepflanzt
albergatóre *sm* Hotelbesitzer *m*
alberghièro *a* Hotel-
albèrgo *sm* Gasthof *m*, Hotel *n* ● *a. a due stelle* Zweisternehotel *n*
àlbero *sm* (*bot*) Baum *m* ◇ (*naut*) Mast *m* ◇ (*tecn*) Welle *f* ● *a. di Natale* Weihnachtsbaum *m*; *a. genealogico* Stammbaum *m*; *a. motore* Antriebswelle *f*
albicòcca *sf* (*bot*) Aprikose *f*
albùme *sm* Eiweiß *n*
àlce *sm* (*zool*) Elch *m*
alchimìa *sf* Alchimie *f*
alchimìsta *sm* Alchimist *m*
àlcol *sm* Alkohol *m*
alcòlico *a* alkoholisch
alcolìsmo *sm* Alkoholismus *m*
alcolizzàto *sm* Alkoholiker *m*
alcùno *a* einige ◇ (*in frasi negative*) kein ◆ *pr* (*pl*) einige
aleatòrio *a* ungewiss, Zufalls-
alesàggio *sm* (*mecc*) Bohrung *f*
alesàre *vt* (*mecc*) bohren
alettóne *sm* (*aer*) Querruder *n*
alfabèto *sm* Alphabet *n*
àlga *sf* (*bot*) Alge *f*
àlgebra *sf* Algebra *f*
aliànte *sm* (*aer*) Segelflugzeug *n*
àlibi *sm* Alibi *n*
alìce *sf* (*zool*) Sardelle *f*
alienàre *vt* (*dir*) veräußern ◆ *vpr* sich entfremden (+ *dat*)
alienàto *a* (*dir*) veräußert ◇ (*med*) irrsinnig ◆ *sm* (*med*) Geisteskranke *m/f*
alienazióne *sf* (*dir*) Veräußerung *f* ◇ (*med*) Geistesgestörtheit *f* ◇ (*filosofia*) Entfremdung *f*
alimentàre (1) *a* Nahrungs- ● *generi alimentari* Lebensmittel *pl*
alimentàre (2) *vt* (*nutrire*) ernähren (*persone*), füttern (*animali*) ◇ (*fig*) nähren
alimentatóre *sm* (*el*) Netzgerät *n*
alimentazióne *sf* (*con cibo*) Ernährung *f* ◇ (*tecn*) Beschickung *f*

aliménto *sm* Nahrung *f*, Nahrungsmittel *n*
alìquota *sf* Anteil *m*
aliscàfo *sm* (*naut*) Tragflächenboot *n*
alisèo *sm* Passatwind *m*
àlito *sm* (*respiro*) Atem *m* ◊ (*soffio*) Hauch *m* ● *avere l'a. cattivo* Mundgeruch haben
allacciaménto *sm* (*tecn*) Anschluss *m* ◊ (*ferr*) Verbindung *f*
allacciàre *vt* zubinden ◊ (*collegare*) verknüpfen, anknüpfen ◊ (*tecn*) anschließen
allagàre *vt* überschwemmen
allargaménto *sm* Erweiterung *f*
allargàre *vt* (*rendere più largo*) erweitern, verbreitern (*strada*) ◊ (*abb*) weiten ◊ (*fig*) erweitern, ausdehnen ♦ *vpr* sich erweitern
allarmàrsi *vpr* sich beunruhigen
allàrme *sm* Alarm *m* ● *a. ozono* Ozonalarm *m*
allarmìsmo *sm* Panik *f*, Panikmache *f*
allattàre *vt* (*bambini*) stillen ◊ (*animali*) säugen
alleànza *sf* Bündnis *n*
alleàrsi *vpr* sich verbünden (*mit* + *dat*)
alleàto *a* verbündet ♦ *sm* Verbündete *m/f*, Alliierte *m/f*
allegàre *vt* beilegen, beifügen
allegàto *a* beigefügt ♦ *sm* Anlage *f*, Beilage *f* ● *in a.* beiliegend
alleggeriménto *sm* (*di peso*) Entlastung *f* ◊ (*fig*) Erleichterung *f*

alleggerìre *vt* (*di peso*) leichter machen ◊ (*fig*) erleichtern
allegorìa *sf* Allegorie *f*
allegrìa *sf* Fröhlichkeit *f*, Lustigkeit *f*
allégro *a* fröhlich, lustig
allenaménto *sm* Training *n*, Übung *f* ● *essere fuori a.* aus der Übung sein; *tenersi in a.* im Training bleiben
allenàre *vt/pr* (*sport*) trainieren ◊ (*esercitare*) üben ● *allenarsi per* trainieren auf (+ *acc*)
allenatóre *sm* (*sport*) Trainer *m*
allergìa *sf* Allergie *f* ● *a. alimentare* Lebensmittelallergie *f*
allèrgico *a* allergisch
allestiménto *sm* (*preparazione*) Vorbereitung *f* ◊ (*edil*) Ausstattung *f* ◊ (*teat*) Bühnenausstattung *f*
allestìre *vt* (*preparare*) vorbereiten ◊ (*edil*) ausstatten ◊ (*teat*) inszenieren
allettaménto *sm* Verlockung *f*
allettàre *vt* locken, verlocken
allevaménto *sm* Zucht *f* ◊ (*luogo*) Zuchtbetrieb *m*, Farm *f* ● *a. di polli* Hühnerfarm *f*
allevàre *vt* (*animali*) züchten ◊ (*piante*) ziehen ◊ (*bambini*) aufziehen
allevatóre *sm* Züchter *m*
alliévo *sm* Schüler *m*
alligatóre *sm* (*zool*) Alligator *m*
allineaménto *sm* Aufreihen *n*
allineàre *vt* aufreihen ♦ *vpr* sich in einer Reihe aufstellen ◊ (*fig*) sich anpassen

alloggiàre vt unterbringen ♦ vi wohnen
allòggio sm Unterkunft f
allontanaménto sm Entfernung f
allontanàre vt entfernen ◇ (fig) abwenden ♦ vpr sich entfernen (aus + dat)
allóra avv da, damals ♦ cong also, dann
allòro sm (bot) Lorbeer m
àlluce sm große Zehe f
allucinànte a schrecklich, entsetzlich
allucinazióne sf Halluzination f
allùdere vi anspielen (auf + acc)
allungaménto sm Verlängerung f
allungàre vt (accrescere di lunghezza o durata) verlängern ◇ (diluire) verdünnen, verwässern (vino) ♦ vpr länger werden
allusióne sf Andeutung f, Anspielung f
allusìvo a anspielend
alluvionàle a angeschwemmt, Schwemm-
alluvióne sf Überschwemmung f
alméno avv wenigstens, mindestens ♦ cong wenn wenigstens, wenn nur
alpéggio sm Alm f, Weide f
alpinìsmo sm Bergsteigen n
alpinìsta sm Bergsteiger m
alpìno a alpin ♦ sm (mil) Gebirgsjäger m, Alpini pl
alt inter halt!
altaléna sf Schaukel f, Wippe f (a bilico)

altàre sm Altar m
alternànza sf Wechsel m
alternàre vt wechseln ♦ vpr sich abwechseln
alternatìva sf Alternative f
alternatìvo a alternativ
alternatóre sm (el) Wechselstromgenerator m
altézza sf Höhe f ◇ (statura) Größe f ◇ (livello) Stand m ◇ (profondità) Tiefe f
altitùdine sf Höhe f
àlto a hoch ◇ (di statura) groß
altoparlànte sm Lautsprecher m
altopiàno sm (geogr) Hochebene f
altrettànto a ebenso viel ♦ avv ebenfalls, gleichfalls ● **grazie a.** danke, gleichfalls
altriménti avv (in caso contrario) anderenfalls, sonst ◇ (in modo diverso) anders
àltro a/pr andere ♦ **l'a. giorno** neulich; **l'un l'a.** einander; **per a.** übrigens; **senz'a.** ohne weiteres; **tutt'a.** ganz im Gegenteil
altróve avv anderswo, woanders
altrùi a.poss von anderen, anderer
altruìsmo sm Selbstlosigkeit f, Altruismus m
altùra sf Anhöhe f
alùnno sm Schüler m
alveàre sm Bienenstock m
alzàre vt heben, aufrichten ♦ vpr aufstehen ◇ (sorgere) aufkommen, aufgehen
amàca sf Hängematte f
amànte a liebend ♦ sm/f Liebhaber m, Geliebte m/f

amàre *vt* lieben ◆ *vpr* sich lieben
amarèna *sf* (*bot*) Sauerkirsche *f*
amarézza *sf* Bitterkeit *f* ◇ (*fig*) Verbitterung *f*
amàro *a* bitter ◆ *sm* (*sapore*) Bitterkeit *f* ◇ (*liquore*) Magenbitter *m*
ambasciàta *sf* Botschaft *f*
ambasciatóre *sm* Botschafter *m*
ambedùe *a/pr* beide
ambidèstro *a* beidhändig
ambientàle *a* Umwelt- ● *tutela a.* Umweltschutz *m*
ambientalista *sm* Umweltschützer *m*
ambientàre *vt* eingewöhnen ◇ (*lett*) spielen lassen ◆ *vpr* sich eingewöhnen
ambiènte *sm* (*locale*) Raum *m* ◇ (*biol*) Umwelt *f* ◇ (*inform*) Umgebung *f*
ambiguità *sf* Zweideutigkeit *f*
ambìguo *a* zweideutig
ambìre *vt/i* streben (*nach* + *dat*)
ambizióne *sf* Ehrgeiz *m*
ambizióso *a* ehrgeizig
àmbra *sf* Bernstein *m*
ambulànte *a* wandernd ◆ *sm* Straßenhändler *m*
ambulànza *sf* Krankenwagen *m*
ambulatòrio *sm* Praxis *f*
amèno *a* angenehm, lieblich
americàno *a* amerikanisch ◆ *sm* Amerikaner *m*
amiànto *sm* Asbest *m*
amichévole *a* freundschaftlich ● *incontro a.* (*sport*) Freundschaftsspiel *n*
amicìzia *sf* Freundschaft *f*

amìco *a* freundlich ◆ *sm* Freund *m*
àmido *sm* Stärke *f*
ammaccàre *vt* verbeulen
ammaccatùra *sf* Beule *f*
ammaestràre *vt* dressieren, abrichten
ammalàrsi *vpr* krank werden
ammalàto *a* krank ◆ *sm* Kranke *m/f*
ammazzàre *vt* töten, umbringen ◆ *vpr* (*darsi la morte*) sich umbringen ◇ (*perdere la vita*) umkommen
ammènda *sf* Geldstrafe *f*
ammésso *a* vorausgesetzt, zugelassen ◆ *sm* Zugelassene *m*
amméttere *vt* (*accettare*) zulassen ◇ (*riconoscere*) zugeben
ammezzàto *sm* Zwischengeschoss *n*
amministràre *vt* verwalten
amministrativo *a* administrativ, Verwaltungs-
amministratóre *sm* Verwalter *m*
amministrazióne *sf* Verwaltung *f*
ammiràglio *sm* Admiral *m*
ammiràre *vt* bewundern
ammiratóre *sm* Bewunderer *m*
ammirévole *a* bewundernswert
ammissìbile *a* annehmbar
ammissióne *sf* Zulassung *f*
ammobiliàre *vt* möblieren, einrichten
ammoniàca *sf* (*chim*) Ammoniak *n*
ammonìre *vt* (*avvertire*) ermah-

nen ◇ (rimproverare) verweisen ◇ (sport) verwarnen
ammonizióne sf (avvertimento) Mahnung f ◇ (rimprovero) Verweis m ◇ (sport) Verwarnung f
ammorbidire vt weich(er) machen, erweichen
ammortaménto sm (fin) Tilgung f
ammortàre vt (fin) tilgen, amortisieren
ammortizzàre vt (tecn) dämpfen
ammortizzatóre sm (tecn) Stoßdämpfer m
ammucchiàre vt anhäufen
ammuffire vi verschimmeln
amnesìa sf (med) Amnesie f
amnistìa sf (dir) Amnestie f
amnistiàre vt begnadigen
àmo sm Angelhaken m
amoràle a unmoralisch
amóre sm Liebe f
amorévole a liebevoll
amorevolézza sf Liebenswürdigkeit f
amoróso a liebevoll, Liebes-
amperòmetro sm Amperemeter n
ampiézza sf Weite f
àmpio a weit, geräumig
amplèsso sm Beischlaf m, Geschlechtsakt m
ampliàre vt erweitern
amplificàre vt erweitern ◇ (suono) verstärken
amplificatóre sm Verstärker m
amplificazióne sf Verstärkung f
amputàre vt amputieren
amputazióne sf Amputation f

amulèto sm Amulett n
anabbagliànte sm Abblendlicht n
anacronìsmo sm Anachronismus m
anàgrafe sf (registro) Einwohnerverzeichnis n ◇ (ufficio) Einwohnermeldeamt n
anagràmma sm Anagramm n
analcòlico a alkoholfrei ◆ sm alkoholfreies Getränk n
anàle a anal
analfabèta sm Analphabet m
analfabetìsmo sm Analphabetismus m
analgèsico sm Analgetikum n, schmerzstillendes Mittel n
anàlisi sf Analyse f, Untersuchung f ● a. del sangue Blutuntersuchung f
analìsta sm Analytiker m
analìtico a analytisch
analizzàre vt analysieren
analogìa sf Analogie f
anàlogo a analog
ànanas sm (bot) Ananas f
anarchìa sf Anarchie f
anàrchico a anarchisch ◆ sm Anarchist m
anatomìa sf Anatomie f
anatòmico a anatomisch
ànatra sf (zool) Ente f
ànca sf (anat) Hüfte f
ànche cong auch ◇ (persino) sogar
àncora (1) sf (naut) Anker m
ancóra (2) avv noch ◇ (un'altra volta) noch einmal ● non a. noch nicht

ancoràggio *sm* (*azione*) Ankern *n* ◊ (*luogo*) Ankerplatz *m*
ancoràre *vt* (*naut, fig*) verankern ♦ *vpr* (*naut*) ankern
andaménto *sm* Fortgang *m*, Verlauf *m*
andàre *vi* (*a piedi*) gehen, laufen ◊ (*con un mezzo*) fahren, fliegen (*in aereo*), Rad fahren (*in bicicletta*) ◊ (*funzionare*) gehen, laufen ♦ *vpr* (*andarsene*) fortgehen, weggehen ● *a lungo a.* auf die Dauer; *a. a male* verderben; *a. a monte* ins Wasser fallen; *come va?* wie geht es?; *non mi va* es passt mir nicht, (*abb*) es steht mir nicht, (*cuc*) es schmeckt mir nicht
andàta *sf* Gehen *n*, Hinreise *f* (*con un mezzo*) ● *biglietto di sola a./di a. e ritorno* einfache Fahrkarte *f*/Rückfahrkarte *f*; *girone di a.* (*sport*) Hinrunde *f*; *viaggio di a. e ritorno* Hin- und Rückreise *f*
andatùra *sf* Gangart *f*
andróne *sm* Hausflur *m*
anèddoto *sm* Anekdote *f*
anèllo *sm* Ring *m* ◊ (*di catena*) Glied *n*
anemìa *sf* (*med*) Anämie *f*, Blutarmut *f*
anèmico *a* anämisch, blutarm ♦ *sm* Anämiekranke *m/f*
anemòmetro *sm* Anemometer *m*, Windmesser *m*
anestesìa *sf* (*med*) Narkose *f*, Betäubung *f*
anestètico *a* betäubend ♦ *sm* Betäubungsmittel *n*

anestetizzàre *vt* betäuben
aneurìsma *sm* (*med*) Aneurysma *n*
anfetamìna *sf* Amphetamin *n*
anfìbio *a* amphibisch ♦ *sm* (*zool*) Amphibie *f* ◊ (*automezzo*) Amphibienfahrzeug *n*
anfiteàtro *sm* Amphitheater *n*
ànfora *sf* Amphore *f*
angèlico *a* engelhaft
àngelo *sm* Engel *m*
anglosàssone *a* angelsächsisch ♦ *sm* Angelsachse *m*
angolàre *a* eckig, Eck-
àngolo *sm* Ecke *f* ◊ (*geom*) Winkel *m* ● *calcio d'a.* (*sport*) Eckball *m*; *a. cottura* Kochnische *f*
àngora *sf* (*abb*) Angorawolle *f*
angòscia *sf* Beklemmung *f* ◊ (*med*) Angstzustand *m*
angosciàre *vt* Angst machen, ängstigen ♦ *vpr* sich ängstigen
angoscióso *a* beklemmend
anguìlla *sf* (*zool*) Aal *m*
angùria *sf* (*bot*) Wassermelone *f*
ànice *sm* Anis *m*
ànima *sf* Seele *f*
animàle *a* tierisch ♦ *sm* Tier *n*
animàre *vt* beleben
animatóre *sm* Animateur *m*
animazióne *sf* Lebhaftigkeit *f* ◊ (*di feste, villaggi turistici*) Animation *f*
ànimo *sm* Gemüt *n*, Seele *f* ◊ (*coraggio*) Mut *m*
annacquàre *vt* verwässern
annaffiàre *vt* gießen
annaffiatóio *sm* Gießkanne *f*
annaffiatùra *sf* Begießen *n*
annàta *sf* Jahrgang *m*

annegaménto *sm* (*l'annegarsi*) Ertrinken *n* ◊ (*l'annegare*) Ertränken *n*

annegàre *vt* ertränken ♦ *vi* ertrinken ♦ *vpr* sich ertränken

annessióne *sf* Annektion *f*, Anschluss *m*

annèsso *a* (*adiacente*) anliegend ◊ (*allegato*) beiliegend

annèttere *vt* annektieren

annidàrsi *vpr* sich einnisten

anniversàrio *sm* Jahrestag *m*

ànno *sm* Jahr *n* ● *compiere gli anni* Geburtstag haben; *quanti anni hai?* wie alt bist du?

annodàre *vt* verknoten, binden

annoiàre *vt* langweilen ♦ *vpr* sich langweilen

annotàre *vt* notieren, aufschreiben

annotazióne *sf* Vermerk *m*, Anmerkung *f*

annuàle *a* jährlich, Jahres-

annuìre *vi* zustimmen

annullaménto *sm* Annullierung *f* ◊ (*revoca*) Aufhebung *f*

annullàre *vt* annullieren ◊ (*revocare*) aufheben ◊ (*disdire*) absagen

annunciàre *vt* (*dare una notizia*) verkündigen, bekannt geben ◊ (*una persona*) melden ◊ (*tel*) ansagen

annunciatóre *sm* Sprecher *m*, Ansager *m*

annùncio *sm* Ankündigung *f*, Meldung *f* (*comunicazione*) ◊ (*sul giornale*) Anzeige *f*

annusàre *vt* riechen (*an* + *dat*)

annuvolaménto *sm* Bewölkung *f*

annuvolàrsi *vpr* sich bewölken

àno *sm* (*anat*) After *m*, Anus *m*

anomalìa *sf* Anomalie *f*

anonimàto *sf* Anonymität *f* ● *conservare l'a.* anonym bleiben

anònimo *a* anonym

anoressìa *sf* (*med*) Magersucht *f*, Anorexie *f*

anormàle *a* anormal

anormalità *sf* Anomalie *f*, Normabweichung *f*

ànsa *sf* (*di fiume*) Flussschleife *f*

ànsia *sf* Beklemmung *f*

ansiolìtico *sm* (*med*) Anxiolytikum *n*

ansióso *a* ängstlich ◊ (*impaziente*) ungeduldig

ànta *sf* (*sportello*) Flügel *m* ◊ (*di finestra*) Fensterladen *m*

antagonìsta *a* antagonistisch ♦ *sm* Gegner *m*

antàrtico *a* antarktisch

antefàtto *sm* Vorgeschichte *f*

antenàto *sm* Vorfahr *m*, Ahn *m*

antènna *sf* (*di radio e sim*) Antenne *f* ◊ (*zool*) Fühler *m* ● *a. integrata* (*tel*) integrierte Antenne; *a. parabolica* Parabolantenne *f*

antepórre *vt* voranstellen

anteprìma *sf* Vorausführung *f*

anterióre *a* (*nello spazio*) vordere, Vorder- ◊ (*nel tempo*) vorhergehend

antiallèrgico *sm* (*med*) Antiallergiemittel *n* ♦ *a* (*med*) antiallergisch

antibiòtico *sm* Antibiotikum *n*
anticàmera *sf* Vorzimmer *n*
anticancerògeno *a* (*med*) krebshemmend
antichità *sf* (*epoca*) Altertum *n*, Antike *f* ◇ (*pl*) (*oggetti antichi*) Antiquitäten *pl*
anticiclóne *sm* (*meteor*) Hochdruckgebiet *n*
anticipàre *vt* (*un'azione*) vorverlegen ◇ (*una notizia*) vorwegnehmen ◇ (*fin*) vorstrecken
anticipazióne *sf* Vorwegnahme *f*
antìcipo *sm* (*fin*) Vorschuss *m*, Anzahlung *f* • *in a.* zu früh; *pagare in a.* im Voraus zahlen
anticlericàle *a* antiklerikal ◆ *sm/f* Antiklerikale *m/f*
antico *a* antik ◆ *sm pl* die Alten *pl*
anticoncezionàle *a* empfängnisverhütend ◆ *sm* Verhütungsmittel *n*
anticonformìsmo *sm* Nonkonformismus *m*
anticonformìsta *a* nonkonformistisch ◆ *sm* Nonkonformist *m*
anticostituzionàle *a* verfassungswidrig
anticrittogàmico *sm* Pflanzenschutzmittel *n*
antidolorìfico *sm* schmerzstillendes Mittel *n*
antìdoto *sm* Gegenmittel *n*
antiemorràgico *sm* blutstillendes Mittel *n*
antifascista *a* antifaschistisch ◆ *sm* Antifaschist *m*

antifùmo *a* Anti-Raucher-, Antiraucher-
antifùrto *sm* Diebstahlsicherung *f*
antigèlo *sm* Frostschutzmittel *n*
antìlope *sf* (*zool*) Antilope *f*
antioràrio *a* gegen den Uhrzeigersinn
antipàsto *sm* Vorspeise *f*
antipatìa *sf* Abneigung *f*
antipàtico *a* unsympathisch
antipùlci *a* gegen Flöhe, Flohschutz-
antiquariàto *sm* Antiquariat *n*
antiquàrio *sm* Antiquitätenhändler *m*
antiquàto *a* veraltet
antirìflesso *a* entspiegelt, blendfrei
antirùggine *sm* Rostschutzmittel *n*
antiscìvolo *a* rutschfest, rutschsicher
antisìsmico *a* erdbebensicher
antistrèss *a* Anti-Stress-, gegen Stress
antivivisezióne *a* gegen Vivisektion, gegen Tierversuche
antologìa *sf* Anthologie *f*
antropologìa *sf* Anthropologie *f*
antropòlogo *sm* Anthropologe *m*
antropomòrfo *a* menschenähnlich ◆ *scimmie antropomorfe* Menschenaffen *pl*
anulàre *a* ringförmig, Ring- ◆ *sm* Ringfinger *m*
ànzi *avv* (*al contrario*) im Gegenteil, sogar ◇ (*o meglio*) besser noch

anziàno *a* alt ♦ *sm* Alte *m/f*
anziché *cong* (*invece di*) statt zu ◊ (*piuttosto che*) besser als
anzitùtto *avv* vor allem, zunächst
aòrta *sf* (*anat*) Aorta *f*
àpe *sf* (*zool*) Biene *f*
aperitìvo *sm* Aperitif *m*
apèrto *a* offen ● *all'a.* im Freien; *all'aria aperta* in der frischen Luft; *in aperta campagna* auf freiem Feld; *in mare a.* auf offenem Meer
apertùra *sf* Öffnung *f* ◊ (*inizio*) Eröffnung *f*, Beginn *m* ◊ (*fig*) Offenheit *f*
àpice *sm* Gipfel *m*
apicoltóre *sm* Imker *m*
apicoltùra *sf* Bienenzucht *f*
apnèa *sf* Apnoe *f*
apòstolo *sm* Apostel *m*
apòstrofo *sm* Apostroph *m*
appaltàre *vt* (*dare in appalto*) als Auftrag vergeben ◊ (*prendere in appalto*) als Auftrag annehmen
appaltatóre *sm* Auftragnehmer *m*
appàlto *sm* Auftragserteilung *f*
appannàrsi *vpr* sich beschlagen
apparecchiàre *vt* (*la tavola*) decken
apparecchiatùra *sf* (*strumento*) Gerät *n*, Apparatur *f*
apparécchio *sm* Gerät *n* ◊ (*fam*) (*aeroplano*) Flugzeug *n*
apparènte *a* scheinbar
apparènza *sf* Anschein *m* ● *in a.* dem Anschein nach
apparìre *vi* (*presentarsi*) erscheinen ◊ (*sembrare*) scheinen
apparizióne *sf* Erscheinen *n* ◊ (*relig*) Erscheinung *f*
appartaménto *sm* Wohnung *f*
appartenènte *a* zugehörig
appartenènza *sf* Zugehörigkeit *f*
appartenére *vi* (*essere di proprietà*) gehören (+ *dat*) ◊ (*far parte di*) zugehören, angehören (+ *dat*)
appassionàrsi *vpr* sich begeistern (*für* + *acc*)
appassionàto *a* leidenschaftlich, begeistert
appassìre *vi* (ver)welken
appèllo *sm* (*chiamata per nome*) Aufruf *m* ◊ (*dir*) Berufung *f*
appéna *avv* kaum ♦ *cong* sobald
appèndere *vt* aufhängen
appendìce *sf* Anhang *m* ◊ (*anat*) Blinddarm *m*
appendicìte *sf* (*med*) Blinddarmentzündung *f*
appesantìre *vt* beschweren ◊ (*fig*) belasten
appéso *a* aufgehängt
appetìto *sm* Appetit *m* ● *buon a.!* guten Appetit!
appetitóso *a* appetitlich
appiattìre *vt* abflachen
appiccicàre *vt* ankleben ♦ *vi* kleben, klebrig sein ♦ *vpr* kleben ◊ (*fig*) sich hängen
appiccicóso *a* klebrig
appigliàrsi *vpr* sich klammern (*an* + *acc*)
appìglio *sm* Halt *m*
appisolàrsi *vpr* einnicken

applaudìre vt/i applaudieren (+ dat), Beifall klatschen (+ dat)

applàuso sm Beifall m, Applaus m

applicàre vt (attaccare) anbringen, aufkleben ◊ (mettere in atto) anwenden ♦ vpr sich widmen

applicazióne sf (l'applicare) Anbringen n ◊ (attuazione) Anwendung f ◊ (cura) Eifer m

appoggiàre vt (posare, accostare) legen, anlehnen ◊ (fig: sostenere) unterstützen ♦ vpr sich anlehnen (an + acc) ◊ (fig) sich stützen (auf + acc)

appoggiatèsta sm Kopfstütze f

appòggio sm Stütze f

appositaménte avv eigens

appòsito a eigens dazu bestimmt

apposizióne sf (gramm) Apposition f

appòsta avv mit Absicht, absichtlich, eigens (appositamente)

apprèndere vt (imparare) lernen ◊ (venire a sapere) erfahren

apprendiménto sm Lernen n

apprendìsta sm/f Lehrling m, Auszubildende m/f

apprensióne sf Besorgnis f

apprensìvo a furchtsam, ängstlich

apprezzaménto sm Wertschätzung f

apprezzàre vt würdigen, schätzen

approdàre vi landen

appròdo sm (manovra) Landung f ◊ (luogo) Anlegeplatz m

approfittàre vi (aus)nutzen (+ acc)

approfondìre vt vertiefen

appropriàrsi vpr sich aneignen (+ acc)

appropriàto a geeignet, treffend (vocabolo)

appropriazióne sf Aneignung f

approssimatìvo a annähernd, ungefähr

approssimazióne sf Annäherung f ● **per a.** annähernd

approvàre vt billigen ◊ (ratificare) annehmen

approvazióne sf Billigung f ◊ (ratifica) Genehmigung f

appuntaménto sm Verabredung f ◊ (di lavoro, dal medico e sim) Termin m ● **darsi un a.** sich verabreden

appuntìto a spitz

appùnto (1) sm Notiz f

appùnto (2) avv genau

appuràre vt nachprüfen

apribottìglie sm Flaschenöffner m

aprìle sm April m

aripìsta sm Vorläufer m

aprìre vt/i öffnen, aufschließen (con chiave) ◊ (il rubinetto) aufdrehen ◊ (iniziare) eröffnen ♦ vpr sich öffnen, aufbrechen (di fiori) ◊ (manifestazione) eröffnet werden

apriscàtole sm Dosenöffner m

aquagym sf (sport) Wassergymnastik f

àquila sf (zool) Adler m

aquilóne sm Drachen m
arabésco sm Arabeske f
àrabo a arabisch ♦ sm Araber m
aràchide sf (bot) Erdnuss f
aragósta sf (zool) Languste f
aràldica a Heraldik f
arància sf (bot) Apfelsine f, Orange f
aranciàta sf Orangensaft m
aràncio sm (bot) Apfelsinenbaum m
arancióne a orange
aràre vt pflügen
aràtro sm Pflug m
aràzzo sm Wandteppich m
arbitràggio sm (sport) Schiedsrichterleitung f, Schiedsspruch m
arbitràre vt (sport) als Schiedsrichter leiten
arbitrarietà sf Willkür f
arbitràrio a willkürlich
arbitrìo sm (facoltà di scelta) Ermessen n ◊ (abuso) Willkür f
àrbitro sm (sport) Schiedsrichter m
arbòreo a baumartig, Baum-
arbústo sm Strauch m, Staude f
àrca sf Arche f
arcàico a archaisch, veraltet
arcàngelo sm Erzengel m
arcàta sf (arch) Arkade f
archeologìa sf Archäologie f
archeòlogo sm Archäologe m
archètipo sm Archetyp m
architettàre vt ausdenken
architétto sm Architekt m
architettònico a architektonisch
architettùra sf Architektur f
architràve sm Tragbalken m, Träger m
archiviàre vt archivieren
archìvio sm Archiv n
arcière sm Bogenschütze m
arcipèlago sm (geogr) Archipel m
arcivéscovo sm Erzbischof m
àrco sm Bogen m ● **strumenti ad a.** (mus) Streichinstrumente pl
arcobaléno sm Regenbogen m
ardènte a brennend
àrdere vt verbrennen ♦ vi brennen
ardèsia sf (min) Schiefer m
ardóre sm Hitze f, Glut f
àrea sf Raum m ◊ (geom) Fläche f
arèna sf (stadio) Arena f
arenàrsi vpr (naut) stranden ◊ (fig) versanden
àrgano sm Winde f
argenterìa sf Silbergeschirr n
argènto sm Silber n
argìlla sf Ton m
arginàre vt eindämmen
àrgine sm Damm m, Deich m
argomentazióne sf Argumentation f
argoménto sm Thema n, Gegenstand m
ària sf Luft f ◊ (espressione) Ausdruck m ● **a. condizionata** Klimaanlage f; **corrente d'a.** Durchzug m
aridità sf Dürre f, Trockenheit f
àrido a dürr, trocken
arieggiàre vt lüften
ariète sm (astr, zool) Widder m
arìnga sf (zool) Hering m

arióso *a* luftig
aristocràtico *a* adelig ◆ *sm* Aristokrat *m*
aristocrazìa *sf* Adel *m*
aritmètica *sf* Arithmetik *f*
aritmètico *a* arithmetisch
àrma *sf* Waffe *f*
armàdio *sm* Schrank *m*
armaménto *sm* Bewaffnung *f* ◇ (*l'armarsi*) Rüsten *n*
armàre *vt* (*mil*) bewaffnen ◇ (*edil*) stützen ◆ *vpr* sich bewaffnen
armàta *sf* Armee *f*, Heer *n*
armàto *a* bewaffnet ● *a mano armata* bewaffnet; *carro a.* Panzer *m*; *cemento a.* Stahlbeton *m*
armatóre *sm* (*naut*) Reeder *m*
armatùra *sf* (*mil*) Rüstung *f* ◇ (*edil*) Gerüst *n*
armerìa *sf* Waffengeschäft *n*
armistìzio *sm* Waffenstillstand *m*
armonìa *sf* (*mus*) Harmonie *f* ◇ (*fig*) Harmonie *f*, Einklang *m*
armònica *sf* (*mus*) Harmonika *f*
armònico *a* harmonisch
armonizzàre *vt/i* harmonisieren
arnése *sm* Werkzeug *n*, Gerät *n*
àrnia *sf* Bienenstock *m*
aròma *sm* Aroma *m*
aromàtico *a* würzig
aromatizzàre *vt* würzen
àrpa *sf* (*mus*) Harfe *f*
arpióne *sm* (*gancio*) Haken *m* ◇ (*fiocina*) Harpune *f*
arpìsta *sm* Harfenspieler *m*
arrabbiàrsi *vpr* sich ärgern, wütend werden
arrabbiàto *a* wütend, zornig
arrabbiatùra *sf* Wut *f*, Ärger *m*
arrampicàrsi *vpr* klettern
arrampicàta *sf* Klettertour *f*
arrampicatóre *sm* Kletterer *m* ◇ (*fig*) Aufsteiger *m*
arrangiàrsi *vpr* (*fam*) zurechtkommen
arredaménto *sm* Einrichtung *f*
arredàre *vt* einrichten
arredatóre *sm* Innenarchitekt *m*
arrèdo *sm* Einrichtungsgegenstand *m*
arrèndersi *vpr* sich ergeben ◇ (*fig*) nachgeben
arrendévole *a* nachgiebig
arrestàre *vt* (*catturare*) verhaften ◇ (*fermare*) anhalten ◆ *vpr* (*fermarsi*) stehen bleiben, halten ◇ (*interrompersi*) aussetzen
arrèsto *sm* (*cattura*) Verhaftung *f* ◇ (*interruzione*) Stillstand *m*
arretràto *a* veraltet, rückständig ◇ (*paese*) ◇ (*pagamento*) ausstehend
arricchiménto *sm* Bereicherung *f* ◇ (*fig*) Anreicherung *f*
arricchìre *vt* bereichern ◇ (*alimenti*) anreichern
arrivàre *vi* (*giungere*) ankommen ◇ (*raggiungere un limite*) erreichen ● *a. secondo* Zweiter sein
arrivàto *a* angekommen ◆ *sm* (*in senso sociale*) Arrivierte *m/f*
arrivedérci *inter* auf Wiedersehen!
arrivìsta *sm* Streber *m*
arrìvo *sm* (*l'arrivare*) Ankunft *f* ◇ (*traguardo*) Ziel *n*

arrogànte *a* arrogant
arrogànza *sf* Arroganz *f*
arrossaménto *sm* Rötung *f*
arrossàrsi *vpr* sich röten
arrossìre *vi* erröten
arrostìre *vt* braten, rösten
arròsto *a* gebraten ♦ *sm* Braten *m*
arrotolàre *vt* aufrollen
arrotondàre *vt* abrunden ◊ (*un numero*) aufrunden
arrugginìre *vi/pr* (ver)rosten
arruolàre *vt* (*mil*) einberufen ♦ *vpr* sich melden ● *arruolarsi volontario* (*mil*) sich freiwillig melden
arsenàle *sm* Arsenal *n*
arsènico *sm* (*chim*) Arsen *n*
arsùra *sf* Gluthitze *f*, Brand *m*
àrte *sf* Kunst *f* ● *opera d'a.* Kunstwerk *n*
artefàtto *a* künstlich
artéfice *sm* Schöpfer *m*, Urheber *m*
artèria *sf* (*anat*) Arterie *f*, Schlagader *f*
arteriosclerósi *sf* (*med*) Arteriosklerose *f*
arterióso *a* arteriell, Arterien-
àrtico *a* arktisch
articolàre *vt* (*muovere*) bewegen ◊ (*pronunciare*) aussprechen
articolazióne *sf* (*anat*) Gelenk *n*
artìcolo *sm* Artikel *m*
artificiàle *a* künstlich
artifìcio *sm* Kniff *m*
artigianàle *a* handwerklich
artigianàto *sm* Handwerk *n*
artigiàno *sm* Handwerker *m*
artiglière *sm* (*mil*) Artillerist *m*
artiglierìa *sf* Artillerie *f*
artìglio *sm* Kralle *f*
artìsta *sm* Künstler *m*
àrto *sm* (*anat*) Glied *n*
artrìte *sf* (*med*) Arthritis *f*
artrìtico *a* arthritisch
artròsi *sf* (*med*) Arthrose *f*
ascèlla *sf* (*anat*) Achselhöhle *f*
ascendènte *a* aufsteigend ♦ *sm* (*fig*) Einfluss *m*
ascensióne *sf* Aufstieg *m*
ascensóre *sm* Aufzug *m*, Fahrstuhl *m*
ascésa *sf* Aufstieg *m*
ascèsso *sm* (*med*) Abszess *m*
ascèta *sm* Asket *m*
àscia *sf* Axt *f*
asciugacapélli *sm* Haartrockner *m*, Fön *m*
asciugamàno *sm* Handtuch *n*
asciugàre *vt* trocknen ◊ (*con un panno*) abtrocknen ♦ *vpr* sich abtrocknen
asciugatrìce *sf* Trockenautomat *m*
asciùtto *a* trocken, getrocknet
ascoltàre *vt* (*udire*) hören, zuhören (+ *dat*) ◊ (*dare retta*) hören auf (+ *acc*)
ascoltatóre *sm* Zuhörer *m*
ascólto *sm* Zuhören *n* ● *indice di a.* Einschaltquote *f*; *prestare a. a qn* jemandem Gehör schenken
asfaltàre *vt* asphaltieren
asfaltatùra *sf* Asphaltdecke *f*
asfàlto *sm* Asphalt *m*
asfissìa *sf* Erstickung *f*
asfissiàre *vi* ersticken

asiàtico *a* asiatisch ♦ *sm* Asiat *m*
asìlo *sm* (*politico*) Asyl *n* ◊ (*rifugio*) Zuflucht *f* ◊ (*per bambini*) Kindergarten *m*
asimmetrìa *sf* Asymmetrie *f*
àsino *sm* Esel *m*
àsma *sf/m* (*med*) Asthma *n*
asmàtico *a* asthmatisch ♦ *sm* Asthmatiker *m*
asociàle *a* unsozial, asozial
àsola *sf* Knopfloch *n*
aspàrago *sm* (*bot*) Spargel *m*
aspettàre *vt* warten auf (+ *acc*), erwarten ♦ *vpr* erwarten
aspettatìva *sf* Erwartung *f* ◊ (*dir*) Beurlaubung *f*
aspètto *sm* Aussehen *n* ◊ (*punto di vista*) Aspekt *m*, Gesichtspunkt *m* ● *avere un bell'a.* gut aussehen
aspirànte *sm* Anwärter *m*
aspirapólvere *sm* Staubsauger *m*
aspiràre *vt* (*respirare*) einatmen ◊ (*tecn*) einsaugen ♦ *vi* streben (*nach* + *dat*)
aspirazióne *sf* (*tecn*) Absaugen *n* ◊ (*fig*) Streben *n*
asportàre *vt* entfernen
asprézza *sf* Rauheit *f* ◊ (*fig*) Herbheit *f*
àspro *a* herb, rau
assaggiàre *vt* kosten
assàggio *sm* Kostprobe *f*
assài *avv* viel, sehr
assalìre *vt* angreifen, anfallen
assalitóre *sm* Angreifer *m*
assaltàre *vt* überfallen
assàlto *sm* Angriff *m*
assassinàre *vt* ermorden
assassìnio *sm* Mord *m*
assassìno *a* mörderisch ♦ *sm* Mörder *m*
àsse (1) *sf* (*tavola*) Brett *n* ● *a. di equilìbrio* (*sport*) Schwebebalken *m*
àsse (2) *sm* (*tecn*) Achse *f*
assediàre *vt* belagern
assèdio *sm* Belagerung *f*
assegnaménto *sm* Vertrauen *n* ● *fare a. su qn* auf jemanden zählen
assegnàre *vt* (*un incarico e sim*) zuteilen, erteilen ◊ (*un premio*) zuerkennen
assegnazióne *sf* Zuweisung *f*, Zuerkennung *f*
assègno *sm* (*fin*) Scheck *m* ● *a. scopèrto* ungedeckter Scheck; *a. circolare* Barscheck *m*
assemblèa *sf* Versammlung *f*
assènso *sm* Zustimmung *f*
assentàrsi *vpr* sich entfernen
assènte *a* abwesend ♦ *sm/f* abwesende *m/f*
assenteìsmo *sm* (*fam*) Blaumachen *n*, Krankfeiern *n*
assenteìsta *sm* Drückeberger *m*, (*fam*) Blaumacher *m*
assentìre *vi* zustimmen
assènza *sf* Abwesenheit *f*, Fehlen *n* ◊ (*mancanza*) Mangel *m* ● *fare un'a. a scuola* in der Schule fehlen
assessoràto *sm* Referat *n*
assessóre *sm* Assessor *m*
assetàto *a* durstig
assicuràre *vt* (*garantire*) sicherstellen, versichern ◊ (*dir*)

versichere ♦ *vpr* sich versichern, sich überzeugen
assicuratóre *sm* Versicherer *m*
assicurazióne *sf* Versicherung *f* ● *a. sulla vita* Lebensversicherung *f*
assiduità *sf* Ausdauer *f*
assíduo *a* ausdauernd, ständig
assième *avv* zusammen ● *a. a* (zusammen) mit (+ *dat*)
assillàre *vt* bedrängen
assiòma *sm* Axiom *n*
assise *sf* *corte d'a.* (*dir*) Schwurgericht *n*
assistènte *a* Assistent *m* ● *a. sociale* Sozialarbeiter *m*
assistènza *sf* Hilfe *f*, Beistand *m*, Fürsorge *f*, Betreuung *f* ● *prestare a. a qn* jemandem Beistand leisten
assístere *vi* beiwohnen (+ *dat*), anwesend sein ◇ *vt* beistehen (+ *dat*), helfen (+ *dat*)
àsso *sm* Ass *n*
associàre *vt* (*rendere partecipe*) als Mitglied aufnehmen ◇ (*mettere insieme*) vereinigen ◇ *vpr* (*farsi socio*) Mitglied werden ◇ (*unirsi in società*) sich vereinigen, sich verbinden ◇ (*fig*) (*essere partecipe*) teilnehmen (*an* + *dat*)
associàto *sm* Mitglied *n*
associazióne *sf* Bund *m*, Vereinigung *f* ◇ (*comm*) Gesellschaft *f* ◇ (*psic*) Assoziation *f*
assolutamènte *avv* unbedingt
assolutìsmo *sm* (*stor*) Absolutismus *m*
assolùto *a* absolut

assoluzióne *sf* (*dir*) Freispruch *m* ◇ (*relig*) Absolution *f*
assòlvere *vt* (*dir*) freisprechen ◇ (*relig*) die Absolution erteilen ◇ (*compiere*) erfüllen
assomigliàre *vi* ähneln ♦ *vpr* (sich) ähneln
assorbènte *a* absorbierend ♦ *sm* (*per signora*) Damenbinde *f* ● *carta a.* Löschpapier *m*
assorbimènto *sm* Aufsaugen *n*
assorbìre *vt* aufsaugen ◇ (*fig*) (*occupare*) in Anspruch nehmen
assordàre *vt* betäuben
assortimènto *sm* Auswahl *f*
assortìre *vt* sortieren, zusammenstellen
assortìto *a* zusammengestellt, gemischt
assòrto *a* versunken
assuefàrsi *vpr* sich gewöhnen
assuefazióne *sf* Gewöhnung *f*
assùmere *vt* (*prendere su di sé*) annehmen, übernehmen ◇ (*ingaggiare*) einstellen
assùnto *sm* Eingestellte *m/f*
assunzióne *sf* (*l'assumere*) Annahme *f* ◇ (*di un impiego*) Einstellung *f* ◇ (*relig*) Himmelfahrt *f*
assurdità *sf* Absurdität *f*
assùrdo *a* absurd
àsta *sf* (*bastone*) Stab *m* ◇ (*vendita*) Versteigerung *f* ● *salto con l'a.* (*sport*) Stabhochsprung *m*
astèmio *a* abstinent ♦ *sm* Abstinenzler *m*

astenérsi *vpr* sich enthalten (+ dat)
astensióne *sf* Enthaltung *f*
astensionìsmo *sm* Absentismus *m*
astenùto *sm* wer sich der Stimme enthält
asterìsco *sm* Sternchen *n*, Asteriskus *m*
àstice *sm* Hummer *m*
asticèlla *sf* Sprunglatte *f*
astigmàtico *a* astigmatisch ◆ *sm* Astigmatiker *m*
astinènte *a* abstinent
astinènza *sf* Abstinenz *f*
astràle *a* astral
astrattézza *sf* Abstraktheit *f*
astrattìsmo *sm* (*arte*) abstrakte Kunst *f*
astràtto *a* abstrakt
astrazióne *sf* Abstraktion *f*
astringènte *a* stopfend, adstringierend ◆ *sm* (*med*) Stopfmittel *n*
àstro *sm* (*astr*) Stern *m*, Gestirn *n*
astrologìa *sf* Astrologie *f*
astròlogo *sm* Astrologe *m*
astronàuta *sm* Astronaut *m*
astronàutico *a* astronautisch
astronàve *sf* Raumschiff *n*
astronomìa *sf* Astronomie *f*
astrònomo *sm* Astronom *m*
astùccio *sm* Etui *n*
astùto *a* schlau
astùzia *sf* Schlauheit *f*
atàvico *a* atavistisch
àteo *a* atheistisch ◆ *sm* Atheist *m*
atìpico *a* atypisch
atlànte *sm* Atlas *m*

atlàntico *a* atlantisch, Atlantik-
atlèta *sm* Athlet *m*
atlètica *sf* Athletik *f* ● *a. leggera/pesante* Leicht-/Schwerathletik *f*
atmosfèra *sf* Atmosphäre *f*
atmosfèrico *a* atmosphärisch
atòllo *sm* Atoll *n*
atòmico *a* atomar, Atom-
àtomo *sm* Atom *n*
àtono *a* unbetont
àtrio *sm* Vorhalle *f*, Vorraum *m*
atróce *a* grauenhaft, entsetzlich
atrocità *sf* Grausamkeit *f*
attaccaménto *sm* Anhänglichkeit *f*
attaccànte *sm* (*sport*) Stürmer *m*
attaccapànni *sm* Kleiderständer *m*
attaccàre *vt* (*fissare*) befestigen, ankleben (*con la colla*) ◇ (*assalire*) angreifen ◆ *vi* (*essere adesivo*) kleben, haften ◇ (*iniziare un attacco*) angreifen ◆ *vpr* haften, kleben ◇ (*fig*) sich anklammern
attaccatùtto *sm* Alleskleber *m*
attàcco *sm* (*giunzione*) Verbindung *f*, Bindung *f* (*degli sci*) ◇ (*mil*) Angriff *m* ◇ (*sport*) Sturm *m* ◇ (*med*) Anfall *m*
atteggiaménto *sm* Verhalten *n*
atteggiàrsi *vpr* sich gebärden (*als + acc*)
attempàto *a* bejahrt
attendàrsi *vpr* die Zelte aufschlagen
attèndere *vt/pr* erwarten, warten (*auf + acc*)

attentàre *vi* einen Anschlag verüben *(auf + acc)*
attentàto *sm* Attentat *n*, Anschlag *m*
attentatóre *sm* Attentäter *m*
attènti *sm (mil)* Stillgestanden *n*
attènto *a* aufmerksam ◆ *inter* Achtung ● *attenti al cane* Vorsicht, bissiger Hund
attenuànte *sf (dir)* mildernder Umstand *m*
attenuàre *vt* abschwächen, mildern
attenzióne *sf* Aufmerksamkeit *f* ◇ *(comm)* Beachtung *f* ● *alla cortese a. di...* zu Händen von... *(+ dat)*; *a.!* Achtung!; *fare a. a qc* auf etwas Acht geben
atterràggio *sm* Landung *f*
atterràre *vi* landen
attésa *sf (atto)* Warten *n* ◇ *(periodo)* Wartezeit *f* ◇ *(stato d'animo)* Erwartung *f* ● *essere in a. di qn* auf jemanden warten; *sala d'a.* Wartesaal *m*
attéso *a* erwartet, erwünscht *(desiderato)*
attestàre *vt (certificare)* bescheinigen
attestàto *sm* Bescheinigung *f*
attìguo *a* angrenzend, Neben-
àttimo *sm* Augenblick *m* ● *in un a.* im Nu
attinènte *a* zugehörig
attinènza *sf* Beziehung *f*
attiràre *vt* anziehen ◇ *(fig)* verlocken ◆ *vpr* sich zuziehen

attivàre *vt* betätigen ◇ *(tel)* freischalten
attivazióne *sf* Betätigung *f* ◇ *(tel)* Freischaltung *f*
attività *sf (lavoro, occupazione)* Tätigkeit *f* ◇ *(funzionamento)* Betrieb *m*
attìvo *a* tätig, aktiv ◇ *(gramm)* aktiv ◆ *sm (comm)* Aktivum *n* ● *essere in a. (fin)* Gewinn aufweisen
àtto *sm (gesto)* Gebärde *f*, Handlung *f* ◇ *(documento)* Urkunde *f* ◇ *(manifestazione)* Akt *m* ● *prendere a. di qc* etwas zur Kenntnis nehmen
attóre *sm* Schauspieler *m*
attraccàre *vt/i (naut)* anlegen
attràcco *sm (manovra)* Anlegen *n* ◇ *(luogo)* Anlegestelle *f*
attraènte *a (cosa)* anziehend, verlockend *(proposta)* ◇ *(persona)* attraktiv
attràrre *vt* anziehen ◇ *(allettare)* verlocken
attrattìva *sf* Reiz *m*, Anziehungskraft *f*
attraversaménto *sm (l'attraversare)* Überqueren *n* ◇ *(incrocio)* Kreuzung *f* ● *a. pedonale* Fußgängerübergang *m*
attraversàre *vt* überqueren
attravèrso *avv* quer über, quer durch ◆ *prep* durch *(+ acc)*
attrazióne *sf* Anziehung *f*
attrezzàre *vt* einrichten, ausrüsten
attrezzatùra *sf* Ausstattung *f*
attrézzo *sm* Werkzeug *n*, Gerät *n*

attribuire 346

◊ *(per la ginnastica)* Turngerät *n*
attribuìre *vt* zuschreiben
attribùto *sm (qualità)* Merkmal *n*, Attribut *n* ◊ *(gramm)* Attribut *n*
attribuzióne *sf* Zuschreibung *f*
attrìce *sf* Schauspielerin *f*
attrìto *sm (fis)* Reibung *f* ◊ *(fig)* Reiberei *f*
attuàle *a* aktuell
attualità *sf* Aktualität *f*
attuàre *vt* verwirklichen
audàce *a (coraggioso)* kühn, mutig ◊ *(provocante)* frech
audàcia *sf (coraggio)* Kühnheit *f*, Mut *m* ◊ *(insolenza)* Frechheit *f*
àudio *sm (tel)* Ton *m*
audioguìda *sf* Audioführer *m*
audiovisìvo *a* audiovisuell
auguràre *vt* wünschen
augùrio *sm* Glückwunsch *m* ◊ **tanti auguri!** herzliche Glückwünsche!
àula *sf* Saal *m*, Aula *f* ◊ *(di scuola)* Klassenzimmer *n*
àulico *a* gehoben
aumentàre *vt* vermehren, steigern, erhöhen *(prezzo e sim)* ◊ *(fig)* verstärken ♦ *vi* zunehmen, steigen
auménto *sm* Erhöhung *f* ◊ *(fig)* Zunahme *f* ● *essere in a.* zunehmen
àureo *a* golden, Gold-
auréola *sf* Heiligenschein *m*
auricolàre *sm* Ohrhörer *m*
auròra *sf* Morgenrot *n*

ausiliàre *a* Hilfs- ♦ *sm* Helfer *m* ◊ *(gramm)* Hilfverb *n*
auspicàre *vt/pr* wünschen
auspìcio *sm (desiderio)* Wunsch *m* ◊ *(patrocinio)* Schirmherrschaft *f*
austerità *sf* Strenge *f*
austèro *a* streng, einfach
austràle *a* südlich, Süd-
australiàno *a* australisch ♦ *sm* Australier *m*
austrìaco *a* österreichisch ♦ *sm* Österreicher *m*
autenticàre *vt* beglaubigen
autèntico *a* echt, authentisch
autìsta *sm* Fahrer *m*, Chauffeur *m*
àuto *sf* Auto *n* ◊ *a. elettrica* Elektroauto *n*, E-Auto *n*
autoadesìvo *a* selbsthaftend
autobiografìa *sf* Autobiographie, Autobiografie *f*
autobótte *sf* Tankwagen *m*
àutobus *sm* Autobus *m*
autocàrro *sm* Lastkraftwagen *m*
autocontròllo *sm* Selbstbeherrschung *f*
autòctono *a* autochthon, eingeboren ♦ *sm* Ureinwohner *m*
autodidàtta *sm* Autodidakt *m*
autodifésa *sf* Selbstverteidigung *f*
autòdromo *sm* Autorennbahn *f*
autogòl *sm (sport)* Eigentor *n*
autògrafo *a* eigenhändig geschrieben ♦ *sm (lett)* Autograph *n* ◊ *(firma)* Autogramm *n*
autogrill *sm* Autobahnraststätte *f*, Raststätte *f*
autogrù *sf* Abschleppwagen *m*

autoinstallànte *a* (*inform*) selbstinstallierend
automàtico *a* automatisch
automedicazióne *sf* (*med*) Selbstmedikation *f*, Selbstbehandlung *f*
automòbile *sf* Auto *n*, Wagen *m*
automobilismo *sm* (*sport*) Motorsport *m*
automobilista *sm* Autofahrer *m*
automobilìstico *a* Auto-
autonoléggio *sm* Autovermietung *f*
autonomìa *sf* Selbstständigkeit, Selbständigkeit *f*, Autonomie *f* ◇ (*tel*) (*di conversazione*) Dauergesprächszeit *f*
autònomo *a* autonom, selbstständig, selbständig
autopsìa *sf* (*med*) Obduktion *f*
autoràdio *sf* Autoradio *n*
autóre *sm* (*lett*) Autor *m* ◇ (*arte*) Künstler *m* ◇ (*di canzoni*) Schlagerkomponist *m* ◇ (*esecutore*) Urheber *m*, Täter *m* (*di crimine*)
autoreggènti *sf pl* (*abb*) (*calze*) halterlose Strümpfe *pl*
autoreverse *sm* Autoreverse *m*
autorévole *a* angesehen
auto(ri)càmbio *sm* (*aut*) (*pezzo*) Autoersatzteil *n*
autoricàrica *sf* (*tel*) Selbstaufladung *f*
autoriméssa *sf* (Auto)garage *f*
autorità *sf* Gewalt *f*, Autorität *f* ◇ (*persona*) Behörde *f*, Autorität *f*
autoritàrio *a* autoritär
autoritràtto *sm* Selbstbildnis *n*

autorizzàre *vt* genehmigen, bewilligen
autorizzazióne *sf* Genehmigung *f*, Bewilligung *f*
autoscàtto *sm* Selbstauslöser *m*
autoscuòla *sf* Fahrschule *f*
autostòp *sm* Trampen *n* ● *fare l'a.* per Anhalter fahren, trampen
autostoppista *sm* Anhalter *m*
autostràda *sf* Autobahn *f* ● *a. dell'informazione* (*inform*) Datenautobahn *f*, Datenhighway *m*
autostradàle *a* Autobahn-
autosufficiènte *a* selbstgenügsam
autotrasfusióne *sf* (*med*) Eigenbluttransfusion *f*
autotrèno *sm* Lastzug *m*
autovèlox *sm* Radargerät *n* zur Geschwindigkeitskontrolle
autùnno *sm* Herbst *m*
avambràccio *sm* (*anat*) Unterarm *m*
avampósto *sm* Vorposten *m*
avanguàrdia *sf* (*mil*) Vorhut *f* ◇ (*fig*) Avantgarde *f*
avànti *avv* (*stato in luogo*) vorn ◇ (*moto*) näher ◇ (*avvicinamento*), voraus (*allontanamento*) ◇ (*tempo*) vor ◆ *inter* herein! ● *andare a.* vorgehen; *d'ora in a.* von jetzt an; *farsi avanti* vortreten
avantrèno *sm* Vordergestell *n*
avanzaménto *sm* (*progresso*) Fortschritt *m* ◇ (*promozione*) Beförderung *f*
avanzàre *vi* (*andare avanti*) vorangehen ◇ (*fig*) (*progredire*)

avanzata 348

vorwärtskommen ◇ (*rimanere come resto*) übrig bleiben ◆ *vt* (*promuovere*) befördern ◇ (*fig*) (*proporre*) aufwerfen
avanzàta *sf* Vorrücken *n* ◇ (*mil*) Vormarsch *m*
avànzo *sm* Rest *m*, Überschuss *m* (*di cassa*)
avarìa *sf* Schaden *m* ◇ (*naut*) Havarie *f*
avariàto *a* beschädigt
avarìzia *sf* Geiz *m*
avàro *a* geizig
avéna *sf* (*bot*) Hafer *m*
avére *vt* haben ◆ *sm* (*patrimonio*) Vermögen *n* ◇ (*comm*) (*credito*) Guthaben *n*
aviatóre *sm* Flieger *m*
aviazióne *sf* Luftfahrt *f* ◇ (*mil*) Luftwaffe *f*
avicoltùra *sf* Geflügelzucht *f*
avidità *sf* Gier *f*
àvido *a* (be)gierig (*nach + dat*)
àvo *sm* Ahn *m*
avocàdo *sm* (*bot*) Avocado *f*
avòrio *sm* Elfenbein *n*
avvallaménto *sm* Senkung *f*
avvantaggiàre *vt* bevorteilen
avvelenaménto *sm* Vergiftung *f*
avvelenàre *vt* vergiften
avveniménto *sm* Ereignis *n*
avvenire (1) *vi* geschehen, passieren
avvenire (2) *sm* Zukunft *f*
avvenirìstico *a* Zukunfts-
avvènto *sm* Anbruch *m* ◇ (*relig*) Advent *m*
avventùra *sf* Abenteuer *n*
avventurièro *sm* Abenteurer *m*
avventuróso *a* abenteuerlich

avveràrsi *vpr* eintreffen, sich bewahrheiten
avverbiàle *a* adverbial
avvèrbio *sm* Adverb *n*, Umstandswort *n*
avversàre *vt* anfechten
avversàrio *a* gegnerisch ◆ *sm* Gegner *m*
avversióne *sf* Widerwille *m*, Abneigung *f*
avversità *sf* Missgeschick *n*, Widrigkeit *f*
avvertènza *sf* (*avviso*) Hinweis *m* ◇ (*pl*) (Gebrauchs)anweisung *f*
avvertiménto *sm* Benachrichtigung *f*, Hinweis *m*
avvertire *vt* (*avvisare*) hinweisen, Bescheid sagen ◇ (*ammonire*) warnen ◇ (*percepire*) empfinden
avviaménto *sm* (*inizio*) Einleitung *f* ◇ (*tecn*) Anlassen *n* ◆ *motorino d'a.* (*aut*) Anlasser *m*
avviàre *vt* (*mettere in cammino*) leiten ◇ (*fig*) (*indirizzare*) hinführen ◇ (*tecn*) anlassen ◇ (*dare inizio*) einleiten ◆ *vpr* (*incamminarsi*) sich auf den Weg machen
avvicinaménto *sm* Annäherung *f*
avvicinàre *vt* nähern ◆ *vpr* sich nähern ◇ (*essere simile*) näherkommen
avvìncere *vt* fesseln
avvìo *sm* Beginn *m*
avvisàre *vt* (*informare*) benachrichtigen ◇ (*ammonire*) warnen
avvìso *sm* (*notizia*) Nachricht *f*,

Meldung f ◇ (sul giornale) Anzeige f ◇ (ammonimento, consiglio) Warnung f, Hinweis m ◇ (opinione, parere) Ansicht f, Meinung f ● **a. di chiamata** (tel) Anklopfton m
avvistaménto sm Sichtung f
avvistàre vt sichten
avvitaménto sm (di vite) Anschrauben n ◇ (aer, sport) Schraube f
avvitàre vt schrauben, anschrauben
avvocàto sm Rechtsanwalt m
avvòlgere vt (ein)wickeln
avvolgiménto sm Umwicklung f
avvoltóio sm (zool) Geier m
azalèa sf (bot) Azalee f
aziènda sf Betrieb m, Firma f ●

a. di soggiorno Fremdenverkehrsbüro n
aziendàle a Betriebs-
azionàre vt betätigen
azionàrio a (fin) Aktien-
azióne sf (l'agire) Tat f, Aktion f ◇ (funzionamento) Wirkung f ◇ (lett) Handlung f ◇ (fin) Aktie f
azionìsta sm (fin) Aktionär m
azòto sm (chim) Stickstoff m
azzardàre vt wagen
azzàrdo sm Wagnis n, Risiko n ● **giocatore d'a.** Glücksspieler m; **gioco d'a.** Hasardspiel n
azzeccàre vt treffen ◇ (fig) erraten
azzeraménto sm Null(ein)stellung f
azzeràre vt auf Null (ein)stellen
azzùrro a (himmel)blau

B

bàbbo sm Papa m, Vati m
baby-sitter sf/m Babysitter m
bacàto a wurmstichig
bàcca sf Beere f
baccalà sm Stockfisch m
baccàno sm Heidenlärm m, Krach m ● **fare b.** lärmen
baccèllo sm Hülse f
bacchétta sf Stab m ◇ (mus) Taktstock m
bachèca sf Schaukasten m
baciàre vt küssen
bacìllo sm Bazillus m

bacìno sm (anat, geogr) Becken n ◇ (artificiale) Staubecken n
bàcio sm Kuss m
bàco sm Made f, Wurm m
badàre vi (accudire) sich kümmern (um + acc), besorgen (+ acc) ◇ (fare attenzione) achten (auf + acc), sich vorsehen (vor + dat)
badìle sm Schaufel f
bàffo sm Schnurrbart m
bagagliàio sm (aut) Kofferraum m
bagàglio sm Gepäck n

bagarino sm Schwarzhändler m mit Eintrittskarten
bagnànte sm/f Badende m/f
bagnàre vt nass machen, eintauchen ◇ (annaffiare) gießen ♦ vpr nass werden
bagnasciùga sf Strandlinie f
bagnàto a nass ♦ sm Nasse n
bagnìno sm Bademeister m
bàgno sm Bad n ● a b. eingeweicht; mettere a b. einweichen
bagnomarìa sm Wasserbad n ● cuocere a b. im Wasserbad kochen
bagnoschiùma sm Schaumbad n
bàia sf (geogr) Bucht f
baionétta sf Bajonett n
bàita sf (Berg)hütte f
balaùstra sf (arch) Brüstung f, Balustrade f
balbettaménto sm Stottern n
balbettàre vi stottern, stammeln
balbùzie sf Stottern n
balconàta sf (arch) Balkon m ◇ (teat) Rang m
balcóne sm Balkon m
baldacchìno sm Baldachin m ● letto a b. Himmelbett n
baldòria sf Ausgelassenheit f ● fare b. es hoch hergehen lassen
balèna sf (zool) Wal m
balenièra sf Walfangschiff n
balèno sm Blitz m ● in un b. blitzschnell
balèstra sf (arma) Armbrust f ◇ (aut) Blattfeder f
bàlia sf Amme f

ballàre vt/i tanzen
ballerìno sm Tänzer m
ballétto sm Ballett n
bàllo sm Tanz m
balneàre a Bade-
balórdo a dumm, blöd
bàlsamico a balsamisch
bàlsamo sm Balsam m
baluàrdo sm Bollwerk n
bàlza sf Steilwand f, Absturz m ◇ (abb) Volant m
balzàre vi (hoch)springen ● b. agli occhi in die Augen springen
bàlzo sm Sprung m
bambìno sm Kind n
bàmbola sf Puppe f
banàle a banal
banalità sf Banalität f
banàna sf (bot) Banane f
bànca sf Bank f ● b. centrale Zentralbank f; b. dati (inform) Datenbank f; b. telematica (inform) Telebank f
bancarèlla sf Verkaufsstand m
bancàrio a Bank- ♦ sm Bankangestellte m/f
bancaròtta sf Bankrott m
banchétto sm Bankett n, Festmahl n
banchière sm Bankier m
banchìna sf (naut) Kai m ◇ (ferr) Bahnsteig m ◇ (della strada) Randstreifen m, Bankett n
banchìsa sf Packeis n
bànco sm Bank f, Sitzbank f
bàncomat sm Geldautomat m
banconòta sf Banknote f
bànda (1) sf Streifen m, Band n
bànda (2) sf (gruppo) Rotte f,

Bande f (di delinquenti) ◊ (musicale) Kapelle f
banderuòla sf Windfahne f
bandièra sf Fahne f
bandìre vt verkünden ◊ (esiliare) verbannen ● **b. un concorso** einen Wettbewerb ausschreiben
banditìsmo sm Banditentum n
bandìto sm Räuber m, Bandit m
bàndo sm Ausschreibung f ◊ (esilio) Verbannung f ● **b. di concorso** Ausschreibung f eines Wettbewerbes; *mettere al b.* verbannen
baobàb sm (bot) Baobab m
bar sm Bar f
bàra sf Sarg m
baràcca sf Baracke f
baràre vi falsch spielen
bàratro sm Abgrund m
barattàre vt tauschen
baràtto sm Tausch m
baràttolo sm Dose f, Büchse f, Glas n (di vetro)
bàrba sf Bart m ● *avere la b.* einen Bart tragen; *farsi crescere la b.* sich den Bart wachsen lassen; *farsi la b.* sich rasieren
barbabiètola sf (bot) Rübe f
bàrbaro a barbarisch ◆ sm Barbar m
barbière sm Friseur m
barbitùrico sm Barbiturat n, Schlafmittel n (sonnifero)
barbóne sm (accattone) Landstreicher m, Penner m
barbóso a (fam) langweilig
barbùto a bärtig
bàrca sf Boot n, Kahn m ● **b. a vela** Segelboot n; **b. a motore** Motorboot n
barcaiòlo sm Bootsführer m, Schiffer m
barcollàre vi taumeln, torkeln
barèlla sf Tragbahre f
baricèntro sm Schwerpunkt m
barìle sm Fass m
bàrio sm (chim) Barium n
barìsta sm/f Barmann m
barìtono sm (mus) Bariton m
baròcco a barock ◆ sm Barock m
baròmetro sm Barometer n
baróne sm Baron m
bàrra sf (sbarra) Stange f ◊ (asta) Stab m ◊ (segno grafico) Strich m
barricàrsi vpr sich verbarrikadieren
barricàta sf Barrikade f
barrièra sf Barriere f, Sperre f
barzellétta sf Witz m
basaménto sm Grundfläche f, Sockel m (di statua)
basàre vt (be)gründen ◊ (fig) stützen ◆ vpr sich stützen (auf + acc)
bàsco a baskisch ◆ sm (abitante) Baske m ◊ (berretto) Baskenmütze f
bàse sf Sockel m, Fuß m ◊ (geom) Grundlinie f (di figura solida), Grundfläche f (di solido) ◊ (chim) Base f
basétte sf pl Koteletten pl
basilàre a grundsätzlich, Grund-
basìlica sf Basilika f
basìlico sm (bot) Basilikum n

bassézza sf Kleinsein n ◇ (viltà) Gemeinheit f
bàsso a niedrig ◇ (piccolo) klein ♦ avv tief, niedrig ♦ sm unterer Teil m ◇ (mus) (strumento) Bass m ◇ (mus) (cantante) Bassist m ● *a bassa voce* leise
bassofóndo sm (naut) Untiefe f ◇ (pl) (fig) Unterwelt f sing
bassorilièvo sm (arte) Flachrelief n
bassòtto sm (zool) Dackel m
bàsta inter genug, Schluss
bastàrdo a unehelich ◇ (zool) nicht rasserein ♦ sm Bastard m ◇ (zool) Mischling m
bastàre vi genügen, reichen
bastiménto sm (Last)schiff n
bastióne sm Bastion f
bastonàre vt (ver)prügeln
bastonàta sf Stockhieb m
bastóne sm Stock m
batòsta sf Schlag m, (sconfitta) (fam) Schlappe f
battàglia sf Schlacht f, Kampf m
battaglièro a kämpferisch
battaglióne sm (mil) Bataillon n
battellière sm Bootsführer m, Schiffer m
battèllo sm Kahn m, Dampfer m
battènte sm (anta) Türe f ◇ (di porta) Türflügel m ◇ (di finestra) Fensterflügel m
bàttere vt/i schlagen, klopfen (col battipanni), hämmern (col martello) ◇ (urtare) stoßen ♦ vpr sich schlagen
batteria sf (el, mecc) Batterie f ◇ (mus) Schlagzeug n ◇ (insieme di oggetti) Satz m ◇ (tel) Akkumulator m, Akku m ● *b. al litio* Lithiumbatterie f
battèrio sm Bakterie f
batteriologìa sf Bakteriologie f
batteriòlogo sm Bakteriologe m
batterìsta sm (mus) Schlagzeuger m
battesimàle a Tauf-
battésimo sm Taufe f
battezzàndo sm Täufling m
battezzàre vt taufen
battibécco sm Wortstreit m
batticuòre sm Herzklopfen n
battistèro sm Taufkapelle f
battistràda sm (Reifen)profil n
bàttito sm Schlagen n, Schlag m
battitóre sm Schläger m
battitùra sf Schlagen n ◇ (scrittura a macchina) Tippen n
battùta sf (colpo) Schlag m ◇ (sport) Aufschlag m ◇ (di caccia) Treibjagd f ◇ (in tipografia) Anschlag m ◇ (frase spiritosa) witzige Bemerkung f
battùto a geschlagen
batùffolo sm Bausch m
baùle sm Reisekoffer m ◇ (aut) Kofferraum m
bàva sf Geifer m
bavàglio sm Knebel m
bàvero sm Kragen m
bavóso a geifernd
beatificàre vt (relig) selig sprechen
beatificazióne sf Seligsprechung f
beatitùdine sf Seligkeit f
beàto a selig ♦ sm Selige m/f

beauty case *sm* Kosmetikkoffer *m*, Beautycase *m*
beccàre *vt* (auf)picken ◇ *(fam) (sorprendere)* erwischen ◇ *(fam) (prendere)* bekommen
beccàta *sf* Schnabelhieb *m*
bécco (1) *sm* Schnabel *m*
bécco (2) *sm* *(zool)* Bock *m*
beduìno *a* beduinisch ◆ *sm* Beduine *m*
befàna *sf* Befana *f* ◇ *(festa)* Dreikönigsfest *n*
bèffa *sf* Streich *m*, Posse *f* ● *farsi beffe di qn* sich über jemanden lustig machen
beffàrdo *a* spöttisch
beffàre *vt* verspotten ◆ *vpr* sich lustig machen *(über + acc)*
bèlga *a* belgisch ◆ *sm* Belgier *m*
bèlla *sf (bella copia)* Reinschrift *f* ● *in b.* in Reinschrift
bellétto *sm* Schminke *f* ● *darsi il b.* sich schminken
bellézza *sf* Schönheit *f*
bèllico *a* Kriegs-
bèllo *a* schön ◆ *sm* Schöne *n*
bélva *sf* Raubtier *n*
belvedére *sm* Aussichtspunkt *m*
bemòlle *sm* *(mus)* Erniedrigungszeichen *n*, B *n*
benché *cong* obwohl, obgleich
bènda *sf* Binde *f*
bendàggio *sm* Verband *m*
bendàre *vt* verbinden ◇ *(una ferita)* umwickeln
bendatùra *sf (fasciatura)* Verband *m*
bène *sm* Gut(e) *n* ◇ *(affetto)* Liebe *f* ◇ *(pl) (averi)* Vermögen *n*, Güter *pl* ◆ *avv* gut ◇ *(rafforzativo)* sehr, ganz
benedétto *a* gesegnet, Weih-
benedìre *vt* segnen
benedizióne *sf* Segnung *f*, Segen *m*
benefattóre *sm* Wohltäter *m*
beneficènza *sf* Wohltätigkeit *f*
beneficiàre *vi* empfangen *(+ acc)*, genießen *(+ acc)*
benefìcio *sm* Wohltat *f* ◇ *(vantaggio)* Vorteil *m*
benèfico *a* wohltätig
benèssere *sm* Wohlbefinden *n* ◇ *(agiatezza)* Wohlstand *m*
benestànte *sm/f* Wohlhabende *m/f*
benestàre *sm* Billigung *f*
benèvolo *a* wohlwollend
bènna *sf (mecc)* Baggergreifer *m*
benvenùto *a* willkommen
benzìna *sf* Benzin *n* ● *fare b.* tanken
benzinàio *sm* Tankwart *m*
bèrbero *a* berberisch ◆ *sm* Berber *m*
bére *vt* trinken
berlìna *sf (aut)* Limousine *f*
berrétto *sm* Mütze *f*
bersàglio *sm* Schießscheibe *f*
besciamèlla *sf (cuc)* Béchamelsoße *f*
bestémmia *sf* Fluch *m*
bestemmiàre *vt* fluchen, (Gott) lästern
béstia *sf* Tier *n*
bestiàle *a* tierisch
bestiàme *sm* Vieh *n*
betabloccànte *sm* *(med)* Betablocker *m*

betonièra sf Betonmischmaschine f
betùlla sf (bot) Birke f
bevànda sf Getränk n
bevitóre sm Trinker m
bevùta sf Trinkgelage n
biancherìa sf Wäsche f ◊ (articoli di vestiario) Weißwaren pl ● **b. intima** Unterwäsche f
biànco a weiß
bìbbia sf Bibel f
biberón sm Milchfläschchen n
bìbita sf Getränk n
bìblico a biblisch
bibliografìa sf Bibliographie, Bibliografie f
bibliògrafo sm Bibliograph, Bibliograf m
bibliotèca sf Bibliothek f
bibliotecàrio sm Bibliothekar m
bicarbonàto sm (chim) Bikarbonat n
bicchière sm Glas n ● **un b. di vino** ein Glas Wein
biciclétta sf Fahrrad n
bicolóre a zweifarbig
bidè sm Bidet n
bidèllo sm Hausmeister m
bidóne sm Kanister m ◊ (fam) (imbroglio) Schwindel m
bièlla sf (mecc) Pleuelstange f
biennàle a (che dura due anni) zweijährig ◊ (che accade ogni due anni) zweijährlich ◆ sf Biennale f
biètola sf (bot) Mangold m
bìfora sf zweibogiges Fenster n
biforcàrsi vpr abzweigen, sich gabeln
biforcazióne sf Abzweigung f

biforcùto a gegabelt ● **lingua biforcuta** gespaltene Zunge f
bigamìa sf Bigamie f
bìgamo sm Bigamist m
bighellonàre vi bummeln
bigiotterìa sf Bijouterie f, Modeschmuck m
biglietterìa sf Fahrkartenschalter m ◊ (di teatro e sim) Kasse f
bigliétto sm Karte f ◊ (di viaggio) Fahrkarte f ◊ (d'ingresso) Eintrittskarte f
bignè sm (cuc) Eclair n
bigodìno sm Lockenwickler m
bigòtto sm Frömmler m
bilància sf Waage f (anche astr)
bilanciaménto sm (mecc) Ausgleich m
bilanciàre vt balancieren ◊ (mecc) ausgleichen
bilàncio sm Bilanz f
bìle sf Galle f
bìlia sf Kugel f
biliàrdo sm Billard n
biliàre a Gallen-
bilìngue a zweisprachig
bìmbo sm Kind n
bimestràle a (che dura due mesi) zweimonatig ◊ (che ricorre ogni due mesi) zweimonatlich
bimèstre sm Zeitraum m von zwei Monaten
bimotóre a zweimotorig ◆ sm Flugzeug n mit zwei Motoren
binàrio a binär ◆ sm Gleis n
binòcolo sm Fernglas n
biocarburànte sm (aut) Biokraftstoff m
biodegradàbile a biologisch abbaubar

biodìesel *sm* (*aut*) Biodiesel *m*
biografìa *sf* Biographie, Biografie *f*
biògrafo *sm* Biograph, Biograf *m*
biologìa *sf* Biologie *f*
biòlogo *sm* Biologe *m*
biòndo *a* blond
bioritmo *sm* Biorhythmus *m*
biotecnologìa *sf* (*biol*) Biotechnologie *f*
birillo *sm* Kegel *m* ◆ *giocare ai birilli* kegeln
bìro *sf* Kugelschreiber *m*
birra *sf* Bier *n*
birrerìa *sf* Bierstube *f*, Bierlokal *n* ◊ (*fabbrica*) Brauerei *f*
bisbigliàre *vt* flüstern
bisbiglio *sm* Flüstern *n*
biscia *sf* (*zool*) Natter *f*
biscòtto *sm* Keks *m/n*
bisestìle *a* **anno b.** Schaltjahr *n*
bisnònna *sf* Urgroßmutter *f*
bisnònno *sm* Urgroßvater *m*
bisognàre *vimp* (*essere necessario*) notwendig sein ◊ (*essere conveniente*) dürfen, sollen
bisógno *sm* (*fabbisogno*) Bedarf *m* ◊ (*necessità*) Notwendigkeit *f*, Bedürfnis *n* ◊ (*mancanza*) Mangel *m* ◆ *avere b. di qc* etwas brauchen; *esserci b.* notwendig sein
bisognóso *a* bedürftig ◊ (*povero*) Not leidend
bisónte *sm* (*zool*) Wisent *m*
bistécca *sf* Steak *n*
bisticciàre *vi* zanken, streiten
bisturi *sm* (*med*) Skalpell *n*
bit *sm* (*inform*) Bit *n*

bivio *sm* Abzweigung *f*
bizantìno *a* byzantinisch ◆ *sm* Byzantiner *m*
bizzarrìa *sf* Wunderlichkeit *f*
bizzàrro *a* sonderlich, sonderbar
blasfèmo *a* blasphemisch, lästerlich
blindàre *vt* panzern
blinker *sm* (*aut*) Warnblinkanlage *f*
bloccàre *vt* (*ostruire*) sperren ◊ (*fermare*) stoppen ◊ (*fissare*) festmachen ◆ *vpr* anhalten, sich verklemmen
bloccastèrzo *sm* (*aut*) Lenkradschloss *n*
blòcco (1) *sm* (*masso*) Block *m*
blòcco (2) *sm* (*bloccaggio*) Block *m* ◊ (*arresto*) Sperre *f*, Stopp *m* ◆ *b. della circolazione* Fahrverbot *n*, Verkehrsstopp *m*
bloc-notes *sm* Notizblock *m*
blu *a* blau
bòa (1) *sf* (*naut*) Boje *f*
bòa (2) *sm* (*zool*) Boa *f*, Riesenschlange *f*
bòb *sm* (*sport*) Bob *m*
bócca *sf* (*di persona*) Mund *m* ◊ (*di animale*) Maul *n* ◊ (*apertura*) Öffnung *f*
boccàglio *sm* Mundstück *n*
boccàle *sm* Krug *m*, Humpen *m*
boccapòrto *sm* (*naut*) Luke *f*
boccàta *sf* Mundvoll *m* ◊ (*di sigaretta e sim*) Zug *m*
boccétta *sf* Fläschchen *n* ◊ (*di biliardo*) Stoßball *m*
bocchettóne *sm* Rohrstutzen *m*
bocchìno *sm* Zigarettenspitze *f*

bòccia sf Kugel f ◊ (pl) (gioco) Boccia n ♦ **giocare alle bocce** Boccia spielen
bocciàre vi (nel gioco delle bocce) auswerfen ◊ (a scuola) durchfallen lassen
bocciatùra sf (a scuola) Durchfallen n
boccìno sm Zielkugel f
bocciòdromo sm Boccia(spiel)platz m
bocciòlo sm Knospe f
boccóne sm Bissen m
boèmo a böhmisch ♦ sm Böhme m
bòia sm Henker m
boicottàggio sm Boykott m
boicottàre vt boykottieren
bólla (1) sf Blase f
bólla (2) sf (stor) Bulle f ◊ (comm) Schein m
bollènte a sehr heiß
bollétta sf Rechnung f ♦ **b. trasparente** (tel) detaillierte Telefonrechnung
bollettìno meteorològico sm (meteor) Wetterbericht m
bollìre vt/i kochen
bollìto (2) sm ♦ sm gekochtes Rindfleisch n
bóllo sm Stempel m ◊ (francobollo) Briefmarke f ◊ (fam) (aut) Kraftfahrzeugsteuer f
bòma sm (naut) Besanbaum m
bómba sf Bombe f
bombardaménto sm Bombardierung f, Beschuss m
bombardàre vt bombardieren, beschießen
bómbola sf (del gas) Gasflasche f ◊ (di ossigeno) Sauerstoffflasche f
bomboniéra sf Bonbon(n)iere f, Bonbonschachtel f
bonàccia sf (naut) Windstille f
bonìfica sf Urbarmachung f
bonificàre vt urbar machen
bonìfico sm (comm) Preisnachlass m ◊ (accreditamento) Gutschrift f
bontà sf Güte f
borbottàre vi brummen, knurren (di stomaco) ◊ (parlare in modo indistinto) murmeln ♦ vt murmeln
borbottìo sm Gebrumm n ◊ (parole indistinte) Gemurmel n
bórdo (1) sm Rand m ◊ (di stoffe) Saum m
bórdo (2) sm (aer, naut) Bord m ♦ **a b.** an Bord
boreàle a boreal, nördlich, Nord-
borgàta sf Vorort m
borghése a bürgerlich ◊ (civile) zivil ♦ sm Bürger m ♦ **in b.** in Zivil
borghesìa sf Bürgertum n, Bourgeoisie f
bórgo sm Dorf n
borotàlco sm Puder m, Talkpuder m
bórsa (1) sf Tasche f ♦ **b. di studio** Stipendium n
bórsa (2) sf (fin) Börse f
borseggiatóre sm Taschendieb m
borsellìno sm Geldbeutel m
borsétta sf Handtasche f
borsìsta sm (fin) Börsianer m ◊

britannico

(*chi percepisce una borsa di studio*) Stipendiat *m*
borsìstico *a* Börsen-
boscàglia *sf* Gehölz *n*, Buschwerk *n*
boscaiòlo *sm* Holzfäller *m*
boschìvo *a* waldig, Wald-
bòsco *sm* Wald *m*
boscóso *a* waldig
bosnìaco *a* bosnisch ♦ *sm* Bosnier *m*
botànica *sf* Botanik *f*
botànico *a* botanisch ♦ *sm* Botaniker *m*
bòtola *sf* Falltür *f*
bòtta *sf* (*percossa*) Schlag ◊ (*urto*) Stoß *m*
bótte *sf* Fass *n*
bottéga *sf* (*negozio*) Laden *m* ◊ (*laboratorio artigiano*) Werkstatt *f*
bottegàio *sm* Krämer *m*
botteghìno *sm* (*biglietteria*) Kasse *f*
bottìglia *sf* Flasche *f*
bottìno *sm* Beute *f*
bòtto *sm* Schlag *m*, Knall *m*
bottóne *sm* Knopf *m*
bovìno *a* Rinder- ♦ *sm* Rind *n*
box dòccia *sm* Duschkabine *f*
bòxe *sf* Boxen *n*
bozzétto *sm* Skizze *f*, Entwurf *m*
braccialétto *sm* Armband *n*
bracciànte *sm* Tagelöhner *m*
bracciàta *sf* Armvoll *m* ◊ (*nel vuoto*) Schwimmstoß *m*
bràccio *sm* (*anat*) Arm *m* ◊ (*mecc*) Ausleger *m*
bracciòlo *sm* Armlehne *f*

bracconàggio *sm* Wilddieberei *f*
bràce *sf* Glut *f* ● *alla b.* (*cuc*) auf Holzkohlengrill
brànca *sf* (*zool*) Kralle *f* ◊ (*fig*) (*settore*) Fach *n*, Gebiet *n*
brànchia *sf* (*zool*) Kieme *f*
brànco *sm* Rudel *n*, Schar *f*
brànda *sf* Feldbett *n*
branzìno *sm* (*zool*) Seebarsch *m*
brasàto *sm* (*cuc*) Schmorbraten *m*
brasiliàno *a* brasilianisch ♦ *sm* Brasilianer *m*
bràvo *a* tüchtig, fähig, gut ♦ *inter* Bravo!, ausgezeichnet!
bravùra *sf* (*abilità*) Geschicklichkeit *f*
break *sm* Pause *f*, Unterbrechung *f*
bretèlla *sf* Träger *m* ◊ (*pl*) Hosenträger *m*
brève *a/avv* kurz
brevettàre *vt* patentieren
brevétto *sm* Patent *n* ◊ (*aer*) Flugschein *m*, Pilotenschein *m*
breviàrio *sm* Brevier *n*
brevità *sf* Kürze *f*
briciola *sf* Krümel *m*, Krume *f*
brìglia *sf* Zügel *m*
brillànte *a* glänzend, leuchtend ◊ (*fig*) lebhaft ♦ *sm* Brillant *m*
brillàre *vi* glänzen, leuchten
brìna *sf* Reif *m*, Raureif *m* ● *è caduta la b.* es hat reifgebraust
brindàre *vi* anstoßen
brìndisi *sm* Toast *m*, Trinkspruch *m*
britànnico *a* britisch ♦ *sm* Brite *m*

brìvido sm (di freddo) Frösteln n ◊ (di febbre) Schüttelfrost m ◊ (di spavento) Schauder m

brizzolàto a (di capelli) graumeliert ◊ (di persona) leicht ergraut

bròcca sf Krug m, Kanne f

bròccolo sm (bot) Spargelkohl m, Brokkoli m

bròdo sm Brühe f

bròglio sm Umtrieb m ● *brogli elettorali* Wahlbetrug m

brónchi sm pl (anat) Bronchien pl

bronchìte sf (med) Bronchitis f

bróncio sm Schmollmund m ● *fare/tenere il b.* schmollen

brontolàre vi brummen, (fam) meckern ◊ (di stomaco) knurren

brónzo sm Bronze f

bruciàre vt/i brennen ♦ vpr sich verbrennen ◊ (cuocersi troppo) anbrennen

bruciatùra sf Brandwunde f

bruciòre sm Brennen n

brùco sm Raupe f

brughièra sf Heide f

brunch sm Brunch m

brùno a braun ◊ (di persona) brünett

brùsco a (di maniere e sim) schroff, rau ◊ (di sapore) herb ◊ (improvviso) scharf, plötzlich

brusìo sm Geräusch n, Rauschen n (di foglie) n ◊ (di voci) Geflüster n

brutàle a brutal

brutalità sf Brutalität f

brùto a (fig) roh, brutal ♦ sm (fig) Unmensch m

brùtta sf (brutta copia) Konzept n ● *in b.* ins Unreine

bruttézza sf Hässlichkeit f

brùtto a hässlich ♦ sm Hässliche n, Schlimme n

bùca sf Loch n ● *b. delle lettere* Briefkasten m

bucàre vt durchlöchern ♦ vi eine Reifenpanne haben ♦ vpr ein Loch bekommen

bucàto (1) a durchlöchert

bucàto (2) sm Wäsche f ● *fare il b.* waschen

bùccia sf Schale f

bùco sm Loch n

buddìsta a buddhistisch ♦ sm Buddhist m

budèlla sf pl (intestino) Eingeweide n

budìno sm (cuc) Pudding m

bùe sm (zool) Ochse m

bùfalo sm (zool) Büffel m

bufèra sf Sturm m

bùffo a komisch

buffonàta sf Narrenstreich m, Dummheit f

buffóne sm (stor) Hofnarr m ◊ (spregiativo) Hanswurst m

bugìa sf Lüge f ● *dire bugie* lügen

bugiàrdo a lügnerisch ♦ sm Lügner m

bugigàttolo sm Rumpelkammer f

bùio a dunkel, finster ♦ sm Dunkelheit f, Finsternis f

bùlbo sm (bot) Zwiebel f, Knolle f ● *b. oculare* (anat) Augapfel m

bùlgaro *a* bulgarisch ♦ *sm* Bulgare *m*
bulimìa *sf* (*med*) Bulimie *f*
bullóne *sm* Bolzen *m*
buonanòtte *inter* gute Nacht! ● *dare la b.* eine gute Nacht wünschen
buonaséra *inter* guten Abend!
buongiórno *inter* guten Morgen!
buongustàio *sm* Feinschmecker *m*
buongùsto *sm* (guter) Geschmack *m*
buòno (1) *a* gut
buòno (2) *sm* Gutschein *m* ● *b. del tesoro* (*fin*) Schatzanweisung *f*
buonsènso *sm* gesunder Menschenverstand *m*
burattìno *sm* Puppe *f*, Marionette *f* ◊ (*fig*) Hampelmann *m*
bùrla *sf* Scherz *m*, Spaß *m*
burlàre *vt* necken
burlésco *a* scherzhaft, spaßhaft
burlóne *sm* Spaßvogel *m*
buròcrate *sm* Bürokrat *m*
burocrazìa *sf* Bürokratie *f*
burràsca *sf* Sturm *m*
bùrro *sm* Butter *f*
burróne *sm* Abgrund *m*
bussàre *vi* klopfen ● *bussano!* es klopft!
bùssola *sf* Kompass *m*
bùsta *sf* (*per lettera*) Briefumschlag *m* ◊ (*borsa*) Tasche *f* ● *b. imbottita* Luftpolstertasche *f*
bustarèlla *sf* Schmiergeld *n*
bustìna *sf* (*confezione*) Tütchen *n* ● *b. di tè* Teebeutel *m*
bùsto *sm* (*anat*) Oberleib *m* ◊ (*arte*) Büste *f* ◊ (*abb*) Korsett *n*
buttafuòri *sm* Rausschmeißer *m*
buttàre *vt* (weg)werfen ♦ *vpr* (*lasciarsi cadere*) sich fallen lassen ◊ (*scagliarsi*) sich stürzen (*auf* + *acc*) ● *b. via* wegwerfen

C

cabìna *sf* Kabine *f* ● *c. armadio* begehbarer Kleiderschrank; *c. telefonica* Telefonzelle *f*
cabinovìa *sf* Kabinenbahn *f*
cablàre *vt* (*tecn*) verkabeln
cacào *sm* (*bot*) Kakaobaum *m* ◊ Kakao *m*
càccia *sf* Jagd *f* ● *andare a c.* auf die Jagd gehen
cacciagióne *sf* Wildbret *n*
cacciàre *vt* jagen ◊ (*scacciare*) wegjagen ♦ *vpr* (*ficcarsi*) sich drängen ◊ (*fam*) (*andare a finire*) bleiben
cacciatóre *sm* Jäger *m*
cacciavìte *sm* Schraubenzieher *m*
càchi *sm* (*bot*) (*albero*) Kakipflaume *f* ◊ (*frutto*) Kaki *m*
càctus *sm* (*bot*) Kaktus *m*

cadàvere *sm* Leiche *f*
cadavèrico *a* leichenhaft
cadènte *a* (*edificio*) baufällig
cadènza *sf* (*ling*) Tonfall *m* ◇ (*mus*) Rhythmus *m*, Kadenz *f*
cadére *vi* fallen ◇ (*crollare*) einstürzen
cadétto *a* jünger ♦ *sm* jüngerer Sohn *m*
cadùco *a* vergänglich
cadùta *sf* Fall *m* ◇ (*crollo*) Einsturz *m*
cadùto *a* gefallen ♦ *sm* (*mil*) Gefallene *m*
caffè *sm* (*bot*) Kaffeebaum *m* ◇ (*bevanda*) Kaffee *m* ◇ (*locale*) Café *n* ● *fare il c.* Kaffee kochen; *prendere il c.* Kaffee trinken
caffeìna *sf* Koffein *n*
caffellàtte *sm* Milchkaffee *m*
caffettièra *sf* Kaffeekanne *f* ◇ (*macchinetta*) Kaffeemaschine *f*
cagliàre *vi/pr* gerinnen
càglio *sm* Lab *n*
caimàno *sm* (*zool*) Kaiman *m*
càla *sf* Bucht *f*
calamàro *sm* (*zool*) Kalmar *m*
calamìta *sf* Magnet *m*
calamità *sf* Unheil *n*
calànte *a* abnehmend
calàre *vt* hinunterlassen, senken ◇ (*diminuire*) *vi* hinuntergehen, sinken ◇ (*dimagrire*) abnehmen
càlca *sf* Gedränge *n*
calcàgno *sm* Ferse *f*
calcàre (1) *vt* drücken, pressen ◇ (*disegnando*) durchpausen

calcàre (2) *sm* (*min*) Kalkstein *m*
calcàreo *a* kalkhaltig
càlce *sf* Kalk *m*
calcestrùzzo *sm* Beton *m*
calciàre *vt* (*sport*) schießen
calciatóre *sm* Fußballspieler *m*
càlcio (1) *sm* Fußtritt *m* ◇ (*sport*) (*colpo dato alla palla*) Stoß *m* ◇ (*gioco*) Fußball *m* ● *c. di rigore* Elfmeter *m*
càlcio (2) *sm* (*chim*) Kalzium *n*
calcìstico *a* Fußball-
càlco *sm* Abdruck *m*
calcolàre *vt* berechnen ◇ (*fig*) abwägen
calcolatóre *sm* Rechner *m*
calcolatrìce *sf* Rechenmaschine *f*
càlcolo (1) *sm* Rechnung *f*
càlcolo (2) *sm* (*med*) Stein *m*
caldàia *sf* Heizkessel *m* ● *c. murale* Wandheizkessel *m*
caldarròsta *sf* geröstete Kastanie *f*
càldo *a* warm, heiß ♦ *sm* Wärme *f*, Hitze *f* ● *fare c.* warm sein; *ho c.* mir ist warm
caleidoscòpio *sm* Kaleidoskop *n*
calendàrio *sm* Kalender *m*
calibràre *vt* kalibrieren
càlibro *sm* Kaliber *m*
càlice *sm* Kelch *m*
calìgine *sf* Dunst *m*
callifugo *sm* hornhauterweichendes Mittel *n*
calligrafìa *sf* Kalligraphie, Kalligrafie *f* ◇ (*grafia*) Handschrift *f*
callìsta *sm* Fußpfleger *m*

càllo sm (delle mani) Schwiele f ◊ (dei piedi) Hühnerauge n
càlma sf Ruhe f
calmànte sm (med) Beruhigungsmittel n
calmàre vt beruhigen ◊ (dolori e sim) stillen ♦ vpr ruhig werden, sich beruhigen ◊ (di dolori e sim) nachlassen
càlmo a ruhig
càlo sm (di prezzi) Rückgang m ◊ (di peso) Abnahme f, Schwund m ◊ (tecn) Abfall m
calóre sm Wärme f, Hitze f
caloría sf Kalorie f
calòrico a Kalorien-
calorífero sm Heizkörper m
caloróso a herzlich ◊ (insensibile al freddo) gegen Kälte unempfindlich ◊ (fig) hitzig, lebhaft
calpestàre vt zertreten
calpestío sm Getrampel n
calùnnia sf Verleumdung f
calunniàre vt verleumden
calunniatóre sm Verleumder m
calùra sf Hitze f
calvinísta sm (relig) Kalvinist m
calvízie sf Kahlheit f, Kahlköpfigkeit f
càlvo a kahl ♦ sm Glatzkopf m
càlza sf Strumpf m
calzànte a treffend, passend
calzàre vi anziehen
calzascàrpe sm Schuhlöffel m
calzatùra sf Schuhwerk n
calzettóne sm Kniestrumpf m
calzíno sm Socke f
calzolàio sm Schuhmacher m, Schuster m

calzóni sm pl Hose f sing
camaleónte sm (zool) Chamäleon m
cambiàle sf Wechsel m
cambiaménto sm Änderung f
cambiàre vt ändern ◊ (sostituire) (aus)wechseln ◊ (merce) umtauschen ◊ (denaro) wechseln ◊ (mezzo di trasporto) umsteigen ♦ vi (sich) ändern, verändern ♦ vpr (i vestiti) sich umziehen ◊ (c. marcia) (aut) schalten; c. treno umsteigen
cambiavalùte sm Geldwechsler m
càmbio sm Wechsel m ◊ (fin) Geldwechsel m, Wechselkurs m (tasso) ◊ (sostituzione) Auswechs(e)lung f ◊ (di merce) Umtausch m, (baratto) Tausch m ◊ (aut) Schaltung f ♦ darsi il c. sich ablösen
cambùsa sf (naut) Kombüse f
camèlia sf (bot) Kamelie f
càmera sf Zimmer n ♦ c. da letto Schlafzimmer n; c. d'aria Luftschlauch m; c. doppia Doppelzimmer n; c. singola Einzelzimmer n
cameràta sf Schlafsaal m
camerièra sf Kellnerin f ◊ (colf) Haushaltshilfe f
camerière sm Kellner m
camerino sm Garderobe f
càmice sm Kittel m
camicétta sf Bluse f
camícia sf (da uomo) Hemd n ◊ (da donna) Bluse f ♦ c. da notte Nachthemd n
camíno sm Kamin m

càmion *sm* Lastwagen *m*
camioncìno *sm* Lieferwagen *m*
camionìsta *sm* Lastwagenfahrer *m*
cammèllo *sm* (*zool*) Kamel *n*
camminàre *vi* gehen, laufen
camminàta *sf* (*andatura*) Gang *m* ◇ (*passeggiata*) Spaziergang *m*
cammìno *sm* (*percorso*) Weg *m*
camomìlla *sf* (*bot*) Kamille *f* ◇ (*infuso*) Kamillentee *m*
camòscio *sm* (*zool*) Gämsbock *m*, Gämse *f* ◇ (*pelle*) Wildleder *n*
campàgna *sf* Land *n* ◇ (*propaganda*) Kampagne *f* ● **abitare in c.** auf dem Lande leben
campagnòlo *a* Land-
campàna *sf* Glocke *f*
campanàrio *a* Glocken-
campanèllo *sm* Klingel *f*
campanìle *sm* Glockenturm *m*
campanilìsmo *sm* Lokalpatriotismus *m*
campàta *sf* (*edil*) Spannweite *f*
campeggiàre *vi* (*in campeggio*) zelten, campen
campeggiatóre *sm* Zelter *m*
campéggio *sm* Campingplatz *m*
campèstre *a* ländlich, Land-
campionàrio *sm* Musterkatalog *m*
campionàto *sm* Meisterschaft *f*
campióne *sm* (*sport*) Meister *m* ◇ (*comm*) (*modello*) Muster *n*
càmpo *sm* Feld *n* ◇ (*fig*) (*materia*) Gebiet *n* ◇ (*tel*) Funkbereich *m*, Mobilfunkbereich *m* ● **c. di concentramento** Konzentrationslager *n*; **c. sportivo** Sportplatz *m*; **c. da tennis** Tennisplatz *m*
camposànto *sm* Friedhof *m*
canàle *sm* Kanal *m*
canalizzàre *vt* kanalisieren
canalizzazióne *sf* Kanalisation *f*
cànapa *sf* (*bot*, *abb*) Hanf *m*
canarìno *sm* (*zool*) Kanarienvogel *m*
cancellàre *vt* (*su un foglio*) streichen (*con la penna*), ausradieren (*con la gomma*) ◇ (*fig*) auslöschen (*disdire*) absagen ◇ (*inform*) löschen
cancellàta *sf* Gitter *n*
cancellatùra *sf* Löschen *n* (*con la penna*) Streichen *n*, (*parte cancellata*) Streichung *f*
cancellazióne *sf* Löschen *n* (*estinzione*) Tilgung *f*
cancellerìa *sf* (*ufficio*) Kanzlei *f* ◇ (*insieme di articoli*) Schreibmaterial *n*
cancellière *sm* Kanzler *m*
cancèllo *sm* Gitter *n* ● **c. automatico** automatisches Tor
cancerògeno *a* Krebs erregend, krebserregend
cancrèna *sf* (*med*) Gangräne *f*
càncro *sm* (*astr*, *med*, *zool*) Krebs *m*
candeggiànte *sm* Bleichmittel *n*
candeggiàre *vt* bleichen
candéggio *sm* Bleichen *n*
candéla *sf* Kerze *f*
candelàbro *sm* Kandelaber *m*, Armleuchter *m*

candidàto sm Kandidat m
candidatùra sf Kandidatur f
candìre vt kandieren
candìto a kandiert ♦ sm kandierte Frucht f
càne sm Hund m
canèstro sm Korb m (anche sport)
cànfora sf (chim) Kampfer m
cangùro sm (zool) Känguru m
canìle sm (cuccia) Hundehütte f ◇ (allevamento) Hundezucht f
canìno a Hunde- ♦ sm (anat) Eckzahn m
cànna sf (bot) Rohr n ◇ (da pesca) Angelrute f ◇ (pop) Joint m ● *c. fumaria* Rauchfang m
cannèlla sf (cuc) Zimt m
cannéto sm Röhricht n
cannìbale sm Kannibale m
cannocchiàle sm Fernrohr n
cannonàta sf Kanonenschuss m
cannóne sm Kanone f
cannùccia sf (per bibita) Strohhalm m
canòa sf Kanu n
cànone sm (norma) Kanon ◇ (comm) Gebühr f
canònico a kanonisch
canonizzàre vt heilig sprechen
canonizzazióne sf Heiligsprechung f
canòro a Sing-
canottàggio sm Rudersport m
canottièra sf Unterhemd n
canòtto sm Schlauchboot n ● *c. di salvataggio* Rettungsboot n
cantànte sm Sänger m, Schlagersänger m (di musica leggera)

cantàre vi/t singen
cantastòrie sm Bänkelsänger m
cantautóre sm Liedermacher m
canticchiàre vt/i trällern
cantière sm (edil) Baustelle f ◇ (naut) Werft f
cantilèna sf Singsang m
cantìna sf Keller m
cànto sm Gesang m
cantonàta sf (errore) Schnitzer m
cantóne sm (angolo) Ecke f ◇ (della Svizzera) Kanton m
canzonàre vt verspotten, foppen
canzóne sf Lied n
càos sm Chaos m
caòtico a chaotisch
capàce a (in grado di) fähig ◇ (spazioso) weit ◇ (di contenitore) fassend
capacità sf (abilità) Fähigkeit f ◇ (di contenere) Fassungsvermögen n
capànna sf Hütte f
capannèllo sm kleine Menschenansammlung f
capannóne sm Schuppen m ◇ (di stabilimento) Werkhalle f
capàrra sf Anzahlung f
capeggiàre vt befehligen, anführen
capéllo sm Haar n ● *taglio di capelli* Haarschnitt m
capellóne sm Gammler m
capézzolo sm (anat) Brustwarze f
capiènte a geräumig
capiènza sf Fassungsvermögen n

capigliatùra sf Haar n
capillàre a kapillar ◇ (fig) engmaschig ♦ sm (anat) Kapillare f
capire vt verstehen, begreifen ♦ vpr sich verstehen
capitàle (1) sm (fin) Kapital n
capitàle (2) sf Hauptstadt f
capitalìsmo sm Kapitalismus m
capitanerìa sf (naut) Hafenamt n
capitàno sm (mil) Hauptmann m ◇ (naut) Kapitän m
capitàre vi (giungere) geraten, kommen ◇ (presentarsi) sich bieten ◇ (accadere) geschehen, passieren
capitèllo sm (arch) Kapitell n
capitolàre vi kapitulieren
capitolazióne sf Kapitulation f
capìtolo sm Kapitel n
capitómbolo sm Sturz m
càpo sm (anat) Haupt n, Kopf m ◇ (chi comanda) Führer m, Chef m ◇ (estremità) Ende n ◇ (geogr) Kap n
capodànno sm Neujahr n
capodòglio sm (zool) Pottwal m
capofamìglia sm/f Familienoberhaupt n
capogìro sm Schwindel m
capolavóro sm Meisterwerk n ◇ (opera principale) Hauptwerk n
capolìnea sm Endstation f
capoluògo sm Hauptort m ● *c. di provincia* Provinzhauptstadt f
caposcuòla sm Begründer m
capostazióne sm Bahnhofsvorsteher m
capostìpite sm Stammvater m
capotàvola sm (persona) wer am oberen Tischende sitzt ◇ (posto) Ehrenplatz m ● *sedere a c.* auf dem Ehrenplatz sitzen
capotrèno sm Zugführer m
capottàre vi sich überschlagen
capoufficio sm Chef m
capovòlgere vt umkehren ♦ vpr (um)kippen ◇ (naut) kentern
capovolgiménto sm Umkehrung f ◇ (fig) Umschwung m
càppa sf (abb) Umhang m, Cape n ◇ (del camino) Rauchfang m ◇ (della cucina) Saugkappe f
cappèlla sf Kapelle f
cappèllo sm Hut m ● *méttersi il c.* den Hut aufsetzen
càppero sm (bot) Kaper f
càppio sm Schlinge f
cappóne sm (zool) Kapaun m
cappòtto sm Mantel m
cappuccìno sm (cuc) Cappuccino m
cappùccio sm Kapuze f
càpra sf (zool) Ziege f
caprétto sm (zool) Böcklein n ◇ (pelle) Ziegenleder n
capriccio sm Laune f, Grille f ● *fare i capricci* bocken
capriccióso a launisch
caprìno a Ziegen-
capriòla sf Purzelbaum m
capriòlo sm (zool) Reh n
càpsula sf Kapsel f
caràffa sf Karaffe f
caramèlla sf Bonbon n
caràto sm Karat n
caràttere sm Charakter m ◇ (qualità) Eigenschaft f ◇ (lettera) Schriftzeichen n

caratterìstica sf Merkmal n, Eigenschaft f
caratterìstico a charakteristisch
carboidràto sm (chim) Kohle(n)hydrat n
carbóne sm (min) Kohle f
carbonìfero a kohlehaltig, Kohle(n)-
carbònio sm (chim) Kohlenstoff m
carbonizzàrsi vpr verkohlen
carburànte sm Brennstoff m, Treibstoff m
carburatóre sm (aut) Vergaser m
carburazióne sf (aut) Vergasung f
carceràre vt einsperren
carceràrio a Gefängnis-
carceràto a gefangen ◆ sm Gefangene m/f, Häftling m
carcerazióne sf Haft f
càrcere sm (luogo) Gefängnis n ◊ (pena) Gefängnisstrafe f
carcerière sm Gefängniswärter m
carciòfo sm (bot) Artischocke f
cardìaco a Herz-
cardinàle a hauptsächlich, Grund-, Haupt- ◆ sm (relig) Kardinal m
càrdine sm Angel f
cardiologìa sf Kardiologie f
cardiològico a kardiologisch
cardiòlogo sm Kardiologe m
cardiopatìa sf Kardiopathie f
cardiopàtico a herzkrank ◆ sm Herzkranke m/f
cardiovascolàre a Kreislauf-

càrdo sm (bot) Distel f
carèna sf (naut) Unterwasserschiff n ◊ (aer) Rumpf m
carenàggio sm (naut) Kielholen n
carènte a mangelnd
carènza sf Mangel m
carestìa sf Hungersnot f ◊ (mancanza) Mangel m
carézza sf Liebkosung f ◆ *fare una c. a qn* jemanden liebkosen, jemanden streicheln
càrica sf (ufficio) Amt n ◊ (assalto) Angriff m ◊ (fis) Ladung f ◊ (fig) (slancio) Schwung m ◆ *essere in c.* im Amt sein, amtieren
caricabatterìe sm (tel) Aufladegerät n, Ladegerät n
caricàre vt (un mezzo) (be)laden ◊ (un'arma) laden ◊ (orologio e sim) aufziehen
caricatùra sf Karikatur f
càrico a beladen ◆ sm Last f ◊ (operazione) Laden n ◊ (merce trasportata) Ladung f ◆ *a c. di* zu Lasten (+ gen); *a pieno c.* vollbelastet; *c. massimo* Höchstbelastung f
càrie sf Karies f, Zahnfäule f
carìno a hübsch, nett
carità sf Nächstenliebe f ◊ (elemosina) Almosen n
carlìnga sf (aer) Kanzel f, Rumpf m
carnagióne sf Hautfarbe f
càrne sf Fleisch n
carnéfice sm Henker m
carnevàle sm Karneval m, Fasching m

carnìvoro *a* Fleisch fressend
carnóso *a* fleischig
càro *a* lieb, teuer ◇ (*costoso*) teuer
carógna *sf* Aas *n*
caròta *sf* (*bot*) Karotte *f*
caròtide *sf* (*anat*) Halsschlagader *f*
carovàna *sf* Karawane *f*
carovìta *sm* Teuerung *f*
càrpa *sf* (*zool*) Karpfen *m*
carpentière *sm* Zimmermann *m*
carpóni *avv* auf allen vieren
carreggiàta *sf* Fahrbahn *f*
carrèllo *sm* Wagen *m*
carrétto *sm* Karren *m*
carrièra *sf* Karriere *f*, Laufbahn *f* ● **fare c.** Karriere machen
carriòla *sf* Schubkarren *m*
càrro *sm* Wagen *m* ● **c. armato** Panzer *m*; **c. attrezzi** Abschleppwagen *m*; **c. funebre** Leichenwagen *m*
carròzza *sf* Kutsche *f* ◇ (*ferr*) Wagen *m* ● **c. ristorante** Speisewagen *m*
carrozzàbile *a* befahrbar ◆ *sf* Fahrstraße *f*
carrozzèlla *sf* (*per bambini*) Kinderwagen *m* ◇ (*per disabili*) Rollstuhl *m* ◇ (*di piazza*) Pferdedroschke *f*
carrozzerìa *sf* Karosserie *f* ◇ (*officina*) Karosseriewerkstatt *f*
carrozzìna *sf* Kinderwagen *m*
carrùcola *sf* Rolle *f*
càrta *sf* Papier *n* ● **c. da gioco** Spielkarte *f*; **c. da lettere** Briefpapier *n*; **c. di credito** Kreditkarte *f*; **c. d'identità** Personalausweis *m*; **c. d'imbarco** Bordkarte *f*; **c. geografica** Landkarte *f*; **c. da cucina** Küchenpapier *n*; **c. igienica** Toilettenpapier *n*; **c. riciclata** Recyclingpapier *n*; (*tel*) **c. SIM** SIM-Karte *f*; **c. stradale** Straßenkarte *f*; **c. telefonica** Telefonkarte *f*; **c. verde** grüne Karte *f*
cartàceo *a* papieren, Papier-
cartapésta *sf* Pappmaché, Pappmaschee *n*
cartéggio *sm* Briefwechsel *m*
cartèlla *sf* Mappe *f*, Aktentasche *f*, Schultasche *f* (*per scolari*) ◇ (*pagina*) Seite *f* ● **c. clinica** Krankenkarte *f*
cartellìno *sm* Schild *n*, Etikett *n*
cartèllo *sm* Schild *n* ◇ (*fin*) Kartell *n*
cartellóne *sm* Plakat *n*
càrter *sm* Kettenschutz *m*
cartilàgine *sf* (*anat*) Knorpel *m*
cartìna *sf* (*geogr*) Landkarte *f*
cartòccio *sm* Tüte *f*
cartografìa *sf* Kartographie, Kartografie *f*
cartògrafo *sm* Kartograph, Kartograf *m*
cartolerìa *sf* Schreibwarengeschäft *n*
cartolibrerìa *sf* Buch- und Schreibwarenhandlung *f*
cartolìna *sf* Postkarte *f*, Ansichtskarte *f*
cartomànte *sm* Kartenleger *m*
cartomanzìa *sf* Kartenlegen *n*
cartóne *sm* Karton *m*, Pappe *f* ◇ (*scatola*) (Papp)karton *m* ● **car-**

toni animati Zeichentrickfilm *m*
cartùccia *sf* Patrone *f*
càsa *sf* Haus *n* ● *a c.* (*stato in luogo*) zu Hause, (*moto a luogo*) nach Hause; *c. di riposo* Altenheim *n*
casalinga *sf* Hausfrau *f*
casalingo *a* häuslich, Heim- ◆ *sm* Hausmann *m*
casàto *sm* (*stirpe*) Geschlecht *n*
cascàre *vi* fallen
cascàta *sf* Wasserfall *m*
cascìna *sf* Bauernhaus *n*
càsco *sm* Helm *m*
caseggiàto *sm* Häuserblock *m*
caseificio *sm* Käserei *f*
casèlla *sf* Fach *n* ● *c. e-mail* E-Mail-Postfach *n*, Mailbox *f*; *c. postale* Postfach *n*; *c. vocale* (*tel*) Sprachbox *f*
casellànte *sm* (*ferr*) Bahnwärter *m* ◇ (*di autostrada*) Kassierer *m* an der Mautstelle
casèllo *sm* (*ferr*) Bahnwärterhaus *n* ◇ (*autostradale*) Autobahnzahlstelle *f*, Mautstelle *f*
casèrma *sf* Kaserne *f*
casìstica *sf* Kasuistik *f*
càso *sm* (*sorte*) Zufall *m* ◇ (*avvenimento*) (Vor)fall *m* ◇ (*gramm*) Fall *m*, Kasus *m* ● *per c.* aus Zufall, zufällig
casolàre *sm* Hütte *f*
càspita *inter* Donnerwetter!
càssa *sf* Kiste *f* ◇ (*comm*) Kasse *f* ● *c. di risparmio* (*fin*) Sparkasse *f*
cassafòrte *sf* Geldschrank *m*
cassapànca *sf* Truhe *f*
cassétta *sf* Kasten *m*, Kiste *f* ◇ (*per la musica*) Kassette *f* ● *c. di sicurezza* Schließfach *n*
cassétto *sm* Schublade *f*
cassière *sm* Kassierer *m*
càsta *sf* Kaste *f*
castàgna *sf* (*bot*) Kastanie *f*
castàgno *sm* (*bot*) Kastanienbaum *m*
castàno *a* braun
castellàno *sm* Schlossherr *m*
castèllo *sm* Schloss *n*
castigàre *vt* (be)strafen
castìgo *sm* Strafe *f*
castità *sf* Keuschheit *f*
càsto *a* keusch
castòro *sm* (*zool*) Biber *m* ◇ (*pelliccia*) Biberpelz *m*
castràre *vt* kastrieren
castràto *sm* (*zool*) Hammel *m* ◇ (*evirato*) Kastrat *m*
castrazióne *sf* Kastration *f*
casuàle *a* zufällig
casualità *sf* Zufälligkeit *f*
cataclìsma *sm* Naturkatastrophe *f*
catacómba *sf* Katakombe *f*
catalàno *a* katalanisch ◆ *sm* Katalane *m*
catalogàre *vt* katalogisieren
catàlogo *sm* Katalog *m*, Verzeichnis *n*
catamaràno *sm* (*naut*) Katamaran *m*
catapécchia *sf* Hütte *f*
catapùlta *sf* Katapult *m/n*
catapultàre *vt* katapultieren
catarifrangènte *sm* Rückstrahler *m*
catàrro *sm* Katarrh, Katarr *m*

catastàle *a* Kataster-
catàsto *sm* Kataster *m/n* ◇ (*ufficio*) Katasteramt *n*
catàstrofe *sf* Katastrophe *f*
catastròfico *a* katastrophal
catechìsmo *sm* Katechismus *m*
categorìa *sf* Kategorie *f*
categòrico *a* kategorisch
caténa *sf* Kette *f* ◇ (*geogr*) Gebirgskette *f* ◇ (*aut*) Schneekette *f* ● *a c.* Ketten-; *c. di montaggio* Fließband *n*
caterátta *sf* (*geogr*) Katarakt *m* ◇ (*med*) grauer Star *m*
catinèlla *sf* Waschschüssel *f*
catìno *sm* Schüssel *f*
catràme *sm* Teer *m*
càttedra *sf* Pult *n* ◇ (*all'università*) Lehrstuhl *m*
cattedràle *sf* Kathedrale *f*
cattivèria *sf* Bosheit *f*
cattivitá *sf* Gefangenschaft *f*
cattìvo *a* böse, schlecht
cattòlico *a* katholisch ♦ *sm* Katholik *m*
cattùra *sf* Gefangennahme *f* ◇ (*arresto*) Verhaftung *f*
catturàre *vt* gefangen nehmen ◇ (*arrestare*) verhaften
cauccìù *sm* Kautschuk *m*
càusa *sf* (*motivo*) Ursache *f*, Grund *m* ◇ *a c. di* wegen (+ *gen*); *fare c. a qn* (*dir*) jemanden verklagen; *essere c. di qc* etwas verursachen; *per c. mia/tua* meinetwegen/deinetwegen
causàle *a* kausal, ursächlich
causàre *vt* verursachen, bewirken

causticitá *sf* Ätzkraft *f* ◇ (*fig*) Bissigkeit *f*
càustico *a* ätzend ◇ (*fig*) bissig
cautèla *sf* Vorsicht *f*
cautelàrsi *vpr* sich schützen (*vor* + *dat*)
càuto *a* vorsichtig
cauzionàle *a* Kautions-
cauzióne *sf* Kaution *f*
càva *sf* Steinbruch *m*
cavalcàre *vt/i* reiten
cavalcavìa *sm* Überführung *f*
cavalière *sm* (*stor*) Ritter *m* ◇ Reiter *m*
cavalleràsco *a* ritterlich, Ritter- ◇ (*lett*) höfisch
cavallerìa *sf* (*stor*) Rittertum *n* ◇ (*mil*) Kavallerie *f*
cavallétta *sf* (*zool*) Heuschrecke *f*
cavallétto *sm* Bock *m*, Gestell *n* ◇ (*da pittore*) Staffelei *f*
cavàllo *sm* Pferd *n* ◇ (*abb*) Schritt *m* ● *c. vapore* Pferdestärke *f*
cavàre *vt* herausnehmen, (heraus)ziehen ♦ *vpr* sich herausziehen ● *cavarsela* davonkommen
cavatàppi *sm* Korkenzieher *m*
cavèrna *sf* Höhle *f*
càvia *sf* (*zool*) Meerschweinchen *n* ◇ (*fig*) Versuchskaninchen *n*
caviàle *sm* Kaviar *m*
cavìglia *sf* (*anat*) Fessel *f*
cavìllo *sm* Spitzfindigkeit *f*
cavillóso *a* spitzfindig
cavità *sf* Höhlung *f*
càvo (1) *a* hohl

càvo (2) *sm* Kabel *n*
cavolfióre *sm* (*bot*) Blumenkohl *m*
càvolo *sm* (*bot*) Kohl *m*
càzzo *sm* (*volg*) Schwanz *m*
cazzòtto *sm* Faustschlag *m*
cazzuòla *sf* Maurerkelle *f*
céce *sm* (*bot*) Kichererbse *f*
cecità *sf* Blindheit *f*
cèco *a* tschechisch ♦ *sm* Tscheche *m*
cèdere *vi* weichen ◊ (*crollare*) nachgeben ♦ *vt* überlassen, abtreten
cediménto *sm* Nachgeben *n* ◊ (*crollo*) Einsturz *m*, Absinken *n*
cèdola *sf* Schein *m*, Koupon *m*
cédro *sm* (*bot*) (*conifera*) Zeder *f* ◊ (*agrume*) Zitronatbaum *m* ◊ (*frutto*) Zitronatzitrone *f*
cefalèa *sf* (*med*) Kopfschmerz *m*
ceffóne *sm* Ohrfeige *f*
celebràre *vt* feiern ◊ (*relig*) (ab)halten, zelebrieren
celebrazióne *sf* Feiern *n* ◊ (*relig*) Zelebration *f*
cèlebre *a* berühmt
celèste *a* (*del cielo*) Himmels- ◊ (*divino*) himmlisch, göttlich ◊ (*colore*) hellblau
cèlibe *a* ledig ♦ *sm* Junggeselle *m*
cèlla *sf* Zelle *f*
cèllula *sf* Zelle *f*
cellulàre (1) *a* Zellen-
cellulàre (2) *sm* (*tel*) Mobiltelefon *n*, Handy *n*
cellulìte *sf* (*med*) Zellulitis *f*
cèltico *a* keltisch

ceménto *sm* Beton *m* ♦ *c. armato* Stahlbeton *m*
céna *sf* Abendessen *n* ♦ *l'ultima c.* das Letzte Abendmahl *n*
cenàcolo *sm* (*arte*) Abendmahl *n* ◊ (*gruppo di artisti*) Kreis *m*
cénere *sf* Asche *f*
cénno *sm* Wink *m*, Zeichen *n*
censiménto *sm* Bestandsaufnahme *f* ◊ (*della popolazione*) Volkszählung *f*
censìre *vt* zählen
censùra *sf* Zensur *f*
censuràre *vt* zensieren
centenàrio *a* hundertjährig ◊ *sm* (*persona*) Hundertjährige *m/f* ◊ (*ricorrenza*) Hundertjahrfeier *f*
centìmetro *sm* Zentimeter *n/m*
cènto *a* (ein)hundert
centràle *a* zentral, Zentral-, Mittel- ◊ (*principale*) zentral, Haupt- ♦ *sf* Zentrale *f*
centralinìsta *sm* Telefonist *m*
centralìno *sm* Vermittlungstelle *f*
centralizzàre *vt* zentralisieren
centràre *vt* zentrieren ◊ (*cogliere nel segno*) treffen
contravvànti *sm* (*sport*) Mittelstürmer *m*
centrìfuga *sf* Zentrifuge *f*, Schleuder *f*
centrifugàre *vt* schleudern
centrìfugo *a* Zentrifugal- ♦ *forza centrifuga* Zentrifugalkraft *f*
centrìpeto *a* zentripetal
cèntro *sm* Zentrum *n*, Mitte *f* ◊ (*luogo abitato*) Ort *m* ♦ *c. commerciale* Einkaufszentrum *n*

centrocàmpo *sm* Mittelfeld *n*
céppo *sm* Strunk *m*
céra (1) *sf* (*delle api*) Wachs *n* ◊ (*per pavimenti*) Bohnerwachs *n* ● **dare la c. ai pavimenti** die Fußböden (ein)wachsen; **di c.** wächsern, Wachs-
céra (2) *sf* (*aspetto*) Aussehen *n*
ceràmica *sf* (*oggetto*) Keramik *f* ◊ (*materiale*) Ton *m*
cerbiàtto *sm* (*zool*) Hirschkalb *n*
cérca *sf* **andare in c. di qn/qc** auf die Suche *f* nach jemandem/etwas gehen
cercapersone *sm* (*tel*) Personensuchanlage *f*, Personenrufanlage *f*, Piepser *m*
cercàre *vt* suchen ◊ (*in un testo*) nachsehen
cérchia *sf* Kreis *m*
cérchio *sm* Kreis *m*
cerchióne *sm* Felge *f*
cereàle *sm* Getreide *n*
cerebràle *a* Gehirn-
cerimònia *sf* Zeremonie *f*
cerìno *sm* Wachsstreichholz *n*
cèrnia *sf* (*zool*) Wrackbarsch *m*
cernièra *sf* Verschluss *m* ◊ (*cardine*) Scharnier *n* ● **c. lampo** Reißverschluss *m*
céro *sm* Wachskerze *f*
ceròtto *sm* Pflaster *n*
certaménte *avv* sicher
certézza *sf* Sicherheit *f*
certificàre *vt* bescheinigen, bestätigen
certificàto *sm* Zeugnis *n*, Bescheinigung *f*, Schein *m* ● **c. di nascita** Geburtsurkunde *f*; **c. medico** Attest *n*

cèrto *a* gewiss, sicher ◊ (*alquanto*) einig ◊ (*tale*) gewiss ♦ *avv* sicher ♦ *pr* (*pl*) manche
certósa *sf* Kartause *f*
cerùme *sm* Ohrenschmalz *n*
cervèllo *sm* (*anat*) Gehirn *n*
cervicàle *a* zervikal, Zervikal-
cèrvo *sm* (*zool*) Hirsch *m*
cespùglio *sm* Gebüsch *n*
cessàre *vi* aufhören, enden ♦ *vt* unterbrechen, einstellen
cessazióne *sf* (*definitiva*) Aufhören *n*, Beendigung *f* ◊ (*sospensione*) Einstellung *f* ◊ (*comm*) Aufgabe *f*
cessióne *sf* Übereignung *f*, Übertragung *f*
cestino *sm* (*per la carta*) Papierkorb *m*
césto *sm* Korb *m*
cetàceo *sm* Walfisch *m*
cèto *sm* Stand *m*
cétra *sf* (*mus*) Zither *f*
cetriòlo *sm* (*bot*) Gurke *f*
chattàre *vi* (*inform*) chatten
che *pr.rel* der *m* ◊ die, das; *pl* die) ♦ *pr* was ♦ *a* was für ein, welcher
◊ *cong* dass
chi *pr* (*relativo*) wer, der(jenige) *m* die(jenige) *f*, das(jenige) *n* ◊ (*indefinito*) jemand ◊ (*interrogativo*) wer
chiàcchiera *sf* Plauderei *f*, Geschwätz *n*
chiacchieràre *vi* plaudern, schwätzen
chiacchieróne *sm* Schwätzer *m*
chiamàre *vt* rufen ◊ (*al telefono*) anrufen ◊ (*dare il nome*)

nennen, heißen ♦ *vpr* heißen, sich nennen ● *come si chiama?* wie heißen Sie?

chiamàta *sf* Ruf *m* ◊ *(al telefono)* Anruf *m* ◊ *(mil)* Einberufung *f*

chiarézza *sf* Helle *f* ◊ *(fig)* Klarheit *f*

chiariménto *sm* Erklärung *f*

chiarìre *vt* (er)klären

chiàro *a* hell ◊ *(fig)* klar

chiaroscùro *sm* Helldunkel *n*

chiàtta *sf* Lastkahn *m*

chiàve *sf* Schlüssel *m*

chiavistèllo *sm* Riegel *m*

chiàzza *sf* Fleck *m*

chicco *sm* Korn *n* ● *c. di caffè* Kaffeebohne *f*; *c. d'uva* Traubenbeere *f*

chièdere *vt (per sapere)* fragen (ES: **c. qc a qn** jemanden nach etwas fragen) ◊ *(per avere)* bitten (ES: **c. qc a qn** jemanden um etwas bitten)

chiérico *sm* Geistliche *m*

chièsa *sf* Kirche *f*

chìglia *sf (naut)* Kiel *m*

chilogràmmo *sm* Kilogramm *n*

chilomètrico *a* Kilometer-

chilòmetro *sm* Kilometer *m*

chìmica *sf* Chemie *f*

chìmico *a* chemisch ♦ *sm* Chemiker *m*

chinàre *vt* beugen, neigen ♦ *vpr* sich beugen

chincaglierìa *sf* Kleinkram *m*

chiòccia *sf (zool)* Glucke *f*

chiòcciola *sf (zool)* Schnecke *f* ◊ *(inform)* "at"-Zeichen *n*, Klammeraffe *m* ● *scala a c.* Wendeltreppe *f*

chiòdo *sm* Nagel *m*

chiòsco *sm (edicola)* Kiosk *m* ◊ *(pergolato)* Laube *f*

chiòstro *sm* Kreuzgang *m* ◊ *(convento)* Kloster *n*

chiromànte *sm* Chiromant *m*

chiromanzìa *sf* Chiromantie *f*

chiropràtica *sf (med)* Chiropraktik *f*

chirurgìa *sf* Chirurgie *f*

chirùrgo *sm* Chirurg *m*

chissà *avv* wer weiß!

chitàrra *sf (mus)* Gitarre *f*

chiùdere *vt* schließen, zumachen ♦ *vi* abschließen ● *c. a chiave* zuschließen

chiùnque *pr* jeder ◊ *pr.rel* wer auch immer

chiùsa *sf* Schleuse *f*

chiùso *a* geschlossen, verschlossen *(a chiave)*

chiusùra *sf (azione)* Schließen *n* ◊ *(comm)* Abschluss *m* ◊ *(dispositivo)* Verschluss *m* ◊ *(termine)* Schluss *m* ● *c. centralizzata* Zentralverriegelung *f*; *c. lampo* Reißverschluss *m*

ci *pr.pers* uns ♦ *avv (stato in luogo)* hier ◊ *(qui)*, dort *(là)* ◊ *(moto)* hierher, hierhin ● *c'è/ci sono* es gibt

ciabàtta *sf* Hausschuh *m*

ciambèlla *sf* Kringel *m*

cianfrusàglia *sf* Krimskrams *m*

cianòsi *sf (med)* Blausucht *f*

cianòtico *a* zyanotisch

cianùro *sm (chim)* Zyanid *n*

ciao *inter* tschüs!, tschüss!, grüss'dich!
ciarlatáno *sm* Scharlatan *m*
ciascúno *a/pr* jeder ◇ *(distributivo)* ein jeder
cibàrsi *vpr* sich (er)nähren
cibo *sm* Speise *f* ◇ *(per animali)* Futter *n*
cicàla *sf* *(zool)* Zikade *f*
cicalìno *sm* *(el)* Summer *m*
cicatríce *sf* Narbe *f*
cicatrizzàre *vi/pr* vernarben
cicatrizzazióne *sf* Vernarbung *f*
cícca *sf* *(mozzicone)* Stummel *m* ◇ *(da masticare)* Kaugummi *m*
ciceróne *sm* Fremdenführer *m*
ciclamìno *sm* *(bot)* Alpenveilchen *n*
cíclico *a* zyklisch
ciclísmo *sm* Radsport *m*
ciclísta *sm* Radfahrer *m*
cíclo *sm* Verlauf *m* ◇ *(processo)* Zyklus *m* ◇ *(serie)* Reihe *f*
ciclomotóre *sm* Moped *n*
ciclóne *sm* *(meteor)* Zyklon *m*
cicógna *sf* *(zool)* Storch *m*
cicòria *sf* *(bot)* Zichorie *f*
cièco *a/inv* ◆ *sm* Blinde *m/f*
cièlo *sm* Himmel *m*
cífra *sf* Ziffer *f* ◇ *(somma di denaro)* Betrag *m*
cifràre *vt* chiffrieren
cíglio *sm* *(anat)* Augenbraue *f* ◇ *(bordo)* Rand *m*
cígno *sm* *(zool)* Schwan *m*
cigolàre *vi* quietschen
cigolío *sm* Quietschen *n*
ciliègia *sf* *(bot)* Kirsche *f*
ciliègio *sm* *(bot)* Kirschbaum *m*

cilindràta *sf* *(aut)* Hubraum *m*
cilíndro *sm* *(geom, aut)* Zylinder *m*
cìma *sf* Spitze *f* ◇ *(vetta)* Gipfel *m* ◇ *(naut)* Tau *n*
cimentàrsi *vpr* sich versuchen (*in* + *dat*)
cìmice *sf* *(zool)* Wanze *f*
ciminièra *sf* Schornstein *m*
cimitèro *sm* Friedhof *m*
cìnema *sm* Kino *n* ● *c. multisala* Multikino *n*, Multiplex-Kino *n*
cinematografía *sf* Filmkunst *f*
cineprésa *sf* Filmkamera *f*
cinése *a* chinesisch ◆ *sm* Chinese *m*
cinètica *sf* Kinetik *f*
cinètico *a* kinetisch
cíngere *vt* umgeben, umschließen
cínghia *sf* Riemen *m*, Gurt *m* ● *c. di trasmissione* Treibriemen *m*
cinghiàle *sm* *(zool)* Wildschwein *n*
cínico *a* zynisch ◆ *sm* Zyniker *m*
cinísmo *sm* Zynismus *m*
cinquànta *a* fünfzig
cínque *a* fünf
cintúra *sf* Gürtel *m* ● *c. di sicurezza* *(aut)* Sicherheitsgurt *m*
cinturíno *sm* Band *n*
ciò *pr* das, dies
cioccolàta *sf* Schokolade *f*
cioè *avv* das heißt, nämlich
cióndolo *sm* Anhänger *m*
ciononostànte *avv* trotzdem
ciòtola *sf* Schale *f*
ciòttolo *sm* Kieselstein *m*
cipólla *sf* *(bot)* Zwiebel *f*

cippo *sm* (*funerario*) Grabstein *m* ◊ (*di confine*) Grenzstein *m*

cipresso *sm* (*bot*) Zypresse *f*

cipria *sf* Puder *m*

circa *prep* bezüglich (+ *gen*) ◆ *avv* etwa, ungefähr

circo *sm* Zirkus *m*

circolare (1) *vi* (*autoveicoli*) fahren ◊ (*voci e sim*) kursieren, umgehen, umlaufen

circolare (2) *a* rund, Kreis-

circolazione *sf* Umlauf *m* ◊ (*di autoveicoli*) Verkehr *m* ◊ (*anat*) Blutkreislauf *m*

circolo *sm* Kreis *m* ◊ (*associazione*) Klub *m*

circoncidere *vt* beschneiden

circoncisione *sf* Beschneidung *f*

circondare *vt* umgeben, einschließen

circonferenza *sf* Kreisumfang *m*

circonflesso *a* accento c. Zirkumflex *m*

circonlocuzione *sf* Umschreibung *f*

circonvallazione *sf* Umgehungsstraße *f*

circoscritto *a* (*geom*) umschrieben ◊ (*fig*) begrenzt

circoscrivere *vt* (*geom*) umschreiben ◊ (*fig*) begrenzen

circoscrizione *sf* (*territorio*) Bezirk *m*

circostante *a* (*cose*) umliegend ◊ (*persone*) umstehend

circostanza *sf* Umstand *m*

circuire *vt* hintergehen

circuito *sm* (*el*) Kreis *m* ◊ (*sport*) Rundstrecke *f*

cirrosi *sf* (*med*) Zirrhose *f*

cisterna *sf* Tank *m*

citare *vt* zitieren, nennen ◊ (*dir*) (vor)laden

citazione *sf* Zitat *n* ◊ (*dir*) (Vor)ladung *f*

citofono *sm* Sprechanlage *f*

citrico *a* **acido c.** Zitronensäure *f*

città *sf* Stadt *f*

cittadella *sf* Zitadelle *f*

cittadinanza *sf* Staatsangehörigkeit *f* ● **diritto di c.** Recht *n* auf Staatsangehörigkeit; **prendere la c.** die Staatsangehörigkeit erwerben

cittadino *a* Stadt-, ◆ *sm* Bürger *m*

ciucciare *vt* (*fam*) saugen

ciuccio *sm* (*fam*) Sauger *m*

ciuffo *sm* Schopf *m*, Büschel *n*

civetta *sf* (*zool*) Kauz *m*

civico *a* städtisch, Stadt-

civile *a* bürgerlich ◊ (*opposto a religioso, militare*) zivil

civilizzare *vt* zivilisieren

civilizzazione *sf* Zivilisation *f*

civiltà *sf* Zivilisation *f* ◊ (*cultura*) Kultur *f*

clacson *sm* Hupe *f*

clamore *sm* (*scalpore*) Aufsehen *n*

clamoroso *a* Aufsehen erregend

clandestinità *sf* Heimlichkeit *f*

clandestino *a* heimlich ◊ (*illegale*) schwarz ◆ *sm* blinder Passagier *m* ◊ (*immigrato*) illegaler Einwanderer *m*

clarinétto *sm* (*mus*) Klarinette *f*
clàsse *sf* Klasse *f* ● *prima/seconda c.* erste/zweite Klasse *f*
classicista *sm* (*arte*) Klassiker *m* ◊ (*studioso*) Kenner *m* der Klassik
clàssico *a* klassisch
classìfica *sf* Rangliste *f*, Tabelle *f* ● *essere in testa alla c.* Tabellenführer sein
classificàre *vt* klassifizieren ◊ (*giudicare*) bewerten
classificazióne *sf* Klassifizierung *f*
clàusola *sf* Klausel *f*, Bedingung *f*
claustrofobìa *sf* Klaustrophobie *f*
clausùra *sf* Klausur *f*
clàva *sf* Keule *f*
clavìcola *sf* (*anat*) Schlüsselbein *n*
cleptòmane *a* kleptomanisch ◆ *sm* Kleptomane *m*
cleptomanìa *sf* Kleptomanie *f*
clericàle *a* klerikal, geistlich ◆ *sm* Klerikale *m*
clèro *sm* Geistlichkeit *f*, Klerus *m*
clessìdra *sf* Sanduhr *f*
cliènte *sm* Kunde *m*, Gast *m* (*di albergo e sim*)
clientèla *sf* Kundschaft *f*
clientelìsmo *sm* Günstlingswirtschaft *f*
clìma *sm* Klima *n*
climàtico *a* klimatisch, Klima-
climatizzàto *a* klimatisiert
clìnica *sf* Klinik *f*
clìnico *a* klinisch

clistère *sm* (*med*) Einlauf *m*
clòro *sm* (*chim*) Chlor *n*
clorofìlla *sf* (*bot*) Chlorophyll *n*
coabitàre *vi* zusammen wohnen
coabitazióne *sf* Zusammenwohnen *n*
coagulàre *vi/pr* gerinnen
coagulazióne *sf* Gerinnung *f*
coalizióne *sf* Bündnis *n*
coalizzàrsi *vpr* sich verbünden
coautóre *sm* Mitverfasser *m*
cobàlto *sm* (*chim*) Kobalt *n*
cocaìna *sf* Kokain *n*
còccige *sm* (*anat*) Steißbein *n*
coccinèlla *sf* (*zool*) Marienkäfer *m*
còcco *sm* (*bot*) (*albero*) Kokospalme *f* ◊ (*frutto*) Kokosnuss *f*
coccodrìllo *sm* (*zool*) Krokodil *n*
coccolàre *vt* hätscheln, liebkosen
cocómero *sm* (*bot*) Wassermelone *f*
códa *sf* (*zool*) Schwanz *m* ◊ (*fila*) Schlange *f*
codésto *a/pr* dieser (diese *f*, dies *n*)
còdice *sm* (*dir*) Gesetzbuch *n* ◊ (*lett*) Handschrift *f* ◊ (*cifrario*) Kode *m* ● *c. di avviamento postale* Postleitzahl *f*
codìfica *sf* Kodifikation *f*
codificàre *vt* kodifizieren
codificazióne *sf* Kodifikation *f*
coefficiènte *sm* (*fis*, *mat*) Koeffizient *m*
coerènte *a* (*fig*) konsequent
coerènza *sf* (*fig*) Konsequenz *f*

coesióne sf Zusammenhalt m ◇ (fig) Zusammenhang m
coesistènte a nebeneinander bestehend
coesistènza sf Koexistenz f
coesistere vi nebeneinander bestehen
coetàneo a gleichalt(e)rig (mit + dat) ◆ sm Gleichalt(e)rige m/f
coèvo a zeitgenössisch
cofanétto sm Kästchen n
còfano sm Truhe f ◇ (aut) Motorhaube f
cògliere vt (raccogliere) pflücken ◇ (capire) begreifen ◇ (colpire) treffen
cognàta sf Schwägerin f
cognàto sm Schwager m
cognóme sm Familienname m, Zuname m
coincidènza sf (caso) Zufall m ◇ (trasporti) Anschluss m
coincidere vi zusammentreffen ◇ (essere uguale) übereinstimmen
coinvòlgere vt hineinziehen
coiòte sm (zool) Kojote m
còito sm Koitus m
colabròdo sm Sieb n
colàre vt seihen ◆ vi tropfen, rinnen
colàta sf Guss m, Strom m
colazióne sf (al mattino) Frühstück n ◇ (a mezzogiorno) Mittagessen n ◆ **c. al sacco** Lunchpaket n; **fare c.** frühstücken
colèra sm (med) Cholera f
colesteròlo sm (med) Cholesterin n
còlica sf (med) Kolik f

còlla sf Klebstoff m
collaboràre vi mitarbeiten
collaboratóre sm Mitarbeiter m ● **collaboratrice domestica** Hausangestellte f
collaborazióne sf Mitarbeit f
collàna sf Halskette f ◇ (editoriale) Reihe f
collant sm Strumpfhose f
collàre sm (zool) Kragen m ● **c. antipulci** Flohschutzband n
collàsso sm (med) Kollaps m
collaudàre vt testen, prüfen
collàudo sm Test m, Prüfung f
còlle sm Hügel m
collèga sm Kollege m
collegaménto sm Verbindung f ◇ (el) Anschluss m
collegàre vt verbinden ◇ (el) schalten ◆ vpr sich in Verbindung setzen
collègio sm Internat n
còllera sf Wut f, Zorn m ● **andare in c.** in Zorn geraten
collèrico a jähzornig
collètta sf Geldsammlung f
collettività sf Gemeinschaft f
collettìvo a gemeinsam, gemeinschaftlich
collétto sm Kragen m
collezionàre vt sammeln
collezióne sf Sammlung f
collezionìsta sm Sammler m
collina sf Hügel m
collirio sm (med) Augentropfen pl
còllo sm Hals m
collocaménto sm Aufstellung f ● **ufficio di c.** Arbeitsamt n

collocàre vt setzen, stellen, legen
collocazióne sf Aufstellung f ◊ (disposizione) Anordnung f
colloquiàle a umgangssprachlich, Gesprächs- • **linguaggio c.** Umgangssprache f
collòquio sm Gespräch n
collutòrio sm (med) Mundwasser n
colmàre vt (auf)füllen
cólmo a voll • sm Gipfel m
colómba sf (zool) Taube f
còlon sm (anat) Grimmdarm m
colònia sf Kolonie f ◊ (per vacanze) Ferienkolonie f ◊ (profumo) Kölnischwasser n
coloniàle a kolonial, Kolonial-
colonizzàre vt kolonisieren, besiedeln
colonizzatóre sm Kolonisator m
colonizzazióne sf Besied(e)lung f
colónna sf (arch) Säule f ◊ (fila) Kolonne f • **c. sonora** Tonspur f
colonnàto sm (arch) Säulengang m
colòno sm Siedler m ◊ (locatario) Pächter m
colorànte sm Farbstoff m
coloràre vt färben
colóre sm Farbe f
colorìto sm Hautfarbe f
cólpa sf Schuld f • **dare q qn la c. di qc** jemandem die Schuld an etwas (dat) geben; **per c. di** wegen (+ gen); **per c. mia** meinetwegen
colpévole a schuldig • sm/f Schuldige m/f
colpevolézza sf Schuld f
colpìre vt treffen, schlagen ◊ (attirare l'attenzione) auffallen
cólpo sm Schlag m, Hieb m ◊ (urto) Stoß m • **c. d'aria** Luftzug m; **far c.** Aufsehen erregen
colpóso a (dir) fahrlässig
coltèllo sm Messer n
coltivàbile a urbar
coltivàre vt (agr) anbauen, bebauen (un campo) ◊ (fig) treiben
coltivazióne sf (agr) Anbau m, Bebauung f
cólto a gebildet
coltùra sf Anbau m
colùi pr der m da (f die da; pl die da) • **c. che** derjenige (f diejenige; pl diejenigen)
còma sm (med) Koma n
comandaménto sm (relig) Gebot n
comandànte sm (mil) Kommandant m ◊ (naut) Kapitän m
comandàre vi befehlen ◊ (dirigere) leiten, führen
comàndo sm Kommando n, Befehl m ◊ (direzione) Führung f ◊ (pl) (congegni) Steuerwerk n
combaciàre vi zusammenpassen
combattènte a kämpfend, Kampf- • sm Kämpfer m
combàttere vt schlagen ◊ (fig) (be)kämpfen • vi kämpfen
combattiménto sm Kampf m, Gefecht n
combinàre vt kombinieren ◊ (mettere insieme) zusammen-

stellen ◇ (*fare*) anstellen ◆ *vi* zusammenpassen
combinazióne *sf* Kombination *f*, Zusammenstellung *f* ◇ (*caso*) Zufall *m*
combustìbile *sm* Brennstoff *m*
combustióne *sf* Verbrennung *f*
come *avv* wie ◇ (*in qualità di*) als ◆ *cong* (*interrogativa*) wie ◇ (*temporale*) sowie, als ◇ (*comparativa*) wie
cométa *sf* (*astr*) Komet *m*
comfort *sm* Komfort *m*
comicità *sf* Komik *f*
còmico *a* komisch ◆ *sm* Komische *n* ◇ (*attore*) Komiker *m*
comìgnolo *sm* Schornstein *m*
cominciàre *vt/i* anfangen, beginnen
comitàto *sm* Komitee *n*
comitiva *sf* (Reise)gesellschaft *f*
comìzio *sm* Versammlung *f*
commèdia *sf* Komödie *f*, Lustspiel *n*
commediògrafo *sm* Lustspieldichter *m*
commemoràre *vt* gedenken (+ *gen*)
commemorativo *a* Gedenk-
commemorazióne *sf* Gedenkfeier *f*
commensàle *sm* Tischgenosse *m*
commentàre *vt* erläutern, erklären
commentatóre *sm* Kommentator *m*
comménto *sm* Kommentar *m*, Erläuterung *f*

commerciàle *a* kommerziell, Handels-
commercialìsta *sm* Steuerberater *m*
commercializzàre *vt* vermarkten
commerciànte *sm* Händler *m*
commerciàre *vi* handeln ● *c. all'ingrosso/al minuto* en gros/im Detail handeln
commèrcio *sm* Handel *m* ● *c. elettronico* elektronischer Handel, E-Commerce *m*, *c. all'ingrosso* Großhandel *m*
commèssa *sf* (*persona*) Verkäuferin *f* ◇ (*ordinazione*) Auftrag *m*
commèsso *sm* Verkäufer *m*
commestìbile *a* essbar
comméttere *vt* begehen
commiseràre *vt* bedauern, bemitleiden
commiserazióne *sf* Mitleid *n*
commissariàto *sm* Polizeirevier *n*, Kommissariat *n*
commissàrio *sm* Kommissar *m* ● *c. europeo* EU-Kommissar *m*
commissionàre *vt* bestellen
commissióne *sf* (*ordinazione*) Auftrag *m* ◇ (*incombenza*) Besorgung *f* ◇ (*comitato*) Ausschuss *m*, Kommission *f*
committènte *sm* Auftraggeber *m*
commòsso *a* gerührt
commovènte *a* rührend
commozióne *sf* Rührung *f* ● *c. cerebrale* (*med*) Gehirnerschütterung *f*

commuòvere vt rühren, bewegen ♦ vpr gerührt sein
comò sm Kommode f
comodino sm Nachttisch m
comodità sf Bequemlichkeit f
còmodo a bequem
compaesàno sm Landsmann m
compagnìa sf Gesellschaft f ♦ *c. aerea* Fluggesellschaft f; *c. di assicurazioni* Versicherungsgesellschaft f
compàgno sm Gefährte m, Kamerad m ◊ Partner m
companàtico sm Brotbelag m
comparàre vt vergleichen
comparatìvo sm (gramm) Komparativ m ♦ *c. di maggioranza/minoranza* (gramm) höherer/tieferer Vergleichungsgrad m; *c. di uguaglianza* (gramm) einfache Vergleichsform f
comparazióne sf Vergleich m
comparìre vi erscheinen
comparizióne sf Erscheinen n ♦ *mandato di c.* (dir) Vorladung f
compàrsa sf Erscheinen n ◊ (teat) Komparse m
compartiménto sm (ferr) Abteil n
compassióne sf Bedauern n, Mitleid n
compàsso sm Zirkel m
compatibilità sf Vereinbarkeit f ◊ (inform) Kompatibilität f
compatibilménte avv soweit es vereinbar ist
compatiménto sm Nachsicht f
compatìre vt bedauern
compattézza sf Festigkeit f
compàtto a fest, kompakt
compendiàre vt zusammenfassen
compèndio sm Zusammenfassung f
compensàre vt ausgleichen ◊ (ricompensare) belohnen
compensàto sm Sperrholz n
compensazióne sf Ausgleich m
compènso sm (retribuzione) Lohn m, Entgelt n
competènte a fachkundig, (dir) zuständig ♦ sm Fachmann m
competènza sf Kompetenz f
compètere vi (entrare in competizione) wetteifern ◊ (reggere il confronto) aufkommen (gegen + acc) ◊ (spettare) zukommen
competitività sf Konkurrenzfähigkeit f
competitìvo a konkurrenzfähig
competizióne sf Wettstreit m ◊ (sport) Wettkampf m
compiàngere vt bemitleiden ◊ (rimpiangere) beweinen
compiànto a beweint ♦ sm Trauer f
cómpiere vt tun ◊ (commettere) verüben ◊ (finire) vollenden, ausführen ♦ vpr (giungere al termine) ablaufen ◊ (avverarsi) sich verwirklichen, eintreffen ♦ *c. gli anni* Geburtstag haben
compilàre vt verfassen ◊ (modulo) ausfüllen
compilazióne sf Verfassung f
cómpito sm Aufgabe f ♦ *c. in classe* Klassenarbeit f
compleànno sm Geburtstag m ♦

buon c.! alles Gute zum Geburtstag
complementàre *a* ergänzend, zusätzlich
compleménto *sm* Ergänzung *f*
complessàto *a* (*psic*) voller Komplexe
complessità *sf* Gesamtheit *f*, Schwierigkeit *f* (*difficoltà*)
complessivaménte *avv* insgesamt
complessivo *a* Gesamt-
complèsso *a* komplex, verwickelt (*complicato*) ♦ *sm* Gesamtheit *f* ◊ (*serie*) Reihe *f* ◊ (*psic*) Komplex *m* ◊ (*mus*) Band *f*
completaménte *a* völlig, ganz
completaménto *sm* Vervollständigung *f* ◊ (*il portare a termine*) Fertigstellung *f*
completàre *vt* vervollständigen, ergänzen ◊ (*portare a termine*) fertig stellen
complèto *a* vollständig, komplett ◊ (*pieno*) voll
complicàre *vt* schwierig machen, komplizieren ♦ *vpr* schwierig werden
complicazióne *sf* Komplikation *f*
còmplice *sm* Mittäter *m*, Komplize *m*
complicità *sf* Mittäterschaft *f*
complimentàrsi *vpr* beglückwünschen
compliménto *sm* Kompliment *n* ◊ (*pl*) (*congratulazioni*) Glückwünsche *pl* ◊ (*pl*) (*cerimonie*) Umstände *pl* ● **fare i complimenti** sich zieren
complottàre *vi* komplottieren
complòtto *sm* Komplott *n*
componènte *sm/f* (*persona*) Mitglied *n* ◊ (*cosa*) Bestandteil *m*
componìbile *a* zusammensetzbar, Anbau-
componiménto *sm* (*lett*) Werk *n* ◊ (*a scuola*) Aufsatz *m*
compórre *vt* (*mettere assieme*) zusammensetzen ◊ (*formare*) bilden ◊ (*scrivere*) verfassen ◊ (*mus*) komponieren ◊ (*dir*) beilegen ♦ *vpr* bestehen ● **c. un numero** (*al telefono*) eine Nummer wählen; **c. versi** (*lett*) dichten
comportaménto *sm* Verhalten *n*, Benehmen *n*
comportàre *vt* mit sich bringen ♦ *vpr* sich benehmen
compòsito *a* zusammengesetzt ◊ (*non omogeneo*) gemischt
compositóre *sm* (*mus*) Komponist *m*
composizióne *sf* Zusammensetzung *f* ◊ (*struttura*) (Auf)bau *m* ◊ (*dir*) Beilegung *f* ◊ (*mus*) Komposition *f*
compostàggio *sm* Kompostierung *f*
compòsto *a* (*che consta di*) bestehend ◊ (*riferito a posizione*) gesittet, gemessen ♦ *sm* Zusammensetzung *f* ◊ (*ling*) Kompositum *n* ◊ (*chim*) Verbindung *f*
compràre *vt* kaufen
compratóre *sm* Käufer *m*

compravéndita *sf* An- und Verkauf *m*

comprèndere *vt* (*capire*) verstehen ◊ (*contenere*) enthalten

comprensibilità *sf* Verständlichkeit *f*

comprensióne *sf* Verstehen *n* ◊ (*tolleranza*) Verständnis *n*

comprensivo *a* einschließlich ◊ (*fig*) verständnisvoll

comprèso *a* (*incluso*) inbegriffen, eingeschlossen ◊ (*capito*) vestanden ● *tutto c.* alles inbegriffen

comprèssa *sf* Tablette *f*

compressióne *sf* Druck *m*

compressóre *sm* Kompressor *m*

comprìmere *vt* zusammendrücken, komprimieren

compromésso *sm* Kompromiss *m* ◊ (*via di mezzo*) Mittelweg *m*

comprométtere *vt* gefährden ◆ *vpr* sich bloßstellen

comproprietà *sf* Miteigentum *n*

comproprietàrio *sm* Mitbesitzer *m*

computer *sm* Computer *m* ● *c. portatile* (*inform*) Laptop *m*

comunàle *a* Gemeinde-

comunànza *sf* Gemeinschaft *f*

comùne (1) *a* (*di tutti*) gemeinsam ◊ (*ordinario*) gewöhnlich

comùne (2) *sm* Gemeinde *f* ◊ (*edificio*) Rathaus *n*

comuneménte *avv* allgemein, gewöhnlich

comunicàre *vt* (*dare una notizia*) mitteilen ◊ (*infondere*) übertragen ◆ *vi* in Verbindung stehen

comunicàto *sm* Meldung *f*

comunicazióne *sf* Mitteilung *f* ◊ (*collegamento*) Verbindung *f*

comunióne *sf* Gemeinschaft *f* (*relig*) Kommunion *f* (*per i cattolici*), Abendmahl *n* (*per i protestanti*) ● *c. dei beni* (*dir*) Gütergemeinschaft *f*

comunìsmo *sm* Kommunismus *m*

comunità *sf* Gemeinschaft *f*

comunitàrio *a* (*dell'UE*) gemeinschaftlich, Gemeinschafts-

comùnque *avv* (*tuttavia*) immerhin ◊ (*in ogni caso*) jedenfalls ◆ *cong* wie auch immer

con *prep* (*compagnia, mezzo*) mit (+ *dat*) ◊ (*tempo, causa*) bei (+ *dat*) mit (+ *dat*) (ES: **con questo caldo non si può uscire** bei dieser Hitze kann man nicht aus dem Haus gehen) ◊ (*nei confronti di*) zu (+ *dat*) (ES: **essere gentile con qn** nett zu mandem sein)

conàto *sm* (*di vomito*) Brechreiz *m*

cónca *sf* (*geogr*) Mulde *f*

concatenàre *vt* verketten

concavità *sf* Konkavität *f*

còncavo *a* konkav

concèdere *vt* gewähren ◊ (*permettere*) erlauben ◆ *vpr* sich leisten

concentraménto *sm* Konzentration *f* ● *campo di c.* Konzentrationslager *n*

concentràre *vt* konzentrieren ◆ *vpr* sich konzentrieren

concentrazióne *sf* Konzentration *f*
concèntrico *a* konzentrisch
concepiménto *sm* (*biol*) Empfängnis *f*
concepìre *vt* (*biol*) empfangen ◊ (*fig*) (*idee, sentimenti e sim*) fassen, empfinden ◊ (*comprendere*) begreifen
concèrto *sm* Konzert *n*
concessionàrio *sm* Konzessionär *m* ◊ (*negozio*) Vertragshändler *m*
concessióne *sf* Gewährung *f*, Genehmigung *f* ◊ (*comm*) Lizenz *f*
concessìvo *a* konzessiv
concètto *sm* Begriff *m*
concettuàle *a* begrifflich
concezióne *sf* Konzeption *f*
conchìglia *sf* Muschel *f*
cóncia *sf* Gerben *n*
conciàre *vt* (*pelli*) gerben ◊ (*sporcare*) beschmutzen ♦ *vpr* (*sporcarsi*) sich übel zurichten ◊ (*vestirsi male*) sich geschmacklos kleiden
conciatùra *sf* Gerbung *f*
conciliànte *a* versöhnlich
conciliàre *vt* versöhnen ◊ (*favorire*) fördern ♦ *vpr* sich versöhnen
conciliazióne *sf* Versöhnung *f*
concìlio *sm* (*relig*) Konzil *n*
concimàre *vt* düngen
concìme *sm* Dünger *m*, Düngemittel *n*
concìso *a* bündig
concittadìno *sm* Mitbürger *m*
conclùdere *vt* (*portare a termine*) beenden, abschließen ◊ (*tirare una conclusione*) schließen ♦ *vpr* schließen, enden
conclusióne *sf* (*termine*) (Ab)schluss *m* ◊ (*deduzione*) Schlussfolgerung *f*
conclusìvo *a* abschließend
concomitànte *a* begleitend, Begleit-
concomitànza *sf* Mitwirkung *f*
concordànza *sf* Übereinstimmung *f*
concordàre *vt* vereinbaren ♦ *vi* übereinstimmen
concordàto *a* vereinbart ♦ *sm* Vergleich *m* ◊ (*stor*) Konkordat *n*
concòrde *a* einig, einträchtig, übereinstimmend
concòrdia *sf* Einigkeit *f*, Eintracht *f*
concorrènte *sm* Bewerber *m* ◊ (*comm*) Konkurrent *m*
concorrènza *sf* Konkurrenz *f*, Wettbewerb *m*
concórrere *vi* beitragen ◊ (*partecipare a un concorso*) sich bewerben (*um* + *acc*)
concórso *sm* Zusammentreffen *n* ◊ (*competizione*) Wettbewerb *m*, Wettkampf *m* ◊ (*dir*) Mittäterschaft *f*
concretézza *sf* Konkretheit *f*
concretizzàre *vt* konkretisieren
concrèto *a* konkret
condànna *sf* Verurteilung *f*, Urteil *n* ◊ (*pena*) Strafe *f* ◊ (*disapprovazione*) Verdammung *f*
condannàre *vt* verurteilen ● *c. a morte* zum Tode verurteilen

condannàto *a* verurteilt ♦ *sm* Verurteilte *m/f*
condènsa *sf* Kondenswasser *n*
condensàre *vt* (*fis*) verdichten ◇ (*fig*) zusammenfassen
condensàto *a* kondensiert
condensazióne *sf* Kondensation *f*
condiménto *sm* Würze *f*
condìre *vt* würzen ◇ (*l'insalata*) anmachen
condivìdere *vt* teilen ◇ (*approvare*) billigen
condizionàle *sm* (*gramm*) Konditional *m*, Bedingungsform *f* ♦ *sf* (*dir*) Bewährung *f*
condizionaménto *sm* (*influenza*) Konditionierung *f* ◇ (*dell'aria*) Klimatisierung *f* ● **impianto di c.** Klimaanlage *f*
condizionàre *vt* (*far dipendere da*) bedingen ◇ (*avere influenza su*) konditionieren ◇ (*l'aria*) klimatisieren
condizionatóre *sm* Klimaanlage *f*
condizióne *sf* Bedingung *f*, Voraussetzung *f* ◇ (*pl*) (*stato*) Zustand *m*
condogliànze *sf pl* Beileid *n sing* ● **fare le c. a qn** jemandem sein Beileid bezeigen
condominiàle *a* Mitbesitz-, Mitbesitzer-
condomìnio *sm* Mitbesitz *m* ◇ (*edificio*) Mitbesitzerhaus *n*, Mehrfamilienhaus *n*
condòmino *sm* Wohnungseigentümer *m*
condonàre *vt* erlassen
condóno *sm* Erlass *m*
condótta *sf* Benehmen *n*, Betragen *n*, Verhalten *n* ◇ (*tubatura*) Leitung *f*
condottièro *sm* Führer *m*
condótto (1) *a* **medico c.** Gemeindearzt *m*
condótto (2) *sm* Röhre *f* ◇ (*anat*) Gang *m*
conducènte *sm* Fahrer *m*
condùrre *vt* führen, leiten ◇ (*un veicolo*) fahren
conduttóre *sm* Führer *m*, Fahrer *m*
conduttùra *sf* Leitung *f*
conduzióne *sf* Führung *f* ◇ (*fis*) Leitung *f*
confederàrsi *vpr* sich verbünden
confederàto *a* verbündet ♦ *sm* Verbündete *m/f*
confederazióne *sf* Bund *m* ◇ (*stato*) Bundesstaat *m*
conferènza *sf* Vortrag *m*, Kongress *m* (*congresso*) ◇ (*internazionale*) Konferenz *f*
conferenzière *sm* Vortragende *m*, Redner *m*
conferìre *vt* verleihen
confèrma *sf* Bestätigung *f*
confermàre *vt* bestätigen
confessàre *vt* gestehen ♦ *vpr* sich bekennen ◇ (*relig*) beichten
confessionàle *a* Beicht- ♦ *sm* Beichtstuhl *m*
confessióne *sf* Bekenntnis *n* ◇ (*relig*) Beichte *f* ◇ (*dir*) Geständnis *n*
confessóre *sm* Beichtvater *m*

confètto sm Dragee, Dragée n, Bonbon m/n
confettùra sf Konfitüre f, Marmelade f
confezionaménto sm Verpackung f
confezionàre vt (abb) anfertigen ◇ (una merce) verpacken
confezióne sf (abb) Konfektion f ◇ (di merci) Verpackung f
confidàre vt anvertrauen ♦ vi vertrauen (auf + acc) ♦ vpr sich anvertrauen (+ dat)
confidènza sf Vertrauen n ◇ (cosa confidata) Vertraulichkeit f ◇ (dimestichezza) Vertrautheit f ● *essere in c. con qn* mit jemandem vertraut sein
confinànte a angrenzend
confinàre vi (an)grenzen (an + acc) ♦ vt verbannen
confìne sm Grenze f
confìno sm Wohnortsbeschränkung f ◇ (esilio) Verbannung f
confìsca sf Beschlagnahme f
confiscàre vt beschlagnahmen
conflìtto sm (mil) Krieg m ◇ (fig) (Wider)streit m, Konflikt m
confluènza sf Zusammenfluss m
confluìre vi zusammenfließen
confóndere vt (scambiare) verwechseln ◇ (rendere indistinto) verwischen ♦ vpr sich vermischen ◇ (diventare indistinto) verschwimmen ● *c. le idee a qn* jemanden verwirren
conformàrsi vpr sich richten (nach + dat)

conformazióne sf Gestalt f, Form f
confórme a getreu, übereinstimmend
conformìsmo sm Konformismus m
conformità sf Übereinstimmung f ● *in c. a* gemäß (+ dat)
confortàre vt trösten
confortévole a (comodo) bequem, wohnlich (riferito a casa)
confòrto sm Trost m ● *essere di c. a qn* jemandem ein Trost sein
confrontàre vt gegenüberstellen, vergleichen
confrónto sm Vergleich m ● *a c. di* im Vergleich zu (+ dat)
confusionàrio a unordentlich ♦ sm Wirrkopf m
confusióne sf Durcheinander n ● *far c.* (confondere) durcheinanderbringen
confùso a (persona) wirr, verwirrt ◇ (cosa) unklar, verworren
confutàre vt widerlegen
confutazióne sf Widerlegung f
congedàre vt verabschieden ◇ (mil) entlassen
congedàto a (mil) entlassen ♦ sm (mil) Entlassene m
congèdo sm Abschied m ◇ (mil) Entlassung f
congégno sm Getriebe n, Vorrichtung f
congelaménto sm (cuc) Einfrieren n ◇ (fis) Gefrieren n ◇ (assideramento) Erfrierung f
congelàre vt (cuc) einfrieren ◇

congelatore 384

gefrieren lassen ♦ *vpr* einfrieren, *(med)* erfrieren
congelatóre *sm* Tiefkühlfach *n*
congestionaménto *sm (del traffico)* Verkehrsstauung *f*
congestionàre *vt (il traffico)* aufhalten
congestióne *sf (med)* Kongestion *f* ◊ *(del traffico)* Verkehrsstauung *f*
congettùra *sf* Vermutung *f*, Annahme *f*
congetturàre *vt* vermuten
congiùngere *vt* verbinden, vereinigen
congiuntiva *sf (anat)* Bindehaut *f*
congiuntivite *sf (med)* Bindehautentzündung *f*
congiuntivo *sm (gramm)* Konjunktiv *m*
congiùnto *sm (parente)* Verwandte *m/f*
congiuntùra *sf (punto di congiunzione)* Verbindungsstelle *f* ◊ *(fin)* Konjunktur *f*
congiunzióne *sf* Verbindung *f* ◊ *(gramm)* Konjunktion *f*, Bindewort *n*
congiùra *sf* Verschwörung *f*
congiuràre *vi* sich verschwören
congiuràto *sm* Verschwörer *m*
conglomeràto *sm* Anhäufung *f*, Haufen *m*
congratulàrsi *vpr* gratulieren (+ dat)
congratulazióne *sf* Glückwunsch *m*
congregazióne *sf* Versammlung *f* ◊ *(relig)* Kongregation *f*

congrèsso *sm* Kongress *m*
congruènte *a* übereinstimmend
congruènza *sf* Übereinstimmung *f*
conguàglio *sm* Ausgleich *m*
coniàre *vt* prägen
coniatùra *sf* Prägung *f*
cònico *a* konisch
conifera *sf (bot)* Nadelbaum *m*
coníglio *sm (zool)* Kaninchen *n*
cònio *sm (stampo)* Prägeeisen *n* ◊ *(operazione)* Prägung *f*
coniugàle *a* ehelich, Ehe-
coniugàre *vt (gramm)* konjugieren, abwandeln
coniugazióne *sf (gramm)* Konjugation *f*
còniuge *sm* Ehepartner *m*, Gatte *m* ◊ *(pl)* Eheleute *pl*, Ehepaar *n*
connazionàle *a* aus demselben Land ♦ *sm* Landsmann *m*
connessióne *sf* Verbindung *f* ● **c. a Internet** Internetverbindung *f*, Internetanschluss *m*
connèttere *vt* verbinden
connotàto *sm* Kennzeichen *n*, Personenbeschreibung *f*
còno *sm (geom)* Kegel *m* ◊ *(di gelato)* Eistüte *f*
conoscènte *sm/f* Bekannte *m/f*
conoscènza *sf* Erkenntnis *n* ◊ *(di una persona)* Bekanntschaft *f* ● **essere a c. di qc** über etwas Bescheid wissen; **fare la c. di qn** jemanden kennen lernen; **venire a c. di qc** etwas erfahren
conóscere *vt* kennen ◊ *(fare la conoscenza)* kennen lernen ♦ *vpr* sich kennen ● **far c. qc a qn** jemanden mit etwas vertraut

machen; **far c. qn a qn** jemanden mit jemandem bekannt machen
conosciùto *a* bekannt ◊ *(famoso)* berühmt
conquìsta *sf* Eroberung *f*
conquistàre *vt* erobern
conquistatóre *sm* Eroberer *m*
consacràre *vt* weihen
consacrazióne *sf* Weihe *f*
consanguineità *sf* Blutsverwandtschaft *f*
consanguìneo *a* blutsverwandt ♦ *sm* Blutsverwandte *m/f*
consapévole *a* bewusst
consecutìvo *a* folgend ◊ *(gramm)* konsekutiv
conségna *sf* Übergabe *f* ◊ *(di merci)* Lieferung *f*, Zustellung *f* ◊ *(custodia)* Aufbewahrung *f* ♦ **alla c.** bei Lieferung; **c. a domicilio** Zustellung ins/bei Haus
consegnàre *vt* abgeben, übergeben ◊ *(merci)* liefern
conseguènte *a* folgerichtig
conseguènza *sf* Folge *f* ◊ *(effetto)* Wirkung *f* ◊ *(conclusione logica)* Folgerung *f*
conseguiménto *sm* Erreichung *f*
conseguìre *vt* erreichen ♦ *vi* folgen
consènso *sm* Zustimmung *f*
consensuàle *a* einverständlich
consentìre *vi* zustimmen ◊ *(acondiscendere)* einwilligen *(in + acc)* ♦ *vt* erlauben
consenziènte *a* zustimmend ♦ **essere c.** zustimmen
consèrva *sf* Konserve *f*

conservànte *sm* Konservierungsmittel *n*
conservàre *vt* (auf)bewahren ♦ *vpr (cuc) (durare)* sich halten
conservatóre *sm* Konservative *m/f*
conservatòrio *sm* Konservatorium *n*
conservazióne *sf* Bewahrung *f*, Erhaltung *f* ◊ *(cuc)* Konservierung *f*
consideràre *vt* beachten, betrachten ♦ *vpr* sich halten *(für + acc)*
considerazióne *sf* Betrachtung *f* ◊ *(reputazione)* Ansehen *n* ◊ *(pl) (osservazioni)* Bemerkungen *pl*
considerévole *a* beträchtlich
consigliàre *vt* raten (+ *dat*), empfehlen ♦ *vpr* sich beraten
consiglière *sm* Berater *m*, Ratgeber *m*
consìglio *sm* Rat *m*
consistènte *a (che consiste)* bestehend ◊ *(materiale)* fest ◊ *(considerevole)* beträchtlich
consistènza *sf* Konsistenz *f* ◊ *(di materiale)* Festigkeit *f* ◊ *(fig)* Gehalt *m* ♦ **prèndere c.** *(fig)* Form *f* annehmen
consìstere *vi* bestehen *(aus + dat)*
consolàre (1) *vt* trösten ♦ *vpr* sich trösten
consolàre (2) *a* konsularisch, Konsulats-
consolàto *sm* Konsulat *n*
consolatóre *sm* Tröster *m*

consolazióne *sf* Trost *m*, Tröstung *f*
cònsole *sm* Konsul *m*
consolidaménto *sm* Festigung *f* ◇ (*fig*) Stärkung *f*
consolidàre *vt* festigen, verstärken ◇ (*fig*) (be)stärken, festigen ♦ *vpr* fest werden, sich festigen ◇ (*fig*) sich festigen
consonànte *sf* Konsonant *m*
consòrte *sm/f* Gemahl *m*, Gatte *m*
consòrzio *sm* Genossenschaft *f* ◇ (*comm*) Konsortium *n*
constàre *vi* bestehen (*aus + dat*)
constatàre *vt* feststellen, bemerken
constatazióne *sf* Feststellung *f*
consuèto *a* üblich
consuetùdine *sf* Gewohnheit *f* ◇ (*usanza*) Brauch *m*, Sitte *f*
consulènte *a* beratend ♦ *sm* Berater *m* ● *c. aziendale* Unternehmensberater *m*
consulènza *sf* Beratung *f*
consultàre *vt* (*una persona*) befragen ◇ (*un testo*) nachschlagen ♦ *vpr* sich beraten (*mit + dat*)
consultazióne *sf* Beratung *f* ◇ (*di un testo*) Nachschlagen *n*
consultìvo *a* beratend
consumàre *vt* verbrauchen ◇ (*mangiare*) verzehren ♦ *vpr* sich abnutzen ● *consumarsi preferibilmente entro* mindestens haltbar bis
consumatóre *sm* Verbraucher *m*
consumazióne *sf* (*il consumare*) Verbrauch *m* ◇ (*al ristorante e sim*) Zeche *f*
consùmo *sm* Konsum *m*, Verbrauch *m*
consuntìvo *sm* Bilanz *f*
contàbile *sm* Buchhalter *m*
contabilità *sf* Buchhaltung *f*
contabilizzàre *vt* buchen
contadìno *a* ländlich, bäuerlich ♦ *sm* Bauer *m*
contagiàre *vt* anstecken
contàgio *sm* Ansteckung *f*
contagióso *a* ansteckend
contagócce *sm* Tropfenzähler *m*
contaminàre *vt* verseuchen
contaminazióne *sf* Verseuchung *f*
contànte *sm* Bargeld *n*
contàre *vt* zählen ♦ *vi* zählen (*fare affidamento*) rechnen (*auf + acc*)
contatóre *sm* Zähler *m* ● *c. del gas* Gaszähler *m*
contàtto *sm* Kontakt *m*
cónte *sm* Graf *m*
contèa *sf* Grafschaft *f*
contéggio *sm* Berechnung *f*
contégno *sm* Haltung *f*, Benehmen *n*
contemplàre *vt* betrachten
contemplazióne *sf* Betrachtung *f*
contemporaneaménte *avv* gleichzeitig, zugleich
contemporaneità *sf* Gleichzeitigkeit *f*
contemporàneo *a* zeitgenössisch

contenére vt enthalten ◊ (fig) (trattenere) zurückhalten
contenitóre sm Behälter m
contentàre vt zufrieden stellen ♦ vpr sich begnügen
contentézza sf Zufriedenheit f
contènto a zufrieden
contenùto sm Inhalt m, Gehalt m
contésa sf Streit m
contestàre vt protestieren (gegen + acc) ◊ (negare) bestreiten
contestatóre sm Protestler m
contestazióne sf Einspruch f ◊ (manifestazione pubblica) Protest m
contèsto sm Zusammenhang m
contìguo a angrenzend (an + acc)
continentàle a kontinental
continènte sm Kontinent m
continuaménte avv dauernd
continuàre vt fortsetzen, weitermachen ♦ vi dauern ● c. a si traduce con il prefisso **weiter** + il verbo (ES: **c. a leggere** weiterlesen)
continuazióne sf Fortsetzung f
continuità sf Beständigkeit f
contìnuo a dauernd, ständig
cónto sm Rechnung f ◊ (fin) Konto n ♦ **per c. di** seitens (+ gen); **c. in banca** Bankkonto n; **c. corrente** Kontokorrent n
contòrcere vt verdrehen ♦ vpr sich wenden
contornàre vt umfassen
contórno sm Kontur f ◊ (cuc) Beilage f
contorsióne sf Windung f

contòrto a verdreht, gewunden
contrabbandàre vt schmuggeln
contrabbandière sm Schmuggler m
contrabbàndo sm Schmuggel m
contraccambiàre vt (una cosa) erwidern ◊ (riferito a persona) sich revanchieren (für + acc)
contraccettìvo a empfängnisverhütend ♦ sm Verhütungsmittel n
contraccezióne sf Empfängnisverhütung f
contraccólpo sm Rückschlag m
contraddìre vt widersprechen (+ dat) ♦ vpr sich widersprechen
contraddistìnguere vt kennzeichnen
contraddizióne sf Widerspruch m
contraffàre vt (falsificare) fälschen
contraffazióne sf Nachahmung f, Fälschung f
contrappórre vt entgegensetzen ♦ vpr sich entgegenstellen
contrapposizióne sf Gegenüberstellung f
contrariaménte avv c. a im Gegensatz zu (+ dat)
contrariàre vt behindern, verdrießen (seccare)
contrariàto a verdrossen, ärgerlich
contrarietà sf Widrigkeit f ◊ (evento sfavorevole) Widerwärtigkeit f

contràrio *a* gegensätzlich ♦ *sm* Gegenteil *n*
contrasségno *sm* Nachnahme *f*
contrastàre *vt* verhindern ♦ *vi* widersprechen (+ *dat*)
contràsto *sm* Gegensatz *m*, Kontrast *m* ◊ (*litigio*) Auseinandersetzung *f*
contrattàre *vt* verhandeln
contrattazióne *sf* Verhandlung *f*
contrattèmpo *sm* Zwischenfall *m*, Behinderung *f*
contràtto *sm* Vertrag *m* • *c. a termine* Zeitvertrag *m*; *c. di locazione* Mietvertrag *m*; *c. di vendita* Verkaufsvertrag *m*
contrattuàle *a* vertraglich, Vertrags-
contravvenìre *vi* übertreten (+ *acc*)
contravvenzióne *sf* Übertretung *f* ◊ (*multa*) Geldstrafe *f*
contrazióne *sf* Kontraktion *f*, Zusammenziehung *f* ◊ (*riduzione*) Verminderung *f*
contribuènte *sm* Steuerzahler *m*
contribuìre *vi* (*partecipare*) beitragen (*zu* + *dat*)
contribùto *sm* (*aiuto*) Beitrag *m* ◊ (*tassa*) Abgabe *f*
cóntro *prep* wider (+ *acc*), gegen (+ *acc*) ♦ *avv* dagegen
controbàttere *vt* widerlegen, erwidern
controcorrènte *avv* gegen den Strom
controfigùra *sf* Double *n*
controindicazióne *sf* Gegenanzeige *f*

controllàre *vt* kontrollieren ♦ *vpr* sich beherrschen
contròllo *sm* Kontrolle *f* ◊ (*sorveglianza*) Aufsicht *f* ◊ (*dominio*) Beherrschung *f* • *c. delle nascite* Geburtenregelung *f*; *c. di qualità* Qualitätskontrolle *f*
controllóre *sm* Kontrolleur *m* • *c. di volo* Fluglotse *m*
controlùce *avv* gegen das Licht
contromàno *avv* auf der falschen Straßenseite
controproducènte *a* kontraproduktiv
contròrdine *sm* Gegenbefehl *m*
controrifórma *sf* (*stor*) Gegenreformation *f*
controsènso *sm* Widersinn *m*
controspionàggio *sm* Gegenspionage *f*, Spionageabwehr *f*
controvalóre *sm* Gegenwert *m*
controvèrsia *sf* Streitigkeit *f*
controvèrso *a* strittig
controvòglia *avv* ungern
contumàcia *sf* (*dir*) Abwesenheit *f*
contusióne *sf* Prellung *f*
contùso *a* geprellt ♦ *sm* Verletzte *m/f*
convalescènte *a* genesend ♦ *sm/f* Genesende *m/f*
convalescènza *sf* Genesung *f*
convàlida *sf* Beglaubigung *f*, Gültigkeitserklärung *f*
convalidàre *vt* bestätigen, beglaubigen
convégno *sm* Tagung *f*
conveniènte *a* günstig
conveniènza *sf* Angemessen-

convenìre vi (*essere vantaggioso*) sich lohnen ♦ **vimp** besser sein
convènto sm Kloster n
conventuàle a klösterlich
convenzionàle a konventionell
convenzióne sf Konvention f, Abkommen n
convergènza sf Konvergenz f ◊ (*aut*) Vorspur f
convèrgere vi zusammenlaufen
conversàre vi sich unterhalten (*über + acc*)
conversazióne sf Gespräch n, Unterhaltung f
conversióne sf (*relig*) Bekehrung f ◊ (*fin*) Konvertierung f
convertìre vt (*relig*) bekehren ◊ (*fin*) konvertieren ♦ **vpr** sich bekehren
convèsso a konvex
convìncere vt überzeugen, überreden ♦ **vpr** sich überzeugen (+ *gen*)
convinzióne sf Überzeugung f
convivènte a zusammenlebend ♦ sm/f Zusammenlebende m/f
convivènza sf Zusammenleben n
convìvere vi zusammenleben
convocàre vt einberufen
convocazióne sf Einberufung f
convulsióne sf (*med*) Krampf m
convulsìvo a krampfhaft, Krampf-
cooperàre vi mitarbeiten
cooperatìva sf Genossenschaft f
cooperazióne sf Mitarbeit f, Kooperation f
coordinaménto sm Koordination f
coordinàre vt koordinieren
coordinatóre sm Koordinator m
coordinazióne sf Koordination f
copèrchio sm Deckel m
copèrta sf Decke f ◊ (*naut*) Deck n
copertìna sf (*di libro*) Umschlag m
copèrto a bedeckt ◊ (*meteor*) bewölkt ♦ sm Gedeck n
copertóne sm Reifendecke f, Mantel m
copertùra sf (*azione*) Bedeckung f, Abdeckung f ◊ (*cosa*) Decke f ◊ (*tel*) Funkbereich m ● *essere fuori c.* in einem Funkloch sein
còpia sf Kopie f
copiàre vt abschreiben, kopieren ◊ (*imitare*) nachahmen
copisterìa sf Kopiergeschäft n
còppa sf (*bicchiere*) Becher m ◊ (*trofeo*) Pokal m ● *c. dell'olio* (*aut*) Ölwanne f
còppia sf Paar n ◊ (*di sposi*) Ehepaar n
coprifuòco sm Ausgangssperre f
coprilètto sm Tagesdecke f
copripiumóne sm Bettbezug m
coprìre vt (be)decken ◊ (*fig*) (*nascondere*) verdecken ♦ **vpr** sich bedecken ◊ (*vestirsi*) sich anziehen
coràggio sm Mut m

coraggióso *a* mutig
coràle *a* (*mus*) chorisch, Chor- ◇ (*unanime*) einstimmig ♦ *sf* (*mus*) Choral *m*
corallíno *a* korallen, Korallen-
coràllo *sm* Koralle *f*
còrda *sf* Seil *n*, Leine *f*, Schnur *f* ◇ (*mus*) Seite *f*
cordàta *sf* Seilschaft *f*
cordiàle *a* herzlich
cordóne *sm* Schnur *f* ● *c. ombelicale* (*anat*) Nabelschnur *f*
coreografía *sf* Choreographie, Choreografie *f*
coreogràfico *a* choreographisch, choreografisch
coreògrafo *sm* Choreograph, Choreograf *m*
corísta *sm* Chorsänger *m*
cormoràno *sm* (*zool*) Kormoran *m*
cornamúsa *sf* Dudelsack *m*
còrnea *sf* (*anat*) Hornhaut *f*
cornétta *sf* (*del telefono*) Hörer *m*
cornice *sf* Rahmen *m*
cornicióne *sm* Kranzgesims *n*
còrno *sm* Horn *n*
còro *sm* Chor *m*
coròlla *sf* (*bot*) Korolle *f*, Blumenkrone *f*
corollàrio *sm* Korollar *n*
coróna *sf* Krone *f*
coronària *sm* (*anat*) Herzkranzgefäß *n*
còrpo *sm* Körper *m*, Leib *m* ◇ (*cadavere*) Leiche *f*
corporàle *a* körperlich, Körper-
corporatúra *sf* Körperbau *m*
corporazióne *sf* Körperschaft *f*

corpòreo *a* leiblich, Körper-
corpùscolo *sm* Körperchen *n* ◇ (*fis*) Korpuskel *n*, Teilchen *n*
corrèggere *vt* verbessern ◇ (*il caffè e sim*) beimischen ♦ *vpr* sich (ver)bessern, sich ändern
corrènte *a* laufend ◇ (*di liquido*) fließend ♦ *sf* Strömung *f* ◇ (*el*) Strom *m* ● *c. d'aria* Luftzug *m*
córrere *vi* laufen, rennen
correttézza *sf* Korrektheit *f*, Richtigkeit *f* ◇ (*lealtà*) Fairness *f*
corrètto *a* korrekt, richtig ● *caffè c.* Kaffee mit einem Schuss Alkohol
correttóre *sm* (*di bozze*) Korrektor *m*
correzióne *sf* Korrektur *f*, Verbesserung *f*
corridóio *sm* Flur *m*
corridóre *sm* (*a piedi*) Läufer *m* ◇ (*con un mezzo*) Rennfahrer *m*
corrièra *sf* (Auto)bus *m*
corrière *sm* Bote *m*, Kurier *m* ● *c. espresso* Expresskurier(dienst) *m*
corrimàno *sm* Handlauf *m*
corrispettívo *a* entsprechend ♦ *sm* Gegenleistung *f*
corrispondènte *a* entsprechend
corrispondènza *sf* Entsprechung *f* ◇ (*carteggio*) Briefwechsel *m*
corrispóndere *vi* entsprechen, übereinstimmen (*mit + dat*)
corródere *vt* angreifen, zerfressen

corrómpere vt verderben ◊ (con denaro) bestechen
corrosióne sf Korrosion f
corrosivo a korrosiv
corròtto a korrupt
corruttóre sm Verderber m, Bestecher m (con denaro) ◊ (seduttore) Verführer m
corruzióne sf Korruption f, Bestechung f ◊ (seduzione) Verführung f
córsa sf Lauf m, Laufen n ◊ (sport) Lauf m (a piedi), Rennen n (con un mezzo) ◊ (di mezzo pubblico) Fahrt f
corsàro a Seeräuber- ♦ sm Seeräuber m
corsìa sf (di strada) Fahrspur f ◊ (di ospedale) Krankensaal m • **c. di sorpasso** Überholspur f; **strada a doppia c.** zweispurige Straße f
corsìvo a kursiv ♦ sm Kursive f
córso sm (di fiume) Lauf m ◊ (di studi) Kursus m, Vorlesungsreihe f (all'università) ◊ (fig) Lauf m, Gang m • **c. di tedesco** Deutschkurs m, **c. serale** Abendkurs m
córte sf Hof m ◊ (dir) Gerichtshof m
cortéccia sf (bot) Rinde f • **c. cerebrale** (anat) Hirnrinde f
corteggiaménto sm Umwerbung f ◊ (fig) Hof m
corteggiàre vt umwerben, den Hof machen (+ dat)
corteggiatóre sm Verehrer m
cortèo sm Zug m, Umzug m
cortése a (che mostra cortesia) höflich ◊ (stor) höfisch
cortesìa sf Höflichkeit f, Freundlichkeit f • **per c.** bitte
cortigiàno a höfisch ♦ sm Höfling m
cortile sm Hof m
cortisóne sm (med) Kortison n
córto a kurz
cortocircùito sm (el) Kurzschluss m
córvo sm (zool) Rabe m
còsa sf Sache f, Ding n ♦ pr was
còscia sf (anat) Schenkel m
cosciènte a bewusst
cosciènza sf Gewissen n ◊ (sensibilità) Bewusstsein n
così avv/cong so
cosicché cong so dass
cosiddétto a so genannt
cosmèsi sf Kosmetik f
cosmètico a kosmetisch ♦ sm Schönheitsmittel n, Kosmetikum n
còsmico a kosmisch
còsmo sm Weltall n, Weltraum m
cosmopolìta a kosmopolitisch ♦ sm Kosmopolit m
cospàrgere vt bestreuen ◊ (con liquidi) bespritzen
cospìcuo a beträchtlich, ansehnlich
cospiràre vi sich verschwören
cospirazióne sf Verschwörung f
còsta sf Küste f
costànte a beständig ♦ sf (fis, mat) Konstante f
costànza sf Beständigkeit f
costàre vt/i kosten • *costare*

costata   392

caro/poco teuer/billig sein; *quanto costa?* wie viel kostet es?

costàta *sf* (*cuc*) Rumpsteak *n*

costellazióne *sf* (*astr*) Sternbild *n*

costièro *a* Küsten-

costipàre *vt* (*med*) verstopfen

costipazióne *sf* (*med*) (*di intestino*) Verstopfung *f* ◇ (*med*) (*raffreddore*) Erkältung *f*

costituíre *vt* (*fondare*) gründen ◇ (*comporre*) bilden ◇ (*essere, rappresentare*) darstellen, sein ♦ *vpr* (*dir*) sich stellen

costituzionàle *a* konstitutionell, verfassungsmäßig

costituzióne *sf* (*creazione*) Gründung *f* ◇ (*insieme delle qualità fisiche*) Konstitution *f*, Verfassung *f* ◇ (*di nazione*) Verfassung *f*

còsto *sm* (*zool*) Kosten *pl* ◇ (*prezzo*) Preis *m* ● *a ogni c.* um jeden Preis; *c. della vita* (*fin*) Lebenshaltungskosten *pl*

còstola *sf* (*anat*) Rippe *f*

costolétta *sf* (*cuc*) Kotelett *n*

costóso *a* teuer

costrétto *a* gezwungen

costríngere *vt* zwingen

costrizióne *sf* Zwang *m*

costruíre *vt* (auf)bauen

costruttóre *sm* Bauer *m* ♦ *sm* Erbauer *m* ◇ (*edil*) Satzbau *m*

costruzióne *sf* (*azione*) Bau *m* ◇ (*struttura*) Aufbau *m* ◇ (*edificio*) Gebäude *n* ◇ (*gramm*) Wortfolge *f*

costùi *pr* dieser da, der da (*f* diese/die da; *pl* diese/die da)

costùme *sm* (*usanza*) Sitte *f* ◇ (*da bagno*) Badeanzug *m* (*da donna*), Badehose *f* (*da uomo*) ◇ (*teat*) Kostüm *n*

cotolétta *sf* (*cuc*) Schnitzel *n* ● *c. alla milanese* Wiener Schnitzel

cotóne *sm* (*tessuto*) Baumwolle *f* ◇ (*idrofilo*) Watte *f* ● *di c.* baumwollen

còttimo *sm* **lavoráre a c.** im Akkord arbeiten

còtto *a* gekocht, gar ● *ben/poco c.* gar/halb gar

cottùra *sf* Kochen *n*

cóva *sf* Brut *f*

covàre *vi* ausbrüten ◇ (*fig*) hegen, brüten

cóvo *sm* (*zool*) Bau *m*, Nest *n* ◇ (*fig*) Schlupfwinkel *m*, Nest *n*

còzza *sf* (*zool*) Miesmuschel *f*

cràmpo *sm* (*med*) Krampf *m* ● *avere un c. alla gamba* einen Krampf im Bein bekommen

crànico *a* Schädel-

crànio *sm* Schädel *m*

cratère *sm* Krater *m*

cravàtta *sf* Krawatte *f*

creàre *vt* (er)schaffen

creatività *sf* Schaffenskraft *f*, Kreativität *f*

creatívo *a* kreativ, Schaffens-, Schöpfungs-

creàto *a* geschaffen, erschaffen ♦ *sm* Schöpfung *f*

creatóre *sm* Schöpfer *m*

creatùra *sf* Geschöpf *n*, Kreatur *f*

creazióne sf Kreation f ◊ (relig) Schöpfung f, Erschaffung f
credènte a gläubig ♦ sm/f Gläubige m/f
credènza (1) sf Glaube m
credènza (2) sf (armadio) Kredenz f
crédere vt/i glauben (+ dat/acc, an + acc) ◊ (ritenere, stimare) glauben, halten (für + acc) ● **c. in Dio** an Gott glauben
credìbile a glaubwürdig
crédito sm Glaube m ◊ (reputazione) Ansehen n, Ruf m ◊ (comm) Kredit m ● **a c.** auf Kredit; **essere in c.** Kredit haben
creditóre a Gläubiger- ♦ sm Gläubiger m
crèma sf (cuc) Creme f, Krem m/f ◊ (cosmetica) Salbe f, Creme f ● **c. per il viso** Gesichtscreme f; **c. solare** Sonnenschutzcreme f
cremàre vt einäschern, verbrennen
crematòrio a Einäscherungs- ● **forno c.** Einäscherungsofen m
cremazióne sf Feuerbestattung f, Leichenverbrennung f
cremóso a cremig
crèn sm (bot) Kren m, Meerrettich m
crèpa sf Riss m
crepàccio sm Spalte f
crepùscolo sm Dämmerung f ● **al c.** in/mit der Dämmerung
créscere vt (allevare) aufziehen ◆ vi wachsen ◊ (diventare adulto) heranwachsen ◊ (diventare più alto) größer werden
créscita sf Wachstum n
crèsima sf (relig) Firmung f (cattolica), Konfirmation f (protestante)
crésta sf (zool) Kamm m ◊ (geogr) Kamm m, Grat m
crèta sf Ton m
cretìno a blöd ♦ sm Dummkopf m
cric sm (aut) Wagenheber m
cricèto sm (zool) Hamster m
criminàle a Kriminal-, kriminell ♦ sm Verbrecher m
criminalità sf Kriminalität f
crìmine sm Verbrechen n
crinièra sf (zool) Mähne f
crìpta sf Krypta f
criptàto a verschlüsselt
crisantèmo sm (bot) Chrysantheme f
crìsi sf Krise f ● **c. economica** Wirtschaftskrise f
cristallerìa sf Kristallware f ◊ (negozio) Kristallwarengeschäft n
cristallìno a (min) kristallinisch ◊ (fig) kristallklar ♦ sm (anat) Linse f
cristallizzàre vi/pr (min) kristallisieren ◊ (fig) erstarren
cristàllo sm (min) Kristall m ● **a cristalli liquidi** (tecn) Flüssigkristall-
cristianésimo sm Christentum n
cristiàno a christlich ♦ sm Christ m
critèrio sm Kriterium n
crìtica sf Kritik f ◊ (recensione) Rezension f, Kritik f

criticàre vt kritisieren
crìtico a kritisch ◆ sm Kritiker m
croàto a kroatisch ◆ sm Kroate m
croccànte a knusprig ◆ sm (cuc) Krokant m
crocchétta sf (cuc) Krokette f
cróce sf Kreuz n ● *farsi il segno della c.* (relig) sich bekreuzigen; *Croce Rossa* Rotes Kreuz
crocevìa sm Kreuzweg m, Straßenkreuzung f
crociàta sf (stor) Kreuzzug m
crocièra sf (viaggio) Kreuzfahrt f ◇ (arch) Kreuzgewölbe n
crocifìggere vt kreuzigen, ans Kreuz schlagen
crocifissióne sf Kreuzigung f
crocifìsso a gekreuzigt ◆ sm (persona) Gekreuzigte m ◇ (arte) Kreuz n, Kruzifix n
crollàre vi zusammenbrechen, einstürzen
cròllo sm Einsturz m, Zusammenbruch m
cromàre vt verchromen
cromàtico a Farb- ● *scala cromatica* (mus) chromatische Tonleiter f
cromatùra sf Verchromung f
cròmo sm (chim) Chrom n
cromosòma sm (biol) Chromosom n
crònaca sf (lett) Chronik f ◇ (sul giornale) Bericht m, Nachrichten pl
crònico a chronisch
cronìsta sm Berichterstatter m
cronològico a chronologisch, zeitlich

cronometràggio sm Zeitmessung f
cronometràre vt (ab)stoppen
cronòmetro sm Chronometer n ◇ (sport) Stoppuhr f
cròsta sf Kruste f ● *c. terrestre* (geol) Erdkruste f
crostàceo sm (zool) Krustentier n
crostàta sf Mürbeteigkuchen m
crostìno sm geröstete Brotschnitte f
crucivèrba sm Kreuzworträtsel n
crudèle a grausam
crùdo a roh
crùsca sf Kleie f
cruscòtto sm (aut) Armaturenbrett n
cubétto sm Würfelchen n ◇ (di porfido) Pflasterstein m ● *c. di ghiaccio* Eiswürfel m
cubìsmo sm (arte) Kubismus m
cùbo sm Würfel m ● *elevare al c.* (mat) kubieren
cuccétta sf (ferr) Liege(wagen)platz m ◇ (vagone) Liegewagen m
cucchiaiàta sf Löffelvoll m
cucchiaìno sm Löffelchen n
cucchiàio sm Löffel m
cùccia sf Hundelager n ● *fare la c.* kuschen
cùcciolo sm Tierjunge n ◇ (di cane) Welpe m
cucìna sf (locale, modo di cucinare) Küche f ◇ (fornelli) Herd m ● *c. abitabile* Wohnküche f; *c. a vista* offene Küche
cucinàre vt/i (cuocere) kochen

◇ *(preparare il pasto)* zubereiten
cucire *vt* nähen
cucito *a* genäht ♦ *sm* Näherei *f*
cucitùra *sf (punto cucito)* Naht *f*
cucùlo *sm (zool)* Kuckuck *m*
cùffia *sf* Haube *f*, Mütze *f* ◇ *(per la musica)* Kopfhörer *m* ◇ *(da bagno)* Badekappe *f*
cugìno *sm* Vetter *m*, Cousin *m*
cui *pr.rel (termine)* dem *m/n* (*f* der; *pl* denen) ◇ *(specificazione)* dessen *m/n* (*f* deren; *pl* deren) ● *per cui* deswegen
cùlla *sf* Wiege *f*
cullàre *vt* wiegen
cùlo *sm (volg)* Arsch *m*
cùlto *sm* Kult *m*
cultóre *sm* Liebhaber *m*
cultùra *sf* Kultur *f*, Bildung *f* ● *farsi una c.* sich Bildung aneignen
culturàle *a* kulturell, Kultur- ◇ *(educativo)* Bildungs-
cùmulo *sm* Haufen *m*
cunìcolo *sm* Stollen *m*
cuòcere *vt/i* kochen, braten *(l'arrosto)*, backen *(al forno)*
cuòco *sm* Koch *m*
cuòio *sm* Leder *n*
cuòre *sm* Herz *n*
cùpo *a* dunkel, finster
cùpola *sf (arte)* Kuppel *f*
cùra *sf* Pflege *f*, Sorge *f* ◇ *(med)* Kur *f* ◇ *(da un medico)* Behandlung *f* ● *casa di c.* Kurheim *n*, Privatklinik *f*; *c. dimagrante* Schlankheitskur *f*
curàbile *a* heilbar

curànte *a* **medico c.** behandelnder Arzt *m*
curàre *vt* pflegen ◇ *(med)* behandeln ♦ *vpr* sich kümmern (*um + acc*), sorgen (*für + acc*) ◇ *(med)* sich behandeln lassen
curatóre *sm (di un libro)* Herausgeber *m*
cùria *sf (relig)* Kurie *f*
curiosàre *vi* neugierig betrachten, (herum)schnüffeln
curiosità *sf* Neugier(de) *f* ◇ *(cosa strana)* Merkwürdigkeit *f*
curióso *a* neugierig ♦ *sm* Neugierige *m*
cursóre *sm* Schieber *m*
cùrva *sf* Kurve *f*, Biegung *f*
curvàre *vt* krümmen, biegen ♦ *vi* abbiegen
curvatùra *sf* Krümmung *f*, Biegung *f*
cùrvo *a (cosa)* krumm ◇ *(persona)* gebeugt
cuscinétto *sm (mecc)* Lager *n*
cuscìno *sm* Kissen *n*
cùspide *sf (geom)* Spitze *f* ◇ *(arch)* Giebel *m*
custòde *sm* Wächter *m* ◇ *(portiere)* Pförtner *m*, Hausmeister *m* ◇ *(fig)* Hüter *m*
custòdia *sf* Aufbewahrung *f*, Verwahrung *f* ◇ *(astuccio)* Etui *n* ◇ *(fodera)* Futteral *n* ◇ *(dir)* Haft *f*
custodìre *vt* (auf)bewahren, beaufsichtigen
cutàneo *a* kutan, Haut-
cùte *sf (anat)* Haut *f*
cyclette *sf* Heimtrainer *m*

D

da *prep* (*agente*) von (+ *dat*) ◊ (*moto da luogo*) aus (+ *dat*), von (+ *dat*) ◊ (*moto per luogo*) durch (+ *acc*), über (+ *acc*) ◊ (*moto a luogo*) zu (+ *dat*) ◊ (*stato in luogo*) bei (+ *dat*)

daccàpo *avv* (*da principio*) von vorn ◊ (*ancora*) wieder, noch einmal

dadaìsmo *sm* (*arte*) Dadaismus *m*

dàdo *sm* Würfel *m* ◊ (*cuc*) Suppenwürfel *m* ◊ (*mecc*) Schraubenmutter *f*

dàino *sm* (*zool*) Damhirsch *m*

daltònico *a* farbenblind ♦ *sm* Farbenblinde *m/f*

daltonìsmo *sm* (*med*) Farbenblindheit *f*

dàma *sf* (Edel)dame *f* ◊ (*gioco*) Damespiel *n*

damàsco *sm* (*abb*) Damast *m*

danése *a* dänisch ♦ *sm* Däne *m*

dannàre *vt* verdammen

dannazióne *sf* Verdammung *f*

danneggiàre *vt* beschädigen

dànno *sm* Schaden *m* ● *d. materiale* Sachschaden *m*

dànza *sf* Tanz *m* ● *d. classica* Ballett *n*

danzànte *a* tanzend, Tanz-

danzàre *vi* tanzen

danzatóre *sm* Tänzer *m*

dappertùtto *avv* (*stato*) überall ◊ (*moto*) überallhin

dapprìma *avv* zuerst, anfangs, am Anfang

dàre (1) *vt* geben ♦ *vi* (*affacciarsi*) gehen (*auf* + *acc*, *zu* + *dat*) ● *d. un esame* eine Prüfung ablegen

dàre (2) *sm* (*fin*) Soll *n* ● *d. e avere* Soll und Haben

dàrsena *sf* Hafenbecken *n*

dàta *sf* Datum *n* ◊ (*di un appuntamento*) Zeitpunkt *m*

datàre *vt/i* datieren

datazióne *sf* Datierung *f*

datìvo *sm* (*gramm*) Dativ *m*, Wemfall *m*

dàto *sm* Tatsache *f* ◊ (*pl*) Angaben *pl*, Daten *pl* ◊ (*pl*) (*inform*) Daten *pl*

datóre *sm* *d. di lavoro* Arbeitgeber *m*

dàttero *sm* (*bot*) Dattel *f*

dattilografàre *vt/i* Maschine schreiben, tippen

dattilògrafo *sm* Maschinenschreiber *m*

dattiloscrìtto *a* maschinegeschrieben ♦ *sm* Maschinenschrift *f*

davànti *avv* vorn ♦ *prep* *d. a* vor (*stato* + *dat*, *moto* + *acc*) ◊ (*dirimpetto*) gegenüber (+ *dat*) ♦ *a* (*anteriore*) vordere, Vorder-

davanzàle *sm* Fensterbrett *n*, Fensterbank *f*

davvéro *avv* wirklich

day hospital *sm* Tagesklinik *f*

dàzio *sm* Zoll *m*

dèa *sf* Göttin *f*

debellàre *vt* bezwingen

debilitàre *vt* entkräften, schwächen
débito *sm* Schuld *f*
debitóre *sm* Schuldner *m* ● *essere d. di qc verso qn* jemandem etwas schulden
débole *a* schwach ♦ *sm/f* Schwache *m/f*
debolézza *sf* Schwäche *f*
debuttàre *vi* debütieren
debùtto *sm* Debüt *n*
dècade *sf* Dekade *f*
decadènte *a* dekadent
decadènza *sf* Niedergang *m*, Verfall *m* ● *andare in d.* verfallen
decadére *vi* verfallen ◇ *(fis)* zerfallen
decadiménto *sm* Niedergang *m*, Verfall *m* ◇ *(fis)* Zerfall *m*
decadùto *a* verfallen
decaffeinàto *a* koffeinfrei
decàlogo *sm* *(relig)* Dekalog *m*
decàno *sm* Älteste *m*, Senior *m* ◇ *(all'università)* Dekan *m*
decapitàre *vt* enthaupten, köpfen
decapitazióne *sf* Enthauptung *f*
decappottàbile *a* *(aut)* mit Klappverdeck
decedùto *a* verstorben, tot
deceleràre *vt* die Geschwindigkeit verringern
decelerazióne *sf* Verlangsamung *f*
decennàle *a* *(che dura dieci anni)* zehnjährig ◇ *(che accade ogni dieci anni)* zehnjährlich ♦ *sm* Zehnjahresfeier *f*
decènnio *sm* Jahrzehnt *n*

decènte *a* anständig
decentraménto *sm* Dezentralisation *f*
decènza *sf* Anstand *m*
decìdere *vt* festsetzen, bestimmen ♦ *vi/pr* (sich) entscheiden
decìduo *a* abfallend
decifràre *vt* entziffern
decìlitro *sm* Deziliter *m/n*
decimàle *a* dezimal ♦ *sm* Dezimale *f*
decimàre *vt* dezimieren
dècimo *a* zehnte
decisióne *sf* Entscheidung *f*
decisìvo *a* entscheidend
decìso *a* entschieden
declamàre *vt* deklamieren, vortragen
declamatòrio *a* deklamatorisch
declamazióne *sf* Deklamation *f*, Vortrag *m*
declassaménto *sm* Deklassierung *f*, Herabsetzung *f*
declassàre *vt* deklassieren, herabsetzen
declinàre *vi* *(essere in declino)* abnehmen, schwinden ♦ *vt* *(gramm)* deklinieren, beugen
declinazióne *sf* *(gramm)* Deklination *f*, Beugung *f*
declìno *sm* Untergang *m*, Niedergang *m*
decollàre *vi* *(aer)* abheben, starten, abfliegen
decòllo *sm* *(aer)* Start *m*, Abflug *m* ◇ *(fig)* Aufschwung *m*
decoloràre *vt* entfärben, bleichen
decolorazióne *sf* Entfärbung *f*, Bleichen *n*

decompórsi *vpr* zerfallen, verwesen

decomposizióne *sf* Zerlegung *f* ◇ (*putrefazione*) Verwesung *f*

decongestionaménto *sm* (*med*) Abschwellung *f* ◇ (*del traffico*) Entlastung *f*

decongestionàre *vt* (*med*) abschwellen lassen ◇ (*il traffico*) entlasten

decoràre *vt* (*ornare*) schmücken, dekorieren ◇ (*insignire*) auszeichnen

decorativo *a* schmückend, dekorativ

decorazióne *sf* (*ornamento*) Ausschmückung *f*, Dekoration *f* ◇ (*onorificenza*) Auszeichnung *f*

decóro *sm* Anstand *m*

decoróso *a* anständig

decorrènza *sf* Laufzeit *f*

decórrere *vi* laufen, gelten

decórso *sm* Verlauf *m*

decótto *sm* Aufguss *m*

decrèpito *a* altersschwach

decréscere *vi* abnehmen

decretàre *vt* bestimmen, verordnen

decréto *sm* Verordnung *f*, Dekret *n*

dèdica *sf* Widmung *f*

dedicàre *vt* widmen, weihen ♦ *vpr* sich widmen, sich hingeben

deducìbile *a* (*comm*) abziehbar

dedùrre *vt* folgern, schließen ◇ (*comm*) abziehen

deduttivo *a* deduktiv

deduzióne *sf* Folgerung *f*, Schluss *m* ◇ (*comm*) Abzug *m*

defecàre *vi* den Darm entleeren

defecazióne *sf* Entleerung *f*

defezionàre *vi* abfallen (*von* + *dat*)

defezióne *sf* Abfall *m*

deficiènte *a* (*mancante*) fehlend ◇ (*stupido*) dumm, blöde ♦ *sm* Dummkopf *m*

deficiènza *sf* (*mancanza*) Mangel *m* ◇ (*stupidità*) Dummheit *f*

déficit *sm* Defizit *n*

definìre *vt* bestimmen, festlegen ◇ (*spiegare*) definieren

definitivo *a* endgültig, definitiv

definizióne *sf* Definition *f* ◇ (*di un'immagine*) Schärfe *f*

deflagrazióne *sf* Deflagration *f*

deflettóre *sm* (*aut*) Schwenkfenster *n*

defluìre *vi* abfließen, ablaufen

deflùsso *sm* Abfluss *m*

deformàre *vt* verformen ◇ (*fig*) verzerren ♦ *vpr* sich verformen

deformazióne *sf* Verformung *f* ◇ (*fig*) Verzerrung *f*

defórme *a* verwachsen

deformità *sf* Missbildung *f*

defùnto *a* verstorben, tot

degeneràre *vi* ausarten, entarten

degenerazióne *sf* Entartung *f*, Degeneration *f*

degènte *a* bettlägerig ♦ *sm/f* Bettlägerige *m/f*

degènza *sf* Liegezeit *f*, Krankenhausaufenthalt *m* (*in ospedale*)

deglutìre *vt* schlucken

degnàre *vt* würdigen ♦ *vpr* sich herablassen

dégno *a* würdig
degradànte *a* entehrend, entwürdigend
degradàre *vt* entwürdigen ◊ (*mil*) degradieren
degradazióne *sf* Zerrüttung *f* ◊ (*mil*) Degradierung *f*
degrado *sm* Zerfall *m*, Verfall *m*
degustàre *vt* kosten, probieren
degustazióne *sf* Kostprobe *f*
delatóre *sm* Denunziant *m*
delazióne *sf* Anzeige *f*
dèlega *sf* (*azione*) Übertragung *f* ◊ (*documento*) Vollmacht *f*
delegàre *vt* beauftragen, delegieren
delegàto *a* beauftragt, delegiert ◆ *sm* Beauftragte *m/f*, Delegierte *m/f*
delegazióne *sf* (*gruppo di rappresentanti*) Delegation *f*, Abordnung *f*
deletèrio *a* schädlich
delfìno *sm* (*zool*) Delphin *m*, Delfin *m*
deliberàre *vt* beschließen
deliberataménte *avv* absichtlich
deliberatìvo *a* beschließend
delicatézza *sf* Zartheit *f*, Feinheit *f*
delicàto *a* zart, fein
delimitàre *vt* eingrenzen, begrenzen, festsetzen
delimitazióne *sf* Begrenzung *f*, Festsetzung *f*
delineàre *vt* umreißen, beschreiben ◆ *vpr* sich abzeichnen, sichtbar werden
delinquènte *sm* Verbrecher *m*

delinquènza *sf* Verbrechertum *n*
deliràre *vi* faseln, irrereden
delìrio *sm* Delirium *n*, Wahn *m*
delìtto *sm* Verbrechen *n*, Delikt *n*
delìzia *sf* Wonne *f*, Entzücken *n*
deliziàre *vt* entzücken
deliziòso *a* entzückend
dèlta *sm* Delta *n*
deltaplàno *sm* Flugdrachen *m*
delùdere *vt* enttäuschen
delusióne *sf* Enttäuschung *f*
delùso *a* enttäuscht
demagogìa *sf* Demagogie *f*
demagògo *sm* Demagoge *m*
demànio *sm* Staatsbesitz *m*
demènte *a* wahnsinnig, schwachsinnig ◆ *sm/f* Wahnsinnige *m/f*
demènza *sf* Wahnsinn *m*, Schwachsinn *m*
demenziàle *a* Schwachsinn-
democràtico *a* demokratisch ◆ *sm* Demokrat *m*
democrazìa *sf* Demokratie *f*
demografìa *sf* Demographie *f*
demogràfico *a* demographisch, Bevölkerungs-
demolìre *vt* abreißen
demolizióne *sf* Abbruch *m*
dèmone *sm* Dämon *m*
demònio *sm* Teufel *m*
demoralizzàre *vt* entmutigen ◆ *pr* den Mut verlieren
demoralizzazióne *sf* Mutlosigkeit *f*
denàro *sm* Geld *n*
denatalità *sf* Geburtenrückgang *m*

denigràre *vt* verleumden

denigratóre *sm* Verleumder *m*

denigrazióne *sf* Verleumdung *f*

denominàre *vt* nennen, bezeichnen

denominatóre *sm* (*mat*) Nenner *m*

denominazióne *sf* Benennung *f*

denotàre *vt* andeuten, anzeigen

densità *sf* Dichte ◇ (*di liquidi*) Dickflüssigkeit *f*

dènso *a* dick ◇ (*di liquidi*) dickflüssig

dentàle *a* dental, Zahn-

dentàto *a* (*mecc*) gezähnt, Zahn-

dentatùra *sf* Gebiss *n*

dènte *sm* Zahn *m* ◆ **al d.** (*cuc*) halb gar, al dente; **mal di denti** Zahnschmerzen *pl*

dentellàto *a* zackig

dentièra *sf* künstliches Gebiss *n*

dentifrìcio *sm* Zahnpaste *f*

dentìsta *sm* Zahnarzt *m*

dentizióne *sf* Zahndurchbruch *m*

déntro *avv* (*stato*) drinnen ◇ (*moto*) herein (*avvicinamento*), hinein (*allontanamento*) ◆ *prep* in (*stato + dat, moto + acc*)

denudàrsi *vpr* sich entblößen

denùncia *sf* Anzeige *f*

denunciàre *vt* anzeigen

denutrìto *a* unterernährt

denutrizióne *sf* Unterernährung *f*

deodorànte *a* desodorierend ◆ *sm* Deodorant *n*

deperìbile *a* leichtverderblich

deperibilità *sf* Verderblichkeit *f*

deperiménto *sm* Verderben *n* ◇ (*biol*) Verfall *m*

deperìre *vi* (*biol*) verfallen ◇ (*deteriorarsi*) verderben

depilàrsi *vpr* sich enthaaren

depilatòrio *a* Enthaarungs-

depilazióne *sf* Enthaarung *f*

deploràre *vt* bedauern ◇ (*biasimare*) tadeln

deplorévole *a* bedauernswert ◇ (*da biasimare*) tadelnswert

depórre *vt* ablegen, absetzen ◆ *vi* (*dir*) aussagen

deportàre *vt* deportieren, verschleppen

deportàto *a* deportiert, verschleppt ◆ *sm* Deportierte *m/f*, Verschleppte *m/f*

deportazióne *sf* Deportation *f*, Verschleppung *f*

depositàre *vt* hinterlegen, abgeben ◇ (*immagazzinare*) (ein)lagern ◇ (*fin*) (*soldi*) einlegen ◆ *vpr* einen Bodensatz bilden

depòsito *sm* (*azione*) Hinterlegung *f*, Einlage *f* (*in banca*), Einlagerung *f* (*in un magazzino*) ◇ (*magazzino*) Lager *n*, Warenlager *n* (*di merci*) ◇ (*fin*) (*bancario*) Bankguthaben *n* ◇ (*sedimento*) Bodensatz *m* ◆ **d. bagagli** Gepäckaufbewahrung *f*

deposizióne *sf* (*rimozione da una carica*) Absetzung *f* ◇ (*dir*) Aussage *f*

depravàto *a* verderbt ◆ *sm* verderbter Mensch *m*

depravazióne *sf* Verkommenheit *f*

deprecàre vt tadeln, verwerfen
deprecazióne sf Tadel m
depressióne sf (avvallamento) Senke f, Niederung f ◇ (meteor) Tief n ◇ (fig) Niedergeschlagenheit f, Depression f
deprèsso a (fig) niedergeschlagen, deprimiert
deprezzaménto sm Entwertung f
deprezzàre vt entwerten
depuràre vt reinigen
depuratóre sm (dell'acqua) Wasserenthärter m
depurazióne sf Reinigung f
deputàto sm (in parlamento) Abgeordnete m/f
deragliaménto sm Entgleisung f
deragliàre vi entgleisen
derattizzazióne sf Rattenbekämpfung f
derìdere vt verspotten, auslachen
derisióne sf Verspottung f
derìva sf (aer, naut) Abtrift f ◇ (naut) (chiglia) Schwert n ● *andare alla d.* abgetrieben werden; *d. dei continenti* (geol) Kontinentalverschiebung f
derivàre vt herleiten, ableiten ♦ vi herkommen (von + dat), abstammen (von + dat)
derivazióne sf Ableitung f, Abstammung f
dermatite sf (med) Dermatitis f, Hautentzündung f
dermatologìa sf Dermatologie f
dermatòlogo sm Hautarzt m, Dermatologe m

dermoprotettìvo a (med) hautschützend
dèroga sf Abweichung f
derogàre vi abweichen (von + dat)
derubàre vt berauben
descrittìvo a beschreibend
descrìvere vt beschreiben
descrizióne sf Beschreibung f
desèrtico a wüstenhaft
desèrto a wüst, öde ♦ sm Wüste f
desideràre vt wünschen
desidèrio sm Wunsch m
designàre vt (denominare) benennen ◇ (a una carica) ernennen, einsetzen
designazióne sf (nomina) Ernennung f
desinènza sf Endung f
desìstere vi ablassen (von + dat)
desolànte a betrüblich
desolàto a (luogo) öd(e) ◇ (persona) betrübt, traurig
desolazióne sf Verwüstung f, Öde f ◇ (fig) (tristezza) Traurigkeit f
dessert sm Nachtisch m
destinàre vt bestimmen
destinatàrio sm Empfänger m
destinazióne sf Bestimmung f ◇ (luogo) Bestimmungsort m
destìno sm Schicksal n
destituìre vt absetzen
destituzióne sf Absetzung f
dèstra sf Rechte f ● *a d.* rechts
dèstro a recht
desùmere vt entnehmen, schließen

detenére vt (un primato) innehaben ◇ (dir) halten, besitzen
detentóre sm Inhaber m ◇ (dir) Besitzer m
detenùto a gefangen ♦ sm Gefangene m/f, Häftling m
detenzióne sf (carcerazione) Haft f ◇ (dir) Besitz m
detergènte a reinigend ♦ sm Reinigungsmittel n
deterioraménto sm Verderben n ◇ (di edifici) Verfall m
deteriorársi vpr verderben ◇ (di edifici) verfallen
determináre vt (fissare) bestimmen, festlegen ◇ (delimitare) begrenzen ◇ (calcolare) berechnen
determinatézza sf (risolutezza) Entschlossenheit f
determinazióne sf (stabilizzazione) Bestimmung f, Festsetzung f ◇ (determinatezza) Entschlossenheit f
detersivo sm Reinigungsmittel n, Waschmittel n, Reiniger m
detestáre vt verabscheuen, hassen
detrárre vt/i abziehen
detrattóre sm Verleumder m
detrazióne sf Abzug m
detrito sm Geröll m
dettagliàre vt detaillieren
dettagliataménte avv ausführlich
dettàglio sm Detail n, Einzelheit f ● **al d.** im Detail; **vendita al d.** Einzelverkauf m
dettáre vt diktieren
dettáto sm Diktat n

dettatùra sf Diktieren n ● **scrivere sotto d.** nach Diktat schreiben
détto sm Spruch m, Sprichwort m
deturpaménto sm Verunstaltung f
deturpáre vt verunstalten, entstellen
devastáre vt verwüsten, zerstören
devastazióne sf Verwüstung f, Zerstörung f
deviáre vi abweichen ♦ vt ablenken ◇ (il traffico) umleiten
deviazióne sf Abweichung f ◇ (di traffico) Umleitung f
devòto a fromm, andächtig
devozióne sf Andacht f, Frömmigkeit f
di prep (specificazione) si traduce col genitivo o con un sostantivo composto (ES: **amor di patria** Vaterlandsliebe) ◇ (provenienza) von (+ dat), aus (+ dat) (ES: **essere di Milano** aus Mailand sein) ◇ (secondo termine di paragone) als (+ nom) (ES: **è più alto di me** er ist größer als ich) ◇ (argomento) von (+ dat), über (+ acc) (ES: **parlare di politica** über Politik sprechen) ◇ (tempo) in (+ dat), bei (+ dat), während (+ gen) (ES: **d'estate** im Sommer) ◇ (causa) vor (+ dat) (ES: **gridare di gioia** vor Freude schreien) ◇ (materia) aus (+ dat) (ES: **scarpe di pelle** Schuhe aus Leder) ● **di mattina/di sera** morgens/abends; **un bicchiere di vino** ein Glas

Wein; *un litro di latte* ein Liter Milch; *un pezzo di formaggio* ein Stück Käse; *vorrei del pane* ich möchte (etwas) Brot

diabète *sm (med)* Zuckerkrankheit *f*

diabètico *a* zuckerkrank ◆ *sm* Zuckerkranke *m/f*

diabòlico *a* diabolisch

diadèma *sm* Diadem *n*

diaframma *sm* Scheidewand *f* ◊ *(fot)* Blende *f* ◊ *(anat)* Zwerchfell *n*

diàgnosi *sf* Diagnose *f*

diagnosticàre *vt* diagnostizieren, feststellen

diagonàle *a* diagonal, schräg ◆ *sf (geom)* Diagonale *f*

dialettàle *a* dialektal

dialètto *sm* Dialekt *m*

diàlisi *sf (med)* Dialyse *f*

dialogàre *vi* reden, sich unterhalten

diàlogo *sm* Zwiegespräch *n*

diamànte *sm* Diamant *m*

diàmetro *sm (geom)* Durchmesser *m*

diàpason *sm (mus)* Diapason *m/n*

diapositìva *sf* Diapositiv *n*, Dia *n*

diàrio *sm* Tagebuch *n*

diarrèa *sf (med)* Durchfall *m*

diàvolo *sm* Teufel *m*

dibàttere *vt* erörtern

dibàttito *sm* Debatte *f*, Aussprache *f*

diboscaménto *sm* Abholzung *f*

diboscàre *vt* abholzen

dicèmbre *sm* Dezember *m*

diceria *sf* Gerücht *n*, Gerede *n*

dichiaràre *vt* erklären

dichiarazióne *sf* Erklärung *f*

diciannòve *a* neunzehn

diciannovèsimo *a* neunzehnte

diciassètte *a* siebzehn

diciassettèsimo *a* siebzehnte

diciottèsimo *a* achtzehnte

diciòtto *a* achtzehn

didascalìa *sf* Bildunterschrift *f*

didàttica *sf* Didaktik *f*

didàttico *a* didaktisch

diéci *a* zehn

dièsis *sm (mus)* Kreuz *n*

dièta (1) *sf (alimentazione)* Kost *f* ◊ *(dimagrante)* Diät *f*

dièta (2) *sf (assemblea)* Versammlung *f* ◊ *(stor)* Reichstag *m*

dietètica *sf* Diätetik *f*

dietòlogo *sm* Diätetiker *m*

diètro *avv (stato)* hinten ◊ *(moto)* nach hinten ◆ *prep (luogo)* hinter *(stato + dat, moto + acc)* ◊ *(tempo)* nach (+ *dat*) ● *d. ricevuta* gegen Quittung

difèndere *vt* verteidigen

difensìvo *a* verteidigend

difensóre *sm* Verteidiger *m*

difésa *sf* Verteidigung *f* ◊ *(protezione)* Schutz *m*

difettàre *vi* mangeln, fehlen *(costr impers)*

difètto *sm* Fehler *m*

difettóso *a* fehlerhaft

diffamàre *vt* verleumden

diffamazióne *sf* Verleumdung *f*

differènte *a* verschieden

differènza *sf* Verschiedenheit *f*, Unterschied *m*

differenziàle *sm* (*aut*) Differenzial, Differential *n*

differenziàre *vt* differenzieren, unterscheiden

difficile *a* schwierig, schwer

difficilménte *avv* kaum, schwerlich

difficoltà *sf* Schwierigkeit *f*

diffida *sf* Verwarnung *f*

diffidàre *vi* misstrauen ♦ *vt* (ver)warnen

diffidènte *a* misstrauisch

diffidènza *sf* Misstrauen *n*

diffóndere *vt* verbreiten

diffusióne *sf* Verbreitung *f*

diffusóre *sm* Verbreiter *m*

diga *sf* Talsperre *f*

digerènte *a* **apparato d.** (*anat*) Verdauungsapparat *m*

digeribile *a* verdaulich

digerìre *vt* verdauen

digestióne *sf* Verdauung *f*

digestìvo *a* (*relativo alla digestione*) Verdauungs- ◊ (*che favorisce la digestione*) verdauungsfördernd ♦ *sm* Magenbitter *m*

digitàle *a* (*tecn*) digital, Digital- ● **impronta d.** Fingerabdruck *m*

digitàre *vt* (*inform*) eingeben, eintippen

digiunàre *vi* fasten

digiùno *a* nüchtern ♦ *sm* Fasten *n*

dignità *sf* Würde *f*

dignitóso *a* würdig, anständig (*decoroso*)

digressióne *sf* Abschweifung *f*, Abweichung *f*

dilagànte *a* überhand nehmend

dilagàre *vi* (*fig*) überhand nehmen

dilapidàre *vt* verschwenden

dilatàre *vt* (aus)dehnen ♦ *vpr* sich (aus)dehnen, sich weiten

dilatazióne *sf* (Aus)dehnung *f*

dilazionàre *vt* stunden, verschieben

dilazióne *sf* Stundung *f*

dileguàrsi *vpr* verschwinden

dilèmma *sm* Dilemma *n*

dilettànte *a* dilettantisch, Amateur- ♦ *sm* Amateur *m*

dilettàrsi *vpr* sich ergötzen

dilètto *a* geliebt ♦ *sm* Genuss *m*, Vergnügen *n*

diligènte *a* fleißig, sorgfältig (*accurato*)

diligènza *sf* Fleiß *m*, Sorgfalt *f*

diluènte *sm* Verdünnungsmittel *n*

diluìre *vt* verdünnen ◊ (*con acqua*) verwässern, verlängern ◊ (*far sciogliere*) auflösen

diluizióne *sf* Verdünnung *f* ◊ (*con acqua*) Verwäss(e)rung *f* ◊ (*scioglimento*) Auflösung *f*

dilungàrsi *vpr* sich verbreiten (*über + acc*)

diluviàre *vimp* in Strömen regnen, gießen

dilùvio *sm* Wolkenbruch *m* ● **d. universale** Sintflut *f*

dimagrànte *a* Abmagerungs-

dimagrìre *vi* abmagern, mager werden, abnehmen

dimensióne *sf* Dimension *f*

dimenticànza *sf* Vergesslichkeit *f*, Versäumnis *n*

dimenticàre *vt/pr* vergessen

diméttere vt absetzen ◊ (un malato) entlassen ♦ vpr zurücktreten

dimezzàre vt halbieren, in zwei Hälften teilen

diminuìre vt vermindern ♦ vi abnehmen ◊ (di prezzo) billiger werden

diminutìvo sm (gramm) Verkleinerungsform f

diminuzióne sf Verminderung f, Abnahme f

dimissióni sf pl Rücktritt m sing ● **accettare le d.** den Rücktritt annehmen; **dare le d.** zurücktreten

dimòra sf Wohnort m, Wohnsitz m

dimostràre vt beweisen ◊ (di età) aussehen ♦ vpr sich erweisen, sich zeigen

dimostratìvo a beweisend, Beweis-

dimostrazióne sf (prova) Beweis m ◊ (manifestazione di sentimenti) Bezeugung f ◊ (illustrazione) Vorführung f ◊ (di protesta) Demonstration f

dinàmica sf (fis) Dynamik f

dinàmico a dynamisch

dinamìsmo sm Dynamismus m, Tatkraft f

dinamìte sf Dynamit n

dìnamo sf Dynamo m

dinànzi a loc.prep (stato) vor (+ dat) ◊ (moto) vor (+ acc), an (+ dat)...vorbei ◊ (dirimpetto) gegenüber (+ dat)

dinastìa sf Dynastie f

dinosàuro sm Dinosaurier m

dìo sm Gott m

diòcesi sf Diözese f, Bistum n

diottrìa sf Dioptrie f

dipartiménto sm Bezirk m

dipendènte a abhängig (von + dat) ♦ sm/f Angestellte m/f

dipèndere vi abhängen (von + dat) ● **dipende!** es kommt darauf an

dipìngere vt malen ♦ pr sich bemalen

dipìnto sm Gemälde n

diplòma sm Zeugnis n, Diplom n

diplomàrsi vpr (s)ein Diplom erwerben

diplomàtico a diplomatisch ♦ sm Diplomat m

diplomàto a staatlich geprüft, Diplom- ♦ sm Diplominhaber m

diplomazìa sf Diplomatie f

diradàre vt lichten ◊ (rendere meno frequente) seltener machen ♦ vpr sich lichten ◊ (diventare meno frequente) seltener werden ◊ (di nebbia e sim) sich zerteilen

diramàrsi vpr sich verzweigen

diramazióne sf Abzweigung f

dìre vt sagen

direttaménte avv direkt

direttìva sf Richtlinie f ● **d. europea** EU-Richtlinie f

dirètto a direkt ◊ (indirizzato) gerichtet (an + acc) ♦ sm (ferr) Eilzug m ● **essere d. a casa** auf dem Wege nach Hause sein

direttóre sm Direktor m ● **d. d'orchestra** Dirigent m

direzióne sf Richtung f ◊ (*il dirigere*) Leitung f

dirigènte sm leitender Angestellte ● *d. d'azienda* Betriebsleiter m

dirigènza sf Leitung f

dirìgere vt richten ◊ (*comandare*) leiten ♦ vpr sich wenden

dirimpettàio sm Gegenüber n

diritto a gerade ♦ avv geradeaus ♦ sm Recht n

diroccàto a verfallen, baufällig

dirottaménto sm (*di un aereo*) Flugzeugentführung f

dirottàre vt (*un volo aereo*) entführen

dirótto a **piovere a d.** in Strömen regnen

dirùpo sm Absturz m

disàbile a behindert ♦ sm/f Behinderte m/f

disabitàto a unbewohnt, menschenleer

disabituàrsi vpr sich abgewöhnen, sich entwöhnen

disaccòrdo sm Uneinigkeit f

disagévole a unbequem

disàgio sm Unbequemlichkeit f ◊ (*imbarazzo*) Verlegenheit f

disapprovàre vt missbilligen

disapprovazióne sf Missbilligung f

disarmàre vt entwaffnen ◊ (*edil*) abrüsten

disarmàto a unbewaffnet ◊ (*fig*) (*indifeso*) wehrlos

disàrmo sm Entwaffnung f ◊ (*riduzione degli armamenti*) Abrüstung f ◊ (*edil*) Abrüstung f

disarmonìa sf Missklang m ◊ (*fig*) Uneinigkeit f

disarmònico a disharmonisch

disastràto a zerstört, geschädigt

disàstro sm Unglück n, Katastrophe f

disastróso a katastrophal

disattènto a unaufmerksam

disattenzióne sf Unaufmerksamkeit f ◊ (*svista*) Versehen n

disattivàre vt abschalten

disavventùra sf Missgeschick n

discàrica sf Mülldeponie f

discendènte a (*che scende*) absteigend ♦ sm Nachkomme m

discendènza sf Abstammung f ◊ (*i discendenti*) Nachkommenschaft f

discéndere vi (*trarre origine*) (ab)stammen (*von* + dat), sich herleiten

discépolo sm Anhänger m ◊ (*relig*) Jünger m

discésa sf Abstieg m ◊ (*da un mezzo*) Aussteigen n ◊ (*sport*) Abfahrt f

discesìsta sm Abfahrtsläufer m

disciplìna sf Disziplin f ◊ (*materia di studio*) Fach n

disciplinàre vt disziplinieren

dìsco sm Scheibe f ◊ (*di musica*) Schallplatte f ◊ (*sport*) Diskus m ◊ (*inform*) Platte f ● *d. fisso* Festplatte f; *d. orario* Parkscheibe f; *d. rigido* (*inform*) Festplatte f; *lancio del d.* (*sport*) Diskuswerfen n; *zona d.* blaue Zone f

discólpa sf Rechtfertigung f

discolpàre vt rechtfertigen
discontinuità sf Diskontinuität f ◊ (fig) (incostanza) Unbeständigkeit f
discontìnuo a zusammenhangslos ◊ (fig) (incostante) unbeständig
discordànte a (di suoni e colori) diskordant, unharmonisch ◊ (fig) nicht übereinstimmend
discordànza sf (di suono) Missklang m ◊ (fig) Uneinigkeit f
discordàre vi nicht übereinstimmen
discòrde a uneinig
discòrdia sf Uneinigkeit f
discórrere vi sich unterhalten, reden
discorsìvo a Gesprächs-
discórso sm Rede f
discotèca sf Diskothek f
discrepànte a widersprüchlich
discrepànza sf Diskrepanz f, Widersprüchlichkeit f
discretaménte avv ziemlich gut
discréto a mäßig, ziemlich gut ◊ (non importuno) taktvoll, diskret ◊ (mat) diskret
discrezióne sf (senso della misura) Maß n, Zurückhaltung f ◊ (tatto) Rücksicht f, Diskretion f
discriminàre vt diskriminieren
discriminazióne sf Diskriminierung f ● **d. razziàle** Rassendiskriminierung f
discussióne sf Diskussion f
discùtere vt/i besprechen, diskutieren

discutìbile a (incerto) fragwürdig
disdétta sf Kündigung f ● **dare la d.** kündigen
disdìre vt (annullare) absagen ◊ (dare la disdetta) kündigen
diseducatìvo a unpädagogisch
disegnàre vt zeichnen
disegnatóre sm Zeichner m
diségno sm Zeichnung f, Zeichnen n (atto) ◊ (schizzo) Entwurf m ● **d. di légge** (dir) Gesetzentwurf m
diserbànte sm Unkrautbekämpfungsmittel n
disertàre vi (mil) desertieren ◆ vt (abbandonare) verlassen
disertóre sm (mil) Deserteur m, Überläufer m
diserzióne sf (mil) Desertion f, Fahnenflucht f ◊ (fig) Abfall m
disfaciménto sm Zersetzung f, Verfall m
disfàre vt (rompere) zerlegen ◊ (sciogliere) aufmachen, (auf)lösen ◊ vpr aufgehen ◊ (liberarsi) loswerden (+ acc)
disfàtta sf Niederlage f
disfàtto a (rotto) zerstört, zerlegt ◊ (sciolto) gelöst ◊ (fig) (stanco) erschöpft
disgèlo sm Tauwetter n (anche pol)
disgràzia sf Unglück n, Unheil n
disgraziàto a unglücklich ◆ sm Unglücksmensch m
disguìdo sm Versehen n, Fehlleitung f
disgustàre vt anwidern, anekeln

disgùsto sm Ekel m, Abscheu m/f ● *provare d. per* Ekel empfinden für (+ acc)

disgustóso a ekelhaft, widerlich

disidratàre vt Wasser entziehen (+ dat), dehydratisieren ◇ (cuc) trocknen ◆ vpr dehydratisiert werden

disidratazióne sf (med) Wasserentzug m, Dehydratation f ◇ (cuc) Trocknung f

disillùdere vt enttäuschen ◆ vpr enttäuscht werden

disillusióne sf Ernüchterung f, Enttäuschung f (delusione)

disillùso a ernüchtert

disinfestànte a entwesend ◆ sm Entwesungsmittel n

disinfestàre vt entwesen

disinfestazióne sf Entwesung f

disinfettànte a desinfizierend ◆ sm Desinfektionsmittel n

disinfettàre vt desinfizieren

disinfezióne sf Desinfektion f

disinformàto a nicht informiert

disinibìto a unbefangen, ungehemmt

disinnescàre vt entschärfen

disinnésco sm Entschärfung f

disinnestàre vt (mecc) auskuppeln ◇ (el) abschalten

disinnèsto sm (mecc) Auskupplung f ◇ (el) Abschaltung f

disintegràre vt (vollkommen) zerstören ◆ vi/pr zerfallen, sich auflösen, zerbersten

disintegrazióne sf Zerstörung f

disinteressàrsi vpr sich nicht interessieren (für + acc)

disinteressàto a (senza interesse) uninteressiert ◇ (senza tornaconto personale) uneigennützig

disinterèsse sm (mancanza di interesse) Interesselosigkeit f ◇ (generosità) Uneigennützigkeit f

disintossicàre vt entgiften ◆ vpr den Körper entschlacken

disintossicazióne sf Entgiftung f ◇ (da droghe) Entziehung f

disinvòlto a ungezwungen

disinvoltùra sf Ungezwungenheit f

dislivèllo sm Höhenunterschied m ◇ (fig) Unterschied m

dislocaménto sm (mil) Dislokation f, Stationierung f ◇ (naut) Verdrängung f ◇ (spostamento) Verlegung f

dislocazióne sf (collocazione) Verlegung f

dismisùra sf Übermaß n

disoccupàto a arbeitslos ◆ sm Arbeitslose m/f

disoccupazióne sf Arbeitslosigkeit f

disonestà sf Unehrlichkeit f

disonèsto a unehrlich

disonoràre vt entehren

disonóre sm Unehre f, Schande f

disópra avv darauf, oben

disordinàto a unordentlich ◇ (confuso) verwirrt

disórdine sm Unordnung f ● *mettere in d.* in Unordnung bringen

disorganizzazióne *sf* Desorganisation *f*
disorientàre *vt* desorientieren, verwirren
disótto *avv* darunter
disparàto *a* verschieden
dìspari *a* ungerade
disparità *sf* Verschiedenheit *f*
dispèndio *sm* Aufwand *m*
dispendióso *a* aufwendig, teuer (*caro*)
dispènsa *sf* Verteilung *f* ◇ (*locale*) Speisekammer *f* ◇ (*mobile*) Speiseschrank *m* ◇ (*esonero*) Befreiung *f* ◇ (*universitaria*) Vorlesungstext *m*
dispensàre *vt* (*distribuire*) verteilen, spenden ◇ (*esonerare*) befreien
disperàre *vi* verzweifeln (*an* + *dat*), die Hoffnung verlieren (*auf* + *acc*) ◆ *vpr* verzweifeln
disperàto *a* verzweifelt, hoffnungslos
disperazióne *sf* Verzweiflung *f*
dispèrdere *vt* zerstreuen ◆ *vpr* sich zerstreuen ◇ (*nell'atmosfera*) sich verbreiten
dispersióne *sf* Dispersion *f*, Zerstreuung *f*
dispèrso *a* zerstreut ◇ (*smarrito*) verloren ◇ (*in guerra e simm*) vermisst ◆ *sm* Vermisste *m/f*
dispètto *sm* Streich *m* ● *a d. di qc* aus Trotz gegen etwas; *fare un d. a qn* jemanden ärgern
dispettóso *a* boshaft
dispiacére (1) *sm* Bedauern *n* ◇ (*pl*) (*affanni*) Kummer *m*
dispiacére (2) *vi* nicht gefallen ◆ *vimp* Leid tun, bedauern (*costr pers*) ● *mi dispiace* es tut mir Leid; *mi dispiace per te* es tut mir Leid für dich
disponìbile *a* (*persona*) verfügbar ◇ (*cosa*) vorrätig ◇ (*libero*) frei
disponibilità *sf* Verfügbarkeit *f* ◇ (*di merce*) Vorrätigkeit *f* ◇ (*fin*) (*denaro*) verfügbare Gelder *pl*
dispórre *vt* anordnen, vorbereiten (*preparare*) ◇ (*decidere*) entscheiden ◇ (*avere a disposizione*) verfügen (*über* + *acc*), besitzen (+ *acc*) ◆ *vpr* sich (auf)stellen
dispositivo *sm* Vorrichtung *f*
disposizióne *sf* (*sistemazione*) Anordnung *f*, Stellung *f* ◇ (*disponibilità*) Verfügung *f* ◇ (*stato d'animo*) Stimmung *f* ◇ (*norma*) Bestimmung *f* ● *a d.* zur Verfügung; *essere/tenersi a d. di qn* jemandem zur Verfügung stehen; *mettere qc a d. di qn* jemandem etwas zur Verfügung stellen
dispósto *a* (*sistemato*) geordnet ◇ (*incline*) geneigt ◇ (*stabilito*) bestimmt
dispòtico *a* despotisch, gewalttätig
dispregiativo *a* verächtlich
disprezzàre *vt* verachten, verschmähen
disprèzzo *sm* Verachtung *f*
dìsputa *sf* Diskussion *f*, Wortstreit *m*

disputàre vt (sport) austragen ♦ vi besprechen (+ acc)
dissalàre vt entsalzen
dissalatóre sm Entsalzungsgerät n
dissanguaménto sm Verblutung f
dissanguàre vt ausbluten lassen ◊ (fig) aussaugen ♦ vpr verbluten ◊ (fig) sich ausbluten
disseminàre vt verstreuen, übersäen
dissènso sm Unstimmigkeit f
dissenteria sf (med) Ruhr f, Dysenterie f
dissentire vi nicht einverstanden sein, nicht übereinstimmen
dissestàto a zerrüttet
dissèsto sm Zerrüttung f
dissetànte a durststillend
dissetàre vt den Durst stillen ♦ vpr seinen Durst stillen
dissidènte a anders denkend ♦ sm/f Andersdenkende m/f ◊ (politico) Dissident m
dissidènza sf Dissidenz f
dissìdio sm Streit m, Zwist m, Widerspruch m
dissìmile a verschieden, unähnlich
dissimulàre vt verhehlen, vortäuschen, heucheln
dissimulatóre sm Heuchler m
dissimulazióne sf Verhehlung f, Heuchelei f
dissipàre vt (disperdere) zerstreuen ◊ (sprecare) verschwenden
dissipazióne sf Verschwendung f

dissociàre vt scheiden, trennen ♦ vpr anderer Meinung sein
dissociazióne sf Trennung f, Scheidung f ◊ (psic) Dissoziation f
dissodaménto sm Urbarmachung f
dissodàre vt urbar machen, umbrechen
dissolutézza sf Liederlichkeit f, Ausschweifung f
dissolùto a liederlich, ausschweifend
dissoluzióne sf Zersetzung f, Auflösung f
dissòlvere vt zerstreuen
dissolviménto sm Zerstreuung f
dissonànte a (mus) missklingend, unstimmig
dissonànza sf (mus) Missklang m, Dissonanz f
dissuadére vt abraten, ausreden ● *d. qn da qc* jemandem von etwas abraten
dissuasióne sf Abraten n
distaccaménto sm Abtrennung f
distaccàre vt loslösen, abreißen ♦ vpr sich lösen, loskommen
distàcco sm Trennung f, Abschied m ◊ (fig) Abwendung f ◊ (fig) (indifferenza) Abstand m ◊ (sport) Abstand m
distànte a (nello spazio) fern, weit, entfernt ◊ (nel tempo) weit zurückliegend ◊ (fig) (diverso) verschieden
distànza sf Entfernung f, Distanz f ◊ (spazio) Abstand m ◊

(*intervallo di tempo*) Zeitabstand *m* ● *a d.* Fern-; *d. di sicurezza* (*aut*) Sicherheitsabstand *m*; *mantenere le distanze* (*fig*) Abstand wahren

distanziàre *vt* (*disporre*) im Abstand stellen ◇ (*sport*) hinter sich lassen

distàre *vi* entfernt sein

distèndere *vt* ausbreiten ◇ (*allungare*) ausstrecken ◇ (*mettere a giacere*) legen ◇ (*rilassare*) entspannen ♦ *vpr* sich ausbreiten ◇ (*sdraiarsi*) sich hinlegen ◇ (*rilassarsi*) sich entspannen

distensióne *sf* Entspannung *f*

distensívo *a* entspannend

distésa *sf* Weite *f*, Fläche *f*

distéso *a* ausgebreitet ◇ (*sdraiato*) ausgestreckt ◇ (*rilassato*) entspannt

distillàre *vt* destillieren ◇ (*acquavite*) brennen

distillàto *a* destilliert ♦ *sm* (*liquore*) Destillat *n* ◇ (*fig*) Konzentrat *n*

distillazióne *sf* Destillation *f* ◇ (*di acquavite*) Brennen *n*

distillería *sf* Brennerei *f*

distìnguere *vt* unterscheiden ♦ *vpr* sich unterscheiden ◇ (*segnalarsi*) sich auszeichnen

distìnta *sf* (*elenco*) Verzeichnis *n*, Liste *f* ● *d. di versamento* (*fin*) Einzahlungsbeleg *m*

distintìvo *a* unterscheidend, Unterscheidungs- ♦ *sm* Abzeichen *n*

distìnto *a* (*diverso*) verschieden ◇ (*chiaro*) deutlich ◇ (*ragguardevole*) ansehnlich ◇ (*signorile*) distinguiert, vornehm ● *distinti saluti* hochachtungsvoll

distògliere *vt* abwenden ◇ (*dissuadere*) abbringen

distòrcere *vt* verzerren ♦ *vpr* (*med*) sich verstauchen

distorsióne *sf* Verzerrung *f* ◇ (*med*) Verstauchung *f*

distràrre *vt* zerstreuen, ablenken ♦ *vpr* sich zerstreuen

distràtto *a* zerstreut, unaufmerksam

distrazióne *sf* Zerstreuung *f*, Ablenkung *f* ◇ (*sbadataggine*) Zerstreutheit *f* ◇ (*svago*) Zerstreuung *f*, Erholung *f*

distrétto *sm* Bezirk *m* ● *d. militare* Wehrbezirk *m*

distribuìre *vt* verteilen, austeilen

distributóre *sm* (*comm*) Vertreiber *m* ◇ (*di benzina*) Tankstelle *f* ● *d. automatico* Automat *m*

distribuzióne *sf* Verteilung *f* ◇ (*comm*) Vertrieb *m* ◇ (*mecc*) Steuerung *f*

distrùggere *vt* zerstören, vernichten

distrùtto *a* zerstört, vernichtet

distruttóre *sm* Zerstörer *m*, Vernichter *m*

distruzióne *sf* Zerstörung *f*, Vernichtung *f*

disturbàre *vt* stören ♦ *vpr* sich Umstände machen

disturbatóre *sm* Störer *m*

distùrbo *sm* Störung *f* ◇ (*indi-*

disubbidiente

sposizione) Beschwerden *pl* ◊ (*incomodo*) Bemühung *f*
disubbidiènte *a* ungehorsam
disubbidìre *vi* nicht gehorchen, nicht folgen
disuguaglianza *sf* Verschiedenheit *f* ◊ (*differenza*) Unterschied *m*
disumano *a* unmenschlich
ditàle *sm* Fingerhut *m*
dito *sm* (*della mano*) Finger *m* ◊ (*del piede*) Zehe *f*
ditta *sf* Firma *f* ◆ *d. commerciale* Handelsfirma *f*
dittatóre *sm* Diktator *m*
dittatùra *sf* Diktatur *f*
dittòngo *sm* Diphthong *m*, Zwielaut *m*
diurètico *a* diuretisch ◆ *sm* harntreibendes Mittel *n*, Diuretikum *n*
diùrno *a* Tag(es)- ◆ *sm* (*albergo*) Tageshotel *n*
divagàre *vi* abschweifen, abkommen
divagazióne *sf* Abschweifung *f*
divàno *sm* Sofa *n*
divàrio *sm* Unterschied *m*
divenìre *vi* werden
diventàre *vi* werden
divèrbio *sm* Wortstreit *m*, Zank *m*
divergènte *a* divergent, auseinander laufend ◊ (*diverso*) verschieden
divergènza *sf* Auseinanderlaufen *n* ◊ (*diversità*) Verschiedenheit *f*
divèrgere *vi* auseinander gehen, auseinander laufen

412

diversaménte *avv* anders
diversità *sf* Verschiedenheit *f* ◊ (*varietà*) Vielfalt *f*
diversivo *sm* Abwechslung *f*
divèrso *a* verschieden
divertènte *a* unterhaltsam, amüsant
divertiménto *sm* Vergnügen *n*, Unterhaltung *f* ● *buon d.!* viel Vergnügen!
divertìre *vt* unterhalten, Spaß machen (+ *dat*) ◆ *vpr* sich unterhalten, sich amüsieren
divìdere *vt* teilen, trennen ◆ *vpr* sich trennen, sich teilen ◊ (*constare*) bestehen (*aus* + *dat*)
diviéto *sm* Verbot *n* ● *d. di sosta* Parkverbot *n*
divinità *sf* Gottheit *f*
divino *a* göttlich
divìsa (1) *sf* Uniform *f* ◊ (*sport*) Anzug *m*
divìsa (2) *sf* (*fin*) Devise *f*
divisióne *sf* Teilung *f*, Trennung *f*
divìsmo *sm* Startum *n*, Starwesen *n*
divìso *a* geteilt, getrennt
divisóre *sm* (*mat*) Teiler *m*
divo *sm* Star *m*
divoràre *vt* (auf)fressen, verschlingen
divorziàre *vi* sich scheiden lassen
divorziàto *a* geschieden ◆ *sm* Geschiedene *m/f*
divòrzio *sm* Scheidung *f*
divulgàre *vt* bekannt machen, bekannt geben, verbreiten

divulgativo *a* allgemein verständlich
divulgazióne *sf* Bekanntmachung *f*
dizionàrio *sm* Wörterbuch *n*
dizióne *sf* Aussprache *f*
dóccia *sf* Dusche *f*
docciaschiùma *sm* Duschschaumbad *n*, Duschgel *n*
docènte *a* Lehr- ♦ *sm* Lehrer *m*, Dozent *m* (*universitario*)
dòcile *a* fügsam ◊ (*animale*) zahm
docilità *sf* Fügsamkeit *f* ◊ (*di animale*) Zahmheit *f*
documentàre *vt* beweisen, belegen ♦ *vpr* sich informieren
documentàrio *a* dokumentarisch ♦ *sm* Dokumentarfilm *m*
documentazióne *sf* (*azione*) Belegen *n* mit Dokumenten ◊ Unterlagen *pl*, Belegmaterial *n* (*insieme dei documenti*)
documénto *sm* Dokument *n*, Urkunde *f* ◊ (*di identità*) Ausweis *m*, Papiere *pl*
dodicèsimo *a* zwölfte
dódici *a* zwölf
dogàna *sf* Zollamt *n* ◊ (*dazio*) Zoll *m*
doganàle *a* Zoll-
doganière *sm* Zollbeamte *m*
dòglie *sf pl* Wehen *pl* ● *avere le d.* in den Wehen liegen
dògma *sm* Dogma *n*
dogmatìsmo *sm* Dogmatismus *m*
dólce *a* süß ♦ *sm* Kuchen *m* ◊ (*pl*) Süßigkeiten *pl*

dolcézza *sf* Süße *f*, Süßigkeit *f* ◊ (*tenerezza*) Zärtlichkeit *f*
dolciàstro *a* süßlich
dolciùme *sm* (*pl*) Süßigkeiten *pl*
dòllaro *sm* Dollar *m*
doloránte *a* schmerzhaft, schmerzend
dolóre *sm* Schmerz *m*, Weh *n*
doloróso *a* schmerzlich, schmerzhaft
dolóso *a* (*dir*) vorsätzlich
domànda *sf* Frage *f* ◊ (*fin*) Nachfrage *f* ◊ (*istanza*) Antrag *m*
domandàre *vt/i* fragen ● *d. qc a qn* jemanden nach etwas fragen
domàni *avv* morgen ♦ *sm* Morgen *n*
domàre *vt* bändigen, zähmen
domatóre *sm* Tierbändiger *m*, Dompteur *m*
doménica *sf* Sonntag *m*
domenicàle *a* sonntäglich, Sonntags-
doméstica *sf* Dienstmädchen *n*
domèstico *a* häuslich, Haus- ♦ *sm* Bedienstete *m* ● *animale d.* Haustier *n*
domiciliàto *a* wohnhaft
domicìlio *sm* Wohnsitz *m*
dominánte *a* herrschend, beherrschend
dominàre *vt* beherrschen ♦ *vi* herrschen (*über + acc*)
dominazióne *sf* Herrschaft *f*
domìnio *sm* Herrschaft *f* ◊ (*fig*) Beherrschung *f* ◊ (*controllo*) Beherrschung *f*
donàre *vt* schenken ◊ (*med*) spenden

donazione *sf* Schenkung *f* ◇ (*med*) Spende *f*
dondolàre *vi/pr* schaukeln
dònna *sf* Frau *f*
dóno *sm* Geschenk *n* ◇ (*qualità*) Gabe *f*, Begabung *f*
dopàre *vt* (*sport*) dopen
dópo *avv* (*tempo*) dann, später ◇ (*luogo*) danach ♦ *prep* nach (+ *dat*) ♦ *cong* nachdem, wenn, als
dopobàrba *sm* Rasierwasser *n*
dopocéna *sm* Zeit nach dem Abendessen
dopodomàni *avv* übermorgen
dopoguèrra *sm* Nachkriegszeit *f*
dopopranzo *avv* nachmittags
doposcì *sm* Winterstiefel *m*
doppiàggio *sm* (*cin*) Synchronisation *f*
doppiàre *vt* (*naut*) umfahren ◇ (*sport*) überrunden ◇ (*cin*) synchronisieren
doppiatóre *sm* (*cin*) Synchronsprecher *m*
dóppio *a* doppelt ♦ *sm* Doppelte *n* ◇ (*sport*) Doppel *n* ♦ *avv* zweifach
doppióne *sm* Duplikat *n*
doppiopètto *sm* (*abb*) Zweireiher *m*
doràre *vt* vergolden
doràto *a* vergoldet, golden
doratùra *sf* Vergoldung *f*
dormiglióne *sm* Schlafmütze *f*, Langschläfer *m*
dormìre *vi* schlafen
dormìta *sf* Schlaf *m*
dormitòrio *sm* Schlafsaal *m*
dormivéglia *sm* Halbschlaf *m*

dòrso *sm* Rücken *m* ◇ (*retro di foglio e sim*) Rückseite *f* ◇ (*sport*) Rückenschwimmen *n*
dosàggio *sm* Dosierung *f*
dosàre *vt* dosieren, zumessen ◇ (*fig*) abmessen
dòse *sf* Dosis *f* ● *d. giornaliera raccomandata* empfohlene Tagesdosis *f*
dòsso *sm* Erhebung *f* ◇ (*della strada*) Kuppe *f*
dotàre *vt* (*dare la dote*) aussteuern ◇ (*fornire*) ausstatten, versehen
dotàto *a* (*fornito*) ausgestattet (*mit* + *dat*) ◇ (*che ha del talento*) begabt
dotazióne *sf* Ausstattung *f*, Ausrüstung *f*
dòte *sf* (*per il matrimonio*) Aussteuer *f* ◇ (*qualità*) Gabe *f*
dòtto *a* gebildet
dottóre *sm* (*laureato*) Doktor *m* ◇ (*medico*) Arzt *m*
dottrìna *sf* Wissen *n*, Lehre *f*
dóve *avv* (*stato*) wo ◇ (*moto a luogo*) wohin ● *da dove* woher
dovére (1) *vi* müssen ◇ (*essere opportuno*) sollen ◇ (*essere lecito*) sollen, dürfen ♦ *vt* schulden
dovére (2) *sm* Pflicht *f*, Schuldigkeit *f*
doveróso *a* gebührend
dovùnque *avv* überall
dozzìna *sf* Dutzend *n*
dozzinàle *a* gemein, gewöhnlich
dràgo *sm* Drache *m*
dràmma *sm* (*teat*) Drama *n*

drammàtico *a* dramatisch, Dramen-

drammaturgìa *sf* Dramaturgie *f*

drappéggio *sm* Drapierung *f*

dritto *a* gerade ♦ *avv* gerade, geradeaus

dròga *sf* (*cuc*) Gewürz *n* ◊ (*stupefacente*) Rauschgift *n*, Droge *f*

drogàrsi *vpr* Rauschgift nehmen

drogàto *a* rauschgiftsüchtig ♦ *sm* Rauschgiftsüchtige *m/f*, Drogenabhängige *m/f*

drogherìa *sf* Drogerie *f*

dromedàrio *sm* (*zool*) Dromedar *n*

dualìsmo *sm* Dualismus *m*

dùbbio *a* zweifelhaft, ungewiss ♦ *sm* Zweifel *m*

dubitàre *vi* zweifeln (*an* + *dat*)

dùca *sm* Herzog *m*

ducàto *sm* Herzogtum *n*

dùe *a* zwei

duèllo *sm* Zweikampf *m*, Duell *n*

dùna *sf* Düne *f*

dùnque *cong* also, daher

dùo *sm* (*mus*) Duo *n*

duòmo *sm* Dom *m*, Münster *n*

duplicàre *vt* verdoppeln ◊ (*fare una seconda copia*) eine Zweitschrift ausstellen (+ *gen*)

duplicàto *sm* Zweitschrift *f*, Duplikat *n*

duplicazióne *sf* (*azione*) Herstellung *f* einer Abschrift ◊ (*risultato*) Zweitschrift *f*, Duplikat *n*

dùplice *a* zweifach

duràntè *prep* während (+ *gen*)

duràre *vi* (*continuare*) dauern ◊ (*mantenersi*) (sich) halten

duràta *sf* Dauer *f* ◊ (*resistenza nel tempo*) Haltbarkeit *f*

duratùro *a* dauerhaft, dauernd

durévole *a* dauerhaft, beständig

durézza *sf* Härte *f*

dùro *a* hart ♦ *sm* Harte *n*

dùttile *a* dehnbar, streckbar ◊ (*fig*) geschmeidig

duttilità *sf* Dehnbarkeit *f* ◊ (*fig*) Geschmeidigkeit *f*

E

e *cong* und

èbano *sm* (*bot*) Ebenholzbaum *m* ◊ (*legno*) Ebenholz *n*

ebbène *cong* nun gut

ebbrézza *sf* Trunkenheit *f* ◊ (*fig*) Rausch *m*, Taumel *m*

èbbro *a* betrunken ◊ (*fig*) berauscht

ebollizióne *sf* Sieden *n*

ebràico *a* (*del popolo*) jüdisch ◊ (*della lingua*) hebräisch ♦ *sm* (*lingua*) Hebräische *n*

ebrèo *a* jüdisch ♦ *sm* Jude *m*

eccedènte *a* überschüssig ♦ *sm* Überschuss *m*

eccedènza *sf* Überschuss *m*

eccedere *vi* sich übernehmen
eccellènte *a* ausgezeichnet
eccellènza *sf* Vorzüglichkeit *f* ◇ (*titolo*) Exzellenz *f*
eccèllere *vi* hervorragen
eccèlso *a* vortrefflich
eccèntrico *a* exzentrisch ◆ *sm* Exzentriker *m*
eccepire *vt* einwenden
eccessivo *a* übertrieben
eccèsso *sm* Übermaß *n* ◇ (*parte eccedente*) Überschuss *m* ● *e. di velocità* Geschwindigkeitsüberschreitung *f*
eccètera *avv* und so weiter
eccètto *prep* bis auf (+ *acc*), außer (+ *dat*) ● *e. che* mit Ausnahme (+ *gen*)
eccezionale *a* ungewöhnlich, außerordentlich, Ausnahme-
eccezióne *sf* Ausnahme *f* ● *a e. di* mit Ausnahme (+ *gen*)
ecchìmosi *sf* (*med*) Bluterguss *m*
eccidio *sm* Blutbad *n*
eccitànte *a* aufregend ◆ *sm* Aufputschmittel *n*
eccitàre *vt* anreizen, erregen ◆ *vpr* sich erregen, sich aufregen
eccitazióne *sf* Erregung *f*, Aufregung *f*
ecclesiàstico *a* kirchlich, Kirchen- ◆ *sm* Geistliche *m*
ècco *avv* da, hier
eccóme *avv* und wie, und ob
echeggiàre *vi* (wider)hallen, erschallen
eclèttico *a* eklektisch, vielseitig (*versatile*) ◆ *sm* Eklektiker *m*

eclissi *sf* (*astr*) Eklipse *f*, Finsternis *f* ● *e. di luna/di sole* Mond-/Sonnenfinsternis *f*
èco *sf/m* Echo *n*, Widerhall *m*
ecografia *sf* Sonographie *f*
ecologia *sf* Ökologie *f*
ecològico *a* ökologisch
ecologista *sm* Umweltschützer *m* ◆ *a* Umwelt-, Umweltschutz-, Ökologie-
economia *sf* Wirtschaft *f* ● *e. aziendale* Betriebswirtschaft *f*; *e. di mercato* Marktwirtschaft *f*
econòmico *a* wirtschaftlich ◇ (*conveniente*) billig
economista *sm* Wirtschaftler *m*, Ökonom *m*
economizzàre *vi* sparen
ecosistèma *sm* Ökosystem *n*
ecumènico *a* ökumenisch
eczèma *sm* (*med*) Ekzem *n*
edèma *sm* Ödem *n*
èdera *sf* (*bot*) Efeu *m*
edìcola *sf* Kiosk *m*, Zeitungsstand *m*
edificàbile *a* bebaubar, Bau-
edificàre *vt* (auf)bauen, errichten
edificio *sm* Gebäude *n*, Bau *m*
edile *a* baulich, Bau- ◆ *sm* Bauarbeiter *m* ● *impresa e.* Bauunternehmen *n*
edilizia *sf* Bauwesen *n*
editóre *sm* (*persona*) Verleger *m* ◇ (*casa editrice*) Verlag *m* ◆ *a* Verlags-
editoria *sf* Verlagswesen *n*
editoriàle *a* verlegerisch, Verlags- ◆ *sm* Leitartikel *m*
editto *sm* Edikt *n*

edizióne sf (di libri e sim) (Her)ausgabe f ◊ (di manifestazioni) Veranstaltung f
edonísmo sm Hedonismus m
educàre vt erziehen
educatívo a erziehend, Erziehungs-, Bildungs-
educàto a (wohl)erzogen, artig
educazióne sf Erziehung f ● *e. fisica* Turnen n; *e. sessuale* Sexualaufklärung f; *mancanza di e.* Ungezogenheit f
effeminàto a weibisch
effervescènte a sprudelnd, Brause-
effettivaménte avv tatsächlich
effettívo a wirklich, tatsächlich
effètto sm Effekt m, Wirkung f ◊ (sport) Schneiden n, Effet m ● *fare e.* wirken
effettuàre vt ausführen, durchführen ◊ (un pagamento) leisten
effettuazióne sf Ausführung f
efficàce a wirksam ◊ eindrucksvoll
efficàcia sf Wirksamkeit f
efficiènte a (cosa) wirkend ◊ (persona) tüchtig
efficiènza sf (di motore e sim) Leistungsfähigkeit f ◊ (di persona) Tüchtigkeit f
effígie sf Bildnis n
effímero a vergänglich
effrazióne sf (dir) Einbruch m
egemonía sf Vorherrschaft f
egemònico a hegemonisch
egiziàno a ägyptisch ◆ sm Ägypter m
egízio a altägyptisch ◆ sm Altägypter m
égli pr.pers er
egocèntrico a egozentrisch ◆ sm Egozentriker m
egoísmo sm Egoismus m
egoísta sm Egoist m
egrègio a sehr geehrt
elaboràre vt bearbeiten
elaboratóre sm Bearbeiter m ● *e. elettronico* Datenverarbeitungsanlage f
elaborazióne sf Bearbeitung f ● *e. dei dati* Datenverarbeitung f
elargíre vt spenden
elargizióne sf (azione) Spenden n ◊ (dono) Spende f
elàstico a elastisch ◊ (fig) dehnbar ◆ sm Gummiband n
elefànte sm (zool) Elefant m
elegànza sf Eleganz f
elèggere vt (er)wählen
elegía sf (lett) Elegie f
elegíaco a elegisch ◆ sm Elegiker m
elementàre a elementar, einfach
eleménto sm Element n ◊ (componente) Teil m/n, Glied n ◊ (chim) Grundstoff m
elemòsina sf Almosen n
elencàre vt verzeichnen, aufzählen
elènco sm Verzeichnis n ● *e. telefonico* Telefonbuch n
elètto a gewählt ◊ (scelto) ausgewählt ◆ sm Gewählte m/f
elettoràle a Wahl- ● *campagna e.* Wahlkampf m
elettóre sm Wähler m

elettràuto sm (*officina*) Elektrodienst m ◊ (*operaio*) Autoelektriker m
elettricista sm Elektriker m
elettricità sf Elektrizität f
elèttrico a elektrisch
elettrocardiogràmma sm Elektrokardiogramm m
elèttrodo sm Elektrode f
elettrodomèstico sm Elektrohaushaltsgerät n
elettromagnètico a elektromagnetisch
elettróne sm (*fis*) Elektron n
elettrònica sf Elektronik f
elettrònico a elektronisch
elettrotècnico a elektrotechnisch ♦ sm Elektrotechniker m
elevàre vt erhöhen, erheben
elevazióne sf Erhöhung f, Erhebung f ● *e. a potenza* (*mat*) Erhebung zur Potenz
elezióne sf Wahl f
èlica sf Schraube f
elicòttero sm Hubschrauber m
eliminàre vt beseitigen, ausschalten (*escludere*) ◊ (*sport*) ausschließen
eliminazióne sf Beseitigung f ◊ (*sport*) Ausscheidung f
èlio sm (*chim*) Helium n
elipòrto sm Hubschrauberlandeplatz m
elisióne sf (*gramm*) Elision f
elitàrio a elitär
élite sf Elite f
élla pr.pers sie
ellenistico a hellenistisch
ellisse sf (*geom*) Ellipse f
ellittico a elliptisch

élmo sm Helm m
elogiàre vt loben
elògio sm Lob n
eloquènte a (*persona*) beredt, beredsam ◊ (*discorso*) gewandt
eloquènza sf Beredsamkeit f
elùdere vt ausweichen (+ dat)
elusivo a ausweichend
emaciàto a abgemagert
emanàre vt/i ausstrahlen ◊ (*esalare*) ausströmen ◊ (*una legge e sim*) erlassen, verkünden
emanazióne sf Ausstrahlung f ◊ (*esalazione*) Ausströmung f ◊ (*di legge e sim*) Erlass m, Verkündigung f
emancipàre vt emanzipieren ♦ vpr sich befreien
emancipazióne sf Emanzipation f, Befreiung f
emarginàre vt ausgrenzen, ausstoßen
emarginazióne sf Ausgrenzung f, Ausstoßung f
ematòma sm (*med*) Bluterguss m
emblèma sm Emblem n
emblemàtico a emblematisch
embolìa sf (*med*) Embolie f
embrióne sm (*biol*) Embryo m ◊ (*fig*) Keim m
emendaménto sm Verbesserung f ◊ (*di legge e sim*) Abänderung f, Novellierung f
emendàre vt verbessern ◊ (*una legge e sim*) abändern, novellieren

emergènte *a* aufsteigend, aufstrebend

emergènza *sf* Notfall *m* ◆ **freno di e.** Notbremse *f*; **in caso di e.** im Notfall; **luci di e.** Warnblinkanlage *f*; **servizio di e.** Notbetrieb *m*; **stato di e.** Notstand *m*

emèrgere *vi* auftauchen ◇ (*fig*) (*spiccare*) hervorragen (*unter + dat*) ◇ (*fig*) (*risultare*) hervorgehen

emersióne *sf* Auftauchen *n*

eméttere *vt* ausstoßen ◇ (*emanare*) erlassen ◇ (*comm*) (*un assegno e sim*) austellen

emettitóre *sm* (*tel*) Sender *m*

emicrània *sf* (*med*) Migräne *f*

emigrànte *a* auswandernd ◆ *sm* Auswanderer *m*

emigràre *vi* auswandern

emigràto *a* ausgewandert ◆ *sm* Auswanderer *m*

emigrazióne *sf* Auswanderung *f*, Emigration *f*

eminènte *a* hervorragend, vortrefflich

eminènza *sf* Vortrefflichkeit *f* ◇ (*titolo*) Eminenz *f*

emisfèro *sm* Halbkugel *f*, Hemisphäre *f*

emissióne *sf* Ausstoßen *n* ◇ (*fis*) Emission *f*, Ausstrahlung *f* (*di luce o calore*) ◇ (*fin*) Emission *f* ◇ (*di segnale radio*) Sendung *f*

emittènte *sf* (*tel, radio*) Sendestation *f*

emorragìa *sf* (*med*) Blutung *f*

emorròidi *sf pl* (*med*) Hämorrhoiden *pl*

emostàtico *a* blutstillend ◆ **cotone e.** Eisenchloridwatte *f*

emotività *sf* Empfindlichkeit *f* ◇ (*psic*) Emotivität *f*

emotìvo *a* empfindlich ◇ (*psic*) emotional

emozionàre *vt* aufregen ◆ *vpr* sich aufregen

emozióne *sf* Emotion *f*, Aufregung *f*

empìrico *a* empirisch ◆ *sm* Empiriker *m* ◇ (*filosofo*) Empirist *m*

empirìsmo *sm* Empirismus *m*

empòrio *sm* Kaufhaus *n*

emulàre *vt* nacheifern

emulazióne *sf* Nacheiferung *f*

èmulo *sm* Nacheiferer *m*

emulsióne *sf* Emulsion *f*

encìclica *sf* (*relig*) Enzyklika *f*

enciclopedìa *sf* Enzyklopädie *f*

endèmico *a* endemisch

endocrinòlogo *sm* Endokrinologe *m*

endovenósa *sf* intravenöse Einspritzung *f*

energètico *a* (*fis*) Energie- ◇ (*med*) kräftigend

energìa *sf* Energie *f*, Kraft *f* ◆ **e. nucleare** Kernenergie *f*; **e. solare** Sonnenenergie *f*

enèrgico *a* kraftvoll, energisch

ènfasi *sf* Nachdruck *m*

enfàtico *a* emphatisch, nachdrücklich

enfisèma *sm* (*med*) Emphysem *n*

enìgma *sm* Rätsel *n*

enigmàtico *a* rätselhaft

enigmìsta *sm* Rätsellöser *m*

enórme *a* enorm, riesig
enormità *sf* Riesengröße *f*
enotèca *sf* Sammlung *f* edler Weine ◇ *(negozio)* Weinhandlung *f*, Vinothek *f*
ènte *sm (filosofia)* Wesen *n* ◇ *(istituzione)* Einrichtung *f*, Anstalt *f* ◇ *(associazione)* Verein *m*
entità *sf (filosofia)* Wesenheit *f* ◇ *(importanza)* Bedeutung *f* ◇ *(valore)* Wert *m*
entomologìa *sf* Insektenkunde *f*
entomòlogo *sm* Insektenforscher *m*
entràmbi *a/pr* beide
entràre *vi (a piedi)* eintreten *(con un mezzo)* einfahren • *e. in carica* ein Amt antreten; *e. in contatto con qn* mit jemandem Kontakt aufnehmen; *e. in funzione* in Tätigkeit treten; *e. in possesso di qc* in den Besitz einer Sache gelangen; *e. in scena (teat)* auftreten, *(fig)* erscheinen; *e. in vigore* in Kraft treten
entràta *sf* Eintritt *m* ◇ *(ingresso)* Eingang *m* ◇ *(con un mezzo)* Einfahrt *f* • *e. in scena (teat)* Auftritt *m*; *e. in vigore* In-Kraft-Treten *n*
èntro *prep* in (+ dat), innerhalb (+ gen)
entrotèrra *sm* Hinterland *n*
entusiasmàre *vt* begeistern ◇ *vpr* sich begeistern *(für/über* + *acc)*
entusiàsmo *sm* Begeisterung *f*
enumeràre *vt* aufzählen
enumerazióne *sf* Aufzählung *f*

enunciàre *vt* darlegen
enurèsi *sf (med)* Bettnässen *n*
epàtico *a* epatisch, Leber-
epatìte *sf (med)* Hepatitis *f*
epicèntro *sm* Epizentrum *s* ◇ *(fig)* Herd *m*, Schwerpunkt *m*
èpico *a* episch
epicurèo *a* epikureisch ◆ *sm* Epikureer *m*
epidemìa *sf* Epidemie *f*, Seuche *f*
epidèmico *a* epidemisch
epidèrmico *a* epidermal ◇ *(fig)* oberflächlich
epidèrmide *sf (anat)* Epidermis *f*, Oberhaut *f*
epifanìa *sf* Dreikönigsfest *n*
epìgono *sm* Epigone *m*
epilatóre *sm* Epilierer *m*, Epiliergerät *n*
epilessìa *sf (med)* Epilepsie *f*
epilèttico *a* epileptisch ◆ *sm* Epileptiker *m*
epìlogo *sm* Epilog *m*, Nachwort *n*
episòdico *a* episodisch
episòdio *sm* Episode *f* ◇ *(avvenimento)* Ereignis *n*, Vorfall *m*
epitàffio *sm* Grabinschrift *f*
epìteto *sm* Beiwort *n*
època *sf* Zeit *f*, Epoche *f*
epopèa *sf* Epos *n*
eppùre *cong* trotzdem, jedoch
epuràre *vt* säubern
epurazióne *sf* Säuberung *f*
equalizzatóre *sm* Equalizer *m*, Entzerrer *m*
equatóre *sm* Äquator *m*
equatoriàle *a* äquatorial
equazióne *sf (mat)* Gleichung *f*

equèstre *a* Reiter-
equidistànte *a* gleich weit entfernt
equilibràre *vt* (*fig*) ausgleichen
equilìbrio *sm* Gleichgewicht *n* ◊ (*fig*) (*di persona*) Ausgeglichenheit *f*
equilibrìsta *sm* Äquilibrist *m*
equìno *a* Pferde- ♦ *sm* Pferd *n*
equinòzio *sm* Äquinoktium *n*, Tagundnachtgleiche *f*
equipaggiaménto *sm* Ausrüstung *f*
equipaggiàre *vt* ausrüsten
equipàggio *sm* (*naut, aer*) Besatzung *f* ◊ (*sport*) Mannschaft *f*
equitazióne *sf* Reitsport *m*
equivalènte *a* gleichwertig
equivalènza *sf* Gleichwertigkeit *f*
equivalére *vi* entsprechen, gleichkommen
equivocàre *vi* missverstehen
equìvoco *a* zweideutig ♦ *sm* Missverständnis *n*
èra *sf* Zeitalter *n*
èrba *sf* Gras *n*, Kraut *n* ● *e. medica* Luzerne *f*; *erbe aromatiche* Gewürzkräuter *pl*
erbàrio *sm* Kräutersammlung *f*
erbìvoro *a* Pflanzen fressend ♦ *sm* (*zool*) Pflanzenfresser *m*
erborìsta *sm* Heilpflanzenverkäufer *m*
erboristerìa *sf* Heilpflanzenhandlung *f*
erbóso *a* grasbewachsen, Gras-
erède *sm* Erbe *m*
eredità *sf* Erbe *n*, Erbschaft *f*
ereditàre *vt* (er)erben

ereditarietà *sf* (*di una carica*) Erblichkeit *f* ◊ (*biol*) Vererblichkeit *f*
ereditàrio *a* erblich, Erbschafts- ◊ (*biol*) vererblich
eremìta *sm* Einsiedler *m*
èremo *sm* Einsiedelei *f*, Klause *f*
eresìa *sf* (*relig*) Irrlehre *f*, Ketzerei *f* (*anche fig*)
erètico *a* ketzerisch ♦ *sm* Ketzer *m*
erètto *a* errichtet ◊ aufrecht
erezióne *sf* Errichtung *f*, Gründung *f* ◊ (*biol*) Erektion *f*
ergàstolo *sm* lebenslängliche Zuchthausstrafe *f*
èrica *sf* (*bot*) Heidekraut *n*
erìgere *vt* errichten, gründen
eritèma *sm* (*med*) Hautrötung *f*
ermafrodìto *a* zweigeschlechtig ♦ *sm* Zwitter *m*
ermètico *a* hermetisch ◊ (*lett*) hermetistisch
ermetìsmo *sm* (*lett*) Hermetismus *m*
èrnia *sf* (*med*) Hernie *f*, Bruch *m*
eròe *sm* Held *m*
erogàre *vt* liefern, zuweisen (*destinare*)
erogatóre *sm* Verteiler *m*
erogazióne *sf* Lieferung *f*, (*assegnazione*) Zuweisung *f*
eròico *a* heldenhaft, Helden-
eroìna *sf* (*stupefacente*) Heroin *n*
eroìsmo *sm* Heldentum *n*
erosióne *sf* Erosion *f*
eròtico *a* erotisch
erotìsmo *sm* Erotik *f*

errore *sm* Fehler *m* • **commettere un e.** ein Fehler begehen
erudito *a* gelehrt, belesen ♦ *sm* Gelehrte *m/f*, Gebildete *m/f*
erudizione *sf* Gelehrsamkeit *f*
eruttare *vt* auswerfen
eruzione *sf* Ausbruch *m*, Eruption *f*
esacerbare *vt* verschärfen, verschlimmern
esagerare *vt/i* übertreiben
esagono *sm* (*geom*) Sechseck *n*
esalare *vt* ausströmen, ausdunsten
esalazione *sf* Ausdünstung *f*, Ausströmung *f*
esaltare *vt* verherrlichen, hervorheben ♦ *vpr* (*entusiasmarsi*) sich begeistern
esaltato *a* aufgeregt ♦ *sm* Schwärmer *m*
esaltazione *sf* (*lode*) Verherrlichung *f* ◊ (*entusiasmo*) Schwärmen *n*
esame *sm* Prüfung *f* ◊ (*controllo*) Überprüfung *f* ◊ (*med*) Untersuchung *f* • **e. del sangue** Blutuntersuchung *f*; **e. di maturità** Abitur *n*; **passare gli esami** die Prüfungen bestehen
esaminare *vt* prüfen, untersuchen ◊ (*controllare*) überprüfen
esaminatore *sm* Prüfer *m*
esasperare *vt* reizen, erbittern ♦ *vpr* in Zorn geraten
esasperazione *sf* Gereiztheit *f*, Erbitterung *f*
esattamente *avv* genau
esatto *a* genau, richtig

esattore *sm* Steuereinnehmer *m*
esattoria *sf* Steuereinnahmestelle *f*
esaudimento *sm* Erfüllung *f*
esaudire *vt* erfüllen
esaurimento *sm* Erschöpfung *f* ◊ (*med*) Nervenzusammenbruch *m*
esaurire *vt* erschöpfen, verbrauchen ◊ (*merci*) ausverkaufen ◊ (*portare a termine*) abschließen ♦ *vpr* sich erschöpfen, sich verbrauchen ◊ (*di merci*) ausverkauft werden
esaurito *a* erschöpft ◊ (*venduto completamente*) ausverkauft
esausto *a* erschöpft
esautorare *vt* entmachten
esazione *sf* Eintreibung *f*
esca *sf* Köder *m* ◊ (*per il fuoco*) Zunder *m*
eschimese *a* eskimoisch, Eskimo- ♦ *sm/f* Eskimo *m*
esclamare *vi* ausrufen
esclamativo *a* Ausrufe- • **punto e.** Ausrufezeichen *n*
esclamazione *sf* Ausruf *m*
escludere *vt* ausschließen
esclusione *sf* Ausschließung *f*, Ausschluss *m*
esclusivamente *avv* ausschließlich
esclusivo *a* exklusiv
escluso *a* ausgeschlossen ◊ (*eccettuato*) ausgenommen (+ *nom/acc*), außer (+ *dat*)
escogitare *vt* (sich) ausdenken
escoriazione *sf* Hautabschürfung *f*

escreménto sm Ausscheidung f, Exkrement n
escursióne sf Ausflug m, Wanderung f (a piedi)
esecutivo a exekutiv • *potere e.* Exekutivgewalt f
esecutóre sm Vollstrecker m ◆ (mus) Ausführende m/f
esecuzióne sf Ausführung f ◇ (rappresentazione) Darstellung f • *e. capitale* Hinrichtung f
eseguìre vt ausführen, erledigen, verrichten
esèmpio sm Beispiel n • *per e.* zum Beispiel
esemplàre a beispielhaft, musterhaft ◆ sm Exemplar n ◇ (modello) Muster n
esemplificazióne sf Erläuterung f durch Beispiele
esentàre vt entbinden, befreien
esentàsse a steuerfrei
esènte a frei (von + dat), ohne (+ acc)
esenzióne sf (azione) Entbindung f, Befreiung f ◇ (effetto) Freiheit f
esèquie sf pl Begräbnisfeier f
esercitàre vt üben ◆ vpr sich üben
esercitazióne sf Übung f
esèrcito sm Armee f, Wehrmacht f
esercìzio sm Übung f
esibìre vt vorweisen, vorzeigen ◆ vpr auftreten
esibizióne sf Vorweisung f
esibizionìsmo sm Prahlerei f
esigènte a anspruchsvoll

esigènza sf Bedürfnis n, Anspruch m, Erfordernis n
esigere vt (er)fordern, verlangen
esìguo a gering
èsile a dünn, schlank
esiliàre vt ausweisen, verbannen
esiliàto a verbannt ◆ sm Verbannte m/f
esìlio sm Exil n, Verbannung f
esistènza sf Bestehen n, Existenz f
esistenziàle a Existenz-
esistenzialìsmo sm Existentialismus m
esìstere vi vorhanden sein, existieren ◇ (esserci) geben (costr impers)
esitàre vi zögern, zaudern
esitazióne sf Zögern n, Zauderei f
èsito sm Ergebnis n
èsodo sm Auszug m • *e. estivo* Hauptreiseverkehr m (zu Ferienbeginn)
esòfago sm (anat) Speiseröhre f
esoneràre vt befreien, erlassen (+ dat)
esònero sm (azione) Befreiung f, Erlass m ◇ (effetto) Freiheit f
esorcìsmo sm Geisterbeschwörung f
esorcizzàre vt austreiben, beschwören
esordiènte a angehend ◆ sm Anfänger m
esòrdio sm Anfang m, Beginn m ◇ (debutto) Debüt n

esordire *vi* anfangen, beginnen ◇ *(debuttare)* debütieren

esortàre *vt* auffordern, ermahnen

esortazióne *sf* Aufforderung *f*, Ermahnung *f*

esotèrico *a* esoterisch

esòtico *a* exotisch

espàndere *vt* erweitern, ausdehnen

espansióne *sf* Erweiterung *f*, Ausdehnung *f*

espansìvo *a* expansiv, offenherzig

espatriàre *vi* ausreisen ◇ *(emigrare)* auswandern

espàtrio *sm* Ausreise *f* ◇ *(emigrazione)* Auswanderung *f*

espediènte *sm* Hilfsmittel *n*, Notbehelf *m*

espèllere *vt* ausstoßen, ausweisen

esperiènza *sf* Erfahrung *f*

esperiménto *sm* Versuch *m*

espèrto *a* erfahren, geschickt ◆ *sm* Experte *m*, Fachmann *m*

espiàre *vt* (ver)büßen

espiazióne *sf* Buße *f*

espiràre *vt/i* ausatmen

espirazióne *sf* Ausatmung *f*

esplétare *vt* erledigen, durchführen

esplìcito *a* ausdrücklich

esplòdere *vi* explodieren ◇ *(fig)* ausbrechen

esploràre *vt* erforschen

esploratóre *sm* (Er)forscher *m*

esplorazióne *sf* Erforschung *f*

esplosióne *sf* Explosion *f*

esplosìvo *a* explosiv ◆ *sm* Sprengstoff *m*

esponènte *sm* Vertreter *m* *(mat)* Exponent *m*, Hochzahl *f*

espórre *vt* ausstellen ◇ *(sottoporre)* aussetzen ◇ *(narrare)* darlegen ◆ *vpr* sich aussetzen

esportàre *vt* exportieren, ausführen

esportazióne *sf* Export *m*, Ausfuhr *f*

esposìmetro *sm* Belichtungsmesser *m*

esposizióne *sf* Ausstellung *f* ◇ *(narrazione)* Darstellung *f* ◇ *(fot)* Belichtung *f*

espressaménte *avv* klar und deutlich

espressióne *sf* Ausdruck *m*

espressionìsmo *sm* Expressionismus *m*

espressìvo *a* ausdrucksvoll

esprèsso *a* ausdrücklich ◇ *(veloce)* Eil- ◆ *sm (lettera)* Eilbrief *m* ◇ *(ferr)* Eilzug *m* ◇ *(caffè)* Espresso *m*

esprìmere *vt* ausdrücken

espropriàre *vt* enteignen

espropriazióne *sf* Enteignung *f*

espulsióne *sf* Ausstoßung *f*, Ausweisung *f* ◇ *(sport)* Platzverweis *m*

espùlso *a* ausgestoßen, ausgewiesen ◆ *sm* Ausgestoßene *m/f*

éssa *pr.pers* sie

ésso *pr.pers* sie

essènza *sf* Wesen *n* ◇ *(profumo)* Essenz *f*

essenziàle *a* wesentlich, Haupt- ◆ *sm* Wesentliche *n*

èssere (1) *vi* sein • *c'è/ci sono* es gibt (+ *acc*)
èssere (2) *sm* Wesen *n* • *e. vivente* Lebewesen *n*
essiccàre *vt* (aus)trocknen
essiccazióne *sf* Trocknung *f* ◇ (*cuc*) Trocknen *n*
ésso *pr.pers* (*riferito a cosa*) es ◇ (*riferito a persona*) er
èst *sm* Osten *m*
èstasi *sf* Ekstase *f*
estàte *sf* Sommer *m* • *d'e./in e.* im Sommer
estèndere *vt* erweitern, ausdehnen ♦ *vpr* sich ausdehnen ◇ (*fig*) (*diffondersi*) sich verbreiten
estensióne *sf* Ausdehnung *f*, Erweiterung *f*
estenuànte *a* aufreibend
estenuàre *vt* erschöpfen
esterióre *a* äußerlich, Außen-
estèrno *a* äußere, Außen- ♦ *sm* Außenseite *f* • *dall'e.* von außen; *verso l'e.* nach außen
èstero *a* ausländisch, Auslands- ♦ *sm* Ausland *n* • *ministro degli esteri* Außenminister *m*; *andare all'e.* ins Ausland fahren
estéso *a* umfassend
estètica *sf* Ästhetik *f* ◇ (*bellezza*) Schönheit *f*
estètico *a* ästhetisch
estetista *sm* Kosmetiker *m*
estimatóre *sm* Schätzer *m*, Verehrer *m* (*ammiratore*)
èstimo *sm* Schätzung *f*
estìnguere *vt* löschen ◇ (*fin*) tilgen ♦ *vpr* erlöschen ◇ (*fig*) dahinschwinden ◇ (*biol*) aussterben

estìnto *a* gelöscht ◇ (*biol*) ausgestorben ♦ *sm* Verstorbene *m*
estintóre *sm* Feuerlöscher *m*
estinzióne *sf* Löschung *f* ◇ (*l'estinguersi*) Erlöschen *n* ◇ (*biol*) Aussterben *n* ◇ (*fin*) Tilgung *f*
estirpàre *vt* entwurzeln ◇ (*fig*) ausrotten
estivo *a* sommerlich, Sommer-
estòrcere *vt* abnötigen, erpressen
estorsióne *sf* Erpressung *f*
estradàre *vt* ausliefern
estraneità *sf* Nichtbeteiligung *f*
estràneo *a* fremd (+ *dat*), nicht gehörend (*zu* + *dat*) ◇ (*non coinvolto*) unbeteiligt ♦ *sm* Fremde *m/f* • *vietato l'ingresso agli estranei* Unbefugten ist der Zutritt verboten
estràrre *vt* (her)ausziehen ◇ (*min*) gewinnen ◇ (*sorteggiare*) auslosen
estràtto *a* (her)ausgezogen ◇ (*ricavato*) gewonnen ◇ (*sorteggiato*) ausgelost ♦ *sm* (*cuc*) Extrakt *m* ◇ (*opuscolo*) Auszug *m* • *e. conto* (*fin*) Kontoauszug *m*
estrazióne *sf* Ziehen *n* ◇ (*min*) Gewinnung *f* ◇ (*sorteggio*) Auslosung *f*, Ziehung *f* ◇ (*fig*) (*origine*) Herkunft *f*
estremaménte *avv* aufs Höchste, sehr
estremista *sm* Extremist *m*
estremità *sf* Ende *n* ◇ (*pl*) (*anat*) Extremitäten *pl*
estrèmo *a* äußerst, letzt, extrem, Extrem- ♦ *sm* Ende *n*

estrinseco

(*fig*) (*eccesso*) Extrem *n* ◊ (*pl*) (*dir*) Tatbestand *m*
estrìnseco *a* äußerlich
estrovèrso *a* extravertiert
estuàrio *sm* Mündungstrichter *m*
esuberànte *a* übermäßig ◊ (*rigoglioso*) üppig ◊ (*vivace*) temperamentvoll
esuberànza *sf* Üppigkeit *f*, Überschwang *m*
esulàre *vi* (*non competere*) hinausgehen (*über* + *acc*)
èsule *sm/f* Verbannte *m/f*
esultànza *sf* Jubel *m*
esultàre *vi* jubeln, jauchzen
età *sf* Alter *n* ◊ (*epoca*) Zeitalter *n* • **maggiore e.** (*dir*) Volljährigkeit *f*
eternità *sf* Ewigkeit *f*
etèrno *a* ewig
eterogèneo *a* heterogen
eterosessuàle *a* heterosexuell
ètica *sf* Ethik *f*
etichétta *sf* Etikett *n*
ètico *a* ethisch, moralisch
etìlico *a* Äthyl- • **alcol e.** Äthylalkohol *m*
etimologìa *sf* Etymologie *f*, Wortgeschichte *f*
ètnico *a* ethnisch, Volks-
etnologìa *sf* Ethnologie *f*, Völkerkunde *f*
etnòlogo *sm* Ethnologe *m*
etrùsco *a* etruskisch ◊ *sm* (*ling*) Etruskisch *n* ◊ (*abitante*) Etrusker *m*
èttaro *sm* Hektar *n*
ètto *sm* hundert Gramm *pl*
eucalìpto *sm* (*bot*) Eukalyptus *m*

eucaristìa *sf* Eucharistie *f*, Abendmahl *n*
eufemismo *sm* Euphemismus *m*, Hüllwort *n*
euforìa *sf* Euphorie *f*
eufòrico *a* euphorisch
eunùco *sm* Eunuch *m*
èuro *sm* Euro *m*
europarlaménto *sm* Europaparlament *n*
europèo *a* europäisch, Europa- • *sm* Europäer *m*
eurovisióne *sf* Eurovision *f*
eutanasìa *sf* Euthanasie *f*
evacuàre *vt* evakuieren, räumen
evacuazióne *sf* Evakuierung *f*, Räumung *f*
evàdere *vi* entfliehen (+ *dat*) ◊ (*dalla prigionia*) ausbrechen • *vt* (*sbrigare*) erledigen ◊ (*le tasse*) (Steuern) hinterziehen
evangèlico *a* evangelisch
evangelizzàre *vt* bekehren
evangelizzazióne *sf* Evangelisation *f*
evaporàre *vi* verdunsten
evaporazióne *sf* Verdunstung *f*
evasióne *sf* Flucht *f* ◊ (*dalla prigionia*) Ausbruch *m* ◊ (*di una pratica*) Erledigung *f* • **e. fiscale** Steuerhinterziehung *f*
evàso *a* (*dalla prigionia*) ausgebrochen ◊ (*di pratica*) erledigt • *sm* Ausbrecher *m*
evasóre *sm* Steuerhinterzieher *m*
eveniènza *sf* (*eventualità*) Fall *m* ◊ (*circostanza*) Umstand *m*, Gelegenheit *f*

evènto *sm* Ereignis *n*, Vorfall *m*
eventuàle *a* eventuell
eventualità *sf* Eventualität *f* ● *nell'e. che* falls
evidènte *a* augenfällig, offensichtlich
evidènza *sf* Offensichtlichkeit *f* ◊ *(chiarezza)* Deutlichkeit *f* ● *mettere in e.* hervorheben; *mettersi in e.* sich hervortun
evitàre *vt* (ver)meiden ◊ *(scansare)* ausweichen
èvo *sm* Zeitalter *n*
evolutìvo *a* Entwicklungs-

evoluzióne *sf* Entwicklung *f* ◊ *(biol)* Evolution *f*
evòlvere *vi* entwickeln ◆ *vpr* sich entwickeln
evvìva *inter* es lebe
èxtra *a* besonder, extra, Extra-
extracomunitàrio *a* Nicht-EU- ◆ *sm* Nicht-EU-Bürger *m*
extraconiugàle *a* außerehelich
extraeuropèo *a* außereuropäisch
extraterrèstre *a* außerirdisch ◆ *sm/f* Außerirdische *m/f*

F

fabbisógno *sm* Bedarf *m*
fàbbrica *sf* Fabrik *f*, Werk *n*
fabbricànte *sm* Fabrikant *m*
fabbricàre *vt* (er)bauen, herstellen
fabbricàto *sm* Gebäude *n*
fabbricazióne *sf* Herstellung *f*, Erzeugung *f*
fàbbro *sm* Schmied *m*
faccènda *sf* Angelegenheit *f* ◊ *(pl) (lavori domestici)* Hausarbeit *f*
facchìno *sm* (Gepäck)träger *m*
fàccia *sf* *(viso)* Gesicht *n* ◊ *(lato)* Seite *f*
facciàta *sf* *(edil)* Fassade *f* ◊ *(lato)* Seite *f* ◊ *(fig) (apparenza)* Anschein *m*
facèzia *sf* Witz *m*
fachìro *sm* Fakir *m*

fàcile *a* leicht
facilità *sf* Leichtigkeit *f*
facilitàre *vt* erleichtern
facilitazióne *sf* Erleichterung *f*
facoltà *sf* *(capacità)* Fähigkeit *f* ◊ *(potere)* Vermögen *n* ◊ *(universitaria)* Fakultät *f*
facoltatìvo *a* fakultativ, wahlfrei
facoltóso *a* wohlhabend
facsìmile *sm* Faksimile *n*, Abdruck *m*
fàggio *sm* *(bot)* Buche *f*
fagiàno *sm* *(zool)* Fasan *m*
fagiolìno *sm* *(bot)* grüne Bohne *f*
fagiòlo *sm* *(bot)* Bohne *f*
fàlce *sf* Sichel *f*
falciàre *vt* mähen
falciatrìce *sf* *(agr)* Mähmaschine *f*

falco

falco sm (zool) Falke m
falda sf (geol) Schicht f
falegname sm Tischler m, Schreiner m
falesia sf (geol) Kliff n
falla sf Lücke f ◇ (naut) Leck n
fallimentàre a (comm) Konkurs- ◇ (fig) verheerend, katastrophal
fallimento sm (comm) Konkurs m ◇ Scheitern n, Misserfolg m
fallire vi (comm) Konkurs machen, Pleite machen ◇ scheitern
fallo sm (errore) Fehler m ◇ (sport) Foul m
falò sm Feuer n
falsàrio sm Fälscher m
falsificare vt fälschen
falsificazióne sf Fälschung f
falsità sf Falschheit f
falso a falsch ◆ sm Falsche n
fama sf Ruf m, Ruhm m
fame sf Hunger m ● avere f. hungrig sein
famiglia sf Familie f
familiàre a familiär, Familien- ◇ (noto) vertraut, wohl bekannt ◆ sm/f Familienangehörige m/f
familiarità sf Vertraulichkeit f ◇ (pratica) Vertrautheit f ● avere f. con qc mit etwas vertraut sein; avere f. con qn mit jemandem vertrauten Umgang haben
familiarizzàre vi/pr vertraut werden
famóso a berühmt
fanàle sm (aut) Scheinwerfer m, Licht n

fanàtico a fanatisch ◆ sm Fanatiker m
fanciùllo sm Knabe m, Kind n
fango sm Schlamm m
fannullóne sm Faulenzer m
fantascièenza sf Science-Fiction f
fantasìa sf Phantasie, Fantasie f
fantàsma sm Gespenst n
fantasticàre vt phantasieren, fantasieren (von + dat)
fantàstico a phantastisch, fantastisch
fante sm Fußsoldat m ◇ (nelle carte) Bube m
fanterìa sf (mil) Infanterie f
faraóna sf (zool) Perlhuhn n
faraóne sm (stor) Pharao m
farcito a gefüllt
fàre vt machen, tun
farfàlla sf (zool) Schmetterling m
farìna sf Mehl n
farinàceo a mehlartig ◆ sm (pl) Mehlprodukte pl
faringe sf (anat) Rachen m
faringite sf Rachenentzündung f
farmacìa sf Apotheke f
farmacista sm Apotheker m
fàrmaco sm Heilmittel n, Medikament n
farneticàre vi irreredern
fàro sm Leuchtturm m ◇ (aut) Scheinwerfer m, Licht n
fàrro sm (bot) Emmer m
fàrsa sf (lett) Posse f ◇ (fig) Farce f
fàscia sf Band n ◇ (med) Binde f ◇ (geogr) Strich m ● f. oraria (tel) Tarifzeit f

fasciàre vt verbinden
fasciatùra sf (azione) Verbinden n ◇ (effetto) Verband m
fascìcolo sm Heft n, Akte f
fàscino sm Zauber m
fascìsmo sm Faschismus m
fàse sf Phase f, Stufe f
fastìdio sm Belästigung f ◇ (sensazione) Verdruss m ◇ (cosa) Verdrießlichkeit f ● **dare f. a qn** (persona) jemanden belästigen, (cosa) jemanden stören
fàsto sm Prunk m
fàta sf Fee f
fatàle a schicksalhaft
fatalìsta a fatalistisch ♦ sm Fatalist m
fatalità sf Fatalität f, Verhängnis n
fatìca sf Mühe f
faticàre vi sich abmühen ◇ (fig) schwer fallen (costr impers)
faticóso a anstrengend, mühsam
fatìdico a schicksalhaft
fàto sm Schicksal n
fattìbile a ausführbar, möglich
fàtto sm Tat(sache) f
fattóre sm Faktor m ◇ (gestore di fattoria) Gutsverwalter m
fattorìa sf Gutshof m
fattorìno sm Bote m, Laufbursch m
fattùra sf (modo in cui qc è fatto) Ausführung f ◇ (comm) Rechnung f
fatturàre vt (comm) anrechnen
fatturàto sm (comm) Umsatz m
fàuna sf Tierwelt f

fautóre sm Anhänger m
fàva sf (bot) Saubohne f
fàvola sf Märchen n
favolóso a märchenhaft
favóre sm (piacere) Gefallen m ◇ (approvazione) Beifall m, Anklang m ◇ (appoggio) Gunst f ● **per f.** bitte
favorévole a günstig
favorìre vt begünstigen
favorìto a bevorzugt ◇ (sport) favorisiert ♦ sm Liebling m
faxàre vt faxen
fazióne sf Partei f
fazióso a aufwieglerisch
fazzolétto sm Taschentuch n
febbràio sm Februar m
fèbbre sf Fieber n ● **avere la f.** fiebern; **f. dell'oro** Goldrausch m
fèci sfpl Kot m sing
fècola sf Stärkemehl n
fecondàre vt befruchten, besamen
fecondazióne sf Befruchtung f, Besamung f ● **f. artificiale** künstliche Befruchtung f; **f. in vitro** Invitro-Fertilisation f
fecóndo a fruchtbar
féde sf Vertrauen n ◇ (relig) Glauben n ◇ (anello) Trauring m
fedéle a treu ♦ sm/f Gläubige m/f
fedeltà sf Treue f ● **alta f.** (in stereofonia) Wiedergabetreue f, High Fidelity f
fèdera sf Überzug m, Kopfkissenbezug m
federazióne sf (di stati) Bund m ◇ (associazione) Verband m

fedìna sf f. penale (dir) Strafregisterauszug m
fégato sm (anat) Leber f ◊ (coraggio) Mut m
félce sf (zool) Farn m
felice a glücklich, selig
felicità sf Glück n
felicitàrsi vpr beglückwünschen (+ acc), gratulieren (+ dat)
felicitazióni sf pl Glückwünsche pl
felìno a Katzen- ♦ sm Wildkatze f
félpa sf (abb) Sweatshirt n ◊ (tessuto) Plüsch m
féltro sm Filz m
fémmina sf Weib n ◊ (bambina) Mädchen n ◊ (di animale) Weibchen n
femminìle a weiblich ♦ sm (gramm) Femininum n
femminìsmo sm Frauenbewegung f
fèmore sm (anat) Oberschenkelknochen m
fenìcio a phönizisch ♦ sm Phönizier m
fenicòttero sm (zool) Flamingo m
fenomenàle a außerordentlich
fenòmeno sm Phänomen n
feriàle a Wochen-, Werkgiorno f. Wochentag m
fèrie sf pl Urlaub m, Ferien pl
ferìre vt verletzen ♦ vpr sich verletzen
ferìta sf Wunde f
feritóia sf Schlitz m
fermàglio sm Schließe f ◊ (per capelli) Haarspange f ◊ (per fogli) Briefklammer f
fermàre vt (an)halten, aufhalten ◊ (un meccanismo) abstellen, ausschalten ♦ vi halten, Halt machen ♦ vpr halten, stehen bleiben ◊ (di meccanismo) stehen bleiben, stillstehen ◊ (rimanere) bleiben ◊ (soggiornare) sich aufhalten
fermàta sf Anhalten n ◊ (sosta) Rast f ◊ (di un mezzo di trasporto) Haltestelle f
fermentàre vi gären
fermentazióne sf Gärung f
ferménto sm Gärungserreger m, Ferment n ◊ (fig) Unruhe f
fermézza sf Festigkeit f
férmo a still, unbeweglich ◊ (non in funzione) stillstehend ● f. posta postlagernd
feróce a wild, grausam (crudele)
feròcia sf Wildheit f, Grausamkeit f (crudeltà)
ferragósto sm Mariä-Himmelfahrts-Fest n ◊ (periodo) Mitte f August
ferraménta sf (negozio) Eisenwarenhandlung f
ferràre vt beschlagen
fèrro sm Eisen n ◊ (da calza) (Strick)nadel f ◊ (pl) (insieme di arnesi) Werkzeug n ● ai ferri (cuc) gegrillt; f. da stiro Bügeleisen n
ferrovìa sf Eisenbahn f
ferroviàrio a (Eisen)bahn-
ferrovière sm Eisenbahner m
fèrtile a fruchtbar

fertilità *sf* Fruchtbarkeit *f*
fertilizzànte *a* düngend ♦ *sm* Düngemittel *n*
fèsso *a* dumm ♦ *sm* Dummkopf *m*
fessùra *sf* Spalt *m*
fèsta *sf* (*festeggiamento*) Fest *n*, Feier *f* ◊ (*giorno di festa*) Feiertag *m*, Festtag *m* ● **buone feste!** glückliches Fest!
festeggiàre *vt* feiern
festival *sm* Festival *n*, Festspiel *m*
festività *sf* Festtag *m*, Feiertag *m*
festìvo *a* Feier-
festóne *sm* Girlande *f*
festóso *a* freudig
feticìsmo *sm* Fetischismus *m*
feticìsta *a* fetischistisch ♦ *sm* Fetischist *m*
fèto *sm* (*biol*) Fetus *m*
fétta *sf* Scheibe *f*, Stück *n* ● *f. biscottata* Zwieback *m*
feudàle *a* feudal
fèudo *sm* Lehen *n*
fiàba *sf* Märchen *n*
fiàcca *sf* Müdigkeit *f* ● *battere la f.* bummeln
fiàcco *a* müde, erschöpft
fiàccola *sf* Fackel *f*
fiaccolàta *sf* Fackelzug *m*
fiàla *sf* Ampulle *f*
fiàmma *sf* Flamme *f*
fiammàta *sf* Stichflamme *f* ● *fare una f.* aufflammen
fiammìfero *sm* Streichholz *n*
fiammìngo *a* flämisch ♦ *sm* Flame *m*
fiancàta *sf* (*parete laterale*) Seitenwand *f*

fiancheggiaménto *sm* Unterstützung *f*
fiancheggiàre *vt* säumen ◊ (*fig*) (*spalleggiare*) unterstützen
fiancheggiatóre *sm* Unterstützer *m*
fiànco *sm* Seite *f* ● *di f.* seitlich, Seiten-
fiàsco *sm* Flasche *f* ◊ (*fig*) Misserfolg *m*
fiàto *sm* Atem *m* ◊ (*pl*) (*mus*) Blasinstrumente *pl*
fìbbia *sf* Schnalle *f*
fìbra *sf* Faser *f*
fibròma *sm* Fibrom *n*
ficcanàso *sm* (*fam*) Schnüffler *m*
ficcàre *vt* stecken
fìco *sm* (*bot*) (*albero*) Feigenbaum *m* ◊ (*frutto*) Feige *f*
fidanzaménto *sm* Verlobung *f*
fidanzàrsi *vpr* sich verloben
fidanzàto *a* verlobt ♦ *sm* Verlobte *m/f*
fidàrsi *vpr* vertrauen (*auf + acc/dat*)
fidàto *a* zuverlässig
fidùcia *sf* Vertrauen *n*, Zuversicht *f*
fièle *sm* Galle *f*
fienagióne *sf* Heuernte *f*
fienìle *sm* Heuschuppen *m*
fièno *sm* Heu *n*
fièra *sf* (*esposizione*) Messe *f* ◊ (*annuale*) Jahrmarkt *m*
fierìstico *a* Messe-
fìglia *sf* Tochter *f*
figliàstra *sf* Stieftochter *f*
figliàstro *sm* Stiefsohn *m*
fìglio *sm* Sohn *m*

figùra sf Gestalt f ◇ (geom) Figur f

figuràccia sf Blamage f ● *fare una f.* eine schlechte Figur machen

figuratìvo a bildlich

fìla sf Reihe f ◇ Schlange f

filantropìa sf Philanthropie f

filàntropo sm Philanthrop m, Menschenfreund m

filarmònica sf Philharmonie f

filastròcca sf Kinderreim m

filatelìa sf Philatelie f, Briefmarkenkunde f

file sm (inform) Datei f

filétto sm (mecc) Gewinde n ◇ (cuc) Filet n

filiàle (1) a kindlich, Kinder-

filiàle (2) sf Filiale f

filifórme a fadenförmig

filigràna sf Filigran n

filmàre vt filmen, aufnehmen

filmàto a verfilmt ◆ sm Filmstreifen m

fìlo sm Faden m ◇ (di metallo) Draht m ● *f. interdentale* Zahnseide f

fìlobus sm Oberleitungsomnibus m

filodiffusióne sf Drahtfunk m

filodrammàtica sf Laienbühne f

filologìa sf Philologie f

filóne sm (min) Gang m, Ader f

filosofàre vi philosophieren

filosofìa sf Philosophie f

filòsofo sm Philosoph m

filtràre vt filtern ◆ vi (trapelare) durchsickern

filtrazióne sf Filterung f

fìltro sm Filter m

finàle a letzt, End-, Schluss- sm Schluss m ◆ sf (sport) Finale n, Endspiel n ◇ (gramm) Finalsatz m

finalìsta sm Finalist m

finalità sf Zweck m, Ziel n

finalménte avv endlich

finànza sf Finanz f

finanziaménto sm (azione) Finanzierung f ◇ (somma) Finanzkapital n

finanziàre vt finanzieren

finché cong solange, bis

fìne (1) a (sottile) dünn, fein ◇ (delicato) zart, fein

fìne (2) sf Ende n, Schluss m ◆ sm Zweck m, Ziel n ● *al f. di* um zu; *alla f.* am Ende, zum Schluss; *f. settimana* Wochenende n

finèstra sf Fenster n

finestrìno sm Fenster n

fìngere vt vortäuschen, vorspielen ◆ vpr sich (ver)stellen

finìre vt beenden, zu Ende führen ◆ vi (terminare) aufhören, enden ◇ (consumarsi) aufgebraucht werden, ausgehen ● *andare a f.* (ficcarsi) hinkommen, (terminare) enden; *f. di* fertig sein (mit + dat); *ho finito* ich bin fertig

finìto a (terminato) beendet, abgeschlossen ◇ (di prodotto) fertig, ausverkauft (esaurito) ◇ (fig) (rovinato) erledigt ◇ (mat) endlich ◆ sm (filosofia) Endliche n

finitùra sf Nacharbeit f

finlandése a finnisch ◆ sm Finne m

fino prep f. a (tempo) bis ◇ (luogo) bis zu/nach ♦ avv sogar ● f. da seit
finòcchio sm (bot) Fenchel m
finóra avv bisher, bis jetzt
finta sf Vortäuschung f, Vorspiegelung f ◇ (sport) Finte f ● far f. di tun, als ob
finto a falsch
finzióne sf Vortäuschung f
fiòcco sm (di nastro) Schleife f ◇ (di neve) Flocke f
fiòcina sf Harpune f
fióre sm Blume f
fiorènte a blühend
fiorétto sm (sport) Florett n
fiorìre vi (auf)blühen
fiorista sm Blumenhändler m, Florist m
fioritùra sf Blüte f
firma sf Unterschrift f
firmaménto sm Firmament n
firmàre vt unterschreiben, unterzeichnen
fisarmònica sf (mus) Akkordeon n
fiscàle a steuerlich, Steuer-
fischiàre vt/i pfeifen
fischiétto sm Pfeife f
fischio sm Pfiff m
fisco sm Fiskus m
fisica sf Physik f
fisico a (relativo alla natura) physisch, Natur- ◇ (relativo al corpo) körperlich, Körper- ♦ sm (corporatura) Körper(bau) m ◇ (studioso) Physiker m
fisiologìa sf Physiologie f
fisiòlogo sm Physiologe m
fisionomìa sf Physiognomie f
fisionomista sm Physiognom m
fisioterapìa sf Physiotherapie f
fissàggio sm Befestigung f
fissàre vt (rendere stabile) befestigen ◇ (guardare) anstarren ◇ (stabilire) festlegen ♦ vpr (fig) (ostinarsi) sich verbohren (in + acc)
fissazióne sf fixe Idee f
fissióne sf (fis) Kernspaltung f
fisso a fest
fitta sf Stich m
fittìzio a falsch, vorgetäuscht
fitto a dicht
fiùme sm Fluss m
fiutàre vt beschnüffeln ◇ (fig) wittern
fiùto sm Spürsinn m, Witterung f
flacóne sm Fläschchen n
flagellàre vt geißeln
flagellazióne sf Geiß(e)lung f
flagèllo sm Geißel f
flanèlla sf (abb) Flanell m
flàngia sf (mecc) Flansch m
flash sm Blitzlicht n
flàuto sm (mus) Flöte f ● suonare il f. flöten, Flöte spielen
flebite sf (med) Venenentzündung f
flèbo sf (med) Infusion f
flessióne sf Biegung f ◇ (calo) Rückgang m ◇ (gramm) Beugung f ◇ (sport) Liegestütz m
flèttere vt biegen ♦ vpr (cosa) sich biegen ◇ (persona) sich beugen
flòra sf Pflanzenwelt f
floreàle a Blumen-
floricoltùra sf Blumenzucht f
flòrido a blühend

flòtta sf Flotte f
flottìglia sf (naut) Flottille f
fluènte a fließend ◊ (fig) wallend
fluidità sf Flüssigkeit f
flùido a flüssig, fließend ♦ sm Flüssigkeit f
fluìre vi fließen
fluorescènte a fluoreszierend
fluòro sm (chim) Fluor n
flùsso sm Strom m, Fluss m ◊ (fig) Lauf m
fluttuàre vi wogen ◊ (fig) (variare) schwanken
fluttuazióne sf Wogen n ◊ (fig) (oscillazione) Schwankung f
fobìa sf Phobie f
fòca sf (zool) Seehund m
focàccia sf Fladen m
focalizzàre vt scharf einstellen
fóce sf Mündung f
focolàre sm Herd m
fòdera sf Futter n
foderàre vt füttern
fòglia sf Blatt n
fogliàme sm Laub n
fogliétto sm Zettel m
fòglio sm Papierblatt n, Bogen m
fógna sf Abzugskanal m, Kloake f
fognatùra sf Kanalisation f
folclóre sm Folklore f, Volkskunde f
folgoràre vt (col fulmine) mit dem Blitz treffen ◊ (con una scarica elettrica) mit einem elektrischen Schlag treffen
folgorazióne sf (di fulmine) Blitzschlag m ◊ (di scarica elettrica) Stromschlag m

fólla sf Menge f
fòlle a verrückt, irr ♦ sm/f Narr m ● in f. (aut) im Leerlauf
folleggiàre vi es toll treiben
follétto sm Kobold m
follìa sf Wahnsinn m
fólto a dicht
fomentàre vt schüren, entflammen
fondàle sm Wassertiefe f
fondamentàle a wesentlich, Grund-, Haupt-
fondaménto sm (principio) Grundlage f ◊ (pl f) (edil) Grundmauern pl
fondàre vt gründen ♦ vpr sich stützen (auf + acc)
fondatóre a gründend, Gründer- ♦ sm Gründer m
fondazióne sf Gründung f
fondènte a Schmelz- ◊ (cioccolato) zartbitter
fóndere vt/i schmelzen ♦ vpr schmelzen, sich auflösen
fondiàrio a Boden-, Grund-
fóndo (1) sm Grund m, Boden m ◊ (estremità) Ende m ◊ (deposito) (Boden)satz m ◊ (sport) Langstrecke f ◊ (fin) Fonds m ● a f. gründlich; andare a f. (naut) untergehen, (fig) auf den Grund gehen; articolo di f. Leitartikel m; in f. (fig) im Grunde; fondi di magazzino Ladenhüter pl
fóndo (2) a tief
fondotìnta sm Make-up n
fondovàlle sm Talsohle f
fonètica sf Phonetik f, Lautlehre f
fontàna sf (Spring)brunnen m

fónte *sf* Quelle *f*
foràggio *sm* Futter *n*
foràre *vt* durchlöchern ⬦ (*un biglietto*) lochen ♦ *vi* (*aut*) eine Reifenpanne haben ♦ *vpr* Löcher bekommen
foratùra *sf* Durchbohren *n* ⬦ (*aut*) Reifenpanne *f*
fòrbice *sf* Schere *f*
forbicìne *sf pl* (*per unghie*) Nagelschere *f*
fórca *sf* (*agr*) Gabel *f* ⬦ (*patibolo*) Galgen *m*
forcèlla *sf* Gabel *f*
forchétta *sf* Gabel *f*
forènse *a* gerichtlich
forèsta *sf* Wald *m*, Forst *m* ● *f. vergine* Urwald *m*
forestàle *a* forstlich, Wald- ◆ *corpo f.* Forstkorps *n*; *guardia f.* Förster *m*
forestièro *a* fremd, Fremd- ◆ *sm* Fremde *m/f*, Ausländer *m*
fórfora *sf* Haarschuppen *pl*
forgiàre *vt* schmieden ⬦ (*fig*) bilden, formen
fórma *sf* Form *f*, Gestalt *f* ● *a f. di* in Form (+ *gen*), -förmig
formàggio *sm* Käse *m*
formàle *a* formal, Form-
formalità *sf* Formalität *f*
formalizzàrsi *vpr* Anstoß nehmen (*an* + *dat*)
formàre *vt* bilden ◆ *vpr* sich bilden
formàto *sm* Format *n*
formattàre *vt* (*inform*) formatieren
formazióne *sf* Bildung *f* ⬦ (*sport*) Aufstellung *f* ● *f. professionale* Berufsausbildung *f*
formìca *sf* (*zool*) Ameise *f*
formichière *sm* (*zool*) Ameisenbär *m*
formicolàre *vi* kribbeln
formicolìo *sm* Kribbeln *n*, Ameisenlaufen *n*
formidàbile *a* großartig
fòrmula *sf* Formel *f*
formulàre *vt* formulieren ⬦ (*una domanda e sim*) aufstellen
formulàrio *sm* Formular *n*
formulazióne *sf* Formulierung *f*
fornàce *sf* Brennofen *m*
fornàio *sm* Bäcker *m*
fornèllo *sm* Kochstelle *f*
fornìre *vt* versorgen, versehen, ausstatten ● *f. le prove* die Nachweise erbringen
fornitóre *a* Liefer- ◆ *sm* Lieferant *m*
fornitùra *sf* Lieferung *f*
fórno *sm* (Back)ofen *m* ● *f. a microonde* Mikrowellenherd *m*, Mikrowellengerät *n*
fóro (1) *sm* Loch *n*
fòro (2) *sm* (*stor*) Forum *n* ⬦ (*dir*) Gerichtsstand *m*
fórse *avv* vielleicht
fòrte *a* stark, fest
fortézza *sf* Festung *f*
fortificàre *vt* stärken, kräftigen ⬦ (*fig*) festigen
fortificazióne *sf* Befestigung *f*
fortìno *sm* Fort *n*
fortùito *a* zufällig
fortùna *sf* Glück *n* ● *buona f.!* viel Erfolg!; *colpo di f.* Glücksfall *m*

fortunataménte *avv* zum Glück, glücklicherweise
fortunàto *a* glücklich ● *essere f.* Glück haben
forùncolo *sm* (*med*) Furunkel *m*
fòrza *sf* Kraft *f*, Stärke *f* ◇ (*violenza*) Gewalt *f*, Heftigkeit *f* ● *a f. di* nach langem/vielem; *con la f.* mit Gewalt; *forze armate* Streitkräfte *pl*; *per f.* (*controvoglia*) wider Willen, (*naturalmente*) natürlich
forzàre *vt* (*scassinare*) aufbrechen ◇ (*costringere*) zwingen
forzatùra *sf* Aufbrechen *n* ◇ (*interpretazione arbitraria*) Verzerrung *f*
forzière *sm* Geldschrank *m*
fóschia *sf* Dunst *m*
fósco *a* dunkel
fosforescènte *a* phosphoreszierend
fòsforo *sm* (*chim*) Phosphor *m*
fòssa *sf* Grube *f* ◇ (*tomba*) Grab *n*
fossàto *sm* Graben *m*
fòssile *a* versteinert, fossil ♦ *sm* Fossil *n*
fossilizzàrsi *vpr* versteinern ◇ (*fig*) sich versteifen (*auf + acc*)
fossilizzazióne *sf* Versteinerung *f*
fotocòpia *sf* Fotokopie, Photokopie *f*
fotogènico *a* fotogen, photogen
fotografàre *vt* fotografieren, photographieren, aufnehmen
fotografìa *sf* Fotografie, Photographie *f* ◇ (*copia*) Foto, Photo *n*

fotogràfico *a* fotografisch, photographisch, Foto-, Photo-
fotògrafo *sm* Fotograf, Photograph *m*
fotomodèlla *sf* Fotomodell, Photomodell *n*
foulàrd *sm* Kopftuch *n*
fra → **tra**
fracàsso *sm* Lärm *m*, Krach *m*
fràdicio *a* durchnässt
fràgile *a* zerbrechlich ◇ (*fig*) gebrechlich
fragilità *sf* Zerbrechlichkeit *f* ◇ (*fig*) Gebrechlichkeit *f*
fràgola *sf* (*bot*) Erdbeere *f* ● *f. di bosco* Walderdbeere *f*
fraintèndere *vt* missverstehen
frammentàrio *a* fragmentarisch, bruchstückhaft
frammentazióne *sf* Zerteilen *n*
framménto *sm* Bruchstück *n*
fràna *sf* Erdrutsch *m*
franàre *vi* (ab)rutschen
francaménte *avv* offen
francése *a* französisch ♦ *sm* (*ling*) Französisch *n* ◇ (*abitante*) Franzose *m*
franchìgia *sf* (*comm*) Franchise *f*, Selbstbeteiligung *f*
frànco *a* offen, freimütig ● *farla franca* gut davonkommen; *porto f.* Freihafen *m*; *zona franca* Freizone *f*
francobòllo *sm* Briefmarke *f*
frangènte *sm* Sturzwelle *f* ◇ (*fig*) (*situazione difficile*) Bedrängnis *f*, schwierige Lage *f*
fràngia *sf* Franse *f* ◇ (*dei capelli*) Pony *n*
frangiflùtti *sm* Wellenbrecher *m*

frantóio *sm* Presse *f*
frantumàre *vt* zertrümmern ♦ *vpr* zerbrechen
frantùmi *sm pl* **andare in f.** in die Brüche gehen
frappè *sm* Eismixgetränk *n*
frappórre *vt* dazwischensetzen ♦ *vpr* dazwischenkommen (*immischiarsi*) sich einmischen
fràse *sf* Satz *m*
fraseologìa *sf* Phraseologie *f*
fràssino *sm* (*bot*) Esche *f*
frastagliàto *a* zerklüftet
frastornàto *a* benommen
frastuòno *sm* Lärm *m*
fràte *sm* Mönch *m*
fratellànza *sf* Verbrüderung *f*
fratellàstro *sm* Stiefbruder *m*
fratèllo *sm* Bruder *m* ◊ (*pl*) (*insieme di fratelli e sorelle*) Geschwister *pl*
fraternizzàre *vi* sich verbrüdern
fratèrno *a* brüderlich, Brüder-
frattàglie *sf pl* Innereien *pl*
frattànto *avv* inzwischen, mittlerweile
frattùra *sf* Bruch *m*
fratturàre *vt* (zer)brechen
frazionaménto *sm* Teilung *f*
frazionàre *vt* (unter)teilen ♦ *vpr* sich teilen
frazióne *sf* Bruchteil *m* ◊ (*mat*) Bruch *m*, Bruchzahl *f* ◊ (*paese*) Vorort *m* ◊ (*di un partito*) Fraktion *f*
fréccia *sf* Pfeil *m* ◊ (*aut*) Blinker *m* ● **mettere la f.** (*aut*) den Blinker betätigen
freddézza *sf* Kühle *f* ◊ (*autocontrollo*) Kaltblütigkeit *f*
fréddo *a* kalt ♦ *sm* Kälte *f* ● **a f.** kalt; **avere f.** frieren; **fa f.** es ist kalt
freddolóso *a* fröstelig
fregàre *vt* reiben ◊ (*pop*) (*ingannare*) betrügen ◊ (*pop*) (*rubare*) stehlen, klauen ◊ *fregàrsene* (*pop*) sich scheren (*um* + *acc*)
fregatùra *sf* (*pop*) (*inganno*) Betrug *m* ◊ (*cosa scadente*) Schwindel *m* ● **prendere una f.** (*pop*) beschwindelt werden
frégio *sm* (*ornamento*) Verzierung *f* ◊ (*arch*) Fries *m*
frèmere *vi* erregt sein (*gegen* + *gen*), beben (*vor* + *dat*)
frèmito *sm* Beben *n*
frenàre *vt* (ab)bremsen ◊ (*fig*) zügeln, beherrschen
frenàta *sf* Bremsen *n* ◊ (*traccia*) Bremsspur *f*
frenètico *a* rasend, irrsinnig
fréno *sm* Bremse *f* ◊ (*fig*) Zügel *m* ● **f. a mano** (*aut*) Handbremse *f*
frequentàre *vt* (*persone*) Umgang haben (*mit* + *dat*), verkehren (*mit* + *dat*) ◊ (*un luogo*) verkehren (*in/an* + *dat*) ◊ (*la scuola e sim*) besuchen
frequentàto *a* (viel) besucht, belebt
frequènte *a* häufig
frequènza *sf* Häufigkeit *f* ◊ (*a scuola e sim*) Besuch *m* ◊ (*fis*) Frequenz *f*
freschézza *sf* Frische *f*
frésco *a* frisch, kühl ♦ *sm* Fri-

fretta

sche *f*, Kühle *f* ● *mettere al f.* kalt stellen
frétta *sf* Eile *f* ● *avere f.* es eilig haben; *in f.* eilig
frettolóso *a* eilig
friàbile *a* brüchig
frìggere *vt* braten, frittieren
frigorìfero *sm* Kühlschrank *m*
frittàta *sf* (*cuc*) Omelett *n*, Omelette *f*
frittèlla *sf* (*cuc*) Pfannkuchen *m*
fritto *a* gebraten
frittùra *sf* gebackenes Gericht *n*, Frittüre *f*
frìvolo *a* frivol
frizionàre *vt* (ein)reiben
frizióne *sf* Einreibung *f* ◊ (*aut*) Kupplung *f*
frizzànte *a* prickelnd
frodàre *vt* betrügen ◊ (*le imposte e sim*) unterschlagen
fròde *sf* Betrug *m*
frontàle *a* frontal, vordere ● *incidente f.* Frontalzusammenstoß *m*
frónte *sf* (*anat*) Stirn *f* ◊ (*facciata*) Stirnseite *f* ● *sm* (*mil*) Front *f*
frontespìzio *sm* Titelseite *f*
frontièra *sf* Grenze *f*
frontóne *sm* (*arch*) Giebel *m*
frugàle *a* bescheiden
frugàre *vi* stöbern
fruìre *vi* genießen (+ *acc*)
frullàre *vt* quirlen, mixen
frullàto *sm* Mixgetränk *n*
frullatóre *sm* Mixgerät *n* ● *f. a immersione* Stabmixer *m*
fruménto *sm* (*bot*) Weizen *m*
fruscìo *sm* Rauschen *n*
frùsta *sf* Peitsche *f*

438

frustàre *vt* peitschen
frustràre *vt* frustrieren
frustrazióne *sf* Frustration *f*
frùtta *sf* Obst *n*
fruttàre *vt/i* (*fig*) einbringen, eintragen
fruttéto *sm* Obstgarten *m*
fruttivéndolo *sm* Obsthändler *m*
frùtto *sm* Frucht *f*
fucilàre *vt* erschießen
fucilazióne *sf* Erschießung *f*
fucìle *sm* Gewehr *n*
fùco *sm* (*zool*) Drohne *f*
fùga *sf* (*di persone*) Flucht *f* ◊ (*di liquidi o gas*) Austritt *m*
fuggiàsco *sm* Flüchtige *m/f*
fuggìre *vt* entgehen (+ *dat*) ◆ *vi* (ent)fliehen, flüchten
fùlcro *sm* Drehpunkt *m* ◊ (*fig*) Mittelpunkt *m*, Kern *m*
fulìggine *sf* Ruß *m*
fulminànte *a* (*fig*) blitzend
fulminàre *vt* (mit dem Blitz) treffen ◊ (*fig*) niederschmettern ◆ *vpr* (*el*) durchbrennen
fùlmine *sm* Blitz *m*
fumaiòlo *sm* Schornstein *m*
fumàre *vi* rauchen
fumatóre *sm* Raucher *m*
fumétto *sm* (Sprech)blase *f* ◆ (*pl*) Comics *pl*
fùmo *sm* Rauch *m* ◊ (*fam*) (*hashish*) Kiff *m* ● *f. passivo* Passivrauchen *n*
fumògeno *sm* Nebelstoff *m*
fumóso *a* raucherfüllt ◊ (*fig*) dunkel
fùne *sf* Seil *n*
fùnebre *a* Trauer-, Grab-

funeràle sm Begräbnis n, Beerdigung(sfeier) f
funerário a Grab-
fùngo sm (bot) Pilz m
funicolàre sf Standseilbahn f
funivìa sf Seilbahn f
funzionàle a praktisch, zweckmäßig
funzionalità sf Zweckmäßigkeit f
funzionaménto sm Arbeitsweise f
funzionàre vi funktionieren ◊ (*essere in funzione*) in Betrieb sein ◊ (*fig*) (*andare bene*) gut gehen
funzionàrio sm Funktionär m, Beamte m/f (*pubblico*)
funzióne sf Funktion f ◊ (*mansione*) Befugnis f, Amt n (*carica*) ◊ (*relig*) Gottesdienst m ◊ *entrare/mettere in f.* in Betrieb gehen/setzen
fuòco sm Feuer n ● *dar f. a qc* etwas anzünden; *f. d'artificio* Feuerwerk n; *mettere a f.* scharf einstellen; *prendere f.* Feuer fangen, in Flammen aufgehen
fuorché prep außer (+ dat), ausgenommen (+ nom/acc)
fuòri avv (*stato*) draußen ◊ (*moto*) heraus (*avvicinamento*), hinaus (*allontanamento*) ◊ (*nella parte esterna*) außen ◊ (*sport*) aus ◊ (*esclamazione*) hinaus, 'raus (*pop*) ● *prep* außerhalb (+ gen), außer (+ dat) ● *f. luogo* unangebracht; *f. mano* abgelegen; *f. orario* außerplanmäßig; *f. servizio* außer Dienst
fuoribórdo sm (*naut*) Boot n mit Außenbordmotor
fuorigiòco sm (*sport*) Abseits n ● *in f.* abseits
fuorilégge a gesetzlos, illegal ◆ sm Bandit m
fuoristràda sm Geländewagen m
fuoriuscìta sf Entweichen n
fùrbo a schlau
furfànte sm Gauner m
furgóne sm Kleinlaster m, Lieferwagen m
fùria sf Wut f ◊ (*fretta*) Eile f
furióso a wütend, zornig
furóre sm Wut f, Raserei f
furtìvo a gestohlen ◊ (*fig*) verstohlen
fùrto sm Diebstahl m
fùsa sf pl *fare le f.* schnurren
fusìbile sm (el) Schmelzsicherung f
fusióne sf Schmelzen n ◊ (*fig*) Verschmelzung f, Vereinigung f ◊ (*fin*) Fusion f ● *f. nucleare* Kernfusion f
fùso (1) sm Spindel f
fùso (2) a geschmolzen
fusoliéra sf (*aer*) Rumpf m
fustàgno sm Barchent m
fustigàre vt (aus)peitschen
fùsto sm (*bot*) Stamm m ◊ (*anat*) Rumpf m ◊ (*recipiente*) Fass n
fùtile a unbedeutend, nichtig
futùro a zukünftig, kommend ◆ sm Zukunft f

G

gàbbia *sf* Käfig *m* • *g. toracica* (*anat*) Brustkorb *m*
gabbiàno *sm* (*zool*) Möwe *f*
gabinétto *sm* (*wc*) Toilette *f* ◊ (*politico*) Kabinett *n*
gaffe *sf* Fauxpas *m*
gagliardétto *sm* Wimpel *m*
galànte *a* galant, höflich
galàssia *sf* (*astr*) Galaxie *f* ◊ (*Via Lattea*) Milchstraße *f*
galatèo *sm* Knigge *m*, Anstand *m*
galeóne *sm* Galeone *f*
galeòtto *sm* Sträfling *m*
galèra *sf* Gefängnis *n*
galla *sm* a g. auf der Oberfläche (des Wassers) • *venire a g.* auftauchen, (*fig*) an den Tag kommen
galleggiànte *sm* (*boa*) Boje *f*
galleggiàre *vi* schwimmen
galleria *sf* Tunnel *m*, Galerie *f* ◊ (*arte*) Galerie *f* ◊ (*teat*) Rang *m*
gallìna *sf* (*zool*) Henne *f*
gàllo *sm* (*zool*) Hahn *m*
galoppàre *vi* galoppieren
galoppatóio *sm* Reitbahn *f*
galòppo *sm* Galopp *m*
gàmba *sf* (*anat*) Bein *n*
gàmbero *sm* (*zool*) Krebs *m*
gàmbo *sm* Stiel *m*
gàmma *sf* Skala *f*
gàncio *sm* Haken *m*
gànglio *sm* (*anat*) Ganglion *n*
gàra *sf* Wettstreit *m* ◊ (*sport*) Wettkampf *m* • *g. ciclistica* Radrennen *n*

garage *sm* Garage *f*
garànte *sm* Bürge *m*, Garant *m* • *farsi g. di qc* für etwas Gewähr leisten; *farsi g. per qn* für jemanden Bürge sein
garantìre *vt* haften (*für* + *acc*), bürgen (*für* + *acc*), Garantie geben (*für* + *acc*) ◆ *vpr* sich Bürgschaften verschaffen
garantìto *a* garantiert (ES: **un'automobile garantita per un anno** ein Auto mit einem Jahr Garantie)
garanzìa *sf* Garantie *f*, Gewähr *f*
garbàto *a* höflich, liebenswürdig
gàrbo *sm* Liebenswürdigkeit *f*
gareggiàre *vi* wetteifern (*sport*) kämpfen • *g. con qn in qc* mit jemandem um etwas wetteifern
gargarìsmo *sm* Gurgeln *n* • *fare i gargarismi* gurgeln
garìtta *sf* (*mil*) Schilderhaus *n*
garòfano *sm* (*bot*) Nelke *f*
garrése *sm* (*zool*) Widerrist *m*
gàrza *sf* Verbandmull *m*
garzóne *sm* Laufbursche *m* ◊ (*apprendista*) Lehrling *m*
gas *sm* Gas *n* • *g. naturale* Erdgas *n*
gasdótto *sm* Gasleitung *f*
gasòlio *sm* Dieselöl *n*
gassàto *a* mit Kohlensäurezusatz
gassósa *sf* Sprudel *m*
gassóso *a* gasförmig

gastrite sf (med) Gastritis f
gastronomia sf Gastronomie f
gastronòmico a gastronomisch
gatto sm (zool) Katze f
gavétta sf Blechnapf m ♦ *venire dalla g.* von der Pike auf dienen
gavitèllo sm Boje f
gazebo sm Gartenpavillon m
gazzèlla sf (zool) Gazelle f
gazzétta sf Zeitung f ◊ *g. ufficiale* Amtsblatt n
gelàre vt erfrieren lassen ♦ vi/pr gefrieren ◊ (avere freddo) frieren ♦ vimp frieren
gelatàio sm Eismann m (fam), Eisverkäufer m
gelateria sf Eisdiele f
gelatina sf (cuc) Gallert n ◊ (chim) Gelatine f
gelato a gefroren, eiskalt (gelido) ♦ sm Eis n ♦ *cono g.* Eistüte f
gèlido a eisig, frostig
gèlo sm Frost m
gelóne sm (med) Frostbeule f
gelosia sf Eifersucht f
gelóso a eifersüchtig (auf + acc)
gèlso sm (bot) Maulbeerbaum m
gelsomino sm (bot) Jasmin m
gemellàggio sm Städtepartnerschaft f
gemèllo a Zwillings- ♦ sm Zwilling m ◊ (pl) (astr) Zwillinge pl
gèmere vi seufzen, ächzen
gèmito sm Ächzen n
gèmma sf (bot) Knopse f ◊ (geol) Edelstein m
gène sm (biol) Gen n

genealogìa sf Familienkunde f, Genealogie f
generàle a allgemein ♦ sm (mil) General m ♦ *in g.* allgemein, gewöhnlich
generalità sf Allgemeinheit f ◊ (pl) (dati personali) Personalien pl, Personalangaben pl
generalizzàre vt verallgemeinern
generalménte avv im Allgemeinen
generàre vt zeugen ◊ (essere fonte di) erzeugen, bewirken
generatóre sm (tecn) Generator m
generazióne sf Zeugung f ◊ (insieme di coetanei) Generation f
gènere sm Art f, Weise f ◊ (lett) Gattung f ◊ (gramm) Geschlecht n ♦ *generi alimentari* Lebensmittel pl; *in g.* gewöhnlich
genèrico a allgemein, generell, unbestimmt ♦ *restare nel g.* sich im Allgemeinen bewegen
gènero sm Schwiegersohn m
generosità sf Großherzigkeit f, Großzügigkeit f
generóso a großherzig, großzügig
gènesi sf Ursprung m ◊ (relig) Genesis f
genètica sf Genetik f
geneticaménte modificàto a gentechnisch verändert
genètico a genetisch
gengiva sf (anat) Zahnfleisch n
geniàle a genial

gènio sm Genie n ● *andare a g.* zusagen
genitali sm pl (anat) Genitalien pl, Geschlechtsteile pl
genitìvo sm (gramm) Genitiv m, Wesfall m
genitóre sm Erzeuger m ◇ (pl) Eltern pl
gennàio sm Januar m
genocìdio sm Völkermord m
gènte sf Leute pl
gentìle a freundlich, höflich
gentilézza sf Freundlichkeit f, Höflichkeit f
gentiluòmo sm (nobiluomo) Edelmann m ◇ Gentleman m
genuflessióne sf Kniefall m
genuflèttersi vpr niederknien
genuinità sf Echtheit f
genuìno a echt, rein
geocèntrico a geozentrisch
geografìa sf Geographie, Geografie f, Erdkunde f
geogràfico a geographisch, geografisch, erdkundlich
geògrafo sm Geograph, Geograf m
geologìa sf Geologie f
geòlogo sm Geologe m
geòmetra sm Vermessungstechniker m
geometrìa sf Geometrie f
gerànio sm (bot) Geranie f
gerarchìa sf Rangordnung f, Hierarchie f
gergàle a Jargon-
gèrgo sm Jargon m
geriàtra sm Geriater m
geriatrìa sf Geriatrie f
gèrla sf Kiepe f, Tragkorb m

germànico a germanisch
germanìsta sm Germanist m
germanìstica sf Germanistik f
gèrme sm Keim m
germogliàre vi sprießen, sprossen, keimen
germóglio sm (bot) Spross m, Trieb m ◇ (fig) Keim m ● *g. di soia* Sojasprosse f
geroglìfico a hieroglyphisch ◆ sm Hieroglyphe f
gerùndio sm (gramm) Gerundium n
gessétto sm Kreide f
gèsso sm (min) Gips m ◇ (per lavagna) Kreide f ◇ (med) Gips(verband) m
gèsta sf pl Taten pl
gestazióne sf Schwangerschaft f
gestióne sf Führung f ◇ (amministrazione) Verwaltung f
gestìre vt führen, leiten ◇ (amministrare) verwalten
gèsto sm Geste f ◇ (cenno) Wink m
gestóre sm Leiter m ◇ (amministratore) Verwalter m ◇ (tel) (di comunicazioni) Kommunikationsanbieter m, Betreiber m
gettàre vt werfen ◇ (edil) legen ◇ vpr sich werfen, sich stürzen ◇ (confluire) (ein)münden
gettàta sf (edil) Betonschüttung f
gèttito sm Ertrag m, Aufkommen n
gètto sm Wurf m, Strahl m
gettóne sm Münze f
gherìglio sm (bot) Nusskern m

ghétta sf Gamasche f
ghétto sm Getto n
ghiacciàio sm Gletscher m
ghiacciàre vt vereisen, einfrieren lassen ♦ vi/pr gefrieren, vereisen ♦ vimp frieren
ghiàccio sm Eis n
ghiacciòlo sm Eiszapfen m ◊ (tipo di gelato) Wassereis n
ghiàia sf Kies m
ghiànda sf (bot) Eichel f
ghiàndola sf (anat) Drüse f
ghiandolàre a (anat) Drüsen-
ghigliottìna sf Guillotine f
ghigliottinàre vt guillotinieren
ghiótto a (di persona) naschhaft ◊ (di cibo) lecker ◊ (fig) gierig
ghiottóne sm Leckermaul n
ghirigòro sm Schnörkel m
ghirlànda sf Kranz m
ghiro sm (zool) Siebenschläfer m
ghisa sf Gusseisen n
già avv schon
giàcca sf (abb) Jacke f ● **g. a vento** Windjacke f
giacché cong da, weil
giacchétta sf Jacke f
giacére vi liegen
giacimènto sm Lager n
giacìnto sm (bot) Hyazinthe f
giàda sf (min) Jade f
giaggiòlo sm (bot) Schwertlilie f
giaguàro sm (zool) Jaguar m
giàllo a gelb ♦ sm (poliziesco) Detektivroman m, (fam) Krimi m (romanzo), Kriminalfilm m (film)
giapponése a japanisch ♦ sm Japaner m
giardinàggio sm Gartenbau m

giardinière sm Gärtner m
giardìno sm Garten m ● **g. botànico** botanischer Garten; **giardìni pubblici** öffentlicher Park; **g. zoològico** Tiergarten m, Zoo m
giarrettièra sf Strumpfband n
giavellòtto sm Speer m ● **lància del g.** (sport) Speerwerfen n
gigànte a riesengroß ♦ sm Riese m
gigantésco a riesig, Riesen-
gigióne sm (teat) Kulissenreißer m ◊ (fig) eingebildeter Mensch m
gìglio sm (bot) Lilie f
gilè sm Weste f
gin sm Gin m
ginecòlogo sm Frauenarzt m, Gynäkologe m
ginepràio sm (fig) Wespennest n
ginépro sm (bot) Wacholder m
ginèstra sf (bot) Ginster m
ginnàsio sm Gymnasium n
ginnàsta sm Turner m
ginnàstica sf Gymnastik f, Turnen n ● **fare g.** turnen
gìnnico a turnerisch, Turn-
ginocchiàta sf (colpo dato col ginocchio) Kniestoß m ◊ (colpo preso sul ginocchio) Schlag m auf das Knie
ginocchièra sf Knieschützer m
ginòcchio sm Knie n
giocàre vt austragen, (aus)spielen ◊ (una somma) (ein)setzen ♦ vi spielen (+ acc) ♦ vpr verspielen, riskieren
giocàta sf (partita) Spiel n ◊ (puntata) Einsatz m

giocatóre *sm* Spieler *m*
giocàttolo *sm* Spielzeug *n*
giòco *sm* Spiel *n* ● *essere in g.* auf dem Spiel stehen; *fare il doppio g.* ein falsches Spiel treiben
giocolière *sm* Jongleur *m*
giógo *sm* Joch *n*
giòia *sf* Freude *f*
gioielleria *sf* Juweliergeschäft *n*
gioièllo *sm* Juwel *n*, Schmuckstück *n*
gioire *vi* sich freuen (*über* + *acc*)
giornalàio *sm* Zeitungsverkäufer *m*
giornàle *sm* Zeitung *f* ● *g. radio* Rundfunknachrichten *pl*
giornalièro *a* täglich
giornalino *sm* Kinderzeitung *f*
giornalismo *sm* Journalismus *m*
giornalista *sm* Journalist *m*
giornalménte *avv* täglich
giornàta *sf* Tag *m* (*sport*) Spieltag *m* ● *di g.* vom Tage, frisch; *in g.* heute noch; *lavorare a g.* im Tagelohn arbeiten
giórno *sm* Tag *m* ● *buon g.!* guten Tag!; *g. di chiusura* Ruhetag *m*; *g. festivo* Feiertag *m*
giòstra *sf* Karussell *n*
giovaménto *sm* Nutzen *m*, Vorteil *m*
gióvane *a* jung ◆ *sm/f* Junge *m*, junger Mann *m* (*f* Mädchen *n*, junge Frau *f*) ◇ (*pl*) die jungen Leute *pl*
giovanile *a* jugendlich, Jugend-
giovàre *vi* nützen (+ *acc*), dienen (+ *dat*)
giovedì *sm* Donnerstag *m*

giovènca *sf* (*zool*) Färse *f*
gioventù *sf* Jugend *f*
gioviàle *a* heiter, jovial
giovinézza *sf* Jugend *f*
giradischi *sm* Plattenspieler *m*
giràffa *sf* (*zool*) Giraffe *f*
giramóndo *sm/f* Weltreisende *m/f*
giràndola *sf* (*fuoco d'artificio*) Feuerrad *n* ◇ (*giocattolo*) Windrädchen *n* ◇ (*segnavento*) Wetterfahne *f* ◇ (*fig*) (*persona incostante*) Flattergeist *m* ◇ (*di avvenimenti e sim*) Wirbel *m*
giràre *vt* drehen ◇ (*un luogo*) reisen durch ◇ (*fin*) indossieren ◆ *vi* sich drehen, kreisen ◇ (*viaggiare*) umhergehen, herumlaufen, herumfahren (*con un mezzo*) ◇ (*cambiare direzione*) (ab)biegen ◆ *vpr* sich umwenden
girarròsto *sm* Spieß *m*
girasóle *sm* (*bot*) Sonnenblume *f*
giràta *sf* (*il girare*) Drehen *n* ◇ (*il rivoltare*) Wenden *n* ◇ (*fin*) Indossament *n*
giràto *a* gedreht, gewendet ◇ (*fin*) indossiert
giravòlta *sf* Drehung *f*
girèllo *sm* (*per bambini*) Laufstuhl *m*
girino *sm* (*zool*) Quappe *f*
giro *sm* (*rotazione*) Umdrehung *f* ◇ (*percorso circolare*) Runde *f* ◇ (*viaggio*) Reise *f*, Fahrt *f* ◇ (*passeggiata*) Rundgang *m* ◇ (*cerchia*) Kreis *m* ● *andare su di giri* (*aut*) auf Touren kommen; *angolo g.* (*geom*) Vollwin-

kel *m*; *essere in g.* unterwegs sein; *g. d'affari* Umsatz *m*; *g. della morte* (*aer*) Looping *n*; *g. di parole* Wortspiel *n*; *il g. del mondo* die Reise um die Welt, Weltreise *f*; *prendere in g. qn* jemanden foppen; *presa in g.* Fopperei *f*

giróne *sm* (*sport*) Runde *f* ♦ *g. d'andata/di ritorno* Hin-/Rückrunde *f*

gironzolàre *vi* herumbummeln

girotóndo *sm* Ringelreihen *m*

girovagàre *vi* umherschweifen

giròvago *a* umherziehend ♦ *sm* Landstreicher *m*

gita *sf* Ausflug *m*, Tour *f*

gitàno *a* zigeunerisch, Zigeuner- ♦ *sm* Zigeuner *m*

gitànte *sm* Ausflügler *m*

giù *avv* (*stato*) unten ◇ (*moto*) herunter (*avvicinamento*), hinunter (*allontanamento*) ● *essere g. di morale* niedergeschlagen sein

giubbòtto *sm* Sportjacke *f* ♦ *g. antiproiettile* kugelsichere Weste *f*; *g. salvagente* Schwimmweste *f*

giubilèo *sm* Jubiläum *n*

giudicàre *vt/i* beurteilen

giùdice *sm* Richter *m*

giudizio *sm* Urteil *n*

giudizióso *a* vernünftig

giùggiola *sf* (*bot*) Brustbeere *f*

giùgno *sm* Juni *m*

giugulàre *sf* (*vena*) Halsschlagader *f*

giullàre *sm* Spielmann *m*, Gaukler *m* ◇ (*stor*) (*buffone di corte*) Hofnarr *m*

giùnco *sm* (*bot*) Binse *f* ◇ (*materiale*) Binsen *pl*

giùngere *vi* (*arrivare*) ankommen, eintreffen ◇ (*estendersi fino*) sich erstrecken, reichen

giùngla *sf* Dschungel *m*

giùnta *sf* (*aggiunta*) Zugabe *f*, Zusatz *m* ◇ (*comunale*) Gemeinderat *m*

giuntàre *vt* verbinden, zusammenfügen

giùnto *sm* Gelenk *n*

giuntùra *sf* (*azione*) Verbindung *f* ◇ (*punto di collegamento*) Verbindungsstelle *f* ◇ (*anat*) (*articolazione*) Gelenk *n*

giunzióne *sf* Verbindung *f*

giuraménto *sm* Schwur *m*, Eid *m*

giuràre *vt* schwören ♦ *vi* schwören (*auf* + *acc*), beschwören (+ *acc*)

giuria *sf* Jury *f*, Geschworenen *pl*

giurìdico *a* rechtlich, Rechts-

giurisdizióne *sf* Rechtsprechung *f* ◇ (*pertinenza*) Gerichtsbarkeit *f*

giurisprudènza *sf* Rechtswissenschaft *f*

giurista *sm* Jurist *m*

giustappórre *vt* nebeneinander stellen

giustapposizióne *sf* Nebeneinanderstellung *f*

giustézza *sf* Richtigkeit *f*

giustificàre *vt* rechtfertigen, entschuldigen

giustificazióne sf Rechtfertigung f, Entschuldigung f
giustìzia sf Gerechtigkeit f ◇ (dir) Justiz f
giustiziàre vt hinrichten
giustizière sm Scharfrichter m
giùsto a/avv richtig, recht ◆ sm (persona) Gerechte m ◇ (ciò che è giusto) Rechte n
glàbro a unbehaart
glaciàle a Eis-
gladiatóre sm Gladiator m
glànde sm (anat) Eichel f
glàssa sf Glasur f, Zuckerguss m
glaucòma sm (med) Glaukom n
glèba sf servo della g. (stor) Leibeigene m • servitù della g. Leibeigenschaft f
gli (1) art die
gli (2) pr.pers (sing) (a lui) ihm ◇ (pl) (a loro) ihnen
glicemìa sf (med) Blutzucker m
glicerìna sf Glyzerin n
glìcine sm (bot) Glyzinie f
globàle a gesamt, global
globalizzazióne sf (econ) Globalisierung f
glòbo sm (sfera) Kugel f ◇ (Terra) Erde f, Welt f
globulìna sf (biol) Globulin n
glòbulo sm (biol) Blutkörperchen n
glòria sf Ruhm m
glorificàre vt verherrlichen ◇ (lodare) preisen
glorificazióne sf Verherrlichung f
gloriòso a ruhmvoll
glòssa sf Glosse f
glossàrio sm Glossar n

glòttide sf (anat) Glottis f
glottologìa sf Sprachwissenschaft f
glucòsio sm Glukose f
glùteo sm (anat) Gesäßmuskel m
glùtine sm Gluten n
gnòcco sm (cuc) Kloß m
gnòmo sm Zwerg m
gnòstico a gnostisch ◆ sm Gnostiker m
goal sm Tor n • segnare un g. ein Tor schießen
gòbba sf Buckel m ◇ (protuberanza) Höcker m
gòbbo a buck(e)lig ◆ sm Buck(e)lige m/f
góccia sf Tropfen m
gocciolàre vi tropfen
gocciolìo sm Tropfen n
godére vt genießen ◆ vi sich freuen (über + acc) ◇ (fruire) genießen (+ acc) ◆ vpr genießen
godiménto sm Genuss m
goffàggine sf Plumpheit f
gòffo a plump, unbeholfen
góla sf Kehle f ◇ (geogr) Schlucht f • mal di g. Halsschmerzen pl
golétta sf (naut) Schoner m
gòlf (1) sm (abb) Wolljacke f
gòlf (2) sm (sport) Golf n • giocare a g. Golf spielen
gólfo sm Golf m
golosità sf Naschhaftigkeit f ◇ (leccornia) Leckerei f
golóso a naschhaft • essere g. di qc etwas gern essen
gómito sm (anat) Ellenbogen m • a g. gekröpft, Knie-
gomìtolo sm Knäuel m

gómma sf Gummi n/m ◇ (pneumatico) Reifen m ● **g. a terra** (aut) Reifenpanne; **g. da masticare** Kaugummi m
gommapiùma sf Schaumgummi m
gommìsta sm (officina) Reifendienst m ◇ (operaio) Reifenreparierer m
gommóne sm Schlauchboot n
gònade sf (anat) Keimdrüse f
góndola sf Gondel f
gondolière sm Gondoliere m
gonfiaménto sm (il gonfiare) Aufblasen n ◇ (il gonfiarsi) Schwellen n
gonfiàre vt aufblasen, aufpumpen (con la pompa) ♦ vpr (an)schwellen
gónfio a aufgeblasen ◇ (med) geschwollen
gonfióre sm (An)schwellung f
gònna sf (abb) Rock m
gonorrèa sf (med) Gonorrhöe f
gorgheggiàre vi trillern
gorghéggio sm Triller m
górgo sm Strudel m, Wirbel m
gorgogliàre vi gurgeln, brodeln
gorgóglio sm Gluckern n
gorìlla sm (zool) Gorilla m
gòtico a (arte) gotisch ● sm (arte) Gotik f
gótta sf (med) Gicht f
governànte sm/f Regierende m/f ♦ sf Haushälterin f
governàre vt regieren
governatóre sm Statthalter m
govèrno sm Regierung f
gózzo sm Kropf m
gozzovìglia sf Schlemmerei f

gozzovigliàre vi prassen, schlemmen
gracidàre vi quaken
gracìdio sm Gequake n
gràcile a dünn, schmächtig
gracilità sf Schmächtigkeit f
gradàsso sm Angeber m ● **fare il g.** prahlen, großtun
gradazióne sf Abstufung f ● **g. alcolica** Alkoholgehalt m
gradévole a angenehm
gradevolézza sf Annehmlichkeit f
gradiménto sm Wohlgefallen n
gradinàta sf (arch) Treppe f ◇ (negli stadi e sim) Tribüne f, Sitzreihe f
gradìno sm Stufe f
gradìre vt (gern) annehmen ◇ (desiderare) mögen
gradìto a willkommen, angenehm
gràdo sm (stadio) Stufe f ◇ (fis) Grad m ◇ (fig) Grad m, Maß n ◇ (mil) Rang m ● **essere in g. di...** in der Lage sein, zu...
graduàle a stufenweise
graduàre vt abstufen
graduàto a abgestuft ♦ sm (mil) Unterführer m
graduatòria sf Rangordnung f
gràffa sf Krampe f ◇ (parentesi) geschweifte Klammer f, Akkolade f
graffiàre vt kratzen
gràffio sm Kratzer m
graffìto sm Graffito m/n
grafìa sf Schreibweise f
gràfica sf Grafik, Graphik f
gràfico a grafisch, graphisch,

grafite

Schrift- ♦ *sm* (*disegno*) Diagramm *n* ◇ (*impiegato*) Grafiker, Graphiker *m*
grafite *sf* (*min*) Graphit *m*
grammàtica *sf* Grammatik *f*, Sprachlehre *f*
grammaticàle *a* grammatisch, Grammatik-
gràmmo *sm* Gramm *n*
gràna (1) *sf* Korn *n* ◇ (*formaggio*) Parmesankäse *m*
gràna (2) *sf* (*seccatura*) Schererei *f*
granàio *sm* Kornkammer *f*
grànchio *sm* (*zool*) Krabbe *f*
grandàngolo *sm* Weitwinkelobjektiv *n*
grànde *a* groß
grandézza *sf* Größe *f*
grandinàre *vimp* hageln
grandinàta *sf* Hagelschlag *m*
gràndine *sf* Hagel *m*
grandiosità *sf* Großartigkeit *f*
grandióso *a* großartig
grandùca *sm* Großherzog *m*
granducàto *sm* Großherzogtum *n*
granèllo *sm* Körnchen *n*
granita *sf* Gramolate *f*
granìto *sm* (*min*) Granit *m*
gràno *sm* (*bot*) Weizen *m* ◇ (*frutto*) Korn *n* ◇ (*granello*) Korn *n*
grantùrco *sm* Mais *m*
granulòma *sm* (*med*) Granulom *n*
granulosità *sf* Körnigkeit *f*
granulóso *a* körnig
gràppa *sf* Schnaps *m*
grappino *sm* Gläschen *n* Schnaps

gràppolo *sm* Traube *f*
grassézza *sf* Dicke *f*
gràsso *a* (*persona*) dick ◇ (*che contiene grasso*) fett, fettig ♦ *sm* Fett *n* ◇ (*lubrificante*) Schmiere *f* ◇ (*persona*) Dicke *m/f* ♦ **privo di grassi** fettarm
gràta *sf* Gitter *n*
gratificàre *vt* eine Gratifikation geben
gratificazióne *sf* Gratifikation *f*
gratinàre *vt* gratinieren
gràtis *a/avv* kostenlos, frei
gratitùdine *sf* Dankbarkeit *f*
gràto *a* dankbar
grattacièlo *sm* Wolkenkratzer *m*
gràtta e vìnci *sm* Lotterie-Rubbelspiel *n*
grattàre *vt/i* kratzen
grattùgia *sf* Reibeisen *n*, Reibe *f*
grattugiàre *vt* reiben
gratuità *sf* Unentgeltlichkeit *f*
gratùito *a* frei, gratis, umsonst
gravàre *vt* belasten ◇ (*fig*) überlasten ♦ *vi* lasten, aufliegen (*auf + dat*)
gràve *a* ernst, schwer ♦ *sm* (*fis*) Körper *m*
gravidànza *sf* Schwangerschaft *f*
gràvido *a* (*donna*) schwanger ◇ (*animale*) trächtig
gravità *sf* Schwere *f*, Ernst *m* ◇ (*fis*) Schwerkraft *f*
gravitàre *vi* (*astr*) gravitieren ◇ (*fig*) angezogen werden (*von + dat*)
gravitazióne *sf* (*fis*) Gravitation *f*

gravóso *a* hart, schwierig
gràzia *sf* Anmut *f* ◊ *(dir)* Begnadigung *f* ◊ *(relig)* Gnade *f* ● *concedere la g. a qn (dir)* jemanden begnadigen
graziàre *vt* begnadigen
gràzie *inter* danke ♦ *sm* Dank *m*
grazióso *a* anmutig, hübsch
grèco *a* griechisch ♦ *sm* *(ling)* Griechisch *n* ◊ *(abitante)* Grieche *m*
gregàrio *sm* Anhänger *m*, Mitläufer *m*
grégge *sm* Herde *f*
gréggio *a* roh, Roh- ♦ *sm* *(petrolio)* Rohöl *n*
grembiùle *sm* Schürze *f*
grèmbo *sm* Schoss *m*
gréto *sm* Kiesbett *n*
grettézza *sf* Kleinlichkeit *f*
grétto *a* kleinlich
grézzo *a* roh, unbearbeitet
gridàre *vt/i* schreien
grido *sm* Schrei *m*
grifóne *sm* *(zool)* Gänsegeier *m*
grìgio *a* grau
grìglia *sf* Gitter *n* ◊ *(per cuocere)* Rost *m*, Grill *m* ● *alla g.* gegrillt, vom Rost
grigliàta *sf* Fleisch-/Fischgericht *n* vom Grill ◊ *(festa)* Grillparty *f*
grillétto *sm* Abzug *m*
grillo *sm* *(zool)* Grille *f*
grinta *sf* böses Gesicht *n* ◊ *(determinazione)* Entschlossenheit *f*
grinza *sf* Falte *f*, Runzel *f* ● *non fare una g.* tadellos passen, *(fig)* aufs Haar stimmen
grinzóso *a* runzelig, faltig
grippàre *vi/pr* sich (fest)fressen
grissino *sm* dünne Weißbrotstange *f*
grondàia *sf* Dachrinne *f*
grondàre *vt/i* triefen
gròppa *sf* Kruppe *f*, Kreuz *n* ● *portare in g. qn/qc* jemanden/etwas huckepack tragen; *salire in g.* aufsitzen
grossézza *sf* Größe *f*
grossista *sm* Großhändler *m*
gròsso *a* groß ◊ *(grave)* schwer ● *mare g.* grobe See; *sale g.* grobes Salz
grossolàno *a* grob, roh
gròtta *sf* Grotte *f*, Höhle *f*
grottésco *a* grotesk
groviglio *sm* Gewirr *n* ◊ *(fig)* Durcheinander *n*
gru *sf* *(zool)* Kranich *m* ◊ *(mecc)* Kran *m*
grùccia *sf* *(stampella)* Krücke *f* ◊ *(per abiti)* Bügel *m*
grugnìre *vi* grunzen
gruìsta *sm* Kranführer *m*
grùmo *sm* Gerinnsel *n*
grùppo *sm* Gruppe *f*
grùzzolo *sm* Sümmchen *n*
guadagnàre *vt* verdienen ◊ *(ottenere)* gewinnen
guadàgno *sm* Verdienst *m* ◊ *(profitto)* Gewinn *m*
guadàre *vt* durchwaten
guàdo *sm* *(il guadare)* Waten *n* ◊ *(luogo)* Furt *f*
guài *inter* wehe
guaìna *sf* Scheide *f*
guàio *sm* Unheil *n*, Klemme *f*

guaire

(*impiccio*) ● *che g.!* schöne Bescherung!
guaire *vi* winseln
guaito *sm* Gewinsel *n*
guància *sf* Wange *f*
guanciàle *sm* Kopfkissen *n*
guànto *sm* Handschuh *m*
guardacàccia *sm* Jagdaufseher *m*
guardalìnee *sm* (*sport*) Linienrichter *m*
guardàre *vt* ansehen, anschauen ◆ *vi* sehen, schauen ◇ (*dare su*) gehen (*auf + acc*) ◇ (*badare*) acht geben ◆ *vpr* sich besehen ◇ (*fare attenzione*) sich hüten (*vor + dat*)
guardaròba *sm* (*armadio*) Kleiderschrank *m* ◇ (*locale*) Garderobe *f* ◇ (*insieme degli abiti*) Garderobe *f*, Kleider *pl*
guardàta *sf* Blick *m*
guàrdia *sf* (*custodia*) Wache *f*, Bewachung *f* ◇ (*persona*) Wache *f*, Wächter *m* ◇ (*di polizia e sim*) Polizist *m* ◇ (*sport*) Deckung *f* ● *cane da g.* Wachhund *m*; *fare la g.* Wache halten, wachen; *g. del corpo* Leibwache *f*, *g. giurata* vereidigter Wächter *m*; *montare/essere di g.* auf Wache ziehen/sein; *stare in g.* (*fig*) auf der Hut sein, (*sport*) in Deckung sein
guardiàno *sm* Wächter *m*
guardiòla *sf* Wachstube *f*, Wachlokal *n* ◇ (*portineria*) Pförtnerloge *f*
guardrail *sm* (*aut*) Leitplanke *f*
guarigióne *sf* (*di un malato*) Genesung *f* ◇ (*di una malattia*) Heilung *f*
guarìre *vt* heilen ◆ *vi* (*persona*) genesen, gesund werden ◇ (*malattia*) heilen
guarìto *a* (*persona*) gesund, genesen ◇ (*ferita*) verheilt
guaritóre *sm* Heilpraktiker *m*
guarnigióne *sf* Garnison *f*
guarnìre *vt* verzieren, garnieren ◇ (*cuc*) garnieren
guarnizióne *sf* (*tecn*) Dichtung *f*
guastafèste *sm* Spielverderber *m*
guastàre *vt* beschädigen ◆ *vpr* (*pop*) kaputtgehen ◇ (*andare a male*) verderben
guàsto *a* beschädigt, kaputt (*pop*) ◇ (*andato a male*) verdorben ◆ *sm* Schaden *m*, Defekt *m*
guazzabùglio *sm* Mischmasch *m*
guèrra *sf* Krieg *m* ● *entrare in g.* in den Krieg eintreten; *essere in g.* im Kriege sein; *g. mondiale* Weltkrieg *m*; *stato di g.* Kriegszustand *m*
guerreggiàre *vi* Krieg führen
guerrièro *a* kriegerisch ◆ *sm* Krieger *m*
guerrìglia *sf* Guerrilla *f*
guerriglièro *sm* Guerrillakämpfer *m*
gùfo *sm* (*zool*) Eule *f*
gùglia *sf* (*arch*) Fiale *f* ◇ (*geogr*) (Fels)nadel *f*
guìda *sf* (*aut*) Fahren *n*, Führung *f* ◇ (*persona*) Führer *m* ◇ (*turistica*) (Reise)führer *m* ◇ (*mecc*) Führung *f*, Bahn *f* ◇ (*fig*) Weg-

weiser m ● **g. a destra/sinistra** (aut) Rechts-/Linkssteuerung f; **g. alpina** Bergführer m; **g. telefonica** Telefonbuch n; **scuola g.** Fahrschule f
guidàre vt führen, leiten ♦ vi (Auto) fahren
guidatóre sm (aut) Fahrer m
guinzàglio sm Leine f
guizzàre vi schnellen

guìzzo sm Schnellen n
gùscio sm (zool) Schale f, Gehäuse n (di chiocciola), Schild m (di tartaruga) ◊ (bot) Schale f
gustàre vt schmecken, genießen
gùsto sm Geschmack m
gustóso a schmackhaft, wohlschmeckend

H

habitat sm Habitat n
habitué sm Stammgast m
hall sf Halle f
handicap sm (sport) Handikap n ◊ (fisico) Behinderung f ◊ (fig) Benachteiligung f
handicappàto a behindert ◊ (fig) benachteiligt ♦ sm Behinderte m/f
hangar sm Flugzeughalle f
hèrpes sm (med) Herpes m

hippy a Hippie- ♦ sm Hippie m
hobby sm Hobby n
hostess sf Stewardess f ◊ (di fiere) Hostess f
hotel sm Hotel n
humour sm Humor m ● **avere il senso dell'h.** Sinn für Humor haben
humus sm (bot) Humus m ◊ (fig) Nährboden m

I

i art die
ìbrido a (bot, zool) hybrid ◊ (fig) gemischt, Misch- ♦ sm (bot, zool) Hybride f/m ◊ (fig) unorganisches Gebilde n
iceberg sm Eisberg m
icòna sf Ikone f

iconoclàsta a bilderstürmerisch ♦ sm Bilderstürmer m
iconografìa sf Ikonographie f
idèa sf Idee f
ideàle a ideal ♦ sm Ideal n
idealìsmo sm Idealismus m
idealìsta sm Idealist m

idealizzàre *vt* idealisieren
ideàre *vt* ausdenken, ersinnen
ideatóre *sm* Schöpfer *m*, Erfinder *m* (*inventore*)
ideazióne *sf* Erfinden *n*, Ausdenken *n*
idem *avv* ebenso
idèntico *a* identisch
identificàre *vt* identifizieren
identificazióne *sf* Identifikation *f*
identikit *sm* Phantombild *n*
identità *sf* Identität *f*
ideogràmma *sm* Ideogramm *n*
ideologìa *sf* Ideologie *f*
ideòlogo *sm* Ideologe *m*
idiòma *sm* (*lingua*) Sprache *f* ◇ (*dialetto*) Mundart *f*
idiomàtico *a* idiomatisch
idiòta *a* dumm, idiotisch ♦ *sm* Dummkopf *m*, Idiot *m*
idiozìa *sf* Dummheit *f*, Eselei *f*
idolàtra *sm* Götzendiener *m*
idolatràre *vt* anbeten
idolatrìa *sf* Götzendienst *m*
ìdolo *sm* Götze *m* ◇ (*fig*) Idol *n*
idoneità *sf* Tauglichkeit *f*, Befähigung *f*
idòneo *a* fähig, tauglich
idrànte *sm* Hydrant *m*
idratànte *a* Feuchtigkeits- ♦ *sm* (*crema*) Feuchtigkeitscreme *f*
idràulica *sf* Hydraulik *f*
idràulico *a* hydraulisch ♦ *sm* Installateur *m*
ìdrico *a* Wasser-
idrocarbùro *sm* (*chim*) Kohlenwasserstoff *m*
idròfilo *a* hydrophil ● *cotone i.* Watte *f*
idrògeno *sm* (*chim*) Wasserstoff *m*
idromassàggio *sm* Unterwassermassage *f* ● *vasca i.* Whirlpool *m*
idroscàlo *sm* Wasserflughafen *m*
idrostàtico *a* hydrostatisch
idrovolànte *sm* Wasserflugzeug *n*
ièlla *sf* Unglück *n*, Pech *n* (*fam*)
ièna *sf* (*zool*) Hyäne *f*
ièri *avv* gestern ● *i. l'altro* vorgestern; *i. mattina/sera* gestern Morgen/Abend
iettatùra *sf* Pech *n* (*fam*), böser Blick *m*
igiène *sf* Hygiene *f*, Gesundheitspflege *f*
igiènico *a* hygienisch
ignàro *a* unwissend, ahnungslos
ignìfugo *a* feuerfest
ignòbile *a* verwerflich, niedrig
ignorànte *a* ungebildet, unwissend ♦ *sm* Ignorant *m*
ignorànza *sf* Unwissenheit *f*, Ungebildetheit *f*
ignoràre *vt* nicht kennen, nicht wissen ◇ (*tralasciare*) ignorieren
ignòto *a* unbekannt ♦ *sm* Unbekannte *n* ◇ (*persona*) Unbekannte *m/f*
igròmetro *sm* Hygrometer *n*
il *art* der *m* (*pl* die)
illazióne *sf* Schlussfolgerung *f*
illécito *a* unerlaubt, unrechtmäßig
illegàle *a* illegal, ungesetzlich
illegìttimo *a* unehelich

illéso *a* unverletzt
illetteràto *a* ungebildet ♦ *sm* Ungebildete *m/f*
illimitàto *a* unbegrenzt
illògico *a* unlogisch
illùdere *vt* täuschen, trügen ♦ *vpr* sich täuschen, sich irren
illuminàre *vt* beleuchten, erleuchten
illuminazióne *sf* Beleuchtung *f* ◊ *(fig)* Erleuchtung *f*
illuminìsmo *sm* (*stor*) Aufklärung *f*
illusióne *sf* Täuschung *f*, Illusion *f*
illùso *a* getäuscht ♦ *sm* Illusionist *m*
illusòrio *a* trügerisch
illustràre *vt* illustrieren, bebildern ◊ *(fig)* erklären
illustratìvo *a* illustrierend
illustràto *a* illustriert
illustratóre *sm* Illustrator *m*
illustrazióne *sf* Illustration *f*, Bebilderung *f*
illùstre *a* berühmt
imballàggio *sm* Verpackung *f*
imballàre *vt* einpacken, verpacken
imballatóre *sm* Packer *m*
imbalsamàre *vt* einbalsamieren
imbalsamazióne *sf* Einbalsamierung *f*
imbandìre *vt* auftischen
imbarazzànte *a* peinlich
imbarazzàto *a* verlegen
imbaràzzo *sm* Verlegenheit *f*
imbarbariménto *sm* Verwilderung *f*

imbarcadèro *sm* Landungssteg *m*
imbarcàre *vt* (*naut*) einschiffen ◊ (*aer*) übernehmen ♦ *vpr* an Bord gehen ◊ (*legno*) sich verziehen
imbarcazióne *sf* Boot *n*
imbàrco *sm* Einschiffung *f*
imbastìre *vt* heften
imbastitùra *sf* Heften *n*
imbàttersi *vpr* stoßen (*auf + acc*), treffen (*+ acc*)
imbattìbile *a* unbesiegbar, unschlagbar
imbavagliàre *vt* knebeln
imbecìlle *a* blöd ♦ *sm/f* Dumme *m/f*
imbestialìre *vi/pr* wütend werden, in Wut geraten
imbevùto *a* durchtränkt
imbiancàre *vt* (*pareti*) weißen
imbiancatùra *sf* (*di pareti*) Anstrich *m*, Weißen *n*
imbianchìno *sm* Anstreicher *m*, Maler *m*
imbizzarrìrsi *vpr* scheuen
imboccàre *vt* füttern ◊ (*una strada*) einbiegen
imboccatùra *sf* Öffnung *f*, Mündung *f*
imbócco *sm* Einfahrt *f*
imboniménto *sm* Anreißen *n*
imbonìre *vt* anreißen
imbonitóre *sm* Anreißer *m*, Marktschreier *m*
imboscàta *sf* Hinterhalt *m*
imboschiménto *sm* Aufforstung *f*
imboschìre *vt* aufforsten

imbottigliaménto *sm* Flaschenabfüllung *f* ◇ (*aut*) Stau *m*

imbottigliàre *vt* in Flaschen abfüllen, abziehen ♦ *vpr* (*aut*) (im Stau) stecken bleiben

imbottìre *vt* polstern

imbottìto *a* gepolstert, Polster-

imbottitùra *sf* Polsterung *f*

imbrattàre *vt* beschmutzen

imbroccàre *vt* (*fig*) erraten, treffen

imbrogliàre *vt* (*complicare*) verwirren ◇ (*raggirare*) betrügen

imbròglio *sm* (*situazione confusa*) Verwirrung *f* ◇ (*raggiro*) Betrug *m*

imbroglióne *sm* Betrüger *m*

imbronciàto *a* schmollend ● *essere i.* schmollen

imbucàre *vt* einwerfen

imbùto *sm* Trichter *m* ● *a i.* trichterförmig

imitàre *vt* nachahmen

imitatóre *sm* Nachahmer *m*

imitazióne *sf* Nachahmung *f*

immacolàto *a* unbefleckt

immagazzinaménto *sm* (Ein)lagerung *f*

immagazzinàre *vt* (ein)lagern ◇ (*tecn*) speichern

immaginàre *vt* (sich) vorstellen

immaginàrio *a* unwirklich, imaginär

immaginazióne *sf* Vorstellung *f*

immàgine *sf* Bild *n* ◇ (*impressione*) Image *f*

immancàbile *a* unvermeidlich, unausbleiblich

immàne *a* ungeheuer, unermesslich

immanènte *a* immanent

immanènza *sf* Immanenz *f*

immangiàbile *a* ungenießbar

immatricolàre *vt* einschreiben, immatrikulieren ◇ (*aut*) zulassen

immatricolazióne *sf* Einschreibung *f*, Immatrikulation *f* ◇ (*aut*) Zulassung *f*

immaturità *sf* Unreife *f*

immatùro *a* unreif

immedesimàrsi *vpr* sich einfühlen (*in + acc*)

immediataménte *avv* sofort

immediàto *a* unverzüglich

immemoràbile *a* undenklich

immensità *sf* Unendlichkeit *f* ◇ (*grande quantità*) Unmenge *f*

immènso *a* unendlich, grenzenlos

immèrgere *vt* tauchen ♦ *vpr* tauchen ◇ (*fig*) sich versenken

immersióne *sf* Tauchen *n*

immèrso *a* getaucht ◇ (*fig*) versunken

immèttere *vt* einführen ♦ *vpr* einmünden

immigrànte *sm* (*verso l'estero*) Einwanderer *m* ◇ (*all'interno*) Zuwanderer *m*

immigràto *a* immigriert ◇ *sm* (*all'estero*) Immigrant *m*, Einwanderer *m* ◇ (*all'interno*) Zuwanderer *m*

immigrazióne *sf* (*all'estero*) Einwanderung *f*, Immigration *f* ◇ (*interna*) Zuwanderung *f*

imminènte *a* bevorstehend, imminent

imminènza *sf* Bevorstehen *n*

immischiàrsi *vpr* sich einmischen

immissàrio *sm* Zufluss *m*

immissióne *sf* Einführung *f* ◇ (*afflusso*) Zufuhr *f*

immòbile *a* unbeweglich, regungslos ♦ **sm** Liegenschaft *f*

immobiliàre *a* Immobiliar-, Immobilien- • **società i.** Immobiliengesellschaft *f*

immobilìsmo *sm* Immobilismus *m*

immobilità *sf* Unbeweglichkeit *f*

immobilizzàre *vt* unbeweglich machen ◇ (*fin*) in Immobilien anlegen ◇ (*med*) ruhig stellen

immobilizzazióne *sf* Unbeweglichmachung *f* ◇ (*fin*) Festlegung *f*

immondìzia *sf* Müll *m*, Abfälle *pl*

immoràle *a* unsittlich, unmoralisch

immoralità *sf* Unsittlichkeit *f*

immortalàre *vt* verewigen

immortàle *a* unsterblich

immortalità *sf* Unsterblichkeit *f*

immùne *a* frei (*von* + *dat*), -los (*med*) immun (*gegen* + *acc*)

immunità *sf* Immunität *f*

immunizzàre *vt* immunisieren

immunizzazióne *sf* Immunisierung *f*

immutàbile *a* unveränderlich

immutàto *a* unverändert

impacchettàre *vt* (ein)packen, verpacken

impacciàre *vt* (be)hindern

impàccio *sm* (*ostacolo*) Hindernis *n* ◇ (*imbarazzo*) Verlegenheit *f*

impàcco *sm* (*med*) Umschlag *m*

impadronìrsi *vpr* sich bemächtigen (+ *gen*), sich aneignen (+ *acc*)

impaginàre *vt* umbrechen

impaginatóre *sm* Metteur *m*

impaginazióne *sf* Umbruch *m*

impalcatùra *sf* Gerüst *n*

impallidìre *vi* erblassen

impalpàbile *a* unfühlbar

impanàre *vt* (*cuc*) panieren

impantanàrsi *vpr* versumpfen ◇ (*aut*) im Schlamm stecken bleiben

impappinàrsi *vpr* sich verhaspeln

imparàre *vt* lernen

imparentàrsi *vpr* sich verschwägern

impartìre *vt* erteilen

imparziàle *a* unparteiisch

imparzialità *sf* Unparteilichkeit *f*

impàsse *sf* Klemme *f*

impassìbile *a* unbewegt, unerschütterlich

impastàre *vt* (*cuc*) kneten

impàsto *sm* (*cuc*) Teig *m* ◇ (*miscuglio*) Gemisch *m*

impàtto *sm* Aufschlag *m*

impaurìre *vt* einschüchtern ♦ *vpr* erschrecken

impaziènte *a* ungeduldig

impaziènza *sf* Ungeduld *f*

impazzìre vi den Verstand verlieren
impeccàbile a tadellos, einwandfrei
impedènza sf (fis) Scheinwiderstand m
impediménto sm Verhinderung f ◊ (ostacolo) Hindernis n
impedìre vt verhindern
impegnàre vt (un oggetto) verpfänden ◊ (tenere occupato) in Anspruch nehmen ♦ vpr (prendere un impegno) sich verpflichten ◊ (dedicarsi) sich widmen (+ dat)
impegnatìvo a stark beanspruchend
impegnàto a (occupato) beschäftigt ◊ (dedito) engagiert
impégno sm Verpflichtung f ◊ (zelo) Eifer m ◊ (fig) (ideologico) Engagement n ● **senza i.** unverbindlich
impellènte a dringend, zwingend
impenetràbile a undurchdringlich ◊ (fig) unergründlich
impennàrsi vpr sich bäumen
impennàta sf Sichbäumen n
imperatìvo sm (gramm) Imperativ m
imperatóre sm Kaiser m
impercettìbile a unmerklich
imperdonàbile a unverzeihlich
imperfètto a unvollkommen ♦ sm (gramm) Imperfekt n
imperfezióne sf Mangel m, Fehler m
imperiàle a kaiserlich

imperialìsmo sm Imperialismus m
imperìzia sf Unerfahrenheit f
impermeàbile a undurchlässig ♦ sm (abb) Regenmantel m
impermeabilizzàre vt abdichten
impèro sm Reich n
impersonàle a unpersönlich
impersonàre vt verkörpern
impertèrrito a unerschütterlich
impertinènte a unverschämt
impertinènza sf Unverschämtheit f
imperturbàbile a gelassen, gleichmütig
imperversàre vi toben, rasen
ìmpeto sm Wucht f ◊ (fig) Ausbruch m
impetuóso a heftig, stark
impiànto sm Anlage f ◊ (med) Implantat n
impiastricciàre vt beschmieren
impiàstro sm Umschlag m
impiccagióne sf Erhängen n
impiccàre vt (auf)hängen ♦ vpr sich erhängen
impicciàrsi vpr sich einmischen
impiegàre vt anwenden ◊ (assumere) anstellen
impiegatìzio a Angestellten-
impiegàto sm Angestellte m/f
impiègo sm (uso) Anwendung f ◊ (occupazione) Beschäftigung f ◊ (posto di lavoro) Anstellung f
impietosìrsi vpr sich erbarmen
impietóso a mitleidslos
impigliàrsi vpr sich verfangen
implicàre vt verwickeln ◊

implicazióne sf Verwicklung f
implícito a inbegriffen ◇ (*ovvio*) selbstverständlich
impollinàre vt bestäuben
impollinazióne sf Bestäubung f
impolveràrsi vpr verstauben
imponènte a imposant, eindrucksvoll
imponènza sf Großartigkeit f
impopolàre a unpopulär
impórre vt auferlegen ◇ (*costringere*) zwingen (*zu* + *dat*) ◆ vpr (*affermarsi*) sich durchsetzen ◇ (*rendersi necessario*) sich aufdrängen, nötig erscheinen
importànte a wichtig, bedeutend
importànza sf Wichtigkeit f, Bedeutung f
importàre vt (*comm*) einführen, importieren ◆ vi (*interessare*) interessieren, am Herzen liegen ◇ (*essere importante*) bedeuten ◆ vimp (*stare a cuore*) gelegen sein (*an* + *dat*) ◇ (*essere necessario*) nötig sein
importatóre sm Importeur m
importazióne sf Einfuhr f, Import m
import-export sm Import-Export m
impòrto sm Betrag m
importunàre vt belästigen
importùno a (*persona*) lästig ◇ (*cosa*) störend
imposizióne sf (*ingiunzione*) Auferlegung f ◇ (*obbligo*) Zwang m
impossessàrsi vpr Besitz ergreifen (*von* + *dat*), sich bemächtigen (+ *gen*)
impossíbile a unmöglich
impossibilitàto a verhindert
impòsta (1) sf (*di finestra*) Laden m
impòsta (2) sf (*tassa*) Steuer f ● *i. sul reddito* Einkommensteuer; *i. sul valore aggiunto* Mehrwertsteuer
impostàre (1) vt anlegen, ansetzen
impostàre (2) vt (*una lettera*) einwerfen, aufgeben
impostazióne sf Anlage f, Ansatz m
impostóre sm Betrüger m
impostùra sf Betrug m
impotènte a ohnmächtig, machtlos ◇ (*med*) impotent
impotènza sf Machtlosigkeit f ◇ (*med*) Impotenz f
impraticàbile a (*non percorribile*) nicht begehbar (*a piedi*), unbefahrbar (*con un mezzo*) ◇ (*sport*) unbespielbar ◇ (*fig*) (*non applicabile*) unanwendbar
impratichìrsi vpr sich üben, sich einarbeiten
imprecàre vi fluchen (*auf* + *acc*/*dat*)
imprecazióne sf Fluch m
imprecisàto a unbestimmt
imprecisióne sf Ungenauigkeit f
impreciso a ungenau

impregnàre vt durchtränken ◆ vpr sich durchtränken

imprenditóre sm Unternehmer m

imprenditoriàle a Unternehmer-

impreparàto a unvorbereitet ◇ (senza formazione o istruzione) unausgebildet

impreparazióne sf mangelnde Vorbereitung f ◇ (nel lavoro o studio) fehlende (Aus)bildung f

imprésa sf Unternehmen n, Tat f ◇ (azienda) Unternehmen n, Betrieb m

impresàrio sm Unternehmer m ◇ (teat) Impresario m

impressionàbile a beeindruckbar

impressionànte a erschütternd, eindrucksvoll

impressionàre vt beeindrucken, erschüttern (turbare) ◆ vpr sich beeindrucken lassen, erschüttert sein

impressióne sf Eindruck m

impressionìsmo sm (arte) Impressionismus m

imprevedìbile a unvorhersehbar

imprevìsto a unvermutet ◆ sm Unvorhergesehene n ● salvo i. wenn nichts dazwischen kommt

imprigionàre vt (imprigionare) einsperren ◇ (fig) (bloccare) einklemmen

imprìmere vt (auf)drücken ◇ (fig) einprägen

improbàbile a unwahrscheinlich

imprónta sf Abdruck m, Spur f ◇ (fig) Gepräge n

impròprio a ungeeignet, unpassend

improrogàbile a unaufschiebbar

improvvisaménte avv plötzlich

improvvisàre vt improvisieren ◆ vpr spielen

improvvisàta sf Überraschung f

improvvisazióne sf Improvisation f

improvvìso a plötzlich

imprudènte a unvorsichtig

imprudènza sf Unvorsichtigkeit f

impudicìzia sf Schamlosigkeit f

impudìco a schamlos

impugnàre (1) vt (afferrare) ergreifen ◇ (avere nelle mani) in der Hand halten

impugnàre (2) vt (dir) anfechten

impugnatùra sf (manico) Griff m

impulsìvo a impulsiv, unüberlegt

impùlso sm Trieb m, Antrieb m, Impuls m

impunità sf Straffreiheit f

impunìto a straffrei

impuntàrsi vpr (ostinarsi) sich versteifen (auf + acc)

impurità sf Unreinheit f

impùro a unrein

imputàre vt (attribuire) zuschreiben ◇ (dir) (accusare) beschuldigen

imputàto *sm* (*dir*) Angeklagte *m/f*
imputazióne *sf* (*dir*) Anklage *f*
imputridìre *vi* verfaulen
in *prep* (*stato in luogo*) in (+ *dat*) (ES: **vivo in città** ich wohne in der Stadt) ◇ (*moto a luogo*) in (+ *acc*), nach (+ *dat*), zu (+ *dat*) (ES: **andare in ufficio** ins Büro gehen; **andare in Germania** nach Deutschland fahren; **cadere in terra** zu Boden fallen) ◇ (*tempo determinato*) in (+ *dat*) (ES: **in inverno** im Winter) ◇ (*tempo continuato*) in (+ *dat*), innerhalb (+ *gen/dat*) (ES: **in cinque minuti** in fünf Minuten; **in un anno** innerhalb eines Jahres) ◇ (*mezzo*) mit (+ *dat*) (ES: **andare in auto** mit dem Auto fahren)
inabilità *sf* Unfähigkeit *f* ● *i. al lavoro* Arbeitsunfähigkeit *f*
inabissàrsi *vpr* (ver)sinken
inaccessìbile *a* unerreichbar, unzugänglich
inaccettàbile *a* unannehmbar
inacidìre *vt* säuern, sauer werden lassen ◆ *vi/pr* sauer werden ◇ (*fig*) versauern, verbittern
inadàtto *a* ungeeignet
inadeguàto *a* unangemessen, unzureichend
inaffidàbile *a* unzuverlässig
inalàre *vt* inhalieren, einatmen (*inspirare*)
inalatóre *sm* (*med*) Inhalationsapparat *m*
inalazióne *sf* Inhalation *f*
inalteràto *a* unverändert
inamidàre *vt* stärken

inammissìbile *a* unzulässig
inanimàto *a* unbeseelt
inappetènte *a* appetitlos
inappetènza *sf* Appetitlosigkeit *f*
inaridìre *vt* austrocknen ◆ *vi/pr* ausdörren
inaspettàto *a* unerwartet
inasprimènto *sm* Verschärfung *f*
inasprìre *vt* verschärfen
inattendìbile *a* unglaubwürdig
inattéso *a* unerwartet
inattività *sf* Untätigkeit *f*
inattìvo *a* untätig
inaudìto *a* unerhört
inauguràle *a* Eröffnungs-
inauguràre *vt* eröffnen ◇ (*edifici e sim*) einweihen
inaugurazióne *sf* Eröffnung *f* ◇ (*di edifici e sim*) Einweihung *f* ◇ (*cerimonia*) Eröffnungsfeier *f*
inavvertitaménte *avv* versehentlich
incagliàrsi *vpr* (*naut*) auflaufen
incalzànte *a* bedrängend
incalzàre *vt* bedrängen
incamminàrsi *vpr* sich auf den Weg machen
incanalàre *vt* kanalisieren ◆ *vpr* fließen ◇ (*fig*) sich sammeln
incandescènte *a* glühend
incantàre *vt* verzaubern ◆ *vpr* vor sich hin starren ◇ (*arrestarsi*) stehen bleiben
incantatóre *sm* Zauberer *m*
incantésimo *sm* Zauber *m*
incantévole *a* entzückend, bezaubernd

incànto sm Zauber m
incapàce a unfähig ◆ sm Nichtskönner m, Versager m
incapacità sf Unfähigkeit f
incaricàre vt beauftragen ◆ vpr übernehmen
incaricàto a beauftragt (mit + dat) ◆ sm Beauftragte m/f
incàrico sm Auftrag m
incarnàre vt verkörpern
incarnazióne sf Verkörperung f ◇ (relig) Fleischwerdung f
incartàre vt in Papier einpacken
incassàre vt (inserire) einbauen ◇ (riscuotere) einkassieren, einnehmen ◇ (fig) (subire) einstecken
incàsso sm Einnahme f ● a i. Einbau-
incastonàre vt (ein)fassen
incastràre vt einklemmen ◇ (fam) (mettere alle strette) in die Zange nehmen ◆ vpr sich verklemmen ◇ (bloccarsi) klemmen
incàstro sm Einklemmen n
incatenàre vt anketten, fesseln
incendiàre vt anstecken, entzünden
incèndio sm Brand m, Feuer n
incenerimènto sm Einäscherung f ◇ (di rifiuti) Verbrennung f
incenerìre vt einäschern
inceneritóre sm Müllverbrennungsanlage f
incènso sm Weihrauch m
incentivàre vt fördern, ankurbeln
incentìvo sm Anregung f

incentràrsi vpr sich drehen (um + acc)
inceppàre vt hemmen ◆ vpr sich verklemmen
incertézza sf Ungewissheit f, Zweifel m (dubbio)
incèrto a unsicher, ungewiss (dubbio)
incessànte a ununterbrochen
incèsto sm Inzest m, Blutschande f
incestuóso a blutschänderisch
inchièsta sf Untersuchung f
inchinàre vt neigen, beugen ◆ vpr sich neigen, sich verbeugen (vor + dat)
inchìno sm Verbeugung f, Knicks m (fam)
inchiodàre vt (auf)nageln ◇ (fig) fesseln ◆ vi (aut) scharf bremsen
inchiòstro sm Tinte f
inciampàre vi stolpern, straucheln (über + acc)
incidentàle a zufällig ● proposizione i. (gramm) Schaltsatz m
incidènte sm Unfall m
incidènza sf (ripercussione) Auswirkung f
incìdere vt einschneiden ◇ (arte) gravieren ◇ (registrare) aufnehmen ◆ vi (pesare) belasten (+ acc) ◇ (influire) einwirken
incìnta a schwanger ● rimanere i. schwanger werden
incisióne sf Einschnitt m ◇ (arte) Gravierung f ◇ (registrazione) Aufnahme f
incisìvo a einschneidend, aus-

geprägt ♦ *sm* (*anat*) Schneidezahn *m*
incisóre *sm* Graveur *m*, Stecher *m*
incitaménto *sm* Anregung *f*
incitàre *vt* antreiben
incivìle *a* ungezogen, grob
inciviltà *sf* Ungezogenheit *f*
inclinàbile *a* neigbar
inclinàre *vt* neigen
inclinazióne *sf* Neigung *f*
inclìne *a* geneigt
inclùdere *vt* (*comprendere*) einschließen ◊ (*accludere*) beifügen
inclusióne *sf* Einschluss *m*
inclusìvo *a* einschließlich
inclùso *a* (*compreso*) einschließlich ◊ (*contenuto*) enthalten ◊ (*accluso*) beiliegend
incoerènte *a* unzusammenhängend, inkonsequent
incoerènza *sf* Zusammenhanglosigkeit *f*
incògnita *sf* (*mat*) Unbekannte *f* ◊ (*cosa imprevedibile*) fragliche Sache *f*
incògnito *a* unbekannt ♦ **in i.** inkognito
incollàre *vt* (an)kleben, aufkleben
incolonnaménto *sm* (*di numeri e sim*) Schreiben *n* in Kolonnen ◊ (*di persone e sim*) Aufstellung *f* in Kolonnen
incolonnàre *vt* (*numeri e sim*) in Kolonnen schreiben ◊ (*persone e sim*) in Kolonnen aufstellen
incolóre *a* farblos
incolpàre *vt* beschuldigen

incólto *a* unbebaut ◊ (*non curato*) ungepflegt
incólume *a* unverletzt
incombènte *a* drohend, bevorstehend
incombènza *sf* (*incarico*) Auftrag *m*
incòmbere *vi* drohen
incominciàre *vt/i* anfangen, beginnen
incomparàbile *a* unvergleichbar
incompatìbile *a* unverträglich ◊ (*tecn*) inkompatibel
incompetènte *a* unfähig (+ *gen*), unerfahren (*in* + *dat*)
incompetènza *sf* Unkenntnis *f*
incompiùto *a* unvollendet
incomplèto *a* unvollständig
incomprensìbile *a* unverständlich
incomprensióne *sf* Unverständnis *n*
incomprèso *a* unverstanden ◊ (*non apprezzato*) verkannt
incomunicabilità *sf* (*fig*) Kontaktarmut *f*
inconcepìbile *a* unvorstellbar
inconfondìbile *a* unverwechselbar
incongruènte *a* widerspruchsvoll
incongruènza *sf* Widerspruch *m*
inconsapévole *a* unbewusst ◊ (*ignaro*) ahnungslos
inconsapevolézza *sf* Unbewusstheit *f* ◊ (*l'essere ignaro*) Ahnungslosigkeit *f*

inconscio 462

incònscio *a* unbewusst ◆ *sm* (*psic*) Unbewusste *n*
inconsistènza *sf* Unhaltbarkeit *f*
inconsuèto *a* ungewohnt
incontaminàto *a* unbefleckt ◇ (*inalterato*) unberührt
incontinènte *a* (*med*) inkontinent
incontinènza *sf* (*med*) Inkontinenz *f*
incontràre *vt* begegnen (+ *dat*), treffen ◇ (*sport*) antreten (*gegen* + *acc*) ◆ *vpr* sich treffen ◇ (*sport*) gegeneinander antreten
incóntro (1) *sm* (*tra persone*) Begegnung *f* ◇ (*convegno*) Treffen *n* ◇ (*sport*) Spiel *n*
incóntro (2) *avv* entgegen ● *i. a* entgegen (+ *dat*)
inconveniènte *sm* Unannehmlichkeit *f*
incoraggiaménto *sm* Ermutigung *f*
incoraggiàre *vt* ermutigen
incorniciàre *vt* einrahmen
incoronàre *vt* krönen
incoronazióne *sf* Krönung *f*
incorporàre *vt* vermischen, vermengen ◇ (*fig*) eingliedern
incórrere *vi* verfallen (*in* + *acc*/*dat*), geraten (*in* + *acc*)
incorruttìbile *a* (*fig*) unbestechlich
incosciènte *a* bewusstlos ◇ (*irresponsabile*) verantwortungslos
incosciènza *sf* Bewusstlosigkeit *f* ◇ (*irresponsabilità*) Verantwortungslosigkeit *f*
incostànte *a* unbeständig ◇ (*fig*) (*volubile*) wankelmütig
incredìbile *a* unglaublich
incrèdulo *a* ungläubig
incrementàre *vt* steigern, erhöhen
increménto *sm* Zunahme *f*, Erhöhung *f*
incriminàre *vt* anklagen
incriminazióne *sf* Anklage *f*
incrinàre *vt* einreißen ◆ *vpr* einen Riss bekommen
incrinàto *a* rissig
incrinatùra *sf* Riss *m*
incrociàre *vt* kreuzen
incròcio *sm* Kreuzung *f*
incrostàre *vt* verkrusten
incrostazióne *sf* Verkrustung *f*
incubatrìce *sf* Brutkasten *m*
ìncubo *sm* Alptraum, Albtraum *m*
incùdine *sf* Amboss *m*
incuràbile *a* unheilbar
incurànte *a* unbekümmert (*um* + *acc*)
incùria *sf* Nachlässigkeit *f*
incuriosìre *vt* Neugierde erwecken (*in* + *dat*) ◆ *vpr* neugierig werden
incursióne *sf* Angriff *m*
incustodìto *a* unbewacht
indaffaràto *a* (viel) beschäftigt
indagàre *vt* erforschen, untersuchen ◆ *vi* nachforschen (+ *acc*), untersuchen (+ *acc*)
indàgine *sf* Untersuchung *f*, Nachforschung *f* ◇ (*dir*) Ermittlung *f*
indebitaménto *sm* Verschuldung *f*

indebitàrsi *vpr* Schulden machen, sich verschulden
indebolimento *sm* Schwächung *f*
indebolìre *vt* schwächen ◆ *vi/vpr* schwach werden
indecènte *a* unanständig
indecènza *sf* Unanständigkeit *f*
indecifràbile *a* unentzifferbar
indecisióne *sf* Unentschlossenheit *f*
indecìso *a* unentschlossen
indeclinàbile *a* (*gramm*) undeklinierbar
indefinìto *a* unbestimmt
indégno *a* unwürdig
indelèbile *a* unauslöschlich
indènne *a* unversehrt
indennità *sf* (*risarcimento*) Entschädigung *f* ◇ (*retribuzione*) Gehalt *n*
indennìzzo *sm* Schadenersatz *m*, Entschädigung *f*
inderogàbile *a* unumgänglich
indescrivìbile *a* unbeschreiblich
indeterminàto *a* unbestimmt
indiàno *a* (*dell'India*) indisch ◇ (*del Nordamerica*) indianisch ◆ *sm* (*dell'India*) Inder *m* ◇ (*del Nordamerica*) Indianer *m*
indicàre *vt* (*mostrare*) zeigen (*auf + acc*) ◇ (*di strumento*) anzeigen ◇ (*denotare*) bedeuten ◇ (*prezzo*) angeben
indicatìvo *a* bezeichnend (*für + acc*) ◆ *sm* (*gramm*) Indikativ *m* ● **i. della località** (*tel*) Ortsvorwahl *f*; **i. del paese** (*tel*) Landesvorwahl *f*

indicatóre *sm* Anzeiger *m*
indicazióne *sf* (*azione*) Anzeigen *n* ◇ (*dato*) Angabe *f*
ìndice *sm* (*elenco*) Verzeichnis *n* ◇ (*indizio*) (An)zeichen *n* ◇ (*anat*) Zeigefinger *m* ◇ (*fin*) Index *m*
indietreggiàre *vi* zurückweichen
indiètro *avv* zurück
indiféso *a* wehrlos
indifferènte *a* gleichgültig
indifferènza *sf* Gleichgültigkeit *f*
indìgeno *a* einheimisch ◆ *sm* Einheimische *m/f*
indigestióne *sf* Verdauungsstörung *f* ● **fare i. di qc** sich mit etwas den Magen verderben
indigèsto *a* unverdaulich
indignazióne *sf* Entrüstung *f*
indimenticàbile *a* unvergesslich
indipendènte *a* unabhängig
indipendènza *sf* Unabhängigkeit *f*
indirètto *a* indirekt
indirizzàre *vt* richten, wenden
indirìzzo *sm* Adresse *f*
indisciplìna *sf* Undiszipliniertheit *f*
indisciplinàto *a* undiszipliniert
indiscréto *a* indiskret
indiscrezióne *sf* Indiskretion *f*
indiscutìbile *a* unbestreitbar
indispensàbile *a* unentbehrlich
indisposizióne *sf* Unwohlsein *n*
indispósto *a* unwohl
indistìnto *a* undeutlich
indistruttìbile *a* unzerstörbar

indìvia sf (bot) Endivie f
individuàle a individuell
individualìsmo sm Individualismus m
individualìsta sm Individualist m
individuàre vt erkennen, ausmachen
indivìduo sm Einzelwesen n ◊ (persona) Einzelne m
indivisìbile a unteilbar, unzertrennlich
indiziàre vt verdächtigen
indìzio sm (An)zeichen n
indoeuropèo a indoeuropäisch ♦ sm Indoeuropäer m
ìndole sf Art f, Natur f
indolenzimènto sm Gefühllosigkeit f
indolóre a schmerzlos
indossàre vt (mettersi) anziehen ◊ (portare) tragen
indossatóre sm Dressman m
indossatrìce sf Mannequin n
indovinàre vt erraten
indovinèllo sm Rätsel n
indovìno sm Wahrsager m
indugiàre vi zögern, zaudern
indùgio sm Zögern n
indulgènte a nachsichtig
indulgènza sf Nachsicht f ◊ (relig) Ablass m
indumènto sm Kleidungsstück n
indurìre vi (ver)härten
indùrre vt veranlassen
indùstria sf Industrie f ♦ *i. automobilìstica* Autoindustrie f
industriàle a industriell, Industrie- ♦ sm/f Industrielle m/f

industrializzazióne sf Industrialisierung f
inèdito a unveröffentlicht
inefficàce a wirkungslos
inefficàcia sf Unwirksamkeit f
inefficiènte a nicht leistungsfähig
inefficiènza sf Leistungsunfähigkeit f
ineluttàbile a unvermeidbar
inerènte a bezüglich (auf + acc)
inèrte a träg(e) ◊ (chim) inert, Inert-
inèrzia sf Unbeweglichkeit f ◊ (fis) Trägheit f
inesattézza sf Ungenauigkeit f
inesauribile a unerschöpflich
inesistènte a nicht bestehend
inespèrto a unerfahren
inesploràto a unerforscht
inestimàbile a unschätzbar
inevitàbile a unvermeidlich
inèzia sf Kleinigkeit f
infamànte a entehrend
infàme a schändlich
infàmia sf Schande f
infantìle a kindlich, Kind-
infànzia sf Kindheit f
infarinàre vt in Mehl wälzen
infarinatùra sf Bestreuung f mit Mehl ◊ (fig) oberflächliche Kenntnisse pl
infàrto sm (med) Infarkt m
infastidìre vt belästigen ♦ vpr sich ärgern
infàtti cong tatsächlich
infatuazióne sf Schwärmerei f ♦ *avere un'i. per qn* für jemanden schwärmen
infedéle a untreu

infedeltà *sf* Treulosigkeit *f*, Untreue *f*
infelice *a* unglücklich
infelicità *sf* Unglück *n*
inferióre *a* (*più basso*) untere ◇ (*minore*) niedrig(er)
inferiorità *sf* Unterlegenheit *f* ◇ (*di valore*) Minderwertigkeit *f*
infermería *sf* Krankenstube *f*
infermièra *sf* Krankenschwester *f*
infermière *sm* Krankenpfleger *m*, Krankenwärter *m*
infermità *sf* Krankheit *f*
inférmo *a* krank ♦ *sm* Kranke *m/f*
infernàle *a* höllisch
infèrno *sm* Hölle *f*
inferriàta *sf* Gitter *n*
infestàre *vt* (*animali*) heimsuchen ◇ (*piante*) verunkrauten ◇ (*med*) verseuchen ◇ (*fig*) schädigen
infestazióne *sf* (*di animali*) Heimsuchung *f* ◇ (*di piante*) Verunkrautung *f* ◇ (*med*) Verseuchung *f*
infettàre *vt* infizieren
infettivo *a* Infektions-
infètto *a* infiziert
infezióne *sf* Infektion *f*
infiammàbile *a* entzündlich
infiammàrsi *vpr* sich entzünden ◇ (*fig*) entflammen
infiammazióne *sf* Entzündung *f*
infierìre *vi* wüten
infilàre *vt* (*auf*)stecken ◇ (*indossare*) überstreifen ♦ *vpr* (*indossare*) schlüpfen (*in* + *acc*)
infiltràrsi *vpr* durchsickern ◇ (*fig*) eindringen, sich einschleichen
infiltrazióne *sf* Infiltration *f* ◇ (*di liquido*) Durchsickern *n*
infilzàre *vt* aufspießen
infine *avv* schließlich
infinità *sf* Unmenge *f*
infinito *a* unendlich ♦ *sm* Unendliche *n* ◇ (*gramm*) Infinitiv *m* • **all'i.** endlos
inflazionàto *a* inflationiert ◇ (*di moneta*) entwertet
inflazióne *sf* Inflation *f*
inflazionistico *a* inflationistisch, Inflations-
inflessibile *a* (*fig*) unbeugsam
inflessibilità *sf* Unbeugsamkeit *f*
influènte *a* einflussreich
influènza *sf* Einfluss *m* ◇ (*med*) Grippe *f*
influenzàbile *a* beeinflussbar
influenzàre *vt* beeinflussen
influenzàto *a* beeinflusst ◇ (*med*) an Grippe leidend
influìre *vi* einwirken (*auf* + *acc*)
influsso *sm* Einfluss *m*
infondàto *a* unbegründet
infóndere *vt* einflößen
informàle *a* informell
informàre *vt* benachrichtigen, informieren ♦ *vpr* sich informieren (*über* + *acc*), sich erkundigen (*nach* + *dat*)
informàtica *sf* Informatik *f*
informàtico *a* Informatik- ♦ *sm* Informatiker *m*
informàto *a* informiert • **tenere i. qn di qc** jemanden über etwas informieren

informazióne sf Auskunft f
infortunàrsi vpr verunglücken
infortunàto a verunglückt ♦ sm Verunglückte m/f
infortùnio sm Unfall m ● *i. sul lavoro* Arbeitsunfall m
infràngere vt zerbrechen ◇ *(fig) (trasgredire)* übertreten
infraròsso a infrarot, Infrarot-
infrasettimanàle a unter der Woche
infrazióne sf Übertretung f, Verstoß m
infuriàto a wütend
infusióne sf Aufguss m
infùso sm Aufguss m
ingaggiàre vt einstellen, in Dienst nehmen
ingàggio sm Einstellung f ◇ *(sport)* Verpflichtung f
ingannàre vt täuschen, trügen ♦ vpr sich täuschen, sich irren
ingannatóre sm Betrüger m
ingannévole a täuschend, trügerisch
ingànno sm Betrug m
ingegnère sm Ingenieur m
ingegneria sf *(disciplina)* Technik f ◇ *(scienza)* Ingenieurwissenschaften pl
ingégno sm Geist m
ingegnosità sf Einfallsreichtum m
ingènte a riesig, ungeheuer
ingenuità sf Naivität f
ingènuo a naiv
ingerènza sf Einmischung f
ingerìre vt einnehmen ♦ vpr sich einmischen
ingessàre vt *(med)* eingipsen

ingessatùra sf *(med) (azione)* Eingipsung f ◇ *(fasciatura)* Gipsverband m
inghiottìre vt (ver)schlucken
inginocchiàrsi vpr niederknien
ingiùria sf Schimpfwort n
ingiuriàre vt beschimpfen
ingiustificàbile a unentschuldbar
ingiustificàto a ungerechtfertigt, unentschuldigt
ingiustìzia sf Ungerechtigkeit f
ingiùsto a ungerecht
inglése a englisch ♦ sm *(ling)* Englisch n ◇ *(abitante)* Engländer m
ingoiàre vt verschlucken
ingolfàre vt *(aut)* absaufen lassen ♦ vpr *(aut)* absaufen
ingombrànte a sperrig, Platz raubend
ingombràre vt versperren
ingómbro sm *(spazio richiesto)* Raumbedarf m
ingordìgia sf Gefräßigkeit f
ingórdo a gefräßig, gierig
ingorgàrsi vpr sich stauen, verstopfen *(ostruirsi)*
ingórgo sm Stauung f ◇ *(traffico)* Stau m
ingranàggio sm *(mecc)* Getriebe n
ingrandiménto sm Vergrößerung f
ingrandìre vt vergrößern
ingrassàggio sm Schmierung f
ingrassàre vt dick(er) machen ◇ *(lubrificare)* schmieren ♦ vi dick(er) werden

ingratitùdine sf Undankbarkeit f
ingràto a undankbar
ingrediènte sm Zutat f
ingrèsso sm (*l'entrare*) Einzug m, Eintritt m ◇ (*uscio*) Eingang m ◇ (*locale*) Flur m ● *i. libero* Eintritt frei; *vietato l'i.* Eintritt verboten, kein Zutritt
ingrossaménto sm Verdickung f, Zunahme f
ingrossàre vt vergrößern ◆ vpr dick(er) werden
ingròsso sm **all'i.** (*comm*) Groß-, en gros ● *vendere all'i.* en gros verkaufen
inguine sm (*anat*) Leiste f
inibìre vt verbieten, untersagen ◇ (*psic*) hemmen
inibizióne sf (*divieto*) Verbot n, Untersagung f ◇ (*psic*) Hemmung f
iniettàre vt einspritzen
iniettóre sm (*mecc*) Injektor m, Einspritzpumpe f
iniezióne sf (*med*) Einspritzung f, Injektion f, Spritze f
inimitàbile a unvergleichlich
inimmaginàbile a unvorstellbar
ininterrótto a ununterbrochen
iniziàle a anfänglich, Anfangs-
iniziàre vt/i anfangen, beginnen
iniziatìva sf Initiative f
iniziatóre sm Initiator m, Bahnbrecher m
iniziazióne sf Einweihung f
inìzio sm Anfang m, Beginn m
innamoràrsi vpr sich verlieben (*in* + *acc*)

innamoràto a verliebt (*in* + *acc*) ◆ sm Verliebte m/f
innàto a angeboren
innegàbile a unleugbar
innervosìre vt nervös machen ◆ vpr nervös werden
innestàre vt (*agr*) veredeln ◇ (*aut*) einschalten ◆ vpr sich einfügen ● *i. la frizione* kuppeln
innèsto sm (*agr*) Vered(e)lung f ◇ (*mecc*) Einschaltung f
inno sm Hymne f ● *i. nazionale* Nationalhymne f
innocènte a unschuldig
innocènza sf Unschuld f
innòcuo a harmlos, unschädlich
innovàre vt erneuern
innovatóre a erneuernd ◆ sm Erneuerer m
innovazióne sf Erneuerung f
innumerévole a unzählig
inoffensìvo a harmlos, ungefährlich
inoltràre vt (*una pratica*) einreichen ◆ vpr eindringen
inóltre avv außerdem
inondàre vt überschwemmen
inondazióne sf Überschwemmung f
inopportùno a ungelegen, unangebracht
inorgànico a anorganisch
inorridìre vi sich entsetzen
inospitàle a ungastlich
inosservàto a unbeachtet ● *passare i.* unbemerkt bleiben
inossidàbile a rostfrei
input sm (*inform*) Input m/n, Eingabe f
inquadràre vt einrahmen ◇ (*fig*)

einordnen ◊ *(cin)* den Bildausschnitt bestimmen (+ *gen*)
inquadratùra *sf* *(cin)* Bildausschnitt *m*
inquietàre *vt* beängstigen
inquièto *a* unruhig ◊ *(preoccupato)* besorgt (*um* + *acc*)
inquietùdine *sf* Unruhe *f*, Besorgnis *f*
inquilìno *sm* Mieter *m*
inquinaménto *sm* Verschmutzung *f*, Verseuchung *f* ● **i. acùstico** Lärmbelastung *f*; **i. luminoso** Lichtverschmutzung *f*
inquinàre *vt* verschmutzen, verseuchen
inquisìre *vt* ermitteln
inquisitóre *sm* *(stor)* Inquisitor *m*
inquisizióne *sf* *(stor)* Inquisition *f*
insabbiàre *vt* *(fig)* versanden lassen ♦ *vpr* *(fig)* versanden
insaccàti *sm pl* *(cuc)* Wurstwaren *pl*
insalàta *sf* Salat *m* ● **in i.** -salat
insalatièra *sf* Salatschüssel *f*
insanguinàto *a* blutig
insaponàre *vt* einseifen
insapóre *a* geschmacklos, fad(e)
insapùta *sf* **all'i. di** ohne Wissen (+ *gen*)
inscatolàre *vt* in Dosen füllen
insediaménto *sm* Einsetzung *f* ◊ *(lo stanziarsi)* Ansiedlung *f*
insediàre *vt* einsetzen ♦ *vpr* sich ansiedeln
inségna *sf* Schild *n*
insegnaménto *sm* (*l'insegnare*) Unterricht *m* ◊ *(precetto)* Unterweisung *f*
insegnànte *sm* Lehrer *m*
insegnàre *vt/i* lehren, unterrichten
inseguiménto *sm* Verfolgung *f*
inseguìre *vt* verfolgen
inseguitóre *sm* Verfolger *m*
insenatùra *sf* Bucht *f*
insensàto *a* töricht, unbesonnen
insensìbile *a* unempfindlich ◊ *(indifferente)* unempfänglich, gefühllos
inseparàbile *a* *(cose)* untrennbar ◊ *(persone)* unzertrennlich
inseriménto *sm* Einfügung *f* ◊ *(inclusione)* Einbeziehung *f*
inserìre *vt* einfügen, stecken ◊ *(includere)* einbeziehen ♦ *vpr* sich einfügen ◊ *(intromettersi)* sich einmischen
insèrto *sm* Beilage *f*
inserzióne *sf* Einfügung *f* ◊ *(sul giornale)* Anzeige *f*, Inserat *n*
insetticìda *sm* Insektizid *n*
insètto *sm* *(zool)* Insekt *n*
insicurézza *sf* Unsicherheit *f*
insicùro *a* unsicher
insìdia *sf* Hinterlist *f*, Falle *f*
insidióso *a* heimtückisch
insième *avv* zusammen ♦ *sm* Ganze *n* ● **i. a/con** (zusammen) mit (+ *dat*)
insignificànte *a* bedeutungslos
insinuàre *vt* *(fig)* erwecken, erregen ♦ *vpr* *(fig)* sich einschleichen
insinuazióne *sf* Unterstellung *f*

insìpido *a* geschmacklos, fad, schal

insistènte *a* aufdringlich

insistènza *sf* Dringen *n*

insìstere *vi* (*su persone*) dringen (*in* + *acc*) ◊ (*in qc*) bestehen (*auf* + *dat*), beharren (*auf/bei* + *dat*)

insoddisfacènte *a* unbefriedigend

insoddisfazióne *sf* Unzufriedenheit *f*

insofferènte *a* unduldsam (*gegenüber* + *dat*)

insofferènza *sf* Unduldsamkeit *f*

insolazióne *sf* Sonnenstich *m*

insòlito *a* ungewöhnlich

insolùbile *a* unauflöslich

insolùto *a* ungelöst

insómma *avv* (*dunque*) also ◆ (*infine*) endlich, schließlich ◆ *inter* na!

insònnia *sf* (*med*) Schlaflosigkeit *f*

insopportàbile *a* unerträglich

insòrgere *vi* sich auflehnen, sich erheben

insórto *sm* Aufständische *m*

insospettìre *vt* argwöhnisch machen ◆ *vpr* argwöhnisch werden

insostenìbile *a* unhaltbar

inspiegàbile *a* unerklärlich

inspiràre *vt* einatmen

inspirazióne *sf* Einatmung *f*

instàbile *a* unbeständig

instabilità *sf* Unbeständigkeit *f*

installàre *vt* installieren, einrichten ◆ *vpr* sich einrichten

installatóre *sm* Installateur *m*

installazióne *sf* Installation *f*, Anlage *f*

instauràre *vt* errichten, einführen (*introdurre*) ◆ *vpr* entstehen

instaurazióne *sf* Errichtung *f*

insuccèsso *sm* Misserfolg *m*

insufficiènte *a* ungenügend

insufficiènza *sf* Mangel *m* ◊ (*a scuola*) Ungenügen *n*

insulàre *a* insular, Insel-

insulìna *sf* (*med*) Insulin *n*

insultàre *vt* beschimpfen, beleidigen

insùlto *sm* Beschimpfung *f*, Beleidigung *f*

insurrezióne *sf* Aufstand *m*, Erhebung *f*

intànto *avv* inzwischen, mittlerweile ● *i. che* während

intasaménto *sm* Verstopfung *f* ◊ (*traffico*) Stau *m*

intasàto *a* verstopft

intascàre *vt* einstecken

intàtto *a* unberührt

integràle *a* vollständig ◆ *sm* (*mat*) Integral *n* ● *pane i.* Vollkornbrot *n*

integràre *vt* vervollständigen

integrazióne *sf* Integration *f* ◊ (*completamento*) Vervollständigung *f*

intelaiatùra *sf* (*mecc*) Gerüst *n* ◊ (*struttura*) Aufbau *m*

intellètto *sm* Verstand *m*

intellettuàle *a* verstandesmäßig, intellektuell ◆ *sm/f* Intellektuelle *m/f*

intelligènte *a* intelligent, verständig

intelligènza *sf* Intelligenz *f*, Verstand *m*

intempèrie *sf pl* Unwetter *n*

intèndere *vt* (*udire*) hören ◊ (*comprendere*) verstehen ◊ (*voler dire*) meinen ♦ *vpr* (*essere competente*) sich auskennen (*in* + *dat*) ◊ (*andare d'accordo*) auskommen

intenditóre *sm* Kenner *m*

intensificàre *vt* (*aumentare*) verstärken ◊ (*rendere più frequente*) vermehren

intensificazióne *sf* Verstärkung *f*

intensità *sf* Intensität *f*, Stärke *f*

intènso *a* intensiv, heftig

intènto *a* (*attento*) gespannt (*auf* + *acc*) ◊ (*occupato*) beschäftigt (*mit* + *dat*) ♦ *sm* Ziel *n*, Absicht *f*

intenzionàle *a* absichtlich

intenzióne *sf* Absicht *f*, Vorsatz *m*, Vorhaben *n*

interaménte *avv* ganz, völlig

interazióne *sf* Wechselwirkung *f*

intercalàre *sm* Lieblingswort *n*

intercambiàbile *a* auswechselbar

intercapèdine *sf* Zwischenraum *m*

intercèdere *vi* sich verwenden, eintreten

intercessióne *sf* Fürsprache *f*

intercettàre *vt* abfangen, abhören (*una telefonata*)

intercettazióne *sf* Abfangen *n*, Abhören *n* (*di una telefonata*)

intercomunicànte *a* miteinander in Verbindung stehend

intercontinentàle *a* interkontinental

interdentale *a* filo i. Zahnseide *f*

interessaménto *sm* Anteil *m*, Interesse *n* ◊ (*intervento*) Verwendung *f*

interessànte *a* interessant

interessàre *vt* interessieren ◊ (*riguardare*) betreffen ♦ *vpr* sich interessieren (*für* + *acc*)

interessàto *a* interessiert (*an* + *dat*) ◊ (*fatto per tornaconto*) eigennützig ♦ *sm* Interessent *m*, Betreffende *m/f*

interèsse *sm* Interesse *n* ◊ (*tornaconto*) Gewinnsucht *f* ◊ (*fin*) Zins *m*

interferènza *sf* (*fis*) Interferenz *f* ◊ (*fig*) Einmischung *f*

interiezióne *sf* Ausrufewort *n*

interióre *a* innerlich, innere, Innen-

interlocutóre *sm* Gesprächspartner *m*

intermediàrio *sm* Vermittler *m*

intermèdio *a* mittlere, Zwischen-

intermèzzo *sm* Zwischenspiel *n* ◊ (*mus*) Intermezzo *n*

interminàbile *a* endlos, unendlich

intermittènte *a* wechselnd ◊ (*el*) intermittierend

intermittènza *sf* Intermittenz *f*, Unstetigkeit *f*

intermodàle *a* intermodal, Schiene-Straße...

internazionàle *a* international

intèrno *a* innere, Innen- ◆ *sm* Innere *n*, Innenseite *f* ● *all'i.* innen; *all'i. di* innerhalb (+ *gen*); *dall'i.* von innen; *verso l'i.* nach innen

intéro *a* ganz, vollständig

interpretàre *vt* (*spiegare*) auslegen ◇ (*farsi interprete*) Ausdruck geben (+ *dat*) ◇ (*attribuire un significato*) deuten ◇ (*cin, teat*) spielen, darstellen

interpretazióne *sf* (*spiegazione*) Auslegung *f*, Erklärung *f* ◇ (*cin, teat*) Darstellung *f*

intèrprete *sm* (*chi spiega*) Erklärer *m* ◇ (*portavoce*) Fürsprecher *m* ◇ (*traduttore*) Dolmetscher *m* ◇ (*cin, teat*) Darsteller *m*

interrogàre *vt* (be)fragen ◇ (*a scuola*) abfragen ◇ (*dir*) verhören

interrogativo *a* fragend ◆ *sm* Frage *f* ● *punto i.* Fragezeichen *n*

interrogazióne *sf* Befragung *f* ◇ (*a scuola*) Prüfung *f*

interrómpere *vt* unterbrechen ◇ (*sospendere*) einstellen ◇ *vpr* sich unterbrechen

interruttóre *sm* Schalter *m*

interruzióne *sf* Unterbrechung *f*, Abbruch *m* ◇ (*sospensione*) Einstellung *f*

interurbàna *sf* Ferngespräch *n*

interurbàno *a* Überland-

intervàllo *sm* (*di spazio*) Abstand *m* ◇ (*di tempo*) Pause *f*, Zeitabstand *m*

intervenìre *vi* (*intromettersi*) eingreifen (*in* + *acc*) ◇ (*partecipare*) sich beteiligen

intervènto *sm* Eingriff *m* ◇ (*aiuto*) Zutun *n* ◇ (*partecipazione*) Beteiligung *f* ◇ (*med*) Eingriff *m*

intervìsta *sf* Interview *n*

intervistàre *vt* interviewen

intésa *sf* Einverständnis *n* ◇ (*patto*) Vereinbarung *f*, Entente *f*

intéso *a* (*volto a un fine*) anstrebend ◇ (*compreso*) verstanden ● *restare intesi* einverstanden sein; *resta i. che...* es bleibt dabei, dass...

intestàre *vt* (*mettere il nome*) mit Namen versehen ◇ (*mettere a nome di qc*) auf den Namen eintragen

intestazióne *sf* (*azione*) Eintragung *f* ◇ (*dicitura*) Überschrift *f*

intestinàle *a* intestinal, Darm-

intestìno *sm* (*anat*) Darm *m* ● *i. crasso* (*anat*) Dickdarm *m*

intimità *sf* Intimität *f*, Vertraulichkeit *f* ◇ (*di locali*) Gemütlichkeit *f*

ìntimo *a* intim, innerste ● *biancheria intima* Unterwäsche *f*

intitolàre *vt* betiteln ◇ (*dedicare*) benennen ◆ *vpr* betitelt sein

intolleràbile *a* unerträglich

intolleránte *a* intolerant

intolleránza *sf* Intoleranz *f* ● *i. alimentare* Lebensmittelunverträglichkeit *f*

intònaco *sm* Putz *m*

intonàto *a* richtig singend

intontìre *vt* betäuben

intórno avv umher, herum ● *i. a um...* (+ *acc*) herum
intossicàrsi vpr sich vergiften
intossicazióne sf Vergiftung f
intraducìbile a unübersetzbar
intramuscolàre a **iniezione i.** (*med*) intramuskulare Einspritzung f
intransigènte a unnachgiebig
intransigènza sf Unnachgiebigkeit f
intransitìvo a (*gramm*) intransitiv
intraprendènza sf Unternehmungslust f
intraprèndere vt unternehmen
intrattenére vt unterhalten, aufhalten ♦ vpr sich aufhalten
intrecciàre vt (ver)flechten ♦ vpr sich verschlingen
intréccio sm Geflecht n, Flechtwerk n ◊ (*trama*) Verwick(e)lung f
introdùrre vt einführen, stecken ♦ vpr sich einschleichen, eindringen
introduzióne sf Einführung f ◊ (*a un libro*) Vorwort n, Einleitung f
introméttersi vpr sich einmischen
introvàbile a unauffindbar
introversióne sf Introversion f
introvèrso a introvertiert
intrusióne sf Einmischung f
intrùso sm Eindringling m
intuìre vt ahnen
intuitìvo a intuitiv
intùito sm Intuition f ◊ (*acume*) Scharfsinn m

intuizióne sf Intuition f ◊ (*presentimento*) Vorahnung f
inumidìre vt anfeuchten ♦ vpr feucht werden
inùtile a unnütz, nutzlos
inutilità sf Nutzlosigkeit f, Vergeblichkeit f
inutilizzàbile a unverwendbar
invadènte a aufdringlich
invadènza sf Aufdringlichkeit f
invàdere vt einfallen (*in* + *acc*), eindringen (*in* + *acc*)
invalidità sf Invalidität f
invàlido a invalid
invàno avv vergebens, umsonst
invariàbile a unveränderlich
invariàto a unverändert
invasióne sf Invasion f, Einfall m
invasóre sm Invasor m
invecchiaménto sm Altern n
invecchiàre vt alt machen ♦ vi alt werden, altern ◊ (*fig*) veralten
invéce avv dagegen, jedoch ● *i. che/di* anstatt zu
inventàre vt erfinden
inventàrio sm Inventar n
inventìva sf Erfindungsgabe f
inventóre sm Erfinder m
invenzióne sf Erfindung f
invernàle a winterlich
invèrno sm Winter m
inverosìmile a unwahrscheinlich
inversióne sf Umkehrung f ◊ (*di marcia*) Wendung f ● *divieto di i.* Wenden verboten
invertebràto (*zool*) a wirbellos ♦ sm Invertebrat m

invertìre vt umkehren ● *i. la marcia* wenden

investigàre vt erforschen, untersuchen

investigatóre sm Detektiv m ● *i. privato* Privatdetektiv m

investigazióne sf Nachforschung f

investiménto sm (fin) Anlage f, Investition f ◊ (aut) Überfahren n

investìre vt (fin) anlegen, investieren ◊ (aut) überfahren

investitóre sm (fin) Anleger m

inviàre vt (cose) senden, schicken ◊ (persone) schicken, aussenden

inviàto sm Abgesandte m/f ◊ (di giornale) Berichterstatter m

invìdia sf Neid m

invidiàre vt beneiden

invidióso a neidisch

invincìbile a unbesiegbar

invìo sm Sendung f

invisìbile a unsichtbar

invitànte a einladend, verlockend

invitàre vt einladen ◊ (spingere a) auffordern

invitàto sm Eingeladene m/f, Gast m

invìto sm Einladung f

invocàre vt anrufen, anflehen

invocazióne sf Anrufung f

invogliàre vt in jemandem Lust erregen ● *i. qn a qc* jemandem die Lust zu etwas erwecken

involontàrio a unfreiwillig, unabsichtlich

involtìno sm (cuc) Roulade f

invòlucro sm Hülle f

invulneràbile a unverletzlich

ìo pr.pers ich

iòdio sm Jod m

ipercalòrico a kalorienreich

ipermercàto sm Supermarkt m

ipermetropìa sf (med) Hypermetropie f, Weitsichtigkeit f

ipertensióne sf (med) Hypertonie f, Bluthochdruck m

ipnòsi sf Hypnose f

ipnòtico a hypnotisch

ipnotizzàre vt hypnotisieren

ipoallergènico a (med) antiallergenisch

ipocalòrico a kalorienarm

ipòcrita a heuchlerisch ♦ sm Heuchler m

ipòfisi sf (anat) Hypophyse f

iposòdico a salzarm

ipotèca sf Hypothek f

ipotecàre vt mit Hypotheken belasten ◊ (fig) verpfänden

ipotensióne sf (med) Hypotonie f

ipòtesi sf Hypothese f, Vermutung f

ìppica sf Reitsport m

ìppico a Reit-

ippocàmpo sm (zool) Seepferdchen n

ippòdromo sm Pferderennbahn f

ippopòtamo sm (zool) Flusspferd n

ìra sf Zorn m, Wut f

irascìbile a reizbar

ìride sf Regenbogen m ◊ (anat) Regenbogenhaut f

irlandése a irisch ♦ sm Ire m

ironìa sf Ironie f

ironico *a* ironisch
irrazionàle *a* irrational
irreàle *a* unwirklich
irregolàre *a* unregelmäßig
irregolarità *sf* Unregelmäßigkeit *f*
irrequièto *a* unruhig
irresistìbile *a* unwiderstehlich
irrespiràbile *a* nicht atembar, stickig
irresponsàbile *a* unverantwortlich, verantwortungslos
irrigàre *vt* bewässern
irrigazióne *sf* Bewässerung *f*
irrigidìrsi *vpr* sich versteifen
irrìguo *a* wasserreich, bewässert
irrilevànte *a* unbedeutend
irrimediàbile *a* unersetzlich
irripetìbile *a* unwiederholbar
irrisòrio *a* unerheblich, gering
irritàbile *a* reizbar, erregbar
irritànte *a* reizend, aufreizend
irritàre *vt* aufreizen, erregen ◆ *vpr* sich aufregen
irritazióne *sf* Erregung *f*, Gereiztheit *f* ◇ (*med*) Entzündung *f*
iscrìtto *a* eingetragen, eingeschrieben ◇ (*geom*) eingeschrieben ◆ *sm* Eingeschriebene *m/f* ● **per i.** schriftlich
iscrìvere *vt* einschreiben ◆ *vpr* sich anmelden, belegen (+ *acc*)
iscrizióne *sf* Einschreibung *f*, Anmeldung *f* ◇ (*scritta*) Inschrift *f*
islàmico *a* islamisch
islandése *a* isländisch ◆ *sm* Isländer *m*
ìsola *sf* Insel *f* ● **i. pedonale** Fußgängerzone *f*

isolaménto *sm* Absonderung *f* ◇ (*fis*) Isolation *f*
isolàno *a* insular, Insel- ◆ *sm* Inselbewohner *m*
isolànte *sm* Isoliermittel *n*
isolàre *vt* absondern ◇ (*fis*) isolieren ◆ *vpr* sich isolieren, sich abschließen
ispettóre *sm* Inspektor *m*
ispezióne *sf* Inspektion *f*, Besichtigung *f*
ìspido *a* borstig
ispiràre *vt* (*stimolare la fantasia*) inspirieren, anregen ◇ (*infondere*) einflößen ◆ *vpr* (*trovare ispirazione*) sich inspirieren lassen (*durch* + *acc*) ◇ (*seguire l'esempio*) sich anregen lassen (*durch* + *acc*)
ispiràto *a* inspiriert ◇ (*improntato*) beseelt
ispirazióne *sf* (*estro creativo*) Inspiration *f*, Eingebung *f* ◇ (*tendenza*) Richtung *f*
istantànea *sf* Momentaufnahme *f*
istantàneo *a* augenblicklich
istànte *sm* Augenblick *m*
istèrico *a* hysterisch
istintìvo *a* instinktiv
istìnto *sm* Instinkt *m*
istituìre *vt* gründen, stiften
istitùto *sm* Institut *n*, Anstalt *f*
istituzionàle *a* Institutions-
istituzióne *sf* Stiftung *f* ◇ (*ente*) Einrichtung *f*, Institution *f*
ìstmo *sm* Isthmus *m*
istologìa *sf* Gewebelehre *f*
istruìre *vt* belehren ◆ *vpr* sich bilden

istruito *a* gebildet
istruttivo *a* lehrreich, Lehr-
istruttóre *sm* Lehrer *m*, Ausbilder *m*
istruttòria *sf* (*dir*) Untersuchung *f*
istruzióne *sf* Bildung *f* ● *i. pubblica* öffentliches Unterrichtswesen *n*; *istruzioni per l'uso* Gebrauchsanweisungen *f*
italiàno *a* italienisch ◆ *sm* (*ling*) Italienisch *n* ◊ (*abitante*) Italiener *m*
itineràrte *a* Wander-
itineràrio *sm* Reiseroute *f*
itterìzia *sf* (*med*) Gelbsucht *f*
ìttico *a* Fisch-
ittiologìa *sf* Fischkunde *f*
iugoslàvo *a* jugoslawisch ◆ *sm* Jugoslawe *m*
iùta *sf* Jute *f*

J

jack *sm* (*el*) Klinkenstecker *m*
jazz *sm* Jazz *m*
jazzista *sm* Jazzmusiker *m*
jet *sm* Düsenflugzeug *n*
jogging *sm* Jogging *n* ● *fare j.* joggen
jolly *sm* Joker *m*
joystick *sm* Steuerknüppel *m*

K

kart *sm* Gokart *m*
kayak *sm* Kajak *m*
kit *sm* Satz *m*

L

la (1) *art* die *f* (*pl* die)
la (2) *pr.pers* (*f*) sie ◊ (*forma di cortesia*) Sie
là *avv* (*stato*) da, dort ◊ (*moto a luogo*) dorthin, dahin
làbbro *sm* Lippe *f*
labirinto *sm* Labyrinth *n*
laboratòrio *sm* Labor(atorium) *n* ◊ (*officina*) Werkstatt *f*
làcca *sf* Lack *m* ◊ (*per capelli*) Haarlack *m*
laccàre *vt* lackieren

làccio sm Schlinge f, Schnur f
laceràre vt zerreißen
lacerazi**óne** sf (azione) Zerreißung f ◊ (risultato) Riss m
làcero a zerrissen
laconicità sf Bündigkeit f
lacònico a lakonisch
làcrima sf Träne f
lacrimàre vi tränen
lacrimazió**ne** sf Tränen n
lacrimògeno a gas l. Tränengas n
lacùna sf Lücke f, Mangel m
lacùstre a See-
ladìno a ladinisch ♦ sm (ling) Ladinisch n ◊ (abitante) Ladiner m
làdro sm Dieb m
laggiù avv (stato) dort unten ◊ (moto a luogo) dort hinunter
laghétto sm Teich m
lagnànza sf Beschwerde f, Klage f
lagnàrsi vpr jammern ◊ (lamentarsi) klagen (über + acc)
làgo sm See m
lagùna sf Lagune f
lagunàre a Lagunen-
làico a Laien- ♦ sm Laie m
làma (1) sf Klinge f
làma (2) sm (zool) Lama n
lamentàre vt beklagen, klagen (über + acc) ♦ vpr sich beklagen (über + acc)
lamentèla sf Beschwerde f, Klage f
lamènto sm Klage f
lamétta sf (del rasoio) Rasierklinge f
lamièra sf Blech n

làmina sf Blatt n, Folie f
laminàto a gewalzt, Walz- ♦ sm Walzstück n
làmpada sf Lampe f ♦ l. UV UV-Lampe f
lampadàrio sm Leuchter m
lampadìna sf (Glüh)birne f
lampànte a (fig) einleuchtend, offensichtlich
lampeggiàre vi blitzen ◊ (aut) blinken
lampeggiatóre sm (aut) Blinker m ♦ l. di emergenza Warnblickanlage f
lampióne sm Straßenlampe f
làmpo sm Blitz m ♦ sf Reißverschluss m ♦ a (posposto) Blitz-
lampóne sm (bot) Himbeere f
làna sf Wolle f ♦ pura l. vergine Schurwolle f
lancétta sf Zeiger m
lància (1) sf Lanze f
lància (2) sf l. di salvataggio (naut) Rettungsboot n
lanciafiàmme sm Flammenwerfer m
lanciàre vt werfen ◊ (fig) (un'idea e sim) verbreiten ♦ vpr sich stürzen (auf/gegen + acc), sich werfen (auf/gegen + acc) ◊ (dall'alto) abspringen ◊ (fig) (in un'impresa) sich stürzen (auf/in + acc)
lanciatóre sm Werfer m
lancinànte a stechend
làncio sm Wurf m ◊ (salto) (Ab)sprung m
lànguido a (stanco) schwach ◊ (sentimentale) schmachtend

languìre *vi* (*struggersi*) schmachten ◊ (*venir meno*) vergehen
languóre *sm* (*fiacchezza*) Mattigkeit *f* ● **l. di stomaco** Leeregefühl *n* im Magen
laniéro *a* Woll-
lanifìcio *sm* Wollspinnerei *f*
lantèrna *sf* Laterne *f*
lapalissiàno *a* altbekannt
lapidàre *vt* steinigen
lapidàrio *a* (*fig*) lapidar, bündig
lapidazióne *sf* Steinigung *f*
làpide *sf* Grabstein *m*
làpis *sm* Bleistift *m*
làppone *a* lappisch ● *sm/f* Lappe *m*
làpsus *sm* Lapsus *m*, Fehler *m*
làrdo *sm* (*Schweine*)speck *m*
larghézza *sf* Breite *f*, Weite *f*
làrgo *a* breit, weit ● *sm* (*mare aperto*) offenes Meer *n* ● **stare alla larga da qn** jemanden meiden; **su larga scala** in großem Umfang
làrice *sm* (*bot*) Lärche *f*
larìnge *sf* (*anat*) Kehlkopf *m*
laringìte *sf* (*med*) Kehlkopfentzündung *f*
làrva *sf* (*zool*) Larve *f*
larvàle *a* larval, Larven-
lasciapassàre *sm* Passierschein *m*
lasciàre *vt* lassen ◊ (*abbandonare*) verlassen ◊ (*mollare la presa*) loslassen ● *vpr* sich trennen ● **l. libero** freilassen; **l. perdere** sein lassen; **l. stare qn** jemanden in Ruhe lassen; **lasciarsi andare** (*fig*) sich gehen lassen

làscito *sm* Vermächtnis *n*
lassatìvo *sm* Abführmittel *n*
lassù *avv* (*stato*) dort oben ◊ (*moto a luogo*) dort hinauf
làstra *sf* Platte *f* ◊ (*di vetro*) Scheibe *f* ◊ (*radiografia*) Röntgenaufnahme *f* ● **l. di ghiaccio** Eisscholle *f*
lastricàre *vt* pflastern
làstrico *sm* Pflaster *n* ◊ (*fig*) Elend *n*
latènte *a* verborgen, latent
lateràle *a* seitlich, Seiten-
laterìzio *sm* Ziegelstein *m*
latifóndo *sm* Großgrundbesitz *m*
latinìsta *sm* Latinist *m*
latinità *sf* Latinität *f*
latìno *a* (*ling*) lateinisch ◊ (*degli abitanti*) latinisch ● *sm* (*ling*) Latein *n* ◊ (*abitante*) Latiner *m*
latitànte *a* flüchtig ● *sm/f* Flüchtige *m/f*
latitànza *sf* Flucht *f*
latitùdine *sf* Breite *f*
làto *sm* Seite *f*
làtta *sf* (*materiale*) Blech *n* ◊ (*recipiente*) Kanister *m* ◊ (*barattolo*) Dose *f* ● **di l.** blechern, Blech-
lattàio *sm* Milchmann *m*
lattànte *a* saugend ● *sm* Säugling *m*
làtte *sm* Milch *f* ● **al l.** Milch-; **l. condensato** Kondensmilch *f*; **l. in polvere** Milchpulver *n*; **l. intero/scremato** Voll-/Magermilch *f*
lattería *sf* Molkerei *f*
latticìno *sm* Milchprodukt *m*

làttico *a* **acido l.** *(chim)* Milchsäure *f*
lattìna *sf* Dose *f*
lattùga *sf (bot)* Kopfsalat *m*
làurea *sf* Diplom *n*, Hochschulabschluss *m*
laureàndo *sm* Diplomand *m*
laureàrsi *vpr* ein Diplom erwerben, einen Hochschulabschluss erwerben (*in + dat*)
laureàto *a* promoviert ◆ *sm* Doktor (*+ gen*)
làva *sf* Lava *f*
lavàbo *sm* Waschbecken *n*
lavàggio *sm* Waschen *n* ● **l. a secco** Trockenreinigung *f*
lavàgna *sf* (Schiefer)tafel *f* ● **l. luminosa** Overheadprojektor *m*
lavànda (1) *sf (med)* Spülung *f*
lavànda (2) *sf (bot)* Lavendel *m*
lavanderìa *sf* Wäscherei *f*
lavandìno *sm* Waschbecken *n*
lavapiàtti *sm* Tellerwäscher *m*
lavàre *vt* waschen (*stoviglie e sim*) spülen (*pulire*) putzen ◆ *vpr* sich waschen
lavasciùga *sf* Wasch- und Trockenautomat *m*
lavastovìglie *sf* Geschirrspülmaschine *f*
lavatrìce *sf* Waschmaschine *f*
lavèllo *sm* Spülbecken *n*
làvico *a* Lava-
lavoràre *vi* arbeiten ◆ *vt* bearbeiten
lavoratìvo *a* Arbeits-
lavoratóre *sm* Arbeiter *m*
lavorazióne *sf* Bearbeitung *f*, Verarbeitung *f*
lavóro *sm* Arbeit *f*

lazzaróne *sm* Lump *m*
le (1) *art* die
le (2) *pr.pers (f sing) (a lei)* ihr ◇ (*f pl*) (*loro*) sie ◇ (*forma di cortesia*) Ihnen
leader *sm* Führer *m*, Leiter *m*
leàle *a* aufrichtig, anständig, redlich
lealtà *sf* Aufrichtigkeit *f*, Redlichkeit *f*
lébbra *sf (med)* Aussatz *m*, Lepra *f*
lebbróso *a* leprös ◆ *sm* Leprakranke *m*, Aussätzige *m/f*
lécca-lécca *sm* Lutscher *m*
leccapièdi *sm* Speichellecker *m*
leccàre *vt* lecken ◇ (*adulare*) schmeicheln
léccio *sm (bot)* Steineiche *f*
leccornìa *sf* Leckerbissen *m*
lécito *a* erlaubt, gestattet ◆ *sm* Zulässige *n*
léga *sf* Bund *m*, Verband *m* ◇ (*di metalli*) Legierung *f*
legàccio *sm* Schnürband *n*
legàle *a* legal, Gesetzes- ◆ *sm* Rechtsanwalt *m*
legalità *sf* Gesetzlichkeit *f*, Legalität *f*
legalizzàre *vt* amtlich beglaubigen
legalizzazióne *sf* Beglaubigung *f*
legàme *sm* Bindung *f* ◇ (*relazione*) Beziehung *f* ◇ (*rapporto*) Verhältnis *n* ◇ (*nesso*) Zusammenhang *m*
legaménto *sm* Verbindung *f* ◇ (*anat*) Band *n*
legàre *vt* binden

legàto sm Gesandte m, Legat m
legatùra sf Bindung f
lègge sf Gesetz n ◊ (facoltà universitaria) Jura pl ● **per l.** gesetzlich; **l. sulla privacy** Datenschutzgesetz n
leggènda sf Sage f, Legende f
leggendàrio a sagenhaft
lèggere vt lesen
leggerézza sf Leichtigkeit f ◊ (sconsideratezza) Leichtsinn m
leggèro a leicht ● **atletica leggera** (sport) Leichtathletik f; **musica leggera** Unterhaltungsmusik f
leggiàdro a anmutig, lieblich
leggìbile a leserlich, lesbar
leggìo sm Lesepult n
legiferàre vi Gesetze erlassen
legióne sf Legion f
legislatìvo a gesetzgebend, legislativ ● **potere l.** Legislative f
legislatóre sm Gesetzgeber m
legislatùra sf Legislaturperiode f
legislazióne sf Gesetzgebung f ◊ (insieme di leggi) Gesetze pl
legittimàre vt für gesetzmäßig erklären
legittimazióne sf Legitimation f
legittimità sf Rechtmäßigkeit f
legìttimo a gesetzmäßig, rechtmäßig
légna sf Brennholz n
legnàme sm Holz n
légno sm Holz n
legùme sm (bot) Hülsenfrucht f
lèi pr.pers (compl oggetto) sie ◊ (compl indiretto) ihr (dat), sie (acc) ◊ (soggetto) sie ◊ (forma di cortesia) Sie
lémbo sm Zipfel m
lèmma sm Stichwort n
lenìre vt lindern, mildern
lenitìvo a schmerzstillend ◆ sm (med) Linderungsmittel n ◊ Linderung f
lènte sf Linse f ◊ (degli occhiali) Brillenglas n ● **l. a contatto** Kontaktlinse f
lentézza sf Langsamkeit f
lentìcchia sf (bot) Linse f
lentìggine sf Sommersprosse f
lènto a langsam ◆ sm (ballo) langsamer Tanz m
lènza sf Angelschnur f
lenzuòlo sm Betttuch n, Laken n
leóne sm (zool) Löwe m
leopàrdo sm (zool) Leopard m
lepidòttero sm (zool) Schmetterling m
lèpre sf (zool) Hase m
lèsbica sf Lesbierin f
lesinàre vt/i sparen (mit + dat), knausern (mit + dat)
lesionàre vt beschädigen
lesióne sf Beschädigung f ◊ (med) Verletzung f
lesìvo a schädigend
lessàre vt kochen, sieden
lèssico sm (dizionario) Lexikon n ◊ (insieme di termini) Wortschatz m
lessicografìa sf Lexikographie, Lexikografie f
lessicògrafo sm Lexikograph, Lexikograf m
lésso a gekocht, gesotten ◆ sm (cuc) Kochfleisch n

letale *a* tödlich, letal
letamàio *sm* Misthaufen *m*
letàme *sm* Dung *m*, Mist *m*
letàrgo *sm* Winterschlaf *m* ♦ **essere in l.** Winterschlaf halten
lèttera *sf* (*missiva*) Brief *m* ◊ (*dell'alfabeto*) Buchstabe *m*
letteràle *a* buchstäblich, wörtlich
letteràrio *a* literarisch ♦ **lingua letteraria** Literatursprache *f*
letteràto *sm* Literat *m*, Gelehrte *m/f*
letteratùra *sf* Literatur *f*
lètto *sm* Bett *m* ♦ **andare a l.** zu Bett gehen; **rifare il l.** das Bett machen
lèttone *a* lettisch ♦ *sm* Lette *m*
lettóre *sm* Leser *m* ♦ **l. CD** CD-Player *m*; **l. DVD** DVD-Player *m*
lettùra *sf* Lesen *n*, Lektüre *f*
leucemìa *sf* (*med*) Leukämie *f*
lèva (1) *sf* Hebel *m* ♦ **far l. su qc** (*fig*) sich auf etwas stützen
lèva (2) *sf* (*mil*) Einberufung *f*
levànte *sm* Osten *m*
levàre *vt* (*togliere*) wegnehmen, abnehmen ◊ (*alzare*) (er)heben ◊ (*indumenti*) ausziehen ♦ *vpr* (*alzarsi*) aufstehen, sich erheben
levàta *sf* (*del sole e sim*) Aufgang *m* ◊ (*dal letto*) Aufstehen *n* ◊ (*della posta*) Leerung *f*
levatrìce *sf* Hebamme *f*
levigàre *vt* glätten, schleifen
levigatézza *sf* Glätte *f*
levrièro *sm* Windhund *m*
lezióne *sf* (*ammonimento*) Leh-

re *f* ◊ (*a scuola*) Unterricht *m*, Vorlesung *f* (*universitaria*) ♦ **l. di guida** Fahrstunde *f*
lezióso *a* geziert, gekünstelt
li *pr.pers* sie
lì → **là**
liàna *sf* (*bot*) Liane *f*
liberàle *a* freigebig, großzügig ◊ (*in politica*) liberal ♦ *sm/f* Liberale *m/f*
liberalìsmo *sm* Liberalismus *m*
liberalizzàre *vt* liberalisieren
liberalizzazióne *sf* Liberalisierung *f*
liberàre *vt* befreien ◊ (*sgomberare*) freimachen ♦ *vpr* sich befreien
liberatóre *sm* Befreier *m*
liberazióne *sf* Befreiung *f*
lìbero *a* frei ♦ *sm* (*sport*) Libero *m*
libertà *sf* Freiheit *f*
libertìno *a* zügellos, liederlich ♦ **Bohlen n** ♦ **l.** Wüstling *m*
liberty *sm* (*arte*) Jugendstil *m* ♦ *a* Jugendstil-
libìdine *sf* Geilheit *f*, Lüsternheit *f* ◊ (*brama*) Begierde *f*, Sucht *f*
libràio *sm* Buchhändler *m*
librerìa *sf* Buchhandlung *f*
librettìsta *sm* Librettist *m*
librétto *sm* Büchlein *n* ♦ **l. degli assegni** Scheckheft *n*; **l. di circolazione** (*aut*) Zulassungsschein *m*; **l. universitario** Studienbuch *n*
lìbro *sm* Buch *n*
liceàle *a* Gymnasial- ♦ *sm* Gymnasiast *m*
licènza *sf* (*autorizzazione*) Li-

lirismo

zenz f, Erlaubnis f ◇ (*attestato scolastico*) Abgangszeugnis n ◇ (*mil*) Urlaub m
licenziaménto sm Entlassung f
licenziàre vt entlassen, kündigen (+ dat) ♦ vpr kündigen
licenzióso a zügellos, liederlich
licèo sm Gymnasium n
lichène sm (*bot*) Flechte f
lido sm Strand m
lièto a fröhlich, heiter ● *molto l.* sehr angenehm
lièvo a leicht
lievitàre vi aufgehen ◇ (*fig*) steigen
lievitazióne sf Gärung f ◇ (*fig*) Ansteigen n
lièvito sm Hefe f
lìgneo a Holz-
lìlla a lila, fliederblau
lìma sf Feile f
limàre vt feilen
limitàre vt beschränken, einschränken
limitazióne sf Beschränkung f, Einschränkung f, Begrenzung f
lìmite sm Grenze f
limìtrofo a angrenzend, Grenz-
limonàta sf Limonade f
limóne sm (*bot*) (*albero*) Zitronenbaum m ◇ (*frutto*) Zitrone f
limpidézza sf Klarheit f
lìmpido a klar
lìnce sf (*zool*) Luchs m
linciàggio sm Lynchen n
linciàre vt lynchen
lìnea sf Linie f ◇ (*el*) Leitung f
lineaménti sm pl Züge pl
lineàre a linear

lìnfa sf (*bot*) Pflanzensaft m ◇ (*anat*) Lymphe f
linfàtico a (*anat*) lymphatisch, Lymph-
lìngua sf (*anat*) Zunge f ◇ (*linguaggio*) Sprache f ● *l. parlata* Umgangssprache f
linguàggio sm (*lingua*) Sprache f ◇ (*modo di esprimersi*) Ausdrucksweise f
linguìsta sm Sprachforscher m
linguìstica sf Sprachwissenschaft f
lìno sm (*bot*) Flachs m ◇ (*tessuto*) Leinen n
liofilizzàre vt gefriertrocknen
lìpide sm (*chim*) Fett n
liquefàre vt schmelzen, (auf)lösen ♦ vpr sich auflösen, zergehen
liquefazióne sf Schmelzung f
liquidàre vt (*dare la liquidazione*) auszahlen ◇ (*un conto*) bezahlen ◇ (*comm*) (*svendere*) ausverkaufen ◇ (*fig*) (*concludere*) erledigen
liquidazióne sf (Be)zahlung f ◇ (*somma liquidata*) Abfindung f ◇ (*comm*) Schlussverkauf m
lìquido a flüssig ♦ sm Flüssigkeit f
liquirìzia sf (*bot*) Süßholz n ◇ (*essenza*) Lakritze f
liquóre sm Likör m
lìra sf (*mus*) Leier f
lìrica sf (*lett*) Lyrik f ◇ (*mus*) Oper f
lìrico a (*lett*) lyrisch ◇ (*mus*) Opern-
lirìsmo sm Lyrismus m

lisca *sf* Gräte *f*
lisciàre *vt* glatt machen, polieren
liscio *a* glatt ♦ *sm* (*mus*) Gesellschaftstanz *m*
lista *sf* (*elenco*) Liste *f*
listèllo *sm* Leiste *f*
listìno *sm* (Preis)liste *f*
litanìa *sf* Litanei *f*
lite *sf* Streit *m*, Zank *m*
litigàre *vi* streiten, zanken
litìgio *sm* Zank *m*, Streitigkeit *f*
litigióso *a* streitsüchtig
litoràle *sm* Küste *f*
litoràneo *a* Küsten-
litro *sm* Liter *n/m*
lituàno *a* litauisch ♦ *sm* Litauer *m*
liturgìa *sf* Liturgie *f*
litùrgico *a* liturgisch
liutàio *sm* Lautenmacher *m*, Geigenmacher *m*
liùto *sm* Laute *f*
livellaménto *sm* Einebnung *f* ◊ (*fig*) Ausgleichung *f*
livellàre *vt* ebnen, planieren ◊ (*fig*) ausgleichen
livèllo *sm* (*altezza di liquidi e sim*) Spiegel *m*, Stand *m* ◊ (*fig*) (*rango*) Niveau *n*, Stand *m*, Stufe *f* ● **l. di vita** Lebensstandard *m*; **sul l. del mare** über dem Meeresspiegel
lìvido *a* bläulich, (blass)blau ♦ *sm* blauer Fleck *m*
lo (1) *art* der *m* (*pl* die)
lo (2) *pr.pers* (*m*) ihn ◊ (*n*) es
lòbo *sm* (*anat*) Lappen *m* ◊ (*delle orecchie*) Ohrläppchen *n*
locàle *a* örtlich, lokal, Lokal- ◊ (*indigeno*) einheimisch, hiesig ♦ *sm* (*stanza*) Raum *m* ◊ (*esercizio pubblico*) Lokal *n* ● **l. notturno** Nachtlokal *n*
località *sf* Ort *m*
localizzàre *vt* lokalisieren, den Ort bestimmen (+ *gen*) ◊ (*circoscrivere*) einschränken
localizzazióne *sf* Lokalisierung *f* ◊ (*delimitazione*) Beschränkung *f*
locànda *sf* Gasthaus *n*
locandìna *sf* Programmzettel *m*
locatàrio *sm* Mieter *m*
locatóre *sm* Vermieter *m*
locazióne *sf* (*da parte del locatore*) Vermietung *f* ◊ (*da parte del locatario*) Miete *f*
locomotìva *sf* Lokomotive *f*
locomozióne *sf* Fortbewegung *f* ● **mezzi di l.** Verkehrsmittel *pl*
lòculo *sm* Grabnische *f*
locuzióne *sf* Redensart *f*
lodàre *vt* loben, preisen
lòde *sf* Lob *n*
lodévole *a* lobenswert
logarìtmo *sm* (*mat*) Logarithmus *m*
lòggia *sf* (*arch*) Loggia *f* ◊ (*della massoneria*) Loge *f*
loggióne *sm* (*teat*) Galerie *f*
lògica *sf* Logik *f*
lògico *a* logisch, vernunftgemäß (*ragionevole*)
logoraménto *sm* Abnutzung *f*, Verschleiß *m*
logoràre *vt* abnutzen, verbrauchen ◊ (*abb*) abtragen ◊ (*fig*) zerrütten ♦ *vpr* sich abnutzen

logorìo *sm* Abnutzung *f* ◇ (*fig*) Zerrüttung *f*
lógoro *a* verbraucht, abgenutzt ◇ (*abb*) abgetragen
logorròico *a* geschwätzig
lombàggine *sf* Lendenschmerz *m*
lombàre *a* Lenden-
lómbo *sm* (*anat*) Lende *f*
lombrìco *sm* (*zool*) Regenwurm *m*
longevità *sf* Langlebigkeit *f*
longilìneo *a* schlank
longitùdine *sf* Länge *f*
lontanànza *sf* Ferne *f* ◇ (*fig*) (*assenza*) Abwesenheit *f*, Fernsein *n*
lontàno *a* weit entfernt, fern ◆ *avv* weit ● **l. da** weit entfernt von (+ *dat*)
lóntra *sm* (*zool*) Fischotter *m*
loquàce *a* redselig, geschwätzig
lórdo *a* Brutto- ◆ **peso l.** Bruttogewicht *n*
lóro *pr.pers* (*soggetto*) sie ◇ (*compl*) sie (*acc*), ihnen (*dat*) ◆ *a.poss* ihr ◆ *pr.poss* ihrer (*f* ihre, *n* ihres; *pl* ihre)
losànga *sf* Raute *f*
lósco *a* finster
lòto *sm* (*bot*) Lotos *m*
lòtta *sf* Kampf *m*, Streit *m* ◇ (*sport*) Ringkampf *m*, Ringen *n* ● **fare la l.** ringen
lottàre *vi* kämpfen (*gegen* + *acc*)
lottatóre *sm* Kämpfer *m* ◇ (*sport*) Ringer *m*
lotterìa *sf* Lotterie *f*
lottizzàre *vt* parzellieren

lottizzazióne *sf* Parzellierung *f*
lòtto *sm* (*terreno*) Parzelle *f* ◇ (*gioco*) Lotto *n*
loziòne *sf* Wasser *n*, Lotion *f*
lubrificànte *a* Schmier- ◆ *sm* Schmiermittel *n*
lubrificàre *vt* schmieren
lubrificazióne *sf* Schmierung *f*
lucchétto *sm* Vorhängeschloss *n*
lùccio *sm* (*zool*) Hecht *m*
lùcciola *sf* (*zool*) Leuchtkäfer *m*
lùce *sf* Licht *n*
lucènte *a* glänzend, strahlend
lucernàrio *sm* Oberlicht *n*
lucèrtola *sf* (*zool*) Eidechse *f*
lucidàre *vt* polieren ◇ (*scarpe*) putzen ◇ (*pavimento*) bohnern
lucidatrìce *sf* Bohnermaschine *f*
lucidatùra *sf* Polieren *n* ◇ (*di scarpe*) Putzen *n* ◇ (*di pavimento*) Bohnern *n*
lucidità *sf* (*mentale*) Geistesklarheit *f*
lùcido *a* glänzend ◇ (*fig*) klar ◆ *sm* (*per scarpe*) Schuhcreme *f* ◇ (*disegno*) Pause *f*
lucràre *vt* gewinnen
lùcro *sm* Gewinn *m*
lùdico *a* Spiel-
lùglio *sm* Juli *m*
lùgubre *a* düster, schaurig
lùi *pr.pers* (*compl*) ihn (*acc*), ihm (*dat*) ◇ (*soggetto*) er
lumàca *sf* (*zool*) Schnecke *f*
lùme *sm* Lampe *f*, Leuchte *f*
luminosità *sf* Helligkeit *f* ◇ (*fot*) Lichtstärke *f*
luminóso *a* leuchtend, hell

lùna sf Mond m ◊ (fig) (umore) Laune f ● **l. di miele** Flitterwochen pl; **l. piena** Vollmond m
luna-park sm Vergnügungspark m
lunàre a Mond-
lunàtico a launenhaft
lunedì sm Montag m
lunétta sf (arch) Lünette f
lungàggine sf Weitläufigkeit f, Länge f ◊ (lentezza) Langsamkeit f
lunghézza sf Länge f
lùngo a lang ◊ (fam) (lento) langsam ♦ prep (luogo) entlang (+ acc, posposto al s) ◊ (tempo) hindurch (+ acc, posposto al s) ● a **l.** lange; **di gran lunga** weitaus; **in l. e in largo** kreuz und quer
lungolàgo sm Seepromenade f
lungomàre sm Strandpromenade f
lungometràggio sm Spielfilm m
lunòtto sm (aut) Rückfenster n, Heckscheibe f
luògo sm Ort m, Stelle f ● **fuori l.** unpassend; **in l. di** statt (+ gen); **in nessun l.** nirgends

lupétto sm (abb) Stehkragenpullover m
lùpo sm (zool) Wolf m
lùppolo sm (bot) Hopfen m
lùrido a schmutzig
lusìnga sf (allettamento) Verlockung f ◊ (adulazione) Schmeichelei f
lusingàre vt (allettare) verlocken ◊ (adulare) schmeicheln (+ dat)
lussàre vt ausrenken
lussazióne sf Ausrenkung f, Luxation f
lùsso sm Luxus m
lussuóso a luxuriös, Luxus-
lussureggiànte a üppig
lussùria sf Unzucht f
lustràre vt (scarpe) putzen ◊ (mobili) polieren ◊ (pavimenti) bohnern
lustrascàrpe sm Schuhputzer m
lùstro sm (zool) Glanz f, Schimmer m
luteràno a lutheranisch ♦ sm Lutheraner m
lùtto sm Trauer f
luttuóso a traurig, schmerzlich

M

ma cong aber
màcabro a makaber
macàco sm (zool) Makak m
màcchia sf Fleck m ◊ (boscaglia) Niederwald m

macchiàre vt beflecken
macchiétta sf (fig) (persona) Kauz m, Sonderling m
màcchina sf Maschine f ◊ (fam) Auto n ● **m. fotografica** Foto-

apparat, Photoapparat *m*; **m. per cucire** Nähmaschine *f*; **m. per scrivere** Schreibmaschine *f*
macchinàrio *sm* Maschinenausrüstung *f*
macchinazióne *sf* Anzettelung *f*, Intrige *f*
macchinista *sm* (ferr) Lokomotivführer *m*
macchinóso *a* verwickelt
macèdone *a* mazedonisch ◆ *sm* Mazedonier *m*
macedònia *sf* (cuc) Obstsalat *m*
macellàio *sm* Metzger *m*, Fleischer *m*
macellàre *vt* schlachten
macellazióne *sf* Schlachten *n*
macellerìa *sf* Metzgerei *f*, Fleischerei *f*
macèllo *sm* Schlachthaus *n*, Schlachthof *m*
maceràre *vt* einweichen ◇ (*carta*) einstampfen
macerazióne *sf* Einweichung *f*
màcero *sm* Einstampfung *f* ● **mandare al m.** einstampfen (lassen)
macigno *sm* Fels *m*
màcina *sf* Mühlstein *m*
macinapépe *sm* Pfeffermühle *f*
macinàre *vt* mahlen
macrobiòtica *sf* Makrobiotik *f*
macrobiòtico *a* makrobiotisch
macroscòpico *a* makroskopisch
maculàto *a* fleckig, gefleckt
màdia *sf* Backtrog *m*
màdre *sf* Mutter *f*
madrelingua *sf* Muttersprache *f*
madrepàtria *sf* Vaterland *n*
madrepèrla *sf* Perlmutter *f*
madrigàle *sm* Madrigal *n*
madrìna *sf* Patin *f*
maestà *sf* Majestät *f*
maestóso *a* erhaben, würdevoll
maèstra *sf* Lehrerin *f* ◆ **m. d'asilo** Kindergärtnerin *f*
maestràle *sm* Mistral *m*
maestrànze *sf pl* Arbeiterschaft *f sing*
maèstro *a* (*magistrale*) meisterhaft ◇ (*principale*) Haupt-, Groß- ◆ *sm* (*guida*) Meister *m* ◇ (*insegnante*) Lehrer *m* ◇ (*mus*) Maestro *m* ● **albero m.** (*naut*) Großmast *m*
magàri *inter* wollte Gott!, und ob! ◆ *cong* selbst wenn
magazzinière *sm* Lagerverwalter *m*, Lagerist *m*
magazzìno *sm* Lager *n*, Speicher *m* ◇ (*insieme delle merci*) Lagerbestände *pl* ● **grande m.** Warenhaus *n*
màggio *sm* Mai *m*
maggiolìno *sm* (*zool*) Maikäfer *m*
maggioranza *sf* Mehrheit *f*
maggiorazióne *sf* Zuschlag *m*
maggiordòmo *sm* Butler *m*, Diener *m*
maggióre *a* (*più grande*) größer ◇ (*più vecchio*) älter
maggiorènne *a* großjährig ◆ *sm/f* Volljährige *m/f*
maggioritàrio *a* Mehrheits- ● **sistema m.** Mehrheitswahlsystem *n*
magìa *sf* Zauberei *f*
màgico *a* zauberhaft

magistràle *a* Schulmeister-, Lehrer-
magistràto *sm* Richter *m*
magistratùra *sf* (*insieme dei magistrati*) Richterstand *m* ◇ (*ufficio*) Richteramt *n*
màglia *sf* (*abb*) Unterhemd *n* (*ordito*) Masche *f* • *lavoro a m.* Strickarbeit *f*
magliétta *sf* Unterhemd *n*
magliόne *sm* Pullover *m*
magnàte *sm* Magnat *m*
magnéte *sm* Magnet *m*
magnètico *a* magnetisch
magnìfico *a* herrlich, großartig
magnòlia *sf* (*bot*) Magnolie *f*
màgo *sm* Zauberer *m*
magrézza *sf* Magerkeit *f*
màgro *a* mager, schlank
mài *avv* nie, niemals
maiàle *sm* (*zool*) Schwein *n*
maiòlica *sf* Majolika *f*
maionése *sf* (*cuc*) Mayonnaise *f*
màis *sm* (*bot*) Mais *m*
maiùscolo *a* groß • *lettera maiuscola* großer Buchstabe *m*
malaféde *sf* böse Absicht *f*, Hinterlist *f* • *agire in m.* wider besseres Wissen handeln
malaménte *avv* schlecht, übel
malandàto *a* heruntergekommen
malànno *sm* Unheil *n*
malapéna *sf* *a m.* kaum, mit Mühe und Not
malària *sf* (*med*) Malaria *f*, Sumpffieber *n*
malàto *a* krank (*an* + *dat*) ♦ *sm* Kranke *m/f*
malattìa *sf* Krankheit *f* • *m. di Alzheimer* Alzheimerkrankheit *f*
malaugurato *a* unheilvoll
malaugùrio *sm* böses Omen *n* ◇ *uccello del m.* Unglücksrabe *m*
malavìta *sf* Verbrecherwelt *f*
malavòglia *sf* **di m.** ungern
malcòncio *a* übel zugerichtet
malcostùme *sm* Unsitte *f*
maldèstro *a* ungeschickt
maldicènte *a* verleumderisch
maldicènza *sf* Lästern *n* ◇ (*parole*) übles Gerede *n*
màle *avv* schlecht, schlimm ♦ *sm* Böse *n* • *andare a m.* (*cibo*) verderben; *farsi m.* sich wehtun; *non c'è m.* es geht; *sentirsi m.* sich unwohl fühlen
maledétto *a* verdammt, verflucht
maledìre *vt* verdammen, verfluchen
maledizióne *sf* Fluch *m*
maleducàto *a* ungezogen ♦ *sm* Flegel *m*
maleducazióne *sf* Ungezogenheit *f*
maleodorànte *a* übel riechend
malèssere *sm* Unwohlsein *n*
malfamàto *a* verrufen
malfàtto *a* missgestaltet, verwachsen
malfattóre *sm* Missetäter *m*
malférmo *a* (*instabile*) unsicher ◇ (*cagionevole*) schwankend
malformazióne *sf* Missbildung *f*
malgrado *prep* trotz (+ *gen*) ♦ *cong* obwohl, auch wenn • *mio m.* zu meinem Bedauern

malignità sf Bosheit f
maligno a boshaft ◇ (med) bösartig
malinconìa sf Schwermut f
malincònico a schwermütig
malincuòre sm a m. schweren Herzens, widerwillig
malintenzionàto a übel gesinnt ♦ sm Übelgesinnte m/f
malintéso sm Missverständnis n
malìzia sf Arglist f ● **senza m.** arglos
malizióso a (birichino) verschmitzt, pfiffig
malleàbile a formbar ◇ (fig) geschmeidig, gefügig
mallèolo sm (anat) Fußknöchel m
malmésso a ungepflegt, schlampig
malnutrìto a unterernährt
malóre sm Unwohlsein n
malsàno a ungesund
màlta sf Mörtel m
maltèmpo sm schlechtes Wetter n
màlto sm Malz n
maltrattaménto sm Misshandlung f
maltrattàre vt misshandeln
malumóre sm schlechte Laune f
màlva sf (bot) Malve f
malvàgio a schlecht
malvagità sf Schlechtigkeit f, Bosheit f
malvìsto a unbeliebt
malvolentièri avv ungern
màmma sf Mama f
mammèlla sf (anat) Brust f ◇ (zool) Euter n

mammìfero sm (zool) Säugetier n
mammùt sm (zool) Mammut n
mancaménto sm (svenimento) Ohnmacht f
mancànza sf (carenza) Mangel m (an + dat) ◇ (errore) Fehler m
mancàre vi (essere assente o insufficiente) fehlen ◇ (venir meno) ausbleiben, ausfallen ◇ (spazio o tempo) (noch) sein, fehlen ◇ (trascurare) versäumen (+ acc) ◇ (sentire la mancanza) vermissen (+ acc) ♦ vt verfehlen
mància sf Trinkgeld n
manciàta sf Handvoll f
mancìno a linkshändig ♦ sm Linkshänder m
mandàre vt (inviare) senden, schicken ● **m. all'aria** zunichte machen; **m. a dire** sagen lassen; **m. via** (cacciare) fortjagen
mandarìno sm (bot) Mandarine f
mandàto sm Auftrag m
mandìbola sf (anat) Unterkiefer m
mandolìno sm (mus) Mandoline f
màndorla sf (bot) Mandel f
màndorlo sm (bot) Mandelbaum m
mandrìno sm (mecc) Spindel f
maneggévole a handlich
maneggiàre vt handhaben
manéggio sm Reitbahn f
manètte sf pl Handschellen pl
manganèllo sm Knüppel m ◇ (della polizia) Schlagstock m
mangiàbile a essbar

mangianastri 488

mangianàstri *sm* Kassettenrekorder *m*
mangiàre *vt* (*persone*) essen ◊ (*animali*) fressen ◊ (*scacchi, dama*) schlagen, wegnehmen ♦ *sm* Essen *n*
mangiàta *sf* (*abbuffata*) Fresserei *f*
mangiatóia *sf* Krippe *f*
mangime *sm* Futter *n*
mangióne *sm* (*fam*) Vielfraß *m*
màngo *sm* (*bot*) (*albero*) Mangobaum *m* ◊ (*frutto*) Mango *f*
mangùsta *sf* (*zool*) Manguste *f*
manìa *sf* Wahn *m*, Manie *f*
manìaco *a* manisch ♦ *sm* Wahnsinnige *m/f*
mànica *sf* Ärmel *m*
manicarétto *sm* Leckerbissen *m*
manichìno *sm* Schneiderpuppe *f*
mànico *sm* (*borsa, vaso*) Henkel *m* ◊ (*coltello*) Griff *m* ◊ (*scopa, padella*) Stiel *m*
manicòmio *sm* Irrenhaus *n*
manicure *sf* Handpflege *f*
manièra *sf* Art *f*, Weise *f*
manifattùra *sf* Herstellung *f*
manifatturièro *a* Verarbeitungs-
manifestànte *sm* Demonstrant *m*
manifestàre *vt* äußern, offenbaren ♦ *vi* eine Kundgebung veranstalten, demonstrieren ♦ *vpr* sich zeigen, sich offenbaren
manifestazióne *sf* (*spettacolo*) Veranstaltung *f* ◊ (*di protesta*) Kundgebung *f* ◊ *m. antiglobalizzazione* Demonstration gegen Globalisierung

manifèsto *sm* Plakat *n*
manìglia *sf* Griff *m* ◊ (*di porta*) Klinke *f*
manipolàre *vt* manipulieren ◊ (*falsificare*) verfälschen
manipolazióne *sf* Manipulation *f*
maniscàlco *sm* Hufschmied *m*
mànna *sf* (*relig*) Manna *n/f* ◊ (*fig*) Gottesgabe *f*
màno *sf* Hand *f* ◊ (*nei giochi di carte*) Partie *f* ◊ (*strato di vernice*) Schicht *f* ♦ *a m.* Hand-; *a m. a m.* nach und nach; *contro m.* auf der Gegenseite; *dare la m. a qn* jemandem die Hand reichen; *dare una m. a qn* jemandem helfen; *di seconda m.* aus zweiter Hand, gebraucht
manodòpera *sf* Arbeitskraft *f*
manòmetro *sm* Druckmesser *m*
manométtere *vt* aufbrechen
manomissióne *sf* Aufbrechen *n*
manòpola *sf* Knopf *m* ◊ (*guanto*) Fäustling *m*
manoscritto *a* handgeschrieben ♦ *sm* Manuskript *n*, Handschrift *f*
manovàle *sm* Hilfsarbeiter *m*
manovèlla *sf* Kurbel *f*
manòvra *sf* (*guida*) Manöver *n*, Steuerung *f* ◊ (*aut*) Vor- und Zurückfahren *n*
manovràre *vt* steuern ♦ *vi* (*aut*) (*far manovra*) vor- und zurückfahren
manovratóre *sm* Führer *m*
mansàrda *sf* Dachstube *f*, Mansarde *f*
mansióne *sf* Aufgabe *f*

mantecàre vt (cuc) verrühren
mantèlla sf Umhang m, Cape n
mantèllo sm Mantel m
mantenére vt (er)halten, bewahren ◊ (sostenare) unterhalten ◊ (persistere) bleiben (bei + dat) ♦ vpr (rimanere) sich erhalten ◊ (sostentarsi) für seinen Unterhalt sorgen
maniniménto sm Erhaltung f ◊ (sostentamento) Unterhalt m
mànto sm (strato) Decke f, Mantel m ◊ (zool) Fell n
manuàle a Hand- ♦ sm (testo) Lehrbuch n
manualità sf Handfertigkeit f
manùbrio sm Lenkstange f
manufatto sm Fabrikat n
manutenzióne sf Unterhaltung f, Wartung f, Instandhaltung f
mànzo sm (zool) Rind n ◊ (cuc) Rindfleisch n
màppa sf Landkarte f
mappamóndo sm Erdkarte f, Globus m
maràsma sm (fig) (confusione) Gewirr n
maratóna sf (sport) Marathonlauf m
màrca sf (comm) Zeichen n ◊ (da bollo) (Stempel)marke f ♦ m. di fab. Marken-
marcàre vt (mettere il marchio) zeichnen, markieren ◊ (accentuare) hervorheben ◊ (sport) decken
marcatóre sm (sport) (chi segna) Torschütze m ◊ (difensore) Deckungsspieler m
marcatùra sf Markierung f ◊

(sport) (goal) Punktezahl f ◊ (sport) (controllo dell'avversario) Decken n
marchése sm Marchese m ◊ (stor) Markgraf m
marchiàre vt kennzeichnen
màrchio sm Zeichen n, Marke n ◊ (a fuoco) Brandmal n ♦ m. di fabbrica Warenzeichen n
màrcia sf Marsch m ◊ (aut) Gang m ◊ (sport) Gehen n ♦ m. avanti Vorwärtsgang m; m. indietro Rückwärtsgang m; fare m. indietro rückwärts fahren, (fig) sich zurückziehen
marciapiède sm Bürgersteig m, Gehweg m
marciàre vi marschieren ◊ (sport) gehen
marciatóre sm Marschierer m ◊ (sport) Geher m
màrcio a faul, verfault ◊ (fig) verderbt ♦ sm Fäule f ◊ (parte marcia) Faule n ◊ (fig) Verderbnis f
marcìre vi (ver)faulen
marcìume sm Faule n
màre sm Meer n, See f ♦ andare al m. ans Meer gehen o fahren; in alto m. auf hoher See; mal di m. Seekrankheit f
maréa sf Gezeiten pl ◊ alta m. Flut f; bassa m. Ebbe f
mareggiàta sf Sturmflut f
maremòto sm Seebeben n
margarìna sf Margarine f
margherìta sf (bot) Margerite f
marginàle a Rand-
màrgine sm Rand m ◊ (tipogra-

marina *sf (mil)* Marine *f* ◇ *(litorale)* Seeufer *n*
marinàio *sm* Seemann *m*, Matrose *m*
marinàro *a* See-
marino *a* See-
marionétta *sf* Marionette *f* ◇ *(fig)* Puppe *f*
marito *sm* Ehemann *m*, Gatte *m*
marìttimo *a* See-
marmellàta *sf* Marmelade *f*, Konfitüre *f*
marmista *sm* Marmorsteinmetz *m*
marmitta *sf (aut)* Auspufftopf *m* ◆ **m. catalitica** Katalysator *m*
màrmo *sm* Marmor *m*
marmòtta *sf (zool)* Murmeltier *n*
marróne *sm (bot)* Edelkastanie *f* ◆ *a* braun
marsupiàle *sm (zool)* Beuteltier *n*
martedì *sm* Dienstag *m*
martellaménto *sm* Hämmern *n*
martellànte *a (fig) (insistente)* trommelnd
martellàre *vt/i* hämmern ◇ *(fig) (insistere)* trommeln *(auf + acc)*
martellàta *sf* Hammerschlag *m*
martèllo *sm* Hammer *m* ◆ **m. pneumatico** Presslufthammer *m*; **pesce m.** *(zool)* Hammerfisch *m*
màrtire *sm* Märtyrer *m*
martìrio *sm* Martyrium *n*
martirizzàre *vt* martern
màrtora *sf (zool)* Marder *m*
marzapàne *sm* Marzipan *n*
marziàle *a* kriegerisch
marziàno *sm* Marsbewohner *m*
màrzo *sm* März *m*
mascalzóne *sm* Schurke *m*
mascàra *sm* Wimperntusche *f*
mascèlla *sf (anat)* Kiefer *m*
màschera *sf* Maske *f* ◇ *(cin, teat)* Platzanweiser *m* ◆ **ballo in m.** Maskenball *m*; **m. antigas** Gasmaske *f*; **m. di bellezza** Schönheitsmaske *f*; **m. subacquea** Tauchermaske *f*; **mettersi in m.** sich maskieren
mascheraménto *sm* Maskierung *f* ◇ *(fig) (dissimulazione)* Verschleierung *f*
mascheràre *vt (travestire)* verkleiden ◇ *(nascondere)* verdecken, verbergen ◇ *(dissimulare)* verschleiern ◆ *vpr* sich verkleiden
maschìle *a* männlich, Männer-
maschilìsta *a* machohaft ◆ *sm* Chauvinist *m*
màschio *sm* Junge *m* ◇ *(zool)* Männchen *n*
mascotte *sf* Maskottchen *n*
masochìsmo *sm* Masochismus *m*
masochìsta *sm* Masochist *m*
màssa *sf (fis)* Masse *f* ◇ *(grande quantità)* Masse *f*, Menge *f*
massacrànte *a* aufreibend
massacràre *vt* niedermetzeln
massàcro *sm* Gemetzel *n*, Blutbad *n*
massaggiàre *vt* massieren
massaggiatóre *sm* Masseur *m*
massàggio *sm* Massage *f* ◆ **m. antistress** Anti-Stress-Massage

massàia sf Hausfrau f
massicciàta sf Schotterung f
massìccio a massiv ◊ (di corporatura) kräftig gebaut ♦ sm (geogr) (Berg)massiv n
massificazióne sf Vermassung f
massimalìsta sm/f Radikale m/f
màssimo a (il più grosso) größt ◊ (il più alto) höchst, Höchst- ♦ sm Höchste n ◊ (limite) Ende n ● **peso m.** (sport) Schwergewichtler m
mass-media sm pl Massenmedien pl
màsso sm Felsblock m
massóne sm Freimaurer m
massònico a freimaurerisch
mastèllo sm Bütte f
masterizzàre vt (inform) brennen
masterizzatóre sm (inform) (per CD) CD-Brenner m ● **m. per DVD** DVD-Brenner m
masticàre vt kauen
masticazióne sf Kauen n
màstice sm Kitt m
mastite sf (med) Mastitis f
masturbàrsi vpr masturbieren
masturbazióne sf Masturbation f
matàssa sf Strang m
matemàtica sf Mathematik f
matemàtico a mathematisch ◊ (ovvio) genau, bestimmt ♦ sm Mathematiker m
materassìno sm (da spiaggia) Luftmatratze f

materàsso sm Matratze f
matèria sf Stoff m, Materie f ◊ (argomento) Thema n, Gegenstand m ◊ (disciplina) Fach n ● **m. prima** Rohstoff m
materiàle a materiell ♦ sm Material n, Stoff m
materialìsmo sm Materialismus m
maternità sf Mutterschaft f ◊ (reparto ospedaliero) Entbindungsstation f
matèrno a mütterlich
matìta sf Bleistift m
matrìce sf Matrize f ◊ (mat) Matrix f
matrìcola sf Matrikel f ◊ (numero) Registriernummer f ◊ (studente universitario) Studienanfänger m
matrìgna sf Stiefmutter f
matrimoniàle a ehelich, Ehe- ● **letto m.** Ehebett n
matrimònio sm Ehe f ◊ (cerimonia) Hochzeit f, Trauung f ● **m. civile/religioso** standesamtliche/kirchliche Trauung
mattatóio sm Schlachthaus n
matterèllo sm Nudelholz n
mattìna sf Morgen m
mattinàta sf Vormittag m
mattinièro a früh aufstehend
mattìno sm Morgen m
màtto a verrückt ♦ sm Verrückte m, (fam) Spinner m
mattóne sm Ziegelstein m
mattonèlla sf Fliese f
mattutìno a morgendlich, Morgen-
maturàre vi reif werden, reifen

maturazione ◇ (*fin*) (*interessi e sim*) fällig werden ♦ *vt* (*un'idea e sim*) reifen lassen ◇ (*ferie*) Anrecht haben (*auf* + *acc*)

maturazióne *sf* Reifen *n*, Reife *f* ◇ (*fin*) (*degli interessi*) Fälligkeit *f*

maturità *sf* Reife *f*, reifes Alter *n* ◇ (*esame*) Reifeprüfung *f*, Abitur *n*

matùro *a* reif

mausolèo *sm* Mausoleum *n*, Grabdenkmal *n*

maxischérmo *sm* Großbildschirm *m*

màzza *sf* Stock *m* ● *m. da baseball* Baseballschläger *m*

màzzo *sm* (*di oggetti*) Bund *m* ◇ (*di fiori*) Strauß *m* ◇ (*di carte*) (Karten)spiel *n*

mazzuòlo *sm* Schlegel *m*

me *pr.pers* (*compl oggetto*) mich ◇ (*preceduto da preposizione*) mir (*dat*), mich (*acc*) ◇ (*compl di termine*) mir

meàndro *sm* Windung *f* ◇ (*fig*) Gewirr *n*

meccànica *sf* Mechanik *f*

meccànico *a* mechanisch ♦ *sm* (Auto)mechaniker *m*

meccanismo *sm* Getriebe *n*, Mechanik *f*

meccanizzazióne *sf* Mechanisierung *f*

mecenate *sm* Mäzen *m*, Gönner *m*

medàglia *sf* Medaille *f*

medaglióne *sm* Medaillon *n*

medésimo *a* (*lo stesso*) selb ◇ (*uguale*) gleich ♦ *pr* derselbe (*f* dieselbe, *n* dasselbe; *pl* dieselbe)

média *sf* Durchschnitt *m* ◇ (*mat*) Mittel *n* ● *in m.* durchschnittlich; *scuola m.* Mittelschule *f*

mediaménte *avv* im Durchschnitt, durchschnittlich

mediànte *prep* durch (+ *acc*), mit (+ *dat*)

mediatóre *sm* Vermittler *m*

mediazióne *sf* Vermittlung *f*

medicaménto *sm* Heilmittel *n*

medicàre *vt* (*curare*) behandeln ◇ (*fasciare*) verbinden

medicazióne *sf* (*cura*) Behandlung *f* ◇ (*fasciatura*) Verband *m*

medicina *sf* Medizin *f*

medicinàle *a* heilkräftig, Heil- ♦ *sm* Arzneimittel *n* ● *m. da banco* rezeptfreies Arzneimittel

mèdico *sm* Arzt *m*

medievàle *a* mittelalterlich

mèdio *a* mittlere, Mittel- ♦ *sm* (*anat*) Mittelfinger *m* ● *peso m.* (*sport*) Mittelgewichtler *m*

mediòcre *a* mittelmäßig

mediocrità *sf* Mittelmäßigkeit *f*

medioèvo *sm* Mittelalter *n* ● *alto/basso m.* Früh-/Spätmittelalter *n*

meditàre *vt/i* nachdenken (*über* + *acc*) ◇ (*relig*) meditieren

meditativo *a* meditativ

meditazióne *sf* (*relig*) Meditation *f*

mediterràneo *a* (*dell'Europa meridionale*) mittelländisch ◇ (*del mare Mediterraneo*) mediterran, Mittelmeer-

medùsa sf (zool) Qualle f
megàfono sm Megaphon, Megafon n
megalìtico a megalithisch
megalòmane a größenwahnsinnig ◆ sm/f Größenwahnsinnige m/f
megalomanìa sf Größenwahn m
megalòpoli sf Riesenstadt f
mèglio avv besser ◆ sm Beste n
méla sf (bot) Apfel m
melagràna sf (bot) Granatapfel m
melanzàna sf (bot) Aubergine f
melènso a albern
mellìfluo a honigsüß
mélma sf Schlamm m
melmóso a schlammig
mélo sm (bot) Apfelbaum m
melodìa sf Melodie f
melodióso a melodiös
melodràmma sm (mus) Melodram n
melodrammàtico a melodramatisch
melogràno sm (bot) Granatapfelbaum m
melóne sm Melone f
membràna sf (biol) Membran f
mèmbro sm Glied n ◇ (persona) Mitglied n
memoràbile a denkwürdig
memòria sf (facoltà) Gedächtnis n ◇ (ricordo) Erinnerung f
imparare a m. auswendig lernen
mendicànte sm Bettler m
mendicàre vi betteln (um + acc)

menefreghìsmo sm Gleichgültigkeit f
menefreghìsta sm gleichgültiger Mensch m ● *è un m.* er pfeift auf alles, ihm ist alles Wurst (pop)
meninge sf (anat) Hirnhaut f
meningìte sf (med) Meningitis f
menìsco sm (anat) Meniskus m
méno avv weniger, minder ◆ a weniger ◆ sm wenigste n ◇ (mat) Minus n ◆ prep außer (+ dat), ausgenommen (+ nom/acc) ● *a m. che* außer wenn; *di m.* weniger; *niente m. che* nicht weniger als; *non essere da m. di qn* nicht weniger sein als jemand; *per lo m.* wenigstens; *più o m.* etwa
menomàre vt (mutilare) behindern
menopàusa sf Menopause f
mènsa sf (locale) Kantine f ● *m. universitaria* Mensa f
mensìle a (ogni mese) monatlich ◇ (che dura un mese) einen Monat lang ◆ sm (rivista) Monatsschrift f
mensilità sf Monatsgeld n, Monatsgehalt n
mènsola sf Konsole f
ménta sf (bot) Minze f ◇ (estratto) Minzextrakt m ◇ (caramella) Pfefferminzbonbon n
mentàle a geistig, Geistes-
mentalità sf Mentalität f, Denkweise f
mènte sf Geist m, Verstand m ● *a m. fredda* bei nüchternem Verstand; *avere in m. di fare qc* im

mentire *vi* lügen ◆ *m. a qn* jemanden belügen
mentitóre *sm* Lügner *m*
ménto *sm* (*anat*) Kinn *n*
méntre *cong* während
menù *sm* Speisekarte *f*, Menü *n* ◇ (*tel*) Menü *n*
menzógna *sf* Lüge *f*
menzognèro *a* lügenhaft
meraviglia *sf* Wunder *n*
meravigliàre *vt* verwundern ◆ *vpr* sich wundern (*über acc*)
meraviglióso *a* wunderbar
mercànte *sm* Händler *m*, Kaufmann *m*
mercantile *a* Handels-
mercanzìa *sf* Ware *f*
mercatino *sm* Flohmarkt *m*
mercàto *sm* Markt *m* ◆ *a buon m.* billig; *m. nero* Schwarzmarkt *m*
mèrce *sf* Ware *f* ◆ *carro merci* (*ferr*) Güterwagen *m*
mercenàrio *sm* Söldner *m*
merceria *sf* Kurzwarengeschäft *n*
mercoledì *sm* Mittwoch *m*
mercùrio *sm* (*min*) Quecksilber *n*
mèrda *sf* (*volg*) Scheiße *f*
merènda *sf* Imbiss *m*, Zwischenmahlzeit *f*
meretrice *sf* Dirne *f*
meridiàna *sf* Sonnenuhr *f*
meridiàno *sm* (*geogr*) Meridian *m*
meridionàle *a* südlich, Süd-
meridióne *sm* Süden *m*
meringa *sf* Meringe *f*
meritàre *vt* verdienen ◆ *vimp* sich lohnen, der Mühe wert sein
meritévole *a* wert, würdig ◆ *m. di* würdig (+ *gen*)
mèrito *sm* Verdienst *n*
merlétto *sm* Spitze *f*
mèrlo *sm* (*zool*) Amsel *f* ◇ (*arch*) Zinne *f*
merlùzzo *sm* (*zool*) Kabeljau *m*
meschino *a* kleinlich
mescolànza *sf* Mischung *f*
mescolàre *vt* mischen
mése *sm* Monat *m*
méssa *sf* (*relig*) Messe *f*, Gottesdienst *m* ◆ *dire la m.* die Messe lesen
messaggèro *sm* Bote *m*
messaggino *sm* (*fam*) Kurznachricht *f*, Kurzmitteilung *f*
messàggio *sm* Botschaft *f* ◇ (*notizia*) Nachricht *f* ◆ *lasciare un m.* (*tel*) eine Nachricht hinterlassen
messaggistica *sf* (*tel*) (elektronische) Nachrichtenübertragung *f*
messàle *sm* Messbuch *n*
mèsse *sf* Ernte *f*
messinscèna *sf* Inszenierung *f*, Mache *f*
mésso *sm* Bote *m* ◇ (*di ufficio pubblico*) Diener *m*, Amtsdiener *m*
mestière *sm* Handwerk *n*, Beruf *m*
méstolo *sm* Suppenlöffel *m*
mestruàle *a* Menstrual-

mestruazióne *sf* Monatsblutung *f*, Menstruation *f*
mèta *sf* Ziel *n*
metà *sf* Hälfte *f* ◇ (*la parte di mezzo*) Mitte *f* ● *a m.* halb; *fare a m.* halbe-halbe machen
metabolismo *sm* Metabolismus *m*
metafisico *a* metaphysich
metàfora *sf* (*lett*) Metapher *f*
metàllico *a* metallisch
metàllo *sm* Metall ● *di m.* metallen
metallurgìa *sf* Metallurgie *f*
metallùrgico *a* Metall-
metalmeccànico *a* Metall- und Maschinenbau- ◆ *sm* Metallarbeiter *m*
metamòrfosi *sf* Verwandlung *f*
metàno *sm* Erdgas *n*
metanodótto *sm* Methangasleitung *f*
metàstasi *sf* (*med*) Metastase *f*
mèteo *sm* (*meteor*) Wetterbericht *m*
metèora *sf* (*astr*) Meteor *m*
meteorologìa *sf* Wetterkunde *f*
meteorològico *a* wetterkundlich ● *bollettino m.* Wetterbericht *m*; *servizio m.* Wetterdienst *m*
meteoròlogo *sm* Meteorologe *m*
meticolóso *a* übergenau, peinlich genau
metòdico *a* methodisch
mètodo *sm* Methode *f*
metodologìa *sf* Methodologie *f*
metonimìa *sf* (*lett*) Metonymie *f*
mètopa *sf* (*arch*) Metope *f*

mètrica *sf* Metrik *f*, Verslehre *f*
mètrico *a* (*del metro*) metrisch, Meter- ◇ (*della metrica*) Vers-
mètro *sm* Meter *m/n*
metrònomo *sm* Metronom *n*
metronòtte *sm* Nachtwächter *m*
metròpoli *sf* Großstadt *f*, Metropole *f*
metropolitàna *sf* Untergrundbahn *f*, U-Bahn *f*
méttere *vt* (*collocare*) setzen, stellen (*in piedi*) legen (*orizzontalmente*) (*indossare*) anziehen ◇ (*infondere*) einflößen ◆ *vi* (*supporre*) annehmen ◆ *vpr* (*collocarsi*) sich stellen, sich setzen (*a sedere*), sich legen (*sdraiati*) (*indossare*) sich anziehen ● *mettercela tutta* alles daran setzen; *m. a confronto* vergleichen; *m. in atto* in die Tat umsetzen; *mettersi a fare qualcosa* anfangen/beginnen, etwas zu tun; *mettersi al lavoro* sich an die Arbeit machen; *mettersi in contatto con qn* sich mit jemandem in Verbindung setzen; *mettersi in vista* sich zur Schau stellen
mezzadrìa *sf* Halbpacht *f*
mezzàdro *sm* Halbpächter *m*
mezzalùna *sf* Halbmond *m*
mezzanìno *sm* Zwischenstock *m*
mezzanòtte *sf* Mitternacht *f*
mèzzo *a* (*a metà*) halb, Halb- ◇ (*medio*) mittlere, Mittel- ◆ *sm* (*metà*) Hälfte *f* ◇ (*parte centrale*) Mitte *f* ◇ (*tramite*) Mittel *n* ◇ (*di trasporto*) Verkehrsmittel

mezzogiorno 496

n ● *andarci di m.* etwas abbekommen, hineingezogen werden; *esserci di m.* beteiligt sein; *le tre e m.* halb vier; *per m. di* durch (+ acc) (*persona*), mit (+ dat) (*cosa*); *via di m.* (fig) Mittelweg *m*
mezzogiórno *sm* Mittag *m*
mezzóra *sf* halbe Stunde *f*
mi *pr.pers* (*compl oggetto*) mich ◊ (*compl di termine*) mir
miagolàre *vi* miauen
miagolìo *sm* Miauen *n*
miccia *sf* Lunte *f*
micidiàle *a* tödlich
micio *sm* Kater *m*, Katze *f*
micròbo *sm* (*biol*) Mikrobe *f*
microcòsmo *sm* Mikrokosmos *m*
microfibra *sf* Mikrofaser *f*
microfilm *sm* Mikrofilm *m*
micròfono *sm* Mikrofon, Mikrophon *n*
microscòpico *a* mikroskopisch
microscòpio *sm* Mikroskop *n*
midóllo *sm* (*anat*) Mark *n*, Knochenmark *n*
mièle *sm* Honig *m*
miètere *vt* (*agr*) mähen ◊ (*fig*) hinraffen
mietitóre *sm* Mäher *m*
mietitrìce *sf* Mähmaschine *f*
mietitùra *sf* Mähen *n*
migliàio *sm* Tausend *n*
miglio (1) *sm* Meile *f*
miglio (2) *sm* (*bot*) Hirse *f*
miglioraménto *sm* (Ver)besserung *f*
miglioràre *vt* verbessern ◆ *vi* besser werden

miglióre *a* besser ◆ *sm* Beste *n*
migliorìa *sf* Verbesserung *f*
mìgnolo *sm* (*anat*) kleiner Finger *m* ◊ (*del piede*) kleine Zehe *f*
migràre *vi* wandern
migratòrio *a* wandernd, Wander-
migrazióne *sf* Wanderung *f*
miliardàrio *a* milliardenreich ◆ *sm* Milliardär *m*
miliàrdo *sm* Milliarde *f*
milionàrio *a* millionenreich, milionenschwer ◆ *sm* Millionär *m*
milióne *sm* Million *f*
militànte *a* aktiv, militant ◆ *sm* Aktivist *m*
militàre (1) *vi* aktiv sein
militàre (2) *a* militärisch ◆ *sm* (*soldato*) Soldat *m*, Militär *m* ◊ (*pl*) (*forze armate*) Militär *m* ● *servizio m.* Wehrdienst *m*
militarizzàre *vt* militarisieren
mille *a* tausend
millenàrio *a* tausendjährig
millènnio *sm* Jahrtausend *n*
millepièdi *sm* (*zool*) Tausendfüßler *m*
millèsimo *a* tausendste ◆ *sm* Tausendstel *n*
milligràmmo *sm* Milligramm *n*
millìmetro *sm* Millimeter *m/n*
milza *sf* (*anat*) Milz *f*
mimètico *a* mimetisch
mimetizzàre *vt* tarnen
mìmica *sf* Mimik *f*
mìmo *sm* Mime *m*
mimòsa *sf* (*bot*) Mimose *f*
mìna *sf* Mine *f*

minàccia sf Drohung f ◊ (peri-colo) Gefahr f
minacciàre vt bedrohen, drohen (+ dat) ● **m. qn di qc** jemandem mit etwas drohen/jemanden mit etwas bedrohen
minaccióso a drohend, bedrohlich
minàre vt verminen ◊ (fig) untergraben
minaréto sm Minarett n
minàto a vermint ● **campo m.** Minenfeld n
minatóre sm Bergmann m
minatòrio a drohend, Droh-
mineràle a mineralisch, Mineral- ◆ sm Mineral n ● **acqua m.** Mineralwasser n; **regno m.** Mineralreich n
mineralogìa sf Mineralkunde f
mineràrio a Bergbau-
minèstra sf Suppe f
minestrìna sf Brühe f mit Einlage
minestróne sm Gemüsesuppe f
miniatùra sf (arte) Miniaturmalerei f ◊ (illustrazione) Miniatur f
miniaturìsta sm Miniaturmaler m
minièra sf Bergwerk n ◊ (fig) Fundgrube f
minigólf sm Kleingolf n
minigónna sf (abb) Minirock m
minimizzàre vt untertreiben
mìnimo a mindeste, geringste, Mindest- ◆ sm mindeste n ◊ (quantità) Minimum n ◊ (aut) Leerlauf m
mìnio sm Minium n

ministeriàle a ministeriell, Ministerial-
ministèro sm Ministerium n
minìstro sm Minister m
minorànza sf Minderheit f
mìnoràto sm Behinderte m
minóre a (più piccolo) minder, kleiner ◊ (più giovane) jünger
minorènne a minderjährig ◆ sm/f Minderjährige m/f
minorìle a jugendlich, Jugend-
minoritàrio a Minderheits-
minùscolo a winzig ◊ (lettera) klein, Klein-
minùto sm Minute f
minuzióso a peinlich, minuziös
minzióne sf Harnlassen n
mìo a.poss mein ◆ pr.poss meiner (f meine, n meines; pl meine)
mìope a kurzsichtig
miopìa sf (med) Kurzsichtigkeit f
mìra sf Zielen n ● **avere una buona m.** gut zielen können; **prendere la m.** zielen; **prendere di m. qn** jemanden ins Visier nehmen
miràcolo sm Wunder n
miracolóso a wundertätig, Wunder-
miràggio sm Fata Morgana f ◊ (fig) Blendwerk n
miràre vi (per colpire) zielen (auf + acc) ◊ (fig) (tendere) abzielen (auf + acc), streben (nach + dat) ◊ (avere come scopo) bezwecken (+ acc)
mirìade sf Unzahl f, Unmenge f
mirìno sm Visier n
mìrra sf Myrrhe f

mirtillo *sm* (*bot*) Heidelbeere *f*
mirto *sm* (*bot*) Myrte *f*
misantropìa *sf* Menschenhass *m*
misàntropo *a* menschenfeindlich ♦ *sm* Menschenfeind *m*, Misthrop *m*
miscèla *sf* Mischung *f*
miscelàre *vt* (ver)mischen
miscelatóre *sm* Mischer *m*
mischia *sf* Gedränge *n*
mischiàre *vt* (ver)mischen
miscredènte *a* ungläubig ♦ *sm/f* Ungläubige *m/f*
miscredènza *sf* Unglaube *m*
miscùglio *sm* Mischung *f*, Gemisch *n*
miseràbile *a* elend, armselig
misèria *sf* Elend *n*, Armut *f*
misericòrdia *sf* Barmherzigkeit *f*
mìsero *a* arm, elend
misfàtto *sm* Missetat *f*
misoginìa *sf* Weiberhass *m*
misògino *a* weiberfeindlich ♦ *sm* Misogyn *m*, Weiberfeind *m*
missile *sm* Rakete *f*
missionàrio *sm* Missionar *m*
missióne *sf* Sendung *f*, Mission *f* ◊ (*relig*) Mission *f*
misterióso *a* geheimnisvoll
mistèro *sm* Geheimnis *n*
mìstica *sf* Mystik *f*
mìstico *a* mystisch ♦ *sm* Mystiker *m*
misto *a* gemischt
misùra *sf* Maß *n* ◊ (*misurazione*) Messung *f* ◊ (*taglia*) Größe *f* ◊ (*fig*) (*provvedimento*) Maßregel *f* ◊ (*fig*) (*moderazione*) Mäßigkeit *f*
misuràre *vt/i* messen
misuratóre *sm* (*persona*) Vermesser *m* ◊ (*strumento*) Messgerät *n*
misurazióne *sf* Messung *f*
misurìno *sm* Messbecher *m*
mite *a* (*clima*) mild ◊ (*persona*) sanftmütig
mitézza *sf* (*del clima*) Milde *f* ◊ (*di persona*) Milde *f*, Sanftmut *f*
mìtico *a* mythisch
mitigàre *vt* mildern, lindern
mìtilo *sm* (*zool*) Miesmuschel *f*
mitizzàre *vt* zum Mythos erheben
mito *sm* Mythos *m*
mitologìa *sf* Mythologie *f*
mitològico *a* mythologisch
mitòmane *sm* (*psic*) Mythomane *m*
mìtra *sm* (*mil*) Maschinenpistole *f* ◊ (*relig*) Mitra *f*
mitteleuropèo *a* mitteleuropäisch
mittènte *sm* Absender *m*, Versender *m* (*di merci*)
mnemònico *a* mnemonisch, Gedächtnis-
mòbile *a* beweglich ♦ *sm* Möbel *n* ● **bene m.** (*comm*) bewegliches Gut *n*
mobìlia *sf* Hausrat *m*
mobilière *sm* (*chi fabbrica*) Möbelfabrikant *m* ◊ (*chi vende*) Möbelhändler *m*
mobilifìcio *sm* Möbelfabrik *f*
mobilità *sf* Beweglichkeit *f*
mobilitàre *vt* mobilisieren

mobilitazióne sf Mobilmachung f ◇ (*impiego*) Mobilisierung f
mocassìno sm Mokassin m
mòccolo sm Kerzenstumpf m ◇ (*moccio*) Nasenschleim m, Rotz m (pop)
mòda sf Mode f ● *alla m.* nach der Mode; *alta m.* Haute Couture f; *andare di m.* Mode sein
modalità sf Bestimmung f, Bedingung f
modanatùra sf (*arch*) Sims m/n
modèlla sf Modell n ◇ (*indossatrice*) Mannequin n
modellàre vt formen, nachbilden ◆ vpr sich richten (*nach* + *dat*)
modellìsmo sm Modellbau m
modèllo sm Modell n ◇ (*esempio*) Vorbild n, Muster n ◇ (*chi posa*) Modell n ● *a* Muster-
moderàre vt mäßigen, herabsetzen ◇ (*una trasmissione*) moderieren ◆ vpr sich mäßigen, sich beherrschen
moderàto a (*cosa*) mäßig ◇ (*persona*) maßvoll, gemessen ◇ (*in politica*) gemäßigt
moderatóre sm (*di discussione e sim*) Moderator m, Diskussionsleiter m
moderazióne sf Mäßigung f
modernità sf Modernität f
modernizzàre vt modernisieren ◆ vpr modern werden
modèrno a modern, neuzeitlich
modèstia sf Bescheidenheit f, Anspruchslosigkeit f
modèsto a bescheiden, anspruchslos ◇ (*scarso*) dürftig, gering
mòdico a mäßig, bescheiden
modìfica sf (Ver)änderung f
modificàre vt (ver)ändern
modificazióne sf (Ver)änderung f
mòdo sm Weise f, Art f ◇ (*comportamento*) Benehmen n ◇ (*occasione*) Gelegenheit f ◇ (*gramm*) Modus m, Aussageweise f ● *a ogni m.* jedenfalls; *fare in m. che...* es so einrichten, dass...; *in che modo?* wie?; *m. di dire* Redensart f; *per m. di dire* sozusagen
modulàre vt modulieren
modulazióne sf Modulation f
mòdulo sm Formular n ● *compilare un m.* ein Formular ausfüllen
mògano sm Mahagoni n
móglie sf Ehefrau f, Gattin f
mòla sf Schleifmaschine f
molàre (1) vt schleifen
molàre (2) sm (*anat*) Mahlzahn m, Backenzahn m
móle sf Umfang m
molècola sf (*chim*) Molekül n
molecolàre a molekular, Molekular-
molestàre vt belästigen ◇ (*tormentare*) quälen, plagen
molèstia sf (*atto*) Lästigkeit f ◇ (*azione molesta*) Belästigung f ◇ (*tormento*) Plage f ● *molestie sessuali* sexuelle Belästigung f
molèsto a lästig, störend
mòlla sf Feder f ◇ (*fig*) Triebfeder f

mollàre vt (lasciare andare) loslassen, freilassen ◇ (fam) (assestare) versetzen ♦ vi (cedere) nachgeben, lockerlassen
mòlle a weich
molleggiàto a gefedert
mollétta sf Klammer f
mollettóne sm (tessuto) Molton m
mollézza sf Weichheit f
mollìca sf Brotkrume f
mollùsco sm (zool) Weichtier n
mòlo sm Mole f, Pier m
moltéplice a vielfältig, mehrfach
molteplicità sf Vielfältigkeit f ◇ (grande quantità) Vielzahl f
moltìplica sf (mecc) Übersetzung f
moltiplicàre vt vermehren, vervielfältigen ◇ (mat) multiplizieren (mit + dat) ♦ vpr sich vermehren
moltiplicazióne sf Vermehrung f ◇ (mat) Multiplikation f ♦ **fare una m.** (mat) eine Multiplikation vornehmen
moltitùdine sf Menge f, Unzahl f
mólto avv (quantità) viel ◇ (intensità) sehr ◇ (a lungo) lange ♦ a viel, sehr ♦ pr viel, vieles ♦ (pl) viele ♦ sm Viel n ♦ **da m.** seit langem; **di m.** viel, sehr; **fra non m.** in Kürze; **m. avanti/indietro** weit voraus/zurück; **m. prima/dopo** lange vorher/danach
momentàneo a augenblicklich, momentan

moménto sm Augenblick m, Moment m ◇ (circostanza) Gelegenheit f ♦ **al m. di** bei (+ dat); **a momenti** (tra poco) gleich, (per poco) beinahe, (a periodi) zeitweise; **in un m.** im Nu
mònaca sf Nonne f
monacàle a klösterlich, Kloster- ◇ (da monaca) Nonnen- ◇ (da monaco) Mönchs-
monachésimo sm Mönchstum n
mònaco sm Mönch m
monarchìa sf Monarchie f
monàrchico a monarchisch ♦ sm Monarchist m
monastèro sm Kloster n
monàstico a klösterlich, Kloster-
mónco a verstümmelt
moncóne sm Stumpf m
mondanità sf (carattere) mondäner Charakter m ◇ (società) mondäne Gesellschaft f
mondàno a (del mondo) weltlich ◇ (di società) mondän, gesellschaftlich ◇ (persona) mondän, weltmännisch
mondiàle a weltweit, Welt- ♦ sm pl (sport) Weltmeisterschaften pl
móndo sm Welt f ♦ **al m.** auf der Welt
monèllo sm Schelm m
monéta sf Münze f ◇ (spiccioli) Kleingeld n ◇ (valuta) Währung f ♦ **m. unica** Einheitswährung f
monetàrio a Geld-, Währungs-

mongolfièra *sf* Heißluftballon *m*
monocolóre *a* einfarbig ◇ *(pol)* Einparteien-
monocoltùra *sf* Einfelderwirtschaft *f*
monocromàtico *a* einfarbig
monogamìa *sf* Monogamie *f*
monògamo *a* einehig ♦ *sm* Monogame *m/f*
monografìa *sf* Monographie, Monografie *f*
monolìtico *a* monolithisch
monolocàle *sm* Einzimmerwohnung *f*
monòlogo *sm* Monolog *m*, Selbstgespräch *n*
monopàttino *sm* Trittroller *m*
monopòlio *sm* Monopol *n*, Alleinhandel *m*
monopolizzàre *vt* monopolisieren
monopolizzatóre *sm* Monopolist *m*
monopolizzazióne *sf* Monopolisierung *f*
monopósto *a* einsitzig
monosìllabo *sm* einsilbiges Wort *n*
monoteìsmo *sm* Monotheismus *m*
monotonìa *sf* Monotonie *f*, Eintönigkeit *f*
monòtono *a* monoton, eintönig, einförmig
monovolùme *sf (aut)* Großraumfahrzeug *n*
monsóne *sm (meteor)* Monsun *m*
montacàrichi *sm* Lastenaufzug *m*

montàggio *sm* Einbau *m*, Montage *f* ◇ *(cin)* Schnitt *m*
montàgna *sf* Gebirge *n*, Berg *m*
montagnóso *a* gebirgig
montanàro *a* Gebirgs- ♦ *sm* Bergbewohner *m*
montàno *a* Gebirgs-
montàre *vt (salire)* steigen *(über + acc)*, hinaufsteigen ◇ *(mettere insieme)* zusammensetzen, aufstellen ◇ *(installare)* einbauen ♦ *vi (salire)* (auf)steigen ● *m. a cavallo* aufsitzen; *m. in cattedra* sich als Besserwisser aufspielen; *m. in collera* in Wut geraten; *m. la guardia* auf Wache ziehen; *m. la panna* die Sahne schlagen; *m. la tenda* das Zelt aufstellen
montatóre *sm* Monteur *m*
montatùra *sf (fig) (esagerazione)* Übertreibung *f (degli occhiali)* Brillengestell *n*
mónte *sm* Berg *m* ● *a m. di* stromaufwärts von *(+ dat)*; *mandare a m.* zunichte machen
montóne *sm (zool)* Schafbock *m*, Hammel *m*
monumentàle *a (fig)* gewaltig, riesig, monumental
monuménto *sm* Denkmal *n* ● *m. funebre* Grabmal *n*
moquette *sf* Teppichboden *m*
mòra (1) *sf (bot)* Brombeere *f*
mòra (2) *sf (dir)* Verzug *m*
moràle *a* moralisch, sittlich ♦ *sf* Moral *f*, Sittlichkeit *f* ♦ *sm* Stimmung *f*, Moral *f* ● *essere giù di m.* verzagt sein; *essere su di m.* in guter Stimmung sein

moralista sm Moralist m
moralità sf Moralität f
moratòria sf (dir) Nachsichtsfrist f, Moratorium n
morbidézza sf Weichheit f
mòrbido a weich, zart
morbillo sm (med) Masern pl
morbóso a krankhaft
mòrdere vt beißen
morèna sf (geol) Moräne f
morfina sf Morphin n
morfologia sf Morphologie f, Formenlehre f
moribóndo a sterbend ♦ sm Sterbende m/f
morigeràto a sittsam, gesittet
morire vi (di persone) sterben ◊ (di animali) verenden ◊ (di piante) absterben, eingehen
mormoràre vt/i murmeln, brummen
mormorio sm Murmeln n
mòro a (dai capelli scuri) dunkelhaarig
morosità sf Verzug m
moróso a säumig
mòrsa sf (mecc) Schraubstock m
morsétto sm (mecc) Klammer f ◊ (el) Klemme f
morsicàre vt anbeißen ◊ (di insetti) stechen
morsicatùra sf Biss m ◊ (di insetti) Stich m
mòrso sm Biss m ◊ (boccone) Bissen m
mortàio sm Mörser m
mortàle a tödlich, sterblich ♦ sm/f Sterbliche m
mortalità sf Sterblichkeit f
mortarétto sm Böller m

mòrte sf Tod m ◊ (di animali) Verenden n ♦ a m. tödlich; condannare a m. zum Tode verurteilen
mortificàre vt demütigen, beschämen
mortificazióne sf Demütigung f
mòrto a tot ♦ sm Tote m/f
mosàico sm (arte) Mosaik n
mòsca sf (zool) Fliege f
moscàto sm Muskateller(wein) m
moscerino sm kleine Mücke f
moschèa sf Moschee f
moscóne sm (zool) Schmeißfliege f ◊ (naut) Wasserschlitten m
mòssa sf Bewegung f ◊ (nel gioco) Zug m
mostàrda sf Senf m
mósto sm Most m
móstra sf (esposizione) Ausstellung f ♦ **mostra-mercato** Verkaufsausstellung f
mostràre vt zeigen
móstro sm Scheusal n, Ungeheuer n
mostruóso a abscheulich, ungeheuerlich
motivàre vt (giustificare) begründen
motivazióne sf Begründung f
motivo sm Grund m, Ursache f ◊ (arte) Muster n ◊ (mus) Motiv n ♦ **senza m.** grundlos
mòto sm Bewegung f ◊ (astr) Umlauf m ◊ (stor) (tumulto) Unruhe f
motocàrro sm Dreirad n
motociclétta sf Motorrad n

motociclismo *sm* Motorradsport *m*
motociclista *sm* Motorradfahrer *m*
motóre *a* Trieb- ◆ *sm* Motor *m* ◊ *accendere/spegnere il m.* den Motor anlassen/abstellen; *forza motrice* Triebkraft *f*; *m. a scoppio* Verbrennungsmotor *m*; *ruote motrici* Antriebsräder *pl*
motorino *sm* (*ciclomotore*) Moped *n* ◊ (*aut*) (*d'avviamento*) Anlassmotor *m*
motorizzazióne *sf* Motorisierung *f* ◊ (*ispettorato*) Kraftfahrzeugzulassungsstelle *f*
motoscàfo *sm* Motorboot *n*
motoslitta *sf* Motorschlitten *m*
mòtto *sm* Denkspruch *m*
mouse *sm* (*inform*) Maus *f*
movènte *sm* Beweggrund *m*
movimentàre *vt* beleben
movimentàto *a* bewegt
moviménto *sm* Bewegung *f* ◊ (*fin*) Verkehr *m*
moviòla *sf* (*cin*) Schneidetisch *m* ◊ (*rallentatore*) Zeitlupe *f*
moziòne *sf* Antrag *m*
mozzicóne *sm* Stummel *m*
mózzo (1) *sm* (*naut*) Schiffsjunge *m*
mózzo (2) *sm* (*mecc*) Nabe *f*
mùcca *sf* (*zool*) Kuh *f*
mùcchio *sm* Haufen *m*
mùco *sm* Schleim *m*
mucósa *sf* (*anat*) Schleimhaut *f*
mùffa *sf* Schimmel *m* ● *fare la m.* schimmeln
muggire *vi* muhen

mughétto *sm* (*bot*) Maiglöckchen *n*
mugnàio *sm* Müller *m*
mugolàre *vi* winseln
mugolìo *sm* Winseln *n*
mulattièra *sf* Saumpfad *m*
mulinèllo *sm* Wirbel *m* ◊ (*gorgo*) Strudel *m*
mulìno *sm* Mühle *f*
mùlo *sm* (*zool*) Maulesel *m*
mùlta *sf* Strafe *f*
multàre *vt* mit einer Geldstrafe belegen
multicolóre *a* bunt, vielfarbig
multiculturàle *a* multikulturell
multifórme *a* vielgestaltig
multinazionàle *sf* (*comm*) multinationales Unternehmen *n*
mùltiplo *a* vielfach, mehrfach
multisàla *sm/f* Multiplex *n*
mùmmia *sf* Mumie *f*
mummificàre *vt* mumifizieren
mùngere *vt* melken
mungitùra *sf* Melken *n*
municipàle *a* Gemeinde-
municipalità *sf* Gemeindeverwaltung *f*
municìpio *sm* (*edificio*) Rathaus *n*
munìre *vt* ausrüsten (*mit + dat*), versehen (*mit + dat*)
munìto *a* ausgestattet (*mit + dat*), versehen (*mit + dat*)
muniziòne *sf* (*mil*) Munition *f*
muòvere *vt* (*spostare*) bewegen, rühren ◊ (*suscitare*) erregen ◊ (*fig*) (*sollevare*) erheben, vorbringen ◊ (*nei giochi*) ziehen ◆ *vpr* (*essere in movimento*) sich bewegen ◊ (*entrare in mo-*

muraglione 504

vimento) sich in Bewegung setzen ◇ (*fam*) (*sbrigarsi*) sich rühren

muraglióne *sm* Schutzmauer *f*

muràre *vt* (zu)mauern, vermauern

muratóre *sm* Maurer *m*

muratùra *sf* Mauerwerk *n*

murèna *sf* (*zool*) Muräne *f*

mùro *sm* Wand *f*, Mauer *f* • *a m.* Wand-

mùsa *sf* Muse *f*

mùschio *sm* (*bot*) Moos *n*

muscolàre *a* Muskel-

muscolatùra *sf* Muskulatur *f*

mùscolo *sm* (*anat*) Muskel *m*

musèo *sm* Museum *n*

museruòla *sf* Maulkorb *m*

mùsica *sf* Musik *f* • *m. classica* klassische Musik; *m. leggera* Unterhaltungsmusik *f*

musicàle *a* musikalisch

musicàre *vt* in Musik setzen, vertonen

musicassétta *sf* Musikkassette *f*

musicista *sm* (*chi compone*) Komponist *m* ◇ (*chi suona*) Musiker *m*

mùso *sm* Schnauze *f*, Maul *n* • *fare/tenere il m.* (*fam*) schmollen

musulmàno *a* moslemisch ◆ *sm* Moslem *m*

mùta *sf* (*tuta subacquea*) Taucheranzug *m* ◇ (*della pelle*) Häutung *f* ◇ (*degli uccelli*) Mauser *f* ◇ (*di cani*) Hundemeute *f*

mutaménto *sm* Wechsel *m*, Veränderung *f* • *mutamenti climatici* klimatische Veränderungen *pl*

mutànde *sf pl* Unterhose *f sing*

mutàre *vt/i* wechseln, (ver)ändern

mutévole *a* veränderlich, wankelmütig (*volubile*)

mutilàre *vt* verstümmeln

mutilàto *a* verstümmelt ◆ *sm* Verstümmelte *m* • *m. di guerra* Kriegsversehrte *m*

mutilazióne *sf* Verstümmelung *f*

mutismo *sm* Schweigen *n* ◇ (*med*) Stummheit *f*

mùto *a* stumm ◆ *sm* Stumme *m/f*

mùtua *sf* Krankenversicherung *f* ◇ (*ente*) Krankenkasse *f* • *essere in m.* krank geschrieben sein; *mettersi in m.* sich krank schreiben lassen

mutuàto *sm* Krankenversicherte *m/f*, Kassenpatient *m*

mùtuo *a* gegenseitig ◆ *sm* (*fin*) Darlehen *n*

N

nàcchere *sf pl* Kastagnetten *pl*
nàfta *sf* Dieselöl *n*
naftalina *sf* Naphthalin *n*
naif *a* naiv
nàno *a* zwerghaft, Zwerg- ♦ *sm* Zwerg *m*
narcisismo *sm* Narzissmus *m*
narcòsi *sf* Narkose *f*
narcòtico *a* narkotisch, betäubend ♦ *sm* Betäubungsmittel *n*
narcotrafficànte *sm* Rauschgifthändler *m*
narice *sf* (*anat*) Nasenloch *n*
narràre *vt/i* erzählen
narrativa *sf* erzählende Literatur *f*
narratóre *sm* Erzähler *m*
narrazióne *sf* Erzählung *f*
nasale *a* nasal, Nasen-
nàscere *vi* geboren werden ◊ (*zool*) geworfen werden ◊ (*bot*) sprießen ◊ (*scaturire*) entspringen ◊ (*fig*) entstehen
nàscita *sf* Geburt *f* ◊ (*fig*) Anfang *m*
nascóndere *vt* verstecken, verbergen ♦ *vpr* sich verstecken
nascondìglio *sm* Versteck *n*, Schlupfwinkel *m*
nascósto *a* versteckt, verborgen ● *di n.* heimlich
nasèllo *sm* (*zool*) Seehecht *m*
nàso *sm* Nase *f*
nàstro *sm* Band *n* ● *n. adesivo* Klebestreifen *m*; *n. isolante* Isolierband *n*; *n. magnetico* Tonband *n*

natàle *a* Geburts- ♦ *sm* (*pl*) Herkunft *f* ◊ (*festa*) Weihnacht *f* ● *albero di n.* Weihnachtsbaum *m*; *babbo n.* Weihnachtsmann *m*; *buon n.!* frohe Weihnachten!
natalità *sf* Geburtenzahl *f*
natalizio *a* Weihnachts-
nàtica *sf* Hinterbacke *f*
nativo *a* heimatlich ◊ (*originario*) gebürtig, stammend (*aus* + *dat*)
nàto *a* geboren ♦ *sm* Geborene *m*
natùra *sf* Natur *f* ● *contro n.* naturwidrig; *n. morta* (*arte*) Stillleben *n*; *secondo n.* naturgemäß
naturàle *a* (*relativo alla natura*) Natur- ◊ (*genuino*) echt, natürlich ◊ (*ovvio*) selbstverständlich, natürlich ◊ (*dir*) (*illegittimo*) unehelich
naturalézza *sf* Natürlichkeit *f*
naturalista *sm* Naturforscher *m*
naturalizzàre *vt* naturalisieren
naturalizzazióne *sf* Einbürgerung *f*, Naturalisierung *f*
naturalménte *avv* natürlich
naturismo *sm* Freikörperkultur *f*
naturista *sm* Naturist *m*
naturopatìa *sf* (*med*) Naturheilkunde *f*, Naturheilmethode *f*
naufragàre *vi* Schiffbruch erleiden ◊ (*fig*) scheitern
naufràgio *sm* Schiffbruch *m*
nàufrago *sm* Schiffbrüchige *m/f*

nàusea sf Übelkeit f, Ekel m • **ho la n.** mir ist übel
nauseabóndo a ekelhaft
nauseàre vt (an)ekeln
nàutica sf Nautik f
nàutico a nautisch, See-
navàle a See- • **cantiere n.** Werft f
navàta sf (arch) Kirchenschiff n
nàve sf Schiff n • **n. passeggeri** Passagierschiff n
navétta sf (di collegamento) Pendelverkehr m, Shuttle m • **n. spaziale** Raumfähre f, Shuttle m
navigàbile a schiffbar
navigàre vi zur See fahren, segeln (a vela) ◊ (inform) surfen
navigatóre sm Seefahrer m, Schiffer m ◊ (inform) Surfer m • **n. GPS** (Global Positioning System, sistema di posizionamento mondiale) GPS-Navigationsgerät n; **n. satellitare** (aut) Satelliten-Navigationsgerät n
navigazióne sf Schifffahrt f ◊ (inform) Surfen n
nazionàle a national, Landes- • sf (sport) Nationalmannschaft f
nazionalismo sm Nationalismus m
nazionalità sf Staatsangehörigkeit f
nazionalizzàre vt nationalisieren, verstaatlichen
nazionalizzazióne sf Nationalisierung f
nazióne sf Nation f • **le Nazioni Unite** die Vereinten Nationen
naziskin sm Skinhead m
nazismo sm Nationalsozialismus m
nazista sm/f Nationalsozialist m, (spreg) Nazi m/f
ne pr (persona) si traduce col pr.pers retto dalla prep richiesta dal verbo o dall'aggettivo (ES: **ne parlano molto** man spricht viel von ihm) ◊ (cosa) si traduce con un pr avverbiale a seconda della reggenza del verbo (ES: **ne parlano molto** man spricht viel davon; **non ne sono soddisfatto** damit bin ich nicht zufrieden; **non ne vedo la ragione** ich sehe keinen Grund dafür) ◊ (partitivo) welche, einige (ES: **hai dei giornali? -- sì, ne ho** hast du Zeitungen? -- Ja, ich habe welche)
né cong und nicht, auch nicht • **né... né** weder... noch
neànche avv nicht einmal • cong auch nicht
nébbia sf Nebel m
nebbióso a neblig
nebulizzàre vt zerstäuben, sprühen
nebulizzatóre sm Zerstäuber m, Sprühgerät n
nebulizzazióne sf Zerstäubung f, Sprühen n
nebulósa sf (astr) Nebel(fleck) m
nebulóso a (fig) nebelhaft, unklar
nécessaire sm Necessaire, Nessessär n
necessariaménte avv notwendigerweise

necessàrio *a* notwendig, nötig
necessità *sf* Notwendigkeit *f*
necessitàre *vi* benötigen (+ *acc*), brauchen (+ *acc*)
necrològio *sm* Todesanzeige *f*, Nachruf *m*
necròpoli *sf* Nekropole *f*, Totenstadt *f*
nefàsto *a* unselig, unheilvoll
nefrìte *sf* (*med*) Nierenentzündung *f*
negàre *vt* (*dire di no*) leugnen, verneinen ◇ (*rifiutare*) versagen, verweigern ◇ (*contestare*) ableugnen
negativo *a* verneinend, negativ ◆ *sm* (*fot*) Negativ *n*
negazióne *sf* Verneinung *f*, Verweigerung *f* (*rifiuto*)
negligènza *sf* Nachlässigkeit *f*
negoziànte *sm* Kaufmann *m*, Händler *m*
negoziàre *vt* verhandeln (*über* + *acc*)
negoziàto *sm* Verhandlung *f*
negoziatóre *sm* Unterhändler *m*
negoziazióne *sf* Verhandlung *f*
negòzio *sm* Geschäft *n*, Laden *m* ● *n. di calzature* Schuhgeschäft *n*
nemìco *a* feindlich, Feindes- *sm* Feind *m*
nemméno → **neanche**
nènia *sf* Klagelied *n*
nèo *sm* (*med*) Leberfleck *m* ◇ (*fig*) Schönheitsfehler *m*
neòfita *sf* (*fig*) Neuling *m*
neolatino *a* neulateinisch, romanisch
neolìtico *a* Neolithikum *n*

neologìsmo *sm* Neologismus *m*
nèon *sm* (*chim*) Neon *n* ● *luce al n.* Neonlicht *n*
neonàto *a* neugeboren ◆ *sm* Neugeborene *n*
nepotìsmo *sm* Nepotismus *m*, Vetternwirtschaft *f*
neppùre → **neanche**
nerétto *sm* Halbfettdruck *m*
néro *a* schwarz ◆ *sm* Schwarze *m/f*, (*spreg*) Neger *m*
nervatùra *sf* (*bot*) Blattäderung *f* ◇ (*abb*, *arch*) Rippe *f*
nèrvo *sm* Nerv *m*
nervosìsmo *sm* Nervosität *f*
nervóso *a* nervös ● *sistema n.* (*anat*) Nervensystem *n*
nèspola *sf* (*bot*) Mispel *f*
nèspolo *sm* (*bot*) Mispelbaum *m*
nèsso *sm* Zusammenhang *m*, Beziehung *f*
nessùno *a* kein ◆ *pr* niemand
nèttare *sm* Nektar *m*
nettézza *sf* Reinheit *f* ● *n. urbana* Straßenreinigung *f*, Müllabfuhr *f*
nétto *a* (*rifiuto e sim*) klar, entschieden ◇ (*comm*) netto, Netto- ● *al n.* netto
netturbìno *sm* Straßenkehrer *m*
neurologìa *sf* Neurologie *f*
neuròlogo *sm* Nervenarzt *m*, Neurologe *m*
neutralità *sf* Neutralität *f*
neutralizzàre *vt* neutralisieren ◇ (*fig*) unwirksam machen
neutralizzazióne *sf* Neutralisierung *f* ◇ (*fig*) Unwirksammachung *f*

nèutro *a* neutral ♦ *sm* (*gramm*) Neutrum *n*
neutróne *sm* (*fis*) Neutron *n*
nevàio *sm* Schneewehe *f*
néve *sf* Schnee *m*
nevicàre *vimp* schneien
nevicàta *sf* Schneefall *m*
nevìschio *sm* Schneegestöber *n*
nevóso *a* Schnee-
nevralgìa *sf* (*med*) Neuralgie *f*
nevràlgico *a* neuralgisch
nevròsi *sf* (*psic*) Neurose *f*
nìbbio *sm* (*zool*) Gabelweihe *f*
nìcchia *sf* Nische *f*
nichilìsmo *sm* Nihilismus *m*
nicotìna *sf* Nikotin *n*
nidificàre *vi* ein Nest bauen, nisten
nìdo *sm* Nest *n* • *asilo n.* Kinderkrippe *f*
niènte *avv/pr* nichts ♦ *a* kein • *da n.* geringfügig; *n. meno che* sogar; *non poterci fare n.* nichts können dafür; *per n.* (*invano*) vergebens
nìnfa *sf* Nymphe *f*
ninfèa *sf* (*bot*) Seerose *f*
ninnanànna *sf* Wiegenlied *n*
nipóte *sm/f* (*di nonni*) Enkel *m* ◊ (*di zii*) Neffe *m*, Nichte *f*
nitidézza *sf* Klarheit *f*
nìtido *a* klar, rein ◊ (*fot*) scharf
nitrìre *vi* wiehern
nitrìto *sm* Wiehern *n*
no *avv* nein
nòbile *a* adelig ◊ (*fig*) edel ♦ *sm/f* Adelige *m/f* • *gas n.* (*chim*) Edelgas *n*
nobiliàre *a* Adels-
nobiltà *sf* Adel *m*

nocciòla *sf* (*bot*) Haselnuss *f*
nocciolìna *sf* Erdnuss *f*
nocciòlo *sm* (*bot*) Haselstrauch *m*
nòcciolo *sm* Kern *m*
nóce (*bot*) *sm* Walnussbaum *m* ♦ *sf* Walnuss *f* • *n. moscata* Muskatnuss *f*
nocìvo *a* schädlich
nòdo *sm* Knoten *m* • *fare/sciogliere un n.* einen Knoten schlingen/lösen
nodóso *a* knotig
nói *pr.pers* (*soggetto*) wir ◊ (*preceduto da preposizione*) uns
nòia *sf* Langeweile *f* ◊ (*molestia*) Belästigung *f*, Schererei *f* (*pop*)
noióso *a* langweilig ◊ (*molesto*) lästig
noleggiàre *vt* (*prendere a nolo*) mieten, ausleihen ◊ (*dare a nolo*) vermieten ◊ (*dischi e sim*) verleihen
noleggiatóre *sm* (*chi noleggia*) Mieter *m* ◊ (*chi dà a nolo*) Vermieter *m*, Verleiher *m*
noléggio *sm* Miete *f* ◊ (*negozio*) Verleih *m*
nòmade *a* nomadisch, Nomaden- ♦ *sm* Nomade *m*
nóme *sm* Name *m* • *in/a n. di* im Namen von; *n. comune/proprio* Gattungs-/Eigenname *m*; *n. d'arte* Künstlername *m*; *n. di battesimo* Vorname *m*
nomìgnolo *sm* Spitzname *m*
nòmina *sf* Ernennung *f*
nominàre *vt* nennen, erwähnen

◊ (*designare*) ernennen, erwählen (*tramite elezione*)
nominativo *sm* (*gramm*) Nominativ *m*, Werfall *m*
non *avv* nicht
nonché *cong* sowie, und auch
noncurànte *a* unbesorgt (*um* + *acc*)
noncurànza *sf* Sorglosigkeit *f*
nònna *sf* Großmutter *f*, Oma *f* (*fam*)
nònno *sm* Großvater *m*, Opa *m* (*fam*)
nonnùlla *sm* Kleinigkeit *f*
nòno *a* neunte
nonostànte *cong* obwohl, auch wenn ♦ *prep* trotz (+ *gen*)
nonsènso *sm* Unsinn *m*
nòrd *sm* Norden *m*
nòrdico *a* nordisch, Nord- ♦ *sm* Nordländer *m*
nòrma *sf* Norm *f*, Vorschrift *f* ◊ (*criterio*) Richtlinie *f*
normàle *a* normal
normalità *sf* Normalität *f*
normalizzàre *vt* normalisieren
normalizzazióne *sf* Normalisierung *f*
normativa *sf* Normative *f*
normativo *a* normativ
norvegése *a* norwegisch ♦ *sm* Norweger *m*
nostalgìa *sf* Heimweh *n*, Sehnsucht *f* (*nach* + *dat*) ● **avere n. di qc/qn** sich nach etwas/jemandem sehnen
nostràno *a* heimisch
nòstro *a.poss* unser ♦ *pr.poss* unserer (*f* unsere, *n* unseres; *pl* unsere)

nòta *sf* (*contrassegno*) Merkmal *n* ◊ (*appunto*) Anmerkung *f* ◊ (*lista*) Aufstellung *f* ◊ (*mus*) Note *f*
notàbili *sm pl* Prominenz *f*
notàio *sm* Notar *m*
notàre *vt* (*contrassegnare*) anstreichen ◊ (*rilevare*) (be)merken ◊ (*osservare*) beobachten ● **far n. qc a qn** jemanden auf etwas aufmerksam machen; **farsi n.** sich bemerkbar machen
notarìle *a* notariell, Notariats-
notazióne *sf* Anmerkung *f*
notévole *a* bemerkenswert
notìfica *sf* Mitteilung *f* ◊ (*dir*) Zustellung *f*
notificàre *vt* mitteilen ◊ (*dir*) zustellen
notìzia *sf* Nachricht *f*, Meldung *f*
notiziàrio *sm* Nachrichten *pl*
nòto *a* (*conosciuto*) bekannt ◊ (*famoso*) berühmt ● **rendere n.** bekannt machen
notorietà *sf* Berühmtheit *f*
notòrio *a* allbekannt
nòtte *sf* Nacht *f* ● **buona n.** gute Nacht; **di n.** nachts; **n. in bianco** schlaflose Nacht *f*
notturno *a* nächtlich, Nacht-
novànta *a* neunzig
nòve *a* neun
novèlla *sf* Novelle *f*
novèllo *a* neu
novèmbre *sm* November *m*
novilùnio *sm* Neumond *m*
novità *sf* Neuheit *f*, Neuigkeit *f*
nozióne *sf* Kenntnis *f*, Begriff *m* (*concetto*)
nòzze *sf pl* Hochzeit *f*

nùbe sf Wolke f
nubifràgio sm Wolkenbruch m
nùbile a ledig
nùca sf (anat) Genick n
nucleàre a Atom-, Kern- ◆ *armi nucleari* Kernwaffen pl; *centrale n.* Atomkraftwerk n; *energia n.* Atomenergie f
nùcleo sm Kern m ◇ (fis) Atomkern m ◇ (fig) (insieme di persone) Gruppe f
nudismo sm Nudismus m, Freikörperkultur f
nudista a nudistisch, Nudisten- ◆ sm Nudist m
nùdo a nackt ◆ sm (arte) Akt m
nùlla → niente
nullaòsta sm Genehmigung f
nullità sf Nichtigkeit f ◇ (non validità) Ungültigkeit f ◇ (persona) Null f
nùllo a nichtig ◇ (non valido) ungültig
numeràre vt (le pagine) nummerieren
numerazióne sf Nummerierung f ◇ (mat) Zahlen pl
numèrico a numerisch
nùmero sm Zahl f, Nummer f ◆ *n. cardinale/ordinale* Grund-/Ordnungszahl f; *n. di cellulare* Handy-Nummer f; *n. civico* Hausnummer f; *n. decimale* Dezimalzahl f; *numeri di emergenza* Notrufnummern f pl; *sbagliare n.* (al telefono) falsch wählen
numeróso a zahlreich
numismàtica sf Münzkunde f, Numismatik f
nuòcere vi schaden (+ dat)
nuòra sf Schwiegertochter f
nuotàre vi schwimmen
nuotatóre sm Schwimmer m
nuòto sm Schwimmen n ◇ (disciplina) Schwimmsport m ◆ a *n.* schwimmend; *n. a farfalla* Schmetterlingsschwimmen n; *n. a rana* Brustschwimmen n; *n. a stile libero* Freistilschwimmen n; *n. sul dorso* Rückenschwimmen n
nuovaménte avv wieder, von neuem
nuòvo a neu ◆ sm Neue(s) n ◆ *cosa c'è di n.?* was gibt es Neues?; *di n.* (ancora) wieder
nutriènte a nahrhaft
nutrimento sm Ernährung f
nutrire vt nähren ◆ vpr sich (er)nähren (von + dat)
nutritivo a nahrhaft
nutrizióne sf Ernährung f
nùvola sf Wolke f
nuvolóso a bewölkt, wolkig
nuziàle a hochzeitlich, Hochzeits-

O

o *cong* oder ● *o... o...* entweder... oder...

òasi *sf* Oase *f*

obbligàre *vt* verpflichten, zwingen

obbligatòrio *a* obligatorisch, Pflicht-

obbligazióne *sf* (*fin*) Obligation *f* ● *o. bancaria* Bankschuldverschreibung *f*

òbbligo *sm* Pflicht *f* ● *o. di ricetta medica* Verschreibungspflicht *f*

obelìsco *sm* Obelisk *m*

oberàto *a* überladen

obèso *a* fettleibig ♦ *sm* Fettleibige *m/f*

obiettàre *vt* einwenden

obiettività *sf* Sachlichkeit *f*, Objektivität *f*

obiettìvo *a* objektiv, sachlich ♦ *sm* (*scopo*) Ziel *n* ◊ (*fot*) Objektiv *n*

obiettóre *sm* Widersprecher *m* ● *o. di coscienza* Kriegs-/Wehrdienstverweigerer *m*

obiezióne *sf* Einwand *m*, Einwurf *m* ● *o. di coscienza* Kriegsdienstverweigerung *f* aus Gewissensgründen

obitòrio *sm* Leichenhalle *f*

oblìo *sm* Vergessenheit *f*

oblìquo *a* schräg, Quer-

obliteràre *vt* entwerten

obliterazióne *sf* Entwerten *n*

oblò *sm* Bullauge *n*

oblùngo *a* länglich

òbolo *sm* Scherflein *n*

obsolèto *a* veraltet, überholt

òca *sf* (*zool*) Gans *f*

occasionàle *a* gelegentlich, zufällig

occasióne *sf* Gelegenheit *f*

occhiàli *sm pl* Brille *f* ● *o. da sole* Sonnenbrille *f*

occhiàta *sf* Blick *m* ● *dare un'o. a qc* auf etwas einen Blick werfen

occhièllo *sm* Knopfloch *n*

òcchio *sm* (*anat*) Auge *n* ● *a o. nudo* mit bloßem Auge; *colpo d'o.* Ausblick *m*; *dare nell'o.* ins Auge fallen

occhiolìno *sm* *fare l'o. a qn* jemandem zuzwinkern

occidentàle *a* westlich, West-

occidènte *sm* Westen *m*

occlusióne *sf* Verstopfung *f*, Verschluss *m*

occorrènte *a* nötig, notwendig ♦ *sm* Nötige *n*, Notwendige *n* ◊ (*insieme di attrezzi*) Zeug *n*

occorrènza *sf* Gelegenheit *f*, Bedarf(sfall) *m*

occórrere *vi* nötig sein, brauchen (+ *acc*) (*costr pers*)

occultàre *vt* verbergen, verstecken

occùlto *a* verborgen, heimlich ● *scienze occulte* Geheimwissenschaften *pl*

occupàre *vt* (*luogo*) besetzen ◊ (*carica*) innehaben ◊ (*tempo*) zubringen ◊ (*richiedere spa-*

occupazione 512

zio) brauchen ◇ (*mil*) besetzen ♦ *vpr* (*interessarsi*) sich beschäftigen (*mit* + *dat*), sich befassen (*mit* + *dat*), (*prendersi cura*) sich kümmern (*um* + *acc*)
occupazióne *sf* (*presa di possesso*) Besetzung *f* ◇ (*impiego*) Beschäftigung *f*
oceànico *a* ozeanisch
oceàno *sm* Ozean *m*
oceanografìa *sf* Meereskunde *f*
oceanogràfico *a* ozeanografisch
oceanògrafo *sm* Meereskundler *m*
òcra *sf* Ocker *m/n* ♦ *a* ockergelb
oculàre *a* Aug(en)-
oculatézza *sf* Vorsicht *f*
oculàto *a* vorsichtig
oculìsta *sm* Augenarzt *m*
oculìstica *sf* Augenheilkunde *f*
òde *sf* (*lett*) Ode *f*
odiàre *vt* hassen
odièrno *a* heutig
òdio *sm* Hass *m*
odióso *a* (*antipatico*) abscheulich
odissèa *sf* Odyssee *f*
odontoiàtra *sm* Zahnarzt *m*
odontoiatrìa *sf* Zahnheilkunde *f*
odontotècnica *sf* Zahntechnik *f*
odoràre *vt* riechen (*an* + *dat*) ♦ *vi* riechen (*nach* + *dat*)
odoràto *sm* Geruchssinn *m*
odóre *sm* Geruch *m* (*nach* + *dat*) ◇ (*fig*) (*sentore*) Witterung *f*
odoróso *a* wohlriechend, duftend
offèndere *vt* beleidigen ♦ *vpr* sich beleidigt fühlen

offensìva *sf* Offensive *f*
offensìvo *a* beleidigend ◇ (*mil*) offensiv, Angriffs-
offerènte *sm* Bieter *m* • *miglior o.* Meistbietende *m/f*
offèrta *sf* Angebot *n* ◇ (*dono*) Spende *f*
offésa *sf* Beleidigung *f*, Kränkung *f* • *senza o.!* nichts für ungut!
offéso *a* beleidigt • *fare l'o.* den Beleidigten spielen
officìna *sf* Werkstatt *f*
offrìre *vt* anbieten
offuscaménto *sm* Verfinsterung *f*, Verdunk(e)lung *f*
offuscàre *vt* verdunkeln, verfinstern ◇ (*fig*) trüben
oggettività *sf* (*obiettività*) Objektivität *f*, Sachlichkeit *f*
oggettìvo *a* objektiv, gegenständlich ◇ (*obiettivo*) sachlich
oggètto *sm* Gegenstand *m* ♦ *complemento o.* (*gramm*) Akkusativobjekt *n*; *ufficio oggetti smarriti* Fundbüro *n*
òggi *avv* heute ♦ *al giorno d'o.* heutzutage; *a tutt'o.* bis zum heutigen Tage; *o. stesso* heute noch
oggigiórno *avv* heutzutage
ogìva *sf* (*arch*) Spitzbogen *m*
ógni *a* jeder ♦ *o. cosa* alles
ognùno *pr* (ein) jeder *m* jede, *n* (ein) jedes
olandése *a* holländisch, niederländisch ♦ *sm* Holländer *m*, Niederländer *m*
oleàndro *sm* (*bot*) Oleander *m*
oleodótto *sm* Erdölleitung *f*

oleóso *a* ölig
olfàtto *sm* Geruchssinn *m*
oliàre *vt* (ein)ölen, schmieren
oliatóre *sm* Ölkännchen *n* ◇ *(mecc)* Schmierpumpe *f*
olièra *sf* Ölflasche *f*
olimpìadi *sf pl* Olympische Spiele *pl*
olìmpico *a* olympisch
olimpiònico *a* Olympia- ◆ *sm* Olympiateilnehmer *m*
òlio *sm* Öl *n* ● *o. solare* Sonnenöl *n*; *o. di oliva* Olivenöl *n*
olìva *sf* (bot) Olive *f*
olìvo *sm* (bot) Ölbaum *m*, Olivenbaum *m*
ólmo *sm* (bot) Ulme *f*
olocàusto *sm* Holocaust *m*
oltraggiàre *vt* beschimpfen, beleidigen
oltràggio *sm* Beleidigung *f*
oltràlpe *avv* jenseits der Alpen
oltrànza *sf* *a o.* bis aufs Äußerste
óltre *avv* (luogo) weiter, weiter fort ◇ *(tempo)* länger ◆ *prep* (al di là) jenseits (+ gen) (stato), über (+ acc) (moto) ◇ (più di) über (+ acc), mehr als ◇ (in aggiunta a) neben (+ dat)
oltremàre *avv* in Übersee
oltrepassàre *vt* überschreiten
oltretómba *sm* Jenseits *n*
omàggio *sm* (dono) Geschenk *n* ● *in o.* Geschenk-, Frei-; *rendere o. a qn* jemandem huldigen; *ricevere qc in o.* etwas geschenkt bekommen
ombelìco *sm* (anat) Nabel *m*
ómbra *sf* Schatten *m* ● *all'o.* im Schatten *(stato)*, in den Schatten *(moto)*; *fare o.* Schatten spenden
ombreggiàre *vt* überschatten
ombreggiàto *a* schattig
ombrèllo *sm* Regenschirm *m*
ombrellóne *sm* Sonnenschirm *m*
ombrétto *sm* Lidschatten *m*
ombróso *a* schattig, beschattet ◇ (fig) *(persona)* argwöhnisch, scheu
omelette *sf* Omelett *n*
omeòpata *sm* Homöopath *m*
omeopatìa *sf* (med) Homöopathie *f*
òmero *sm* (anat) Oberarmknochen *m*
omertà *sf* Gesetz *n* des Schweigens
omèttere *vt* (una cosa) weglassen, auslassen ◇ (di fare una cosa) unterlassen
omicìda *a* tötend, Mörder- ◆ *sm* Mörder *m*
omicìdio *sm* Mord *m* ● *o. colposo/premeditato* fahrlässige/vorsätzliche Tötung *f*
omissióne *sf* (di una cosa) Auslassung *f* ◇ (di un'azione) Unterlassung *f*
omogeneità *sf* Homogenität *f*
omogeneizzàre *vt* homogenisieren
omogeneizzàto *sm* Kinderfertignahrung *f*
omogèneo *a* homogen
omologàre *vt* anerkennen, genehmigen ◇ (aut) zulassen
omologazióne *sf* Anerkennung

omonimo f, Genehmigung f ◇ (aut) Zulassung f ◇ (tecn) Homologation f
omònimo a gleichnamig ◇ (ling) homonym ◆ sm Namensvetter m ◇ (ling) Homonym n
omosessuàle a homosexuell ◆ sm/f Homosexuelle m/f, (spreg) Schwule m
omosessualità sf Homosexualität f
ónda sf Welle f ● mandare/andare in o. (tel) ausstrahlen/ausgestrahlt werden; onde corte/medie/lunghe Kurz-/Mittel-/Langwelle f
ondàta sf Sturzwelle f ◇ (fig) Welle f
ondeggiaménto sm Wogen n
ondeggiàre vi wogen, schaukeln
ondóso a Wellen-
ondulàto a gewellt, wellig
ondulazióne sf (oscillazione) Wellenbewegung f ◇ (disposizione a onde) Welligkeit f
ònere sm Last f, Bürde f ◇ (fiscale) Belastung f
oneróso a beschwerlich, mühevoll
onestà sf Ehrlichkeit f
onèsto a ehrlich
ònice sf (min) Onyx m
onìrico a Traum-
onnipotènte a allmächtig
onnipresènte a überall anwesend
onnìvoro a allesfressend ◆ sm Allesfresser m
onomàstico sm Namenstag m
onoràre vt ehren

onóre sm Ehre f ● in o. di qn zu jemandes Ehren
onorévole a ehrenvoll ◆ sm/f Abgeordnete m/f
onorifico a Ehren-
ontàno sm (bot) Erle f
opàco a trüb, undurchsichtig
opàle sm/f (min) Opal m
òpera sf Werk n ◇ (mus) Oper f
operàio a Arbeiter- ◆ sm Arbeiter m
operàre vi arbeiten, wirken ◇ (med) operieren ◆ vt bewirken, vollbringen ◇ (med) operieren
operatìvo a wirkend, Wirkungs- ◇ (esecutivo) vollstreckend, Vollstreckungs-
operàto a (med) operiert ◆ sm Wirken n
operatóre sm Fachkraft f ◇ (tel) Operator m, Anbieter m ● o. turìstico Tourismusfachmann m
operatòrio a operativ ● sala operatoria (med) Operationssaal m
operazióne sf Handlung f ◇ (med) Operation f ◇ (affare) Geschäft n ◇ (mil) Unternehmen n
operóso a fleißig
opinàbile a diskutierbar
opinióne sf Meinung f ● o. pubblica öffentliche Meinung f
òppio sm Opium n
oppórre vt entgegenstellen, entgegensetzen ◆ vpr sich widersetzen
opportunìsmo sm Opportunismus m
opportunità sf Gelegenheit f, Opportunität f

opportùno *a* gelegen ◇ *(adatto)* passend, angebracht
opposizióne *sf* Gegenüberstellung *f*, Opposition *f* ◇ *(dir)* Widerspruch *m* ● **di o.** Oppositions-
oppósto *a (dall'altra parte)* gegenüberliegend ◇ *(contrario)* entgegengesetzt ♦ *sm* Gegenteil *n*
oppressióne *sf* Unterdrückung *f*
opprèsso *a (fig)* unterdrückt ♦ *sm* Unterdrückte *m/f*
oppressóre *sm* Unterdrücker *m*
opprimènte *a* bedrückend
opprìmere *vt* (er)drücken ◇ *(fig)* unterdrücken, bedrücken
oppùre *cong* oder
optàre *vi* sich entscheiden *(für + acc)*
óptional *sm (aut)* Extra *n*
opùscolo *sm* Broschüre *f*
opzionàle *a* wahlfrei, fakultativ
opzióne *sf* freie Wahl *f*
óra *sf* Stunde *f* ◇ *(nelle indicazioni temporali)* Uhr *f* ◇ *(momento)* Zeit *f* ♦ *avv (in questo momento)* nun, jetzt ◇ *(poco fa)* gerade, soeben ◇ *(tra poco)* gleich ♦ *cong* nun ● **che o. è?** wie spät ist es?; **d'o. in avanti** von jetzt an; **non veder l'o. di** es kaum erwarten können zu; **o. che...** nun, da...; **o. di punta** Hauptverkehrszeit *f*; **o. legale** Sommerzeit *f*; **o. locale** Ortszeit *f*
oràcolo *sm* Orakel *n*
òrafo *sm* Goldschmied *m*

oràle *a (della bocca)* oral, Mund- ◇ *(a voce)* mündlich ♦ *sm (esame)* mündliche Prüfung *f*
orangotàngo *sm (zool)* Orang-Utang *m*
oràrio *a* Stunden-, Zeit- ♦ *sm* Stundenplan *m*, Zeitplan *m* ◇ *(ferr)* Fahrplan *m* ● **disco o.** Parkscheibe *f*; **fuso o.** Zeitzone *f*; **in o.** pünktlich; **in senso o.** im Uhrzeigersinn; **o. scolastico** Stundenplan *m*; **segnale o.** Zeitansage *f*; **o. continuato** durchgehend geöffnet
oràta *sf (zool)* Goldbrasse *f*
oratóre *sm* Redner *m*
oratòrio *sm* Oratorium *n*
orazióne *sf* Rede *f*
orbettìno *sm (zool)* Blindschleiche *f*
òrbita *sf (astr, fis)* Bahn *f*, Umlaufbahn *f* ◇ *(fig)* Bereich *m* ◇ *(anat)* Augenhöhle *f*
òrca *sf (zool)* Schwertwal *m*
orchèstra *sf* Orchester *n*
orchestràle *a* orchestral, Orchester- ♦ *sm* Orchestermusiker *m*
orchidèa *sf (bot)* Orchidee *f*
órco *sm* schwarzer Mann *m*
òrda *sf* Horde *f*
ordìgno *sm* Gerät *n* ● **o. esplosivo** Sprengkörper *m*
ordinàle *a* Ordinal-, Ordnungs- ● **numero o.** Ordinalzahl *f*
ordinaménto *sm* Ordnung *f*
ordinànza *sf* Verordnung *f*
ordinàre *vt (mettere in ordine)* (an)ordnen ◇ *(comandare)* be-

ordinàrio

fehlen ◊ (*prescrivere*) verschreiben ◊ (*fare un'ordinazione*) bestellen ◊ (*relig*) weihen
ordinàrio *a* üblich, ordentlich ◊ (*dozzinale*) gemein, ordinär
ordinàto *a* (*in ordine*) geordnet ◊ (*persona*) ordnungsliebend ◊ (*regolato*) ausgeglichen (*persona*), geregelt (*cosa*)
ordinazióne *sf* (*comm*) Auftrag *m*, Bestellung *f*
órdine *sm* Ordnung *f* ◊ (*comando*) Befehl *m* ◊ (*comm*) Auftrag *m*, Bestellung *f* ◊ (*relig*) Weihe *f*
ordìto *sm* (*abb*) Kette *f*
orecchiàbile *a* einprägsam
orecchìno *sm* Ohrring *m*
orécchio *sm* Ohr *n*
orecchióni *sm pl* (*med*) Mumps *m*
oréfice *sm* Juwelier *m*
oreficerìa *sf* Juweliergeschäft *n*
òrfano *a* verwaist, elternlos ♦ *sm* Waisenkind *n*, Waise *f* ◊ *o. di madre/padre* mutter-/vaterlos
orfanotròfio *sm* Waisenhaus *n*
orgànico *a* (*vivente*) organisch ◊ (*fig*) einheitlich ♦ *sm* Personal *n*
organìsmo *sm* Organismus *m*, Lebewesen *n* ◊ (*umano*) Körper *m* ◊ (*ente*) Organisation *f* ● *o. geneticamente modificato* gentechnisch veränderter Organismus
organizzàre *vt* organisieren
organizzatóre *sm* Organisator *m*
organizzazióne *sf* Organisation *f* ◊ (*allestimento*) Veranstaltung *f* ◊ (*ente*) Organisation *f*
òrgano *sm* (*anat*) Organ *n* ◊ (*tecn*) Teil *m* ◊ (*mus*) Orgel *f*
orgàsmo *sm* Orgasmus *m*
òrgia *sf* Orgie *f*
orgiàstico *a* orgiastisch
orgóglio *sm* Stolz *m*
orgoglióso *a* stolz
orientàbile *a* verstellbar, Richt-
orientàle *a* östlich, orientalisch
orientaménto *sm* Orientierung *f*
orientàre *vt* orientieren ◊ (*fig*) lenken, anleiten ♦ *vpr* sich orientieren ◊ (*fig*) (*raccapezzarsi*) sich zurechtfinden
orientatìvo *a* orientierend
orientazióne *sf* Orientierung *f*
oriènte *sm* Osten *m* ◊ (*Asia*) Orient *m*
orifìzio *sm* Öffnung *f*, Mund *m*
orìgano *sm* (*bot*) Oregano *m*
originàle *a* original, ursprünglich, Original- ♦ *sm* Original *n*
originalità *sf* Originalität *f*
originàrio *a* (*persona*) stammend (*aus + dat*) ◊ (*primitivo*) ursprünglich, Ur-
orìgine *sf* Ursprung *m*
origliàre *vt/i* horchen
oriùndo *a* gebürtig (*aus + dat*), stammend (*aus + dat*)
orizzontàle *a* waag(e)recht, horizontal
orizzontàrsi *vpr* sich orientieren ◊ (*fig*) sich zurechtfinden
orizzónte *sm* Horizont *m* ◊ (*fig*) Gesichtskreis *m*
orlàre *vt* (*bordare*) umranden ◊ (*abb*) (ein)säumen

órlo *sm* Rand *m* ◇ *(abb)* Saum *m*
órma *sf (di persona)* Spur *f* ◇ *(di animale)* Fährte *f* ◇ *(fig)* Spur *f*
ormài *avv (ora)* nun ◇ *(già)* schon
ormeggiàre *vt (naut)* vertäuen, verankern
orméggio *(naut) sm (manovra)* Vertäuung *f* ◇ *(luogo)* Ankerplatz *m* ◇ *(pl)* Leinen *pl*
ormonàle *a* hormonal, Hormon-
ormóne *sm* Hormon *n*
ornamentàle *a* schmückend, Zier-
ornaménto *sm (azione)* Verzierung *f* ◇ *(oggetto)* Schmuck *m*
ornàre *vt* schmücken, verzieren
ornitologìa *sf* Vogelkunde *f*
òro *sm* Gold *n*
orografìa *sf* Orographie *f*
orologerìa *sf* Uhrwerk *n* ◆ *a o.* Uhrwerk-, Zeit-
orologiàio *sm (fabbricante)* Uhrmacher *m* ◇ *(venditore)* Uhrhändler *m*
orològio *sm* Uhr *f* ◆ *o. a pendolo* Pendeluhr *f*; *o. da polso* Armbanduhr *f*; *o. da tasca* Taschenuhr *f*; *o. da tavolo* Tischuhr *f*; *o. subacqueo* Taucheruhr *f*
oròscopo *sm* Horoskop *n*
orrìbile *a* schrecklich, grausig
òrrido *a* schauderhaft
orripilànte *a* haarsträubend
orróre *sm* Grausen *n*, Abscheu *f* ◆ *film dell'o.* Gruselfilm *m*
órso *sm (zool)* Bär *m* ◆ *o. bianco/bruno* Eis-/Braunbär *m*
ortàggio *sm* Gemüse *n*

517 / ospitare

ortènsia *sf (bot)* Hortensie *f*
ortìca *sf (bot)* Brennessel *f*
orticària *sf (med)* Nesselsucht *f*
òrto *sm* Gemüsegarten *m*
ortodossìa *sf* Orthodoxie *f*
ortodòsso *a* orthodox ◆ *sm* Orthodoxe *m/f*
ortogonàle *a* rechtwink(e)lig
ortografìa *sf* Rechtschreibung *f*
ortogràfico *a* orthographisch, orthografisch, Rechtschreib(e)-
ortopedìa *sf* Orthopädie *f*
ortopèdico *a* orthopädisch ◆ *sm* Orthopäde *m*
orzaiòlo *sm (med)* Gerstenkorn *n*
orzàre *vi (naut)* luven
òrzo *sm (bot)* Gerste *f*
osàre *vt/i* wagen
oscenità *sf* Unanständigkeit *f*
oscèno *a* unanständig, obszön
oscillàre *vi* schwingen, schwanken
oscillazióne *sf* Schwingung *f*, Schwanken *n*
oscurantìsmo *sm* Obskurantismus *m*
oscuràre *vt* verdunkeln, verfinstern
oscurità *sf* Dunkelheit *f*, Finsternis *f*
oscùro *a* dunkel, finster
ospedàle *sm* Krankenhaus *n*
ospedalièro *a* Krankenhaus-
ospitàle *a (persona)* gastfreundlich ◇ *(luogo)* gastlich
ospitalità *sf* Gastfreundschaft *f*
ospitàre *vt (dare ospitalità)* Gastfreundschaft gewähren ◇

ospite 518

(*accogliere*) aufnehmen, beherbergen

òspite *a* gastlich, Gast- ◆ *sm* (*chi è ospitato*) Gast *m* ◇ (*chi dà ospitalità*) Gastgeber *m*

ospizio *sm* (*per anziani*) Altersheim *n*

ossatùra *sf* Knochengerüst *n*, Gerippe *n*

òsseo *a* Knochen-

ossèquio *sm* Ehrfurcht *f*

osservànza *sf* Einhaltung *f*, Erfüllung *f* (*adempimento*)

osservàre *vt* (*osservare*) beobachten, betrachten ◇ (*rilevare*) bemerken ◇ (*rispettare, mantenere*) befolgen, einhalten ◇ (*obiettare*) einwenden

osservatóre *sm* Beobachter *m*, Betrachter *m*

osservatòrio *sm* Beobachtungsstation *f* ◆ *o. astronomico/meteorologico* Stern-/Wetterwarte *f*

osservazióne *sf* (*il guardare*) Beobachtung *f* ◇ (*considerazione*) Bemerkung *f* ◇ (*obiezione*) Einwand *m* ◆ *spirito d'o.* Beobachtungsgabe *f*

ossessionàre *vt* bedrängen

ossessionàto *a* besessen (*von* + *dat*)

ossessióne *sf* Wahn *m* ◇ (*psic*) Zwangsvorstellung *f*

ossessivo *a* Zwangs-

ossia *cong* oder

ossidàrsi *vpr* oxydieren

ossidazióne *sf* Oxydation *f*

òssido *sm* (*chim*) Oxyd *n*

ossigenàto *a* sauerstoffhaltig ◆ *acqua ossigenata* Wasserstoffsuperoxyd *n*

ossigeno *sm* (*chim*) Sauerstoff *m*

òsso *sm* Knochen *m*

ostacolàre *vt* behindern, hemmen

ostàcolo *sm* Hindernis *n* ◆ *corsa a ostacoli* (*sport*) Hindernisrennen *n*

ostàggio *sm* Geisel *m/f* ◆ *tenere in o.* als Geisel nehmen

òste *sm* Wirt *m*, Gastwirt *m*

osteggiàre *vt* bekämpfen

ostèllo *sm* Herberge *f* ◆ *o. della gioventù* Jugendherberge *f*

ostentàre *vt* hervorkehren, prahlen (*mit* + *dat*)

ostentazióne *sf* Prahlen *n* (*mit* + *dat*)

osteria *sf* Wirtshaus *n*

ostètrica *sf* Hebamme *f*, Geburtshelferin *f*

ostetricìa *sf* Geburtshilfe *f*

ostètrico *a* Entbindungs- ◆ *sm* Geburtshelfer *m*

òstia *sf* (*relig*) Hostie *f*

ostile *a* feindselig, feindlich ◆ *essere o. a qc* etwas ablehnen

ostilità *sf* Feindseligkeit *f*

ostinàto *a* hartnäckig, eigensinnig

ostinazióne *sf* Hartnäckigkeit *f*

òstrica *sf* (*zool*) Auster *f*

ostruire *vt* verstopfen, versperren (*sbarrare*)

ostruzióne *sf* Verstopfung *f*

ostruzionìsmo *sm* Obstruktion *f*, Widerstand *m*

otària *sf* (*zool*) Ohrenrobbe *f*

otite *sf* (*med*) Ohrenentzündung *f*
otorinolaringoiàtra *sm* Hals-Nasen-Ohren-Arzt *m*
ótre *sm* Schlauch *m*
ottàno *sm* (*chim*) Oktan *m*
ottànta *a* achtzig
ottàvo *a* achte
ottenére *vt* (*conseguire*) erreichen, erlangen ◇ (*ricevere*) erhalten ◇ (*ricavare*) gewinnen
òttica *sf* Optik *f*
òttico *a* optisch, Seh- ♦ *sm* Optiker *m*
ottimàle *a* optimal
ottimismo *sm* Optimismus *m*
ottimista *a* optimistisch ♦ *sm* Optimist *m*
ottimizzàre *vt* optimieren, verbessern
òttimo *a* sehr gut, ausgezeichnet
òtto *a* acht
ottóbre *sm* Oktober *m*
ottomàna *sf* Ottomane *f*
ottóne *sm* Messing *n* ◇ (*pl*) (*mus*) Blechinstrumente *pl*
otturàre *vt* (zu)stopfen ◇ (un dente) füllen, plombieren ♦ *vpr* sich verstopfen
otturatóre *sm* Verschluss *m*
otturazióne *sf* Verstopfung *f* ◇ (di un dente) Füllung *f*
ottùso *a* stumpf
ovàia *sf* (*anat*) Eierstock *m*
ovàle *a* oval
ovàtta *sf* Watte *f*
òvest *sm* Westen *m*
ovìle *sm* Schafstall *m*
ovìno *a* Schaf- ♦ *sm* Schaf *n*
ovìparo *a* eierlegend, ovipar
ovoidàle *a* eiförmig
ovulazióne *sf* Eisprung *m*, Ovulation *f*
òvulo *sm* (*biol*) Eizelle *f* ◇ (*bot*) Samenanlage *f*
ovùnque *avv* überall
ovviàre *vi* abhelfen
òvvio *a* selbstverständlich
oziàre *vi* faulenzen
òzio *sm* Müßiggang *m*, Untätigkeit *f*
ozòno *sm* (*chim*) Ozon *m/n* ● *buco dell'o.* Ozonloch *n*

P

pacchétto *sm* Päckchen *n*
pacchiàno *a* grob, ungeschlacht
pàcco *sm* Paket *n*
pàce *sf* Friede *m*
pace-maker *sm* Herzschrittmacher *m*
pacificàre *vt* beruhigen ♦ *vpr* sich versöhnen
pacificazióne *sf* Befriedung *f*, Versöhnung *f*
pacifico *a* friedlich
pacifismo *sm* Pazifismus *m*
pacifista *a* pazifistisch ♦ *sm* Pa-

padella

zifist m ● *movimento p.* Friedensbewegung f
padèlla sf Pfanne f
padiglióne sm Pavillon m ◇ *(negli ospedali)* Gebäude n ◇ *(nelle fiere)* Halle f ● *p. auricolare* Hörmuschel f
pàdre sm Vater m ◇ *(relig)* Pater m
padrìno sm Pate m
padronànza sf Herrschaft f ◇ *(conoscenza perfetta)* Beherrschung f
padróne sm Herr m ◇ *(proprietario)* Besitzer m ◇ *(imprenditore)* Arbeitgeber m ● *p. di casa* Hausherr m
paesàggio sm Landschaft f
paesàno a dörflich, Dorf- ♦ sm Dorfbewohner m, Landbewohner m
paése sm *(nazione)* Land n ◇ *(centro abitato)* Dorf n, Ort m
pàga sf Lohn m ● *busta p.* Lohntüte f
pagàia sf Paddel n
pagaménto sm Zahlung f ● *p. anticipato* Vorauszahlung f; *p. a rate* Ratenzahlung f; *p. in contanti* Barzahlung f
pagàno a heidnisch, Heiden- ♦ sm Heide m
pagàre vt zahlen, bezahlen
pagèlla sf Zeugnis n
pàgina sf Seite f ● *girare p.* umblättern
pàglia sf Stroh n
pagliàccio sm Hanswurst m
pagliàio sm *(mucchio di paglia)* Strohhaufen m

pagnòtta sf Brotlaib m
pagòda sf Pagode f
pàio sm Paar n ● *un p. di* ein paar, einige; *un p. di pantaloni* eine Hose
paiòlo sm Kessel m
pàla sf Schaufel f ◇ *(dell'elica)* Schaufel f ◇ *(arte)* Tafel f
paladìno sm *(stor)* Paladin m ◇ *(fig)* Beschützer m
palafìtta sf Pfahlbau m
palanchìno sm Hebeeisen n
palàto sm *(anat)* Gaumen m
palàzzo sm Palast m ◇ *(edificio civile)* Gebäude n
pàlco sm *(teat)* Loge f
palcoscènico sm Bühne f
paleografìa sf Paläographie f
paleògrafo sm Paläograph m
paleolìtico a altsteinzeitlich, paläolithisch ♦ sm Altsteinzeit f
palése a offenbar
palèstra sf Turnhalle f ◇ *(di fitness)* Fitness-Center n
palétta sf *(giocattolo)* Sandschaufel f ◇ *(di carabinieri e sim)* Kelle f
palétto sm Pflock m
pàlio sm Palio m ● *essere in p.* ausgesetzt sein; *mettere in p.* als Preis aussetzen
palizzàta sf Palisade f, Pfahlzaun m
pàlla sf Ball m, Kugel f *(sfera)*
pallacanèstro sf *(sport)* Basketball m
pallamàno sf *(sport)* Handball m
pallanuòto sf *(sport)* Wasserball m
pallavólo sf *(sport)* Volleyball m

palliativo *sm* (*med*) Linderungsmittel *n* ◇ (*fig*) Trostpflaster *n*
pàllido *a* blass, bleich
pallóne *sm* Spielball *m*, Fußball *m* ◇ (*aer*) Ballon *m*
pallóre *sm* Blässe *f*
pallòttola *sf* Kugel *f*, Geschoss *n*
pallottolière *sm* Rechenbrett *n*
pàlma *sf* (*bot*) Palme *f*
palmipede *sm* (*zool*) Schwimmvogel *m*
pàlmo *sm* (*della mano*) Handfläche *f* ◇ (*fig*) (*unità di misura*) Spanne *f*
pàlo *sm* Pfahl *m*
palombàro *sm* Taucher *m*
palpàre *vt* betasten, befühlen
pàlpebra *sf* (*anat*) Augenlid *n*
palpitàre *vi* schlagen, klopfen
palpitazióne *sf* Herzklopfen *n*
palùde *sf* Sumpf *m*, Moor *n*
paludóso *a* sumpfig, moorig
pànca *sf* Bank *f*
pancarrè *sm* Kastenbrot *n*
pancétta *sf* (*cuc*) Bauchspeck *m* ● *p. affumicata* Räucherspeck *m*
panchìna *sf* Gartenbank *f* ◇ (*sport*) Reservebank *f*
pància *sf* Bauch *m* ● *mal di p.* Bauchschmerzen *pl*
panciéra *sf* Bauchbinde *f*
pàncreas *sm* (*anat*) Pankreas *n*
pandemònio *sm* großes Durcheinander *n*
pàne *sm* Brot *n* ● *p. di segale* Roggenbrot *n*; *p. fresco/raffermo* frisch gebackenes/altes Brot; *p. grattato* Semmelmehl *n*; *p. integrale* Schrotbrot *n*, Vollkornbrot *n*
panegìrico *sm* Lobrede *f*
panettería *sf* Bäckerei *f*
panettière *sm* Bäcker *m*
pànico *sm* Panik *f*
panière *sm* Korb *m*
panifìcio *sm* Bäckerei *f*
panìno *sm* Brötchen *n*, Semmel *f* ● *p. imbottito* belegtes Brötchen
pànna *sf* Sahne *f*, Rahm *m* ● *p. montata* Schlagsahne *f*
pannèllo *sm* Paneel *n* ◇ (*tabellone*) Tafel *f* ● *p. isolante* Isolierplatte *f*; *p. solare* Sonnenkollektor *m*
pànno *sm* Tuch *n* ◇ (*pl*) (*biancheria*) Wäsche *f*
pannòcchia *sf* (*bot*) Rispe *f*, Kolben *m*
pannolìno *sm* (*assorbente igienico*) Damenbinde *f* ◇ (*per bambini*) Windel *f*
panoràma *sm* Aussicht *f*, Panorama *n*
panoràmica *sf* Überblick *m* ◇ (*strada*) Aussichtsstraße *f*
panoràmico *a* Aussichts-
pantalóni *sm pl* Hose *f sing*
pantàno *sm* Morast *m*
panteísmo *sm* Pantheismus *m*
pantèra *sf* (*zool*) Panther, Panter *m*
pantòfola *sf* Hausschuh *m*, Pantoffel *m*
pantomìma *sf* Pantomime *f*
paonàzzo *a* violett, blau
pàpa *sm* Papst *m*
papà *sm* Papi *m*, Vati *m*

papàle *a* päpstlich
papàto *sm* (*istituzione*) Papsttum *n*, Papat *n* ◊ (*periodo*) Regierungszeit *f* eines Papstes
papàvero *sm* (*bot*) Mohn *m*
pàpera *sf* (*zool*) Gans *f* ◊ (*fig*) (*errore*) Versprecher *m* ● *fare una p.* sich versprechen
papìlla *sf* (*anat*) Papille *f*
papìro *sm* Papyrus *m*
pappagàllo *sm* (*zool*) Papagei *m*
pàprica *sf* Paprika *m*
paràbola *sf* (*racconto*) Parabel *f*, Gleichnis *n* ◊ (*mat*) Parabel *f*
parabrèzza *sm* (*aut*) Windschutzscheibe *f*
paracadutàrsi *vpr* mit Fallschirm abspringen
paracadùte *sm* Fallschirm *m*
paracadutìsmo *sm* Fallschirmspringen *n*
paracàrro *sm* Prellstein *m*
paradìgma *sm* (*gramm*) Paradigma *n*
paradìso *sm* Himmel *m*, Paradies *n*
paradossàle *a* paradox, widersinnig
paradòsso *sm* Paradox(on) *n*
parafàngo *sm* Kotflügel *m*
parafrasàre *vt* umschreiben
paràfrasi *sf* Umschreibung *f*, Paraphrase *f*
parafùlmine *sm* Blitzableiter *m*
paragonàbile *a* vergleichbar (*mit* + *dat*)
paragonàre *vt* vergleichen (*mit* + *dat*)
paragóne *sm* Vergleich *m*

paràgrafo *sm* Paragraph, Paragraf *m*, Abschnitt *m*
paràlisi *sf* Lähmung *f*
paralìtico *sm* Paralytiker *m*
paralizzàre *vt* lähmen ◊ (*fig*) lahm legen
parallèla *sf* (*mat*) Parallele *f* ◆ *sf pl* (*sport*) Barren *m*
parallèlo *a* parallel ◆ *sm* (*geogr*) Parallelkreis *m* ◊ (*fig*) Vergleich *m*, Parallele *f*
paralùme *sm* Lampenschirm *m*
paràmetro *sm* Parameter *m* ◊ (*fig*) Maßstab *m*
paranòia *sf* (*psic*) Paranoia *f*
paranòico *a* paranoisch ◆ *sm* Paranoiker *m*
paranormàle *a* paranormal
paraòcchi *sm* Scheuklappe *f*
parapendìo *sm* Paragliding *n*
parapètto *sm* Brüstung *f*
paràre *vt* (*un colpo e sim*) abwehren ◊ (*sport*) abfangen ◊ (*ornare*) schmücken
parassìta *sm* Parasit *m*, Schmarotzer *m* (*anche fig*) ◆ *a* schmarotzerhaft, Schmarotzer-
parastìnchi *sm* (*sport*) Schienbeinschützer *m*
paràta *sf* (*sfilata*) Parade *f*, Umzug *m* ◊ (*sport*) Abwehr *f*
paràtia *sf* (*naut*) Schott *n*
paraùrti *sm* (*aut*) Stoßstange *f*
paravènto *sm* Wandschirm *m*
parcèlla *sf* Honorar *n*
parcheggiàre *vt* parken
parchéggio *sm* Parkplatz *m*
parchìmetro *sm* Parkuhr *f*
pàrco *sm* Park *m*
parécchio *a* ziemlich viel

parèggiàre *vt* ebnen, ausgleichen ♦ *vi* (*sport*) unentschieden spielen
paréggio *sm* (*fin*) Ausgleich *m* ◇ (*sport*) Unentschieden *n*, Ausgleich *m*
parènte *sm/f* Verwandte *m/f*
parentèla *sf* Verwandtschaft *f*
parèntesi *sf* (*segno grafico*) Klammer *f* ◇ (*pausa*) Zwischenzeit *f*
parére (1) *vi* scheinen, aussehen ♦ *vimp* scheinen, vorkommen ♦ *a quanto pare* anscheinend
parére (2) *sm* Meinung *f* ♦ *a mio p.* meiner Meinung nach
paréte *sf* Wand *f*
pàri *a/avv* gleich ◇ (*numero*) gerade ♦ *sm/f* Gleichgestellte *m/f* ♦ *fare a p. e dispari* auslosen
parificàre *vt* gleichstellen
parificàto *a* gleichgestellt ◇ (*scuola*) staatlich anerkannt
parità *sf* Gleichberechtigung *f* ◇ (*sport*) Unentschieden *n*
parlamentàre *a* parlamentarisch, Parlaments- ♦ *sm* Parlamentarier *m*
parlaménto *sm* Parlament *n*
parlàre *vt/i* sprechen, reden
parlàta *sf* (*modo di parlare*) Sprechweise *f*, Aussprache *f* ◇ (*lingua*) Mundart *f*
parodìa *sf* Parodie *f*
parodiàre *vt* parodieren
paròla *sf* Wort *n* ◇ (*facoltà di parlare*) Sprache *f*, Sprechvermögen *n*

paròlàccia *sf* Schimpfwort *n*
paròtide *sf* (*anat*) Parotis *f*
parotìte *sf* Ziegenpeter *m*
parquet *sm* Parkett *n*
parròcchia *sf* Pfarre *f*, Pfarrei *f* ◇ (*edificio*) Pfarrhaus *n*
parrocchiàle *a* Pfarr-
pàrroco *sm* Pfarrer *m*
parrùcca *sf* Perücke *f*
parrucchière *sm* Friseur *m*
parsimònia *sf* Sparsamkeit *f*
parsimonióso *a* sparsam
pàrte *sf* Teil *m* ◇ (*lato*) Seite *f* ◇ (*fazione*) Seite *f*, Partei *f* ◇ (*teat*) Rolle *f* ◇ (*pl*) (*regione*) Gegend *f* ♦ *a p.* getrennt; *da ogni p.* überall; *da una p. ... dall'altra* einerseits... andererseits; *in p.* zum Teil
partecipànte *sm* Teilnehmer *m*
partecipàre *vi* teilnehmen (*an* + *dat*) ◇ (*contribuire*) beitragen (*zu* + *dat*)
partecipazióne *sf* Teilnahme *f*
partécipe *a* beteiligt
parteggiàre *vi* Partei nehmen
partènza *sf* Abreise *f*, Aufbruch *m* ◇ (*di veicoli*) Abfahrt *f*, (*aer*) Abflug *m* ◇ (*sport*) Start *m*
particèlla *sf* (*fis*) Teilchen *n* ◇ (*gramm*) Partikel *f*
particìpio *sm* (*gramm*) Partizip *n*, Mittelwort *n*
particolàre *a* (*specifico*) besonder ◇ (*strano*) merkwürdig, sonderbar ♦ *sm* (*dettaglio*) Einzelheit *f* ♦ *caso p.* Sonderfall *m*; *in p.* im Einzelnen
particolarità *sf* Besonderheit *f* ◇ (*caratteristica*) Eigenheit *f*

partigiàno *a* Partisanen- ◆ *sm* (*stor*) Partisan *m*, Widerstandskämpfer *m*
partire *vi* (*andarsene*) weggehen ◇ (*per un viaggio*) abreisen, abfahren ◇ (*sport*) starten ◇ (*fig*) (*avere inizio*) beginnen • *a p. da* ab
partita *sf* Spiel *n* ◇ (*comm*) Posten *m*
partito *sm* Partei *f*
partitùra *sf* (*mus*) Partitur *f*
partizióne *sf* Teilung *f*
partner *sm* Partner *m*
pàrto *sm* Geburt *f*, Entbindung *f* • *sala p.* Entbindungsraum *m*
partoriènte *sf* Wöchnerin *f*
partorire *vt* gebären ◇ (*animali*) werfen
parziàle *a* partiell, Teil- ◇ (*non obiettivo*) parteiisch
parzialità *sf* Parteilichkeit *f*
pascolàre *vt/i* weiden
pàscolo *sm* Weide *f*
pàsqua *sf* Ostern *n*
pasquàle *a* österlich, Oster-
pasquétta *sf* Ostermontag *m*
passàbile *a* annehmbar
passàggio *sm* Durchreise *f* ◇ (*il passare attraverso*) Durchgang *m* ◇ (*il passare oltre*) Übergang *m* ◇ (*sport*) Pass *m* • *offrire un p. a qn* jemanden im Auto mitnehmen; *p. a livello* Bahnübergang *m*; *p. pedonale* Fußgängerüberweg *m*; *di p.* auf der Durchreise
passànte *sm* Fußgänger *m*
passapòrto *sm* Pass *m*
passàre *vt* (*attraversare*) überschreiten, durchfahren ◇ (*porgere*) reichen ◇ (*trascorrere*) verbringen ◇ (*al telefono*) verbinden (*mit* + *dat*) ◆ *vi* vorbeigehen, vorbeifahren (*veicoli*) ◇ (*trascorrere*) vergehen ◇ (*cessare*) aufhören ◇ (*sport*) zuspielen
passatèmpo *sm* Zeitvertreib *m*
passàto *a* vergangen ◇ (*scorso*) vorig ◆ *sm* Vergangenheit *f* ◇ (*cuc*) Brei *m* ◇ (*gramm*) Vergangenheit *f*, Perfekt *n*
passatóia *sf* Läufer *m*
passeggèro *a* vorübergehend ◆ *sm* Passagier *m*, Reisende *m/f*
passeggiàre *vi* spazieren gehen
passeggiàta *sf* Spaziergang *m*
passeggìno *sm* Kinderwagen *m*
passéggio *sm* Spaziergang *m* ◇ (*luogo*) Promenade *f* • *andare a p.* spazieren gehen
passe-partout *sm* Hauptschlüssel *m*
passerèlla *sf* (*naut*) Gangway *f* ◇ (*per sfilate*) Laufsteg *m*
pàssero *sm* (*zool*) Spatz *m*, Sperling *m*
passionàle *a* leidenschaftlich
passióne *sf* Leidenschaft *f* ◇ (*dedizione*) Hingabe *f*
passività *sf* Passivität *f*
passìvo *a* passiv, untätig ◆ *sm* (*gramm*) Passiv *n* ◇ (*fin*) Verlust *m*
pàsso *sm* Schritt *m* ◇ (*brano*) Stelle *f* ◇ (*valico*) Pass *m* • *a p. d'uomo* im Schritt; *p. carrabile* Einfahrt freihalten!; *p. carraio* Einfahrt *f*

pàsta *sf* Teig *m*, Nudeln *pl*
pastasciùtta *sf* Pasta *f*
pastèllo *sm* Buntstift *m*, Pastellstift *m*
pastìcca *sf* Pastille *f*, Tablette *f*
pasticceria *sf* Konditorei *f*
pasticciàre *vt* (*eseguire male*) hudeln ◊ (*sporcare*) beschmieren
pasticcière *sm* Konditor *m*
pasticcìno *sm* Feingebäck *n*
pastìccio *sm* (*cuc*) Pastete *f* ◊ (*fig*) (*cosa fatta male*) Hudelei *f* ◊ (*situazione intricata*) Verwick(e)lung *f* ◊ (*guaio*) Patsche *f*
pasticcióne *sf* Pfuscher *m*
pastìglia *sf* Pastille *f*, Pille *f*
pastìna *sf* Suppennudeln *pl* ● **p. in brodo** Nudelsuppe *f*
pàsto *sm* Mahlzeit *f* ● *a p.* bei/zu Tisch; *da p.* Tisch-
pastoràle *a* Hirten-
pastóre *sm* Hirt *m*
pastorìzia *sf* Schafzucht *f*
pastorizzàto *a* pasteurisiert
pastóso *a* (*fig*) weich
patàta *sf* Kartoffel *f* ● *patate fritte* Pommes frites *pl*
paté *sm* Pastete *f*
patènte *sf* (*aut*) Führerschein *m* ● **p. europea** europäischer Führerschein *m*, Europaführerschein *m*
paternità *sf* Vaterschaft *f*
patèrno *a* väterlich, Vater-
patètico *a* pathetisch
patìbolo *sm* Schafott *n*
pàtina *sf* Belag *m*, Schicht *f*
patinàto *a* patiniert
patìre *vt* erleiden

patologìa *sf* Pathologie *f*
patòlogo *sm* Pathologe *m*
pàtria *sf* Heimat *f*, Vaterland *n*
patriàrca *sm* Patriarch *m*, Erzvater *m*
patrìgno *sm* Stiefvater *m*
patrimònio *sm* (*di denaro*) Vermögen *n* ◊ (*fig*) Bestand *m*, Schätze *pl* ● **p. dell'umanità** Kulturerbe der Menschheit, Weltkulturerbe *n*
patriòta *sm* Patriot *m*
patriottìsmo *sm* Patriotismus *m*
patrìzio *a* patrizisch ♦ *sm* Patrizier *m*
patróno *sm* Schutzherr *m*
pattinàggio *sm* (*su ghiaccio*) Eislauf *m* ◊ (*a rotelle*) Rollschuhlauf *m*
pattinàre *vi* (*su ghiaccio*) Eis laufen ◊ (*a rotelle*) Rollschuh laufen
pattinatóre *sm* (*su ghiaccio*) Eisläufer *m* ◊ (*a rotelle*) Rollschuhläufer *m*
pàttino (1) *sm* (*su ghiaccio*) Schlittschuh *m* ◊ (*a rotelle*) Rollschuh *m*
pattìno (2) *sm* (*naut*) Wasserschlitten *m*
pàtto *sm* Vereinbarung *f*
pattùglia *sf* (*mil*) Patrouille *f* ◊ (*aer*) Staffel *f*
pattuìre *vt* vereinbaren
pattùme *sm* Müll *m*
pattumièra *sf* Mülleimer *m*
paùra *sf* Furcht *f*, Angst *f* ● *avere p. di qn/qc* vor jemandem/etwas Angst haben, sich vor jemandem/etwas fürchten

pauróso *a* (*che ha paura*) ängstlich, furchtsam ◊ (*che mette paura*) fürchterlich
pàusa *sf* Pause *f*
pavimentàre *vt* den Fußboden verlegen
pavimentazióne *sf* Verlegung *f*
paviménto *sm* Fußboden *m*
pavóne *sm* (*zool*) Pfau *m*
pazientàre *vi* Geduld haben, sich gedulden
paziènte *a* geduldig ♦ *sm* Patient *m*
paziènza *sf* Geduld *f*, Duldsamkeit *f* ● *avere p.* geduldig sein
pazzésco *a* verrückt, irrsinnig
pazzìa *sf* Wahnsinn *m* ◊ (*azione*) Tollheit *f*
pàzzo *a* wahnsinnig, verrückt ♦ *sm* Wahnsinnige *m/f*
peccaminóso *a* sündig ◊ (*voluttuoso*) lüstern, wollüstig
peccàre *vi* (*relig*) sündigen, sich vergehen ◊ (*mancare*) fehlen (*an + dat*)
peccàto *sm* Sünde *f* ♦ *inter* schade
péce *sf* Pech *n*
pècora *sf* Schaf *n*
pedàggio *sm* Wegegeld *n*, Mautgebühr *f* ◊ (*autostradale*) Autobahngebühr *f*
pedagogìa *sf* Pädagogik *f*
pedagògo *sm* Pädagoge *m*
pedalàre *vi* aufs Pedal treten, Rad fahren
pedàle *sm* Pedal *n* ● *a pedali* Tret-; *p. del freno* Bremspedal *n*

pedàna *sf* Trittbrett *n* ◊ (*sport*) Sprungbrett *n*
pedànte *a* pedantisch ♦ *sm* Pedant *m*
pedanterìa *sf* Pedanterie *f*, Schulmeisterei *f*
pedàta *sf* Fußtritt *m*
pediàtra *sm/f* Kinderarzt *m*
pediatrìa *sf* Kinderheilkunde *f*
pedicùre *sf/f* Fußpfleger *m* ♦ *sm* Fußpflege *f*
pedìna *sf* Spielstein *m*
pedinàre *vt* beschatten
pedofilìa *sf* (*psic*) Pädophilie *f*
pedòfilo *sm* (*psic*) Pädophile *m/f*
pedonàle *a* Fußgänger-
pedóne *sm* Fußgänger *m*
pèggio *avv* schlechter, schlimmer ♦ *a* schlechter ♦ *sm* Schlimmste *n*
peggiorménto *sm* Verschlechterung *f*, Verschlimmerung *f*
peggioràre *vt* verschlechtern, verschlimmern ♦ *vi* sich verschlechtern, schlechter werden ◊ (*malato*) schlechter gehen
peggióre *a* schlechter, übler ♦ *sm/f* Schlechteste *m/f*
pégno *sm* Pfand *n* ● *dare in p.* verpfänden
pelàre *vt* schälen
pelàto *a* (*sbucciato*) geschält ◊ (*fam*) (*calvo*) kahl, haarlos
pèlle *sf* Haut *f* ◊ (*cuoio*) Leder *n* ● *avere la p. d'oca* Gänsehaut *f* haben
pellegrinàggio *sm* Pilgerfahrt *f* ● *andare in p.* pilgern
pellegrìno *sm* Pilger *m*

pelletterìa sf Lederwarengeschäft n
pellicàno sm (zool) Pelikan m
pellìccia sf Pelz m, Pelzmantel m ● **p. ecològica** Pelzimitation f, Webpelz m
pellìcola sf Film m, (cin) Bildstreifen m ◊ (strato sottile) Belag m, Schicht f ● **p. a colori** Farbfilm m
pélo sm Haar n ◊ (pelame) Fell n
pelóso a haarig, behaart
péltro sm Hartzinn n
péna sf (dolore) Kummer m, Leid n ◊ (preoccupazione) Sorge f ◊ (punizione) Strafe f ● **a mala p.** mit Mühe und Not; **fare p.** Leid tun; **non vale la p.** es lohnt sich nicht; **p. di morte** Todesstrafe f
penàle a strafrechtlich, Straf-
penalità sf Strafe f ◊ (sport) Strafpunkt m
penalizzàre vt (sport) Strafpunkte erteilen (+ dat)
penalizzazióne sf (sport) Strafpunkt m
pendènte a (che pende) hängend ◊ (inclinato) schief
pendènza sf Gefälle n ◊ **in p.** geneigt
pèndere vi hängen (an + dat)
pendìo sm Abhang m
pendolàre a Pendel- ● sm Pendler m ● **fare il p.** pendeln
pèndolo sm Pendel n ◊ (orologio) Pendeluhr f
pène sm (anat) Penis m
penetràre vi eindringen
penetrazióne sf Eindringung f

penicillìna sf Penizillin n
peninsulàre a Halbinsel-
penìsola sf Halbinsel f
penitènte sm/f Büßende m/f
penitènza sf Buße f ◊ (punizione) Strafe f
penitenziàrio a Gefängnis- ● sm Gefängnis n, Haftanstalt f
pénna sf Feder f ● **p. a sfera** Kugelschreiber m; **p. stilogràfica** Füllfederhalter m
pennellàta sf Pinselstrich m
pennèllo sm Pinsel m ● **a p.** haargenau
penninò sm Schreibfeder f
penómbra sf Halbschatten m
penóso a schmerzlich, peinlich (imbarazzante)
pensàre vt denken (an + acc), überlegen ● vi nachdenken (über + acc)
pensatóre sm Denker m
pensièro sm Gedanke m ◊ (mente) Gedanken m ◊ (dottrina) Lehre f ● **essere in p. per qn/qc** in Sorge um jemanden/etwas sein; **essere sopra p.** zerstreut sein
pensieróso a nachdenklich
pènsile a hängend ● sm Hängeschrank m ● **giardino p.** Dachgarten m
pensilìna sf Schutzdach n ◊ (ferr) Bahnsteigdach n
pensionaménto sm Pensionierung f
pensionàto sm (persona) Rentner m, Pensionär m ◊ (istituto) Heim n, Pension f
pensióne sf (albergo) Pension f

pentagramma   **528**

◇ *(rendita)* Rente *f*, Pension *f* ● *andare in p.* in Pension gehen; *mezza p.* Halbpension *f*; *p. completa* Vollpension *f*; *p. sociale* Sozialrente *f*

pentagràmma *sm (mus)* Notenliniensystem *n*

pentecòste *sf* Pfingsten *n*

pentiménto *sm* Reue *f*

pentirsi *vpr* bereuen (+ *acc*)

pentito *a* reuevoll

péntola *sf* Topf *m* ● *p. a pressione* Dampfkochtopf *m*, Schnellkochtopf *m*

pentolino *sm* Töpfchen *n*

penùltimo *a* vorletzt

penùria *sf* Mangel *m*, Not *f*

penzolàre *vi* herabhängen, baumeln

pepàto *a* gepfeffert

pépe *sm* Pfeffer *m*

peperonàta *sf (cuc)* gedünstete Paprikaschoten *pl*

peperoncìno *sm (bot)* Paprikaschote *f* ◇ *(cuc)* scharfer Paprika *m*

peperóne *sm* Pfefferschote *f*, Paprikaschote *f*

per *prep (scopo)* für (+ *acc*), zu (+ *dat*), um (+ *acc*) ◇ *(moto per luogo)* durch (+ *acc*) ◇ *(tempo continuato)* hindurch (+ *acc*), während (+ *gen*) ◇ *(per mezzo di)* durch (+ *acc*), mit (+ *dat*) ◇ *(solo per cose)* wegen (+ *gen*) ◇ *(causa)* wegen (+ *gen*) ◇ *(prezzo)* für (+ *acc*), um (+ *acc*) ◇ *(mat)* mal (+ *acc*) ◇ *(nelle moltiplicazioni)*, geteilt durch (+ *acc*) ◇ *(nelle divisioni)* ◆ *cong (finale, consecutivo)* um zu ◇ *(causale)* weil, da ● *p. terra* auf dem Boden *(stato)*, auf den Boden *(moto)*; *p. cento* Prozent; *stare p. fare qc* im Begriff sein, etwas zu tun

péra *sf (bot)* Birne *f*

peràltro *avv* allerdings

perbàcco *inter* Donnerwetter

perbène *a/avv* anständig

percènto *sm* Prozent *m*

percentuàle *sf* Prozentsatz *m*

percepìre *vt* wahrnehmen *(con gli occhi)*, vernehmen *(con l'udito)* ◇ *(fig) (accorgersi)* (be-)merken ◇ *(denaro)* beziehen

percezióne *sf* Wahrnehmung *f*

perché *avv (nelle interrogazioni)* warum, wieso ◆ *cong (causale)* weil, da ◇ *(finale)* damit ◇ *(consecutivo)* als, dass ◆ *sm* Warum *n*, Grund *m*

perciò *cong* daher, deshalb

percorrènza *sf* Strecke *f*

percórrere *vt* zurücklegen ◇ *(attraversare)* durchlaufen, durchfahren *(con un veicolo)*

percorribile *a* zurücklegbar, befahrbar *(di strada)*

percórso *sm (viaggio)* Fahrt *f* ◇ *(tratto percorso)* Strecke *f* ● *p. vita* Trimm-dich-Pfad *m*

percòssa *sf* Schlag *m*

percuòtere *vt* schlagen

percussióne *sf* **strumenti a p.** *(mus)* Schlaginstrumente *pl*

perdènte *a* verlierend ◆ *sm* Verlierer *m*

pèrdere *vt* verlieren ◇ *(smarrire)* verlegen ◇ *(treno e sim)* verpassen, versäumen ◇ *(tempo)*

permanente

vergeuden ♦ *vi (essere sconfitto)* verlieren ◊ *(colare)* lecken ♦ *vpr (smarrirsi)* sich verirren ● *lasciar p.* es laufen lassen; *p. di vista* aus den Augen verlieren; *p. il colore* verblassen; *p. l'anno (a scuola)* sitzen bleiben; *p. la strada* vom Weg abkommen
pèrdita *sf* Verlust *m* ◊ *(fuga)* Leck *n* ● *essere in p.* Verluste verzeichnen
perdonàre *vt* verzeihen, vergeben
perdóno *sm* Verzeihung *f*, Vergebung *f* ● *chiedere p. a qn* jemanden um Verzeihung bitten
perènne *a* ewig, dauernd
perentòrio *a* endgültig
perfètto *a* perfekt, tadellos, vollkommen ♦ *sm (gramm)* Perfekt *n*
perfezionaménto *sm* Vollendung *f*, Verbesserung *f*
perfezionàre *vt* vollenden, verbessern ♦ *vpr* sich fortbilden
perfezióne *sf* Vollendung *f*, Vollkommenheit *f* ● *alla p.* vollkommen
perfezionista *sm* Perfektionist *m*
perfidia *sf* Bösartigkeit *f*
pèrfido *a* heimtückisch, boshaft
perfino *avv* sogar
perforàre *vt* durchlöchern, durchbohren
perforazióne *sf* Durchlöcherung *f*, Bohrung *f*
pergamèna *sf* Pergament *n*
pergolàto *sm* Laube *f*

pericolànte *a* einsturzgefährdet, baufällig
pericolo *sm* Gefahr *f* ● *in caso di p.* bei Gefahr
pericolóso *a* gefährlich
periferia *sf* Vorort *m*, Stadtrand *m*
perifèrico *a* Rand-
perifrasi *sf* Umschreibung *f*
perimetràle *a* Außen-
perimetro *sm (geom)* Umfang *m*
periodicità *sf* Zeitabstand *m*
periòdico *a* periodisch, Zeit- ♦ *sm* Zeitschrift *f*
periodo *sm* Periode *f*, Zeitraum *m* ◊ *(gramm)* Periode *f*, Satzgefüge *n*
peripezia *sf* Wechselfall *m*, Schicksalsschlag *m*
periscòpio *sm* Periskop *n*
perito *sm (esperto)* Sachverständige *m/f*, Gutachter *m*
peritonèo *sm (anat)* Bauchfell *n*
peritonite *sf* Bauchfellentzündung *f*
perizia *sf* Geschicktheit *f* ◊ *(dir) (esame)* Gutachten *n*
pèrla *sf* Perle *f*
perlina *sf (rivestimento in legno)* Spundbrett *n*
perlomèno *avv* wenigstens
perlopiù *avv* meistens
perlustràre *vt* absuchen, durchsuchen
perlustrazióne *sf* Durchsuchung *f*
permalóso *a* übelnehmerisch, empfindlich
permanènte *a* dauernd, bleibend ◊ *(fisso)* ständig ♦ *sf* Dau-

permanenza 530

erwelle *f* • **farsi la p.** sich eine Dauerwelle machen lassen
permanènza *sf* (*il perdurare*) Fortdauer *f* ◇ (*soggiorno*) Aufenthalt *m*
permanére *vi* bleiben
permeàbile *a* durchlässig
permésso *sm* (*autorizzazione*) Erlaubnis *f* ◇ (*congedo*) Urlaub *m* • **chiedere il p. di fare qc** um die Erlaubnis fragen, etwas zu tun; **p.!** gestatten Sie?; **p. di soggiorno** Aufenthaltsgenehmigung *f*
perméttere *vt* erlauben, gestatten ◆ *vpr* sich leisten, sich erlauben • **permette?** gestatten Sie?
permissivo *a* permissiv
permuta *sf* (*scambio*) Eintausch *m*, Umtausch *m* ◇ (*contratto*) Tauschvertrag *m*
permutàre *vt* umtauschen, eintauschen
pernìce *sf* (*bot*) Rebhuhn *n*
pèrno *sm* Stift *m*
pernottaménto *sm* Übernachten *n*
pernottàre *vi* übernachten
péro *sm* (*bot*) Birnbaum *m*
però *cong* aber, jedoch
peróne *sm* (*anat*) Wadenbein *n*
perpendicolàre *a* senkrecht
perpètuo *a* (*che dura tutta la vita*) lebenslänglich ◇ (*eterno*) ewig
perplessità *sf* Unschlüssigkeit *f*
perplèsso *a* unentschlossen, unschlüssig
perquisìre *vt* durchsuchen

perquisizióne *sf* Durchsuchung *f*
persecutóre *sm* Verfolger *m*
persecuzióne *sf* Verfolgung *f*
perseguìre *vt* verfolgen
perseguitàre *vt* verfolgen ◇ (*molestare*) belästigen
perseverànza *sf* Ausdauer *f*
perseveràre *vi* ausdauern, beharren
persiàna *sf* Fensterladen *m*
pèrsico *sm* (*zool*) Flussbarsch *m*
persìno *avv* sogar
persìstere *vi* bestehen (*auf + acc*), verharren (*auf + dat*), weiter bestehen (*auf + dat*)
persóna *sf* Person *f*, Mensch *m* (*uomo*) • **di p.** persönlich
personàggio *sm* (*persona importante*) Persönlichkeit *f* ◇ (*protagonista*) Gestalt *f*, Person *f*
personàle *a* persönlich
personalità *sf* Persönlichkeit *f*
personalizzàre *vt* persönlich gestalten
personificàre *vt* verkörpern
personificazióne *sf* Verkörperung *f*
perspicàce *a* scharfsinnig
perspicàcia *sf* Scharfsinn *m*
persuadére *vt* überzeugen, überreden ◆ *vpr* sich überzeugen
persuasióne *sf* Überzeugung *f*
persuasìvo *a* überzeugend
pertànto *cong* daher, deshalb
pèrtica *sf* Stange *f*
pertinènte *a* (*che spetta*) zuge-

hörig (+ *dat*), zuständig (+ *dat*) ◇ (*appropriato*) passend
pertinénza *sf* Zugehörigkeit *f*
pertósse *sf* (*med*) Keuchhusten *m*
perturbazióne *sf* (*meteor*) Störung *f*
pervenìre *vi* (an)kommen, gelangen ◆ *far p.* zukommen lassen
perversióne *sf* Perversion *f*
pervèrso *a* pervers, verderbt
pésa *sf* Wiegen *n*
pesànte *a* schwer ◇ (*faticoso*) beschwerlich ◇ (*indigesto*) schwer verdaulich
pesantézza *sf* Schwere *f*, Schweregefühl *n* ◇ (*di stomaco*) Völlegefühl *n*
pesàre *vt* (ab)wiegen, wägen (*ponderare*) ◆ *vi* wiegen ◆ *quanto pesa?* (*persona*) wie viel wiegen Sie?, (*cosa*) wie schwer ist es?
pèsca *sf* (*bot*) Pfirsich *m*
pésca *sf* Fischen *n*, Fischerei *f*
pescàre *vt* fischen, angeln (*anche fig*)
pescatóre *sm* Fischer *m* ◆ *p. subacqueo* Unterwasserjäger *m*
pésce *sm* (*zool*) Fisch *m* ◇ (*pl*) (*astr*) Fische *pl*
pescecàne *sm* (*zool*) Hai *m*
pescheréccio *a* Fischerboot *n*
pescherìa *sf* Fischhandlung *f*
pescivéndolo *sm* Fischhändler *m*
pèsco *sm* (*bot*) Pfirsichbaum *m*
pescóso *a* fischreich
péso *sm* Gewicht *n* ◇ (*oggetto*) Last *f* ◇ (*fig*) (*sensazione di pesantezza*) Schwere *f* ◇ (*fig*) (*importanza*) Bedeutung *f* ◇ (*sport*) Kugel *f* ◆ *a p.* nach Gewicht; *lancio del p.* (*sport*) Kugelstoßen *n*; *sollevamento pesi* (*sport*) Gewichtheben *n*
pessimìsmo *sm* Pessimismus *m*
pessimìsta *sm* Pessimist *m*
pèssimo *a* sehr schlimm, sehr schlecht
pestàggio *sm* Prügelei *f*
pestàre *vt* zerstoßen ◇ (*coi piedi*) stampfen ◇ (*fam*) (*picchiare*) (ver)prügeln
pèste *sf* (*med*) Pest *f* ◇ (*fig*) kleiner Teufel *m*
pestèllo *sm* Stampfer *m*
pestìfero *a* (*molesto*) ekelhaft
pestilènza *sf* Pest *f*, Pestilenz *f*
pètalo *sm* (*bot*) Blumenblatt *n*
petàrdo *sm* Knallfrosch *m*, Knallerbse *f*
petizióne *sf* Bittschrift *f*
péto *sm* Wind *m*
petrolièra *sf* Tankschiff *n*
petrolìfero *a* Erdöl-
petròlio *sm* Erdöl *n*
pettegolézzo *sm* Klatscherei *f*
pettégolo *a* geschwätzig ◆ *sm* Klatschmaul *n*, Klatschbase *f*
pettinàre *vt* kämmen
pettinatùra *sf* Frisur *f*
pèttine *sm* Kamm *m*
pettirósso *sm* (*zool*) Rotkehlchen *n*
pètto *sm* Brust *f* ◇ (*seno*) Busen *m*
pèzza *sm* Lappen *m* ◇ (*toppa*) Fleck *m*

pèzzo sm Stück n ◇ (di tempo) Weile f ● *un p. di pane* ein Stück Brot
phòn sm Haartrockner m
piacére vi gefallen, zusagen, passen ◇ (di cibi) schmecken ♦ sm (soddisfazione) Gefallen n ◇ (godimento) Genuss m ◇ (divertimento) Vergnügen n, Spaß m ◇ (favore) Gefallen m ● *a p.* nach Wunsch; *per p.* bitte; *p.!* (nelle presentazioni) sehr angenehm, freut mich
piacévole a angenehm
piaciménto sm *a p.* nach Belieben
piàga sf Wunde f
piagnistèo sm Geheule n
piagnucolàre vi wimmern, jammern
piàlla sf Hobel m
piallàre vt hobeln
piàna sf Ebene f
pianeggiànte a eben, flach
pianeròttolo sm Treppenabsatz m
pianéta sm (astr) Planet m
piàngere vt/i weinen ● *mi viene da p.* mir ist zum Weinen zu Mute
pianificàre vt planen
pianificazióne sf Planung f
pianìsta sm Klavierspieler m
piàno (1) a eben, flach ♦ avv (lentamente) langsam ◇ (a bassa voce) leise ♦ sm (superficie) Fläche f ◇ (edil) Stock m, Geschoss n ◇ (geom) Ebene f ● *primo p.* (cin) Nahaufnahme f
piàno (2) sm (progetto) Plan m

pianofòrte sm (mus) Klavier n, Piano n
piànta sf (bot) Pflanze f ◇ (disegno) Plan m ◇ (carta topografica) Plan m, Karte f ◇ (anat) (del piede) Sohle f
piantagióne sf Pflanzung f, Plantage f
piantàre vt (bot) (ein)pflanzen ◇ (conficcare) schlagen, treiben ◇ (fig) (lasciare) verlassen ♦ vpr (conficcarsi) eindringen ◇ (fam) (lasciarsi) sich trennen ● *piantala!* hör auf!
pianterréno sm Erdgeschoss n
piànto sm Weinen n
pianùra sf Ebene f, Flachland n
piàstra sf Platte f
piastrèlla sf Fliese f, Kachel f
piastrellàre vt fliesen
piattafórma sf Plattform f
piattèllo sm (sport) Tontaube f ● *tiro al p.* (sport) Tontaubenschießen n
piattìno sm Tellerchen n, Untertasse f
piàtto a flach, platt ◇ (fig) seicht, platt ♦ sm (recipiente) Teller m ◇ (vivanda) Gericht n ◇ (pl) (mus) Becken pl ● *p. della bilancia* Waagschale f
piàzza sf Platz m ● *letto a due piazze* Doppelbett n; *letto a una p.* Einzelbett n
piazzaménto sm (sport) (in gara) Aufstellung f ◇ (in classifica) Platzierung f
piazzàre vt (collocare) aufstellen ◇ (comm) absetzen ♦ vpr

pinnacolo

(*sport*) sich platzieren ◊ (*fam*) (*sistemarsi*) sich einrichten
piccànte *a* würzig, pikant, scharf
picchétto *sm* Pflock *m* ◊ (*mil*) Wache *f*
picchiàre *vt* schlagen ♦ *vi* klopfen, pochen
picchiàta *sf* Schlag *m* ◊ (*aer*) Sturzflug *m* ● *scendere in p.* im Sturzflug fliegen, herabstoßen
picchio *sm* (*zool*) Specht *m*
picción e *sm* (*zool*) Taube *f*
picco *sm* Bergspitze *f* ● *a p.* senkrecht, steil; *colare a p.* versinken
piccolo *a* klein ♦ *sm* Kleine *m/f* ◊ (*di animale*) Junge *n* ● *da p.* als Kind
piccóne *sm* Spitzhacke *f*
piccòzza *sf* Eispickel *m*
pidòcchio *sm* (*zool*) Laus *f*
piède *sm* Fuß *m* ● *a piedi* zu Fuß; *a piedi nudi* barfuß; *stare in piedi* stehen
piedistàllo *sm* Sockel *m*
pièga *sf* Falte *f* ◊ (*fig*) (*andamento*) Wendung *f* ● *messa in p.* Einlegen *n* (der Haare)
piegaménto *sm* Biegung *f* ◊ (*sport*) Beuge *f*
piegàre *vt* (*curvare*) biegen ◊ (*ripiegare*) falten, zusammenlegen ◊ (*parti del corpo*) beugen ♦ *vpr* sich biegen ◊ (*fig*) (*cedere*) sich beugen
pieghévole *a* klappbar, Klapp- ♦ *sm* Faltprospekt *m*
pièna *sf* Hochwasser *n* ● *essere in p.* Hochwasser haben

pienézza *sf* Fülle *f*
pièno *a* voll (*von* + *dat*) ♦ *sm* Höhepunkt *m*, Fülle *f* ◊ (*aut*) Tankfüllung *f* ● *fare il p.* (*aut*) voll tanken
pienóne *sm* Andrang *m*
pietà *sf* Mitleid *n* ◊ (*arte*) Pietà *f*
pietànza *sf* Gericht *n*, Speise *f*
piètra *sf* Stein *m*
pifferàio *sm* Pfeifenbläser *m*
piffero *sm* Pfeife *f*
pigiàma *sm* Schlafanzug *m*
pigiàre *vt* drücken, pressen
pigliàre *vt* nehmen, ergreifen
pigmentazióne *sf* Pigmentation *f*
pigménto *sm* Pigment *n*
pigna *sf* (*bot*) Zapfen *m*
pignoleria *sf* Pedanterie *f*
pignòlo *a* pedantisch, kleinlich ♦ *sm* Pedant *m*
pignoraménto *sm* Pfändung *f*
pignoràre *vt* pfänden
pigrìzia *sf* Faulheit *f*
pigro *a* faul
pila *sf* (*insieme di oggetti*) Stapel *m* ◊ (*el*) Batterie *f* ◊ (*torcia*) Taschenlampe *f*
pilàstro *sm* (*arch*) Pilaster *m*
pillola *sf* Pille *f*, Tablette *f*
pilóne *sm* Pfahl *m* ◊ (*traliccio*) Mast *m*
pilòta *sm* (*aer*) Pilot *m*
pilotàre *vt* steuern
pinacotèca *sf* Gemäldegalerie *f*
pinéta *sf* Kiefernwald *m*
ping-pòng *sm* Tischtennis *n*
pinguìno *sm* (*zool*) Pinguin *m*
pinna *sf* Flosse *f*
pinnàcolo *sm* (*arch*) Fiale *f*

pìno sm (bot) Kiefer f, Pinie f
pinòlo sm (bot) Pinienkern m
pìnza sf Zange f
pinzàre vt zusammenheften
pìo a fromm
piòggia sf Regen m
piòlo sm Pflock m ◇ (di scala) Sprosse f
piombàre vi herabstürzen
piómbo sm Blei n ● **a p.** senkrecht
pionière sm Pionier m, Bahnbrecher m
piòppo sm (bot) Pappel f
piòvere vi regnen
piovigginàre vimp nieseln
piovosità f Regenmenge f
piovóso a regnerisch, Regen- ◇ (ricco di pioggia) regenreich
piòvra sf (zool) Polyp m
pìpa sf Pfeife f
pipì sf Pipi n
pipistrèllo sm (bot) Fledermaus f
piràmide sf Pyramide f
piràta sm Pirat m, Seeräuber m
piròmane sm/f Pyromane m/f, Brandstifter m
pirotècnico a Feuerwerks-
piscicoltùra sf Fischzucht f
piscìna sf Schwimmbad n ◇ **p. coperta** Hallenschwimmbad n; **p. scoperta** Freibad n
pisèllo sm (bot) Erbse f
pisolìno sm Nickerchen n
pìsta sf (sport) Rennbahn f ◇ (aer) Startbahn f ◇ (da sci) Skipiste, Schipiste f ◇ (da ballo) Tanzfläche f
pistàcchio sm (bot) Pistazie f

pistìllo sm (bot) Stempel m
pistòla sf Pistole f
pistóne sm (mecc) Kolben m
pitàle sm Nachttopf m
pitóne sm (zool) Python m
pittóre sm Maler m
pittorésco a malerisch
pittùra sf Malerei f
pitturàre vt malen, bemalen ◇ (verniciare) anstreichen
più avv mehr ◇ (mat) und, plus ◇ (nelle temperature) plus, über Null ● prep plus, und außerdem ◆ a mehr, größer ● sm (la parte maggiore) meiste m ◇ (pl) meiste pl Mehrheit f ◇ (mat) Plus n ● **in p.** zu viel; **mai p.** nie wieder; **parlare del p. e del meno** über dieses und jenes reden; **per di p.** außerdem; **p. o meno** mehr oder weniger
piùma sf Flaumfeder f, Daune f ● **peso p.** (sport) Federgewichtler m
piumìno sm (coperta) Federbett n
piumóne sm Steppdecke f
piuttòsto avv lieber, eher
pìzza sf Pizza f
pizzicàre vt kneifen ◆ vi jucken
pìzzico sm Kniff m ◇ (un po') Prise f
pizzicòtto sm Zwick m
pìzzo sm (abb) Spitze f ◇ (barba) Spitzbart m ◇ (estorsione) Schutzgeld n
placàre vt besänftigen, beruhigen
plàcca sf Platte f ◇ (med) Belag m

placènta sf (anat) Mutterkuchen m
plàcido a ruhig, still
plafonièra sf Deckenleuchte f
plagiàre vt plagiieren
plàgio sm Plagiat n, geistiger Diebstahl m
plaid sm Reisedecke f
planàre vi gleiten
planàta sf Gleitflug m
planetàrio a planetarisch, Planeten- ◆ sm Planetarium n
planimetrìa sf Planimetrie f ◇ (piantina) Lageplan m
plàsma sm (anat) Plasma n ● al p. (tecn) Plasma-
plasmàre vt formen, gestalten
plàstica sf Plastik f
plasticità sf Formbarkeit f
plàstico a formbar, plastisch ◇ (di plastica) Kunststoff- ◆ sm (riproduzione) Relief n ● bomba al p. Plastikbombe f
plastificàre vt plastifizieren
plàtano sm (bot) Platane f
platèa sf (teat) Parterre n
plateàle a gemein, grob ◇ (evidente) offensichtlich
platònico a platonisch
plausìbile a stichhaltig, triftig
plausibilità sf Triftigkeit f
plèbe sf Pöbel m, Volk n
plebiscitàrio a plebiszitär
plebiscìto sm Volksentscheid m
plenàrio a (riunione) voll, Voll- ◇ (totale) vollkommen
plenilùnio sm Vollmond m
pleonàstico a pleonastisch
plèttro sm (mus) Plektron n

polacco

plèura sf (anat) Brustfell n, Rippenfell n
pleurite sf (med) Pleuritis f
plurale a Plural- ◆ sm (gramm) Plural m, Mehrzahl f
pluralìsta sm Pluralist m
pluriennàle a mehrjährig
plusvalóre sm Mehrwert m
pluviàle a Regen-
pneumàtico a pneumatisch ◆ sm Reifen m
pòco avv/a wenig ◆ pr wenig ◇ (pl) wenige pl ◆ sm Wenige n, Bisschen n
podére sm Landgut n
poderóso a kräftig, stark, gewaltig
pòdio sm Podium n ◇ (mus) Dirigentenpult n
podìsmo sm Gehen n
podìstico a Fuß- ● gara podistica (sport) Gehen n
poèma sm Gedicht n
poesìa sf Dichtung f ◇ (componimento) Gedicht n
poèta sm Dichter m
poètico a dichterisch, poetisch
poggiapièdi sm Fußschemel m
poggiàre vt (appoggiare) (an)lehnen ◇ (posare) legen ◆ vi lehnen (an + dat), ruhen (auf + dat) ◇ (fig) sich gründen (auf + acc)
poggiatèsta sm Kopfstütze f
pòggio sm Anhöhe f, Hügel m
pòi avv dann
poiàna sf (zool) Mäusebussard m
poiché cong da, weil
pois sm a p. gepunktet, getüpfelt
polàcco a polnisch ◆ sm Pole m

polàre *a* polar, Polar-
polarità *sf* (*el*) Polarität *f*
polarizzàre *vt* (*fis*) polarisieren ◊ (*fig*) wenden, richten
polèmica *sf* Polemik *f*
polèmico *a* polemisch
polemizzàre *vi* polemisieren
policlìnico *sm* Großkrankenhaus *n*
policromìa *sf* Mehrfarbendruck *m*
policromo *a* vielfarbig, bunt
polièdrico *a* vielfältig, vielseitig
polifonìa *sf* (*mus*) Polyphonie *f*
polifònico *a* mehrstimmig
poligamìa *sf* Vielweiberei *f*
polìgamo *a* polygam ♦ *sm* Polygamist *m*
poliglòtta *a* mehrsprachig ♦ *sm/f* Polyglotte *m/f*
poligonàle *a* vieleckig
polìgono *sm* (*geom*) Vieleck *n*, Polygon *n* ◊ (*mil*) Schießplatz *m*
poliomielìte *sf* (*med*) Kinderlähmung *f*
pòlipo *sm* Polyp *m*
politècnico *sm* Polytechnikum *n*
politeismo *sm* Polytheismus *m*, Vielgötterei *f*
polìtica *sf* Politik *f* ● *p. estera/interna* Außen-/Innenpolitik *f*
polìtico *a* politisch ♦ *sm* Politiker *m*
polìttico *sm* (*arte*) Polyptychon *n*
polivalènte *a* mehrwertig
polizìa *sf* Polizei *f* ● *posto di p.* Polizeirevier *n*; *p. scientifica* Erkennungsdienst *m*
poliziésco *a* polizeilich, Polizei- (*cin, lett*) Kriminal-
poliziòtto *sm* Polizist *m*, Schutzmann *m*
pòlizza *sf* Police *f*
pollàio *sm* Hühnerstall *m*
pollàme *sm* Geflügel *n*, Federvieh *n*
pòllice *sm* Daumen *m*
pòlline *sm* Blütenstaub *m*
pòllo *sm* Huhn *n* ● *p. arrosto* Brathuhn *n*
polmonàre *a* Lungen-
polmóne *sm* (*anat*) Lunge *f*
polmonìte *sf* Lungenentzündung *f*
pòlo *sm* Pol *m* ● *p. nord/sud* Nord-/Südpol *m*
pólpa *sf* Fleisch *n* ◊ (*cuc*) mageres Fleisch *n*
polpàccio *sm* (*anat*) Wade *f*
polpastrèllo *sm* Fingerbeere *f*
polpétta *sf* (*cuc*) Fleischklößchen *n*, Klößchen *n*
pólpo *sm* (*zool*) Krake *m*
polpóso *a* fleischig
polsìno *sm* Manschette *f*
pólso *sm* (*anat*) Handgelenk *n* ◊ (*med*) Pulsschlag *m*
poltìglia *sf* Brei *m*
poltrìre *vi* faulenzen
poltróna *sf* Sessel *m*
poltróne *sm* Faulenzer *m*
pólvere *sf* Staub *m* ◊ (*sostanza*) Pulver *n* ● *in p.* Pulver-; *p. da sparo* Schießpulver *n*
polverizzàre *vt* (*ridurre in pol-*

portafoglio

vere) pulverisieren ◇ (*fig*) (*annientare*) vernichten
polverizzazióne *sf* Pulverisierung *f*
polveróso *a* staubig
pomàta *sf* Salbe *f*, Creme *f*
pomèllo *sm* Knopf *m*
pomeridiàno *a* Nachmittags-
pomerìggio *sm* Nachmittag *m* ● **di p.** nachmittags
pómice *sf* (*min*) Bimsstein *m*
pomodòro *sm* (*bot*) Tomate *f*
pómpa *sf* Pumpe *f*
pompàre *vt* pumpen
pompèlmo *sm* (*bot*) Grapefruit *f*, Pampelmuse *f*
pompière *sm* Feuerwehrmann *m* ◇ (*pl*) Feuerwehr *f*
ponderàre *vt/i* erwägen, überlegen
ponderazióne *sf* Überlegung *f*
ponènte *sm* Westen *m*
pónte *sm* Brücke *f* ◇ (*naut*) Deck *n* ◇ (*vacanza*) Brückentag *m*
pontéfice *sm* Papst *m*
pontificàto *sm* Pontifikat *n*
pontifìcio *a* päpstlich ● **stato p.** Kirchenstaat *m*
pontile *sm* Landungsbrücke *f*
pony express *sm* privater Expresskurier(dienst) *m*
popolaménto *sm* Besied(e)lung *f*
popolàre (1) *vt* bevölkern, besiedeln
popolàre (2) *a* (*del popolo*) Volks- ◇ (*noto*) populär, volkstümlich
popolazióne *sf* Bevölkerung *f*
pòpolo *sm* Volk *n*

popolóso *a* dicht besiedelt, stark bevölkert
póppa *sf* (*naut*) Heck *n* ● **a p.** achtern
porcellàna *sf* Porzellan *n*
porcellìno *sm* Ferkel *n* ● **p. da latte** (*cuc*) Spanferkel *n*; **p. d'India** (*zool*) Meerschweinchen *n*
porcherìa *sf* Schweinerei *f*
porcìle *sm* Schweinestall *m*
porcìno *sm* (*bot*) Steinpilz *m*
pòrco *sm* Schwein *n*
porcospìno *sm* (*zool*) Stachelschwein *n*
pòrfido *sm* (*min*) Porphyr *m*
pòrgere *vt* reichen, geben
pornografìa *sf* Pornographie, Pornografie *f*
pòro *sm* Pore *f*
poróso *a* porös
pórpora *sf* Purpur *m*
pórre *vt* (*collocare*) legen, stellen, setzen ◇ (*domande e sim*) stellen, richten ◇ (*supporre*) annehmen
pòrro *sm* (*bot*) Lauch *m*
pòrta *sf* Tür *f* ◇ (*portone*) Tor *n*, Pforte *f* ◇ (*sport*) Tor *n* ● **p. blindata** Panzertür *f*
portabagàgli *sm* (*persona*) Gepäckträger *m* ◇ (*bagagliaio*) Gepäckraum *m*
portacénere *sm* Aschenbecher *m*
portachiàvi *sm* Schlüsselring *m*
portaèrei *sf* (*naut*) Flugzeugträger *m*
portafinèstra *sf* Balkontür *f*
portafòglio *sm* Brieftasche *f*, Geldtasche *f*

portafortùna sm Talisman m, Glücksbringer m
portàle sm Tor n, Portal n ◇ (inform) Portal n
portaménto sm Haltung f
portantìna sf Tragsessel m
portaombrèlli sm Schirmständer m
portapàcchi sm (aut) Gepäckträger m
portàre vt tragen, bringen ◇ (con sé) mitnehmen ♦ vi führen
portasapóne sm Seifenschale f
portascì sm Skiträger m
portàta sf (di cibo) Gericht n, Gang m ◇ (peso massimo) Tragfähigkeit f ♦ **a p. di mano** griffbereit
portàtile a tragbar
portavóce sm Sprecher m, Wortführer m
portènto sm Wunder n
portentóso a wunderbar
pòrtico sm Laube f, Laubengang f, Bogengang n
portièra sf (aut) Wagentür f
portière sm Portier m ◇ (sport) Torwart m
portinerìa sf Pförtnerstube f
portinàio sm Portier m, Hauswart m
pòrto sm Hafen m
portoghése a portugiesisch ♦ sm Portugiese m
portóne sm Haustor n
portuàle a Hafen-
porzióne sf Teil m/n ◇ (di cibo) Portion f
pòsa sf Verlegen n ◇ (collocazione) Legung f, Aufstellung f ◇ (atteggiamento) Pose f, Positur f ♦ **mettersi in p.** sich in Positur setzen
posàre vt niedersetzen, ablegen ♦ vi (poggiare) ruhen, liegen ◇ (stare in posa) posieren ♦ vpr sich setzen, sich niederlassen
posàta sf Besteckteil n ◇ pl Besteck n
positìvo a positiv
posizióne sf Lage f, Stellung f
posologìa sf Dosierung f, Dosierungsanweisung f
pospórre vt nachsetzen
possedére vt besitzen
possedimènto sm Besitzung f ◇ (cosa posseduta) Besitz m
possessìvo a possessiv ♦ sm (gramm) Possessiv n
possèsso sm Besitz m
possessóre sm Besitzer m
possìbile a möglich
possibilménte avv möglicherweise
pòsta sf Post f ◇ (ufficio) Postamt n ♦ **p. aerea** Luftpost f; **p. elettronica** elektronische Post; **p. prioritaria** Schnellpost f
postàle a Post- ♦ **casella p.** Postfach n; **spese postali** Portoauslagen pl
postazióne sf Stellung f
postbèllico a Nachkriegs-
postdatàre vt vordatieren
posteggiàre vt/i parken
posteggiatóre sm Parkwächter m
postéggio sm Parkplatz m
posterióre a (spazio) hintere,

rückseitig ◊ *(tempo)* später • *ruota p.* Hinterrad *n*; *sedile p.* Rücksitz *m*

posterità *sf* Nachkommen *pl*
postìccio *a* künstlich, unecht
posticipàre *vt* aufschieben, verschieben
postilla *sf* Anmerkung *f*
postìno *sm* Briefträger *m*
postmodèrno *a* postmodern
pósto *sm* Platz *m* • *essere a p.* in Ordnung sein; *essere fuori p.* unpassend sein; *mettere a p.* in Ordnung bringen
postulàre *vt* postulieren
postulàto *sm* Postulat *n*
pòstumo *a* postum, nachgelassen
potàbile *a* trinkbar • *acqua p.* Trinkwasser *n*
potàre *vt* beschneiden
potatùra *sf* Beschneiden *n*
potènte *a* mächtig ♦ *sm/f* Mächtige *m/f*
potènza *sf* Macht *f*, Gewalt *f* ◊ *(forza fisica)* Kraft *f*, Stärke *f* ◊ *(mat)* Potenz *f* • *le grandi potenze* die Großmächte *pl*
potenziàle *a* potenziell, potentiell
potenziaménto *sm* (Leistungs-)steigerung *f*
potenziàre *vt* verstärken
potére (1) *vi* *(avere la possibilità)* können ◊ *(avere il permesso)* dürfen, können • *può darsi* es könnte sein
potére (2) *sm* *(facoltà)* Fähigkeit *f* ◊ *(comando)* Gewalt *f*, Macht *f* ◊ *(forza)* Kraft *f*, Vermögen *n* • *essere al p.* an der Macht sein
pòvero *a* arm ♦ *sm* Arme *m/f*
povertà *sf* Armut *f*
poziòne *sf* Zaubertrank *m*
pozzànghera *sf* Pfütze *f*
pózzo *sm* Brunnen *m* ◊ *(min)* Schacht *m* • *p. petrolifero* Erdölquelle *f*
pragmàtico *a* pragmatisch
pranzàre *vi* zu Mittag essen
prànzo *sm* Mittagessen *n*
pràssi *sf* Praxis *f*
pratería *sf* Prärie *f*
pràtica *sf* *(attività)* Praxis *f* ◊ *(esperienza)* Erfahrung *f* ◊ *(tirocinio)* Lehre *f* ◊ *(pl) (documenti)* Akten *pl* • *in p.* in der Praxis; *mettere in p.* in die Praxis umsetzen
praticàbile *a* anwendbar, ausführbar ◊ *(terreno)* begehbar ◊ *(strada)* befahrbar
praticànte *a* ausübend ♦ *sm* Praktikant *m*
praticàre *vt* *(mettere in pratica)* in die Praxis umsetzen ◊ *(esercitare)* ausüben, (be)treiben ◊ *(fare)* machen
praticità *sf* Zweckmäßigkeit *f*
pràtico *a* *(della pratica)* praktisch ◊ *(esperto)* erfahren *(in + dat)*, kundig *(+ gen)* ◊ *(funzionale)* zweckmäßig
pràto *sm* Wiese *f* ◊ *(curato)* Rasen *m*
preallàrme *sm* Voralarm *m*
preàmbolo *sm* Vorrede *f*
preavvisàre *vt* im Voraus benachrichtigen

preavviso *sm* Vorbescheid *m*, Vorankündigung *f*
prebèllico *a* Vorkriegs-
precarietà *sf* Bedenklichkeit *f*, Vorläufigkeit *f*
precàrio *a* bedenklich, provisorisch
precauzióne *sf* Vorsicht *f* ◊ *(misura preventiva)* Vorsichtsmaßnahme *f*
precedènte *a* vorherig, vorhergehend ♦ *sm* Präzedenzfall *m* ♦ *precedenti penali* Vorstrafen *pl*; *senza precedenti* beispiellos
precedènza *sf* Vorrang *m* ◊ *(aut)* Vorfahrt *f*
precèdere *vt/i* vorangehen, vorausgehen
precètto *sm* Vorschrift *f*, Regel *f*
precettóre *sm* Hauslehrer *m*
precipitàre *vt* hinabstürzen ◊ *(fig) (affrettare)* übereilen ♦ *vi* (ab)stürzen ◊ *(chim)* sich niederschlagen ♦ *vpr (gettarsi)* sich stürzen ◊ *(recarsi in fretta)* (sich) stürzen
precipitazióne *sf (meteor)* Niederschlag *m*
precipitóso *a* unüberlegt
precipìzio *sf* Abgrund *m*
precisaménte *avv* genau, gerade
precisàre *vt* genau angeben
precisazióne *sf* genaue Angabe *f*
precisióne *sf* Genauigkeit *f*
preciso *a* genau, exakt
preclùdere *vt (fig)* verhindern, verbauen
preclusióne *sf* Verhinderung *f*

precòce *a* frühreif ◊ *(prematuro)* frühzeitig
preconcètto *sm* Vorurteil *n*
precòtto *a (cuc)* vorgekocht, Fertig-
precursóre *sm* Vorläufer *m*
prèda *sf* Beute *f*, Raub *m*
predàre *vt* erbeuten, rauben
predatóre *a* räuberisch, Raub- ♦ *sm* Räuber *m*
predecessóre *sm* Vorgänger *m*
predèlla *sf* Podest *n*
predestinàre *vt* vorherbestimmen
predestinazióne *sf* Vorherbestimmung *f*
predétto *a* vorgenannt, oben erwähnt
prèdica *sf* Predigt *f*
predicàre *vt/i* predigen
predicàto *sm (gramm)* Prädikat *n*, Satzaussage *f*
predicazióne *sf* Predigen *n*
prediletto *a* bevorzugt, Lieblings- ♦ *sm* Liebling *m*
predilezióne *sf* Vorliebe *f*
prediligere *vt* bevorzugen, vorziehen
predispórre *vt* vorbereiten
predisposizióne *sf* Anlage *f*, Neigung *f*
predispósto *a* empfänglich *(gegen + acc)*, anfällig *(für + acc)*
predizióne *sf* Voraussage *f*
predominànte *a* vorwiegend, vorherrschend ◊ *(superiore)* überwiegend
predominàre *vi* vorherrschen ◊ *(essere superiore)* überwiegen
predomìnio *sm (supremazia)*

premiazione

Vorherrschaft f ◇ (prevalenza) Übergewicht n
preesistènte a vorherbestehend
preesistènza sf Präexistenz f
preesistere vi vorherbestehen, präexistieren
prefabbricàto a Fertigbau- ♦ sm Fertigbauteil n ◇ (casa) Fertighaus n
prefazióne sf Vorwort n
preferènza sf Vorliebe f, Vorzug m
preferìre vt vorziehen, lieber haben (ES: **p. il nuoto allo sci** lieber schwimmen als Ski laufen)
preferìto a Lieblings-
prefestivo a Vorfeiertags-
prefètto sm Präfekt m
prefettùra sf Präfektur f
prefiggersi vpr sich vornehmen
prefìsso sm (ling) Vorsilbe f ◇ (telefonico) Vorwahl(nummer) f
pregàre vt (relig) beten (zu + dat) ◇ (chiedere) bitten (um + acc) ● **prego!** bitte!; **si prega di...** es wird gebeten, ...zu (+ inf)
pregévole a wertvoll
preghièra sf (relig) Gebet n ◇ (richiesta) Bitte f
pregiàto a wertvoll
prègio sm Vorzug m, Wert m (valore)
pregiudicàto sm Vorbestrafte m/f
pregiudìzio sm Vorurteil n
prègo inter bitte!

pregustàre vt im Voraus genießen, sich freuen (auf + acc)
preistòria sf Vorgeschichte f
preistòrico a vorgeschichtlich
prelàto sm (relig) Prälat m
prelevaménto sm Entnahme f ◇ (fin) Abhebung f
prelevàre vt entnehmen ◇ (fin) abheben
prelibàto a köstlich
prelièvo sm Entnahme f ◇ (fin) Abhebung f
preliminàre a (iniziale) einleitend, Vor- ◇ (preparatorio) Vorbereitungs- ♦ sm Vorbemerkung f ◇ (di trattato e sim) Vorverhandlungen pl
prelùdio sm Vorrede f ◇ (mus) Präludium n
prematrimoniàle a vorehelich
prematùro a verfrüht, vorzeitig, Früh-
premeditàto a vorsätzlich
premeditazióne sf (dir) Vorsätzlichkeit f
prèmere vt drücken ♦ vi (esercitare una pressione) drücken (auf + acc) ◇ (fig) (incalzare) drängen (+ acc) ◇ (fig) (stare a cuore) gelegen sein ● **p. il freno/l'acceleratore** auf das Brems-/Gaspedal treten
premésssa sf Voraussetzung f, Vorbedingung f ◇ (nei libri) Vorwort n
preméttere vt voraussetzen
premiàre vt belohnen
premiazióne sf Belohnung f ◇ (cerimonia) Preisverteilung f

preminènte *a* hervorragend, Haupt-

preminènza *sf* Vorrang *m*

prèmio *sm* Preis *m* ◇ *(di assicurazione)* Prämie *f* ◆ **assegnare un p.** einen Preis verleihen; *p. Nobel* Nobelpreis *m*

premonitóre *a* warnend, Warn- ◆ *segno p.* Warnzeichen *n*

premunirsi *vpr* sich schützen (*gegen + acc*)

premùra *sf (fretta)* Eile *f* ◇ *(attenzione)* Aufmerksamkeit *f* ◆ *avere p.* in Eile sein; *non c'è p.* es eilt nicht

premuróso *a* aufmerksam, zuvorkommend

prèndere *vt* nehmen, ergreifen ◇ *(catturare)* fassen ◇ *(guadagnare)* verdienen ◇ *(malattia)* bekommen ◆ *vpr (assumersi)* auf sich nehmen ◆ **p. appunti** Notizen machen; **p. il sole** sich sonnen; **p. in giro qn** sich über jemanden lustig machen; **p. piede** Fuß fassen; **p. tempo** zögern; **prendersela** sich ärgern; **prendersela con qn** sich mit jemandem anlegen

prenotàre *vt* buchen, reservieren ◆ *vpr* sich anmelden

prenotàto *a* vorbestellt, reserviert

prenotazióne *sf* Anmeldung *f*, Reservierung *f*

preoccupànte *a* bedenklich

preoccupàre *vt* besorgt machen ◇ *(cosa)* beunruhigen ◆ *vpr* in Sorge sein (*um + acc*)

preoccupazióne *sf* Sorge *f*, Kummer *m*, Besorgnis *f*

preparàre *vt* vorbereiten ◇ *(cibi)* zubereiten ◆ *vpr* sich vorbereiten (*auf + acc*)

preparatìvi *sm pl* Vorbereitungen *pl*

preparazióne *sf* Vorbereitung *f* ◇ *(di cibi)* Zubereitung *f*

preponderànte *a* überwiegend

prepórre *vt (anteporre)* voransetzen

preposizióne *sf (gramm)* Präposition *f*, Verhältniswort *n*

prepotènte *a* überheblich, rechthaberisch ◆ *sm* Rechthaber *m*

prepotènza *sf* Präpotenz *f*, Rechthaberei *f*

prerogatìva *sf* Vorrecht *n*

présa *sf (il prendere)* Griff *m*, Fassen *n* ◇ *(conquista)* Eroberung *f* ◇ *(di colla e sim)* Binden *n* ◇ *(fig) (impressione)* Eindruck *m* ◇ *(el)* Steckdose *f* ◆ *essere alle prese con qn/qc* es mit jemandem/etwas herumschlagen; *p. d'aria* Luftzufuhr *f*; *p. di posizione* Stellungnahme *f*

preságio *sm* Vorahnung *f*

presagìre *vt* vorahnen

presbiopìa *sf (med)* Weitsichtigkeit *f*

prèsbite *a* weitsichtig ◆ *sm/f* Weitsichtige *m/f*

presbiteriàno *sm* Presbyterianer *m*

presbitèrio *sm* Presbyterium *n*

prescìndere vi absehen ● *a p. da* abgesehen von (+ *dat*)
prescolàre a Vorschul-
prescrìvere vt verschreiben ◇ (*med*) verordnen, verschreiben
prescrizióne sf Vorschrift f ◇ (*med*) Verordnung f
presentàbile a vorzeigbar
presentàre vt (*mostrare*) vorzeigen, vorlegen ◇ (*far conoscere*) vorstellen, einführen ◇ (*inoltrare*) einreichen ◇ (*fig*) (*offrire*) aufweisen, bieten ● vpr (*apparire*) erscheinen ◇ (*farsi conoscere*) sich vorstellen ◇ (*offrirsi*) sich bieten
presentatóre sm (*in radio, televisione*) Ansager m ◇ (*di spettacoli*) Showmaster m
presentazióne sf Vorlage f ◇ (*il far conoscere*) Vorstellung f, Einführung f ◇ (*inoltro*) Einreichung f
presènte a anwesend, gegenwärtig ● sm Gegenwart f ◇ (*gramm*) Präsens n, Gegenwart f ◆ sm/f Anwesende m/f ◇ *essere p.* da sein, anwesend sein; *p.!* hier!
presentiménto sm Vorgefühl n
presènza sf Anwesenheit f ◇ (*aspetto*) Aussehen n ◇ *alla p. di qn* vor jemandem
presenziàre vt/i teilnehmen (*an* + *dat*), beiwohnen (+ *dat*)
presèpe sm Weihnachtskrippe f
preservàre vt bewahren
preservatìvo sm Präservativ n, Kondom n

prèside sm Schulleiter m, Dekan m (*di facoltà*)
presidènte sm Präsident m
presidènza sf Vorsitz m ◇ (*ufficio*) Präsidentschaft f
presìdio sm Besatzung f ◇ (*mil*) Garnison f
presièdere vt vorsitzen (+ *dat*), leiten ◆ vi den Vorsitz führen
prèsina sf Topflappen m
prèssa sf Presse f
pressànte a dringend
pressappòco avv ungefähr
pressàre vt pressen ◇ (*fig*) drängen
pressióne sf Druck m ◇ (*fig*) Nötigung f, Zwang m ● *alta/bassa p.* (*meteor*) Hoch-/Niederdruck m; *a p.* Druck-; *avere la p. alta/bassa* (*med*) hohen/niedrigen Blutdruck haben; *p. atmosferica* Luftdruck m; *p. sanguigna* Blutdruck m
prèsso prep (*stato*) (*nahe*) bei (+ *dat*) in der Nähe (+ *gen*) ◇ (*moto*) zu (+ *dat*) (*verso persone*), in der Nähe (+ *gen*) (*presso cose*) ● *nei pressi di* in der Nähe (+ *gen*)
pressoché avv fast, beinahe
prestabilìre vt vorherbestimmen
prestabilìto a (im Voraus) festgesetzt
prestampàto a vorgedruckt ◆ sm Vordruck m
prestànte a stattlich
prestàre vt (*dare in prestito*) leihen, verleihen, borgen ◇ (*dare*) leisten ◇ (*attenzione e sim*)

prestazione schenken ♦ *vpr* (*rendersi disponibile*) sich verwenden ◊ (*essere adatto*) sich eignen (*für* + *acc*)

prestazióne *sf* Leistung *f*

prestigiatóre *sm* Taschenspieler *m*, Zauberkünstler *m*

prestìgio *sm* Ansehen *n* ● *gioco di p.* Taschenspielerkunststück *n*, Zauberkunststück *n*

prestigióso *a* angesehen, namhaft

prèstito *sm* (*fin*) Darlehen *n* ◊ (*il prestare*) Ausleihe *f* ◊ (*cosa prestata*) Leihgabe *f* ● *dare in p.* verleihen; *in p.* leihweise; *prendere in p.* leihen

prèsto *avv* (*in fretta*) bald, rasch ◊ (*fra poco*) bald ◊ (*prima del tempo*) früh

presùmere *vt* vermuten, annehmen

presùnto *a* vermutlich

presuntuóso *a* eingebildet

presunzióne *sf* Einbildung *f*

presuppórre *vt* voraussetzen, vermuten

presuppósto *sm* Voraussetzung *f*

prète *sm* Priester *m*

pretendènte *sm* Bewerber *m*

pretèndere *vt* verlangen

pretésa *sf* Anspruch *m*, Forderung *f* ● *senza pretese* anspruchslos

pretèsto *sm* Vorwand *m*

pretóre *sm* Amtsrichter *m*

prevalènte *a* überwiegend

prevalére *vi* überwiegen, vorherrschen

prevaricàre *vi* seinen Pflichten zuwiderhandeln

prevedére *vt* voraussehen

prevedìbile *a* voraussehbar, voraussichtlich

prevèndita *sf* (Karten)vorverkauf *m*

prevenìre *vt* zuvorkommen ◊ (*med*) vorbeugen

preventìvo *a* vorbeugend, Präventiv- ♦ *sm* Voranschlag *m*

prevenùto *a* voreingenommen

prevenzióne *sf* (*med*) Verhütung *f* ◊ (*preconcetto*) Vorurteil *n*

previdènte *a* vorsorglich

previdènza *sf* Voraussicht *f*, Vorsorge *f* ● *p. sociale* Sozialfürsorge *f*

previsióne *sf* Voraussicht *f* ● *previsioni del tempo* Wettervorhersage *f*

prezióso *a* wertvoll, kostbar ● *pietra preziosa* Edelstein *m*; *fare il p.* sich zieren

prezzémolo *sm* (*bot*) Petersilie *f*

prèzzo *sm* Preis *m* ● *p. di listino* Listenpreis *m*; *p. al consumo* Verbraucherpreis *m*

prigióne *sf* Gefängnis *n*

prigionìa *sf* Gefangenschaft *f*

prigionièro *a* gefangen ♦ *sm* Gefangene *m/f*

prìma (1) *avv* früher, vorher ● *p. di* vor (+ *dat*); *p. di/che* bevor

prìma (2) *sf* Erste *f* ◊ (*ferr*) erste Klasse *f* ◊ (*teat*) Premiere *f*

primàrio *a* wesentlich, hauptsächlich, Haupt- ♦ *sm* Chefarzt *m*

primatista sm Rekordhalter m
primàto sm Vorrang m ◊ (sport) Rekord m, Bestleistung f ● *stabilire/battere un p.* einen Rekord aufstellen/brechen
primavèra sf Frühling m
primavèrile a Frühlings-
primitivo a primitiv, Ur- ◆ sm Primitive m/f
primìzia sf Frühobst n ◊ (fig) Neuigkeit f
prìmo a erste
primogènito sm Erstgeborene m/f
primordiàle a uranfänglich
prìmula sf (bot) Primel f
principàle a hauptsächlich, Haupt-
principalménte avv hauptsächlich, vor allem
principàto sm Fürstentum n
prìncipe sm Prinz m, Fürst m
principéssa sf Prinzessin f
princìpio sm Anfang m, Beginn m
priorità sf Priorität f, Vorrang m
prisma sm Prisma n
privàre vt berauben, entziehen ◆ vpr verzichten (auf + acc)
privàto a privat, Privat- ◆ sm Privatperson f
privazióne sf (il privare) Beraubung f, Entziehung f ◊ (rinuncia) Verzicht m
privilegiàre vt bevorrechten ◊ (favorire) begünstigen
privilegiàto a privilegiert, bevorzugt ◊ (favorito) begünstigt ◆ sm Privilegierte m/f ◊ (favorito) Begünstigte m/f

privilègio sm Vorrecht n, Sonderrecht n
privo a ohne, -los
probàbile a wahrscheinlich
probabilità sf Wahrscheinlichkeit f ◊ (possibilità) Aussicht f, Chance f ● *calcolo delle p.* Wahrscheinlichkeitsrechnung f
problèma sm Problem n
problemàtico a problematisch
probòscide sf (zool) Rüssel m
procèdere vi vorwärts gehen, fortschreiten
procediménto sm Verlauf m ◊ (metodo) Verfahren n
procedùra sf Verfahren n
processàre vt prozessieren
processióne sf Prozession f, Umzug m
procèsso sm (metodo) Verfahren n ◊ (evoluzione) Entwicklung f ◊ (dir) Prozess m
processóre sm (inform) Prozessor m
procióne sm (zool) Waschbär m
proclamàre vt ausrufen ◊ (dichiarare) erklären
proclamazióne sf Ausrufung f
procreàre vt zeugen
procreazióne sf Zeugung f
procùra sf Vollmacht f ◊ (ufficio) Staatsanwaltschaft f ● *per p.* per Prokura
procuràre vt besorgen, verschaffen
procuratóre sm (chi ha una procura) Bevollmächtigte m/f ◊ (magistrato) Staatsanwalt m ◊ (laureato in legge) Anwaltsanwärter m ◊ (comm) Prokurist m

prodézza sf Tapferkeit f
prodigalità sf Verschwendung f
prodìgio sm Wunder n
prodigióso a wunderbar, Wunder-
prodótto sm (comm) Produkt n, Erzeugnis n ◊ (risultato) Ergebnis n
prodùrre vt (comm) erzeugen, herstellen ◊ (causare) verursachen, erzeugen ♦ vpr auftreten
produttività sf Produktivität f
produttìvo a produktiv
produttóre sm Erzeuger m, Produzent m, Hersteller m
produzióne sf Erzeugung f, Herstellung f
profanàre vt entweihen
profanatóre a entweihend ♦ sm Entweiher m, Schänder m
profàno a profan, weltlich ◊ (inesperto) unerfahren ♦ sm Laie m/f
professàre vt sich bekennen (zu + dat)
professionàle a beruflich, Berufs- • **scuola p.** Berufsschule f
professióne sf Bekenntnis n ◊ (lavoro) Beruf m
professionìsmo sm (sport) Professionismus m
professionìsta sm (sport) Berufssportler m • **libero p.** Freiberufler m
professóre sm Lehrer m, Professor m (di università)
profèta sm Prophet m
profetizzàre vt prophezeien
profezìa sf Prophezeiung f
profìcuo a nützlich

profilàssi sf (med) Prophylaxe f
profilàttico a verhütend ♦ sm Präservativ n
profìlo sm Profil n ◊ (fig) Charakterisierung f
profìtto sm Profit m, Gewinn m ◊ (vantaggio) Vorteil m
profondità sf Tiefe f
profóndo a tief ♦ sm Tiefe f
pròfugo a flüchtig, heimatvertrieben ♦ sm Flüchtling m
profumàre vt parfümieren ♦ vi duften (nach + dat)
profumerìa sf Parfümerie f
profùmo sm Duft m, Parfüm n
progenitóre sm Stammvater m
progettàre vt planen
progettazióne sf Planung f
progettìsta sm Entwerfer m, Konstrukteur m
progètto sm Plan m, Projekt n ◊ (proposito) Vorhaben n
prògnosi sf (med) Prognose f
programma sm Programm n
programmàre vt planen ◊ (tel) aufs Programm setzen ◊ (al computer) programmieren
programmatóre sm Programmierer m
programmazióne sf Planung f ◊ (al computer) Programmierung f
progredìre vi fortschreiten
progressióne sf Fortschreiten n
progressìsta a fortschrittlich ♦ sm Fortschrittler m
progressìvo a progressiv, fortschreitend
progrèsso sm Fortschritt m

proibìre vt verbieten, untersagen
proibizióne sf Verbot n
proiettàre vt werfen, schleudern ◊ (cin) vorführen
proièttile sm Geschoss n, Kugel f
proiettóre sm Projektor m
proiezióne sf Projektion f ◊ (cin) Vorführung f
proletàrio a proletarisch ♦ sm Proletarier m
proliferàre vi wuchern ◊ (fig) sich vermehren
proliferazióne sf Wucherung f ◊ (fig) Vermehrung f
prolìfico a fruchtbar ◊ (persona) kinderreich
prolìsso a weitschweifig
pròlogo sm Prolog m
prolùnga sf (el) Verlängerungsschnur f
prolungaménto sm Verlängerung f, Ausdehnung f
prolungàre vt verlängern, ausdehnen
promemòria sm Merkzettel m
promèssa sf Versprechen n
prométtere vt versprechen
promiscuità sf Vermischung f, Promiskuität f
promìscuo a vermischt
promontòrio sm Vorgebirge n
promotóre sm Förderer m
promozionàle a Werbe-
promozióne sf Beförderung f ◊ (a scuola) Versetzung f
promuòvere vt anregen, fördern ◊ (a scuola) versetzen

pronóme sm (gramm) Pronomen n, Fürwort n
pronosticàre vt vorhersagen
pronòstico sm Voraussage f
prónto a fertig, bereit ♦ inter (al telefono) hallo ● **p. per partire/per l'uso** reisefertig/gebrauchsfertig; **p. soccorso** erste Hilfe f, (in ospedale) Ambulanz f, Notaufnahme f
pronùnzia sf Aussprache f
pronunziàre vt aussprechen ♦ vpr sich äußern (über + acc)
propagànda sf Propaganda f, Werbung f
propagandàre vt propagieren
propàggine sf (agr) Absenker m ◊ (fig) Verzweigung f
propedèutico a vorbereitend
propìzio a günstig
proponiménto sm Vorsatz m
propórre vt vorschlagen ♦ vpr sich vornehmen
proporzionàle a verhältnismäßig, proportionell ◊ (in politica) proportional ● **sistema p.** Proportionalwahlsystem n
proporzionàto a (armonico) proportioniert ◊ (adeguato) entsprechend (zu + dat)
proporzióne sf Verhältnis n
propòsito sm Absicht f, Vorhaben n ◊ (progetto) Plan m ● **a p. di** in Bezug auf; **arrivare a p.** gelegen kommen; **di p.** absichtlich
proposizióne sf (gramm) Satz m
propòsta sf Vorschlag m
proprietà sf (qualità) Eigen-

proprietario 548

schaft f ◇ (possesso) Eigentum n ◇ (precisione) Richtigkeit f
proprietàrio sm Besitzer m, Eigentümer m
pròprio a eigen ◇ (suo) sein (di lui), ihr (di lei, di loro) ◇ (tipico) eigentümlich ♦ avv genau, gerade, eben ● *lavorare in p.* selbständig (selbstständig) arbeiten; *nome p.* Eigenname m
propulsióne sf Antrieb m
propulsóre sm Triebwerk n
pròra sf (naut) Bug m
pròroga sf Aufschub m
prorogàre vt aufschieben, vertagen ◇ (un pagamento) stunden
pròsa sf Prosa f
prosciugaménto sm Austrocknung f, Trockenlegung f
prosciugàre vt austrocknen
prosciùtto sm Schinken m ● *p. cotto/crudo* gekochter/roher Schinken
prosecuzióne sf Fortsetzung f
proseguiménto sm Fortführung f
proseguire vt fortsetzen, fortführen ♦ vi fortschreiten, fortfahren
prosperàre vi gedeihen, blühen
prosperità sf Wohlstand m
pròspero a blühend, üppig
prospettiva sf Perspektive f ◇ (vista panoramica) Aussicht f (anche fig)
prospètto sm Aufstellung f, Übersicht f
prossimaménte avv demnächst

prossimità sf Nähe f ● *in p. di* in der Nähe (+ gen)
pròssimo a nächst ♦ sm Nächste m
prostituìrsi vpr sich prostituieren
prostitùta sf Dirne f, Prostituierte f
prostituzióne sf Prostitution f
protagonista sm Hauptdarsteller m
protèggere vt beschützen
proteìna sf Protein n
pròtesi sf (med) Prothese f
protèsta sf Protest m
protestànte a protestantisch ♦ sm Protestant m
protestàre vi protestieren
protettìvo a schützend, Schutz-
protezióne sf Schutz m
protezionismo sm (fin) Protektionismus m
protocòllo sm Protokoll n ● *foglio p.* Kanzleipapier n
protóne sm (fis) Proton n
protòtipo sm Prototyp m
protozòi sm pl (zool) Urtierchen pl
protuberànza sf Vorsprung m
pròva sf Prüfung f, Probe f ◇ (tentativo) Versuch m ◇ (dimostrazione, testimonianza) Beweis m, Nachweis m ● *a p. di -fest; in p.* auf Probe f; *mettere alla p.* auf die Probe stellen
provàre vt probieren ◇ (collaudare) testen, prüfen ◇ (abb) anprobieren ◇ (fig) (sentire) empfinden, fühlen ♦ vi versuchen (osare) wagen

provenièndza *sf* Herkunft *f*, Ursprung *m*
provenire *vi* (her)kommen ◊ (*fig*) (*derivare*) stammen
proverbiàle *a* sprichwörtlich
provèrbio *sm* Sprichwort *n*, Spruch *m*
provétta *sf* (*chim*) Reagenzglas *n*
provìncia *sf* Provinz *f*
provinciàle *a* Provinz-
provincialismo *sm* Provinzialismus *m*
provino *sm* Probeaufnahmen *pl*
provocànte *a* herausfordernd
provocàre *vt* provozieren ◊ (*causare*) verursachen, bewirken ◊ (*stimolare*) erregen, reizen ◊ (*sfidare*) herausfordern
provocatóre *sm* Provokateur *m*
provocatòrio *a* herausfordernd
provocazióne *sf* Provokation *f*, Aufreizung *f* ◊ (*sfida*) Herausforderung *f*
provvedére *vi* sorgen (*für* + *acc*), sich kümmern (*um* + *acc*)
provvediménto *sm* Maßnahme *f*
provveditóre *sm* Schulamtsleiter *m*
provvidènza *sf* Vorsehung *f*
provvidenziàle *a* günstig, gelegen
provvisòrio *a* provisorisch, vorläufig
provvista *sf* Vorrat *m*
provvisto *a* ausgestattet (*mit* + *dat*)
prùa *sf* Bug *m*
prudènte *a* vorsichtig

prudènza *sf* Vorsicht *f*
prùdere *vi* jucken (ES: **mi prude la schiena** mir juckt der Rücken/es juckt mich am Rücken)
prùgna *sf* (*bot*) Pflaume *f*
prùno *sm* (*bot*) Dornbusch *m*
prurito *sm* Jucken *n* ◊ (*fig*) Kitzel *m*

pseudònimo *sm* Deckname *m*
psichiàtra *sm* Psychiater *m*
psichiatria *sf* Psychiatrie *f*
psichiàtrico *a* psychiatrisch
psichico *a* psychisch
psicoanàlisi *sf* Psychoanalyse *f*
psicoanalista *sm* Psychoanalytiker *m*
psicofàrmaco *sm* Psychopharmakon *n*
psicologia *sf* Psychologie *f*
psicològico *a* psychologisch
psicòlogo *sm* Psychologe *m*
psicòsi *sf* Psychose *f*
psicoterapèuta *sm* Psychotherapeut *m*
psicoterapìa *sf* Psychotherapie *f*
pubblicàre *vt* veröffentlichen, herausgeben
pubblicazióne *sf* Veröffentlichung *f*, Herausgabe *f* (*stampa*)
pubblicità *sf* Werbung *f* ● **fare p.** *a* werben für (+ *acc*)
pubblicitàrio *a* Werbe- ◆ *sm* Werbefachmann *m*
pubblicizzàre *vt* Werbung machen (*für* + *acc*)
pùbblico *a* öffentlich ◆ *sm* Öffentlichkeit *f* ◊ (*spettatori*) Publikum *n*, Zuschauer *pl* ◊ **in p.** in der Öffentlichkeit, öffentlich

pùbe sm (anat) Scham f
pubertà sf Pubertät f
pudìco a schamhaft, züchtig
pudóre sm Schamgefühl n • **senza p.** unverschämt
puerìle a kindlich, kindisch, Kinder-
pugilàto sm (sport) Boxen n • **incontro di p.** Boxkampf m
pùgile sm Boxer m
pugnalàre vt erstechen
pugnalàta sf Dolchstich m
pugnàle sm Dolch m
pùgno sm Faust f ◇ (colpo) Faustschlag m ◇ (quantità) Handvoll f
pùlce sf (zool) Floh m • **mercato delle pulci** Flohmarkt m
pulcìno sm (zool) Küken n, Küchlein n
pulédro sm (zool) Füllen n
pulìre vt reinigen, putzen
pulìto a sauber
pulitùra sf Reinigung f, Putzen n
pulizìa sf Sauberkeit f
pùllman sm Autobus m
pullòver sm Pullover m, Pulli m (fam)
pùlpito sm Kanzel f
pulsànte sm (Druck)knopf m
pulsàre vi pulsen, schlagen
pulsazióne sf Pulsschlag m
pulvìscolo sm Staub m
pùma sm (zool) Puma m
pungènte a stechend ◇ (fig) scharf, beißend
pùngere vt stechen
pungiglióne sm Stachel m
punìre vt (be)strafen
punitìvo a strafend, Straf-

punizióne sf Strafe f, Bestrafung f ◇ (sport) Strafstoß m
pùnta sf Spitze f • **a p.** spitz; **fare la p. a qc** etwas spitzen; **in p. di piedi** auf Zehenspitzen; **ora di p.** Stoßzeit f
puntàle sm Zwinge f
puntàre vt (dirigere) richten ◇ (un'arma) anlegen ◇ (scommettere) einsetzen ◆ vi (tendere) streben (nach + dat)
puntàta (1) sf (gita) Abstecher m ◇ (scommessa) Einsatz m
puntàta (2) sf (parte di opera) Fortsetzung f, Folge f • **a puntate** in Fortsetzungen
punteggiàre vt punktieren
punteggiatùra sf (gramm) Interpunktion f
puntéggio sm Wertung f
puntellàre vt (ab)stützen
puntèllo sm Stütze f
punteruòlo sm Pfriem m
puntìglio sm Eigensinn m
puntìna sf (da disegno) Reißzwecke f ◇ (del giradischi) Grammofonnadel, Grammophonnadel f
pùnto sm Punkt m ◇ (ricapitolazione) Zusammenfassung f ◇ (cucito) Stich m, Masche f (maglia) ◇ (med) Stich m, Faden m • **alle tre in p.** Punkt drei Uhr; **messa a p.** Einstellung f; **p. esclamativo** Ausrufezeichen n; **p. e virgola** Strichpunkt m; **p. interrogativo** Fragezeichen m
puntuàle a pünktlich
puntualità sf Pünktlichkeit f

puntùra sf Stich m ◇ (med) Spritze f
pupàzzo sm Puppe f
pupìlla sf (anat) Pupille f
purché cong nur... wenn
pùre cong obwohl ◆ avv auch
purè sm (di patate) Kartoffelbrei f ◇ (purea) Püree n
purézza sf Reinheit f
pùrga sf (purgante) Abführmittel n ◇ (epurazione) Säuberungsaktion f
purgànte sm Abführmittel n
purgativo a abführend
purgatòrio sm Fegefeuer n
purificàre vt reinigen
pùro a rein

purosàngue a reinrassig ◆ sm Vollblut n
purtròppo avv leider
purulènto a (med) eiterig
pus sm Eiter m
pùstola sf Pustel f
putrefàrsi vpr verwesen, (ver)faulen
putrefazióne sf Verwesung f, Fäulnis f
putrèlla sf (edil) Eisenträger m
pùtrido a faul
pùtto sm Putte f
pùzza sf Gestank m
puzzàre vi stinken (nach + dat)
pùzzola sf (zool) Iltis m, Stinktier n
puzzolènte a stinkend

Q

qua avv (stato in luogo) hier, da ◇ (moto a luogo) (hier)her
quàcchero sm Quäker m
quadèrno sm Heft n
quadrànte sm Zifferblatt n
quadràto a viereckig ◇ (mat) Quadrat- ◆ sm Quadrat n
quadrettàto a kariert
quadrifòglio sm (bot) vierblättriges Kleeblatt n
quadrilàtero sm Viereck n
quàdro sm Bild n ◇ (carte) Karo n
quadrùpede a vierfüßig ◆ sm Vierfüßler m
quàglia sf (zool) Wachtel f

quàlche a (alcuni) einige pl ◇ (uno) irgendein ● q. cosa etwas; in q. modo irgendwie
qualcòsa pr etwas
qualcùno pr jemand
quàle a/pr welcher m (f welche, n welches; pl welche f) ◆ a/pr.rel der m (f die, n das; pl die) ◆ avv als
qualìfica sf Bezeichnung f ◇ (titolo) Titel m
qualificàre vt qualifizieren ◆ vpr sich qualifizieren
qualificazióne sf Qualifizierung f, Qualifikation f

qualità *sf* Eigenschaft *f* ◊ (*comm*) Qualität *f*

qualóra *cong* wenn, falls

qualsìasi *a* beliebig, irgendein ◊ (*ogni*) jeder

qualùnque *a* jeder ◆ **a.rel** welcher ◆ *uno q.* irgendeiner

quàndo *cong* als ◊ (*tutte le volte che*) wenn ◆ *avv* wann

quantità *sf* Menge *f*

quantitativo *a* quantitativ ◆ *sm* Menge *f*, Anzahl *f*

quànto (1) *a* (*interrogativo*) wie viel ◊ (*esclamativo*) wie viel, was für ein ◆ *pr* (*interrogativo*) wie viel ◊ (*relativo*) das, was ◆ *avv* (*interrogativo ed esclamativo*) wie viel ◊ (*come*) wie ◆ *da q. tempo?* seit wann?; *in q.* (*in qualità di*) als; (*poiché*) weil; *per q.* wie auch, so sehr; *q. tempo* wie lange; *tanto q.* (*intensità*) ebenso wie, (*quantità*) ebenso viel wie

quànto (2) *sm* (*fis*) Quant *n*

quarànta *a* vierzig

quarantèna *sf* Quarantäne *f*

quarésima *sf* (*relig*) Fastenzeit *f*

quartétto *sm* (*mus*) Quartett *n*

quartière *sm* (Stadt)viertel *n*

quàrto *a* quarto ◆ *sm* Viertel *n* ● *q. di finale* Viertelfinale *n*

quàrzo *sm* (*min*) Quarz *m*

quàsi *avv* fast, beinahe ◆ *cong* als (ob)

quassù *avv* (*stato*) hier oben ◊ (*moto*) herauf

quàttro *a* vier

quéllo *a/pr* jener *m* (*f* jene, *n* jenes; *pl* jene)

quèrcia *sf* (*bot*) Eiche *f*

querèla *sf* Klage *f*

querelàre *vt* verklagen

quesìto *sm* Frage *f*

questionàrio *sm* Fragebogen *m*

questióne *sf* Angelegenheit *f* ◊ (*domanda*) Frage *f*

quésto *a/pr* dieser *m* (*f* diese, *n* dieses; *pl* diese)

questóre *sm* Polizeipräsident *m*

questùra *sf* Polizeipräsidium *n*

qui → **qua**

quietànza *sf* Quittung *f*

quiète *sf* Ruhe *f*, Stille *f* ◊ (*fis*) Ruhezustand *m*

quièto *a* ruhig, still

quìndi *avv* dann, danach ◆ *cong* also, daher

quindicinàle *sm* (*rivista*) Halbmonatsschrift *f*

quintàle *sm* Doppelzentner *m* ● *mezzo q.* Zentner *m*

quìnto *a* fünfte

quòta *sf* (*parte*) Anteil *m*, Quote *f* ◊ (*cifra*) Beitrag *m* ◊ (*altitudine*) Höhe *f*

quotàre *vt* (*fin*) quotieren, notieren

quotazióne *sf* Notierung *f* ● *quotazioni di borsa* (*fin*) Börsenkurs *m*

quotidiàno *a* täglich ◆ *sm* Tageszeitung *f*

quoziènte *sm* Quotient *m*

R

rabàrbaro *sm* (*bot*) Rhabarber *m*
ràbbia *sf* Zorn *m*, Wut *f* ◊ (*med*) Tollwut *f*
rabbìno *sm* Rabbiner *m*
rabbióso *a* zornig, wütend ◊ (*med*) tollwütig
rabbrividìre *vi* schaudern
raccapricciànte *a* schauderhaft
racchétta *sf* (*sport*) (*da tennis*) Schläger *m* ◊ (*da sci*) (Ski)stock *m*
racchiùdere *vt* enthalten
raccògliere *vt* (*raccattare*) aufheben ◊ ernten, ablesen (*frutti*), auflesen (*da terra*) ◊ (*radunare*) sammeln
raccoglimènto *sm* Sammlung *f*, Andacht *f*
raccoglitóre *sm* (*persona*) Sammler *m* ◊ (*per documenti*) Sammelmappe *f*, Ordner *m*
raccólta *sf* Sammlung *f* ◊ (*agr*) Ernte *f* ● **r. differenziata** Mülltrennung *f*
raccólto *sm* (*agr*) Ernte *f*
raccomandàre *vt* empfehlen ● **mi raccomando!** ich möchte doch sehr bitten!
raccomandàta *sf* Einschreibebrief *m*
raccomandàto *a* empfohlen ◊ *sm* Empfohlene *m/f*, Schützling *m*
raccomandazióne *sf* Empfehlung *f*
raccontàre *vt* erzählen
raccónto *sm* Erzählung *f* ● **r. breve** Kurzgeschichte *f*
raccordàre *vt* verbinden, anschließen
raccòrdo *sm* Verbindung *f*, Anschluss *m*
rachitìsmo *sm* (*med*) Rachitis *f*
ràda *sf* Reede *f*
raddoppiaménto *sm* Verdopp(e)lung *f*
raddoppiàre *vt* verdoppeln ♦ *vi* sich verdoppeln
raddóppio *sm* Verdopp(e)lung *f*
raddrizzàre *vt* (*mettere diritto*) gerade biegen, aufrichten
radènte *a* streifend
ràdere *vt* (*col rasoio*) rasieren ♦ *vpr* sich rasieren ● **r. al suolo** dem Erdboden gleichmachen
radiatóre *sm* Heizkörper *m* ◊ (*aut*) Kühler *m*
radiazióne *sf* (*fis*) Strahlung *f*
ràdica *sf* Wurzelholz *n*
radicàle *a* radikal ◊ *sm/f* (*pol*) Radikale *m/f* ♦ *sm* (*mat*) Wurzel *f* ◊ (*chim*) Radikal *n*
radìcchio *sm* (*bot*) (wilde) Zichorie *f*
radìce *sf* (*bot*) Wurzel *f*
ràdio (1) *sf* Radio *n*
ràdio (2) *sm* (*chim*) Radium *n*
ràdio (3) *sm* (*anat*) Speiche *f*
radioattività *sf* Radioaktivität *f*
radioattìvo *a* radioaktiv
radiocomandàto *a* funkgesteuert

radiocrònaca *sf* Rundfunkbericht *m*
radiografìa *sf* Röntgenographie *f* ◇ (*lastra*) Röntgenaufnahme *f*
radiòlogo *sm* Radiologe *m*
radioscopìa *sf* Röntgendurchleuchtung *f*
radiosegnàle *sm* Sendezeichen *n*
radióso *a* strahlend, leuchtend
radiosvéglia *sf* Radiowecker *m*
radiotàxi *sm* Funktaxi *m*
radiotrasmissióne *sf* Rundfunksendung *f*
radunàre *vt* (*cose*) ansammeln ◇ (*persone*) versammeln
radùno *sm* Versammlung *f*, Zusammenkunft *f*
radùra *sf* Lichtung *f*
rafférmo *a* altbacken
ràffica *sf* Bö *f*, Windstoß *m*
raffiguràre *vt* darstellen
raffinàre *vt* raffinieren, verfeinern
raffinatézza *sf* Feinheit *f* ◇ (*oggetto*) Kostbarkeit *f*
raffinerìa *sf* Raffinerie *f*
raffreddaménto *sm* Abkühlen *n* • **r. ad acqua/aria** Wasser-/Luftkühlung *f*
raffreddàre *vt* (ab)kühlen ♦ *vpr* sich abkühlen, kühler werden ◇ (*prendere il raffreddore*) sich erkälten
raffreddóre *sm* Erkältung *f*, Schnupfen *m* (*pop*) • **prendersi un r.** sich eine Erkältung zuziehen, sich erkälten; **r. da fieno** Heuschnupfen *m*
ragàzza *sf* Mädchen *n*
ragàzzo *sm* Junge *m*
ràggio *sm* Strahl *m* ◇ (*geom*) Radius *m*
raggiràre *vt* hintergehen, betrügen
raggìro *sm* Betrug *m*, Schwindel *m*
raggiùngere *vt* erreichen
raggiungiménto *sm* Erreichung *f*
raggruppaménto *sm* Gruppierung *f*
raggruppàre *vt* versammeln, vereinen
ragguagliàre *vt* (*informare*) unterrichten
ragguàglio *sm* Auskunft *f*, Bescheid *m* ◇ (*confronto*) Vergleich *m*
ragguardévole *a* angesehen ◇ (*notevole*) beträchtlich
ragionaménto *sm* Gedankengang *m* ◇ (*riflessione*) Überlegung *f*
ragionàre *vi* denken, vernünftig sein
ragióne *sf* Vernunft *f*, Verstand *m* ◇ Recht *n* • **avere r.** Recht haben
ragionerìa *sf* (*comm*) Buchhaltung *f*
ragionévole *a* vernünftig
ragionière *sm* (*comm*) Buchhalter *m*
ragliàre *vi* iahen
ràglio *sm* Eselsschrei *m*, Iahen *n*
ragnatéla *sf* Spinngewebe *n*
ràgno *sm* Spinne *f*
ragù *sm* (*cuc*) Ragout *n*
rallegràre *vt* erfreuen, aufhei-

tern ♦ *vpr* sich freuen ◊ (*congratularsi*) gratulieren (+ *dat*)
rallentaménto *sm* Verlangsamung *f* ◊ (*fig*) Rückgang *m*
rallentàre *vt* verlangsamen ◊ (*fig*) vermindern
rallentatóre *sm* (*cin*) Zeitlupe *f* • *al r.* in Zeitlupe
ramàrro *sm* (*zool*) Smaragdeidechse *f*
ramàzza *sf* Besen *m*
ràme *sm* (*min*) Kupfer *n*
ramificàre *vi* Zweige treiben ♦ *vpr* sich verzweigen
ramificazióne *sf* Verzweigung *f*
ramino *sm* Rommé, Rommee *n*
rammaricàrsi *vpr* bedauern (+ *acc*)
rammàrico *sm* Bedauern *n*
rammendàre *vt* stopfen, flicken
rammèndo *sm* (*azione*) Stopfen *n* ◊ (*parte rammendata*) Stopfstelle *f* ◊ (*rattoppo*) Flicken *n*
ràmo *sm* Zweig *m*
ràmpa *sf* Rampe *f* ◊ (*autostradale*) Auffahrt *f*
rampicànte *a* Kletter- ♦ *sm* (*bot*) Kletterpflanze *f*
rampino *sm* Haken *m*
rampóllo *sm* Sprössling *m*
rampóne *sm* Krampe *f* ◊ (*da alpinismo*) Steigereisen *n*
ràna *sf* (*zool*) Frosch *m* • *nuoto a r.* Brustschwimmen *n*
ràncido *a* ranzig ♦ *sapere di r.* ranzig schmecken
ràncio *sm* (*mil*) Mannschaftskost *f*
rancóre *sm* Groll *m* • *serbare r. a qn* jemandem nachtragen

rànda *sf* (*naut*) Besan *m*
randàgio *a* streunend, herrenlos (*di animali*)
randellàre *vt* prügeln
randellàta *sf* Stockschlag *m*
randèllo *sm* Knüppel *m*
rannicchiàrsi *vpr* sich zusammenkauern
rannuvolàrsi *vpr* sich bewölken
ranòcchio *sm* (*zool*) Frosch *m*
rantolàre *vi* röcheln
ràntolo *sm* Röcheln *n* ◊ (*med*) Geräusch *n*
ranùncolo *sm* (*bot*) Hahnenfuß *m*
ràpa *sf* (*bot*) Rübe *f*
rapàce *a* räuberisch, Raub- ♦ *sm* (*zool*) Raubvogel *m*
rapàre *vt* kurz scheren
ràpida *sf* Stromschnelle *f*
rapidità *sf* Schnelle *f*, Geschwindigkeit *f*
ràpido *a* schnell, rasch ♦ *sm* (*ferr*) Schnellzug *m*
rapiménto *sm* Raub *m*, Entführung *f*
rapìna *sf* Raub *m*, Raubüberfall *m* • *r. a mano armata* bewaffneter Raubüberfall
rapinàre *vt* rauben, berauben
rapinatóre *sm* Räuber *m*
rapìre *vt* entführen
rapitóre *sm* Entführer *m*
rappacificàre *vt* versöhnen ♦ *vpr* sich versöhnen
rappacificazióne *sf* Versöhnung *f*
rappòrto *sm* Verhältnis *n*, Beziehung *f* ◊ (*resoconto*) Bericht

rappresaglia 556

m ● *r. sessuale* Geschlechtsverkehr *m*

rappresàglia *sf* Rache *f*, Repressalie *f*

rappresentànte *sm* Vertreter *m*

rappresentàre *vt* darstellen ◊ *(essere rappresentante di)* vertreten ◊ *(teat)* aufführen

rappresentazióne *sf* Darstellung *f* ◊ *(cin, teat)* Aufführung *f*

rapsodìa *sf (mus)* Rhapsodie *f*

rarefàrsi *vpr* sich verdünnen

rarefazióne *sf* Verdünnung *f*

rarità *sf* Seltenheit *f*, Rarität *f*

ràro *a* selten, rar

rasàre *vt* rasieren, scheren ♦ *vpr* sich rasieren

rasatùra *sf* Rasur *f*

raschiàre *vt* (ab)schaben, abkratzen

ràso *sm (abb)* Satin *m*

rasóio *sm* Rasiermesser *n*, Rasierapparat *m (elettrico)* ● *sul filo del r. (fig)* auf des Messers Schneide

rasségna *sf (mostra)* Ausstellung *f*, Schau *f* ● *r. cinematografica* Filmfestival *n*; *r. stampa* Presseschau *f*

rassegnàre *vt (dimettersi da)* niederlegen ♦ *vpr* sich fügen, sich ergeben ● *r. le dimissioni* seinen Abschied einreichen

rassegnazióne *sf* Resignation *f*, Ergebung *f*

rassettàre *vt* aufräumen

rassicuràre *vt* beruhigen

rassodàre *vt* straffen, festigen

rastrellàre *vt* harken ◊ *(fig)* durchkämmen

rastrèllo *sm* Harke *f*

ràta *sf* Rate *f*, Teilzahlung *f*

rateàle *a* ratenweise, Raten- ● *r. vendita f.* Ratenverkauf *m*

rateazióne *sf* Ratenzahlung *f*

rateizzàre *vt* in Raten einteilen

ratìfica *sf* Bestätigung *f*, Ratifikation *f*

ratificàre *vt* bestätigen, ratifizieren

ràtto *sm (zool)* Ratte *f*

rattoppàre *vt* (zusammen)flicken

rattòppo *sm* Flicken *n*

rattristàre *vt* betrüben ♦ *vpr* traurig werden, sich betrüben

raucèdine *sf (med)* Heiserkeit *f*

ràuco *a* heiser

ravanèllo *sm (bot)* Radieschen *n*

raviòli *sm pl (cuc)* Ravioli *pl*

ravvedérsi *vpr* in sich gehen

ravvediménto *sm* Reue *f*

ravvicinaménto *sm* Annäherung *f*

ravvicinàre *vt* annähern ♦ *vpr* sich nähern

razionàle *a* rational, vernünftig

razionalìsmo *sm* Rationalismus *m*

razionalità *sf* Vernünftigkeit *f*

razionaménto *sm* Rationierung *f*

razionàre *vt* rationieren

razióne *sf* Ration *f* ◊ *(porzione)* Portion *f*

ràzza (1) *sf* Rasse *f* ◊ *(genere)* Art *f*, Sorte *f* ● *di r. (zool)* rassenrein, Rasse(n)-

ràzza (2) *sf (zool)* Rochen *m*

razziàle *a* rassisch, Rassen-

razziàre vt rauben
razzìsmo sm Rassismus f
razzista sm Rassist m ◆ a rassistisch
ràzzo sm Rakete f
re sm König m
reagènte sm (chim) Reaktionsmittel n
reagìre vi reagieren
reàle (1) a (della realtà) wirklich, real
reàle (2) a (regale) königlich, Königs-
realìsmo sm (arte, lett) Realismus m
realizzàre vt verwirklichen, realisieren
realizzazióne sf Verwirklichung f, Realisierung f ◇ (opera) Werk n
realìzzo sm (fin) Erlös m ● a prezzi di r. zu Schleuderpreisen
realménte avv wirklich, tatsächlich
realtà sf Wirklichkeit f
reàto sm (dir) Straftat f, Delikt n
reattività sf Reaktionsfähigkeit f
reattóre sm (fis) Reaktor m ◇ (motore) Düsentriebwerk n
reazionàrio a reaktionär ◆ sm Reaktionär m
reazióne sf Reaktion f ● a r. Düsen-, Strahl-; r. nucleàre Kernreaktion f
rèbus sm Bilderrätsel n, Rebus n/m ◇ (fig) Rätsel n
recapitàre vt zustellen
recàpito sm Anschrift f, Adresse f ◇ Zustellung f ● in caso di mancato r. wenn unzustellbar
recàre vt tragen, führen ◆ vpr sich begeben, gehen
recensióne sf Rezension f, Besprechung f, Kritik f
recensìre vt rezensieren, besprechen, kritisieren
recensóre sm Rezensent m, Besprecher m
recènte a neu, jüngst, letzt
recenteménte avv vor kurzem, neulich
recessióne sf (fin) Rezession f, Rückgang m
recìdere vt abschneiden
recidìva sf (dir, med) Rückfall m
recidìvo a (dir, med) rückfällig
recintàre vt einfrieden, umzäunen
recìnto sm eingefriedeter Raum m ◇ (per animali) Pferch m, Gehege n
recinzióne sf Einfriedung f
recipiènte sm Gefäß n, Behälter m
reciprocità sf Gegenseitigkeit f
recìproco a gegenseitig
rècita sf (teat) Aufführung f, Vorstellung f ◇ (declamazione) Vortrag m
recitàre vt vortragen, darstellen ◇ (teat) aufführen ◆ vi spielen
recitazióne sf Vortrag m ◇ (teat) Darstellung f
reclamàre vi reklamieren, Beschwerde führen (über + acc), sich beschweren ◆ vt fordern, verlangen

reclamo 558

reclàmo sm Beschwerde f, Reklamation f, Beanstandung f

reclamizzàre vt werben, Reklame machen (*für* + *acc*)

reclinàbile a zurückklappbar

reclinàre vt neigen

reclusióne sf Haft f

reclùso sm Sträfling m, Häftling m

rècluta sf (*mil*) Rekrut m ◇ (*fig*) Nachwuchs m

reclutaménto sm (*mil*) Wehrersatz m ◇ (*fig*) Rekrutierung f

reclutàre vt einberufen ◇ (*fig*) rekrutieren

rècord sm Rekord m, Bestleistung f

recriminàre vi sich beklagen, sich beschweren

recriminazióne sf Klage f

redattóre sm (*in un giornale*) Redakteur m

redazióne sf Abfassung f ◇ (*ufficio*) Redaktion f

redditività sf Ertragsfähigkeit f, Rentabilität f

redditìzio a einträglich, rentabel

rèddito sm Einkommen n ◇ (*entrata*) Ertrag m

redentóre sm Erlöser m

redìgere vt verfassen, abfassen

redìmere vt erlösen, befreien

rèdini sf pl Zügel m

rèduce a heimkehrend ♦ sm Heimkehrer m

referèndum sm Volksabstimmung f

referènza sf Referenz f, Empfehlung f

referto sm Bericht m ◇ (*med*) Befund m

refettòrio sm Speisesaal m

refezióne sf Speisung f ◇ (*pasto*) Mahlzeit f

refrigerànte a kühlend, Kühl- ♦ sm Kühlmittel n

refurtìva sf Diebesbeute f

refùso sm Druckfehler m

regalàre vt schenken

regàle a königlich, Königs-

regàlo sm Geschenk n

regàta sf Regatta f, Wettsegeln n

reggènte sm Regent m

règgere vt halten, tragen ◇ (*gramm*) regieren ◇ vi standhalten (+ *dat*) ● **r. il confronto** den Vergleich aushalten

règgia sf Königsschloss n, Königspalast m

reggicàlze sm Hüftgürtel m

reggiséno sm Büstenhalter m

regìa sf Regie f

regime sm Regime n, Herrschaft f

regìna sf Königin f ◇ (*nelle carte*) Dame f

regióne sf Gegend f, Region f

regìsta sm Regisseur m

registràre vt eintragen, registrieren ◇ (*su disco e sim*) aufnehmen ◇ (*mettere a punto*) einstellen

registratóre sm Recorder m ◇ (*di audiocassette*) Tonbandgerät n ● **r. di cassa** Registrierkasse f

registrazióne sf Eintragung f, Registrierung f ◇ (*incisione*)

Aufnahme *f*, Tonaufnahme *f* ◊ *(messa a punto)* Einstellung *f*
registro *sm* Register *n* ◊ *(di classe)* Klassenbuch *n*
regnànte *a* herrschend, Herrscher- ◆ *sm* Herrscher *m*
regnàre *vi* herrschen
régno *sm* Reich *n*
règola *sf* Regel *f*, Vorschrift *f* ◆ **di r.** in der Regel
regolaménto *sm* Reg(e)lung *f*, Regulierung *f* ◊ *(insieme di norme)* Ordnung *f*, Vorschriften *pl* ◊ *(dei conti)* Abrechnung *f*
regolàre (1) *vt* regeln ◊ *(mettere a punto)* einstellen ◆ *vpr* sich richten *(nach + dat)* ◊ *(moderarsi)* sich mäßigen
regolàre (2) *a* regelmäßig, ordnungsgemäß *(conforme)*
regolarità *sf* Regelmäßigkeit *f*
regolarizzàre *vt* regulieren, in Ordnung bringen
regolarménte *avv* regelmäßig ◊ ordnungsgemäß
regolazióne *sf* Regelung *f*, Regulierung *f*
regredìre *vi* zurückgehen
regressióne *sf* Rückgang *m* ◊ *(psic)* Regression *f*
regrèsso *sm* Rückgang *m*
reincarnàrsi *vpr* wieder geboren werden
reincarnazióne *sf* Reinkarnation *f*
reinseriménto *sm* Wiedereingliederung *f*
reinserìre *vt* *(persone)* wieder einführen, wieder eingliedern ◊ *(cose)* wieder einfügen

relativaménte *avv* relativ, ziemlich
relatività *sf* Relativität *f*
relatìvo *a* relativ, bezüglich ◊ *(corrispondente)* entsprechend
relatóre *sm* Berichter *m*, Berichterstatter *m* ◊ *(università)* Referent *m*
relazionàre *vt* Bericht erstatten über (+ *acc*)
relazióne *sf* Beziehung *f*, Verhältnis *n* ◊ *(resoconto)* Bericht *m*, Referat *n* ◆ **r. d'affari** Geschäftsbeziehung *f*, **mettere in r.** in Zusammenhang bringen
religióne *sf* Religion *f*
religióso *a* religiös, fromm
reliquia *sf* Reliquie *f*
reliquiàrio *sm* Reliquiar *n*
relìtto *sm* Wrack *n*
remàre *vi* rudern
rematóre *sm* Ruderer *m*
reminiscènza *sf* Erinnerung *f*
remissióne *sf* Erlass *m*
remissività *sf* Nachgiebigkeit *f*
remissìvo *a* nachgiebig, gefügig
rèmo *sm* Ruder *n*
remòto *a* *(tempo)* weit zurückliegend ◊ *(spazio)* abgelegen
rèndere *vt* *(contraccambiare)* erwidern ◊ *(restituire)* wiedergeben, zurückgeben ◊ *(fin)* einbringen, eintragen ◊ *(far diventare)* machen
rendiménto *sm* Leistung *f* ◊ *(fin)* Rendite *f*, Ertrag *m*
rèndita *sf* Rente *f* ◊ *(entrata)* Einkommen *n*, Ertrag *m*
rène *sm* *(anat)* Niere *f*

réni *sf pl* Kreuz *n*
rènna *sf (zool)* Ren(tier) *n*
repàrto *sm* Abteilung *f*
reperìbile *a (persone)* erreichbar ◊ *(cose)* auffindbar
reperiménto *sm* Auffindung *f*
reperìre *vt* (auf)finden
repèrto *sm (archeol)* Fundstück *n* ◊ *(dir)* Beweisstück *n* ◊ *(med)* Befund *m*
repertòrio *sm (teat)* Repertoire *n*, Spielplan *m* ◊ *(fig)* Sammlung *f*
rèplica *sf* Wiederholung *f* ◊ *(risposta)* Erwiderung *f* ◊ *(teat)* Wiederaufführung *f*
replicàre *vt* wiederholen ◊ *(rispondere)* erwidern ◊ *(teat)* wiederaufführen
repressióne *sf* Unterdrückung *f*
repressivo *a* unterdrückend
represso *a* unterdrückt
reprìmere *vt* unterdrücken, verhalten
repùbblica *sf* Republik *f*
repulsióne *sf* Abneigung *f*
reputazióne *sf* Ruf *m*
requisìre *vt* beschlagnahmen
requisito *sm* Erfordernis *n*
requisizióne *sf* Beschlagnahmung *f*
résa *sf (mil)* Kapitulation *f*, Übergabe *f* ◊ *(restituzione)* Rückgabe *f* ◊ *(rendimento)* Leistung *f*
rescìndere *vt* aufheben
rescissióne *sf* Aufhebung *f*
residènte *a* wohnhaft ♦ *sm/f* Ansässige *m/f*
residènza *sf* Wohnsitz *m*
residenziàle *a* Wohn-
residuo *sm* Rest *m* ◊ *(chim)* Rückstand *m*
rèsina *sf* Harz *n*
resistènte *a* widerstandsfähig
resistènza *sf (opposizione)* Widerstand *m* ◊ *(solidità)* Festigkeit *f* ◊ *(stor)* Widerstandsbewegung *f* ◊ *(sport)* Ausdauer *f*
resìstere *vi* standhalten, widerstehen
resocónto *sm* Bericht *m*
respìngere *vt* zurückdrängen ◊ *(fig)* ablehnen
respiràre *vt/i* atmen
respiratóre *sm* Atemgerät *n*, Atmungsgerät *n* ◊ *(med)* Beatmungsgerät *n*
respirazióne *sf* Atmung *f*
respiro *sm* Atem *m*
responsàbile *a* verantwortlich ◊ *(colpevole)* schuldig
responsabilità *sf* Verantwortung *f* ◊ *(colpa)* Schuld *f*
respònso *sm (dir)* Spruch *m* ◊ Orakelspruch *m*
rèssa *sf* Gedränge *n*
restàre *vi* bleiben ◊ *(avanzare)* übrig bleiben
restauràre *vt* restaurieren, wiederherstellen
restauratóre *sm* Restaurator *m*
restaurazióne *sf* Wiederherstellung *f* ◊ *(stor)* Restauration *f*
restàuro *sm* Renovierung *f*, Restaurierung *f*
restituìre *vt* zurückgeben ◊ *(contraccambiare)* erwidern
restituzióne *sf* Rückgabe *f*
rèsto *sm* Rest *m*

restringere vt verengern ◇ (limitare) begrenzen, beschränken

restringimento sm Verengung f ◇ (restrizione) Beschränkung f

restrittivo a restriktiv ◇ (fig) beschränkend

restrizione sf Beschränkung f

réte sf Netz n ◇ (sport) Tor n

reticenza sf Zurückhaltung f

reticolo sm Gitter n

rètina sf (anat) Netzhaut f

retino sm kleines Netz n ◇ (da pesca) Kescher m

retòrica sf Rhetorik f

retràttile a einziehbar

retribuire vt entlohnen, belohnen, bezahlen

retribuzione sf Entlohnung f ◇ (ricompensa) Belohnung f

rètro sm Rückseite f

retrocèdere vi zurückgehen ◇ (sport) absteigen

retrocessione sf Rückgang m ◇ (sport) Abstieg m

retromàrcia sf (aut) Rückwärtsgang m

retroscèna sf (teat) Hintergrund m ◇ (fig) Hintergründe pl

retrospettiva sf Rückblick m

retroterra sm Hinterland n

retrovisóre sm (aut) Rückspiegel m

rètta (1) sf (geom) Gerade f

rètta (2) sf (monatliche) Pension f

rettangolàre a rechteckig

rettàngolo sm Rechteck n

rettifica sf Verbesserung f, Änderung f ◇ (tecn) Schleifen n

rettificàre vt verbessern, ändern ◇ (tecn) schleifen

rèttile sm (zool) Kriechtier n

rettilìneo a gerade, geradlinig

rètto (1) a gerade

rètto (2) sm (anat) Mastdarm m

rettóre sm Rektor m

reumatismo sm Rheumatismus m

reverèndo a hochwürdig, ehrwürdig ◆ sm Hochwürden f

reversìbile a umkehrbar

revisionàre vt überprüfen ◇ (tecn) überholen

revisióne sf Überprüfung f ◇ (tecn) Überholung f

revisóre sm Prüfer m, Überprüfer m, Revisor m

rèvoca sf Widerruf m

revocàre vt widerrufen

riabilitàre vt rehabilitieren

riabilitazióne sf Rehabilitation f

riabituàre vt wieder gewöhnen

riaccèndere vt wieder anzünden

riaccompagnàre vt zurückbegleiten

riacquistàre vt wieder erwerben ◇ (ricomprare) wieder kaufen

riadattàre vt wieder anpassen

riaddormentàrsi vpr wieder einschlafen

riaffermàre vt wieder behaupten

rialzàre vt wieder aufrichten ◇ erhöhen

rialzo sm Erhöhung f

riammèttere vt wieder aufnehmen

riammissióne *sf* Wiederaufnahme *f*
rianimazióne *sf* (*med*) Wiederbelebung *f*
riapertúra *sf* Wiedereröffnung *f*
riaprìre *vt* wieder öffnen
riàrmo *sm* Aufrüstung *f*
riassùmere *vt* zusammenfassen
riassùnto *sm* Zusammenfassung *f*
riassunzióne *sf* (*nuovo impiego*) Wiedereinstellung *f*
riavére *vt* zurückbekommen
riavvicinàre *vt* wieder nähern ◆ *vpr* (*fig*) sich wieder (an)nähern
ribadìre *vt* bekräftigen
ribàlta *sf* Rampe *f* ◇ (*fig*) Bühne *f*
ribaltàbile *a* Klapp-
ribaltaménto *sm* Umkippen *n*
ribaltàre *vt* (um)kippen ◆ *vpr* sich überschlagen
ribassàre *vt* herabsetzen
ribàsso *sm* Rabatt *m*, Preisnachlass *m*
ribàttere *vt* zurückschlagen ◇ (*confutare*) widerlegen ◇ (*respingere*) zurückweisen
ribellàrsi *vpr* sich erheben, rebellieren
ribèlle *a* aufständisch ◆ *sm* Aufrührer *m*, Rebell *m*
ribellióne *sf* Rebellion *f*, Aufstand *m*
ribes *sm* (*bot*) Johannisbeere *f*
ricadére *vi* wieder fallen
ricadùta *sf* Rückfall *m*
ricalcàre *vt* (*un disegno*) durchpausen
ricamàre *vt* sticken

ricambiàre *vt* erwidern
ricàmbio *sm* (*sostituzione*) Ersatz *m* ◇ (*fig*) Wechsel *m* ◇ (*aut*) Ersatzteil *n*
ricàmo *sm* Stickerei *f*
ricàrica *sf* Wieder(auf)ladung *f* ◇ (*riempimento*) Nachfüllen *n*, Auffüllen *n*
ricaricàbile *a* (*tel*) (*di scheda*) wiederaufladbar
ricaricàre *vt* wieder (auf)laden ◇ (*riempire*) nachfüllen, auffüllen
ricattàre *vt* erpressen
ricàtto *sm* Erpressung *f*
ricavàre *vt* gewinnen, ziehen (*trarre*)
ricàvo *sm* Ertrag *m*, Erlös *m*
ricchézza *sf* Reichtum *m*
rìccio (1) *sm* (*zool*) Igel *m* ◇ (*bot*) Kastanienigel *m* ● **r. di mare** Seeigel *m*
rìccio (2) *a* lockig ◆ *sm* Locke *f*
rìcco *a* reich
ricérca *sf* Suche *f* ◇ Forschung *f*, Nachforschung *f* (*indagine*) ◇ (*inform*) Suchfunktion *f*, Suche *f*
ricercàre *vt* suchen ◇ erforschen ◇ (*investigare*) fahnden
ricercatóre *sm* Forscher *m*
ricetrasmittènte *sf* Funkgerät *n*, Sendeempfänger *m*
ricètta *sf* Rezept *n*
ricettàrio *sm* Rezeptbuch *n*
ricettività *sf* Fassungsvermögen *n*
ricévere *vt* bekommen, erhalten ◇ (*accogliere*) empfangen
ricevimènto *sm* Empfang *m*
ricevitóre *sm* Hörer *m*

ricevitoria *sf* Annahmestelle *f*
ricevùta *sf* Quittung *f* ◊ *dietro r.* gegen Quittung; *r. fiscale* Steuerquittung *f*
richiamàre *vt* zurückrufen ◊ *(fig)* erinnern ◊ *(attirare)* anlocken ◊ *(rimproverare)* tadeln ● *r. alla memoria* ins Gedächtnis zurückrufen; *r. l'attenzione di qn su qc* jemandes Aufmerksamkeit auf etwas lenken
richiàmo *sm* Ruf *m*, Anruf *m* ◊ *(rimprovero)* Tadel *m* ◊ *(segno)* Verweis *m*
richièdere *vt* (wieder) verlangen ◊ *(necessitare)* benötigen, erfordern
richièsta *sf* Anfrage *f* ◊ *(esigenza)* Verlangen *n* ● *fermata a r.* Bedarfshaltestelle *f*
riciclàbile *a* recycelbar, wiederverwertbar
riciclàggio *sm* Recycling *n*, Wiederverwertung *f* ● *r. di denaro sporco* Geldwäsche *f*
riciclàre *vt* zurückführen
ricognitóre *sm (persona)* Kundschafter *m* ◊ *(aer)* Aufklärer *m*
ricognizióne *sf* Erkundung *f*, Aufklärung *f*
ricominciàre *vt* wieder anfangen
ricompènsa *sf* Belohnung *f*
ricompensàre *vt* belohnen
ricompràre *vt* wieder kaufen
riconciliàre *vt* versöhnen ● *vpr* sich wieder versöhnen
riconciliazióne *sf* Wiederversöhnung *f*

ricondùrre *vt* zurückführen, zurückbringen
riconférma *sf* Wiederbestätigung *f*
riconfermàre *vt* wieder bestätigen
ricongiùngere *vt* wieder vereinigen ● *vpr* sich wieder vereinigen
ricongiunzióne *sf* Wiedervereinigung *f*
riconoscènte *a* dankbar
riconoscènza *sf* Dankbarkeit *f*
riconóscere *vt* anerkennen ◊ *(ammettere)* einsehen
riconoscimènto *sm* Anerkennung *f*, Würdigung *f* ● *r. vocale* Spracherkennung *f*, Stimmerkennung *f*; *documento di r.* Ausweispapier *n*; *segno di r.* Erkennungsmerkmal *n*
riconquistàre *vt* wieder erobern
ricopiàre *vt* abschreiben
ricoprìre *vt* bedecken ◊ *(rivestire)* überziehen ◊ *(una carica)* bekleiden
ricordàre *vt* (sich) erinnern *(an + acc)* ◊ *(serbare memoria)* gedenken *(+ gen)* ◊ *(assomigliare)* ähneln *(+ dat)* ● *vpr* sich erinnern *(an + acc)* ◊ *(tener presente)* denken *(an + acc)*, sich merken *(+ acc)*
ricòrdo *sm* Erinnerung *f*
ricorrènte *a* wiederkehrend
ricorrènza *sf* Gedenktag *m*
ricórrere *vi* zurücklaufen ◊ *(servirsi)* sich bedienen *(+ gen)* ◊ sich wenden *(an + acc)* ◊ *(ce-*

ricorso

lebrarsi) sich jähren ◊ (*dir*) Berufung einlegen
ricórso *sm* Anwendung *f* ◊ (*dir*) Berufung *f*
ricostituènte *a* kräftigend, Kräftigungs- ♦ *sm* (*med*) Kräftigungsmittel *n*, Stärkungsmittel *n*
ricostituìre *vt* wieder gründen, neu bilden
ricostituzióne *sf* Neugründung *f*, Neubildung *f*
ricostruìre *vt* wieder aufbauen ◊ (*fig*) rekonstruieren
ricostruzióne *sf* Wiederaufbau *m* ◊ (*fig*) Rekonstruktion *f*
ricòtta *sf* Quark *m*
ricoveràre *vt* einliefern
ricoveràto *sm* (*di ospedale*) Krankenhauspatient *m* ◊ (*di ospizio*) Insasse *m*
ricòvero *sm* Einlieferung *f* ◊ (*istituto per vecchi*) Altersheim *n* ◊ (*rifugio*) Zuflucht *f*
ricreatìvo *a* erholsam, Erholungs-, Freizeit-
ricreazióne *sf* Erholung *f*, Vergnügen *n* (*distrazione*) ◊ (*intervallo*) Ruhepause *f*
ricucìre *vt* nähen, zunähen
ricuperàre *vt* wieder erlangen ◊ (*tempo*) aufholen ◊ (*portare in salvo*) bergen ◊ (*sport*) nachholen ◊ (*fin*) eintreiben
ridàre *vt* zurückgeben
rìdere *vi* lachen
ridìcolo *a* lächerlich ♦ *sm* Lächerliche *n*
ridimensionàre *vt* verkleinern

ridìre *vt* wiederholen ◊ (*criticare*) aussetzen
ridondànte *a* redundant
ridòsso *sm* **a r. di** hinter (+ *dat/acc*)
ridùrre *vt* kürzen ◊ (*diminuire*) vermindern, herabsetzen ◊ (*ricondurre*) bringen ◊ (*far diventare*) verwandeln (*in* + *acc*)
riduzióne *sf* Verminderung *f*, Ermäßigung *f*
riedizióne *sf* Neuausgabe *f*
rieducàre *vt* umerziehen ◊ (*med*) wieder beweglich machen
rieducazióne *sf* Umerziehen *n* ◊ Rehabilitation *f*
rielaboràre *vt* überarbeiten
rielèggere *vt* wieder wählen
rielezióne *sf* Wiederwahl *f*
riempiménto *sm* Einfüllung *f*
riempìre *vt* füllen ◊ (*fig*) erfüllen
rientrànza *sf* Vertiefung *f*
rientràre *vi* zurückkommen, heimkommen ◊ (*essere compreso*) fallen (*unter* + *acc*), gehören (*zu* + *dat*) ● **r. nelle spese** auf sein Kosten kommen
riepilogàre *vt* zusammenfassen
riepìlogo *sm* Zusammenfassung *f*
riesumàre *vt* exhumieren ◊ (*fig*) (wieder) ausgraben
rievocàre *vt* wieder wachrufen
rievocazióne *sf* Erinnerung *f* ◊ (*commemorazione*) Nachruf *m*, Gedenkrede *f*
rifaciménto *sm* Wiederherstellung *f*

rifàre vt wiederholen ♦ vpr (*prendersi la rivincita*) sich entschädigen

riferiménto sm Bezug m ♦ **fare r. a qn/qc** auf jemanden/etwas Bezug nehmen; **in r. a** bezüglich (+ gen)

riferìre vt berichten, mitteilen ◊ (*mettere in relazione*) beziehen ♦ vpr sich beziehen (*auf + acc*)

rifinìre vt vollenden

rifinitùra sf Nacharbeit f, Feinbearbeitung f

rifiutàre vt ablehnen, verweigern ♦ vpr sich weigern

rifiùto sm Ablehnung f, (Ver-)weigerung f ◊ (*immondizia*) Abfall m, Müll m ♦ **rifiuti tossici** Giftmüll m

riflessióne sf Überlegung f ◊ (*fis*) Reflexion f

riflessìvo a nachdenklich ◊ (*gramm*) reflexiv, Reflexiv-

riflèsso sm Widerschein m ◊ (*fig*) Reflex m

riflèttere vt widerspiegeln ♦ vi überlegen, nachdenken (*über + acc*) ♦ vpr sich widerspiegeln ◊ (*fig*) sich auswirken ◊ (*fis*) reflektieren

riflettóre sm Scheinwerfer m

riflùsso sm Rückfluss m

rifocillàre vt stärken ♦ vpr sich stärken

rifórma sf Umgestaltung f, Reform f ◊ (*relig*) Reformation f

riformàre vt umgestalten, reformieren

riformàto a reformiert ♦ sm (*relig*) Reformierte m/f ◊ (*mil*) Untaugliche m

riformatòrio sm Erziehungsanstalt f

riforniménto sm Versorgung f ◊ (*viveri*) Vorräte pl ♦ **fare r. di benzina** tanken

rifornìre vt versorgen, beliefern ♦ vpr sich versorgen (*mit + dat*)

rifràngersi vpr sich brechen

rifrazióne sf Brechung f

rifugiàrsi vpr flüchten, sich retten

rifugiàto a geflüchtet ♦ sm Flüchtling m

rifùgio sm Zuflucht f ◊ (*alpino*) Hütte f

rìga sf Linie f, Strich m ◊ (*in uno scritto*) Zeile f ◊ (*dei capelli*) Scheitel m

rigattière sm Altwarenhändler m

righèllo sm Lineal n

rigidità sf Starrheit f ◊ (*di clima*) Rauheit f

rìgido a starr, steif ◊ (*fig*) streng ◊ (*clima*) rau

rigogliόso a üppig

rigonfiaménto sm Schwellung f

rigóre sm Strenge f, Härte f ◊ (*sport*) Strafstoß m

rigoróso a streng, genau (*preciso*)

rigovernàre vt abwaschen, spülen

riguardàre vt durchsehen ◊ (*concernere*) betreffen ♦ vpr sich vorsehen

riguàrdo sm (*cura*) Rücksicht f ◊ (*rispetto*) Achtung f

rilanciàre vt zurückwerfen ◊ (offerta) überbieten

rilàncio sm Wiederwerfen n ◊ (offerta) Überangebot n

rilasciàre vt (consegnare) ausstellen ◊ (concedere) erteilen ◊ (rimettere in libertà) freilassen

rilàscio sm Ausstellung f ◊ (restituzione della libertà) Freilassung f

rilassaménto sm Entspannung f, Lockerung f

rilassàrsi vpr sich entspannen, sich lockern

rilegàre vt einbinden

rilegatùra sf (azione) Bindung f ◊ Einband m

rilèggere vt noch einmal lesen, durchlesen

rilettùra sf nochmaliges Lesen n

rilevaménto sm Übernahme f ◊ (geogr) Aufnahme f

rilevànte a bedeutend

rilevàre vt (mettere in evidenza) hervorheben ◊ (negozio e sim) übernehmen ◊ (geogr) aufnehmen

riliévo sm (geogr) Erhebung f ◊ (fig) Bedeutung f ● **mettere in r. qc** etwas hervorheben

riluttànza sf Widerwille m

rìma sf Reim m

rimandàre vt zurückschicken ◊ (differire) verschieben ◊ (fare riferimento) verweisen (auf + acc)

rimàndo sm Zurückschicken n ◊ (segno) Verweis m

rimaneggiàre vt umarbeiten

rimanènte a restlich, übrig ◆ sm Rest m

rimanènza sf Rest m ◊ (pl) (comm) Restposten m

rimanére vi (fermarsi) bleiben ◊ (essere situato) liegen ◊ (avanzare) übrig bleiben

rimàre vi sich reimen

rimbalzàre vi abprallen

rimbàlzo sm Rückprall m

rimbombàre vi dröhnen

rimbómbo sm Dröhnen n

rimborsàre vt zurückzahlen, erstatten

rimbórso sm Rückzahlung f, Erstattung f

rimboschiménto sm Aufforstung f

rimediàre vt/i wieder gutmachen, beheben

rimèdio sm (med) Heilmittel n ● **r. omeopatico** homöopathisches Heilmittel

rimescolàre vt umrühren, mischen

rimèssa sf (per veicoli) Depot n ◊ (sport) Abstoß m, Einwurf m

rimèsso a (ristabilito) wieder erholt

riméttere vt wieder setzen ◊ (colpa) vergeben ◊ (sport) zurückspielen ◊ (vomitare) brechen (fam) ◊ (affidare) überlassen ◆ vpr sich wieder erholen ◊ (tempo atmosferico) sich bessern ● **rimetterci** (fam) verlieren

rimónta sf (sport) Aufholen n

rimontàre vt wieder zusammensetzen ◊ (sport) aufholen ◆ vi

wieder aufsteigen, wieder einsteigen
rimorchiàre *vt* abschleppen
rimorchiatóre *sm* (*naut*) Schlepper *m*
rimòrchio *sm* Anhänger *m*
rimòrso *sm* Gewissensbiss *m*
rimozióne *sf* Entfernung *f*, Beseitigung *f* ◊ (*psic*) Verdrängung *f*
rimpatriàre *vi* heimkehren ♦ *vt* heimschicken
rimpàtrio *sm* Heimkehr *f*
rimpiàngere *vt* (*persone*) beweinen ◊ (*cose*) nachweinen
rimpianto *sm* schmerzliche Erinnerung *f*
rimpiazzàre *vt* ersetzen
rimpiccioliìre *vt* verkleinern ♦ *vi* kleiner werden
rimproveràre *vt* vorwerfen
rimpròvero *sm* Vorwurf *m*
rimuneràre *vt* belohnen
rimunerazióne *sf* Belohnung *f*
rimuòvere *vt* wegräumen, beseitigen, entfernen
rinàscere *vi* (*fig*) wieder aufleben
rinascimentàle *a* Renaissance-
rinascimènto *sm* (*stor*) Renaissance *f*
rinàscita *sf* Wiedergeburt *f*
rincaràre *vt* verteuern ♦ *vi* teurer werden, sich verteuern
rincàro *sm* Verteuerung *f*
rincasàre *vi* heimkehren
rinchiùdere *vt* einschließen, einsperren
rincórrere *vt* nachlaufen
rincórsa *sf* Anlauf *m*

rincréscere *vimp* bedauern, Leid tun
rincresciménto *sm* Bedauern *n*
rinfacciàre *vt* vorhalten
rinforzàre *vt* stärken, kräftigen ♦ *vpr* stärker werden
rinfòrzo *sm* Verstärkung *f*
rinfrancàre *vt* ermutigen
rinfrescànte *a* erfrischend
rinfrescàre *vt* abkühlen, kühlen ◊ (*fig*) erfrischen ♦ *vpr* sich erfrischen
rinfrésco *sm* Empfang *m*
rinfùsa *sf* **alla r.** durcheinander
ringhiàre *vi* knurren
ringhièra *sf* Geländer *n*
ringiovanìre *vt* verjüngen ♦ *vi* jünger werden, sich verjüngen
ringraziaménto *sm* Dank *m*
ringraziàre *vt* danken (+ *dat*)
rinìte *sf* (*med*) Schnupfen *m*
rinnegàre *vt* verleugnen
rinnegàto *a* abtrünnig ♦ *sm* Abtrünnige *m/f*
rinnovàbile *a* erneuerbar
rinnovaménto *sm* Erneuerung *f*
rinnovàre *vt* erneuern ◊ (*ripetere*) wiederholen
rinnòvo *sm* Erneuerung *f* ◊ (*prolungamento*) Verlängerung *f*
rinoceronte *sm* (*zool*) Nashorn *n*
rinomànza *sf* Ruf *m*, Berühmtheit *f*
rinomàto *a* berühmt
rinsaldàre *vt* festigen, stärken
rintòcco *sm* Schlag *m* ◊ (*di campane*) Glockenschlag *m*
rintracciàre *vt* aufspüren
rinunziàre *vi* verzichten (*auf* + *acc*)

rinvenimento (1) *sm* (*ritrovamento*) Auffindung *f*

rinvenimento (2) *sm* (*ripresa dei sensi*) Wiederzusichkommen *n*

rinvenire (1) *vt* (*ritrovare*) auffinden

rinvenire (2) *vi* (*riprendere i sensi*) wieder zu sich kommen

rinviare *vt* (*differire*) verschieben, vertagen ◇ (*rispedire indietro*) zurückschicken ◇ (*rimandare*) verweisen

rinvio *sm* (*differimento*) Verschiebung *f*, Vertagung *f* ◇ (*risposta*) Rücksendung *f* ◇ (*rimando*) Verweis *m* ◇ (*sport*) Abstoß *m*

rione *sm* Stadtviertel *n*

riordinamento *sm* Neuordnung *f*

riordinare *vt* aufräumen

riparare *vt* (*aggiustare*) reparieren ◇ (*proteggere*) schützen

riparazione *sf* Reparatur *f* ◇ (*mil*) Reparation *f* ● **esami di r.** Nachprüfung *f*

riparo *sm* Schutz *m*, Unterschlupf *m* (*rifugio*)

ripartire (1) *vt* einteilen, verteilen

ripartire (2) *vi* wieder fortgehen, wieder abfahren

ripartizione *sf* Aufteilung *f*, Verteilung *f*

ripassare *vi* wieder vorbeikommen ● *vt* (*riattraversare*) wieder passieren, wieder überschreiten ◇ (*la lezione e sim*) wiederholen

ripasso *sm* Wiederholung *f*

ripensamento *sm* Überdenken *n*

ripensare *vi* überdenken, überlegen ● **ci ho ripensato** ich habe es mir anders überlegt

ripercorrere *vt* wieder zurücklegen

ripercuotersi *vpr* (*fig*) sich auswirken (*auf + acc*)

ripercussione *sf* Auswirkung *f*

ripetente *sm* Sitzenbleiber *m*

ripetere *vt* wiederholen

ripetitore *sm* (*tel*) Verstärker *m*

ripetizione *sf* Wiederholung *f* ◇ (*lezione privata*) Nachhilfeunterricht *m*

ripiano *sm* Regalbrett *n*

ripicca *sf* **per r.** aus Trotz

ripidezza *sf* Steilheit *f*

ripido *a* steil

ripiegamento *sm* Ausweichen *n*

ripiegare *vt* zusammenlegen ● *vi* ausweichen (*auf + acc*)

ripiego *sm* Ausweg *m*, Notbehelf *m*

ripieno *sm* (*cuc*) Füllung *f*

ripopolare *vt* wieder bevölkern

riporre *vt* wieder legen, (wieder) setzen, zurücklegen

riportare *vt* zurückbringen ◇ (*citare*) wiedergeben ◇ (*fig*) davontragen

riporto *sm* (*mat*) Übertrag *m*

riposare *vi* ausruhen ● *vpr* sich ausruhen, sich erholen

riposo *sm* Ruhe *f*

ripostiglio *sm* Abstellraum *m*

riprendere *vt* (*prendere indietro*) zurücknehmen ◇ (*ricomin-*

ciare) wieder beginnen ◊ (*cin*) aufnehmen

riprésa *sf* (*inizio*) Wiederaufnahme *f* ◊ (*cin*) Aufnahme *f* ◊ (*fin*) Aufschwung *m*

ripristinàre *vt* wieder einführen

ripristino *sm* Wiederherstellung *f*

riprodùrre *vt* wiedergeben, reproduzieren ◊ (*rappresentare*) darstellen

riproduttivo *a* (*biol*) reproduktiv, Fortpflanzungs-

riproduzióne *sf* (*il ritrarre*) Wiedergabe *f* ◊ (*copia*) Nachbildung *f*, Reproduktion *f* ◊ (*biol*) Fortpflanzung *f*, Reproduktion *f*

riporpòrre *vt* wieder vorschlagen ♦ *vpr* sich wieder ergeben

riprovàre *vt* wieder versuchen ◊ (*biasimare*) verwerfen, tadeln

riprovévole *a* tadelnswert, verwerflich

ripudiàre *vt* verstoßen ◊ (*fig*) verleugnen

ripùdio *sm* Verstoßung *f* ◊ (*fig*) Verleugnung *f*

ripugnànte *a* widerlich

ripugnànza *sf* Abscheu *m*, Widerwille *m*

ripugnàre *vi* abstoßen

ripulìre *vt* (wieder) reinigen, (wieder) säubern

riquàdro *sm* (viereckiges) Feld *n*

risàcca *sf* Brandung *f*

risàia *sf* Reisfeld *n*

risalìre *vt* wieder hinaufgehen ♦ *vi* wieder hinaufsteigen ◊ (*essere avvenuto*) zurückliegen

risaltàre *vi* vorspringen ◊ (*fig*) auffallen, sich auszeichnen

risàlto *sm* Hervorhebung *f*

risanaménto *sm* Sanierung *f* ◊ (*med*) Heilung *f*

risanàre *vt* sanieren ◊ (*med*) heilen

risarciménto *sm* Schadenersatz *m*, Entschädigung *f*

risarcìre *vt* (*una persona*) entschädigen ◊ (*un danno*) ersetzen

risàta *sf* Gelächter *n*

riscaldaménto *sm* Heizung *f* ◊ *r. autonomo* wohnungseigene Heizung; *r. centralizzato* Zentralheizung *f*

riscaldàre *vt* heizen ♦ *vpr* sich wärmen ◊ (*diventare caldo*) warm werden, sich erwärmen

riscattàre *vt* loskaufen, freikaufen ◊ (*dir*) ablösen

riscàtto *sm* Lösegeld *n* ◊ (*dir*) Ablösung *f*

rischiàre *vt* wagen, riskieren ♦ *vi* Gefahr laufen

rischio *sm* Gefahr *f*, Risiko *n*, Wagnis *n*

rischióso *a* riskant, gefährlich, gewagt

risciacquàre *vt* (ab)spülen, ausspülen

risciàcquo *sm* Spülung *f*

riscontràre *vt* (*confrontare*) vergleichen ◊ (*rilevare*) bemerken ◊ (*controllare*) überprüfen

riscóntro *sm* (*confronto*) Ver-

riscoprire gleich m ◇ (*controllo*) Überprüfung f
riscoprire vt wieder entdecken
riscossióne sf Eintreibung f
riscrìvere vt wieder schreiben
riscuòtere vt (*fin*) einziehen, (ein)kassieren ◇ (*fig*) erzielen
risentiménto sm Groll m, Unwille m
risentire vt wieder hören ♦ vi leiden (*unter* + *dat*) ♦ vpr sich wieder hören ◇ (*offendersi*) sich beleidigt fühlen ● **a risentirci** auf Wiederhören
risèrbo sm Zurückhaltung f
risèrva sf (*provvista*) Reserve f, Vorrat m ◇ (*dubbio*) Vorbehalt m ◇ (*sport*) Reservespieler m ◇ (*di caccia e sim*) Revier n
riservàre vt reservieren ◇ (*tenere in serbo*) aufbewahren ◇ (*mostrare*) vorbehalten
riservatézza sf Zurückhaltung f
riservàto a (*prenotato*) reserviert ◇ (*segreto*) vertraulich ◇ (*persona*) zurückhaltend
risièdere vi wohnen ◇ (*istituto, ditta e sim*) seinen Sitz haben ◇ (*fig*) bestehen
rìsma sf Ries n ◇ (*fig*) Art f, Gattung f
rìso (1) sm (*bot*) Reis m
rìso (2) sm Gelächter n
risoluzióne sf (*decisione*) Beschluss m ◇ (*dir*) Auflösung f
risòlvere vt lösen ◇ (*dir*) auflösen
risonànza sf Resonanz f, Widerhall m
risórgere vi (*relig*) auferstehen

◇ wieder auftreten, wieder aufleben
risorgiménto sm (*stor*) Risorgimento n
risórsa sf Quelle f, Hilfsquelle f, Mittel n ◇ (pl) Ressourcen pl
risparmiàre vt sparen ◇ (*evitare*) ersparen
risparmiatóre sm Sparer m
rispàrmio sm Sparen n, Ersparnis f
rispettàbile a ehrenhaft, ehrenwert
rispettàre vt achten, respektieren ◇ (*un ordine*) befolgen ● *farsi r.* sich Achtung verschaffen
rispettivaménte avv beziehungsweise
rispètto sm Respekt m, Achtung f ◇ (*di legge e sim*) Befolgung f ● *rispetto a* hinsichtlich (+ *gen*)
rispóndere vi antworten (*auf* + *acc*), beantworten (+ *acc*) ◇ (*garantire*) bürgen (*für* + *acc*) ● *r. al telefono* sich am Telefon melden; *r. di sì/di no* mit Ja/Nein antworten
rispósta sf Antwort f ◇ (*reazione*) Entgegnung f
rìssa sf Rauferei f, Schlägerei f
rissóso a rauflustig
ristabiliménto sm Wiederherstellung f ◇ (*della salute*) Erholung f
ristabilìre vt wieder herstellen ♦ vpr sich erholen
ristagnàre vi sich stauen
ristàgno sm Stauung f
ristàmpa sf Neudruck m

ristampàre vt nachdrucken, neu drucken

ristorànte sm Restaurant n ● *vagone r.* Speisewagen m

ristòro sm Erholung f

ristrettézza sf (di spazio) Enge f ◇ (di mezzi) Einschränkung f

ristrétto a eng, beschränkt ● *caffè r.* starker Kaffee

ristrutturàre vt umstrukturieren, umbauen

ristrutturazióne sf Umstrukturierung f

risultàre vi sich ergeben, resultieren

risultàto sm Ergebnis n

risuolàre vt neu besohlen

risurrezióne sf (relig) Auferstehung f

risuscitàre vt auferwecken ♦ vi (relig) auferstehen

risvegliàre vt wieder (auf)wecken ◇ (fig) wieder wachrufen ♦ vpr wieder erwachen

risvéglio sm Aufwachen n ◇ (fig) Wiederaufleben n

risvòlto sm Aufschlag m ◇ (di libro) Klappe f ◇ (fig) Kehrseite f

ritagliàre vt ausschneiden

ritàglio sm (di giornale) Ausschnitt m ◇ (di stoffa e sim) Schnipsel m/n

ritardàre vi sich verspäten, Verspätung haben ♦ vt verzögern, verlangsamen

ritardatàrio sm Nachzügler m

ritàrdo sm Verspätung f ◇ (rallentamento) Verlangsamung f

ritégno sm Zurückhaltung f

ritenùta sf Abzug m

ritiràre vt zurückziehen ◇ (farsi consegnare) abholen ◇ (togliere dalla circolazione) einziehen ♦ vpr sich zurückziehen ◇ (restringersi) einlaufen

ritiràta sf (mil) Rückzug m

ritìro sm Rückzug m ◇ (di pacco e sim) Abholen n ● *r. della patente* Führerscheinentzug m

rìtmo sm Rhythmus m

rìto sm Ritus m, Ritual n ◇ (relig) Gottesdienst m

ritoccàre vt überarbeiten

ritócco sm Verbesserung f

ritornàre vi zurückkehren, zurückkommen ◇ (ridiventare) wieder werden ● *r. in sé* wieder zu sich kommen

ritornèllo sm Refrain m

ritórno sm Rückkehr f, Wiederkehr f ● *biglietto di andata e r.* Hin- und Rückfahrkarte f; *viaggio di r.* Rückfahrt f

ritorsióne sf Vergeltung f

ritràrre vt (trarre indietro) zurückziehen ◇ (descrivere) schildern, beschreiben ◇ (arte) darstellen

ritrattàre vt wieder behandeln ◇ (disdire) widerrufen

ritràtto sm (arte) Porträt n ◇ (fig) Bild n

ritróso a (restio) widerwillig ◇ (timido) spröde ● *a r.* rückwärts

ritrovaménto sm Auffindung f

ritrovàre vt wieder finden ◇ (fig) wieder erlangen ♦ vpr sich wieder begegnen, sich wieder treffen

ritròvo sm Treffpunkt m
rituàle a rituell ♦ sm Ritual n
riunióne sm Versammlung f, Treffen n
riunìre vt versammeln, vereinigen ◊ (convocare) einberufen
riuscìre vi wieder ausgehen ◊ (avere esito) gelingen ◊ (essere capace) vermögen, können
riuscita sf Gelingen n, Erfolg m
riutilizzàre vt wieder verwenden
riva sf Ufer n
rivàle a Konkurrenz- ♦ sm Rivale m
rivalérsi vpr sich schadlos halten (an + dat), sich Genugtuung verschaffen (bei + dat)
rivalità sf Rivalität f
rivalutàre vt wieder schätzen ◊ (fin) aufwerten
rivalutazióne sf neue Schätzung f ◊ (fin) Aufwertung f
rivedére vt wieder sehen ◊ (revisionare) durchsehen, nachprüfen
rivelàre vt verraten, enthüllen ◊ (manifestare) zeigen ♦ vpr sich erweisen
rivelazióne sf Enthüllung f
rivéndere vt wieder verkaufen
rivendicàre vt beanspruchen, fordern
rivendicazióne sf Forderung f
rivéndita sf Wiederverkauf m ◊ (negozio) Verkaufsstelle f
rivenditóre sm Verkäufer m
riverbèro sm (di luce) Widerschein m ◊ (di suono) Nachhall m

riverènza sf Ehrerbietung f
riverìre vt verehren
riversàre vt ergießen
rivestiménto sm Bezug m ◊ (operazione) Beziehen n ◊ (materiale) Verkleidung f
rivestìre vt verkleiden ◊ (fig) bekleiden ♦ vpr sich wieder anziehen
rivièra sf Küste f
rivìncita sf Revanche f ● prendersi la r. sich revanchieren
rivista sf Zeitschrift f, Illustrierte f
rivòlgere vt wieder wenden ◊ (fig) richten ● r. la parola a qn das Wort an jemanden richten
rivolgiménto sm Umsturz m
rivòlta sf Revolte f, Aufstand m
rivoltàre vt wenden, umdrehen
rivoltèlla sf Revolver m
rivoluzionàre vt revolutionieren ◊ (sconvolgere) durcheinander bringen
rivoluzionàrio a revolutionär
rivoluzióne sf Revolution f ◊ (astr) Umlauf m
ròba sf Zeug n ◊ (cose) Sachen pl, Dinge pl
robùsto a robust, kräftig
ròcca sf Burg f
roccafòrte sf Hochburg f
ròccia sf Fels m
rocciatóre sm Bergsteiger m
roccióso a felsig, Felsen-
rococò a (arte) Rokoko f
rodàggio sm Einfahren n ◊ (periodo) Einfahrzeit f
rodàre vt einfahren
ródere vt nagen ◊ (fig) fressen

roditóre sm Nager m, Nagetier n
rododèndro sm (bot) Rhododendron m, Alpenrose f
róggia sf Bewäss(e)rungskanal m
rognóne sm (cuc) Niere f
rògo sm Scheiterhaufen m
rollìo sm Rollen n, Schlingern n
romàno a römisch ♦ sm Römer m
romàntico a romantisch
romànza sf (mus) Romanze f
romanzésco a (lett) Roman- ◊ (fig) phantastisch, fantastisch
romanzière sm Romanschriftsteller m
romànzo sm Roman m
rómbo sm (geom) Rhombus m, Raute f ◊ (zool) Butt m ◊ (rumore) Dröhnen n
rómpere vt brechen, zerbrechen ♦ vpr (zer)brechen, kaputtgehen
rompicàpo sm Rätsel n
rompiscàtole sm Plagegeist m, Quälgeist m
rónda sf Streife f, Runde f
rondèlla sf Scheibe f
róndine sf (zool) Schwalbe f
ronzàre vi summen ◊ (fig) schwirren
ronzìo sm Summen n
ròsa sf Rose f ♦ a rosa
rosàrio sm Rosenkranz m
róseo a rosig
rosmarìno sm (bot) Rosmarin m
róspo sm (zool) Kröte f
rossétto sm Lippenstift m
rósso a rot
rosticcerìa sf Rostbraterei f

ròstro sm Schnabel m
rotàia sf Schiene f
rotatìva sf Rotationsmaschine f
rotatòria sf Kreisverkehr m
rotazióne sf (astr) Umdrehung f ◊ Wechsel m, Rotation f
rotèlla sf Rädchen n ◊ (di mobili) Rolle f
rotocàlco sm Illustrierte f
rotolàre vt/i rollen
ròtolo sm Rolle f
rotónda sf Rundbau m
rotondità sf Rundheit f, Rundung f
rotóndo a rund
rótta sf (aer, naut) Kurs m
rottamàre vt verschrotten
rottamazióne sf Verschrottung f
rottàme sm Schrott m
rótto a zerbrochen, kaputt
rottùra sf Bruch m
ròtula sf (anat) Kniescheibe f
roulotte sf Wohnwagen m
rovènte a glühend, heiß
róvere sm/f (bot) Eiche f
rovesciaménto sm Umkehrung f
rovesciàre vt vergießen ◊ (voltare) wenden ◊ (far cadere) umwerfen ♦ vpr sich ergießen ◊ (capovolgersi) sich umkehren, umkippen ◊ (fig) umschlagen
rovèscio sm Rückseite f ◊ (sport) Rückhandschlag m
rovìna sf Ruin m ◊ (pl) (macerie) Trümmer pl, Ruinen pl
rovinàre vt zerstören ◊ (finanziariamente) ruinieren ◊ (guastare) verderben

róvo sm Brombeerstrauch m
rózzo a grob, derb
rubàre vt stehlen, rauben
ruberìa sf Dieberei f
rubinétto sm Hahn m
rubìno sm (min) Rubin m
rùbrica sf Verzeichnis n ◇ (del telefono) Telefonbuch n ◇ (in un giornale) Spalte f
rùdere sm Trümmer pl, Ruine f
rudimentàle a elementar, primitiv
rudiménti sm pl Anfangsgründe pl
rùga sf Falte f, Runzel f
rùggine sf Rost m
ruggìre vi brüllen
ruggìto sm Gebrüll n
rugiàda sf Tau m
rugóso a faltig
rullìno sm Film m
rùllo sm Rolle f, Walze f ◇ (di tamburo) Trommelwirbel m
rumèno a rumänisch ♦ sm Rumäne m

ruminànte sm (zool) Wiederkäuer m
ruminàre vt wiederkäuen
rumóre sm Lärm m, Geräusch n
rumoreggiàre vi lärmen
rumoróso a laut, geräuschvoll
ruòlo sm Rolle f
ruòta sf Rad n
ruotàre vi kreisen, umlaufen, sich drehen ♦ vt drehen
rùpe sf Fels m
rupèstre a felsig, Felsen-
rurale a ländlich, Land-, Bauern-
ruscèllo sm Bach m
rùspa sf Bagger m
ruspànte a (pollo) freilaufend
russàre vi schnarchen
rùsso a russisch ♦ sm Russe m
rùstico a ländlich ◇ rustikal ♦ sm Rohbau m
rùta sf (bot) Raute f
ruttàre vi rülpsen
rùtto sm Rülpser m
ruvidézza sf Rauheit f
rùvido a rau, grob

S

sàbato sm Samstag m, Sonnabend m
sàbbia sf Sand m
sabbiatùra sf Sandbad n
sabbióso a sandig, sandreich, Sand-
sabotàggio sm Sabotage f
sabotàre vt sabotieren

sàcca sf Sack m, Beutel m
saccarìna sf Sacharin n
saccheggiàre vt plündern, ausrauben
saccheggiatóre sm Plünderer m
sacchèggio sm Plünderung f
sacchétto sm Tüte f, Beutel m

sàcco sm Sack m ◆ (fam) Haufen m ◆ **s. a pelo** Schlafsack m
sacerdòte sm Priester m
sacerdòzio sm Priestertum n
sacralità sf Heiligkeit f
sacraménto sm Sakrament n
sacràrio sm Gedenkstätte f
sacrificàre vt opfern ◆ vpr sich opfern ◇ (fig) sich aufopfern (für + acc)
sacrifìcio sm Opfer n
sacrilègio sm Frevel m, Sakrileg n
sacrìlego a frevlerisch
sàcro a heilig ◆ **osso s.** (anat) Kreuzbein n
sàdico a sadistisch ◆ sm Sadist m
sadìsmo sm Sadismus m
sàga sf Sage f, Epos n
sagàce a scharfsinnig
saggézza sf Weisheit f
saggiàre vt prüfen
saggìna sf Mohrenhirse f
sàggio (1) a weise ◆ sm Weise m/f
sàggio (2) sm Probe f ◇ (studio) Essay m/n
saggìsta sm Essayist m
saggìstico a essayistisch
Sagittàrio sm (astr) Schütze m
sàgoma sf Form f, Profil n ◇ (fig) komischer Kauz m
sagomàre vt formen
sàgra sf (Volks)fest n
sagràto sm Kirchplatz m
sacrestàno sm Küster m, Messner m
sacrestìa sf Sakristei f
sàio sm Kutte f

sàla sf Saal m ◆ **s. da pranzo** Speisesaal m, Esszimmer n; **s. da ballo** Tanzsaal m; **s. da gioco** Spielsaal m; **s. d'aspetto** Wartesaal m; **s. operatoria** Operationssaal m; **s. parto** Kreißsaal m
salamàndra sf (zool) Salamander m
salàme sm Salami f
salamòia sf (cuc) Salzlake f ◆ **mettere in s.** pökeln
salàre vt salzen
salariàto sm Lohnarbeiter m
salàrio sm Lohn m
salatìno sm Salzgebäck n
salàto a salzig, gesalzen, Salz-
saldàre vt (metalli) löten, schweißen ◇ (il conto) bezahlen
saldatóre sm (strumento) Lötkolben m ◇ (persona) Schweißer m
saldatrìce sf Schweißmaschine f
saldatùra sf Schweißung f, Lötung f ◆ Lötstelle f
sàldo a fest ◆ sm Bezahlung f ◇ (svendita) Schlussverkauf m ◇ (comm) Saldo m
sàle sm Salz n
sàlice sm (bot) Weide f ◆ **s. piangente** Trauerweide f
salièra sf Salzfässchen n, Salzstreuer m
salìna sf Salzwerk n
salinità sf Salzgehalt m
salìre vi steigen, aufsteigen ◇ (su un mezzo) einsteigen ◇ (con un mezzo) hinauffahren ◆ vt hinaufsteigen, besteigen

salita sf Aufstieg m
saliva sf Speichel m
salivàre vi Speichel absondern
salivazióne sf Speichelabsonderung f
sàlma sf Leiche f
salmi sm (cuc) Salmi n
sàlmo sm Psalm m
salmóne sm (zool) Lachs m ◊ **s. affumicato** Räucherlachs m
salóne sm Saal m ◊ (soggiorno) Wohnzimmer n, Salon m ◊ (mostra) Salon m, Ausstellung f
salopette sf (abb) Latzhose f
salòtto sm Wohnzimmer n
salpàre vi die Anker lichten, abfahren (partire)
sàlsa sf Soße f ◊ **s. di pomodoro** Tomatensoße f
salsiccia sf Wurst f
salsièra sf Soßenschüssel f
saltàre vt springen ◊ (fig) überspringen ♦ vi springen ◊ (essere annullato) platzen ♦ **s. in aria** explodieren; **s. giù** herunterspringen
saltatóre sm Springer m
saltellàre vi hüpfen
saltimbànco sm Gaukler m
sàlto sm Sprung m ◊ (fig) (omissione) Auslassung f ◊ **s. con l'asta/in alto/in lungo/triplo** (sport) Stabhoch-/Hoch-/Weit-/Dreisprung m; **s. mortale** Salto m mortale
saltuàrio a unregelmäßig, gelegentlich
salùbre a gesund, heilsam
salubrità sf Heilsamkeit f, Gesundheit f

salumerìa sf Feinkostgeschäft n
salùmi sm pl Wurstwaren pl
salutàre (1) a heilsam, gesund
salutàre (2) vt grüßen, begrüßen
salùte sf Gesundheit f ♦ inter (a chi starnutisce) Gesundheit! ◊ (in un brindisi) zum Wohl!
salutìsta sm Gesundheitsapostel m
salùto sm Gruß m
salvacondótto sm Schutzbrief m
salvadanàio sm Sparbüchse f
salvagènte sm Rettungsring m
salvagócce sm Tropfenfänger m
salvàre vt retten ◊ (inform) speichern ♦ vpr sich retten
salvatàggio sm Rettung f ◊ (inform) Speicherung f
salvatóre a rettend ♦ sm Retter m
salvavita sm automatische Sicherung f ♦ a lebensrettend
sàlve inter grüß dich!
salvézza sf Rettung f ◊ (relig) Heil n
sàlvia sf (bot) Salbei m
salviétta sf Serviette f
sàlvo a gerettet ♦ prep außer (+ dat)
sambùca sf Anislikör m
sambùco sm (bot) Holunder m
sanàre vt heilen
sanatòrio sm Sanatorium n
sàndalo (1) sm (bot) Sandale f
sàndalo (2) sm (bot) Sandelholz n
sàngue sm Blut n ● **donatore di**

s. Blutspender *m*; *a s. freddo* kaltblütig
sanguigno *a* Blutsanguinäre *vi* bluten
sanguinàre *vi* bluten
sanguisùga *sf* (zool) Blutegel *m*
sanità *sf* Gesundheit *f* ◊ *(ente)* Gesundheitswesen *n*
sanitàrio *a* Gesundheits- ◆ *sm* Sanitäter *m* ◆ *impianti sanitari* sanitäre Anlagen *pl*
sàno *a* gesund
santificàre *vt* heiligen ◊ *(dichiarare santo)* heilig sprechen
santità *sf* Heiligkeit *f*
sànto *a* heilig ◆ *sm* Heilige *m/f*
santuàrio *sm* Heiligtum *n*
sanzióne *sf* Sanktion *f*
sapére *vt* wissen ◊ *(essere capace)* können ◆ *vi (avere sapore)* schmecken (nach + dat) ◆ *sm* Wissen *n* ◆ *venire a s.* erfahren
sàpido *a* schmackhaft, würzig
sapiènte *a* weise, klug ◆ *sm/f* Weise *m/f*, Gelehrte *m/f*
sapiènza *sf* Weisheit *f*
sapóne *sm* Seife *f*; *s. da barba* Rasierseife *f*; *s. da bucato* Waschseife *f*
saponétta *sf* Toilettenseife *f*
sapóre *sm* Geschmack *m*
saporíto *a* schmackhaft, würzig
saracinésca *sf (di negozio)* Rollladen *m* ◊ Absperrschieber *m*
sarcàsmo *sm* Sarkasmus *m*
sarcàstico *a* sarkastisch
sarcòfago *sm* Sarkophag *m*
sardína *sf* (zool) Sardine *f*
sàrdo *a* sardisch ◆ *sm* Sarde *m*

sàrta *sf* Schneiderin *f*
sàrto *sm* Schneider *m*
sartoría *sf* Schneiderei *f*
sassaiòla *sf* Steinhagel *m*
sàsso *sm* Stein *m*
sassofonísta *sm* Saxophonist *m*, Saxofonist *m*
sassòfono *sm* (mus) Saxophon *n*, Saxofon *n*
satellitàre *a* Satelliten-
satèllite *sm* Satellit *m*, Trabant *m*
satinàre *vt* satinieren
satinatùra *sf* Glätten *n*, Satinieren *n*
sàtira *sf* Satire *f*
satírico *a* satirisch ◆ *sm* Satiriker *m*
sàtiro *sm* Satyr *m*
saturàre *vt* sättigen
sàturo *a* gesättigt
sàuna *sf* Sauna *f*
savàna *sf* Savanne *f*
saziàre *vt* sättigen ◆ *vpr* satt werden
sazietà *sf* Sättigung *f* ◆ *mangiare a s.* sich satt essen
sàzio *a* satt
sbadàto *a* zerstreut
sbadigliàre *vi* gähnen
sbadíglio *sm* Gähnen *n*
sbagliàre *vt* verfehlen ◆ *vi* (sich) irren, einen Fehler machen ◆ *vpr* sich irren, einen Fehler machen ◆ *s. strada (in auto)* sich verfahren
sbàglio *sm* (errore) Fehler *m* ◊ (svista) Versehen *n* ◆ *per s.* aus Versehen
sballottàre *vt* schütteln, rütteln

sbalordìre vt verblüffen
sbalordìto a verblüfft
sbalzàre vt schleudern ◇ (*lavorare a sbalzo*) treiben
sbàlzo sm Ruck m ◇ (*fig*) Sprung m • *lavoro a s.* Treibarbeit f
sbancàre vt sprengen
sbandaménto sm Schleudern n ◇ (*fig*) Entgleisung f
sbandàre vi schleudern, ins Schleudern kommen ◇ (*fig*) entgleisen
sbaragliàre vt zerschlagen
sbaràglio sm andare allo s. alles auf eine Karte setzen; mandare allo s. qn jemanden einer Gefahr aussetzen
sbarazzàre vt befreien ◆ vpr sich entledigen
sbarbàre vt rasieren ◆ vpr sich rasieren
sbarcàre vi landen ◆ vt landen, ausschiffen
sbàrco sm Landung f, Ausschiffung f
sbàrra sf Schranke f
sbarraménto sm Absperrung f
sbarràre vt (ver)sperren
sbàttere vt stoßen ◇ (*la porta*) zuschlagen ◇ (*cuc*) schlagen
sbattùto a (*cuc*) geschlagen ◇ (*fig*) abgespannt, müde
sbeffeggiàre vt verspotten
sbèrla sf Ohrfeige f
sberlèffo sm Grimasse f
sbiadìre vi verblassen
sbiancàre vt bleichen ◆ vi weiß werden ◇ (*persona*) blass werden
sbilanciàre vt aus dem Gleichgewicht bringen ◆ vpr (*fig*) sich übernehmen
sbloccàre vt lösen ◇ (*fig*) freigeben
sblòcco sm Freigabe f
sboccàre vi münden
sbocciàre vi aufblühen
sbócco sm Mündung f ◇ (*fig*) Ausgang m ◇ (*comm*) Absatzmarkt m
sbòrnia sf Rausch m
sborsàre vt ausgeben
sbottonàre vt aufknöpfen
sbraitàre vi schreien, brüllen
sbranàre vt zerfleischen
sbriciolàre vt/pr (zer)bröckeln
sbrigàre vt erledigen, besorgen ◆ vpr sich beeilen
sbrigatìvo a schnell ◇ (*affrettato*) übereilt, vorschnell
sbrinaménto sm Entfrostung f, Abtauen n
sbrinàre vt entfrosten, abtauen, enteisen
sbrodolàre vt besudeln
sbrogliàre vt entwirren ◇ (*fig*) lösen • *sbrogliarsela* sich aus der Affäre ziehen
sbrónza sf Rausch m
sbronzàrsi vpr sich betrinken
sbrónzo a betrunken
bruffóne sm Angeber m
sbucàre vi herauskommen
sbucciàre vt schälen
sbuffàre vi schnaufen, schnauben
scabrosità sf Rauheit f ◇ (*fig*) Misslichkeit f
scabróso a rau, uneben ◇ (*fig*) schwierig, heikel

scàcchi *sm pl* Schach *n* ◆ **giocare a s.** Schach spielen
scacchièra *sf* Schachbrett *n*
scacciàre *vt* verjagen, vertreiben ◊ *(fig)* verscheuchen
scàcco *sm (singolo pezzo)* Schachfigur *f* ◊ *(mossa)* Schachzug *m* ◊ *(fig)* Niederlage *f*
scaccomàtto *sm* Schachmatt *n*
scadènte *a* minderwertig
scadènza *sf* Fälligkeit *f* ◊ *(giorno)* Verfallsdatum *n* ◆ **a breve/lunga s.** kurz-/langfristig
scadére *vi* ablaufen, verfallen
scaffàle *sm* Regal *n*
scàfo *sm* Schiffsrumpf *m*
scagionàre *vt* entlasten ◊ *(giustificare)* rechtfertigen
scàglia *sf (zool)* Schuppe *f* ◊ Splitter *m*
scagliàre *vt* werfen, schleudern ◆ *vpr* sich stürzen
scàla *sf* Treppe *f* ◊ *(geogr)* Skala *f* ◊ *(mus)* Tonleiter *f* ◆ **s. a chiocciola** Wendeltreppe *f*; **s. a pioli** Sprossenleiter *f*; **s. mobile** Rolltreppe *f*
scalàre *vt (arrampicarsi)* klettern ◆ *(montagna)* besteigen ◊ *(aut)* zurückschalten
scalàta *sf* Besteigung *f*
scalatóre *sm* Bergsteiger *m*
scalciàre *vi* ausschlagen
scaldabàgno *sm* Boiler *m*
scaldàre *vt* (er)wärmen, heizen *(riscaldare)* ◆ *vpr* sich (er)wärmen
scaldavivànde *sm* Warmhalteplatte *f*
scalétta *sf* Treppchen *n* ◊ *(cin)*
Entwurf *m* ◊ *(schema)* Schema *n* ◆ **s. d'imbarco** Einstiegtreppe *f*
scalfìre *vt* ritzen
scalfittùra *sf* Schramme *f*, Ritz *m*
scalinàta *sf* Freitreppe *f*
scalìno *sm* Stufe *f*
scàlo *sm* Landeplatz *m* ◊ *(aer)* Zwischenlandung *f* ◆ **s. merci** Güterbahnhof *m*
scalógna *sf* Pech *n*, Missgeschick *n*
scalognàto *a* vom Pech verfolgt ◆ *sm* Pechvogel *m*
scalóne *sm (interno)* Prunktreppe *f* ◊ *(esterno)* Freitreppe *f*
scaloppìna *sf (cuc)* Schnitzel *n*
scalpellìno *sm* Steinmetz *m*
scalpèllo *sm* Meißel *m*
scalpóre *sm* Aufsehen *n*
scaltrézza *sf* Schläue *f*, Verschlagenheit *f*
scàltro *a* schlau, listig
scàlzo *a* barfüßig, barfuß
scambiàre *vt* (aus)tauschen ◊ *(confondere)* verwechseln ◆ *vpr* (aus)tauschen
scàmbio *sm (di cose)* Austausch *m* ◊ *(di persona)* Verwechs(e)lung *f* ◊ *(ferr)* Weiche *f*
scamosciàto *a* Wildleder-
scampagnàta *sf* Ausflug *m*
scampàre *vt* entgehen ◆ *vi* entkommen *(+ dat)* ◆ **l'ha scampata bella** er ist glücklich davongekommen
scàmpo (1) *sm* Ausweg *m* ◆ **senza s.** ausweglos
scàmpo (2) *sm (zool)* Hummer *m*

scàmpolo *sm* Stoffrest *m*
scanalatùra *sf* Auskehlung *f*
scandagliàre *vt* loten
scandàglio *sm* (*azione*) Lotung *f* ◊ (*strumento*) Lot *n*
scandalìstico *a* Skandal-
scandalizzàre *vt* Anstoß erregen, empören ◆ *vpr* sich empören, Anstoß nehmen (*an* + *dat*)
scàndalo *sm* Skandal *m* ● *dare s.* Anstoß erregen
scandalóso *a* skandalös
scandìre *vt* skandieren, deutlich aussprechen
scannerizzàre *vt* (*inform*) scannen, abtasten
scansàre *vt* ausweichen, vermeiden ◆ *vpr* Platz machen
scantinàto *sm* Kellergeschoss *n*
scàpito *sm* **a s. di qn** zu jemandes Ungunsten; **a s. di** auf Kosten (+ *gen*)
scàpola *sf* (*anat*) Schulterblatt *n*
scàpolo *a* ledig ◆ *sm* Junggeselle *m*
scappaménto *sm* (*aut*) Auspuff *m*
scappàre *vi* weglaufen, fliehen (*fuggire*) ● *mi scappa la pazienza* mir reißt der Geduldsfaden
scappatèlla *sf* Seitensprung *m*
scappatóia *sf* Ausweg *m*
scarabèo *sm* (*zool*) Skarabäus *m*
scarabocchiàre *vt* kritzeln, schmieren
scarabòcchio *sm* Gekritzel *n*, Geschmiere *n*
scarafàggio *sm* (*zool*) Schabe *f*
scaramanzìa *sf* Beschwörung *f* ● *per s.* zur Bannung des Unheils
scaramùccia *sf* Geplänkel *n*
scarceràre *vt* freilassen, aus der Haft entlassen
scardinàre *vt* ausheben, aus den Angeln heben
scàrica *sf* (*el*) Entladung *f*
scaricàre *vt* (*un mezzo*) ausladen, entladen ◊ (*merci*) abladen ◊ (*persone*) absetzen ◊ (*inform*) herunterladen ◆ *vpr* (*batterie*) sich entladen, leer sein ◊ (*orologio*) ablaufen
scàrico *a* leer, unbeladen ◆ *sm* Auslade *n* ◊ (*di acque*) Abfluss *m* ◊ (*aut*) Auspuff *m*
scarlattìna *sf* (*med*) Scharlach *m*
scarlàtto *a* scharlachrot
scàrno *a* (*fig*) schlicht
scàrpa *sf* Schuh *m* ● *un paio di scarpe* ein Paar Schuhe; *s. da ginnastica* Turnschuh *m*
scarpàta *sf* Böschung *f*
scarpièra *sf* Schuhschrank *m*
scarpinàta *sf* langer Marsch *m*
scarpóne *sm* Bergschuh *m*
scarseggiàre *vi* knapp sein (+ *dat*), mangeln (*an* + *dat*)
scarsità *sf* Knappheit *f*, Mangel *m*
scàrso *a* knapp, spärlich (*debole*) schwach
scartaménto *sm* (*ferr*) Spurweite *f*
scartàre (1) *vt* auspacken
scartàre (2) *vt* verwerfen, aussondern (*eliminare*) ◊ (*nei giochi di carte*) ablegen

scartàre (3) *vi* (*aut*) ausbrechen ♦ *vt* (*sport*) ausspielen
scàrto (1) *sm* Ausschuss *m*, Abfall *m*, Ramsch *m*
scàrto (2) *sm* (*deviazione*) Abweichung *f* ◊ (*differenza*) Abstand *m*
scartòffia *sf* Papierkram *m*
scassàre *vt* aufbrechen ◊ (*fam*) beschädigen, kaputtmachen
scassinàre *vt* aufbrechen, knacken (*fam*)
scassinatóre *sm* Einbrecher *m*
scàsso *sm* Einbruch *m*
scatenàto *a* wild, ausgelassen
scàtola *sf* Schachtel *f*, Dose *f*
scatolàme *sm* Konserven *pl*
scattàre *vi* losschnellen ◊ (*di molla*) schnappen ◊ (*persona*) auffahren ◊ (*sport*) spurten ● *s. una fotografia* ein Foto aufnehmen
scattìsta *sm* Sprinter *m*
scàtto *sm* Zuschnappen *n* ◊ (*fig*) Ausbruch *m* ◊ (*fot*) Auslöser *m* ◊ (*sport*) Spurt *m* ◊ (*tel*) Gebühreneinheit *f*
scavalcàre *vt* überspringen, klettern über (+ *acc*)
scavàre *vt* graben
scavatrìce *sf* Bagger *m*
scàvo *sm* (*azione*) Grabung *f* ◊ (*luogo*) Grube *f* ◊ (*archeol*) Ausgrabung *f*
scégliere *vt* wählen ◊ (*selezionare*) aussuchen, auswählen
sceìcco *sm* Scheich *m*
scellìno *sm* Schilling *m*
scélta *sf* (Aus)wahl *f* ● *a s.* zur Auswahl
scélto *a* ausgewählt
scemènza *sf* Dummheit *f*
scémo *a* dumm ◊ *sm* (*fam*) Trottel *m*
scémpio *sm* Verunstaltung *f*
scèna *sf* Szene *f* ◊ (*palcoscenico*) Bühne *f*
scenàrio *sm* Bühnenbild *n*
scenàta *sf* Szene *f*
scéndere *vi* hinuntergehen, herunterkommen ◊ (*da un mezzo*) aussteigen ◊ (*calare*) sinken
scendilètto *sm* Bettvorleger *m*
sceneggiàto *sm* Fernsehfilm *m*
sceneggiatóre *sm* Drehbuchautor *m*
sceneggiatùra *sf* Drehbuch *n*
scenografìa *sf* Bühnenbild *n*
scenògrafo *sm* Bühnenbildner *m*
scetticìsmo *sm* Skepsis *f*
scèttico *a* skeptisch ◊ *sm* Skeptiker *m*
scèttro *sm* Zepter *m*
schèda *sf* Karteikarte *f* ◊ *s. elettorale* Wahlzettel *m*; *s. magnetica* Magnetkarte *f*; *s. prepagata* (*tel*) Prepaid-Karte *f*; *s. ricaricabile* (*tel*) wiederaufladbare Karte; *s. telefonica* Telefonkarte *f*
schedàre *vt* eintragen
schedàrio *sm* Kartei *f*
schedìna *sf* (*del totocalcio*) Tippzettel *m*
schèggia *sf* Splitter *m*
scheggiàre *vt* absplittern ♦ *vpr* splittern
schèletro *sm* (*anat*) Skelett *n*, Gerippe *n*

schèma sm Schema n
schemàtico a schematisch
schematizzàre vt schematisieren
schérma sf (sport) Fechten n
schermàglia sf Gefecht n ◇ (verbale) Wortgefecht n
schermàre vt abschirmen
schermatùra sf Abschirmung f
schermitóre sm Fechter m
schérmo sm Schirm m ● *s. a bassa emissione* (inform) strahlungsarmer Bildschirm
schermografìa sf Röntgenaufnahme f
schernìre vt verspotten
schèrno sm Hohn m, Spott m
scherzàre vi scherzen, spaßen
schèrzo sm Scherz m, Spaß m ● *fare uno s. a qn* jemandem einen Streich spielen; *per s.* aus/zum Scherz
schiaccianóci sm Nussknacker m
schiacciàre vt (zer)drücken, (zer)treten ◇ (sport) schmettern ● (noci) knacken ♦ vpr zerdrückt werden
schiaffeggiàre vt ohrfeigen
schiàffo sm Ohrfeige f
schiamazzàre vi schreien, kreischen
schiamàzzo sm Geschrei n, Lärm m
schiarìre vt aufhellen ♦ vpr hell werden
schiarìta sf (meteor) Aufheiterung f ◇ (fig) Lichtblick m
schiavitù sf Sklaventum n, Sklaverei f

schiàvo a sklavisch ◇ (fig) versklavt ♦ sm Sklave m
schièna sf (anat) Rücken m
schienàle sm Rückenlehne f
schièra sf Schar f
schieraménto sm Aufstellung f
schieràre vt aufstellen ♦ vpr sich aufstellen ◇ (fig) Partei nehmen
schifàre vt anekeln ♦ vi Ekel haben vor (+ dat), sich ekeln
schifézza sf Widerlichkeit f, Mist m (fam) ◇ (porcheria) Schweinerei f
schìfo sm Ekel m ● *fare s.* anekeln, Mist sein
schifóso a ekelhaft
schioccàre vt/i knallen (mit + dat)
schiòppo sm Flinte f
schiùma sf Schaum m ● *s. da barba* Rasierschaum m
schivàre vt ausweichen
schìvo a abgeneigt, scheu
schizofrenìa sf (med) Schizophrenie f
schizzàre vt bespritzen ◇ (abbozzare) skizzieren ♦ vi spritzen
schìzzo sm Spritzer m ◇ (abbozzo) Skizze f
scì sm Ski m, Schi m ◇ (sport) Skifahren n ● *s. da fondo* Langlaufski m; *s. nautico* Wasserski m
scìa sf (naut) Kielwasser n ◇ (fig) Spur f, Wolke f
sciàbola sf Säbel m
sciacquàre vt (ab)spülen, ausspülen

sciacquóne sm Wasserspülung f
sciagùra sf Unglück n
sciaguràto a unglücklich ◊ schändlich
scialacquàre vt verschwenden, verprassen
sciàlle sm Schal m
scialùppa sf Schaluppe f, Beiboot n
sciamàre vi ausschwärmen
sciàme sm (zool) Schwarm m
sciaràda sf Scharade f
sciàre vi Ski laufen, Ski fahren
sciàrpa sf Schal m, Schärpe f
sciàta sf Skilauf m
sciatalgìa sf (med) Ischias m
sciàtica sf Ischias m
sciatóre sm Skiläufer m
scientìfico a wissenschaftlich
sciènza sf Wissenschaft f
sciìstico a Ski-
scìmmia sf (zool) Affe m
scimmiottàre vt nachäffen
scimpanzé sm (zool) Schimpanse m
scìndere vt (auf)spalten
scintìlla sf Funke m
scintillàre vi funkeln, glitzern
scintillìo sm Gefunkel n
sciocchézza sf Dummheit f
sciòcco a dumm ◆ sm Dummkopf m
sciògliere vt (auf)lösen ◊ (ghiaccio) schmelzen (lassen) ◊ (muscoli) lockern ◊ (cuc) zerlassen ◆ vpr sich lösen ◊ (ghiaccio) schmelzen
scioglilìngua sm Zungenbrecher m
scioglimènto sm Auflösung f ◊ (ghiaccio) Schmelze f
scioltézza sf Gewandtheit f
sciòlto a lose ◊ (fig) lässig, ungezwungen
scioperàre vi streiken
sciòpero sm Streik m ● **s. selvaggio** wilder Streik
sciovìa sf Skilift m
scippàre vt die Handtasche entreißen
scippatóre sm Handtaschendieb m
scìppo sm Handtaschendiebstahl m
sciròppo sm Saft m, Sirup m
scìsma sm Schisma n
scissióne sf Spaltung f
sciupàre vt abnutzen, beschädigen
sciupàto a (cosa) schadhaft ◊ (persona) verbraucht
scivolàre vi rutschen, gleiten
scivolàta sf Rutscher m
scìvolo sm Rutschbahn f
scivolóne sm Ausrutscher m
scivolóso a glatt, rutschig
scoccàre vt/i (freccia) abschießen ◊ (ore) schlagen
scocciàre vt (fam) belästigen, nerven (fam) ◆ vpr die Lust verlieren
scocciatóre sm Plagegeist m
scodèlla sf Schüssel f
scoglièra sf Felsenriff n, Klippe f
scòglio sm Klippe f
scoiàttolo sm (zool) Eichhörnchen n
scolapàsta sm Sieb n

scolapiàtti *sm* Abtropfbrett *n*
scolàre (1) *vt* abgießen ♦ *vi* ablaufen, abtropfen lassen
scolàre (2) *a* Schul-
scolarésca *sf* Schülerschaft *f*
scolàro *sm* Schüler *m*
scoliòsi *sf* (*med*) Skoliose *f*
scollàre *vt* ablösen ◊ (*abb*) ausschneiden, dekolletieren ♦ *vpr* auseinander gehen
scollatùra *sf* Ablösen *n* ◊ (*abb*) Ausschnitt *m*
scolorìre *vt* entfärben ♦ *vpr* verblassen
scolorìto *a* verblasst ◊ (*fig*) bleich
scolpìre *vt* behauen, einmeißeln ◊ (*legno*) schnitzen
scombussolàre *vt* verwirren, durcheinander bringen
scomméssa *sf* Wette *f*
scométtere *vt* wetten
scomodàre *vt* stören, bemühen ♦ *vpr* sich bemühen
scomodità *sf* Unbequemlichkeit *f*
scòmodo *a* unbequem
scompagnàto *a* einzeln, unpaarig
scomparìre *vi* verschwinden
scompàrsa *sf* Verschwinden *n*
scompàrso *a* verschwunden, vermisst
scompartiménto *sm* Fach *n* ◊ (*ferr*) Abteil *n*
scompàrto *sm* Fach *n*
scompigliàre *vt* zerzausen, verwirren
scompìglio *sm* Verwirrung *f*, Unordnung *f* (*disordine*)
scomponìbile *a* zerlegbar
scompórre *vt* zerlegen ♦ *vpr* die Fassung verlieren
scomposizióne *sf* Zerlegung *f*
scomùnica *sf* (*relig*) Kirchenbann *m*
scomunicàre *vt* exkommunizieren
sconcertànte *a* verwirrend, bestürzend
sconcertàre *vt* verwirren
scondìto *a* ungewürzt
sconfessàre *vt* verleugnen
sconfessióne *sf* Verleugnung *f*
sconfìggere *vt* schlagen, besiegen
sconfìtta *sf* Niederlage *f*
sconfortànte *a* trostlos
sconfòrto *sm* Trostlosigkeit *f*
scongelàre *vt* auftauen
scongiuràre *vt* beschwören
scongiùro *sm* Beschwörung *f*
sconnèsso *a* zusammenhanglos ● *strada sconnessa* holprige Straße
sconosciùto *a* unbekannt ♦ *sm* Unbekannte *m/f*
sconsacràre *vt* entweihen
sconsigliàre *vt* abraten
sconsigliàto *a* unbesonnen
sconsolàto *a* betrübt, trostlos
scontàre *vt* abziehen ◊ (*dir*) verbüßen
scontàto *a* ermäßigt ◊ (*dir*) verbüßt ◊ (*previsto*) erwartet
scontentàre *vt* unzufrieden machen/lassen
scontentézza *sf* Unzufriedenheit *f*

scontènto *a* unzufrieden ♦ *sm* Unzufriedenheit *f*
scónto *sm* Rabatt *m*
scontràrsi *vpr* zusammenstoßen
scontrìno *sm* Kassenzettel *m* ● *s. fiscale* Kassenzettel *m*
scóntro *sm* Zusammenstoß *m*
scontróso *a* widerborstig
sconvòlgere *vt* erschüttern
sconvolgimènto *sm* Erschütterung *f*
scoordinàto *a* unkoordiniert
scópa *sf* Besen *m*
scopàre *vt* kehren, fegen
scopàta *sf* Kehren *n* ◇ (*volg*) Fick *m*
scopèrta *sf* Entdeckung *f*
scopèrto *a* entdeckt ◇ (*fin*) ungedeckt
scòpo *sm* Zweck *m*, Ziel *n* (*meta*) ● *a che s.?* wozu?
scoppiàre *vt* ausbrechen ◇ (*pneumatico*) platzen
scòppio *sm* Platzen *n* ◇ (*fig*) Ausbruch *m*
scoprìre *vt* abdecken, aufdecken ◇ (*fare una scoperta*) entdecken ♦ *vpr* sich entblößen, sich leicht kleiden
scoraggiàre *vt* entmutigen ♦ *vpr* den Mut verlieren
scorbùto *sm* (*med*) Skorbut *m*
scorciatóia *sf* Abkürzung *f*
scórcio *sm* Ausblick *m* ◇ (*di tempo*) Spanne *f*
scordàre (1) *vt/pr* vergessen
scordàre (2) *vt* (*mus*) verstimmen

scòria *sf* Schlacke *f* ● *scorie radioattive* Atommüll *m*
scorpacciàta *sf* (*pop*) Fresserei *f*
scorpióne *sm* (*astr, zool*) Skorpion *m*
scórrere *vt* überfliegen ♦ *vi* fließen
scorrettézza *sf* Unkorrektheit *f*
scorrètto *a* fehlerhaft ◇ (*sleale*) unfair, unkorrekt
scorrévole *a* verschiebbar ◇ (*traffico*) flüssig ● *porta s.* Schiebetür *f*
scórso *a* vergangen, vorig
scòrta *sf* (*cibo*) Vorrat *m* ◇ (*accompagnamento*) Geleit *n* ● *ruota di s.* Ersatzrad *n*
scortàre *vt* geleiten
scortése *a* unhöflich
scorticàre *vt* abschürfen
scòrza *sf* Rinde *f*, Schale *f* (*buccia*)
scoscéso *a* steil
scòssa *sf* Stoß *m* ◇ (*el*) Schlag *m*
scossóne *sm* heftiger Stoß *m*
scostànte *a* ungesellig, verschlossen
scostàre *vt* wegrücken
scottàre *vt* verbrennen ◇ (*cuc*) (*con acqua bollente*) verbrühen ♦ *vi* heiß sein, brennen ♦ *vpr* sich verbrennen, sich verbrühen
scottatùra *sf* Verbrennung *f* ◇ (*di sole*) Sonnenbrand *m*
scovàre *vt* aufspüren ◇ (*fig*) aufstöbern
scozzése *a* schottisch ♦ *sm/f* Schotte *m*

screpolàre vpr rissig werden
scricchiolàre vi knirschen
scricchiolio sm Geknister n
scrigno sm Schrein m
scritta sf Aufschrift f
scritto a schriftlich, geschrieben ◆ sm Geschriebene n ◇ (esame) schriftliche Prüfung f
scrittóio sm Schreibtisch m
scrittóre sm Schriftsteller m
scrittùra sf Schrift f
scrivanìa sf Schreibtisch m
scrìvere vt schreiben
scroccàre vt (fam) schnorren (fam)
scroccóne sm (fam) Schnorrer m (fam)
scròfa sf (zool) Sau f
scrollàre vt schütteln
scrosciànte a prasselnd ◇ (fig) brausend
scrosciàre vi brausen ◇ (pioggia) prasseln
scròscio sm Brausen n ◇ (pioggia) Prasseln n
scrostàre vt abkratzen ◆ vpr abblättern
scrùpolo sm Skrupel m ◇ (cura) Sorgfalt f
scrupolóso a gewissenhaft, (preciso) sorgfältig
scrutàre vt erforschen
scrutatóre sm Stimmenzähler m
scrutinàre vt auszählen
scrutìnio sm Abstimmung f ◇ (scolastico) Benotung f
scucìre vt auftrennen ◆ vpr aufgehen
scucìto a aufgegangen

scucitùra sf Auftrennen n ◇ (parte scucita) aufgetrennte Naht f
scuderìa sf Pferdestall m, Reitstall m ◇ (aut) Rennstall m
scudétto sm Meistertitel m
scùdo sm Schild m
sculacciàre vt versohlen
sculacciàta sf Schläge pl auf den Hintern
scultóre sm Bildhauer m
scultùra sf (arte) Bildhauerei f ◇ (opera) Skulptur f
scuòcere vi/pr verkochen
scuòla sf Schule f ◇ *s. elementare/media/superiore* Grundschule f/Mittelschule f/höhere Schule f; *s. guida* Fahrschule f; *s. materna* Kindergarten m
scuòlabus sm Schulbus m
scuòtere vt schütteln
scùre sf Beil n
scurìre vt dunkel machen, verdunkeln ◆ vpr dunkel werden, sich verdunkeln
scùro a dunkel
scùsa sf Entschuldigung f, Verzeihung f ◇ (pretesto) Ausrede f ● *chiedere s.* um Entschuldigung bitten
scusàre vt entschuldigen ◆ vpr sich entschuldigen
sdebitàrsi vpr sich revanchieren
sdégno sm Empörung f
sdoganàre vt verzollen
sdolcinàto a süßlich
sdoppiaménto sm Spaltung f, Trennung f (divisione)
sdoppiàre vt teilen, trennen (dividere)

sdraiàrsi *vpr* sich hinlegen
sdràio *sm* Liegestuhl *m*
sdrucciolévole *a* rutschig
se *cong* (*condizionale*) wenn ◇ (*dubitativa, interrogativa*) ob
sé *pr.pers* sich ● *a sé* für sich; *da sé* selbst, allein; *fra sé* zu sich; *se stesso* sich selbst
sebbène *cong* obwohl
sèbo *sm* Talg *m*
sécca *sf* (*naut*) Untiefe *f*
seccànte *a* lästig, unangenehm
seccàre *vt* (*cuc*) austrocknen ◇ (*fam*) auf die Nerven gehen ♦ *vi/pr* verdorren ♦ (*fam*) sich ärgern
seccatóre *sm* Plagegeist *m*
seccatùra *sf* Belästigung *f*, Schererei *f* (*fam*)
secchièllo *sm* Sandeimer *m*, kleiner Eimer *m*
sécchio *sm* Eimer *m*
sécco *a* trocken
secèrnere *vt* absondern
secessióne *sf* Sezession *f*
secolàre *a* hundertjährig ◇ (*laico*) weltlich
sècolo *sm* Jahrhundert *n*
secondàrio *a* sekundär, Neben- ● *frase secondaria* (*gramm*) Nebensatz *m*; *scuola secondaria* weiterführende Schule *f*
secondìno *sm* Gefängniswärter *m*
secóndo *a* zweite ♦ *sm* Sekunde *f* ♦ *prep* gemäß (+ *dat*), nach (+ *dat*) ● *s. me* meiner Meinung nach
secondogènito *sm* Zweitgeborene *m/f*
secrezióne *sf* Ausscheidung *f*

sèdano *sm* (*bot*) Sellerie *m*
sedàre *vt* beruhigen
sedatìvo *sm* Beruhigungsmittel *n*
sède *sf* Sitz *m*, Stelle *f*
sedentàrio *a* sitzend, Sitz-
sedére (1) *vi* sitzen ♦ *vpr* sich setzen
sedére (2) *sm* Gesäß *n*, Hintern *m* (*fam*)
sèdia *sf* Stuhl *m* ● *s. a dondolo* Schaukelstuhl *m*; *s. a rotelle* Rollstuhl *m*; *s. a sdraio* Liegestuhl *m*
sedicèsimo *a* sechzehnte
sédici *a* sechzehn
sedìle *sm* Sitz *m*
seducènte *a* verführerisch
sedùrre *vt* verführen
sedùta *sf* Sitzung *f*
seduttóre *a* verführend ♦ *sm* Verführer *m*
seduzióne *sf* Verführung *f*
séga *sf* Säge *f*
ségale *sf* (*bot*) Roggen *m*
segàre *vt* sägen
segatùra *sf* Sägemehl *n*
sèggio *sm* Sitz *m* ● *s. elettorale* Wahllokal *n*
seggiolìno *sm* Kindersitz *m*
seggiolóne *sm* Kinderhochstuhl *m*
seggiovìa *sf* Sessellift *m*
segherìa *sf* Sägewerk *n*
segménto *sm* Abschnitt *m* ◇ (*geom*) Segment *n*
segnalàre *vt* anzeigen, melden, signalisieren ◇ (*raccomandare*) empfehlen
segnalazióne *sf* Zeichen *pl*

segnale 588

(fig) Hinweis m ◇ (raccomandazione) Empfehlung f
segnàle sm Signal n, Zeichen n ● *s. orario* Zeitzeichen n; *s. stradale* Verkehrszeichen n
segnalètica sf Markierung f
segnalibro sm Lesezeichen n
segnapósto sm Tischkarte f
segnapùnti sm Anzeigetafel f
segnàre vt (notare) anmerken ◇ (contrassegnare) kennzeichnen ◇ (indicare) (an)zeigen ◇ (sport) erzielen
ségno sm Zeichen n ◇ (traccia) Spur f ● *andare a s.* treffen; *s. della croce* Kreuzzeichen n; *tiro a s.* Scheibenschießen n
segregàre vt absondern
segregazióne sf Absonderung f ● *s. razziale* Rassentrennung f
segréta sf Verlies m
segretàrio sm Sekretär m
segreteria sf Sekretariat n ● *s. telefonica* Anrufbeantworter m
segréto a geheim, heimlich ◆ sm Geheimnis n
seguàce sm Anhänger m
seguènte a folgend, nächst
segùgio sm Spürhund m
seguìre vt/i folgen ◇ (venire dopo) nachkommen ◇ verfolgen, nachgehen
séguito sm (continuazione) Fortsetzung f
sèi a sechs
seicènto a sechshundert
sélce sf (min) Kiesel m
selciàto sm Straßenpflaster n
selettìvo a auswählend, Auswahl-

selezionàre vt (aus)wählen
selezióne sf Auswahl f ◇ (biol) Auslese f ◇ (tel) Wahl f
sèlla sf Sattel m
sellàre vt satteln
sellìno sm Sattel m
selvaggìna sf Wild n
selvàggio a wild ◆ sm Wilde m/f
selvàtico a wild
semàforo sm Verkehrsampel f
sembràre vi scheinen ◇ (assomigliare) aussehen ● *sembra che...* es scheint, dass...
séme sm Samen m
semènza sf Saat f
semestràle a halbjährlich
semèstre sm Halbjahr n
semiàsse sm (aut) Antriebswelle f
semiautomàtico a halbautomatisch
semicérchio sm Halbkreis m
semicircolàre a halbrund
semiconduttóre sm (el) Halbleiter m
semifinàle sf (sport) Semifinale n, Halbfinale n
semifréddo sm Halbgefrorene n
semilavoràto a halbfertig ◆ sm Halbfertigfabrikat n
sémina sf Aussaat f
seminàre vt säen
seminàrio sm Seminar n
seminarìsta sm Seminarist m
seminatóre sm Säer m
seminfermità sf (mentale) beschränkte Zurechnungsfähigkeit f
seminterràto sm Kellergeschoss n

semioscurità sf Halbdunkel n
sémola sm Grieß m
sémplice a einfach
semplicità sf Einfachheit f
semplificàre vt vereinfachen
sèmpre avv immer ● *da s.* seit jeher; *s. che* vorausgesetzt, dass; *una volta per s.* ein für allemal
semprevérde a immergrün
sènape sf Senf m
senàto sm Senat m
senatóre sm Senator m
senile a senil, Alters-
senilità sf Senilität f
séno sm Busen m
sensàto a vernünftig
sensazionàle a sensationell
sensazióne sf Eindruck m, Empfindung f ◊ *(fig)* Sensation f
sensìbile a sensibel, empfindlich
sensibilità sf Empfindlichkeit f
sensibilizzàre vt sensibilisieren
sènso sm Sinn m ◊ *(direzione)* Richtung f ● *in s. orario/antiorario* im/gegen den Uhrzeigersinn; *s. vietato* Einfahrt f verboten
sensóre sm Sensor m
sensuàle a sinnlich
sentènza sf *(dir)* Urteil n ◊ Ausspruch m
sentenziàre vt urteilen
sentièro sm Pfad m, Weg m
sentimentàle a gefühlsmäßig, sentimental ♦ sm Gefühlsmensch m
sentiménto sm Gefühl n

sentinèlla sf Wache f ● *essere di s.* Wache haben
sentìre vt *(con le orecchie)* hören ◊ *(provare una sensazione)* fühlen, (ver)spüren ♦ vpr sich fühlen
sènza prep ohne (+ acc), -los
separàre vt trennen ♦ vpr sich trennen
separataménte avv getrennt ◊ *(uno alla volta)* einzeln
separazióne sf Trennung f ◊ *(distacco)* Abschied m ● *s. dei beni* Gütertrennung f; *s. legale* gesetzliche Trennung
sepólcro sm Grab n
sepólto a begraben, beerdigt
sepoltùra sf Begräbnis n
seppellìre vt begraben
séppia sf *(zool)* Tintenfisch m
sequènza sf (Reihen)folge f
sequestràre vt *(dir)* beschlagnahmen ◊ *(illegalmente)* entführen
sequèstro sm *(dir)* Beschlagnahme f ◊ *(illegale)* Entführung f ● *s. di persona* Menschenraub m, Kidnapping n
séra sf Abend m ● *buona s.* guten Abend
serbàre vt (auf)bewahren ◊ *(fig)* bewahren
serbatóio sm Tank m
sèrbo a serbisch ♦ sm Serbe m
serenità sf Ruhe f, Heiterkeit f
seréno a *(meteor)* heiter, wolkenlos ◊ *(fig)* heiter, ruhig
seriàle a seriell
seriaménte avv ernsthaft
sèrie sf Reihe f, Serie f

serigrafia *sf* Siebdruck *m*
sèrio *a* ernst
sermóne *sm* Predigt *f*
sèrpe *sf* Schlange *f*
serpènte *sm* (*zool*) Schlange *f*
serpentina *sf* Serpentine *f*
sèrra *sf* Gewächshaus *n*
serraménti *sm pl* Fenster und Türen *pl*
serrànda *sf* Rollladen *m*
serràre *vt* (ver)schließen
serràta *sf* Aussperrung *f*
serratùra *sf* Schloss *n*
sèrva *sf* Magd *f*
servile *a* unterwürfisch ◇ (*spreg*) hündisch ● *verbo s.* (*gramm*) Hilfsverb *n*
servire *vt* dienen (+ *dat*) ◇ (*clienti*) bedienen ◆ *vi* nützen, dienen ◇ (*occorrere*) brauchen ◆ *vpr* benutzen, sich bedienen
servitóre *sm* Diener *m*
servitù *sf* Dienstbarkeit *f* ◇ Dienstpersonal *n*
serviziévole *a* hilfsbereit
servìzio *sm* Dienst *m* ◇ (*di clienti*) Bedienung *f* ◇ (*tel*) Dienst *m* ● *essere in s.* im Dienst sein; *s. clienti* Kundendienst *m*; *s. militare* Wehrdienst *m*
sèrvo *sm* Diener *m*, Knecht *m*
servofréno *sm* Servobremse *f*
servostèrzo *sm* Servolenkung *f*
sessànta *a* sechzig
sessióne *sf* Tagung *f*, Session *f*
sèsso *sm* Geschlecht *n* ◇ (*attività sessuale*) Sex *m*
sessuàle *a* sexuell, Geschlechts-, Sexual-
sessualità *sf* Sexualität *f*

sessuòlogo *sm* Sexologe *m*
sestànte *sm* Sextant *m*
sèsto *a* sechste
set *sm* (*serie*) Satz *m* ◇ (*sport*) Set *n* ◇ (*cin*) Drehort *m*
séta *sf* Seide *f*
setàccio *sm* Sieb *n*
séte *sf* Durst *m*
setifìcio *sm* Seidenfabrik *f*
sètta *sf* Sekte *f*
settànta *a* siebzig
settàrio *a* sektiererisch ◆ *sm* Sektierer *m*
sètte *a* sieben
settecènto *a* siebenhundert
settèmbre *sm* September *m*
settentrionàle *a* nördlich, Nord-
settimàna *sf* Woche *f*
settimanàle *a* wöchentlich ◆ *sm* Wochenzeitung *f*
sèttimo *a* siebte
sètto *sm* (*anat*) Scheidewand *f* ● *s. nasale* Nasenscheidewand *f*
settóre *sm* Bereich *m*, Teilgebiet *n* ◇ (*geom*) Kreisausschnitt *m*
sevèro *a* streng
sezionàre *vt* zerlegen, aufteilen
seziòne *sf* Abteilung *f* ◇ (*di libro*) Abschnitt *m*
sfacciatàggine *sf* Frechheit *f*
sfacciàto *a* frech, unverschämt
sfacèlo *sm* Verfall *m*
sfamàre *vt* ernähren
sfàrzo *sm* Prunk *m*
sfarzóso *a* prunkvoll
sfasaménto *sm* Verwirrung *f*
sfasciàre (1) *vt* auswickeln
sfasciàre (2) *vt* zerstören ◆ *vpr*

zerbrechen, auseinander gehen ● **s. la macchina** das Auto zu Schrott fahren
sfàscio *sm* Zusammenbruch *m*
sfavorévole *a* ungünstig, unvorteilhaft
sfavorire *vt* benachteiligen
sfèra *sf* (*geom*) Kugel *f* ◊ (*fig*) Bereich *m*, Sphäre *f*
sfericità *sf* Kugelform *f*
sfèrico *a* kugelförmig, Kugel-
sfiatàre *vi* ausströmen
sfida *sf* Herausforderung *f*
sfidàre *vt* herausfordern
sfidùcia *sf* Misstrauen *n* ● **voto di s.** Misstrauensvotum *n*
sfilàre (1) *vt* (*togliere*) herausziehen ◊ (*indumenti*) abziehen, ausziehen ♦ *vpr* (aus)fransen
sfilàre (2) *vi* defilieren
sfilàta *sf* Umzug *m* ● **s. di moda** Modeschau *f*
sfilza *sf* Reihe *f*
sfinge *sf* Sphinx *f*
sfitto *a* unvermietet
sfìzio *sm* Laune *f*, Lust *f*
sfocàto *a* unscharf
sfociàre *vi* münden
sfoderàre *vt* (heraus)ziehen ◊ (*fig*) hervorholen
sfoderàto *a* ungefüttert
sfogàre *vt* abreagieren, auslassen ♦ *vpr* sich abreagieren ● **sfogarsi con qn** jemandem sein Herz ausschütten
sfòglia *sf* (*cuc*) Blätterteig *m*
sfogliàre *vt* durchblättern ♦ *vpr* sich entblättern

sfógo *sm* (*di gas, liquidi, ecc*) Abfluss *m*, Abzug *m* ◊ (*fig*) Ausbruch *m*
sfollagènte *sm* Gummiknüppel *m*
sfollàre *vt* räumen, evakuieren
sfoltire *vt* lichten, ausdünnen
sfondaménto *sm* Durchbruch *m*
sfondàre *vt* durchbrechen, einschlagen (*a colpi*)
sfondàto *a* bodenlos
sfóndo *sm* Hintergrund *m*
sforbiciàta *sf* (*sport*) Scherenschlag *m*
sformàre *vt* aus der Form bringen
sformàto *sm* (*cuc*) Auflauf *m*
sfornàre *vt* (*cuc*) aus dem Backofen ziehen ◊ (*fig*) herausbringen
sfortùna *sf* Unglück *n*, Pech *n* (*fam*)
sfortunàto *a* unglücklich
sforzàre *vt* (über)anstrengen ♦ *vpr* sich anstrengen
sforzàto *a* gezwungen
sfòrzo *sm* Anstrengung *f*, Mühe *f* ● **fare uno s.** sich anstrengen; **senza s.** ohne Mühe; **s. di volontà** Willenskraft *f*
sfóttere *vt* (*pop*) hänseln (*fam*)
sfrattàre *vt* kündigen (+ *dat*)
sfrattàto *a* gekündigt ♦ *sm* gekündigter Mieter *m*
sfràtto *sm* Wohnungskündigung *f* ● **ordine di s.** Räumungsbefehl *m*
sfregàre *vt* reiben
sfregiàre *vt* (*cose*) zerkratzen (*persone*) im Gesicht verletzen

sfrégio sm Schmarre f, Schnitt m ◊ (cicatrice) Narbe f
sfruttaménto sm Ausbeutung f ◊ (fig) Ausnutzung f
sfruttàre vt ausnutzen, ausbeuten
sfruttatóre sm Ausbeuter m ◊ (di prostitute) Zuhälter m
sfuggìre vi entkommen, entrinnen ◊ (cadere) fallen ◊ (dalla memoria) entfallen
sfuggìta sf **di s.** flüchtig
sfumàre vt (arte) abtönen ♦ vi verschwimmen ◊ (fig) verrauchen
sfumatùra sf Abtönung f, Nuance f ◊ (fig) Hauch m
sfùso a lose, unverpackt
sgabèllo sm Hocker m
sgabuzzìno sm Abstellraum m
sgambétto sm Beinstellen n ● **fare lo s. a qn** jemandem ein Bein stellen
sganciàre vt abhängen ♦ vpr sich lösen
sgarbàto a unhöflich, grob
sgàrbo sm Unhöflichkeit f
sgargiànte a grell, auffallend
sghignazzàre vi höhnisch lachen
sgocciolàre vi tröpfeln, tropfen
sgómbero sm Räumung f
sgombràre vt räumen ◊ (evacuare) evakuieren
sgómbro (1) a leer
sgómbro (2) sm (zool) Makrele f
sgomentàre vt erschüttern
sgoménto a erschüttert ♦ sm Erschütterung f
sgonfiàre vt Luft ablassen ♦ vpr zusammenfallen ◊ (med) abschwellen ◊ (fig) aufgeben
sgónfio a platt ◊ (med) abgeschwollen
sgorgàre vi quellen, sprudeln
sgradévole a unangenehm
sgradìto a lästig, unerwünscht
sgranchìre vt lockern ● **granchirsi le gambe** sich die Beine vertreten
sgranocchiàre vt knabbern
sgrassàre vt entfetten
sgravàre vt entlasten
sgridàre vt (aus)schimpfen
sguàrdo sm Blick m
shampoo sm Shampoo n
si pr.pers sich ♦ pr man ◊ **spesso reso con la forma passiva** (ES: **non si accettano reclami** es werden keine Beschwerden angenommen; **cercasi segretaria** Sekretärin gesucht)
sì avv ja ● **rispondere di sì** mit Ja antworten; **un giorno sì e uno no** alle zwei Tage
sìa cong **sia... sia...** sowohl... als auch
siccità sf Trockenheit f
siccóme cong da, weil
sicurézza sf Sicherheit f ◊ (certezza) Bestimmtheit f ● **uscita di s.** Notausgang m
sicùro a sicher ◊ (persona) zuverlässig
siderurgìa sf Eisenindustrie f
sìdro sm Obstwein m
sièpe sf Hecke f
sièro sm (med) Serum n ◊ (del latte) Molke f

sieropositivo *a* HIV-positiv ♦ *sm* HIV-Positive *m/f*
siesta *sf* Siesta *f*, Mittagsruhe *f*
sifone *sm* Siphon *m*
sigaretta *sf* Zigarette *f*
sigaro *sm* Zigarre *f*
sigillare *vt* versiegeln
sigillo *sm* Siegel *n*
sigla *sf* Abkürzung *f*, Zeichen *n* ◊ (*tel*) Erkennungszeichen *n*
significare *vt* bedeuten
significativo *a* bedeutungsvoll
significato *sm* Bedeutung *f*
signora *sf* Frau *f*, Dame *f*
signore *sm* Herr *m*
signoria *sf* Herrschaft *f*
signorile *a* herrschaftlich
signorina *sf* Fräulein *n*
silenzio *sm* Stille *f*, Ruhe *f* ● fare s. still sein
silenzioso *a* still, ruhig ◊ (*che non fa rumore*) leise
sillaba *sf* Silbe *f*
sillabare *vt* in Silben teilen ◊ (*scandire*) buchstabieren
siluro *sm* Torpedo *m*
simbiosi *sf* Symbiose *f*
simboleggiare *vt* symbolisieren
simbolico *a* symbolisch, Symbol-
simbolo *sm* Symbol *n*, Sinnbild *n*
simile *a* ähnlich
similitudine *sf* (*lett*) Gleichnis *n* ◊ (*somiglianza*) Ähnlichkeit *f*
simmetria *sf* Symmetrie *f*
simmetrico *a* symmetrisch
simpatia *sf* Sympathie *f* ● avere s. per qn/qc jemanden/etwas sympathisch finden
simpatico *a* sympathisch, nett
simpatizzare *vi* sympathisieren
simulare *vt* vortäuschen
simulatore *sm* Heuchler *m*
simulazione *sf* (*dir*) Vorspiegelung *f* ◊ Täuschung *f*, Heuchelei *f* ◊ (*tecn*) Simulation *f*
simultaneo *a* gleichzeitig, simultan
sinagoga *sf* Synagoge *f*
sincerarsi *vpr* sich vergewissern
sincerità *sf* Ehrlichkeit *f*
sincero *a* aufrichtig, ehrlich
sincronia *sf* Gleichzeitigkeit *f*
sincronizzare *vt* synchronisieren
sincronizzazione *sf* (*tecn*) Synchronisierung *f*
sincrono *a* gleichzeitig, synchron
sindacale *a* gewerkschaftlich, Gewerkschafts-
sindacato *sm* Gewerkschaft *f*
sindaco *sm* Bürgermeister *m*
sindrome *sf* (*med*) Syndrom *n*
sinfonia *sf* (*mus*) Sinfonie *f*, Symphonie *f*
sinfonico *a* sinfonisch, symphonisch
singhiozzare *vi* schluchzen
singhiozzo *sm* Schluckauf *m* ● *a* s. sprungweise
singolare *a* (*insolito*) ungewöhnlich, selten ◊ (*unico*) einzig ♦ *sm* (*gramm*) Singular *m*, Einzahl *f* ◊ (*sport*) Einzel *n*

sìngolo *a* einzeln, Einzel- ♦ *sm* Einzelne *m*
sinistra *sf* Linke *f* ● *a s.* links
sinistro *a* link ◊ *(inquietante)* unheimlich ♦ *sm (danno)* Schadenfall *m* ● ***colpire di s.*** mit links schlagen
sinònimo *sm* Synonym *n*
sintàssi *sf* Syntax *f*
sìntesi *sf* Synthese *f* ● *in s.* zusammenfassend
sintètico *a (conciso)* knapp ◊ *(artificiale)* künstlich, synthetisch
sintomàtico *a* symptomatisch
sìntomo *sm* Symptom *n*
sintonìa *sf* Einklang *m* ◊ *(tel)* Abstimmung *f*
sintonizzàre *vt* abstimmen
sintonizzatóre *sm* Abstimmer *m*
sinusìte *sf (med)* Sinusitis *f*
sionìsmo *sm* Zionismus *m*
sipàrio *sm* Vorhang *m*
sirèna *sf* Sirene *f*
sirìnga *sf* Spritze *f*
sìsma *sm* Erdbeben *n*
sìsmico *a* seismisch
sismologìa *sf* Seismologie *f*, Seismik *f*
sistèma *sm* System *n*
sistemàre *vt* in Ordnung bringen
sistemàtico *a* systematisch
sistemazióne *sf* (An)ordnung *f* ◊ *(posto di lavoro)* Stelle *f* ◊ *(alloggio)* Unterbringung *f*
sito *sm* Ort *m* ◊ *(inform)* Site *f*
situazióne *sf* Situation *f*, Lage *f*, Zustand *m*

slacciàre *vt* lösen, aufmachen ◊ *(sbottonare)* aufknöpfen ♦ *vpr* sich lösen, aufgehen
slanciàto *a* schlank
slàncio *sm* Schwung *m*
slavìna *sf* Lawine *f*
slàvo *a* slawisch ♦ *sm* Slawe *m*
sleàle *a* unehrlich
slegàre *vt* losbinden ♦ *vpr* aufgehen
slìtta *sf* Schlitten *m*
slittàre *vi* rutschen ◊ *(fig)* verschoben werben, sich verschieben
slittìno *sm* Rodel *f*
slogàrsi *vpr* sich verrenken
slogatùra *sf* Verrenkung *f*
slovèno *a* slowenisch ♦ *sm* Slowene *m*
smacchiàre *vt* entflecken, Flecken entfernen
smacchiatóre *sm* Fleckenreiniger *m*
smagliànte *a* glänzend
smagliatùra *sf (med)* Dehnungsstreifen *m* ◊ *(di calze)* Laufmasche *f*
smaltàre *vt* emaillieren
smaltatùra *sf* Emaillierung *f*, Glasur *f*
smaltimènto *sm* Entsorgung *f*
smaltìre *vt* verdauen ◊ *(merci)* absetzen ◊ *(rifiuti)* beseitigen, entsorgen
smàlto *sm* Email *n* ◊ *(per unghie)* Nagellack *m*
smanìa *sf* Aufregung *f* ◊ *(fig)* Sucht *f*
smarrimènto *sm* Verlust *m* ◊ *(fig)* Verwirrung *f*

smarrìre vt verlieren ♦ vpr sich verirren, sich verlaufen
smascheràre vt (fig) entlarven ◇ (scoprire) aufdecken
smentìre vt (notizia, fatti) dementieren ◇ (dir) widerrufen ● **non smentirsi** sich selbst treu bleiben
smentìta sf Dementi n, Widerruf m
smeràldo sm Smaragd m
smerciàre vt absetzen
smèrlo sm Feston n
smèttere vt/i aufhören (mit + dat)
militarizzàre vt entmilitarisieren
smistàre vt sortieren, verteilen ◇ (ferr) rangieren
smontàggio sm Demontage f, Zerlegung f
smontàre vt demontieren, zerlegen
smòrfia sf Grimasse f, Fratze f
smòrto a blass, bleich
smottaménto sm Erdrutsch m
smottàre vi abrutschen
snellézza sf Schlankheit f
snellìre vt schlank(er) machen ◇ (fig) beschleunigen
snèllo a schlank
snervànte a (nerven)aufreibend
snervàre vt (ent)nerven
snidàre vt aufjagen
sniffàre vt (fam) schnupfen, koksen, sniffen
snob a snobistisch ♦ sm Snob m
snobbàre vt verachten
snodàbile a gelenkig, Gelenk-

snodàre vt aufknüpfen
snodàto a gelenkig
snòdo sm (tecn) Gelenk n
sobbalzàre vi (veicoli) holpern ◇ (persone) aufspringen, auffahren
sobbàlzo sm (veicoli) Stoß m ◇ (persone) Auffahren n
sobbórgo sm Vorort m
sobillàre vt aufstacheln
sobillatóre sm Aufwiegler m
sobrietà sf Maß n, Mäßigkeit f ◇ (fig) Nüchternheit f
sòbrio a mäßig, bescheiden ◇ (fig) nüchtern
socchiùdere vt halb schließen ◇ (porte e sim) anlehnen
soccómbere vi unterliegen
soccórrere vt helfen (+ dat)
soccorritóre sm Helfer m
soccórso sm Hilfe f ● **s. alpino** Bergwacht f; **s. stradale** Pannendienst m
sociàle a gesellschaftlich, sozial, Sozial- ♦ sm Sozialwesen n
socialìsta a sozialistisch ♦ sm Sozialist m
società sf Gemeinschaft f, Gesellschaft f ◇ (associazione) Gesellschaft f, Verein m ● **s. per azioni** Aktiengesellschaft f; **s. non profit** Non-Profit-Gesellschaft f; **s. sportiva** Sportverein m
sociévole a gesellig
sòcio sm Mitglied n
sociologìa sf Soziologie f
sociòlogo sm Soziologe m
soddisfacènte a befriedigend
soddisfàre vt/i (accontentare)

soddisfazione

befriedigen, zufrieden stellen ◇ (*adempiere*) erfüllen, nachkommen
soddisfazióne *sf* Befriedigung *f*
sòdio *sm* (*chim*) Natrium *n*
sòdo *a* hart, fest ● *venire al s.* zur Sache kommen
sofferènza *sf* Leiden *n*, Qual *f*
soffiàre *vt/i* blasen ● *soffiàrsi il naso* sich (die Nase) schnäuzen
sòffice *a* weich
sóffio *sm* Blasen *n*, Hauch *m*
soffitta *sf* Dachboden *m*
soffitto *sm* Decke *f*
soffocaménto *sm* Erstickung *f*, Ersticken *n*
soffocànte *a* erstickend
soffocàre *vt/i* ersticken ◇ (*fig*) unterdrücken
soffrìre *vt* leiden, erleiden ● *vi* leiden (*an* + *dat*)
soggettìvo *a* subjektiv
soggètto (1) *sm* Thema *n*, Gegenstand *m* ◇ (*gramm*) Subjekt *n*
soggètto (2) *a* (*sottomesso*) unterworfen ◇ (*obbligato*) verpflichtet ◇ (*med*) anfällig (*für* + *acc*)
soggiornàre *vi* sich aufhalten
soggiórno *sm* (*stanza*) Wohnzimmer *n* ◇ (*sosta*) Aufenthalt *m* ● *località di s.* Ferienort *m*
sòglia *sf* Schwelle *f*
sògliola *sf* (*zool*) Seezunge *f*
sognàre *vt/i* träumen
sognatóre *sm* Träumer *m*
sógno *sm* Traum *m* ● *neanche per s.* (*fam*) nicht (einmal) im Traum; *s. a occhi apérti* Tagtraum *m*

solàio *sm* Dachraum *m*
solàre *a* Sonnen-, Solar-
solcàre *vt* durchziehen
sólco *sm* Furche *f*, Spur *f*
soldàto *sm* Soldat *m*
sòldo *sm* Pfennig *m* ◇ (*pl*) Geld *n*
sóle *sm* Sonne *f*
soleggiàto *a* sonnig
solènne *a* festlich, feierlich
solennità *sf* Feierlichkeit *f* ◇ (*ricorrenza*) Feiertag *m*, Festtag *m*
solfàto *sm* (*chim*) Sulfat *n*
solféggio *sm* (*mus*) Solfeggio *n*
solidàle *a* solidarisch
solidarietà *sf* Solidarität *f*
solidità *sf* Festigkeit *f*, Solidität *f*
sòlido *a* fest, solid
solìsta *sm* (*mus*) Solist *m*
solitàrio *a* einsam
sòlito *a* üblich, gewöhnlich
solitùdine *sf* Einsamkeit *f*
sollecitàre *vt* (*cose*) drängen (*auf* + *acc*) ◇ (*persone*) drängen ◇ (*comm*) (an)mahnen
sollecitazióne *sf* Drängen *n* ◇ (*comm*) (An)mahnung *f*
sollécito *a* prompt, schnell ● *sm* Aufforderung *f*, Mahnung *f*
sollecitùdine *sf* Eilfertigkeit *f*
solleticàre *vi* kitzeln
sollético *sm* Kitzel *m*
sollevaménto *sm* Heben *n* ● *s. pesi* (*sport*) Gewichtheben *n*
sollevàre *vt* heben, hochheben (*da terra*)
sollevàrsi *a* (*fig*) erleichtert
solliévo *sm* Erleichterung *f*
sólo *a* allein ◇ (*unico*) einzig ● *avv* nur, bloß ● *non s.... ma an-*

che... nicht nur..., sondern auch...
soltànto *avv* nur, bloß
solùbile *a* löslich ◊ *(problema)* lösbar
soluzióne *sf* Lösung *f*
solvènte *sm* Lösungsmittel *n*
somàro *sm* Esel *m*
somàtico *a* somatisch
somiglianza *sf* Ähnlichkeit *f*
somigliàre *vi* ähneln (+ *dat*), gleichen (+ *dat*)
sómma *sf* Summe *f*
sommàre *vt* (*mat*) summieren, zusammenzählen ◊ *(aggiungere)* hinzurechnen ● **tutto sommato** alles in allem
sommàrio *a* kurz, zusammengefasst, Schnell- ♦ *sm* Inhaltsangabe *f*
sommèrgere *vt* überschwemmen
sommergìbile *sm* (*naut*) Unterseeboot *n*, U-boot *n*
sommità *sf* Spitze *f*, Gipfel *m*
sommòssa *sf* Aufruhr *m*
sommozzatóre *sm* Taucher *m*
sonàglio *sm* Schelle *f*
sónda *sf* Sonde *f*
sondàggio *sm* Sondierung *f* ◊ *(indagine)* Umfrage *f*
sondàre *vt* erforschen, sondieren
sonnàmbulo *a* schlafwandlerisch ♦ *sm* Schlafwandler *m*
sonnìfero *sm* Schlafmittel *n*
sónno *sm* Schlaf *m* ● **avere s.** müde sein
sonnolènza *sf* Schläfrigkeit *f*
sonorità *sf* Wohlklang *m*
sonòro *a* klangvoll
sontuóso *a* prunkvoll, prächtig
sopóre *sm* Schlummer *m*
sporìfero *a* einschläfernd
soppàlco *sm* Hängeboden *m* ◊ *(soffitta)* Dachgeschoss *n*
sopportàre *vt* (*resistere*) ertragen ◊ *(persona)* leiden, ausstehen
sopportazióne *sf* Ertragen *n*, (*fig*) Geduld *f*
soppressióne *sf* Abschaffung *f* ◊ *(uccisione)* Beseitigung *f*
sopprìmere *vt* abschaffen ◊ *(persona)* beseitigen
sópra *prep* (*con contatto*) auf (*stato + dat; moto + acc*) ◊ *(senza contatto*) über (*stato + dat; moto + acc*) ◊ *(oltre*) über (+ *dat*), oberhalb (+ *gen*) ♦ *avv* oben ◊ *(oltre*) über
sopràbito *sm* Übergangsmantel *m*
sopraccìglio *sm* (*anat*) Augenbraue *f*
sopraelevàre *vt* (*strada*) überhöhen ◊ *(edificio*) überbauen
sopraggiùngere *vi* hinzukommen
sopralluògo *sm* Besichtigung *f* ◊ *(dir*) Lokaltermin *m*
sopràlzo *sm* Überhöhung *f*
soprammòbile *sm* Nippsachen *pl*
soprannóme *sm* Spitzname *m*
soprannominàre *vt* einen Spitznamen geben (+ *dat*)
sopràno *sm* (*mus*) Sopran *m*
soprattùtto *avv* vor allem

sopravvalutàre vt überschätzen

sopravvènto sm Oberhand f ♦ **prèndere il s.** die Oberhand über jemanden gewinnen

sopravvissùto a überlebend ♦ sm Überlebende m/f

sopravvivènza sf Überleben n ◊ **istinto di s.** Selbsterhaltungstrieb m

sopravvìvere vi überleben

soprelevàta sf (ferr) Hochbahn f

sorbétto sm Sorbett m/n

sordità sf Taubheit f

sórdo a taub ♦ sm Taube m/f

sordomùto a taubstumm ♦ sm Taubstumme m/f

sorèlla sf Schwester f

sorellàstra sf Stiefschwester f

sorgènte sf Quelle f

sórgere vi (astr) aufgehen ◊ (ergersi) sich erheben ◊ (acqua) entspringen ◊ (fig) aufkommen

sorpassàre vt (aut) überholen ◊ (fig) übertreffen

sorpàsso sm Überholen n ♦ **divieto di s.** Überholverbot n

sorprèndere vt überraschen

sorprésa sf Überraschung f

sorrèggere vt stützen ♦ vpr sich stützen

sorridènte a lächelnd

sorrìdere vi lächeln

sorrìso sm Lächeln n

sorseggiàre vt schlürfen

sórso sm Schluck m

sòrte sf Schicksal n, Los n

sorteggiàre vt auslosen, verlosen

sortéggio sm Auslosung f, Verlosung f

sortilègio sm Zauberei f

sorvegliànte sm Wächter m

sorvegliànza sf Aufsicht f, Überwachung f

sorvegliàre vt überwachen

sorvolàre vt überfliegen ◊ (fig) übergehen ♦ vi hinweggehen (über + acc)

sospèndere vt (interrompere) unterbrechen, einstellen ◊ (da una carica e sim) suspendieren

sospensióne sf (interruzione) Unterbrechung f, Einstellung f ◊ (pl) (aut) Federung f ◊ (da una carica e sim) Suspendierung f ♦ **puntini di s.** Auslassungspunkte pl

sospéso a (appeso) hängend, Hänge- ◊ (interrotto) unterbrochen, eingestellt ♦ **in s.** in der Schwebe, im Ungewissen

sospettàre vt (ritenere responsabile) verdächtigen ◊ (immaginarsi) vermuten

sospètto a verdächtig ♦ sm Verdacht m, Argwohn m

sospettóso a argwöhnisch, misstrauisch

sospiràre vi seufzen ♦ vt sich sehnen (nach + dat)

sospìro sm Seufzer m

sòsta sf (fermata) Halt m ◊ (riposo) Pause f ♦ **divieto di s.** Halteverbot n, Parkverbot n

sostantìvo sm (gramm) Substantiv n, Hauptwort n

sostànza sf Stoff m, Substanz f

◇ *(parte essenziale)* Wesentliche *n*
sostanziàle *a* wesentlich
sostanzióso *a (cuc)* nahrhaft ◇ *(fig)* gehaltvoll
sostàre *vi (fermarsi)* (an)halten ◇ *(fare una pausa)* pausieren, rasten
sostégno *sm* Stütze *f*
sostenére *vt (sorreggere)* stützen, halten, tragen ◇ *(sopportare)* tragen, bestreiten ◇ *(appoggiare)* unterstützen ◇ *(esame)* ablegen ◇ *(affermare)* behaupten
sostenitóre *sm* Vertreter *m*
sostentaménto *sm* Unterhalt *m*
sostentàre *vt* unterhalten
sostituìre *vt (rimpiazzare)* ersetzen ◇ *(cambiare)* austauschen ◇ *(prendere il posto)* vertreten ◇ *(sport)* auswechseln
sostitùto *sm (surrogato)* Ersatz *m* ◇ *(persona)* Stellvertreter *m*
sostituzióne *sf* Ersetzung *f* ◇ *(sport)* Auswechselung *f*
sottacéto *a* in Essig eingelegt ◆ *sm pl* Mixpickles *pl*
sottàna *sf* Rock *m*
sotterràneo *a* unterirdisch ◆ *sm* Untergeschoss *n*
sottigliézza *sf* Dünne *f*, Dünnheit *f* ◇ *(fig)* Feinheit *f* ◇ *(pedanteria)* Spitzfindigkeiten *pl*
sottìle *a* dünn ◇ *(fig)* fein, subtil ◇ *(mente, vista)* scharf
sottilizzàre *vi* Haare spalten
sottintèndere *vt (tacere)* verschweigen ◇ *(implicare)* einschließen

sottintéso *a* nicht ausgesprochen, miteinbegriffen *(implicito)* ◆ *sm* Hintergedanke *m*
sótto *prep* unter *(stato + dat; stato + acc)* ◆ *avv* unten
sottobànco *avv* unter der Hand
sottobicchière *sm* Glasuntersatz *m*
sottobòsco *sm* Unterholz *n*
sottofóndo *sm* Hintergrund *m* ◇ *(parte inferiore)* Untergrund *m*
sottolineàre *vt* unterstreichen ◇ *(fig)* hervorheben
sottolineatùra *sf* Unterstreichung *f*
sottomésso *a (persona)* unterwürfig ◇ *(popolo)* unterworfen
sottométtere *vt* unterwerfen
sottomissióne *sf* Unterwerfung *f*
sottopassàggio *sm* Unterführung *f*
sottopórre *vt (presentare)* vorlegen ◇ *(costringere)* unterziehen
sottoprodótto *sm* Nebenprodukt *n*
sottoscàla *sm* Raum *m* unter der Treppe
sottoscrìtto *a* unterschrieben ◆ *sm* Unterzeichnete *m/f*
sottoscrìvere *vt* unterschreiben, unterzeichnen
sottoscrizióne *sf* Unterzeichnung *f*, Subskription *f*
sottosópra *avv* durcheinander, drunter und drüber
sottosuòlo *sm* Untergrund *m*
sottosviluppàto *a* unterentwi-

sottosviluppo ckelt ● *paese s.* Entwicklungsland *n*
sottosviluppo *sm* Unterentwicklung *f*
sottoterra *avv* (*stato*) unterirdisch ◇ (*moto*) unter die Erde
sottotitolo *sm* Untertitel *m*
sottovalutàre *vt* unterschätzen
sottovèste *sf* Unterkleid *n* ◇ (*sottogonna*) Unterrock *m*
sottovóce *avv* leise
sottovuòto *a* vakuumverpackt
sottràrre *vt* (*mat*) abziehen ◇ (*portar via*) entwenden ◇ (*indebitamente*) unterschlagen
sottrazióne *sf* (*mat*) Abziehen *n*, Subtraktion *f* ◇ (*il togliere*) Unterschlagung *f*
soviètico *a* sowjetisch ◆ *sm* Sowjetbürger *m*
sovrabbondànza *sf* Übermaß *n*, Überfluss *m*
sovraccaricàre *vt* überladen
sovraespórre *vt* überbelichten
sovraesposizióne *sf* Überbelichtung *f*
sovraffaticàrsi *vpr* sich überanstrengen
sovraffollàto *a* überfüllt
sovràno *a* souverän ◆ *sm* Herrscher *m*
sovrappéso *sm* Übergewicht *n*
sovrapponìbile *a* übereinander legbar
sovrappopolàto *a* überbevölkert
sovrappórre *vt* übereinander stapeln ◆ *vpr* (*porsi sopra*) übereinander liegen ◇ (*fig*) hinzukommen
sovrapprèzzo *sm* Aufschlag *m*, Aufpreis *m*
sovrastànte *a* höher liegend
sovrastàre *vt/i* emporragen (*über + acc*) ◇ (*fig*) überragen
sovrastruttùra *sf* Aufbau *m*
sovrumàno *a* übermenschlich
sovvenzióne *sf* Subvention *f*
sovversióne *sf* Umsturz *m*
sovversìvo *a* subversiv, umstürzlerisch ◆ *sm* Umstürzler *m*
sovvertìre *vt* umstürzen
spaccàre *vt* spalten ◇ (*fig*) zerschlagen
spaccàta *sf* (*sport*) Spagat *m*
spaccatùra *sf* Riss *m*, Spalt *m* ◇ (*fig*) Spaltung *f*
spacciàre *vt* (*vendere*) verkaufen, vertreiben ◇ (*mettere in circolazione*) in Umlauf bringen ◇ (*droga*) dealen ◆ *vpr* sich ausgeben (*für + acc*)
spacciatóre *sm* Vertreiber *m* ◇ (*di droga*) Rauschgifthändler *m*
spàccio *sm* (*vendita*) Verkauf *m* ◇ (*negozio*) Laden *m*, Verkaufsstelle *f* ● *s. di droga* Drogenhandel *m*
spàcco *sm* Riss *m* ◇ (*abb*) Schlitz *m*
spàda *sf* Schwert *n*
spagnòlo *a* spanisch ◆ *sm* Spanier *m*
spàgo *sm* Bindfaden *m*
spalancàre *vt* aufsperren, aufreißen
spalàre *vt* schaufeln
spàlla *sf* (*anat*) Schulter *f*
spallièra *sf* Rückenlehne *f*

spalmàre vt (be)streichen ◇ (creme) einreiben
spàlto sm (pl) Ränge pl
spànna sf Spanne f ◇ (fig) Handbreit f
sparàre vt/i schießen
sparatòria sf Schießerei f, Schusswechsel m
sparecchiàre vt abdecken, abräumen
sparéggio sm (sport) Entscheidungskampf m
spàrgere vt ausstreuen ◇ (liquidi) vergießen ◇ (notizie) verbreiten
spargiménto sm Ausstreuen n ◇ (di liquidi) Vergießen n ◇ (di notizie) Verbreitung f
sparìre vi verschwinden
sparizióne sf Verschwinden n
spàro sm Schuss m
spàrso a zerstreut ◇ (cosparso) übersät ● *in ordine s.* verstreut
spartiàcque sm Wasserscheide f
spartìre vt (ver)teilen
spartito sm (mus) Partitur f
spartizióne sf (Ver)teilung f
spàsmo sm Krampf m
spàsso sm Vergnügen n, Spaß m ● *andare a s.* spazieren gehen
spassóso a amüsant, spaßhaft
spàstico a spastisch ◆ sm Spastiker m
spàtola sf Spatel m/f, Spachtel m/f
spaventapàsseri sm Vogelscheuche f
spaventàre vt erschrecken ◇ vpr (sich) erschrecken
spavènto sm Schreck(en) m
spaziàle a räumlich, Raum- ● *navicella s.* Weltraumkapsel f, Raumschiff n
spàzio sm Raum m ◇ (distanza) Zwischenraum m ◇ (di tempo) Zeitspanne f ◇ (cosmo) Weltraum m
spazióso a geräumig, weit, breit
spazzanéve sm Schneepflug m
spazzàre vt fegen, kehren
spazzatùra sf Müll m, Abfall m
spazzìno sm Straßenreiniger m, Straßenkehrer m
spàzzola sf Bürste f
spazzolàre vt bürsten
spazzolìno sm (da denti) Zahnbürste f
spazzolóne sm Schrubber m
specchiàrsi vpr sich im Spiegel betrachten, sich spiegeln
specchièra sf Wandspiegel m
specchiétto sm Taschenspiegel m ◇ (prospetto riassuntivo) Übersicht f ● *s. retrovisore* (aut) Rückspiegel m
spècchio sm Spiegel m
speciàle a besonder, speziell, Sonder-
specialìsta sm Fachmann m, Spezialist m ◇ (medico) Facharzt m
specialità sf (cuc) Spezialität f ◇ (materia) Fach n ◇ (sport) Disziplin f
specializzàrsi vpr sich spezialisieren (auf + acc)
specializzàto a spezialisiert, Fach-

spècie *sf* Art *f*, Sorte *f* ◇ (*biol*) Art *f*

specificàre *vt* genau angeben, spezifizieren

specificazióne *sf* Spezifikation *f*

specìfico *a* spezifisch, besonder

speculàre (1) *a* Spiegel-

speculàre (2) *vi* spekulieren (*auf + acc*)

speculatìvo *a* spekulativ

speculatóre *sm* Spekulant *m*

speculazióne *sf* Spekulation *f*

spedìre *vt* senden, schicken

spedizióne *sf* Absendung *f*, Versand *m* ◇ (*mil*) Feldzug *m* ● **spese di s.** Versandkosten *pl*

spedizionière *sm* Spediteur *m*

spègnere *vt* (*fuoco*) (aus)löschen ◇ (*luce, radio ecc*) ausschalten, ausmachen ◇ (*motore e sim*) abstellen ◆ *vpr* (*fuoco*) verlöschen ◇ (*motore e sim*) ausgehen ◇ (*fig*) erlöschen

spelàre *vt* rupfen

speleologìa *sf* Höhlenkunde *f*

speleòlogo *sm* Höhlenforscher *m*

spellàre *vt* (ab)häuten ◆ *vpr* sich (die Haut) abschürfen

spellatùra *sf* Abschürfung *f*

spèndere *vt* (*soldi*) ausgeben ◇ (*impiegare*) aufwenden

spensieràto *a* sorgenfrei, unbesorgt

spènto *a* (aus)gelöscht, erloschen

speránza *sf* Hoffnung *f*

speràre *vt* hoffen, erhoffen

spericolàto *a* wag(e)halsig ◆ *sm* Wagehals *m*

sperimentàle *a* experimentell, Experimental-, Versuchs-

sperimentàre *vt* experimentieren, versuchen

sperimentazióne *sf* Experimentieren *n*

spèrma *sm* (*biol*) Sperma *n*

speronàre *vt* rammen

speróne *sm* Sporn *m*

spésa *sf* (*somma*) Ausgabe *f* ◇ (*acquisto*) Einkauf *m* ◇ (*pl*) Kosten *pl*, Spesen *pl* ● **fare la s.** einkaufen

spesàto *a* auf jemandes Spesen

spésso *a* dick ◆ *avv* oft

spessóre *sm* Dicke *f*, Stärke *f*

spettacolàre *a* großartig, imposant

spettàcolo *sm* Schauspiel *n*, Aufführung *f* ◇ (*vista*) Anblick *m*

spettatóre *sm* Zuschauer *m*

spettinàre *vt* zerzausen

spettràle *a* gespenstisch ◇ (*fis*) Spektral-

spèttro *sm* (*fantasma*) Gespenst *n* ◇ (*fis*) Spektrum *n*

spèzie *sf pl* Gewürze *pl*

spezzàre *vt* brechen ◆ *vpr* brechen, zerbrechen

spezzàto *a* gebrochen ◇ (*fig*) unterteilt ◆ *sm* (*abb*) Kombination *f*

spìa *sf* Spion *m*

spiacènte *a* traurig ● **sono s.** es tut mir Leid

spiacére *vi* Leid tun ● **mi spiace** es tut mir Leid

spiacévole *a* unangenehm
spiàggia *sf* Strand *m*
spiàre *vt* ausspionieren
spiàzzo *sm* offener Platz *m*
spìcchio *sm* Stück *n*, Schnitz *m* ● *s. d'aglio* Knoblauchzehe *f*; *a spicchi* schnitzweise
spiedino *sm* Spießchen *n*
spièdo *sm* Spieß *m*
spiegàre *vt* erklären ◊ (*tovaglia e sim*) ausbreiten ♦ *vpr* (*esprimersi*) sich klar ausdrücken, sich aussprechen ◊ (*aprirsi*) sich ausbreiten
spiegazióne *sf* Erklärung *f*
spìffero *sm* Luftzug *m*
spìga *sf* (*bot*) Ähre *f*
spìgola *sf* (*zool*) Seebarsch *m*
spìgolo *sm* Kante *f*
spìlla *sf* Brosche *f* ● *s. di sicurezza* Sicherheitsnadel *f*
spìllo *sm* Stecknadel *f*
spìna *sf* (*zool*) Dorn *m*, Stachel *m* ◊ (*el*) Stecker *m* ● *s. dorsale* (*anat*) Rückgrat *n*
spinàcio *sm* Spinat *m*
spinèllo *sm* (*fam*) Joint *m*
spìngere *vt* (*spostare*) schieben ◊ (*premere*) drücken ◊ (*fig*) treiben ♦ *vpr* (*inoltrarsi*) vordringen ◊ (*fare ressa*) sich drängeln
spìnta *sf* (*urto*) Stoß *m* ◊ (*fig*) Ansporn *m* ◊ (*fis*) Schub *m*, Antrieb *m*
spinterògeno *sm* (*aut*) Zündverteiler *m*
spìnto *a* (*scabroso*) anstößig
spintóne *sm* (*heftiger*) Stoß *m*
spionàggio *sm* Spionage *f*
spioncìno *sm* Guckloch *n*, Spion *m*
spiovènte *a* abfallend ♦ *sm* Dachfläche *f*
spiràle *sf* Spirale *f*
spiritìsmo *sm* Spiritismus *m*
spìrito *sm* Geist *m* ◊ (*umorismo*) Witz *m* ◊ (*alcol*) Spiritus *m*
spiritóso *a* witzig
spirituàle *a* geistig ◊ (*relig*) geistlich
splèndere *vi* strahlen
splèndido *a* herrlich
splendóre *sm* Glanz *m*
spogliàre *vt* ausziehen ◊ (*fig*) berauben ♦ *vpr* sich ausziehen, sich entkleiden
spogliarèllo *sm* Striptease *m*
spogliatóio *sm* Umkleideraum *m*
spolveràre *vt* abstauben
spónda *sf* (*di fiume*) Ufer *n* ◊ (*del letto e sim*) Rand *m*
sponsorizzàre *vt* sponsern
spontàneo *a* (*persona*) spontan ◊ (*libero*) freiwillig
sporàdico *a* selten, gelegentlich
sporcàre *vt* beschmutzen ♦ *vpr* sich beschmutzen
sporcìzia *sf* (*mancanza di pulizia*) Schmutzigkeit *f* ◊ (*cosa sporca*) Dreck *m*
spòrco *a* schmutzig
sporgènte *a* hervortretend
sporgènza *sf* Vorsprung *m*
spòrgere *vt* (*hinaus*)strecken ♦ *vi* vorstehen ♦ *vpr* sich hinauslehnen ● *s. querela* (*dir*) Klage erheben

sport

spòrt sm Sport m ● *s. estremo* Extremsport m
sportèllo sm (*di automezzo*) Tür f ◊ (*di ufficio*) Schalter m ● *s. automatico* (*di banca*) Geldautomat m
sportìvo a sportlich, Sport- ♦ sm Sportler m
spòsa sf Braut f
sposalìzio sm Hochzeit f
sposàre vt (*prendere in moglie*) heiraten ◊ (*unire in matrimonio*) vermählen, trauen ♦ vpr heiraten, sich verheiraten
spòso sm Bräutigam m
spostaménto sm Verschiebung f
spostàre vt verschieben ♦ vpr (*persona*) rücken ◊ (*cosa*) sich bewegen
sprecàre vt verschwenden
sprèco sm Verschwendung f
spregévole a verachtenswert
spregiatìvo a verächtlich, abschätzig
sprèmere vt auspressen
spremiagrùmi sm Zitronenpresse f
spremitùra sf Auspressen n
spremùta sf Fruchtsaft m
sprofondaménto sm (*di terreno*) Nachgeben n ◊ (*l'affondare*) Einsinken n
sprofondàre vi (*di terreno*) nachgeben ◊ (*affondare*) sinken
sproporzionàto a unverhältnismäßig
sproporzióne sf Missverhältnis n

sprovvìsto a nicht versehen (*mit + dat*), ohne, -los ● *alla sprovvista* unvermutet, plötzlich
spruzzàre vt spritzen ♦ vpr sich bespritzen
sprùzzo sm Spritzer m
spùgna sf Schwamm m ◊ (*tessuto*) Frottee, Frotté m/n
spumànte a schäumend ♦ sm Schaumwein m, Sekt m
spuntàre vi hervorkommen ◊ (*bot*) sprießen ◊ (*sole*) aufgehen ◊ (*giorno*) anbrechen ◊ (*fig*) auftauchen ● *spuntarla* (*fam*) es schaffen
spuntìno sm Imbiss m
spùnto sm Anstoß m, Anlass m
sputàre vt/i spucken, speien
spùto sm Spucke f, Spucken n
squàdra sf (*da disegno*) Winkel m ◊ (*gruppo di persone*) Gruppe f ◊ (*sport*) Mannschaft f
squadràre vt mit dem Winkelmaß messen ◊ (*fig*) mustern
squalìfica sf Disqualifikation f
squalificàre vt disqualifizieren
squàllido a düster, öde ◊ (*misero*) elend, traurig
squallóre sm Düsterkeit f, Öde f ◊ (*miseria*) Elend n
squàlo sm (*zool*) Haifisch m
squàma sf Schuppe f
squilibràto a verrückt ♦ sm Geistesgestörte m/f
squillànte a schallend
squillàre vi klingeln
squìllo sm Klingeln m ● *ragazza s.* Callgirl m
squisìto a auserlesen, köstlich

sradicàre vt entwurzeln
stàbile a fest ♦ sm Gebäude n
stabiliménto sm Anlage f, Betrieb m
stabilìre vt (decretare) festsetzen ◊ (decidere) entscheiden ◊ (un primato e sim) aufstellen ♦ vpr sich niederlassen
stabilità sf Stabilität f, Festigkeit f
staccàre vt ablösen, trennen
staccionàta sf Bretterzaun m
stàdio sm (sport) Stadion n ◊ (fig) Stadium n
stàffa sf Bügel m ♦ **perdere le staffe** die Fassung verlieren
staffétta sf Stafette f ◊ (sport) Staffel f
stage sm Praktikum n
stagionàle a jahreszeitlich, Saison-
stagionàre vt ablagern ◊ (legname) trocknen lassen
stagionàto a abgelagert
stagióne sf Jahreszeit f ♦ **alta/bassa s.** Hoch-/Nachsaison f
stagnànte a (still)stehend
stagnàre vt verzinnen ♦ vi stillstehen ◊ (fin) stagnieren
stàgno sm (min) Zinn n ◊ (geogr) Teich m
stagnòla sf Stanniol n
stàlla sf Stall m
stàllo sm Sitz m
stamattìna avv heute Morgen
stàmpa sf Druck m, Buchdruck m (di libri) ◊ (fig) Presse f ♦ **errore di s.** Druckfehler m; **libertà di s.** Pressefreiheit f
stampànte sf Drucker m ♦ **s. a getto d'inchiostro** Tintenstrahldrucker m; **s. laser** Laserdrucker m
stampàre vt drucken ◊ (pubblicare) veröffentlichen ◊ (inform) ausdrucken
stampatèllo sm Blockschrift f ♦ **scrivere in s.** in Blockschrift schreiben
stampàto sm Broschüre f, Formular n, Vordruck m
stampèlla sf Krücke f
stàmpo sm Form f
stancàre vt ermüden ♦ vi müde werden
stanchézza sf Müdigkeit f
stànco a müde
standardizzàre vt standardisieren
stanòtte avv heute Nacht
stànza sf Zimmer n
stàre vi sein, bleiben, stehen (in piedi) ◊ (abitare) wohnen ♦ **come stai?** wie geht es dir?; **s. per...** im Begriff sein zu...
starnutìre vi niesen
starnùto sm Nieser m, Niesen n
staséra avv heute Abend
statàle a staatlich, Staats- ♦ sm/f Staatsangestellte m/f sf (strada) Staatsstraße f
statalizzàre vt verstaatlichen
statìstica sf Statistik f
stàto sm (nazione) Staat m ◊ (condizione) Zustand m ◊ (ceto) Stand m
stàtua sf Statue f, Standbild n
statunitènse a nordamerikanisch ♦ sm Nordamerikaner m

statùra sf Größe f, Statur f ◇ (fig) Format n
statùto sm Satzung f
stavòlta avv diesmal, dieses Mal
stazionàre vi stehen bleiben
stazionàrio a unverändert
staziòne sf Station f ● **s. di servìzio** Tankstelle f; **s. ferroviària** Bahnhof m
stécca sf Stab m ● **s. da biliardo** Billardstock m
steccàto sm Bretterzaun m
stecchìno sm Zahnstocher m
stèle sf Stele f
stélla sf Stern m
stellàto a Stern(en)-
stèlo sm Stängel m
stèmma sm Wappen n
stendàrdo sm Banner n
stèndere vt (hin)legen ◇ (distendere) (aus)strecken ◇ (la biancheria) aufhängen ◇ (redigere) aufnehmen, aufsetzen
stendibiancherìa sm Trockengestell n, Wäscheständer m
stéppa sf Steppe f
stèreo a Stereo- ♦ sm Stereo n ◇ (impianto) Stereoanlage f
stereofonìa sf Stereofonie, Stereophonie f
stereofònico a Stereo-
stèrile a (bot) unfruchtbar ◇ (med) steril
sterilità sf (bot) Unfruchtbarkeit f ◇ (med) Sterilität f
sterilizzàre vt sterilisieren
sterilizzaziòne sf Sterilisierung f
sterlìna sf Pfund n, Sterling m

sterminàre vt vernichten, ausrotten
sterminio sm Vernichtung f, Ausrottung f
stèrno sm (anat) Brustbein n
sterzàre vt/i steuern, lenken
stèrzo sm Steuerung f, Lenkung f
stésso a/pr (medesimo) derselbe m (f dieselbe, n dasselbe) ◇ (in persona) selbst ◇ (proprio) eben, genau ● **è lo s.** es ist ganz gleich
stesùra sf Aufsetzen n, Niederschrift f ◇ (redazione) Fassung f
stìle sm Stil m
stilìsta sm Modedesigner m
stilogràfica sf Füllfederhalter m, Füller m
stìma sf Achtung f ◇ (valutazione) (Ab)schätzung f
stimàre vt (valutare) schätzen ◇ (una persona) achten ◇ (giudicare) halten (für + acc)
stimolàre vt anregen, anreizen
stìmolo sm Antrieb m, Anreiz m ◇ (biol) Reiz m
stingere vt ausbleichen ♦ vpr abfärben, ausbleichen
stipèndio sm Gehalt n
stìpite sm Pfosten m
stiraménto sm Streckung f ◇ (med) Zerrung f
stiràre vt (distendere) strecken ◇ (la biancheria) bügeln
stiratùra sf Bügeln n
stirerìa sf Bügelei f
stìrpe sf Stamm m
stitichézza sf Verstopfung f
stìtico a verstopft

stìva sf (naut) Kielraum m
stivàle sm Stiefel m
stivàre vt verstauen
stoccafisso sm Stockfisch m
stòffa sf Stoff m, Gewebe n ◊ (fig) Talent n
stólto a dumm ♦ sm Tor m
stòmaco sm Magen m ● *mal di s.* Magenschmerzen pl
stonàre vt (mus) falsch spielen, falsch singen ♦ vi nicht passen
stonàto a (strumento) verstimmt ◊ (persona) falsch spielend, falsch singend
stòp sm (segnale) Stoppschild n ◊ (aut) Bremslicht n
stoppìno sm Docht m
stordiménto sm Betäubung f
stordìre vt betäuben
stòria sf Geschichte f
stòrico a geschichtlich, Geschichts- ◊ (memorabile) denkwürdig ♦ sm Historiker m
stórmo sm (zool) Schwarm m ◊ (aer) Geschwader n
stórno sm (zool) Star m
stòrto a schief, krumm
stovìglie sf pl Geschirr n
stràbico a schielend ♦ sm Schielende m/f ● *essere s.* schielen
strabìsmo sm (med) Schielen n
stracciàre vt zerreißen
stràccio sm Lumpen m, Fetzen m
stràda sf Straße f
stradàle a Straßen- ● *polizia s.* Verkehrspolizei f
stràge sf Blutbad n, Gemetzel n
stranézza sf Seltsamkeit f

strangolàre vt erwürgen
straniéro a fremd ♦ sm Ausländer m ◊ (forestiero) Fremde m/f
stràno a merkwürdig, seltsam
straordinàrio a außerordentlich ● *lavoro s.* Überstunden pl; *treno s.* Sonderzug m
strappàre vt reißen, entreißen ◊ (lacerare) zerreißen ♦ vpr (zer)reißen
stràppo sm Riss m
straripaménto sm Überfließen n
straripàre vi über die Ufer treten
stratèga sm Stratege m
strategìa sf Strategie f
stràto sm Schicht f ● *a strati* in Schichten; *s. di ozono* Ozonschicht f
stratosfèra sf Stratosphäre f
stravagànte a (persona) überspannt, extravagant ◊ (cosa) verschroben
stravècchio a uralt
strèga sf Hexe f
stregàre vt verhexen
stregóne sm Hexenmeister m, Zauberer m
strènna sf Geschenk n
strepitóso a (fig) großartig
stress sm Stress m
stressàre vt stressen
strétta sf Druck m ◊ (fig) Klemme f
strétto a eng ♦ sm (geogr) Meerenge f
strettóia sf Engpass m
strillàre vi schreien
strìllo sm Schrei m

stringa *sf* Schnürband *n* ◇ (*inform*) String *m*, Kette *f*
stringere *vt* drücken ◇ (*serrare*) schließen ◇ (*tenere stretto*) festhalten ◇ (*restringere*) enger machen ◆ *vpr* zusammenrücken
striscia *sf* Streifen *m* ● *strisce pedonali* Zebrastreifen *m*
strisciàre *vi* kriechen, schleifen
strisciòne *sm* Transparent *n*
strizzàre *vt* auswringen
stròfa *sf* Strophe *f*
strofinàccio *sm* Putztuch *n*
strofinàre *vt* scheuern ● *strofinarsi gli occhi* sich die Augen reiben
stroncàre *vt* unterdrücken ◇ (*criticare*) verreißen
stroncatùra *sf* (*fig*) (*critica negativa*) vernichtende Kritik *f*
stropicciàre *vt* reiben
strozzàre *vt* erdrosseln
strumentàle *a* (*mus*) instrumental
strumènto *sm* (*mus*) Instrument *n* ◇ Gerät *n*
strùtto *sm* (*cuc*) Schmalz *n*
struttùra *sf* Struktur *f*
strutturàre *vt* strukturieren
strùzzo *sm* (*zool*) Strauß *m*
stuccàre *vt* verkitten
stùcco *sm* Kitt *m*, Stuck *m*
studènte *sm* Schüler *m*, Student *m* (*universitario*)
studentésco *a* Schüler-, Studenten-
studiàre *vt* lernen, studieren (*all'università*)
stùdio *sm* (*azione*) Lernen *n*, Studium *n* (*all'università*) ◇ (*progetto*) Planung *f* ◇ (*stanza*) Arbeitszimmer *n*, Praxis *f* (*di professionista*) ◇ (*di registrazione*) Studio *n*
studiòso *a* fleißig ● *sm* Gelehrte *m*, Wissenschaftler *m*
stùfa *sf* Ofen *m*
stufàre *vt* (*cuc*) schmoren ◇ (*fig*, *fam*) langweilen ◆ *vpr* Leid werden
stufàto *sm* Schmorbraten *m*
stùfo *a* müde, satt ● *essere s. di q.c/qn* etwas/jemanden satt haben
stupefacènte *a* verblüffend, erstaunlich ◆ *sm* Rauschgift *n*
stuòia *sf* Matte *f*
stupèndo *a* wunderbar, herrlich
stupidità *sf* Dummheit *f*, Unsinn *m*
stùpido *sm* Dummkopf *m*
stupóre *sm* Erstaunen *n*
stupràre *vt* vergewaltigen
stùpro *sm* Vergewaltigung *f*
stuzzicadènti *sm* Zahnstocher *m*
su *prep* (*con contatto*) auf (*stato + dat*; *moto + acc*) ◇ (*senza contatto*) über (*stato + dat*, *moto + acc*) ◇ (*contro*) auf (+ *acc*) ◇ (*argomento*) über (+ *acc*) ◇ (*circa*) um (+ *acc*) ● *avv* oben
subàcqueo *a* Unterwasser- ◆ *sm* Taucher *m*
subaffittàre *vt* untervermieten
subcònscio *a* unterbewusst ◆ *sm* (*psic*) Unterbewusstsein *n*
subìre *vt* erleiden, ertragen
sùbito *avv* gleich, sofort

sublìme *a* hervorragend, vortrefflich

succèdere *vi* (*seguire*) folgen, nachfolgen (+ *dat*) ◊ (*avvenire*) geschehen, passieren ♦ *vpr* aufeinander folgen ● *cosa è successo?* was ist denn los?, was ist passiert?

successióne *sf* Nachfolge *f* ◊ (*serie*) Folge *f*

successivaménte *avv* darauf

successìvo *a* (darauf) folgend

succèsso *sm* Erfolg *m*

successóre *sm* Nachfolger *m*

succhiàre *vt* saugen

sùcco *sm* Saft *m* ● *s. di frutta* Fruchtsaft *m*

succóso *a* saftig

sud *sm* Süden *m*

sudàre *vt* schwitzen ♦ *vi* schwitzen

sudàto *a* verschwitzt, schweißig

sùddito *sm* Untertan *m*

suddivìdere *vt* unterteilen

sùdicio *a* schmutzig

sudóre *sm* Schweiß *m*

sufficiènte *a* genügend

sufficiènza *sf* Genüge *f* ◊ (*a scuola*) Ausreichend *n*

suggeriménto *sm* Einflüsterung *f* ◊ (*consiglio*) Ratschlag *m*

suggerìre *vt* einflüstern ◊ (*consigliare*) empfehlen

suggeritóre *sm* Souffleur *m*

suggestionàre *vt* beeinflussen

suggestióne *sf* Suggestion *f* ◊ (*impressione*) Eindruck *m*

suggestìvo *a* eindrucksvoll

sùghero *sm* Kork *m*

sùgo *sm* (*salsa*) Soße *f* ◊ (*succo*) Saft *m*

suicìda *sm* Selbstmörder *m*

suicidàrsi *vpr* sich das Leben nehmen

suicìdio *sm* Selbstmord *m*

suìno *sm* Schwein *m*

sultàno *sm* Sultan *m*

sùo *a.poss* sein ◊ (*forma di cortesia*) Ihr ♦ *pr.poss* seiner *m* (*f* seine, *n* seines; *pl* seine) ◊ (*forma di cortesia*) Ihrer (*f* Ihre, *n* Ihres; *pl* Ihre)

suòcera *sf* Schwiegermutter *f*

suòcero *sm* Schwiegervater *m*

suòla *sf* Sohle *f*

suòlo *sm* Boden *m*

suonàre *vt* (*mus*) spielen ◊ (*campanello*) klingeln

suonatóre *sm* Spieler *m*, Musikant *m*

suonerìa *sf* (*tel*) Klingel *f* ◊ (*di cellulare*) Klingelmelodie *f*

suòno *sm* Klang *m*, Schall *m*

suòra *sf* Nonne *f*

superaménto *sm* Überwindung *f*

superàre *vt* übersteigen, übertreffen ◊ (*aut*) überholen ◊ (*prova*) bestehen ◊ (*difficoltà*) überwinden

superàto *a* überholt

supèrbo *a* stolz, hochmütig

superenalòtto *sm* Zahlenlotto *n* mit Jackpot

superficiàle *a* oberflächlich

superfìcie *sf* Oberfläche *f*

supèrfluo *a* überflüssig

superióre *a* (*di posizione*) obere

superiorità ◇ (*maggiore*) höher, größer ◇ (*migliore*) besser ♦ *sm* Vorgesetzte *m* ● *s. alla media* überdurchschnittlich

superiorità *sf* Überlegenheit *f*

superlativo *sm* (*gramm*) Superlativ *m*

supermercàto *sm* Supermarkt *m*

supèrstite *a* überlebend ♦ *sm/f* Überlebende *m/f*

superstizióne *sf* Aberglauben *m*

superstizióso *a* abergläubisch

superstràda *sf* Schnellstraße *f*

supervisionàre *vt* beaufsichtigen

supellèttile *sf* Hausrat *m*

suppergiù *avv* ungefähr

supplementàre *a* ergänzend, zusätzlich ● *tempo s.* (*sport*) Verlängerung *f*

suppleménto *sm* Ergänzung *f*, Beilage *f* (*di giornale*) ◇ (*di prezzo*) Zuschlag *m*

supplènte *sm* Stellvertreter *m* ◇ (*di scuola*) Hilfslehrer *m*

supplènza *sf* Vertretung *f*

supplìre *vi* vertreten

supplìzio *sm* Qual *f*

suppórre *vt* vermuten

suppòrto *sm* Träger *m* ◇ (*fig*) Stütze *f*

supposizióne *sf* Vermutung *f*

suppòsta *sf* Zäpfchen *n*

surgelàre *vt* tiefkühlen

surreàle *a* surreal

surrealìsta *sm* Surrealist *m*

surriscaldàre *vt* überhitzen

surrogàto *sm* Ersatzmittel *n*

suscettìbile *a* empfänglich (*für* + *acc*) ◇ (*fig*) empfindlich, reizbar

suscitàre *vt* erregen ◇ (*causare*) verursachen

susìna *sf* (*bot*) Pflaume *f*, Zwetsche *f*

susìno *sm* (*bot*) Pflaumenbaum *m*

sussìdio *sm* Unterstützung *f*, Beihilfe *f*

sussistènza *sf* Unterhalt *m*

sussurràre *vt* flüstern

sussurrìo *sm* Geflüster *n*

sutùra *sf* (*med*) Naht *f*, Sutur *f*

suturàre *vt* (*med*) nähen

svàgo *sm* Zeitvertreib *m*, Vergnügen *n*

svaligiàre *vt* (aus)plündern

svalutàre *vt* entwerten

svalutazióne *sf* Entwertung *f*

svantàggio *sm* Nachteil *m* ◇ (*sport*) Rückstand *m*

svedése *a* schwedisch ♦ *sm* Schwede *m*

svéglia *sf* Wecker *m* ◇ (*lo svegliare*) Wecken *n*

svegliàre *vt* wecken ◇ (*fig*) erwecken ♦ *vpr* aufwachen

svéglio *a* wach ◇ (*fig*) aufgeweckt

sveltìre *vt* beschleunigen

svèlto *a* schnell, rasch

svèndere *vt* ausverkaufen

svèndita *sf* Aus-/Schlussverkauf *m*

sveniménto *sm* Ohnmacht *f*

svenìre *vi* in Ohnmacht fallen

sventolàre *vt* schwingen, schwenken ♦ *vi* flattern

sventùra sf Unglück n, Missgeschick n
svenùto a ohnmächtig
svernàre vi überwintern
svestìre vt ausziehen ♦ vpr sich ausziehen
svezzaménto sm Abstillen n, Entwöhnung f
svezzàre vt entwöhnen, abstillen
sviluppàre vt entwickeln
sviluppatóre sm (chim) Entwickler m
svilùppo sm Entwicklung f
svincolàre vt befreien
svìncolo sm Freigabe f ◊ (autostradale) Autobahnkreuz n
svìsta sf Versehen n
svitàre vt abschrauben
svìzzero a schweizerisch ♦ sm Schweizer m
svogliatézza sf Lustlosigkeit f
svogliàto a träg, unlustig
svòlgere vt (srotolare) abwickeln ◊ (fig) (sviluppare) behandeln ◊ (lavoro) verrichten, ausüben (esercitare) ♦ vpr (accadere) sich abspielen ◊ (avere luogo) stattfinden
svolgiménto sm Entwicklung f ◊ (di tema e sim) Ausarbeitung f
svòlta sf (azione) Abbiegen n ◊ (curva) Kurve f ◊ (fig) Wendung f
svoltàre vt abbiegen
svuotaménto sm Entleerung f
svuotàre vt (aus)leeren

T

tabaccàio sm Tabakwarenverkäufer m
tabàcco sm Tabak m
tabagìsmo sm Nikotinvergiftung f
tabèlla sf Tabelle f, Tafel f
tabellóne sm Anzeigetafel f
tabernàcolo sm Tabernakel n
tabù sm Tabu n
tabulàto sm Übersicht f, Tabelle f
tàcca sf Kerbe f
taccàgno a geizig, knickerig ♦ sm Geizhals m (fam), Knicker m (pop)
tacchìno sm (zool) Truthahn m
tàcco sm Absatz m
taccuìno sm Notizbuch n
tacére vi schweigen
tachicardìa sf Tachykardie f
tachìmetro sm Tachometer n
tacitùrno a schweigsam, wortkarg
tafferùglio sm Tumult m
tàglia sf (abb) Größe f ◊ (ricompensa) Kopfgeld n
tagliàndo sm Schein m, Coupon m
tagliàre vt (ab)schneiden ● t. il

tagliatelle

traguardo (sport) durchs Ziel gehen
tagliatèlle sf pl Bandnudeln pl
tagliènte a (affilato) scharf ◊ (fig) bissig
taglière sm Schneidebrett n
tàglio sm Schnitt m ● *t. di capelli* Haarschnitt m, Schneiden n
tagliòla sf Fangeisen n
talco sm Puder m, Talkpuder m
tàle a solch ◊ (questo) diese ● pr derjenige (f diejenige, n dasjenige), gewiss (preceduto dall'art indeterm) ◊ (indefinito) jemand ● *t. quale* genauso
talènto sm Talent n, Begabung f
talismàno sm Talisman m
tallóne sm (anat) Ferse f
talménte avv so, derart
talóra avv manchmal
tàlpa sf Maulwurf m
talvòlta avv manchmal
tamarìndo sm (bot) Tamarinde f
tamburèllo sm (mus) Tamburin n ◊ (gioco) Trommelballspiel n
tambùro sm Trommel f
tamponaménto sm Abdichtung f (aut) Auffahrunfall m ● *t. a catena* Massenkarambolage f
tamponàre vt (ver)stopfen ◊ (aut) auffahren
tampóne sm Tampon m
tàna sf Bau m, Höhle f
tangènte a tangierend ◊ (mat) tangential ● **sm** (mat) Tangente f ◊ (bustarella) Schmiergeld n
tangenziàle sf Umgehungsstraße f
tàngo sm Tango m
tànica sf Kanister m

612

tànto a so viel, so sehr, so groß ● pr (pl) viele ● avv sehr, viel ● *ogni t.* von Zeit zu Zeit; *tanti saluti* viele Grüße; *t. meglio* um so besser; *t. quanto* so viel wie
tàppa sf (sosta) Rast f ◊ (percorso) Etappe f
tappàre vt stopfen ◊ (bottiglie) verkorken
tapparèlla sf Rollladen m
tappetino per il mouse sm Mauspad n
tappéto sm Teppich m
tappezzàre vt tapezieren
tappezzerìa sf Tapeten pl
tàppo sm Pfropfen m ◊ (di sughero) Kork(en) m
tàra sf (peso) Tara f ◊ (difetto) Fehler ◊ (med) Gebrechen n
tardàre vt verzögern ● vi (essere in ritardo) zu spät kommen, sich verspäten ◊ (indugiare) zögern (mit + dat)
tàrdi avv spät ● *al più t.* spätestens; *a più t.!* bis später; *far t.* sich verspäten; *più t.* später
tàrga sf Schild n ◊ (aut) Nummernschild n
targàre vt mit einem Schild versehen
targhétta sf Schildchen n
tariffa sf Tarif m, Gebühr f ● *t. al minuto* Minutentarif m
tàrlo sm (zool) Holzwurm m ◊ (fig) Nagen m
tàrma sf (zool) Motte f
tarmicìda sm Mottenvertilgungsmittel n

taròcco sm Tarock n/m ◇ (gioco) Tarockspiel n
tarsìa sf Einlegearbeit f
tartagliàre vi stottern
tàrtaro sm (med) Zahnstein m
tartarùga sf (zool) Schildkröte f
tartìna sf belegtes Brot n
tartùfo sm (bot) Trüffel f
te pr.pers (compl oggetto) dich ◇ (compl di termine) dir
tè sm Tee m
tascàbile a Taschen-
tàssa sf (tariffa) Gebühr f ◇ (imposta) Steuer f
tassàmetro sm Fahrpreisanzeiger m
tassàre vt besteuern
tassìsta sm Taxifahrer m
tassèllo sm Einsatzstück n, Dübel m
tàsso (1) sm (fin) Satz m, Rate f ● **t. di inflazione** Inflationsrate f
tàsso (2) sm (zool) Dachs m
tàsso (3) sm (bot) Eibe f
tastièra sf Tastatur f ◇ (mus) Keyboard n
tàsto sm Taste f
tàttica sf Taktik f
tàtto sm (senso) Tastsinn m ◇ (fig) Fingerspitzengefühl n
tatuàggio sm Tätowierung f
tatuàre vt tätowieren
tavèrna sf Taverne f
tàvola sf Tisch m ◇ (asse) Brett n ◇ (arte) Bild n ◇ (tabella) Übersicht f ● **t. calda** Imbissstube, Imbiss-Stube f; **t. fredda** kaltes Büffet n
tavolàta sf Tafelrunde f, Tischgesellschaft f
tavolétta sf Täfelchen n
tavolìno sm Tischlein n

tàvolo sm Tisch m
tavolòzza sf Palette f
tàxi sm Taxi n
tàzza sf Tasse f
tazzìna sf Tässchen n, Kaffeetasse f
teatràle a theatralisch, Theater-, Bühnen-
teatrìno sm Kindertheater n
teàtro sm Theater n ◇ (fig) Schauplatz m
tèca sf Schrein m
tècnica sf Technik f
tècnico a technisch ● sm Techniker m
tecnologìa sf Technologie f ● **alta t.** Hochtechnologie f
tecnològico a technologisch
tedésco a deutsch ◇ (nazionalità) Deutsche m/f ◇ (ling) Deutsch n ● **come si dice in t.?** wie heißt das auf Deutsch?
tegàme sm Pfanne f
téglia sf Backform f
tégola sf Dachziegel m
teièra sf Teekanne f
téla sf (tessuto) Leinwand f, Tuch n ◇ (arte) Gemälde n
telàio sm Webstuhl m ◇ (aut) Fahrgestell n
telecàmera sf Fernsehkamera f
telecomàndo sm Fernsteuerung f, Fernbedienung f
telecomunicazióne sf Fernmeldetechnik f, Telekommunikation f

teleconferènza sf (tel) Telekonferenz f
teleconferènza sf (tel) Telekonferenz f
telecrònaca sf Fernsehbericht m, Fernsehreportage f
telecronìsta sf Fernsehreporter m
telefèrica sf Schwebebahn f
telefilm sm Fernsehfilm m
telefonàre vt anrufen ♦ vi anrufen, telefonieren (mit + dat)
telefonàta sf Anruf m, Telefongespräch n
telefonìa sf (tel) Telefonie f, Fernsprechwesen n • **t. cellulare** Mobiltelefonie f; **t. mobile** Mobiltelefonie f
telefònico a telefonisch, Telefon-
telefonìno sm (fam) Handy n
telèfono sm Telefon n, Fernsprecher m • **t. a schede** Kartentelefon n; **t. senza fili** drahtloses Telefon n; **t. cellulare** Mobiltelefon n, Handy n; **t. fisso** Festnetzanschluss m
telegiornàle sm Tagesschau f
telegràfico a telegrafisch, telegraphisch
telègrafo sm Telegraf, Telegraph m
telegràmma sm Telegramm n
teleguidàre vt fernsteuern
telemàtica sf Telematik f
telenovèla sf Seifenoper f
telepatìa sf Telepathie f
telepàtico a telepathisch
teleschérmo sm Fernsehschirm m, Bildschirm m
telescòpico a teleskopisch

telescòpio sm Fernrohr n, Teleskop n
teleselezióne sf Selbstwähldienst m
televìdeo sm Videotext m
televisióne sf Fernsehen n • **guardare la t.** fernsehen
televisìvo a Fernseh-
televisóre sm Fernseher m, Fernsehapparat m
télo sm Tuch n
telóne sm Plane f
tèma sm Thema n ◊ (componimento scolastico) Aufsatz m ◊ (ling) Stamm m
temére vt (be)fürchten
tèmpera sf (tecn) Härten n ◊ (arte) Tempera f
temperamatìte sm Bleistiftspitzer m
temperaménto sm Temperament n
temperànza sf Mäßigkeit f
temperàre vt (mitigare) mäßigen, mildern ◊ (metallo) härten ◊ (matita) spitzen
temperatùra sf Temperatur f
temperìno sm Taschenmesser n
tempèsta sf Sturm m
tempestàre vimp stürmen ♦ vt (fig) bestürmen
tempestività sf Rechtzeitigkeit f
tempestìvo a rechtzeitig
tèmpia sf (anat) Schläfe f
tèmpio sm Tempel m, Gotteshaus n
templàre sm Tempelritter m, Templer m
tèmpo sm Zeit f ◊ (atmosferico)

Wetter n ◇ (di spettacolo) Teil m ◇ (mus) Satz m ● *quanto tempo?* wie lange?; *t. fa* vor einiger Zeit

temporàle (1) a zeitlich ◇ (relig) weltlich

temporàle (2) sm Gewitter n

temporalésco a gewittrig, Gewitter-

temporàneo a zeitweilig, vorläufig

tenàce a zäh, fest

tenàcia sf Zähigkeit f

tenàglia sf (tecn) Zange f ◇ (zool) Scheren f

tènda sf Vorhang m ◇ (da campeggio) Zelt n

tendènza sf Neigung f, Tendenz f

tendenziàle a tendenziell

tendenzióso a tendenziös, parteiisch

tèndere vt (tirare) (an)spannen ◇ (porgere) reichen ◆ vi streben (nach + dat) ◇ (fig) neigen (zu + dat) ● *t. l'orecchio* die Ohren spitzen

tendìna sf Vorhang m, Gardine f

tèndine sm (anat) Sehne f

tendinìte sf (med) Sehnenentzündung f

tendóne sm Zeltdach n

tènebre sf pl Finsternis f, Dunkel n

tenènte sm Oberleutnant m

tenére vt (be)halten ◇ (contenere) enthalten ◇ (un discorso o sim) halten ◇ (occupare) einnehmen ◆ vi halten ◆ vpr sich halten

tenerézza sf (fig) Zärtlichkeit f

tènero a zart, weich ◇ (fig) zärtlich

tènia sf (zool) Bandwurm m

tènnis sm (sport) Tennis n ● *giocare a t.* Tennis spielen

tenóre sm (mus) Tenor m ◇ (comportamento) Haltung f ◇ (contenuto) Gehalt m ● *t. di vita* Lebensweise f, Lebensstandard m

tensióne sf Spannung f

tentàcolo sm (zool) Fühler m, Fangarm m (di polipo) ◇ (fig) Fänge pl

tentàre vt versuchen

tentatìvo sm Versuch m

tentazióne sf Versuchung f ● *indurre in t.* in Versuchung führen

tènue a dünn, fein ◇ (fig) schwach

teologìa sf Theologie f

teòlogo sm Theologe m

teorèma sm Theorem n, Lehrsatz m

teorìa sf Theorie f

teòrico a theoretisch

teorizzàre vt theoretisieren

tepóre sm milde Wärme f

teppìsmo sm Rowdytum n

terapèuta sm Therapeut m

terapèutico a therapeutisch, Heil-

terapìa sf Therapie f

tergicristàllo sm (aut) Scheibenwischer m

termàle a Thermal-

tèrme sf pl Thermalbad n

tèrmico a thermisch, Wärme-

terminàle *sm* (*inform*) Terminal *n*

terminàre *vt* beenden, beendigen, abschließen ♦ *vi* aufhören, enden

tèrmine *sm* (*fine*) Ende *n*, Schluss *m* ◇ (*limite*) Grenze *f* ◇ (*di tempo*) Frist *f*, Termin *m* ◇ (*gramm*) Terminus *m*, Begriff *m*

terminologìa *sf* Terminologie *f* ◇ (*linguaggio tecnico*) Fachsprache *f*

tèrmite *sf* (*zool*) Termite *f*

termodinàmica *sf* Thermodynamik *f*

termòforo *sm* Heizkissen *n*

termòmetro *sm* Thermometer *n*

termosifóne *sm* Heizkörper *m*

termostàto *sm* Thermostat *m*

tèrra *sf* (*pianeta*) Erde *f* ◇ (*suolo*) Erde *f*, Boden *m* ◇ (*tenuta*) Landbesitz *m*, Ländereien *pl*

terracòtta *sf* Tonerde *f*

terrafèrma *sf* Festland *n*

terràglia *sf* Steingut *n*

terrapièno *sm* Erddamm *m*, Erdwall *m*

terràzza *sf* Terrasse *f*

terrazzaménto *sm* Terrassierung *f*

terremòto *sm* Erdbeben *n*

terréno (1) *sm* (*suolo*) Boden *m*, Erde *f* ◇ (*agr*) Land *n*, Boden *m* ◇ (*sport*) Spielfeld *n* ◇ (*fig*) Gebiet *n*

terréno (2) *a* irdisch, weltlich ● *piano t.* Erdgeschoss *n*

terrèstre *a* (*della terra*) Erd- ◇ (*relig*) irdisch, weltlich

terrìbile *a* schrecklich, furchtbar

territoriàle *a* territorial, Landes-

territòrio *sm* Gebiet *n*

terróre *sm* Angst *f*, Schrecken *m*

terrorìsmo *sm* Terrorismus *m*

terrorìsta *sm* Terrorist *m*

terziàrio *sm* (*fin*) Dienstleistungsbereich *m* ♦ *a* tertiär

terzìno *sm* (*sport*) Verteidiger *m*

tèrzo *a* dritte

tèschio *sm* Schädel *m*

tèsi *sf* (*proposizione*) Lehrsatz *m* ◇ (*di laurea*) Diplomarbeit *f*, Doktorarbeit *f* (*di dottorato*)

tesòro *sm* Schatz *m*

tèssera *sf* Ausweis *m*

tèssere *vt* weben, flechten

tèssile *a* textil, Textil-

tessitóre *sm* Weber *m*

tessitura *sf* Weberei *f*

tessùto *sm* Gewebe *n*

test *sm* Test *m*, Probe *f* ● *t. antidoping* Antidoping-Test *m*

tèsta *sf* Kopf *m* ● *mal di t.* Kopfschmerzen *pl*

testacóda *sm* Drehung *f* um die eigene Achse

testaménto *sm* Testament *n*

testàrdo *a* störrisch, dickköpfig, bockig ♦ *sm* Starrkopf *m*, Dickkopf *m*

testàre *vt* testen, austesten

testàta *sf* (*colpo*) Kopfstoß *m* ◇ (*di giornale*) Zeitungskopf *m*

tèsticolo *sm* (*anat*) Hoden *m*

testimòne *sm* Zeuge *m*

testimoniànza *sf* (*dir*) Zeugen-

aussage f ◊ (prova) Beweis m, Zeugnis n
testimoniàre vi (be)zeugen
testìna sf Köpfchen n
tèsto sm (scritto) Text m ◊ (contenuto) Inhalt m ◊ (libro) Werk n ● **far t.** maßgebend sein; **libro di t.** Lehrbuch n, Schulbuch n
testùggine sf (zool) Schildkröte f
tètano sm (med) Tetanus m
tètro a finster, düster
tétto sm Dach n
tìbia sf (anat) Schienbein n
tièpido a lauwarm ◊ (fig) kühl
tifàre vi Fan sein, schwärmen (für + acc)
tìfo sm (sport) Sportbegeisterung f ◊ (med) Typhus m
tifóne sm (meteor) Taifun m
tifóso a (sport) begeistert ◆ sm (sport) Fan m, Anhänger m
tìglio sm (bot) Linde f
tignòla sf (zool) Motte f
tìgre sf (zool) Tiger m
timbàllo sm (cuc) Timbale f, Pastete f
timbràre vt abstempeln
tìmbro sm Stempel m ◊ (di suono) Klangfarbe f
tìmido a scheu, schüchtern
tìmo sm (bot) Thymian m
timóne sm (naut) Ruder n, Steuer n
timonière sm Steuermann m
timóre sm Furcht f ◊ (soggezione) Ehrfurcht f
tìmpano sm (mus) Pauke f ◊ (anat) Paukenhöhle f, Trommelfell n ◊ (membrana) ◊ (arch) Tympanum n ● **suonare il t.** pauken
tìngere vt färben ◆ vpr sich färben
tìno sm Bottich m
tinòzza sf Waschbottich m
tìnta sf Farbe f, Ton m
tintarèlla sf Sonnenbräune f
tinteggiàre vt anstreichen
tinteggiatùra sf Anstrich m
tìnto a gefärbt ◊ (pitturato) angestrichen
tintóre sm Färber m
tintorìa sf Färberei f ◊ (lavanderia) Reinigung f
tintùra sf (prodotto) Färbemittel n, Tinktur f
tìpico a typisch
tìpo sm Typ m ◊ (qualità) Art f, Sorte f
tipogràfico a typographisch, typografisch, Druck-
tipògrafo sm (Buch)drucker m
tipologìa sf Typologie f
tiràggio sm Luftzug m
tiranneggiàre vt tyrannisieren
tirannìa sf Tyrannei f, Gewaltherrschaft f
tirànno sm Tyrann m
tirànte sm Zugstange f
tiràre vt ziehen ◊ (lanciare) werfen ◊ (calciare) schießen ◆ vi ziehen
tiratóre sm Schütze m
tiratùra sf Auflage f
tìrchio a geizig, knickerig ◆ sm Geizhals m, Knauser m
tìro sm Ziehen n ◊ (sparo) Schuss m ◊ (lancio) Wurf m ◊ (scherzo) Streich m

tirocinante

tirocinànte *sm* Lehrling *m*, Praktikant *m*
tirocìnio *sm* Lehre *f*
tiròide *sf* (*anat*) Schilddrüse *f*
tisàna *sf* Tee *m*, Aufguss *m*
titolàre (1) *vt* betiteln
titolàre (2) *sm* Inhaber *m* ◇ (*sport*) Stammspieler *m*
tìtolo *sm* Titel *m* ◇ (*fin*) Wertpapier *n*
tìzio *sm* (*fam*) Typ *m*, Kerl *m*
toccàre *vt* berühren ◇ (*giungere*) erreichen ◇ (*commuovere*) rühren, ergreifen ♦ *vi* (*essere obbligato*) zustehen (+ *dat*) ◇ (*essere il turno*)·an der Reihe sein
toccasàna *sm* Allheilmittel *n*
tócco *sm* Berührung *f* ◇ (*pennellata*) Pinselstrich *m* ◇ (*di campane*) Glockenschlag *m*
tòga *sf* Robe *f*
tògliere *vt* abnehmen, wegnehmen ◇ (*dente*) ziehen ◇ (*fig*) aufheben ♦ *vpr* fortgehen
tollerànte *a* duldsam, tolerant
tolleranza *sf* Toleranz *f*
tolleràre *vt* (*sopportare*) ertragen ◇ (*ammettere*) dulden ◇ (*poter subire*) vertragen
tómba *sf* Grab *n*
tombàle *a* Grab(es)-
tombìno *sm* Gully *m/n*
tómbola *sf* Tombola *f*
tòmo *sm* Band *m*
tònaca *sf* Kutte *f*
tonalità *sf* (*mus*) Tonalität *f* ◇ (*di colore*) Ton *m*
tondeggiànte *a* rundlich
tóndo *a* rund

tónfo *sm* dumpfer Schlag *m*
tònico *a* (*ling*) betont
tonificànte *a* stärkend, anregend ♦ *sm* Tonikum *n*
tonificàre *vt* kräftigen, beleben
tonnellàta *sf* Tonne *f*
tónno *sm* (*zool*) T(h)unfisch *m*
tòno *sm* Ton *m*
tonsìlla *sf* (*anat*) Mandel *f*
tónto *a* blöd(e), dumm
topàzio *sm* (*min*) Topas *m*
topicìda *sm* Rattengift *n*
tòpo *sm* Maus *f*
topografìa *sf* Topografie, Topographie *f*
topògrafo *sm* Topograph *m*
topònimo *sm* Ortsname *m*
tòppa *sf* (*serratura*) Schlüsselloch *n*, Schloss *n* ◇ (*abb*) Flicken *m*
toràce *sm* (*anat*) Thorax *m*, Brust *f*
toràcico *a* Brust-
tórba *sf* Torf *m*
tórbido *a* trüb(e) ◇ (*fig*) finster
tòrcere *vt* verdrehen ♦ *vpr* sich krümmen
torchiàre *vt* pressen, keltern (*l'uva*) ◇ (*fig*) auspressen
tòrchio *sm* Presse *f* ◇ (*per l'uva*) Kelter *f*
tòrcia *sf* Fackel *f* ◇ (*elettrica*) Taschenlampe *f*
torcicòllo *sm* steifer Hals *m*
tórdo *sm* Drossel *f*
toréro *sm* Stierkämpfer *m*
torménta *sf* Schneesturm *m*
tormentàre *vt* quälen, belästigen, plagen ♦ *vpr* sich plagen, sich quälen

torménto *sm* Qual *f* ◊ (*fig*) Belästigung *f*
tornacónto *sm* Vorteil *m*
tornàdo *sm* (*meteor*) Wirbelsturm *m*
tornànte *sm* Kehre *f*
tornàre *vi* zurückkehren, wiederkommen ◊ (*ridiventare*) wieder werden ◊ (*essere esatto*) stimmen
tornèo *sm* Turnier *n*
tórnio *sm* Drehbank *f*
tornìre *vt* drechseln
tornitóre *sm* Drechsler *m*
tòro *sm* (*astr*, *zool*) Stier *m*
torpóre *sm* Trägheit *f*
tórre *sf* Turm *m* ● **t. di controllo** Kontrollturm *m*
torrefàre *vt* rösten
torrefazióne *sf* (*operazione*) Rösten *n* ◊ (*locale*) Rösterei *f*
torrènte *sm* Bach *m*
torrenziàle *a* strömend ● **pioggia t.** Platzregen *m*
tòrrido *a* heiß
torrióne *sm* Wachtturm *m*, Hauptturm *m*
torsióne *sf* Drehung *f*
tórsolo *sm* Kerngehäuse *n*
tórta *sf* Torte *f*, Kuchen *m*
tortièra *sf* Kuchenform *f*
tortìno *sm* (*di verdure*) Gemüsekuchen *m*
tòrto *sm* Unrecht *n* ● **avere t.** Unrecht haben
tórtora *sf* (*zool*) Turteltaube *f*
tortuóso *a* gewunden
tortùra *sf* Folter *f*
torturàre *vt* foltern ◊ (*fig*) quälen

tosàre *vt* scheren
tosatóre *sm* Scherer *m*
tosatùra *sf* Schur *f* ◊ (*operazione*) Scheren *n*
tósse *sf* Husten *m*
tòssico *a* giftig
tossicodipendènte *sm/f* Drogenabhängige *m/f*, Rauschgiftsüchtige *m/f*
tossìna *sf* (*med*) Toxin *n*
tossìre *vi* husten
tostapàne *sm* Toaster *m*, Brotröster *m*
tostàre *vt* rösten ◊ (*pane*) toasten
totàle *a* gesamt, vollständig ● *sm* Gesamtsumme *f*
totalità *sf* Gesamtheit *f*
totalitàrio *a* (*governo*) totalitär
totocàlcio *sm* Fußballtoto *m*
tour operator *sm* Reiseveranstalter *m*
tovàglia *sf* Tischtuch *n*, Tischdecke *f*
tovagliòlo *sm* Serviette *f*
tra *prep* (*in mezzo a due*) zwischen (*stato + dat*; *moto + acc*) ◊ (*in mezzo a più cose/persone*) unter (*stato + dat*; *moto + acc*) ◊ (*attraverso luogo*) nach (+ *dat*) ◊ (*partitivo*) von (+ *dat*), unter (+ *dat*) ◊ (*tempo*) in (+ *dat*) ● **t. l'altro** unter anderem; **t. breve** in Kürze; **t. sé** bei sich
traboccàre *vi* überlaufen
trabocchétto *sm* Falltür *f* ◊ (*fig*) Falle *f*
tràccia *sf* Spur *f*
tracciàre *vt* ziehen ◊ (*disegnare*) zeichnen

tracciàto *sm* Zeichnung *f* ◊ (*progetto*) Entwurf *m* ◊ (*stradale*) Trasse *f*
trachèa *sf* (*anat*) Luftröhre *f*
tracheìte *sf* Luftröhrenentzündung *f*
tracòlla *sf* Tragegurt *m* • a t. umgehängt
tracòllo *sm* Sturz *m* ◊ (*rovina*) Zusammenbruch *m*
tradiménto *sm* Verrat *m*, Untreue *f* (*infedeltà*)
tradìre *vt* verraten ◊ (*il coniuge*) betrügen
traditóre *sm* Verräter *m*
tradizionàle *a* traditionell
tradizióne *sf* Tradition *f*, Überlieferung *f*
tradótto *a* übersetzt
tradùrre *vt* übersetzen
traduttóre *sm* Übersetzer *m*
traduzióne *sf* Übersetzung *f*
trafficànte *sm* Händler *m* ◊ (*spreg*) Schieber *m*
trafficàre *vi* handeln
tràffico *sm* (*comm*) Handel *m* ◊ (*stradale*) Verkehr *m* • **t. telefònico** Telefonverkehr *m*; **t. stradale** Straßenverkehr *m*; **t. aèreo** Flugverkehr *m*
trafìggere *vt* durchbohren
trafilétto *sm* Kurzartikel *m*
traforàre *vt* durchbohren
trafóro *sm* (*galleria*) Tunnel *m*
trafugàre *vt* entwenden
tragèdia *sf* Tragödie *f* ◊ (*fig*) Unglück *n*
traghettàre *vt* überführen
traghétto *sm* Fähre *f*
tràgico *a* tragisch

tragicòmico *a* tragikomisch
tragìtto *sm* Strecke *f*, Weg *m*
traguàrdo *sm* Ziel *n*
traiettòria *sf* Bahn *f*
trainàre *vt* schleppen
tràino *sm* Abschleppen *n* • **cavo di t.** Schleppseil *n*
tralasciàre *vt* auslassen, unterlassen
tralìccio *sm* Gittermast *m*
tram *sm* Straßenbahn *f*
tràma *sf* (*tessuto*) Schussfaden *m* ◊ (*argomento*) Handlung *f*
tramandàre *vt* überliefern
tramàre *vt* anzetteln
trambùsto *sm* Getümmel *n*, Rummel *m* (*pop*)
tramezzìno *sm* Sandwich *n*
tramèzzo *sm* Zwischenwand *f*
tràmite *sm* Vermittlung *f* • *prep* durch (+ *acc*)
tramontàna *sf* Nordwind *m*
tramontàre *vi* untergehen
tramónto *sm* (*Sonnen*)untergang *m*
tramortìre *vt* betäuben
trampolière *sm* (*zool*) Stelzvogel *m*
trampolìno *sm* Sprungbrett *n*
tramutàre *vt* verwandeln • *vpr* sich verwandeln
trancìare *vt* schneiden
tràncio *sm* Stück *n*
tranèllo *sm* Falle *f*
trànne *prep* außer (+ *dat*)
tranquillànte *a* beruhigend • *sm* Beruhigungsmittel *n*
tranquillità *sf* Ruhe *f*, Stille *f*
tranquillizzàre *vt* beruhigen • *vpr* sich beruhigen

tranquìllo *a* ruhig, still
transatlàntico *sm* Überseedampfer *m*
transènna *sf* Schranke *f*, Sperre *f*
transessuàle *sm/f* Transsexuelle *m/f*
transètto *sm* (*arch*) Querschiff *n*
transgènico *a* Transgen-, transgen, gentechnisch verändert
transistor *sm* Transistor *m*
transitàbile *a* (*a piedi*) begehbar ◊ (*con un mezzo*) befahrbar
transitàre *vi* (*a piedi*) gehen ◊ (*con un mezzo*) fahren
transitivo *a* (*gramm*) transitiv
trànsito *sm* Transit *m* ◊ (*a piedi*) Durchgang *m* ◊ (*di veicolo*) Durchfahrt *f* ◆ **divieto di t.** keine Durchfahrt; **in t.** auf der Durchfahrt
transitòrio *a* vorübergehend
transizióne *sf* Übergang *m*
tranvière *sm* Straßenbahner *m*
trapanàre *vt* durchbohren ◊ (*med*) bohren
tràpano *sm* Bohrer *m*
trapassàre *vt* durchbohren
trapassàto *sm* Verstorbene *m* ◊ (*gramm*) Plusquamperfekt *n*
trapàsso *sm* Übergang *m* ◊ (*morte*) Ableben *n*
trapelàre *vi* durchsickern
trapèzio *sm* (*geom*) Trapez *n*
trapiantàre *vt* (*bot*) verpflanzen ◊ (*med*) transplantieren
trapiànto *sm* (*bot*) Verpflanzung *f* ◊ (*med*) Transplantation *f*
tràppola *sf* Falle *f*
trapùnta *sf* Steppdecke *f*

tràrre *vt* ziehen
trasalìre *vi* auffahren, zusammenfahren
trasandàto *a* nachlässig, ungepflegt
trasbordàre *vi* umsteigen ◆ *vt* (*cose*) umladen ◊ (*persone*) umschiffen
trasbórdo *sm* (*di merci*) Umladung *f* ◊ (*di persone*) Umschiffung *f*
trascendènte *a* transzendent
trascendènza *sf* Transzendenz *f*
trascinàre *vt* schleppen ◆ *vpr* sich (hin)schleppen
trascórrere *vt* verbringen ◆ *vi* vergehen
trascrìvere *vt* umschreiben ◊ (*copiare*) abschreiben
trascrizióne *sf* Umschreibung *f*, Abschrift *f*
trascuràbile *a* unbeträchtlich, unbedeutend
trascuràre *vt* (*non curare*) vernachlässigen ◊ (*tralasciare*) unterlassen
trascuràto *a* nachlässig
trasferìbile *a* versetzbar ◊ (*fin*) übertragbar
trasferiménto *sm* Versetzung *f* ◊ (*trasloco*) Umzug *m* ◊ (*fin*) Übertragung *f* ◆ **t. di chiamata** (*tel*) Rufumleitung *f*, Anrufweiterschaltung *f*
trasferìre *vt* versetzen ◆ *vpr* (um)ziehen, übersiedeln
trasfèrta *sf* Dienstreise *f* ◊ (*sport*) Auswärtsspiel *n*

trasformàre vt verwandeln ◆ vpr sich verwandeln

trasformatóre sm Umformer m, Transformator m

trasformazióne sf Verwandlung f, Veränderung f ◇ (lavorazione) Verarbeitung f

trasfusióne sf (med) Blutübertragung f, Transfusion f

trasgredìre vt/i übertreten, zuwiderhandeln

trasgressióne sf Übertretung f

trasgressóre sm Rechtsbrecher m

traslocàre vt versetzen, verlegen ◆ vi umziehen

traslòco sm Umzug m

trasméttere vt übertragen ◇ (notizie) übermitteln ◇ (tel) senden, übertragen

trasmissióne sf Übertragung f, Sendung f ● **t. dati** Datenübertragung f

trasparènte a durchsichtig, transparent

trasparènza sf Durchsichtigkeit f, Transparenz f

traspàrire vi durchscheinen

traspiràre vi schwitzen

traspirazióne sf Schwitzen n

trasportàbile a tragbar

trasportàre vt befördern, transportieren

trasportatóre sm Transporteur m, Beförderer m

traspòrto sm Beförderung f, Transport m ● **mezzi di t.** Transportmittel pl; **t. passeggeri** Personenbeförderung f

trasversàle a quer, Quer-

trasvolàre vt überfliegen

tràtta sf (comm) Tratte f ◇ (di persone) Menschenhandel m

trattaménto sm Behandlung f ◇ (servizio) Bedienung f ● **t. di fine rapporto** Abfindung f

trattàre vt behandeln ◇ (clientela) bedienen, bewirten ◆ vi handeln (von + dat) ◆ vpr sich handeln (um + acc)

trattatìva sf Verhandlung f

trattàto sm Vertrag m, Abkommen n ◇ (libro) Abhandlung f, Traktat n

trattazióne sf (di un argomento) Behandlung f ◇ (scritto) Abhandlung f

trattenére vt (persone) zurückhalten ◇ (cose) zurückbehalten ◇ (sentimenti e sim) unterdrücken ◆ vpr (astenersi) sich beherrschen, sich enthalten ◇ (soffermarsi) sich aufhalten, bleiben

trattenùta sf Abzug m

trattìno sm Gedankenstrich m

tràtto sm (linea) Strich m ◇ (parte) Stück n, Teil m ● **tutto a un t.** auf einmal, plötzlich

trattóre sm (agr) Traktor m, Schlepper m

trattorìa sf Gaststätte f

tràuma sm (med) Trauma n, Verletzung f

traumatizzàre vt ein Trauma verursachen, traumatisieren

traumatologìa sf Traumatologie f

traumatòlogo sm Traumatologe m

travàglio sm (pena) Qual f ◇ (prima del parto) Geburtswehen pl
travasàre vt umfüllen
travàso sm Umfüllen n ◇ (med) Erguss m
tràve sf Balken m, Träger m
travèrsa sf (tecn) Querträger m ◇ (sport) Querlatte f ◇ (strada) Querstraße f
traversàre vt (strada) überqueren ◇ (luogo) durchqueren
traversàta sf Überfahrt f ◇ (attraversamento) Überquerung f
traversìna sf (ferr) Eisenbahnschwelle f
travèrso a quer ◆ di t. quer; andare di t. (fam) in die falsche Kehle geraten
travertìno sm Travertin m
travestiménto sm Verkleidung f
travestìre vt verkleiden ◆ vpr sich verkleiden
travestìto sm Transvestit m
traviàre vt verführen
travisaménto sm Entstellung f, Fälschung f
travisàre vt entstellen, verdrehen
travolgènte a mitreißend
travòlgere vt wegreißen, umstürzen ◇ (con l'auto) überfahren ◇ (fig) mitreißen
trazióne sf Zug m ◇ (mecc) Antrieb m ◆ **t. integrale** (aut) Allradantrieb m
tre a drei
trebbiàre vt dreschen
tréccia sf Zopf m

trecènto a dreihundert
tredicèsima sf dreizehntes Monatsgehalt n
trédici a dreizehn
trégua sf (mil) Waffenstillstand m ◇ (fig) Ruhe f
tremàre vi zittern, beben
tremèndo a schrecklich, furchtbar
trèmito sm Zittern n
tremolàre vi zittern, beben
tremóre sm Beben n, Zittern n
trèno sm Zug m ◆ **t. ad alta velocità** Hochgeschwindigkeitszug m; **t. espresso** Eilzug m; **t. locale** Personenzug m; **t. a lunga percorrenza** Fern(verkehrs)zug m; **t. merci** Güterzug m; **t. rapido** Schnellzug m; **t. straordinario** Sonderzug m
trénta a dreißig
triangolàre a dreieckig
triangolazióne sf Triangulation f
triàngolo sm (geom) Dreieck n ◇ (aut) Warndreieck n ◇ (mus) Triangel m
tribàle a Stamm(es)-
tribù sf (Volks)stamm m
tribùna sf Tribüne f
tribunàle sm Gericht n
trichèco sm (zool) Walross n
tricìclo sm Dreirad n
tricolóre a dreifarbig ◆ sm (bandiera) Trikolore f
tridènte sm Dreizack m
tridimensionàle a dreidimensional
trifòglio sm (bot) Klee m

trifora sf (arch) dreibogiges Fenster n
triglia sf (zool) Seebarbe f
trimestrale a (che dura tre mesi) vierteljährig ◇ (ogni tre mesi) vierteljährlich
trimotore sm Dreimotorenflugzeug n
trina sf Spitze f
trincea sf Schützengraben m
trinità sf (relig) Dreifaltigkeit f
trio sm Trio n, Terzett n
trionfale a Triumph-, triumphal
trionfare vi triumphieren ◇ (esultare) jubeln
trionfo sm Triumph m
triplo a/avv dreifach
trippa sf (cuc) Kaldaunen pl, Kutteln pl
triste a traurig
tristezza sf Traurigkeit f
tritacarne sm Fleischwolf m
tritaghiaccio sm Eiszerkleinerer m
tritare vt zerkleinern, hacken
tritatutto sm Allesschneider m
trittico sm (arte) Triptychon m
trivella sf Bohrer m
trivellare vt bohren
trivellazione sf Bohrung f
trofeo sm Trophäe f
troglodita sm Höhlenmensch m
tromba sf (mus) Trompete f ● *suonare la t.* trompeten; *t. delle scale* Treppenhaus n
trombettista sm Trompeter m
trombone sm Posaune f ● *suonare il t.* posaunen
trombosi sf (med) Thrombose f

troncare vt abschneiden ◇ (interrompere) abbrechen
tronchese sm/f Schneidezange f
tronco sm (bot) Baumstamm m ◇ (anat) Rumpf m
trono sm Thron m
tropicale a tropisch, Tropen-
tropico sm (astr) Wendekreis m ◇ (geogr) Tropen pl
troppo a zu viel ♦ pr (pl) zu viele ♦ avv zu viel, zu sehr ◇ (con aggettivi) zu ● *essere di t.* überflüssig sein
trota sf (zool) Forelle f
trottare vi traben
trottatore sm Traber m
trotto sm Trab m
trottola sf Kreisel m
trovare vt finden, wiederfinden ♦ vpr (essere) sich befinden, sein ◇ (essere situato) liegen ◇ (incontrarsi) sich treffen
truccare vt schminken ◇ (fig) verfälschen ◇ (motore) frisieren ♦ vpr sich schminken
truccatore sm Schminkmeister m, Maskenbildner m
trucco sm Schminke f, Make-up n ◇ (fig) Trick m
truffa sf Betrug m, Schwindel m
truffare vt betrügen
truffatore sm Betrüger m
truppa sf Truppe f
tu pr.pers du ♦ *dare del tu a qn* jemanden duzen
tubatura sf Rohrleitungen pl
tubercolosi sf (med) Tuberkulose f
tubero sm (bot) Knolle f
tubetto sm Tube f

tùbo sm Rohr n ◊ (flessibile) Schlauch m ● **t. di scappamento** Auspuffrohr n

tuffàre vt (ein)tauchen ◆ vpr springen ◊ (fig) sich vertiefen

tuffatóre sm Kunstspringer m

tùffo sm Sprung m ◊ (pl) (sport) Kunstspringen n

tùfo sm (min) Tuff m

tulipàno sm (bot) Tulpe f

tumefazióne sf (med) (An)schwellung f

tumóre sm (med) Geschwulst f, Tumor m

tùmulo sm Erdhügel m

tumùlto sm Aufruhr m, Tumult m ◊ (insurrezione) Aufstand m

tumultuóso a stürmisch, aufgewühlt

tùndra sf (geogr) Tundra f

tùnica sf Tunika f

tùnnel sm Tunnel m

tùo a.poss dein ◆ pr.poss deiner (f deine, n deines; pl deine)

tuonàre vi donnern

tuòno sm Donner m

tuòrlo sm Eigelb m

turàcciolo sm Kork(en) m

turàre vt zustopfen, abdichten

turbaménto sm Beunruhigung f

turbànte sm Turban m

turbàre vt stören, bewegen ◆ vpr sich beunruhigen

turbàto a betroffen ◊ (inquieto) unruhig

turbìna sf Turbine f

tùrbine sm Wirbel m

tùrbo sm (aut) Turbo m, Turbomotor m

turbolènto a stürmisch

turbolènza sf (meteor) Turbulenz f ◊ (fig) Unruhe f

turchése sf (min) Türkis m ◆ a (colore) türkis(farben)

tùrco a türkisch ◆ sm Türke m

turìsta sm Tourist m

turìstico a touristisch, Touristen-

tùrno sm Reihenfolge f ◊ (di lavoro) Schicht f ● **aspettare il proprio t.** warten, bis man an der Reihe ist; **essere di t.** Dienst haben; **fare di t.** sich abwechseln; **medico di t.** Bereitschaftsarzt m; **t. di notte** Nachtschicht f, Nachtdienst m

tùrpe a schamlos

tùta sf Trainingsanzug m ◊ (da lavoro) Overall m

tutèla sf (difesa) Schutz m ◊ (dir) Vormundschaft f

tutelàre vt schützen, wahren ◆ vpr sich schützen

tutóre sm Tutor m ◊ (dir) Vormund m

tuttavìa cong dennoch, trotzdem

tùtto a ganz, all ◆ pr alles ◊ (pl) alle ◆ avv ganz, durchaus ● **tutt'al più** höchstens, schlimmstenfalls

tuttóra avv noch, immer noch

U

ubbidiènte *a* gehorsam, folgsam
ubbidiènza *sf* Gehorsam *m*, Folgsamkeit *f*
ubbidìre *vi* (*a una persona*) gehorchen (+ *dat*) ◇ (*a un ordine*) befolgen (+ *acc*)
ubicazióne *sf* Lage *f*, Standort *m*
ubriacàrsi *vpr* sich betrinken
ubrìaco *a* betrunken ♦ *sm* Betrunkene *m/f*
ubriacóne *sm* Trunkenbold *m*
uccèllo *sm* Vogel *m*
uccìdere *vt* töten, umbringen
uccisióne *sf* Tötung *f* ◇ (*omicidio*) Mord *m*
uccisóre *sm* Mörder *m*
udìbile *a* hörbar
udiènza *sf* Audienz *f* ◇ (*dir*) Gerichtsverhandlung *f*
udìre *vt* hören
uditivo *a* Gehör-, Hör-
udìto *sm* Gehör *n*
uditóre *sm* (Zu)hörer *m*
ufficiàle *a* offiziell, amtlich ♦ *sm* Beamte *m* ◇ (*mil*) Offizier *m*
ufficio *sm* Büro *n*, Amt *n* ● *u. postale* Postamt *n*; *u. del turismo* Fremdenverkehrsamt *n*
ufficióso *a* halbamtlich
ugèllo *sm* Düse *f*
uggióso *a* langweilig
ùgola *sf* (*anat*) Zäpfchen *n*
uguaglianza *sf* Gleichheit *f* ◇ (*di diritti*) Gleichberechtigung *f*
uguagliàre *vt* (*rendere uguale*) gleichmachen ◇ (*essere pari*) gleichkommen (+ *dat*)
uguàle *a* gleich ♦ *avv* gleich, egal
ugualménte *avv* in gleicher Weise, gleich
ùlcera *sf* (*med*) Geschwür *n*
ulìvo → *olivo*
ùlna *sf* (*anat*) Elle *f*
ulterióre *a* weiter
ultimaménte *avv* letztlich ◇ (*di recente*) vor kurzem, neulich
ultimàre *vt* beenden, beendigen
ultimàtum *sm* Ultimatum *n*
ùltimo *a* letzt
ultrasuòno *sm* Ultraschall *m*
ultraterréno *a* überirdisch
ultraviolétto *a* ultraviolett
ululàre *vi* heulen
ululàto *sm* Geheul *n*
umanìsta *a* humanistisch ♦ *sm* Humanist *m*
umanità *sf* Menschlichkeit *f* ◇ (*genere umano*) Menschheit *f*
umanitàrio *a* menschenfreundlich, humanitär
umanizzàre *vt* humanisieren
umàno *a* menschlich
umidificàre *vt* befeuchten
umidificatóre *sm* Befeuchter *m*
umidità *sf* Feuchtigkeit *f*
ùmido *a* feucht
ùmile *a* bescheiden
umiliàre *vt* demütigen, entwürdigen ♦ *vpr* sich erniedrigen
umiliazióne *sf* Demütigung *f*, Beschämung *f*

umiltà sf Demut f, Bescheidenheit f
umore sm (biol) Körperflüssigkeit f ◇ (disposizione d'animo) Laune f, Stimmung f ● *di buon/cattivo u.* gut/schlecht gelaunt
umorismo sm Humor m
umorista sm Humorist m
umoristico a humoristisch, witzig
un art ein m (f eine, n ein)
unanime a einstimmig
unanimità sf Einstimmigkeit f
uncinato a hakenförmig
uncinetto sm Häkelnadel f
uncino sm Haken m
undici a elf
ungere vt (tecn) schmieren, ölen ◇ (sporcare di unto) fettig machen ♦ vpr sich einfetten
ungherese a ungarisch ♦ sm Ungar m
unghia sf (anat) Nagel m ◇ (zool) Kralle f
unghiata sf Kratzer m
unguento sm Salbe f
unicamente avv ausschließlich
unico a (il solo esistente) einzig ◇ (ineguagliabile) einmalig
unifamiliare a Einfamilien-
unificare vt vereinigen
unificazione sf Vereinigung f
uniformare vt gleichmachen ♦ vpr sich richten (nach + dat)
uniforme a gleichförmig ♦ sf Uniform f
unione sf (connessione) Verbindung f ◇ (accordo) Verein m, Bund m ● *Unione Europea* Europäische Union

unire vt vereinigen, verbinden ♦ vpr sich verbinden, sich vereinigen ◇ (associarsi) sich verbünden
unità sf Einheit f ● *u. di misura* Maßeinheit f
unitario a einheitlich, Einheits-
unito a verbunden, vereint, vereinigt
universale a allgemein, universal, Welt-
universalità sf Gesamtheit f
università sf Universität f
universitario a Universitäts- ♦ sm Student m
universo sm (astr) Weltall n, Universum n
univoco a eindeutig
uno a eins ♦ art ein m (f eine, n ein)
unto a fettig ♦ sm Fett n
untuoso a fettig, schmierig
unzione sf (relig) Salbung f
uomo sm Mensch m ◇ (di sesso maschile) Mann m
uovo sm Ei n ● *u. alla coque* weiches Ei; *u. al tegamino* Spiegelei n; *u. di Pasqua* Osterei n; *u. sodo* hartes Ei; *u. strapazzato* Rührei n
uragano sm (meteor) Hurrikan m
uranio sm (accordo) Uran n
urbanista sm Städteplaner m
urbanistica sf Städteplanung f, Urbanistik f
urbanizzazione sf Verstädterung f
urbano a städtisch, Stadt-
urea sf (chim) Harnstoff m
uretra sf (anat) Harnröhre f

urgènte *a* dringend
urgènza *sf* Dringlichkeit *f*, Eile *f*
urìna *sf* Harn *m*, Urin *m* ◆ *analisi delle urine* Urinuntersuchung *f*
urinàre *vi* urinieren, harnen
urlàre *vi* schreien
ùrlo *sm* Schrei *m*
ùrna *sf* Urne *f*
uròlogo *sm* Urologe *m*
urtàre *vt* stoßen, anfahren (*con un veicolo*) ◆ *vpr* aufeinander stoßen, zusammenstoßen
ùrto *sm* (*spinta*) Stoß *m* ◇ (*scontro*) Zusammenstoß *m*, Aufprall *m*
usànza *sf* Sitte *f*, Brauch *m*
usàre *vt* gebrauchen, benutzen ◆ *vimp* üblich sein, Brauch sein
usàto *a* benutzt ◇ (*comm*) gebraucht, aus zweiter Hand ◆ *sm* Gebrauchte *n* ◆ *mercato dell'u.* Gebrauchtwagenmarkt *m*
uscière *sm* Amtsdiener *m*
ùscio *sm* Tür *f*
uscìre *vi* hinausgehen, hinausfahren (*con un veicolo*) ◇ (*andare fuori*) ausgehen ◇ (*essere pubblicato*) erscheinen ◇ (*essere sorteggiato*) gezogen werden
uscìta *sf* (*azione*) Hinausgehen *n* ◇ (*apertura*) Ausgang *m* ◇ (*di veicoli*) Ausfahrt *f* ◇ (*pubblicazione*) Erscheinen *n* ◇ *pl* (*fin*) Ausgabe *f* ◆ *strada senza u.* Sackgasse *f*; *u. di sicurezza* Notausgang *m*
usignòlo *sm* (*zool*) Nachtigall *f*
ùso *sm* Gebrauch *m*, Benutzung *f* ◇ (*consuetudine*) Sitte *f*, Brauch *m* ◆ *per u. esterno* (*med*) zur äußeren Anwendung; *usi e costumi* Sitten *pl* und Gebräuche *pl*
ustionàre *vt* verbrennen ◆ *vpr* sich verbrennen
ustióne *sf* Brandwunde *f*, Verbrennung *f*
usuàle *a* üblich, gewohnt
usufruìre *vi* benutzen
usufrùtto *sm* Nutznießung *f*
usùra (1) *sf* (*fin*) Wucher *m*
usùra (2) *sf* (*tecn*) Abnutzung *f*, Verschleiß *m*
usuràio *sm* Wucherer *m*
usurpàre *vt* an sich reißen
usurpatóre *sm* Usurpator *m*
usurpazióne *sf* Usurpation *f*
utensìle *sm* Werkzeug *n*
utènte *sm* Benutzer *m* ◇ (*cliente*) Kunde *m*
utènza *sf* (*fruizione*) Benutzung *f* ◇ (*insieme degli utenti*) Benutzerkreis *m*
ùtero *sm* (*anat*) Gebärmutter *f*
ùtile *a* nützlich ◆ *sm* (*ciò che serve*) Nützliche *n* ◇ (*vantaggio*) Vorteil *m* ◇ (*fin*) Ertrag *m* ◆ *tornare u.* zugute kommen
utilità *sf* Nützlichkeit *f*
utilitària *sf* Kleinwagen *m*
utilizzàbile *a* brauchbar
utilizzàre *vt* benutzen, verwenden, gebrauchen
utilìzzo *sm* Verwendung *f*
utopìa *sf* Utopie *f*
utòpico *a* utopisch
ùva *sf* Trauben *pl* ◆ *u. passa* Rosinen *pl*
uvétta *sf* Rosine *f*
uxoricìda *sm* Gattenmörder *m*

V

vacànte *a* unbesetzt, frei
vacànza *sf* Urlaub *m*, Ferien *pl* ● *un giorno di v.* ein Tag Urlaub, ein schulfreier Tag *m* (*a scuola*)
vàcca *sf* (*zool*) Kuh *f*
vaccinàre *vt* impfen
vaccinazióne *sf* Schutzimpfung *f*
vaccino *sm* Impfstoff *m*
vagabondàre *vi* vagabundieren, herumstreifen, wandern
vagabóndo *sm* Vagabund *m*, Landstreicher *m*
vagàre *vi* umherziehen
vagheggiàre *vt* herbeiwünschen, erträumen
vagìna *sf* Scheide *f*
vaginìte *sf* Scheidenentzündung *f*
vagìto *sm* Wimmern *n*
vàglia *sm* Anweisung *f* ● *v. internazionale* Auslandsüberweisung *f*; *v. postale* Postanweisung *f*; *v. telegrafico* telegrafische (telegraphische) Anweisung *f*
vagliàre *vt* (*fig*) abwägen
vàgo *a* unbestimmt, schwach
vagóne *sm* Wagen *m* ● *v. letto/ristorante* Schlaf-/Speisewagen *m*
valànga *sf* Lawine *f*
valére *vi* (*essere valido*) gelten, gültig sein ◊ (*avere valore*) wert sein ◊ (*essere uguale*) gleich sein ● *farsi valere* sich Geltung verschaffen; *v. la pena* der Mühe wert sein
valeriàna *sf* (*bot*) Baldrian *m*
valévole *a* gültig
valicàre *vt* übergehen, übersteigen
vàlico *sm* Übergang *m*, Pass *m*
validità *sf* Gültigkeit *f*
vàlido *a* (*valevole*) gültig ◊ (*efficace*) wirksam ◊ (*persona*) tüchtig
valìgia *sf* Koffer *m* ● *fare le valigie* die Koffer packen
vallàta *sf* Talebene *f*
vàlle *sf* Tal *n*
valligiàno *sm* Talbewohner *m*
valóre *sm* Wert *m* ◊ (*validità*) Gültigkeit *f* (*capacità*) Fähigkeit *f* ◊ (*pl*) Wertsachen *pl*
valorizzàre *vt* verwerten
valorizzazióne *sf* Verwertung *f*
valoróso *a* tapfer, mutig
valùta *sf* Währung *f*, Valuta *f* ◊ (*straniera*) Devisen *pl*, Sorten *pl*
valutàre *vt* (*comm*) schätzen ◊ (*fig*) abwägen
valutazióne *sf* (*comm*) Schätzung *f* ◊ (*fig*) Bewertung *f*
vàlvola *sf* (*tecn*) Ventil *n* ◊ (*el*) Sicherung *f* ◊ (*anat*) Klappe *f*
vampàta *sf* (*di calore*) Hitzewelle *f* ◊ (*di fiamma*) Stichflamme *f*
vampìro *sm* Vampir *m*
vandalìsmo *sm* Vandalismus *m*
vàndalo *sm* Vandale *m*

vaneggiàre vi phantasieren, fantasieren
vanèsio a eitel, aufgeblasen
vànga sf Spaten m
vangàre vt umgraben
vangèlo sm Evangelium n
vaniglia sf Vanille f
vanità sf (di persona) Eitelkeit f ◊ (inutilità) Nutzlosigkeit f
vanitóso a eitel
vàno a (frivolo) leer, hohl ◊ (inutile) erfolglos, unnütz ◆ sm (apertura) Öffnung f ◊ (stanza) Raum m
vantàggio sm Vorteil m ◊ (sport) Vorsprung m ● *a mio v.* zu meinem Vorteil
vantaggióso a vorteilhaft
vantàre vt rühmen, loben ◆ vpr sich loben (für + acc), sich rühmen (+ gen) ◊ (darsi arie) angeben, prahlen
vànto sm Prahlen n ◊ (orgoglio) Stolz m
vànvera sf *a v.* aufs Geratewohl, unüberlegt
vapóre sm Dampf m ● *cuocere al v.* dünsten; *v. acqueo* Wasserdampf m
vaporétto sm (naut) Dampfboot n
vaporizzàre vt/i verdampfen
vaporizzatóre sm Verdampfer m
vaporóso a weich, duftig
varàre vt (dir) verabschieden ◊ (naut) vom Stapel lassen
varcàre vt überschreiten
vàrco sm Übergang m, Durchgang m

variàbile a variabel ◊ (meteor) unbeständig ◊ (umore) wechselnd ◊ sf (mat) Variable f
variabilità sf (meteor) Veränderlichkeit f ◊ Wechselhaftigkeit f
variàre vt (ver)ändern ◆ vi sich verändern, wechseln
variazióne sf (Ver)änderung f ◊ (cambio) Wechsel m ◊ (oscillazione) Schwankung f
varìce sf (med) Krampfader f
varicèlla sf (med) Windpocken pl
variegàto a gestreift
varietà sf Vielfältigkeit f, Vielfalt f ◊ (specie) Sorte f ◆ sm Varieté n, Varietee n
vàrio a verschieden, unterschiedlich ◊ (pl) einige pl
variopìnto a bunt
vàro sm (dir) Verabschiedung f ◊ (naut) Stapellauf m
vàsca sf Wanne f, Becken n ● *v. da bagno* Badewanne f
vascèllo sm Schiff n
vaselìna sf Vaseline f
vàso sm Topf m, Gefäß n
vassóio sm Serviertablett n, Tablett n
vàsto a groß, weit ◊ (fig) umfassend
vecchiàia sf Alter n, Greisenalter n
vècchio a alt ◆ sm Alte m/f
véce sf *fare le veci di qn* jemanden vertreten
vedére vt sehen ◊ (visitare) ansehen ◆ vpr (incontrarsi) sich sehen, sich treffen

vedétta sf (*luogo*) Ausguck m ◇ (*persona*) Posten m
védova sf Witwe f
védovo a verwitwet ♦ sm Witwer m
vedúta sf (*panorama*) Aussicht f ◇ (*fig*) (An)sicht f
veeménte a ungestüm
veemènza sf Heftigkeit f
vegetàle a pflanzlich, Pflanzen- ♦ sm Pflanze f
vegetàre vi (*bot*) wachsen ◇ (*fig*) vegetieren
vegetariàno a vegetarisch ♦ sm Vegetarier m
vegetazióne sf Vegetation f
veggènte sm Wahrsager m
véglia sf Wachen n ● *v. danzante* Tanzabend m; *v. funebre* Totenwache f
vegliàre vt wachen (*bei* + *dat*) ♦ vi wachen, aufbleiben
vegliόne sm Ball m
veicolo sm Fahrzeug n
véla sf (*naut*) Segel n ◇ (*sport*) Segeln n ● *andare a v.* segeln
vèlcro sm Klettband n
veleggiàre vi segeln
veléno sm Gift n
velenóso a giftig
velièro sm Segelschiff n
velina sf **carta v.** Seidenpapier n
velìvolo sm Flugzeug n
vellutàto a samtig
vellùto sm Samt m
vélo sm Schleier m
velóce a schnell, geschwind
velocìsta sm Kurzstreckenläufer m
velocità sf Geschwindigkeit f

velòdromo sm Radrennbahn f
véna sf (*anat*) Vene f, Ader f ◇ (*min*) Ader f ◇ (*fig*) Stimmung f ● *v. varicosa* (*med*) Krampfader f
venatùra sf Äderung f, Maserung f (*del legno*)
vendémmia sf Weinlese f
vendemmiàre vt Weinlese halten
véndere vt verkaufen
vendétta sf Rache f
vendìbile a verkäuflich
vendicàre vt rächen ♦ vpr sich rächen (*an jemandem für etwas*)
vendicatóre sm Rächer m
véndita sf Verkauf m
venditóre sm Verkäufer m
veneràre vt verehren
venerazióne sf Verehrung f
venerdì sm Freitag m
venìre vi kommen
ventàglio sm Fächer m
vénti a zwanzig
ventilàre vt lüften ◇ (*fig*) vorschlagen
ventilatóre sm Ventilator m
ventilazióne sf Lüftung f
vènto sm Wind m
vèntola sf Flügelrad n
ventósa sf Saugnapf m
ventóso a windig
vèntre sm Bauch m
ventùro a nächst, kommend
venùta sf Kommen n ◇ (*arrivo*) Ankunft f
véra sf Trauring m
veraménte avv wirklich
verànda sf Veranda f

verbàle *a* mündlich ♦ *sm* Protokoll *n* ♦ *mettere qc a v.* etwas protokollieren

verbalizzàre *vt* protokollieren

verbèna *sf* (*bot*) Eisenkraut *n*

vèrbo *sm* Verb(um) *n*, Zeitwort *n*

vérde *a* grün

verdeggiànte *a* grün(end)

verderàme *sm* Grünspan *m*

verdétto *sm* (*dir*) Urteilsspruch *m* ◊ Urteil *n*

verdùra *sf* Gemüse *n*

vérgine *sf* Jungfrau *f* (*anche astr*)

verginità *sf* Jungfräulichkeit *f*

vergógna *sf* Scham *f* ◊ (*disonore*) Schande *f*

vergognàrsi *vpr* sich schämen

vergognóso *a* (*persona*) verschämt ◊ (*cosa*) schändlich ◊ (*timido*) schüchtern

verìfica *sf* Nachprüfung *f*, Kontrolle *f*

verificàbile *a* feststellbar

verificàre *vt* überprüfen, kontrollieren ♦ *vpr* sich ereignen, vorfallen

verìsmo *sm* (*lett*) Verismus *m*

verità *sf* Wahrheit *f*

veritièro *a* (*persona*) aufrichtig ◊ (*notizia e sim*) richtig

vèrme *sm* (*zool*) Wurm *m*

vermìglio *a* hochrot

vernàcolo *sm* Mundart *f*, Dialekt *m*

vernìce *sf* (*lacca*) Lack *m* ◊ (*pittura*) Farbe *f*

verniciàre *vt* anstreichen, lackieren

verniciatùra *sf* (*operazione*) Lackieren *n* ◊ (*strato*) Lackierung *f*

véro *a* wahr, richtig ♦ *è v.!* das stimmt!

verosìmile *a* wahrscheinlich

verrùca *sf* (*med*) Warze *f*

versaménto *sm* (*fin*) Einzahlung *f*, Einlage *f* (*somma*)

versànte *sm* Hang *m*

versàre *vt* gießen, einschenken ◊ (*rovesciare*) verschütten ◊ (*spargere*) vergießen ◊ (*fin*) einzahlen ♦ *vpr* (*fiume*) fließen, münden

versàtile *a* vielseitig

versióne *sf* (*traduzione*) Übersetzung *f* ◊ (*film e sim*) Fassung *f*, Version *f*

vèrso (1) *sm* (*grido*) Schrei *m* ◊ (*direzione*) Richtung *f* ◊ (*lett*) Vers *m*

vèrso (2) *prep* (*direzione*) Richtung (+ *gen*), nach (+ *gen*) (*tempo*) gegen (+ *acc*) ◊ (*dalle parti di*) an (+ *dat*), bei (+ *dat*) (*nei confronti di*) zu (+ *dat*), auf (+ *acc*)

vèrtebra *sf* (*anat*) Wirbel *m*

vertebràle *a* Wirbel-

vertebràto *sm* Wirbeltier *n*

vertènza *sf* Streit *m*

verticàle *a* senkrecht, vertikal

vèrtice *sm* Spitze *f*, Gipfel *m* ◊ (*riunione*) Gipfeltreffen *n*

vertìgine *sf* Schwindel *m* ♦ *ho le vertigini* mir ist schwind(e)lig

vérza *sf* (*bot*) Wirsingkohl *m*

vescìca *sf* (*anat*) Blase *f*

vescovàdo *sm* Bischofssitz *m*

vescovìle *a* bischöflich

videogioco

véscovo *sm* Bischof *m*
véspa *sf* (*zool*) Wespe *f*
vespàio *sm* Wespennest *n*
véspro *sm* (*relig*) Vesper *f*
vessìllo *sm* Fahne *f*, Banner *n*
vestàglia *sf* Morgenrock *m*
véste *sf* Gewand *n*
vestiàrio *sm* Bekleidung *f*
vestìbolo *sm* Vorhalle *f*
vestìre *vt* anziehen ◆ (*portare*) tragen ◆ *vi* sich kleiden ◆ *vpr* sich anziehen ◇ (*mascherarsi*) sich verkleiden
vestìto *sm* Kleid *n* (*da donna*), Anzug *m* (*da uomo*)
veterinàrio *a* tierärztlich ◆ *sm* Tierarzt *m*
vèto *sm* Veto *n*, Einspruch *m*
vetràio *sm* Glaser *m*
vetràta *sf* Glasfenster *n* (*finestra*), Glastür *f* (*porta*)
vetrìna *sf* Schaufenster *n* ◇ (*mobile*) Glasschrank *m*, Vitrine *f*
vetrinìsta *sm* Schaufensterdekorateur *m*
vétro *sm* Glas *n* ◇ (*di finestra*) Scheibe *f* ◆ *v. infrangibile* bruchfestes Glas *n*
vétta *sf* Gipfel *m*
vettóre *sm* (*fis*) Vektor *m*
vettùra *sf* Wagen *m*, Fahrzeug *n*
vezzeggiàre *vt* hätscheln, verzärteln
vézzo *sm* (*abitudine*) (An)gewohnheit *f* ◇ (*pl*) (*smancerie*) Getue *m*
vezzóso *a* zierlich, geziert
vi *pr.pers* euch ◆ *avv* dort, hier, da
vìa *sf* Weg *m*, Straße *f* ◇ (*pista*) Bahn *f* ◆ *avv* weg, weg-, fort

viabilità *sf* Straßenzustand *m*
viadótto *sm* Überführung *f*
viaggiàre *vi* reisen
viaggiatóre *sm* Reisende *m/f*
viàggio *sm* Reise *f* ◇ (*tragitto*) Fahrt *f* ◆ *essere in v.* auf Reisen sein; *mettersi in v.* sich auf den Weg machen
viàle *sm* Allee *f*
viandànte *sm* Wanderer *m*
viavài *sm* Hin und Her *n*
vibràre *vi* schwingen, vibrieren
vibrazióne *sf* Schwingung *f*, Vibration *f* ◇ (*tel*) Vibration *f*, Vibrationsalarm *m*, Vibracall *m*
vicàrio *sm* Vikar *m*
vice *sm* Stellvertreter *m*
vice- *prefisso* Vize-
vicènda *sf* Ereignis *n* ◇ (*faccenda*) Angelegenheit *f*
vicendévole *a* gegenseitig
vicevèrsa *avv* umgekehrt
vicinànza *sf* Nähe *f* ◇ (*pl*) (*dintorni*) Umgebung *f*
vicinàto *sm* Nachbarschaft *f*
vicìno *a* nah(e) ◆ *sm* Nachbar *m* ◆ *avv* nah, in der Nähe, nebenan ◆ *v. a* neben (+ *dat*), bei (+ *dat*)
vìcolo *sm* Gasse *f* ◆ *v. cieco* Sackgasse *f*
vìdeo *sm* (*schermo*) Bildschirm *m*
videocàmera *sf* Videokamera *f*
videocassétta *sf* Videokassette *f*
videocitòfono *sm* Videosprechanlage *f*
videoconferènza *sf* Videokonferenz *f*
videogiòco *sm* Videospiel *n*

videonoléggio *sm* Videoverleih *m*
videoregistratóre *sm* Videorecorder *m*
videotèca *sf* Videothek *f*
vidimàre *vt* beglaubigen
vietàre *vt* verbieten
vìgere *vi* gelten, in Kraft sein
vigilànza *sf* Aufsicht *f*, Überwachung *f*
vigilàre *vt* überwachen, beaufsichtigen
vìgile *a* wachsam ♦ *sm* Polizist *m* ● *vigili del fuoco* Feuerwehr *f*
vigìlia *sf* Vorabend *m* ● *v. di Natale* Heiligabend *m*
vigliàcco *a* feig ♦ *sm* Feigling *m*
vìgna *sf* Weinberg *m*
vignéto *sm* Weinberg *m*
vignétta *sf* Vignette *f* ◊ (*umoristica*) Karikatur *f*, Witzzeichnung *f*
vignettista *sm* Karikaturist *m*
vigógna *sf* Vikunjawolle *f*, Vigogne *f*
vigóre *sm* Kraft *f* ● *entrare/essere in v.* in Kraft treten/sein
vigoróso *a* kräftig
vìle *a* feig, gemein ♦ *sm* Feigling *m*
villa *sf* Villa *f*
villàggio *sm* Dorf *n*
villàno *a* ungezogen, grob
villeggiànte *sm* Urlauber *m*
villeggiatùra *sf* Ferien *pl*, Urlaub *m*
villétta *sf* kleine Villa *f* ● *villette a schiera* Reihenhäuser *f pl*
viltà *sf* Gemeinheit *f*
vìmine *sm* Weidengerte *f*

vinàccia *sf pl* Trester *pl*
vincènte *a* siegreich ♦ *sm* Sieger *m*
vìncere *vt* (*nemico e sim*) besiegen, gewinnen ◊ (*difficoltà e sim*) überwinden
vìncita *sf* Gewinn *m*
vincitóre *sm* Sieger *m*, Gewinner *m* (*nel gioco*)
vincolàre *vt* binden ◊ (*fin*) fest anlegen
vìncolo *sm* Band *n* ◊ (*dir*) Bindung *f*
vìno *sm* Wein *m* ● *v. bianco* Weißwein *m*; *v. rosso* Rotwein *m*
vìnto *a* (*persona*) besiegt ◊ (*battaglia*) gewonnen
vìola (1) *sf* (*bot*) Veilchen *n* ♦ *a* violett
vìola (2) *sf* (*mus*) Viola *f*
violàre *vt* verletzen, brechen (*forzare*)
violazióne *sf* Verletzung *f*, Übertretung *f*
violentàre *vt* vergewaltigen
violènto *a* (*persona*) gewalttätig ◊ (*cosa*) gewaltsam
violènza *sf* Gewalt *f*
violinìsta *sm* Geigenspieler *m*
violìno *sm* (*mus*) Geige *f* ● *suonare il v.* geigen, Geige spielen
violoncellista *sm* Cellist *m*
violoncèllo *sm* (*mus*) Cello *n*
viòttolo *sm* Feldweg *m*
vìpera *sf* (*zool*) Viper *f*
viràle *a* viral, Virus-
viràre *vi* (*aer, naut*) wenden
viràta *sf* Wendung *f*
vìrgola *sf* Komma *n*

virgolétte sf pl Anführungszeichen pl
virile a männlich
virilità sf Männlichkeit f
virtù sf Tugend f
virtuale a virtuell
virtuóso a tugendhaft
vìrus sm Virus n/m
visagìsta sm Gesichtskosmetiker m, Visagist m
vìscere sf pl Eingeweide pl
vìschio sm (bot) Mistel f
vìscido a schlüpfrig
visìbile a sichtbar, sichtlich (evidente)
visibilità sf Sicht f
visièra sf Schirm m
visionàrio a visionär ♦ sm Geisterseher m
visióne sf (il vedere) Sehen n ◊ (apparizione) Vision f, Erscheinung f ◊ (film) Vorführung f ◊ **prima v.** Erstaufführung f
vìsita sf Besuch m ◊ (di città e sim) Besichtigung f ◊ (med) Untersuchung f ● **biglietto da v.** Visitenkarte f
visitàre vt besuchen ◊ (città e sim) besichtigen ◊ (med) untersuchen
visitatóre sm Besucher m, Besichtiger m
visìvo a visuell, Seh-
vìso sm Gesicht n
visóne sm (zool) Nerz m
vìsta sf Sehen n ◊ (facoltà) Augenlicht n ◊ (visuale) Sicht f ◊ (spettacolo) (Aus)sicht f, (Aus)blick m ● **a v.** (fin) bei Sicht; **in v.** in Sicht; **avere la v.**

buòna gut sehen, gute Augen haben
vistàre vt mit einem Sichtvermerk versehen
vìsto sm Visum n
vistóso a auffallend
visuàle sf (Aus)sicht f, Ausblick m
vìta sf Leben n ◊ (anat) Taille f
vitàle a vital, lebenswichtig, Lebens-
vitalità sf Vitalität f, Lebenskraft f
vitalìzio a lebenslänglich ♦ sm Leibrente f
vitamìna sf Vitamin n
vite (1) sf (mecc) Schraube f
vite (2) sf (bot) Weinrebe f
vitèllo sm (zool) Kalb n
vitellóne sm (zool) Jungochse m
viticoltóre sm Weinbauer m
viticoltùra sf Weinbau m
vitìgno sm Weinrebe f, Weinstock m
vìttima sf Opfer n
vìtto sm Verpflegung f ● **v. e alloggio** Kost und Logis
vittòria sf Sieg m
vivàce a lebhaft
vivacità sf Lebhaftigkeit f
vivàio sm (di pesci) Fischteich m ◊ (agr) Baumschule f
vivànda sf Speise f
vivavóce, viva vóce sm (tel) Freisprechanlage f
vivènte a lebend, lebendig ♦ sm/f Lebende m/f
vìvere vi leben ♦ vt leben, verleben
vìveri sm pl Lebensmittel pl

vivisezione sf Vivisektion f
vivo a lebend, lebendig
viziàre vt verwöhnen
vìzio sm Laster n
vizióso a lasterhaft
vocabolàrio sm Wörterbuch n
vocàbolo sm Wort n, Vokabel f
vocàle sf Vokal m
vocalizzo sm Vokalise f
vocazióne sf (relig) Berufung f ◊ (inclinazione) Neigung f
vóce sf Stimme f ◊ (fig) Gerücht n ◆ a v. mündlich
vóga sf Mode f ● essere in v. in Mode sein
vogàre vi (naut) rudern
vogatóre sm (naut) Ruderer m
vòglia sf Lust f ◊ (med) Muttermal n
voglióso a gierig
vói pr.pers ihr
volano sm (sport) Federball m ◊ (mecc) Schwungrad n
volànte (1) a fliegend
volànte (2) sm (aut) Steuer n, Lenkrad n ◆ sf Funkstreife f
volantino sm Flugblatt n
volàre vi fliegen
volàtile sm Vogel m
volenteróso a willig, eifrig, bereitwillig
volentièri avv gern
volére vt wollen ● ci vuole/ci vogliono... es ist/sind... nötig; v. bene a qn jemanden lieb haben; v. dire bedeuten; vorrei un bicchiere di vino ich möchte gern ein Glas Wein
volgàre a vulgär, gemein
volgarità sf Vulgarität f

vòlgere vt (dirigere) lenken, wenden ◊ (voltare) zukehren ◆ vi neigen
volièra sf Vogelhaus n
vólo sm Flug m
volontà sf Wille m ● forza di v. Willenskraft f
volontariàto sm Volontariat m, ehrenamtliche Tätigkeit
volontàrio a freiwillig ◆ sm (in un'azienda) Volontär m ◊ (mil) Freiwillige m ◊ (in organizzazioni assistenziali) Ehrenamtliche m/f
vólpe sf (zool) Fuchs m
vòlta (1) sf Mal n ● qualche v. manchmal; una v. einmal
vòlta (2) sf (arch, astr) Gewölbe n
voltàggio sm (el) Spannung f
voltàre vt wenden, drehen ◆ vi abbiegen ◆ vpr sich umdrehen ● v. pagina umblättern, (fig) neu beginnen
volteggiàre vi (sport) voltigieren
voltéggio sm (sport) Überschlag m
vólto sm Gesicht n
volùbile a unbeständig, veränderlich
volùme sm (mat) Volumen n ◊ (libro) Band m ◊ (tel) Lautstärke f
volumetrìa sf Volumetrie f
voluminóso a groß, umfangreich
volùta sf Windung f ◊ (arch) Volute f
vomitàre vt/i brechen, erbrechen, kotzen (pop)

vòmito *sm* Brechen *n*, Erbrechen *n*
vóngola *sf* (*zool*) Venusmuschel *f*
voràce *a* gefräßig
voràgine *sf* Schlund *m*
vòrtice *sm* Wirbel *m* ◊ (*gorgo*) Strudel *m*
vorticóso *a* (*fig*) Schwindel erregend
vòstro *a.poss* euer ◆ *pr.poss* eurer (*f* eure, *n* eures; *pl* eure)
votànte *a* stimmberechtigt ◆ *sm/f* Wahlberechtigte *m/f*, Wähler *m*
votàre *vt* (*sottoporre a votazione*) abstimmen (*über + acc*) ◊ (*dare il proprio voto*) wählen ◊ (*dedicare*) widmen ◆ *vi* (ab)stimmen
votazióne *sf* Abstimmung *f*
votìvo *a* votiv, Weih-
vóto *sm* Stimme *f* ◊ (*relig*) Gelübde *n* ◊ (*a scuola*) Note *f*
vulcàno *sm* Vulkan *m*
vulneràbile *a* verletzbar, verwundbar
vuotàre *vt* (ent)leeren ◆ *vpr* sich leeren
vuòto *a* leer ◆ *sm* Leere *f* ◊ (*fis*) Vakuum *n* ◊ (*contenitore*) Leergut *n* ● *sotto v.* vakuumverpackt; *v. a perdere* Wegwerfflasche *f*

W

water *sm* Toilette *f*, Toilettenbecken *n*
week-end *sm* Wochenende *n*
windsurf *sm* (*sport*) Windsurfen *n* ◊ (*tavola*) Surfbrett *n*
würstel *sm* Würstchen *n*

X

xenofobìa *sf* Fremdenfeindlichkeit *f*, Fremdenhass *m*
xenòfobo *a* fremdenfeindlich ◆ *sm* Ausländerfeind *m*

Y

yacht *sm* Jacht *f*
yoga *sm* Yoga *m/n*
yògurt *sm* Joghurt, Jogurt *m/n*

Z

zabaióne *sm* Eierlikörkrem *f*
zafferàno *sm* (*bot*) Safran *m*
zaffìro *sm* (*min*) Saphir *m*
zàino *sm* Rucksack *m*
zàmpa *sf* (*zool*) Fuß *m*, Pfote *f* (*di cani e gatti*), Tatze *f*, Pranke *f* (*di fiere*) • *a quattro z.* auf allen vieren
zampàta *sf* Pfotenhieb *m*
zampillàre *vi* herausspritzen
zampìllo *sm* Wasserstrahl *m*
zampìno *sm* Pfötchen *n*
zampiróne *sm* Räucherspirale *f*
zampógna *sf* Sackpfeife *f*
zampóne *sm* (*cuc*) gefüllter Schweinsfuß *m*
zànna *sf* (*zool*) Stoßzahn *m*
zanzàra *sf* (*zool*) Mücke *f*
zanzarièra *sf* Mückennetz *n*
zàppa *sf* Hacke *f*
zappàre *vt* hacken
zappàta *sf* Hieb *m* mit der Hacke
zar *sm* Zar *m*
zarìsta *a* zaristisch
zàttera *sf* Floß *n*
zavòrra *sf* Ballast *m*
zàzzera *sf* Mähne *f*
zèbra *sf* (*zool*) Zebra *n* ◊ (*pl*) (*strisce pedonali*) Zebrastreifen *m*
zécca (1) *sf* Münzprägestelle *f* • *nuovo di z.* nagelneu
zécca (2) *sf* (*zool*) Zecke *f*
zèfiro *sm* Westwind *m*, Zephir *m*
zelànte *a* eifrig
zèlo *sm* Eifer *m*
zénzero *sm* (*bot*) Ingwer *m*
zéppa *sf* (*pezzo di legno*) Keil *m* ◊ (*di scarpa*) Keilabsatz *m*
zéppo *a* voll, vollgestopf • *essere pieno z.* proppenvoll sein
zerbìno *sm* Fußmatte *f*, Fußabtreter *m*
zèro *a* null
zìa *sf* Tante *f*
zibellìno *sm* (*bot*) Zobel *m*
zìgomo *sm* (*anat*) Jochbein *n*
zinco *sm* (*min*) Zink *n*
zingarésco *a* zigeunerisch, zigeunerhaft, Zigeuner-
zìngaro *sm* Zigeuner *m*
zìo *sm* Onkel *m* ◊ (*pl*) Onkel und Tante
zip *sm/f* (*abb*) (*cerniera*) Reißverschluss *m*
zircóne *sm* (*min*) Zirkon *m*
zitèlla *sf* alte Jungfer *f*
zittìre *vt* auszischen
zìtto *a* still
zizzània *sf* (*fig*) Zwietracht *f*
zòccolo *sm* (*calzatura*) Holzschuh *m* ◊ (*zool*) Huf *m* ◊ (*arch*) Wandsockel *m*
zodiacàle *a* Tierkreis-
zodìaco *sm* Tierkreis *m* • *i segni dello z.* Tierkreiszeichen *pl*
zólfo *sm* (*chim*) Schwefel *m* • *senza z.* schwefelfrei
zòlla *sf* (*di terra*) Scholle *f*
zollétta *sf* Würfelchen *n*
zòna *sf* Zone *f* ◊ (*regione*) Gebiet *n*, Region *f*
zòo *sm* Tiergarten *m*

zoologìa *sf* Tierkunde *f*, Zoologie *f*
zoològico *a* zoologisch
zoòlogo *sm* Tierforscher *m*, Zoologe *m*
zoom *sm* (*fot*) Zoom *n*
zoppicàre *vi* (*persona*) hinken ◇ (*animale*) lahmen ◇ (*mobile e sim*) wackeln
zòppo *a* (*persona*) hinkend, lahm ◇ (*mobile e sim*) wack(e)lig ◆ *sm* Hinkende *m/f*
zùcca *sf* (*bot*) Kürbis *m* ◇ (*fig*) Kopf *m*, Birne *f*
zuccheràre *vt* zuckern
zuccherièra *sf* Zuckerdose *f*
zuccherifìcio *sm* Zuckerfabrik *f*
zùcchero *sm* Zucker *m* ● *z. di canna/barbabietola* Rohr-/Rübenzucker *m*; *z. filato* Zuckerwatte *f*
zucchino *sm* (*bot*) Zucchino *m* ◇ (*pl*) (*cuc*) Zucchini *pl*
zuffa *sf* Rauferei *f*, Streit *m*
zùfolo *sm* Hirtenflöte *f*
zùppa *sf* Suppe *f* ● *z. di verdura* Gemüsesuppe *f*; *z. di pesce* Fischsuppe *f*
zuppièra *sf* Suppenschüssel *f*
zùppo *a* klatschnass